2016

海州年鑑

HAIZHOU YEARBOOK

连云港市海州区地方志编纂委员会　编

方志出版社
Publishing House of Local Records

图书在版编目（CIP）数据

海州年鉴. 2016 / 连云港市海州区地方志编纂委员会编. -- 北京 ：方志出版社，2016.9
ISBN 978-7-5144-2097-5

Ⅰ. ①海… Ⅱ. ①连… Ⅲ. ①区（城市）－连云港－2016－年鉴 Ⅳ. ①Z525.34

中国版本图书馆CIP数据核字（2016）第238881号

海州年鉴（2016）

编　　者：	连云港市海州区地方志编纂委员会
责任编辑：	宁芳　陈效
出 版 人：	冀祥德
出 版 者：	方志出版社
	地址　北京市朝阳区潘家园东里9号（国家方志馆4层）
	邮编　100021
	网址　http://www.fzph.org
发　　行：	方志出版社发行中心
	电话（010）67110500
经　　销：	各地新华书店
印　　刷：	南京凯德印刷有限公司
开　　本：	889×1194　1/16
印　　张：	24
字　　数：	906千字
版　　次：	2016年9月第1版　2016年9月第1次印刷
印　　数：	001～700册

ISBN 978-7-5144-2097-5　　定价：220.00元

海州区地方志编纂委员会

（2015年11月调整）

主　任	单晓敏					
副主任	房忠涛	顾建华				
委　员	李　锋	范永涛	张延广	汤振宇	李宝凯	郑纪东
	李敬伟	王统松	单新文	王从峰	吴卫东	刘亚军
	邱洪建	乔　敏	卞　剑	石德学	林秀兰	宋振宝
	张　建	刘锦州	李松红	董淑斌	何洪壮	陈可鹏
	骆丙春	杜新春	王卫华	姜海燕	陈守权	陈守余
	赵　胜	王志钰	陆　兵	纪　巍	徐　蓓	黄　勇
	许　建	董志红	吕芳芳	高长春	宁寿同	张正文

编委会办公室

主　任　张延广

《海州年鉴》编辑部

主　编　孙大伟

副主编　王恒亮（常务）　孙寿鹏　马善臣　李云高

顾　问　韩世泳

英文目录　闫秀竹

索引制作　马善臣

编　务　董修霞　王敏先　刘汉芝　古怀丽

地　址　连云港市市民路2号

电　话　0518—85478721　85605371

邮　编：222003

E-mail：hzfzb@sohu.com

“十三五”期间海州区

“十三五”期间，海州区着力构建较为发达的现代产业体系、公平均等的公共服务体系和优美宜居的生态环境体系。综合竞争力不断提升，自主创新能力明显增强，科技研发经费支出占GDP比重达到3%；经济体系日趋完善，资源利用水平明显进步，生态文明建设明显领先。

综合实力显著提升 “十三五”期间，经济保持中高速增长，主要指标增速快于苏北和全市平均水平，地区生产总值、一般公共预算收入至2020年实现较2014年翻一番，综合实力再上一个台阶。

产业结构明显优化 构建以服务业为主体、先进制造业为支撑、现代农业为基础的现代产业体系。2020年三次产业结构调整为5：30：65。

生活水平大幅提高 城乡居民收入保持中高速增长，恩格尔系数低于35%，城乡基本社会保险实现全覆盖，新增保障性住房达到市下达目标，群众幸福感明显提高。

社会事业全面加强 建立起完善、高效与高位均衡的城乡一体化公共服务体系。高等教育毛入学率达到70%。完善人口发展战略，开展应对人口老龄化行动。每万人拥有医生数超过30人，卫生服务体系健全率达100%。

社会文明程度不断提升 努力构筑思想文化高地、道德风尚高地。公共文化服务体系更加完善，文化事业、文化产业繁荣发展，公民思想道德素质、科学文化素质、健康素质明显提高。改革开放不断深入。法治海州建设扎实推进，人民民主不断扩大，法治政府基本建成，社会大局保持和谐稳定，人民群众的安全感持续提升。

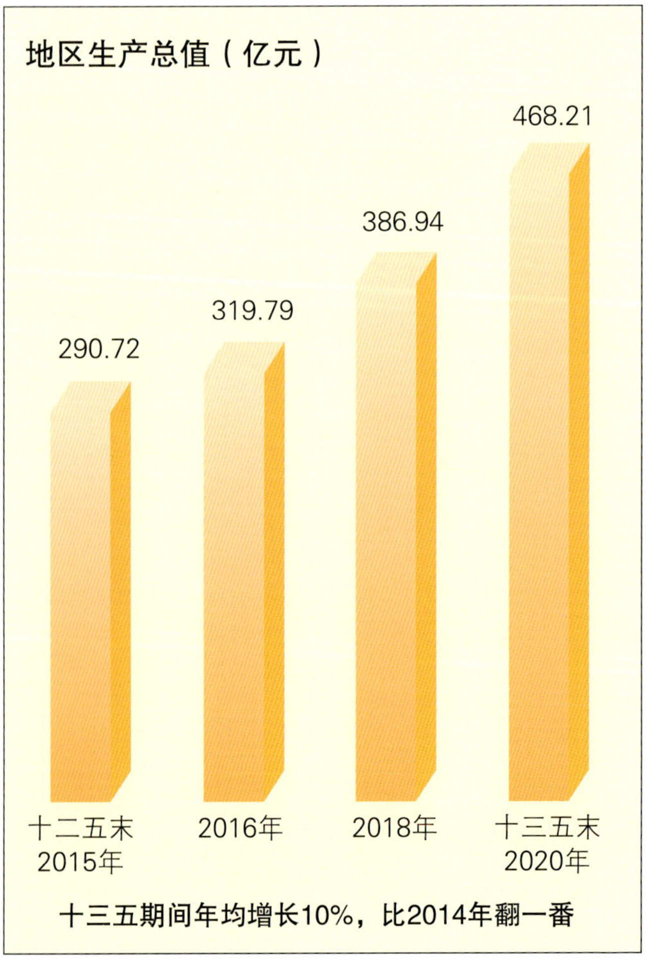

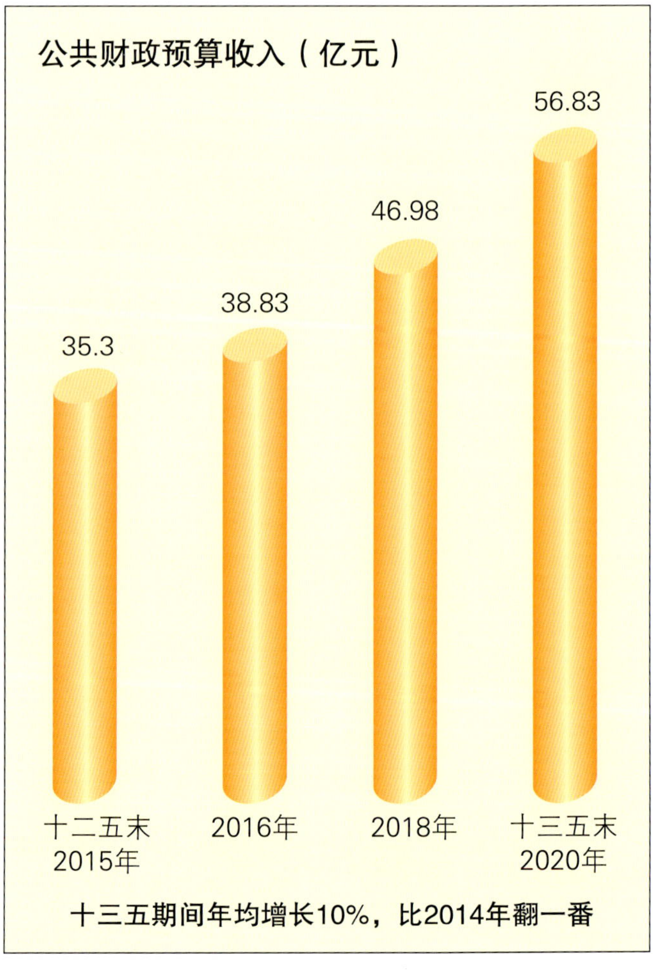

经济社会发展主要目标

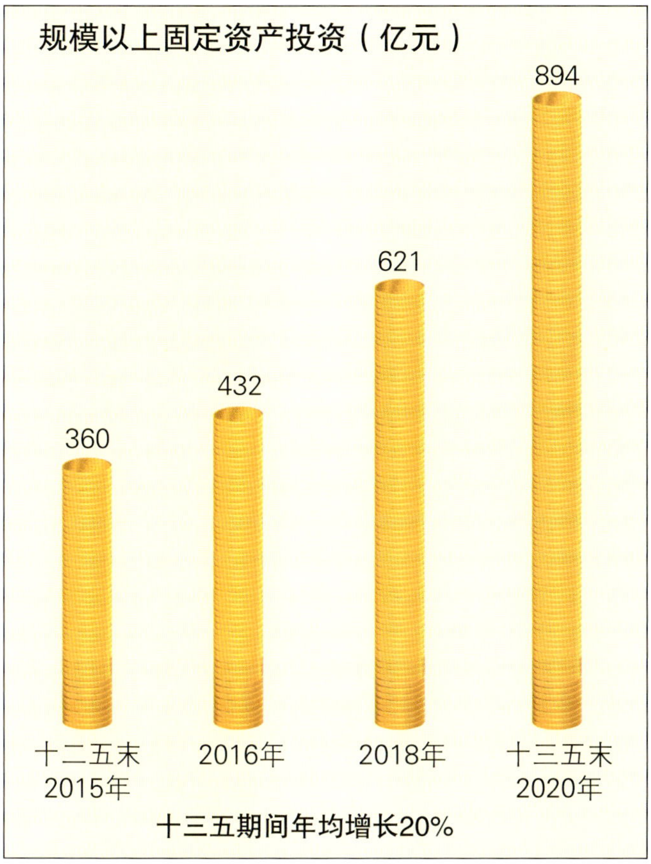
规模以上固定资产投资（亿元）
360
432
621
894
十二五末
2015年
2016年
2018年
十三五末
2020年
十三五期间年均增长20%

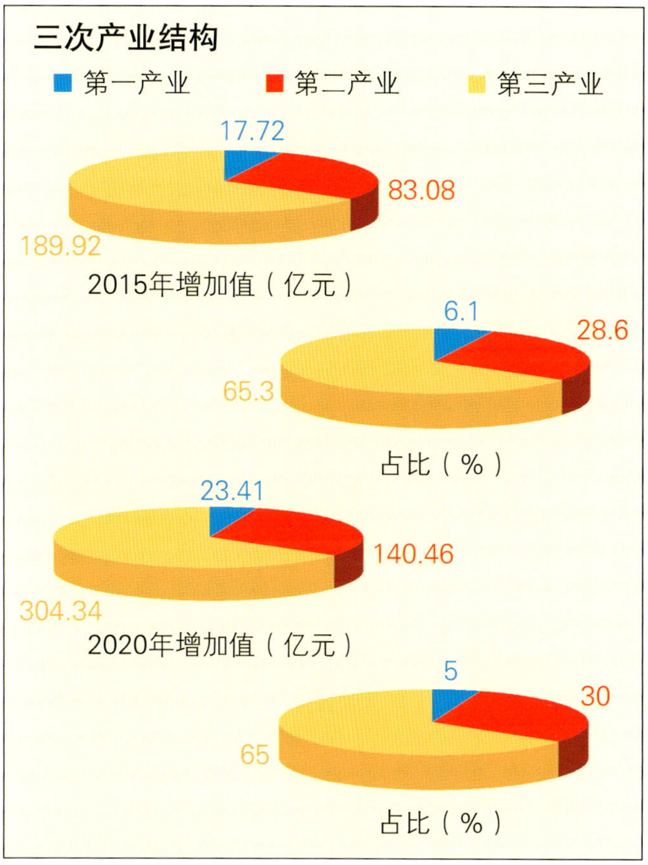
三次产业结构
第一产业
第二产业
第三产业
17.72
83.08
189.92
2015年增加值（亿元）
6.1
28.6
65.3
占比（%）
23.41
140.46
304.34
2020年增加值（亿元）
5
30
65
占比（%）

城镇居民人均可支配收入（元）
突破40000
2020年
30033
2015年
年均增长11%

农民人均纯收入（元）
14168
2015年
突破30000
2020年
年均增长12%

◎2015年7月24日，中共海州区九届九次全体会议召开

◎2015年12月30日，中共海州区九届十次全体会议召开

◎2015年8月3日，海州区召开争创全国双拥模范城“七连冠”动员大会

◎2016年1月6日，海州区第十七届人民代表大会第六次会议开幕

◎2016年1月5日，政协海州区第八届委员会第六次会议开幕

◎2015年2月14日，全区经济和社会发展目标管理总结表彰大会召开

◎2015年12月29日，市委书记杨省世对海州区智慧物流产业园项目进行调研

◎2016年2月18日，市长项雪龙在海州区工业企业调研

◎2015年3月，市委常委、宣传部长滕雯在海州区滨河新区调研

◎区委书记王立斌调研兴隆商贸广场项目

◎2015年3月28日，区长单晓敏深入新圩、菜园等农村小学调研

◎“八一”前夕，王立斌等海州区四套班子领导慰问驻军部队

◎2月28日，海州区召开党的建设暨作风建设大会

◎12月10日—12月14日，海州区组织全体党员开展《条例》和《准则》相关知识闭卷测试

◎2015年5月30日起，海州区开展“三严三实”教育

◎7月1日，国税三分局党员在海州白虎山建党纪念亭重温入党誓词

◎2015年11月16日，海州区党政领导干部进行述廉述职

◎全区纪检工作业务培训

◎7月8日，全市社区“大党委”建设现场观摩会在海州区幸福路街道召开

◎2015年9月8日，海州区对村党组织书记履职能力进行培训

◎2015年4月30日，海州区月牙岛湿地公园举行开园仪式

◎2015年8月15日，新浦二桥建成通车，桥长225米，双向8车道

◎2015年秋，板浦镇西环路升级改造后通车

◎2015年3月，军民共建双拥林

◎海州主城区道路绿化

◎蓝天华侨城社区绿化

◎东盐河畔住宅区风光

◎南城镇山村民居

◎2015年9月28日，全区重点工业项目集中开工仪式

◎智能化采煤设备项目

◎高强高耐久预应力混凝土防腐管桩的研发及产业化项目

◎佳普石化机械生产线升级改造项目

◎太阳雨车间三期项目

◎7月1日，海州召开全区民生项目现场观摩会

◎东禾医药项目

◎板浦临港物流园项目

◎3月28日，海州区供销合作总社和连云港微好电子商务有限公司农超对接的订单农业项目签约

◎海州区开展农村土地承包经营权确权登记颁证工作

◎村民拿到股权证书喜上眉梢

◎岗埠农场鲜切花基地

◎墙框村千亩美国紫薇基地

◎水稻种植机械化

◎新坝镇稻米种植基地

◎邀请农业专家现场指导

◎组织农机跨区作业

◎“六一”国际儿童节前夕，区长单晓敏等到幼儿园和小学走访慰问

◎2015年年初，解放路小学学生龚翔宇（右）入选国家女排

◎2015年6月2日，国家义务教育发展基本均衡县（区）教育督导组在海州区开展督导评估

◎科普知识讲座

◎2015年9月6日，国家卫计委副主任、中医药局局长王国強等调研海州区中医药创建工作

◎创建国家卫生城市

◎海州区机关志愿者开展义务献血活动

◎正大天晴“1.1类多靶点抗肿瘤新药安罗替尼的研发及产业化”获省成果转化专项资金项目立项

◎2015年5月15日，全市文化产业现场会暨宣传工作汇报会在海州区召开，与会人员参观杰瑞科技创意产业园

◎海州区举办2015年全民阅读系列活动

◎ 2015年2月15日，大华书画超市揭牌

◎镜花缘文化产业园

◎2015年4月18日，海州区首届樱花节举行

◎正月初一千人民俗大联欢活动

◎2015年5月25日，“低碳生活”户外徒步活动在海州区月牙岛广场举行

◎马拉松比赛（孔雀沟段）

◎文明风尚进社区活动

◎防震减灾宣传进社区

◎留守儿童走进国书馆

◎社会助学

◎社会保障体系逐步完善，各项社保补贴落实到位

◎居民议事会

◎保洁员健康驿站

◎牵手关爱残疾人活动

编辑说明

一、《海州年鉴》是由连云港市海州区人民政府主办、海州区地方志编纂委员会编纂的年度资料性文献。创刊于2000年，每年公开出版1卷，本卷为第16卷。

二、《海州年鉴（2016）》以马克思列宁主义、毛泽东思想、邓小平理论、“三个代表”重要思想、科学发展观和习近平总书记治国理政系列重要讲话为指导，全面、系统、翔实地记载了2015年度海州区自然、政治、经济、文化、社会等方面的基本面貌和发展情况，反映了全区人民奋力抢抓国家“一带一路”建设和江苏沿海开发等战略机遇，主动适应发展新常态，围绕“建设区域性经济文化中心和更高水平小康社会”总体目标，在经济社会建设各方面所取得的新成就、新经验以及在发展中遇到的新情况、新问题，旨在为领导决策所用、为一线工作所用，为社会各界了解和研究海州提供基本信息。

三、本卷采用分类编排法，设类目、分目、条目3个层次（少数类目和分目下设子类目、子分目），条目为记述的基本层次。条目标题加【 】标示。全书共设33个类目，448个分目，1898个条目，随文表格71张，彩页及随文图照126幅。

四、本卷力求突出时代特色、地方特色和年度特色。在卷首设特载，全文刊载海州区国民经济和社会发展第十三个五年规划纲要及区委、区政府的重要会议报告。设海州概览，介绍本地区的自然概况、区划调整情况及悠久的历史文化。在记述的主体部分，通过反映新事物的特色条目、专题性条目，增强年鉴的创新特色。设《媒体看海州》，摘录媒体报道的本地区政治、经济及社会民生等重大新闻和热门话题，客观地再现2015年海州的真实风貌。卷末设附录，便于读者查阅当年的重要文件目录和统计资料。

五、本卷稿件资料由区各有关部门和单位撰写，并经各单位负责人审定。为全面反映相关领域的发展情况和全貌，海州区年鉴编辑部采编和补充了部分内容。

六、本卷所载的综合性统计资料，由区统计局提供，有些因统计口径不同而出现的差异，原则上以《海州统计年鉴（2016）》为准。统计资料使用现行法定计量单位。所录区委、区政府的工作报告及其他文件，忠于原作，保留原貌。

七、本卷记述时间原则上为2015年1月1日至2015年12月31日。为突出年鉴的时效性，彩页及特载中“两会”的图片、报告突破下限。

八、本卷的检索方法有目录和索引两种。目录在卷首，中文目录编排至条目，英文目录编排至分目；索引在卷末，为综合性主题索引。

九、《海州年鉴（2016）》征编工作，得到市地方志办公室和全区各级政府、各部门、各单位及社会各界的关心、帮助和大力支持，在此表示感谢。书中疏漏、不足之处，敬请读者指正。

特 载

连云港市海州区国民经济和社会发展第十三个五年规划纲要
——海州区第十七届人民代表大会第六次会议通过 ……（1）

落实从严治党 深化改革创新
加快提升新海州的凝聚力和辐射力
——在中共海州区九届九次全体（扩大）会议上的讲话 …… 王立斌（15）

在中共海州区九届十次全会上关于区委常委会工作的报告 …… 王立斌（19）

政府工作报告
——2016年1月6日在海州区第十七届人民代表大会第六次会议上 ……区长 单晓敏（23）

海州区人民代表大会常务委员会工作报告
——2016年1月7日在海州区第十七届人民代表大会第六次会议上 ……区人大常委会副主任 陈周德（32）

政协连云港市海州区第八届委员会常务委员会工作报告
——在政协连云港市海州区第八届委员会第六次会议上 …… 区政协主席 汤成元（36）

大 事 记

1月 ……（40）
2月 ……（40）
3月 ……（40）
4月 ……（40）
5月 ……（41）
6月 ……（41）
7月 ……（41）
8月 ……（42）
9月 ……（42）
10月 ……（42）
11月 ……（43）
12月 ……（43）

海州概览

地理环境 ……（44）
位置 面积 ……（44）
地貌 ……（44）
地层 地质 ……（44）
土壤 ……（44）
山体 山头 ……（45）
涧 沟 潭 ……（45）
河流 水库 ……（45）
气 象 ……（45）
气温 ……（45）
日照 ……（45）
风向 ……（45）
降水 ……（45）
霜降 ……（45）
灾害天气 ……（45）
资 源 ……（46）
植物资源 ……（46）
动物资源 ……（46）
矿物资源 ……（46）
建置沿革 ……（46）
中华人民共和国成立前海州 ……（46）
新浦开埠 ……（46）
海州区 ……（47）
历史文化遗存 ……（47）
华夏文明瑰宝 ……（47）
风景名胜与人文景观 ……（47）

行政区划……（47）
部分行政单位管理范围调整……（47）
辖区……（47）
表1 2015年海州区行政区划表……（48）
人口 民族……（49）
人口总数……（49）
人口分布……（49）
民族构成……（49）
2015年海州区国民经济和社会发展统计公报……（49）
海州区组织机构及领导人名录……（52）
中共海州区委员会……（52）
海州区人大常委会……（57）
海州区人民政府……（57）
政协连云港市海州区委员会……（61）
中共海州区纪律检查委员会……（61）
法院、检察院……（62）
人民武装部……（63）
人民团体和群众团体……（63）

中共海州区委员会

综 述……（64）
区委常委分工……（65）
重要会议……（65）
区委九届九次全体（扩大）会议……（65）
区委九届十次全体（扩大）会议……（65）
全区党建工作会议……（66）
重要决策……（66）
成立电子信息产业园……（66）
成立滨河新区……（66）
加强和改进党的建设……（66）
组织工作……（66）
概况……（66）
“三严三实”专题教育……（66）
划转干部交接……（66）
落实公务员职务与职级并行……（66）
领导班子和干部队伍建设……（66）
干部一线培养……（66）
规范干部从政行为……（67）
干部档案专项审核……（67）
干部教育培训……（67）
干部监督管理……（67）
落实基层党建工作责任……（67）
农村党组织建设……（67）
深化社区“大党委”制……（67）
设立社区为民服务专项资金……（67）
全面试行镇党代会年会制……（67）
开展党员组织关系排查……（67）
“5+1”模式推动在职党员服务社区常态化……（67）
大学生“村官”……（68）
人才队伍建设……（68）
宣传工作……（68）
概况……（68）
思想教育……（68）
新闻报道……（68）
网络信息传播……（68）
文明海州建设……（68）
志愿者行动……（69）
宣传文化阵地建设……（69）
统战工作……（69）
概况……（69）
民主党派支部建设……（69）
发挥民主党派成员人才集中优势……（69）
搞好与民主党派关系……（69）
创新工作……（69）
侨台工作……（69）
涉台事务……（69）
概况……（69）
推动海台经贸合作……（69）
推进两地交流交往……（70）
涉台宣传工作……（70）
基础工作……（70）
指导台谊会工作……（70）
区机关工委……（70）
概况……（70）
基层组织建设……（70）
党员教育培训……（70）
发展党员……（70）
积极分子培训……（70）
组织关系排查……（70）
机关志愿者爱心帮扶……（71）
党员志愿者进社区行动……（71）
机关党员志愿服务……（71）
机关文体活动……（71）
离退休干部管理……（71）
概况……（71）
老干部政治待遇……（71）
成立“非建制性”社区离退休干部党支部……（71）
老干部生活待遇……（71）
服务老干部……（71）
开展文体活动……（71）
信访工作……（71）

概况 …… (71)
信访业务规范化建设 …… (71)
落实信访工作责任 …… (72)
完善依法信访引导 …… (72)
加大领导干部接访包案化解力度 …… (72)
加强督查和责任追究 …… (72)
机要保密工作 …… (72)
概况 …… (72)
完善密码业务管理 …… (72)
加强信息化建设 …… (72)
保密检查管理 …… (72)
保密宣传教育 …… (72)
增强服务大局意识 …… (72)
档案工作 …… (72)
概况 …… (72)
档案整理入库 …… (72)
教育培训和宣传工作 …… (73)
目标管理达标升级工作 …… (73)
档案利用 …… (73)
现行文件查阅 …… (73)
档案年检考核 …… (73)
信息工作 …… (73)
概况 …… (73)
提高信息业务能力 …… (73)
抓住上报信息的原材料 …… (73)
找准上报信息的着重点 …… (73)
把握上报信息的时效性 …… (73)
信息成果 …… (73)
存在不足 …… (73)

海州区人民代表大会

综　述 …… (74)
重要会议 …… (74)
海州区第十七届人民代表大会第五次会议 …… (74)
海州区十七届人大常委会第二十七次会议 …… (74)
海州区十七届人大常委会第二十八次会议 …… (74)
海州区十七届人大常委会第二十九次会议 …… (74)
海州区十七届人大常委会第三十次会议 …… (74)
海州区十七届人大常委会第三十一次会议 …… (75)
海州区十七届人大常委会第三十二次会议 …… (75)
海州区十七届人大常委会第三十三次会议 …… (75)
海州区十七届人大常委会第三十四次会议 …… (75)
主要工作 …… (75)
工作监督 …… (75)
法律监督 …… (75)
代表工作 …… (75)
建议督办 …… (76)
人事任免 …… (76)

海州区人民政府

综　述 …… (77)
区政府领导成员分工 …… (78)
重要会议 …… (78)
区政府第22次常务会议 …… (78)
区政府第23次常务会议 …… (79)
区政府第24次常务会议 …… (80)
区政府第25次常务会议 …… (80)
区政府第26次常务会议 …… (81)
重要施政 …… (81)
区出台耕地占补平衡补充项目资金管理暂行办法 …… (81)
设立区市场监督管理局 …… (81)
滨河新区、海州开发区代管相关区域 …… (81)
完善城乡居民基本养老保险制度 …… (82)
公务用车制度改革 …… (82)
区城乡环卫一体化 …… (82)
链接： …… (82)
一、职责调整 …… (82)
二、主要职责 …… (82)
三、内设机构 …… (83)
四、直属行政机构 …… (85)
五、派出机构 …… (85)
六、人员编制和领导职数 …… (85)
七、其他事项 …… (85)
八、附则 …… (86)
表2　海州区市场监督管理局11个分局编制分配表 …… (86)
法治政府建设 …… (86)
概况 …… (86)
重视依法行政工作 …… (86)
建设依法行政队伍 …… (86)
开展各类学法活动 …… (87)

加快行政审批事项改革 ……（87）
完善行政执法机制体制 ……（87）
法治专题讲座 ……（87）
人事人才工作……（88）
概况 ……（88）
人才引进 ……（88）
公务员培训 ……（88）
军转干部管理 ……（88）
职称评定 ……（88）
人员招聘计划 ……（88）
侨务工作……（88）
概况 ……（88）
侨务社区创建 ……（88）
侨法宣传 ……（89）
为侨服务 ……（89）
涉侨信访工作 ……（89）
目标管理考核……（89）
概况 ……（89）
体系变化 ……（90）
机关事务管理……（90）
概况 ……（90）
成立海州区机关事务管理中心 ……（90）
办公用房整改和清理 ……（90）
公共机构节能 ……（90）
推进节约型机关建设 ……（90）
机关事务管理和服务 ……（91）
公车改革 ……（91）
改造市民文化活动广场 ……（91）
信息报送 ……（91）
地方志工作……（91）
概况 ……（91）
编纂出版《海州年鉴》……（91）
《连云港市新浦区新志》出版发行 ……（92）
年鉴编纂基础知识培训 ……（92）
人大建议与政协提案办理……（92）
人大建议办理概况 ……（92）
人大建议办理情况 ……（92）
政协提案办理概况 ……（93）
政协提案办理情况 ……（93）

政协海州区委员会

综　述……（94）
重要会议……（94）
海州区政协八届五次全会 ……（94）
常委会议 ……（94）
主席会议 ……（94）
主要工作……（94）
专题调研 ……（94）
建言献策 ……（95）
提案办理 ……（95）
界别活动情况 ……（95）
联络联谊情况 ……（95）
民主监督 ……（95）

纪检　监察

综　述……（96）
重要会议……（96）
全区纪检监察工作推进暨业务培训会 ……（96）
全区纪检监察干部警示教育会议 ……（96）
主要工作……（96）
落实“两个责任” ……（96）
巡查成果 ……（97）
作风建设 ……（97）
案件查办 ……（97）
机构及队伍建设……（97）
纪检体制改革 ……（97）
教育引导 ……（97）

民主党派　工商联

民革海州地区组织……（98）
概况 ……（98）
思想建设 ……（98）
组织建设 ……（98）
参政议政 ……（98）
开展主题调研活动 ……（98）
社情民意 ……（98）
涉台工作 ……（98）
社会服务 ……（99）
民盟海州地区组织……（99）
概况 ……（99）
主题活动 ……（99）
学习培训 ……（99）
宣传工作 ……（99）
参政议政 ……（99）
社情民意 ……（99）
社会服务 ……（100）
民建海州地区组织……（100）
概况 ……（100）
调查研究 ……（100）

建言献策 ……（100）
宣传工作 ……（100）
组织建设 ……（100）
社会服务 ……（100）
民进海州地区组织 ……（100）
概况 ……（100）
思想建设 ……（100）
建言献策 ……（101）
组织建设 ……（101）
农工民主党海州地区组织 ……（101）
概况 ……（101）
学习实践活动 ……（101）
党史研究 ……（101）
专题调研 ……（101）
建言献策 ……（102）
信息工作 ……（102）
送书工程 ……（102）
健康服务行 ……（102）
帮扶活动 ……（102）
致公党海州地区组织 ……（103）
概况 ……（103）
创建活动 ……（103）
强化学习培训 ……（103）
宣传工作 ……（103）
敬业爱岗受表彰 ……（103）
参政议政 ……（103）
社会服务 ……（103）
纪念市级组织成立30周年系列活动 ……（103）
九三学社海州地区组织 ……（103）
概况 ……（103）
参政议政 ……（104）
调查研究 ……（104）
各类荣誉 ……（104）
基层换届 ……（104）
社会服务 ……（104）
海州区工商业联合会 ……（104）
概况 ……（104）
服务中心工作 ……（104）
提高参政议政水平 ……（104）
提升服务效能 ……（105）
打造高素质工商联队伍 ……（105）
开展光彩事业工作 ……（105）

群众团体

海州区总工会 ……（106）
概况 ……（106）
组织建设 ……（106）
基层民主管理 ……（106）
打造工资集体协商新模式 ……（106）
安全保障 ……（107）
职工法律维权 ……（107）
帮扶服务 ……（107）
提升职工素质 ……（107）
职工文化建设 ……（107）
学习型和知识型创建活动 ……（107）
创新工作 ……（107）
共青团海州区委员会 ……（107）
概况 ……（107）
以主流价值观引导青少年 ……（108）
以先进典型激励青少年 ……（108）
以新兴方式凝聚青年 ……（108）
开展青年志愿服务 ……（108）
支持青年创业创新 ……（108）
拓展服务青年半径 ……（108）
借力党建夯实团建基础 ……（108）
推进区域化团建工作 ……（108）
加强基层团组织建设 ……（108）
开展青少年维权工作 ……（108）
加大重点青少年群体管理力度 ……（108）
加强对弱势青少年群体的关爱关注度 ……（108）
海州区妇女联合会 ……（109）
概况 ……（109）
单亲特困母亲圆梦行动 ……（109）
巾帼创业就业 ……（109）
关爱困境儿童 ……（109）
巾帼志愿活动 ……（109）
法制宣传教育 ……（109）
女干部素质教育 ……（109）
海州区科学技术协会 ……（109）
概况 ……（109）
《纲要》实施工作 ……（110）
海州区文学艺术界联合会 ……（110）
概况 ……（110）
文艺精品创作频频获奖 ……（110）
文艺展览活动 ……（111）
协会活动 ……（111）
文艺阵地建设 ……（111）
文艺载体建设 ……（111）
文艺人才队伍建设 ……（111）
文艺交流培训 ……（111）
海州区个体私营经济协会 ……（111）

概况 ……（111）
走访非公企业 ……（112）
加强非公党建 ……（112）
支部规范化建设 ……（112）
协会活动 ……（112）
会员企业活动 ……（112）
评选诚信之星 ……（112）
开展“三亮”活动 ……（112）
海州区红十字会……（112）
概况 ……（112）
三献工作 ……（112）
开展救助工作 ……（112）
“百万救护培训”工作 ……（112）
建立立体宣传格局 ……（112）
千名机关志愿者爱心帮扶活动 ……（113）
推进“BRT生命绿色通道”工程 ……（113）
红十字文化进校园活动 ……（113）
海州区归国华侨联合会……（113）
概况 ……（113）
第四次归侨侨眷代表大会 ……（113）
健全工作机制 ……（113）
参政议政 ……（113）
为侨服务 ……（113）
成立侨商会 ……（113）
建立合作交流平台 ……（113）

法　治

政法委及综治工作……（114）
综　述……（114）
平安海州建设……（114）
矛盾纠纷排查化解……（114）
信息系统建设 ……（114）
群防群治 ……（114）
打击违法犯罪 ……（114）
技防网络建设 ……（114）
法治海州建设……（114）
重大决策科学规范 ……（114）
行政执法阳光运行 ……（114）
司法公开 ……（115）
法制宣传 ……（115）
政法队伍建设……（115）
作风建设 ……（115）
教育培训 ……（115）
便民服务 ……（115）
基层基础建设……（115）
便民服务平台建设 ……（115）
网格化和信息化建设 ……（115）
基层法治规范化 ……（115）
法治惠民工程 ……（116）
公安工作（海州分局）……（116）
综　述……（116）
维护社会稳定……（116）
安全保卫 ……（116）
突发事件应急处置 ……（116）
强化矛盾化解 ……（116）
信访积案化解 ……（116）
刑事案件侦破……（116）
紧盯大要案件侦破 ……（116）
民生小案侦破 ……（116）
做优打处质效 ……（116）
社会治安管控……（117）
社会治安乱点整治 ……（117）
打击黄赌毒娼 ……（117）
强化安全监管 ……（117）
强化网吧管理 ……（117）
舆情导控 ……（117）
户籍管理 ……（117）
基层基础建设……（117）
巡逻体系重组 ……（117）
源头信息采集 ……（117）
视频监控建设 ……（117）
队伍建设……（117）
群众路线教育实践活动 ……（117）
提升服务民生效能 ……（118）
狠抓执法规范化 ……（118）
公安工作（高新区分局）……（118）
综　述……（118）
稳定社会治安大局……（118）
维护政治稳定 ……（118）
反恐维稳工作 ……（118）
情报信息工作 ……（118）
矛盾纠纷化解 ……（118）
突发事件预防处置 ……（118）
收紧违法犯罪空间……（119）
增强人民群众安全感 ……（119）
严打严重暴力犯罪 ……（119）
快攻侵财性案件 ……（119）
猛攻经济犯罪 ……（119）
打牢刑侦根基 ……（119）
改善社会治安环境……（120）
治安查处打击能力稳步提升 ……（120）

治安行政手段更加有效 ……（120）
治安防范网络日趋严密 ……（120）
人口管控效能显著增强 ……（120）
增强履职尽责能力……（120）
切实履行行政职责 ……（120）
切实履行监管职责 ……（120）
切实履行保卫职责 ……（120）
优化警营生态文化……（120）
搭建廉政文化平台 ……（120）
搭建书香文化平台 ……（121）
搭建职业文化平台 ……（121）
规范管理平台 ……（121）
检察工作……（121）
综　述……（121）
打击刑事犯罪……（121）
严惩各类刑事犯罪 ……（121）
从宽处理轻微刑事犯罪 ……（121）
惩防职务犯罪……（122）
查办职务犯罪 ……（122）
预防职务犯罪 ……（122）
诉讼监督……（122）
刑事诉讼监督 ……（122）
刑事执行监督 ……（122）
民事行政检察监督 ……（122）
创新社会管理……（122）
化解社会矛盾纠纷 ……（122）
加强环境资源保护 ……（122）
成立“青春护航”工作室 ……（122）
建立社区信息联络员制度 ……（122）
检察改革……（123）
司法责任制改革 ……（123）
深化检务公开 ……（123）
建立提前介入侦查活动机制 ……（123）
完善羁押必要性审查 ……（123）
加强基础工作……（123）
规范司法行为专项整治工作 ……（123）
主动接受外部监督 ……（123）
加强检务保障建设 ……（123）
法院工作……（123）
综　述……（123）
审判工作……（123）
刑事审判 ……（123）
民商事审判 ……（123）
行政审判 ……（123）
环保审判 ……（123）
司法为民……（124）
提升服务效能 ……（124）
打响执行攻坚战 ……（124）
推进阳光司法 ……（124）
公正司法……（124）
优化资源配置 ……（124）
强化审判管理 ……（124）
狠抓裁判质量 ……（124）
推进基础建设 ……（124）
队伍建设……（124）
思想政治建设 ……（124）
司法能力建设 ……（125）
审判辅助力量建设 ……（125）
司法作风建设 ……（125）
司法行政工作……（125）
综　述……（125）
法制宣传……（125）
普法教育 ……（125）
“双示范”工程 ……（125）
新媒体普法便民工程 ……（125）
人民调解……（126）
重点时期矛盾纠纷排查调处 ……（126）
多元融合式矛盾纠纷调处机制建设 ……（126）
调解员队伍业务培训 ……（126）
落实调解案件补贴 ……（126）
法律服务……（126）
服务区重点工程及重大项目 ……（126）
法律援助 ……（126）
服务企业 ……（126）
开展法律服务进司法所活动 ……（126）
特殊人群管理服务……（126）
中心建设 ……（126）
社区矫正 ……（126）
安置帮教 ……（127）
基层基础建设……（127）
信息化建设 ……（127）
打造区镇村三级公共法律服务平台 ……（127）
司法所规范化建设 ……（127）
法治交通工作……（127）
概况 ……（127）
专项整治 ……（127）
源头监管 ……（127）
拓宽宣传渠道 ……（127）
道路交通基础保障 ……（128）
创新交通管理勤务模式 ……（128）
提高科技建设应用水平 ……（128）
开辟征求意见渠道 ……（128）

创新服务举措 ……（128）
服务群众 ……（128）
执法规范 ……（128）
常态监管 ……（128）
考核激励 ……（128）

武　装

人民武装……（129）
概况 ……（129）
思想政治教育 ……（129）
召开区委常委议军会议 ……（129）
战备工作 ……（129）
征兵工作 ……（129）
民兵组织整顿 ……（129）
拥政爱民活动 ……（129）
预备役高炮五团……（130）
概况 ……（130）
开展“三严三实”专题教育活动 ……（130）
主题和专题教育 ……（130）
扶贫助困 ……（130）
抓好军事训练中的政治工作 ……（130）
深入彻底消除郭徐案件影响 ……（130）
加强现役和预任军官的管理教育 ……（130）
加强战备工作 ……（130）
开展练将练官活动 ……（131）
提高实战化能力 ……（131）
组织自评整改 ……（131）
开展依法从严治军大检查 ……（131）
抓好日常管理 ……（131）
营连正规化建设 ……（131）
后勤和装备保障能力建设 ……（131）
作风建设 ……（132）
新浦消防大队……（132）
概况 ……（132）
处警状况 ……（132）
典型火灾案例 ……（132）
网格化管理 ……（132）
消防宣传 ……（132）
消防隐患整治 ……（132）
海州消防大队……（132）
概况 ……（132）
完善消防工作机制 ……（133）
火灾隐患排查整治 ……（133）
消防走访调查 ……（133）
推进“全警消防” ……（133）
提高官兵业务素质 ……（133）
消防宣传教育 ……（133）
人民防空……（133）
概况 ……（133）
建立健全战时人防指挥体系 ……（133）
人防专业队整组和演练 ……（133）
修订防空袭预案 ……（133）
组织民防知识“四进”活动 ……（133）
防空警报维护管理 ……（134）
“9·18”防空袭演练……（134）
人防工程维护管理 ……（134）
武警连云港市支队……（134）
概况 ……（134）
执勤战备 ……（134）
安全管理 ……（134）
基层建设 ……（134）
后勤保障 ……（134）
连云港公安边防支队……（135）
概况 ……（135）
爱民固边 ……（135）
四项建设 ……（135）
综合保障 ……（135）

城乡建设与管理

综　述……（136）
城镇规划……（136）
概况 ……（136）
民房管理 ……（136）
市政建设……（136）
市政养护管理 ……（136）
破损道路维修 ……（136）
城区防汛排涝……（136）
城市汛情 ……（136）
汛前准备 ……（137）
浦西排水沟整治 ……（137）
防汛物资储备仓库建设 ……（137）
旧城改造与房屋征收……（137）
概况 ……（137）
人性化做好征收补偿工作 ……（137）
征收拆迁结转项目 ……（137）
新实施征收项目 ……（137）
组织领导 ……（137）
规范管理 ……（137）
完善服务 ……（137）
督查考核 ……（138）

园林绿化建设……(138)
园林绿化……(138)
游园公园提升……(138)
创建绿化模范城市……(138)
村镇建设……(138)
村庄环境整治……(138)
农村公路建设……(138)
310国道通过国检……(138)
建筑业……(139)
建筑业发展……(139)
质量安全管理……(139)
清欠工作……(139)
房管物管……(139)
住房保障……(139)
推动危旧房改造……(139)
物业管理……(139)
老旧小区改造……(139)
市容管理……(139)
市容秩序整治……(139)
小广告清理……(139)
做好亮化和环境渲染工作……(139)
城市环境综合整治……(139)
数字化城管……(140)
创新市容管理模式……(140)
禁违拆违……(140)
环卫工作……(140)
环境卫生整治……(140)
环卫设施建设……(140)
环卫城乡统筹……(140)
背街小巷保洁……(140)
重大活动保障……(140)
软环境建设……(140)
执法队伍建设……(140)
依法行政工作……(140)

交通运输

交通运输行业管理……(141)
概况……(141)
改善管理服务方式……(141)
稳控汽车出租行业……(141)
推进客货运输场站建设……(141)
调结构转方式……(141)
加快维修检测行业转型升级……(141)
提升驾培行业发展能力……(142)
建设法治运管机构……(142)
强化行业安全监管……(142)
维护运输市场秩序……(142)
圆满完成重大活动运输……(142)
党风廉政建设……(142)
公路运输……(142)
新浦运输管理所……(142)
概况……(142)
年审办证……(142)
解决监管新难题……(143)
淘汰营运黄标车……(143)
车辆卫星定位系统监管……(143)
品牌培育……(143)
源头治超……(143)
驻站监管……(143)
做好诚信考核……(143)
专题教育活动……(143)
海州运输管理所……(143)
概况……(143)
审验运营证件……(143)
结构优化调整……(143)
货物运输监督检查……(143)
推荐信誉企业……(143)
教育培训……(144)
营运车辆安装北斗卫星定位装置……(144)
淘汰黄标车……(144)
源头治超……(144)
安全监管……(144)
驻站监管……(144)
铁路运输……(144)
概况……(144)
开展争先创优活动……(144)
加强培训提高人员素质……(144)
健全长效机制……(144)
品牌创建……(145)
拓展服务范围……(145)
启用新的售票系统……(145)
连云港站改建……(145)
内河运输……(145)
海通航运……(145)
概况……(145)
企业发展……(145)
拓展新业务……(145)
江苏省首批三艘纯天然气动力示范船吉水试航……(145)
争取资金支持……(145)
安全管理……(145)

港　口……（146）
新浦港……（146）
海州港……（146）
航道管理……（146）
水上ETC开通运行……（146）
水运工程获国家优质奖……（146）
盐灌船闸工程整体通过验收……（146）
依法行政……（146）
文明创建……（146）
城市公交……（146）
海通公交……（146）
概况……（146）
经营指标……（146）
公交车辆更新……（146）
充电站建设……（147）
优化公交运营线网……（147）
整治尾气排放……（147）
经营结构转型……（147）
搭建公交网服务平台……（147）
开通火车站快速专线运营……（147）
安全生产……（147）
安全管理……（147）
强化机务管理……（147）
创新公交服务模式……（147）
举办职工技能大赛……（147）
开通公交服务热线……（148）
推广先进工作法……（148）
企业文化建设……（148）
党风廉政建设……（148）
关心职工疾苦……（148）
机动车环保检测线投入运营……（148）
新浦汽车客运总站……（148）
概况……（148）
站务管理……（148）
严控费用……（149）
安全管理……（149）
确保营收增长……（149）
做好节假日客运……（149）
提升员工业务水平……（149）
科技化售票……（149）
发挥党支部核心作用……（149）
工会建设……（149）
抓“雷锋车”品牌建设……（149）
江苏省连云港汽车运输总公司旅游出租分公司……（149）
概况……（149）
提升管理效能……（150）
生产经营……（150）
安全管控……（150）
教育培训……（150）
服务质量管理……（150）
抓好维稳工作……（150）
精神文明建设……（151）
城市公共自行车……（151）
概况……（151）
项目建设……（151）
运营管理……（151）
宣传推广……（151）

环境保护

综　述……（152）
环境质量……（152）
水环境质量……（152）
大气环境质量……（152）
声环境质量……（152）
工业固体废物……（152）
环境综合整治……（152）
水污染防治……（152）
大气污染防治……（152）
环境噪声污染防治……（152）
危险废弃物管理……（153）
生态环境保护……（153）
生态环境建设……（153）
环境监察……（153）
环境宣教……（153）
节能减排……（153）
生活污染减排……（153）
大气污染减排……（153）
农业污染减排……（153）

开放型经济

综　述……（154）
表3　2015年海州区新批三资企业情况表……（154）
招商引资……（155）
进出口贸易……（155）
对外经济合作……（155）
海州经济开发区建设……（156）
海州工业园……（156）
概况……（156）
产业升级……（156）

民生建设 ……(156)
招商引资 ……(156)
科技创新 ……(156)
党建工作 ……(156)
法治建设 ……(157)
重要活动 ……(157)
新浦工业园……(157)
概况 ……(157)
招商引资项目 ……(157)
项目推进 ……(157)
园区基础设施建设 ……(157)
中小企业园建设 ……(157)
社会事业 ……(157)
行政村简介 ……(158)
滨河新区建设……(158)
概况 ……(158)
科学规划 ……(158)
招商选商 ……(158)
基础设施建设 ……(159)
民生重点工程项目 ……(159)
月牙岛湿地公园建设 ……(159)
海州电子信息产业园……(160)
概况 ……(160)
项目建设情况 ……(160)
项目推进情况 ……(161)
锦屏工业集中区……(161)
概况 ……(161)
基础设施建设 ……(161)
园区提档升级 ……(161)
洪门工业园……(161)

农业与农村工作

综　述……(162)
农业结构调整……(162)
概况 ……(162)
特色农业基地建设 ……(162)
高效农业保险 ……(162)
农业龙头企业 ……(162)
休闲观光农业 ……(162)
农业信息化建设 ……(162)
种植业……(163)
粮食生产 ……(163)
农作物保护 ……(163)
表4　2015年海州区粮食作物种植情况表 ……(163)
经济作物 ……(164)
养殖业……(164)
畜牧生产 ……(164)
防疫检疫 ……(164)
动物卫生监督 ……(164)
渔　业……(165)
捕捞养殖 ……(165)
渔政执法 ……(165)
渔船管理和渔业安全生产 ……(165)
林果花卉……(165)
林业资源 ……(165)
林业生产 ……(165)
花卉苗木 ……(165)
果树种植 ……(165)
森林保护 ……(165)
锦屏林场……(166)
国有山林经营 ……(166)
森林防火 ……(166)
农业机械化……(166)
概况 ……(166)
农机安全管理 ……(166)
农机跨区作业 ……(166)
农机购置补贴 ……(166)
插秧机推广 ……(166)
秸秆还田工作 ……(166)
农业综合开发……(166)
土地治理 ……(166)
产业化扶持 ……(166)
丘陵山区开发 ……(166)
农村土地承包管理……(166)
土地流转管理和适度规模经营 ……(166)
土地承包确权登记颁证 ……(166)
新型农业经营主体建设……(167)
农业专业合作社 ……(167)
家庭农场 ……(167)
表5　2015年海州区蔬菜专业合作社一览表 ……(167)
农村管理……(168)
粮农综合补贴 ……(168)
农资市场监管 ……(168)
村级集体经济 ……(168)
农村财务监督机制 ……(168)
农村社区股份合作制改革 ……(168)
产业扶贫 ……(169)
技能培训 ……(169)
低收入农户脱贫 ……(169)

农田水利……（169）
农田水利建设……（169）
河道疏浚整治……（169）
水库移民后期扶持工作……（169）
水政水资源管理……（169）
防汛抗旱……（169）
重点河道防洪……（169）
防汛防旱责任制……（170）
河库清障……（170）
汛前检查……（170）
防汛物资和抢险队伍……（170）

工业经济

综　述……（171）
创新服务……（171）
开展“企业服务年”活动……（171）
工业项目扎实推进……（171）
组织政策资金项目申报……（171）
新型工业化推进有力……（171）
节能减排助推低碳经济发展……（172）
新能源产业及企业选介……（172）
概况……（172）
日出东方太阳能股份有限公司……（172）
装备制造业及企业选介……（172）
概况……（172）
连云港鹰游集团……（172）
连云港天明装备有限公司……（172）
连云港黄海机械股份有限公司……（172）
江苏齐天铁塔制造有限公司……（172）
连云港远洋流体装卸设备有限公司……（173）
连云港水表有限公司……（173）
连云港市港圣开关制造有限公司……（173）
连云港康达智精密技术有限公司……（173）
连云港天邦科技开发有限公司……（173）
纺织工业及企业选介……（173）
概况……（173）
连云港瑞琪纺织品有限公司……（174）
连云港金典服饰有限责任公司……（174）
新医药产业及企业选介……（174）
概况……（174）
正大天晴药业集团股份有限公司……（174）
食品工业及企业选介……（174）
概况……（174）
青岛啤酒（连云港）有限公司……（174）
连云港九州科技饲料有限公司……（174）
化学工业及企业选介……（174）
概况……（174）
连云港新磷矿化有限责任公司……（175）
江苏德邦化学工业集团有限公司……（175）
连云港泰乐化学工业有限公司……（175）
连云港市泰格油墨化学有限公司……（175）
新材料产业及企业选介……（175）
概况……（175）
连云港联瑞新材料有限责任公司……（176）
江苏乐园新材料集团有限公司……（176）
江苏中鹏新材料股份有限公司……（176）
建材工业及企业选介……（176）
概况……（176）
江苏东浦有限公司……（176）
连云港奥林匹亚石材有限公司……（176）
江苏东盛商品混凝土有限公司……（176）

商贸服务业

综　述……（177）
商贸流通……（177）
概况……（177）
市场建设……（177）
品牌建设……（177）
专项行动……（177）
质量强区……（177）
计量惠民活动……（177）
特种设备监管……（177）
电子商务……（178）
商贸服务企业……（178）
商贸个体户……（178）
白虎山庙会……（178）
现代商圈建设……（178）
概况……（178）
中心商圈……（178）
西区商圈……（179）
东区商圈……（179）
特色街区　专业市场……（179）
概况……（179）
盐河巷风情一条街……（179）
连云港时尚莱迪购物广场……（179）
海州古城文化街……（179）
连云港兴隆国际商贸广场……（179）
海州白虎山批发市场……（179）
陇海步行街……（180）
概况……（180）

街区改造 ……………………（180）
招商引资 ……………………（180）
旅游经贸活动 ……………………（180）
举办“一带一路”美食节 ……………………（180）
文明创建 ……………………（180）
党群工作 ……………………（180）
微商建设 ……………………（181）
城市综合体、超市、商场 ……………………（181）
概况 ……………………（181）
连云港苏宁广场 ……………………（181）
中央国际 ……………………（181）
苏果超市 ……………………（181）
北京华联连云港店 ……………………（181）
奥迪城市展厅 ……………………（181）
生活服务业……………………（181）
概况 ……………………（181）
住宿和餐饮业 ……………………（181）
居民服务和修理业 ……………………（181）
换发餐饮服务许可证 ……………………（181）
农贸市场……………………（182）
概况 ……………………（182）
四季农产品交易中心 ……………………（182）
金宝农贸市场 ……………………（182）
岗埠农场农贸市场 ……………………（182）
巨龙菜市场 ……………………（182）
南门农贸市场 ……………………（182）
中华老字号……………………（182）
概况 ……………………（182）
汪恕有滴醋 ……………………（182）
板浦香肠 ……………………（182）
市场管理……………………（182）
概况 ……………………（182）
管理机制 ……………………（183）
制售假冒伪劣商品查处 ……………………（183）
年报信息公示 ……………………（183）
经营户信用评定 ……………………（183）
重合同守信用企业认定 ……………………（183）
市场情况 ……………………（183）
供销合作商业……………………（183）
概况 ……………………（183）
农村电子商务 ……………………（183）
建立农产品生鲜社区自提点 ……………………（183）
农产品配送中心建设 ……………………（183）
建立特色农产品馆 ……………………（184）
农田托管 ……………………（184）
基层组织体系改造提升 ……………………（184）
保障农资供应 ……………………（184）
服务创优 ……………………（184）
化解历史遗留问题 ……………………（184）
粮食购销……………………（184）
概况 ……………………（184）
粮食收购 ……………………（184）
表6 2015年海州区国有粮食企业粮食收购统计表 ……………………（184）
粮食销售 ……………………（185）
表7 2015年海州区国有粮食企业粮食销售统计表 ……………………（185）
粮食储存与保管 ……………………（185）
表8 2015年海州区国有粮食企业粮食储存统计表 ……………………（185）
粮油市场监督管理 ……………………（186）
放心粮店评审 ……………………（186）
表9 2015年海州区市级放心粮店一览表……（186）
粮食加工 ……………………（186）
表10 2015年海州区粮食加工企业产量统计表 ……………………（186）
粮油价格 ……………………（186）
表11 2015年海州区粮油价格涨跌情况统计表 ……………………（187）
专营专卖……………………（187）
食盐专营……………………（187）
概况 ……………………（187）
盐政管理 ……………………（187）
食品品种结构调整 ……………………（187）
非盐经营 ……………………（187）
门店转型 ……………………（187）
石油专营……………………（188）
信息服务业……………………（188）
邮 政……………………（188）
概况 ……………………（188）
举行特种邮票首发式 ……………………（188）
开发乡贤明信片册 ……………………（188）
主题宣传活动 ……………………（188）
通过质量管理体系监督审核 ……………………（188）
档案工作三星级标准通过复查 ……………………（188）
“爱心驿站”创建活动 ……………………（188）
参加全市女职工趣味运动会 ……………………（188）
建成首家社区便民服务站 ……………………（188）
电 信……………………（188）
概况 ……………………（188）
业务经营 ……………………（188）
智慧连云港建设 ……………………（189）

中国联通连云港分公司……（189）
概况 ……（189）
业务发展 ……（189）
销售渠道建设 ……（189）
通信工程建设 ……（189）
网络运行 ……（189）
服务状况 ……（189）
物流业……（189）
海通物流……（189）
概况 ……（189）
生产经营效益提升 ……（189）
加强科学管理 ……（189）
优化结构 ……（190）
推进产业转型 ……（190）
强化安全管理 ……（190）
海州智慧物流产业园……（191）
概况 ……（191）
物流人才培训 ……（191）
构建供应链管理平台 ……（191）
建立现代商贸综合模式 ……（191）
快　递……（191）
概况 ……（191）
江苏云柜网络技术有限公司 ……（191）
云柜进社区 ……（191）

旅 游 业

综　述……（192）
旅游资源……（192）
基本情况 ……（192）
孔望山景区 ……（192）
桃花涧景区 ……（192）
连云港市革命纪念馆 ……（192）
民主路文化旅游区 ……（192）
旅游项目开发和建设……（192）
市级旅游重点项目 ……（192）
区级乡村游重点项目 ……（193）
锦屏山景区综合开发 ……（193）
月牙岛旅游开发 ……（193）
民主路改造工程 ……（193）
云台水生花卉园扩建 ……（193）
重点工作……（193）
“四大专项行动”……（193）
旅游市场百日专项整治 ……（193）
廉政文化进景区 ……（193）
行业管理……（193）
创优争先 ……（193）
安全生产 ……（193）
提升游客满意度 ……（193）
宣传促销……（193）
促销展示活动 ……（193）
旅游节庆活动 ……（194）
旅游产品推介 ……（194）
重要活动……（194）
表12　2015年海州区国家等级旅游景区一览表 ……（195）
表13　2015年海州区省星级乡村旅游区一览表 ……（195）
表14　2015年海州区星级饭店一览表 ……（195）

金 融 业

综　述……（196）
中国人民银行连云港市中心支行……（196）
概况 ……（196）
货币政策 ……（197）
金融改革创新 ……（197）
稳定金融基础工作 ……（197）
金融监管 ……（197）
外汇管理服务 ……（197）
中国工商银行股份有限公司连云港分行……（197）
概况 ……（197）
支持地方经济发展 ……（197）
服务社会 ……（197）
中国农业银行股份有限公司连云港分行……（197）
概况 ……（197）
业务产品创新取得新突破 ……（198）
发展三农业务 ……（198）
中国农业发展银行连云港市分行……（198）
概况 ……（198）
提升支农成效 ……（198）
提高资金质效 ……（198）
优化金融服务 ……（198）
中国银行股份有限公司连云港分行……（199）
中国建设银行股份有限公司连云港分行……（199）
概况 ……（199）
存款业务 ……（199）
贷款业务 ……（199）
交通银行连云港分行……（199）
概况 ……（199）
支持海州地区经济发展 ……（199）
成功堵截电信诈骗 ……（199）

江苏银行连云港分行……（200）
概况……（200）
支持地方经济发展……（200）
支持小微企业发展……（200）
推行科技金融"五方联动工程"……（200）
表15 江苏银行连云港分行驻海州区支行一览表……（200）
连云港东方农村商业银行股份有限公司……（201）
概况……（201）
揽储并举存款增长……（201）
优化信贷结构……（201）
发展中间业务……（201）
加强金融管理……（201）
中国邮政储蓄银行连云港市分行……（201）
概况……（201）
业务经营……（202）
上海浦东发展银行股份有限公司连云港分行……（202）
概况……（202）
经营能力……（202）
创新业务……（202）
太仓农村商业银行新浦支行……（202）
概况……（202）
存贷业务……（202）
招商银行股份有限公司连云港分行……（203）
概况……（203）
支持实体经济……（203）
支持港口发展……（203）
支持小微企业发展……（203）
支持民生工程……（203）
中国人民财产保险股份有限公司连云港市分公司……（203）
概况……（203）
业务经营……（203）
服务三农……（203）
理赔服务……（204）
中国人民人寿保险股份有限公司连云港中心支公司……（204）
概况……（204）
经营效益……（204）
中国人寿财产保险股份有限公司连云港市中心支公司……（204）
概况……（204）
经营效益……（204）
规范经营……（204）
中国太平洋人寿保险股份有限公司连云港中心支公司……（204）
概况……（204）
保险业务……（205）
重大赔付……（205）
中国太平洋财产保险股份有限公司连云港中心支公司……（205）
概况……（205）
车险业务……（205）
非车险业务……（205）
中华联合财产保险股份有限公司连云港中心支公司……（206）
概况……（206）
车险业务……（206）
坚守承保盈利……（206）
拓展新保源……（206）
未决案件管理……（206）
重大案件处理……（206）
打假减损……（206）
天安财产保险股份有限公司连云港中心支公司……（206）

财政　税务

财　政……（207）
概况……（207）
财政收入……（207）
财政支出……（207）
财政收支管理……（207）
资产清查……（207）
资产信息系统建设……（207）
保障教育事业……（208）
落实涉农财政政策……（208）
保障环境卫生整治……（208）
保障区重点工程项目建设……（208）
深化财税体制改革……（208）
政府性债务管理……（208）
税　务……（208）
国税第三分局……（208）
概况……（208）
国税收入……（208）
表16 2015年度国税三分局分税种收入情况表……（208）
税源预测和收入分析……（209）
重点行业税收情况……（209）
表17 2015年国税三分局分行业税收增幅情况表……（209）
税收风险应对……（209）
欠税追征……（210）

首次强制执行 ……（210）
税收改革 ……（210）
绩效管理 ……（210）
国税第四分局……（210）
概况 ……（210）
组织税收 ……（210）
纳税服务 ……（210）
税收改革 ……（211）
税收管理 ……（211）
地税第六分局……（211）
概况 ……（211）
建筑项目税收排查 ……（211）
涉税风险排查 ……（211）
税收管理 ……（211）
落实税收执法责任制 ……（211）

综合经济管理

经济运行管理……（212）
概况 ……（212）
指标计划管理 ……（212）
经济运行监测 ……（212）
编制“十三五”规划纲要 ……（212）
服务发展 ……（212）
产业发展 ……（212）
重点项目推进 ……（213）
国土资源管理……（213）
概况 ……（213）
耕地保护 ……（213）
规划修编 ……（213）
土地利用 ……（213）
地政地籍 ……（213）
地质灾害监测 ……（213）
违法用地查处 ……（213）
卫片执法检查 ……（213）
涉土信访 ……（214）
国有资产经营与管理……（214）
概况 ……（214）
特色街区项目建设 ……（214）
完善现代企业管理制度 ……（214）
市场监督管理……（214）
概况 ……（214）
市场主体发展情况 ……（214）
品牌建设 ……（214）
质量监督管理 ……（214）
计量惠民工作 ……（214）
特种设备监管 ……（215）
安全生产监督管理……（215）
概况 ……（215）
安全生产责任落实 ……（215）
安全生产宣传培训 ……（215）
基层安监能力建设 ……（215）
安全网格化管理体系 ……（215）
安全隐患排查治理 ……（216）
打非治违 ……（216）
专业名词解释 ……（216）
物价管理……（216）
概况 ……（216）
价格调控 ……（217）
价格管理 ……（217）
价格监测 ……（217）
收费目录清单及收费公示 ……（217）
平价商店管理 ……（217）
执法检查 ……（217）
处理举报咨询案件 ……（217）
价格服务网络 ……（217）
明码标价 ……（218）
价格诚信 ……（218）
景区整治 ……（218）
统　计……（218）
概况 ……（218）
做精统计产品 ……（218）
创新培训模式 ……（218）
做好新增申报 ……（218）
搭建“大统计”管理架构 ……（219）
普查和重点调查工作 ……（219）
统计干部队伍建设 ……（219）
审　计……（219）
概况 ……（219）
财政预算执行审计 ……（219）
经济责任审计 ……（220）
固定资产投资审计 ……（220）
国有企业绩效审计 ……（220）
党员联系服务群众活动 ……（220）
会　计……（220）
概况 ……（220）
规范会计核算 ……（220）
加强资金管理 ……（220）
强化财政监督 ……（220）
协助清查国有资产 ……（220）
提升服务质量 ……（220）

教　育

综　述……………………………………………………（221）
学前教育…………………………………………………（221）
概况 ……………………………………………………（221）
幼教优质资源增容 ……………………………………（222）
幼儿园特色项目获省市级认证 ………………………（222）
承办省学前教育学会科学年会 ………………………（222）
承担省科技特色园研讨会观摩现场 …………………（222）
基础教育…………………………………………………（222）
概况 ……………………………………………………（222）
课程基地建设 …………………………………………（222）
多举措完善德育机制 …………………………………（222）
教师基本功大赛 ………………………………………（222）
教育特色活动 …………………………………………（222）
随迁务工人员子女入学 ………………………………（223）
教育科研…………………………………………………（223）
概况 ……………………………………………………（223）
释放师生潜能的特色课堂 ……………………………（223）
承办省小学深化课改现场会 …………………………（223）
综合视导与专项视导相结合 …………………………（223）
研训一体提升教师素质 ………………………………（223）
研、赛结合促进教师发展 ……………………………（223）
英语“同课异构”教研活动 ……………………………（223）
教育督导…………………………………………………（224）
概况 ……………………………………………………（224）
推进责任督学挂牌督导 ………………………………（224）
义务教育均衡发展动态监测 …………………………（224）
初中富余教师分流现状调研 …………………………（224）
招生考试…………………………………………………（224）
自学考试 ………………………………………………（224）
中考 ……………………………………………………（224）
中等专业教育……………………………………………（224）
概况 ……………………………………………………（224）
教科研活动 ……………………………………………（224）
寓教育于活动之中 ……………………………………（224）
特殊教育…………………………………………………（225）
概况 ……………………………………………………（225）
医教结合实验 …………………………………………（225）
启动送教上门工作 ……………………………………（225）
职业教育与社会教育……………………………………（225）
概况 ……………………………………………………（225）
举办中小学校长培训班 ………………………………（225）
举办全区终身教育活动周活动 ………………………（225）
学校选介…………………………………………………（225）
表18　2015年海州区初中教育情况一览表
……………………………………………………（227）
表19　2015年海州区高中教育情况一览表
……………………………………………………（227）
表20　2015年海州区特殊教育情况一览表
……………………………………………………（228）
表21　2015年海州区小学教育情况一览表
……………………………………………………（228）
表22　2015年海州区幼儿教育情况一览表
……………………………………………………（230）

科学技术

科技工作…………………………………………………（232）
概况 ……………………………………………………（232）
搭建高新技术服务平台 ………………………………（232）
科技成果 ………………………………………………（232）
科技合作 ………………………………………………（232）
知识产权 ………………………………………………（233）
宣传培训 ………………………………………………（233）
知识产权保护 …………………………………………（233）
科技项目申报 …………………………………………（233）
表23　2015年度海州区获批国家、省、市科技
计划项目汇总表 ………………………………（233）
表24　2015年度海州区新增国家高新技术企业
汇总表 …………………………………………（238）
表25　2015年度海州区新增省级研发机构
汇总表 …………………………………………（238）
表26　2015年度海州区新增省高品汇总表
……………………………………………………（238）
表27　2015年度海州区获批省、市科技进步奖
汇总表 …………………………………………（239）
科学普及…………………………………………………（239）
第二十七届科普宣传周 ………………………………（239）
全国科普日 ……………………………………………（239）
双百小康工程 …………………………………………（240）
科技培训 ………………………………………………（240）
科技下乡 ………………………………………………（240）
防震减灾…………………………………………………（240）
加强科普宣传 …………………………………………（240）
防震减灾应急演练 ……………………………………（240）
防震减灾创建工作 ……………………………………（240）

文化　体育

综　述……………………………………………………（241）

文　化……（241）
文化设施建设……（241）
艺术作品参赛获奖……（241）
文艺精品荟萃……（242）
社会文化活动……（242）
文化遗产保护……（242）
文化市场管理……（242）
文化产业发展……（242）
体　育……（243）
社会体育……（243）
体育设施……（243）
竞技体育……（243）

卫　生

综　述……（244）
医政管理……（244）
医院管理……（244）
中医药管理……（244）
人才队伍建设……（244）
药政管理……（244）
基本药物制度……（244）
疾病预防与控制……（244）
传染病管理……（244）
卫生应急……（244）
结核病防治……（245）
艾滋病与性病防治……（245）
寄生虫病防治……（245）
慢性病防治……（245）
免疫规划……（245）
妇幼保健……（245）
妇幼卫生……（245）
母婴安康工程……（245）
农村与社区卫生……（245）
农村卫生……（245）
公共卫生……（245）
社区卫生……（245）
爱国卫生……（245）
健康港城促进行动……（245）
健康教育……（245）
城乡环境卫生整治……（245）
卫生监督……（245）
依法行政……（245）
医疗市场监管……（245）
公共场所监管……（245）
食品药品监督管理……（246）
概况……（246）
核发新证……（246）
食品监管……（246）
食品专项整治……（246）
药品监管……（246）
药品、化妆品不良反应和器械不良事件监测……（246）
开展中药饮片、医疗器械专项整治……（246）
安全用药月活动……（246）
表28　2015年海州区直属医疗机构一览表……（246）
表29　2015年海州区一级民营医院一览表……（247）
表30　2015年海州区民营门诊部一览表……（247）
表31　2015年海州区村卫生室一览表……（248）

社会　民生

民政事务……（251）
概况……（251）
双拥工作……（251）
社会救助……（251）
“五保”供养……（251）
优抚安置……（251）
社区建设……（251）
发挥社会组织孵化基地功能……（252）
实施社区综合服务平台达标计划……（252）
建立社区投入自然增长机制……（252）
婚姻登记……（252）
殡葬管理……（252）
地名管理……（252）
慈善事业……（252）
概况……（252）
普及慈善文化……（252）
引导公众崇尚善举……（252）
“慈善一日捐”活动……（252）
做好协议捐款接收工作……（252）
加强慈善资金物资使用管理……（252）
慈善救助活动……（252）
慈善组织全覆盖……（253）
人口与计划生育……（253）
概况……（253）
人口文化传播……（253）
计生综合治理……（253）
流动人口信息平台治理……（253）
计生惠民政策……（253）

促进优生工程 ……(253)
流动人口管理 ……(253)
民族宗教工作……(254)
概况 ……(254)
宗教工作审议 ……(254)
政策法规宣传 ……(254)
星级宗教活动场所认定 ……(254)
参加全市少数民族体育运动会 ……(254)
宗教活动场所建设 ……(254)
宗教慈善周 ……(254)
重要活动 ……(254)
老龄事业……(254)
概况 ……(254)
扶持社会办养老机构 ……(254)
发挥公办养老机构示范作用 ……(254)
养老机构安全工作 ……(254)
养老服务专业人才队伍建设 ……(254)
社区居家养老建设 ……(254)
尊老金发放到位 ……(254)
敬老月活动 ……(255)
关心下一代工作……(255)
概况 ……(255)
关心下一代工作 ……(255)
拓展主题教育活动 ……(255)
扶贫助学 ……(256)
网吧监督 ……(256)
参与社区矫正工作 ……(256)
校外辅导站 ……(257)
基层关工委组织建设 ……(257)
“五有五好”创建活动 ……(257)
“五老”队伍建设 ……(257)
开展调研 ……(257)
加强学习 ……(257)
加强制度建设 ……(257)
扶贫开发……(257)
概况 ……(257)
支持特种水产养殖项目 ……(257)
设施蔬菜项目 ……(258)
培育新项目 ……(258)
加大教育扶贫力度 ……(258)
重要活动 ……(258)
残疾人权益保护……(258)
概况 ……(258)
发放三项补贴 ……(258)
发放专项补贴 ……(258)
残疾人证评定 ……(258)
助残扶贫活动 ……(258)
残疾人常规康复服务 ……(258)
残疾人教育 ……(258)
残疾人就业培训 ……(258)
建立残疾人综合服务大厅 ……(259)
市级残疾人托养一体化试点 ……(259)
残疾人宣传工作 ……(259)
扶残助残宣传一条街 ……(259)
残疾人体育 ……(259)
爱心帮扶 ……(259)
消费者权益保护……(259)
概况 ……(259)
消费者权益保护 ……(259)
消费维权宣传与监督 ……(259)
放心消费创建 ……(259)

镇　街道　农场

板浦镇……(260)
综　述……(260)
经济工作……(260)
农村经济 ……(260)
工业经济 ……(260)
重点工程 ……(260)
招商引资 ……(260)
安全生产 ……(260)
基础设施建设……(260)
镇村规划 ……(260)
镇村建设 ……(260)
农田水利基础设施 ……(261)
环境整治 ……(261)
社会事业……(261)
民政工作 ……(261)
创建民主法治示范村 ……(261)
禁违拆违工作 ……(261)
信访工作 ……(261)
党建工作……(261)
组织党员学习 ……(261)
召开群众座谈会 ……(261)
党员志愿者活动 ……(261)
行政村(社区)简介 ……(261)
德芳社区 ……(261)
南门社区 ……(261)
新民社区 ……(261)
北门社区 ……(261)
中正社区 ……(261)

尤庄村 ……（261）
菜园村 ……（261）
石河村 ……（261）
东北村 ……（261）
城北村 ……（261）
罗圩村 ……（262）
官庙村 ……（262）
永平村 ……（262）
小浦村 ……（262）
浦东村 ……（262）
大团村 ……（262）
东辛村 ……（262）
沙沪村 ……（262）
泗河村 ……（262）
周圩村 ……（262）
洪花堰村 ……（262）
表32 2015年板浦镇住宅小区情况一览表 ……（262）
表33 2015年板浦镇主要工业企业情况表 ……（262）
新坝镇 ……（263）
综 述……（263）
经济工作……（263）
农业 ……（263）
招商项目 ……（263）
基础设施建设……（263）
道路建设 ……（263）
环境整治 ……（263）
社会事业……（263）
民政事务 ……（263）
劳动保障 ……（263）
法治工作 ……（263）
扶贫助困 ……（263）
文化体育 ……（263）
合作医疗 ……（263）
计生服务 ……（263）
党建工作……（263）
组织建设 ……（263）
行政村简介……（264）
大穆村 ……（264）
大屯村 ……（264）
魏口村 ……（264）
樊庄村 ……（264）
普安村 ……（264）
新坝村 ……（264）
新西村 ……（264）
朱圩村 ……（264）
四里村 ……（264）
陈户村 ……（264）
武圩村 ……（264）
墙框村 ……（264）
沙杭村 ……（264）
王傅村 ……（265）
小荡村 ……（265）
大井村 ……（265）
表34 2015年新坝镇各村情况表 ……（265）
表35 2015年新坝镇主要工业企业情况表 ……（265）
锦屏镇……（266）
综 述 ……（266）
经济工作……（266）
工业经济 ……（266）
重点项目 ……（266）
协税护税 ……（266）
财政收支 ……（266）
农业经济 ……（266）
农业合作社及家庭农场 ……（266）
基础设施建设……（266）
棚户区改造 ……（266）
村庄环境整治 ……（266）
河沟整治 ……（266）
社会事业……（266）
社会保障 ……（266）
计生工作 ……（266）
文化体育 ……（266）
社会治安治理 ……（267）
党建工作……（267）
组织工作 ……（267）
加强人才培养 ……（267）
行政村（社区）简介 ……（267）
刘顶村 ……（267）
新海村 ……（267）
李圩村 ……（267）
桃花村 ……（267）
酒店村 ……（267）
岗嘴村 ……（267）
陶湾村 ……（267）
狮树村 ……（267）
朐山村 ……（268）
东山社区 ……（268）
中山社区 ……（268）
西山社区 ……（268）

表36 2015锦屏镇行政村(社区)情况表 ……(268)
表37 2015年锦屏镇主要工业企业情况表 ……(268)
表38 2015年锦屏镇住宅小区情况一览表 ……(269)
浦南镇……(269)
综 述……(269)
经济工作……(269)
工业经济 ……(269)
农业生产 ……(269)
财政税收 ……(269)
基础设施建设……(269)
环境整治 ……(269)
城镇建设 ……(269)
农村道路桥梁建设 ……(269)
社会事业……(270)
计生工作 ……(270)
民政工作 ……(270)
劳动就业 ……(270)
社会保险 ……(270)
劳动保障及农民工维权 ……(270)
司法工作 ……(270)
文体工作 ……(270)
中小学教育 ……(270)
医疗工作 ……(270)
党群工作……(271)
党的群众路线教育实践活动 ……(271)
妇儿工作 ……(271)
行政村(社区)简介 ……(271)
太平村 ……(271)
潘圩村 ……(271)
浦南村 ……(271)
半滩村 ……(271)
浦北村 ……(271)
下滩村 ……(271)
唐顶村 ……(271)
汪新村 ……(271)
草舍村 ……(271)
许安村 ……(272)
新湾村 ……(272)
新建村 ……(272)
江浦村 ……(272)
龙浦村 ……(272)
官阳村 ……(272)
新圩村 ……(272)
富安村 ……(272)
尹巷村 ……(272)
康宁社区 ……(272)
表39 2015年浦南镇主要工业企业情况表 ……(273)
海州街道……(273)
综 述……(273)
经济工作……(273)
重点项目 ……(273)
招商引资 ……(273)
基础设施建设……(273)
禁违拆违 ……(273)
绿化古城 ……(273)
社会事业……(273)
乐龄生活馆建设 ……(273)
劳动保障 ……(274)
综合治理 ……(274)
志愿者活动 ……(274)
计划生育工作 ……(274)
治安维护 ……(274)
法治建设 ……(274)
党建工作……(274)
社区大党委制试点 ……(274)
品牌建设 ……(274)
党员管理 ……(274)
社区简介……(274)
鼓楼社区 ……(274)
新建社区 ……(274)
双龙社区 ……(274)
砚池社区 ……(275)
南门社区 ……(275)
表40 2015海州街道社区情况表 ……(275)
表41 2015年海州街道住宅小区情况一览表 ……(275)
幸福路街道……(275)
综 述……(275)
经济工作……(275)
经济指标 ……(275)
重点工程 ……(276)
基础设施建设……(276)
社区服务中心改造 ……(276)
街巷整治 ……(276)
社会事业……(276)
劳动保障 ……(276)
计划生育宣传 ……(276)
民政事务 ……(276)

安全检查 ……(276)
党群工作……(276)
开展党员示范岗活动 ……(276)
开展专项督办 ……(276)
在职党员进社区活动 ……(276)
社区简介……(276)
文化社区 ……(276)
江化社区 ……(276)
幸南社区 ……(276)
幸中社区 ……(277)
西大岭社区 ……(277)
表42 2015年幸福路街道社区情况表 ……(277)
表43 2015年幸福路街道住宅小区情况一览表 ……(277)
朐阳街道……(278)
综　述……(278)
经济工作……(278)
经济指标 ……(278)
招商引资 ……(278)
重点项目 ……(278)
基础设施建设……(278)
村、社区道路及环境治理 ……(278)
防火防汛 ……(278)
禁违拆违 ……(278)
社会事业……(278)
文化生活 ……(278)
为民解忧解难 ……(278)
开展志愿服务 ……(279)
抓好安全生产 ……(279)
党群工作……(279)
纪检工作 ……(279)
组织工作 ……(279)
工会工作 ……(279)
妇联工作 ……(279)
行政村(社区)简介 ……(279)
西门村 ……(279)
网疃村 ……(279)
园林村 ……(279)
孔望山村 ……(279)
西门社区 ……(280)
锦化社区 ……(280)
孔望山社区 ……(280)
香江社区 ……(280)
表44 2015年朐阳街道住宅小区情况一览表 ……(280)
洪门街道……(281)
综　述……(281)
经济工作……(281)
主要经济指标 ……(281)
招商引资 ……(281)
重点工程 ……(281)
洪门农贸市场 ……(281)
四季农产品交易中心 ……(281)
安全生产 ……(281)
基础设施建设……(281)
城乡建设 ……(281)
绿化造林 ……(282)
农村工作……(282)
农村社区股份合作社试点 ……(282)
粮食农资补贴 ……(282)
农机补贴 ……(282)
防汛抗旱 ……(282)
秸秆禁烧 ……(282)
禽畜防疫 ……(282)
社会事业……(282)
社会保障 ……(282)
民政工作 ……(282)
计生工作 ……(282)
综治信访 ……(282)
党的建设……(282)
党建工作 ……(282)
思想政治建设 ……(282)
纪检工作 ……(282)
宣传工作 ……(282)
行政村(社区)简介 ……(283)
洪门村 ……(283)
新庄村 ……(283)
红旗社区 ……(283)
洪门社区 ……(283)
洪新社区 ……(283)
表45 2015年洪门街道行政村(社区)情况表 ……(283)
表46 2015年洪门街道主要工业企业情况表 ……(283)
新海街道……(284)
综　述……(284)
经济工作……(284)
重点项目 ……(284)
科技工作 ……(284)
基础设施建设……(284)
道路整治 ……(284)

环境整理 ……（284）
社区建设 ……（284）
社会工作……（285）
惠民服务 ……（285）
打造乐龄生活馆 ……（285）
党群工作……（285）
党组织建设 ……（285）
打造社区服务圈 ……（285）
积极打造服务型党组织 ……（285）
社区简介……（285）
西苑社区 ……（285）
星化社区 ……（285）
新潮社区 ……（285）
河西社区 ……（285）
新孔社区 ……（285）
镇海社区 ……（286）
富强社区 ……（286）
常乐社区 ……（286）
海连社区 ……（286）
幸福社区 ……（286）
表47 2015年新海街道住宅小区情况一览表 ……（286）
新南街道……（287）
综 述……（287）
经济工作……（288）
招商引资 ……（288）
固定资产投资 ……（288）
协税护税 ……（288）
重大项目推进 ……（288）
城市建设与管理……（288）
城管工作 ……（288）
老街整治 ……（288）
文体休闲中心建设 ……（288）
城市绿化 ……（288）
用地征收工作 ……（288）
安全生产 ……（288）
社会事业……（288）
社区建设 ……（288）
社会治安综合治理 ……（288）
民政工作 ……（288）
卫生计划生育工作 ……（289）
劳动保障 ……（289）
文娱体育活动 ……（289）
养老特色街建设 ……（289）
电商一条街 ……（289）
健康驿站 ……（289）
党群工作……（289）
组织工作 ……（289）
党员志愿者队伍 ……（289）
党员冬训 ……（289）
宣传报道 ……（289）
工会工作 ……（289）
妇联工作 ……（290）
社区简介……（290）
海南社区 ……（290）
海宁社区 ……（290）
建康社区 ……（290）
建南社区 ……（290）
九龙社区 ……（290）
新龙社区 ……（291）
兴业社区 ……（291）
玉带社区 ……（291）
玉龙社区 ……（291）
延南社区 ……（291）
云海社区 ……（291）
紫云社区 ……（291）
东望社区 ……（292）
表48 2015年新南街道住宅小区情况一览表 ……（292）
路南街道……（293）
综 述……（293）
经济工作……（293）
经济指标 ……（293）
进园区项目 ……（294）
服务业 ……（294）
重大项目进度 ……（294）
城市建设与管理……（294）
街巷道路 ……（294）
禁违拆违 ……（294）
城市绿化 ……（294）
住房管理 ……（294）
老旧小区改造 ……（294）
社会工作……（294）
民政工作 ……（294）
卫生计生工作 ……（294）
社区教育 ……（294）
劳动保障 ……（294）
司法工作 ……（295）
党建工作……（295）
党员冬训 ……（295）
非公党建 ……（295）
宣传报道 ……（295）

社区简介……（295）
扁担河社区……（295）
向阳社区……（295）
朝阳社区……（295）
公园社区……（295）
葵花社区……（295）
延东社区……（295）
贾圩社区……（295）
盐河社区……（296）
路南社区……（296）
表49 2015年路南街道住宅小区情况一览表……（296）
浦西街道……（297）
综 述……（297）
经济工作……（297）
经济指标……（297）
重点项目……（297）
城市建设与管理……（298）
旧城改造……（298）
连盐铁路建设……（298）
城管工作……（298）
房管工作……（298）
社会事业……（298）
民政工作……（298）
计生工作……（298）
综合治理……（298）
劳动保障……（298）
信访工作……（298）
党建工作……（298）
组织建设……（298）
党风廉政建设……（299）
作风建设……（299）
宣传工作……（299）
社区简介……（299）
同和社区……（299）
新中社区……（299）
西桥社区……（299）
通池社区……（299）
电台社区……（299）
新站社区……（300）
财苑社区……（300）
蔷薇社区……（300）
沈圩社区……（300）
后河社区……（300）
新西社区……（300）
新洪社区……（300）
表50 2015年浦西街道住宅小区情况一览表……（301）
新浦街道……（301）
综 述……（301）
经济工作……（301）
经济指标……（301）
重点工程项目……（301）
安全生产……（301）
城市管理……（301）
物业管理……（301）
城管环保……（302）
社会民生……（302）
民政工作……（302）
纠纷调解……（302）
计划生育……（302）
劳动就业……（302）
司法工作……（302）
社区文化……（302）
党建工作……（302）
强化党员教育……（302）
党员队伍建设……（302）
党风廉政建设……（302）
社区简介……（302）
民主社区……（302）
菜市社区……（303）
陇东社区……（303）
路北社区……（303）
站北社区……（303）
万润社区……（303）
龙苑社区……（303）
新桥社区……（303）
市东社区……（303）
同兴社区……（304）
浦河社区……（304）
市化社区……（304）
建国社区……（304）
市民社区……（304）
机关社区……（304）
表51 2015年新浦街道住宅小区情况一览表……（304）
新东街道……（305）
综 述……（305）
经济工作……（305）
经济指标……（305）
重点项目……（305）
安全生产……（305）

城市建设与管理……（305）
环境保护 ……（305）
绿化工作 ……（305）
小街巷整治 ……（305）
环境卫生 ……（306）
社会事业……（306）
社区建设 ……（306）
劳动保障 ……（306）
计生工作 ……（306）
信访工作 ……（306）
文化体育 ……（306）
党建工作……（306）
组织建设 ……（306）
非公党建 ……（306）
社区简介……（306）
龙尾社区 ……（306）
东苑社区 ……（306）
广场社区 ……（306）
振东社区 ……（306）
艺北社区 ……（306）
新城社区 ……（307）
东风社区 ……（307）
刘朧社区 ……（307）
巨龙社区 ……（307）
利民社区 ……（307）
外仓社区 ……（307）
苍梧社区 ……（307）
文昌社区 ……（307）
表52 2015年新东街道住宅小区情况一览表 ……（307）
宁海街道……（310）
综　述……（310）
经济工作……（310）
主要经济指标 ……（310）
农业经济 ……（310）
重点工程 ……（310）
招商引资 ……（310）
村镇建设与管理……（310）
村镇建设 ……（310）
城管环保 ……（310）
社会事业……（310）
劳动保障 ……（310）
民政工作 ……（310）
信访工作 ……（310）
党群工作……（310）
党的群众路线教育实践活动 ……（310）
纪检工作 ……（310）
宣传工作 ……（310）
行政村（社区）简介 ……（311）
平安社区 ……（311）
太平村 ……（311）
海河村 ……（311）
杨场村 ……（311）
新圩村 ……（311）
新北村 ……（311）
黄圩村 ……（311）
魏湾村 ……（311）
清河村 ……（311）
武圩村 ……（311）
表53 2015年宁海街道行政村（社区）情况表 ……（312）
表54 2015年宁海街道主要工业企业情况表（一） ……（312）
表55 2015年宁海街道主要工业企业情况表（二） ……（312）
南城街道……（313）
综　述……（313）
经济工作……（313）
工业经济 ……（313）
招商引资 ……（313）
重大项目 ……（313）
农村工作 ……（313）
安全生产 ……（313）
城镇建设与管理……（313）
“生态南城”建设 ……（313）
社区环境整治 ……（313）
禁违拆违 ……（313）
社会事业……（313）
社会保障 ……（313）
依法治街 ……（313）
文化、旅游、体育工作 ……（313）
计划生育工作 ……（314）
信访工作 ……（314）
党群工作……（314）
党风廉政宣传 ……（314）
为民办实事 ……（314）
共青团工作 ……（314）
社区简介……（314）
凤凰社区 ……（314）
宁海社区 ……（314）
青春社区 ……（314）
九岭社区 ……（314）

表56　2015年南城街道主要工业企业情况表 ……（314）
花果山街道……（314）
综　述……（314）
经济工作……（315）
农业经济 ……（315）
招商引资 ……（315）
项目推进 ……（315）
财税工作 ……（315）
安全生产 ……（315）
城镇建设与管理……（315）
社区改造 ……（315）
绿化造林 ……（315）
环境整治 ……（315）
社会事业……（315）
社会治安 ……（315）
劳动保障 ……（315）
民政工作 ……（315）
司法工作 ……（316）
信访工作 ……（316）
计划生育 ……（316）
文化教育 ……（316）
党群工作……（316）
组织建设 ……（316）
宣传工作 ……（316）
党风廉政建设 ……（316）
共青团工作 ……（316）
妇联工作 ……（316）
工会工作 ……（316）
行政村（社区）简介 ……（316）
新滩村 ……（316）
当路村 ……（316）
新村村 ……（316）
小村村 ……（317）
前云村 ……（317）
飞泉村 ……（317）
前进村 ……（317）
大村社区 ……（317）
昌浦社区 ……（317）
大浦社区 ……（317）
宋巀社区……（317）
表57　2015年花果山街道住宅小区情况一览表 ……（318）
云台街道……（318）
综　述……（318）
经济工作……（318）
农业经济 ……（318）
林业生产 ……（318）
农村专业合作社 ……（318）
招商引资 ……（318）
安全工作 ……（318）
基础设施建设……（318）
道路建设 ……（318）
禁违拆违工作 ……（318）
地质灾害防治 ……（318）
水库修整 ……（318）
社会事业……（318）
综合治理 ……（318）
民政工作 ……（318）
劳动保障 ……（319）
教育、文化、卫生工作 ……（319）
计划生育 ……（319）
党建工作……（319）
党的建设 ……（319）
行政村（社区）简介 ……（319）
西山村 ……（319）
丹霞村 ……（319）
前关村 ……（319）
后关村 ……（319）
凌州社区 ……（319）
山东村 ……（319）
东磊村 ……（319）
渔湾村 ……（319）
朱麻村 ……（319）
凤凰村 ……（319）
表58　2015年云台街道行政村（社区）情况表 ……（320）
江苏省云台农场……（320）
综　述……（320）
经济工作……（320）
种植业 ……（320）
外向型农业 ……（321）
房地产业 ……（321）
生态旅游农业 ……（321）
工业 ……（321）
养殖业 ……（321）
专业合作社 ……（321）
基础设施建设……（321）
农业标准化体系建设 ……（321）
机械化设施 ……（321）
农田配套设施建设 ……（321）
居民居住区建设 ……（321）

实行“六统一”配送模式 ……（321）
社会事业……（322）
社会保障 ……（322）
安全生产 ……（322）
江苏省岗埠农场……（322）
综 述……（322）
经济工作……（322）
种植业 ……（322）
林业 ……（322）
养殖业 ……（322）
高效农业 ……（322）
二、三产业 ……（322）
基础设施建设……（322）
安置小区建设 ……（322）
道路桥梁修建 ……（322）
环境整治 ……（322）
社区卫生建设 ……（323）
社会事业……（323）
帮扶救助困难职工 ……（323）
社会保障 ……（323）
南云台林场……（323）
综 述……（323）
经济工作……（323）
山林管理 ……（323）
森林防火 ……（323）
重点项目 ……（323）
苗圃建设 ……（323）
基础设施建设……（323）
住宅改造 ……（323）
道路改造及绿化 ……（323）
社会事业……（323）
信访工作 ……（323）
改水工程 ……（323）
党建工作……（323）
党员培训 ……（323）
宣传报道 ……（323）

先进模范

表59 受国家机关表彰 ……（324）
表60 受省级机关表彰 ……（324）
表61 受市级机关表彰 ……（327）
中共海州区委 海州区人民政府关于表彰2015年度全区经济建设和社会发展目标绩效考评先进单位的决定 ……（328）
2015年度全区经济建设和社会发展目标绩效考评先进单位 ……（328）

媒体看海州

党建创新……（329）
海州2800名党员进社区 ……（329）
强化纪律审查的“3+3模式” ……（329）
创新派驻模式实现监督全覆盖 ……（329）
“四心四访”暖民心 ……（330）
法治海州……（330）
检察院建成远程视频接访系统 ……（330）
三张“法治考卷”助力干部选任 ……（330）
海州警方横扫“娼赌毒” ……（331）
打传销专项行动收效明显 ……（331）
反腐倡廉……（331）
海州区拍卖15辆超编公车 ……（331）
完善问责机制向为官不为“亮剑” ……（331）
双向约谈强化干部监管 ……（331）
部门职责清单通过评审 ……（332）
创新监督模式促干部廉洁过节 ……（332）
纪委廉政约谈259名干部……（332）
创新发展……（332）
海州每万人口拥有发明专利7.43件 ……（332）
推进商标品牌双提升战略 ……（332）
产学研结合释放市场活力 ……（333）
科技作支点撬动企业转型升级 ……（333）
8项成果跻身市科技进步奖 ……（333）
95家企业 领到科技创新资金925万 ……（334）
美丽乡村……（334）
家庭农场带领农民创业 ……（334）
板浦豆丹亮相央视《每日农经》栏目 ……（334）
浦南专业协会牵手农民致富 ……（334）
宁海着力打造“花卉街道”品牌 ……（334）
浦南建国内最大单体温室大棚 ……（335）
绿润海州……（335）
月牙岛、星光湖“五一”开园 ……（335）
投入1.28亿元添绿72万平方米 ……（335）
多管齐下确保天蓝气清 ……（335）
城管多措并举整治路边烧烤 ……（336）
“生态立区”换“真金白银” ……（336）
海州打造宜居之城 ……（336）
爱满海州……（337）
海州文明办关爱留守儿童 ……（337）
“博爱行动”助贫困生10万元 ……（337）
爱心帮扶行动帮375户困难家庭……（337）
专项资金助便民疏导点建设 ……（337）

陈达获海州“爱心市民”称号 ……………………（338）
文化教育……………………………………………（338）
海州区举办景区培训班 ……………………………（338）
海州高级中学新校区工程开工 ……………………（338）
《第二个妈妈》喜摘“金海棠奖” …………………（338）
解小承办省课改现场观摩活动 ……………………（338）
板浦高中论文在省再获佳绩 ………………………（338）
平安海州……………………………………………（339）
海州“一网”情深筑平安 …………………………（339）
公安分局筑牢火灾防护墙 …………………………（339）
地区要闻……………………………………………（339）
海州区市场监管局挂牌 ……………………………（339）
海州区将新设4个社区………………………………（339）
价费政策调整 ………………………………………（340）
往返赣榆的602、603路公交开通 …………………（340）

附　录

区委、区政府重要行文目录 …………………………（341）
表62　2015年中共海州区委重要行文目录……（341）
表63　2015年海州区政府重要行文目录 ……（342）
表64　2015年海州区委办公室重要行文目录……（345）
表65　2015年海州区政府办公室重要行文目录……（346）
统计资料………………………………………………（348）
表66　2015年海州区固定资产投资完成情况表……（348）
表67　2015年海州区社会经济主要指标表 ……（348）
表68　2015年海州区个体工商业基本情况表……（349）
表69　2015年海州区私营企业基本情况表……（349）
表70　2015年海州区年末总人口情况表 ……（350）
表71　2015年海州区人口自然变动情况表……（350）

索　引

A ……………………………………………………（352）
B ……………………………………………………（352）
C ……………………………………………………（352）
D ……………………………………………………（353）
F ……………………………………………………（353）
G ……………………………………………………（354）
H ……………………………………………………（354）
J ……………………………………………………（355）
K ……………………………………………………（356）
L ……………………………………………………（356）
M ……………………………………………………（357）
N ……………………………………………………（357）
P ……………………………………………………（358）
Q ……………………………………………………（358）
R ……………………………………………………（358）
S ……………………………………………………（359）
T ……………………………………………………（359）
W ……………………………………………………（360）
X ……………………………………………………（360）
Y ……………………………………………………（361）
Z ……………………………………………………（361）

Main contents

Special Part

The 13th Five-years Plan for Economic and Social Development of Lianyungang Haizhou District ………… (1)
A Speech on the Ninth Enlarged Meeting of 9th Session Haizhou Committee by WangLibin…………………… (15)
A Report on the Tenth Meeting of 9th Session Haizhou Committee by WangLibin …………………………… (19)
Government Work Report on Sixth Session of the 17th People's Congress of Haizhou District by ShanXiaomin on January 6, 2016 …………………………………… (23)
Standing Committee Work Report on Sixth Session of the 17th People's Congress of Haizhou District by ChenZhoude on January 7, 2016 …………………………………… (32)
CPPCC Standing Committee Work Report on the 8th Committee of Haizhou District by Tang Chengyuan …………………………………………………… (36)

Chronicle Haizhou General Information

Geographical Environment …………………………… (44)
Atmosphere ………………………………………… (45)
Resources ………………………………………… (46)
Build Purchase Evolution……………………………… (46)
Historic and Cultural Relics…………………………… (47)
Administrative Division ……………………………… (47)
Population Nation …………………………………… (49)
Statistical Bulletin for National Economic and Social Development of Haizhou District in 2015 …………… (49)
Haizhou Directory of Organizations and Leaders ……… (52)
Haizhou District Committee of the Communist Party of China
The Labor Division of the District Committee ……… (65)
Important Meetings ………………………………… (65)
Important Decision-making…………………………… (66)
Organization Work ………………………………… (66)
Propaganda Work…………………………………… (68)
United Front Work ………………………………… (69)
Taiwan-related Affairs……………………………… (69)
District Departments ………………………………… (70)
The Retired Cadre Management …………………… (71)
Petition Work ……………………………………… (71)
Confidential Work ………………………………… (72)
Archives Work……………………………………… (72)
Information Work ………………………………… (73)

Haizhou District People's Congress

Important Meetings ………………………………… (74)
Main Duties ………………………………………… (75)
Appointment and Removal ………………………… (76)

Haizhou District People's Government

The Labor Division of the District Government Leading Members ………………………………………… (78)
Important Meetings ………………………………… (78)
Important Policy …………………………………… (81)
Construction of Government Ruled by Law …………… (86)
Personnel Work …………………………………… (88)
Overseas Chinese Affairs …………………………… (88)
Target Management Assessment …………………… (89)
Office Affairs Management ………………………… (90)
Local Chronicles Work……………………………… (91)
NPC Proposal and CPPCC Proposals ……………… (92)

Haizhou District Committee of the CPPCC

Important Meetings ………………………………… (94)
Main Duties ………………………………………… (94)

Discipline Inspection and Supervision

Important Meetings ………………………………… (96)
Main Duties ………………………………………… (96)
Organization and Team Building …………………… (97)
Democratic Parties and Association of Industry and Commerce

The Organization of Revolutionary Committee of the Chinese Kuomintang in Haizhou District …… (98)
The Organization of China Democratic Leaguein Haizhou District …… (99)
The Organization of China Democratic National Construction Association in Haizhou District …… (100)
The Organization of Chinese Peasants and Workers Democratic Party in Haizhou District …… (101)
The Organization of China Zhi Gong Party in Haizhou District …… (103)
The Organization of Jiu San Society in Haizhou District …… (103)
Federation of industry and Commerce in Haizhou District …… (104)

Mass Organizations

Haizhou Labor Union …… (106)
Haizhou Communist Youth League Committee …… (107)
Haizhou Women' s Federation …… (109)
Haizhou Science and Technology Association …… (109)
Haizhou Federation of Literature and Art …… (110)
Haizhou Association of Private Individual Economy …… (111)
Haizhou Red Cross …… (112)
Haizhou Federation of Returned Overseas Chinese …… (113)

Rule by Law

Politics & Law Committee and Comprehensive Administration Work …… (114)
Haizhou Safe Construction …… (114)
The Rule of Law Construction of Haizhou …… (114)
Team Construction of Political Science and Law …… (115)
Building of Primary Organization …… (115)
Public Security Work …… (116)
Maintain Social Stability …… (116)
The Criminal Case Detection …… (116)
Social Security Controls …… (117)
Building of Primary Organization …… (117)
Team Construction …… (117)
Public Security Work …… (118)
Stable Social Order …… (118)
Tightening of Illegal Crime Space …… (119)
Improving the Social Security Environment …… (120)
The Ability of Role and Responsible …… (120)
Optimize Police Team Ecological Culture …… (120)
Prosecutorial Work …… (121)
Striking Criminal Misdeeds …… (121)
Punishing Duty Crime Prevention …… (122)
Litigation Supervision …… (122)
Innovation of Social Management …… (122)
Prosecution Reform …… (123)
Strengthen Basic Work …… (123)
Court Practice …… (123)
Judicial Work …… (123)
Judicatory for People …… (124)
Judicial Justice …… (124)
Team Construction …… (124)
Judicial Administration Work …… (125)
Legal Publicity …… (125)
People' s Mediation …… (126)
Legal Service …… (126)
Special Crowd Management Services …… (126)
Building of Primary Organization …… (127)
The Rule of Law of Transport …… (127)

Armed Force

Peoples Armed Forces …… (129)
Reserve Anti-aircraft Gun Five Regiment …… (130)
Xinpu Fire Brigade …… (132)
Haizhou Fire Brigade …… (132)
Civil Air Defence …… (133)
Lianyungang Armed Police Detachment …… (134)
Lianyungang Public Security Frontier Detachment …… (135)

Urban and rural construction and management

Town Planning …… (136)
Municipal Construction …… (136)
Urban Flood Control and Drainage …… (136)
The Old City Reconstruction and House Acquisition …… (137)
Botanical Garden Afforestation Construction …… (138)
Village and Town Construction …… (138)
Construction Industry …… (139)
Housing Property …… (139)
City Appearance Management …… (139)
Sanitation Work …… (140)
Soft-environment Construction …… (140)

Transportation

Transportation Industry management …… (141)
XinpuTransportation Management …… (142)
Haizhou Transportation Management …… (143)
Rail Transportation …… (144)
Haitong Shipping …… (145)
Harbor …… (146)
Waterway Management …… (146)

Haitong Public Transportation (146)
Xinpu Passenger Terminal (148)
Jiangsu Province Lianyungang Tourist Rental Branch of Motor Transport Corporation (149)
Urban Public Bike (151)

Environmental Protection

Environmental Quality (152)
Environmental Comprehensive Treatment (152)
Ecological Environmental Protection (153)
Reduction (153)

Open Economy

Haizhou Industrial Park (156)
Xinpu Industrial Park (157)
Binhe District Construction (158)
Haizhou Electronic Information Industrial Park (160)
Jinping Industrial Concentration District (161)
Hongmen Industrial Park (161)

Agriculture and Rural Work

Agricultural Structure Adjustment (162)
Plantation (163)
Aquaculture (164)
Fishery (165)
Woods and flowers (165)
Jinping Tree Farm (166)
Mechanised Agriculture (166)
Comprehensive Agricultural Development (166)
Rural Land Contract management (166)
New Type of Agricultural Main Body Management Construction (167)
Countryside Management (168)
Irrigation and Water Conservancy (169)
Flood Control and Drought Relief (169)

Industry Economy

Creative Service (171)
New Energy Industry and Partial Company Profile (172)
EMI and Partial Company Profile (172)
Textile Manufacturing and Partial Company Profile (173)
The New Medicine Industry and Partial Company Profile (174)
Food Service and Partial Company Profile (174)
Chemical Industry and Partial Company Profile (174)
Advanced Materials Industry and Partial Company Profile (175)
Building Materials Industry and Partial Company Profile (176)

Business Services

Commerce Circulation (177)
Construction of Modern Business Circle (178)
Feature Blocks Professional Market (179)
Haizhou Baihushan Wholesale Market (179)
Longhai Shopping Pedestrian Mall (180)
Urban Complex &Supermarket& Shopping Malls (181)
Living Service Business (181)
Farmers' Market (182)
China Time-honored Brand (182)
Marketing Management (182)
Commerce of Supply and Marketing Cooperative (183)
Grain Buying and Selling (184)
Salt Monopoly (187)
Oil Monopoly (188)
Postal Service (188)
Telecommunications (188)
China Unicom Lianyungang Branch (189)
Haitong Logistics (189)
Haizhou Wisdom Logistics Industrial Park (191)
Express Delivery (191)

Tourism

Travel Resources (192)
Tourism Project Development and Construction (192)
Key Works (193)
Trade Management (193)
Propaganda and Promotion (193)
Major Events (194)

Finance

People's Bank of China Lianyungang Branch (196)
Industrial Commercial Bank of China Ltd Lianyungang Branch (197)
Agricultural Bank of China co., LTD Lianyungang Branch (197)
Agricultural Development Bank of China Lianyungang Branch (198)
Bank of China Limited Lianyungang Branch (199)
China Construction bank co., LTD Lianyungang Branch (199)
Bank of Communications Lianyungang Branch (199)

Bank of Jiangsu Lianyungang Branch …………………… (200)
Lianyungang Oriental Rural Commercial Bank co., LTD …………………… (201)
Postal Savings Bank of China …………………… (201)
Shanghai Pudong Development Bank Lianyungang Branch …………………… (202)
Taicang Rural Commercial Bank Xinpu Branch …………………… (202)
China Merchants Bank Co., Ltd Lianyungang Branch …………………… (203)
PICC Property and Casualty Company Limited Lianyungang Branch …………………… (203)
People' s Life Insurance Limited by Share Ltd of China Lianyungang Branch …………………… (204)
China Life Insurance Company Lianyungang Center
China Pacific Life Insurance Co., Ltd Lianyungang Center
China Pacific Property Insurance Co., Ltd Lianyungang Center
China United Property Insurance Company Lianyungang Center Branch …………………… (206)
Tian' an Property Insurance Co., Ltd Lianyungang Branch …………………… (206)

Finance &Taxation

Finance …………………… (207)
China National Taxation Bureau the Third Branch …………………… (208)
China National Taxation Bureau the Fourth Branch …………………… (210)
China National Taxation Bureau the Sixth Branch …………………… (211)

Comprehensive Economic Management

Economical Operation Management …………………… (212)
Land and Resources Administration …………………… (213)
Management and Administration of State-owned Assets …………………… (214)
Market Inspection and Management …………………… (214)
Security Production Supervision and Management …………………… (215)
Price Control …………………… (216)
Statistics …………………… (218)
Audit …………………… (219)
Accountant …………………… (220)

Education

Preschool Education …………………… (221)
Elementary Education …………………… (222)
Education and Research Development …………………… (223)
Educational Inspection …………………… (224)
Entrance Examination …………………… (224)
Secondary Vocational Education …………………… (224)
Special Education …………………… (225)
Vocational education and social education …………………… (225)
School guide …………………… (225)

Science and Technology

Scientific and Technological research …………………… (232)
Vulgarisation …………………… (239)
Earthquake Disaster Mitigation …………………… (240)

Culture and Sports

Culture …………………… (241)
Sports …………………… (243)

Hygienic

Medical Administration …………………… (244)
Pharmacy Administration …………………… (244)
Disease Prevention and Control …………………… (244)
Material and Child Hygiene …………………… (245)
Rural and Community Health …………………… (245)
Patriotic Healthy …………………… (245)
Health Inspection …………………… (245)
Supervision and Management of Food and Drug …………………… (246)

Society & the People' s Livelihood

Civil Affairs …………………… (251)
Charity …………………… (252)
Population and Family Planning …………………… (253)
National Religious Affairs …………………… (254)
Aging …………………… (254)
Concerned about the Next Generation …………………… (255)
Anti-poverty Development …………………… (257)
Protection of the Rights and Interests of Disabled Persons …………………… (258)
Consumer Protection …………………… (259)

Town Street Farm

Banpu Town …………………… (260)
Economic Work …………………… (260)
Infrastructure Construction …………………… (260)
Social Programs …………………… (261)
Party Building …………………… (261)
Introduction of Administrative Villages (Communities) …………………… (261)
Xinba Town …………………… (263)
Economic Work …………………… (263)
Infrastructure Construction …………………… (263)

Social Programs ……(263)
Party Building ……(263)
Introduction of Administrative Villages ……(264)
Jinping Town ……(266)
Economic Work ……(266)
Infrastructure Construction ……(266)
Social Programs ……(266)
Party Building ……(267)
Introduction of Administrative Villages(Communities) ……(267)
Punan Town ……(269)
Economic Work ……(269)
Infrastructure Construction ……(269)
Social Programs ……(270)
Party Building ……(271)
Introduction of Administrative Villages(Communities) ……(271)
Haizhou Street ……(273)
Economic Work ……(273)
Infrastructure Construction ……(273)
Social Programs ……(273)
Party Building ……(274)
Introduction of Communities ……(274)
Xingfulu Street ……(275)
Economic Work ……(275)
Infrastructure Construction ……(276)
Social Programs ……(276)
Party Building ……(276)
Introduction of Communities ……(276)
Quyang Street ……(278)
Economic Work ……(278)
Infrastructure Construction ……(278)
Social Programs ……(279)
Party Building ……(279)
Introduction of Administrative Villages(Communities) ……(279)
Hongmen Street ……(281)
Economic Work ……(281)
Infrastructure Construction ……(281)
Rural Work ……(282)
Social Programs ……(282)
Party Building ……(282)
Introduction of Administrative Villages(Communities) ……(283)
Xinhai Street ……(284)
Economic Work ……(284)
Infrastructure Construction ……(284)
Social Programs ……(285)
Party Building ……(285)
Introduction of Communities ……(285)
Xinnan Street ……(287)
Economic Work ……(288)
Urban Construction and Planning ……(288)
Social Programs ……(288)
Party Building ……(289)
Introduction of Communities ……(290)
Lunan Street ……(293)
Economic Work ……(293)
Urban Construction and Planning ……(294)
Social Programs ……(294)
Party Building ……(295)
Introduction of Communities ……(295)
Puxi Street ……(297)
Economic Work ……(297)
Urban Construction and Planning ……(298)
Social Programs ……(298)
Party Building ……(298)
Introduction of Communities ……(299)
Xinpu Street ……(301)
Economic Work ……(301)
Urban Construction and Planning ……(301)
Social Programs ……(302)
Party Building ……(302)
Introduction of Communities ……(302)
Xindong Street ……(305)
Economic Work ……(305)
Urban Construction and Planning ……(305)
Social Programs ……(306)
Party Building ……(306)
Introduction of Communities ……(306)
Ninghai Street ……(310)
Economic Work ……(310)
Town Construction and Management ……(310)
Social Programs ……(310)
Party Building ……(310)
Introduction of Administrative Villages(Communities) ……(311)
Nancheng Street ……(313)
Economic Work ……(313)
Urban Construction and Management ……(313)
Social Programs ……(313)
Party Building ……(314)
Introduction of Communities ……(314)
Huaguoshan Street ……(314)
Economic Work ……(315)
Town Construction and Management ……(315)
Social Programs ……(315)
Party Building ……(316)
Introduction of Administrative Villages(Communities) ……(316)

Yuntai Street ……（318）
Economic Work ……（318）
Infrastructure Construction ……（318）
Social Programs ……（318）
Party Building ……（319）
Introduction of Administrative Villages（Communities）……（319）
Jiangsu Yuntai Farm ……（320）
Economic Work ……（320）
Infrastructure Construction ……（321）
Social Programs ……（322）
Jiangsu Gangbu Farm ……（322）
Economic Work ……（322）
Infrastructure Construction ……（322）
Social Programs ……（323）
Nanyuntai Farm ……（323）
Economic Work ……（323）
Infrastructure Construction ……（323）
Social Programs ……（323）
Party Building ……（323）

Advanced Model

Recognition by National Authorities ……（324）
Recognition by Provincial Authorities ……（324）
Recognition by Municipal Authorities ……（327）
The Decision of 2015 Advanced Units of Economic Construction and Social Development Goals ……（328）
2015 Advanced Units of Economic Construction and Social Development Goals ……（328）

The Media Watching Haizhou

Party Building' s Innovation ……（329）
Haizhou Rule of Law ……（330）
Anti-corruption Bid ……（331）
Innovation Development ……（332）
Beautiful Country ……（334）
Green Embellish Haizhou ……（335）
Love-Reprose Haizhou ……（337）
Cultural Education ……（338）
Safe Haizhou ……（339）
Regional News ……（339）

Appendix

Important Prose Directory of the District Government ……（341）
Statistic Data ……（348）

连云港市海州区国民经济和社会发展第十三个五年规划纲要

——海州区第十七届人民代表大会第六次会议通过

（2016年1月8日）

序　言

“十三五”时期（2016—2020年），是实施“一带一路”战略、全面落实江苏沿海地区发展规划的关键时期，是深化改革、经济转型升级、推进发展方式转变的重要阶段，也是全面建成小康社会，向更高水平小康社会和现代化迈进的新阶段。根据《中共连云港市海州区委关于制定连云港市海州区国民经济和社会发展第十三个五年规划的建议》，编制了《连云港市海州区国民经济和社会发展第十三个五年规划纲要》。本规划纲要主要阐明了“十三五”期间海州区国民经济和社会发展的目标任务、发展重点和政策取向，是全区各级政府和各部门依法履行工作职责、编制和实施各类规划、计划以及制定相关政策的重要依据，是今后五年全区人民共同奋斗的行动纲领。

第一章　发展基础与形势

第一节　发展基础

“十二五”期间，面对国内外复杂严峻的宏观经济环境，全区上下认真贯彻落实党中央、国务院、省委、省政府和市委、市政府决策部署，围绕创新驱动、转型升级工作主线，紧抓国家“一带一路”建设、江苏沿海开发以及区划调整等重大战略机遇，有效应对国内经济下行压力，破解发展难题，经济社会发展取得显著业绩。

一是综合实力显著增强。“十二五”末，预计全区实现地区生产总值293.5亿元，年均增长11.4%；规模以上工业增加值97亿元，年均增长11.6%；服务业增加值186.7亿元，年均增长12%；一般公共预算收入35.3亿元，年均增长15%；城镇居民人均可支配收入30033元，年均增长9.6%；农村居民人均可支配收入14168元，年均增长13.7%。“十二五”期间累计完成全社会固定资产投资1508亿元，是“十一五”期间的3.8倍，其中工业投资累计完成519亿元，是“十一五”期间的3.9倍，较好地完成了“十二五”下达的各项目标计划。

二是产业基础不断夯实。都市工业进一步扩量提质，装备制造成为主导产业，产值过15亿元企业4家，其中正大天晴年销售过百亿元；日出东方、黄海机械主板上市，联瑞新材料新三板上市。服务业日益繁荣，苏宁广场、时尚莱迪等城市综合体对外营业，民主路老街、盐河巷等特色街区相继建成，智慧物流园纳入省重点推进项目。现代农业特色鲜明，以设施农业、观光农业为主抓手，建成万亩设施蔬菜基地、万亩花卉苗木基地、万亩特种水产养殖基地，极大地提高了农民收入。

三是创新能力明显提高。顺利通过省知识产权示范区验收，成功获批国家知识产权强县工程试点区，专利申请量、授权量与“十一五”期末相比实现翻番。获批国家火炬计划连云港装备制造特色产业基地，拥有国家高新技术企业44家，省科技型中小企业103家，省级以上研发机构73家，其中国家级7家。大中型企业研发机构和规模以上高新技术企业省级研发机构建设实现全覆盖。高新技术产值占规模以上工业产值比重达71.3%。

四是城市功能日趋优化。滨河新区、凤凰新城、孔望新城三个新城组团快速推进，基础配套设施全面完善。“十二五”期间新增新型住宅小区1000万平方米，是“十一五”期间的3倍。旧城改造同步推进，完成61个老旧小区、20个低洼片区改造，累计完成旧城改造面积500万平方米。新建改造便民道路81公里，疏通下水道1056公里。新建改造绿地500公顷，其中新增绿地380公顷，完成87个行政村村庄环境整治工作，朐阳、洪门获批国家级生态乡镇。城市管理水平不断提升，构建“大城管”工作格局，城区实现网格化精细管理。

五是公共服务更加健全。荣获全国义务教育发展基本均衡区、省学前教育改革发展示范区、全国社区教育实验区等称号，率先基本实现教育现代化。人均基本公共卫生服务经费由15元提高至40元，11大类43项基本公共卫生服务项目和农村孕产妇住院分娩补助等重大公共卫生服务项目得到全面落实，海州社区卫生服务中心获评全国群众满意的社区卫生服务机构。桃花涧景区、民主路文化旅游区分别获评国家AAAA级、AAA级景区。社保体系提标扩面，城乡基本社会保险覆盖率达到97%。

六是改革开放成效明显。顺利完成区划调整工作。政府机构改革不断深化，市场监督管理局、文体局、旅游局、卫计局挂牌成立。编制完成“五张清单”，区政务服务中心投入使用，公车改革全面落实。国有企业改革取得新成效，重组方案初步形成。财税改革不断深化，全口径预算体系基本形成。持续规范政府债务，“借用还”相统一管理机制逐步建立。农村综合改革扎实推进，有序开展土地确权登记颁证工作。深入开展社会治理创新，“一委三会”治理模式全面推广。开放力度不断加强，实际利用外资相比“十二五”期间实现翻番，外贸进出口年均增长2.6%，4家企业获批外贸转型升级示范基地，中西部联手双向开发氛围日益浓厚。

与此同时，经济社会发展中一些不平衡、不协调、不可持续的深层次矛盾和问题尚未得到根本解决。综合实力还不够强，扩量提质压力依然很大。内需不足和不振交织，市场需求制约若干领域产能释放的矛盾长期存在。中低端产品过剩和高品质服务供给不足并存，有效供给的质量和效率亟待提高。工业产品价格下降和部分要素成本上升叠加，制造业实体经济中小企业生产经营面临困难。发展与环境保护压力加大，资源环境约束进一步增强。城乡之间基本公共服务不够均衡，持续增加城乡居民收入的长效机制有待健全。制约发展的体制机制障碍亟须破解，改革攻坚任务艰巨，社会建设和治理面临许多新情况、新问题。

第二节　发展形势

从外部环境来看，全球经济仍将延续疲弱复苏态势，主要经济体增速将低于潜在增长率，但仍将保持周期性温和复苏基本态势。世界多极化、经济全球化、文化多样化、社会信息化深入发展，世界经济在深度调整中曲折复苏，新一轮科技革命和产业变革蓄势待发，全球治理体系深刻变革，国际力量对比逐步趋向平衡。国际金融危机深层次影响依然存在，全球经济贸易增长乏力，保护主义上升，国际经济规则与秩序之争更加激烈，发达国家在经济和科技方面仍然占有优势，一些新兴经济体正积极融入全球产业分工体系，但增长继续放慢。商业新模式的孕育和发展在不断加快，产业结构正在加快调整，形成“前后夹击”的双重挑战，外部环境中不稳定、不确定因素增多。

从国内环境来看，我国经济发展仍处于重要战略机遇期，国内经济正处在“三期叠加”及新旧动能转换阶段，经济运行面临的困难增多。在外源性因素、周期性因素和结构性因素的共同作用下，下行压力仍然较大，需求弱化和不足一定时期内仍会延续。经济发展进入新常态，方式正从规模速度型转向质量效率型，经济结构正从增量扩能为主转向调整存量、做优增量并举的深度调整，经济发展动力正从传统增长点转向新的增长点转变。但中国经济发展长期向好的基本面没有变，经济韧性好、潜力足、回旋余地大的基本特征没有变，经济持续增长的良好支撑基础和条件没有变，经济结构调整优化的前进态势没有变。同时，一系列重大战略引领为区域经济发展提供了诸多支撑，中央提出了“两个一百年”和中华民族伟大复兴中国梦的奋斗目标，“四个全面”的战略布局、“五化同步”发展、“一带一路”和长江经济带建设、京津冀协同发展等重大战略，均要求更好地抢抓重要战略机遇期，全面发挥产业、科教和开放优势，加快经济转型升级，提高国际竞争力，不断开辟新空间，有利于面对宏观复杂环境，更好地处理、化解结构性、深层次矛盾和问题。连云港作为新亚欧大陆桥经济走廊的东方起点，正在加快推进中哈（连云港）物流中转基地、上合组织出海基地建设，作为全省“一带一路”建设的核心区和先导区，与长江经济带战略共同强化了连云港市综合交通枢纽地位。30万吨港口码头等综合性立体交通走廊和能源通道建设强化了硬件基础，中西区域合作示范区的建设拓展了开放合作的广度和深度，随着江苏沿海开发、沿东陇海线产业带、苏北振兴计划的持续深入实施，全市港产城一体化的框架全面拉开，为连云港市的经济社会全面发展带来了前所未有的机遇。

近年来，海州区业已形成的发展态势和取得的发展业绩，为我们在新的起点上跨越前行提供了现实基础。区划调整后，海州区区域广阔，资源裕足，集聚了全市主要的教育、文化、卫生、科技资源，拥有更加丰富的人文旅游资源。全区拥有海陆空河四大立体交通优势，是陇海铁路、兰新铁路东端起点，近十条铁路公路正加快推进；西临白塔埠机场，多条河运航道直通外海港口和京杭大运河；连接长三角经济圈、山东半岛城市群和中西部地区的多种交通枢纽中心已逐步形成。另外，快速公交系统（BRT）遍布城区，区域交通运输条件得天独厚。商贸集中区、海州经济开发区、智慧物流园区提档升级步伐加快。新城建设与旧城改造并重发展，全区各板块、经济产业带、社会事业、改革开放均取得了新进展。全区高度融合协调发展带来了空间、资源和要素的新优势，干部群众凝聚力全面提升，经济社会空前大融合，集聚天时、地利、人和现实条件，成为海州区推进发展的强劲动力。

综合分析判断，“十三五”时期，海州区既有蓄势待发的战略机遇，也有诸多矛盾风险和严峻挑战，需要时刻保护清醒头脑，准确把握新的时代背景和特征内涵，增强大局意识、忧患意识、责任意识、风险意识，把握主动抢抓机遇，立足区情尊重规律，积极应对并引领经济新常态，全力推动转型升级和创新驱动发展，加快培强发展新引擎，形成海州发展新优势。

第二章 发展战略与目标

第一节 指导思想

高举中国特色社会主义伟大旗帜，全面贯彻党的十八大和十八届三中、四中、五中全会精神，以马克思主义、列宁主义、毛泽东思想、邓小平理论、“三个代表”重要思想和科学发展观为指导，深入贯彻落实习近平总书记系列重要讲话精神，坚持创新、协调、绿色、开放、共享五大发展理念，按照“两个率先”、“迈上新台阶、建设新江苏”和“四个全面”的要求，以“现代城市经济的引领区、城市建设管理的示范区、创新驱动发展的先行区、幸福生态宜居的首善区”为目标，率先全面建成小康社会，把海州建设成为生态宜居、人文荟萃、经济繁荣、社会文明的现代化中心城区。

第二节 发展战略

产业强区战略。把做强都市产业作为经济社会发展的关键支撑，深入实施工业强区、商贸兴区战略，重抓先进制造业与现代服务业双轮驱动，加快产业结构优化升级，着力培育现有优势企业，不断拓展延伸产业链，打造特色鲜明、布局合理的产业体系。引导支持企业自主创新，着力培育现代产业链、价值链，提升现代服务业、都市工业和高效农业发展质量，推动优势产业集聚发展、工业化和信息化互动发展、互联网与各产业融合发展。

协调发展战略。坚持城乡一体化原则，把城乡统筹发展作为重要抓手，纵深推进综合配套改革，打破城乡二元结构。在空间利用、产业布局、基础设施、公共服务、生态保护等方面，保持城市传统特色和农村乡土文化，实现城乡资源高效利用、功能定位清晰、空间特色鲜明、要素自由流动、公共服务高水平均等化的目标，构建城乡协调、空间均衡的发展格局。

开放包容战略。把创新摆在促进发展的核心位置，不断推进理论、制度、科技、文化等多领域创新，形成多方位促进创新的架构体制。抓住“一带一路”建设战略机遇，加强与日韩港台、中亚、东南亚特别是长三角、东西部地区的产业、科技、文化、人才合作交流，重视外经外贸工作，推进更高水平的双向开放，加大外资企业、出口型生产企业招引力度，努力承接和争取更多优质要素。加大大众创业、万众创新的政策支持力度，优化劳动力、资本、土地、技术、管理等要素配置，增强区域发展动力，提升综合竞争力。

绿色发展战略。把绿色低碳发展作为衡量发展质量的重要标准，强化节约优先、保护优先、促进资源节约、永续利用。主动适应和把握经济新常态规律，大力发展低碳经济、循环经济，扎实推进节能减排，加强生态建设、生态治理和环境保护，加快形成资源节约、环境友好的生产方式、生活方式和消费模式，提高环境对经济社会发展的支撑能力，形成人与自然和谐发展新格局。

共享共赢战略。坚持幸福导向，以增进人民福祉和人的全面发展为出发点和落脚点，大力促进民生事业发展，维护社会公平正义，保障人民平等参与、平等发展权利，努力提升人民群众的生活水平和质量。整合优化社会服务资源，积极促进市、区两级公共资源共建共享。全面加强以改善和保障民生为重点的社会建设，不断增进民生福祉，让全区群众共享改革发展成果。

第三节 发展目标

“十三五”期间，海州区着力构建较为发达的现代产业体系、公平均等的公共服务体系和优美宜居的生态环境体系。综合竞争力不断提升，自主创新能力明显增强，科技研发经费支出占GDP比重达到3%；经济体系日趋完善，第三产业增加值占GDP比重达到65%；资源利用水平明显进步，生态文明建设明显领先，城乡居民收入保持中高速增长，群众幸福感明显提高。

综合实力显著提升。“十三五”期间，经济保持中高速增长，主要指标增速快于苏北和全市平均水平，实现地区生产总值、一般公共预算收入年均增长10%左右，至2020年实现较2014年翻一番；规模以上固定资产投资、规模以上工业投资年均增长20%左右，综合实力再上一个台阶。

产业结构明显优化。构建以服务业为主体、先进制造业为支撑、现代农业为基础的现代产业体系。服务业增加值年均增长12%左右；规模以上工业增加值年均增长11%左右；2020年三次产业结构调整为5∶30∶65。

生活水平大幅提高。城镇居民人均可支配收入突破40000元，年均增长11%左右，农村居民人均可支配收入突破30000元，年均增长12%左右；恩格尔系数低于35%；城乡基本社会保险实现全覆盖，新增保障性住房达到市下达目标。

社会事业全面加强。建立起完善、高效与高位均衡的城乡一体化公共服务体系。高等教育毛入学率达到70%。完善人口发展战略，开展应对人口老龄化行动。2020年全区婴儿死亡率控制在6‰以下，孕产妇死亡率控制在10/10万以下；每万人拥有医生数超过30人，卫生服务体系健全率达100%。

社会文明程度不断提升。努力构筑思想文化高地、道德风尚建设高地。公共文化服务体系更加完善，文化体制改革取得重要突破，文化事业、文化产业繁荣发展，公民思想道德素质、科学文化素质、健康素质明显提高。改革开放不断深入。法治海州建设扎实推进，人民民主不断扩大，法治政府基本建成，司法公信力明显提高。社会大局保持和谐稳定，人民群众的安全感持续提升。

第三章　加快产业转型升级

全面落实产业强区战略，坚持供给侧与需求侧两端发力，扩内需与稳外需紧密结合，不断优化经济结构，培育壮大新兴产业集群，改造提升传统优势产业，加快推进“互联网+”和“中国制造2025”江苏行动纲要，大力发展现代服务业，实现农业现代化，不断提高产业核心竞争力，加快构建高质量、可持续的现代产业体系，推动产业向中高端迈进。

第一节　构建现代服务业体系

以建设区域性商贸文化中心为目标，把服务业发展作为引领全区新一轮发展的重要引擎，实施“互联网+”行动计划，不断促进生产性服务业、生活性服务业集聚发展，引导传统商贸流通企业线上转型，构筑多渠道、广覆盖的现代服务业体系。

加快商圈集群发展。围绕健康生活发展生活性服务业，围绕产业发展生产性服务业，构建商业发展新格局。提升传统商贸服务业发展层次，合理布局一个核心商业区、两个副商业区、两个新商圈、四个特色商业街区。提档升级核心商业区，立足“井”字形千亿商圈，引进银行、证券、保险等金融机构入驻，招引进驻一批大型城市综合体项目，逐步打造集精品购物、餐饮消费、休闲娱乐、金融服务于一体的中央商务商贸金融集聚区。两个副商业区，以幸福路为主轴，白虎山商贸城、义乌小商品城、宝利商业街等为重点，发展小商品集散区；以郁洲路为主轴，大润发、博威乐活街等为重点，发展郁洲路商贸集中区。建设两个新商圈，充分利用高铁辐射效应，以高铁站为核心，带动人民路及沈圩片区开发，发展高铁商圈；依托新机场，在盐河南路至新机场沿线布局，发展空港商圈。培强四个特色商业街区，形成集聚效应显著、文化底蕴深厚、建筑风格鲜明、基础设施完备、街区管理规范的特色商业街区。东部，在巨龙路、文昌路片区引进文化创意、数字传媒、主题酒吧等新兴业态，打造文化创意街区；西部，在幸福南路、中大街沿线，打造文化旅游街区；北部，在中央百货、民主路、水晶街片区，打造旅游购物街区；南部，在秦东门大街、海宁大道沿线，招引大型商业综合体入驻，打造新的商业街区，形成以“一街一特”、“一街一品”发展氛围。

深度整合专业市场。统筹规划、科学定位、错位发展专业市场，结合城区东西两大片区现状，重点培强五大专业市场。东部，整合人民东路、解放东路、瀛洲路各类专业市场，壮大五金建材、装饰装潢、汽车交易三大专业市场。西部，打造以四季农贸市场为核心的农副产品展销专业市场；发挥白虎山商贸城、义乌小商品城的连片辐射作用，建设集仓储、配送、批发和零售为一体的综合小商品专业市场。

升级现代物流服务基地。构建智慧物流体系，推进国内贸易流通现代化，争创省级现代服务业集聚区。海州区建设成为区域性物流中心，重点发展公路港物流、铁路港物流、空港物流、河海联运物流、电商物流等五大物流园区。依托新老204、310国道穿境交汇的交通优势，以万发物流园为带动，建设公路港物流园区；依托京沪东线、青连铁路、连淮扬镇城际高铁、陇海客运专线徐连段等铁路优势，加快专业性物流及交易中心建设，培强铁路港物流园区；依托新机场建设，沿机场路发展空港物流园区；依托板浦临港物流园，加快建设货运码头，完善物流基础设施，创建苏北地区具有影响力的河海联运物流园区；搭建电商物流企业孵化平台，发展电商快递物流、城市配送物流、农产品冷链物流，加快实现市区物流集聚化发展，打造全市最大的综合性仓储物流园区。

大力发展电子商务。推进企业与企业之间通过互联网进行产品、服务及信息的交换，扶持外贸企业建立海外仓和大宗商品基地。促进传统商贸与电子商务相融合，提高电子商务交易份额。积极培育电子商务企业和市场，发挥天马等网络行业龙头企业带动作用，重点培育一批细分并辐射全国消费市场的网络零售企业。加快推进经济各领域的电子商务应用，引导区内企业和个人开展电子商务。鼓励网上创业，支持生产企业直接开展网络零售，有序推进专业市场发展电子商务。推动企业发展供应链电子商务，实现采购、生产、销售全流程信息化管理。建设天马电商学院，培养电子商务专业人才。加快农村和社区电商发展，通过自建平台或借助第三方电子商务平台开展网上销售，形成网上交易、仓储物流、终端配送一体化经营，实现“线上线下”融合发展。引导农村商业电商化，实现农产品进城和工业品下乡双向流通，打通农村和社区电商“最后一公里”。村级综合服务中心（社）等基层网点的信息化改造全部完成。

优化整合旅游资源。优化空间布局，提升旅游品质，编制区旅游发展总体规划，着力构建“一山一湖一城一岛一镇”大旅游框架，实施依法之绿，提升服务质量，打造“文化休闲新海州”旅游形象。一山，依托孔望山、桃花涧景区的辐射带动，充分发掘锦屏山北部的山体、景区、水库等生态资源，建设锦屏山北生态休闲综合区，沿山沿水发展高端养生、娱乐、体验、商务、度假为一体的生态养生区，争创国家AAAAA级大锦屏山风景区；一湖，依托蔷薇湖，打造环蔷薇湖休闲观光和养生度假区项目，建成蔷薇湖休闲度假区；一城，突出海州古城风情游，充分利用海州区“城市之根，历史之源”的定位，围绕古城古镇历史文化旅游资源，充分挖掘历史故事、历史人物、历史建筑及传统民俗文化，恢复重建古建筑，改造升级现有景观，丰富旅游业态，打造集“吃、住、行、游、购、娱”于一体的海州古城风情特色文化旅游街；一岛，加快月牙岛双湖湿地公园、薰衣草园、波斯菊园、向日葵园等园区建设，增加休闲、娱乐、民宿、体验、房车等项目，完善各项基础配套设施，建成自驾游基地，创成国家AAAA级景区和省四星级乡村游区；一镇，挖掘板浦古镇《镜花缘》文化、醋文化、盐文化等历史文化遗产，加快建设镜花缘文化旅游产业园，整合部分重要文化旅游节点，进一步开发古镇游。发展环市区乡村游，根据“一镇一品”原则合理配置体验性乡村旅游项目，建设符合游客要求的民俗产品，实现从传统的乡村观光型向休闲度假型的递进转变。

第二节 推动工业扩量提质

按照“空间集聚、功能融合、统筹发展”的思路，以改革创新为动力，以资源整合为手段，优化发展空间格局，提升投资效率和企业效率，提高工业化和信息化融合发展水平，壮大现有产业，增强新兴产业，实现工业集群化、智能化发展。构建智慧制造体系，推动生产过程智能化。充分促进互联网创新成果与工业特别是制造业各领域深度融合，支持节能环保、生物技术、信息技术、高端装备、新能源、医药医疗、食品加工等新兴产业发展，支持传统产业优化升级，产业迈向中高端水平。

优化工业布局。促进产业集聚、产城融合发展，突出土地集约高效利用，加快现有低效企业土地清理整合，推动园区循序渐进、稳步拓展，海州经济开发区争创国家级经济开发区。东区向南继续拓展，与宁海实现无缝对接。推进妇联河南片区开发，加快产业项目入驻，完善园区配套功能。以妇联河为中心，沿经二路东侧、秦东门大街南侧、迎宾大道北侧以及郁州南路两侧，科学布点一批商务办公、生态休闲以及生活居住设施，打造产城融合样板区。西区重抓提质增效，与洪门工业园深度融合，加快引进企业入驻中小企业园区，引导中小企业走“专精特新”道路；镇街、各片区在现有基础上逐步扩大工业园区规模与质量。严格控制新建高能耗、高污染项目，加快淘汰落后产能和生产工艺。鼓励企业对设备、技术、工艺进行改造，构建节约能源和生态环保的产业体系。

强化特色产业。坚持“高端引入、链式延升、错位发展”产业定位，加快新一代信息技术与制造业深度融合，实施智能制造工程，构建新型制造体系，促进高端装备制造、新医药及食品加工等产业发展壮大。实现重点产业提档升级，以天明机械、鹰游纺机、黄海机械等企业为龙头，打造“百亿”装备制造产业；以正大天晴为带动，加快延伸生物医药、化学新药、医疗器械和医药服务等医药产业链，发展与大健康产业深度融合的新医药产业；以青岛啤酒、板浦滴醋、万千糕饼等食品加工企业为典范，以营养、绿色、方便、功能为导向，重点发展有机食品、绿色食品、无公害食品，培育特色品牌，打造与城市间序发展的都市特色食品加工业。

推进技术进步。突出绿色、科技、低碳定位，以集群化、智能化为转型路径，开展大规模技术改造行动。促进工业大数据集成应用，支持行业大企业应用大数据技术，提升生产制造、供应链管理、产品营销及服务等环节的智能决策水平和经营效率。鼓励第三方大数据平台建设，面向中小企业提供精准营销、互联网金融等生产性服务。提高企业自主开发与创新能力，扶持企业设立研发中心，促使企业由外延式发展转变为内涵式技术改造发展。加大对技术新、投资省、周期短、见效快技改项目的投入力度，通过技改提高企业技术装备水平，促使传统产业转型、新兴产业做大、优势产业做强，提高核心竞争力。力争全区规模以上工业企业技术改造投入年均增长24%，新增市级以上企业技术中心25个、省级“两化”融合示范试点企业3家。

加大扶持力度。适时出台基金、金融扶持政策，鼓励企业上市发展，加快鹰游等企业上市步伐，推动乐园磨料等一批中小企业通过“新三板”增强融资，上市企业力争增加到8家以上。推动行业龙头企业横向、纵向收购重组，扶持日出东方等企业海外建立市场，实现企业总量和产业链双提升。鼓励企业二次创业，向产业链上下游延伸。提升企业质量品牌水平，支持正大天晴、鹰游集团等企业瞄准国际同行业标杆推进技术改造，创建国内、国际知名品牌。加大服务企业信息系统建设，建设海州工业网，搭建工业产品展示平台，推动工业企业互助共进。进一步拓宽小微企业融资渠道，建立专项资金推动企业转型升级。突出骨干企业培育，实现年产值50亿元以上的企业达4家，新增年产值突破100亿元的企业1家以上。

第三节 加快发展现代都市农业

坚持“做优、做精、做强”发展方向，积极融入“一带一路”连云港市农业国际合作示范区建设。加快农业现代化进程，在全市率先基本实现农业生产全程机械化。建立财政支农稳定增长机制，投入30亿元，发展设施高效农业、生态农业、休闲观光农业，走产出高效、产品安全、资源节约、环境友好的农业现代化道路，不断提升服务城区的“菜篮子”、“后花园”和副食品基地建设水平。

优化农业产业布局。推动粮经饲统筹、农林牧渔结合、种养加一体融合发展，依托浦南、锦屏、新坝、板浦、宁海、岗埠等城郊现代农业产业带，大力发展蔬菜瓜果、花卉苗木、水产养殖、畜禽养殖四大优势特色产业，重点建设浦南设施蔬菜、新坝瓜果、锦屏园艺、新坝畜禽养殖、板浦水产养殖等十大农产品生产基地。开展耕地质量提升行动，新增高效设施农业2万亩，新增高效渔业面积3万亩。打造“生产标准化、产品精品化、经营产业化、发展绿色化”的生态精品农业发展道路，创建精品农业地理标志品牌。以“稳定规模、提升质量”为宗旨推进“十有”农业园区建设，重点建设现代农业产业园区、现代农业加工集中区和农产品物流产业园。

提高农业规模化经营程度。大力实施农业发展“1115”工程，鼓励和引导城市工商资本到农村发展适合企业化经营的种养业。完善农业上下游产业链，引进农产品深加工企业进驻，提高农业附加值，促进农民增收，确保农业提质增效和可持续发展。发展多种形式适度规模经营，新增规模化经营面积10万亩以上，农业适度规模经营面积比重达到85%。积极培育以家庭农场为主的新型农业经营主体，注重创新机制，有针对性扶持，促进规范化建设。新发展“六有”家庭农场100家以上，新增农业专业合作社50家以上；城区生鲜直供点达到100家。做大做强农业龙头企业，重点推进“龙头企业+基地+农户”联动共进机制，新发展省级农业龙头企业3家、市级农业龙头企业15家。

加强农业基础设施设备建设。贯彻落实粮食产业藏粮于地，藏粮于技战略，加快粮食仓储扩容增效和危仓老库改造步伐，新增仓容3万吨。加大农田水利资金投入，投入10亿元，继续实施小型农田水利重点县、移民后扶项目建设，完成全区水库、塘坝除险加固整治工作。改善城乡防洪体系，打造水美乡村，提高农业抗灾能力。启动实施新一轮高标准农田规划，建设一批集中连片万亩良田。农业综合开发投资1.5亿元，新建高标准农田10万亩。推动农业生产全程机械化，全区农业综合机械化水平力争达到85%以上。

健全农村服务体系。创新农田托管等农业生产服务方式和手段，完善便民服务网络，推动供销合作社由流通服务向全程农业社会化服务延伸、向全方位城乡社区服务拓展，加快形成综合性、规模化、可持续的为农服务体系。实现农田托管面积10万亩，发展一批农田托管服务组织。健全从农田到餐桌的农产品质量安全全过程监管体系，切实维护公众健康和消费安全。完善农村综合产权交易平台，推进农村土地所有权、承包权、经营权分置工作，依法推进土地经营权有序流转，探索农民土地股份合作社运行模式。加强农村金融服务，强化农业保险，农业保险覆盖率力争达到90%以上。完善农技推广综合服务中心及村级农业服务站点，健全政府、企业和各类经济组织共同参与的农技推广机制。

做强生态休闲农业。依托近城优势和农业资源，打响以“亲近农村、体验农事、享受农趣”为特色，具有乡土味道的生态休闲农业品牌。重点发展浦南现代农业观光园、宁海花卉苗木观光园、新坝采摘体验园、锦屏山天然氧吧，通过举办“新坝西瓜采摘节”等农业特色节日，提升海州农业生态休闲项目品牌影响力。注重引进国内外大型知名企业资金、管理人才，深度开发旅游商品，推动旅游纪念品、土特产、大众商品等研发，逐步提高旅游商品销售收入在旅游总收入中的比重。

加大扶贫攻坚工作力度。按照“一人不少、一户不落”的要求，坚持精准扶贫，深化和完善专项扶贫、行业扶贫、社会扶贫“三位一体”大扶贫格局，着力实施基础设施、民生事业和产业发展联动开发格局。优先帮扶人均收入低于省定扶贫新标准的贫困户。产业扶持经济薄弱村，增强扶贫“造血”功能。持续提高村集体收入，省定经济薄弱村经营性收入达20万元，确保农村低收入人口人均收入超过6000元。推进村级“四有一责”建设，继续选派“第一书记”到低收入村挂职，指导协调低收入村发展集体经济。持续抓好城乡社区“减负增效”专项治理活动，加强长效机制建设，大力控减村居负担，加大资金投入，发展村级集体经济。

第四节　提升创新服务产业能力

以创新驱动、转型发展为着力点，聚集人才、信息、知识、资本等高端创新要素，打造创新体系健全、创新资源集聚、创新效率高、创新效益好的区域科技创新中心，为产业发展和建设创新驱动发展先行区提供有力科技支撑。

优化科技创新体系。确立创新战略地位，将大众创新纳入经济社会发展全局规划，提升政策制定的靶向性、适用性、有效性。面向创新型园区和企业开展“一园一策”“一企一策”服务。突出企业主体地位，鼓励企业加大自主研发投入，努力形成一批集研发、设计、创造于一体的有国际竞争力的骨干企业。培育国家实验室1~2家，新增省级以上研发机构15家。引导加大科技投资，确保财政科技投入稳定增长，大力开展科技信贷、科技担保、科技创业投资等服务，设立科技风险补偿资金，扩大“苏科贷”规模。加强产学研结合，培育一批科教结合产业创新基地，建成一批省级以上协同创新基地，所有科技型企业与高校、科研院所建立产学研合作关系。

加快科技成果转化。重点围绕装备制造、新医药、食品加工等主导产业，完善“创业导师+专业孵化+创业投资”孵化模式，实施推进各类科技计划项目和工程300项，争创国家知识产权强县工程示范区。构建现代高新技术产业体系，推动高校建立技术转移中心，促进科技成果转化。引导资源向新兴产业、高新技术产业集聚，高新技术产业产值占规模以上工业产值比重达到75%以上，新增国家高新技术企业20家、科技型中小企业50家、国家重点新产品5件、省级高新技术产品50件。实施知识产权战略，完善知识产权公共服务体系，推动知识产权与经济、科技等深度融合。科技型企业自主知识产权拥有率95%以上，专利申请量和授权量年均增长15%以上，每万人发明专利拥有量达到8件以上。科技进步贡献率超过60%。

引进培育创新人才。实施“人才强区”发展战略，不断适应新产业、新业态和新模式需求。加大人才引进力度。大力引进重点产业、重点项目，关键技术等急缺的高层次人才，做到引才与引智紧密结合。强化人才培养力度，坚持分类推进，统筹发展，设立高层次人才专项培育基金。大力实施专业技术人才知识更新工程，推进产业人才队伍建设，加大农业实用技术、农村经纪人培训，积极培育农业科技专家和“草根”创业人才。优化人才发展环境，科学建立培养、引进、使用、考评、激励、保障等人才政策体系，建立健全以政府奖励为导向、用人单位和社会力量奖励为主体的人才奖励机制，营造尊重知识、珍惜人才、鼓励创新、崇尚创业的良好氛围。

第四章　提高城市宜居水平

秉承民生导向，坚持“提升新城、改造旧城、生态优先、城乡一体”为总体工作思路，以创新、绿色、共享为理念，以科学规划为引导，以民生重点项目建设为纲要，全面提高城市综合承载能力和管理水平，建设生态海州、宜居海州、美丽海州。

第一节　新城旧城联动开发

坚持以老带新，以新促老，新老联动，整体推进，加快滨河新区和孔望新城组团开发和旧城改造步伐，探寻项目建设资金自求平衡机制，加快城市基础设施建设。

建设特色新区新城。坚持南北纵向组团开发，东西横向差异横向发展，西盐河以东重点发展高端商务服务、现代娱乐休闲和高端居住，西盐河以西重抓改造提升。滨河新区紧扣海绵城市建设要求，重推水系完善，加快商住、公共服务配套，积极推进开发建设，建成环境优美、品质一流的“生态宜居、宜业、宜游”的生态魅力新城。加快月牙岛生态旅游示范区建设，强化各园区旅游活动载体功能，将景致、建筑和娱乐场所有机融合，形成联动效应，实现景区规模化发展。实施蔷薇河、东站引河生态廊道工程，建成河水清、两岸绿、生态美的沿河景观带，为滨河新区发展注入灵动活力，促进片区之间互动互补，增强城市北部发展活力。孔望新城重抓山城整合，挖掘丰富的古人文和历史资源，借助山城相连优势，加快秦东门大街沿线开发建设，完善商业和公共设施，建成有鲜明特色、生态环境与人文环境俱佳的城市空间。

加快棚户区改造步伐。坚持以点带面、新旧共生、古今相融原则，把推进棚户区改造与基础设施、社会事业发展紧密结合起来。海州古城重抓修复修缮，突出“城市之根、历史之源”定位，以整体复建为导向保持古城古香古韵原貌，充分尊重历史渊源和古建筑现状、提升改造一批历史景点。新浦老城重抓改造提升，充分体现现代都市风格气息，新建一批新型住宅和商贸综合体，打造便捷、时尚、宜居的魅力空间。不断加大棚户区改造力度，重点推进白虎山小商品市场及周边棚户区地块、锦屏磷矿等群众关心、社会关注的重点棚户区改造项目，完成350万平方米棚户区改造工作，全区棚户区改造任务基本完成。加快旧城改造地块房屋征收工作，继续实施老旧小区改造提升计划，每年改造老旧小区数量不低于20个。制定推广物业标准化管理模式。实现城市低收入住房困难家庭廉租住房保障体系全覆盖。

第二节　加强城市管理

以规范化、市场化、合理化、一体化、数字化的“五化”发展方向，整合资源，创新工作载体，进一步建立健全城市管理机制，推进城市管理事权责统一工作，坚持区域包干、动态巡查、集中处理模式，实现城市管理的集约、高效、规范。

市容秩序规范化。理顺市、区、镇（街）三级工作体制，实现城管大融合、全覆盖。规范居民建房管理，重点加强城乡接合部区域建筑管理力度。加强对街市流动摊点、占道经营、毁绿破绿等民生事项管理，提高城市管理的现代化、规范化、长效化水平。加大市容秩序综合整治力度，加强机动车、非机动车管理。充分调动广大市民参与和监督城市管理的积极性。全面完成三类以下道路管理提档工作。

环卫保洁市场化。按照政府引导、企业运作、公众参与的原则，逐步培育环卫作业市场，严格环卫作业服务企业准入制度，规范服务行为。城区道路清扫保洁、垃圾收集运输等环卫项目逐步推向市场，城市主次干道全面推行市场化，社区背街小巷、便民道路同时推向市场化。城区环卫普遍推行机械化作业，打造“科技环卫、智慧环卫”，不断提升城市环卫的精细化管理、规范化作业、智能化考核水平。

公用设施布置合理化。按照“布局合理，提高档次”的原则，完成城区公厕新建、提档工作，在数量、功能、卫生水平以及建筑风格等方面与城市总体规划发展相协调。完成垃圾中转站机械设备更新，市区生活垃圾收集点实现重新布局。通过升级改造、配套建设和购置一批环卫设施设备，促进环卫设施设备达到“数量充足、设置科学、功能完善、运行正常、整洁美观”的目标。

城乡环卫一体化。持续开展城市环境综合整治，全力推进老城区道路、市政、设施建设改造，整治老城区居民小区和背街小巷。全面开展美丽乡村建设，加强农村环境整治，以“净化、绿化、亮化、美化”为目标，按照“组保洁、村收集、镇转运、市处理”模式，全面完成锦屏、洪门、新坝、板浦、宁海、朐阳等涉农镇街垃圾收集体系建设，健全生活垃圾运输体系，实现农村垃圾收集运输处理全覆盖，基本建成符合市区发展水平的区、镇街、村（居）三级环卫管理体制，农村生活垃圾无害化处理率达到90%以上。

城市管理数字化。全面推广集政府12345等热线相融，覆盖全区的集成化城市管理数字化信息平台，形成受理、处理、督查、考核、反馈一体化的数字化管理模式。结合公安“天网”工程，快速定位，迅速派遣，及时处理群众来电来信反映的各类民生问题，实现群众反映城市管理问题全天候一键畅通。

第三节　建设生态海州

以“绿色、宜居、环保”为主题，大力实施城区园林绿化，改善环境质量，防范环境风险，全面建成布局合理、特色鲜明、景观优美、彰显特色的生态园林城区。2017年创成国家级生态区。2020年，海州经济开发区创建省级生态工业园。

提升城市绿化水平。扩充城市公共绿地面积，构筑生态绿地系统和空间结构，城市建成区生态绿化绿地率保持在37%以上，绿化覆盖率保持41%，每年新增绿地面积不低于60万平方米，人均公园绿地突破14平方米。重点实施公园游园绿化，城区见缝插绿等，新建改造绿地120公顷。实施月牙岛湿地公园、西盐河樱花长廊等绿化工程。加强锦屏山植被恢复和采石塘口复绿力度，严格保护锦屏山等山林资源。加强蔷薇湖等水源地保护，打造蔷薇河、通榆河、玉带河、龙尾河等水生态绿化廊道。

强化污染物管控。实施清水工程，以提高污水处理能力为目标，建成投用新坝镇、锦屏镇污水处理站。滨河新区污水管网与浦南污水管网等管网对接。建设城市南部地区配套污水管网设施，推进各镇污水管网与污水处理厂（站）互通互联，完善海州开发区、宁海、板浦、新坝、锦屏、洪门、浦南等园区和镇街污水管网系统，企业接管和污水收集实现全覆盖。建立陆湖河并重的生态系统保护修复和污染防治区域联动机制，强化环境风险预警和管控。推进蓝天工程，加大工业废气污染防治，开展化工企业全部退出城区行动，加快德邦、泰乐、双菱化工等搬迁。大力推广集中供热，使用清洁能源。严控城市空气扬尘污染，加强道路、建筑工地、开山采石等扬尘治理。制定绿色建筑发展规划，推进节约型城市建设，建成省级绿色建筑示范区。

加强自然生态保护。推进山体绿化五年规划和三年攻坚计划，实施山体和农村绿化“保一工程”，打造“绿润海州”品牌。森林覆盖率力争达到25%以上。加快林业生态工程建设，促进森林生态系统的自然恢复和人工修复，实施锦屏山山体绿化美化工程、环蔷薇湖绿色生态工程等重点项目。完善森林防火体系，落实森林防火视频监控、引水上山工程及数字化森林防火指挥中心建设。

第四节　统筹城乡格局

把城乡发展一体化作为重要抓手，大力推进协调发展战略，坚持把新型城镇化作为统筹城乡发展最重要的助推器，按照宜工则工、宜农则农、宜商则商的发展思路，加快城镇现代化进程，构建城乡融合发展格局，促进城镇和农村全面繁荣、共同发展。

优化镇村布局规划。全面推进浦南、新坝、锦屏、板浦新型城镇化建设，集中力量建设浦南、板浦2个重点中心镇，构建城市“一体两翼”发展格局。浦南镇大力发展特色农业和光伏、风力等清洁能源产业，加快新型村居建设，加快项目引进和产业集聚，不断提升发展活力和潜力。板浦镇以镜花缘文化产业园项目为引领，同步发展商贸、工业和临港物流产业，科学统筹新区开发和古镇改造，合理促进镇区建设和旅游发展，完成板浦周边路网延伸建设工程，打造城市南部卫星镇。按照“一镇一特”的理念，因地制宜打造一批特色镇，重点推进锦屏、新坝、宁海3个特色镇，锦屏重点发展旅游特色产业，新坝建设生态农村特色镇，宁海重点建设新型工业镇。

有序推进农业转移人口市民化。按照尊重意愿、自主选择，因地制宜、分步推进、存量优先、带动增量的原则，建立健全农业转移人口市民化推进机制，明确主要对象和工作责任主体，逐步淡化户籍因素，全面放开城镇落户限制，加快城镇人口服务管理由户籍人口为主向常住人口转变。到2020年，常住人口城镇化率达到68%。建立集各类人口基础信息采集、处理、更新、交换、服务为一体的户籍运行管理服务体系。

推进城乡统筹发展。按照“市镇繁荣、街道完善、社区配套”的总体思路，加快基础设施和公共设施建设，完善公共服务功能配套升级，切实提升镇街、农村社区的综合承载能力，为促进创业就业、改善群众生活提供有力支撑。通过融入城市化、就地城镇化、农村社区化等方式，因地制宜加快推进城乡一体化进程。维护进城落户农民土地承包权、宅基地使用权、集体收益分配权，支持引导其依法自愿有偿转让权益。增强城乡互动发展能力。通过中心城区在产业引领、政策体制、基础设施等方面与新镇、新农村的互动衔接，加速形成现代产业分工合理、基础设施共享、公共服务均等的功能互补、协调发展的城乡新格局。

第五节　强化基础设施建设

以服务发展、提高城市承载力为目标，加快完善城市基础设施网络体系，提高运行效率，为便捷舒适的现代化生活提供有力支撑。

完善交通体系。以道路交通建设为重点，提升市内道路交通，完善外环道路网络，增强河海联运能力，构建一体化的综合交通运输体系。加快推进锦屏路、江化路北延等路网延伸工程，打通文昌路、陇海西路、建设西路，建设沈圩桥等6个铁路下穿项目。配套建设城区便民路以及背街小巷。实施镇、农村公路提档升级工程，规划建设县乡公路和农村路网连接线150公里。适时启动市区快速通道建设，实现镇村公交全覆盖。全面服务铁路建设，做好陇海客运专线徐连段、连淮扬镇、连盐等沿线征收工作并保障顺利施工。完成新204国道、310国道、新机场大道路建设，实现道路“外成环内相连”。强化河海联运，快速推进板浦临港物流园等河海物流枢纽建设，不断加强航道建设和管养，提高运输能力。倡导绿色出行，推进汽车充电桩建设，发展地上、地下立体停车。

保障饮用水安全。启动农村饮水安全工程，按照“规模化发展、高标准建设、市场化运作，专业化管理”的发展思路，逐步实现农村供水城市化、城乡供水一体化目标。建设节水型社会，强化水资源保护。加强集中饮用水源地管理，取缔一级保护区内一切与保护水源无关的活动。蔷薇湖应急水源输水工程竣工使用，加强水源地保护，改善水源地生态，保障生活生产用水安全，提高应急保障能力。加大城乡供水基础设施建设投入，推动建设城市南部地区自来水厂，实现区域供水全覆盖。

提升综合防灾能力。推动海绵城市发展，稳步推进城市地下综合管廊建设，增设一批水面公园。夯实城区排涝基础，全面提高区域防洪排涝标准。强化新浦磷矿地质灾害点监测，确保矿区安全。完善地震宏观测报网，推进地震安全示范社区和地震避难场所建设，加强农村自建房和农村集中安置点建设抗震设防的监督、管理、指导工作。增强地震应急能力，创建省市级科普示范学校和地震示范社区。加强天气监测预警和气候环境监测评估，强化气象公共服务和应对气候变化工作，完成海州气象监测和公共服务数字化工程。建成海州人防地面指挥中心、地下指挥所及区人防信息系统。

构建智慧城市体系。加大接入网、城域数据网及通信管网等基础设施建设力度。推进光纤到户，实施高速率宽带网络建设工程。推动新一代信息技术与城市发展深度融合，实施大数据战略，建设政务数据信息资源库和政务数据互连共享机制。建设符合国家标准的档案馆，形成覆盖全区的档案文件信息平台。加大对农村地区的投入力度，缩小通信发展城乡差距。开展智慧城市建设，以云计算、信息服务、物联网等新技术为支撑，构建智能交通、智能管网、智慧民生、智慧社区、社会治安、市容环境管理、灾害应急处置等智能化数字系统，统筹规划、分步实现环境宜居智慧化、安全防控智慧化、生活便捷智慧化、公共服务智慧化、产业智慧化。

第五章　完善民生保障体系

以“投入加大，标准提高，全面覆盖，政府托底”为目标，扎实推进共享共赢战略，着力解决群众最关心、最直接的现实问题，让广大居民学有所教、病有所医、劳有所得、住有所居、老有所养，力争实现基本公共服务常住人口全覆盖，稳步提高均等化水平。

第一节　提升教育现代化水平

以高水平教育现代化建设为主线，以提高教育质量为重点，突出“公平、改革、优质、优化、素质”，提升教育发展总体水平，2017年实现教育现代化，全市教育高地优势地位进一步巩固，建成苏北领先的教育强区。

更加注重教育公平。把教育作为财政支出的重点领域予以优先保障，确保教育经费“三增长两提高”。调整教育财政支出结构，促进教育优质均衡发展，公共教育资源向农村地区、薄弱学校倾斜。推进城乡教育一体化，大力改善农村学校办学条件，实施镇中心校提升工程，加强农村学校标准化建设，80%以上的校安工程项目安排在农村学校。提高农村教师待遇，建设农村教师周转宿舍，对农村教师发放生活补贴、实施职称评定倾斜。大力实施特殊教育提升计划，发展“医教结合”模式，将育英培智学校打造成全市特殊教育示范点。提高教育公共服务水平，巩固提升进城务工人员随迁子女入学和家庭经济困难学生、身心发展困难学生受帮扶全覆盖成果，完善资助方式，保障全区城乡适龄儿童少年平等享受优质教育。

深化教育综合改革。探索均衡发展条件下的教师交流机制，推进教师“区管校用”机制改革，符合条件的教师年度交流比例达20%以上。推进区域教育共同体建设，强化大教育理念，突破行政体制限制，推进市区教育深度融合。深化新课程改革，提升素质教育质量，把增强学生社会责任感、创新精神、实践能力作为重点任务贯彻到教育全过程。深化教育去行政化，取消中小学行政级别，对校长实施职级制。全面推进依法治教、依法治校，加快教育治理现代化，减少行政干预，让学校在法律法规和制度的框架下自主发展。改革评价体系，引进对学校的第三方评价，探索管、办、评分离。完善教育、财政、土地、税收等方面配套政策，坚持分类管理、分类扶持的原则，鼓励社会力量和民间资本提供多样化教育服务。

深入推进优质均衡。大力发展学前教育，鼓励公益性普惠性幼儿园发展，打造六一幼儿园、海州幼教中心、蓓蕾幼儿园3个教育集团，建成全国学前教育改革发展实验区。推动义务教育均衡发展，全面提高教育教学质量，打造海宁中学、解放路小学、海州实验小学3个教育集团，实行小班化教学，建成省义务教育优质均衡先进区。普及高中阶段教育，高中学校与市直学校错位发展，打造艺术类体育类高考特色。中考星级高中录取率、高考本科达线率翻一番以上。加快职业教育发展，建设现代职业教育体系，推进产教融合、校企合作。积极发展社区教育，畅通继续教育、终身学习通道，建成学习型城区。强化教育督导，加强社会监督，推进责任督学挂牌督导，建成国家级责任督学创新区。

优化教育总体布局。应对二孩政策实施、适龄人口增长对于优质教育资源的需求，科学优化教育布局，扭转大班额现象，实现就近入学。规划新建德邦地块九年一贯制学校、车管所地块中学、海宁中学海宏校区、新海实验中学解放路校区、岗埠中学、景山秀水小学、苍梧小学西校区、育英培智学校、苏光中心小学、新华小学、东方领秀地块小学、河畔花城地块小学、车站小学等；改扩建建国路小学、新海小学、解放路小学郁洲分校。改善学前教育办学条件，新建新坝新镇区幼儿园、锦屏幼儿园、岗埠幼儿园、原车站小学地块幼儿园，异地新建花果山幼教中心、南城中心幼儿园。城市小区配套幼儿园全部收归教育部门，办成公办或普惠幼儿园。省优质幼儿园、省义务教育学校现代化办学标准、省三星级高中、省示范性社区教育机构达标率达90%以上。

提升师生综合素质。加强教师职业理想和职业道德教育，将师德考核结果作为教师聘用、评优评先的重要依据。深化“名师名校长”工程，启动“十百千”培养项目，完成五年一周期的教师全员培训，区级以上骨干教师比例达15%以上，壮大市级以上骨干教师队伍。建设教师领军人才队伍，形成一批教学名师和优秀教师团队，特级教师总数明显增加。教师学历指标全部达到或高于省中长期教育改革发展纲要规定。全面打造教育特色，深度挖掘海州古城文化，打造一批国学特色学校。建设“省级青少年足球试点区”，全区学校从“一校一品、一校一特”逐步发展成为“一校多品、一校多特”。巩固和提升学生综合素质评价优良率、心理健康教育课程开设（普及）率，小学、初中、高中学业合格率、中等职业学校毕业生双证书获取率、体质健康测试合格率达95%以上。

第二节 建设健康海州

以充分发挥医疗卫生计生事业公益性为导向，坚持政府主导和发挥市场机制作用相结合，深化医药卫生体制改革，建立覆盖城乡的基本医疗卫生制度和现代医院管理制度。推进健康海州建设，促进人口均衡发展，构建与国民经济和社会发展水平相适应、与居民健康需求相匹配、体系完整、分工明确、功能互补、密切协作的健康海州服务体系。

深化医药卫生体制改革。实施公立医院综合改革，坚持公益属性，破除逐利机制，现代医院管理制度基本成熟定型，眼科医院建成三级专科医院。完善基层医疗卫生机构运行新机制，完善分级诊疗制度，实现基层首诊、双向转诊、上下联动、急慢分治，推进智慧健康建设。加大政府投入，实现基层医疗机构提档升级，政府办社区卫生服务中心全覆盖。扩大家庭医生制度覆盖面，加快建立社区医生和居民契约服务，全面实施乡村医生签约服务，建立电子健康档案。完善基本药物制度，理顺药品价格，健全药品供应保障机制。构建食品药品治理体系，实现食品安全监管人员全覆盖，扎实推进“四品一械”专项整治，全面实施“平安餐饮”和“平安药店”远程视频监控方案，打造食品药品安全环节监管链条。全面落实村医定额补助政策和新农合筹资稳定增长机制。建立健全疾病应急救助制度。提升基层中医药服务能力。2018年所有卫生院、社区卫生服务中心均建立中医科。鼓励社会力量兴办健康服务业，推进非营利性民营医院和公立医院同等待遇。

提升公共卫生服务水平。完善现代疾控体系，构建专业公共卫生机构、医疗机构和基层医疗卫生机构“三位一体”的医防合作体系。疾病预防控制、卫生监督、妇幼计生、精神卫生等专业公共卫生机构全部达到省定建设标准。提高人均补助标准，人均基本公共卫生服务经费达100元。强化公共卫生计生监管职能，开展乡镇综合监督机构标准化建设。加大传染病防治、职业健康检查和诊断服务机构的监督检查，加强传染病、慢性病、地方病等重大疾病综合防治和职业病危害防治。健全卫生应急管理体系。加强卫生应急队伍和技术装备建设。推进健康海州促进行动，倡导健康生活方式，创成国家卫生城市。

促进人口均衡发展。落实人口发展战略，稳妥实施“全面两孩”政策。优化出生人口性别结构。加强出生人口性别比综合治理，加大打击“两非”力度。提高出生人口素质，逐步实现孕产期基本服务免费。完善生育关怀制度，推进奖扶、特扶和一次性奖励的提标扩面。免费为符合条件的育龄妇女提供再生育技术服务，推进新型人口家庭文化建设。实现流动人口卫生和计划生育基本公共服务均等化。保障妇女儿童权益，提高妇幼保健、托幼等公共服务水平。

加强卫生人才队伍建设。完善人员配备，每千名常住人口基层卫生人员数达3.5人以上，公共卫生人员数达到0.83人，基本实现城乡每万名居民拥有2~3名合格的全科医生，每所村卫生室至少有1名乡村医生执业。健全在岗培训制度，基层医疗机构和人员培训实现全覆盖。完善基层医疗卫生机构与三级医院共享诊疗信息机制、远程医疗服务和教学培训机制，提升基层服务能力和水平。

第三节 实现更高水平有质量的充分就业

坚持就业为本，人才优先，把解决就业总量和结构性矛盾放在首位，提升经济运行水平，激活大众创业活力，促进更高质量就业，实现经济社会发展和稳定扩大就业的良性互动。

统筹推进城乡就业。建立健全就业形势分析研判机制，制定解决问题的合理方案。发挥区位优势，依托城区商业环境，带动更多的城镇居民灵活就业。持续推动公共就业服务政策向农村延伸，使农村劳动力享受同等的就业服务，引导农村剩余劳动力就近就地转移。开展农民阳光工程培训、科技、合作社带头人及农业企业、专业大户、家庭农场经营者等新型职业农民培训，新型职业农民培育程度达到50%。加强对失地农民的扶持，由托底型就业向体面、稳定型就业转变。新增城镇就业12万人，城镇登记失业率控制在3%以内，新增转移农村劳动力1.2万人。

全面提升就业质量。坚持产业升级和扩大就业规模、调整就业结构联动推进，引导不同知识结构和就业人员自主择业、适岗就业。紧盯市场需求，强化对民办职业培训学校的指导。加强现有工种及企业转型升级需求的培训和储备，与辖区及外地大中专院校合作，采取与辖区中技院校开展订单式定向培训。整合和优化各类培训资源，建立多层次、多维度的职业能力培训方式，构建终身职业技能培训体系。提升农民综合素质，完成城乡劳动者职业技能培训2万人，新增高技能人才3000人。

帮扶重点群体平等就业。重抓高校毕业生就业，做好离校未就业毕业生调查登记、就业服务、就业援助和职业培训工作。落实困难毕业生一次性求职补贴、小微企业吸纳毕业生社保补贴和岗位补贴、灵活就业毕业生社保补贴、网络创业小额担保贷款和财政贴息，离校未就业大学生实名登记率和服务率均达到100%，就业率达90%以上。统筹农村转移劳动力、城镇困难人员、退役军人等群体就业，开展失地农民社保补贴，鼓励辖区企事业单位接收安置退伍士兵、残疾人。

全力推进大众创业。大力发展众创空间，开展创业型街道、社区创建活动，开发“创业+电子商务”等新型培训项目。完善以培训质量和培训结果为导向的补贴机制。抓好创业孵化基地、大学生创业园、创业培训基地、创业实训基地四类创业载体建设。抓好各类创业基地培育和建设，依托产业园区，打造互联网+、科技类创业孵化基地；利用城区特色街区、楼宇和市场，打造商贸类创业基地。充分发挥小额担保贷款作用，解决创业者的资金难题。

提升就业服务水平。完善企业工资收入分配制度，加大工资集体协商制度推进力度。提高平台信息化水平，实现市区联网、信息互通、实时共享，实现网络全覆盖，畅通信息渠道，巩固和完善“15分钟公共就业服务圈”。推动公共就业服务更加标准化、精细化、人性化，推广面对面、点对点服务模式，对有服务需求的群众，树立和健全全程服务的理念和体系。加强专业人才培养，健全奖励激励机制。所有社区完成省级充分就业示范社区创建工作，新增省级优质服务窗口5家、国家级优质服务窗口2家。

第四节 推动民政事业发展

坚持“以民为本、为民解困、为民服务”的工作宗旨，突出市场主体活力、资源配置效率、利益调节公平，统筹谋划，协同推进，全面提升民生工作的法治化、规范化、社会化、专业化、信息化整体水平。

坚持保障改善民生。全面建立以最低生活保障制度为基础，医疗、住房、教育、救灾、司法和临时救助以及就业援助等专项救助为辅助，社会帮扶、慈善救助为补充的发展型社会救助体系。实施城乡低保保障标准动态调整机制，努力使困难群众基本生活与经济社会发展水平相适应。完善临时救助制度，有效保障困难群众特别是低保家庭、低保边缘家庭和“支出型”贫困家庭的基本生活。切实加强城乡低保制度与社会保险、城镇就业和农村扶贫开发等政策的衔接，推进低保制度由生存型向发展型转变。加大财政资金购买民生服务力度，广泛开展公益创投活动。

提升养老服务水平。推进公办养老机构改制，支持社会力量参与养老服务业。全面放开养老服务市场，通过购买服务、股权合作等方式，支持各类市场主体增加养老服务和产品供给，财政性资金重点向农村养老服务倾斜。加大补贴力度，支持兴办或运营社区居家养老服务机构。农村五保供养服务机构全部转型为区域性养老服务中心。养老服务信息管理系统、居家呼叫服务和应急救援服务信息网络实现城乡全覆盖。标准化社区居家养老服务中心建成率分别达到80%、40%，养老床位数达到每千名老年人40张，全区社会力量举办或经营的养老机构床位数占比达到70%以上。2020年全面建成以居家为基础、社区为依托、机构为支撑的覆盖城乡的多样化“夕阳红”养老服务体系。加快推进医养融合发展，探索医疗机构与养老机构合作新模式，依托医疗机构开展保健、医疗、康复、养老功能相结合健康养老服务，开通预约就诊绿色通道，构建规模适宜、功能互补、安全便捷的健康医养服务网络。

加大拥军优抚力度。完善抚恤补助标准自然增长机制，提高各类优抚对象抚恤补助标准。做好优抚对象医疗保障工作，重点优抚对象全部纳入医疗补助、救助范围。按照不低于当地上年度城镇居民人均可支配收入的45%标准发放义务兵家庭优待金。推进退役士兵安置工作改革，完善以技能培训为基础，支持退役士兵自主就业、自主创业，确保退役士兵就业率达95%，符合工作安排条件的退役士兵安置率达100%。做好烈士褒扬工作，组织开展纪念活动，筹建纪念场馆。

大力发展慈善事业。培育和规范各类慈善组织，稳妥推进慈善组织直接登记，实施公益创投等多种方式，优先发展具有扶贫济困功能的各类慈善组织，为初创期慈善组织提供资金支持，法人注册登记和市场化运营率达50%以上。积极推进基层慈善组织建设，镇街、村居实现慈善分会或工作站全覆盖。推动慈善超市转型升级，镇街拥有慈善超市达50%以上。促进慈善事业与社会救助功能互补，发挥红十字、慈善会等作用开展扶贫济困、赈灾救孤、扶老助残、助学助医等活动。鼓励企事业单位为慈善活动提供场所和便利条件、按规定给予优惠。宣传引导社会公众关心慈善、支持慈善、参与慈善。

第五节 建设书香海州

积极推进文化强区建设，以繁荣特色文化为工作要务，以保障公益文化事业、发展文化产业为两翼，积极创建省级公共文化服务体系示范区，重点发展传媒业、文化演艺业、创意设计业、影视产品业、出版印刷业等文化产业，加快建设书香海州。

加快现代公共文化服务体系建设。坚持面向基层、服务群众、增加公共文化投入，推动政府向社会力量购买公共文化服务。依法促进全民阅读，加大对区级标志性公益文化设施建设的投入，按照国家二级馆标准，完善区文化馆设施，区图书馆达到部颁一级以上标准。镇街文化站完善硬件和软件配备，村文化活动室实现全国文化信息资源共享工程全覆盖，区、镇、社区图书馆实现联网共享通借通还。发展城乡基层文化和特色文化，积极开展文化示范镇（街道）、示范村（社区）创建活动。建立海州区艺术精品创作题材库，争取更多作品或剧目获得全国和省、市精神文明建设奖项，力争多项作品入选省五星工程奖、五个一工程奖。

有效保护文化遗产传承。加强

文化遗产保护工作，历史文化遗珍纳入保护系统。打造民俗博物馆、磷矿工业博物馆等独具特色的专题博物馆,加强将军崖岩画、摩崖石刻五大宫调、淮海戏、汪恕有滴醋制作技艺等非物质文化遗产的研究、保护和传播，推进双龙井等区域性非物质文化遗产传承基地建设。挖掘古城文化，逐步恢复和修缮李汝珍纪念馆、朱自清旧居、糜竺故居等历史名人故居，创建锦屏山东夷文化省级文化生态保护实验区。推动宗教事业更好发展，发挥宗教文化积极作用。定期举办非遗保护论坛、民俗文化节、非遗展演等活动，打响童子戏、戴晓觉膏药制作技艺、葫芦压花技艺、柳编等民间文化品牌。

加快发展创意文化产业。拓宽文化产业投融资渠道，引导鼓励社会力量兴办文化产业，努力形成政府投入与社会投入相结合的投入机制。培育区域文化传媒基地，探索海州文化大舞台建设。降低市场准入门槛，放宽民间资本和外资进入文化产业的限制。实现文化产业与制造业、商贸旅游服务业的对接融合，促进二、三产业共同发展。发挥海州人文历史优势，重点打造新浦文化产业园、民主路民俗文化街区、海州古城历史文化街区三大文化产业基地。建设青少年动漫体验中心，整合新浦文化产业园内现有的载体资源，以“动漫、生活、体验、科普”为核心，以科普性、趣味性、互动性为特色，建设多功能文化创意体验中心，打造动漫主题园区。

第六节　繁荣体育事业

积极创建省级公共文化服务体系示范区和省级公共体育服务体系示范区，提高海州文化体育综合实力，全面提高城乡体育生活品质。

促进群众体育与竞技体育互动发展。深入实施全民健身计划，强化公共体育服务职能，扩大体育项目的普及度和参与率，切实保障广大人民群众参加体育活动的权利。建成孔望山全民健身中心，村社普遍建有全民健身设施。继续推动公共体育场馆和学校体育场馆向公众开放。积极发展城乡基层体育组织，加强社会体育指导员队伍建设，广泛开展群众体育健身活动与竞赛。打造体育健身品牌，努力做强传统特色体育项目，推进“一镇（街）一品”特色体育活动建设。增加体育后备人才储备的厚度和选拔基数，竞技体育的魅力和引领带动效应，吸引更多的群众欣赏体育赛事、参与体育健身。

积极培育体育产业市场。盘活现有资源，提高体育设施综合利用率和运营能力。培育一批重点体育企业，依托社会力量发展市场化体育赛事。发展体育用品销售产业，培育体育创意产业园区，推进星光湖、月牙岛、刘志洲山等体育运动度假基地和健身休闲基地建设。鼓励各类资本投资体育特色产业，加快培育体育产业特色园区、特色街区、特色品牌。以扩大体育产业影响力、促进合作交流为重点，打造各类展会、论坛、体育节庆等活动平台，提升海州区体育产业发展层次和水平。

第六章　全面加强社会文明建设

全面提高公民道德文明素质，培育和践行社会主义核心价值观，以新一轮的思想解放深化制度改革，进一步扩大开放，加快形成有利于科学发展与社会和谐的体制机制，完善社会管理体系，推进依法治区，提高行政效率和服务水平，构建现代新型政府架构。

第一节　加强公民思想道德建设

培育和践行社会主义核心价值观。以社会主义核心价值观凝聚共识、汇聚力量，使社会主义核心价值观内化为人们的坚定信念，外化为人们的自觉行动。推动核心价值观宣传全面覆盖各类媒体、公共空间、宣传文化阵地和人群，拓展网上传播平台，充分运用各类文艺作品和群众性文艺活动，生动活泼地传播核心价值观。深化拓展“八礼四仪”未成年人文明礼仪养成教育，全面开展志愿服务行动。培育社会公德、职业道德、家庭美德、个人品德，深化道德领域突出问题专项治理，持续净化党风政风社风民风。探索重大公共政策道德风险评估机制，建立健全公共政策纠偏机制。

大力推进“三创三先”实践活动。以“三创三先”为导向，不断提升全社会的精神追求。大力发展创新文化，积极宣传重大科技创新成果、典型创新创业人才和创新型企业，深入实施全民科学素质行动计划，广泛开展群众性科技创新活动，激发全社会创新创业热情，营造尊重知识、崇尚创新、宽容失败的社会氛围。加强法治文化宣传，开展群众性法治文化活动，着力建设与全面推进依法治区进程相适应，集知识普及、观念引导、能力培养于一体的法治文化体系。大力发展先进文化，创新发展传统文化，创建健康向上的网络文化。

培育地方特色典型。加快树立具有海州特色的典型人物、事项和品牌，全方位宣传引导，形成先进典型由个体向群体发展的滚雪球效应。持续开展“首善之城 美·爱海州”系列活动，增强“最美基层干部”“最美爱心市民”“最美少年”品牌效应。加快海州本土特色典型培养，“海州好人”，提高品牌的知名度、美誉度。强化宣传载体建设，扎实做好“美爱海州”“海州文明”载体宣传策划工作，致力培强“善行海州”品牌，形成精神文明建设靓丽名片。

第二节　深化改革开放

坚持国际开放和区域开放互动，促进经济体制和经济结构与国际接轨，实现对外开放的新突破。着力推进重点领域和关键环节改革攻坚，在新的更高起点上再创新优势，建立健全充满活力、富有效率、更加开放的体制机制，为又好又快发展提供制度保障。

扩大对外开放。推进与“一带一路”沿线地区、国内发达地区以及国际的合作关系，充分利用国际国内两个市场、两种资源，增强外向型经济发展能力。坚持将招商引资工作作为重中之重，进一步整合招商力量，发挥专业产业招商队伍作用，创新招商方式，围绕长三角、珠三角、“一带一路”节点城市及重点地域，强化产业链招商和产业集群招商，加快引进一批研发机构、销售中心、采购中心等功能性总部，增强“招大引强选优”实效。创新外资引进模式，通过增资扩股、兼并收购、楼宇招商、以商引商、以民引外、以外引外等多种渠道，加快外资项目引进，鼓励有实力的企业在海外注册公司返程投资。围绕“一带一路”建设需求，构建便捷、高效的物流基础设施网络，提升物流体系综合能力。充分利用中哈合作全面升级契机，强化对“一带一路”沿线城市、东北亚等国家的国际物流服务功能，推进区内涉外大宗散货交易中心建设，培强跨境电子商务网络，推动双多边贸易加速发展。

积极推进行政体制改革。切实转变政府职能，深化行政体制改革，创新行政管理方式，增强政府公信力和执行力，建设法治政府和服务型政府。完善发展成果考核评价体系，加大民生发展等指标权重，纠正单纯以经济增长速度评定政绩的偏向。推进商事制度改革，改革市场准入制度，建立“事中事后监管”为导向的新型市场监管体系。推进机关事业单位薪资改革，建立机关事业单位年金制度，完善事业单位岗位绩效工资制度。加快事业单位分类改革，加大政府购买公共服务力度。深化户籍制度改革，促进有能力在城镇稳定就业和生活的农业转移人口举家进城落户，实现与城镇居民有同等权利和义务。深化经济发达镇行政管理体制改革试点，建立便民服务中心和综合执法队伍，提升执行力和服务能力。

积极推进经济体制改革。深化投资体制改革，确立企业投资主体地位。建立全口径预算管理体系，探索建立跨年度预算平衡机制。完善镇、街和开发区财税体制和区财政支出绩效评价办法，财政专项资金实行清单管理制度。建立事权和支出责任相适应的项目资金分配使用和约束机制，有效防控政府性债务。完成国有企业改革重组，区级行政事业单位与所办企业实体脱钩，重点融资平台企业实现实体化经营。完善国有企业内部分配方式，改革企业负责人薪酬制度。深化企业融资模式改革，拓宽中小微企业的融资渠道。推进土地承包权、宅基地使用权、集体收益分配权改革，支持引导依法自愿有偿转让工作，激发农村发展活力。加快社会信用体系建设，逐步实现信用信息数据归集全覆盖。创新融资渠道，探索项目开发融资新渠道，争取旧城改造资金封闭运作，充分发挥瀛洲、海发集团融资平台的作用，全面推进PPP等新型融资模式，积极争取银行等金融机构的专项贷款，加大对基础设施建设的支持力度。

第三节 完善社会治理体系

深入实施“政社互动、三社联动”社会治理机制，搭建公共安全稳定体系，完善“天网”工程，推进综治信息系统建设，加强城市公共安全应急体系，不断提高社会综合管理能力，提升公众安全感。

推动社会治理创新。深入推行“一委三会”基层社会治理新模式，实现从传统村（居）管理向现代社区治理转变，推动社会治理重心下移村社行动。加快推行政社互动，积极探索镇街和社区体制改革，进一步厘清行政事务和社区自治事务、政府委托事务和社区自治事务的职责边界。推进城乡社区网格服务管理全覆盖，加大农村社区建设投入力度，提升社区治理社会化专业化精细化程度。开展城乡社区减负增效，建立社区（村）工作事项准入制度，破解区负担过重难题，提高治理服务效能。完善民主决策机制。建立居委会、业委会和物业服务企业协调机制，推动居民自治与业主自治的有效衔接。广泛开展和谐社区创建活动，城乡和谐社区建设合格率达90%，城乡社区综合服务中心建设合格率达95%。

完善社会治安防控体系。牢固树立安全发展观念，扎实做好平安海州建设，坚持人民利益至上。推进技防海州建设，构建“全域覆盖、全时监控、全息感知、全景分辨”的视频技防体系。全面实施智慧平安海州建设，完善社会治安综合治理社会机制。整合社区资源，构建专群结合的城乡社区防控体系，建设省内与区域间协作共享为特色的情报信息网络。深入开展反分裂、反渗透、反颠覆斗争和反恐维稳专项行动。严厉打击严重刑事犯罪和破坏社会主义市场经济秩序的涉黑涉恶违法犯罪，有效打击发生在人民群众身边的违法犯罪行为。强化重点青少年群体、刑满释放人员、社区矫正对象、肇事肇祸等严重精神障碍患者、吸毒、易感染艾滋病人群分类服务管理。规范信访秩序，坚持依法处访、依法治访，运用多种方式方法打击非访闹访缠访行为。全区公众安全感整体水平保持在93%以上。

建立健全社会预警与应急管理体系。加强城市公共安全应急体系、交通管理、消防等公共安全体系建设，健全和完善社会公共安全预警体系和统一指挥、功能齐全、反应灵敏、运转高效的危机处置机制，不断完善应急救灾物资储备和社会动员机制，做好各类突发事件的应急预案，着力提高社会治安突发事件、自然灾害、公共卫生事件、恐怖事件等社会公共安全问题的预警和处置能力，保障人民群众生命财产安全。坚持产管并重，建立科学完善的食品药品安全技术支撑体系。建立完善安全生产责任体系和隐患排查治理体系，强化重点行业领域公共安全监管，亿元GDP死亡率控制在0.084以下。

完善矛盾纠纷多元化解机制。全面落实社会风险稳定评估工作，着力形成覆盖全面、规范高效、制约有力的稳评体系。推动社会矛盾纠纷多元融合调处机制的提升、拓展，完善调解、仲裁、行政裁决、行政复议、诉讼等有机衔接。健全完善医疗卫生、劳动保障、婚姻家庭、价格争议、交通事故、征地征收、环境保护、物业管理等矛盾易发多发领域和行业调解组织、调解队伍和调处机制建设，完善人民调解、司法调解、行政调解衔接联动工作体系，民间纠纷调处率、调处成功率保持在95%以上，民转刑案件得到有效压降。

第四节 推进依法治区

党的十八届四中全会确立了依法治国的新坐标，标志着社会主义法治建设进入了新阶段。全区上下要认真贯彻落实十八届四中全会精神，深入推进依法治区和信用海州建设，打造安定有序的社会环境。

*加快建设法治政府。*坚持依法行政，增强法治理念，引导广大干群深刻认识和把握依法治国的重要现实意义，树立法治思维，增强法治意识。完善重大行政决策程序，加强行政决策合法性审查和社会风险先行评估，建立重大决策终身责任追究制度及责任倒查机制，涉及公共利益和群众切身利益的重大决策事项社会稳定风险评估率达100%。完善政务公开机制，推进行政权力网上公开透明运行，政府信息依法依规主动公开实施率达100%，加强和改进行政应诉、行政复议工作，行政主要负责人行政诉讼出庭应诉率、重大行政复议案件出席率力争达100%。政府公信力显著提高，法治政府建设满意度达93%以上。

*扎实推进司法公正。*不断推进诉讼制度改革，量刑规范化改革。深入推进涉法涉诉信访工作改革，打造良好的信访工作环境。稳步推进司法体制改革，确保司法机关依法独立公正行使职权。建立领导干部干预司法活动、插手具体案件处理的记录、通报和责任追究制度。创新人民群众参与、监督、评判司法工作机制。健全人民监督员、人民陪审员制度。

*强化法治宣传教育。*制定“七五”普法规划。落实“谁执法谁普法”责任制，建立法官、检察官、行政执法人员、律师等以案释法制度。完善国家工作人员学法、用法、述法制度，健全领导干部任前法律知识考试机制。领导干部述法考评率、领导干部任前法律知识考试率、公务员初任和任职法律知识考试率均达100%。加强区、镇街公共法律服务中心和村（社区）司法行政服务站三级公共法律服务平台规范化建设。完善法律援助制度，加大维护困难群众合法权益力度。

*推进社会信用建设。*全面提高社会诚信意识和信用水平，构建社会信用体系。加速推进政务诚信建设，坚持阳光行政，提高政府公信力。推进商务诚信建设，强化企业社会责任，营造诚信市场环境。全面推进社会诚信建设，建立完善市民在经济社会中的信用记录。强化企业信用监管，以“企业经营异常名录”管理为核心，规范推进列入、移出、监督抽查、档案管理等工作，督促企业规范守法经营。大力推进司法公信建设，构建开放、动态、透明、全民的司法机制。逐步推进信用信息互联共享，健全守信激励和失信惩戒机制。

第七章 强化规划纲要实施保障

强化规划管理、实施报告和评估制度，完善规划体系，为“十三五”规划实施提供有力制度保障。

*完善规划体系。*编制专项规划和制定政策、审批或者核准投资项目、开发利用资源、安排财政支出时，须保持与总体规划衔接，不得违反总体规划的强制性和约束性规定。全面处理好政府作用和社会作用的相互促进作用，注重市场在资源配置中的决定性作用。做好专项规划、区域规划与总体规划的协调，确保总体要求一致，空间配置和时序安排协调有序。强化城乡规划、土地利用规划等规划与国民经济和社会发展规划之间的衔接。加强人口、公共资源配置、环境容量等领域的规划编制管理，形成以国民经济和社会发展规划为统领，各类规划定位清晰、功能互补、统一衔接的规划体系

*加强规划管理。*加强规划宣传，让人民群众更好地了解规划、更多地参与规划。推进规划实施的信息公开，健全政府与其他社会主体的沟通机制，加强社会对规划实施的监督。提高公众参与度，推进规划决策、实施的公开化、透明化，建立健全规划公众参与制度，增强公众参与规划的深度，提高规划的科学决策、民主决策水平。加强规划实施的组织领导与部门协调，加强规划实施考核，制定考核指标体系，将规划落实及发展效果纳入政府部门的政绩考核指标，建立工作协同机制，厘清部门职责，确保总体规划纲要全面落到实处。

*健全规划实施评估报告制度。*通过制定和实施国民经济和社会发展年度计划，每年将规划目标和主要任务的进展情况向区人大报告，并向区政协通报。2017年，对规划实施情况进行中期评估，形成《〈连云港市海州区国民经济和社会发展第十三个五年规划纲要〉中期评估报告》，报区人民代表大会常务委员会审定。2020年，全面评估规划实施情况。规划实施期间如基于重要因素导致实际运行与规划目标发生重大偏离时，区政府将适时提出调整方案，提请区人民代表大会常务委员会审议批准。

海州区人民政府
二〇一六年一月

落实从严治党 深化改革创新 加快提升新海州的凝聚力和辐射力

——在中共海州区九届九次全体（扩大）会议上的讲话

（2015年7月24日）

王立斌

同志们：

这次区委全会的主要任务是，认真贯彻省委十二届十次全会、市委十一届十次全会精神，总结上半年工作，部署下半年任务，动员全区上下以改革创新理念确保完成全年和“十二五”规划各项目标任务，以“三严三实”精神推动全面从严治党迈上新台阶。根据区委常委会研究的精神，我讲三点意见：

一、上半年工作回顾

今年以来，全区上下认真学习贯彻党的十八大和十八届三中、四中全会以及习总书记系列重要讲话精神，积极抢抓“一带一路”建设重大机遇，紧紧围绕市委杨书记在海州调研时提出的“现代城市经济引领区、城市建设管理示范区、创新驱动发展先行区、幸福生态宜居首善区”的总体要求，突出工业立区、商贸兴区战略，牢牢把握“企业服务年、项目招引年”工作主题，积极适应新常态，谋划落实新举措，经济社会保持平稳较快发展。

一是产业支撑有力，经济实现逆势上扬。坚持把做强产业作为促进经济增长、提升竞争力的关键抓手，建立“一周一会办、一月一分析、一季一观摩”的“三个一”工作机制，落实区四套班子领导挂钩重点企业、牵头重点项目等制度，强化保障调度，加快项目建设。设立工业发展专项资金，完善“微贷宝”服务平台，一批骨干企业完成技改。广泛开展各类招商活动，各镇街、园区和功能板块招商氛围日益活跃，成功签约SPI光伏发电、东融光电等一批重大项目。利群、丰联广场等商业综合体进展顺利，启动白虎山小商品市场与周边地块联动开发。电子信息产业园招引进园企业实现突破。现代服务业集聚区天马网络、顺丰物流、海通技校、天缘食品顺利入驻。杰瑞科技文化创意园建成省级现代服务业集聚区。全区线上线下经营企业达到200家。农村土地流转、结构调整步伐加快，新增一批家庭农场和休闲观光基地，规模经营水平不断提高。上半年，列入市考核的9项主要指标中，6项指标完成目标序时，3项指标居全市第一，实际利用外资列各县区之首，创历史最高。

二是整合功能布局，城市品质加快提升。坚持从长远大局出发，大力促进区域共融。实施海州区城市总体规划修编，完成浦南、新坝、宁海总规修编，以及板浦、孔望新城、民主路片区等控规修编。确立海州开发区“一区四园”发展格局，逐步理顺功能板块与属地单位关系。促进行政资源集约，一批机关部门实现集中办公。加快宜居城市建设，滨河新城月牙岛生态湿地公园经过半年努力对外开放，成为城市“后花园”，得到省市领导和市民的广泛赞誉；新浦二桥实现通车，碧桂园、圣承等国内知名地产项目入驻。浦南新镇区“八个一”公建项目稳步实施，孔望新城、凤凰新城开发建设有序推进。盐河巷日益繁荣，民主路一期业态调整完善，二期征迁取得突破，人气逐步提升。城隍庙片区征迁完毕，南城新大街改造进展顺利。连盐铁路1700多户征迁完成，拆迁量占全市总量一半以上，实现全线无障碍施工，得到省、市领导高度评价。依法做好花果山片区违建查处工作。完成盐河南路、310国道拆迁工作，旧城改造房屋征收在全市率先完成半年任务，禁违拆违保持高压态势。房地产销售面积达到全市总量一半以上，省绿色建筑示范区申报顺利获批。锦屏棚户区改造取得新进展，通过积极争取得到国家发改委支持。春季绿化造林成效显著，生态建设水平不断提升。

三是改善社会民生，扎实做好惠民实事。继续加大社会事业投入，努力提高群众的获得感和幸福指数。完成一批老旧小区改造和背街小巷整治，实施青年公园改造。成功举办白虎山庙会。全市文化现场观摩会在我区召开，对我区文化建设给予高度评价。推动海州幼教中心、培智学校、少年宫等多校联动，高分通过义务教育均衡发展国家督导评估。乐龄生活馆覆盖面、影响力不断扩大，创成两家全国示范社区卫生服务中心，眼科医院顺利通过二级专科医院评审，标准化村卫生室实现全覆盖。新建四百余路高清视频监控，积极整合社会面监控资源，“天网工程”一期“2+3”技防监控项目全面建成，市民安全感进一步增强。

四是深化改革创新，加快理顺体制机制。成立区改革领导小组，持续深化改革工作，完成“五项权力清单”编制工作，区政务服务大厅启动装修，区市场监督管理局、区旅游局、区卫计局整合挂牌。研究制定目标考核项目化管理办法，建立区级投融资平台绩效考核办法，目标考评更加科学。建立全口径预算管理体系，将国有资本经营收入纳入预算编制，完善镇、街和开发区财税体制，制定区财政支出绩效评价办法，建立科学、规范的项目资金分配使用和约束机制，政府性债务管理得到加强。扎实开展社区“减负增效”工作，社区服务能力不断增强。积极推进司法改革，成立全省首家基层法院环境保护审判庭，司法的社会监督面进一步扩大。创新社会治理方式，拓展完善社会矛盾纠纷多元融合式调处机制，严格规范信访秩序，加大非访处置力度，打黑除恶、治安整治力度进一步加大，平安海州、法治海州迈出新步伐。

五是践行三严三实，党的建设不断加强。部署开展“三严三实”专题教育，各级干部自觉践行、以上率下，带头讲党课，开展专题研讨，机关作风持续向好，群众路线教育实践活动成果进一步巩固。制作海州风光专题片、海州招商专题片、海州丛书，光明日报、新华日报、现代快报等纷纷报道海州，“文艺海州”“今日海州”“海州发布”影响面扩大，新南街道玉龙社区荣获国家级侨法宣传角，海州的知名度美誉度不断提升。加强和改进干部管理监督，开设党员干部素质提升“百家讲坛”，组织开展“双测三访四看”活动，实施干部“三百成长工程”，选派20余名机关干部到一线锻炼，优化49个村（社区）党组织设置，提高社区工作人员待遇，基层党组织的凝聚力和战斗力不断增强。认真落实党风廉政建设“两个责任”，制定作风建设“五项新规”，深化派驻纪检机构改革，顺利完成四轮巡查工作，全面开展“吃空饷”“在编不在岗”专项巡查，严肃查处一批违纪违法案件。与此同时，人大、政协主动担当、融入大局，积极发挥民主监督、参政议政作用。人武、统战、民族宗教、群团、外侨、双拥、社会保障、计生、档案、老干部、关心下一代等工作都取得了新的成绩。

在经济下行压力加大、社会矛盾较多、加之两区刚刚合并的情况下，取得这样的成绩来之不易，每一项工作的推进，每一点成绩的取得，都凝聚着全区干群的智慧和汗水。在此，我代表区委，向你们并通过你们向为全区经济社会发展付出辛勤努力的广大干部群众、企业家和社会各界人士表示崇高的敬意和衷心的感谢！

在肯定成绩的同时，也要清醒看到当前工作还面临诸多的困难和挑战。从上半年看，少数板块推进动作不快，措施办法不多，工作起色不大；一些在手在建项目速度偏慢，进度形象很不理想；财政收支矛盾较为突出，刚性支出压力增大；产业发展面临资源要素、生态环保双重约束，产城融合步伐亟须加快；社会结构深刻变化，人民诉求更加多元化，民生保障与群众期盼存在差距，社会矛盾和突发因素增多，维护社会稳定压力增大；干部能力素质和工作作风有待进一步提升，少数干部工作主动性、担当力不够，效率责任意识需要加强，等等。对此，我们要采取有力措施，切实加以解决。

二、关于下半年工作

今年是新海州建设的开局之年，更是决胜“十二五”、谋划“十三五”的关键之年。今年以来，国家出台了一系列扩大投资、促进消费的优惠政策，特别是随着“一带一路”战略的深入实施，加之连盐铁路、徐连客专、连淮扬镇高铁、310国道、204国道、徐新公路等重大基础设施规划建设，海州的交通枢纽地位更加凸显，为做好下半年工作带来诸多利好。全区上下要牢固树立机遇意识，始终保持强烈的担当精神，弘扬务实拼搏的工作作风，集中精力谋发展、抓落实。下半年，要按照市委十一届十次全会和年初区委九届八次全会的部署要求，坚定不移强产业、建载体、惠民生、促党建，继续突出项目为纲，加快建设产业之城、文化之城、宜居之城、创新之城和首善之城。

（一）突出集约集聚，建设产业之城。产业强，才能经济活，才能市民富。要做大都市工业。继续落实“三个一”工作机制，全力推动在手在建项目快落地、快见效。进一步加大招商引资力度，完善驻点招商、片区招商、以商招商办法，更加注重产业链招商，围绕现有骨干企业、特色产业，大力招引上下游基础配套项目。下大力气盘活用好闲置的土地厂房资源，建立落后产能退出机制，提高园区新上项目入驻门槛。充分利用已建成的标准厂房，采取减免租金、以租代售等灵活优惠政策，制定完善共用政策，细化税收分成办法，每个街道和机关部门都要到开发区西区包两栋厂房，切实形成招商工作合力，力争开发区西区、电子信息产业园75%以上标准厂房实现入驻。支持太阳雨三期、正大天晴四期加快建设，扶持康达智电子、天明机械、鹰游、品苏户外装备等骨干企业做大做强。加快完善园区商业、生活等配套，形成园区小循环、城市大融合的发展格局。明年要借助白虎山庙会，筹备丝绸之路经济带商品博览会。要做强商贸服务。以旧城改造为契机，调优拓展核心商圈的规模业态，加快建成一批城市综合体，尽快实施白虎山小商品市场改造，打造苏北鲁南重要的小商品集散地。大力发展电子商务和信息产业，重点建好现代服务业集聚区和310、老204国道沿线物流产业带，推进万发物流园、板浦临港物流园建设，现代服务业集聚区加快启动新项目开发，确保年内10家以上电商企业入驻。充分发挥区位优势，集中力量发展壮大总部经济，设立专门的创业大厦，吸引航运、物流、大型国企、龙头企业入驻，建设区域性总部经济中心。要做优现代农业。继续加大土地流转、结构调整力度，确保全年完成土地流转3万亩，新增一批家庭农场和乡村旅游基地。大力发展农村电子商务，每个镇街要建成一个电子商务特色村（社区）。积极实施精准扶贫，确保年内完成4个经济薄弱村和2927个低收入人口的脱贫任务。要做特旅游业。发挥山水、人文优势，积极修复自然生态，完善景区功能配套，加快孔望山、桃花涧景区提档升级，推进月牙岛、蔷薇湖、星光湖等生态旅游开发，加快打造一批旅游精品。

（二）突出内涵提升，建设文化之城。加快提升城市人文内涵，增强城市发展软实力。要积极修复人文节点。进一步挖掘历史人文资源，通过以点带面、引导开发、市场运作等方式，稳步推进一批重要节点修复。加快实施海州古城城隍庙复建、文昌路、二营巷改造工程，积极创造条件恢复文庙，推进海州古城幸福南路特色街打造，双龙井改造确保10月份建成。培育繁荣盐河巷、民主路、古城古街等景点，稳步推进板浦古镇、南城新大街改造，打造一批有特色、有影响的文化品牌，延续传承城市文脉。要大力发展文化产业。加快打造一批文化产业基地，推进新浦文化产业园建设，重点抓好民主路民俗文化街区、海州古城历史文化街区、板浦东大街文化休闲街等文化产业发展，扶持做大杰瑞科技文化创意园，打造城市新的文化地标。充分利用大华文化交流中心和双龙井等平台，组织开展海州“五大宫调”、淮海戏等“非遗”展演展卖活动，办好地方特色节庆活动，延续传承传统文化。扶持发展休闲、健身、娱乐、餐饮等现代业态，进一步增强文化产业的发展活力。要加快繁荣文化事业。大力推进一批公共文化服务项目建设，全面启动建设沿秦东门大街南侧的朐阳公园、全民健身中心建设，完成青年公园改造。抓好社区文体中心规范化建设，培育发展文化人才队伍，办好各类文体活动，满足群众精神文化需求。大力实施市民素质提升工程，积极开展“最美基层干部”“最美爱心市民”“最美志愿者”评选活动，提高社会文明程度。

（三）突出功能配套，建设宜居之城。按照绿色建筑和海绵城市要求，加快建设环境美、生态好、配套优、人文荟萃的现代化中心城区。大力实施旧城改造。继续做好老旧小区改造和市容市貌、背街小巷整治，确保全年完成125万平方米的拆迁任务，棚户区二期工程部分竣工交付。积极做好新204国道征地拆迁、310国道保障施工和人民东路改造建设，加快铁路地涵征迁工作，完成老204国道整修、通灌路南延、盐河路南延和一批农桥农路升级工程。稳步推进新区建设。完成滨河新区新的组建，做好月牙岛生态湿地公园后续建设和运营管理，年内再有两家地产项目进驻。孔望新城、凤凰新城继续完善路网配套，积极实施商业地产开发。强化城市的生态保育休憩功能，抓好秋季绿化工作，加快建成一批城市游园、生态绿地、滨河廊道和绿化景观，提升城市生态建设水平。扎实做好镇村建设。围绕“美丽乡村”要求，重点建好浦南、板浦两个省沿海开发重点镇，加快提升新坝、锦屏、宁海新型城镇化水平，稳步推进一批集中居住点建设，年内开通城区至浦南段公交线路。建成板浦、宁海饮用水安全和污水管网工程，抓好一批村庄环境整治，全面完成市下达的19项生态文明建设任务，达到省级生态区标准。

（四）突出深化改革，建设创新之城。以全面深化改革工作为抓手，利用中心城区的资源优势、区位优势和人才优势，加快激活创新创业活力，增强经济发展的原动力。深入推进体制机制改革。继续深化司法、行政改革，政务中心国庆节前挂牌运营，为企业、市民提供一个更加高效便捷的服务平台。扎实推进农村、国有企业、教育卫生、社会治理、社区服务、党的建设等各领域改革，全面完成土地确权登记颁证工作，加快释放改革红利，提升发展软实力。积极支持企业科技创新。强化财政、科技、金融等政策引导，支持骨干企业加大研发投入，持续推进校企合作，提高自主创新能力。认真做好科技项目申报，积极争取上级政策支持。继续实施“135”人才引进工程，引导科技人才向企业流动。创新网上科技服务平台，实现“互联网+”和科技服务的有机结合。大力引导社会创新创业。制定实施“大众创业、万众创新”行动计划，加大政策支持力度，积极搭建创新创业平台，鼓励各类群体特别是青年人才自主创业，进一步浓厚创新创业氛围，激发经济发展活力。

（五）突出民生幸福，建设首善之城。继续加大民生投入力度，努力改善公共服务水平，提升群众的幸福感和满意度。要做实社会事业。大力促进城乡教育资源均衡发展，加大农村薄弱村教育投入，提高农村办学条件和水平。解放路小学滨河新城分校、郁林中学、连云港实验学校投入使用，启动新城幼儿园、全民健身中心建设，重建海州高中，建成1所省级社区教育中心和12所省级标准化市民学校。完善基层卫生服务中心建设，落实分级诊疗制度，完成眼科医院、新坝卫生院迁建，滨河新区医养一体化年内具备部分入驻条件。要加强社会保障。落实低保标准增长机制，逐步提高社会“三无”人员、五保供养标准。健全社会救助办法，开展“救急难”试点，做好残疾人就业培训和帮扶工作，推动慈善超市和捐助站向社区延伸，确保困难群体生活有保障。要优化社会服务。继续推进乐龄生活馆规范化、信息化建设，引进社会组织参与，丰富完善服务项目，确保年内建成37个农村幸福院，城市社区乐龄生活馆实现全覆盖，农村社区乐龄生活馆覆盖率70%以上。要完善社会治理。深入开展省法治城市、法治区“双创”工作，完成“六五”普法考核验收工作。大力加强政法队伍建设，依法严厉打击各类违法犯罪活动，促进司法公开公正，筑牢社会公平的最后防线。进一步加强社区网格化管理，扎实做好社会矛盾纠纷预防化解，依法处置各类信访案件，确保社会大局和谐稳定。

三、推动全面从严治党迈上新台阶

在协调推进“四个全面”战略布局中，党的领导是灵魂，全面从严治党是根本保障。习总书记在去年视察江苏期间，提出了全面从严治党的完整表述，对管党治党理论做出重大创新，更对我省推动全面从严治党迈上新台阶提出了明确要求。根据中央精神和省、市委部署，区委结合我区党建工作实际，研究制定了《推动全面从严治党迈上新台阶的实施意见（征求意见稿）》，提交本次全会审议。这里，我就抓好全面从严治党迈上新台阶工作，强调四点意见：

首先，思想教育要从严。习近平总书记反复强调，理想信念是共产党人精神上的“钙”，思想上松一寸，行动上就会散一尺。要坚持思想建党和制度治党相结合，把思想建党摆在首位，把制度治党贯穿始终，通过教育拧紧思想“总开关”，依靠制度增强行为“硬约束”，着力推动全面从严治党取得实效。要加强理想信念教育。采取中心组学习、专题辅导、理论研讨、巡回宣讲等多种方式，推动各级党员干部系统学习掌握马克思主义基本理论和中国特色社会主义理论体系，把学习贯彻总书记系列重要讲话特别是视察江苏重要讲话精神作为最重要的政治任务，引导广大党员干部加强对“四个全面”战略布局的学习贯彻，深刻把握党的基本理论的核心要义，做到学而懂、学而信、学而行。要锤炼党性修养。党性是党员干部立身、立业、立言、立德的基石。思想建党的本质要求就是要始终坚守共产党人的理想信念、信仰追求和政治立场，确保对党忠诚。党章是我们党的总章程和行动指南，要把党章作为各级党组织经常性学习内容和理论培训主干课程，推动广大党员干部自觉遵守党章，始终按照党章要求砥砺思想灵魂、增强党性观念。要认真落实党委意识形态工作责任制，把严肃党内政治生活作为锤炼党性的重要平台，学会运用批评和自我批评武器，不断增强共产党人的政治定力，提高政治“免疫力”。要践行社会主义核心价值观。习总书记强调，核心价值观其实就是一种德，国无德不兴、人无德不立。各级领导干部要自觉践行社会主义核心价值观，带头弘扬传统美德、恪守社会公德、职业道德，修炼个人品德，把好权力关、金钱关、美色关，做到清清白白做人、干干净净做事、坦坦荡荡为官。要加强核心价值观宣传，加大先进典型培育宣传力度，广泛凝聚社会正能量。

其次，干部管理要从严。从严治党关键在从严治吏。要以“三严三实”专题教育为契机，着力打造一支忠诚干净担当的高素质干部队伍。要选好用好干部。用人导向是重要的风向标。严格执行总书记提出的“20字”好干部标准和从严管理干部“五个要”的具体要求，全面掌握干部的政治素质、德行操守、廉政表现，严把政治方向和任用环节，让选人用人经得起检验。积极创新选人机制，认真落实中央《推进领导干部能上能下的若干规定》，及时将不胜任、不干净的干部撤下来，把想干事、会干事、不出事的干部用起来，为优秀干部成长拓展空间。要筑牢基层基础。全面实施村（社区）党组织星级化管理，总结推广“一委三会”“三会一堂”等创新做法，加强“两新”党组织建设，建好各类党建平台，提高基层党组织服务水平。加强社工人才队伍建设，扎实做好基层党组织书记培养选拔、教育培训等工作，建立完善村党组织书记后备人才库，切实解决带头人队伍后继乏人的问题。要把基层党建专项经费纳入常态化财政预算，深入推进农村“四有一责”、社区“三有一化”建设，公开选拔长期扎根基层、敬业奉献、成绩突出的优秀村居干部，给予在岗期间享受事业副科经济待遇，夯实基层基础保障。要完善考核评价。进一步加强党管干部人才工作，建立健全包括对党忠诚度、工作担当度、群众公认度、为政清廉度等多维度考核指标体系。严格把好干部选任各个流程关口，特别是做好任职资格和工作实绩审核，公开考核结果，坚持奖罚分明，真正体现干与不干不一样、干多干少不一样、干好干坏不一样。进一步拓展监督范围，实现从年轻同志到离退休干部、从工作时间到“八小时之外”、从党内监督到群众监督的全覆盖。

第三，作风建设要从严。作风建设是全面从严治党的长期任务和永恒课题。要进一步强化狠抓的勇气、严抓的耐心、常抓的态度，大力根治“四风”弊端，重点整治庸官懒政、为官不为等问题，推动作风建设不断深入、形成常态。要抓好专题教育。按照中央和省、市委要求，深入开展“三严三实”专题教育，扎实做好学习研讨活动，认真查摆“不严不实”突出问题，制定相应措施，切实加以整改，确保取得实效。各级领导干部要把践行“三严三实”与做好本职工作结合起来，与解决实际问题结合起来，深入开展调研，密切联系群众，以严的要求、实的作风，肩负起更大的责任使命。要敢于担当作为。“为官避事平生耻”。当前，海州建设正处于关键期、上升期，发展建设任务非常繁重。各级党员干部要始终以海州发展为己任，大力弘扬“马上就办”的作风，勤思考、善谋划，不等不靠，把做成事当做工作追求，做到善始善终、善作善成。要牢固树立大局意识，不利于团结的话坚决不说，不利于团结的事坚决不做，自觉做深化改革的拥护者、法治建设的推进者、从严治党的践行者、和谐社会的建设者。要重视家风建设。习总书记强调，“不论时代发生多大变化，不论生活格局发生多大变化，我们都要重视家庭建设，注重家庭、注重家教、注重家风。”家庭是规矩的养成之所，家风是干部作风的重要表现。各级党员干部特别是领导干部要慎独慎初慎微，培养健康的生活情趣，注重净化社交圈、生活圈、朋友圈，端正家风、管好家人、处好家事。要慎重交友，尤其要正确处理政商关系，坚持交往有道、公私分明，切实做到既热忱服务又守住廉洁底线。

第四，反腐倡廉要从严。习总书记强调，反腐压力只能增不能减，紧箍咒只能紧不能松。要立足全区发展大局,深入反腐倡廉，坚决遏制腐败，打造良好政治生态。要讲规矩、守纪律。各级党组织和党员干部要自觉遵守党的政治纪律、组织纪律、财经纪律以及工作生活纪律，严格执行中央八项规定以及省、市、区委一系列规定，做到有令必行、有禁必止。要强化对权力运行的制约监督，全面推行权力清单制度，认真落实“一把手”“四个不直接分管”制度，加快推进分事行权、分岗设权、分级授权。要抓主责、严问责。党委主体责任是落实党风廉政建设责任的“牛鼻子”，各级党委（党组）要担主责、负总责。党委（党组）书记作为第一责任人，要牢牢把主体责任扛在肩上；班子成员要认真履行“一岗双责”，切实抓好分管范围的党风廉政建设。围绕整治党员干部不作为、乱作为，继续开展新一轮专项巡查，严肃查处十八大后不收敛不收手、问题线索反映集中、群众反映强烈的党员干部，切实维护党纪国法权威。要建机制、筑防线。建立健全预防腐败机制，加强反腐倡廉教育，把典型示范教育和案例警示教育结合起来，把查处案件与完善制度结合起来，筑牢拒腐防变的思想防线。深化完善纪律检查体制机制改革，大力推进反腐倡廉制度创新，加快重点领域和关键环节制度改革，提高廉政风险防控能力，打造风清气正的发展环境。

同志们，加快海州新一轮发展，重任在肩，时不我待。各级党员干部要始终保持善谋划、敢创新的工作激情，始终保持高效率、快落实的干事节奏，始终保持敢担当、勇攻坚的责任意识，始终保持钉钉子、干就成的必胜决心，确保全面完成全年和“十二五”规划目标任务，为建设生态宜居、人文荟萃、经济繁荣、社会文明的现代化中心城区而不懈奋斗！

在中共海州区九届十次全会上关于区委常委会工作的报告

（2015年12月30日）

王立斌

同志们：

现在，我受区委常委会委托，向全会报告工作。

区委九届八次全会以来，我们坚持以习近平总书记系列重要讲话特别是视察江苏重要讲话精神为根本遵循，全面贯彻党的十八大和十八届三中、四中、五中全会精神，紧紧围绕“四个全面”战略布局，在市委、市政府的坚强领导下，团结带领全区上下积极抢抓“一带一路”建设重大机遇，主动适应经济新常态，积极应对各种困难挑战，加强统筹协调，深化改革创新，集中抓好一批大事要事，奋力推动经济社会发展和党的建设取得了新进步。

一、深入贯彻落实习近平总书记系列重要讲话精神

把学习贯彻习近平总书记系列重要讲话精神，作为最重要的政治任务，作为推进各项工作的思想主线。区委常委会带头加强对中央精神特别是习总书记重要讲话精神的学习贯彻，制定下发两级党委（党组）中心组理论学习计划，先后开展12次区委中心组集中学习、6次集中研讨，深刻领会把握习总书记重要讲话精神。广泛开展党员干部培训轮训和宣传宣讲活动，实施以百节党课进村社、千名书记上讲台、万名党员受教育为主要内容的党员教育“百千万”工程，组织理论宣讲团赴基层开展宣讲100余场次。举办6期“百家讲坛”，近千名机关干部接受教育。开展“协调推进‘四个全面’、谱写改革新篇”专题调研活动，组织撰写调研文章100余篇，引导推动广大干群聚焦学习习总书记重要讲话中的新思想新要求，自觉把讲话精神作为思想引领和行动指南。

围绕贯彻习总书记关于“三严三实”讲话精神，按照中央和省市委部署要求，扎实开展“三严三实”专题教育。坚持聚焦“三个见成效”，围绕“四专题一强化”，突出关键少数，紧抓“关键动作”，落实从严从实要求。处级领导干部完成3个专题学习研讨，普遍开展6次以上集体交流。坚持突出问题即知即改，紧扣“六查

六看六整治”，通过“走访问需、交流问计、座谈问政”等活动，采取班长“点”、群众“提”、集体“议”等形式，处级领导列出“不严不实”问题6类390余条，聚焦问题对单销号、逐项整改。围绕中央和省市委专项整治任务，明确牵头单位具体推进落实，先后开展两轮专项整治“回头看”，四轮“吃空饷”“在编不在岗”等专项巡查，以及“不作为、乱作为”等损害群众利益专项整治行动，落实责任清单，提高整治成效。实施书记抓党建、组织优化、阵地提升等工程，广泛开展以四促五帮联百村（社）、千名机关志愿者爱心帮扶行动、万名党员万户行为主要内容的“百千万”为民工程，把专题教育与“三解三促”、改进作风结合起来，用改革发展业绩检验专题教育成果，取得了良好成效。

围绕贯彻落实习近平总书记重要讲话精神，精心谋划“十三五”发展。坚持把编制实施好全区国民经济和社会发展第十三个五年规划，作为建设区域性经济文化中心、全面建成小康社会、引领海州新一轮发展的重要抓手，年初成立规划编制起草小组，广泛开展调查研究，着手文件起草工作。根据中央和省市委关于“十三五”规划编制的一系列部署要求，针对海州当前和今后时期发展的目标方向、发展重点、基本策略等重大问题、重要事项，进行认真研究、反复论证，由区党政领导分条线、分领域进行调研座谈，广泛征求各方面的意见和建议。文件起草期间，区委、区政府组织多次审议讨论、座谈交流，对相关内容进行研究确定。经过多轮梳理讨论，集中了各方面智慧，形成了提请这次全会审议的《中共海州区委关于制定海州区国民经济和社会发展第十三个五年规划的建议（讨论稿）》。

二、在新常态下奋力推动经济平稳较快发展

过去的一年，区委常委会统筹改革发展稳定各方面工作，努力研究新情况、解决新问题，积极克服经济下行压力加大等诸多困难挑战，积极抢抓“一带一路”建设战略机遇，大力实施工业强区、商贸兴区战略，扎实推进“企业服务年、项目招引年”主题活动，经济实现逆势较快增长。预计全年地区生产总值增长11%；一般公共财政预算收入增长11.9%；规模以上固定资产投资、规模以上工业投资均增长22%；规模以上工业增加值、服务业增加值分别增长12%和13%；实际利用外资近1亿美元。多项经济指标在全市领先，有望顺利完成全年目标任务。

一年来，我们大力整合区域布局，促进融合发展。立足新一轮区划调整，科学设置机构，妥善安排干部，战胜诸多困难，顺利完成新一轮高新区划转工作，形成了心齐气顺、人心思进的浓厚氛围和团结稳定的社会大局。大力促进区域经济融合发展，在发展布局上，实施海州区城市总体规划修编，完成浦南镇、新坝镇、宁海片区总规修编和板浦镇、滨河新区、孔望新城、民主路片区、海州开发区控规修编，优化发展思路。在目标导向上，按照宜工则工、宜农则农、宜商则商、宜游则游的工作导向，探索建立镇街、开发区差别化考核办法，促进区域经济特色发展、集聚发展。在产业布局上，确立了以核心商圈、物流带、专业市场为层级的现代商贸格局，以海州开发区东西区、电子信息产业园为龙头、镇街园区为补充的“一区多园”都市工业格局，以农业结构调整为主线、现代农业园区为引领、高效农业基地为带动的农业发展格局。在管理运行上，积极整合重点片区，推动园区逐步纳入属地镇街管理，进一步理顺管理机制，促进城乡建设稳步实施，区域经济呈现融合协调发展的良好势头。

一年来，我们坚持扩大有效投入，优化发展质量。认真贯彻国家和省市有关保增长、促发展的各项部署，加强经济运行研判调度，牢固树立项目为纲理念，建立落实“一周一会办、一月一分析、一季一观摩”的“三个一”工作机制，加快重点项目建设，区级重点项目和列入市重点项目库的项目（考核45.7亿元，实际完成47.3万元），均超额完成投资计划。把招商引资作为扩大投入的重要抓手，细化硬化招商责任，完善镇街联动招商机制，大力实施产业招商、重点区域招商和以商引商，推动全区上下积极“走出去、请进来”，成功签约引进一批产业项目，招商工作取得了显著效果。加快国有投融资平台规范化建设，海发集团完成2A评级验收，瀛洲集团资产规模不断扩大，经济发展基础得到进一步夯实。

一年来，我们坚持大力培育都市产业，强化发展支撑。把做强产业作为扩大经济总量、提升竞争力的关键抓手，积极推动调结构、抓创新、促转型，三次产业实现协调发展。商贸服务业加快提档升级，盐河巷、民主路特色街区完成业态调整，人气日益旺盛，苏宁广场二期、兴隆国际商贸城、农副产品市场前店后仓、博威时尚休闲广场等项目基本建成，利群城市综合体加快建设。启动白虎山小商品市场改造和周边地块联动开发，西部城区市场群逐步形成。万发物流园建成信息大楼和一批货运仓库。智慧物流园电商创业中心建成一批智能化网仓，天马网络创业大厦启动建设。都市工业加快扩容升级，研究出台扶持产业发展政策，设立工业发展专项资金，落实企业“安静生产日”制度，新增一批规模企业，正大天晴新扩建、太阳雨三期等项目建设顺利推进，中广核太阳能光伏二期实现并网发电。新增国家高新技术企业12家，成功获批江苏知识产权强省建设示范区。今年，我区获批国家和省市科技扶持资金4672万元，创历史新高。启动海州开发区妇联河南片区规划建设，加快完善基础配套和项目进驻，工业发展空间进一步拓展。都市农业加快提质扩量，大力实施农业结构调整，新增土地流转2万亩，新培育一批家庭农场、农业龙头企业，建成南美白对虾工厂化养殖、超大型智能日光温室大棚等无公害农产品基地36个，天吻花海、瓜果采摘体验、水生植物观赏等休闲农业影响扩大，签约引进天缘、明和等食品加工项目，农业产业化步伐加快。农村电子商务稳步发展，建立生鲜农产品城区直销模式，建成“指尖商城”农产品销售电商平台和特色农产品体验馆，举办海州区首届农村电商大赛，经济增长动能加快释放。

一年来，我们坚持重抓城乡建设，完善功能配套。稳步推进滨河新区、凤凰新城、孔望新城建设，新浦大桥、二桥建成通车，月牙岛生态湿地公园建成开放，带动周边开发建设提速，碧桂园、中房地产等知名企业入驻。孔望新城道路基础设施和地块开发稳步推进。实施海州开发区西区路网改造，城乡道路黑化硬化基本完成。大力推进旧城改造，完成31个老旧小区和一批城乡道路、背街小巷改造，完成连盐铁路、新204国道、310国道征收工作，全年征收房屋125万平方米。推进民主路二期征迁、海州公园改造，稳步实施海州城隍庙、二营巷、双龙井等节点复建，启动青龙涧沟整治，板浦西环路、新民路建成通车，李汝珍纪念馆重新修缮开馆，城市内涵不断提升。扎实推进农田水利和高标准农田建设，完成一批县乡河道疏浚和河塘整治，农村环境面貌不断改善。

三、认真落实全面深化改革要求，努力推动工作创新

坚持把全面深化改革作为破除体制机制障碍、激发发展活力的有力抓手，把准改革方向，抓住关键环节，强化责任担当，坚持问题导向，聚焦群众期盼，推动各领域改革扎实开展。

区改革领导小组定期研究事关全区改革发展的重大事项，督促指导改革工作落实，推进行政、财税、农村、社会事业、社区治理、目标考核、党的建设等各领域改革，先后出台《关于加强和改进党的建设的实施意见》《关于深化司法改革促进公平正义的若干意见》等十余份改革指导文件，细化推进举措，严格节点要求，强化跟踪督促，努力提升改革实效。

加快政府职能转变，完成“五项权力清单”编制工作，承接市级下放委托审批事项25件，新组建的市场监督管理局、文体局、旅游局、卫计局挂牌成立。研究制定目标考核项目化管理办法，出台区级投融资平台绩效考核办法，建立全口径预算管理体系，完善镇、街和开发区财税体制，建立科学规范的项目资金分配使用和约束机制，区政务服务中心投入使用。试行“管办分离”的文化产业发展模式，推进公共文体资源重组。医改工作不断深化，全面实施药品零差率销售，公办基层医疗机构和村卫生室规范执行基本药物制度，新农合参保实现全覆盖。农村改革稳步推进，农村土地确权登记颁证进入关键阶段，区农村产权交易中心服务平台开通，农村社区股份合作社试点挂牌。

我区成为全省首批“现代社区治理创新实验区”，“一委三会”工作法得到省市高度肯定。成立全省首家基层法院环境保护审判庭，建立环境资源案件“三审合一”审判工作机制。“社区大党委制”建设深入推进，承办全市社区“大党委”建设现场观摩会。创新村级干部选任机制，推动村干部薪酬体系改革。积极开展新农村建设试点，探索形成“镇级主导、村级主建”的小城镇建设经验。

四、提高社会事业和社会治理水平，促进社会和谐进步

坚持把保障和改善民生为各项工作的出发点和落脚点，持续加大社会事业投入，深入实施民生幸福工程，不断提高社会保障和社会治理水平，努力增进民生福祉。

*一是社会事业加快发展。*实施“大众创业、万众创新”行动计划，制定落实创业配套政策，启动创业小额担保贷款业务，积极开展创业培训和职业技能培训，城镇登记失业率控制在3%以下。稳步提高城乡居民保障补助标准，城乡低保标准实现“五连增”。新建加固校舍30万平方米，郁林中学、连云港实验学校、解放路小学滨河分校、海州第二实验小学建成使用，荣获全国义务教育发展基本均衡区、省学前教育改革发展示范区、全国社区教育实验区等称号，率先基本实现教育现代化。城乡医疗卫生条件不断改善，建成医养一体化海州疗养院，建成2个国家级、3个省级中医药特色社区卫生服务中心。养老服务业加快发展，89个社区建成乐龄生活馆，完成37家农村幸福院建设。继续实施农村改水工程，完成板浦、南城、洪门部分区域供水管网铺设。持续增加扶贫开发保障投入，4个经济薄弱村达到本轮脱贫标准，新增社区为民服务资金，为民办实事力度不断加大。

*二是生态文明水平不断提高。*以国家绿化模范城市创建为契机，实施一批园林绿化工程，完成海州公园、新浦公园、西盐河樱花园等游园改造，新增城市绿地103公顷，完成绿化造林8500亩，绿化覆盖率达到国家园林城市标准，顺利通过省级生态区创建评估工作，获批“省绿色建筑示范区”，浦南、板浦、宁海创成国家级生态镇，海州开发区创成省级生态园区。加强城乡环境整治，大力推进城乡环卫一体化建设，建成一批农村垃圾中转站和垃圾收集点。继续保持违建管控高压态势，促进城乡有序建设。加强大气、水污染防治，扎实做好秸秆禁烧和综合利用工作，建立污染源“一企一档”动态管理系统，完善环保约谈和司法联动机制，推进新坝、锦屏污水处理厂和一批村级污水处理站建设，生态治理能力不断提高。

*三是文化事业繁荣发展。*积极推进“书香海州”建设，举办“文化惠民大讲堂”、“三下乡”文艺演出等活动，丰富群众文化生活。加强文化遗产的保护传承，完成全区一批文物遗存的梳理保护。新建改建区文化馆、图书馆、书画院、少年宫、区文化创意体验中心等一批公共文化设施，杰瑞科技文化创意产业园成为省级现代服务业集聚区。举办“月牙岛”城市徒步大会暨连云港半程马拉松大赛等各类文体活动，《海州》图书编撰出版，《海州》风光片拍摄完成，一批文艺作品获得国家和省市荣誉，文化事业日益繁荣。

*四是社会治理全面加强。*实施社会治理创新工程，完善党委领导、政府主导、社会参与、协商民主、法制保障的社会治理体制，扎实推进社区“减负增效”工作，全面推广“政社互动、三社联动”社区服务模式和“一委一居一站一办”社区组织模式，城乡社区服务能力不断增强。法治政府建设扎实推进，司法审判更加公正透明，矛盾纠纷多元融合式调处成效显著，综合治理网格化服务体系不断完善。信访法治化建设成效初显，一

批涉访违法犯罪行为得到依法打击，信访秩序进一步规范。全面加强社会治安防控体系建设，技防监控“天网工程”一期建成运行，八大类主要刑事案件发案率持续下降，连续10年获得省级安全区称号。深入开展危险化工企业、人员密集场所等安全生产专项排查整治，白虎山小商品市场打通“三横两纵一循环”消防通道，人民群众安全感不断增强。

五、推进党的建设和反腐败斗争

坚持把党要管党、从严治党作为重要的政治任务，制定实施关于加强和改进党的建设、推动全面从严治党迈上新台阶两个《实施意见》，统筹推进党的建设各项工作。

*一是加强思想宣传工作。*围绕补足“精神之钙”，加强理想信念教育，严明党的政治纪律和政治规矩，严肃党内生活，加强和完善中心组学习制度，为全面从严治党打牢思想基础。大力培育和践行社会主义核心价值观，加强未成年人文明礼仪教育，继续开展千名机关志愿者爱心帮扶、在职党员到社区报到等活动，搭建党员志愿者协会等服务平台，区党群服务平台共解决群众需求2900余件。推出“最美志愿者”陈军等省级重大典型，“今日海州”“文艺海州”微信、“海州发布”微博影响力进入全市前列，中央电视台、光明日报、新华日报、江苏卫视等纷纷报道海州，对外影响力不断扩大。积极引导社会舆情，完善网络舆情的研判、预警、通报制度，引导发展健康向上的网络文化。

*二是加强干部监督管理。*出台《海州区科级领导班子和领导干部考评办法》，实行“五考四评三结合”立体考评，完善“干部考察进社区”制度，严格公正考察干部实绩。采取镇街机关交流、重点岗位挂职、单位内部轮岗的办法，推进干部轮岗交流，提高干事创业活力。认真落实习总书记从严管理干部“五个要”的新要求，开展领导干部在企业、社团兼职（任职）专项清理，加强干部因私出国（境）审批管理，对全区干部“三龄两历一身份”进行逐项核查，开展“带病提拔”倒查、选人用人专项检查和“一报告两评议”结果督查，严把干部选拔任用关。

*三是加强机关作风建设。*制定《党政机关工作人员问责暂行办法》等5项新规，明确对为官不为、庸懒散、自由主义、推诿扯皮等问题进行问责，扎牢正风肃纪的制度“笼子”。加强重要节点作风督查，按照职能部门责任清单要求，分别针对津贴补贴、福利发放、工会经费、公务接待、公务用车、公款购卡等环节问题，组织开展明察暗访，针对问题发出督查督办函。中央八项规定出台以来，全区先后查处违反规定问题25起，处理33人，确保各项规定落实到位。加大对干部不作为、慢作为、乱作为的问责力度，今年以来共查处15起，给予党政纪处分25人。

*四是加强基层党组织建设。*围绕党组织书记工作责任清单式管理，建立区委常委指导联系点落实清单“五个一”制度，设立基层党建工作专项经费，规范社区为民服务专项资金使用，全面试行乡镇党代会年会制。深化“一委三会”运行模式，新升格成立44个社区“大党委”，进一步理顺机关党组织隶属关系，区域化、精细化党建格局初步形成。集中整顿软弱涣散党组织，向经济薄弱村选派“第一书记”，分批轮训基层党组织书记，基层“带头人”能力不断增强。加强党员教育管理，推动机关在职党员服务社区常态化长效化。

*五是深入推进反腐倡廉。*认真落实党风廉政党委主体责任和纪委监督责任，分类制定、层层落实责任清单，组织开展责任制落实情况定期督查，推动“两个责任”落地生根。探索推进纪检体制改革，区级机关纪检派驻机构实现全覆盖，区纪委对派驻机构实行“五个统一”垂直管理，确保派驻监督执行有力。顺利完成省委巡视组巡视工作。全面开展区内巡查工作，完成3轮常规巡查和“吃空饷”专项巡查，组织对前6轮巡查“回头看”，逐一检查整改情况并逐项“销号”。开展群众身边不正之风和腐败问题专项治理行动，目前已办结市、区督办问题13件，党政纪处分15人，移送司法机关2件。继续保持惩治腐败的高压态势，今年以来共立案查处违纪违法案件70件，同比增长100％，其中乡科级干部案件14件，党纪政纪处分81人，移送司法机关处理3人，挽回经济损失560余万元。加强纪律规矩教育，组织学习新修订的《廉洁自律准则》和《纪律处分条例》，近6000名党员干部接受测试，廉洁自律意识进一步增强。建成全市首家农村党员干部警示教育基地，拍摄《烂根之害》《绷紧末梢神经》等专题教育片，营造风清气正的政治生态。

一年来，我们坚持党的领导、人民当家做主与依法治区有机统一，扎实推进社会主义民主政治建设，认真贯彻中央和省市委关于人大、政协和群团组织工作的意见精神，积极支持人大法律监督、政协民主监督、基层民主协商、社会组织协商的新举措，促进民主制度化发展。制定《关于加强新形势下全区区镇人大工作和建设的实施意见》，健全完善人大讨论决定重大事项、预算决算审查监督等制度，进一步创新代表工作方式。积极支持人民政协通过全体会议、专题协商会、调研视察等多种形式，实行界别联组和政协委员履职量化考核，提高研判形势和议政建言能力。认真贯彻中央和省市委统战工作会议精神，加强党外代表人士队伍建设，重视发挥民主党派、无党派人士的优势作用，做好民族宗教工作，组建海州侨商会，统战工作水平不断提高。加强和改进党对工会、共青团、妇联、红会等人民团体的领导，引导支持群团组织围绕中心、服务大局，积极开展济困帮扶、慈善救助，促进社会就业创业，充分发挥桥梁和纽带作用。

一年来，区委常委会高度重视自身建设。严守党的政治纪律和政治规矩，坚定理想信念，自觉维护中央权威，坚决与党中央保持高度一致。带头参加“三严三实”专题教育，巩固群众路线教育实践活动成果。认真贯彻民主集中制原则，加强对重大问题的研究思考和谋划，严格执行《区委常委会议事决策规则》《区委常委工作守则》等制度，按规则议事决策，坦诚相待，相互支持，增进团结。认真履行“一岗双责”，重实干、勇担当、讲廉洁，努力在贯彻中央和省市委的部署要求、改进工作作风上做出表率。

以上报告的是区委常委会一年来的主要工作。这些工作的开展和各项成绩的取得，是上级正确领导的结果，是全区上下团结拼搏的结果，是广大党员干部扎实工作的结果。区委全委会的同志们对常委会的工作始终给予了真诚帮助和大力支持。在此，我代表常委会全体同志，向在座的同志们和全区广大党员干部表示衷心的感谢！

在总结工作的同时，我们也深刻分析了面临的挑战和存在的不足：经济下行压力加大，市场投资欲望不旺，区域创新能力和集聚辐射力不强，新增长点支撑作用不足；财政收入增速放缓与刚性支出持续加大并存；城乡发展不平衡，持续增加城乡居民收入的难度增大；制约发展的体制机制障碍仍然存在，改革创新意识有待增强；社会建设和治理面临许多新情况新问题，运用法治思维和法治方式推进社会治理、应对突发性事件的能力亟待加强；各级干部谋发展、解难题特别是领导经济社会发展的能力还有待提高，干部队伍作风建设仍需强化，加强党风廉政建设、改进工作作风、推进反腐败斗争的力度还需要加大。在当前和今后工作中，我们将深入学习贯彻习近平总书记系列重要讲话精神，全面贯彻落实中央和省市委全会精神，进一步坚定理想信念，保持战略定力，落实管党治党责任，强化责任担当，勇于攻坚克难，有效化解各类矛盾和风险，努力把各方面工作做得更加扎实更有成效。

诚恳希望同志们对常委会工作提出意见和建议。

政府工作报告

——2016年1月6日在海州区第十七届人民代表大会第六次会议上

区长 单晓敏

各位代表：

现在，我代表区人民政府向大会作工作报告，同时根据中共海州区委“十三五”规划的建议，区政府制定了《海州区国民经济和社会发展第十三个五年规划纲要》草案，请一并予以审议，并请各位政协委员和列席会议的同志提出意见。

2015年和“十二五”时期工作回顾

2015年，是“十二五”发展的收官之年，也是新海州建设的首战之年。一年来，在市委、市政府和区委的正确领导下，我们积极应对复杂多变的宏观经济形势以及区划调整带来的全新挑战，奋力抢抓国家“一带一路”建设和江苏沿海开发等战略机遇，主动适应发展新常态，围绕“建设区域性经济文化中心和更高水平小康社会”总体目标，以“企业服务年、项目招引年”为抓手，凝心聚力、攻坚克难，较好地完成了区十七届人大五次会议确定的目标任务。

（一）经济运行稳中向好。预计完成地区生产总值293.5亿元，同比增长11%；一般公共预算收入35.3亿元，增长8.8%；规模以上固定资产投资360亿元，其中工业投资126亿元，均增长22%；社会消费品零售总额

248亿元，增长13%；实际利用外资1亿美元。重点项目推进有力，成功招引SPI光伏发电、中燃清洁能源等项目45个，其中过亿元项目19个，利群城市综合体、廷胜房车改装等26个项目开工建设；全区278个重点建设项目完成投资190亿元，其中日出东方三期、康达智高像素摄像头技改等47个市级重点项目完成投资47.3亿元，超额完成年度投资计划。

（二）产业发展势头强劲。都市工业扩容升级，通过出台加快工业经济发展意见、设立工业发展引导资金、挂钩帮扶重点企业等措施，助推工业经济发展，完成规模以上工业总产值318亿元、工业增加值97亿元，同比分别增长13%、12%，新增规模以上工业企业9家、国家高新技术企业12家，全区年产值过亿元企业达49家，正大天晴获评2015年国家技术创新示范企业，日出东方、天明机械、联瑞新材料等骨干企业继续保持国内行业领先位置。现代服务业提质发展，苏宁索菲特酒店建成营业，国贸中心世纪缘广场全新升级；白虎山批发市场改造工程取得阶段性成果；智慧物流产业园4.5万平方米电商仓库投入使用，天马云仓进驻运营，城市配送中心一期仓库建成，万发国际物流园一期货运仓库主体竣工；杰瑞科技文化创意产业园获批省现代服务业集聚区，天马网络创成省级电商示范企业；陇海步行街建立微信商圈，40%商户实现线上线下互动营销。现代农业加快发展，新建高标准农田1万亩，新增高效设施农业1200亩、高效渔业1100亩、花卉苗木4400亩，蔬菜种植总面积达3万亩；完成土地流转面积2万亩，新发展家庭农场14家、农民专业合作社13家、省级农业龙头企业1家，新增粮食仓储设施容量1.3万吨，初步建立生鲜农产品电商运营模式，建成海州特色农产品体验馆。

（三）城乡面貌明显提升。规划编制工作实现突破，城乡规划基本实现全覆盖。基础设施显著改善，做好重大交通道路工程征地拆迁和服务保障工作，徐新公路、310国道主体贯通，新204国道、连盐铁路市区段全面开工建设，沈圩路等铁路地涵建设加快推进；郁洲南路、黄泥沟路竣工通车，盐河南路完成房屋征收，秦东门大街改造出新；老204国道浦南段和西大岭段完成大修，城区23条破损道路修缮一新；疏浚县乡级河道23条，完成塘坝除险加固3座。城市开发组团推进，滨河新区新浦二桥建成，新浦大道全线贯通，大型房企成功进驻，月牙岛湿地公园打造成为“浪漫花海、清新湿地”，通过省四星级乡村旅游区验收；孔望新城路网进一步完善，全民健身中心、中心幼儿园等公共配套项目征收工作基本完成；海州古城双龙井游园改造主体竣工，二营巷特色街区启动建设，孔巷文化商业街区建设完成拆迁等前期工作。旧城改造持续发力，实施连盐铁路、烟草巷等56个地块房屋征收工作，完成征收面积125万平方米，征收总量全市第一。生态环境不断优化，新坝、锦屏污水处理站主体完工，浦南、板浦、宁海创成国家级生态镇，海州经济开发区创成省级生态园区；新建及改造城市绿地103公顷，新增绿化造林8500亩；开展“城内治乱、城外治脏”专项整治，38条市容秩序整治示范路创建取得阶段性成效，城乡环卫一体化工作正式启动，全域402个自然村庄环境整治成效明显。

（四）公共服务更加健全。教育事业协调发展，高分通过全国义务教育发展基本均衡区评估验收，新建及加固校舍11万平方米，郁林中学、解放路小学北校区、六一幼儿园新校区等8所新建中小学、幼儿园投入使用，成功创建5所省优质幼儿园、省管理规范示范园，获评省学前教育改革发展示范区。医卫事业健康发展，眼科医院新院区、养老护理院以及新坝卫生院新院区医养一体化项目即将运营，和美家妇产医院建成开业，岗埠社区卫生服务站投入使用，基本公共卫生服务实现区域全覆盖。加大政府购买公共卫生服务力度，5万名65岁以上老人享受到免费体检服务。提升社会保障水平，新农合人均筹资标准提高至480元，参合率100%，居全市首位；城乡居民养老保险财政补助最高标准从95元提高到160元，累计发放60岁以上老人基础养老金5800余万元，惠及4万余人。建立“大民政”综合救助体系，建成乐龄生活馆89个，获评省现代民政示范区。建成区级残疾人托养一体化示范性基地2家。

（五）人民生活有效改善。城乡居民收入提高，城镇居民人均可支配收入、农村居民人均可支配收入分别增长11%、12%；4个经济薄弱村实现“新八有”，3460名低收入人口实现脱贫；洪门工业园在全市率先开展区域性工资集体协商工作。就业形势保持稳定，新增城镇就业2.7万人，转移农村劳动力1750人。生活质量持续提升，完成第二批31个老旧小区改造工程，有效改善近5万人的居住环境；推进城乡饮用水安全工程，实施洪门、南城、宁海、板浦片区供水管网改造；集中开展“打黑恶、反盗抢、除毒害”专项行动，新建新东、市东、新南派出所，完成“天网工程”一期建设，新增视频监控800余路，集中整治重大安全隐患场所10处。新建及改造海州公园、海州图书馆、海州文化馆、海州画院、新坝文体中心等一批公共文体设施，成功举办全国广场舞联谊会、月牙岛城市徒步大会等大型文体活动30余场次，建成宁海天吻花海庄园、锦屏蔷薇苑等环市区乡村旅游点。

与此同时，全区人防、双拥、外侨、档案、地方志、民族宗教、防震减灾、妇女儿童、红十字会、科协、关心下一代等工作也都取得了新成绩。

各位代表，2015年各项目标任务的完成和经济社会发展取得的成绩，为我区“十二五”发展画上了圆满的句号。过去的五年，可以说是海州发展进程中极不平凡的五年，其间我们历经了多次行政区划调整和人员整合，始终坚持服从大局、注重统筹，积极谋划整体发展思路，全面开创海州科学发展、融合发展的新局面。这五年，是海州经济实力快速提升、改革创新加快推进的五年，是城市功能明显增强、城乡面貌大为改观的五年，是社会事业全面发展、惠民成效持续提升的五年。

五年来，我们始终坚持工业强区、商贸兴区，经济建设在平稳增长中加快转型

综合实力显著增强。“十二五”期末地区生产总值近300亿元、一般公共预算收入达35亿元，与“十一五”期末相比实现翻番。规模以上工业增加值和服务业增加值分别是“十一五”期末的1.7倍、2倍。农业总产值达36亿元，是“十一五”期末的1.9倍。累计完成全社会固定资产投资1508亿元、工业投资519亿元，分别为“十一五”期间的3.8倍、3.9倍。累计实现社会消费品零售总额近1000亿元，年均增长超过13%。2013年、2014年，我区连续两年获得全市综合目标考核一等奖。

产业体系日趋完善。三次产业结构比调整为6:30:64。工业经济规模壮大，规模以上工业企业达101家，规模以上工业总产值由“十一五”末的95.4亿元增至318亿元，装备制造和新医药产业成为百亿产业，正大天晴跻身百亿企业，产值超10亿元企业达7家，装备制造、新医药、新材料和新能源四大主导产业产值占比达72%。服务业繁荣发展，以陇海步行街为中心的“井”字形千亿商圈提质扩容，苏宁广场、兴隆国际商贸广场等大型商贸项目相继落户，盐河巷古街、民主路老街等特色街区建成开街；振兴花卉、解放路建材、汽车等专业市场集聚发展；现代物流、电子商务等新兴服务业发展迅猛，培育天马网络、韦希科技、指尖商城等一批电商龙头企业。现代农业形成特色，适度规模经营面积达15.9万亩，设施农业面积1万亩，初步形成蔬菜林果、花卉苗木、水产养殖、畜禽养殖四大特色产业；累计发展家庭农场63家，农民专业合作社325家，农户入社率达80%，省级农业龙头企业5家，认证无公害农产品基地36家。

发展要素快速汇聚。载体建设不断加强，海州经济开发区形成“一区多园”发展格局，开发区东区获批国家火炬连云港装备制造特色产业基地，开发区西区、宁海电子信息产业园建成工业标准厂房近60万平方米；智慧物流产业园获评省级重点物流基地，列入省200个重大项目；海州现代农业产业园区、江苏农垦现代农业产业园区被认定为省级农业园区。金融环境不断优化，招商银行、浦发银行、海通证券等金融机构相继进驻，政银企合作持续加强。投融资工作取得突破，日出东方在主板上市，黄海机械在中小板上市，联瑞新材料在新三板挂牌；区级投融资平台做大做强，瀛洲集团净资产突破31亿元，海发集团获得AA级信用评级。

五年来，我们始终坚持改革开放、创新驱动，发展活力和内生动力持续增强

各项改革纵深推进。全口径预算体系基本形成，财政预决算全面公开，政府性债务管理逐步规范。编制完成“五张清单”，明晰部门职责，区级行政审批权力精简至50项，海州区政务服务中心投入使用。实施“三证合一、一照一码”登记制度改革，实现市场准入全程便利化。推进完成新一轮政府机构改革，整合成立市场监督管理局、卫计局，设立文体局、旅游局。实施“教育去行政化”改革，取消中小学行政级别。落实医药卫生制度改革，公立医疗卫生机构和村卫生室全部实施基本药物制度。涉农镇街土地确权登记颁证工作稳步推进，完成首轮农村社区股份制试点改革，区级农村产权交易平台初步建立。

开放水平持续提高。加大国内、国际开放力度，积极承接长三角、珠三角新一轮产业转移，圆满完成两届“连博会”招商招展，举办千年海州经贸文化合作洽谈会、“相约新海州”投资推介会等大型招商活动，内联客方到位资金累计461亿元，是“十一五”期间的2.2倍；实际利用外资累计5.5亿美元，是“十一五”期间的2倍。外贸进出口总额累计55.6亿美元，年均增长5.8%，吉本多食品、日出东方等4家企业获批外贸转型升级示范基地。企业“走出去”步伐加快，对外投资累计达3400万美元。

创新能力大幅提升。高新技术产业发展迅猛，国家高新技术企业增至44家，是“十一五”期末的5倍，高新技术产业产值占规模以上工业总产值比重达71.3%，科技型企业自主知识产权拥有率达95%。创新载体和要素持续汇聚，获批国家知识产权强县工程试点区、省创新型试点区，全区拥有省级以上研发机构73家，大中型企业及规模以上高新技术企业研发机构实现全覆盖，专利申请量、授权量与“十一五”期末相比实现翻番。

五年来，我们始终坚持建管并举、优化功能，生态宜居城乡建设取得实效

城乡形象不断刷新。累计完成旧城改造面积500万平方米，新增住宅开发面积1000万平方米，开发总量占全市的60%，建成区面积增至近100平方公里。城市组团开发成效明显，启动并有力推进滨河新区建设，基础设施和公共配套基本覆盖，新浦大道、浦发路等重点道路建成通车，郁洲北路下穿铁路立交、新浦大桥、新浦二桥等节点工程相继建成，城乡距离全面拉近，学校、社区服务中心等公建项目投入使用，月牙岛成为新的市民休闲目的地，32平方公里区域具备全面开发建设条件；孔望新城、凤凰新城齐头并进，基础设施和路网得到完善，公共服务配套不断健全，绿色宜居的新城形象逐步彰显；海州古城启动复兴计划，修缮钟鼓楼、古牌坊等重要节点，推动幸福南路特色街区、中大街、双龙井游园提档升级，振兴古城夜市，加快打造历史文化街区。旧城改造累计实施外仓街、原车管所等88个项目，旧城面貌不断改观。锦屏磷矿棚户区改造项目一期16.7万平方米安置房投入使用。新型城镇化加快推进，浦南、板浦入选省级重点中心镇；浦南新镇区“八个一”公建项目全面建成，星光湖体育公园对外开放，江浦新村成为全市新型农村社区建设示范工程；新坝新镇区“六个一”公建项目全面建成；板浦古镇建成镇区外环路网，完成北海门等节点改造；宁海街道结合电子信息产业园建设，初步形成新型工业镇特色。

城乡功能日益完善。交通路网建设加快，连盐铁路、连淮扬镇铁路建设全面启动，铁路枢纽打造跨出坚实一步；顾庄大桥北连接线建成通

车，新204、310国道近40公里的干线公路加快建设，城市外环快速通道即将形成；海连路、秦东门大街、海宁大道等10余条道路改扩建工程全面完成，城区主次干道基本完成“黑色化”改造，修缮便民道路50条、背街小巷340条，快速公交投入运营，居民出行更加便捷。惠民工程扎实开展，累计改造低洼片区20个、老旧小区61个，新建及改造下水道61公里；疏浚县乡级河道92条，清理、整治沟塘3500余条，新改建泵站32座、防渗渠113公里，整治水库、塘坝9座；新建及改造龙浦路、通板公路等农村道路400余公里，包庄大桥、二总桥、板浦泗河桥等农村道路桥梁51座。城市环境品质得到改善，开展饮用水源地保护、高污染燃料禁燃区建设、餐饮油烟整治等环保专项整治行动，市级民生重大事项蔷薇湖应急水源地主体工程、沭新渠送清水工程全面完成，关停、限产化工企业10余家，拆除及改造燃煤锅炉100余台，新增供水、排污管网建设100公里。推进“绿色海州”建设，新建及改造绿地近500公顷，其中新增绿地380公顷，绿化覆盖率达41 %，成片造林3万亩，成功创建国家园林城市。

城市管理水平提升。构建“大城管”工作格局，成立区城管督查调度中心，以数字化城管中心为平台，以市容示范路、样板街巷、卫生文明小区创建为抓手，实现城市网格化精细管理，累计处置城市管理民生实事案件超过41万件，开展九龙城市乐园、铁路沿线等重点区域拆违行动，共拆除违建31万平方米，市容市貌得到持续改善。狠抓环卫基础建设，累计购置大型环卫车辆77辆，新建浦南、朝阳桥等垃圾中转站8座，改造垃圾中转站10座，新建及改建公厕131座，建成垃圾分类示范小区10个，城区主干道机械化清扫率达100%。提升城乡环卫作业质量，实行小街巷保洁权下放改革，浦南、花果山、南城纳入城乡环卫统筹管理。

五年来，我们始终坚持以人为本、改善民生，社会事业和公共服务水平明显提升

群众生活水平提高。稳步提高城乡居民收入，城镇居民人均可支配收入、农村居民人均可支配收入分别是“十一五”期末的1.6倍、1.9倍。丰富群众精神文化生活，基本实现公共文体设施全覆盖，人均拥有公共文体设施面积达1.8平方米，“10分钟文体活动圈”“乡村三里文化圈”初步形成；年均举办各类文体活动200余场次，连云港之春、白虎山庙会等品牌文化旅游活动影响力提升；承办幸福足迹城市徒步大会、农民健身秧歌大赛等多项国家级群众体育赛事，勇夺第七届全国农民运动会健身秧歌项目金牌；桃花涧景区、民主路老街分别被评为国家AAAA级和AAA级景区。

保障体系不断完善。累计实现城镇新增就业11万人，新增农村劳动力转移1.2万人，扶持建立创业基地12家，省级充分就业社区比例达90%，城镇登记失业率控制在3%以内。城乡低保标准实现“五连增”，累计发放低保资金9270万元。养老服务提升水平，城乡居民社会养老保险实现全覆盖，每千名老年人拥有养老床位数35张，以居家为基础、社区为依托、机构为支撑的养老服务体系初步形成。累计分配各类保障性住房6000余套、廉租住房900余套。

社会事业长足进步。新建及加固校舍30.4万平方米，新建塑胶运动场10万平方米，中小学办学条件全部达到国家级教育均衡要求，高中全部达省优标准，幼儿园省优比例达70%，获评全国义务教育发展基本均衡区、全国社区教育实验区、全省教育现代化建设先进区。全民科学素质不断提升，获评省级科普示范区。人均基本公共卫生服务经费由15元提高到40元，基本和重大公共卫生服务项目得到全面落实。创建国家级社区卫生服务示范中心2家、省级中医药特色社区卫生服务中心3家，标准化村卫生室实现全覆盖，实施免费婚孕检一体化服务，“15分钟健康服务圈”基本形成。

五年来，我们始终坚持优化服务、创新管理，凝心聚力和团结奋进的局面全面形成

政府建设不断加强。深入开展党的群众路线教育实践活动、“三严三实”专题教育活动，严格贯彻党风廉政建设责任制，严控“三公”经费支出，扎实开展办公用房清退、文风会风改进、公务用车改革等工作，政府规范管理水平和工作作风得到有效提升。持续完善目标管理绩效考评机制，出台系统科学的奖惩办法，加大对重点项目的督查考核力度，强化对企业的挂钩服务，较好地完成了“十二五”时期各项目标任务。

社会管理有效创新。“一委三会”城乡社区治理模式荣获“省基层社会治理十大创新成果”，成功入选省现代社区治理创新实验区。全面推广“政社互动”“三社联动”，城乡和谐社区建设达标率分别为90%、80%，社区“两房”条件显著改善，村居减负增效形成常态。全面落实信访接待日制度，大力推行矛盾纠纷多元融合式调处机制，有效维护社会和谐稳定。整合工商、质监、食品药品监督管理功能，形成市场综合监管服务体系。严格落实安全生产责任制，强化隐患排查和网格化管理，全区安全生产形势总体平稳。深入推进平安海州建设，全面加强社会治安综合治理，连续获得省级平安区称号。实现双拥模范区创建“五连冠”。

民主法治持续健全。依法全面履行政府职能，推进依法行政，加快建设法治海州。全面完成“六五普法”工作任务，获评省“六五普法”中期先进区。完善重大行政决策程序，发挥政府法律顾问团作用，成立区招标办、区投资评审中心，加强决策合法性审查和社会稳定风险评估。落实政务信息公开、权力阳光运行制度，建立“今日海州”“海州发布”公共微信微博平台，切实提高政府工作透明度。主动接受人大法律监督、工作监督和政协民主监督，认真办理好人大代表建议和政协委员提案。

各位代表，五年奋进的历程令人难忘，发展的成果来之不易。这些成绩的取得，是市委、市政府和区委正确领导的结果，是全区上下同心同德、艰苦奋斗的结果，是社会各界共同参与、共谋发展的结果。在此，我谨代表区政府，向在各个领域和岗位上辛勤劳动、做出贡献的全区广大干部群众，向各位人大代表、政协委员、离退休老同志，向驻区单位以及所有关心、支持、参与我区发展的社会各界人士，致以崇高的敬意和衷心的感谢！

在肯定成绩的同时，我们也清醒地认识到，我区经济社会发展中还存在不少困难和问题：经济总量依然偏小、产业转型升级任务很重；财政收入增长趋缓，财政保障水平有待提高；招商引资成效还需提升，支撑性大项目招引不足；城乡一体化和公共服务均等化水平不高，与群众需求还有差距；社会治理出现一些新情况、新问题，依法行政面临考验；政府执行力仍需加强，行政效能有待提升等。对此，我们在今后的工作中将高度重视，采取有效措施，认真加以解决。

“十三五”时期目标任务

各位代表，“十三五”期间，是我国全面建成小康社会，向着“第一个百年目标”迈进的决战时期，也是我区强产业、抓建设、惠民生，推动经济社会发展再上新台阶的关键时期。从国际、国内形势看，世界经济仍然处于深度调整期，我国经济发展步入新常态，长期向好的基本面没有变，改革创新催生的新动力正在强化，中央经济工作会议提出加强供给侧结构性改革，抓好“去产能、去库存、去杠杆、降成本、补短板”五大任务，有利于我们淘汰落后产能、培育做大新兴产业，加快产业转型升级，推进产业强区。从全市发展来看，作为江苏“一带一路”交汇点建设的核心区、先导区，我市还拥有江苏沿海开发、国家东中西区域合作示范区建设等多重国家战略叠加优势，随着连盐铁路、连淮扬镇铁路、陇海客运专线徐连段的建设，“高铁时代”的到来，有利于我们扩大对外开放，更多地吸纳优质要素，加快产业扩张步伐，提升城市功能。从海州自身来看，我区已进入新型工业化和新型城镇化的加速推进期，行政区划调整为我区未来发展增加了新的空间，特别是经过前五年积累，全区优势资源汇聚，城乡特色鲜明，产业基础夯实，具备了向更高发展目标迈进的条件。同时，我们也要看到，经济仍然面临较大下行压力，周边地区抢抓机遇、竞相发展的态势日益激烈，经济社会发展所面临的矛盾和制约增多，都将对我区“十三五”发展带来新的挑战。面对新机遇和新要求，我们必须认识新常态、适应新常态、引领新常态，在应对挑战中把握主动，在扬长避短中争创优势，在新一轮区域竞争中抢抓先机，谱写海州转型发展、科学发展的新篇章。

未来五年，我区发展的指导思想是：全面贯彻党的十八大和十八届三中、四中、五中全会精神，深入贯彻习近平总书记系列重要讲话精神，按照“四个全面”战略布局，牢固树立创新、协调、绿色、开放、共享的发展理念，认真落实区委九届十次全会部署，围绕“现代城市经济的引领区、城市建设管理的示范区、创新驱动发展的先行区、幸福生态宜居的首善区”的目标定位，大力实施工业强区、商贸兴区战略，以提高发展质量和效益为中心，以增进人民福祉作为发展的出发点和落脚点，努力实现经济强、百姓富、环境美、社会文明程度高的发展目标，把海州建设成为生态宜居、人文荟萃、经济繁荣、社会文明的现代化中心城区。

我们的奋斗目标是：

——综合实力跨越增长。规划期内主要经济指标增长保持在合理区间，增速略高于苏北和全市平均水平，地区生产总值年均增长10%左右，到2020年力争突破500亿元；固定资产投资年均增长20%左右；一般公共预算收入年均增长10%左右；二、三产业增加值占地区生产总值比重力争达到95%。服务业主体地位更加突出，做优做强“井”字形核心商业区、副商业区、商业镇区以及特色商业街区等重要经济板块，优化整合小商品、汽车销售、建材装饰等专业市场，积极培育“互联网+”新兴产业，智慧物流产业园争创国家级电商示范基地，大力发展公路、铁路、航空、河海联运一体化的物流体系，优化提升城市配送网络，打造区域性物流中心。大力实施工业强区战略，以创新型产业集聚发展为目标，以海州经济开发区为主阵地、镇街特色工业园为补充，继续实施“工业强基”工程，加快推进“两化融合”和产城融合，拓展生产性服务业，培育壮大高端装备制造、新医药、食品加工等主导产业，大力推进智能制造，打造都市工业创新区。加快农业现代化进程，积极融入“一带一路”连云港农业国际合作示范区建设，坚持“做优、做精、做强”的发展方向，依托城郊生态农业带，发展高效农业、规模农业、休闲观光农业，走产出高效、产品安全、资源节约、环境友好的农业现代化道路。

——城市品质显著提升。按照“提升新城、改造旧城、生态优先、城乡一体”的总体思路，提高城市综合承载能力和管理水平。到2020年，交通设施更加完善，依托新204国道、310国道的建成以及城市路网的完善、农村公路的提档升级，促进全区道路“外成环内成网”；依托高铁的建设，将火车站地区打造成为集高铁客运、公路客运、航空候机、城乡公交等多种交通方式于一体的“零换乘”综合交通枢纽。推动城市绿色发展，加快创建省级绿色建筑示范区，开展地下综合管廊建设，逐步达到海绵城市建设要求。推动城区内涵式集约发展，滨河新区、孔望新城加快打造“宜居、宜业、宜游”的魅力新城，海州古城改造成为“古今相融、新旧共生”的人文古城，火车站高铁新商圈成为城市发展新亮点，棚户区和城中村改造基本完成，实现“古城、旧城、新城”联动发展。新型城镇化和城乡一体化发展步伐加快，浦南、板浦建成富有活力的重点中心镇，新坝、锦屏、宁海建成地域特色鲜明的特色镇。提升城乡管理水平，加快智慧城市管理系统建设。深化“美丽乡村”行动，促进农村环境面貌发生根本性改变。

——人民生活富裕安康。坚持公共财政优先向民生工程倾斜，公共资源优先向农村地区倾斜，努力实现劳有多得、学有优教、病有良医、老有颐养、住有宜居的“五有”目标。“十三五”期间，城乡居民收入继续保持两位数增长，突破4万元和3万元；更加注重教育公平，以集团式发展促进教育优质均衡，建成苏北领先的教育强区，实现教育现代化；全面推进公共卫生服务均等化，促进基层医疗服务能力提升和分级诊疗制度建设，建成现代医疗卫生体系；社会保险统筹层次提升，养老、失业、医疗三项保险覆盖率达100%，以社会救助为重点的兜底保障更加扎实，完成新一轮更高标准的脱贫攻坚任务；养老服务体系更加完善，医养结合服务逐步推开；持续加大老旧小区、危旧房、背街小巷改造力度，不断增强城市宜居性。推进生态文明建设，突出显山、露水、透绿、蓝天，实施城市绿化、山体绿化、农村绿化行动，建设绿色海州；完善污水管网系统，实施老城区涧沟清水工程，开展临洪口、蔷薇湖湿地保护性开发；完成城区重污染企业搬迁，推动形成绿色发展方式和生活方式，让广大群众享受到更好的生态福利。

——社会发展水平提升。深入实施文化建设工程、社会治理创新工程，推动物质文明和精神文明协调发展。到2020年，群众性精神文明创建活动蓬勃开展，市民素质和社会文明程度普遍提高；创建省级公共文化服务体系示范区，加强文化遗产保护传承，建设文化强区；加快新型文化业态发展，培育文化产业成为重要的经济增长点；全面推行“一委三会”工作法，深入推进“政社互动”和社区减负，不断增强基层自治能力；完善社会矛盾纠纷多元化解机制，推行“阳光信访”，促进社会和谐稳定；深化平安海州建设，完善立体化社会治安防控体系；加强消费品市场监管，建立统一高效的市场公共安全管理机制。

——改革创新持续深化。全力推进重点领域改革，深化行政管理体制改革，持续推进简政放权、放管结合、优化服务，构建“橄榄型”基层政府治理结构；深化财政体制改革，建立事权和支出相适应的项目资金分配使用和约束机制；深化商事制度改革，全面落实登记注册便利化举措；深化国有企业改革，实施融资平台绩效管理；深化公共服务领域改革，切实提高城乡基本公共服务均等化水平；深化农村综合性改革，建立健全促进农业可持续发展和农民持续增收的体制机制。打造创新高地，大力实施大众创业、万众创新行动计划，形成有利于创业创新的良好氛围；强化企业创新主体作用，加快集聚高新技术、优质项目、高端人才，到2020年，创新型城市基本建成，科技进步贡献率超过60%。优化金融环境，加强社会信用体系建设，强化政银企合作，扶持培育一批上市企业。

2016年主要工作安排

2016年是“十三五”开局之年，也是全面建成小康社会进入决战阶段的第一年，做好今年的工作至关重要。新的一年，全区经济社会发展的主要预期目标是：地区生产总值增长10.5%左右；一般公共预算收入增长10%左右；规模以上工业增加值增长12%左右；服务业增加值增长11%左右；固定资产投资增长21%左右；社会消费品零售总额增长11%左右；城乡居民收入与经济发展实现同步增长。围绕以上目标要求，我们将重点做好以下工作：

一、更加突出产业强区，着力构建现代产业体系

坚持创新发展、协调发展，突出优势产业抓扩能、传统产业抓升级、新兴产业抓集聚，加快产业转型升级步伐，不断增强区域经济实力。

扩容提质服务业。围绕传统商贸抓提升，实施陇海步行街改造提升计划，推动民主路老街二期建成，丰联广场对外营业，利群城市综合体主体竣工，金鹰红旗村地块开工建设，原九龙世贸城重新招商，BRT沿线地块引进2~3家大型商贸综合体入驻。围绕专业市场抓改造，争取白虎山批发市场改造工程一期主体竣工，周边4个市场疏导点建成投用。围绕新兴服务业抓培育，沿204国道、310国道以及疏港航道、善后河布局发展现代物流业，推动万发物流园二期、板浦临港物流园一期建成；引领电商产业集聚发展，智慧物流产业园电商创业大厦竣工投用，城市配送中心仓库规模进一步扩大，天马网络争创国家级电商示范企业，顺丰速递进驻运营，天缘食品、指尖商城冷链物流项目建成达效；依托电商龙头企业，实施“电子商务进村（社）工程”。旅游主打“休闲之城”品牌，提档升级孔望山、桃花涧景区，打造以锦屏山、月牙岛、蔷薇湖为主体的山水游品牌；改造升级宁海天吻花海庄园、锦屏蔷薇苑，加快浦南青柠檬花海以及油菜花基地、新坝“十里花廊”、板浦秋园等项目建设，打造环市区乡村游品牌；用好历史人文古城古镇资源，建设海州古城核心区、板浦东大街文化休闲街，打造古文化游品牌；推进民主路老街、盐河巷古街业态调整集聚，打造特色街区游品牌。

做强做特都市工业。在现有主导产业领域，突出重点企业拉动，提振实体经济，培育企业集聚、产业升级、技术领先、绿色制造新优势，鼓励日出东方、天明机械等骨干企业建设“智能车间”、提升制造水平，扶持佳普石化、品苏制造等中小企业做大规模、扩大产能，加快“僵尸企业”盘活重组，年内新增规模以上工业企业10家，规模以上工业总产值突破350亿元、增长14%左右。引导美步家居、益云金属等企业加快上市步伐，实现3家企业在新三板挂牌。突出新增长点项目带动，跟踪推进东融科技、金发科技等项目，争取年内新签约过亿元工业项目10个以上；做好远洋流体LNG自动化设备、凯威酒业扩建等项目服务工作，确保新开工投资过2000万元工业项目10个以上；重点推进廷胜房车改装、美都家居等在建项目，年内竣工投产工业项目20个左右。突出创新驱动，抓好创新型企业培育和科技平台建设，引导企业加大传统设备、工艺改造升级力度，实施技改项目120个，新增国家高新技术企业5家、省级以上研发机构8家、省级高新技术产品40件。

大力发展现代农业。深入推进农业结构调整，发展特色产业，重点建设浦南设施蔬菜、新坝瓜果、宁海

苗木、板浦水产养殖、锦屏设施蔬菜等一批特色示范基地，新增设施农业1000亩、高效渔业1000亩，建成新坝无公害生态养猪、浦南浅水藕连片立体种养殖等一批重点农业项目。培育壮大新型农业经营主体，扶持特色示范家庭农场建设，新增家庭农场20家、农民专业合作社10家。加快发展农村电子商务，借助网络平台，加大本地农产品推介力度。完善城乡农产品直供体系，新增20个生活小区生鲜品智能自助终端。提升农业物质装备水平，新建高标准农田1.5万亩，新增标准化粮食仓储设施容量2.6万吨，夏季秸秆机械化还田率保持在90%以上，加快实现粮食生产全程机械化目标。

二、更加注重改革开放，着力增强区域发展后劲

坚持改革驱动、开放发展，以改革增活力，以开放促转型，全面提升对外开放合作层次，增强可持续发展动力。

深化重点领域改革。进一步加快行政审批制度改革，承接并运行好市级层面下放的行政权力，对各类清单实行动态管理，推动投资项目在线审批监管平台上线运行，完善事中事后监管机制，探索建立企业信用监管体系。加快财税体制改革，建立公开透明的预算制度，推动财政资金绩效管理，实施新一轮区对镇街财政体制改革。加快国有企业改革，提升区级投融资平台公司实体化运作水平，瀛洲集团完成AA级信用评级，海发集团完成企业发债，逐步组建工业发展集团，加强镇级投融资平台建设，提升投融资能力。加快社会各领域改革，巩固公立医院医改成果，完善人事分配机制，基层医疗机构全部加入医疗联合体，推进落实分级诊疗制度；深化教育体制改革，试行校长职级制，对学校实行“第三方评价”；实施环卫系统内部改革，优化管理服务水平。开展第二轮农村社区股份制试点改革，明晰农村集体资产权属关系，确保集体资产保值增值。

提升招商引资质效。牢固树立“抓经济就是抓项目、抓发展就是抓投入”理念，坚持招商量质并举、内外并进、传统产业与新兴产业并重，与促增长、调结构、增税源紧密结合，提升招商实效。优化招商举措，瞄准长三角、珠三角以及“一带一路”节点城市，围绕装备制造、现代物流、商贸综合体、休闲旅游等产业，突出精准招商、委托招商、专业招商，切实提高在谈项目签约率，年内引进超亿元项目25个以上。突出载体招商，以特色园区、成熟地块及已建成标准厂房为重点，用好商会、协会等资源，推进中小企业集群招商和主要产业链招商。完善项目推进机制，继续落实重点招商项目挂钩服务制度，提高签约项目开工率，确保重点项目“引得来、留得住、建得快、运营好”。稳步提高外向型经济的发展质量，年内新批重大外资项目10个以上，实际利用外资1亿美元，外贸进出口增长3%左右。

加快园区转型发展。海州经济开发区完善“一区多园”机制，开发区东区实施“二次创业”，加快产城融合步伐，秦东门大街沿线加大商贸服务业项目建设开发力度，服务保障海州高级中学新校区、市第三人民医院新院区等市级重点民生工程建设，推动兴亿达商业大厦主体竣工，同时在妇联河南片区加快特色产业项目招引，昊海大厦投入使用；开发区西区、电子信息产业园重点完善基础设施配套，加快标准厂房招商，标准厂房入驻率争取达90%以上。镇街工业园推动节约用地水平和产出效益“双提升”，向存量挖潜要效益，壮大园区实力。完善园区共建共用政策，推动镇街新引进项目进入大园区，促进产业集聚发展。智慧物流产业园重点加快电商、物流等项目进驻，打造城市仓储配送中心、电商创业基地，争创省级生产性服务业集聚区。

三、更加注重功能品质，着力推进城乡一体发展

坚持城乡一体、绿色发展，以全域统筹的理念谋划城乡建设管理，加强生态文明建设，为人民群众提供更美好的生活环境。

加快城市开发步伐。启动高铁商圈建设，扎实推进综合客运枢纽征地征收工作，服务保障临洪大道快速路建设，完成沈圩路、福利巷、临洪西路、江化路下穿陇海铁路改造工程，提升火车站及其周边片区整体形象。滨河新区抢抓高铁商圈建设新机遇，加大总部经济、商住地产等项目招引力度，加快土地开发步伐；完善公共基础配套，建成社区卫生服务中心，启动蔷薇河、东站引河生态廊道建设工程，开展新浦磷矿采矿区综合整治，推进片区污水管网建设，创建海绵城市示范区；月牙岛景区完成规划设计，新建石榴园、油菜花园，完善东夷文化园吃住娱购功能配套，进一步集聚人气、扩大影响。孔望新城借助山城相连优势，加快磨盘山等地块开发，重点推进盐河南路南延、朐阳公园、孔望山全民健身中心等项目建设。海州古城重点完成二营巷特色街区改造工程，确保双龙井游园对外开放，孔巷文化商业街区主体竣工，做好幸福南路沿线立面改造及业态调整工作，实现海州府驿站建成营业，积极创造条件启动原建港指挥部、文庙等重要节点改造，展现古城新貌。旧城改造充分尊重群众意愿，推行“模拟征收”新方法，努力实现有序征收，重点推进铁路新村、白虎山批发市场等棚户区改造，完成征收面积120万平方米。加大住房保障和危旧房改造力度，继续完成2个低洼片区、30条背街小巷和20个老旧小区升级改造任务。

推进新型城镇化建设。以新一轮镇村布局规划优化为契机，全面加速新镇区建设。浦南镇与滨河新区加强联动开发，推动樱花小区一期实现入住，梧桐里项目全面开工，医养一体化项目投入运营，小学投入使用，廉政文化教育基地建立，商业中心完成招商，有效吸纳人口向新镇区集聚。板浦镇加快推进盐商会馆建设，实施东大街改造，建设福馨安置小区，提升古镇面貌。新坝新镇区推进怡养花园社区、休闲步行街等工程建设，完善公共服务配套。锦屏磷矿棚户区改造二期工程10栋安置楼竣工，实施镇南路改造、酒店工业园区提档升级等独立工矿区改造项目。宁海街道建成电子信息产业园职工公寓、商业街、居民休

闲文化广场。加大农村路网投入力度，新建农村道路38公里、桥梁7座。深入创建省级节水型示范区，实施新一轮农田水利建设，推进小型农田水利重点县、大中型水库移民后期扶持等重点项目建设，完成塘坝除险加固2座，新建灌溉泵站10座，整治农村沟渠66公里，开展青龙涧沟综合整治，实施青龙涧沟雨污分流一期工程，做好市级蔷薇河整治工程服务保障工作。

提升城乡管理水平。以创建省优秀管理城市为目标，深化市容环境秩序扁平化管理，新增市容秩序整治示范路20条以上，强化店外经营、占道经营专项整治和机动车、非机动车秩序管理，全面提升市容市貌。深化“美丽乡村”行动，全面实施城乡环卫一体化工程，在涉农镇街成立农村环卫保洁公司，实现农村垃圾中转站建设全覆盖，购置垃圾压缩车、清运车等环卫车辆120辆，农村每100户配备1名专职环卫保洁人员，对重点农村路段推行机械化清扫，让广大农民群众真正享受到与市民同等的环卫服务，彻底改善农村人居环境。强化禁违拆违工作，完善控制和查处违法建设长效机制。健全数字化城管联席会议制度，提高平台案件处置率和结案率。切实规范农村建房、镇区开发，有序推进城镇建设。深化全区物业标准化管理，物业管理覆盖率达到87%以上。

优化城乡生态环境。积极创建国家级生态区，争创国家级生态乡镇2家。推进建筑工地实现绿色施工，开展废气排放企业专项整治，加强燃煤小锅炉整治工作，督促德邦等城区化工企业加快搬迁，持续做好秸秆综禁工作。锦屏镇、新坝镇污水处理站建成运行，推进浦南、板浦、宁海、海州经济开发区等地污水管网建设，设施运行负荷不低于80%。严格执行耕地保护和生态红线制度，对辖区废弃塘口强化分类治理，严厉打击非法开山采石。提升森林火灾防控能力，区森林防火指挥中心建成投用。深入开展“绿润海州”行动，实施西盐河樱花园二期、玉带河北岸环境整治等城市绿化建设，新建及改造绿地60公顷；新增山体绿化面积1800亩、绿化造林面积5000亩，创建省级绿化示范村10家。

四、更加注重民生改善，着力维护社会和谐稳定

坚持民生优先、共享发展，切实提高基本公共服务均等化和社会保障水平，让广大群众有更多的获得感。

提高公共服务水平。大力发展优质均衡教育，实施新一轮校舍安全工程，新建及加固校舍10.6万平方米；深入推进义务教育薄弱学校改造工程和乡镇中心校提升工程，实现宁海中心小学、宁海中学、新坝中学教学综合楼竣工交付；进一步优化城区教育布局，解放路小学景山秀水分校实现秋季招生，新海实验中学解放路校区、苍梧小学西校区竣工交付，海宁中学海宏分部、建国路小学等学校教学综合楼建成投用，育英培智学校主体封顶，新海小学教学综合楼开工建设，全区70%的义务教育学校达到省定现代化办学标准。全面实施名师名校长培育行动计划，激发教师队伍工作积极性。制定城乡教师交流服务制度和激励政策，逐步实现区域内师资力量配置的动态均衡。提升医疗卫生服务水平，实施浦南卫生院病房楼、中正卫生院改造和浦西社区卫生服务中心迁建，新南社区卫生服务中心完成转型；提升社区卫生服务中心、乡镇卫生院首诊能力，完善与市级大医院双向转诊制度。扎实做好人口计生工作，落实“全面二孩”政策。提升婚姻登记服务水平，争创国家AAA级婚姻登记机关。推动文体事业发展，在双龙井游园建设海州历史文化展示平台，将海州图书馆打造成为国学培训和少儿素质教育基地，举办“美丽海州”舞蹈大赛、民俗展演等各类文体活动200场以上，加快新浦文化产业园青少年动漫体验中心、文昌路文化创意街区等重点文化产业项目建设。提升区政务服务中心运行成效，优化调整周边公交线路，为市民办事提供更为便利的条件。

完善社会保障体系。实施全民参保计划，加大社会保险扩面征缴工作力度，城乡居民参保覆盖率达98%以上。新增被征地农民全面实行“刚性入保”。实施机关事业单位养老保险制度改革。开展企业工资集体协商扩面专项行动，稳步提高职工收入。落实积极就业政策，重点抓好高校毕业生、农民工和困难群体就业，开展城乡职业技能培训4500人次，新增城镇就业2.7万人，转移农村劳动力1700人，培育新型职业农民900人，引领大学生创业400人，动态消除“城镇零就业”“农村零转移”家庭。全力推进大众创业，打造一批创业孵化基地，大力发展众创空间等新型创业服务机构，积极培育创业带头人，新增私营企业3200户、个体工商户4200户。进一步促进“大民政”综合救助体系发挥效应，形成信息共享、统筹协作的救助工作制度，保障各类困难群众基本生活。提升养老服务水平，完成区级养老服务信息平台建设，推进社区乐龄生活馆建设并发挥居家养老的主体作用，农村敬老院达到省二星级标准，依托有条件的公办养老机构，推广医养一体化新型养老模式。以人均年收入6000元为新一轮扶贫标准，开展建档立卡摸排工作，更大力度地推进精准扶贫、精准脱贫。

优化社会管理机制。加强精神文明建设，大力选树先进典型、爱心市民、最美人物，用身边平凡人的先进事迹引领社会风气。进一步提高全民法律意识和法律素质。加强国防动员、双拥共建工作。在城乡社区推广“一委三会”治理模式，争创国家级现代社区治理实验区。深化社区警务工作，强化主城区街面巡防机制改革，推动“天网工程”二期建设，加快浦西、朐阳等基层派出所改扩建工程，打造社会治安防控体系“升级版”。强化信访稳定工作责任制，加强信访源头排查，积极化解信访积案，依法维护信访秩序。严格食品药品安全监管，逐步建立“平安餐饮”和“平安药店”远程视频监控体系，构建“大消保”维权机制。严格落实安全生产责任制，构建全方位监管体系，深化无证照场所安全整治专项行动，在社区推广设立微型消防站，坚决遏制较大以上安全事故发生。

五、更加注重政府建设，着力激发发展内生动力

坚持依法治区、和谐发展，积极稳妥地推进职能转变和管理创新，不断增强政府执行力和公信力，努力建设“让人民满意”的政府。

强化依法行政。规范行政行为，全面遵循“五张清单”行使权力，坚决消除权力设租寻租空间。健全执法体系，加大关系群众切身利益的公共卫生、旅游市场、民生保障等重点领域综合执法力度，提高执法效率。完善政府决策体系，认真执行调查研究、公众参与、专家论证、合法性审查、集体讨论等决策程序，提升依法决策水平。健全监督体系，认真执行区人大及其常委会的决议和决定，自觉接受人大法律监督、工作监督和政协民主监督，主动听取各民主党派、工商联、无党派人士、人民团体的意见建议，畅通政民联系渠道。

坚持从严治政。严格落实党风廉政建设责任制，认真履行“一岗双责”，加大惩治和预防腐败体系建设，增强公职人员拒腐防变能力。深入学习贯彻《中国共产党廉洁自律准则》和《中国共产党纪律处分条例》，切实增强贯彻执行的自觉性和坚定性。以务实作风改进政风，严格执行中央“八项规定”和国务院“约法三章”，践行“三严三实”，推动作风建设常态化。结合公车改革实施，加强集中统一管理和服务保障。强化行政监察、审计监督和财政监督，坚决纠正不作为、乱作为，促进勇于担当、善于突破、勤于落实。

提高政府效能。大兴雷厉风行之风，切实增强政府工作执行力和落实力，对重点工作、重大项目和重要事项，强化督查督办，一抓到底，确保取得实效。大兴求真务实之风，切实改进会风、文风，坚决反对形式主义、官僚主义。强化服务企业意识，加强难题会办，提升“微贷宝”中小企业融资工具服务水平，为企业营造更加优越的发展环境。强化服务群众的能力，推动智慧社区建设，完善区政务服务中心、“12345”政府热线等平台服务功能，强化政府网站、微信微博发布平台等网络载体建设，推行行政决策、管理、服务公开机制，营造更加公开透明的政务环境。

各位代表，我们已迈入“十三五”发展的新时期，海州正站在新的历史起点上，向着更高的目标迈进，责任更加重大，使命催人奋进。让我们在市委、市政府和区委的正确领导下，抢抓机遇，团结拼搏，为建设经济强、百姓富、环境美、社会文明程度高的新海州而努力奋斗！

附件

《政府工作报告》名词解释

1.一带一路：“丝绸之路经济带”和“21世纪海上丝绸之路”的简称。

2.三严三实：习近平总书记提出，各级领导干部都要“既严以修身、严以用权、严于律已，又谋事要实、创业要实、做人要实”。

3.“四个全面”战略布局：形成全面建成小康社会、全面深化改革、全面依法治国、全面从严治党的战略布局。

4.“井”字形千亿商圈：以解放路、海连路、通灌路、南极路形成的“井”字形中央商贸金融服务业集聚区。

5.经济薄弱村“新八有”：有群众拥护的“双强”班子、科学合理的发展规划、高产高效的农业设施、特色鲜明的主导产业、持续稳定的集体收入、先进适用的信息网络、健康向上的文明新风、村容整洁的居住环境。

6.浦南“八个一”项目：眼科医院新院区、养老护理院、郁林中学、浦南中心小学、文化中心、体育中心、商业中心、樱花社区。

7.新坝“六个一”项目：文化中心、体育中心、社会福利中心、商贸中心、沿街立面改造、新镇区牌坊及入口景观工程。

8.五张清单：行政审批事项目录清单、政府行政权力清单、行政事业性收费目录清单、政府部门专项资金管理清单、投资审批“负面清单”。

9.一委三会：我区在社区居民自治实践中创新推行的新做法，即党委领导、议事会决策、居委会实施、监事会监督。

10.政社互动：政府调控同社会协调互联、政府行政功能同社会自治功能互补、政府管理力量同社会调解力量互动。

11.三社联动：社区、社会组织和社工参与社区建设和自我管理，开展居民互助服务。

12.互联网+：充分发挥互联网在生产要素配置中的优化和集成作用，将互联网的创新成果深度融合于经济社会各领域之中，提升实体经济的创新力和生产力，形成更广泛的以互联网为基础设施和实现工具的经济发展新形态。

13.天网工程：通过整合社会面监控资源，加密视频监控点位，实现对辖区可视化、数字化、可回溯式管理。

14.两化融合：信息化与工业化融合。

15. 僵尸企业：长期亏损、扭亏无望的企业。

海州区人民代表大会常务委员会工作报告

——2016年1月7日在海州区第十七届人民代表大会第六次会议上

区人大常委会副主任 陈周德

各位代表：

我受区第十七届人民代表大会常务委员会的委托，向大会报告工作，请予审议。

2015年工作回顾

2015年，是全区上下满怀信心收官“十二五”、谋划“十三五”，加快推进全面建成小康社会的关键之年。区人大常委会在区委的正确领导下，认真学习党的十八大、十八届三中、四中、五中全会和习近平总书记系列重要讲话精神，贯彻落实中央、省市区委关于加强人大工作和建设的重要决策部署，紧紧围绕全区工作大局，认真履行各项职责，充分发挥国家权力机关在全面深化改革、全面依法治区中的重要作用，为推动全区经济社会发展和民主法治建设做出了积极贡献。一年来，共召开常委会会议7次，听取和审议“一府两院”工作报告及情况汇报15项，发出审议意见书8份，提出审议意见32条，作出决议、决定11项，组织视察和调研18次，依法任免国家机关工作人员41人次，接受辞职4人，补选市人大代表3名，区人大代表15名。

一、坚持围绕中心，以聚力发展为出发点，促进经济持续发展

常委会紧紧围绕区委中心工作，寓监督于支持中，推动全区主动适应经济发展新常态，努力开创改革发展新局面。

促进经济平稳持续发展。以实现年度经济发展计划为目标，继续加强计划审查监督。通过听取和审议上半年国民经济和社会发展计划执行情况的工作报告，认真分析经济运行中的困难和问题，就实施“工业强区、商贸兴区”战略、抢抓改革机遇、加强平台建设、推进产业转型升级、培育新的经济增长点等方面提出审议意见。科学制定“十三五”发展规划，关系全区未来五年经济社会发展全局。常委会积极组织调研，专门听取国民经济和社会发展第十三个五年规划纲要的编制说明，就“十三五”发展中前瞻性、针对性和可操作性问题，提出意见建议，既为科学编制规划纲要提供参考，也为本次会议审查批准“十三五”规划纲要做好必要准备。

加强预算决算审查监督。认真贯彻落实新修改的《预算法》，建立和完善全口径预算决算审查监督体系，成立财政经济专业委员会，对财政预决算草案进行预先审查。通过听取和审议上半年财政预算执行情况的工作报告，就发挥财政职能、强化预算管理、加强预算全过程监督等方面提出审议意见，促进财政资源优先投向产业升级、民生实事、社会事业等领域，提高财政资金使用效益。听取和审议2014年度区本级财政预算执行和其他财政收支情况的审计工作报告，建议进一步加大对财政管理、预算执行的审计力度，健全审计与监察等部门的联动协作机制，对审计中发现的问题，要求政府及有关部门及时认真整改。

关注新型农业经营主体发展。大力培育新型农业经营主体，是构建新型农业经营体系的重要内容。常委会听取和审议新型农业经营主体发展情况的工作报告，认为近年来全区培育发展了一批辐射带动作用显著的新型农业经营主体，推动农村土地有序流转，促进农民增收致富。提出要创新农业经营机制，强化农业科技与人才支撑，加大财政税收扶持力

度，提高土地流转管理水平，围绕都市农业重点打造一批具有乡村休闲、观光旅游等特色的农业经营主体。切实增加农民收入始终是“三农”工作的出发点和落脚点。为此，常委会组织视察了指尖商城、花果山绿祥茶叶种植合作社、云台农场浅水藕种植基地，就加快农村综合改革步伐、发展现代高效农业、加强劳动技能培训、加大扶贫开发力度等方面提出意见建议。

二、坚持依法治区，以公平正义为根本点，助推法治海州进程

常委会牢固树立依法治区理念，推动宪法和法律贯彻执行，努力维护社会公平正义。

全面推进政府依法行政。常委会把执法检查作为推进政府依法行政，保障法律法规有效实施的重要抓手。本届以来，始终把保障食品安全作为重大民生问题纳入总体工作布局，有力推动了一些实际问题的解决。组织开展《食品安全法》执法检查，查看了海州四季农产品市场、乐天玛特超市、全聚德酒店等市场和餐饮单位。要求政府及有关部门完善监管机制，加快构建检验检测体系，加强执法队伍建设，严厉打击各类食品生产经营的非法行为。通过组织开展《义务教育法》执法检查，建议政府把推进义务教育均衡发展作为教育工作的重中之重，科学合理规划，资源配置向农村和薄弱学校倾斜，提升教育现代化水平。认真开展规范性文件备案审查工作，促进政府依法行政，着力维护法制统一。

切实维护司法公平公正。行政审判工作是检验人民法院是否公正的重要标志之一。常委会听取和审议行政审判工作报告，认为法院切实履行行政审判职能，创新行政诉讼协调机制，优化行政审判环境，积极妥善协调化解行政争议，为推进法治海州建设提供了有力的司法保障。建议法院加强行政法治宣传教育，提高行政诉讼的社会知晓度和认同度，优化行政诉讼法官队伍配置，完善行政案件协调和解机制，逐步改变信“访”不信“法”的社会现状。注重加强与“两院”的对口联系，组织常委和代表对“两院”各项工作开展情况进行视察调研，提出指导性意见，强化日常监督。认真做好涉法涉诉信访工作，一年来共受理群众来信来访17件次，及时转交有关方面办理并督促反馈，促进相关问题解决。

积极推动法制宣传教育。常委会就“六五”普法工作开展情况进行专题调研，要求政府及相关部门尽快谋划新的五年普法规划，继续强化普法宣传教育，在全社会培育崇尚法律、敬畏法律、遵守法律的良好风尚，为建设“平安海州”“法治海州”营造良好氛围。调研司法救助工作开展情况，就如何整合司法力量，统筹安排司法救助工作，提出意见建议。

三、坚持以民为本，以改善民生为立足点，推进小康社会建成

坚持把全面建成小康社会作为目标追求，把增进民生幸福作为履职重点，推进生态文明建设、绿化工程建设和民族宗教工作开展，推动解决群众最关心、最直接、最现实的问题。

推进生态文明建设。建设生态文明，关乎民族未来，是为广大人民群众谋福祉的重要体现。为此，常委会持续关注生态文明建设推进情况，组织视察了蔷薇湖应急水源地工程、开发区污水处理厂、农村垃圾中转站等建设情况。认为近年来我区以省级生态区创建为契机，全面实施“生态立区”战略，通过采取环境综合整治、落实污染减排工程、保护饮用水源安全、狠抓大气污染治理等措施，生态文明建设取得了一定成效。在审议专项工作报告时，建议政府及相关部门进一步加强组织领导，密切部门协作，完善多元化资金投入机制，加大对污染企业的监管力度，提高招商引资门槛，积极配合市级部门做好污染企业搬迁工作。

推进绿化工程建设。城市绿化环境是展示城市形象的一张名片，更是增加城市魅力和提升人民幸福指数的重要途径。常委会组织视察了西盐河东岸樱花园、新浦大道绿化景观带、海州开发区邻里中心、月牙岛公园等绿化建设情况，听取并审议相关工作报告，建议要因地制宜制定绿化方案，创新绿化模式，完善协作机制，提高管养水平，强化宣传力度，充分调动群众参与绿化造林的积极性和主动性。常委会还组织视察调研了锦屏山等山体绿化情况，为促进山体绿化工程建设提出切实可行的意见建议。

推进民族宗教工作。做好民族宗教工作是构建和谐社会的必然要求。常委会听取和审议民族宗教开展情况的工作报告，认为区政府在依法管理宗教事务、引导宗教界为构建和谐社会发挥积极作用等方面做了大量卓有成效的工作。提出要充分认识新形势下做好民族宗教工作的重要意义，积极引导宗教团体和宗教界人士协助党和政府维护民族团结和社会稳定，不断增强信教群众自觉抵制和防范非法宗教活动的意识，坚决制止非法宗教活动，坚决取缔非法宗教组织。

四、坚持代表主体，以优化服务为切入点，激发代表工作活力

加强与代表联系，为代表依法履职提供支持和保障，充分发挥好代表的主体作用和促进经济社会发展的模范带头作用。

代表活动内容不断丰富。健全完善常委会同代表联系、代表同人民群众联系的“双联”制度，实现常委会组成人员联系代表、代表联系村（社区）全覆盖，代表与所在选区选民建立联系制度，使代表活动更接地气、更有成效。继续开展“我与小康社会建设同行”主题实践活动，促进代表小组活动经常化。邀请代表列席常委会会议，参加视察调研、执法检查等活动，听取代表意见建议。组织代表参加法院庭审、工作评议、党风廉政座谈、“十三五”规划纲要编制征求意见等活动，进一步拓宽代表知情建言渠道，激发代表参政议政的热情。

代表履职服务不断完善。完善“一个载体、两项制度”建设，积极把“人大代表之家”打造成代表了解民意、学习培训、履行职权的平台。定期向代表寄送人大刊物，通报常委会和“一府两院”最新工作

情况，畅通代表知情知政渠道。加强代表履职管理，支持、动员人大代表积极进“家”接待选民、向选民述职。一年来，共组织114名区人大代表接待选民，38名区人大代表向选民述职，24名市人大代表向区人大常委会报告履职情况并当场接受评议，促进代表自觉接受选民和人民群众的监督。

建议办理质量不断提高。区十七届人大五次会议期间，代表共提出建议68件，已全部办理并答复代表，所提问题已经解决或基本解决的29件，占建议总数的42.7%；正在解决或纳入计划逐步解决的23件，占建议总数的33.8%；因条件不具备暂时不能解决的16件，占建议总数的23.5%。在建议办理过程中，从交办环节入手，加强与政府交办部门的沟通衔接，着力提高建议交办的针对性和科学性。加强对办理工作全面督办，认真核查交办、面商、落实、反馈等各个环节，对已落实的建议跟踪问效，对正在落实的继续跟踪督办。开展上年度代表建议办理情况“回头看”，听取承诺解决事项落实情况汇报，督促建议办理落到实处。

五、坚持调查研究，以严实作风为着力点，提高依法履职水平

常委会以开展党的群众路线、“三严三实”教育活动为契机，以加强作风建设为重点，以强化能力建设为基础，努力提高新形势下依法履职能力和水平。

强化学习调研。常委会始终把思想政治建设摆在首位，坚定理想信念和政治立场。深入学习贯彻党的十八大、十八届三中、四中、五中全会和习近平总书记系列重要讲话和省市区委全会精神，不断增强推进社会主义民主法治建设的责任感和使命感。学习宪法法律和相关业务知识，努力做到理论与实践相结合，学习与履职相促进。坚持把调查研究作为议事、履职和服务的重要前提，广泛深入开展调查研究。

强化作风建设。按照作风建设永远在路上的要求，巩固和拓展党的群众路线教育实践活动成果，根据中央和省市区委的统一部署，扎实开展“三严三实”专题教育活动，及时召开动员会，制定工作方案，组织专题研讨会，深入基层调查研究，对“不严不实”问题进行梳理，强化整改落实。

强化改革创新。认真贯彻全区人大工作会议精神，细化目标任务，有序分解落实。以创新工作机制为目标，健全完善讨论决定重大事项、预算决算审查监督以及机关内部管理等各项工作制度，加强对权力运行的制约和监督，促进人大常委会及机关工作的规范化、制度化。加强信息化建设，充实完善人大门户网站，建立常委会电子表决系统，推进信息公开，提升办事效率。

强化基层指导。坚持邀请基层人大负责人列席常委会会议、参加视察调研、执法检查等活动，提高基层人大干部参与全区人大工作的积极性和主动性。加强基层人大干部《地方组织法》《代表法》等相关法律法规和人大业务知识的学习培训工作，提高基层人大干部的业务素质和工作能力。深入贯彻中央和省市区委关于加强人大工作和建设的文件精神，认真部署落实，建立人大工作和建设基层联系点制度，深入调研，广泛听取意见建议，加强工作指导和督查推进，促进基层人大工作水平的整体提高。

各位代表，区人大常委会工作所取得的成绩，是在区委的正确领导下，全体代表、常委会组成人员、机关工作人员共同努力的结果，是“一府两院”和各镇、街道、开发区以及相关部门密切配合的结果，也是全区人民和社会各界大力支持的结果。在此，我谨代表区人大常委会表示衷心感谢！

回顾过去一年的工作，我们在看到成绩的同时，也清醒地认识到，工作中还有许多不足需要改进：监督工作还存在不到位问题，与代表和人民群众联系的渠道需进一步拓宽，调研活动不够广泛深入，自身建设和履职能力还需要加强。我们将自觉接受人大代表和人民群众的监督，虚心听取各方面意见建议，不断加强和改进人大工作，更好地依法行使职权。

2016年主要工作任务

2016年，是全面实施“十三五”规划的开局之年，也是区、镇人大换届选举之年，人大工作面临新形势、新任务、新要求。做好今年区人大常委会工作，要全面贯彻党的十八大和十八届三中、四中、五中全会精神，深入贯彻习近平总书记系列重要讲话精神，按照上级人大和区委的部署要求，紧紧围绕“四个全面”战略布局和全区发展大局，更加注重推进依法治区建设，更加注重提高群众幸福指数，更加注重服务保障代表履职和自身建设，为我区全面建成小康社会做出新的贡献。

一、更加注重履行监督职能，全力服务新常态下改革发展大局

坚持把促进转变经济发展方式，更好地适应、把握和引领经济发展新常态作为常委会依法履职的首要任务。紧紧围绕区委重大决策部署，对事关改革发展稳定全局的重要问题、人民群众普遍关注的热点难点问题进行监督，强化监督实效。一是切实关注经济健康平稳运行。围绕全区经济社会发展中的重要领域开展监督，高度关注经济运行态势和产业转型升级。听取和审议上半年国民经济和社会发展计划执行情况的工作报告，要求有关方面抓紧编制与“十三五”规划衔接配套的专项规划，推动经济结构优化、发展动力转换、发展方式转变。视察调研财政专项资金扶持工业经济发展情况，促进扶持政策落地生效。视察调研全区物流发展、旅游发展、农田水利建设设施及农村饮用水工程建设等情况，推动重点工程、重点事项有序开展。二是切实加强预算决算审查监督。依法履行预算决算审查监督职责，重点抓好编制、执行、调整、决算和绩效五个环节，继续加强对重点支出与重点投资项目预算、财政转移支付安排的审查监督。审查批准2015年区级决算，听取和审议上半年财政预算执行情况及审计工作报告，积极支持审计部门加大审计监督力度，要求有关方面对审计查出的问题认真整改，适时审查和批准区级预算调整。三是切实提高人民群众幸福指数。围绕人民群众新期盼，抓住民生热点、难点问题开展监督，努力推动发展成果惠及全区人民。组织开展《大气污染防治法》《水污染防治法》执法检查，听取和审议农村义务教育发展、全区医疗机构发展、少数民族人口和企业发展稳定情况的工作报告，视察调研农村绿化等工作，促进相关工作取得新进展。

二、更加注重维护公平正义，大力推进新形势下法治海州进程

以推进“一府两院”依法行政和公正司法为目标，强化法律监督，为推进法治海州建设进程营造良好的法治环境。一是促进法治政府建设。围绕支持政府建立权责统一、权威高效的依法行政体制开展监督，加快建设执法严明、公正公开、守法诚信的法治政府。全面贯彻落实区委《深入推进依法治区工作的实施意见》，积极推进“七五”普法，依法做出《关于进一步开展法制宣传教育的决议》，视察调研“七五”普法开展情况。组织开展《森林法》执法检查。维护宪法权威，落实宪法宣誓制度，凡经人大及其常委会选举或任命的国家工作人员，正式就职时公开向宪法宣誓。加强对常委会任命的国家机关工作人员的监督，开展履职评议工作。按照“有件必备、有备必审、有错必纠”的要求，完善备案审查工作制度，建立备案审查专家组，进一步推进备案审查工作规范化和专业化。二是促进司法公平公正。围绕推进严格执法、公正司法、全民守法开展监督，加快法治海州建设进程。听取和审议法院关于执行情况的工作报告，视察调研检察院反贪污贿赂工作情况。积极配合上级人大组织的执法检查和立法调研。做好人大信访工作，推动解决信访群众的合理诉求。

三、更加注重优化服务保障，合力发挥新任务下代表主体作用

加强平台建设，丰富代表活动，完善管理制度，形成更加有效的代表履职服务保障机制，更好发挥代表主体作用。一是拓展代表参政议政途径。继续深入开展“双联”活动，拓宽代表履职渠道，继续邀请人大代表列席常委会、参加视察调研、执法检查、工作评议等活动。完善“一府两院”同代表联系机制，要求政府有关工作主动听取代表意见建议。继续完善“一个载体、两项制度”建设，促进代表深入基层，了解和反映群众诉求。二是服务保障代表依法履职。加强代表履职培训，创新培训形式，不断提升代表履职能力。丰富闭会期间代表活动内容，继续开展“我与小康社会建设同行”主题实践活动，引导代表围绕海州发展积极建言献策。建设代表履职服务平台，畅通代表与选民联系渠道。组织市区人大代表向常委会、原选区报告履职情况，完善代表履职管理制度，规范代表履职登记档案，强化代表的职务意识和履职意识。依法保障代表活动经费。加强代表依法履职工作的宣传，树立典型、激励先进，形成人大代表依法履职、积极作为的良好社会氛围。三是提高代表建议办理实效。完善建议交办机制，选择事关经济社会发展大局和人民群众切身利益的建议进行重点督办和跟踪督办，开展建议办理工作评议。健全完善建议办理考核机制，进一步提高建议办成率和代表满意率。

四、更加注重转变工作作风，着力提升新要求下人大履职能力

把握新形势、落实新任务、明确新要求，按照“严和实”的标准自觉遵守全面从严治党的各项规定，扎实推进人大常委会及机关建设。一是着力加强理论学习，进一步增强政治素养。坚持人大机关学习制度，完善常委会会前学法制度，切实在宪法法律和人大业务知识的学习上下功夫，打牢依法履职的思想和能力基础。二是着力密切联系群众，进一步充实严实作风。围绕人民群众普遍关注的热点难点问题，深入开展视察调研活动，广泛联系代表、联系选民，在处理重点焦点问题上敢于作为、善于作为。严格贯彻中央八项规定和省市区委相关规定精神，巩固和深化党的群众路线教育实践活动、“三严三实”专题教育成果，严格遵守党员干部廉洁自律各项规定，着力打造务实为民、清正廉洁的人大机关。三是着力改进监督方式，进一步提高监督实效。改革创新监督工作方式方法，不断增强监督实效。加强审议前调查研究，审议重点民生事项、开展执法检查时积极探索采取上下联动的组织方式，推动监督工作更加深入、更见成效。加强对“一府两院”工作审议、执法检查意见处理的跟踪问效，常委会审议意见和“一府两院”审议意见落实情况通过网站向社会公开，接受监督。加强信息平台和宣传阵地建设，扩大人大依法履职的社会影响力。建立人代会电子表决系统，使代表意愿更加真实、独立。四是着力抓好换届选举，进一步充分发扬民主。今冬明春，将进行区、镇两级人大换届选举工作。我们将认真贯彻中央、省市区委关于换届工作的最新指示精神，认真研究换届选举工作中的新情况、新要求，加强组织领导，精心安排部署，始终把坚持党的领导、充分发扬民主、严格依法办事贯穿于换届选举工作的全过程，确保换届选举工作风清气正，依法有序进行。五是着力指导基层工作，进一步发挥整体合力。积极指导基层人大探索新形势下人大工作创新发展的途径和方法，加强对基层人大干部的培训。落实人大常委会党组成员基层人大联系点制度，深入基层调研，总结基层经验，发挥好先进典型的示范引导和激励推动作用。以换届选举为契机，确保中央和省市区委关于加强人大工作和建设的一系列新举措得到全部落实。

各位代表，时代的重托光荣艰巨，人民的期待殷切厚重。我们将在区委的正确领导下，坚定信心、开拓进取、扎实工作，为海州经济社会转型跨越发展，全面建成小康社会做出新的更大贡献！

政协连云港市海州区第八届委员会常务委员会工作报告

——在政协连云港市海州区第八届委员会第六次会议上

区政协主席　汤成元

（2016年1月5日）

各位委员：

我代表政协海州区第八届委员会常务委员会向大会报告工作，请予审议。

2015年工作回顾

2015年，区政协在中共海州区委的正确领导下，以建设区域性经济文化中心和更高水平小康社会为目标，牢牢把握团结民主主题，以服务发展大局为第一要务，以促进民生改善为履职之本，以维护社会和谐为重要职责，认真履行政治协商、民主监督、参政议政职能，主动适应新常态，自觉拓宽新视野，不断开创新局面，为促进全区经济社会发展做出了积极的贡献。

一、紧扣中心，扎实推进协商议政

紧紧围绕经济社会发展大局，主动议大事、建诤言、献良策，切实发挥人民政协作为协商民主重要渠道和专门协商机构的作用。

（一）着眼全局，认真组织全会协商。八届五次会议期间，广大委员围绕全区中心工作和发展大局，通过大会发言、小组讨论、提交提案等形式开展协商议政。各界别共提交发言材料10篇，相关委员就抢抓“一带一路”发展机遇、提高乡镇污水处理水平、推动学前教育改革等作了专题发言。其中，九三学社界别在大会发言中提出的设立“海州区青少年科技创新区长奖”的建议被采纳，区政府第二十三次常务会议通过实施方案。“区长奖”的设立，将促进我区青少年科技创新能力和综合素质的提升。

（二）立足重点，积极开展常委会协商。八届十五次常委会听取区住建、农林部门关于全区绿化工作情况的通报，针对创建全国绿化模范城市目标建言献策。八届十六次常委会在听取区政府2015年上半年工作通报后，结合我区重点项目建设情况，就如何加大旧城改造力度、加强基础设施建设等问题进行讨论，提出针对性的意见和建议。八届十七次常委会分别听取了区政府和区住建局、区教育局、区文体局、海州公安分局、区城管局等五家单位提案办理情况的通报，并对办理情况进行了民主评议。

（三）关注热点，努力拓展专题协商。主席会议选择党委政府重视、社会各界关注、人民群众期待解决的热点问题作为对口协商的议题，对城市禁违拆违、生态农业发展、海州古城改造、食品安全监管等方面工作进行现场查看，听取情况通报，并与相关部门开展协商。各专委会、各界别（联组）围绕扶持小微企业发展、加快农业专业合作社建设、促进园区经济发展等内容，适时开展对口协商和界别协商，对有关问题的解决落实提出意见和建议。

二、深入调研，结合实际建言献策

针对经济发展和民生事业中存

在的问题，开展调研视察，并通过提案等形式向有关部门提出对策建议，为我区经济社会健康发展竭诚尽智。

（一）服务发展大局，深入调查研究。围绕产业科技创新、城市建设管理、社区文化建设、义务教育阶段法律普及等方面，确定了8个课题组织专题调研，并通过调研专报向区委区政府报送《海州区市容环境卫生状况调研》等5篇调研报告，为区领导和有关部门决策提供参考依据。如围绕水环境生态保护专题，组织市、区政协委员对星海湖、蔷薇湖及区内小型水库保护情况进行调研，对存在的污染等问题提出治理建议。围绕食品安全专题，组织部分常委和委员，听取食品安全讲座，实地走访区内食品生产和销售企业，了解运转情况，提出建设性意见。

（二）关注民生事业，广泛议政建言。围绕医疗、养老、住房、就业、教育等民生问题，积极反映不同阶层、不同群体，特别是弱势群体的利益诉求。选择棚户区拆迁改造、商贩占道经营整治、养老服务体系建设等民生课题进行研究探讨，提出解决问题的思路和建议，部分建议转化为职能部门的工作措施。如关于解决老旧小区脏乱差问题的建议，全区在加大对老旧小区改造力度的同时，还配套制定环境卫生保洁考核办法；关于加强保健食品市场监管的建议，市场监督管理部门通过健全组织，建立全覆盖的监管网络，促进了保健食品市场规范化建设。

（三）强化工作措施，注重提案实效。八届五次会议以来，共收到委员提案246件，经审查立案142件。通过主席会议研究，将“关于开发海州区《镜花缘》文化产业的建议”等8件提案列为重点提案，由各位主席领衔督办。区政府高度重视提案办理工作，专门召开提案交办会议，跟踪提案办理进程，督查提案办理结果，注重提案办理实效。提案委充分发挥纽带和桥梁作用，在承办提案较多的单位，组织召开“面对面”座谈会，提案者和承办单位共议对策，取得共识，解决问题。一些提案紧贴区情，如加快海州文化建设、发展休闲观光农业、推进居家养老工程建设等意见建议均得到相关部门积极响应。

三、弘扬主题，大力营造和谐氛围

牢牢把握团结和民主两大主题，重视发挥各民主党派的作用，进一步巩固团结基础，认真开展民主监督活动，进一步提高监督实效，组织和参与公益活动、关心关注弱势群体，进一步营造和谐有序的社会氛围。

（一）重视党派作用，巩固团结合作基础。引导和组织各民主党派、工商联、人民团体和无党派人士主动参加各项协商活动，踊跃参与建言献策，深入开展调研视察，积极组织界别活动，增强政协作为统一战线组织的生机和活力。民革海州支部通过整理挖掘史料、开展征文活动，弘扬“爱国、革命和不断进步”的中山精神。民盟界别组织开展“八一”拥军送文化进军营活动，还与市东社区共建了“留守儿童图书馆”。民建海州支部承办连云港首届中小企业资本市场投资对接会。民进海州支部举办“海州石刻拓片展”和“庙会风情美术作品展”。农工党海州支部在新海实验中学等学校举办急救技能培训和心理健康讲座。致公党海州支部以捐书赠药为载体，多次为社区提供服务。九三学社海州支社组织社员参加“农业科技下乡”等活动。工商联界别开展光彩扶贫工程，走访慰问困难党员、退伍老兵。

（二）把握关键节点，提升民主监督实效。围绕工程建设、房屋征收等重点工作，通过视察、评议等形式督查进度，促进党政决策部署的贯彻落实。组织委员开展提案办理民主评议、法院庭审旁听、开展专项视察等监督活动，拓宽监督渠道。八届二十一次主席会议组织部分常委、委员对区法院公正司法开展监督视察，听取区法院工作情况通报，并就加强司法队伍建设、推进司法公开、落实人民陪审员制度等方面提出意见。针对机关作风建设、依法行政和反腐倡廉等工作，组织委员广泛征集社会各界意见，并向有关部门反映情况，促进区级机关效能建设。

（三）发挥联组优势，彰显界别活动特色。各界别委员发挥联系广泛优势，结合自身实际，开展形式多样、不同层次的捐资助学、扶工助企等社会活动，赢得了良好的社会声誉。区政协委员爱心基金向新坝、板浦、锦屏等镇贫困学生捐出善款2.5万元，对十余名品学兼优的学生予以资助。中共界别组织开展调研特色街区建设活动。科技界别围绕“科技创新助推海州经济发展”主题，走访日出东方、正大天晴等企业。致公党工会界别（联组）调研农村电子商务发展情况。农业农村界别围绕“生态农业和乡村旅游发展”课题，到云台农场等地开展专项视察。教育文广新界别（联组）深入镇街幼儿园，调研城乡学前教育科学布局和均衡发展情况。民进界别组织纪念抗战胜利70周年书画展、迎“七一”广场惠民演出等活动。民族宗教社科界别（联组）为康复中心聋哑儿童捐赠图书、玩具。民建妇联界别（联组）以征集“微心愿”为载体，关注、关爱贫困儿童成长。

四、提升素质，不断强化自身建设

坚持以思想建设为核心，以制度建设为保障，认真学习借鉴外地先进经验，不断提升委员素养，着力增强组织活力，切实提高政协工作的科学性和有效性。

（一）强化理论学习，增强工作活力。区政协党组认真学习中共中央及省、市、区委重要会议和文件精神，坚持党组和主席会理论学习制度，适时组织开展“主席讲党课”和“委员讲堂”等活动，专题学习“一带一路”“新常态”等与时俱进的课题。发挥存史资政作用，编印文史资料《海州二许诗文选》。以开展“委员队伍建设年”活动为抓手，出台《海州区政协界别（联组）工作和委员履职考核办法》，组织开展优秀界别（联组）和优秀政协委员评选。对镇（街）政协工委适时开展工作指导，探索政协基层工作新路。

（二）加强作风建设，融入发展大局。认真践行“三严三实”要求，积极参与全区重点项目和重大事项。组织开展走访联系企业活动，帮助企业解决生产经营中遇到的用地、招工等实际困难。协助争取市政府给予白虎山市场改造相关扶持政策，完成市场消防隐患初步整治，启动市场改造征收。推进滨河新区新浦二桥建成通车，开发月牙岛湿地公园旅游项目。关注教育事业发展，为“全国义务教育发展基本均衡区”评估验收献计出力。工作在各条战线的区政协委员爱岗敬业、乐于奉献，在平凡的岗位上创造佳绩，为全区经济社会发展添砖加瓦。

（三）增进联谊交流，扩大对外影响。高度重视与各地、各级政协的联系与交往。接待南通市海安县、山东省寿光市等多个县区政协到我区考察交流。开展赴台交流考察活动，邀请海州籍台胞回乡探亲，以乡情带动商情。组织镇（街）工委主任到苏州市虎丘区和浙江省温岭市等地区，学习考察镇（街）政协工委工作、基层协商民主等方面的先进经验。配合省政协来连开展基层社区建设情况调研，协助市政协组织城乡一体化建设等视察活动，参与市政协和兰州政协共同组织的“一带一路”战略研讨。组织委员赴义乌国际商贸城等地，学习市场改造方面的经验做法。

各位委员，回顾一年来的工作，我们深切体会到，政协工作之所以能够取得一定的成绩，得益于中共海州区委的正确领导和区人大、区政府以及各部门各单位的大力支持，得益于各位老领导、老同志的热切关心和精心指导，得益于全体政协委员和政协工作者的不懈努力。在此，我代表区政协，向关心、支持和参与政协工作的各位领导、各位同志、各位朋友，表示衷心的感谢并致以崇高的敬意！

在肯定成绩的同时，对照经济社会发展新常态下的新任务和新要求，我们也清醒地认识到，我们的工作还存在很多不足。比如，协商民主广泛多层制度化发展需要深入推进，参政议政实效有待进一步加强，团结联谊范围还不够广泛，深入基层服务群众的覆盖面还不够宽广，等等。这些都需要我们认真分析研究，切实加以改进。

2016年工作建议

2016年是全面贯彻落实中共十八届五中全会精神、实施“十三五”规划的开局之年。新的一年，区政协将在中共海州区委的坚强领导下，紧扣“稳中求进、稳中提质”工作基调，围绕“工业强区、商贸兴区”战略，认真履行政协职能，努力做到政治协商有新加强，民主监督有新举措，参政议政有新突破，为“十三五”发展取得良好开局做出更大贡献。

一、弘扬爱国传统，发挥统一战线作用

政协作为爱国统一战线组织，要高举爱国主义旗帜，大力弘扬爱国传统，团结带领广大委员，践行社会主义核心价值观，不断巩固全体委员同心同德、团结奋进的思想基础。

（一）提升政治品质，增强民族凝聚力。爱国主义是中华民族的优良传统，也是动员和鼓舞各族人民团结奋斗的一面旗帜。要进一步发挥人民政协联系广泛的优势，大力宣传爱国主义，不断增强各族、各界、各阶层人士对中华民族的归属感、对中华文化的认同感、对伟大祖国的自豪感。要大力弘扬社会主义核心价值观，坚定理想信念、增进政治认同，增强民族向心力和凝聚力。要学习贯彻中央重要会议和习近平总书记系列讲话精神，把握创新、协调、绿色、开放、共享的发展理念，增强对中国特色社会主义的道路自信、理论自信、制度自信。

（二）高举爱国旗帜，汇聚建设发展合力。爱国主义是维护国家统一和民族团结的纽带。要进一步营造爱祖国、爱家乡的浓厚氛围，支持各民主党派和社会各界人士开展调研、视察和监督活动，调动一切积极因素，为推进产业培育、招商引资、项目建设、改革创新、民生改善献计出力。要进一步加强与定居在省外、境外的海州人之间的联系交往，努力宣传、推介海州，为海州籍人士回乡探亲、开展经济文化交流提供方便。要进一步重视民族宗教工作，依法保障宗教界人士在爱国旗帜下正常开展宗教活动，促进民族团结、宗教和睦，维护社会和谐稳定。

（三）发挥示范作用，强化公民爱国意识。爱国是每个公民最基本的价值准则，体现着对祖国的深厚感情。全区广大政协委员作为海州地区社会各界的杰出代表，要自觉将爱国热忱内化于心、外化于行，充分发挥自身优势，传递真善美、贬斥假恶丑，知荣辱、讲正气，传播正能量、提振精气神。要胸怀大局、开拓创新，多深入基层、深入群众，摸实情、讲实话，善于围绕发展、改革、稳定，提出新思路、新举措和新方法。在议政建言时，要坚持实事求是，努力做到言之有理、言之有据、言之有度、言之有利。

二、把握中心大局，提升协商议政实效

始终坚持紧扣中心，服务大局，不断强化履职意识，为推动美丽海州建设广纳群言、广谋良策、广聚共识，更好地促进地区经济社会发展决策的科学化、民主化。

（一）主动参与，协商议政务求新成效。要紧扣区委区政府重大决策部署，按照“三在前、三在先”原则，拓展协商内容，提高协商成效。全体会议要围绕中心工作，以大会发言、提交提案等形式，就经济社会发展的重大问题和重要事项向区委区政府提出建议。常委会议要服务发展大局，把商贸物流业发展、城乡一体化建设等纳入议政性协商议题。主席会议要着眼重点工作，把农村污水处理、基层医疗服务等课题纳入专题协商计划。各专委会、界别（联组）要针对群众关心关注的问题与有关部门加强交流，促进信息共享，巩固对口协商机制。

（二）认真谋划，建言献策务求新作为。要紧扣重点和难点工作，充分发挥委员主体作用，深入群众开展调研，提出有针对性的合理建议。要不断完善大会发言、委员提案、社情民意的遴选机制，切实提高建言献策质量。要坚持以促进发展为先，围绕实施“十三五”规划、抢抓“一带一路”战略机遇，组织委员主动参与区委区政府开展的重大课题调研。要坚持问题导向，结合实际，有效利用提交提案、调研视察、反映社情民意信息等形式，积极参与重大项目的研究论证。要重视意见建议办理的反馈工

作，丰富建言成果转化渠道、强化信息反馈机制，推动协商意见、委员建议的办理和落实。

（三）积极探索，提案工作务求新进展。要坚持提案前置，组织委员围绕群众关心的热点、难点问题，认真调查研究，积极撰写提案。要进一步加大各专委会和界别（联组）提交提案力度，增加集体提案比重。要严格标准，重点筛选具有前瞻性、科学性和可操作性的提案，进行审查并予以立案。要建立健全提案交办、办理、督办协商机制，继续采取主席领衔督办重点提案、带案视察、集中督办等方式，提高提案办理质量。要适时开展提案办理工作评议，提高提案成果转化率，发挥提案在助推经济社会发展中的积极作用。

三、立足民生热点，履行服务民生职责

始终坚持人民政协为人民原则，立足于保民生、谋民利，深入群众访民情、察民意，开展调研集民智、解民忧，协助党委政府解决好人民群众关心关注的矛盾和问题。

（一）以调研视察为抓手，访民情集民智。要紧扣群众的关注点、改革关键点，围绕重大项目建设、产业转型升级、改革创新和民生改善等方面，深入调查研究，群策群力，攻坚克难。根据年度协商计划和政协重点工作确定专题调研和专项视察课题，通过邀请对口部门参加调研视察、听取情况介绍和交换意见等方式，加强与党委政府和相关部门工作的有效衔接，增强建言的针对性和可操作性。鼓励各专委会、各界别（联组）与党政部门开展联合调研，深入基层一线，摸清真实情况，使我们的建议和意见更贴近实际、贴近群众。

（二）以民主监督为保障，凝民心聚合力。要着眼区委区政府重大改革项目和民生建设工程，选择群众呼声较高、社会影响较大的问题，通过组织视察、召开协商座谈会等方式开展监督。尝试在常委会、专题协商会等活动中增加民主评议环节，加大监督力度。要抓住事关民生的环境、教育、医疗、社会保障、食品药品安全等问题，开展形式多样的监督视察活动。广大委员要主动参加有关部门组织的调研视察，做到接地气、建诤言、献实招，不断提升民主监督水平。

（三）以社情民意为平台，问民计划民忧。要坚持党的群众路线，畅通和拓宽群众利益诉求表达渠道，围绕民生热点问题，积极征集和反映社情民意。通过专题协商、反映社情民意信息等形式，及时向党委政府和有关部门反映群众的愿望呼声和社会动态。要发挥好镇（街）政协工委作为政协基层组织的联络作用，建立委员联系点，尝试在村（社区）设立委员信箱，深入开展专委会、界别（联组）走访村（社区）活动，密切与基层群众的联系。

四、加强自身建设，提高履职尽责能力

始终把加强自身建设作为提高履职水平的内在要求，主动适应新常态，实施新举措，进一步健全工作机制，提升委员履职能力，不断拓展委员履职空间。

（一）统筹安排，认真做好政协换届工作。要坚持党的领导，主动向区委汇报换届筹备、委员遴选等工作。要坚持发扬民主，加强与各民主党派和人民团体的沟通协商，广泛听取各方面意见。要严格委员遴选标准，注重委员政治素质和议政能力考察，健全委员人选的提名、推荐和审查机制。要坚持统筹兼顾，全面考虑各领域代表人士的安排，综合平衡党派、民族、宗教和地域、年龄、性别等不同方面的要求，注重优化结构的同时，充分调动各方面积极性。

（二）拓宽思路，逐步完善履职工作机制。要突出常委会的核心和表率作用，不断扩大委员参与调研视察、考察评议等活动的覆盖面。要继续丰富界别活动的组织形式和载体，完善界别调研、视察、协商和提案等工作机制，彰显界别特色。要充分发挥专委会的基础作用，支持各专委会带着课题外出考察学习。要逐步在全区镇（街）实现政协工委全覆盖，同时加强工作指导，探索建立镇(街)政协工委参与当地重大事项协商制度，推动政协工作向基层延伸。

（三）规范管理，不断加强委员队伍建设。要注重发挥委员主体作用，引导委员围绕全区经济社会事业发展，广泛开展参政议政活动。要注重委员学习和履职能力培养，帮助委员把握国情、了解区情，进一步拓展知情明政渠道。要建立委员履职档案，明确委员权利和义务，进一步规范委员履职管理。要继续落实委员履职情况通报制度，探索建立委员每届任期内就履职情况向本级政协报告制度。

各位委员，蓝图凝聚人心，使命催人奋进。“十三五”的号角已经吹响，新的征程已经起航，让我们在中共海州区委的坚强领导下，在区人大、区政府和有关部门的配合支持下，同心同德谋发展，凝心聚力促和谐，求真务实，开拓进取，为建设生态宜居、人文荟萃、经济繁荣、社会文明的现代化中心城区而共同奋斗！

责任编辑：孙大伟

大事记

1月

6日 省铁路办副主任丁军华一行到海州督查连盐铁路2014年度目标完成情况。

7日 区长单晓敏到浦南草舍小学走访爱心市民。

9日 北京凯林集团董事长王安生一行到海州洽谈东海龙宫等旅游项目，区长单晓敏等接待。

12~13日 政协海州区第八届委员会第五次会议举行。区委书记王立斌在会上作《以总书记重要讲话精神为指引，凝心聚力共同谱写繁荣美丽海州新篇章》讲话，区政协主席汤成元作常委会工作报告。

13~15日 海州区第十七届人民代表大会第五次会议举行。会议组织与会人大代表参观滨河新城、连盐铁路等重点项目建设现场，举行解放路小学滨河校区主体封顶仪式和新浦大桥通车仪式。

14日 市长赵晓江检查海州区森林防火工作，区长单晓敏、区领导徐冰陪同。

24日 市委书记、市人大常委会主任杨省世调研海州区经济社会发展情况，区四套班子全体负责同志参加。

2月

4日 2015年连云港市暨海州区文化科技卫生“三下乡”活动启动仪式在浦南镇举行。

5日 海州区举行“首善之城美·爱海州”颁奖大会，区四套班子领导参加。

10日 省政协主席张连珍到连走访慰问全国劳模、特困职工和低保户，市委书记、市人大常委会主任杨省世，市政协主席仲琨，副市长董春科，区委书记、区人大常委会主任王立斌陪同。

是日 副市长徐家保到海州区督查推进白虎山小商品批发市场安全监管工作，区长单晓敏等区领导陪同。

14日 海州区召开2015年度经济和社会建设目标管理总结表彰大会。

15日 市委书记、市人大常委会主任杨省世到海州区看望慰问环卫一线工作者，并主持召开环卫工作座谈会。区委书记、区人大常委会主任王立斌参加。

是日 海州区举行“喜迎羊年、放歌海州”全区干部职工贺岁才艺大赛。

25日 全市重点工业项目海州区会场集中开工仪式举行。

28日 全区党建工作暨作风建设大会召开。

3月

5日 省委政法委副书记侍鹏一行到海州区调研涉法涉诉信访改革工作。

6日 副市长董春科到海州区调研社会事业和民生幸福工程推进情况并召开座谈会。

10日 全区春季绿化工作会议召开，上午进行现场观摩。

12日 全区组织义务植树活动，区长单晓敏等四套班子领导参加。

22日 省专家组到海州区检查推进义务教育发展基本均衡区创建工作。

是月 区人武部组织云台街道、花果山街道、南云台林场和花果山风景区民兵森林防火分队成建制参加军地联合森林防火演练，提高遂行多样化军事任务能力。

4月

8日 市领导曹永林陪同台湾中华永续城市发展教育基金会董事长周锡玮一行到海州区参观海州古城。

10日 “践行中国梦·闪耀中国心”幸福足迹城市徒步大会暨连云港市“环月牙岛”半程马拉松比赛开幕式在滨河新城举行。区委书记、区人大常委会主任王立斌等区领导参加。

15日 “绿润海州，美化家园”集中认植志愿服务活动开展，区四套班子领导参加。

18日 新浦公园首届樱花节开幕式举行。

21日 海州区举行一季度重点项目现场观摩，并召开项目推进会。

24日 市长赵晓江在海州督查推进徐新公路工程建设。

30日 市政协副主席曹佳鸣带领市政府教育督导组到海州区召开教育督导考核反馈会，区长单晓敏等区领导参加。

是日 海州区举行月牙岛湿地公园开园仪式。

▲ 为推进公务用车改革，海州区对15辆超编公车进行公开拍卖，成交总额38.55万元，全部上缴财政。

5月

11日 连云港市海州区（上海）项目签约恳谈会在上海浦东新区举行。区委书记、区人大常委会主任王立斌，区领导王友君、江锦峰、徐风良、李永涛、于卉参加。

15日 全市文化产业现场会在海州区观摩，区长单晓敏等区领导参加。

19日 2015年“中国旅游日”江苏分会场活动在海州区民主路举行。

是日 海州经济开发区东区（原海州经济开发区）顺利通过“江苏省知识产权试点园区”期满考核验收。

20日 海州区实行秸秆禁烧全域化常态管理，夏收后禁烧时间为5月25日至7月10日，在此期间全区92个禁烧单位内严禁露天焚烧农作物秸秆、荒草和垃圾等。

23~27日 白虎山庙会在海州古城幸福南路和东风路举办。庙会围绕“一带一路”进行商品展销和“非遗”产品展示展销，2000多家商户参展，赶会人数达到30多万人，实现营业额3000多万元。

25日 省住建厅到海州区调研绿色建筑示范区申报情况。

27日 省关工委主任曹鸿鸣一行视察西苑社区关心下一代工作，区长单晓敏等区领导陪同。

29日 市人大视察市区城建重点工程建设情况，现场察看海州区老旧小区改造及连盐铁路征收情况。

30日 区委“三严三实”专题党课暨专题教育部署会议召开。区委书记、区人大常委会主任王立斌作专题党课并对全区开展“三严三实”专题教育进行动员部署，区四套班子领导参加。

是日 海州区召开“大众创业，万众创新”动员大会，邀请连云港天马网络发展有限公司总经理孙颖作电子商务专题讲座，区四套班子领导参加。

是月 解决快递、配送末端环节的云柜（又名速递易）开始进入社区。至年底，主城区60%的社区已安装上云柜。

全市文化产业现场会在海州区观摩

6月

1日 临沂市河东区党政代表团到海州区参观考察。区委书记、区人大常委会主任王立斌，区长单晓敏，区政协主席汤成元，区领导房忠涛参加。

2日 国家义务教育发展基本均衡县（区）教育督导组到海州区开展督导评估。

3日 全市农业农村工作现场观摩会在海州区观摩。

6日 第10个“文化遗产日”2015年全市非物质文化遗产展演展卖活动仪式在民主路举行。

11日 海州区“三严三实”教育暨作风建设推进大会召开，区四套班子领导参加。

13日 市委书记、市人大常委会主任杨省世调研城市建设民生重点工程并主持召开座谈会。区委书记、区人大常委会主任王立斌，区领导江希路、徐雪峰参加。

25日 市人大开展《江苏省保护和促进台湾同胞投资条例》执法检查，到海州区走访台资企业。

是日 2015年连云港市“中国梦·港城情”广场文化系列活动开幕式在海州区举办。

7月

1日 海州区举行民生项目现场观摩会。

是日 市领导曹永林现场检查海州区市级重大投资项目建设情况。

3日 区市场监督管理局举行揭牌仪式，区长单晓敏，区政协主席汤成元等区领导参加。该局为区政府工作部门，挂区食品药品监督管理局牌子，划入原连云港市工商行政管理局海州分局、连云港质量技术监督局城区分局、连云港市食品药品监督管理局新浦分局和海州分局承担的职责。

6日　市政协主席仲琨带队考察海州区生态农业发展情况。

8日　省教育厅副厅长朱卫国到海州区调研部分学校基础教育发展情况。

9日　市领导徐家保到海州区检查部分工业企业安全生产工作，并召开德邦化工搬迁推进会，区长单晓敏、区领导江锦峰参加。

10日　市委书记、市人大常委会主任杨省世调研全市装备制造业发展情况，在海州察看天明机械并主持召开座谈会。区委书记、区人大常委会主任王立斌，区领导江锦峰、徐风良参加。

11日　区委书记、区人大常委会主任王立斌主持召开"三严三实"专题学习研讨会，围绕"严以修身，加强党性修养，永葆政治本色，自觉做理想信念的坚定者"专题进行交流发言，并交流近期重点工作，区四套班子领导参加。

23日　央视7套《每日农经》栏目对板浦镇豆丹产业进行了专题报道，节目时长约20分钟，翌日又进行重播。

24日　区委九届九次全会召开。

27日　市委书记、市人大常委会主任杨省世调研海州区文化建设工作情况。

是月　海州区民兵骨干赴南京参加全省抗洪抢险骨干集训，结业考核成绩位列全市第一。

▲　全国双拥模范城考核组到连检查验收连云港市争创全国双拥模范城工作，实地查看海州区消防支队特勤中队，对海州共建基地建设给予充分肯定。

8月

1日　区四套班子扩大会召开，并开展"三严三实"专题教育学习，区四套班子领导参加。

是日　市委书记、市人大常委会主任杨省世到海州区慰问高温一线工作者。

3日　全市争创全国双拥模范城"七连冠"海州区动员大会召开，区委书记、区人大常委会主任王立斌，区长单晓敏等区领导参加。

4日　区长单晓敏慰问高温一线工作民警。

5日　海州区与市供电公司召开项目会办会并举行政企合作签约仪式。

7日　下午3时以后，市区普降大暴雨。到18时左右，新浦苍梧绿园降水量达205.1毫米，海州主城区降水量200毫米，海连路、通灌路、解放路等主干道积水接近膝盖。市领导张同生等到市防汛指挥中心坐镇指挥调度，部署紧急防汛排涝工作。

14日　省人大常委会党组书记、常务副主任蒋定之一行到海州区调研，走访部分人大代表，察看"人大代表之家"，区委书记、区人大常委会主任王立斌，区领导陈周德参加。

15日　新浦二桥建成并实现通车。该桥于2014年7月开工建设，总投资1.2亿元，大桥全长225米，双向8车道。

19日　海州区举行博爱助学金发放仪式。

26日　召开区四套班子扩大会，开展"三严三实"教育专题研讨，并交流近期重点工作。区四套班子领导参加。

9月

1日　海州区举办郁林中学、连云港实验学校、解放路小学北校区、海州第二实验小学等4所学校揭牌仪式，市领导董春科、区长单晓敏以及区四套班子领导参加。

8日　海州区村党组织书记履职能力培训班在山东省青岛开班，90名村党组织书记、经济薄弱村第一书记参加培训。

12日　全市"喜迎连博会 快乐健步走"大型健身活动在滨河新区月牙岛举办，区长单晓敏、区领导袁丽霞、张景友参加。

15日　省政府社会救助专项治理督查组到海州区督查，市领导董春科、区长单晓敏及区领导徐冰陪同。

23日　区长单晓敏陪同台湾中华永续城市发展基金会董事长周锡玮一行考察月牙岛，洽谈合作事宜。

是日　区长单晓敏接待美国龙族集团创始人、董事长、中华慈善总会永久理事荣海兰一行，洽谈合作事宜。

24日　省委政法委副书记、省依法治省办常务副主任侍鹏一行到海州区检查依法治区工作，市领导王加培、区长单晓敏及区领导郑斌陪同。

28日　全市重点工业项目秋季集中开工海州区主会场活动举行，区四套班子全体领导参加。

是月　全区开展城乡环境卫生突击整治月活动，制定出台《海州区市容环境卫生整治方案》，分两批对市民反映强烈的38条道路的市容秩序、环境卫生问题进行专项整治。

10月

1日　海州区举行国庆升国旗仪式。

10日　省人大常委会副主任、省工商联主席许仲梓一行视察海州开发区企业联瑞新材料，市领导郑平、区长单晓敏等区领导陪同。

11日　市领导尹哲强召开滨河新区规划问题会办会，区长单晓敏等区领导参加。

14日　省人大常委会副主任张艳一行到海州区调研新南街道人大工委工作情况，区长单晓敏、区领导陈周德陪同。

20日　全区12名残疾人运动员参加全市首届残疾人田径运动会，获得3金、4银、6铜的好成绩。

29日　浦南镇建成国内最大的单体蔬菜大棚。大棚占地1.46公顷，全钢架结构，设施自动化程度高，生产的蔬菜绿色无污染。

浦南镇特大智能型温室种植丝瓜

11月

4日　全区共64家企业被评为2013-2014年度市级守合同重信用公示企业，其中日出东方太阳能股份有限公司被评为国家级守合同重信用公示企业。

5日　江苏省小学深化课堂教学改革现场观摩研讨会在海州区召开。

9日　海州区"绒类织物智能化联机后整理生产线装备"等8项成果被市科技局公布为连云港市2015年度科学技术进步奖。

12日　区运管部门开展对营运黄标车集中淘汰工作，年内共淘汰243辆。

14日　全球铸爱国际应急救灾物资租赁仓储物流基地及应急食品基地项目签约仪式在海州区举行，区委书记、区人大常委会主任王立斌，区长单晓敏等领导参加。

16日　省委第四巡视组巡视海州区工作动员会召开。区四套班子领导参加。

是日　省委巡视组听取区委综合情况汇报，区委常委班子成员，区政协主席汤成元，区领导陈周德参加。

▲　海州区召开"三严三实"教育专题研讨会。区四套班子领导参加。

24日　省"六五"普法考核组到区检查，市领导方韬、区长单晓敏等领导参加。

25日　市委书记、市人大常委会主任杨省世到海州区调研，听取2015年目标任务完成情况及"十三五"发展思路、目标任务及重要举措汇报并进行座谈交流，区四套班子相关负责人参加。

12月

8日　海州区邀请市政法委、发改委、商务局、建设局等相关部门专家对海州区"十三五"规划纲要进行评审。

15日　省基层公共文化服务设施网络建设督查组到区检查，市领导董春科、区长单晓敏等区领导陪同。

22日　全省民政系统会议代表考察调研海州区基层政权和社区建设工作。

23日　省委巡视组视察海州区经济社会发展情况，区委书记、区人大常委会主任王立斌，区领导姚超、房忠涛、袁丽霞、张景友参加。

24日　省委巡视组反馈海州区巡视情况，区委书记、区人大常委会主任王立斌参加。

30日　区委九届十次全会召开。

是日　海州区图书馆举行揭牌仪式。该图书馆由海州经济开发区郁洲南路原规划展示馆改建而成，占地面积7200平方米，建筑面积2500平方米，为全额拨款事业单位，内有图书5万余册、各类报纸杂志200余种、电脑20台、阅览桌30套等设施设备。

是年　海州区再次获得全市县区目标管理绩效综合考核一等奖，实现"三连冠"。

▲　海州区全年新增专利申请2165件，专利授权1669件，其中发明专利授权163件，在全市县区中居前列。

▲　海州区全年组织企业申报国家、省、市级科技计划项目215项，获批122项，其中国家级4项、省级26项、市级92项，获批市级以上科技扶持资金4912.84万元，创历史新高。

▲　2015年，海州区新增国家高新技术企业12家，新增省级研发机构10家，新增省级高新技术产品21项。

▲　区内全年新增土地流转面积360公顷，累计达到12613.33公顷；新增适度规模经营面积880公顷，累计达到27020公顷。至年底，全区土地确权颁证已登记5个镇（街道）、74个村（居），计40430户农户、17093.33公顷耕地。区内全年新增农民专业合作社19个，累计总数达到325个；新增合作社成员1969人，累计达到48232人。区内全年新增家庭农场14家，累计发展到61家。

▲　海州地区快递业迅速发展，规模较大的邮政速递、顺丰速递等共有15家，仅邮政速递一家全年快递量即达到684500件。

▲　至2015年末，全区实施公园游园提升、道路绿化、河滨绿化、绿化通道补植、特色花卉栽植、居住区单位绿化等38项园林绿化工程，城市各项绿化指标均达到全国绿化创模城市标准。

▲　2015年，全区农村公路提档升级共完成浦连线、迎宾大道、洪新线新坝段、安兴路、尹巷后桥、新建村桥和蔷薇大桥等7个项目，总里程16千米。

▲　年内，辖区内新增以及道路运输证年审到期的半挂牵引车、总质量12吨以上的货运车辆全部安装具有行驶记录功能的北斗卫星定位装置并接入符合要求的监控平台，确保车辆运行实时在线。

▲　海州区积极应对人口老龄化问题，年内斥资3亿元，在市内率先开展"医养结合"项目试点。该项目位于滨河新区，占地6.67公顷，建筑面积6万平方米，开放床位823张，其中养老护理床位523张。项目预计翌年5月正式启动。

▲　全年，海州区参加新农合198224人，参合率稳定在99%以上。

▲　省民政厅领导、高校专家对海州区"一委三会"（社区党委、社区居委会、社区议事会、社区监事会）机制进行深入探讨和完善，并经省民政厅推荐，其做法与经验向民政部申报"社区治理创新成果项目"。

责任编辑：孙大伟

海州概览

地理环境

【位置　面积】 海州区是连云港市中心城区，位于连云港市区西南部，北纬34°25′45″－34°42′3.07″，东经118°57′34.13″－119°24′39.28″。东北部、东部与连云区、东辛农场毗邻，南部与灌云县交界，西部与东海县相连，北部以新沭河为界与赣榆县相望。区境东西最宽处27.71千米，南北最长处27.2千米，行政区域面积697.09平方千米。

【地貌】 境内山丘、平原、河湖具备。东北部为南云台山区，中部横亘着锦屏山，山地总面积116.79平方千米，占区境面积的16.75%，南、西、北三面皆为平原地带，西部和北部地势低平。境内有纵向、横向及过境河流多条，山区分布着大小水库、塘坝多座。

境内地貌特征明显。云台山、锦屏山地区，5米等高线以上均为缓坡，每条山涧出口处均有山麓台地。其中阳坡较缓，5~35米等高线之间为15~30度的斜皮，35米等高线以上为大于30度的陡坡；阴坡陡峭，均为15~45度的陡坡，少有缓坡。海拔10米以上地带，为构造剥蚀地形，岩石比较坚硬，抗风化能力强，形成陡峭的山峰；山坡北陡南缓，沿裂隙风化和受雨水切割，形成多处涧沟和山谷。侵蚀堆积地形，主要位于山麓堆积及山前冲积扇地区，分布于四周山麓，由古老变质岩分化后形成的碎石及中粗砂堆积而成，经山洪冲刷后形成山麓台地，不少建筑物和环山公路都修筑在这一地区。而区境南、西、北部的平原地区及地表标高3~4米的山前平原大部为洪积沉积地形，多为洪积和海相沉积区。

【地层　地质】 海州区位于扬子地台北部边缘，秦岭—大别中央造山带的东延部分之南部地区，郯庐断裂带的东侧，与华北地台相邻。基岩由下元古界的东海群和中上元古界的海州群的中、深变质岩系组成。震旦纪以来，海州地区进入相对稳定的台地发展阶段，表现为长期隆起，遭受剥蚀，故缺少震旦纪至第三纪的沉积。年代较新的第四纪松散堆积物分布广泛，厚度不一。

海州地区地质构造形迹主要发生于印支期中央造山带的形成及中生代燕山运动晚期断块山的形成，新生代构造活动不明显，总体看地质构造基本稳定。海（州）—泗（阳）断裂带从境内西部通过，自临洪口太平庄经西印庄、沭阳韩山到泗阳，亦称海韩、海沭断裂带，蔷薇河的走向大体与这条断裂一致。海泗断裂长100多千米，断裂走向10°~15°。倾向南东，倾角70°~80°，属深大断裂，为新华夏系断裂。邵桑断裂从境内新坝和锦屏山之间穿过，走向北东，倾向南东。另外，境内还发育有一组近东西向的断裂构造，规模较小。境域位于华北地震区的南缘，西近郯庐断裂带，是构造地震多发地带，其特点是震级小，发震率较低，震中较分散。元代至正十四年（1354）至1990年，有记录的地震234次，大部分为有感地震，震中不在境内。

【土壤】 境内土壤分为棕壤类、潮土类、砂礓黑土类和盐土类四类，有40多个土种。

棕壤类土壤，主要分布在云台山、锦屏山及其周围的山前洪积平原地带，包括花果山街道、云台街道、南城镇、南云台林场、朐阳街道、锦屏镇等地。其成土母质为片麻岩、混合花岗岩的残坡积物，土层深厚，质地偏砂，PH酸咸度7.6左右，适宜林、果、花卉和蔬菜等农作物的生长。

潮土类土壤，主要分布在南云台山、锦屏山近山的黄泛海平原和地势较高、排水良好的地带，位于花果山街道、云台街道的近山部分地区，锦屏镇刘顶、桃花、陶湾、朐山等村及新坝镇南部地区。其成土母质为片麻岩、沙页岩风化物，在河流搬运、沉积及地下水活动影响下，经耕作熟化而成。此类土壤质地黏重，通透性差，保持性良好。上述地区还有砂礓黑土的零星分布，其成土母质源于黄土性古河流冲积、湖相静水沉积和海相沉积物。此类土壤质地黏重，通透性不良，有机质和含氮量高，保肥性能好，土地等级多属3级。

盐土类土壤，主要分布在南云台山、锦屏山山前平原、新浦地区、新坝东北部及浦南镇南部地区等地。其成土母质是黄河及其支流携带的泥沙在浅海地区不断沉积，露出海面后，经自然淋洗，逐步发育而成，以轻盐土为主。此类土壤质地黏重，通透性差，适耕性差，保肥保水性能较强，有机质和氮、磷含量不足，富钾偏碱。

【山体　山头】 境内云台山山脉属泰山山脉分脉沂蒙山的余脉，锦屏山为云台山山脉最西端的一支山系。

南云台山　南云台山山系共有16座独立山体、111座大小山头。其中南云台山、鸡鸣山、凤凰山、茅山、蒲山、葫芦山、东窑山、鲤鱼山、大岛山、小岛山等10座独立山体、94座山头在海州区境内，最高峰为花果山玉女峰，海拔624.4米。南云台山为该山系最大的独立山体，山体面积9520公顷。

锦屏山　锦屏山山系由锦屏山、刘志洲山、哑巴山、前小山、青龙山、孔望山、凤凰山、磨盘山、石棚山、蜘蛛山、白虎山等11座独立山体、37座山头组成，总面积2159公顷。锦屏山为该山系最大的独立山体，面积1578公顷，占锦屏山系总面积的73%，山顶海拔427.7米，主峰为马耳峰，海拔416.9米。

【涧　沟　潭】 境内南云台山地区有九龙涧、飞泉涧、桃花涧、尿尿涧、恶涧、龙池涧、渔湾龙潭涧、朱麻龙潭涧、丹霞涧，八寸沟、梧桐沟、船石沟、孔雀沟、老窑沟、铁山沟、棺材沟、香椿沟，东磊碧龙潭、郁林观乌龙潭、当路小龙潭、渔湾老龙潭、渔湾二龙潭、渔湾三龙潭、关中龙潭等主要涧、沟、潭。

锦屏山周围有头道涧、二道涧、蚂蟥涧、桃花涧、千条涧、老龙涧、托山涧、九龙涧、吴窑涧、龙窝涧、簸箕涧、黑涧、白鸽涧、青龙涧等14条较大的山涧。

【河流　水库】 海州区南云台山以西部分，居淮、沭、泗水系下游，地势低平，夏秋雨季，经常客水压境，向有洪水走廊之称。流经海州区境内的主要河流共有13条，其中新沭河、通榆河为流域性河道，蔷薇河、沭新河、古泊善后河、盐河为区域性骨干河道。区境西部有蔷薇河呈西南、东北走向贯穿区境，自北向南与自西而来的新沭河、乌龙河、鲁兰河、淮沭新河、马河交会；中部有纵向自南而来的盐河过境，与境内东西向的玉带河、大浦河、卓王河、黄圩河、新北河、善后河、烧香河、妇联河等沟通，形成水运网和西灌东排的排灌体系。

南云台山周围山麓有大圣湖、唐王坝水库、当路水库、东磊水库、虎窝水库、渔湾水库和西隅水库。锦屏山周围分布着二涧、园林、双龙、凤凰山、王庄、张庄等6座小Ⅱ型水库和白鸽涧、网疃、三八、项顶、吴窑、塔山和陈庄等7座塘坝。　（撰稿：孙大伟）

气　象

【气温】 海州地区常年平均气温14.5℃，2015年平均气温14.4℃，与常年相比持平。冬季（2014年12月至2015年2月）平均气温2.4℃，比常年高0.2℃；春季（3–5月）平均气温13.6℃，较常年低0.4℃；夏季（6–8月）平均气温24.8℃，较常年低0.9℃；秋季（9–11月）平均气温16.1℃，较常年低0.1℃。2015年极端最低气温-7.8℃，出现在11月27日；极端最高气温36.6℃，出现在6月12、13日。全年日最高气温≥35℃的高温日数为9天，常年同期高温日数为5.3天，2015年高温日数与常年相比偏多。

【日照】 年日照时数2214.2小时，比常年2259.9小时少2.0%。且各季节日照时数均正常。

【风向】 全年主导风向为东南风。

【降水】 常年平均降水量883.9毫米，2015年降水量830.5毫米，比常年少6.0%。其中春季降水量显著偏少；夏季降水量偏少，期间出现2次暴雨天气过程；秋季降水量异常偏多，其中9月出现一次大雨，局部暴雨；冬季降水量异常偏少，其中1月降水量异常偏少，2月显著偏多，12月降水量偏少。

【霜降】 常年无霜期215天。2015年终霜于4月11日，与常年相比偏晚；初霜出现在11月24日，与历史同期相比明显偏晚。无霜期226天，比常年长11天。

【灾害天气】 全年灾害性天气主要有：寒潮2次、冰雹1次、暴雨2次、台风1次、高温日9天、连阴雨1次、暴雪1次、雾59天、霾164天。总的来说，与常年相比，水稻整个生长期间总积温较常年正常略偏少，日照时数正常，降水量偏少；小麦全生育期积温较常年正常略偏少，光、温、水条件配置好。水稻亩产及总产量均有所增长，小麦亩产与上年基本持平，总产略减少。2015年气候年景总体较好。　（市气象局供稿）

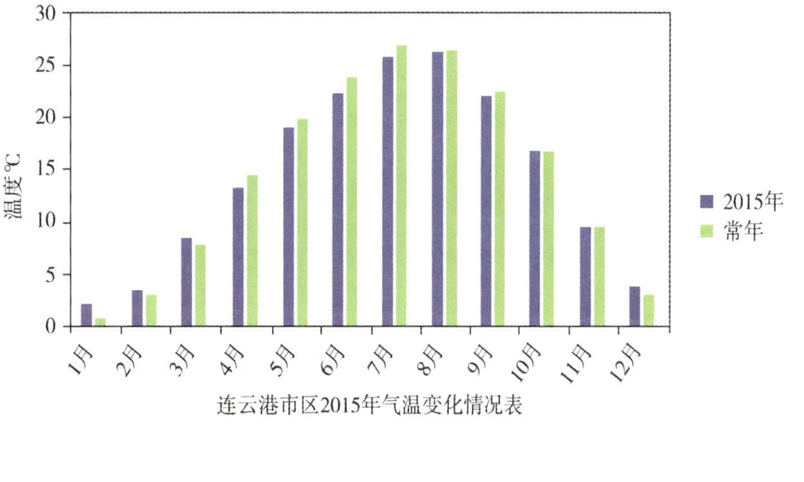

连云港市区2015年气温变化情况表

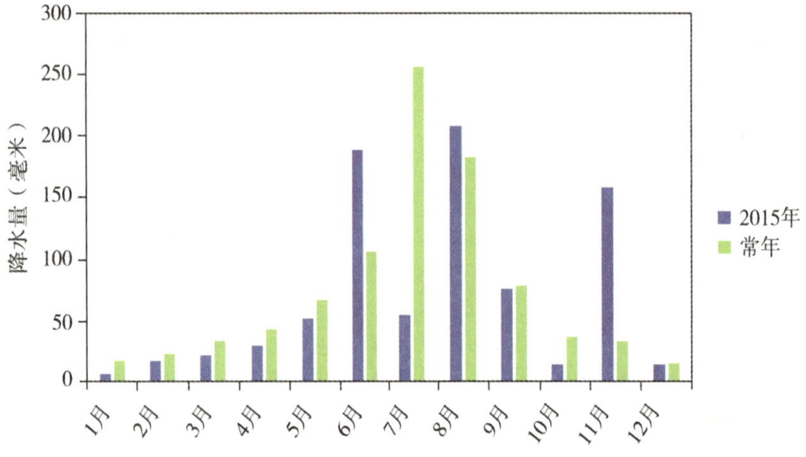

连云港市区2015年降水情况表

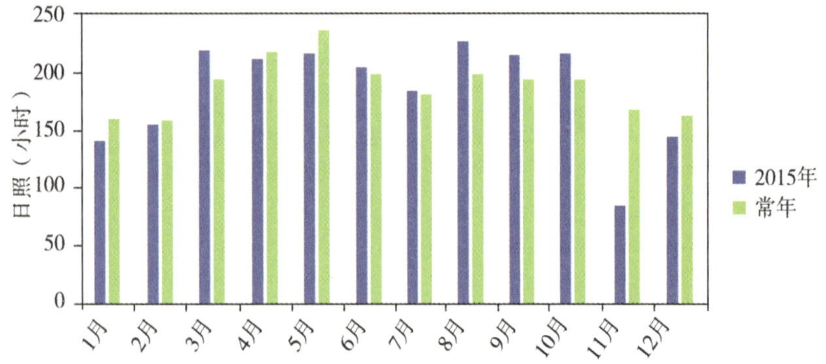

连云港市区2015年日照情况表

资　源

【植物资源】 主要农作物有小麦、水稻、玉米、山芋、花生、棉花、藕等。

林木主要有黑松、赤松、杉木、侧柏、圆柏、刺柏、银杏、樱桃、杏树、板栗、榆树、朴树、槐树、黄檀、楝树、紫薇、楸树、梧桐、女贞、柳树等。

竹类有金镶玉竹、毛竹、丛竹、淡竹等。

茶类主要有云雾茶、糯米花茶、石花茶、银杏茶等。

药用植物多达800多种。主要有葛根、紫草、何首乌、茯苓、灵芝、太子参、卷丹百合、骨碎补、海州常山、石韦、海州香薷、海州漏芦、金银花、桔梗等。

名贵花卉主要有玉兰花、栀子花、映山红、紫薇花、油茶花、应春花、流苏、凌霄花等。

【动物资源】 野生动物主要有兔、狐、鼬、刺猬、猫、鼠等。

人工饲养动物主要有牛、马、驴、羊、兔子、奶牛、猪、狗、猫等。

野生鸟类主要有麻雀、喜鹊、白鹭、乌鸦、黄雀、苍鹭、苍鹰、黄斑苇、灰雁、岩鸽、山斑鸠、杜鹃、燕子、猫头鹰、雕鸮、雉等数十种。

人工饲养的禽类主要有鸡、鸭、鹅、鸽等。

爬行类动物主要有蜥蜴、蜈蚣、蛇、龟、鳖等。

昆虫类有蜻蜓、螳螂、蝴蝶、蝉、瓢虫、蜣螂等1000余种。

【矿物资源】 锦屏山下埋藏着丰富的磷矿，经过七八十年的开采，2010年以后的保有总储量仍在1000万吨以上。尾矿坝存放磷尾矿砂约2500万立方米。南云台山和锦屏山有丰富的建筑石料等石材资源。境内还有磷蓝晶石、黏土、矿泉水等资源。

建置沿革

【中华人民共和国成立前海州】 古海州地区,夏、商、周时期，为人方国（东夷、郁夷国）一部分。春秋时乃鲁之郯子国。战国时易为楚地。秦在今海州地区置朐县，海州地域开始有明确的行政建置。北朝东魏武定七年（549）,始称海州，统领6郡19县。海州之称，缘于城市建在东、北紧临大海，南依朐山的一块山麓台地上。隋、唐以降，海州的名称、隶属和管辖范围虽不断有所变化，但作为苏北、鲁南地区政治、经济、文化中心和军事重镇的地位没变。清雍正二年（1724）海州升直隶州，辖赣榆、沭阳县。民国元年（1912）,设立东海县，县治在海州。民国22年（1933），江苏省设9个行政督察区，东海县为第八区，行政督察专员公署驻海州，辖东海、赣榆、沭阳、灌云4个县。

【新浦开埠】 新浦地区原在海中，清乾隆年间，海退成陆进程加快，孔望山东北的大片地区逐渐成陆。嘉庆三年（1798），疏浚运盐河入海通道，位于孔望山东北处的“新浦口”问世。嘉庆九年（1804年），海州开挖甲子河，从城东门起至新浦口。新浦口逐渐成为海州地区河海转运港口。咸丰年间（1851-1861），新浦“为运盐之所，蔷薇河出海之尾闾，上溯至沭阳，两岸农田收获与直鲁海商交易于此”，商贸业渐兴，经营土产的各类商行、货栈和粮油加工作坊相继开业。光绪十八年（1892），新浦商埠初具规模。光绪二十七年（1901），新浦天后宫建成后，商业日兴。光绪三十一年（1905），新浦的出海口大浦以“胶海关海州分关”名义自行开放，清政府决定陇海铁路从徐州东延，经新浦直达大浦。新浦以其优越的区位和初步形成的贸易市场，成为大浦港的重要依托和货物集散地，引得各路客商接踵而至。20世纪20年代至30年代，大街（民主路）两侧商

铺全部翻建一新，金融、保险、邮电等服务业日趋兴旺，以至多家美、英资本经营的金融、石油企业也纷纷来新浦设立机构，开展业务。到1936年前后，新浦已有包括至今仍在营业的生庆公、三和兴等著名商号在内的各类商店、货栈400多家，工厂、作坊数十家。前河（沟通西盐河与龙尾河的一条内河）内，帆樯如林，商船云集。经济的快速发展，带动城镇的建设和各项社会事业的发展，两侧布满中西合璧风格店铺的大街，尽显新兴商埠的繁华，赢得了“苏北小上海”的美誉。

1948年11月7日，海州地区解放，成立新海连特区，下设新海市、连云市和云台办事处。新海市在新浦地区设民主、新华、通灌、新龙4个区。1949年11月新海连市成立，市政府驻新浦。新浦成为全市政治、经济、文化中心。1955年9月，在新浦地区建立新浦区。

【海州区】1948年11月7日，海州地区解放，成立新海连特区，下设新海市、连云市和云台办事处。新海市在海州地区设锦屏区。1949年11月，新海连市成立，新浦、海州地区隶之。1952年7月，锦屏区更名海州区。1961年9月，新海连市更名连云港市，辖区未变。1983年6月，新浦、海州两区合并成立新海区。1986年6月，新海区分设为新浦区、海州区。2014年7月，撤销新浦区、海州区，组建新的海州区。

历史文化遗存

【华夏文明瑰宝】被誉为“东方天书”的将军崖岩画，生动地再现了5000年前海州少昊部落先民们在锦屏山周围生产、生活和社祭的场景，是闪烁着华夏文明的国宝。春秋时，孔子两次率弟子来境内讲学论道并登山观海。秦始皇立石为秦东门事载《史记》。孔望山摩崖造像形象地记载了海州地区早在汉代就是道教发源地之一和佛教最早传入之地的史实。南北朝至唐，佛教和道教争相把海州作为弘法基地，兴建了龙洞庵、郁林观、玉皇宫、园林寺等众多寺庙。早在宋朝，海州就建有学宫，明朝建有书院，教育事业已具备相当规模。明《隆庆海州志》和清《嘉庆海州直隶州志》为海州留下了弥足珍贵的历史资料。“海州五大宫调”以及缘于寺庙祭祀活动形成的且至今长盛不衰的白虎山庙会被列为国家级非物质文化遗产。历经劫难保存下来的建于南北朝时期的凤凰城、钟鼓楼等古建筑，建于北宋年间的阿育王塔为代表的古寺庙，以及石雕、石刻和大量出土文物，无不昭示着海州的古代文明。

【风景名胜与人文景观】境内东北部，南云台山山灵水秀，风景如画，是中国古典名著《西游记》的创作原型和西游记文化的发源地。东磊景区是古典名著《镜花缘》的创作取材处。国家AAAA级花果山、渔湾旅游景区名闻遐迩，生态环境优美，人文景观众多，是国内著名的山海风光旅游胜地。境内南部锦屏山，陡峭险峻，雄伟壮观，周围山麓分布着多处古人类活动的遗址和再现沿海地区先民们生产、祭祀等生活场景的将军崖岩画。孔望山景区有国内最早的表现佛教和道教内容的汉代摩崖石刻和国内最早的庙宇东海庙遗迹。孔望山景区、石棚山景区、白虎山公园内，保存着汉代至民国年间各个朝代的大量摩崖石刻、题刻和石雕。具有1500年历史的海州古城，是连云港市地区古代的政治、经济中心，其中保存下来的文庙、钟鼓楼等古代建筑以及传承佛、道教文化的“九庵十八庙”遗存等，彰显海州区古代文明的悠久。千百年来，海州以其丰富的文化遗存和异彩纷呈的山海风光，吸引不少达官显贵，文人墨客驻足览胜，石曼卿、苏东坡、李清照、辛弃疾、韩世忠、魏胜、陶昺、廖世昭、王同、李汝珍、卫哲治、唐仲冕、林则徐等或为官，或寓居或游历，留下了治理地方和抗击侵略的业绩以及歌咏海州、怀念友人的大量诗篇与题勒。这些风景名胜，将雄奇的山海风光和古老的人文景观融为一体，是历史留给我们的一笔宝贵财富。

行政区划

【部分行政单位管理范围调整】2015年10月30日，连云港市人民政府发布《连云港市高新区管理范围及相关工作方案》（以下简称《方案》），并召开高新区管理范围调整会议，明确了高新区管理的四至范围。

根据《方案》，海州区花果山街道、南城街道整建制授权高新区管委会管理；海州区新东街道河滨社区整建制授权高新区管委会管理；海州区新东街道淮海社区东盐河以西部分整合为刘巅社区，东盐河以东部分仍为淮海社区；苍梧社区、东苑社区的东盐河以西部分仍分别为苍梧社区、东苑社区，东盐河以东部分整合为东苑高新社区。整合后的苍梧社区、东苑社区、刘巅社区仍由海州区管理；淮海社区、东苑高新社区授权高新区管委会管理；云台农场划入高新区区域范围。

【辖区】2015年底，海州区辖江苏省云台、岗埠2个农场，浦南、新坝、锦屏、板浦4个镇，花果山、云台、南城、新东、新浦、浦西、路南、新南、新海、海州、幸福路、朐阳、洪门、宁海14个街道，海州经济开发区、锦屏林场。海州区所辖的镇、街道和经济开发区，共下辖95个行政村、108个社区。

辖区内花果山景区由市直管，云台街道、南云台林场由花果山景区管理；2015年，花果山街道、南城街道、新东街道所辖的河滨社区和新组建的淮海社区及东苑高新社区由高新区管委会管理，连云区猴嘴街道划入3个社区归花果山街道管理。至年底，海州区共有16个行政村、9个社区由高新区管委会管理。

表1

2015年海州区行政区划表

单　位	政府所在地	辖区面积（平方千米）	村民委员会个数（个）	居民委员会个数（个）	村（居）委会名称
朐阳街道	新海路163号	14.38	4	4	西门、园林、网疃、孔望山；西门、锦化、孔望山、香江
浦西街道	民主西路66号	11.4	—	12	同和、沈圩、蔷薇、后河、西桥、通池、新站、电台、新中、新洪、新西、财苑
新东街道	龙河南路1号	15	—	13	艺北、巨龙、龙尾、东风、利民、苍梧、外仓、新城、广场、振东、东苑、苍梧、刘艞
新南街道	健康北路6号	6.6	—	13	延南、海南、紫云、建南、海宁、云海、新龙、健康、玉带、兴业、玉龙、九龙、东望
路南街道	整洁路14-7号	2.5	—	9	路南、朝阳、扁担河、葵花、向阳、贾圩、公园、盐河、延东
新海街道	秀苑路11号	4.5	—	10	幸福、西苑、镇海、新孔、新潮、河西、常乐、富强、星化、海连
南城街道	新大街154号	11.2	—	4	凤凰、宁海、青春、九岭
花果山街道	花果山北路26号	68.03	7	2	小村村、新村村、前云村、郁林村、当路村、新滩村、前进村；花果山、大村
新浦街道	茅口路2号	13.37	—	15	菜市、陇东、建国、民主、路北、同兴、市化、市民、机关、万润、站北、新桥、龙苑、市东、浦河
海州街道	孔巷42号	1.03	—	5	鼓楼、新建、双龙、砚池、南门
幸福路街道	海州北大街56号	2.76	—	5	文化、幸南、幸中、西大岭、江化
洪门街道	海州区朝阳西路95号	8.85	2	3	洪门、新庄；洪新、红旗、洪门
宁海街道	宁海商业街37号	41	9	1	魏湾、清河、武圩、太平、黄圩、杨场、新圩、新北、海河；平安
云台街道	位于南云台山南	59.5	9	1	西山、丹霞、前关、后关、山东、东磊、渔湾、朱麻、凤凰、凌州
锦屏镇	锦屏镇镇前路14号	63.85	9	3	刘顶、新海、李圩、桃花、酒店、岗嘴、狮树、陶湾、朐山；东山、中山、西山
浦南镇	康宁社区	108.5	18	1	太平、下滩、半滩、浦北、唐顶、汪新、草舍、新湾、新建、江浦、龙浦、官阳、许安、浦南、潘圩、新圩、富安、尹巷；康宁
新坝镇	新坝镇新坝街44号	69.41	16	—	大屯、大穆、魏口、樊庄、普安、新西、新坝、四里、陈户、武圩、墙框、沙杭、王付、小荡、朱圩、大井
板浦镇	板浦镇新区大道1号	80.64	16	5	尤庄、菜园、石河、东北、城北、罗圩、官庙、永平、小浦、浦东、大团、东辛、沙沪、泗河、周圩、洪花堰；德芳、南门、新民、北门、中正
云台农场	普山路1号	31.3	—	—	—
岗埠农场	腾飞路	90.3	—	—	包庄、高桥、王沟、岗埠、王魏、临河
新浦经济开发区	新浦经济开发区长江路	17.5	2	—	新陇、下禾
海州经济开发区	海州经济开发区郁洲路17号	34.23	3	—	许庄、范庄、卞浦

说明：云台街道、南云台林场由市直属的花果山景区管理；花果山街道，南城街道，新东街道的河滨社区、淮海社区、东苑社区整合成花果山街道的花果山社区，由市高新区管委会管理；云台农场亦由高新区管理。2015年10月，花果山街道划由市高新区管理的同时，猴嘴街道的宋艞、昌浦、大浦三社区划归花果山街道管理

人口　民族

【人口总数】 至2015年末，全区户籍人口为216961户、715498人，其中男362659人、女352839人，性别比102.78%；户籍人口总数比2014年底增加11750人。

另据连云港市统计局公开发布的数据，海州区2015年末常住人口为84.15万人，自然增长率为4.31‰，其中城镇人口72.82万人，城镇化率86.54%。

【人口分布】 至2015年末，朐阳街道：10808户，34393人。

浦西街道：14295户，40527人。
新东街道：34184户，106428人。
新南街道：19663户，59945人。
路南街道：14030户，42939人。
新海街道：15001户，42035人。
南城街道：2144户，6997人。
云台街道：8412户，32590人。
花果山街道：5603户，18800人。
新浦街道：17047户，49616人。
海州街道：6856户，20336人。
幸福路街道：5567户，16286人。
朐阳街道：10808户，34393人。
洪门街道：4413户，13058人。
宁海街道：6188户，27700人。
锦屏镇：8989户，30808人。
浦南镇：14487户，57865人。
新坝镇：7866户，32893人。
板浦镇：17876户，67534人。
云台农场：1803户，5360人。
岗埠农场：6406户，27567人。
新浦经济开发区：2080户，8443人。
海州经济开发区：1655户，5968人。

【民族构成】 据2010年第六次全国人口普查，海州区居民中，有汉族、回族、满族、土家族、蒙古族、苗族、壮族等35个民族，其中汉族人口占99.76%。（撰稿：孙大伟）

2015年海州区国民经济和社会发展统计公报

2015年，面对复杂多变的宏观经济环境和艰巨繁重的改革发展稳定任务，全区人民在区委、区政府的坚强领导下，积极落实稳增长、促改革、调结构、惠民生各项政策措施，全年经济社会发展总体平稳，稳中有进，综合实力再上新水平，结构调整取得新进展，发展质量跃上新台阶，对外开放实现新突破，民生改善收到新成效，各项社会事业取得新进步。

一、综合

初步核算并经市统计局审核，全区实现生产总值290.72亿元，增长11.2%。其中，第一产业增加值17.72亿元，增长1.7%；第二产业增加值83.08亿元，增长8.5%；第三产业增加值189.92亿元，增长13.2%。三次产业增加值占比为6.1∶28.6∶65.3，第三产业所占比重同比提高2.5个百分点。

二、农林牧渔业

农业生产形势较好。2015年实现农林牧渔业增加值19.15亿元，同比增长1.2%。粮食生产丰产丰收，亩产水平略有提升。粮食播种面积降低4.5个百分点，播种面积为65.88万亩，比上年增加1.83万亩；粮食总产为32.56万吨，比上年增加1.19万吨。其中，夏粮面积32.8万亩，比上年增加0.49万亩；夏粮亩产394.6公斤，比上年增加0.6公斤；夏粮总产12.94万吨，比上年增加0.19万吨。秋粮面积为32.61万亩，比上年增加0.87万亩；秋粮亩产为597.3公斤，比上年增加10.3公斤；秋粮总产为19.48万吨，比上年减少0.86万吨。

产业规模持续增大。目前全区休闲观光农业已有30家，其中农业观光采摘园8家，休闲农庄4家，现代农业示范园6家，农业主题公园4家，农家乐7家，民俗村1个。30家休闲观光点年营业收入达465万元，其中门票收入95万元，农产品及其加工品销售收入310万元，餐饮及其他收入60万元；从业人员达1661人，其中农民1600人；带动农户数2275人；年从事节庆活动13次。

发展类型趋向多样化。海州区休闲观光农业在市场导向的作用下发展模式和开发类型趋向多样化、个性化。目前大致形成了四种类型：一是以农业公司为依托，辅之以休闲旅游设施的生产和休闲农业，如浦南镇兆绿西海花田、新湾大樱桃基地，锦屏镇乐源生态园、天景生态园；二是围绕水字做文章，依托塘库养殖，开发垂钓、餐饮、棋牌、娱乐等项目，规模较大的有德泰特种鱼园、浦北垂钓中心、高远公司垂钓休闲中心；三是以农村田园风光为基础，建造园林式人工景观游乐设施，如益德然生态农庄、鑫健生态农庄。四是休闲观光农业园区类建设，管理模式有以旅游公司形式发展，如云台水生花卉园、蔷薇绿园、千亩向日葵观光园和花果山新滩村休闲农业观光园。

三、工业

工业经济难中有进。全区101家规上工业企业完成工业总产值321.6亿元，同比增长12.7%；1—12月完成工业销售产值310.35亿元，同比增长12.6%；实现产销率96.5%，同比上升1.5个百分点；累计实现工业增加值96.34亿元，累计同比增长10.8%。规模以上工业企业累计用电量94810.3万千瓦时，同比增长0.5%，产值与用电量基本匹配，基本反映节能降耗实际水平；全年规上工业实现主营业务收入329.96亿元，同比增长7.7%；实现利税65.65亿元，同比上升17.1%。

亿元企业对经济拉动显微。2015年，全区规上产值超亿元企业共计48家，比去年多8家。从实现产值上来看，2015年过亿元企业共实现产值299.15亿元，占全区的93%，而2014年过亿元企业实现产值是153.56亿元，占全区的86.5%，亿元企业占比有一定提高。

四、固定资产投资

2015年，固定资产投资继续高位运行，并呈现出增长平稳、结构改善的良好态势。全区全社会固定资产投资完成425.8亿元，同比增长22.8%，其中规上固定资产投资完成368.8亿元，同比增长23.2%；全社会工业投资完成148亿元，同比增长18.7%，其中，规上工业投资完成129.3亿元，同比增长18.5%。

重点项目推进有力。成功招引SPI光伏发电、中燃清洁能源等项目45个，其中过亿元项目19个，利群城市综合体、廷胜房车改装等26个项目开工建设；全区278个重点建设项目完成投资190亿元，其中日出东方三期、康达智高像素摄像头技改等47个市级重点项目完成投资47.3亿元。

五、国内贸易

消费需求稳中有升。社会消费品零售总额249.71亿元，增长12.2%，其中限上企业完成171.44亿元，增长14.3%；限下零售额78.27亿元，增长7.6%。批发零售业销售额605.44亿元，增长12.1%，其中限上企业完成274.02亿元，增长7.5%；限下完成331.42亿元，增长16.2%。

重点商贸项目建设有序推进。利群综合体、苏宁广场、白虎山批发市场等7个项目列入2015年市级跟踪服务的重点商贸建设项目，目前正有序推进。其中，苏宁广场2号楼五星级酒店索菲特酒店、奥迪城市展厅建成开业运营；兴隆国际商贸广场等重点商贸有序推进；浦南菜市场正在装修；丰联广场正在进行水电安装；白虎山批发市场改造项目正在规划实施中；利群城市综合体是连云港最大的商业综合体，目前已完成地下部分。

连博会圆满成功。连博会期间开展形式多样的招商活动，有针对性地宣传推介新海州，积极对接世界500强、中国500强、民企500强以及上市公司，邀请美国龙族集团、LG熊猫电器、悦达起亚等企业高层重点客商来连参会。邀请专业观众近200人，其中重点客商30余人。连博会期间接待客商200多人次，开展各类招商活动20多次，并以连博会为契机，开展西部优秀企业家江苏行、侨商海州行等一系列请进来活动。展区参观人数近万人，共签约10个项目，总投资12.1亿元。

电子商务产业发展加快。加快电子商务发展平台培育工作，完成创建市级电子商务示范园区1个：淮海工学院大学科技园，完成市级重点培育电子商务园区示范村2个（新坝、洪门），完成重点培育园区1个：智慧物流园。电子商务进企业、进社区、进农村取得成效，全区阿里巴巴电商企业约1.6万家，苏宁易购在连云港市首个电子商务进农村线下直营店在板浦开业，指尖商城今年在区内对接20个社区建立网上超市线下自提点，至11月份已全部完成布点并投入使用；“菜篮子”网鲜活农产品进社区完成20个布点计划：生鲜体验店4家，加盟店与智能化社区便民服务站16家。连云港市菜篮子电子商务有限公司、连云港天马网络发展有限公司两家企业被认定为省级电子商务示范企业。

地方特色品牌传承发展。汪恕有滴醋、板浦香肠、李记卤货、凯威葡萄酒、小上海糕点等特色产品已成为海州“土特产”的金字招牌。2015年，“汪恕有”“花果山”被省商务厅认定为第一批“江苏老字号”。

六、对外经济

全区外贸进出口总值10.7亿美元，同比减少1.62亿美元，下降13.1%，其中出口9.39亿美元，同比减少8127万美元，下降8%，占全市外贸出口的23.1%；进口1.32亿美元，同比减少8075万美元，下降38%。

招商引资工作方面。年内入库亿元以上项目30个。亿元以上入库项目共50个，计划总投资435.76亿元。其中在谈项目29个，总投资139.2亿元；签约项目13个，总投资279.26亿元；开工项目8个，总投资17.3亿元。组织辖区企业参加省市商务主管部门组织的各类境内外展会，先后组织近60家企业参加华交会、广交会、亚欧博览会、东盟博览会、德国法兰克福家纺展等33个境内外展会（其中境外25个，境内8个），进一步开拓国际市场。鼓励引导小微外贸企业参加中信保江苏公司小微企业平台统保，上半年续保企业38家，新保企业5家，规避了小微企业出口风险。加强外派劳务服务中心建设，不断拓展服务项目和服务功能。服务中心投入近20万元，用于外派劳务服务中心、考点相关硬件配套设施设备的更新完善，已建成信息畅通、资源共享、网上报名、网上培训、网上考试等功能多样的服务平台，年内五家外派劳务企业在外经服务平台共完成824人次的报备工作，并为全市18家劳务公司开展出国前适应性培训21批272人次，培训合格率100%。

七、教育和科学技术

教育现代化总体水平得到提升。校安工程快速推进。投入3.35亿元，新建校舍9.73万平方米，维修加固校舍6.16万平方米，超额完成目标任务。秋季开学，连云港实验学校、郁林中学、解放路小学北校区、海州第二实验小学等4所优质学校同时启用，海州地区基本实现了义务教育品牌学校全覆盖。薄弱学校基本消除。投入资金3.57亿元(校舍建设3.35亿元、教育技术装备建设2190万元)，改造薄弱学校，完成省定5年行动计划91%的目标任务，超额完成年度目标任务。全区中小学（包括村小和教学点）办学条件全部达义务教育均衡发

海州区与上海浦东新区项目签约

展的国家标准，教育技术装备全部达到或高于省二类标准。全区中小学，特别是村小教学点的办学条件有了根本性的改观。学校标准显著提升。结合城市发展、人口变化和教育发展需要，进一步优化教育总体布局，全面加强学校标准化建设，实现学校设置、校园建设、教育装备、教师队伍、教育教学、学校管理、质量评价、经费保障等八个方面的全面提升，66%的中小学达省现代化办学标准，75%的中小学达国家级教育信息化标准。教师流动深入推进。始终把教师队伍的均衡发展、骨干教师的均衡配置，作为深入推进教育均衡的关键环节，作为教育精细化管理的重中之重。72名校级干部交流任职，447名教师交流任教，义务教育学校校长及教师流动比例达19.67%，所有新招聘教师全部安排到农村学校执教。

八、文体旅游和卫生事业

*公共文化服务体系进一步完善。*投入250万元新建海州区图书馆，打造4个连云港市图书馆分馆。实施文化馆搬迁工程，将原新浦少年宫装修升级成海州区新文化馆。现有区级文化场馆9个、乡镇文化站17个、社区文化中心98个、村文化室79个、农家书屋79个、公共电子阅览室15个和农村电影放映点79个，全区镇街文化站平均面积850平方米，全区村社区文化中心平均面积230平方米。成功举办“寻找海州好声音”歌手大赛、海州区首届鼓王大赛、“书香飘万家”苍梧社区图书交换活动、“舞动幸福海州”社区舞蹈大赛、连云港市“中国梦·港城情”广场文化系列活动开幕式等活动200余场，送图书下乡1.5万册。积极开展艺术创作活动，创作53余件文艺作品参加市第九届文艺作品征稿活动，创作12件舞台作品参加市第二届农民艺术节，其中《走进春天》、快书《一桩离婚案》获得一等奖，舞蹈《黄海弄潮》获得金奖并获得优秀舞蹈称号。

*旅游市场运行健康有序。*旅游接待服务水平整体提升，休闲旅游城市形象愈加鲜明，旅游业发展的后劲进一步增强。截至十月底，各景区、乡村旅游区共接待游客约653.3万人次，同比增长9.8%，实现旅游综合收入约86.6亿元，同比增长8.3%。新建旅游厕所5座，改建旅游厕所8座；改扩建旅游停车场2处，新建旅游停车场9处，总面积30000余平方米，新增停车位851个；新增旅游交通标志牌3块；4家A级景区、3家省星级乡村旅游区实现了游客集中区域免费WiFi覆盖。2015年，全区在旅游工作上承担两项市级重点工程，月牙岛开发工程及桃花涧景区建设工程。目前，月牙岛湿地公园一期工程已经完工，5月1日已正式对外开放，成为城区市民休闲健身的好去处，11月份迎接省四星级乡村游示范区验收；桃花涧景区桃花女及七星涧景观坝工程已完工，景区入口处景观瀑布工程因保护国家级文保单位将军崖岩画的需要，改为游客亲水平台，8月份正式对游客开放。区级重点工程孔子望海广场主体工程已经完工，正进行周边环境整治及零星扫尾工程；云台农场休闲观光项目，水上迷宫已完工并于7月对游客开放，水生花卉种植已完成，目前栽植油菜花700亩，为明年的油菜花节做好准备。

*群众体育事业蓬勃发展。*全民健身中心正式运营，建成全市首家笼式足球场和拆装式游泳池。新坝文体中心附属工程竣工并投入使用，完成篮球场和门球场地面处理工作、硅PU和人造草坪铺设工作，朐阳街道香江社区室外篮球场进行提档升级，完成海宁社区笼式足球场地建设。成功举办幸福足迹“月牙岛”城市徒步大会暨连云港半程马拉松大赛、市风筝节、体育技能进基层、国民体质监测活动进机关、第九套广播体操培训活动、机关篮球赛、工间操活动、机关乒乓球比赛等体育赛事。成功申报16个省、市体育产业发展引导资金项目，共获得省市级体育产业发展引导资金项目补助经费487.5万元。

*公共卫生保障结出新硕果。*公共卫生应急及时有力。突发公共卫生事件及其他突发公共卫生事件紧急医学救援信息报告的完整率和及时率均达100%。积极开展埃博拉出血热、中东呼吸综合症等急性传染病的防控工作，肠道门诊运行规范，全区未发生甲类传染病，未报告突发公共卫生事件，报告流感暴发疫情4起，规范化处置率100%。锦屏镇创建成为市级卫生应急示范乡镇。卫生监督执法规范有序。各类单位、场所卫生监督检查覆盖率100%，“六小场所”及学校卫生量化分级管理实施率100%。妇幼保健工作全面落实。加强“两系”管理，全力推进“母婴安康工程”。将每年3月定为“妇幼健康宣传月”，在全区开展以“关爱生命、关爱健康、关爱母婴”为主题的妇幼保健服务系列活动，累计举办讲座12场次，展示宣传版面160张次。严把儿童入园和工作人员体检关，坚持儿童患传染性疾病不得入园，工作人员患传染病调离制度，主动上门为幼儿园儿童体检18210人，体检率98.5%。全区孕产妇死亡率为零，婴儿死亡率0.77‰。做实重大妇幼卫生项目，完成农村孕产妇住院分娩补助1348人，农村妇女补服叶酸1292人，农村适龄妇女“两癌”筛查4045人。公共卫生均等化推进有效。建成岗埠社区卫生服务站，基本公共卫生服务提前5年实现区域全覆盖。新增5元公共卫生服务经费全部用于村卫生室。大力开展基本公共卫生提升年活动，牵头开展“10·8全国高血压日”暨慢性病防控大型宣传活动。11大类43项基本公共卫生服务项目全面落实，居民健康档案建档率稳定在85%以上，高血压、糖尿病规范管理率分别为37.80%、41.66%。

*基层卫生工作迈出新步伐。*积极推行医疗责任保险制度，乡镇卫生院参保率100%，购买乡村医生责任险100%。卫生队伍建设不断加强。年内新招录专业技术人员31名、定向培养生7名，组织参加中医全科医生规范化培养2人、报名全科医生规范化培养6人。组织基层卫生人员开展岗位培训6次，人员覆盖率100%。信息化建设稳步推进。区域卫生计生信息化平台在基层医疗机构实现全覆盖。眼科医院实现网上预约挂号，正在开展电子病历达标升级工作。浦西、海州2家社区卫生服务中心试点开展慢病移动随访工程。基层医疗机构门诊医生工作站及住院

医生工作站使用率均达100%、基层医疗卫生机构HIS系统与基层医疗卫生信息系统对接率和数据上传率100%。惠民服务项目不断拓展。“惠民日”专项诊疗费用减免项目实现全覆盖，门诊均次费用较三级医院低50%以上。年内完成免费白内障复明手术1500例、脑瘫患儿康复1.4万人、流浪乞讨人员日平均在床20人次。眼科医院获评江苏省“扶残助残先进集体”。计划生育服务展现新成效。全区出生率13.4‰，出生人口政策符合率98%，出生人口性别比趋于正常。实现免费婚孕检一体化运作，免费孕前优生健康检查覆盖率90%，婚检率85.3%。积极争创人口协调发展先进区。平稳实施“单独两孩”政策，充分发挥广播、报刊、网络等媒体的作用，做好计生国策正面宣传和计生工作典型宣传，再生育审批1091例，其中“单独两孩”审批866例。

九、城市建设

查漏补缺，强化基础设施建设。切实加强市政养护管理，全年共完成沥青路面维修11708平方米、水泥路面坑塘维修5390平方米，调整路牙石3336米，维修人行道板2.1万平方米，新铺及维修平立石4000米。推动城区防汛和下水道清淤工作，仔细排查管养范围内的下水管道，维护与疏通互补，共计清掏大小井2.18万座次，疏通排水管道240公里，更换大小井1805座。继续推进老旧小区改造。本年度完成31个老旧小区的改造工作，其中10个小区由市级承担，区完成21个小区的改造工作。开展破损道路维修。完成投资1000万元，对大庆西路、小学路、永富路等23条道路进行维修，维修面积49000平方米，涉及道路总长约12公里。

创模争优，提升城市绿化水平。绿化水平有所提高。全区完成投资1.29亿元，实施公园游园提升、道路绿化、河滨绿化、绿色通道补植、特色花卉栽植、居住区单位绿化等38项园林绿化工程，新建改造绿地面积100万平方米，其中新增绿地面积74公顷，绿化绿地率达37%，绿化覆盖率达41%，人均公园绿地面积达到13平方米。开展公园游园提升。投资1030万元，开展青年公园大门及绿化景观提升以及10个街旁游园绿地建设。游园建设中，改造游园绿地2个，新建8个，栽植各类苗木0.52万株，其中乔木0.39万株，灌木0.13万株，地被2.04万立方米，新建改造面积17.5万立方米，新增5.7万立方米，公共绿地服务半径覆盖率达72%。

十、人口及社会保障

人口规模有序扩大。2015年全区户籍人口71.55万人，常住人口80.31万人，出生率14.18‰，死亡率为4.06‰，自然增长率为10.12‰，城镇人口61.28万人，城镇化率为85.65%。

扎实推进城乡创业就业。全区实现城镇新增就业24010人，城镇失业人员再就业4673人，帮扶就业困难人员再就业1331人，新增转移农村劳动力1550人，城镇登记失业率控制在3%以内。加大创业资金扶持力度。扶持农村劳动力创业268人，开展创业培训760人，出台并落实创业配套政策，启动创业小额担保贷款业务，成功审批27人贷款申请，发放贷款410万。职业技能培训有序开展。实现城乡劳动者职业技能培训2286人，城乡新成长劳动力技能培训1080人，企业职工岗位技能提升培训1750人。新增高技能人才510人，职业技能鉴定取证1010人。建立覆盖全区的就业信息推送平台。共拨各级平台经费300万元，增配自助求职机4台，终端显示屏2个。进一步拓展创业载体。与民主路步行街管委会协作，积极筹建大学生创业孵化基地；与滨河新城协作，推进东夷文化广场大学生创业实践基地建设。落实就业援助政策。今年以来，共发放社保补贴1852.5万元，惠及5109人；安排就业困难人员补助资金65万元，共走访1300人。

社保经办保持优质高效。全区城乡居民养老保险缴费人数为2.75万人，基础养老金发放人数为3.9万人,全年发放基础养老金5356万元。提高城乡居民养老保险基础。城乡居民基础养老金最低标准由90元/月提高到105元/月，并已将2014年7月至2015年2月增发的基础养老金补发到位，自今年3月起，调整后的基础养老金已按照新标准每月正常发放。

说明：1、公报中地区生产总值和各产业增加值绝对值按现行价格计算，增长速度按可比价格计算。

2、公报中部分数据为初步统计数，正式统计数据以《海州区统计年鉴》为准。

（海州区统计局供稿）

海州区组织机构及领导人名录

（2015.01.15~2015.12.31）

中共海州区委员会

【常务委员会】

书　记　王立斌

副书记　单晓敏（女）　王建明

常　委　王友君（2015.09.21离任）

江锦峰　姚　超　徐凤良

房忠涛（女）　李永涛

卢　平　郑　斌　顾建华

毛志峰

【工作机构】

办公室

主　任　李　锋

副主任　郭宝光　葛艳艳（女）

孟小兵　李应平

林春娟（女）　伍安富

刘琳琳（女）

王昌杰（2015.03.20离任）

台　办

主　任　赵　红（女）

组织部

部　长　卢　平

副部长　郑纪东（常务）　宋具才

周　健　李　超　吴　昊

部务委员　孙桂香（女）

党的建设领导小组工作办公室

主　任　郑纪东

新社工委

书　记　周　健
纪工委书记　相涛（2015.03.20任职）

组织员办公室

主　任　李　超
副主任　李　绘（女）

人才工作办公室

主　任　宋具才

宣传部

部　长　房忠涛（女）
副部长　李敬伟（常务）
　　　　金凤勇（2015.03.20离任）
　　　　刘锦州　徐正华

文明办

主　任　贺颖颖（女，2015.03.20任职）
副主任　贺颖颖（女，2015.03.20离任）

统战部

部　长　王兰芳（女）
副部长　魏苏平（常务）　周自彬
　　　　张工梅（女）　吴海虹（女）
　　　　赵　明　刘玉凤（女）
　　　　刘永柱

政法委

书　记　郑　斌
副书记　王统松　张义彪
　　　　李宗锋（2015.03.20离任）
　　　　赵天明　蒋海翔（挂职）
　　　　张少春
　　　　赵斯忠（2015.03.20任职）
委　员　李　李（2015.03.20离任）

综治办

主　任　张少春
副主任　张　静（女）

依法治区领导小组办公室

主　任　王统松
副主任　田超亚

老干局

局　长　孙桂香（女）
副局长　史艳妮（女）

机要保密局

局　长　王志强

国家保密工作局

局　长　林春娟（女）

编　办

主　任　于明侠（女）
副主任　陆卫国

信访局

局　长　李宗锋（2015.03.20任职）
　　　　赵斯忠（2015.03.20离任）
副局长　吴其量
　　　　单培祝（2015.03.20任职）
　　　　刘　健
　　　　卞绍东（聘，2015.03.20离任）
　　　　李　李（2015.03.20任职）
　　　　陈　云（女，2015.03.20任职）

党　校

副校长　金凤勇（常务，
　　　　2015.03.20离任）

档案局

局　长　王　涛（女）
局长助理　张译文（女）

【党　组】

中共海州区人大常委会党组

书　记　王立斌
副书记　陈周德　刘海林

中共海州区人民政府党组

书　记　单晓敏（女）
副书记　王友君（2015.09.21离任）

中共海州区人民政协党组

书　记　汤成元
副书记　于振强

中共海州区人民法院党组

书　记　傅成保
副书记　丁汝成　毛国勇

中共海州区人民检察院党组

书　记　张克晓
副书记　李永红（女，回族）
　　　　霍介涛

中共海州区科学技术局党组

书　记　韦清余（2015.03.20任职）
　　　　徐孝芹（女，2015.03.20离任）
副书记　谢　艳（女）

中共海州区民政局党组

书　记　刘树青
副书记　吴卫东　刘步华

中共海州区司法局党组

书　记　魏宪春
副书记　刘亚军（2015.03.20任职）
　　　　卞　剑（2015.03.20离任）

中共海州区财政局党组

书　记　梁正江（2015.03.20任职）
　　　　丁　梅（女，2015.03.20离任）
副书记　邱洪建　尚玉霞（女）

中共海州区人力资源和社会保障局党组

书　记　范益军
副书记　乔　敏（女）　金晓玲（女）

中共海州区环境保护局党组

书　记　徐孝芹（女，2015.03.20任职）
　　　　韦清余（2015.03.20离任）
副书记　卞　剑（2015.03.20任职）
　　　　张家琪（2015.03.20离任）

中共海州区商务局党组

书　记　宋超增
副书记　金凤勇（2015.03.20任职）
　　　　杜新春（2015.03.20离任）

中共海州区文化体育旅游局党组（海委发〔2014〕45号文撤销海州区文化体育旅游局）

书　记　刘文学（2015.03.20离任）
副书记　刘锦州（2015.03.20离任）

中共海州区文化体育局党组（海委发〔2014〕45号文成立海州区文化体育局）

书　记　刘文学（2015.03.20任职）
副书记　刘锦州（2015.03.20任职）

中共海州区旅游局党组（海委发〔2014〕45号文成立海州区旅游局）

书　记　骆丙春（2015.03.20任职）

中共海州区人口和计划生育局党组（海委发〔2014〕45号文撤销海州区人口和计划生育局）

书　记　吕芳芳（女，2015.03.20离任）

中共海州区审计局党组

书　记　胡庆林
副书记　董淑斌　赵剑平

中共海州区安监局党组

书　记　顾德习
副书记　陈可鹏

中共海州区统计局党组

书　记　孙君玲（女）
副书记　何洪壮

中共海州区电子信息产业园党组（海委发〔2015〕30号文成立）

书　记　蒋庆山（2015.06.19任职）
副书记　黄　勇（2015.06.19任职）
　　　　李克成（2015.06.19任职）

中共海州区浦南新镇区建设管理办公室党组（2015.08.26海委发〔2015〕37号文撤销）

书　记　李　军（2015.08.26离任）
副书记　孟小兵（2015.08.26离任）
　　　　刘士成（2015.08.26离任）

中共海州区信访局党组

书　记　吴其量
副书记　李宗锋（2015.03.20任职）
　　　　赵斯忠（2015.03.20离任）

中共海州区总工会党组

书　记　王富芹（女）

中共海州区妇联党组

书　记　柴　通（女）

中共海州区残联党组

书　记　陈忠燕（女）

中共海州区红十字会党组

书　记　陈长坝

中共海州区工商联党组

书　记　吴海虹（女）

【镇党委】

中共海州区浦南镇委员会

书　记　薛喜东（2015.11.10任职）
　　　　李　军（2015.11.10离任）
副书记　杜新春（2015.03.20任职）
　　　　李明军（2015.03.20离任）
　　　　杨　宏
委　员　李晓阳　史　杰
　　　　徐成亮（公安派干，2015.04.10离任）
　　　　卞德喜
　　　　王善仿（2015.03.20离任）
　　　　王俊红（2015.04.10离任）
　　　　高传彬　吕恒友（聘）
　　　　韦妍君（女）　周言友
　　　　高　亮（挂职，2015.08.26任职）
　　　　李廷顺（挂职，2015.08.26任职）
　　　　许良军（挂职，2015.08.26任职）
　　　　刘光超（挂职，2015.08.26任职）
　　　　纪　况（挂职，2015.08.26任职）

中共海州区新坝镇委员会

书　记　闫　浩（2015.03.20任职）
　　　　伏广强（2015.03.03离任）
副书记　闫　浩（2015.03.20离任）
　　　　王卫华（2015..03.03任职）
　　　　茆龙海
委　员　颜　玮（女，2015.03.20离任）
　　　　滕军长
　　　　吴新荣（女，2015.03.20任职）
　　　　秦绪伟
　　　　王金状（2015.03.20任职）
　　　　杨维立（公安派干，2015.03.20离任）
　　　　吉文和

中共海州区锦屏镇委员会

书　记　侍启辉
副书记　姜海燕（女，2015.03.20任职）
　　　　李　强（2015.03.20离任）
　　　　卢长义
委　员　黄德兵
　　　　杨　静（女，2015.03.20离任）
　　　　李　敏（女）
　　　　邹　涛（2015.03.20任职）
　　　　王长喜　杜天福　刘永健

中共海州区板浦镇委员会

书　记　陈怀忠
副书记　陈守权（2015.03.20任职）
　　　　蒋德恩（2015.03.20离任）
　　　　赵　胜（2015.03.20离任）
　　　　程　勇
　　　　王昌杰（2015.03.20任职）
委　员　孙彦君
　　　　王金状（2015.03.20离任）
　　　　李洪兵（2015.03.20任职）
　　　　齐晓云（女，2015.03.20任职）
　　　　张　环（2015.03.20任职）
　　　　常春玉　汤军越　葛加龙
　　　　张广年（公安派干，2015.03.20离任）

【区委派出机构】

中共海州区委海州经济开发区工作委员会

书　记　李永涛
副书记　张正文　宁寿同
　　　　苗新安　商佃仁
　　　　余　薇（女，2015.03.20离任）
　　　　张　涛
委　员　李　强（2015.03.20任职）
　　　　刘　兵　李　昂　侍　晓
　　　　徐敏昌
　　　　范一栋（2015.03.20任职）
　　　　陶士勇　李　涛
　　　　张　瑞（女）
　　　　刘　伟　葛君伟　司举香

中共海州区委滨河新城工作委员会（2015.08.26海委发〔2015〕37号文更名为滨河新区）

书　记　袁丽霞（2015.08.26离任）
副书记　潘运学（2015.08.26离任）
委　员　许　建（2015.03.20离任）
　　　　黄　剑（2015.03.20离任）
　　　　单培祝（2015.03.20离任）
　　　　朱泽东（2015.08.26离任）
　　　　孔凡龙（2016.06.26离任）

王　辉（2015.03.20任职，2015.08.26离任）
陈　军（2015.08.26离任）

中共海州区委滨河新区工作委员会（2015.08.26海委发〔2015〕37号文成立）

书　记　袁丽霞（2015.08.26任职）
第一副书记　张景友（2015.08.26任职）
副书记　潘运学（2015.08.26任职）
刘士成（2015.08.26任职）
委　员　李晓阳（2015.08.26任职）
程宏宇（2015.08.26任职）
朱泽东（2015.08.26任职）
王　超（2015.08.26任职）
王　辉（2015.08.26任职）
王春华（2015.08.26任职）
陈　军（2015.08.26任职）

中共海州区委现代服务业集聚区工作委员会（2015.08.26海委发〔2015〕38号文撤销）

书　记　王友君（2015.08.26离任）
副书记　杜新春（2015.08.26离任）
邵新光（2015.08.26离任）
委　员　高　亮（2015.08.26离任）
李廷顺（2015.08.26离任）
纪　况（2015.08.26离任）

中共海州区委智慧物流产业园工作委员会（2015.08.26海委发〔2015〕38号文成立）

书　记　李　军（2015.08.26任职）
副书记　杜新春（2015.08.26任职）
邵新光（2015.08.26任职）
委　员　高　亮（2015.08.26任职）
李廷顺（2015.08.26任职）
许良军（2015.08.26任职）
刘光超（2015.08.26任职）
纪　况（2015.08.26任职）

中共海州区委区级机关工作委员会

书　记　车晓荣（女）
副书记　掌效兰（女）　王　静（女）
委　员　马洪亮

中共海州区委花果山街道工作委员会（2015.10.18区划调整至高新区）

书　记　许　春
副书记　蒋德恩（2015.03.20任职）
陈守权（2015.03.20离任）　吴　宏
委　员　嵇军民　吴兴淦　杨祖刚
李　星（2015.03.20离任）
夏兴龙（公安派干，2015.04.10离任）
万　倩（女，2015.03.20任职）
王　林　江　健（聘）
徐善明（聘）　范德洋（聘）

中共海州区委南城街道工作委员会（2015.10.18区划调整至高新区）

书　记　陈　飞（2015.03.20任职）
骆丙春（2015.03.20离任）
副书记　熊胜波　祝传山
委　员　吴　军　杨广远　余琼林
王成龙（公安派干，2015.04.10离任）
李洪兵（2015.03.20离任）
周　静（女，2015.03.20任职）
林玉亮（聘）　孙兆锋
万　倩（女，2015.03.20离任）

中共海州区委新浦街道工作委员会

书　记　陈贤斌
副书记　陈守余　刘道劲
委　员　吴艳玲（女）蒋崇辉
金同志　田　勇　朱兰涛
李安乐（公安派干，2015.03.20离任）
徐德俊（女，聘）

中共海州区委浦西街道工作委员会

书　记　周云祥
副书记　赵　胜（2015.03.20任职）
陈　飞（2015.03.20离任）
顾永胜
委　员　周光树（2015.03.20离任）
张传红
郭　睿（女，2015.03.20任职）
陈怀芝（公安派干，2015.03.20离任）
曹　霞（女）　王　帅
王　超　刘　兵
尚　明（女，聘）

中共海州区委路南街道工作委员会

书　记　田亚辉
副书记　王志钰
委　员　魏　东　陶　冶
沈　艳（女）
霍介会（公安派干，2015.03.20离任）
张　琪（女，2015.03.20任职）
闵　浩　严　明
刘世春（2015.04.10任职）

中共海州区委新南街道工作委员会

书　记　刘　虹（女）
副书记　陆　兵　刘龙培
委　员　王　涛　李燕芳（女）
宋　明
徐永华（公安派干，2015.03.20离任）
杜　秋（2015.03.20任职）
谷　慧（女，聘）
汤　娟（女，聘）
曹　江

中共海州区委新东街道工作委员会

书　记　薛喜东（2015.11.10离任）
副书记　纪　巍　徐进冬　徐维铮
委　员　张德怀（公安派干，2015.03.20离任）
伏莹莹（女）
宋　科（2015.03.20任职）
秦　玲（女，2015.03.20离任）
鲁成卫　杨金龙
林　平（女，聘）

中共海州区委新海街道工作委员会

书　记　李大蔚（2015.03.20任职）
副书记　李大蔚（2015.03.20离任）
徐　蓓（女，2015.03.20任职）
江世亚
委　员　杨　靖（女）　范　明
卞光启（公安派干，2015.03.20离任）
董浩宇（女）　夏　倩（女）
孙秀敏（女，聘）
胡　淼（女）

中共海州区委宁海街道工作委员会

书　记　蒋庆山
副书记　黄　勇　李克成
委　员　夏　雷　霍永强
刘　刚　朱从洋
杨嗣龙（挂职）　李忠堂
杨维林（女，2015.04.10离任）
吴春才（2015.04.10任职）

中共海州区委朐阳街道工作委员会

书　记　殷成祥（2015.03.20任职）
副书记　殷成祥（2015.03.20离任）
　　　　许　健（2015.03.20任职）
　　　　杨恩庆（2015.03.20离任）
　　　　钱明斌
委　员　赵　明（2015.03.20离任）
　　　　李　宁（2015.03.20任职）
　　　　冯春红（女，2015.03.20任职）
　　　　朱大勇（2015.03.20任职）
　　　　李　良　汪　伟
　　　　秦　玲（女，2015.03.20任职）
　　　　王万忠（公安派干，2015.03.20离任）
　　　　张　琪（女，2015.03.20离任）
　　　　徐兴军　李小芹（女）

中共海州区委洪门街道工作委员会

书　记　许　巍
副书记　董志红（女）
　　　　李　宁（2015.03.20离任）
　　　　吴　迪（2015.03.20任职）
委　员　赵　明（2015.03.20任职）
　　　　刘蓓蕾（女，2015.03.20离任）
　　　　李雨轩（女）
　　　　陈永东（公安派干，2015.03.20离任）
　　　　张晓兵
　　　　武　强（2015.03.20任职）
　　　　刘　雷（2015.03.20任职）

中共海州区委海州街道工作委员会

书　记　吕芳芳（女，2015.03.20任职）
　　　　陈　东（2015.03.20离任）
副书记　杨育宏　李晓光
　　　　于　洋（2015.03.20任职）
委　员　郭　睿（女，2015.03.20离任）
　　　　朱大勇（2015.03.20离任）
　　　　卢发春（公安派干，2015.03.20离任）
　　　　穆　舟　耿　斌
　　　　董　平（2015.04.10任职）

中共海州区委幸福路街道工作委员会

书　记　张兴旺
副书记　高长春　王晓军
委　员　韩雪峰（2015.03.20离任）
　　　　汤　浩　卞绍向
　　　　马振波（公安派干，2015.03.20离任）
　　　　陈志敏　张　华
　　　　杨　娟（女，2015.04.10任职）

【部门党委】

中共海州区经济信息化与发展改革局委员会

书　记　李正海
副书记　单新文
委　员　陈　明　骆　丹　许良军
　　　　穆　慧（女）　贾伊凡（女）
　　　　姜海燕（女，2015.03.20离任）
　　　　余　薇（女，2015.03.20任职）
　　　　孙　军
　　　　贾慧娟（女，2015.03.20任职）
　　　　杨绍文

中共海州区教育局委员会

书　记　王海鸥（女）
副书记　王从峰　徐向其
委　员　钱忠金　高明柱
　　　　卞　红（女）　李大波
　　　　唐维春　韩树宾
　　　　杨长才　曹兴娣（女）
　　　　刘立春　张建忠

中共海州区住房和城乡建设局委员会

书　记　徐洪宏
副书记　石德学　成祥之　潘运学
委　员　陈洪海　尤新荣（女）
　　　　邵新光　朱泽东
　　　　孔凡龙（2015.06.26离任）
　　　　吴　铭　徐　浩　徐兴祥
　　　　刘晶卉（女）　陈学宝
　　　　胡海宁（女）
　　　　徐其兵　徐　罡　夏兴龙
　　　　胡士茂　朱松林　卞绍东
　　　　王庆文　王　维
　　　　卞宝玲（女）
　　　　黄冬冬（2015.04.10任职）
　　　　常春玉（2015.03.20任职）
　　　　邹　涛（2015.03.20离任）

中共海州区城市管理局委员会

书　记　谢　辉
副书记　林秀兰（女）　范庆立
　　　　徐德刚（2015.03.20任职）
委　员　陈　健　潘家锦
　　　　徐　旭（2015.03.20任职）
　　　　单培祝（2015.03.20离任）
　　　　夏兴寨

中共海州区农林水利局委员会

书　记　胡　晨
副书记　宋振宝　周华明　李永桓
委　员　严跃南　吴卫东
　　　　黄　剑（2015.03.20任职）
　　　　武佳华　杨　桦
　　　　于小凤（女）　张建光
　　　　王开兵　郑　洪　王学堂
　　　　张　浩　程党恩
　　　　李建斌　马　亮　朱　冲
　　　　沈南通　李恕全（女）
　　　　徐东方　徐　卿

中共海州区卫生局委员会（海委发〔2014〕45号文撤销海州区卫生局）

书　记　杨泗顺（2015.03.20离任）
副书记　李松红（女，2015.03.20离任）
　　　　黄　庆（女，2015.03.20离任）
委　员　王经建（2015.03.20离任）
　　　　刘　媛（女，2015.03.20离任）
　　　　薄祥军（2015.03.20离任）

中共海州区卫生和计划生育局委员会（海委发〔2014〕45号文成立海州区卫生和计划生育局）

书　记　杨泗顺（2015.03.20任职）
副书记　李松红（女，2015.03.20任职）
委　员　王经建（2015.03.20任职）
　　　　刘　媛（女，2015.03.20任职）
　　　　薄祥军（2015.03.20任职）
　　　　任　健（2015.03.20任职）

中共海州区市场监督管理局委员会（海委发〔2015〕28号文成立）

书　记　唐立新（2015.06.19任职）
副书记　李鸿儒（2015.06.19任职）
　　　　刘晓永（2015.06.19任职）
委　员　江尧中（2015.06.19任职）
　　　　杨　斌（2015.06.19任职）
　　　　俞　方（2015.06.19任职）
　　　　汤茂峰（2015.06.19任职）
　　　　谢　杰（2015.06.19任职）
　　　　成　龙（2015.06.19任职）
　　　　封红军（2015.06.19任职）
　　　　谢昌领（2015.06.19任职）
　　　　徐寿植（2015.06.19任职）

中共海州区供销合作总社委员会

书　记　章华英（女，2015.03.20离任）
　　　　陈　东（2015.03.20任职）
副书记　崔守远　王　伟
委　员　郭加荣　李培鲁　徐向迎
　　　　谢　豪（2015.04.10任职）

海州区人大常委会

【主任、副主任】
主　任　王立斌
副主任　陈周德　刘海林
　　　　陈应聪（不驻会）
　　　　李　萌（女）　刘振华
　　　　杨中云　张华陆　殷少卿

【工作机构】

办公室

主　任　范永涛
副主任　唐磊磊（女）

财政经济委员会

主　任　王宝定
副主任　金　文（女）

人事代表联络委员会

主　任　陈华成
副主任　马玉青（女）

教科文卫委员会

主　任　陈胜林

内务司法委员会

主　任　张家琪（2015.05.28任职）
　　　　韩亚华（2015.05.28离任）
副主任　陈　沫

环境资源城乡建设委

主　任　张炽昌

民宗侨台外委员会

主　任　袁立成

农业经济委员会

主　任　高学成
副主任　刘乃涛（2015.05.28任职）

研究室

主　任　霍广春

【镇人大主席团】

浦南镇人大主席团

主　席　杨　宏（2015.05.16任职）

新坝镇人大主席团

主　席　茆龙海
副主席　马成军

锦屏镇人大主席团

主　席　卢长义

板浦镇人大主席团

主　席　赵　胜（2015.04.30离任）

【区人大常委会派出机构】

花果山街道人大工作委员会
（2015.10.18区划调整至高新区）

主　任　嵇军民

南城街道人大工作委员会
（2015.10.18区划调整至高新区）

主　任　杨广远

新浦街道人大工作委员会

主　任　吴艳玲（女）

浦西街道人大工作委员会

主　任　顾永胜

路南街道人大工作委员会

主　任　魏　东

新南街道人大工作委员会

主　任　刘龙培

新东街道人大工作委员会

主　任　徐进冬

新海街道人大工作委员会

主　任　杨　靖（女）

宁海街道人大工工作委员会

副主任　吴新荣（女，2015.05.28离任）

朐阳街道人大工作委员会

主　任　李　宁（2015.05.28任职）
　　　　赵　明（2015.05.28离任）

洪门街道人大工作委员会

副主任　赵　明（2015.05.28任职）
　　　　李　宁（2015.05.28离任）

海州街道人大工作委员会

主　任　李晓光

幸福路街道人大工作委员会

主　任　王晓军

海州经济开发区人大工作委员会

主　任　李　强（2015.05.28任职）
　　　　余　薇（女，2015.05.28离任）

海州区人民政府

【区长、副区长】
区　长　单晓敏（女）
副区长　王友君（常务，2015.09.22离任）
　　　　江锦峰　顾建华
　　　　崔长胜（扶贫）　史　伟
　　　　袁丽霞（女）　江希路
　　　　徐雪峰　于　卉（女）
　　　　徐　冰
　　　　买热甫·马合木提（挂职，
　　　　　　2015.07.29任职，
　　　　　　2015.11.25离任）

【工作机构】

办公室

主　任　张延广
副主任　刘亚军（2015.04.13离任）
　　　　桑爱越（女，2015.05.05离任）
　　　　韩善学
　　　　朱建武（2015.05.05离任）
　　　　张　洪　陈毅敏
　　　　赵斯忠（2015.04.13离任）
　　　　许　建（2015.04.13离任）
　　　　徐　蓓（女，2015.04.13离任）
　　　　夏　雯（女）　吴　蒙（女）
　　　　吴　迪（2015.04.13离任）

外事与侨务办公室

主　任　朱鹏苏（女）

法制办公室

主　任　张　洪

人民防空办公室

主　任　朱建武
副主任　冯士江　张　旭

政务服务管理办公室

主　任　桑爱越（女）
副主任　刘蓓蕾（女，2015.04.13任职）
　　　　王俊红（2015.04.13任职）

经济信息化与发展改革局

局　长　单新文
副局长　李正海　陈　明　骆　丹
　　　　许良军
　　　　姜海燕（女，2015.04.13离任）
　　　　孙　军　穆　慧（女）
　　　　贾慧娟（女，2015.04.13任职）

中小企业局

局　长　余　薇（女，2015.04.13任职）
　　　　姜海燕（女，2015.04.13离任）

教育局

局　长　王从峰
副局长　王海鸥（女）　高明柱（聘）
　　　　李大波　徐　艳（女，聘）

科技局

局　长　谢　艳（女）
副局长　徐孝芹（女，2015.04.13离任）
　　　　黄宝军
　　　　蔡淑坤（女，2015.04.13离任）
　　　　仲启昌

知识产权局

局　长　黄宝军

监察局

局　长　李宝凯
副局长　王经博　王汝乔

民政局

局　长　吴卫东
副局长　刘树青　孙　雯（女）
　　　　吴海霞（女，2015.04.13离任）
　　　　董淑欣
　　　　王春艳（女，2015.04.13任职）
　　　　孔凡龙（2015.08.24任职）

司法局

局　长　刘亚军（2015.05.28任职）
　　　　卞　剑（2015.05.28离任）
副局长　魏宪春　金文虎
　　　　李喜忠（2015.09.16病逝）
　　　　刘　展

财政局

局　长　邱洪建
副局长　朱建军（女）　许俊瑜（女）
　　　　王升同　程宏宇　周　敏（女）
　　　　黄　剑（2015.04.13离任）

国有资产监督管理委员会办公室

主　任　乔敬萌（2015.05.05任职）
　　　　梁正江（2015.04.13离任）
副主任　陈　强

人力资源和社会保障局

局　长　乔　敏（女）
副局长　闫美玲（女）
局长助理　徐忠华（2015.04.10离任）

环境保护局

局　长　卞　剑（2015.05.05任职）
　　　　张家琪（2015.05.05离任）
副局长　韦清余（2015.04.13离任）
　　　　车忠华　刘永庆　周海宁

住房和城乡建设局

局　长　石德学（2014年12月30日任职）
副局长　徐洪宏　陈洪海　成祥之
　　　　尤新荣（女）　邵新光
　　　　朱泽东
　　　　孔凡龙（2015.08.24离任）
　　　　吴　铭　石林强　徐　浩
　　　　胡海宁（女）

地震局

局　长　陈洪海

房屋征收局

局　长　胡海宁（女）
副局长　徐其兵　徐　罡　夏兴龙

城市管理局

局　长　林秀兰（女）
副局长　范庆立
　　　　徐德刚（挂职，2015.04.13任职）
　　　　刘　奔（挂职）
　　　　庄会君（挂职）
　　　　伏广志（挂职）
　　　　周锡明（挂职）　陈　健
　　　　单培祝（2015.04.13离任）
　　　　徐　旭（2015.04.13任职）

农林水利局

局　长　宋振宝
副局长　周华明　严跃南　吴卫东
　　　　黄　剑（2015.04.13任职）
　　　　张建光　王开兵　郑　洪
　　　　王学堂　张　浩　程党恩
　　　　李永桓　李建斌　朱　冲
　　　　沈南通　李恕全（女）

农业机械管理局

局　长　张建光

农业资源开发局

局　长　郑　洪

水利局

局　长　程党恩

林业局

局　长　朱　冲

商务局

局　长　张　建
副局长　宋超增　祁　德　高　亮
　　　　钱厚才　李　彬（女）
　　　　杨守清（2015.04.13离任）
　　　　刘乃涛（2015.04.13离任）
　　　　王　强　张道杨
局长助理　李　杰（2015.04.10离任）

粮食局

局　长　金凤勇（2015.04.13任职）
　　　　杨守清（2015.04.13离任）
副局长　江乃建

文化体育旅游局（海委发〔2014〕45号文撤销海州区文化体育旅游局）

局　长　刘锦州（2015.05.28离任）
副局长　刘文学（2015.04.13离任）
　　　　杨　琴（女，2015.04.13离任）

郑永红（女，2015.04.13离任）
冯春红（女，2015.04.13离任）
局长助理　王　雷（挂职，2015.04.10离任）

文化体育旅游局（海委发〔2014〕45号文成立海州区文化体育局）

局　长　刘锦州（2015.05.28任职）
副局长　刘文学（2015.04.13任职）
杨　琴（女，2015.04.13任职）
郑永红（女，2015.04.13任职）
颜　玮（女，2015.04.13任职）

文物局

局　长　杨　琴（女）

旅游局（海委发〔2014〕45号文成立海州区旅游局）

局　长　骆丙春（2015.05.28任职）
副局长　吴海霞（女，2015.04.13任职）
杨　静（女，2015.04.13任职）

卫生局（海委发〔2014〕45号文撤销海州区卫生局）

局　长　李松红（女，2015.05.28离任）
副局长　杨泗顺（2015.04.13离任）
王经建（聘，2015.04.13离任）
刘　媛（女，2015.04.13离任）

人口和计划生育局（海委发〔2014〕45号文撤销海州区人口和计划生育局）

局　长　吕芳芳（女，2015.05.28离任）
副局长　宋　燕（女，2015.04.13离任）

卫生和计划生育局（海委发〔2014〕45号文成立海州区卫生和计划生育局）

局　长　李松红（女，2015.05.28任职）
副局长　杨泗顺（2015.04.13任职）
王经建（聘，2015.04.13任职）
刘　媛（女，2015.04.13任职）

市场监督管理局（海委发〔2015〕28号文成立）

局　长　唐立新（2015.07.29任职）
副局长　李鸿儒（2015.07.24任职）
刘晓永（2015.07.24任职）
江尧中（2015.07.24任职）
杨　斌（2015.07.24任职）
俞　方（2015.07.24任职）
汤茂峰（2015.07.24任职）
谢　杰（2015.07.24任职）
成　龙（2015.07.24任职）
谢昌领（2015.07.24任职）

食品药品监督管理局

局　长　唐立新（2015.07.24任职）

审计局

局　长　董淑斌
副局长　赵剑平　薛广善　颜井席
何　冰　马苗苗（女）

安全生产监督管理局

局　长　陈可鹏
副局长　顾德习　郭家农
冯正云（女）　李　晖
局长助理　田作运

统计局

局　长　何洪壮
副局长　孙君玲（女）　沈学萍（女）
陈秀媛（女）　王东升
李　波

民族宗教局

局　长　张玉梅（女）

互联网信息办公室

主　任　常　青（女，2015.04.13任职）
金凤勇（2015.04.13离任）
副主任　于　芳（女）

【企事业】

连云港陇海步行街管理委员会办公室

主　任　祁　德
副主任　姚　柱　冯　君（女）

区人民政府教育督导室

主　任　钱忠金
副主任　刘立春

机关事务管理中心

主　任　韩善学
副主任　林　华
潘家杰（2015.05.05任职）

接待工作办公室

主　任　葛艳艳（女）
副主任　王　辉（2015.04.13任职）
黄冬冬（2015.04.13离任）

金融办公室

主　任　李明军（2015.04.13任职）
刘　坚（2015.04.13离任）
副主任　顾　怡（女）
李　静（女，2015.04.13任职）
刘　刚（2015.04.13任职）
主任助理　李　静（女，2015.04.10离任）
谢　琴（女，2015.04.10离任）

供销合作总社

主　任　崔守远
副主任　王　伟　郭加荣
李培鲁（聘）　颜　珉（女）
主任助理　谢　豪（2015.04.10离任）

锦屏山旅游开发建设管理委员会

副主任　樊继锦（主持工作）
高　峰　张海萍（女）

房屋征收服务中心

副主任　胡士茂　朱松林
卞绍东（2015.04.13任职）
王庆文　王　维
卞宝玲（女）
黄冬冬（2015.05.05任职）
常春玉（2015.04.13任职）
主任助理　陈福廷

江苏瀛洲发展集团有限公司

董事长　梁正江（2015.05.05离任）
监事会主席　陈　强
副总经理　叶　川（女，聘）

江苏海州发展集团有限公司

董事长　乔敬萌（2015.05.05离任）
总经理　乔敬萌（2015.05.05离任）

【镇人民政府】

浦南镇人民政府

镇　长　杜新春（2015.05.16任职）
李明军（2015.03.20离任）
副镇长　史　杰（2015.05.16任职）
徐成亮（公安派干，2015.03.20离任）

王俊红（2015.04.10离任）

新坝镇人民政府

镇　长　王卫华（2015.04.18任职）
闫　浩（2015.04.18离任）
副镇长　颜　玮（女，2015.04.18离任）
杨维立（公安派干，2015.04.18离任）
滕军长

锦屏镇人民政府

镇　长　姜海燕（女，2015.04.10任职）
李　强（2015.04.10离任）
副镇长　黄德兵
杨　静（女，2015.03.20离任）
李　敏（女）　许　鹏
张　忠（公安派干，2015.03.20离任）

板浦镇人民政府

镇　长　陈守权（2015.04.30任职）
蒋德恩（2015.04.13离任）
副镇长　王昌杰（2015.04.30任职）
孙彦君
李洪兵（2015.04.30任职）
齐晓云（女，2015.04.30任职）
王金状（2015.03.20离任）
张广年（公安派干，2015.03.20离任）

【区政府派出机构】

海州经济开发区管理委员会

副主任　张正文　宁寿同　商佃仁
刘　兵　李　昂　侍　晓
徐敏昌
崔华明（公安派干，2015.04.13离任）
主任助理　范一栋（挂职，2015.04.10离任）

滨河新城管理委员会（2015.08.26海委发〔2015〕37号文更名为滨河新区）

主　任　潘运学（2015.08.26离任）
副主任　许　建（2015.04.13离任）
单培祝（2015.04.13离任）
朱泽东（2015.08.26离任）
孔凡龙（2015.08.24离任）
王　辉（2015.04.13任职，2015.08.26离任）
王春华（2015.08.26离任）
陈　军（2015.08.26离任）

滨河新区管理委员会（2015.08.26海委发〔2015〕37号文成立）

主　任　潘运学（2015.08.26任职）
副主任　李晓阳（2015.08.26任职）
程宏宇（2015.08.26任职）
朱泽东（2015.08.26任职）
王　超（2015.08.26任职）
王　辉（2015.08.26任职）
王春华（2015.08.26任职）
陈　军（2015.08.26任职）

浦南新镇区建设管理办公室（2015.08.26海委发〔2015〕37号文撤销）

主　任　孟小兵（2015.08.26离任）
副主任　李　军（2015.08.26离任）
李晓阳（2015.08.26离任）
程宏宇（2015.08.26离任）
许良军（2015.08.26离任）

现代服务业集聚区管理委员会（2015.08.26海委发〔2015〕38号文撤销）

主　任　杜新春（2015.08.26离任）
副主任　邵新光（2015.08.26离任）
高　亮（2015.08.26离任）
李廷顺（2015.08.26离任）
刘光超（2015.08.26离任）
纪　况（2015.08.26离任）

智慧物流产业园管理委员会（2015.08.26海委发〔2015〕38号文成立）

主　任　杜新春（2015.08.26任职）
副主任　邵新光（2015.08.26任职）
高　亮（2015.08.26任职）
李廷顺（2015.08.26任职）
许良军（2015.08.26任职）
刘光超（2015.08.26任职）
纪　况（2015.08.26任职）

电子信息产业园管理委员会（2015.06.19海委发〔2015〕30号文成立）

主　任　黄　勇（2015.06.19任职）
副主任　李克成（2015.06.19任职）
夏　雷（2015.06.19任职）
霍永强（2015.06.19任职）
刘　展（2015.06.19任职）
李　静（女，2015.06.19任职）

民主路管理委员会

主　任　黄　庆（女，2015.04.13离任）
副主任　陈　健
李安乐（公安派干，2015.04.13离任）
董　安

花果山街道办事处（2015.10.18区划调整至高新区）

主　任　蒋德恩（2015.04.13任职）
陈守权（2015.04.13离任）
副主任　夏兴龙（公安派干，2015.04.13离任）

南城街道办事处（2015.10.18区划调整至高新区）

主　任　熊胜波
副主任　余琼林
王成龙（公安派干，2015.04.13离任）

新浦街道办事处

主　任　陈守余
副主任　田　勇　朱兰涛
李安乐（公安派干，2015.04.13离任）

浦西街道办事处

主　任　赵　胜（2015.04.13任职）
陈　飞（2015.04.13离任）
副主任　周光树（2015.05.05离任）
张传红　王　帅
陈怀芝（公安派干，2015.04.13离任）

路南街道办事处

主　任　王志钰
副主任　陶　冶　沈　艳（女）
霍介会（公安派干，2015.04.13离任）

新南街道办事处

主　任　陆　兵
副主任　王　涛　李燕芳（女）
徐永华（公安派干，2015.04.13离任）

新东街道办事处

主　任　纪　巍
副主任　徐维铮
　　　　张德怀（公安派干，2015.04.13离任）
　　　　伏莹莹（女，2015.04.13离任）
主任助理　鲁成卫（2015.04.10离任）

新海街道办事处

主　任　徐　蓓（女，2015.04.13任职）
　　　　李大蔚（2015.04.13离任）
副主任　范　明
　　　　卞光启（公安派干，2015.04.13离任）

宁海街道办事处

主　任　黄　勇
副主任　李克成　夏　雷　霍永强
　　　　王　峰（公安派干，2015.04.13离任）

朐阳街道办事处

主　任　许　建（2015.04.13任职）
　　　　殷成祥（2015.04.13离任）
副主任　朱大勇（2015.04.13任职）
　　　　杨恩庆（2015.04.13离任）
　　　　李　良　汪　伟
　　　　王万忠（公安派干，2015.04.13离任）

洪门街道办事处

主　任　董志红（女）
副主任　李雨轩（女）
　　　　陈永东（公安派干，2015.04.13离任）
　　　　张晓兵

海州街道办事处

主　任　杨育宏（2015.04.13任职）
副主任　杨育宏（2015.04.13离任）
　　　　于　洋
　　　　郭　睿（女，2015.04.13离任）
　　　　朱大勇（2015.04.13离任）
　　　　卢发春（公安派干，2015.04.13离任）

幸福路街道办事处

主　任　高长春
副主任　韩雪峰（2015.04.13离任）
　　　　汤　浩　卞绍向
　　　　马振波（公安派干，2015.04.13离任）

政协连云港市海州区委员会

【主席、副主席】

主　席　汤成元
副主席　于振强　曹伟平（不驻会）
　　　　颜景华（女）　高　敏（女）
　　　　王宏新（女）　张景友
　　　　王兰芳（女）
　　　　刘建春（不驻会）
　　　　苗永梅（女，不驻会）
秘书长　汤振宇

【工作机构】

办公室

主　任　刘军林
副主任　王春艳（女，2015.03.20离任）
　　　　李兴鲁

经济科技委员会

主　任　方新年
副主任　吴广军　李沛纯

提案委员会

主　任　陈春梅（女）

学习文史委员会

主　任　杨守清（2015.03.20任职）
　　　　孙润林（2015.03.20离任）

联络委员会

主　任　夏新军

社会事业委员会

主　任　庞学红（女）
副主任　时宽军

法制与民族宗教委员会

主　任　陈学好

【政协海州区委员会派出机构】

浦南镇工作委员会

主　任　李晓阳

花果山街道工作委员会（2015.10.18区划调整至高新区）

主　任　吴兴淦

南城街道工作委员会（2015.10.18区划调整至高新区）

主　任　吴　军

新东街道工作委员会

主　任　徐维铮

中共海州区纪律检查委员会

【常务委员会】

书　记　姚　超
副书记　李宝凯　武传扬　刘士成
　　　　徐士强
常　委　祝海东　姜　峰　王经博
　　　　刘永东

【工作机构】

办公室

主　任　无

纪检监察干部管理监督室（2015.07.03海编委〔2015〕78号文批准设立）

主　任　无

信访室

主　任　王善仿（2015.03.20任职）

案件监督管理室（2015.07.03海编委〔2015〕78号文批准成立）

主　任　无

案件审理室

主　任　王继玲（女，2015.03.20离任）

纪检监察一室

主　任　李　军

纪检监察一室（2015.07.03海编委〔2015〕78号文批准成立）

主　任　无

纪检监察三室（区委巡查工作领导小组办公室，2015.07.03海编委〔2015〕78号文批准成立）

主　任　无

党风政风监督室（区政府纠正行业不正之风办公室）

主　任　刘　进（女）

宣传教育培训中心

主　任　潘家杰（2015.03.20离任）

【镇纪委】

浦南镇纪委

书　记　卞德喜

新坝镇纪委

书　记　王金状（2015.03.20任职）

锦屏镇纪委

书　记　邹　涛（2015.03.20任职）

板浦镇纪委

书　记　齐晓云（女，2015.03.20离任）
　　　　张　环（2015.03.20任职）

【派出机构】

第一直属纪工委

书　记　丁　梅（女，2015.03.20任职）

第二直属纪工委

书　记　黄　庆（女，2015.03.20任职）

第三直属纪工委

书　记　王继玲（女，2015.03.20任职）

纪检监察机关工作室

主　任　姜　峰

纪检监察农村工作室

主　任　祝海东
副主任　卞德喜
　　　　吴　宏（2015.10.18区划至高新区）

区级机关纪工委

书　记　掌效兰（女）

海州经济开发区纪工委

书　记　张　涛

花果山街道纪工委（2015.10.18区划至高新区）

书　记　吴　宏

南城街道纪工委（2015.10.18区划至高新区）

书　记　周　静（女，2015.03.20任职）

新浦街道纪工委

书　记　刘道劲（2015.04.10任职）

浦西街道纪工委

书　记　郭　睿（女，2015.03.20任职）

路南街道纪工委

书　记　张　琪（女，2015.03.20任职）

新南街道纪工委

书　记　杜　秋（2015.03.20任职）

新东街道纪工委

书　记　伏莹莹（女，2015.03.20任职）

新海街道纪工委

书　记　江世亚

宁海街道纪工委

书　记　刘　刚

朐阳街道纪工委

书　记　秦　玲（女，2015.03.20任职）

洪门街道纪工委

书　记　武　强（2015.03.20任职）

海州街道纪工委

书　记　穆　舟（2015.03.20任职）

幸福路街道纪工委

副书记　杨　娟（女，2015.04.10任职）

【派驻纪检组】

区人力资源和社会保障局纪检组

组　长　金晓玲（女）

区环境保护局纪检组

组　长　钱　敏（女）

区电子信息产业园纪检组（2015.06.19海委发〔2015〕30号文成立）

组　长　刘　刚（2015.06.19任职）

区人民法院纪检组

组　长　付丙刚

区人民检察院纪检组

组　长　李　浩

【部门纪委】

区教育局纪委

书　记　卞　红（女）

区城市管理局纪委

书　记　潘家锦

区市场监督管理局纪委（2015.06.19海委发〔2015〕28号文成立）

书　记　封红军（2015.06.19任职）

法院、检察院

【区人民法院】

院　长　傅成保
副院长　丁汝成　毛国勇
　　　　高　照　卞玉霞（女）
　　　　刘　强　季　锐（女）
　　　　黄以双　姜长安
政治处主任　金立鑫

【区人民检察院】

检察长　张克晓
副检察长　李永红（女，回族）
　　　　　霍介涛　邓　毅
　　　　　孙锡鸿　严　中
　　　　　徐庆玉　杨晓明
　　　　　唐　敏（女）
政治处主任　徐翠英（女）

人民武装部

【镇、街道、开发区人民武装部】

浦南镇人民武装部

部　长　史　杰

新坝镇人民武装部

部　长　秦绪伟

板浦镇人民武装部

部　长　程　勇

锦屏镇人民武装部

部　长　顾永传

花果山街道人民武装部（2015.10.18区划至高新区）

部　长　杨祖刚

南城街道人民武装部（2015.10.18区划至高新区）

部　长　余琼林

新浦街道人民武装部

部　长　蒋崇辉

浦西街道人民武装部

部　长　王　超
（2015.03.20提名任职）

路南街道人民武装部

副部长　严　明

新南街道人民武装部

副部长　曹　江

新东街道人民武装部

副部长　杨金龙

新海街道人民武装部

部　长　范　明

宁海街道人民武装部

部　长　霍永强

朐阳街道人民武装部

部　长　李　良

洪门街道人民武装部

部　长　张晓兵
（2015.03.20提名任职）

海州街道人民武装部

部　长　于　洋

幸福路街道人民武装部

部　长　卞绍向

海州区召开2015年度领导班子及领导干部述职大会

人民团体和群众团体

【海州区总工会】

主　席　杨中云
副主席　杨莅遐（女）

【共青团海州区委员会】

副书记　杜　威

【海州区妇联】

主　席　陈金芳（女）
副主席　张　华（女）

【海州区科协】

主　席　史建梅（女）
副主席　李廷顺

【海州区文联】

主　席　李敬伟

【海州区社科联】

主　席　徐正华

【海州区残联】

理事长　王　彬

【海州区工商联】

主　席　苗永梅（女）
副主席　吴海虹（女）　赵　明
　　　　孙庆海
　　　　刘佃元（2015.03.20离任）

【海州区红十字会】

会　长　袁丽霞（女）
常务副会长　刘建春
副会长　陈长坝　阮莹莹（女）

（区委组织部供稿）

责任编辑：孙大伟

中共海州区委员会

综　述

区委九届八次全会以来，全区上下坚持以习近平总书记系列重要讲话特别是视察江苏重要讲话精神为根本遵循，全面贯彻党的十八大和十八届三中、四中、五中全会精神，紧紧围绕“四个全面”战略布局，在市委、市政府的坚强领导下，团结带领全区上下积极抢抓“一带一路”建设重大机遇，主动适应经济新常态，积极应对各种困难挑战，加强统筹协调，深化改革创新，集中抓好一批大事要事，奋力推动经济社会发展和党的建设取得新进步。

坚持把党要管党、从严治党作为重要的政治任务，制定实施关于加强和改进党的建设、推动全面从严治党迈上新台阶两个实施意见，统筹推进党的建设各项工作。

思想宣传工作　围绕补足“精神之钙”，加强理想信念教育，严明党的政治纪律和政治规矩，严肃党内生活，加强和完善中心组学习制度，为全面从严治党打牢思想基础。大力培育和践行社会主义核心价值观，加强未成年人文明礼仪教育，继续开展千名机关志愿者爱心帮扶、在职党员到社区报到等活动，搭建党员志愿者协会等服务平台，区党群服务平台共解决群众需求2900余件。推出“最美志愿者”陈军等省级重大典型，“今日海州”“文艺海州”微信、“海州发布”微博影响力进入全市前列，中央电视台、《光明日报》、《新华日报》、江苏卫视等纷纷报道海州，对外影响力不断扩大。积极引导社会舆情，完善网络舆情的研判、预警、通报制度，引导发展健康向上的网络文化。

干部监督管理　出台《海州区科级领导班子和领导干部考评办法》，实行“五考四评三结合”立体考评，完善“干部考察进社区”制度，严格公正考察干部实绩。采取（镇）街机关交流、重点岗位挂职、单位内部轮岗的办法，推进干部轮岗交流，提高干事创业活力。认真落实习总书记从严管理干部“五个要”的新要求，开展领导干部在企业、社团兼职（任职）专项清理，加强干部因私出国（境）审批管理，对全区干部“三龄两历一身份”进行逐项核查，开展“带病提拔”倒查、选人用人专项检查和“一报告两评议”结果督查，严把干部选拔任用关。

机关作风建设　制定《党政机关工作人员问责暂行办法》等5项新规，明确对为官不为、庸懒散、自由主义、推诿扯皮等问题进行问责，扎牢正风肃纪的制度“笼子”。紧扣“事要解决”这一关键，着力打造“阳光信访”“责任信访”“法治信访”，重点抓机关作风建设、信访积案化解和信访秩序规范等工作，有力维护了全区社会和谐稳定。加强重要节点作风督查，按照职能部门责任清单要求，分别针对津贴补贴、福利发放、工会经费、公务接待、公务用车、公款购卡等环节问题，组织开展明察暗访，针对问题发出督查督办函。中央八项规定出台以来，全区先后查处违反规定问题25起，处理33人，确保各项规定落实到位。加大对干部不作为、慢作为、乱作为的问责力度，2015年以来共查处15起，给予党政纪处分25人。

基层党组织建设　围绕党组织书记工作责任清单式管理，建立区委常委指导联系点落实清单“五个一”制度，设立基层党建工作专项经费，规范社区为民服务专项资金使用，全面试行乡镇党代会年会制。深化“一委三会”运行模式，新升格成立44个社区“大党委”，进一步理顺机关党组织隶属关系，区域化、精细化党建格局初步形成。集中整顿软弱涣散党组织，向经济薄弱村选派“第一书记”，分批轮训基层党组织书记，基层“带头人”能力不断增强。加强党员教育管理，推动机关在职党员服务社区常态化长效化。

统战工作　认真贯彻中央和省市委统战工作会议精神，加强党外代表人士队伍建设，重视和发挥民主党派、无党派人士的优势作用，做好民族宗教工作，组建海州侨商会，统战工作水平不断提高。

反腐倡廉　认真落实党风廉政党委主体责任和纪委监督责任，分类制定、层层落实责任清单，组织开展责任制落实情况定期督查，推动“两个责任”落地生根。探索推进纪检体制改革，区级机关纪检派驻机构实现全覆盖，对派驻机构实行“五个统一”垂直管理，确保派驻监督执行有力。顺利完成省委巡视组巡视工作。全面开展区内巡查工作，完成3轮常规巡查和“吃空饷”专项巡查，组织对前6轮巡查“回头看”，逐一检查整改情况并逐项“销号”。开展群众身边不正之风和腐败问题专项治理行动，年内，已办结市、区督办问题13件，党政纪处分15人，移送司法机关2件。继续保持惩治腐败的高压态势，全年共立案查处违纪违法案件70件，同比增长100％，其中乡科级干部案件14件，党纪政纪处分81人，移送司法机关处理3人，挽回经济损失560余万元。加强纪律规矩教育，组织学习新修订的《廉洁自律准则》和《纪律处分条例》，近6000名党员干部接受测试，廉洁自律意识进一步增强。建成全市首家农村党员干部警示教育基地，拍摄《烂根之害》《绷紧末梢神经》等专题教育片，营造风清气正的政治生态。

区委常委自身建设　2015年，区委常委会高度重视自身建设。严守党的政治纪律和政治规矩，坚定理想信念，自觉维护中央权威，坚决与党中央保持高度一致。带头参加“三严三实”专题教育，巩固群众路线教育实践活动成果。认真贯彻民主集中制原则，加强对重大问题的研究思考和谋划，严格执行《区委常委会议事决策规则》《区委常委工作守则》等制度，按规则议事决策，坦诚相待，相互支持，增进团结。认真履行“一岗双责”，重实干、勇担当、讲廉洁，努力在贯彻中央和省市委的部署要求、改进工作作风上做出表率。

区委常委分工

王立斌　主持区委、区人大全面工作，分管区政协工作，区委改革办工作。

单晓敏　主持区政府全面工作。

王建明　协助书记负责有关党的建设工作，具体负责区委党的建设工作领导小组工作，分管农业和农村工作，扶贫工作，统战工作，人口与计划生育工作，机关工委工作，双拥和关工委工作，区委办公室、档案、机要和保密工作，督查工作。

王友君　负责区政府常务工作，分管接待工作。

江锦峰　分管政府相关工作。

姚　超　主持区纪律检查委员会工作，分管纪检监察、党风廉政建设和反腐败工作。

徐风良　负责海州经济开发区全面工作，分管海州专用装备产业园、海州通用设备产业园工作。

房忠涛　负责区委宣传部工作，分管意识形态和宣传工作及精神文明建设工作，党史工作，教育、科技、文化、卫生、体育方面党的工作，党校工作，文联、创建办、社科工作。

李永涛　负责海州经济开发区党的建设工作，分管现代服务业集聚区、海州电子信息产业园工作，分管对台工作，科协、台联、侨联、残联工作。

卢　平　负责区委组织部工作，分管组织、干部工作，老干部工作，工会、共青团、妇联工作，重大项目推进办工作。

郑　斌　负责区委政法委工作，分管政法工作、法治建设、社会管理综合治理工作，信访稳定工作。

顾建华　分管政府相关工作。

毛志峰　负责区人武部工作，分管人民武装建设、国防动员工作。

重要会议

【区委九届九次全体（扩大）会议】2015年7月24日上午，中共海州区委九届九次全体（扩大）会议在区行政中心会堂召开。会议由区委书记王立斌主持，并代表区委作《落实从严治党　深化改革创新　加快提升新海州的凝聚力和辐射力》工作报告。会议认真贯彻省委十二届十次全会、市委十一届十次全会精神，总结上半年工作，部署下半年任务，动员全区上下以改革创新理念确保完成全年和“十二五”规划各项目标任务，以“三严三实”精神推动全面从严治党迈上新台阶。区委委员、候补委员，不是区委委员、候补委员的区人大、区政府、区政协负责人，区人民法院院长、区人民检察院检察长，县处级离退休老干部代表，云台农场、岗埠农场主要负责人，区纪委委员，不是区委委员、候补委员的各镇、街道、开发区党政主要负责人、纪（工）委书记、组宣委员，不是区委委员、候补委员的区各部委办局社（公司）、各群团组织、各有关单位党政主要负责人，区人大各工委、政协各专委主要负责人，公安分局、国土分局、物价分局、规划分局、市国税局第三分局、市国税局第四分局、市地税局第三分局、市地税局第四分局、市地税局第六分局、消防大队主要负责人，部分党代表，各村、社区党总支（支部）书记参加会议。

【区委九届十次全体（扩大）会议】2015年12月30日上午，中共海州区委九届十次全体（扩大）会议在区行政中心会堂召开。会议由区委书记王立斌主持，并代表区委作工作报告。会议认真学习贯彻党的十八届五中全会和省市委全会精神，听取区委常委会工作报告，审议通过《中共海州区委关于制定海州区国民经济和社会发展第十三个五年规划的建议》。大家围绕会议主题，结合各自实际，进行深入热烈的讨论交流，对区委常委会的工作给予充分肯定，对区委《建议》提出不少好的意见，达到统一思想、明确目标、集中智慧、凝聚力量的目的。区委委员、候补委员，不是区委委员、候补委员的区人大、区政府、区政协负责人，区人民法院院长、区人民检察院检察长，县处级离退休老干部代表，区纪委委员，不是区委委员、候补委员的各镇、街道、开发区党政主要负责人，不是区委委员、候补委员的区各部委办局社（公司）、各群团组织、各有关单位党政主要负责人，区人大各工委、政协各专委主要负责人，岗埠农场、海州公安分局、高新区公安分局、海州国土分局、海州物价分局、海州规划分局、新浦规划分局、市国税局第三分局、市国税局第四分局、市地税局第三分局、市地税局第四分局、市地税局第六分局、新浦消防大队、海州消防大队主要负责人，部分党代表，各村、社区党总支（支部）书记参加会议。

【全区党建工作会议】 2016年3月8日上午，全区党建工作会议在区行政中心辅楼大会堂召开。会议认真贯彻习近平总书记关于全面从严治党的系列重要论述，以及中央、省、市委有关会议精神，回顾总结2015年工作，研究部署2016年任务，动员全区各级党组织进一步增强党要管党、从严治党的信心和决心，切实提高党领导经济社会发展能力，为建设区域性经济文化中心和更高水平小康社会提供坚强的政治和组织保障。

会议由区长单晓敏主持。区委书记王立斌在会上作重要讲话。他指出，2016年是全面小康建设进入决胜阶段的开局之年，是新海州建设的聚力突破之年，也是各级党组织集中换届之年。做好2016年的党建工作，事关长远，意义重大。各级党组织要准确把握党建工作的新形势、新任务和新要求，牢固树立抓好党建就是最大政绩的工作理念，进一步理清思路，突出重点，创新举措，推动全面从严治党迈上新台阶。

区四套班子全体负责人，区人民法院院长、区人民检察院检察长，区纪委委员、区纪委各直属纪工委书记，各镇、街道、各功能板块党政主要负责人，党（工）委副书记、纪组宣政法委员（书记），区各部委办局社（公司）、各群团组织，各有关单位党政主要负责人、纪（工）委书记、纪检组组长，各村（社区）党组织书记参加会议。 （撰稿：张建鑫）

重要决策

【成立电子信息产业园】 2015年1月13日，经区委、区政府研究，决定成立海州电子信息产业园管理委员会，作为区政府派出机构，主要职责是研究电子信息产业园开发建设重大事项，协调解决重大矛盾问题，具体负责电子信息产业园招商引资、开发建设、投资融资、征地征收、居民安置等工作，承办区委、区政府交办的其他事项。管委会下设党政办公室、规划建设部、征地拆迁部、财务审计部、项目部、招商办公室、治安办公室。

【成立滨河新区】 2015年8月26日，经区委研究，决定将滨河新城管委会与浦南镇新镇区整合成立滨河新区管委会；现代服务业集聚区管委会更名为海州智慧物流产业园管委会，与浦南镇合署办公室。

【加强和改进党的建设】 为充分发挥全区各级党组织的战斗堡垒作用和广大党员干部的先锋模范作用，广泛凝聚发展合力，区委常委会于2015年2月27日研究决定，制定下发《中共海州区委关于加强和改进党的建设的实施意见》。

组织工作

【概况】 截至2015年12月30日，全区共有科级干部672人，其中在职548人，退出领导岗位124人。在职科级干部平均年龄44.8岁，其中女干部130人，占23.7%；党外干部13人，占2.4%；大学以上学历477人，占87%。全区共有党委87个，党总支149个，党支部1094个，党员28410名。区委直属党（工）委33个，其中，镇党委4个，街道党工委11个，开发区党工委1个，非公企业党委2个。全年发展党员176人，其中，女党员77人，占43.8%；35岁以下115人，占65.3%；高中、中专以上161人，占91.5%；生产、工作一线45人，占25.6%。海州区先后获得全市组织工作目标考核一等奖、组工宣传“三连冠”，被人民网评为全国“优秀党建云平台暨基层党建宣传示范单位”。

【“三严三实”专题教育】 2015年5月至12月，按照中央和省、市委部署要求，在全区处级领导干部中开展“三严三实”专题教育。全区38名处级领导干部聚焦忠诚干净担当，上好专题党课、抓好专题学习、搞好专题调研、开好专题民主生活会，做好整改落实和立规执纪，普遍开展6次以上学习研讨，认真抓好中央和省、市委50项专项整治任务，查摆整改“不严不实”问题6类390余条，达到“三个见实效”（在深化“四风”整治、巩固拓展教育实践活动成果上见实效，在守纪律讲规矩、营造良好政治生态上见实效，在真抓实干、推动改革发展稳定上见实效）的目标要求。

【划转干部交接】 11月，按照连云港高新技术产业开发区区划整合要求，顺利完成划转至高新区的花果山街道、南城街道的科级干部、班子成员等36人的相关交接工作。

【落实公务员职务与职级并行】 根据《关于全省县以下机关建立公务员职务与职级并行制度的实施意见》，会同区人社局制定《海州区公务员职务与职级并行实施方案》，启动公务员职务与职级并行工作，逐一核查科级干部及党群部门公务员年度考核结果、公务员登记、奖惩情况等信息，对26家194名符合职级晋升条件的公务员进行审核审批。

【领导班子和干部队伍建设】 根据全区经济社会发展需要，选优配强领导班子。年内，全区共调整科级干部136人，其中提拔39人，交流68人，换岗20人，转岗9人。注重领导班子立体分析研判，组织“双测三访四看”（开展领导班子与领导干部测评，访谈区分管领导、班子成员、干部群众，看领导班子落实区委决策部署、发挥领导作用、引领科学发展和提升群众满意度情况）活动，结合年度考核，对全区73个领导班子进行集中走访。通过开展领导班子与领导干部测评，访谈区分管领导、班子成员、干部群众，看领导班子落实区委决策部署、发挥领导作用、引领科学发展和提升群众满意度情况，全面掌握班子和干部现实表现，对结构不合理、运行不畅、凝聚力不强的班子予以调整，切实增强领导班子整体合力。

【干部一线培养】 年内，开展青年干部“向下扎根”行动计划，选派区机关128名干部到镇（街）村（社）和重点建设前沿挂职锻炼。强化干部一线考核，实行业绩登记制度，对挂职干部动态跟踪、全程管理，提升服务重点工程建设成效。全年提拔的

39名科级干部中，90%有镇（街）村（社）、重点工程等基层一线经历。深入推进干部交流，组织24名机关与镇（街）干部进行双向交流，有44名干部在机关之间、镇（街）之间进行平行交流。

【规范干部从政行为】 按照中央和省、市有关要求，开展干部违规办理和持有因私出国（境）证件专项治理，对467名科级领导干部进行登记备案，收缴因私出国（境）证件236本，协调公安出入境管理部门核销出国（境）证件44本。开展领导干部在企业、社团兼职（任职）专项清理，全区各类违规兼职（任职）行为全部规范清理到位。

【干部档案专项审核】 根据中组部关于开展干部人事档案专项审核工作要求，启动海州区干部人事档案专项审核工作，抽调专门人员对区委组织部管理的869卷干部档案进行全面审核，累计完成信息认定869人，收集补充各类档案材料3200余份，调查认定信息37人。

【干部教育培训】 以干部需求为导向，分层次、多渠道，推动干部教育培训工作。举办"百家讲坛"促进全面提升，围绕习近平总书记系列重要讲话精神，先后邀请专家学者和上级领导举办专题报告会6期，培训干部2200余人。举办组工干部业务知识和宣传信息专题培训，编发《基层组工干部常用文件选编》，编制日常业务的工作要点和流程图，增强培训的针对性和实用性。先后组织16名处级干部参加中央和省、市委党校学习，选派28名科级干部赴新加坡和中国台湾、苏州等地参加产业发展、园区建设、企业经营管理等专题培训。

【干部监督管理】 围绕落实"从严治党"要求，不断加强干部日常监督。开展"双向约谈"，准确掌握干部表现，及时回应干部诉求。做好领导干部关爱提醒，对有轻微、苗头性问题的干部及时"咬耳朵""扯袖子"，开展提醒12人次，函询2人。并强化股级干部选任指导和监督，制定下发选拔任用流程图，对32家单位403人次股级干部调整情况进行审核。同时，加强领导干部因私出国（境）管理，登记备案500余名科级干部信息，集中保管科级干部因私出国（境）证件236本。并做好干部经济责任审计，健全权力监督机制，离任审计18人，任中审计4人。还开展股级干部选任"一报告两评议"（地方党委常委会每年向全委会报告工作时，要专题报告年度干部选拔任用工作情况，并在一定范围内接受对本级党委干部选拔任用工作和新选拔任用领导干部的民主评议），根据评议结果重点督查，下发意见反馈单24份。

【落实基层党建工作责任】 制定基层党建工作责任清单，建立区委常委指导联系点落实清单"五个一"制度，即听取一次联系点落实基层党建工作责任清单专题汇报，围绕落实基层党建工作责任清单开展一次专题调研，深入联系点村（社区）开展一次走访慰问困难党员群众，与联系点党员群众开展一次民情恳谈，帮助联系点解决一件实际困难，开展区、镇、村三级书记抓基层党建"联述联评联考"工作，区级建立100万元基层党建工作专项经费，向社区发放980万元为民服务专项资金，推动基层党建工作责任落实。并在4个镇全面试行镇党代会年会，建立党代表提案镇党委督办、领导班子成员领办、镇机关部门承办的办理机制。

【农村党组织建设】 年内，区委组织部向4个经济薄弱村下派"第一书记"，以组织建设助力精准扶贫。一村一策开展软弱涣散党组织整顿，全区9个软弱涣散村党组织转化到位。同时，开展村（社）党组织优化设置"百日攻坚行动"，将3个村升格为党委，25个村（社）升格为党总支，以组织设置优化推动集体经济增加和农民致富增收。以新坝镇为试点，探索村干部薪酬体系改革。在青岛举办村书记集中培训班，提升村党组织书记素质。开展村级综合服务中心规范化建设集中整顿，使用效益进一步提高。

【深化社区"大党委"制】 年内，区委组织部将社区党组织升格为"大党委"，吸收驻区单位党组织纳入社区党委管理或实行双重管理，全年新设立社区"大党委"48个。推行社区"一委三会"工作机制，设立社区议事会和社区监事会，与社区居委会分别行使决策权、监督权和管理权，强化社区党委的领导核心地位，促进社区民主自治。

【设立社区为民服务专项资金】 社区为民服务专项资金由市、区两级财政按1∶1分担，每个社区按每年20万元标准设立，专项资金主要用于社区党建类、环境类、活动类等6大类支出，资金使用全程透明、民主决策，自觉接受群众监督。

【全面试行镇党代会年会制】 年内，在4个镇全面试行镇党代会年会制，实行"主题化"年会，镇党委结合代表意见及当年工作重点，确定党代会年会主题。建立党代表提案镇党委督办、领导班子成员领办、镇机关部门承办的办理机制，50件党代表提案全部办结。

【开展党员组织关系排查】 10月29日，召开全区党员组织关系排查工作部署培训会，制定下发《全区开展党员组织关系排查工作方案》及《指导手册》，全面启动海州区党员组织关系排查工作。采用"双查"的办法，即党支部自查、基层党（工）委工作组核查，一个一个党支部过，一个一个党员查，统一规范党员情况记载，统一形成党员名册，真正理清和掌握全区党员基本情况。重点摸清流动党员底数、现状，按照规定进行规范化管理；理顺"空挂"党员组织隶属关系，确保组织关系随人走；全面排查"失联"党员，区别情况做出组织处理。经排查，全区外出流动党员1067名，经排查取得联系的党员1113人，无法取得联系的党员696人。

【"5+1"模式推动在职党员服务社区常态化】 年内，区委组织部采取制发一个规范文件，配套实行建立联络服务站、设立片区联席会、成立服务协会、聘任“名誉书记”和实施“一诺三评”（公开承诺、网上评、群众评、组织评）等5项跟进举措，推动在职党员融入社区服务群众。全区4100余名在职党员到社区报到开展志愿服务群众活动，31名在职党员担任社区“名誉书记”，34个社区建立联络服务站和片区联席会，开展“融入社区，服务群众，千名在职党员大行动”等大型集中活动32次，组织志愿服务4.2万余人次。在职党员进社区“5+1”（制发“一个规范文件”，配套实行“五项跟进举措”即建立联络服务站、设立片区联席会、成立服务协会、聘任“名誉书记”）模式入选全市党建创新案例。

【大学生“村官”】 年内，制定《海州区大学生“村官”推荐报名人选综合评价量化计分办法》，明确大学生“村官”参加选调生考试的推荐标准。举办2期专题培训，帮助有创业意向的大学生“村官”提高创业本领。以无息贷款的方式，为3名创业大学生“村官”提供6万元的创业扶持基金。组织开展“放飞青春、圆梦海州”主题演讲比赛、纪念建党94周年党史党情知识竞赛等多项文体活动，有效激发大学生“村官”比学赶超的浓厚氛围。

【人才队伍建设】 2015年，实施区“135”人才（引进100名博士、30名有一定影响力和知名度的企业家、50名高层次创业创新创优人才）引进工程，开展“高端人才海州行”系列活动，举办多场高层次人才专场招聘会，全面完成区三百引才（引进高级管理人才100名、高端专业人才100名、引进创业创新领军人才100名）任务，全年重点引进高层次人才51人，新获批省双创人才（高层次创新创业人才）3人，双创博士1人，科技副总5人，“苏北发展急需人才引进计划”30人。推进“本土人才扎根计划”，在35家企业建立第二批“大学生实习基地”。深化产业人才“131”培训计划（培训1000名企业高层管理人才、3000名中层骨干人才、10000名研发生产一线人才），全年培训各类管理人员及研发生产一线人员200余人次。开展“企业服务年”活动，进一步完善人才服务长效机制，积极为企业和人才排忧解难，在全区营造爱才重才的浓厚氛围。

（撰稿：张延静　李绘　李星　徐鑫　相涛　陶士催　唐玉灿　王郑
审稿：郑纪东）

宣传工作

【概况】 2015年，全区宣传思想文化战线深入学习贯彻习近平总书记系列重要讲话精神，紧紧围绕区委区政府中心工作和推动文化建设迈上新台阶这一重要任务，统筹推进各项工作，进一步凝聚“海州力量”，展示“海州形象”，发出“海州好声音”，促进意识形态工作得到再加强，“文化之城”建设实现再提升。

【思想教育】 2015年，全区宣传思想文化工作机制不断创新，先后出台《关于进一步加强全区宣传思想文化工作的实施意见》《关于加快海州文化建设的意见》等文件，以“百家讲坛”“周末课堂”为载体，开展区委中心组集中学习12次、研讨6次。举办党的十八届五中全会精神宣讲报告会10余场；组织开展“协调推进‘四个全面’（全面建成小康社会、全面深化改革、全面推进依法治国、全面从严治党），谱写改革新篇”专题调研活动，撰写调研文章100余篇。获评市社科普及示范基地2个，全区党员冬训覆盖面进一步扩大，参训率达98%以上。荣获全省宣传思想工作先进集体和全省文化科技卫生“三下乡”先进集体荣誉称号，荣获市宣传思想文化工作“创优奖”、市基层党员干部冬训先进集体、市中国特色社会主义理论体系知识竞赛组织工作先进单位、市社科工作先进集体、市首届文化艺术展示季优秀组织奖等称号。“海州做法”在全市宣传思想文化工作会议上进行交流发言。

【新闻报道】 年内，围绕区委区政府中心工作，加大宣传力度，认真讲好“海州故事”。精心策划推出《海州千年文脉融入“文化之城”大建设》等一批重点报道；在《光明日报》重要版面刊发文章《孔望山的传奇》，深度报道海州区积极融入“一带一路”战略规划的生态故事；在《新华日报》等省级以上媒体头版发稿8篇；在《人民日报》发稿5篇；在中央电视台发稿3篇，CCTV-7农业频道《每日农经》栏目对板浦镇豆丹产业进行专题报道。全年发稿3000余篇，制作完成《海州新闻》12辑。

【网络信息传播】 年内，编辑出版《海州》图书，编印《海州》宣传画册；摄制《海州音乐风光片》，并通过网络和电视进行播出，展示海州良好的外部形象。利用微信、微博平台先后开展“板浦豆丹”“海州名人”等具有海州特色的网络文化宣传活动10余场。全年共编发宣传思想文化专题微信1800余条、微博1400余条。同时，积极参加“指尖上的港城微宣传”创建评选活动，“今日海州”微信公众号被评为全市新媒体应用创新“十大品牌”。还踊跃参与2015“美丽港城”系列网络文化活动，上报微故事、微图片、微视频作品20余件，其中有4件作品荣获“十佳作品”。与此同时，不断完善舆情研判处置联动机制，共编发舆情快报16期、舆情监测信息105条，协调处置负面舆情30余次。此外，深入开展“推进网络空间法治化知识竞赛”“清除违规有害信息”等网络治理专项行动，对全区政府门户网站及各单位网站逐一检查审核，着力消除网站“睡眠”等现象，规范网络信息传播秩序，使得全区网络空间更加清朗。

【文明海州建设】 2015年，区委宣传部及区文明办选树推荐“叶欣仁”先进典型40余名，推出省级重大典型李浩、陈军。路南街道王志轩入选全市“最美村官”候选人；新南街道办事处被评为全市唯一一家省级“人民满意公务员先进集体”；“好爸爸樊继志”等典型事迹被《扬子晚报》推介报道。邀请《光明日报》记者对海州区爱心市民作深度挖掘报道。新浦汽车总站“雷锋车”组、陇海步行街被命名为全市社会主义核心价值观建设示范基地。

【志愿者行动】 年内，由区委宣传部牵头成立海州志愿者、海州青年志愿者、海州党员志愿者协会，入库人数达11万人，举办大型志愿服务活动100余场次。成功承办全市暨海州区“三下乡”（科技、文化、卫生）活动集中启动仪式。培育打造“周六义务3小时”、“机关助困”、10元话费补助、大学生村官流动红影院、“驿路邮爱”、“37° 幸福小屋”等多项志愿服务品牌。有3人入围“中国好人”、1人荣登“中国好人榜”、7人（团体）获评市“网络慈善榜”。连续9年开展“爱心市民”评选活动，成功举办“全民阅读”“最美港城人”“美爱海州”评选表彰等系列活动，荣获省“最美乡村”1家；市“最美乡村”4家。

【宣传文化阵地建设】 全年，域内的文化产业强势推进，民主路二期、盐河巷、海州城隍庙、二营巷、孔巷、双龙井、南城新大街、板浦东大街及IMS影院等一批文化项目相继启动建设，李汝珍纪念馆修缮完成并重新开馆；建成月牙岛生态湿地公园，成功承办全市文化产业建设现场会，争取文化项目资金275万元。大华文化交流中心、海州画院、区文化馆、区图书馆等一批文化项目建成投入使用。

（撰稿：王　静　审稿：李敬伟）

统战工作

【概况】 2015年，区委统战部围绕区委、区政府中心工作，坚决贯彻落实新时期党的统战工作方针政策，高唱大团结、大联合的主旋律，不断分析新形势，研究新问题，寻求新突破，广泛凝聚人心、汇集民智、维护稳定、促进和谐，各项工作均有序推进。2015年在全区绩效考核中被评为一等奖。

【民主党派支部建设】 原新浦、海州两区合并后，区委统战部利用各民主党派市委会换届的有利时机，对两区合并后的海州区各民主党派支部工作人员的调整和加强，广泛接触各民主党派的市委会负责人，参与各民主党派海州支部的换届选举相关活动。

【发挥民主党派成员人才集中优势】 年内，区委统战部组织专家深入基层，深入农户，深入一线，向农民传授科学种植、养殖及果树栽培技术，为农业增产、农民增收和本区新农村建设做出积极贡献。

【搞好与民主党派关系】 区委统战部协助各民主党派基层支部搞好组织建设，关心党外干部的进步，及时补充党外干部人才库；加强与各民主党派的联系，组织和协助各民主党派基层支部开展社会调研和实践活动。

【创新工作】 2015年4月，启动“小社区、大统战”试点工作。进一步整合统战资源、创新统战机制、规范统战管理，较快构建区、街道、社区联动的统战工作格局，最大限度地调动统战工作积极因素。按照“突出重点，打造亮点，以点带面，全面提升”的工作方法，并实施“一街一特”“一居一品”工程，在全区各街道、各社区创建个性突出的统战工作。促使全区统战工作走进社区，主动作为，快速有效地提升统战工作的影响力，进一步完善统战成员为社区建设服务、社区为统战成员服务的“双向服务”机制。全区统战工作得到进一步拓展延伸，工作内涵不断丰富。

【侨台工作】 2015年，区委统战部积极发挥侨联纽带作用。1月份指导区侨联完成换届选举；4月份，经区委统战部协调，海州区人民政府与连云港市侨联正式签订侨界人才创新创业战略合作协议；7月底，区侨联成功组建海州侨商会。完善社区侨台人员信息登记。完成出国和归国留学人员、海外侨胞、港澳台同胞等情况调查，加强沟通联络，进一步搭建好党和政府同侨界的桥梁和合作平台。组织归侨侨眷和留学生搞好侨联日常活动和迎春座谈会。着力解决困难，热心为侨服务。特别是关心侨界困难人士和家庭的工作和生活，实实在在为他们办实事、做好事。年内共走访6户困难归侨侨眷，把党的温暖带给侨界困难家庭。

（撰稿：胡锦保　审稿：刘永柱）

涉台事务

【概况】 2015年，区台湾事务办公室（简称区台办）深入学习贯彻习近平总书记关于两岸关系“四个坚定不移”（坚定不移走和平发展道路，坚定不移坚持共同政治基础，坚定不移为两岸同胞谋福祉，坚定不移携手实现民族复兴）的最新要求，牢牢把握两岸关系和平发展主题，根据苏台交流交往“四个新高地”（加快建设台资产业集聚新高地，加快建设台企创新发展新高地，加快建设台商投资环境新高地，加快建设两岸交流交往新高地）建设要求，围绕中心，服务大局，发挥职能，主动作为，涉台工作不断取得新进展。

【推动海台经贸合作】 2015年，区台办突出重点，积极作为，努力搭建两

地经贸合作平台。元旦、春节期间，在区招商引资平台上发布“两岸经营者俱乐部年度论坛”等信息，力促两地交流合作。推荐区内企业加贝碳化硅赴台参加“两岸中小企业合作论坛”。组织区电子信息产业园和区内企业元丰机械参加“昆山电子电机暨设备博览会”，协助载体单位搜集项目信息，帮助区内企业寻找到适合产品。接待市人大常委会执法检查组关于贯彻实施《江苏省保护和促进台湾同胞投资条例》情况专项执法检查，组织台商参加专题座谈。邀请常州市台商协会会长黄澄辉一行到区考察交流，为两地台企持续发展搭建桥梁。邀请台资企业优捷特箱包参加第二届“连博会”，并做好参展客商服务接待工作。年内，协助区内企业办理赴台经贸考察和业务交流14批次。

【推进两地交流交往】2015年，区台办加强与台湾团体协会和知名人士的互动交流，不断拓展交流领域，努力提升合作层次。引进来：先后接待台湾中华永续城市发展基金会、台湾正修科技大学等团体到海州区参访交流和实地考察，永续发展与滨河新区签订《月牙岛生态旅游整体发展规划》。9月份，台湾著名生机饮食专家欧阳英先生走进海州区，为全区200名机关干部和社区居民进行《“食”来运转》专场科普讲座。走出去：11月份，精心组织安排区城市管理团组和区慈善总会代表团分别赴台学习考察交流，为海州区在现代农业、城市建设、文化创意、慈善和社会福利等领域搭建合作交流平台。

【涉台宣传工作】2015年，区台办利用多种渠道开展涉台宣传工作，收到良好社会效果。配合赴台考察交流活动，加强与台湾社会各界的互动交流，积极宣传推介新海州，提升海州在台的知名度和美誉度。接待台媒记者调研。12月份，接待台湾《联合报》《旺报》等媒体记者到区调研台企润良商贸和爱仕沃玛。区台办积极在《连云港台湾事务网》等省、市网站及刊物上报送信息稿件，位居全市县区前列。

【基础工作】2015年，区台办开展台胞台企摸底普查工作。9月份，对区内常住台商台胞逐一进行摸底调查，了解他们在海州的生产生活和工作情况。10月份，开展全区台资企业和台属企业普查，对企业进行走访调研，完善企业基本信息调查统计，了解台商台企在生产经营中遇到的实际问题和困难，协调帮助解决。同时，加强涉台工作的统筹协调，认真受理来信来访，妥善处理涉台问题，切实帮助台胞台属解决薪资纠纷、寻亲探亲等实际问题，积极为台胞办实事、解难题、做好事。

【指导台谊会工作】2015年，区台办加强区台属联谊会(简称台谊会)自身建设，定期组织召开理事会成员会议，不断规范台谊会工作。同时，加强与市、县（区）台属联谊会及其成员的联系沟通，积极发挥台谊会的桥梁纽带作用。元旦、春节期间，开展“看古镇、谋发展”联谊活动，组织区台谊会理事会成员和台属代表参观考察板浦镇镇区、李汝珍纪念馆和台属企业汪恕有滴醋，激发大家热爱家乡、建设家乡的热情和信心。10月份，开展市、区两级台谊会座谈交流活动，市台办领导和市台谊会理事会班子成员应邀参加联谊活动。春节前夕，走访慰问重点台属和困难台属，为他们送去节日慰问品和慰问金。同时，认真做好扶贫解难工作，想方设法帮助困难台属杨先生减免医疗费用，切实为他们排忧解难。

（撰稿：张晶宇　审稿：赵　红）

区机关工委

【概况】2015年，海州区机关党建工作以建设学习型、服务型、创新型党组织为工作目标，以党的执政能力建设和先进性建设为重点，全面推进党的思想建设、组织建设和作风建设。年内海州区机关工委有101篇材料被连云港市机关家园网采用，在全市各县区中排名第一；有227篇材料被江苏机关党建网采用，在全省县区排名第一，荣获省机关工委“二〇一五年度机关党建信息工作先进单位”。

【基层组织建设】规范基层党组织设置、更名、换届和升级等工作。截至2015年底，区机关工委直属的党组织有42个：其中党委3个，总支9个，机关支部20个，企业支部10个。在所有基层党组织中配备纪委书记或纪检委员1名，经过换届后，43个基层党组织班子成员中，有73人是多年从事机关党建工作的“老同志”，41人是单位的业务骨干。

【党员教育培训】按照政治素质强、作风过得硬、业务工作精的要求，创新开展机关党员干部培训工作。8月19日，对本年度有发展计划的13个单位负责党员发展工作的党务干部进行发展党员工作专题培训，区机关工委专门印制《海州区机关工委发展党员工作专题培训材料》分发给参训学员；10月22日，举办区级机关2015年党务干部培训班，邀请区纪委和区委组织部两位有多年党建工作经验的领导作专题辅导，区机关工委各基层党委、总支、支部（含基层党委、总支下设支部）共有80多名党务干部参加，培训采用案例式教学，以条目图表的形式讲解机关党建业务。

【发展党员】年内，按照区委组织部下发的年度党员发展计划分配党员发展名额，严格执行发展党员“十六字”（控制总量、优化结构、提高质量、发挥作用）方针，坚持慎重、有计划地发展党员，抓好入党材料审核、政审考核和谈话提醒3个环节，全年共发展新党员15名，其中女性5人，35岁以下12人，大专以上学历13人。

【积极分子培训】4月28-29日，区机关工委举办2015年度入党积极分子培训班，培训内容包括党的基本理论、基本路线、基本知识、社会主义核心价值观、习近平总书记系列讲话精神等。本次培训共有70余名入党积极分子和发展对象参加。

【组织关系排查】11月下旬开始，区机关工委开展1405名党员组织关系集中排查工作，落实每名党员的组织归属，杜绝口袋党员。

【机关志愿者爱心帮扶】 2015年，区机关工委按照“全员参与、社会支持、政府托底”的要求，以5名机关志愿者组成1个爱心帮扶小组长期结对帮扶1户困难家庭，帮扶小组每月至少深入帮扶对象家中开展慰问1次、至少给付400元帮扶资金，直至受助家庭子女完成学业。年内，全区共结成帮扶对子375个，投入帮扶资金近180万元。

【党员志愿者进社区行动】 年内，区机关工委有4名党员定期到结对的富强社区和新潮社区报到，走访了解社区居民和社区的需求，并为富强社区协调党员活动室建设经费2000元；并在新潮社区开展“融入社区，服务群众”科普志愿者进社区活动，走访困难党员2名，分别送去慰问金500元。七一前夕，为6名社区老党员和困难群众送去慰问金3000元。

【机关党员志愿服务】 在每月的20日（党员集中活动日）组织机关党员开展志愿服务，全年组织100余人次赴社区、养老院、福利院、特殊教育学校等开展志愿服务。4月15日，组织机关党员开展“绿化美化家园、建设生态海州”集中植树活动，在滨河新城建立“海州区机关志愿者植树园”，全区机关党员共认捐购苗款10万元，代植、自种各类树木1.5万余株。9月份，开展城乡环境综合整治突击月活动，组织机关党员干部每周六参加义务劳动，清扫城区道路、清理小广告、擦洗道路围栏等。

【机关文体活动】 9月2日，区机关工委会同团区委在月牙岛景区举办全区机关职工趣味运动会，丰富机关文体生活。（撰稿：封芸 审稿：掌孝兰）

离退休干部管理

【概况】 2015年，全区共有离休干部117名，区级退休干部37名，代管易地安置离休干部21名。

【老干部政治待遇】 2015年，区老干部管理局（简称区老干局）组织老干部参加“我为党的事业增添正能量”活动；组织开展纪念抗战胜利70周年系列活动。每月集中学习、阅文一次；组织老干部参加省、市委老干部局举办的老干部理论读书班3期；组织参加区“两会”和区委全委扩大会等重要会议；5月、11月，组织老干部参观考察全区重大项目推进情况；通报全区经济社会发展情况2次；春节、暑期、中秋、国庆期间，走访慰问老干部450余人次，区委书记王立斌带领区四套班子领导亲自走访慰问老干部。老干部生日当天，以区党政主要领导名义送生日蛋糕、鲜花和贺卡，全年上门庆贺生日50人次。继续开展“听革命歌曲、看红色经典”活动，每月组织老干部收听观看1~2次。区老干局党总支、教育局老干部党支部被省、市委组织部、老干局授予“离退休干部先进党支部”荣誉称号，周恒泰等5名老干部被省、市委组织部及老干局授予“离退休干部先进个人”荣誉称号。

【成立“非建制性”社区离退休干部党支部】 4月28日，区老干局党总支在苍梧社区成立全市首家“非建制性”社区离退休干部党支部。

【老干部生活待遇】 全年共报销离休干部医药费480万余元；及时足额提高发放离休干部护理费，并为4名“三无”（离休干部去世后，其无工作单位、无工资收入、无公费医疗的配偶遗属）办理遗属补助和医疗保险。离休干部“两费”（离休费、医药费）保持零拖欠。

【服务老干部】 2015年，区老干局继续在老干部工作者中开展“幸福敲门”活动。每名老干部工作人员结对不少于5名老干部，每月必须走访一遍，通过说时政、聊新闻、拉家常、观表情、听烦恼，及时了解发现老干部日常生活中的困难。全年，通过“幸福敲门”活动，共为老干部解决日常生活困难101件次。苍梧社区被评为“全省利用社区资源服务老干部‘精品社区’”。

【开展文体活动】 年内，全区有3支老干部门球队6次参加省、市组织的门球比赛。组织老干部钓鱼4次、书画展2次、棋牌比赛4次。此外，区老干部活动中心每天下午都组织老干部开展文体活动，全年共有1500余人次参加各类文体活动。

（撰稿：马洪亮 审稿：孙桂香）

信访工作

【概况】 2015年，海州区信访局（简称区信访局）在区委、区政府的坚强领导下，在省、市信访局的科学指导下，坚持以十八大及十八届三中、四中全会精神为指引，推进信访法治化建设为主线，紧扣“事要解决”这一关键，着力打造“阳光信访”“责任信访”“法治信访”，重抓基层基础建设、信访积案化解、信访秩序规范等工作，有力维护了全区社会和谐稳定。年内，全区共发生信访总量1821件批次、12799件人次。其中，进京上访105批245人次，赴省上访59批126人次，去市上访310批4295人次，到区上访共805批8133人次，书面来信204件，省、市主要领导信箱及其他网上投诉件338件。全区信访形势总体平稳，信访秩序持续好转，没有发生不良信访事件和个人极端信访行为，为建设“生态宜居、人文荟萃”的主城区创造良好的社会环境。

【信访业务规范化建设】 2015年，区信访局充分发挥“江苏阳光信访—连云港平台”的作用，严格规范网上信访业务受理办理，着力实现信访事项处理全过程公开，全程跟踪满意度评价。加强初信初访办理和督查督办，全力推动信访问题及时就地解决。截至12月30日，全区阳光信访系统安装已达45家，投入资金400余万元，通过系统接待处理信访事项420余件，真正实现“让群众少走路，让数据多跑腿”信访工作新格局。

【落实信访工作责任】 年内，区信访局重抓落实和完善区党政主要领导负总责、分管领导具体抓、其他领导“一岗双责”的信访工作责任体系，全面落实“属地管理、分级负责”和“谁主管、谁负责”的领导责任。区委常委对联系点重点信访案件负总责，区政府分管区长对所分管条线重点信访案件负总责。

【完善依法信访引导】 2015年，区信访局全力做好完善依法逐级走访引导工作机制，维护正常信访秩序。并加大法治宣传教育和舆论引导力度，对一些无理缠访闹访、违法聚集滋事的典型案例，及时取证，合理处置，依法打击。开展“以案说法、以案说理”等专题活动6次，印发各类宣传资料5000余份，入户宣传1200余人次，切实增强群众依法上访的意识。

【加大领导干部接访包案化解力度】 2015年，全区加大领导干部接访包案力度，面对面化解矛盾，心贴心沟通交流，切实把群众的合理诉求解决好，把上访人的思想情绪疏导好，把问题解决在基层，把矛盾化解在当地。并扎实做好落实责任、解决问题、疏导情绪、化解矛盾、教育转化等工作，从根本上预防和减少群众上访。年内，全区党政领导包案128件，化解48件，化解率达37.5%，切实解决一批重难点信访案件。

【加强督查和责任追究】 年内，区委办、区政府办、区纪委、区委组织部和信访局组成联合督查组，对镇（街）逐家进行督查，确保责任到人、措施到位。对因工作不到位、责任不落实、应急处置不力等造成后果的，严格按照市纪委、市委组织部、市信访局联合下发的《关于进一步强化信访工作责任制落实的意见》（连纪发〔2013〕10号）文件规定，严肃追究有关人员责任。2015年，区联合督查组向办全区通报批评责任落实不到位的单位3家，通报批评相关责任人4人。 （撰稿：李守凯　审稿：陈云）

机要保密工作

【概况】 2015年，海州区委机要保密局（简称区机保局）在区委的正确领导下，紧紧围绕全区工作大局和区委中心工作，认真学习领会中央和省、市有关文件要求，加强密码保密管理，提升业务技能水平，较好地完成上级主管部门交办的各项目标任务。

【完善密码业务管理】 年内，调整了海州区密码工作领导小组和保密委员会成员，进一步加强密码保密管理机构配置，业务工作得到强化。健全各项密码管理制度和工作规定，规范密码电报和业务文件批抄传办等流程，不断完善监督检查机制，定期开展密码保密检查，及时发现和堵塞安全漏洞。年内，办理明密电报、业务文件无丢失、压误、错发、漏办等重大问题发生，做到快速、准确、无差错。区委机保局孙冬获省委机要系统嘉奖。

【加强信息化建设】 新成立党委信息化工作领导小组，做好海州信息、领导动态和总机云等信息化平台的运维工作，为全区党政干部提供手机终端信息化服务。积极推进党委政务内网建设，落实政务内网专用机房，并进行初步设计布局。

【保密检查管理】 5月下旬至6月上旬，区机保局在全区范围内开展涉密单位信息情况统计，将全区涉密单位及涉密计算机情况登记备案。6月9—20日，开展国有企业保密专项检查，加强对国企保密工作的指导，确保国家秘密安全运行。

【保密宣传教育】 7月下旬，区机保局认真开展“六五”保密法制宣传教育检查验收工作。严格对照《全国“六五”保密法制宣传教育总结验收量化考核评分表》，逐条进行自我检验，通过回顾五年来全区保密工作的重要举措，不断总结五年来的工作经验和做法，以查促改，认真谋划工作思路，建立健全长效机制，为下一个保密法制宣传教育五年规划奠定基础。《江苏省党政领导干部保密工作责任制规定实施办法》出台以后，区机保局于11月6日邀请市委办公室调研员、市保密委员会副主任崔平就信息化条件下窃密和泄密工作存在的突出问题，以及如何贯彻落实好党政领导干部保密工作责任制规定进行专题讲座。参加这次讲座的人员有区四套班子成员，各单位、各部门的主要领导、分管领导和办公室主任，部分重点涉密单位的中层以上干部近400人。

【增强服务大局意识】 区划调整后，区机保局积极承担各部门的旧印章管理和废旧文件销毁工作，提供旧章查用100余次，销毁文件近千斤。先后为区领导及部门进行技术服务50余次。此外，在中高考期间，配合相关部门对中高考考场的各项保密措施进行监督和完善。通过服务向广大干群宣传保密工作，树立国家秘密神圣不可侵犯的牢固信念，增强保守国家秘密的光荣感和使命感。

（撰稿：吕宗盈
审稿：王志强　林春娟）

档案工作

【概况】 2015年，海州区档案局（简称区档案局）发挥档案行政管理和保管利用两大职能，推进档案管理标准化和现代化建设。先后组织全局人员学习档案工作各项规定，制定2015年工作计划，并下发收集档案资料的通知；对区委、区政府及区各部门形成的档案资料进行及时接收；参与《海州纪事》的编印；指导基层档案室的档案收集与整理工作。

【档案整理入库】 2015年，区档案局继续做好档案收集工作，全年共接收原海州区和原新浦区11家单位的48754件档案。其中保管期限为永久的114卷、27098件，保管期限为30年的158卷、16374件，保管期限为10年的255卷、5282件，两区合并后总馆藏量达到28455卷、139384件。

【教育培训和宣传工作】 2015年8月上旬，举办全区档案人员业务培训班，对国家档案局8号令、连云港市归档工作规范标准、归档文件整理规则以及基础编研和全宗卷作详细的解析，有效提升全区档案工作人员的业务水平。

【目标管理达标升级工作】 2015年，区档案局狠抓档案目标管理达标升级工作，区法院成功晋升为省五星级档案目标管理单位；区检察院、锦屏镇财政所晋升为省四星级档案目标管理单位；海州区准提寺、碧霞寺晋升为三星级档案目标管理单位。

【档案利用】 2015年，区档案馆全年接待查阅人员800余人次，查阅档案1200余卷次，有效地为社会各界及区各单位提供服务，充分发挥档案应有的经济效益和社会效益。

【现行文件查阅】 2015年，区现行文件中心及政府信息公开场所继续对机关各单位和广大群众开放。截至12月30日，全区46家有行政权力单位的所有公开文件已整理入馆以供查询。

【档案年检考核】 2015年底，市档案局对海州区档案局各项业务工作进行考核，区档案局全力做好档案收集、整理、进馆以及档案人员的培训等项工作，顺利通过市档案局的年检考核并取得优秀等次。

（撰稿：董文华　审稿：王尉蔚）

信息工作

【概况】 2015年，在区委的正确领导下，全区党委系统信息工作始终坚持以“第一手情况、第一道研判、第一时间报送”为要求，不断提高信息工作质量和水平，及时报送中央最新政策方针、周边地区先进经验、最新动态等各类资讯，为领导掌握情况、有效决策发挥积极作用。

【提高信息业务能力】 2015年，区委办公室始终把建设一支高水平的信息工作人员队伍摆在重要位置，利用办公室政治理论学习、自学等方式，不断加强对政治理论和业务知识的学习，重点学习党的十八大和十八届三中、四中、五中全会精神及中央、省、市各级领导讲话，用先进的理论武装头脑。邀请市委信息处领导对办公室信息工作人员进行培训指导，开展交流座谈，提高信息业务能力和水平。通过理论学习和业务实践，强化信息意识，增强信息敏锐性，在政治理论素养、业务能力等方面均有所提高。

【抓住上报信息的原材料】 强化信息服务意识，提高信息工作的主动性。克服“坐等信息”和“二传手”的做法，时刻关注中央决策部署，自觉主动地向市委办信息处了解信息需求的情况；主动掌握基层各项工作的部署、落实情况，提高信息的准确度。在收集、选编信息的过程中，努力扩大视野，从全局出发，根据当前工作重点和工作需要，观察思考问题，掌握领导最关心的问题，努力使上报的信息适用对路、有参考价值。

【找准上报信息的着重点】 主要侧重于从四个方面上报信息，力求上报信息符合上级的要求，提高信息的参考价值。首先，围绕中央和省、市委的方针、政策和重大决策反馈信息。从上级文件和会议精神中抓住领导的关注点，从上级政策与海州区情的结合点上找准突破口。尤其是注意及时报送基层贯彻上级决策的具体部署和做法，反馈决策落实中存在的问题和建议。其次，围绕区内一段时期的工作重点、亮点上报信息。积极了解区级领导重抓的亮点工作，寻找海州区工作的闪光点，从发展工业经济、对外招商引资、社会治理创新、城乡统筹建设等方面破题立意，进行综合提炼，撰写出一批推介海州的信息。再次，围绕群众关心的难点、热点问题反馈信息。针对一段时期内群众关心的难点、热点问题展开调研，了解群众对上级决策的反映，紧紧围绕焦点、热点问题和群众关注问题采编信息，针对基层群众所思所想所盼，为上级领导提供重要情况。此外，围绕周边地区的先进做法、政策措施报送信息。重点挖掘工作推进迅速、工作措施有力、工作方法管用，对海州区工作开展具有借鉴、参考意义的先进做法和政策措施。

【把握上报信息的时效性】 对重大突发性事件、紧急灾情疫情、重要社会动态等重大紧急信息，做到反应敏捷，采编迅速，报送及时，并针对采编信息的内容，核实跟踪，及时上报相关信息续报，全年未发生漏报、迟报等情况。

【信息成果】 2015年，累计编发区级信息50期454篇；上报省、市信息1115篇，其中市采用38篇（专刊1篇），省采用15篇，在全市县区排名靠前，并荣获2015年度全市党委信息工作先进单位称号。

【存在不足】 有些单位没有充分认识到信息工作在服务决策、指导工作、推动落实等方面的积极作用，没有将信息工作与其他工作同部署、同要求，信息意识淡薄。对涉及本区域、本单位紧急动态、重要事件、重大舆情等反应迟缓，跟进报送不及时；对有关新政新规、上级决策部署的贯彻实施情况、周边地区的先进做法、社会各层面的反响等缺乏关注，敏锐性、时效性不强；反映常规工作、表面现象、琐碎问题的信息多，分析普遍共性、探究矛盾根源、提出措施建议的调研类信息少；报送工作做法、取得成绩的信息多，反映改革创新、有特色、有效果的经验性信息少；网络链接的媒体信息多，结合省、市、区情，可对比、可参考的综述性信息少，角度单一，缺乏广度和深度。

（撰稿：卢新胜　审稿：葛艳艳）

责任编辑：王恒亮

海州区人民代表大会

综　述

2015年，是全区上下满怀信心收官“十二五”、谋划“十三五”，加快推进全面建成小康社会的关键之年。区人大常委会认真学习党的十八大及十八届三中、四中、五中全会和习近平总书记系列重要讲话精神，围绕全区工作大局，认真履行各项职责，充分发挥国家权力机关在全面深化改革、依法治区中的重要作用，健全和完善人大讨论决定重大事项制度、制定出台《海州区人民代表大会常务委员会讨论决定重大事项的规定》，规范讨论决定重大事项的范围、形式、程序、依法行使好重大事项决定权，推动区委重大决策、政府重大事项落实。

区人大常委会发挥对政府行政的监督作用。听取和审议区政府关于2015年全区国民经济和社会发展计划执行情况的工作报告，区人大把海州区的发展作为代表们的重大任务。配合上级人大组织的执法检查和立法研究，贯彻落实十八届四中全会精神，围绕促进严格执法、公正司法、全民守法，推进依法治区进程，促进区政府、区法院、检察院依法行政、公正司法。区人大常委会尊重代表的权益、发挥代表主体意识、责任意识，促进代表的履行职责，组织代表到各行各业中去视察，激发代表参政、议政热情，为海州区的建设献策。为推动全区经济社会发展和民主法治建设作出贡献。

全年共召开常委会会议7次，听取和审议“一府两院”工作报告及情况汇报15项，发出审议意见书8份，提出审议意见32条，作出决议、决定11项，组织视察和调研18次，依法任免国家机关工作人员41人次，接受辞职4人，补选市人大代表3名，区人大代表15名。

重要会议

【海州区第十七届人民代表大会第五次会议】 海州区第十七届人民代表大会第五次会议于2015年1月13日—15日在海州区政府大礼堂召开。会议听取和审议海州区人民政府工作报告；审查和批准海州区2014年国民经济、社会发展计划执行情况和2015年国民经济、社会发展计划草案的报告，批准海州区2015年国民经济、社会发展计划；审查和批准海州区2014年财政预算执行情况和2015年财政预算草案的报告，批准海州区2015年区级财政预算；听取和审议海州区人大常委会工作报告；听取和审议海州区人民法院工作报告；听取和审议海州区人民检察院工作报告；选举产生海州区人民检察院检察长。1月15日，大会选举张克晓为海州区人民检察院检察长。

【海州区十七届人大常委会第二十七次会议】 2015年1月8日，海州区十七届人大常委会第二十七次会议召开。会议讨论通过了人事任免事项。

【海州区十七届人大常委会第二十八次会议】 2015年3月31日，海州区十七届人大常委会第二十八次会议召开。会议听取和审议区法院关于行政审判的工作报告；听取和审议区政府关于民族宗教工作开展情况的报告。审议通过关于批准将2015年海州区旧城区改建新增项目纳入全区国民经济和社会发展计划的决议。会议还讨论通过了人事任免事项。

【海州区十七届人大常委会第二十九次会议】 2015年5月28日，海州区十七届人大常委会第二十九次会议召开。会议听取和审议区政府关于新型农业经营主体发展情况的工作报告；听取和审议区政府关于城区绿化情况的工作报告。会议还讨论通过了人事任免事项。

【海州区十七届人大常委会第三十次会议】 2015年7月29日，海州区十七届人大常委会第三十次会议召开。会议对10名市人大代表开展述职评议。听取和审议区政府关于2015年上半年全区国民经济和社会发展计划执行情况的工作报告；听取和审议区政府关于2015年上半年全区预算执行情况的工作报告；听取和审议区政府关于2014年度区本级财政预算执行和其他财政收支情况的审计工作报告。通过《关于批准将2015年海州区旧城区改建项目纳入全区国民经济和社会发展计划的决议》。

决定任命买热甫·马合木提为海州区人民政府副区长（挂职）；唐立新为海州区市场监督管理局局长。

【海州区十七届人大常委会第三十一次会议】 2015年9月22日，海州区十七届人大常委会第三十一次会议召开。会议听取和审议区政府关于区十七届人大五次会议以来代表建议办理情况的报告；听取和审议区政府关于生态文明建设情况的工作报告。通过《关于批准将2015年海州区旧城区改造新增项目纳入全区国民经济和社会发展计划的决议》。通过《关于接受王友君同志辞去海州区人民政府副区长职务请求的决定》。

【海州区十七届人大常委会第三十二次会议】 2015年11月25日，海州区十七届人大常委会第三十二次会议召开。会议对11名市人大代表开展述职评议。听取和审议区政府关于《中华人民共和国食品安全法》贯彻落实情况的工作报告。通过《关于补选海州区第十七届人民代表大会代表的决定》。会议还讨论通过了人事任免事项。

【海州区十七届人大常委会第三十三次会议】 2015年12月25日，海州区十七届人大常委会第三十三次会议召开。会议补选王永生、王建明、李勇强为连云港市第十三届人民代表大会代表。会议还讨论通过了人事任免事项。

会议审议通过关于批准调整2015年一般公共预算收入预算的决议；审议通过代表资格审查委员会关于代表变动情况的报告；审议通过关于召开区十七届人大六次会议的决定；审议通过区十七届人大六次会议议程；审议通过区十七届人大六次会议主席团和秘书长建议名单；审议通过区十七届人大六次会议计划和财政预算审查委员会建议名单；审议通过区十七届人大六次会议特邀人员名单；审议通过关于区十七届人大六次会议列席人员范围的决定。讨论《区人大常委会工作报告（征求意见稿）》。

【海州区十七届人大常委会第三十四次会议】 2015年12月31日，海州区十七届人大常委会第三十四次会议召开。会议通过《关于接受王立斌同志辞去海州区人大常委会主任职务请求的决定》。

主要工作

【工作监督】 2015年，常委会听取和审议上半年国民经济和社会发展计划执行情况、上半年财政预算执行情况以及2014年度区本级财政预算执行和其他财政收支情况的审计工作报告。积极组织调研，专门听取国民经济和社会发展第十三个五年规划纲要的编制说明。认真贯彻落实新修改的《中华人民共和国预算法》，建立和完善全口径预算决算审查监督体系，成立财政经济专业委员会，对财政预决算草案进行预先审查。听取和审议区政府关于宗教发展、农业新型经营主体发展、城区绿化、生态文明建设、代表建议办理等情况工作报告。常委会还围绕人民群众普遍关心的热点、难点问题，视察调研山体绿化情况、农民增收情况等工作，提出意见建议48条，使一些反映突出的民生问题得到改善。

【法律监督】 常委会把执法检查作为推进政府依法行政，保障法律法规有效实施的重要抓手。听取和审议区法院关于行政审判的工作报告，视察调研“六五”普法工作情况，对《中华人民共和国食品安全法》《中华人民共和国义务教育法》贯彻落实情况进行执法检查，听取和审议区政府相关工作报告，分别提出了一些可行性意见和建议。认真开展规范性文件备案审查，促进政府依法行政，着力维护法制统一。认真接待和处理群众来信来访，2015年，共接待群众来信来访17件次，促进相关问题解决。

【代表工作】 2015年，人大常委会组织代表开展“我与小康社会建设同行”主题实践活动，落实人大常委会主任基层人大联系点制度。把“人大代表之家”打造成代表了解民意、学习培训、履行职权的平台。定期向代表寄送人大刊物，通报常委会和“一府两院”最新工作情况，畅通代表知情知政渠道。2015年，先后邀请160余名人大代表列席常委会会议，参与执法检查和调研视察，组织代表旁听法院庭审，参加市、区有关单位开展的党风廉政座谈、工作评议等活动41次，激发代表参政议政的热情。市区镇三级人大代表先后围绕全区重点项目和重点工程推进、背街小巷整治等事项开展视察调研98次，提出建议260余条。完善代表定期回原选区见选民、履职情况报告制度，2015年共组织114名区人大代表接待选民，38名区人大代表向选民述职，24名市人大代表向区人大常委会报告履职情况并当场接受评议。

区人大代表视察宗教工作

区人大常委会对代表建议项目跟踪督办

【建议督办】 常委会在建议办理过程中，从交办环节入手，加强与政府交办部门的沟通衔接，着力提高建议交办的针对性和科学性。坚持代表建议常委会主任、副主任牵头督办、组织代表现场督办和相关工委跟踪督办，强化代表建议办理的监督实效。对2014年度代表建议办理情况进行“回头看”，听取承诺解决事项落实情况汇报，督促建议办理落到实处。区十七届人大五次会议期间，代表共提出建议68件，已全部办理并答复代表。

人事任免

2015年1月8日，海州区十七届人大常委会第二十七次会议决定任命张克晓为海州区人民检察院副检察长、检察委员会委员、检察员，免去吴明海州区人民检察院副检察长、检察委员会委员、检察员职务。通过关于接受董月明辞去海州区人民检察院检察长职务的请求的决定，通过关于张克晓为海州区人民检察院代理检察长的决定，审议通过关于接受黄咏梅、杨春生两位代表辞去市十三届人大代表职务请求的决定，审议通过关于接受杨汝勇辞去市十三届人大代表职务请求的决定，审议通过关于接受杨汝勇辞去区十七届人大代表职务请求的决定。补选陈敏、傅成保、王星昌为市第十三届人民代表大会代表。通过代表资格审查委员会关于代表变动情况的报告。

2015年3月31日，海州区十七届人大常委会第二十八次会议审议通过关于接受赵筱玲辞去海州区第十七届人民代表大会代表职务的请求的决定。

2015年5月28日，海州区十七届人大常委会第二十九次会议审议通过关于接受赵胜辞去海州区人大常委会委员职务请求的决定。会议任命张家琪为海州区人大常委会内务司法委员会主任，刘乃涛为海州区人大常委会农业经济委员会副主任（正科级），李宁为海州区人大常委会朐阳街道工作委员会主任，赵明为海州区人大常委会洪门街道工作委员会主任，李强为海州区人大常委会海州经济开发区工作委员会主任。免去李宁海州区人大常委会洪门街道工作委员会副主任职务，赵明海州区人大常委会朐阳街道工作委员会主任职务，韩亚华海州区人大常委会内务司法委员会主任职务，吴新荣海州区人大常委会宁海街道工作委员会副主任职务，余薇海州区人大常委会海州经济开发区工作委员会主任职务。决定任命刘亚军为海州区司法局局长，卞剑为海州区环境保护局局长，刘锦州为海州区文化体育局局长，李松红为海州区卫生和计划生育局局长，骆丙春为海州区旅游局局长。决定免去卞剑海州区司法局局长职务，刘锦州海州区文化体育旅游局局长职务，李松红海州区卫生局局长职务，张家琪海州区环境保护局局长职务，吕芳芳海州区人口和计划生育局局长职务。免去王崔起海州区人民法院环境保护庭副庭长、审判员职务。任命刘子琪为海州区人民检察院检察员，朱登昊为海州区人民检察院检察员，许冠群为海州区人民检察院检察员，何帅彤为海州区人民检察院检察员，李轩为海州区人民检察院检察员，李志超为海州区人民检察院检察员，陈欢队为海州区人民检察院检察员，周金建为海州区人民检察院检察员，侯亚茹为海州区人民检察院检察员。

2015年11月25日，海州区十七届人大常委会第三十二次会议决定免去买热甫·马合木提海州区人民政府副区长（挂职）职务。免去张鑫海州区人民法院审判委员会委员、审判员职务。任命孙强为海州区人民检察院检察员，李冠美为海州区人民检察院检察员，李晖为海州区人民检察院检察员，范益頔为海州区人民检察院检察员，徐鹏为海州区人民检察院检察员，焦新艳为海州区人民检察院检察员。

2015年12月25日，海州区十七届人大常委会第三十三次会议免去杨善佳区人民法院审判员职务，张洪来区人民法院审判员职务，乔景浪区人民法院审判员职务，周其超区人民法院审判员职务，武旸区人民法院审判委员会委员、民事审判第四庭庭长、审判员职务。免去于洪清海州区人民检察院检察员职务。

（撰稿：张波 审稿：唐磊磊）

责任编辑：孙寿鹏

综　述

2015年，是"十二五"发展的收官之年，也是新海州建设的开局之年。一年来，在市委、市政府和区委的正确领导下，区政府积极应对复杂多变的宏观经济形势以及区划调整带来的全新挑战，奋力抢抓国家"一带一路"建设和江苏沿海开发等战略机遇，主动适应发展新常态，围绕"建设区域性经济文化中心和更高水平小康社会"总体目标，以"企业服务年、项目招引年"为抓手，凝心聚力、攻坚克难，较好地完成了区十七届人大五次会议确定的目标任务。

经济运行稳中向好 全年完成地区生产总值293.5亿元，同比增长11%；一般公共预算收入35.3亿元，增长8.8%；规模以上固定资产投资360亿元，其中工业投资126亿元，增长22%；社会消费品零售总额249.7亿元，增长13%；实际利用外资9842万美元。重点项目推进有力，成功招引SPI光伏发电、中燃清洁能源等项目45个，其中过亿元项目19个，利群城市综合体、廷胜房车改装等26个项目开工建设；全区278个重点建设项目完成投资190亿元，其中日出东方三期、康达智高像素摄像头技改等47个市级重点项目完成投资47.3亿元，超额完成年度投资计划。

产业发展势头强劲 都市工业扩容升级，通过出台加快工业经济发展意见、设立工业发展引导资金、挂钩帮扶重点企业等措施，助推工业经济发展，完成规模以上工业总产值318亿元、工业增加值97亿元，同比分别增长13%、12%，新增规模以上工业企业9家、国家高新技术企业12家，全区年产值过亿元企业达49家，正大天晴获评2015年国家技术创新示范企业，日出东方、天明机械、联瑞新材料等骨干企业继续保持国内行业领先位置。现代服务业提质发展，苏宁索菲特酒店建成营业，国贸中心世纪缘广场全新升级；白虎山批发市场改造工程取得阶段性成果；智慧物流产业园4.5万平方米电商仓库投入使用，天马云仓进驻运营，城市配送中心一期仓库建成，万发国际物流园一期货运仓库主体竣工；杰瑞科技文化创意产业园获批省现代服务业集聚区，天马网络创成省级电商示范企业；陇海步行街建立微信商圈，40%商户实现线上线下互动营销。现代农业加快发展，新建高标准农田666.67公顷，新增高效设施农业80公顷、高效渔业13.33公顷、花卉苗木293.33公顷，蔬菜种植总面积达2000公顷；完成土地流转面积1333.33公顷，新发展家庭农场14家、农民专业合作社13家、省级农业龙头企业1家，新增粮食仓储设施容量1.3万吨，初步建立生鲜农产品电商运营模式，建成海州特色农产品体验馆。

城乡面貌明显提升 规划编制工作实现突破，城乡规划基本实现全覆盖。基础设施显著改善，做好重大交通道路工程征地拆迁和服务保障工作，徐新公路、310国道主体贯通，新204国道、连盐铁路市区段全面开工建设，沈圩路等铁路地涵建设加快推进；郁洲南路、黄泥沟路竣工通车，盐河南路完成房屋征收，秦东门大街改造出新；老204国道浦南段和西大岭段完成大修，城区23条破损道路修缮一新；疏浚县乡级河道23条，完成塘坝除险加固3座。城市开发组团推进，滨河新区新浦二桥建成，新浦大道全线贯通，大型房企成功进驻，月牙岛湿地公园打造成为"浪漫花海、清新湿地"，通过省四星级乡村旅游区验收；孔望新城路网进一步完善，全民健身中心、中心幼儿园等公共配套项目征收工作基本完成；海州古城双龙井游园改造主体竣工，二营巷特色街区启动建设，孔巷文化商业街区建设完成拆迁等前期工作。旧城改造持续发力，实施连盐铁路、烟草巷等56个地块房屋征收工作，完成征收面积125万平方米，征收总量全市第一。生态环境不断优化，新坝、锦屏污水处理站主体完工，浦南、板浦、宁海创成国家级生态镇，海州经济开发区创成省级生态园区；新建及改造城市绿地103公顷，新增绿化造林566.67公顷；开展"城内治乱、城外治脏"专项整治，38条市容秩序整治示范路创建取得阶段性成效，城乡环卫一体化工作正式启动，全域402个自然村庄环境整治成效明显。

公共服务更加健全 教育事业协调发展，高分通过全国义务教育发展基本均衡区评估验收，新建及加固

校舍11万平方米，郁林中学、解放路小学北校区、六一幼儿园新校区等8所新建中小学、幼儿园投入使用，成功创建5所省优质幼儿园、省管理规范示范园，获评省学前教育改革发展示范区。医卫事业健康发展，眼科医院新院区、养老护理院以及新坝卫生院新院区医养一体化项目即将运营，和美家妇产医院建成开业，岗埠社区卫生服务站投入使用，基本公共卫生服务实现区域全覆盖。加大政府购买公共卫生服务力度，5万名65岁以上老人享受到免费体检服务。提升社会保障水平，新农合人均筹资标准提高至480元，参合率100%，居全市首位；城乡居民养老保险财政补助最高标准从95元提高到160元，累计发放60岁以上老人基础养老金5800余万元，惠及4万余人。建立"大民政"综合救助体系，建成乐龄生活馆89个，获评省现代民政示范区。建成区级残疾人托养一体化示范性基地2家。

人民生活有效改善 城乡居民收入提高，城镇居民人均可支配收入、农村居民人均可支配收入分别增长11%、12%；4个经济薄弱村实现"新八有"，3460名低收入人口实现脱贫；洪门工业园在全市率先开展区域性工资集体协商工作。就业形势保持稳定，新增城镇就业2.7万人，转移农村劳动力1750人。生活质量持续提升，完成第二批31个老旧小区改造工程，有效改善近5万人的居住环境；推进城乡饮用水安全工程，实施洪门、南城、宁海、板浦片区供水管网改造；集中开展"打黑恶、反盗抢、除毒害"专项行动，新建新东、市东、新南派出所，完成"天网工程"一期建设，新增视频监控800余路，集中整治重大安全隐患场所10处。新建及改造海州公园、海州图书馆、海州文化馆、海州画院、新坝文体中心等一批公共文体设施，成功举办全国广场舞联谊会、月牙岛城市徒步大会等大型文体活动30余场次，建成宁海天吻花海庄园、锦屏蔷薇苑等环市区乡村旅游点。2015年各项目标任务的完成和经济社会发展取得的成绩，为区"十二五"发展画上了圆满的句号。

区政府领导成员分工

区长单晓敏 主持区政府全面工作，兼管编制、监察、财政、人力资源和社会保障、审计、外事、国有资产监管、人民武装方面工作。

副区长王友君 负责区政府常务工作，分管经济信息化与发展改革、沿海开发、政策研究、目标管理、国土资源、环境保护、招商引资、统计、物价、税务、司法、金融、法制、机关事务、行政审批、应急管理、信访等方面工作。协助单晓敏同志分管监察、财政、人力资源和社会保障、审计、外事、国有资产监管方面工作。分管区政府办公室（法制办）、经济信息化与发展改革局（市发展与改革委员会对应工作）、环保局、商务局、统计局、司法局、政府金融工作办公室、信访局。协助分管区监察局、财政局、人力资源和社会保障局、审计局、江苏瀛洲集团、国有资产监督管理委员会办公室。

联系国税各分局、地税各分局、国土分局、物价分局、驻区金融、保险和证券机构。

副区长徐风良 分管开发园区方面工作。

副区长孙晓兵 主持新浦公安分局全面工作，分管公安、消防、社会稳定方面工作。

副区长袁丽霞 负责教育、文化、卫生、四城同创、体育、旅游、食品安全、药品监督、妇女儿童、人口和计划生育方面工作。分管区教育局、文化体育旅游局、卫生局、人口和计划生育局、妇女儿童工作委员会办公室。联系药监分局、区文联、总工会、团区委、妇联、红十字会、广播电视、新闻出版，驻区省市属院校。

副区长徐雪峰 负责城乡规划建设与管理、交通及运输业、房屋征收、城市防汛、园林绿化、建筑业、房地产、农村康居工程、防震减灾、人民防空、核电协调方面工作。分管区住房和城乡建设局、城市管理局、区政府人民防空办公室。联系规划、交通、供电、供水工作。

副区长于卉 负责农业和农村经济、民政、水利、农村防汛抗灾、林业、森林防火、双拥、扶贫、民族宗教、残疾人、供销、档案、地方志方面工作。分管区民政局、农林水利局、民族宗教事务局、新浦供销总社、地方志办公室。联系区档案局、残联，驻区部队，农垦、气象、烟草专卖工作。

副区长徐冰 负责工业经济、科学技术、服务业、市场建设、工商管理、民营经济、安全生产、步行街方面工作。协助王友君同志分管环境保护、招商引资方面工作。分管区经济信息化与发展改革局（中小企业局）（市经济和信息化委员会对应工作）、科技局、安全生产监督管理局，陇海步行街管委会办公室。协助分管环保局、商务局。联系工商分局、区工商联、科学技术协会，海关、海事、检疫、边检、质监、通信、邮政、盐务工作。

副区长章冬斌（挂职） 负责侨务、台务方面工作，协助徐风良同志分管开发园区方面工作，协助徐冰同志分管科学技术方面工作。分管区政府外事与侨务办公室（侨务），协助分管科技局。联系区台湾工作办公室。

重要会议

【区政府第22次常务会议】 2015年5月19日下午，区长单晓敏在区行政中心A306会议室主持召开区十七届政府第22次常务会议。会议审议了《关于海州区2015企业服务（提升）年实施方案的补充意见》《全区2015年夏季秸秆综合利用和禁烧实施方案》《全区2015年夏季秸秆综合利用和禁烧考核办法》，听取了1—4月份全区安全生产工作、加快绿色建筑工作、全区扶贫工作的汇报。

会议听取了区中小企业局《关于海州区2015企业服务（提升）年实施方案的补充意见》（以下简称《补充意见》）的汇报。会议指出，《补充意见》是根据市委市政府相关规定，对年初出台的《2015年海州区企业服务提升年实施方案》（以下简称《实施方案》）的补充细化，《实施方案》和《补充意见》作为海州区行政领域

改革的重要内容，也是全区软环境提升的有力举措。出台《补充意见》，目的是通过提升服务和“免打扰”让在册的规模以上企业安心生产、搞活存量经济，同时扶持有潜力的企业加入规模企业，做大海州区整体工业。会议要求，一是要将《实施方案》和《补充意见》送达规上企业和潜在规上企业，点对点传达文件精神。二是要规范执法，在督促企业加强自律的基础上，除企业涉嫌在安全生产、环保等方面违规违纪需要现场取证和国家、省临时检查外，周一到周五上午原则上不允许安排任何名目的调研走访和检查。三是主管局要及时收集企业反馈意见并进一步完善提升服务。会议决定，原则通过《关于海州区2015企业服务（提升）年实施方案的补充意见》，由区中小企业局按会议要求进一步修改完善。

关于1—4月份全区安全生产工作。会议听取了区安监局关于1—4月份安全生产工作情况的汇报。会议认为，安全生产是第一常态工作，目前全区部分老旧场所和娱乐场所仍存在明显安全隐患，个别场所变换花样逃避管理，各单位、各部门要加大监管力度，狠抓安全生产不放松。会议要求，一是完善安全生产监管机制，健全安监机构、补充人员配备，对不符合要求的通过考核扣分、通报批评或启动问责程序等手段督促整改。二是镇、街、开发区安监工作要抓重点，安监所所长必须专职，上半年要开展一次专项检查。三是网格化管理务必落实到位，明确属地管理部门、行业主管部门和业务指导部门三个管理责任。四是以人口密集场所和老旧市场为监管侧重点，一般场所常态管理，有隐患的场所重点监管。

关于加快绿色建筑工作。会议听取了区住建局关于加快绿色建筑工作的汇报。会议指出，市委市政府在“十三五”规划中对海州区定位是“商贸集聚区、行政服务区、特色文化区、绿色生态区”，绿色建筑发展是全区创建绿色生态区的重要组成部分。会议要求，一要提高关于绿色建筑发展的认识，贯彻落实市政府于3月份出台的关于绿色建筑的两个意见和一个方案。二要加大绿色建筑宣传力度，形成全社会对绿色建筑的共识与发展合力，全民成为绿色建筑发展的推动者和倡导者。三要强化落实，孔望新城、滨河新城等政府性工程按照二星级试点标准实施，将市政府补贴政策传达到区内建筑企业，招商政策向绿色建筑、新型建材领域倾斜。四要形成合力，由住建局牵头，涉及的监管部门联动执法，合力推动海州区在全市绿色建筑发展工作中先行一步。

会议审议《海州区2015年夏季秸秆综合利用和禁烧实施意见》《海州区2015年夏季秸秆综合利用与禁烧工作考核办法》《2015年海州区夏季农作物秸秆综合利用工作实施方案》，会议听取了区环保局、农水局关于夏季秸秆综禁工作的汇报，审议并原则通过《海州区2015年夏季秸秆综合利用和禁烧实施意见》《海州区2015年夏季秸秆综合利用与禁烧工作考核办法》《2015年海州区夏季农作物秸秆综合利用工作实施方案》。会议要求，6月份高考、中考即将开始，要尽最大的努力保证主城区的空气质量。一要做好秸秆还田等综合利用工作。二要完善督查体系，主要检查农机具调度计划和农民与合作社签订的协议，完善区四套班子领导挂钩、工作组牵头巡查、局包村和属地管理等制度，以属地力量为主。三要转入常态管理，强化宣传与科学引导，提高技防水平。四要严格考核，落实保证金制度和补助制度，财政局下发每村一万元补助金。会后抓紧召开秸秆综禁工作会议，印发相关文件。

会议还听取了区扶贫办关于扶贫工作情况的汇报。会议要求，海州区在2015年务必完成市下达的脱贫指标。一要部门重视，形成合力。二要争取进入全市扶贫盘子和政策门槛，以产业扶贫形式增加个人和集体收入。三要利用好市、区各类资源。四要建档建卡，一对一精准扶贫。

出席人员：单晓敏　王友君　江锦峰
崔长胜　袁丽霞　江希路
徐雪峰　于　卉　徐　冰
买热甫·马合木提
李宝凯　张延广

【区政府第23次常务会议】 2015年7月4日下午，区长单晓敏在区行政中心A306会议室主持召开区十七届政府第23次常务会议。会议听取了海州区行政权力清单、区政府核准的投资项目目录清单、区政府部门专项资金管理清单和海州区行政事业性收费目录清单编制情况、全区机关事业单位借用人员及编外用工人员情况及新东等街道新分设4个社区居委会相关事宜的汇报，审议了《海州区2015年度镇街道（开发区）目标任务绩效管理考评办法》《海州区2015年度区级机关绩效考评办法》《海州区耕地占补平衡补充耕地项目资金管理暂行办法》（修正案）和《海州区青少年科技创新区长奖评选办法》。

关于海州区行政权力清单、区政府核准的投资项目目录清单、区政府部门专项资金管理清单和海州区行政事业性收费目录清单编制情况。会议听取了区法制办等部门关于海州区行政权力清单、区政府核准的投资项目目录清单、区政府部门专项资金管理清单和海州区行政事业性收费目录清单编制情况的汇报，原则通过四项清单的内容。会议要求，一是相关部门要对清单内容细化研究，加强与上级主管部门对接，进一步核准区相关权限；二是执法部门要厘清权责，提升服务、慎用处罚；三是加大宣传，主动接受社会公共监督。

关于《海州区2015年度镇街道(开发区)目标任务绩效管理考评办法》《海州区2015年度区级机关绩效考评办法》。会议审议了《海州区2015年度镇街道（开发区）目标任务绩效管理考评办法》《海州区2015年度区级机关绩效考评办法》（以下简称《考评办法》）。会议指出，《考评办法》较往年有较大改革，镇街方面简化了内容、增加了个性化考核，机关方面启用了绩效管理概念，考核结果与干部任用挂钩。会议要求，一是由区经发局牵头，与区委办对接尽快出台对指挥部、功能片区的绩效考评办法；二是各镇街下半年工作要围绕《考评办法》研究，进一步突出工作重点；三是由区经发局、编办收集、梳理各条线分管领导的反馈意见，会后对

《考评办法》进一步完善。

关于全区机关事业单位借用人员及编外用工人员管理工作。会议听取了区人社局关于进一步加强全区机关事业借用人员和编外用工管理情况的汇报。会议指出，借用人员和编外用工作为现阶段机关事业单位用人的重要补充，其存在和使用具有一定的必然性、合理性，缓解了当前政府职能转变与编制用人刚性约束之间的矛盾，同时也存在招聘管理不规范、使用不合理、遗留难题多等问题。会议要求，一是由区财政局、人社局、编办牵头指导，对全区各单位现有借用人员和编外用工进行分类清理规范，由区政府办对清理情况进行督查和定期通报；二是加强对人员借用和编外用工审批管理，明确用人时间节点和条件，规范用人程序，完善用人考核，积极探索机关事业单位服务外包及政府购买服务等形式；三是凡是区委、区政府决定成立的指挥部、功能片区抽调人员、挂职人员均由区委组织部牵头审批，名单报区人社局备案；四是建立健全分工负责制和责任追究制，主管部门负责人和条线分管领导必须层层把关负责；五是由区纪委负责，梳理吃空饷、长期病假及在编不在岗人员情况并研究清理和责任追究办法。

关于新东等街道新分设四个社区居委会工作。会议听取了区民政局关于新东等街道拟新分设4个社区居委会的情况汇报。会议指出，随着城市建设的发展，部分社区人口增加较快，现有社区居委会工作开展压力较大，新设立社区有利于居委会更加有效的开展各项社会管理工作。会议原则通过区民政局的调整方案。会议要求，一是教育局要谨慎把关，充分考虑学区划分问题；二是要进行公示，广泛征求社会意见；三是要从提升管理角度进行正面宣传。

关于《海州区青少年科技创新区长奖评选办法》。会议审议并原则通过《海州区青少年科技创新区长奖评选办法》。会议认为，设立“区长奖”对普及青少年科技教育、激发青少年科技创新热情、培养科技后备人才具有重要意义。会议要求，一是“区长奖”奖金额为每年10万元；二是奖项设置要突出灵活性，以奖励师生为主，学校获奖情况纳入教育条线年度考核。

出席人员：单晓敏　王友君　江锦峰　顾建华　袁丽霞　江希路　于　卉　徐　冰　李宝凯　张延广

【区政府第24次常务会议】 2015年8月22日下午，区长单晓敏在区行政中心A306会议室主持召开区十七届政府第24次常务会议。会议听取了1—8月份全区经济运行及重点项目推进情况汇报，研究了滨河新区管委会和海州经济开发区代管相关区域的有关事宜。

关于1—8月份全区经济运行及重点项目推进情况。会议听取了1—8月份全区经济运行及重点项目推进情况汇报。会议指出，1—6月份，全区上下围绕年初制定的各项指标任务，整个经济运行情况比较理想。但是7、8月份指标完成情况有所滑坡，主要表现在：一是重点项目推进速度较慢，其中65个项目未开工；二是在手项目签约率、签约项目开工率仍然较低；三是相关指标完成和重点项目推进上不平衡。会议要求，各单位、各部门，尤其是镇街开发区，一定要以时不我待的紧迫感，要用全年的最后三分之一的时间来做全年的工作，来做三分之二的工作。经济工作方面，一要抓好重点指标、重点项目的序时推进工作。对未达序时的指标及项目，要认真分析梳理原因，制定有力措施，加大推进力度，力争在9月底前赶上序时。届时未达序时的，区委区政府将启动问责制。二要加大项目招引力度。紧盯在手在谈项目，提高项目签约率和开工率，同时继续加大走出去请进来的步伐，多积累一些在谈项目，为明年的发展多攒一些项目。区政府办公室建立海州区招商工作群，招商信息半个月一报。三是加大对存量经济的关注度。经发、财政、统计部门要加强对各项经济数据的监管、分析和预警，指导镇街做好应对工作。各镇街开发区要做好辖区内的企业服务工作，努力提高企业的增资扩股率。安全生产和服务工作方面，要吸取8·12天津港爆炸事故的深刻教训，进一步强化红线意识和底线思维，开展安全隐患地毯式排查工作，根据隐患的性质、程度制定专门的措施，往最坏处想，做最好的准备，避免安全生产事故发生。关于稳定工作，9月3日是中国人民抗日战争暨世界反法西斯战争胜利70周年纪念日，各镇街开发区要加大辖区的信访隐患排查力度，做好稳定工作。

会议听取了区政府办关于由滨河新区管委会和海州经济开发区代管相关区域的情况汇报。会议原则同意将浦南镇新圩村交由滨河新区管委会代为管理，宁海街道卞浦村交由海州开发区代为管理。

出席人员：单晓敏　王友君　江锦峰　顾建华　崔长胜　袁丽霞　江希路　于　卉　徐　冰　陈士彬　张延广

【区政府第25次常务会议】 2015年10月17日下午，区长单晓敏在区行政中心A306会议室主持召开区十七届政府第25次常务会议。会议听取了1—9月份全区经济运行及重点项目推进情况和第三季度全区安全生产工作的汇报。

关于1—9月份全区经济运行及重点项目推进情况。会议听取了1—9月份全区经济运行及重点项目推进情况。会议指出，2015年是“十二五”收官之年，市对区关于经济运行任务的督查及考核力度前所未有，但是目前区部分指标完成情况仍未达序时，主要表现在：一是外资到账缺口比较大，距完成全年目标仍差7000万美元；在谈招商项目及入库项目少、推进慢；二是部分规模企业产值未达序时进度；三是新开工项目离序时进度还有很大差距。会议要求，第一要继续增强大干四季度的决心和信心。各单位、各部门要紧紧围绕“大干四季度、冲刺全年目标”，加大经济运行监控、分析、服务力度，着力解决完成全年目标过程中存在的突出问题，提高经济运行质量和效益。对缺目标序时最多的部分镇街，区政府将下达警示单，并对主要领导进行约谈。第二要用心做事赶超目标。各镇街、各部门要全面梳理辖区内财税信息，对目前工作中存在的问题，能解决的要尽快予以解决，不能解决的要及时主动汇报，共同研究解决，全力以赴抓投资、抓进度。要加强统计工作，做到应统尽统。要加大招商引资力度，不断加强与外商沟通对接，确保完成外资到账指标。要强化经济运行检测和分析联席制度，区经发局、财政局等经济主管及服务部门要经常发布经济运行、目标任务完成、项目推进等有关信息，形成比学赶超氛围。

关于安全生产工作。会议听取了第三季度全区安全生产工作的情况汇报。会议指出，1—9月份，全区发生火灾事故211起，直接经济损失230.56万元；发生工矿商贸（含建筑）亡人事故5起，死亡6人。秋冬季节是安全事故高发季，全区安全生产形势仍较为紧张，主要表现在一是行业监管与属地监管衔接存在脱节；二是废旧厂房、规上企业、无物管老旧小区等安全监管薄弱环节存在较多隐患。会议要求，一要高度重视安全生产工作，各镇街、区安委会成员单位要全面摸排辖区内安全隐患源头，重点围绕人口集聚场所，掌握详细情况，强化安全生产制度落实，做到守土有责；二是发现隐患要一查到底、迅速整改，并将整改落实情况作为两办督查重点；三要强化宣传力度，加大经费投入，动员全社会参与安全生产工作，区安委会要组织实战演练，规避伤亡事故，降低安全风险。

出席人员：单晓敏　江锦峰　史　伟　袁丽霞　于　卉　徐　冰　张延广

【区政府第26次常务会议】 2015年12月18日下午，区长单晓敏在区行政中心A306会议室主持召开区十七届政府第26次常务会议。会议听取了全区安全生产工作及部门职责清单编制情况汇报，审议了《关于进一步完善城乡居民基本养老保险制度的意见》《海州区公务用车制度改革方案》《海州区城乡环卫一体化实施方案（送审稿）》。

关于安全生产工作。会议听取了区安监局关于全区安全生产工作及新浦消防大队关于全区消防安全工作情况汇报。会议强调，要深刻吸取河南平顶山5·25重大火灾事故调查处理及近期各地发生的安全生产事故教训，高度重视安全生产及消防安全工作，坚决防范和遏制较大以上事故，确保全区安全生产形势稳定。会议要求，一、对全区所有生产经营单位，无论是否有证，区安委会成员单位和属地都要按照“属地管理”“管行业必须管安全、管业务必须管安全、管生产经营必须管安全”的要求，进一步落实监管责任。二、对省、市挂牌的重大隐患整改，由区行业主管部门牵头负责、属地配合；对区挂牌的隐患整改由挂牌时所明确的单位负责。三、要加强对城中村、棚户区、“九小场所”等重点区域场所严控，属地作为责任主体必须承担起安全监管责任。四、对在检查过程中发现的安全隐患，行业主管部门和属地都要立即下达限期整改通知，对于超出自身执法范围的问题，要及时移交有对应执法权的单位予以查处。五、对冬季火灾高发季节，特别是“两节”“两会”期间，各部门单位和属地要立即组织开展大检查，确保安全生产。

关于城乡环卫一体化工作。会议审议并原则通过了《海州区城乡环卫一体化实施方案（送审稿）》。会议指出，城乡环卫一体化作为区美丽乡村建设一号任务，各级各部门一定要提高认识、高度重视，切实做到高标准、全覆盖，确保通过本轮省村庄环境整治验收。

关于部门职责清单编制工作。会议听取了区编办关于部门职责清单编制情况的汇报。会议认为，部门职责清单是政府部门开展工作和执法的依据，有利于防止推诿扯皮、提高行政办事效率。会议要求，由区编办根据会议讨论情况，对照市政府职责清单相关条款，进一步修改完善海州区部门职责清单。

出席人员：单晓敏　江锦峰　顾建华　史　伟　袁丽霞　徐雪峰　徐　冰　张延广

重要施政

【区出台耕地占补平衡补充项目资金管理暂行办法】 2015年7月4日，区政府召开十七届政府第23次常务会议，审议并原则通过《海州区耕地占补平衡补充耕地项目资金管理暂行办法（修正案）》。会议认为，随着区土地复垦整理工作深入推进，全区可进行耕地占补平衡的土地后备资源日益减少，部分乡镇开展耕地占卜平衡工作的成本正超过省规定的耕地开垦标准，提高全区耕地占补平衡指标交易价款，有利于提高土地利用节约、集约用地水平，促进土地高效利用和长远发展。会议要求，区财政局、海州国土分局在执行中要注意把握政策标准，并要强化与市财政、土地部门对接，协调未到位资金拨付事宜。

【设立区市场监督管理局】 2015年7月15日，海州区人民政府办公室印发《连云港市海州区市场监督管理局主要职责内设机构和人员编制规定》的通知，通知说，根据《市委办公室、市政府办公室关于印发〈海州区人民政府职能转变和机构改革方案〉的通知》（连委办发〔2014〕109号）《中共海州区委、海州区人民政府关于印发〈海州区人民政府职能转变和机构改革实施意见〉的通知》（海委发〔2014〕45号）文件规定，设立区市场监督管理局，为区政府工作部门，挂区食品药品监督管理局牌子。明确连云港市海州区市场监督管理局主要职责、内设机构和人员编制规定。

【滨河新区、海州开发区代管相关区域】 2015年8月22日，区政府召开十七届政府第24次常务会议，研究了滨河新区管委会、海州经济开发区代管相关区域工作。会议听取了区政府办关于由滨河新区管委会和海州经济开发区代管相关区域的情况汇报。会议原则同意将浦南镇新圩村人、财、物整建制交由滨河新区管委会代为管理，撤销浦南新镇区建设管理办公室，对浦南镇蔷薇河以西、老204国道以东、鲁兰河以北、乌龙河以南区域（约13.8平方千米），由滨河新区管委会负责实施开发建设，行政管理、社会事务、拆迁维稳、矛盾协调等仍由浦南镇负责；将宁海街道下浦村人、财、物整建制交由海州开发区代为管理。会议指出，一是鉴于浦南蔷薇河以西开发建设已与滨河新区连为一体，将新圩村交由滨河新区管委会代管，有利于进一步理顺关系、整合资源、提升土地价值、促进城乡统筹协调发展；二是目前下浦村所属的宁海街道与海州开发区在土地征用政策等方面不统一，将下浦村交由海州经济开发区代管，有利于海州开发区的发展壮大和增强全区工业经济发展后劲。会议要求，首先要做好信访稳定工作，本次代管涉及的镇街、开发区一定要高度重视，信访问题的责任主体要明确，下浦村由海州经济开发区承担，新圩村由滨河新区管委会承担，新镇区由浦南镇承担。其次，滨河新区管委会和海州经济开发区要尽快接手熟悉情况、开展工作，相关部门要积极支持配合，下半年要对浦南新镇区2013年1月份以来建设情况进行审计，新镇区片区存量债务原则上仍维持原渠道，滨河新区管委会和海州经济开发区要在下一年经济发展任务中承担代管区域相关指标，请区财政、统计、经发等部门提前做好工作。再次，要加快一体化发展，海州经济开发区和滨河新区管委会要从整体发展角度统筹考虑基础设施布点、公共建设布局及土地出让开发、项目招引等工作。最后，请区政府办会后将会议内容整理提交区常委会、党政联席会或四套班子扩大会讨论研究。

【完善城乡居民基本养老保险制度】 2015年12月18日，区十七届政府第26次常务会议审议通过了《关于进一步完善城乡居民基本养老保险制度的意见》。会议指出，完善城乡居民基本养老保险制度是全区重要的民生政策，全面建立了覆盖城乡的居民基本养老保险制度。会议要求，一是由区人社局牵头抓紧印发实施。二是由宣传部、人社局牵头，通过各种渠道进行广泛宣传，让群众全面了解政策，扩大参保面。三是强化运行管理，确保财政补贴资金补助到位，切实把惠民政策落到实处。

【公务用车制度改革】 2015年12月18日，区十七届政府第26次会议审议并原则通过了《海州区公务用车制度改革方案》（以下简称《改革方案》）。会议指出，公务用车制度改革是加强党风廉政建设、厉行节约反对浪费的重要举措，是转变政府职能、推进后勤服务社会化的重要内容，也是顺应民意、维护党和政府形象的迫切要求。《改革方案》征求的多方面意见，符合区实际和上级要求，具有可行性和可操作性，由区公车改革领导小组按程序向市政府报批。会议要求，一要稳妥推进政策落实，各级各部门要认真解读《改革方案》，严格落实车辆处置、平台建设、人员安置、补贴发放等工作，确保车改工作平稳过渡。二要进一步完善相关方案，抓紧出台配套改革事项，跟踪推进，严抓政策执行，强化监督检查，确保行政成本有效降低。三要积极与市相关部门协调，进一步优化公共交通保障，区政府办要制定并发布公务外出公共交通指南。

【区城乡环卫一体化】 2015年12月18日，区十七届政府第26次常务会议听取审议《海州区城乡环卫一体化实施方案（送审稿）》。会议指出，城乡环卫一体化作为区美丽乡村建设一号任务，各级各部门一定要提高认识、高度重视，切实做到高标准、全覆盖，确保通过本轮省村庄环境整治验收。会议决定，全区涉农镇（街、开发区）的村庄环卫工作全部委托区环卫公司运行管理，机械车辆由区财政统一采购，运行费用由区财政和镇（街、开发区）按照6:4比例共同承担，辖区企事业单位和个体经营户自行承担垃圾代运费用。会议强调，一要建立健全考核奖惩体系、形成长效管理机制，区财政设立专户统筹管理各项环卫资金，将城乡环卫一体化工作纳入镇、村年度考核内容并提高分比，保洁人员由区环卫处和所在镇（街、开发区）双重管理考核。二要充分利用电视、报纸、网络等新闻媒体广泛宣传引导，在全区范围营造讲卫生、爱护环境的良好氛围。三要尽快出台配套细则，明确职责界定，同时将国省道、县乡道纳入保洁体系。会后由各单位重新核实敲定相关数据，经主要领导签字后上报。

链接：

海州区市场监督管理局主要职责、内设机构和人员编制规定

一、职责调整

（一）取消已由各级政府公布取消的行政审批事项。

（二）划入原连云港工商行政管理局海州分局、连云港质量技术监督局城区分局、连云港市食品药品监督管理局新浦分局、连云港市食品药品监督管理局海州分局承担的职责。

（三）划入原区卫生局承担的食品安全综合协调、餐饮服务许可和餐饮服务环节食品安全监管、组织查处食品安全重大事故、依法发布重大食品安全信息等职责。

（四）加强涉及人民群众生命财产安全的产品质量和食品（保健品）药品安全的监管职责。

（五）整合市场执法力量，加强和完善市场执法体系，构建市场监管长效机制，维护良好的市场秩序。

二、主要职责

（一）贯彻执行国家、省、市有关工商行政管理、质量技术监督、食品药品监督管理等方面的法律法规、规章政策和标准规范并组织实施；拟订相关规范性文件和政策、措施，经批准后组织实施。

（二）拟订并组织实施市场监督管理事业发展规划和技术机构建设规划；参与制定商品交易市场发展规划；负责辖区内市场监督管理信息化建设工作。

（三）负责涉及工商行政管理、质量技术监督、食品药品监督管理的各类行政审批和行政许可并监督管理。

（四）组织指导查处违反工商行政管理、质量技术监督、食品药品监督管理法律、法规、规章的行为。

（五）组织拟订并协调推进食品

安全规划；推动食品安全应急体系和隐患排查治理机制建设，按规定负责食品安全事故和突发事件的应对处置；依法承担食品生产、食品流通及餐饮服务的食品安全监督管理职责；承担酒类、保健食品和化妆品市场监管职责。

（六）承担区食品安全委员会的具体工作。负责食品安全综合协调工作；推进食品药品质量安全诚信体系建设；依法统一发布重大食品安全信息；督促检查区有关部门和镇、街道履行食品安全监督管理职责并负责考核评价。

（七）依法承担对各类市场经营秩序监督管理责任；负责市场交易行为和网络交易行为及有关服务行为监督管理职责，承担反垄断执法（价格垄断行为除外）有关工作，依法查处经济违法行为，维护公平竞争的市场经营秩序；负责组织电子商务信用体系；依法负责个体工商户、私营企业经营行为的监督管理；组织开展企业信用体系建设，推进政府企业信用、行业信用建设，实施信用分类管理；依法监督管理经纪人、经纪机构及经纪活动；依法查处无证无照经营；依法查处假冒伪劣等违法行为；依法监督管理直销企业和直销人员及其直销行为，依法查处违法直销和传销案件；负责各类广告活动的监督管理工作。

（八）依法实施合同行政监督管理，规范合同行为；负责动产抵押物登记；组织实施合同格式条款备案；监督管理拍卖行为，负责依法查处合同欺诈等违法行为。

（九）管理和指导全区质量工作。组织实施国家质量发展纲要，国家和省、市的质量奖励制度，推进名牌发展战略；发布全区质量状况公告；会同有关部门组织实施重大工程设备质量监理制度；负责工业产品生产许可证管理工作；负责质量技术监督科技工作。

（十）依法对商标使用进行监督管理；查处商标侵权行为，保护商标专用权；开展驰名商标、著名商标、知名商标审核申报和保护工作；依法保护特殊标志和官方标志；负责地理标志产品日常监督管理工作。

（十一）依法承担消费者权益保护责任，建立消费者权益保护体系，组织指导消费维权工作；负责涉及工商行政管理、质量技术监督、食品药品监督管理的投诉和举报工作。

（十二）负责统一管理辖区内标准化工作。管理企业产品标准备案，组织推广采用国际标准和国外先进标准，组织监督国家标准、行业标准和地方标准的贯彻实施，组织开展地理标志产品保护，负责辖区内组织机构代码和商品条码管理工作。

（十三）负责统一管理辖区内计量工作。推行法定计量单位，监督国家计量制度在辖区内的执行，依法管理计量器具及量值传递和比对工作，负责规范市场计量行为和商品量的监督。

（十四）负责特种设备的安全监督管理工作，依法对特种设备生产、经营、使用单位和检验、检测机构实施监督检查，组织开展特种设备安全宣传教育，按规定权限参与特种设备安全事故的调查处理，组织制定并实施部门的特种设备事故应急预案。

（十五）组织管理全区认证认可工作。组织实施国家、省、市认证认可工作的政策、措施、规划和计划，依法负责检验机构及其检验服务活动的监督管理工作；规范和监督认证市场行为。

（十六）负责药品、医疗器械行政监督和技术监督。监督实施药品、医疗器械研制、生产、流通、使用方面的质量管理规范；依法查处药品、医疗器械违法违规行为；负责药品、医疗器械注册的有关工作和监督管理；监督实施国家药品、医疗器械标准；组织开展药品不良反应和医疗器械不良事件监测；建立健全药品安全应急体系；配合有关部门实施国家基本药物制度；组织实施处方药和非处方药分类管理制度；组织实施执业药师资格和医药从业人员职业资格认定制度；组织开展农村药品监督网和供应网建设。

（十七）组织实施中药、民族药监督管理规范和质量标准；监督实施中药材生产质量管理规范、中药饮片炮制规范，组织实施中药品种保护制度；监督管理城乡集贸市场的中药材交易；负责麻醉药品、精神药品、医疗用毒性药品、放射性药品及戒毒药品的监督管理。

（十八）指导和管理直属机构、派出机构和有关社会团体的工作。

（十九）承办区委、区政府和上级部门交办的其他事项。

三、内设机构

根据上述职责，区市场监督管理局设14个内设机构，均为正股级建制：

（一）办公室

负责机关文电、保密、保卫、档案、统计、信访、会务等工作；负责机关及全区系统装备、固定资产的管理工作；指导协调全局的政务工作和信息化建设；协调和督促机关工作制度的落实；负责新闻宣传管理和新闻发布工作；承担重点工作、重大活动及本局先进典型的宣传策划并组织实施；开展与新闻媒体的交流与合作；承担本系统政务信息、政务公开工作；承担全局重大课题的政策研究和综合性调研工作；承担重要文件和综合性报告的起草工作；编制和管理本局事业发展计划及基本建设计划，指导区市场监督管理学会工作。

（二）组织人事科

负责本局机构编制、人事管理、干部管理、劳动工资、队伍建设等工作；负责本局基层建设工作；承担全局精神文明建设工作，组织实施本局评选表彰；组织、指导本局教育培训工作；负责离退休干部的日常服务、管理、活动安排等工作，协助离退休干部党支部做好政治思想工作。

（三）财务审计科

拟订本局财务管理、内部审计的具体措施、办法，指导监督直属事业单位和社会团体的财务工作；承担本局财务经费预算、决算工作；承担本局财务经费收支、非税收入收缴和票据的管理、核算工作；负责对下属单位和社会团体财务收支审计工作，参加对下属单位和社会团体领导干部经济责任审计工作。

（四）政策法规科

负责推进依法行政综合工作；承担市场监督管理领域综合性问题

的调研，牵头起草有关规范性文件；负责行政执法工作的监督、指导和协调；承担或参与案件核审、听证、行政复议、行政诉讼、赔偿等工作；承办规范性文件合法性审核与备案等事项；组织指导本局法制宣传、培训和普法工作。

（五）行政审批科（挂登记注册科牌子）

负责集中受理涉及工商行政管理、质量技术监督、食品药品监督管理、餐饮服务方面的行政审批事项；承担市场主体登记管理信息库的管理维护以及市场主体登记注册信息的分析、公开上报工作；负责驻区政务服务中心窗口的运行管理；负责相关业务资料、档案的收集、归档。

（六）企业监督管理科

拟订市场主体监督管理的具体措施、办法；组织指导辖区内企业、个体工商户、农民专业合作社、外商投资企业及其分支机构、从事生产经营活动的外国（地区）企业等市场主体的监督管理工作；组织查处违反登记管理法规的行为；对市场主体实施以抽查为主要方法的信用监督管理；指导区个体私营经济协会和非公党建工作。

（七）市场规范管理科（挂网络商品交易监督管理科牌子）

拟订规范市场秩序的具体措施、办法；承担规范维护各类市场经营秩序工作；参与市场培育建设和市场布局规划；承担监督管理网络商品交易及有关服务行为的工作；组织指导市场专项治理工作；依法监督管理经纪人，指导区经纪人协会、区市场协会、区茶叶产业协会工作。拟订合同行政监督管理的具体措施、办法；组织实施合同行政监督管理；承担管理动产抵押物登记、拍卖行为工作；查处合同欺诈等违法行为；制定合同示范文本，监督管理格式条款订立，开展守合同重信用活动；指导守合同重信用企业协会工作。拟订商标监督管理的具体措施、办法；承担商标使用、商标印制等管理工作，组织查处商标侵权等商标违法案件；加强驰名商标、著名商标、知名商标的保护工作，依法保护特殊标志、官方标志；承担驰名商标、著名商标和知名商标的推荐工作；研究拟订全区商标发展规划，组织实施商标知识产权战略；监督管理商标代理机构；指导区商标协会工作。拟定全区广告业发展规划、政策措施并组织实施；监督管理广告活动；组织监测、检查各类媒体广告发布情况，指导广告业发展；查处虚假广告等违法行为，指导区广告协会工作。

（八）消费者权益保护科（挂投诉举报中心牌子）

负责消费者权益保护工作，建立消费者权益保护体系，组织指导消费维权工作，调解消费纠纷，参与侵害消费者合法权益案件的查处工作。承担涉及市场监管领域的咨询、投诉、举报处理工作，构建统一的涉及工商行政管理12315、质量技术监督12365和食品药品监督管理局12331职责的投诉举报体系；负责对投诉、举报事项进行受理、分流、转办、督办、反馈、答复；统计、分析、发布投诉、举报情况，并对存在问题提出相关建议。指导区消费者协会工作。

（九）质量管理与监督科

拟订全区质量发展工作规划；发布全区质量状况公告；承担质量诚信体系建设工作；组织实施国家和省、市质量奖励制度，推进名牌发展战略；推广先进的质量管理经验和方法；参与重大工程设备质量监理制度；参与产品防伪的监督管理工作；管理区工业产品生产许可证工作。指导全区企事业单位开展认证认可活动；实施强制性、自愿性产品认证和体系认证的监督管理工作；规范和监督认证认可、认证培训、认证咨询机构；受理认证认可的投诉和申诉，协助组织查处认证认可违法行为。监督全区质量工作；拟定上报全区产品（商品）质量监督检查计划；管理和协调产品（商品）质量的行业、地方和专业性监督工作；组织对监督抽查不合格企业的处理；对本区行政区域内机动车安全技术检验机构及其工作情况组织监督检查；负责产品质量检验机构的日常监管。

（十）标准计量科

组织实施标准化法律、法规；协助组织地方标准的制定、修订工作；监督检查国家标准、行业标准、地方标准的实施；组织重要标准的宣传贯彻；组织实施技术标准战略，推广采用国际标准和国外先进标准；协助新产品、引进技术重大项目标准化的审查工作；组织指导工业、农业、服务业标准化工作，管理企业产品标准备案；协助有关部门开展对全区主要贸易国家（地区）的技术性贸易壁垒（措施）的研究、评议、预警、应对及信息服务工作；组织管理地理标志产品保护工作；管理全区标准信息、组织机构代码和商品条码工作。

组织实施计量法律、法规；负责推行国家法定计量单位；依法管理计量器具；依法管理计量器具制造、修理许可证工作；监督管理市场计量行为和计量仲裁检定；协调组织对商品计量的监督；承担能源计量监督管理工作，参与能源效率标识的管理；规范社会公正计量机构。

（十一）特种设备安全监察科

管理锅炉、压力容器、压力管道、电梯、起重机械、大型游乐设施、客运索道、场（厂）内专用机动车辆等特种设备的安全监察、监督工作，组织对特种设备生产、经营、使用单位和检验、检测机构实施监督检查。组织开展特种设备安全宣传工作，组织开展特种设备应急管理，参与特种设备安全事故的调查处理。

（十二）食品安全综合监督管理科（挂食品安全委员会办公室牌子）

监督实施食品生产加工、市场流通环节行政许可和安全监管的法律、法规、规章和安全规范，拟订或制定监督管理的政策、制度、计划和措施并监督实施；组织实施生产加工、市场流通环节食品安全监督检查、专项整治、监测和评价；负责不安全食品召回的监督。

承担区食品安全委员会办公室的日常工作；承担食品安全综合协调职责，建立健全协调联动机制和综合监管制度；拟订食品安全规划并协调推进实施；督促检查区有关部门和镇、街道贯彻执行食品安全法律法规和决策部署的情况并负责考核评价；组织开展重大食品安全问题调查研究并提出政策建议；指导完善食品安全隐患排查治理机制，组织开展食品安全重大整顿治理和联合检查行动；推动完善食品安全应急体系建设，组织拟订食品安全事故应急预案，牵头组织食品安全重大事故查处；牵头组织重大活动食品安全保障工作；依法统一发布重大食品安全信息，协调实施食品安全宣传、培训工作。

（十三）餐饮服务监督管理科

承担餐饮食品安全监管，监督实施餐饮食品安全标准和管理规范，监督抽检餐饮食品并发布日常监督管理信息；开展量化分级管理；承担餐饮服务环节电子监管追溯体系、应急体系和诚信体系建设的具体业务工作；组织调查处理食品中毒事故；参与重大活动餐饮服务及食品安全保障工作；参与食品安全教育工作。承办上级委托交办的相关工作。

（十四）药品医疗器械监督管理科（挂保健食品化妆品监督管理科牌子）

配合实施国家基本药物制度，具体实施处方药与非处方药分类管理制度，监督实施药品不良反应监测制度，监督实施药品生产、中药材生产、医疗机构制剂、药物非临床研究和药物临床试验质量管理规范，依法监管毒性药品、麻醉药品、精神药品、放射性药品、药品类易制毒化学品、药源性兴奋剂和药品包装材料及容器；贯彻实施国家药品流通法律、法规，监督实施药品经营质量管理规范，监督实施药品流通领域处方药、非处方药分类管理，负责药品流通、使用环节的日常监管，承担中药材市场监管工作，监管互联网药品信息服务和交易行为，参与药品（含基本药物、医疗器械）招标监管；监督实施医疗器械标准，监督实施医疗器械临床试验、生产、经营质量管理规范和分类管理，负责医疗器械生产、经营、使用单位的日常监管，组织开展医疗器械不良事件监测。

承担保健食品生产、经营的监督管理工作，负责化妆品生产、经营卫生监督管理，监督实施保健食品生产经营质量管理规范及化妆品卫生许可有关规范、化妆品卫生标准和技术规范，组织开展保健食品安全监测和评价，承担保健食品安全监管有关信息的发布工作。

另按有关规定设置纪检监察机构。

四、直属行政机构

设立区市场监督管理综合执法大队，副科级建制，为区市场监督管理局的直属行政机构。

区市场监督管理综合执法大队主要职责为：负责区工商行政管理、质量技术监督、食品药品监督管理等市场监管执法工作，组织实施重大整治行动；负责对市场监督管理分局工商行政管理、质量技术监督、食品药品监督管理执法工作的业务指导；负责协调跨区域执法和重大案件查处；协助办理上级部门交办、转办的案件等。

五、派出机构

设立花果山、新浦、新东、浦西、新南、幸福路、朐阳、南城、浦南、锦屏、板浦等11个分局，作为区市场监督管理局的派出机构，名称统一规范为"区市场监督管理局xx分局"，加挂"区食品药品监督管理局xx分局"的牌子，均为副科级建制。各分局内设综合股、监管股、消保股，均为正股级建制。

花果山分局管辖花果山、云台街道办事处、南云台林场，新浦分局管辖新浦街道办事处，新东分局管辖新东街道办事处，浦西分局管辖浦西、路南街道办事处，新南分局管辖新南、新海街道办事处，幸福路分局管辖幸福路、海州街道办事处，朐阳分局管辖朐阳、洪门街道办事处，南城分局管辖南城街道办事处、云台农场，浦南分局管辖浦南镇、岗埠农场、海州开发区通用设备产业园，锦屏分局管辖锦屏镇、新坝镇、海州开发区专用装备产业园，板浦分局管辖板浦镇、宁海街道办事处。

主要职责为：具体负责辖区内工商行政管理、质量技术监督、食品药品监督管理工作的行政指导、监督管理；负责相对简单的行政审批事项和其他具有审批、确认性质的权力事项的直接办理；具体负责对企业及其他法定对象的日常监管和案件查处工作。

六、人员编制和领导职数

（一）区市场监督管理局机关编制和领导职数

区市场监督管理局机关行政编制为45名。

领导职数为：局长1名，副局长5名。正副科长（主任）30名，其中：科长（主任）15名（含区食品安全委员会办公室专职副主任1名），副科长（副主任）15名。

（二）直属行政机构编制和领导职数

区市场监督管理综合执法大队行政编制为10名。领导职数为：大队长1名，副大队长3名。

（三）派出机构行政编制和领导职数

11个派出机构行政编制为137名。领导职数为：分局长11名，副分局长27名，股长33名。具体分配见附表。

（四）机关党、团、工会、妇女组织的设置，按有关规定执行。

（五）行政附属编制人员、事业编制人员编制事项另行核定。

七、其他事项

（一）与区农水局的有关职责分工

1.区农水局负责食用农产品从种植养殖环节到进入批发、零售市场或生产加工企业前的质量安全监督管理，负责兽药、饲料、饲料添加剂和职责范围内的农药、肥料等其他农业投入品质量及使用的监督管理。食用农产品进入批发、零售市场或生产加工企业后，区市场监督管理局负责食品的监督管理，区农水局负责畜禽屠宰环节和生鲜乳收购环节的质量安全监督管理。两部门建立食品安全追溯机制，加强协调配合和工作衔接，形成监管合力。

2.区农水局负责食用水产品从捕捞养殖环节到进入批发、零售市场或生产加工企业前的质量安全监督管理，负责渔药、渔业饲料、渔业饲料添加剂和职责范围内的其他水产养殖投入品使用的监督管理。食用水产品进入批发、零售市场或生产加工企业后，区市场监督管理局负责食品的监督管理。两部门建立食品安全追溯机制，加强协调配合和工作衔接，形成监管合力。

（二）与区卫生和计划生育局的有关职责分工

1.区卫生和计划生育局负责食品安全风险评估。区卫生和计划生育局会同区市场监督管理局等部门制定、实施食品安全风险监测实施方案。区市场监督管理局应当及时向区卫生和计划生育局提出食品安全风险评估的建议。区卫生和计划生育局对通过食品安全风险监测或者接到举报发现食品可能存在安全隐患的，应当立即组织食品安全风险评估，并及时向区市场监督管理局反馈食品安全风险评估结果。对于得出不安全结论的食品，区市场监督管理局应当立即采取措施。需要制定、修订相关食品安全地方标准的，区卫生和计划生育局应当尽快建议、上报。

2.区市场监督管理局会同区卫生和计划生育局组织实施国家药典。

3.区市场监督管理局会同区卫生和计划生育局建立食品安全事件相互通报机制。

4.区市场监督管理局会同区卫生和计划生育局建立重大药品和医疗器械不良反应事件相互通报机制和联合处置机制。

5.区卫生和计划生育局参与实施食品安全检验机构资质认定条件和检验规范。

（三）与区商务局的有关职责分工

1.区商务局负责拟订药品流通发展规划和政策，区市场监督管理局负责药品流通的监督管理，配合执行药品流通发展规划和政策。

2.区商务局负责拟订促进餐饮服务和酒类流通发展规划及政策，区市场监督管理局负责餐饮服务食品安全和酒类食品安全的监督管理。

（四）与城管执法部门的有关职责分工

城管执法部门负责食品流动摊贩（含食品流动车、食品排档）的监督管理工作，区市场监督管理局负责法定生产经营场所相关食品主体的行政许可与监督管理工作。

八、附则

本规定由区机构编制委员会办公室负责解释并对执行情况进行监督检查和评估，其调整由区机构编制委员会办公室按规定程序办理。

附表：

海州区市场监督管理局11个分局编制分配表

表2

单位名称	机构规格	行政编制数	领导职数
花果山分局（原景区分局）	副科	16	分局长1名，副分局长3名
新浦分局（原国际商城分局）	副科	15	分局长1名，副分局长3名
新东分局	副科	16	分局长1名，副分局长3名
浦西分局	副科	18	分局长1名，副分局长3名
新南分局	副科	18	分局长1名，副分局长3名
幸福路分局	副科	10	分局长1名，副分局长2名
朐阳分局	副科	10	分局长1名，副分局长2名
南城分局	副科	9	分局长1名，副分局长2名
浦南分局	副科	9	分局长1名，副分局长2名
锦屏分局	副科	8	分局长1名，副分局长2名
板浦分局	副科	8	分局长1名，副分局长2名
合　计		137	分局长11名，副分局长27名

法治政府建设

【概况】 2015年，海州区认真贯彻落实党的十八届三中、四中全会和国务院、省、市依法行政相关文件和会议精神，结合自身实际，坚持把依法行政作为政府工作的基本准则，加快转变政府职能，切实推进依法行政和法治政府建设，依法决策、依法管理、依法办事的水平和能力得到进一步提升，为促进全区经济社会全面协调发展创造了良好的法制环境。

【重视依法行政工作】 区高度重视依法行政工作，全面推进依法行政工作领导小组由区长担任组长，成员均为政府各相关部门一把手。领导小组负责研究制定全区推进依法行政方案、计划，拟定各项工作制度，规范、指导全区依法行政工作。领导小组定期听取依法行政专题汇报，分析解决依法行政工作中存在的矛盾和问题，区各部门每年向区政府报告依法行政工作情况，区政府向市政府报告全区依法行政工作情况，依法行政工作规范有序。

【建设依法行政队伍】 为提供组织保障，2015年区法制办的人员配备和办公条件继续得到加强，区法制办共有专职（兼职）人员4人，明确了各自的分工和职能。全区17个镇街和28个行政执法部门明确了依法行政分管领导，设立了法制联络员，建立起上下联动的依法行政工作体系。为提高依法行政的专业性建设，不断完善法律顾问团工作机制，聘请9位全市各领域优秀律师代表，组成区政府法律顾问团，同步制定法律顾问团《工作规则》和《绩效管理办法》，为重大项目合同、房屋征收等问题提供专业性的建议。一年来，区政府法律顾问共参与处理民事纠纷、经济纠纷、行政纠纷15件，审查14份区级合同，涉及金额9.78亿元，参与信访复查3次，其他突发性事件2次。

【开展各类学法活动】 强化学法，形成全覆盖的培训模式。认真制订领导干部及行政机关工作人员学法计划、区级公务员依法行政年度培训计划等，系统安排各类学法活动。一是政府领导带头学，每季度由区法制办牵头组织一次区政府党组（扩大）学习会。二是单位部门普遍学。全年召开了两次全区依法行政工作会议，各部门一把手和分管领导参加，学习依法行政新精神、新要求，听取案例讲评和专题讨论。三是开设培训班广泛学。由区委组织部和区政府法制办牵头，联合举办为期两天的科级领导干部以及新提拔、新选任公务员依法行政专题培训班，聘请专家学者进行授课，强化依法行政意识和水平。

【加快行政审批事项改革】 严格行政决策管理。严格执行《区重大行政决策程序管理规定》，对政府的科学决策、民主决策、依法决策进行全面规范，逐步建立完善公众参与、专家论证、合法性审查相结合的决策机制。进一步落实重大行政决策风险评估制度，在制定和实施重大决策前，对可能影响社会稳定的因素进行科学系统、客观公正的预测、分析和评估，确定风险等级，制定风险应对策略和预案，做到从源头上预防和化解社会矛盾。推进行政权力网上公开透明运行。认真贯彻《江苏省行政权力网上公开透明运行管理暂行办法》，加强行政权力库、网上政务大厅、行政权力运行平台、监察平台和法制监督平台建设管理，对系统中的行政权力事项不完整信息，进行重新审核确认。举办法制监督平台培训班2期，培训人员150余人次。建立健全行政权力网上运行的监督检查、考核评价、责任追究等各项配套制度，每个月向全区通报行政权力网上公开透明运行相关情况，通过定期检查、不定期抽查、工作汇报、现场操作等方式，全面提升行政权力网上公开透明运行水平。全面完成行政审批事项清理工作。以建立权责一致、精简规范、公开透明、监督有力的行政审批体制为目标，法制办牵头清理行政审批事项，在各个部门大力支持下，经过多次上下沟通、衔接、反馈，又邀请市有关专家进行合法性审查，于3月份完成清理工作。清理后，全区拟保留行政审批事项50项，暂停6项，调整管理方式21项，以此作为进驻区政务服务中心的依据。经过全面改造升级的区政务服务中心已正式投入运行，有16家区部门和市住房局产权处、电信、移动、工商银行等进驻。政务服务中心投入运行后，通过优化了的操作流程，努力做到“只进一个门，只找一个人”，切实解决服务群众“最后一公里”问题。全面完成部门行政权力清单梳理工作。4月份，区抽调精兵强将，成立行政权力清单初审工作小组，对全区22家单位的权力清单开展梳理编制工作，确保改革于法有据。经过全面摸底、部门清理、报送审核、集中审查后，报送法律专家评审，初步确认全区各部门共有行政权力2869项。这些权力经区政府常务会研究通过后，已在海州区行政权力公开透明运行系统进行公示。结合权力运行流程图的出台，以及跟踪问责办法的完善，进一步规范政府服务，简化办事程序，提升行政效能。根据行政权力清单清理结果，对全区行政执法人员进行清理摸底，全区行政执法机关中直接承担行政执法任务的正式执法人员有492人，辅助执法人员有255人。加强规范性文件制定和管理规范。不断完善规范性文件三级审查程序。文件起草部门首先对草案进行集体研究后呈报区政府法制办审查，区政府法制办出具审查意见后，再由起草部门提请区政府常务会集体审议通过予以印发施行。通过三级审查程序，充分发挥法制机构的监督作用，保证了政府出台的规范性文件质量。区加强规范性文件备案审查和清理评估，于上半年对2013至2014年原新浦和海州区政府常务会通过的23份规范性文件进行有效性审查，根据形势需要，提请原制定单位对文件进行合并、中止或重新拟订。按规定备案审查区部门规范性文件2件，切实做到有件必备、有备必审、有错必纠，有效防止规范性文件不合法现象。

【完善行政执法机制体制】 强化行政行为监督，进一步推行行政执法责任制。建立行政执法责任体系，严格执行法律、法规、规章，依法行使权力、履行职责。研究制定全区依法行政考核细则，科学设定考核指标，建立较为健全的层级考核评价体系。2015年，区法制办会同有关部门开展行政执法自查自纠工作，共抽查各类行政执法案件43件，及时向执法单位发布整改意见12条，整改率100%。加强执法队伍培训管理，提升依法履职能力。区法制办配合区检察院对全区所有执法部门中层以上干部进行廉政警示教育，增强预防职务犯罪的自觉性。7月3日，区市场监督管理局正式挂牌以来，分两批对全体执法人员开展法律法规和业务知识培训，培训内容涵盖了食品生产监管、特种设备监管、执法能力提升等多个方面，为全面履行职能提供有力保障。做好行政复议工作，提升复议应诉工作水平。去年以来，区法制办共受理行政复议案件7件，其中决定维持2件，告知其他受理部门2件，当事人撤回3件，做到案结事了。在办理过程中，加大对人民群众复议申请权的保护力度，疏通进口、敞开大门，最大限度地把行政争议化解在行政程序之中，减少了社会不和谐因素。

（撰稿：陈守刚　审稿：张延广）

【法治专题讲座】 为全面贯彻落实

党的十八大和党的十八届三中、四中全会精神，进一步增强公务员特别是领导干部社会主义法治理念，提高依法执政、依法行政和依法管理的能力和水平，建设一支法治服务型干部队伍，10月17日上午，海州区举办“百家讲坛——深入推进依法行政，加快建设法治海州”专题讲座。海州区区长单晓敏等四套班子领导参加。

讲座邀请了市委党校沿海开发与陆桥经济研究室主任、副教授杜广庆为大家授课。杜广庆以《深入推进依法行政，加快建设法治海州》为题作了一次精彩的讲座。他以生动形象的语言、精辟严密的论述、渊博严谨的专业知识、理论联系实际的生动讲解，从法治政府的内涵与要求、建设法治政府的价值所在、新形势下法治建设的推进三个方面进行了深刻的阐述。

此次讲座对海州区广大干部深入理解社会主义法治理念，正确把握社会主义法治建设规律，全面落 实依法治国基本方略，加快海州区法治政府建设起到积极的指导作用。

人事人才工作

【概况】 2015年，全区人才资源总量较2014年增长率15%，完成目标的110%；高层次人才（副高以上职称或硕士研究生以上学历）占人才资源总量的比例达5.7%，完成目标的110%；3人申报省“高技能人才”，7人申报省“双创人才”，8人申报省“博士集聚计划”，64人申请市高层次人才补助，45人申报苏北发展急需人才补助。组织60家企业参加在成都、南京、西安等地举办的精英人才对接峰会、合作恳谈会、高层次人才招聘会等活动；安排12家企业参加“双创英才聚港城”现场洽谈活动，邀请40余名有投资潜力、合作意向的人才到滨河新城、民主路文化街、现代服务业集聚区等项目一线对接洽谈，实现“双招双引”。做好全区对于国外先进技术、管理人才的需求情况摸底。新增专业技术人才2273人，完成考核目标的120%，引进国外智力2人。海州区机关事业单位工勤技能岗位培训及继续教育76人。

【人才引进】 2015年，先后指导和参与教育系统和卫计系统的公开招聘工作，共录用事业单位工作人员110人。全区公务员30人，其中公开招录公务员23人、省委选调生7人。完成2015年度公务员录用备案表和党政机关考录情况统计表填写上报。

【公务员培训】 2015年，对全区1393名公务员进行考核，其中优秀193人、称职1157人、不定等次39人、未参加培训4人。组织公务员南北对口培训4人。公务员任职培训率100%。

【军转干部管理】 2015年，海州区按照1∶1.2的比例，调剂5个行政岗位，专门用于接受安置4名分配到区的军转干部。按照市军转办统一部署，认真协调财政、经贸等有关部门落实企业军转干部相关待遇，及时发放体检表、拨付工资及慰问金。对新出现的个案问题，请示上级部门，妥善加以处理，防止出现串联等不稳定因素。

【职称评定】 2015年，按照市专业技术人员管理处的统一部署，积极做好高、中、初级职称的初审工作。全区共推荐244人申报相关专业的职称，其中电力工程专业86人、教育专业55人、卫生专业35人、机械专业23人、化工专业13人、农林水利专业12人、电子信息专业10人、群众文化专业5人、其他专业5人。对大、中专院校毕业生（含研究生毕业）实行见习期满考核初定专业技术资格，共受理申报初定职称115人，其中教育专业83人。2015年度教育、农业系列（专业）初级专业技术资格考试共4人报名，通过4人。

【人员招聘计划】 2015年，批准公务员招录计划24个，其中法检一线办案人员计划4个、乡镇街道基层计划11个；批准事业单位招聘计划106个，其中教育系统40个、卫计系统36个、其他事业单位30个。

（撰稿：张见　审稿：张正文）

侨务工作

【概况】 2015年侨务工作在市侨办的指导下，紧紧围绕区委、区政府中心工作，紧扣全区发展大局，立足主城区工作实际和侨情特点，以全心全意为侨服务为宗旨，转变作风，开拓创新，狠抓落实，不断做深做强做实侨务工作，为海州经济社会发展贡献力量。侨务社区工作一直是海州区侨务工作的亮点，侨办以侨务社区创建为抓手，大力推进社区侨务工作提档升级，全区7家侨务社区受到国家、省、市级表彰，其中贾圩、龙尾、玉龙、蔷薇、星化等5家社区获国家级表彰，新潮社区获省级表彰，双龙社区获市级表彰。

【侨务社区创建】 2015年以侨务社区创建为抓手，大力推进社区侨务工作提档升级，以更高的水平做好为侨服务工作。

在侨务社区创建中，一是强化社区侨务阵地建设。利用社区现有的条件和资源，在7个侨务社区全部设立“侨之家”，为社区归侨、侨眷提供读书看报、上网视频、书画交流、棋牌娱乐、休闲健身等设施和场所，贾圩社区在全市首家设立社区侨网，高标准建设“侨之家”活动室和“侨眷大广场”。二是强化社区侨务资源整合。全区上下创新思路，通过与辖区内企事业单位、小区物业公司、学校、医院建立共建、共享模式，变辖区单位资源为社区资源，共同服务社区侨务工作。新海街道星化社区归侨侨眷主要集中在辖区单位市矿山设计院，社区充分利用这一资源优势，协调共享共用1000多平方米的文体活动场所，为辖区近百名归侨侨眷提供各类方便快捷的服务；龙尾社区协调辖区幼儿园、社区卫生服务中心，为归侨侨眷提供优质服务。三是强化社区侨务特色品牌打造。按照侨务社区“一社一品”的要求，引导社区侨务工作不断向“人无我有、人有我优、人优我特”方向发展。贾圩社区进一步完善“居家养老”服务，投资建设智能居家养老呼叫系统；首创侨眷家庭病房，社区医生免费上门诊治，建立家庭健康档案，为侨眷提供零利润送餐服务，实现为侨服务家庭化、个性化。新海街道星化社区关爱空巢归侨侨眷老人，开展“一对一”结对帮扶活动。新南街道玉龙社区针对辖区新侨多、留学生多的特点，按照归侨、侨眷、留学生划分小组实行网格化管理服务，通过举办联谊会，建立涉侨家庭交流沟通新平台。四是强化社区侨务工作双向服务。侨务社区在坚持真心为侨服务的同时，还积极引导社区归侨侨眷参与社区管理和建设，凝聚侨心，汇聚侨智，发挥侨力，逐步形成“社区为侨服务好，侨为社区贡献多”的良好氛围。龙尾社区号召归侨彭康元、侨眷秦登桥、张明昌等几位老人加入社区科普志愿者和治安义务巡逻队伍，为社区和谐平安做贡献。玉龙社区召开党建工作会议、社区成员代表大会，都会邀请侨界人士列席，听取他们的意见。对他们提出的强化无物管小区管理、加强背街小巷环境综合整治的建议都认真采纳。星化社区侨眷姚至馨退休后不忘奉献，利用自己专长和特长，为居民举办健康保健讲座，受到辖区居民广泛好评。

【侨法宣传】 维护归侨侨眷的合法权益是侨务工作者最根本的职责和使命，归侨侨眷既是侨务工作的对象，又是助推侨务工作的重要力量，所以落实侨务相关政策，维护归侨侨眷合法权益，可以调动大家的主动性和积极性，形成良性互动、共同发展的工作格局。侨办始终把宣传侨法、提高依法护侨水平作为根本，开展多方位、多角度、多途径的侨法宣传工作，有效提高全社会的侨务法制观念。一是搭建侨法宣传平台。年内在朐阳门广场打造“侨法宣传公园”，大力宣传归侨侨眷权益保护法。还借助郁洲公园港城法治文化公园、路南街道法制文化广场、新东街道法制长廊、浦南镇农民千米普法示范路等近20处特色法制阵地，大力开展侨法宣传活动。二是依托载体强化侨法宣传。充分发挥社区“侨法宣传角”主阵地的示范带动作用，广泛开展侨法宣传。新潮社区侨法宣传墙、万润社区侨法宣传广场，方便社区居民了解和熟悉侨法。三是借助活动强化侨法宣传。通过社区举办归侨侨眷联谊会、座谈会以及专场法制讲座和文艺演出等活动，广泛宣传侨法，进一步营造“知侨、爱侨、护侨”的社会氛围。侨办还引导侨务社区参与市“法制宣传先进单位”的申报工作。年内市侨办在玉龙社区举办“全国侨法宣传角”揭牌仪式，是对海州侨法宣传工作的肯定。

【为侨服务】 坚持用“真心、细心、耐心”做好为侨服务工作，鼓励社区把为侨服务工作融入社区服务管理大格局中，淡化身份区别，强化服务，努力形成“人人为侨，侨为人人”的双向服务格局。发放归侨生活补贴。在发放归侨生活补贴时，侨办做到亲自上门发放，并与归侨充分交流，了解家庭生活工作现状，了解他们所需、所急、所难，为进一步扶贫帮困取得第一手资料。归侨王克占患癌症住院，就把补贴送到医院患者床头，2个月后又自筹慰问金1000元，再次到医院探望。“暖侨敬老”行动。春节期间，侨办把慰问金送到困难涉侨人员手中，解决他们“过节难”的问题。还组织市相关书法名家到双龙社区为归侨、侨眷写春联，深受大家欢迎。重阳节期间，走进社区对全区85周岁以上归侨侨眷进行慰问。组织归侨侨眷活动。中秋节前夕，组织区内归侨侨眷代表参加全市归侨侨眷话中秋迎国庆座谈会。组织归侨侨眷看港城活动，参观赣榆抗日山革命烈士纪念馆和海州月牙岛。做好华侨公益事业跟踪服务工作。对华人华侨捐赠项目进行登记造册，及时跟踪服务，做好资金使用管理，切实保护好捐赠人的合法权益。区“杨天全奖学金”连续举办20届，为南城街道千余名贫困中小学生提供经济资助，累计发放资金100余万元。服务侨港资企业，做好外联工作。大力开展招商引资工作，积极融入全区发展大局，承担“连云港之夏”和“连博会”客商邀请任务，积极推介开展民主路和盐河巷招商活动，配合商务局做好侨港资企业登记工作。8月，组建侨商会，进一步完善侨港资企业联系制度，帮助企业解决困难，维护企业合法权益。

【涉侨信访工作】 对涉侨的每一个信访件或电话诉求，都予以足够重视，认真对待，深入调查，能解决的必须及时解决，不能解决的做好解释工作。针对美籍华人徐良真反映板浦故居被侵占的情况，及时协调地方政府对此事进行调查，并且和市侨办领导到原址现场进行辨认。但因为年代久远，时过境迁，海州解放前的房屋遭到日军轰炸，不存在遗迹，当时邻居也都相继过世，无法查证。侨办把调查报告报送上级主管部门，并且通过其友人打电话告知他本人，做好解释工作。针对美国华侨胡红来电反映其居住在市民社区的奶奶张月英老人居住条件极差的问题，会同街道办事处和社区共同登门了解实情，积极协调区房管局和社区，帮助她申报廉租房。但老人习惯现有居住环境，不愿搬迁，经协调，市房管局安排相关部门对其房屋进行维修。对加拿大籍华人朱德修反映其在海州区投资的锦屏磷矿尾矿砂项目受阻情况进行调查，并将调查结果反馈给市外侨办，做好解释工作。

（撰稿：董静　审稿：朱鹏苏）

目标管理考核

【概况】 2015年，全区目标管理实行体制改革，参照市级目标管理工作方法，分为镇街开发区目标管理和机关绩效管理两个部分。镇街开发区的目标管理与考核工作由区经发局牵头负责，机关绩效考核由区绩效办牵头负责。改变以往由区目标办牵头考核的模式。按照“目标项目化、项目节点化、节点责任化”的要求，实行“一周一会办、一月一分析、一季一观摩”督查推进机制，加强17个市级重点项目的跟踪问效。定期过堂指标运行、项目建设，严格实行“月通报、季排名、半年总结、年度考核”制度，推动重点工作“回头看”，及时加强沟通调度，解决问题，把握工作主动权。区分管领导挂钩重点项目跟踪推进，深入一线，靠前指挥，抓组织协调、要素调度、难题会办等。在全区广大干群共同努力下，再次获得市县区目标管理绩效综合考核一等奖，实现“三连贯”奋斗目标。

【体系变化】 在引导全区加快产业发展，促进项目推进，实现转型升级、争先进位，开创经济和社会发展新局面上。海州区目标绩效考评办法结合“三严三实”活动，紧贴基层实际，突出重点、突出个性、突出导向，坚持“三个原则”编制考核体系。一是突出办法相融性。在整体内容设置上，与市目标绩效办法相融合，既囊括市下达的目标任务，又结合年初计划、各单位区域实际和资源优势，融合各单位的优势和特点，设置共性指标、专项工作、个性指标、重点项目、加减分等5个方面。二是突出考核个性化。在考核共性工作的基础上，根据各单位年初和前段时间梳理上报的个性工作，突出个性和特色，设计个性考核内容，并整合为工业发展、服务业发展、现代农业、旧城改造、小城镇建设、旅游发展、新农村建设、国土资源管理等8个方面，项目和分值不尽相同，既体现个性化又突出特色工作。三是突出考核导向性。既突出主要指标导向，又突出项目导向。在共性指标中，突出主要经济指标、提质增效指标的完成，对财税收入、直接利用外资、规模以上固定资产投资未能完成目标的减半计分；在重点项目推进中，突出市级47个重点项目、突出区级287个重点项目以及四个季度现场观摩会的项目；在加减分事项中，突出项目抓招引、抓培育、抓推进；在重大产业项目推进中，突出在手项目抓落地建设、进程达序、扩量提质。

（撰稿：陈爱华）

机关事务管理

【概况】 2015年，因区划调整，两区合并后，区机关事务管理工作的任务骤然加大，时间紧，任务重，面临巨大挑战。在区委、区政府的正确领导和机关事务管理中心全体人员的共同努力下，围绕区委、区政府中心工作，积极探索新形势下机关事务发展的特点和规律，创造性地开展工作，强化管理、保障、服务意识，积极履行各项职能，全面提升机关事务管理水平，逐步完成由传统保障职能向管理职能的转变，为机关工作提供优质、高效服务，区机关事务管理工作有条不紊。

【成立海州区机关事务管理中心】 2015年两区合并后，根据《机关事务管理条例》、《党政机关厉行节约反对浪费条例》和《江苏省机关事务管理办法》的要求，建立健全工作机构，全面完善组织结构代码证、单位法人证书及公章等机构手续。新浦区机关后勤服务处和海州区机关事务管理接待中心合并，正式更名为海州区机关事务管理中心；同时强化机构职能，加快职能转换和角色调整，明确单位职能范围，强化机关事务管理职能，逐步完成由传统保障职能向管理职能转变。

【办公用房整改和清理】 2015年1月，区划调整后，根据省市及区委、区政府相关要求，对全区办公用房使用情况进行核查。各部门、各单位本着“实事求是、认真负责”的原则填写统计表，保证所填信息准确、真实。区纪委、政府办组织联合工作组赴各单位实地开展督查工作。统计完成后，各单位根据办公用房建设标准进行整改，共清理办公用房和服务用房2085平方米，腾退的办公用房根据各单位实际情况及行政中心外设单位具体情况进行合理调配。办公用房调整后，督查办不定期对各单位办公用房使用情况进行督查，并要求各单位按时上报“办公用房回头看情况表”，适时把握全区办公用房使用情况，杜绝清理后回复原样、清理后私自调换等情况发生。10月，由区委、区政府牵头，海州区机关事务管理中心具体落实，完成海州区政务服务中心的整合搬迁工作。区委、区政府协调，将距离海州区行政中心仅百米的原海州区检察院办公楼改为区政务服务中心，司法局、残联、卫计局、劳动人事保险处、城管110指挥中心、物价局、工商局、药监局等多家窗口单位入驻政务服务中心，入驻单位均按照办公用房配备标准合理分配，提升了办公用房的使用率，优化整合办公资源。11月，政务服务中心正式对外开放，切实解决以往老百姓“窗口单位办事难、多跑腿”这一问题，提高效率、强化服务，以实际行动实现便民利民服务。

【公共机构节能】 2015年，为了加强节能工作，区成立节能减排工作领导小组，由区政府分管领导任组长，办公室分管主任为节能联络员，各部门分管负责人任领导小组成员，负责做好本单位资源节约工作的指导、协调、督查和考核，把节能工作作为一项重要工作常抓不懈。区紧紧围绕“节能有道、节俭有德”这一主题，采取短信、大屏幕、宣传海报等多种形式广泛宣传，营造节能减排工作的良好氛围。区按时组织节能培训，统一安排各单位进行系统录入工作，确保节能工作按时完成，通过多方面同步推进，全区水、电、汽油和办公耗材费用得到有效控制。

【推进节约型机关建设】 2015年，全区把节约型机关建设作为一项重要工作来抓，一是加强宣传，营造氛围。及时落实上级“厉行勤俭节约，反对铺张浪费”的会议精神，大力宣传勤俭节约的重要意义，引导职工从现在做起，从自我做起，从身边的小事做起，全面树立节约意识，践行节约行为。改进工作作风，在工作中自觉做到精打细算，反对铺张浪费，形成“时时讲节约，人人讲节约，事事讲节约”的良好氛围。二是加强管理，落实责任。制定完善机关节约用水、节约用电、节约用油、节约用纸等管理办法，同时健全日常管理制度，细化责任，严格按照制定的节约制度加强对车辆出行、招待接待、食堂就餐、会议召开、用水用电等各项基础工作的管理，努力做到不浪费一张纸、一度电、一滴水、一升油，形成勤俭节约的良好风尚，更好地推动节约型机关建设。

【机关事务管理和服务】 完善机关服务职能。两区合并后，行政中心搬迁至地理位置较为偏远、周边配套设施不完善的新址，给机关工作人员的工作和生活带来不便，为了给机关职工提供更好的服务保障，提高办公效率及保障职工生活需要，区机关事务管理中心与电信、移动等部门合作，在区行政中心大楼内设立中国电信服务点、中国移动服务点，另外还增设了美发部、便民超市、复印部、印刷部等，以保障机关职工的工作和生活需要。机关事务管理中心还引进江苏银行自助取款服务点，解决机关职工存、取款不便的问题。建立会议服务基本制度。为确保全区各类会议正常有序召开，2015年，机关事务管理中心针对会议服务建立了基本制度：要求会务人员统一着装，对会议室桌椅、茶具、消毒柜、茶水柜等进行卫生清洁和保养，确保办公用品干净整洁；要求会务组长对所有会议进行合理安排，避免冲突、遗漏等情况发生，确保会议顺利进行；要求有专人负责会议音响、话筒、投影仪、网络等会议专用设备，发现损坏及时更换，保证设备完好、正常使用；要求办公室做好会议室固定资产定期清点工作，禁止随意挪用会议室办公用品及会议用品，避免固定资产流失。机关事务管理中心对会务服务进行不定期不定时抽查，实时监督，对各部门反应的问题进行核实后尽快解决，确保全区会议工作顺利开展。开设机关第二食堂。两区合并后，机关工作人员骤增，给机关食堂带来了很大的压力，时常出现排队长、供应不足、就餐位置不够等问题。为保证职工就餐质量，机关事务管理中心将原信访大厅改为第二食堂，主要菜品以面条、米线、砂锅、饺子、馄饨等汤食为主，既丰富了菜品选项，又有效分流了第一食堂的就餐人数，缓解了第一食堂的就餐压力，为机关职工提供更好的就餐服务。

【公车改革】 2015年下半年，按照党的十八大和十八届三中、四中全会精神及《党政机关厉行节约反对浪费条例》，根据《关于全面推进公务用车制度改革的指导意见》（中办发〔2014〕40号)及省、市公车改革精神要求，紧跟省、市车改工作步伐，结合全区实际，制定公车改革方案，改革公务用车制度，规范公务用车运行管理，有效降低行政成本。

在制定方案过程中，区公车改革办公室多次牵头召开动员会、培训会、部署会，及时传达省、市文件精神，要求所有参改单位严格按照政策规定，及时上报车改各类相关数据信息，并逐步完善相关配套资料（各参改单位所有上报的材料，均由主要领导签字并加盖单位公章，以确保车改方案数据的准确性和真实性）。12月中旬，全区完成车改方案上报工作，并同步推进具体落实海州区车改方案。各单位严格执行中央和省、市公车改革的有关政策要求，所有参改车辆应报尽报、应改尽改、应封尽封，全区涉改车辆316辆，留用208辆，封存108辆。12月底，由区公车办牵头，迅速组建海州区公务用车管理服务中心，抽调8人负责车改相关工作。12月31日，区所有应封存车辆按照文件规定，全部就地或集中贴封条封存，无一遗漏。就地封存车辆由所在单位妥善管护，集中封存车辆由专人集中管护，严禁擅自启封、使用。

【改造市民文化活动广场】 由于行政中心周边居民小区较多，相关配套休闲场所较少，导致周边市民将行政中心广场作为休闲娱乐的重要场所。为了满足和丰富广大市民的精神文化生活，切实体现政府服务于民的精神理念，由区委、区政府牵头，海州区机关事务管理中心具体落实，对行政中心广场进行改造。清理老旧老化的路灯杆，铺平广场地面，安装地灯，新增垃圾箱，新建隔离带，以确保市民进行娱乐活动时安全有序。行政中心广场改造后，前来休闲娱乐的市民增加，给机关工作人员的正常工作和行政中心的环境带来了相对的压力和影响。为此，机关事务管理中心制定了相关管理条例，积极引导市民正常有序地活动，安排值班人员轮岗巡视、妥善管理，既保障机关工作人员的正常工作，维护行政中心的环境，又保障市民正常有序的活动。

【信息报送】 2015年，区信息报送工作完成75%。主要是由于前期没有专人负责信息报送，与市局相关办公室的对接工作有疏漏，造成前期信息报送工作滞后。后期，领导重视并配备专人负责信息报送工作，并定期与市局相关办公室做好对接工作，至12月31日，共报送信息15篇，省网录用9篇，与目标12篇相差3篇。主要原因是没把握好时间节点，信息来源狭窄，报送渠道没有完全拓展。

（撰稿：王小青　审稿：韩善学）

地方志工作

【概况】 2015年，是新的海州区区划调整后的第一年，海州区地方志和年鉴编纂工作紧紧围绕中共海州区委关于“动员全区各级党组织和广大干部群众，立足新起点，汇聚新能量，以更加饱满的工作热情，合力推进人文荟萃、美丽海州建设”的年度工作方针，从抓好基础工作入手，科学安排工作计划，加强督促和协调，全区地方志和年鉴编纂工作均取得较好的成绩。完成《海州年鉴（2015）》编纂工作，并于12月份出版发行。完成《连云港市新浦区新志》的编纂和出版发行工作，并筹备举行首发式。收集资料，编纂《锦屏山志》和《海州名人》两部地情书。指导《云台乡志》做好评审前期准备工作，指导《浦南镇志》完成总纂工作。同时承担《海州》一书编纂工作的策划、审核工作，《连云港市志》稿的评审等工作。海州区的志书、年鉴编纂工作，圆满完成市志办下达的各项工作任务，取得了丰硕的成果。

【编纂出版《海州年鉴》】 完成《海州年鉴（2015）》编纂工作，并于12月份出版发行。全书约72万字，共设39个类目，彩页及随文图照91幅，比较全面、系统、翔实地记载了2014年海州区自然、政治、经济、文化、社会等方面的基本面貌和发展状况，反映了全区人民在全面建设小康社会进程中立足新起点、汇聚新能量、合力推进“人文荟萃、美丽海州”建设所取得的新成就、新经验。

【《连云港市新浦区新志》出版发行】《连云港市新浦区新志》历经10年，终于出版发行，该书约296万字，共设39编，图片676幅，图文并茂地记述了原新浦区辖区内自春秋至2005年两千多年间自然、地理、政治、经济、社会、文化等方面的基本情况，多角度、多层次地反映了新浦区经济发展和社会变化的风貌，体现了人才荟萃的区情特色和改革开放的时代特色。该书的出版发行，标志着海州区在区级层面上二轮修志的任务已经圆满完成。

【年鉴编纂基础知识培训】 鉴于区划调整后人事变动较大的实际情况，区地方志办公室于2015年3月4日在区政府3楼会议室举办年鉴编纂基础知识培训班，区各单位选派年鉴编写人员参加业务培训。培训班上印发《年鉴基础知识》，并结合实际就年鉴条目内容的选择、条目撰写的基本方法等进行辅导。通过培训，提高年鉴编写人员的业务水平，打牢了年鉴编纂工作的基础。

（撰稿：区地志办）

人大建议与政协提案办理

【人大建议办理概况】 区十七届人大五次会议以来，各位人大代表积极建言献策，共提出建议66件，全部转交区政府办理。区政府经过认真研究，按照“分级负责，归口办理”原则，交20个部门承办。在区人大领导的积极关心和各位人大代表的大力支持下，已办结66件，建议办结率达100%。已收到代表反馈的意见表66份，满意和基本满意率为100%。根据代表所提内容及办理落实情况，已办理的66件建议分为三大类：一、代表所提问题已解决或基本解决的28件，占42.4%；二、代表所提建议正在解决或列入规划逐步解决的22件，占33.3%；三、因条件所限暂时不能解决或供有关部门参考的建议16件，占24.2%。

【人大建议办理情况】 已解决或基本解决的。代表紧紧围绕政府中心工作，贴近民生，反映人民群众的迫切愿望，所提建议切实可行，对政府决策起到了积极的促进作用，办理落实也较快。唐广代表提出的“关于加强农田水利基础设施建设的建议”，一直以来区政府高度重视，积极推进农田水利基础设施建设，新坝镇近几年农村水利投资占比居全区各乡、镇、街道之首，2015年以来，新坝镇完善了小荡、王付、大井、朱圩等村的水利基础设施，建设内容包括泵站、防渗渠道、涵闸、渡槽等，投资达2371万元，前蔷薇河治理以及农村河道疏浚的建设进一步提升了新坝镇的农村水利配套水平。战秋菊等代表提出的“关于老旧小区改造希望政府加大财政补助、经费投入的议案”，区政府高度重视，专门制定了老旧小区改造计划，加大经费投入，细化改造任务，明确改造责任。2015年区拟投入1000万元，对辖区内30个老旧小区进行改造，目前银泰花苑、银城公寓、陇园新村、玉带新村、恒利花园5个小区已经基本改造结束。

正在解决或列入规划逐步解决的。人大代表刘同刚提出的“关于解决朐阳街道白虎山村南危旧房问题的议案”，近年来，区政府结合中心城区建设发展规划，不断加快旧城改造步伐，实行区、街、社区三级联动整体推进房屋征收工作开展。园林村白虎山组、黄庄组地处原海州区城区西南边缘地带，按照城市发展规划该地处于海州古城改造及白虎山园规划范围，朐阳街道及白虎山村、园林村在禁违控违方面做了大量工作，但由于投资主体不落实、改造资金不到位等情况，导致开发利用步伐缓慢，启动危旧房改造难度较大。针对以上路段的实际情况，区政府将进一步加大沟通协调工作力度，充分考虑以上路段居民的生产生活实际情况，从关注民生、改善人居环境和城市建设方面优先纳入旧城改造计划范围，在条件成熟时纳入全区旧城改造项目计划并启动项目改造程序。侍述田代表提出的“关于宁海街道自来水改造的提案”，宁海街道克服资金困难，已启动自来水改造工程，目前投资500余万元改造完成204国道以西清河、卞浦、魏湾3个村的自来水主管网，改造里程达35千米，204国道以东8个行政村自来水管网缺乏改造资金1300万元，尚未开始改造。人大代表王善仿提出的“关于简化考核台账的建议”，在以后的考核工作中，区政府将从推进台账精准化、推进台账数字化、推进管理规范化、推进考核科学化等方面努力，指导各级职能部门大幅压缩精简台账，减少过程性、硬件指标类考核项目，运用信息化手段提高工作效率，切实为基层减负。

因条件所限暂时不能解决或供有关部门参考的。由于受现实条件和现行政策以及管理体制限制，这部分建议暂时无法解决，通过实事求是向代表解释，取得了代表的理解。人大代表江恒华提出的“关于成立物管小区城管执法大队的建议”，自2004年起，市区的城市管理行政处罚权已相对集中在市城市管理行政执法局，相应的行政处罚权由市局派驻海州区的城管执法大队负责实施，目前，每个街道办事处都派驻城管执法队伍，根据物业管理的有关规定，对一些破坏小区环境、违章搭建等不良行为，应由物业公司现行制止，如制止未果的，向所在街道办事处及驻区城管执法大队申请联合执法。人大代表周红提出的“关于背街小巷亮化工程的建议”，区住房和城乡建设局已将小街巷的路灯安装计划报至市建设局，市建设局安排路灯管理处进行调查摸底，区局安排人员跟进并积极争取，但是大部分被否定，原因是不符合安装条件（安全条件和电源条件），区局将积极与市路灯管理处联系，争取尽快解决问题。人大代表董志红提出的“关于围绕四季农产品市场建设现代城市物流配送中心和食品城的提案”，目前正在积极协调海发集团进行前期征地准备工作，待征地结束后将积极配合海发集团，共同推进项目的实施。

【政协提案办理概况】 区政协八届五次会议以来，各位政协委员积极建言献策，共提出提案142件，转交区政府办理。区政府经过认真研究，按照“分级负责，归口办理”原则，交33个部门承办。在区政协领导的积极关心和各位政协委员的大力支持下，目前已办结142件，办结率100%，委员对办理结果满意和基本满意率为100%。根据委员所提内容及办理落实情况，提案的办理分为三大类：一、提案所提问题已解决或基本解决的50件，占提案总数的35.2%；二、提案所提的问题列入规划正在逐步解决的67件，占提案总数的47.2%；三、提案所提问题受现行政策和规定限制暂时不能解决的25件，占提案总数的17.6%。

【政协提案办理情况】 提案所提问题已解决或基本解决的提案。这类提案符合国家宏观政策，紧扣区委、区政府中心工作，所提内容切实可行，各承办单位认真采纳，在解决问题上下功夫。如委员刘文学提出的“关于丰富群众精神文化生活的建议”，区政府高度重视，先后制订出台了《关于加快海州文化建设的意见》等文件，逐步完善公共文体服务机制，同时新建海州区全民健身中心等6大基础设施，建成社区文化小广场30个、健身点529个、室外健身路径180条、文体小游园39个，公共文体服务网络逐步形成。委员周明珏提出的“关于发展休闲观光农业的建议”，区政府顺应市场需求，主动寻求项目载体争取发展资金，重点打造“板浦镇天景生态园”等5个休闲观光农业示范点，利用召开推介会、建造展示中心等媒介推广介绍，逐步形成以农家乐、精品农庄为基础的海州乡村休闲观光旅游品牌。委员高永慧提出的“关于加强保健食品市场监管的建议”，区政府从强化公众宣传教育、加大检查打击力度、规范经营企业管理等多方面入手，不断丰富百姓保健食品安全知识，提高消费者参与监督的意识和能力，同时设立食品药品安全办公室，确定食品药品监管人员，建立全覆盖的监管网络，促进全区保健食品市场的规范化建设。

提案所提的问题列入规划正在逐步解决67件提案。这类提案涉及的问题较为复杂，实施起来时间较长，对这些提案，区政府及各承办单位立足实际，列出计划，逐步解决。

如委员苏彪提出的“关于切实推进海州区居家养老工程建设的建议”，区政府一直将居家养老工程建设当作民生幸福工程的一件大事来抓，2015年以来，主要领导多次调研居家养老服务中心建设工作，不断加大居家养老服务中心投入力度。区居家养老服务中心全部更名为乐龄生活馆，出台《海州区乐龄生活馆等级评估标准（试行）》，围绕统一标识、统一标准、统一服务、统一信息平台进行打造。下一步，区将继续加大力度，创新举措，力争到2020年，城乡社区居家养老服务实现全覆盖。张继续委员提出的“关于解决旧小区脏乱差现状的建议”，区政府已出台《海州区背街小巷环境卫生保洁考核管理办法》，由区财政统一出资，将背街小巷及无物管小区环境卫生纳入街道统一管理，同时，加大对旧小区的改造力度，近两年，已改造旧小区60个，旧小区的环境卫生状况得到明显改善。

提案所提问题受现行政策和规定限制暂时不能解决提案。这类提案区政府及其部门也十分关注，但不能解决的主要原因是受现实条件和现行政策以及管理体制限制，留作今后工作参考。如委员盛宝康提出的“关于房屋维修基金统一支付小区化粪池等清理费用的建议”，房屋维修基金收缴及使用，由市住房局统一管理，实行专户存储、专款专用，提案中所提的化粪池等清理费用不属于列支范围，应由物业服务企业承担。区有关部门将加大对小区物业管理工作的检查力度，要求各物业服务企业对小区化粪池每年清掏2次，保持畅通，发现情况及时清掏。时训宝委员提出“关于拓宽锦屏路路面的建议”，现已将该路拓宽改造项目纳入到十三五地方路网连接线规划中，目前因地方配套难以筹措到位、沿线涉及大量房屋拆迁等原因，尚未实施路面拓宽改造工程。根据提案内容，区政府将对路面损坏严重地段实施路面维修，同时，积极与市城投公司沟通联系，结合风景区改造工程局部拓宽锦屏路。

（撰稿：童莉　审稿：王小青）

责任编辑：马善臣

政协海州区委员会

综　述

2015年，政协海州区委员会（简称海州区政协）在中共海州区委的正确领导下，以建设区域性经济文化中心和更高水平小康社会为目标。紧紧围绕经济社会发展大局，主动议大事、建诤言、献良策，切实发挥人民政协作为协商民主重要渠道和专门协商机构的作用。针对经济发展和民生事业中存在的问题，开展调研视察，并通过提案等形式向有关部门提出对策建议，为全区经济社会健康发展竭诚尽智。牢牢把握团结和民主两大主题，重视发挥各民主党派的作用，进一步巩固团结基础，认真开展民主监督活动，提高监督实效，组织和参与公益活动、关心关注弱势群体，积极营造和谐有序的社会氛围。坚持以思想建设为核心，以制度建设为保障，认真学习借鉴外地先进经验，不断提升委员素养，增强组织活力，提高政协工作的科学性和有效性。为促进全区经济社会发展做出积极的贡献。

重要会议

【海州区政协八届五次全会】 中国人民政治协商会议连云港市海州区第八届委员会第五次会议，于2015年1月12日至13日在海州召开。会议期间，广大委员围绕全区中心工作和发展大局，通过大会发言、小组讨论、提交提案等形式开展协商议政。区委、区人大、区政府、区纪委和区法院、检察院的领导，区政协历届主席、副主席应邀出席会议；区政府相关部门负责人应邀列席会议。

中共新浦区委书记王立斌到会讲话，区政协主席汤成元代表区政协第八届委员会常务委员会做工作报告，区政协副主席颜景华向大会报告区政协八届三次会议以来的提案工作情况，全体委员列席区第十七届人民代表大会第五次会议。

【常委会议】 2015年1月13日，区政协主席汤成元主持召开八届十四次常委会议，听取各界别联组八届五次会议分组讨论情况汇报；协商审议区政协八届五次会议提案初步审查情况的报告；协商审议区政协八届五次会议决议。4月17日，召开八届十五次常委会，听取了区住建、林业部门关于全区绿化工作情况的通报，针对创建全国绿化模范城市目标建言献策。7月30日，召开八届十六次常委会，听取区政府半年工作情况通报。在充分肯定区政府2015年上半年工作成绩的基础上，结合全区重点项目建设情况，就如何加大旧城改造力度、加强基础设施建设等问题进行讨论，提出针对性的意见和建议。10月15日，召开八届十七次常委会，分别听取了区政府和区住建局、区教育局、区文体局、海州公安分局、区城管局等5家提案承办单位《关于区政协八届五次会议以来委员提案办理情况的通报》，并对办理情况进行了民主评议。12月23日，召开海州区政协八届十八次常委会，协商通过八届六次会议有关事项。

【主席会议】 2015年，区政协主席会议选择党委政府重视、社会各界关注、人民群众期待解决的难点问题作为对口协商的议题，组织委员对城乡统筹建设、海州古城改造、司法工作等方面工作进行现场查看，听取情况通报，并与相关部门开展协商。1月，政协主席汤成元主持召开八届十七次主席会议，协商确定年度重点工作、重点会议议题和调研课题安排。3月，召开八届十八次主席会议，研究确定重点提案及界别联组和委员考核方案。5月，召开八届十九次主席会议，调研海州古城保护与开发情况。6月，召开八届二十次主席会议，视察城乡统筹建设及农村幼儿园建设情况。11月，召开八届二十一次主席会议，赴区法院调研全区公正司法和人民陪审员制度落实情况。12月，召开八届二十二次主席会议，协商通过区政协八届六次会议有关事项。

主要工作

【专题调研】 2015年，海州区政协牢牢把握发展主题，围绕产业科技创新、城市房屋征收、基层文化建设、义务教育阶段法律普及等方面，确定了8个课题组织专题调研。全年通过调

区政协委员视察新浦大道绿化情况

研专报向区委区政府报送《海州区旅游产业发展情况调研》《海州区市容环境卫生状况调研》等5篇调研报告，为区领导和有关部门决策提供参考依据。4月，围绕水环境生态保护主题，组织市、区政协委员对星海湖、蔷薇湖及区内小型水库保护情况进行调研，针对存在的问题，向政府部门提出治理建议。5月，围绕旅游产业发展，调研走访了海州古城、桃花涧等景区。6月，围绕食品安全主题，组织部分常委和委员，听取相关单位工作汇报，实地走访区内食品生产和销售企业及部分幼儿园运转情况，提出建设性意见。7月，围绕全区学前教育主题，走访了区教育局及六一幼儿园、商业幼儿园等学前教育机构。8月，围绕文物保护与开发和市容环境卫生状况，组织部分常委和委员对海州古城内的古迹和市容环境进行了专题调研。9月，围绕文化设施建设，实地走访部分镇街文化设施建设情况。

【建言献策】 2015年，海州区政协重点关注就业、教育、医疗、养老、住房等民生问题，深入开展多层次、多角度的议政建言活动，积极反映不同阶层、不同群体，特别是弱势群体的利益诉求。选择“棚户区拆迁改造”“商贩占道经营整治”“农村污水处理”“养老服务体系建设”等民生课题进行研究探讨，提出解决问题的思路和建议。部分建议转化为相关部门的工作措施，如区政府针对“关于解决旧小区脏乱差现状的建议”，在加大对旧小区改造力度的同时，制定环境卫生保洁考核办法；市场监督管理局针对“关于加强保健食品市场监管的建议”，设立食品药品安全办公室，建立全覆盖的监管网络，促进保健食品市场规范化建设。

【提案办理】 2015年，海州区政协八届五次会议以来，共审查立案提案142件。经主席会议研究，将“关于开发海州区《镜花缘》文化产业的建议”等8件提案列为重点提案，由各位主席领衔督办。区政府领导高度重视提案办理工作，专门召开提案办理部署会议，提出办理提案的具体要求。提案交送承办单位后，区政府办和政协办联合开展督查，采取走访询问、跟踪督办和“回头看”等方式，及时掌握办理进度和质量，提升办理实效。提案委充分发挥纽带和桥梁作用，在承办提案较多的单位，组织召开“面对面”座谈会，提案人和承办单位共同协商、共议对策，取得共识，解决问题。一些提案反映的加快海州文化建设、发展休闲观光农业、推进居家养老工程建设等意见建议得到采纳。

【界别活动情况】 2015年，海州区政协委员充分发挥联系广泛优势，结合自身实际，开展形式多样、不同层次的捐资助学、扶工助企等社会活动，赢得良好的社会声誉。4月，经济界别召开企业家委员创业发展座谈会，开阔政协委员眼界、提振发展信心。5月，科技界别围绕“科技创新助推海州经济发展”主题，组织委员走访日出东方、正大天晴等企业，推进企业对科学技术的应用。6月，民宗社科界别（联组）走进康复中心看望聋哑儿童，捐赠图书、玩具，支持特殊教育事业发展。同月，民建妇联界别（联组）开展“微心愿”征集活动，关注、关爱贫困儿童成长。7月，民进界别组织纪念抗战胜利70周年书画展、迎“七一”广场惠民演出等活动，丰富群众文化生活；同月，民盟界别关心留守儿童身心健康，与市东社区共建200平方米“留守儿童图书馆”。8月，区政协委员爱心基金拿出2.5万元对新坝、板浦、锦屏等镇十余名品学兼优的贫困学子予以资助；同月，工商联界别开展光彩扶贫工程，走访慰问困难家庭、困难党员、退伍老兵。

【联络联谊情况】 2015年，海州区政协高度重视与各地、各级政协的联系与交往。全力配合省政协到连开展基层社区建设情况调研，积极协助市政协组织的城乡一体化建设等视察活动，主动参与市政协和兰州政协共同组织的“一带一路”战略研讨。7月，接待南通市海安县政协、山东省寿光市政协到海州区学习交流。8月，组织政协委员外出学习考察，赴苏州钱万里桥小商品市场、义乌国际商贸城等地，学习市场改造方面的经验做法。9月，组织镇（街）工委主任到苏州市虎丘区和浙江省温岭市等地区，学习考察镇（街）政协工委工作、基层协商民主等方面的先进经验。12月，组织政协委员赴台湾交流学习，邀请海州籍台胞回乡探亲，开展经济文化交流。

【民主监督】 2015年，海州区政协围绕工程建设、房屋征收等重点工作，通过视察、评议等形式督查进度，促进党政决策部署的贯彻落实。组织政协委员开展提案办理民主评议、法院庭审旁听、开展专项视察等监督活动，拓宽监督渠道。八届二十一次主席会议组织部分政协常委、委员对区法院公正司法开展监督视察，听取区法院工作情况通报，并就加强司法队伍建设、推进司法公开、落实人民陪审员制度等方面提出意见。针对机关作风建设、依法行政和反腐倡廉等工作，组织政协委员广泛征集社会各界意见，并向有关部门反映情况，促进区级机关效能建设，实现对部门工作监督的常态化。

（撰稿：秦昌盛　审稿：汤振宇）

责任编辑：李云高

综　述

2015年，海州区纪律检查委员会（简称“区纪委”）在区委和市纪委的坚强领导下，认真履行党章赋予的职责，强化监督执纪问责，刚性落实“两个责任”，深化纪检体制改革，持之以恒抓好作风建设，严肃查处群众身边腐败问题，充分发挥党内监督专门机关作用。

出台《关于落实党风廉政建设党委主体责任、纪委监督责任的实施办法》及《党风廉政建设责任追究暂行办法》，对责任及责任追究列出个性化清单。制定《区各有关职能部门党风廉政建设监督责任清单》，明确12家部门25项重点监督事项，强化职能部门监管责任，促进“两个责任”落地生根。并出台村级主体责任6项制度，形成一级抓一级、层层抓落实的责任体系，确保党风廉政建设监督责任得到有效落实。在年中全市党风廉政建设责任制督查中，市委通报表扬海州区党风廉政建设责任制落实工作；年底省委巡视组也充分肯定海州区“两个责任”（党风廉政建设党委主体责任和纪委监督责任）落实情况。

重要会议

【全区纪检监察工作推进暨业务培训会】 3月28日，区纪委召开全区纪检监察工作推进暨业务培训会。会议传达中央及省、市纪委全会精神，区委常委、区纪委书记姚超结合贯彻落实上级纪委全会精神，对全区纪检监察工作任务做出安排部署。随后，围绕七个专题开展纪检业务培训，提升纪检干部履职能力和业务水平。各镇纪委书记，街道（开发区）纪工委书记，区各直属单位纪委书记、派驻纪检组组长，各单位监察室主任，委局机关全体人员等参加会议。

【全区纪检监察干部警示教育会议】 9月11日，区纪委召开全区纪检监察干部警示教育会议。区委常委、区纪委书记姚超主持会议。委局机关、各直属纪工委全体人员，各镇（街）纪工委书记、监察室主任，各派驻纪检组组长、区直部门纪委书记、监察室主任参加会议。全体参会人员集体观看中纪委组织拍摄的警示教育片，区纪委书记姚超要求全区纪检干部以案为鉴、深刻反省，珍惜职业荣誉，筑牢思想防线，绷紧纪律规矩这根弦。他结合纪检监察干部自身建设，提出三点要求：一要做政治上的明白人；二要正确用权不任性；三要廉洁自律不逾矩。

主要工作

【落实“两个责任”】 年初，协助区委制定《各有关职能部门党风廉政建设监督责任清单》，明确区财政局、审计局、人力资源与社会保障局等12家部门25项重点监督事项，督促部门牵头开展业务监督33次，实现监督责任关口前移。建立区委“五人小组”（区委书记、区委副书记、区长、组织部

部长及纪委书记）听取巡查情况汇报制度和年中、年底责任制督查考核制度，督促“两个责任”压实靠身。

【巡查成果】2015年，区纪委共开展3轮12家单位的常规巡查和“吃空饷”专项巡查，发现7个方面73个问题。对“吃空饷”问题开展专项巡查，共发现违纪违规人员17人，追缴20余万元，办理辞职辞退5人。区纪委在四套班子会议上通报几轮巡查情况，并在全区范围内下发4期巡查情况通报，对所发现问题进行点名道姓通报曝光。10月起，开展巡查“回头看”，对巡查过的单位，逐一对照问题清单，检查整改进行“销号”。省纪委在苏北巡视工作座谈会上专门介绍海州区巡查工作经验。

【作风建设】年内，区纪委始终把监督中央“八项规定”精神的贯彻落实作为一项经常性工作，坚持一个一个节点抓，一个一个问题抓，形成并保持“不敢”的态势。年初，协助区委制定《关于规范党员干部婚丧喜庆事宜的暂行规定》《区管领导干部廉政约谈暂行办法》《党政机关工作人员问责暂行办法》《领导干部不作为慢作为乱作为问责暂行办法》《党风廉政建设责任追究暂行办法》等作风建设“五项新规”，重点对129种不尽责的情形实施常态问责。通过漫画解读新规，并充分利用市报、微信、网站等新闻媒体进行广泛宣传，发动群众开展监督。同时，建立重要节点作风检查常态机制，中秋国庆期间会同区财政局、总工会、接待办、市场监督管理局等7个职能部门，分别就津补贴福利发放、公务用车管理使用、公款购卡及节礼等问题，开展明察暗访115次，累计发出24份督查督办函。针对作风建设中发现的问题，撰写少数垂直管理单位顶风违纪公款购卡、加强区划调整期间思想作风建设等2篇信息，5月和11月分别被中央纪委采用并专报中央办公厅。全年共查处违反八项规定典型问题6起，党政纪处分8人，被中央和省市纪委通报3起4人。

【案件查办】2015年，全区共受理来信来访255件次，立案查处违纪违法案件70件，同比增长100%，增幅居各县区之首，涉及乡科级干部14件，“两规”（规定时限、规定地点）案件3件，给予党政纪处分81人，移送司法机关处理3人，挽回经济损失560余万元。加大对群众身边“四风”和腐败问题的查处力度，针对群众反映强烈、问题线索集中的信访件进行深入调查，每季度对2~3起案件线索进行挂牌督办，全年市督办6件，区督办13件，办结15件，党政纪处理17人。

机构及队伍建设

【纪检体制改革】2015年3月，协助区委制定《关于加强区纪委派驻机构建设的意见》，采取单独派驻和归口派驻两种模式，对11个重点部门实行单独派驻，新成立3个直属纪工委，将全区60个部门单位全部纳入监督范围。在全省率先尝试对纪检派驻机构实行垂直管理，区纪委对派驻机构实行编制、业务、干部、绩效、工资“五个统一”管理，充分发挥监督的独立性和权威性。制定出台《直属纪工委履行监督职责管理办法》，建立直属纪工委对归口单位日常监督、廉政约谈等10项制度，确保派驻机构执纪监督到位。有3个直属纪工委在成立不到一年时间里立案6起，牵头开展4轮巡查。

【教育引导】年内，区纪委举办2场两项党内法规专题辅导报告会，组织49场闭卷知识测试，进一步增强纪律规矩意识。建成全市首家农村基层干部警示教育基地，陇海步行街获批省级廉政文化示范点，“高行清风”石刻群列入市廉政文化旅游专线。拍摄警示教育片《烂根之害》获市第二名、省提名奖，江苏卫视《廉政时空》到区制作专题片《绷紧末梢神经》。此外，开展2场廉政文化乡村行走进海州活动。

（撰稿：薄一民　审稿：王经博）

江苏卫视“廉政时空”栏目组在海州区拍摄专题片《紧绷“末梢神经》，报道海州区在基层一线防腐反腐，积极查处群众身边腐败问题中采取的创新举措及积累的经验做法。图为采访区委书记王立斌

民主党派 工商联

民革海州地区组织

【概况】 2015年末，中国国民党革命委员会连云港市委员会（简称民革）在海州地区设有9个基层组织，共有党员188人，其中2015年新发展党员11名。海州地区的民革党员中有省政协委员1人；市人大代表3人，其中常委1人；市政协委员17人，其中副主席1人，常委2人；区人大代表5人，其中常委2人；区政协委员15人，其中常委2人。

【思想建设】 2015年，海州地区各基层组织继续加强思想建设。在学习实践主题教育活动中，以理论学习、专题宣讲、主题活动等多种形式促进活动不断深入，坚定民革党员的政治信念，切实增强对中国特色社会主义的道路自信、理论自信和制度自信。有2位民革党员被民革江苏省委评为“坚持和发展中国特色社会主义学习实践活动优秀党员”。有30余人次参加省、市社会主义学院的培训学习。2015年是中国人民抗日战争暨世界反法西斯战争胜利70周年，抗战老兵、民革老年支部党员徐希善荣获由中共中央、国务院、中央军委颁发的中国人民抗日战争胜利70周年纪念章。1人被评为“全市统战系统宣传工作先进个人”；1人荣获“民革全国宣传思想理论工作先进个人”称号。

【组织建设】 2015年，民革海州地区基础组织积极稳妥地做好组织发展工作，新党员总体素质有较大提高。2个支部荣获“民革江苏省先进基层组织”称号，3人荣获“民革江苏省优秀党员”称号，1人荣获“民革江苏省优秀党务工作者”称号。圆满完成基层组织换届，进一步优化基层组织的结构，并为2016年民革市委会换届工作奠定坚实的组织基础。

【参政议政】 2015年，民革海州地区各基层组织及成员切实履行参政议政职能。在各级“两会”期间，人大代表、政协委员共提交提（议）案22件，这些提（议）案涉及社会保障、城市建设与管理、环境保护、教育、卫生、文化等多个方面，与全区、全市乃至全省的经济、社会生活密切相关，有较高的质量。其中，民革市委会在连云港市政协十二届四次全会上，作《关于推动连云港市提升司法公信力的几点建议》的大会发言，并提出《抢抓“一带一路”机遇，加快连云港市经济发展》等2个集体提案。《关于推动连云港市提升司法公信力的几点建议》《抢抓“一带一路”机遇，加快连云港市经济发展》被列作市政协主席督办提案，《关于大力支持和做强连云港市涉农职业教育的建议》《关于推动连云港市提升司法公信力的建议》《关于依托连云港电子口岸有限公司组建连云港市集装箱物流交易中心的建议》等提案被列为市政协重点提案。

【开展主题调研活动】 2015年，民革市委会多方征求相关部门建议，就连云港市高层次人才留用和流失情况，召开专题调研座谈会，听取17个相关单位、部门负责人有关人才流失情况汇报，组织党内专家学者撰写《关于引进和留住高层次人才的建议》并提交市政协作为大会发言。同时，积极承担双月谈议题，围绕法治连云港建设开展调研活动，形成《积极培育法治信仰全面推进法治连云港建设》的调研报告并提交中共连云港市委作决策参考。

【社情民意】 2015年，民革海州地区各基层组织高度重视反映社情民意工作。全年向各级党政部门反映社情民意30余份，其中《关于引导规范家政服务市场的建议》荣获市人民建议专题征集活动三等奖。在连云港市统战系统开展的“我为建设新港城献一策”活动中，海州地区各支部的民革党员积极献计献策，提出并上报意见建议9条，其中《多措并举重振民主路文化老街昔日辉煌》《加快推进中捷水晶文化产业园合作》被采用并获好评。

【涉台工作】 2015年，民革市委会密切关注台湾形势，组织一次台属民革党员形势报告会，认真学习领会中共中央对台工作大政方针，特别是习近平总书记一系列对台重要讲话精神。“中秋”之际，市委会召开台属成员座谈会，让台属党员相聚一堂，度佳节，话亲情，共同为国出力献策，同表促进统一之心，激励民革党员的爱国热情。纪念中国人民抗日战争暨世界反法西斯战争胜利70周年之际，民革市委会积极参与相关纪念、学习活动，组织党员参加江苏省黄埔亲属骨干理论培训班，弘扬抗战精神。

【社会服务】 2015年，民革市委会本着突出特色、发挥优势、努力作为，注重实效的原则，积极服务社会。先后开展“博爱·牵手”活动。民革医卫支部的医务工作者赴连云港警备区工化连慰问，并为部队官兵作心理健康教育讲座。海州支部开展“情系留守儿童，爱心传送温暖”活动，为海州区新坝镇中心小学的留守儿童送去新书包、学习用品和课外书籍，为孩子们检查身体发育情况，进行心理辅导。关注自闭症儿童，举办“特殊六一”“星光灿烂圣诞晚会”等活动，为这一弱势群体争取更多的社会关注与关爱。

2015年，民革海州支部、医卫支部评为“民革全省社会服务工作先进集体”。

（撰稿：赵又晴）

民盟海州地区组织

【概况】 2015年，中国民主同盟（简称民盟）海州地区组织新成立海州区支部，发展新成员22人，其中硕士8人，副高级以上职称7人。截至2015年底，海州地区民盟共有基层组织20个，其中总支1个，支部19个；盟员436名，其中博士5名，硕士60名，副高级以上职称265名。海州地区盟员中有省政协委员1名；市人大常委1名；市政协委员23名，其中副主席1名，常委4名；区政协委员18名，其中副主席1名，常委4名。另有12人分别担任市、区两级特约人员。

【主题活动】 2015年，民盟市委继续深入开展坚持和发展中国特色社会主义学习实践活动，通过举办盟务骨干培训班、新成员培训班、专家专题讲座、革命传统教育等活动，加强理论学习，引领各基层组织和广大盟员凝聚改革发展共识，夯实思想政治基础。以纪念中国人民抗日战争胜利暨反法西斯战争胜利70周年为契机，组织盟员参观市革命纪念馆，参观考察经济社会发展，并组织部分市委委员和专委会负责人赴安徽省泾县，开展以“缅怀先烈、重温历史”为主题的革命传统教育；举办盟务骨干暨新盟员培训班，民盟省委副主委吴胜兴专程莅临指导，并以“当好‘三情’盟员（多了解盟情，对民盟组织有感情，对盟务工作有热情）”为主题，为参会的盟员作一场生动具体的辅导讲座；邀请市委党校教授卢山博士作《新常态下的宏观调控与经济增长》讲座；邀请淮海工学院兼职教授、市企业文化学会会长、孔子学院院长李万来做《企业文化发展新理念》讲座；民盟市委宣传部部长徐习军作盟史盟章学习辅导。

【学习培训】 年内，市政协副主席、民盟市委主委范忠华参加民盟江苏省委组织的学习活动，赴重庆特园和民盟先辈张澜的故乡四川南充，学习民盟先贤爱国救亡、无私奉献的高尚风格，重温多党合作的光荣历史，并捐赠2万元助力全国爱国主义教育基地“江苏民盟林”建设；参加市统一战线领导干部（北京）研讨班学习；民盟市委副主委黄雁鸿参加民盟中央在中共中央社会主义学院举办的盟务骨干培训班；徐习军、吴洪亮、刘旭光、谢陈祥、朱斌等5位盟员参加中共连云港市委统战部在中共中央社会主义学院举办的民主党派骨干培训班；赵克珍参加中共连云港市委党校2015年第2期党外干部培训班；徐炳传、杨艳山、高绕柱、程莹、唐婧、吴旻泽、程艾琳、苏旬琳、徐倩、滕罕等10名新盟员参加中共连云港市委统战部举办的2015年各民主党派新成员培训班；朱斌参加江苏民盟盟务骨干培训班。

【宣传工作】 年内，民盟市委充分利用网站和其他媒体，及时反映盟务动态，扩大宣传效果。全年刊发宣传稿件、理论文章185篇次。其中在《团结报》上刊登4篇，民盟中央网站刊登4篇，民盟省委网站及期刊刊登72篇次，《连云港日报》刊登理论文章5篇，市政协及中共连云港市委统战部等网站刊登45篇次。

【参政议政】 2015年，民盟市委就“一带一路”交汇点建设、港城一体化发展、推进依法治市、保障和改善民生、生态文明建设等重要问题积极议政建言。在市政协十二届四次会议上，共提交提案34件（集体提案5件，个人及联名提案29件），其中《关于抢抓一带一路战略机遇推进组合大港建设的提案》《关于我市城市发展要注重绿色转型的提案》《关于加强社会治理主体法治文化建设的提案》被列为重点提案，《关于进一步规范清退办公用房的提案》被列为市政府领导领办提案，《关于我市城市发展要注重绿色转型的提案》被列为主席督办提案。在市政协十二届一次会议以来的优秀提案、优秀社情民意和优秀调研视察报告表彰中，民盟市委集体提案《关于提升我市城市现代化与国际化品质的建议》以及6名政协委员的个人提案被评为优秀提案；刘旭光的《关于加大扶持实体书店力度的建议》被评为优秀社情民意。在民盟省委召开的盟务工作会议上，民盟市委被评为参政议政工作先进集体。

【社情民意】 全年累计报送各类社情民意48条次，其中民盟中央采用2条，中共江苏省委统战部采用3条，民盟省委采用23条，市政协采用5条，中共连云港市委统战部采用15条。《关于在我市主要风景区公交站台增加遮挡设施的建议》得到市长赵晓江，副市长尹哲强、徐家保批示；《关于规范和完善海上云台山景区中英文标识的建议》得到副市长尹哲强批示。在“我为建设新港城献一策”活动中，先后向中共连云港市委上报建议12篇，其中《关于统筹推进“一带一路”战略在我市落地实施的建议》《关于利用我市现有职业院校资源开展农村转移劳动力培训的建议》《关于保护连岛渔业文化建设美丽渔村的建议》获市领导批示。

【社会服务】 2015年，民盟市委根据“围绕中心，服务民生，注重实效，打造品牌”的原则，依托各基层支部，扎实开展农村教育烛光行动、社会帮教、捐款捐物和社区服务工作，不断探索社会服务工作常态化机制。在中共连云港市委统战部和海州区委统战部的支持帮助下，民盟市委与街道、社区联动，为孩子们捐书5000册，出资1.3万元，为社区建起“留守儿童图书馆”；组织医疗、金融、电信、工商、法律等方面的盟员专家，开展“九九重阳·关爱久久”现场咨询活动，分发电信、金融、健康宣传资料300余份；组织盟员企业参加第三届江苏民盟“助你启航”大型校园招聘会；为警备区干休所50余名军队离退休干部举办“老年保健与急救知识”讲座。各基层支部也纷纷走进社区、军营、养老院，慰问和帮扶孤寡老人、开展文艺演出，为社区居民提供义务咨询、举行义诊等活动。全年共开展各类社会服务活动20余次，参加盟员150余人次，服务对象2200余人，捐赠金额近5万元。 （撰稿：杨楠）

民建海州地区组织

【概况】 2015年，海州地区民建组织认真学习中共十八大和十八届三中、四中、五中全会精神，并以纪念民建成立70周年为契机，以服务港城发展为载体，着力夯实思想政治基础，不断拓宽参政议政渠道，继续扩大社会服务影响，激励广大会员建功立业，各项工作均取得新成绩。

【调查研究】 年内，民建组织联合民建江苏省委、市政协共同开展“连云港主动参与‘一带一路’建设”调研，与徐圩新区、港口集团、市发改委、规划局等多家部门召开调研座谈会，并实地考察中哈物流园基地，形成《将主动策应“一带一路”发展战略作为制定江苏“十三五”规划的重点》提交省政协会议，为江苏省“十三五”规划的制定建言献策。通过双月座谈会上报的《大力发展海洋经济，加快建设海洋强市》的调研报告，获得中共连云港市委主要领导的重要批示。与此同时，民建组织充分调动基层组织参政议政积极性，实行调研课题招标制度，鼓励他们结合自身优势积极认领课题开展调研，为有价值的调研报告提供专门经费支持。年内，通过专委会和基层组织上报调研报告15篇，为政协全会集体提案提供有效的支持。

【建言献策】 在市政协十二届四次全会上，海州地区民建组织作题为《关于大力推动连云港内陆无水港建设的建议》大会发言，获得市委市政府领导的高度重视。会议期间，共提交集体提案7件，委员个人提案23件，其中，2件被列为市政协重点提案，2件被列为市政府领导领办提案，6件被评为优秀提案。同时，鼓励和引导广大会员关心民生、关注市情，积极反映社情民意。全年共向民建省委、市政协报送社情民意信息100余条。在“我为建设新港城献一策”活动中，上报有价值的意见、建议30条。

【宣传工作】 民建组织进一步加强同上级组织和新闻媒体的联系，充分运用报刊、广播电视、网络等媒体加强对会务活动、履职情况的宣传，重点加大对先进基层组织和优秀会员的宣传力度，积极引导鼓励全市广大民建会员开拓创新、奋发有为。全年在各级新闻媒体刊发稿件近400篇，其中《新华日报》1篇，《挚友》1篇，《连云港日报》11篇，超额完成统战宣传任务。特别是对荣获省“五一劳动奖章”的刘淑梅、荣获“2012—2014年度连云港市劳动模范”称号的项勤、李起典、魏根忠的先进事迹，进行多渠道宣传。

【组织建设】 民建组织按照“保持速度、提升质量、完善结构、汇聚人才”的组织发展目标和任务，认真抓好组织发展工作。年内，共发展会员11名，平均年龄37岁，研究生学历3人，高级职称4人。至2015年底，会员总数达到343名，平均年龄44.7岁，本科及以上学历达65.3%，中高级职称人数达62%。

【社会服务】 由民建组织主办，江苏连城律师事务所、市金融办、市经信委、市工商联等承办的“2015连云港首届中小企业资本市场投融资对接会”在市花果山大酒店成功举办，全市100多家中小企业负责人参加会议，副市长曹永林，市委统战部部长王东升出席会议。

民建组织主动邀请经济发达地区民建兄弟市委组织会内企业家会员一行到连考察。8月，温州市政协常委、副秘书长、民建温州市委专职副主委陈建民，率领民建企业家会员一行近20人到连考察。12月，广州市人大常委、广州民建副主委许诺宁带领民建会员企业家一行10人到连考察。海州地区民建组织联合市、区政府部门为考察团一行介绍连云港市经济社会发展基本情况，尤其是连云港市积极推进“一带一路”交汇点建设情况的介绍，并前往海州区电子信息产业园、市经济技术开发区等地参观考察。

民建各基层组织发挥各自优势，积极参与社会公益事业活动，全年开展敬老院爱心助老、春耕备种送科技、结对帮扶困难儿童、社区义诊等社会服务活动19次。

（撰稿：常明）

民进海州地区组织

【概况】 2015年，中国民主促进会海州地区民进组织（简称民进）被民进中央授予“民进全国社会服务工作先进集体”；荣获民进全省社会服务工作优秀成果奖；并再次蝉联民进江苏省宣传、信息先进单位。外国语学校支部被民进中央表彰为“民进全国先进集体”。会员韩青和徐洪绕分别荣获“民进全国先进个人”“民进全国社会服务工作先进个人”。师专支部、海州区教育局联合支部获民进省委表彰，会员张剑云等6人被评为省先进个人。

【思想建设】 2015年，民进组织以学习实践活动为主线，巩固思想政治基础。多次召开市委（扩大）会和中心组学习会，就全国“两会”和江苏“两会”、中央统战工作会议、党的十八届五中全会等会议精神以及市委市政府重要文件精神进行专题学习，深刻理解“四个全面”（全面建成小康社会、全面深化改革、全面依法治国、全面从严治党）重要意义，多角度解读、吃透学习成果，坚定改革发展的决心与信心。以庆祝民进成立70周年为契机，开展优良传统教育。组织开展会史编写工作，通过对市委会成立以来重要工作、重要活动、重大事件及重点人物的史料撰写，引导会员重温会史、学习前辈精神。举办“我身边的先进”宣讲报告会，会员陈金环参与民进省委宣讲活动，彰显连云港民进人践行社会主义核心价值观、投身于中国特色社会主义伟大实践的精神风貌和时代风采。同时，积极参与民进中央发起的会史会章网上学习问答和为民进70华诞送祝福等活动。积极参与中共连云港市委统战部组织的“三领题、三结合”（领导领题、骨干领题、专家领题；结合全市发展大局和统战重点工作、结合“学理论、强素质、重实践”主题活动、结合“服务企业年，助力交汇点”活动）主题调研活动，报送《完善我市民主党派民主监督机制研究》等调研报告6篇。全年在《人民政协报》《团结报》等国家级报刊上发表理论及宣传文章25篇。

【建言献策】 2015年，民进组织围绕经济社会民生热点，立足地方实际，充分整合会内外资源，不断提升参政议政履职尽责能力。主委舒小平多次与民进中央领导以及中共连云港市委、市政府有关负责人沟通、协调，助力连云港“一带一路”建设。民进中央围绕“一带一路”战略实施专题研讨会特邀市长赵晓江出席会议并作专题发言。在中共连云港市委2015年第一次调研协商座谈会上，主委舒小平作《关于推进我市科技研发平台建设的建议》的主题发言，专家会员黄宝军就科技服务业发展提出建议。市委副书记张同生等市领导当即表示，要认真研究，把一些建议纳入全市“十三五”规划之中。副主委刘珺出席民进中央“2015·中国教师发展论坛”，并对乡村教师生存与发展面临的困境进行呼吁，引发与会领导、教师们认同与热议。在省、市“两会”期间，市委会提交集体提案8件，个人提案53件。其中，《关于加快港产城融合发展 助推沿海开发的提案》等5件提案，成为市政协重点提案或主席督办提案。会员吴海燕提出的《关于加强中心城区绿化建设的提案》，作为市政府领导领办提案，由副市长尹哲强领办。《关于加速推进灌河一类口岸开放力度的建议》等6篇提案被评为市政协十二届委员会第一次会议以来优秀提案，《关于银行系统有效解决排长队问题的建议》等2篇社情民意被评为优秀社情民意，市政协民进界别委员活动小组被评为先进委员活动小组。全年报送的信息有157篇被全国政协、中共中央统战部、民进中央及省级采用。

【组织建设】 年内，民进组织认真做好组织发展，不断推进支部建设，鼓励会员“双岗建功”，组织建设工作取得较好成果。全年共发展新会员27名，组织发展工作实现了区域、界别、层次三大突破。截至2015年底，全市有会员560人。

（撰稿：滕翠红）

农工民主党海州地区组织

【概况】 2015年，中国农工民主党（简称农工党）市委发展新党员20名，其中，高级职称9人，博士研究生1人，硕士研究生4人。截至12月底，全市共有党员403名，其中，海州地区有党员333人。农工党市委不断加强自身建设，认真履行参政党职能，各项工作均取得新的进展。在市各民主党派“双创双增”（以创新创优增强民主党派的凝聚力、创造力，增强民主党派服务科学发展、跨越发展的本领）评比活动中，市委会名列第一。一院总支、中医院总支荣获农工党中央先进基层组织。

【学习实践活动】 根据农工党中央、省委有关文件精神，市委会结合实际工作，在成员中开展各类学习实践活动。为纪念农工党成立85周年暨邓演达诞辰120周年，市委会组织骨干党员赴广东惠州邓演达纪念园开展统一战线和多党合作的光辉历史、优良传统教育；市委会举办新党员骨干培训班，组织市委委员、基层负责人观看电影《邓演达》，详细了解邓演达的光辉事迹、革命思想和爱国情怀；市委扩大会议组织大家学习中共十八届五中全会精神；三八节，市委会举办专题讲座，开展中华优秀传统文化教育。教师节，市委会组织教育界成员到抗日山举行纪念中国人民抗日战争胜利70周年活动；重阳节，市委会组织老党员到“樊氏图书馆”开展学习党史读书活动，前往安峰山烈士陵园，参观东海县革命历史纪念馆。市委会加强对全市党员党史知识培训，举办“学精神、学党章、学党史”（三学）知识竞赛，中医院总支荣获一等奖，疾控支部、妇保院支部荣获二等奖。3名选手代表市委会参加农工党省委“三学”知识竞赛活动获得三等奖。市委会发动党员为农工党一干会址维修和布展缴纳特别党费2万多元。市委会主动向各级新闻媒体投稿，报道市委会重大活动，展示党员风采，提升农工党组织的社会影响。全年，在《前进论坛》《团结报》《江苏政协》等国家、省、市级媒体发表稿件150多篇。

【党史研究】 8月底，农工党中央在连云港市召开中国农工民主党85年大事记审稿征稿工作会议。为加强党史研究工作，使其常态化发展，市委会成立农工党党史研究室，这是全国地级市中第一个农工党党史研究机构。为更好地宣传农工党党史研究成果，拓宽党员学习渠道，市委会创新党史教育形式，在“樊氏图书馆”设立“党史教育基地”。

【专题调研】 6月，市委会邀请农工党中央生物技术与药学专门工作委员会调研组到连开展专题调研，就创新药物产业发展等议题提出建议，

农工党中央相关工委在区内调研

为连云港市医药产业发展出谋划策。11月，中共连云港市委召开调研协商座谈会，就农工党市委会承担会议议题“农村生活污水处理”进行协商，市委会提出的“要以规划引领农村污水治理事业发展，采取积极政策确保农村污水处理设施正常运行，探索更有效的污水处理厂的运营管理机制，实施农村清洁工程”等建议，受到市领导高度重视。

市委会先后向农工党省委申报调研课题13个，其中有3个课题被农工党省委立项，市委会承担的课题《医卫人员健康状况的调研》，通过微信平台开展问卷调查；一院总支承担的《关于医生多点执业相关问题的调查研究》列为省重点课题。各支部积极参与农工党省委在全省开展的“深化医疗卫生体制改革”联合调研，市委会共向省委提交5篇调研报告，《对医疗卫生体制改革现状的思考和建议》被评为二等奖，《自媒体时代医院网络舆情分析及立体化应对》《从基层需求中看医疗卫生体制改革的道路》被评为三等奖。

【建言献策】 在中共连云港市委书记杨省世主持召开“十三五”规划《建议（讨论稿）》征求意见座谈会上，市委会就卫生改革、人才队伍建设等方面提出建议，得到市领导的认可。在年初的市政协大会上，农工党市委以《关于加快我市养老机构建设的建议》为题作大会发言，提交提案41件，其中，市委会集体提案《关于加快我市养老机构建设的提案》《关于提高乡村医生技能、关注百姓健康的提案》被列为政协主席督办重点提案，委员个人提案《关于在我市推广中医药“医养结合”新养老模式的提案》《关于以规划引领我市工业产业健康发展的提案》等3件提案被列为市政协重点提案。两会期间，《连云港日报》连续4次就养老机构议题进行报道。市政协选择2件提案作现场办理协商，其中一件是农工党市委会的养老服务提案。会后，市委书记杨省世对养老服务提案情况报告做出批示，要求对报告中提出的建议予以认真研究，重视养老服务业中长期发展规划的编制，使连云港市养老服务工作不断取得新的突破。在中共连云港市委统战部开展的一年一度“为港城发展献一策”活动中，农工党市委上报建议20篇，其中田友清的《加快建设连云港医药类大学》、曹开英的《加强发展外来留学生教育》被中共连云港市委采用，农工党海州地区基层组织上报建议总数居各党派之首。

【信息工作】 2015年，市委会先后举办多期信息员培训班，组织信息员赴徐州交流信息工作。全年共报送各类信息149篇，其中，田友清《关于加快实施〈现代职业教育体系建设规划〉的建议》被农工党中央采用，徐传东《关于进一步清理投资项目各类评估审批事项的建议》、陈红《关于提高药品说明书可读性的建议》被省委统战部采用，彭家启《关于暂缓征收药品、医疗器械产品注册证收费的建议》、花茂方《江苏省冬季供暖的现状分析及措施》、孙东玲《关于对连云港地区实行集中供暖的几点建议》等信息被中共江苏省委统战部的《统战专报》采用。

【送书工程】 2015年，市委会向农工党省委争取到价值20余万元的图书，用于开展服务沿海开发“十村万卷”送书工程，助力连云港市农村文化发展。7月底，市委会联合中共连云港市委统战部赴海州区新坝镇开展送书工程，并举行“农工书屋”揭牌仪式，让当地群众更便捷的享用送书工程带来的成果。同时，市委会、机关总支又先后向“樊氏图书馆”捐赠图书及书架，以支持图书馆更好地发挥作用。

【健康服务行】 年内，市委会和各基层组织发挥自身优势，采用集中活动和定点扶持相结合等方式，联合中共连云港市委统战部及其他支部深入基层开展各类公益活动30余次，受益群众超过3万人次，捐赠物品、书籍和药品价值20多万元。作为市委会的社会服务品牌，阳光心理咨询中心的心理咨询师们，多次走进军营、校园、企业、电台，为官兵、高考生、职工进行心理减压和疏导。

【帮扶活动】 2015年，每逢节日，一院总支都带着礼品和慰问金，到“农工党志愿者服务基地”市福利院看望孩子和老人，陪他们一同过节；中医院总支连续多年结对帮扶贫困学生，为他们捐助学费；妇保院支部的医卫专家、中医药高职校支部的教授走进企业和学校，开展健康及科普知识讲座；机关总支管学刚为全市1200名低保及低保边缘贫困家庭的白内障患者提供免费手术治疗，折合人民币540万元，被评为连云港市“最美慈善人”提名奖。

（撰稿：冯怀金）

致公党海州地区组织

【概况】 截至2015年底，海州区有致公党基层支部8个，党员179名，平均年龄49岁；博士7名，硕士21名；中高级职称148人，占68%。全年新发展党员11人；男女比例8∶3，平均年龄36岁。

【创建活动】 围绕致公党中央十四届三中全会和全党组织工作会议精神，决定2015年在全党开展“创建先进基层组织、争当优秀致公党员”活动（简称“创先争优”活动）。致公党海州地区党组织把“创先争优”活动与坚持和发展中国特色社会主义学习实践活动、致公党成立90周年、致公党江苏省级组织成立30周年和致公党连云港市级组织成立30周年纪念活动相结合统筹安排，以“创先争优”活动为载体深化学习实践活动。致公党海州地区党组织举办“中国梦·致公情”演讲比赛。“三八”妇女节组织登山活动，组织女党员参加女德公益讲座；组织党员赴抗日山烈士陵园凭吊革命先烈，赴盐城参观海盐博物馆，参观东海县西双湖公园。

【强化学习培训】 致公党海州地区党组织举办2015年度新党员培训班，学习党史、党章，加强参政议政培训，组织6位党员参加中共连云港市委统战部在中共中央社会主义学院举办的连云港市民主党派骨干培训班学习；组织9位新党员参加中共连云港市委统战部举办的第15期全市民主党派新成员培训班，组织市委委员、支部主委、特约人员等24人赴镇江学习交流，并召开基层支部主委培训会议。

【宣传工作】 年内，致公党海州地区党组织通过多种渠道对“创优争先”和学习实践活动进行宣传，扩大社会影响面。出版《连云港致公》报纸4期，利用“连云港致公党”微信发布信息14次。同时做好“连云港致公”网站的维护工作，及时更新和对外发布市委会及支部的最新动态和其他信息。同时也积极通过其他各级媒体发布信息。年内，分别被国家级媒体用稿10篇，《中国致公》网站采用21篇；被省级媒体用稿16篇，《江苏致公》网站采用85篇；市级媒体用稿26篇。

【敬业爱岗受表彰】 致公党海州地区党组织以致公党江苏省委开展的“创优争先”活动和中共连云港市委统战部开展的“双创双增”（以创新创优增强民主党派的凝聚力、创造力，增强民主党派服务科学发展和跨越发展的本领）活动精神为指导，扎实开展各项工作，涌现出一大批先进集体和先进个人。致公党连云港市委会获得海外联络工作先进集体、宣传工作先进集体二等奖；致公党海州支部、医卫支部获得创优争先活动先进支部；朱波、杨杰、章军、张星荣获得创优争先活动优秀党员，周立岩、郑立、张荃获得海外联络工作先进个人，郭永萍、朱晓玲获得社会服务先进个人，杨丽获得宣传工作先进个人，王兴强、俞卫军获得提案发言先进个人。海州支部、教育支部成绩突出，党员张春光、张启业、胡伟、李文光等4人热心党派工作，报请中共连云港市委统战部“双创双增”组委会表彰，薛艳丽、许东杰、毕强、高健等4人受到市委会表彰。

【参政议政】 2015年，致公党海州地区党组织围绕连云港市发展大局，积极组织专题献策活动。在市政协十二届四次会议上，致公党连云港市委会上报大会发言1件，集体提案10件，个人提案21件，其中获得市政府领导领办提案1件、市政协副主席督办提案1件，市政协重点提案5件；报送“我为科学发展献一策”专题信息20篇，全文采用1篇，一句话建议1篇；报送省委信息51篇，获得致公党中央采用1篇，致公党省委采用36篇；采写社情民意68篇，被采用9篇，其中市领导批示2篇。

【社会服务】 致公党海州地区党组织发扬党派特色，精细组织谋划，开展一系列社会服务活动，取得良好的社会反响，并初步形成“致福·侨海情缘”社会服务品牌。

致公党连云港市海州地区党组织组织书法家走进淮安市金湖县和海州区双龙、贾圩2个侨务社区开展送春联活动，并组织建筑支部和科教园区支部党员与致公党连云支部联合到墟沟街道西园社区，为困难家庭包粽子。教育支部党员10余人到在海一方公园开展净滩活动，以实际行动保护环境，扮靓海岸线。与此同时，致公党海州地区党组织开展“送健康进社区”活动，联合市妇幼保健院的内儿科专家在海州双龙社区开展现场宣传咨询活动；联合连云港市中医院，组织医疗专家为海州区环卫工人提供义诊，并带去防尘护罩等慰问品。此外，致公党海州地区党组织分别到东港小学、新港中学开展“健康知识进校园”活动；到连云港工贸高等职业学校，开展“急救知识进校园”的专题讲座；赴海州区培智学校开展为残障儿童送温暖活动；组织新浦支部党员赴浦南镇太平小学，资助留守儿童及其所在班级共1000元。

【纪念市级组织成立30周年系列活动】 从1985年成立致公党连云港市工委会，连云港市致公党组织走过了30年。致公党海州地区各级党组织召开纪念致公党连云港市级组织成立30周年座谈会，走访慰问第一批加入连云港致公党的老党员，领导班子全体成员与老党员回顾30年历程、展望党派未来建设；举行中国致公党连云港市级组织成立30周年纪念大会暨文艺演出。编印《连云港致公30年》画册，回顾总结30年发展历程。组织市委委员、支部主委赴广东广州、中山、汕尾等地交流学习，开展“重走致公路”党史教育活动。

（撰稿：李学泉）

九三学社海州地区组织

【概况】 截至2015年底，海州地区共有九三学社成员290人，有新浦支社、科技支社、农林支社、高教支社、淮工支社、城建支社、一院支社、建筑设计院支社、连海院支社、机关支社、医卫支社、师专支社、二院支社和海州支社等14个基层组织。

【参政议政】 海州地区社员中，任省政协常委1人；政府副处级以上实职干部6人，其中副市长1人；市人大副主任1人，市人大代表2人，其中常委1人；市政协委员20人，其中副秘书长1人，常委6人；区政协委员15人，其中副主席1人，常委2人。

2015年，社市委承担与中共连云港市委的调研协商座谈会关于现代农业建设的议题，先后组织本党派专家进行深入细致的调研。11月13日上午，中共连云港市委召开调研协商座谈会，就"现代农业建设""农村生活污水处理"等议题进行协商。社市委主委徐大勇作题为《加快转变农业发展方式，推动现代农业建设迈上新台阶》的交流发言，副主委陈晓平作题为《加大科技创新和农民教育力度，推动现代化农业建设的建议》的发言。社市委在市政协十二届四次会议上提交集体提案7件，个人提案34件，其中《关于"一带一路"物流业大发展的提案》《关于国家创新型试点城市建设成效与建议的提案》《关于新形势下农村宅基地管理机制改革创新的提案》等3件集体提案被列为重点提案。会上，副主委孟尔旺代表社市委作题为《加快推进国家创新型试点城市建设》的大会发言，副主委陈晓平代表九三学社界别在常委会上发言。

【调查研究】 2015年，九三学社在社省委第八届"江苏九三论坛"征文中，海州地区社员张洪让《苏北地区生态环境的治理是全省农业现代化的基础》、徐建华《完善"大调处"机制，推进平安江苏建设》、蒋向君《加强新型职业农民培育、促进现代农业发展》等3篇论文入选论坛。在社省委2015年度参政议政课题招标中，海州地区社员张洪让《农业科技成果的奖励和评价体系研究》、徐大勇《加快一带一路交汇点建设 推进现代农业发展》等2个课题中标。2015年，社市委在各支社开展课题申报工作，经过全市各支社申报、社市委评选，产生中标课题14个，经审查修改所形成的调研报告将通过社市委集体提案等形式完成成果转化。

【各类荣誉】 社市委被社中央评为2011-2015年社会服务工作先进集体。海州地区成员卜广钧被社中央授予九三学社创建70周年全国优秀社员；孟伟被社中央授予九三学社创建70周年全国优秀社务工作者。在全省社组织2015年度评优中，农林支社、新浦支社被社省委表彰为先进集体，李筠、李琼、刘蓓、唐淮云、汪洋、郑刚和庄海宁等7名社员被社省委表彰为先进个人。

【基层换届】 根据《社章》的有关规定，2015年12月海州地区各基层支社任期届满，需要进行支社换届选举。从3月至12月30日，社市委和各支社做了大量、细致的准备工作。各支社对新一届班子人选充分酝酿，社市委与各有关单位进行沟通、交换意见，确保海州地区14个基层组织顺利完成换届任务。

【社会服务】 2015年，正式成立九三学社专家工作站领导小组，任命了站长和副站长。与九三学社东南大学基层委员会结成社会服务对子，建立长期的科技交流与合作关系，促进科研成果转化，助推连云港产业转型升级，最大限度发挥专家成员的作用。在第二十七届"国际科学与和平周"中，社市委组织医卫、农林专家到海州区浦南镇江浦村，邀请浙江省农业专家作"智慧农业物联网技术"讲座，重点介绍设施农业智能化控制相关知识。活动中，各位专家和技术人员与大棚种植户面对面沟通交流，并现场进行技术指导。

（撰稿：孟伟）

海州区工商业联合会

【概况】 2015年，海州区工商业联合会（简称区工商联）深入学习习近平总书记系列重要讲话精神，认真贯彻落实各级重要会议精神，开展群众路线教育实践活动，全面改进作风，并围绕区委区政府"企业服务年、项目招引年"工作主题，积极引导民营企业适应新常态，融入和服务地方经济社会发展，各项工作均取得一定成绩。

【服务中心工作】 2015年，区工商联围绕区委、区政府中心工作，发挥工商联组织优势，广泛联系和交流，宣传海州区的经济优势、特点和相关政策，服务全区招商引资工作。4月，区工商联招引的注册资金3000万元的农业深加工出口项目富利通公司开工。5月，邀请扬州广陵区商会到海州区考察，区工商联向考察团成员宣传推介海州区基本情况和投资概况，并陪同广陵区考察团一行参观鹰游纺机和太阳雨集团的企业文化建设，并到滨河新城、海州开发区专用装备产业园考察。8月，区工商联联合民建市委会开展招商推介活动，邀请温州市鹿城区政协副主席、民建企业家——泰力实业有限公司董事长邵豪哲率领的温州民建企业家会员一行近20人到海州区电子信息产业园参观考察，并召开投资推介会，听取园区负责人作情况、政策介绍，并到园区进行实地察看。与此同时，区工商联积极参与连博会招商招展工作，组织1家物流企业和5家专业观众参展参会。9月22-24日，在连博会期间组织50批次企业到现场观摩洽谈项目，圆满完成区政府下达的工作任务。

【提高参政议政水平】 2015年，区工商联结合市委统战部、市工商联开展的"进百企摸实情、解难题促发展"活动以及区委、区政府"企业服务年"工作主题，区工商联和区委统战部联合下发海联（2015）2号文件，制定活动实施方案。3-6月，组织统战部和工商联干部深入企业开展调查研究和服务企业工作，提升非公经济统战工作的主动性，先后调研企业15家，帮助企业解决难题。3月13日，市工商联副主席胡宾带领信息调研部的成员到海州区工商联调研，听取区工商联对这项活动的开展情况汇报，并实地走访企业。6月30日，市委统战部副部长、市工商联党组书记高兰军到海州区考察调研连利·福思特表业有限公司和江苏天福来饲料有限公司，听取企业负责人对当前经济形势及企业发展等方面的情况汇报。7月，区工商联走访8家工商联副主席企业，了解企业经营情况，并形成《新常态下海州区中小企业发展难题及对策探讨》的调研报告。9月，组织工商联界别政协委员参加区市场监管局与市环境监测中心联合开展以“打造美好环境，建设美丽海州”为主题的“检验检测机构开放日”活动，通过现场参观和交流，增强企业家对检验检测机构的监管和服务职能的了解和认识。继续开展中小微企业监测点工作，加强对20家企业的指导与督促，保证及时完成填报任务。10月，在市工商联指导下，举办20家从事民营企业信息直报点工作联络员培训班，市工商联副主席孙桂才出席并讲话。

【提升服务效能】 年内，区工商联将开展非公有制经济人士理想信念教育实践活动与服务企业紧密结合，紧紧围绕与企业发展密切相关的热点难点问题，加强与相关单位联系沟通，推动解决企业土地证、房产证问题，帮助企业缓解用工难问题。3月，组织部分企业家和工商联界别政协委员赴宿迁市开展调研，详细了解苏酒集团发展情况，认识加大科技研发资金投入，引进高层次人才，增强自主创新能力，打造特色品牌的重要性。4月，组织部分会员到浙江大学培训，组织会员企业参观阿里巴巴总部，拓展视野、提升素质。6月，组织会员企业参加“海州百家讲坛——‘大数据’时代背景下的企业战略定位”讲座，推动企业转型升级。区工商联协助洪门工业园区商会积极准备，于7月16日成功实现区域性工资协商，进一步优化民企发展氛围。8月25日，组织工商联界别部分企业家政协委员视察区检察院，并参加区检察院对某企业案件公开审查听证会。年内，全区有6家企业成功申报国家高新技术企业。

【打造高素质工商联队伍】 年内，区工商联入开展三严三实（严以修身、严以用权、严于律己，谋事要实、创业要实、做人要实）教育活动，教育引导区工商联党员干部牢固树立群众观点，进一步转变工作作风，进一步树立为民务实清廉形象，进一步夯实基层基础。继续深入开展以守法诚信为重点的理想信念教育实践活动，引导非公有制经济人士践行守法诚信，以成熟理性的心态适应经济发展新常态。全年发展会员20名、团体会员1家。新成立1家行业商会——四季农贸市场水产商会。4月，成立海州区侨商会，为侨资企业搭建合作交流平台。5月，根据市委统战部、市工商联《关于实施“非公有制经济人士双百工程”的意见》要求，配合区委统战部积极做好筛选动员工作，顺利完成非公有制经济人士“双百工程”（ 到2017年底，利用3年左右的时间在全市非公有制经济领域选拔培养100名引领作用显著的领军人物和100名发展潜能较大的新生代后备人物）初选推荐工作。9月，召集部分乡镇、行业商会会长开展座谈，探讨交流基层商会工作开展及面临问题，市工商联党组书记高兰军出席座谈。年内，区工商联与扬州市广陵区工商联、辽宁省本溪市及所属7家县区工商联缔结友好商会。

【开展光彩事业工作】 2015年，区工商联引导会员企业积极投身光彩事业，勇于承担社会责任。元旦、春节期间组织工商联界别部分企业家开展光彩扶贫工程，共帮扶家庭10户22人，发放慰问金及慰问品价值1万余元。七一前夕，组织部分企业家到联系点社区看望生活困难党员，向他们致以亲切问候和节日祝福，并送去慰问品，价值3000元。八一前夕，组织部分企业家慰问区部分退伍老兵，发放慰问品及慰问金合计5000元。中秋节前夕，组织部分企业家走访慰问4家社区敬老院及20家贫困户，发放慰问品及慰问金合计8000元。海州区工商联副主席企业东浦管桩、兴隆装饰城、连云港书店等企业开展捐资助学、捐书等活动。

（撰稿：孙庆海　审稿：苗永梅）

群众团体

海州区总工会

【概况】2015年，海州区总工会（简称区总工会）深入学习贯彻党的十八届三中、四中、五中全会精神。按照省总工会十三大和市总工会十六大部署，以发展和谐劳动关系、维护职工合法权益为主线，突出开展依法建会、依法维权、帮扶救助和建功立业等重点工作，团结动员全区广大职工为建设人文荟萃、美丽海州彰显新作为。

【组织建设】年内，区总工会按照“广普查、深组建、全覆盖”的要求，通过上门办公、因企施策、分类指导、规范完善等多措并举，督促指导企业规范建立工会组织。全区新增工会142家，新增会员12620人。规范建设职工之家，做到组建一家、巩固一家、规范一家，确保基层工会“建起来”“转起来”“活起来”。全年规范建设非公企业工会65家，占新建工会46%；上报全国模范职工之家和全国模范职工小家各1个；获省优秀工会工作者1名，省模范职工之家3名，省模范职工小家2名；市模范职工之家10名，市模范职工小家5名，市优秀工会工作者3名。持续推进农民工入会，积极扩大工会组织覆盖面，对集贸市场、大型施工项目等农民工集中地区以及餐饮、家政、快递等农民工集中的行业进行排查摸底、集中组建，现场组织农民工入会。全区已登记农民工数12307人，入会数11274人。建立健全党建带工建联席会议制度，逐步形成党委领导、政府重视、各方支持、齐抓共管的工作格局。全年获省“四统筹一创争”（组织统筹覆盖、人员统筹配置、活动统筹开展、保障统筹落实，创建先进基层党组织、模范职工之家，争做优秀共产党员、文明职工）活动示范点企业3家；选树市“三公开四统筹”（工会组织公开职责、工会干部公开身份、工会工作公开实施项目；党工组织统筹建立、人员统筹配置、活动统筹开展、保障统筹落实）活动典型示范单位20家；非公企业工会实施“三公开四统筹”活动覆盖面达86%以上。

【基层民主管理】2015年，区总工会进一步深化和谐劳动关系创建，通过建立制度、成立委员会、召开现场会等形式落实完善协调劳动关系三方机制。全区非公企业建立职工代表大会389家，占建会非公企业数85%；50人以上建会企业工资集体协商、民主管理建制率动态保持在95%以上；培育工资集体协商质效三星级示范企业15家；上报工资协商案例10家，其中，洪门工业园区域性工资集体协商入选省工资协商典型案例汇编；培育市级模范劳动关系和谐企业2家。区总工会还对厂务公开推行情况组织问卷调查，征集到如何更好地推行厂务公开、构建和谐劳动关系意见和建议11条。全区实行厂务公开制度的非公企业达389家。年内，区总工会及辖区永昌货运有限公司分别荣获全省推动厂务公开民主管理工作先进单位和全省厂务公开民主管理先进单位称号。

【打造工资集体协商新模式】2015年，区总工会深入开展工资集体协商和“冬春要约行动”，努力打造具有海州特色的区域性工资集体协商新模式，并制定海州格式化协商内容文本，指导企业工会进行协商。9月23

日，全市工资集体协商观摩会在海州洪门工业园区成功召开，市委常委、副市长曹永林，市人大副主任、总工会主席郑平共同为“洪门工业园协调劳动关系三方委员会”揭牌。全年开展工资集体协商的非公企业386家，覆盖职工30320人；行业工资集体协商3个，覆盖企业79家、职工510人；开展区域工资集体协商2个，覆盖企业440家、职工5436人。

【安全保障】 年内，区总工会聘请3名市安全生产领域权威专家，成立“劳动保护专家团”，开展劳动保护监督检查活动6次，检查企业36家，提出合理化建议16条均被企业方采纳。组织全区236家企业参加“安康杯”竞赛活动；与安监局等部门联合开展安全生产大检查21人次，排查安全隐患51处，提出整改措施40条；创建市级劳动保护示范工会4家，创建区级安全合格班组10个。进一步推进“安康驿站”建设，全年投入20万元，新增28个“安康驿站”。6月29日，区总工会代表连云港市在徐州召开的全省“安康驿站”建设推进大会上作题为《撑起一方爱的天空》的经验交流发言。

【职工法律维权】 为保障区职工法律援助平台的正常有效运行，区总工会聘请1名法律工作者常驻劳动争议调解中心，专门负责全区职工的法律援助和劳资纠纷的调处工作。全年，受理劳资纠纷36起，成功调处25起；主动参与查处清理拖欠农民工工资问题，配合区清欠办等部门追回拖欠农民工工资60余万元。

【帮扶服务】 2015年，区总工会创新帮扶形式，5月27日，区职工服务中心正式成立，“服务中心”以服务大厅、爱心超市、爱心驿站为内容，以帮扶资金为保障，以“三送服务”（送政策、送温暖、送服务）为载体，建立“生活救助、就业扶助、法律援助、综合服务”四位一体的服务体系，为全区职工提供全方位、多渠道、“一站式”服务。全年，爱心超市面向全区330名困难环卫职工，每月每人可凭证免费选购50元生活用品，价格全部按照进货价格提供，其他环卫职工也可到爱心超市选购商品，真正实现由集中帮扶向常态化帮扶的转化。转变发放方式，“金秋助学”金由集中发放变为送助学金到学生手中，区总工会领导带3支助学小分队分别深入到学生父母所在企业、社区和家中，使学生真切体验到父母的工作环境、学生家长真切感受到工会的温暖，扩大助学的影响力。加大帮扶力度，与区人社局等部门共同开展再就业方针政策的宣传活动和举办各种劳务供求专场会20余场次，为1800余名职工找到合适的工作。全年，组织3批60名一线职工进行疗休养；慰问省、市级劳模200人，发放慰问金19.17万元；慰问特困职工252人，发放慰问金60.48万元；慰问困难职工316人，发放慰问品23.7万元；慰问一线环卫工、外来务工和农民工593人，发放慰问品20万元，慰问金20万元；大病救助21人，发放救助金4.2万元；金秋助学52人，助发放学金10.4万元。

【提升职工素质】 2015年，区总工会大力开展职工教育培训，出台《关于在全区实施职工技能素质提升工程的方案》，启动全区职工技能素质提升工程。7月3日，区总工会举办首期电子商务培训班，来自全区50余名下岗职工和企业困难职工、农民工参加培训。全年，培训电商技能人才150人；培训10多个工种高级工以上的技术等级工人230人，技术能手30余人；培训就业和再就业人员120人，上岗合格率达60%以上。持续推进立功竞赛活动，开展“建功立业十二五、沿海开发创一流”劳动竞赛，职业技能竞赛工种项目12个，80余家机关企事业单位150余名技术骨干参赛。全年，共培育劳动竞赛示范单位3家，建立职工技术创新工作室3个，产生创新成果10余项，精心评选出2012–2014年市劳模19名，省“五一劳动奖章”获得者1名、省“五一劳动奖状”企业1家。

【职工文化建设】 2015年，区总工会围绕建党94周年及国家重大节日开展形式多样、职工喜闻乐见的文体活动。成功举办两期“缘定港城”职工交友活动，参加活动的单身职工400余名；成功开展“孔望山寻宝”、骑慢车、绑腿赛、踢毽子等趣味竞赛活动和迎“十一”京剧专场演出，丰富职工的文化生活，提高职工团结发展、拼搏进取精神。

【学习型和知识型创建活动】 年内，区总工会不断深化“创建学习型组织，争做知识型职工”活动，开展职工知识竞赛，吸引更多的职工参与到“读书月”活动中。全年，投入20万元为8家省、市级“职工书屋”单位增配书籍、书具；全区新增“创、争、树”主题教育活动单位30家，创建学习型组织示范点12个；创建市级“职工书屋”5家，其中，江苏安百利电子机械有限公司获省级“职工书屋”示范点称号。

【创新工作】 年内，区总工会创新调解机制，聘请洪门工业园区部分有影响力的企业老总担任特邀调解员，参与劳动争议调解工作，有效提高调解实效，扩大工会的维权效应。11月19日，第27期全市工会劳动人事争议调解巡回观摩活动在区劳动争议调解中心举办，现场由企业特邀调解员——连云港市唯德设备材料有限公司总经理郭习奎调解的一场工伤待遇争议案件得到成功调解，当场被申请人就向申请人支付一次性伤残补助金、医疗补助金和就业补助金人民币75000元。这一做法获得市总工会领导的充分肯定，也得到社会的广泛关注，《江苏工人报》头版刊出题为“企业老总当起了特殊调解员”的报道，《工人日报》发表题为“老总调解员”出马的专题文章。

（撰稿：赵鑫鑫　审稿：王富芹）

共青团海州区委员会

【概况】 2015年，共青团海州区委员会（简称团区委）积极贯彻落实区委九届八次全会和团市委十六届五次全会的有关精神，围绕“高擎团旗跟党走、争当发展排头兵”的工作主题，切实履行团的各项职能，广泛调动一切积极因素，为建设生态宜居、人文荟萃、经济繁荣、社会文明的现代化中心城区贡献青春力量。

【以主流价值观引导青少年】 2015年，团区委组织各中小学开展“我的青春与中国梦”“与人生对话——我的中国梦”等系列活动。五四、六一期间组织开展“迈入青春门、走好成人路”成人仪式、“拥抱七彩童年 放飞中国梦想”风采展示等活动。围绕修订版《中小学生守则》设计制作动漫宣传手册，组织参加全市辅导员风采展示大赛并获集体二等奖，解放路小学六（3）班学生朱家宝作为全市唯一代表赴北京参加全国第七次少代会。

【以先进典型激励青少年】 五四期间集中表彰一批“两红两优”（五四红旗团支部，五四红旗团委；优秀共青团员，优秀团干部）先进典型、命名一批区级青年文明号。区检察院、就业训练中心、日出东方3家单位被团省委命名省级“青年文明号”，杰瑞科创园、检察院案管科等10家单位荣获市级“青年文明号”。先后推荐6名优秀青年企业家加入市青商会，推荐12名优秀青年加入市青年联合会。

【以新兴方式凝聚青年】 年内，团区委开通“海州青年”微博、微信公共账号，作为团队网宣发声阵地。扎实推进网络文明志愿者的注册工作，组织发动2000余名团员青年成功注册网络文明志愿者。组建172人网络宣传员队伍并开展线上集中发声5次，监控网络舆情103条。动员近万人次参与上级共青团系统微博、微信话题互动。

【开展青年志愿服务】 全年，团区委完成海州志愿者协会、海州青年志愿者协会的注册工作。积极协调区委组织部、宣传部、文明办等部门推进全区志愿者管理服务网络建设。年内，志愿服务计时POS机、志愿者服务卡的购买和办理工作均已准备配备到位，全区各机关单位志愿服务卡正在办理中。全市志愿服务大集、“连博会”“温暖回家路”春运志愿服务、环月牙岛半程马拉松比赛、节假日文明出游等市、区重要活动均有海州青年志愿者身影的出现。

【支持青年创业创新】 2015年，团区委组织全区有创业、创新意愿的青年积极参与江苏省青年APP创意大赛和连云港市创新创业大赛，全区共报送4件APP创意作品，12组青年或企业队伍报名参加创新创业大赛，并荣获二等奖。发动各基层团组织开展“E农青商”“青创地图”等青年创业服务平台信息收集工作，收集报送各类农产品信息52项，青年农民电商店铺4家，依托杰瑞文化产业创意园争创申报江苏省农村青年电商创业培育示范基地。推选1名农村创业青年增补江苏省农村青年创业协会会员。在全区积极推广“创青春”青年创业小额贷款工作16笔，累计200余万元。

【拓展服务青年半径】 年内，根据区委关于“三严三实”活动下沉一级的要求，采取“走访青年听意见、集中座谈找问题”的方式开展共青团组织“走听转办”工作，深入到青年中听意见、问需求，广交青年友。利用五一、七夕、双十一等节日组织青年相亲活动。多方争取资源打造“海州青少年之家”，并积极申报省级青少年综合服务平台。

【借力党建夯实团建基础】 五四期间联合区委组织部印发《关于进一步加强党建带团建工作的意见》，就做好新形势下全区党建带团建工作和加强新时期全区共青团工作，从总体要求、工作内容和机制建设3个方面提出工作意见，并就带好思想建设、带强队伍建设、带活组织建设、带动群众工作4个方面提出具体要求。

【推进区域化团建工作】 2015年，团区委以街道为枢纽，以行业协会、综合市场、商务楼宇为依托推进城市区域化团建。在全区12个街道成立区域青年工作共建委员会，明确各街道“五联五化”（组织联建、干部联动、资源联享、阵地联用、工作联抓；组织网格化、力量枢纽化、阵地有形化、资源均衡化、工作品牌化）工程联络员。印发《深入推进农村区域化团建和基层服务型团组织建设的实施方案》，开展“百县千乡”分类示范创建活动，至12月30日该项工作仍在实施之中。

【加强基层团组织建设】 为积极应对区划调整后各级共青团组织不健全、不到位的问题，团区委对全区各基层团组织建设进行“回头看”，重建机关团组织3个，新建非公企业团组织4个，调整超龄团干部7人，新增团干部11人。

【开展青少年维权工作】 年内，建立“面对面”活动长效机制。团区委在镇、区两会期间先后举办“共青团倾听日”“共青团与人大代表、政协委员面对面”活动9场，在市“两会”期间承办“全市共青团与人大代表、政协委员面对面”活动，邀请12名市人大代表、政协委员与海州团员青年互动交流、征求意见并提交两会提案3篇。联合区法院少年庭开展“法庭开放日”活动，先后有3所学校近500名学生参与。组织海州中专学生参加全市模拟法庭大赛并获三等奖。

【加大重点青少年群体管理力度】 年内，团区委作为预防青少年违法犯罪工作领导小组办公室单位，加强与公检法司、民政等成员单位的沟通联系，全面掌握区内各类重点青少年群体服务管理情况，认真做好迎接中央、省、市关于重点青少年群体服务管理试点的准备工作。

【加强对弱势青少年群体的关爱关注度】 年内，积极争取团市委和市慈善总会支持，协调一期建设资金6万元，完成巨龙社区、新中社区两所“希望来吧”的建设工作。为新坝镇大井小学、岗埠农场李庄小学、浦南镇小兴小学3所村小争取“青青草”图书室3间。通过开展“共青团周末剧场”“暖冬行动”“七彩课堂”等活动关爱弱势青少年500人次，其中“共青团周末剧场”入围全省关爱留守儿童志愿服务项目决赛。

（撰稿：傅旸　审稿：张延静）

海州区妇女联合会

【概况】 2015年，海州区妇女联合会（简称区妇联）围绕市妇女联合会（简称市妇联）年初工作部署，紧扣全区发展大局，以妇女儿童得实惠为目标，以加强妇联自身建设为保障，组织动员全区妇女积极投身新海州建设，充分发挥新时期妇女爱岗创业精神和“半边天”作用，区妇联被评为省巾帼文明岗。

【单亲特困母亲圆梦行动】 年内，全区226名单亲特困母亲获得各类援助资金30余万元，参加各类创业技能培训达1200多人次，组织166人接受免费健康体检，发动爱心人士与78名单亲特困母亲结成一对一帮扶对子。设立单亲特困母亲帮扶专项资金，通过向上争取和自筹等方式，共筹集援助资金近30万元。举办“冬日暖阳”“微笑行动”等单亲特困母亲慰问活动，中秋前，为6名重病单亲母亲送去慰问金每人5000元，贫困两癌（乳腺、宫颈癌）妇女获救助7人，每人10000元。

【巾帼创业就业】 2015年，区妇联举办女性专场招聘会2场，有65家企业提供适合女性就业岗位430多个。针对就业困难的妇女举办电商培训班2期，家政服务员培训班4期，月嫂培训班8期，美容美甲培训班3期，受训妇女达1200多人次。举办现代高效农业、食用菌技术、花卉苗木等培训班18期，共培训妇女1800多人次，近1000名妇女在家门口实现就业，涌现出裕苗农业合作社刘芝、泓桥照明丁芹、文景生态园张洛馨等创业典型6个。

【关爱困境儿童】 全年新增“社会妈妈”集体和个人86个，结对全区144名困境儿童。举办“小手拉小手 欢乐淘六一”活动，来自全市的爱心家庭与66位贫困儿童结成手牵手帮扶对子，帮助他们实现微心愿。活动现场，50多名小学生开展义卖为1名白血病患儿筹集善款近2000元。组织区政协民建、妇联界别一行到新坝镇看望10名贫困儿童，为他们送去书包、文具、服装等慰问品。开办“海生草”关爱困境儿童书法培训班，共有30名留守儿童参加活动。联合爱福德社团与20名自闭症患者共度圣诞，并筹措资金9000元给孩子购买玩具、书籍等礼物。

【巾帼志愿活动】 年内，区妇联组织50名巾帼志愿者走上街头、走进社区开展“全民阅读进家庭”宣传活动，发放倡议书200份，宣传图册1000份，环保购物袋1000只。举办“缘定今日 我们约会吧”相亲大会，近200名单身青年男女参加活动。开展最美家庭评选活动，举办好家训分享会文艺演出5场。召开好婆婆和好媳妇表彰会，来自全区的40位好婆婆和好媳妇喜受表彰。举办“乐在月牙岛——家庭亲子游戏游园活动”，吸引100个幼儿家庭参加。举办“邻里守望姐妹互助”健康社区行活动6场，医疗志愿者为600多名环卫工人和妇女群众提供义诊、发放家庭常用药、劳保用品及保暖用品等。

【法制宣传教育】 2015年，区妇联举办法制文艺演出6场，在海州鼓楼广场和新坝镇集市设立宣传站，集中开展维护妇女权益法律宣传咨询活动。组织4支维权小分队走进企业和商铺，深入田间地头，帮助妇女学习法律条文，理解含义。举办少年模拟法庭2期，孩子们在法官的指导下，分饰案件的各个角色，更直观地了解法律知识，学会如何正确面对和处理身边的法律问题。

【女干部素质教育】 年内，区妇联举办女性素质提升培训班1期，全区200名女性参加培训。培训课程有《职场礼仪、服饰搭配与形象设计》和《家庭常用面点制作》。组织区政协女委员20多人冒雨参观青龙山革命烈士纪念馆，缅怀革命先烈的丰功伟绩，接受爱国主义教育和革命传统教育。举办基层妇联干部实务培训班2期，培训乡镇妇联主席、村妇代会主任120多人。与此同时，各镇（街）也分别组织举办各类培训班，提升基层妇女干部的能力和素质。

（撰稿：宋开红　审稿：陈金芳）

海州区科学技术协会

【概况】 2015年，海州区科学技术协会（简称区科协）围绕党的十八届三中、四中、五中全会，市科学技术协会（简称市科协）九届七次会议和区委九届八次、九次会议精神，瞄准“三服务一加强”（服务经济社会发展是方向；服务提高全民科技素质是基础；服务科技工作者是基点；加强自身建设是保证）的工作定位，围绕党建带科建的工作思路，坚持大联合、大协作的工作方法，认真实施《中华人民共和国科学技术普及法》和《全民科学素质行动计划纲要》，扎实开展科普创建活动，深入实施“百名教授科教兴百村”小康工程及科普惠农和社区益民计划工作，圆满完成各项目标任务，被中华人民共和国科学技术协会（简称中科协）评为全国科普日活动优秀组织单位。并分别获得2015年度全市科学系统县区考核一等奖，海州区年度目标考核二等奖等荣誉。

【《纲要》实施工作】 2015年，区科普工作以争创省级科普示范区、全国科普示范社区、省级科普示范街道等工作为抓手，以五大人群（未成年人、农民、城镇劳动者、城镇居民、领导干部和公务员）为重点，以“海州区全民科学素质纲要推进会”、《海州区全民科学素质行动计划纲要（2012—2015）实施意见》及九大方案（《新浦区未成年人科学素质行动和科学教育与培训基础工程实施方案（2012—2015）》《新浦区农民科学素质行动实施工作方案（2012—2015）》《新浦区城镇劳动者科学素质行动实施工作方案（2012—2015）》《新浦区领导干部和公务员科学素质行动实施工作方案（2012—2015）》《新浦区社区居民科学素质行动实施工作方案（2012—2015）》《新浦区科普基础设施工程方案（2012—2015）》《新浦区科普资源开发与共享工程工作方案（2012—2015）》《新浦区大众传媒科技传播能力建设工程实施方案（2012—2015）》《新浦区科普人才队伍建设工程实施工作方案（2012—2015）》）为重点，各成员单位及各镇、街道把科学素质建设纳入工作规划和年度计划，开展各具特色、内容丰富的科普活动。首先联合市科协举办主题为“全民创业，科技惠民”的第二十七届科普宣传周开幕式暨大型广场科普宣传咨询活动，同时邀请中外科技专家和广大科技爱好者100余人开展以“大众创业，万众创新”为主题的科技咖啡馆进县区活动；举办科普大讲堂“五进”（科普进学校、科普进机关、科普进社区，科普进农村，科普进企业）工程60场次；举办科普文艺演出10场次；开展“科技惠民”“伴我成长——我与科协不得不说的故事”等征文活动2次；迎接江苏省科学技术协会（简称省科协）对海州区全民科学素质纲要实施情况督查，督查组一行对海州区“十二五”以来全民科学素质纲要工作的实施给予充分肯定；开展全国科普日活动，紧紧围绕“万众创新，拥抱智慧生活”活动主题，举办连云港市暨海州区全国科普日启动仪式暨广场科普咨询活动；组织科技下乡，科普惠农活动。全年开展科技下乡活动7次，科普惠农等一系列培训5次。

（撰稿：张　敏　审稿：陈素芬）

科技下乡活动

海州区文学艺术界联合会

【概况】 2015年，海州区文学艺术界联合会（简称区文联）在区委宣传部的领导下，认真学习贯彻党的十八大，十八届三中、四中、五中全会精神和《习近平总书记在文艺工作座谈会上的讲话》《中共中央关于繁荣发展社会主义文艺的意见》精神，团结和带领全区文艺工作者，紧紧围绕建设“人文荟萃 美丽海州”的工作目标，认真履行职能，扎实开展工作，坚持“上联”——优秀作品竞显风采，展演活动异彩纷呈，海州文艺“好声音”激情唱响；抓好“下联”—精品文艺送进基层，群文活动蓬勃开展，海州文艺“亲和力”不断彰显；加强“内联”——文艺阵地迅速拓展，文艺队伍素质提升，海州文艺“软实力”逐渐增强；强化“外联”——网络宣传服务大局，文艺培训提质增效，海州文艺“精气神”日益丰盈，全区文艺事业和文联工作取得新进展、新成效，为深入推进“文化之城”建设、实现海州文艺事业大发展、大繁荣做出积极贡献。

【文艺精品创作频频获奖】 年内，区文联摄制微电影《老街摇滚》等一批文艺作品，微电影《第二个妈妈》及其剧本分别荣获第九届连云港市电视金猴奖一等奖、第三届亚洲微电影艺术节优秀作品奖和首届中国·连云港微电影大赛铜奖。编撰出版《海州》图书，制作完成《海州》宣传画册和《海州音乐风光片》。相裕亭小说《风吹乡间路》荣获全市第二届“花果山文学奖”；蔡勇诗集《蔷薇·谁的乳名》获首届连云港市诗歌奖；杨光华、穆文玲等作家创作的10余篇文学作品在各级文学期刊、文学作品比赛中发表和获奖。区文联选送的大合唱《家在这里》在全市原创歌曲音乐会暨首届文化艺术展示季闭幕式上激情唱响，广受赞誉；李小柱、刘欣瑜分别在全省职工歌手大赛中荣获铜奖；李煜衡参加全国第二届高校“好声音”大赛，荣获一等奖；李庭宇参加2015江苏音乐"茉莉花奖"声乐比赛，晋级通俗组复赛。左建东作品《古代书论》入选全国第十一届书法篆刻作品展；周永恩作品《瑞雪兆丰年》入选2015第二十五届全国摄影艺术展，荣获优秀作品；邓维鉴摄影作品《顽童》荣获塞尔维亚摄影艺术展优秀作品奖；吴州云《山里的孩子》及其他会员创作的45件作品在省、市摄影比赛中入选和获奖。区文化馆艺术团荣获全国广场舞大赛"百强人气舞队"和"五星级人气舞队"称号；区舞蹈家协会组织参加江苏电视台综艺频道（加油社区）栏目，荣获季军。舞蹈《墨韵欢歌》《黄海弄潮》等5个作品在省第五届中小学艺术展演中分别荣获一等奖。

【文艺展览活动】 2015年，区文联主动与市文联等单位沟通对接，联合开展各种文艺活动，先后成功举办全市非物质文化遗产展演展卖、乙未元宵诗会、歌咏"新海州"诗词楹联大赛等文艺活动100余场次。成功举办"翰墨书缘"蔡宁师生书法展；"翰墨情缘"陈凤桐书法回报展；郭家高、任贵书、田克生书画泥塑作品展；"以观沧海"丁楠书法作品展；"漂移的梦"刘鸿冰画展；"春涌云台"四人画展；"吾爱桃花源"书画作品展；"幽香馨远"菖蒲书画艺术展；"鲐背之年·薛栋书法篆刻作品展"；庙会风情美术作品展；市老科技工作者协会、民进连云港市委纪念抗日战争胜利70周年书画作品展；海州老年摄影作品展、"新丝路·新梦想"书画艺术展、"大美海州"画展、赵建军山水画展等各种文艺展览30余场。

【协会活动】 区书法家协会先后组织书法家开展2015全市暨海州区文化科技卫生"三下乡"活动（浦南）、"送福进万家"、走进市老年大学送书艺、到陇海步行街书写廉政文化格言等活动；区音乐家协会举办庆祝新海高级中学建校85周年专场文艺演出；区舞蹈家协会在区文化馆、浦南镇等地开展原创健身舞蹈培训，全年推出原创广场舞蹈80多个；区美术家协会到宁海街道开展送艺术进企业；区作家协会积极推进优秀传统文化进校园，在中小学开展"经典悦读"活动，举办"美丽海州"诗歌朗诵会；区诗词楹联协会组织诗词爱好者到板浦镇、新南街道及社区、海州公园等地采风、召开诗词创作座谈会；区摄影家协会组织多批会员深入港口和西部采风，创作一批摄影作品。区文联、区文化馆等单位面向基层举办"中国梦·港城情"广场文化系列活动、"美丽海州"社区广场舞大赛、"寻找海州好声音"等赛事100余场次，参与人数达万余人。同时，组织专家深入民间开展海州文脉整理和研究，定期举办非遗保护论坛、民俗文化节，使得历史文化遗产得到保护和传承。

【文艺阵地建设】 2015年，区文联成立大华文化交流中心，将其打造成为集展览、演出、研讨、交流、销售等功能为一体的"大华画廊"，并获批市曲艺杂技家协会创作培训基地；新建海州画院、海州文化馆、图书馆，打造海州钟鼓楼文艺展览厅，还建立海州区美术家协会孔望山写生创作基地、双龙井"五大宫调"非遗展演基地；区作家协会创办《海州文学》双月刊；区诗词楹联协会创办《海州诗词》杂志，为全区文学爱好者、文艺爱好者搭建一个良好的创作、交流、展示平台，满足公共文化建设需求。

【文艺载体建设】 年内，区文联充分利用"海州政务网""海州宣传网"等宣传平台，加大对海州传统民间文艺和民俗文化宣传力度；开通"文艺海州"微信公众平台，开设"文艺展讯""文艺动态""美文欣赏"等专栏，大力推介展示古城艺苑人物、文艺品牌和本土文化。全年共发布微信300余条，其中，《微电影〈第二个妈妈〉获亚洲微电影艺术节双料大奖》等近百条专题报道，被市文联"连云港文艺圈"微信平台转载。

【文艺人才队伍建设】 大力实施"四个一批"（一批全面掌握中国特色社会主义理论体系、学贯中西、联系实际的理论家，一批坚持正确导向、深入反映生活、受到群众喜爱的名记者、名编辑、名主持人，一批熟悉党和国家方针政策、社会责任感强、精通业务知识的出版家，一批紧跟时代步伐、热爱祖国和人民、艺术水平精湛的作家、艺术家）人才工程，对高素质文艺人才通过建立工作室、举办专场展览等方式进行宣传推介，促进艺术人才快速成长进步。同时，不断完善考核激励机制，修订出台《海州区优秀文艺作品奖励办法》，进一步鼓励文艺创作，着力培养高素质的文艺创作人才。区书法家协会蔡宁、区舞蹈家协会袁鲁燕、区美术家协会杨兵和赵海燕4人成为市"四个一批"人才工程培养对象；海州画院张子文、区美术家协会常德强成功加入中国美术家协会。

【文艺交流培训】 2015年，区文联先后邀请连云港报业传媒集团视觉中心主任张晓晖，中国传媒大学南广学院院长朱方胜，以及辖区内市李德身、陈凤桐、李琼、周燕弟、尚继武等专家学者，面向全区开展新闻摄影艺术、数字艺术、诗词楹联知识、音乐艺术欣赏、国画赏析、古典文学知识等专题培训20余场。邀请著名相声表演艺术家姜昆一行到海州区调研指导曲艺工作。与连云区文联联合举办"孙劲松书法作品展"；与东海县委宣传部、县文联联合举办"大美东海·东海县优秀摄影作品展"。区文化馆与区舞蹈家协会联合举办全国糖豆广场舞联谊会。区舞蹈家协会受邀赴河南、澳门等地开展广场舞交流活动。区作家协会组织作家赴东海县、花果山景区等地采风，创作一批讴歌"美丽海州"的文学作品。区诗词楹联协会到市开发区参加"中云重阳诗会"，与市大圣诗社开展诗词交流活动，促进全区诗词楹联文化繁荣发展。

（撰稿：朱国来　审稿：李敬伟）

海州区个体私营经济协会

【概况】 2015年，连云港市海州区个体私营经济协会（简称区个私协会）

深入学习贯彻党的十八大和十八届三中、四中、五中全会精神，在区委组织部的指导下，按照年初制定的工作计划和安排，通过抓组织机构、抓组织活动、抓党员示范，稳步扎实地开展工作，取得新的进展。

【走访非公企业】 2015年，区个私协会认真调查走访非公有制企业，积极宣传国家相关政策，主动与企业主沟通、交流，帮助企业解决组织机构、非公党建等方面的问题。共走访非公企业123家，开展咨询服务8次，解决实际问题35件。

【加强非公党建】 年内，区个私协会党委本着“有利于党组织的管理、有利于党组织开展活动、有利于党员参加组织生活、有利于企业健康发展”的基本原则，对党员人数超过3名、各方面条件具备的，单独建立党支部；对仅有个别党员、党员人数比较分散的中小型企业，采取区域联建、挂靠组建的形式成立联合党支部。截至12月底，共成立61个党支部，其中单独组建的支部32个，联合党支部29个，共有党员353名。

【支部规范化建设】 年内，区个私协会党委帮助支部建立基本工作制度，主要有党组织组建制度、党内“三会一课”制度、民主生活会制度、党员监督制度、流动党员管理制度等，对其工作进行规范指导，为党建活动的正常开展提供基础依据。

【协会活动】 年初，五金机电党支部开展“岁寒时节见真情，寒冬慰问暖人心”活动，为革命烈士家属、老党员和贫困群众送上米、油、年糕、牛奶等慰问品，每户送上慰问金500元。春节前夕，白虎山支部开展“迎新春、送温暖、关注孤寡老人”行动，支部党员自筹资金6300余元，为12户老党员、孤寡老人送去新春祝福和慰问品。3月，区个私协会和区关心下一代工作委员会联合评选出关心下一代先进单位2个并授牌。6月份，在区委组织部的带领下，开发区园区党支部、陇海步行街党支部、兴隆装饰城党支部等先后观摩学习连云开发区党群工作站、阳光国际大厦产业党群工作站、徐圩党群工作站先进的工作方法、工作经验。七一前夕，组织支部党员29人赴山东枣庄抗日根据地微山湖及赣榆区抗日山，重温入党誓词，缅怀党的功绩，致富不忘党恩情。在迎接抗战胜利暨世界反法西斯战争胜利70周年之际，区个私协会党委组织23名党员观看专题节目，并组织部分党员前往海州石棚山绿岛健身基地进行义务清洁活动。7月，区个私协会党委对36个支部的党务工作者进行非公有制经济组织党务工作手册方面的内容进行培训，当晚还组织党员观看“筑梦中国”专题片。

【会员企业活动】 年内，区个私协会党委借助于“党员蓝领成才计划、岗位先锋计划、牵手行动计划”和“挂标识、亮承诺”活动，充分发挥党员的示范、模范作用。4月，区个私协会浦南分会副会长牛启明利用自身的资源和条件，组织海州区110余户的餐饮企业负责人参加市食文化高层论坛讲座，共同交流餐饮业的经营理念、经营方法。7月，区私个协会党委借助会员单位连云港金玫瑰会馆这一平台，邀请食文化执行会长就烹饪技能、烹饪技术进行现场传授，有28名会员单位工作人员参与学习。

【评选诚信之星】 年内，区个私协会鼓励动员党员所在单位参加“百名诚信之星”“十大诚信标兵”评选活动，其中有4位获得“十大诚信标兵”称号；24位获得“百名诚信之星”称号，其中党员直接经营的有7户。

【开展“三亮”活动】 年内，区个私协会党委按照《关于指导小微企业个体工商户专业市场党组织开展“亮身份、亮职责、亮承诺”活动的通知》及工作要求，区个私协会党委积极助力市场主体发展。10月28日，省个体私营经济协会与10个市、县协会秘书长专程到白虎山批发市场党支部调研，并给予充分肯定。

（撰稿：张雷　审稿：金铜双）

海州区红十字会

【概况】 2015年，海州区红十字会（简称区红会）在区委、区政府领导和市红十字会（简称市红会）的业务指导下，以“携手人道促和谐”为主题，扎实开展“三救”（救灾、救护、救助）“三献”（献血、捐献造血干细胞、捐献遗体器官）和救护培训等工作，重点打造红十字博爱助学项目，弘扬“人道、博爱、奉献”的红十字精神，充分发挥红十字会组织在政府人道和民生工作方面的助手作用。

【三献工作】 2015年，区红会广泛宣传献血、捐献造血干细胞及遗体器官利人利己利国的社会意义，结合百万救护课堂培训宣传讲解有关捐献常识，提高造血干细胞合格率和再动员成功率，积极配合有关部门开展无偿献血活动。全年无偿献血人数逾1422人次，超额完成全年目标任务。成功动员3名志愿者签署捐献造血干细胞协议书，其中2名志愿者已经捐献成功。

【开展救助工作】 2015年，区红会深化“博爱送万家”活动，努力为政府分忧、为群众解难。年初，开展较大规模的博爱送万家系列活动，共投入救助资金物资10万余元，受惠群众265户。8月，在由区委书记王立斌、市红会会长唐功友等主要领导参加的博爱助学金集中发放仪式上，共发放助学金12.2万元。

【“百万救护培训”工作】 区红会从4月份开始，至10月结束，多次为驻区正大天晴、海通公司等大型企业和各镇、街、学校等培训相关人员，全年完成初级救护员培训726人，培训普及性救护5144人，分别完成全年任务的121%和103%。

【建立立体宣传格局】 年内，区红会通过举办广场宣传、救护培训、社区服务活动等，向社会广泛宣传国际人道法和红十字知识，发放宣传材料，提高社会公众对红十字会工作的知晓率和参与度。在博爱宣传周、防震减灾周及第68个世界红十字会日期间，组织开展形式各样的宣传教育活动，发放宣传资料袋30000余份。

【千名机关志愿者爱心帮扶活动】 借助区委发起的“千名机关志愿者爱心帮扶活动”这个平台，区红会积极对上立项汇报，争取到省、市红会肯定的同时又得到省红会给予的10万元博爱项目基金。项目实施后，又配套2.7万元，为区内42户贫困家庭发放助学金12.7万元，受到光明网、国家红十字会报、港报、连网等媒体的广泛报道。

【推进“BRT生命绿色通道”工程】 在已经取得良好社会效益的基础上，区红会继续完善和推广“BRT生命绿色通道”工程。年初，补充制作200余份动漫宣传光盘，购置万余元急救药械投放到公交车上。

【红十字文化进校园活动】 2015年，区红会以组织爱心助学捐款为契机，在辖区中小学校开展“小手拉大手”献一份爱心、办一期红十字知识板报和开展一期救护知识培训班等活动，在广大师生中普及红十字相关知识。与区教育局联合开展“汇聚爱心 挽救生命”活动，全区中小学教师、学生积极参与，共募集善款7万余元,设立专用账户，把募得的善款及时地用于困难学生的救助中。

（撰稿：朱晓颖　审稿：陈长坝）

海州区归国华侨联合会

【概况】 2015年，海州区归国华侨联合会（简称区侨联）在连云港市归国华侨联合会（简称市侨联）和区委、区政府的领导下，在区委统战部的支持和指导下，紧紧围绕全区改革发展大局，紧密团结联系全区归侨侨眷和海外侨胞，认真履行工作职能，积极开展“两个服务”（为侨服务、为经济服务）活动，为全区的经济社会发展做出积极贡献。

【第四次归侨侨眷代表大会】 根据2014年区划调整，原新浦区侨联和海州区侨联合并。1月26日上午，连云港市海州区召开第四次归侨侨眷代表大会，市侨联主席商晓东，海州区委常委李永涛，海州区政协副主席王兰芳以及60多名归侨侨眷代表出席大会。会议审议并通过原新浦区侨联主席李东红作的上一届工作报告。大会选举产生新一届理事会，李东红为第四届海州区侨联主席，徐玉玲、韩钰、翟红军为副主席，刘永柱为秘书长，王明伟、甲建林、晁红、董强为委员。

【健全工作机制】 2015年，新一届海州区侨联围绕中心、服务发展大局，为海州区的科学发展发挥独特作用、做出积极努力。以为侨服务为根本，积极主动地为侨界群众办实事、解难事、做好事，以实际行动赢得广大侨界群众的信任和支持。发挥侨联对外联系密切广泛的优势，积极发挥桥梁纽带作用。在做好老侨工作的同时，把工作的着力点向海外和新侨聚焦，让“两个拓展”（拓展海外联络、拓展服务新侨）成为侨联工作的新亮点。按照侨联组织建设的“五有”（有组织、有队伍、有经费、有阵地、有活动）标准，不断加强侨联自身建设，在“建家当友”上取得新进展、新成效。

【参政议政】 2015年，侨界人大代表、政协委员在市、区“两会”上提出《关于加快城市公共自行车服务系统全覆盖》《关于加快市区交通设施配套》《关于加强对物业服务管理工作指导》《关于及早解决小区生活用水出户计量结算》《关于加强海州主城区水环境治理》《关于在连云港市建筑行业加快推广应用预拌砂浆》等提案议案，得到相关部门的高度重视。市侨界人大代表李东红提交的《关于加强对物业服务管理工作指导》获市人大优秀建议。并在6月15日，参加连云港市人大常委会对《江苏省保护和促进台湾同胞投资条例》培训及执法检查组的检查。

【为侨服务】 年内，区侨联完善社区归侨侨眷信息登记。完成出国和归国留学人员、海外侨胞、港澳台同胞等情况调查，并加强沟通联络，进一步搭建好党和政府同侨界的桥梁，搞好联谊。组织归侨侨眷和留学生搞好侨联日常活动和迎春座谈会、迎中秋庆国庆联谊会。同时，着力解决困难，热心为侨服务。特别是关心侨界困难人士和家庭的工作和生活，实实在在为他们办实事、办好事。春节前共走访20多户困难归侨侨眷，把党的温暖带给侨界困难家庭。并购买东海县一摔伤的果农的梨送给归侨侨眷，双向帮助有困难的人士。11月18日，按照海州区侨商会理事会商定的不定期走访了解学习各理事单位的决定，首先走访全国知名品牌、江苏省著名商标企业——汪恕有滴醋厂。汪恕有滴醋厂第十一代传承人汪宗遂副会长讲解了汪恕有滴醋330多年始终坚持传统手工酿造，企业由小变大，由弱变强的创新发展历程。侨商们围绕企业发展转型升级的主题参观该企业的发展历程，并召开企业发展转型升级座谈会。

【成立侨商会】 7月31日，海州区侨商会成立大会暨第一届理事会议在东海名郡召开。江苏建艺置业有限公司董事长韩钰当选首任会长，江苏万千食品投资有限公司董事长翟红军等11人分别当选常务副会长、副会长和秘书长。海州侨商会是自主管理、自我服务、自我发展的非营利性社会团体，第一批理事会员企业达39家，投资领域主要涉及房地产开发、机械制造、食品加工、轻纺加工、建筑建材、商贸流通、服务业等多个行业。

【建立合作交流平台】 4月，经海州区委统战部和区侨联协调，海州区人民政府与连云港市侨联正式签订侨界人才创新创业战略合作协议，标志着双方在加强引进外资和海外人才、技术、智力等方面的合作又迈出坚实的一步。（撰稿：李东红）

责任编辑：王恒亮

政法委及综治工作

综　述

2015年，全区政法工作在区委的坚强领导下，以党的十八届三中、四中全会精神和习近平总书记系列讲话精神为指导，按照中央、省、市政法工作会议决策部署，坚持问题导向、法治引领、改革创新，不断深化平安海州、法治海州和过硬队伍建设，推进司法体制改革，创新社会治理方式，夯实基层基础，忠实履行维护社会大局稳定、促进社会公平正义、保障人民安居乐业职责使命，为建设文明、和谐、法治、生态海州创造良好的社会环境。年内，海州区被确定为省级依法行政示范点，区社会矛盾纠纷多元融合式调处机制建设、法治系列创建等工作得到省、市有关部门的充分肯定，"五老"（老干部、老战士、老专家、老教师、老模范）帮教工作做法经验在全省推广。

平安海州建设

【矛盾纠纷排查化解】 2015年，全区共有255个人民调解组织机构，开展矛盾纠纷排查2757次，成功调解各类矛盾纠纷2258起，最大限度地将矛盾纠纷化解在基层。

【信息系统建设】 年内，全区共开通电脑vpdn69个，开通电脑PC账号268个，手机账号227个，辖区镇（街）、村（社区）综治信息系统达到全覆盖，矛盾纠纷预防排查工作基本实现信息化。

【群防群治】 2015年，海州区坚持专业巡防与义务巡防相结合，共建立600人的专业巡特警队伍，建立177支3000余人的"红袖标"义务巡防队。对群众反映较多的治安问题进行专项整治，共开展排查11次，检查场所1446家，查出违法经营场所35家，整治治安安全隐患46起，破获刑事案件4093起，抓获犯罪嫌疑人1293人。浦西街道、茗馨花园小区、"繁荣路"周边地区等7个重点地区或治安突出问题得到有效改善，群众安全感幸福指数明显提升。

【打击违法犯罪】 2015年，区委政法委以人民群众反映强烈的重点地区、重点领域、敏感时段为突破点，先后组织开展"百日打防""禁毒会战""利剑"等专项行动，辖区内杀人案件全部告破，刑事案件破案率较2014年提升2个百分点，全区刑事案件同比下降23.5%，公众安全感指数达93%。

【技防网络建设】 年内，区委政法委深入推进技防"天网工程"，投入800万元，在重点社区、道路、娱乐场所及易发案地点安装视频监控探头1500多个，新建5个城市高空瞭望和4个智能监控探头，80%的视频资源接入派出所勤务指挥室。自天网一期工程应用起，全区公安机关通过视频监控发现违法犯罪线索246条，抓拍发现各类违法犯罪嫌疑人员153名，协助查询、调阅视频资料313起次，协助抓获各类违法犯罪嫌疑人员75名，破获各类案件62起，办理寻人寻物等好事120余件。

法治海州建设

【重大决策科学规范】 2015年，海州区委、区政府实行重大行政决策"五项制度"（公众参与制度、专家论证制度、风险评估制度、合法性审查制度、集体讨论决定制度），使得社会稳定风险评估机制进一步完善，重大项目、重点工程稳评率实现100%。同时，成立区政府法律顾问团，对全区重大行政决策、规范性文件制定、疑难行政复议诉讼案件、重要协议等开展咨询论证和法律服务，先后参与行政诉讼和仲裁案件10次，出具法律意见书20份。

【行政执法阳光运行】 2015年，海州区全面推进政务信息公开，网络问政基本实现常态化、制度化，全区党政机关、各镇（街）和行政执行类事业单位实现信息公开和网格问政全覆盖。开通网上"社区权力清单在线查询"系统，明确7大类75小项"社区社会管理事务权力"，征地拆迁、民生工程等涉及群众利益的重大事项全部在区政府门户网站公示并征求公众意见。同时，推进行政审批制度改革和区政务中心一站式服务载体启动建设，编制完成“五张清单”（行政审批事项目录清单、政府行政权力清单、行政事业性收费目录清单、政府部门专项资金管理清单、投资审批“负面清单”），梳理32个部门行政权力2869项。

【司法公开】 2015年，全区审判机关推行“审判公开”，打造诉讼服务中心、执行指挥中心和“三大平台建设”（审判流程公开平台、裁判文书公开平台、执行信息公开平台），开通12368诉讼服务热线、人民法院诉讼服务网和互联网庭审直播，裁判文书上网16847件，互联网庭审直播243件，庭审三同步（同步录音录像、同步记录、同步显示庭审记录）14824件，人民陪审员参加审理案件3302件，陪审率达75.53%。推行“检务公开”，建成检察为民服务中心，开通“一站两微”（检察院官方网站、微博、微信）平台，接待案件查询145人次，接待律师阅卷126件，公开案件程序性信息696条，公开法律文书208份，发布重大案件信息12件；推行“警务公开”，向特定对象、社会大众公开执法信息，利用互联网对接舆论，实时公开执法信息。

【法制宣传】 年内，区政法委深化法制文化精品工程，运用国家非物质文化遗产海州五大宫调创作《一轮明月当空照》《满江红》等11首植入法制道德元素的经典戏曲。建成法制文化公园、法制街区、法制长廊等阵地165个，区、镇（街道）两级法制文化阵地覆盖率达100%，村居覆盖率达85%。在区政府网站和各行政执法机关门户网站开辟法制宣传教育专栏，与海州普法网实现技术链接和资源共享，初步建成全区统一的普法资源平台、信息发布平台、法律法规解读平台和法律咨询平台。开通普法宣传新浪微博和手机微信“双微”平台，发布各类普法信息2700条，接受群众咨询180人次，收集群众意见310条。

政法队伍建设

【作风建设】 2015年，全区政法系统继续深入开展党的群众路线教育实践活动，扎实推进“三严三实”专题教育，全区政法队伍思想政治素质、组织纪律观念进一步增强。公安海州分局研发纪律监督管理平台，共受理、接受移交信访举报投诉57件；区法院畅通举报投诉渠道，共核查相关违法违纪线索77人次，转办人民来信218次；区检察院召开查摆问题“过堂会”，形成涵盖4大类76件的问题清单；区司法局以“六五”普法总结验收为契机，积极动员全体干群参与争先创优活动。

【教育培训】 2015年，区委政法委组织召开平安法治工作专题培训会、综治信息化建设专题培训会、并举办海州区“百家讲坛”讲座等，有效提升队伍素质。公安海州分局先后制定《全区公安执法规范化建设要点》等10余件指导性工作意见，在全区14个重点所（队）派驻15名专职法制员。区检察院选取海州区疗养院等十项重点工程，制定《服务十项重点工程项目建设具体责任分工表》，在服务全区经济发展中，提升干警业务素质。区法院开展新民诉法司法解释及新行政诉讼法专题培训和考核，出台《党组中心组2015年度专题学习计划》，推动“青年法官双导师制度”实效化运行，加大青年法官培养力度。

【便民服务】 2015年，区委政法委组织成立全区政法系统关心下一代委员会，将122名政法系统老干警列入全区政法系统结对帮扶人员库，安排干警与青少年群体实施一对一帮扶。公安海州分局搭建1个网上公安局、8个公安微信、14个公安微博、24个警务QQ群等新型载体，健全“网上公安”线上服务体系，初步实现足不出户“一键式”办理公安行政审批事项。区检察院对外网进行全面改版，并与官方微信等平台互联互通，实现服务群众网上网下“一站式服务”。区法院积极服务和支持旧城改造，通过召开房屋征收法律法规咨询服务会办会等，提高行政征收过程中的法治服务意识。

基层基础建设

【便民服务平台建设】 2015年，区委政法委以提升便民服务效率为目标，投入300余万元，新建由综治法治工作中心、社会矛盾调处中心、信访接待中心等工作机构整体入驻的一站式区级社会管理服务平台。海州街道、新坝镇、路南街道、新南街道等镇（街）社会管理服务中心进一步提档升级。至12月底，全区16个镇街全部完成社会管理服务中心规范化建设，11个镇（街）达到示范化建设标准；村（社区）平台的规范化、示范化建成率分别达到62.4%和35.4%。

【网格化和信息化建设】 2015年，区委政法委深入实施“万人牵手，共创平安”行动计划，推进网格化管理工作，制定下发《海州区社区（村）网格化服务管理手册》，将全区村（社区）划分成2000余个基础网格，依托网格巡查员、网格管理员对各片区实施动态管理、信息化上报。同时，建成贯穿综治、司法、公安、信访等重点部门的综治信息系统，实现重点部门信息系统建设率100%。辖区镇（街）、村（社区）电脑账号、手机终端全部配备到位并投入使用。

【基层法治规范化】 2015年，区委政法委深入推进法治机关、法治企业、法治镇（街）、法治学校和依法行政示范点、公正司法示范点和法治文化示范点建设，打造幸福路法治小学、康缘法治企业、陇海法治步行街区、巨龙路法治市场等法治新亮点。强化“政社互动”（各级政府及其部门与基层群众自治组织、社会组织之间，通过“衔接互动”理顺社会管理职能、调整社会管理结构、改进社会管理方式，更加有效地建立利益协调机制、诉求表达机制、矛盾调处机制、权益保障机制）、“三社联动”（通过社区、社会组织、社会工作者三者互相联动协作，形成资源共享、优势互补、相互促进的社会治理良好局面），全面推行“三会一堂”（社区民情恳谈会、社区居民议事会、社区工作评议会、社区大讲堂）依法自治工作，实现基层组织建设、基层民主及社会管理体制机制的创新，海州区“三会一堂”工作做法在全市推广。

【法治惠民工程】 2015年，区委政法委着力部署法治惠民工程，进一步拓展“六个一刻钟法治惠民圈”（以路程不超过15分钟为半径，打造“法律援助圈、法治文化圈、治安防控圈、矛盾调处圈、娱乐健身圈、医疗服务圈”），为人民群众提供更加便捷的法治服务和保障。区、镇及涉农街道公共法律服务中心全部建成；建成村（居）司法行政服务站117家；8家律师事务所分别挂牌法律援助工作站；建成军人军属法律援助工作站；达到一村（居）一法律顾问全覆盖，基本实现“城区半小时、农村一小时法律服务圈”。同时，组织开展“法治护航企业年”活动，帮助企业依法履行社会责任和义务，先后打造鹰游纺机集团、日出东方太阳雨、康缘药业、正大天晴等一批“依法治企”先进典型。

（撰稿：王勇飞　审稿：王统松）

公安工作（海州分局）

综　述

2015年，公安海州分局（简称海州分局）在区委、区政府和上级公安机关领导下，面对安保维稳任务艰巨繁重，社会治安新情况、新问题不断出现新考验，紧紧围绕平安海州目标，坚持以推进“四项建设”（基础信息化建设、警务实战化建设、执法规范化建设、队伍正规化建设）为统领，紧紧围绕反恐维稳、打击犯罪、治安防控、队伍管理、支撑保障等重点项目、重点任务，持续推进平安海州、法治公安和过硬队伍建设，推动全区公安工作迈上新台阶。2015年，海州分局被评为“全省公安机关禁毒会战专项行动先进集体”，海州分局经侦大队被评为“全省公安机关‘猎狐2014’专项行动成绩突出集体”，海州分局路南派出所被命名为“2013—2014年度全省公安系统省级青年文明号”。

维护社会稳定

【安全保卫】 2015年，海州分局围绕全国和省、市“两会”“连博会”等敏感节点和滨河新城、旧城改造等重点项目建设、涉众经济犯罪受害人、征地拆迁等重点群体，加强信息搜集、研判、应用，先后圆满完成全国和省、市、区四级“两会”、连博会等7项重大维稳安保任务，成功侦破“6·3”“7·17”破坏国家法律实施案件，成功处置博大花园部分业主集体堵塞郁洲路维权、幸福中央小区部分业主策划围堵BRT等重大群体事件。

【突发事件应急处置】 2015年，海州分局重点围绕涉恐、涉暴人员易于落脚的出租房、中小旅馆等场所，采取“兜底翻”“滚动查”“重点靠”等方式，切实提升重点人员情况发现能力。对122家中小学幼儿园、4家三级以上医院、19处县级以上党政机关大楼等重点单位落实主体责任，并落实派出所属地责任、业务部门监管责任，切实提升重点目标防范控制能力。分7批开展武器警械专项培训，先后4次组织开展暴恐处置演练和2次警务技能比武，切实提升突发事件应急处置能力。

【强化矛盾化解】 2015年，海州分局以矛盾纠纷多元化调处改革为抓手，深化公调对接，推进调解法制化、社会化和科学化，全区14个派出所均建立驻所人民调解室，配备人民调解员26人，治安纠纷、医患纠纷、家庭纠纷调解成功率分别达到90.3%、95%和97.6%。

【信访积案化解】 年内，海州分局以“事要解决”为核心，扎实开展好涉法信访积案“清仓行动”、进京非正常上访百日集中整治、信访积案化解攻坚月等行动，对21起省、市下发的疑难积案挂牌督办，对325件信访件分别落实海州分局党委成员包所（队）包干负责，促使13名重点上访老户停访息诉，初信初访结访率达75%，信访积案化解率达69%。

刑事案件侦破

【紧盯大要案件侦破】 2015年，海州分局按照“多破案、快破案、办好案”的目标，推动侦查模式转型升级，进一步完善盯案捆绑多警种合成作战机制，刑侦、图侦、技侦、网侦、情侦同步上案，指纹、DNA、足迹、空中信息、现场勘验“多库联侦”，打好合成战、图侦战、科技战、信息战、证据战，侦查破案效能不断提升。年内，全区公安机关盯案不放、连续奋战，相继侦破“1·6”海南小区持刀故意杀人案件、“2·10”抢劫强奸杀人案件、“4·14”浦南镇故意杀人案、“8·31”抢劫扒窃金银首饰品等大要案件，八类案件破案106起，破案率达79.54%，同比上升12.6%；“两抢”（抢劫、抢夺）案件破案88起，破案率达43.59%，同比上升6.7%。

【民生小案侦破】 2015年，海州分局围绕盗窃“三车”（轿车、摩托车、电瓶车）扒窃、入室盗窃、电信诈骗等面广量大、群众反映强烈的突出民生小案，打系列、摧团伙、挖窝点，进一步加大侦破力度，破获九龙城市乐园系列盗窃案件等串案、大案，以打促防，提升群众安全感和满意度。年内，全区破获盗窃刑事案件6239起，破案率达18.76%。

【做优打处质效】 年内，海州分局充分发挥刑侦主力军作用，强化侦查措施、突出斗争策略，以肃毒羁押等行动为推动，加大工作力度，提升工作效能。年内，全区共抓获刑事犯罪嫌疑人531人、刑拘431人、逮捕255人、起诉327人、强制戒毒130人，五项主要打处指标同比分别上升35%、38.5%、73.3%、19.9%和96.4%。

社会治安管控

【社会治安乱点整治】 年内，海州分局对浦西派出所“两站”（火车站、汽车站）地区、新东派出所繁荣路涉娼问题、朐阳派出所茗馨花园3个市级治安重点地区及各派出所自行摸排九龙城市乐园、大润发超市等12个治安复杂地区，集中开展“封闭式”管控，重点打击偷盗扒窃、两抢诈骗等违法犯罪，共查破治安、刑事案件102起，抓获嫌疑人47人。

【打击黄赌毒娼】 年内，海州分局以“打击赌博机”、打击社会丑恶现象“无声风暴”、肃毒羁押等专项行动为抓手，向涉毒、涉娼、涉赌、涉假案件发起猛烈攻势。行动期间，全区查处涉赌违法犯罪人员482人，查处涉娼违法犯罪人员102人，整治各类场所行业96家次；全区共破获毒品犯罪案件25起，抓获犯罪嫌疑人32名、查获违法人员438人，缴获毒品海洛因2千克。

【强化安全监管】 2015年，海州分局持续开展消防、危险物品、安全生产等公共安全大检查，在重大火灾隐患集中整治专项行动中结合辖区实际情况，立足高标准严要求，着力提升重大火灾隐患整改实效，有力解决一批突出消防安全问题。全区8家重大火灾隐患单位，已销案1家，关停2家，整改完毕1家；累计检查社会单位0.37万家次，督改火患0.61万处，临时查封和责令“三停”（停产停业、停止施工、停止使用）单位31家，同比分别增加7.6%、8.9%和16.8%。对涉危涉爆重点行业实现主管部门统一扎口管理、基层单位分类精细管理，同时深入开展危险物品单位安全检查和从业人员清理整顿，危险物品单位治安防范达标率和责任书签订率达100%。还加大对重点要害部位和内部单位安全检查，确保内部安全，排查枪支弹药从业单位7家，爆炸物品从业单位1家，发现并整改安全隐患6处，收缴子弹129发，仿真枪127支，管制刀具50把。

【强化网吧管理】 2015年，海州分局以推进网吧“一网管”信息系统应用为抓手，加大对全区网吧日常监管力度，对网吧实名登记检查工作常态化，月均对辖区内网吧检查达35家，实现治安监控系统100%安装到位、实名登记制100%落实到位，在线运行率始终保持在95%以上。同时，对辖区内网站信息进行核实，并对新增网站信息进行登记，确保各类网安基础数据入库率不低于95%，实现信息准确率95%，互联网违法信息处置系统接收处置率达100%。

【舆情导控】 2015年，海州分局利用网上公安局、QQ、微博等手段，进一步搭建警民沟通交流平台。对全分局120余名网评员实行考核奖惩机制，督促积极参与对网络上不实负面信息关注与引导。年内，共收集上报公安部异地专项有害信息2000余条，删除本地论坛有害信息150余条，编报信息快报80余期，落地查人30人次。

【户籍管理】 2015年，海州辖区共有常住人口137193户435365人，其中男220483人、女214882人；本年度出生5700人，死亡注销1464人，迁入7218人，迁出3909人（不包括行政区划调整后公安高新分局所管理的板浦、新坝、锦屏、宁海等镇、街道的户籍统计资料）。

基层基础建设

【巡逻体系重组】 2015年，海州分局准确把握海州地区警情和案件形势，对全局巡特警部门进行重组，进一步规范警务布局，划小作战单元，全部剥离巡特警大队接处警职能，接处警工作和120名警力全部划归派出所。巡特警大队负责主城区范围内开展区域机动巡逻、突发群体性事件处置、日常巡防检查管理。派出所实行网格化巡逻，在小区域内策应和配合巡逻防范工作。同时，着力固化全区各派出所巡逻处警中队、巡特警大队、特警队、机关巡控队4支队伍，多重巡控重点区域，建立派出所负责巡区、巡特警负责主次干道、机关警力叠加补充的勤务模式，实现派出所巡查一体化、巡特警大队巡控重点化、特警队备勤机动化、机关参与巡防常态化。年内，全区刑事发案同比下降13.4%，其中盗窃“三车”案件发案2524起，同比下降21%。全分局平均接处警时间从过去10分钟压缩到最短3分钟，警情一次处结率达76.3%，街面巡防直接抓获嫌疑人142名。

【源头信息采集】 2015年，海州分局开展出租房屋管理系统推广应用，突出抓好每月抽查、日常管理、动态核查和考核奖惩等措施，持续落实旅馆业治安管理系统、一键通请求服务系统的安装、应用和反馈，全面提升信息采集效能。全区通过出租房屋服务管理信息系统申报信息6983条，其中，电话申报6808条，短信申报150条，互联网申报25条；采集暂住人口信息15569条，寄住人口信息4936条；共登记旅馆730家，其中30张以下床位的中小旅馆587家，读卡器安装730家，安装率为100%；一键通安装587家，安装率为100%；传输系统安装730家，安装率为100%。

【视频监控建设】 年内，海州分局大力实施视频监控技防建设，计划建设各类监控976路，并进入招投标。其间，路南、新海派出所共新建297路高清视频监控、整合摄录一体机60路、老旧小区改造高清视频监控15路，整合信号后已落实80%视频资源接入派出所勤务指挥室。名馨花园、繁荣路一条街、“两站”等3个治安乱点分别新建枪机24个、26个和57个。

队伍建设

【群众路线教育实践活动】 年内，海州分局深入开展党的群众路线教育实践活动，认真整改、真抓实干，敢于向“四风”问题叫板、敢于与不正之风做斗争，全分局公务用车减少11%，公务招待费用下降32%。先后出台《海州分局工作人员违纪违规计分管理办法》《海州分局问责管理规定（暂行）》

《全区公安机关考勤暂行办法》《海州分局内务管理考评实施办法》，研发纪律监督管理平台，共受理、接受移交信访举报投诉57件，对队伍发生的违法违纪问题坚持“零容忍”，主动约谈民警125人次，其中纪律处分民警6人，诫勉谈话9人，提醒谈话1人。

【提升服务民生效能】 年内，海州分局规范全区16个公安窗口民警和108个社区警务室及社区民警接待服务标准，落实一次性告知、一次办成制、首问负责制、周六全天上班、周日延时服务制，尽量减少群众往返次数，最大限度把便捷带给群众。通过搭建1个网上公安局、8个公安微信、14个公安微博、24个警务QQ群等新型载体，健全“网上公安”线上服务体系，完善网上警务室功能，初步实现足不出户“一键式”办理公安行政审批事项。全窗口单位网上网下共审批各类事项5523件，一次办结率达85%，收到群众感谢信72封，锦旗36面。

【狠抓执法规范化】 年内，海州分局成立执法规范化建设领导小组及办公室，海州分局与各执法所（队）均签订《执法规范化建设责任书》，及时将44项执法规范化建设指标分解落实到各警种部门，先后制定《全区公安执法规范化建设要点》等10余件指导性工作意见，在全区14个重点所（队）派驻15名专职法制员。与此同时，深入开展“执法安全隐患和突出执法问题大排查、大整改”专项整治活动，其间共检查警情12748起，案件234件，执法办案场所14个，共排查出执法安全隐患32个、执法突出问题14个，全部整改到位。此外，建立完善规章制度11件，有效预防和减少严重执法问题发生。

（撰稿：穆继干　审稿：李柏沄）

公安工作（高新区分局）

综　述

2015年，公安高新区分局（简称高新分局）在市公安局（简称市局）党委正确领导下，深入贯彻落实党的十八届四中、五中全会及全省市、县公安局长会议精神，坚持以“四项建设”（基础信息化建设、警务实战化建设、执法规范化建设、队伍正规化建设）为抓手，围绕打造“五个公安”（诚信公安、法治公安、效能公安、创新公安、廉洁公安），深入实施“十项工程”（擦亮窗口工程、安民护民工程、矛盾化解攻坚工程、颗粒归仓工程、底盘加固工程、平安“天眼”工程、“三域”立体防控工程、山海特色警务机制工程、“警务大数据”工程、“警营生态优化”工程），以“抗战胜利70周年纪念活动”安保工作为主线，全力维护社会政治稳定，严厉打击违法犯罪，大力整治社会治安，积极提升执法服务水平，稳步推进队伍正规化建设，圆满完成各项公安工作任务，保证全区公安工作扎实有序推进。

稳定社会治安大局

【维护政治稳定】 年内，高新分局围绕“抗战胜利70周年纪念活动”安保工作这条主线，结合“连博会”“新亚欧大陆桥安全走廊国际执法合作论坛”安保工作，深化反恐斗争，积极开展情报信息搜集、矛盾纠纷排查化解和突发事件预防处置，有力地维护全区的政治稳定。年内，共收集上报各类涉稳信息123条，排查化解各类矛盾纠纷899起，预防群体性、突发性事件12起。

【反恐维稳工作】 年内，高新分局把反恐维稳放在公安保卫工作首要位置常抓不懈，认真落实“一把手”责任制，建立反恐防暴维稳常态化工作机制，着力在源头防范上下功夫，坚决防止发生暴力恐怖活动和个人极端事件。密切关注敌情、社情动态，及时收集预警性、内幕性、行动性的情报信息，提高防范和预警能力。同时，加强涉恐重点人员摸排，深入排查在辖区居住、经商、学习的涉疆涉稳等重点人员基本情况，密切掌握动态，做到来知其人、居知其所、去知其踪。强化旅馆业场所控制，对重点人做到入住一个、发现一个、盘查一个。

【情报信息工作】 年内，高新分局围绕敏感时期、敏感事件、敏感问题及时搜集上报各方面情报信息，适时进行汇总研判，充分履行好综合研判、预警发布、重点人员联查核对、指挥处置等职能，按照预防在先、发现在早、处置在小的原则，对辖区重点人头实行滚动排查，切实做到底数清、情况明，发现得了、控制得住、处置得好。共收集各类涉稳信息123条，其中上报区委、区政府、市局70余条，被区委、区政府和市局采用50余条，一些容易引发事端的不安定因素得到有效控制，为各级领导的正确决策提供有力依据。

【矛盾纠纷化解】 2015年，高新分局始终坚持矛盾纠纷滚动排查机制，重点围绕土地征用、城镇拆迁、环境保护、债务劳资纠纷、农村土地纠纷和特殊群体维权等易引发矛盾纠纷的问题全面、细致、深入地开展排查，逐条逐人采集信息、录入系统，确保摸清底数、查明情况。对排查出的各类矛盾纠纷，迅速通报有关部门，提出针对性工作建议，并坚持在党委政府的领导下，密切配合相关部门，最大限度地把矛盾纠纷化解在基层、把问题解决在当地、把隐患消除在萌芽状态。年内，高新分局已排查出各类矛盾纠纷1022起，化解899起，化解率达88%。

【突发事件预防处置】 2015年，高新分局紧密结合区划调整、棚户区改造、204国道改建、连盐铁路等容易引发社会矛盾的重大工程事项开展稳评工作，及时分析政策措施出台或工程建设开始后可能对社会稳定带来的影响，及时准确掌握社会矛盾和不安定因素的动态。重点了解掌握涉及群众切身利益、可能引发群体性事件的苗头，积极主动作为、提前介入，充分利用行政、司法手段调节社会矛盾，做到早发现、早化解、早处置。进一步强化重点人员的教育疏导及动态管控工作，对严重违法行为坚决处理。为应对可能发生的群体性、突发性事件，高新分局事先编制处置预案，调整充实巡特警大队，组织巡特警、派出所民警、保安辅警等巡防力量，实行带枪巡逻，重点围绕重点场所、重点部位、重点时段开展多层面、网格化、立体化巡控。不断加强实战演习，健全完善快速反应机制，打造一支紧急时刻“拉得出、冲得上、打得赢”的维稳处突队伍。

收紧违法犯罪空间

【增强人民群众安全感】 2015年，高新分局进一步完善侦查破案机制，紧密结合“禁毒会战”“春雷行动”“打击侵财犯罪质效提升年”“百日打防”等专项行动，坚持严打方针不放松，做到“命案必破、黑恶必除、两抢必打、逃犯必抓、涉毒必肃”，全面提升侦查破案能力和执法办案水平。年内，全区立案727起，破现行案件159起，破案率为21.9%，公诉93名，抓获各类网上逃犯30名，其中外省、市网上逃犯15名，打掉涉黑涉恶犯罪团伙5个17人，公诉涉黑涉恶犯罪嫌疑人37名，摧毁贩毒团伙2个并抓获嫌疑人22人，强戒16人，治安拘留（社区戒毒）59人，收缴毒品冰毒7551.69克、氯胺酮48.82克；摇头丸9粒，其中摧毁公安部挂牌督办案件1起。

【严打严重暴力犯罪】 年内，高新分局始终坚持严打方针不动摇，积极开展命案侦破和严打严重暴力犯罪攻坚战。首先，筑牢现行命案防线。高新分局始终将预防和侦破命案摆在重要位置，在人财物上进行重点倾斜，及时消除社会不良影响。2015年度，高新分局通过有力措施，未发生一起现行命案。其次，严打严重暴力犯罪。高新分局本着“黑恶势力必除，暴力犯罪必抓”的理念，强化工作措施，严格落实责任，对辖区的涉黑涉恶线索深挖细排绝不放手；对抢劫、强奸等暴力犯罪安排专人一盯到底绝不放松。全年，高新分局打掉恶势力团伙1个3人，涉恶案件4起14人，发生的3起强奸案全部破获，有效地震慑了犯罪。再次，强化涉毒案件的攻克。高新分局本着毒品是各类犯罪的“兴奋剂”和“滋生地”的现状，在涉毒案件的梳理摸排和打击措施上狠下功夫。全年，高新分局摧毁贩毒团伙2个，抓获涉毒犯罪嫌疑人20余名，缴获各类毒品近10000千克，其中公安部挂牌督办案件1起12人，缴获毒品7500千克。

【快攻侵财性案件】 2015年，高新分局在狠抓大要案件的同时，更注重从关注民生、保障民生的角度出发，把更多的精力、警力放在对群众安全感影响最大的多发性侵财性犯罪尤其是“三车”（汽车、摩托车、电瓶车）案件上，深入开展各类专项行动，花大力气、下苦功夫，强化便衣巡逻、路面查控、架网守候等措施，抓获一批犯罪嫌疑人，破获一批刑事案件。年内，高新分局根据市局的部署，强力推进“打击侵财犯罪质效提升年”和“百日打防行动”，有针对性地组织开展打击侵财犯罪，有效地压降案件的高发，“百日打防行动”在全市考核中被评为优胜单位。2015年，全区立侵财案件673起，破现行侵财案件111起，现行案件破案率为16.5%。高新分局结合辖区发案的规律特点，将打击的重点集中在盗窃案件上，将侦破系列串案作为提升全区破案率的主要抓手。年内，全区串案10串80余起案件，通过图侦、技侦等手段，相继侦破6串50起案件。8月12日，高新分局通过案件串并和研判，将涉嫌诈骗犯罪嫌疑人刘某（女，39岁，新浦人）抓获。经审查，刘某交代自2015年1月份以来，窜至海州锦屏、宁海等地的饭店，采用订餐、拉关系为名，借用店主电瓶车实施诈骗作案20余起，涉案价值3万余元的犯罪事实。与此同时，高新分局构建以情报信息中心为龙头，以派出所和巡防大队专业巡防力量为主体，群防群治力量为补充的动态防控体系，增加街面有警密度和巡逻力度，有效压降侵财发案。8月26日，高新区分局通过巡防布控，现场抓获2名扒窃犯罪嫌疑人周某（男，45岁，沭阳人）、陈某（男，68岁，安徽人），破获连云区、赣榆区、高新区等地窃取小孩挂饰案件数起。

【猛攻经济犯罪】 2015年，高新分局在信息化、市场化明显增强的条件下，经济犯罪形势更加复杂严峻，涉众化、职业化、网络化犯罪更加明显，经济犯罪案件涉案金额越来越大，涉及范围、人员越来越广，严重影响社会稳定，甚至威胁到高新区的经济安全。高新分局坚持对各类经济犯罪的严打政策，围绕经济发展进入新常态出现的新的矛盾和问题，严厉打击多发易发的非法集资、传销等涉众型经济犯罪，维护金融安全和社会稳定；重点打击金融诈骗犯罪和与腐败相关的经济犯罪；保持对信用卡、合同诈骗、职务侵占、虚开增值税专用发票、侵犯知识产权等突出犯罪高压态势。密切关注、依法打击互联网经济犯罪等新型犯罪。2015年，高新分局共受理经济犯罪案件18起；立案15起，破案14起，抓获各类经济犯罪嫌疑人18人，其中刑事拘留12人，执行逮捕5人，取保候审17人，移送起诉13人，检察院公诉5名，抓获网上经济案件逃犯10名，挽回经济损失400余万元。

【打牢刑侦根基】 年内，高新分局始终把刑事技术、刑侦信息化、刑侦基础建设摆在优先发展的位置，不断夯实基层基础，为刑侦工作可持续发展提供动力。首先，加强刑事技术建设。2015年，高新分局通过建立工作机制、完善管理制度、落实保障措施、强化人员培训等措施，强力推进现场必勘工作，有力促进刑侦基层基础建设，破案攻坚能力得到进一步提升。全年共立一类刑事案件420起，勘查420起，一类案件现场勘验率为100%，通过指纹、DNA比对认定犯罪嫌疑人21名，抓获15名，破获各类刑事案件40余起。其次，加强刑侦信息化建设。充分利用警务平台和刑事案件系统，加大情报信息采集、整理、研判、预警、应用力度，关联整合各类信息系统，实现信息共享、提高网上作战的能力。在刑情研判方面，不断加强信息分析研判，准确把握犯罪动态和规律，及时发布预警提示，提高打防工作的针对性和实效性。此外，加强秘密手段建设。健全刑事特情工作机制，通过优化特情构成、广泛范围、多源构建情报网络和阵地控制网络，不断提高刑事特情发现提供犯罪线索的能力。充分发挥便衣侦查优势，深入重点场所开展秘密侦控工作，获取一批有价值、深层次情报信息，有力地服务了实战。2015年，高新分局利用基础工作破案42起，占破案总数的26.4%。

改善社会治安环境

【治安查处打击能力稳步提升】 2015年，高新分局坚持治安查处打击“零容忍”，严厉打击聚众赌博以及电玩场所内的变相赌博等违法犯罪行为，结合“利剑行动”保持对食品、药品及环境案件的高压态势。2015年，高新分局治安部门共查处行政案件1023起，查处涉案人员559人，查处涉赌人员73人；破获生产销售有毒有害食品案件1起，破获拒不支付劳动报酬案件1起，完成涉赌案件公诉6人，食药环案件移送审查起诉并由检察机关公诉3人。

【治安行政手段更加有效】 2015年，高新分局坚持“以查处促管理”“以整顿促规范”，促使重点行业经营业主自觉落实防范责任，规范守法经营。年内，高新分局治安部门对全区旅馆、收旧、典当、歌舞、桑拿洗浴、印章、印刷、车辆修理、网吧及快递业等场所、行业进行全面摸底调查，完善工作台账，并开展治安检查180余次。同时，按照“治安先治乱”的原则，与其他行政执法部门密切配合，加大综合整治力度；采取“集中与长效”相结合的工作措施，对易反弹的热点区域采取不间断的整治，采取大兵压境的高压态势，加大打击力度，完善防控措施，使重点部位治安面貌得到较大改观。

【治安防范网络日趋严密】 年内，高新分局发展壮大群防群治力量，不断调整、扩充、做精“红袖标”志愿者和义务联防队伍，明确职责，划分片区，落实责任。进一步整合巡特警和派出所警力，明确各自职责分工，建立社会面巡防协作机制，实现巡逻防范处警无缝衔接，提高应对街面违法犯罪快速反应水平。完善社会面视频监控网络，根据属地管理原则由派出所对辖区内的社会面监控进行管理，进一步加大公共视频监控点等技防设施的建设力度，合理规划，消除盲点，推动视频监控全覆盖。

【人口管控效能显著增强】 2015年，高新分局进一步加大对流动人口、重点人员的登记管理力度，采取划块包片、以房管人、分层次管理等行之有效的方法，全面采集录入信息，确保底数清、情况明。充分整合各类社会资源，积极探索建立多种社会力量参与的流动人口信息采集、应用机制，将流动人口登记管理与社会医疗、社会保险、社会救助、技能培训、就业务工、子女上学等公共服务挂钩，有效解决流动人口失控漏管问题。对有现实危害或有潜在危害的重点人员，按国保、反邪、治安、刑嫌、逃犯和非正常上访进行分类摸排管控，确保管得住、不出事。截至12月30日，全区新登记录入暂住人口（办理居住证）2825人，新登记录入出租房屋571家，新列管重点人员48人，撤管15人，登记录入重点人员现实表现信息6920条。

增强履职尽责能力

【切实履行行政职责】 2015年，高新分局结合市局出台的“加强和改进派出所户籍窗口服务十项规定”加强派出所值班室、户籍室等窗口单位建设，全面落实便民利民措施，简化办事程序，实行“一站式”服务、预约服务、上门服务，让群众少跑腿，不断改变群众对公安行政服务的印象、温暖民心、累积信任，提高办事效率和窗口服务满意度；坚持向辖区群众报告工作制度，征询基层意见，倾听群众呼声，切实改进工作，赢得群众的理解支持；充分借助新闻媒介，宣传安全防范知识，宣传法律政策，拉近同群众之间的距离，提高群众对公安工作的认可度和满意率。

【切实履行监管职责】 年内，高新分局根据市局下发的“缉枪治爆专项行动工作方案”要求，以最大限度地消除涉枪涉爆社会危害，从源头上减少违法犯罪可利用的工具为主要任务，主要领导亲自部署安排加强监督检查工作，着重对重点地区、重点行业、重点单位增加整治警力并加大监督检查力度。对辖区涉枪、涉爆、剧毒、放射性物品使用单位全部落实法定代表人安全管理责任制，强化单位负责人和从业人员的安全教育，完善安全管理制度和岗位责任制，并层层签订安全管理责任书，确保安全责任落实到人。年内，辖区内无爆破作业点，共有涉危单位5家，其中涉爆单位2家，剧毒化学品使用单位2家，烟花爆竹批发公司1家；共有危险源4个，其中炸药库1座，烟花爆竹仓库1座，剧毒化学品使用点2个。对上述单位，派出所每月检查、治安部门每季度检查均不少于1次。对全区现有的17家劳动密集型企业、7家养老院，消防部门逐家进行排查，针对每家不同程度存在的火灾隐患，分别下发整改通知书。截至12月30日，已整改3家，停业1家，部分整改3家，仍在整改阶段的17家。

【切实履行保卫职责】 年内，高新分局根据工业企业、金融业、学校、电力、医院等单位系列平安创建活动的部署要求，充分发挥牵头协调职能、切实履行协同配合职责，以提升单位内部整体保卫防控能力为目标，进一步严密防范网络建设，提升安全管理水平，健全长效工作机制，努力形成内外互补、整体联动的工作格局，最大限度地发挥在保障内部安全、服务现实斗争等方面的作用。全年高新分局内保部门共检查单位306家次，出动警力458人次，发现安全隐患223处，下发《责令隐患整改通知书》并处警告15份。

优化警营生态文化

【搭建廉政文化平台】 2015年，高新分局将加强廉政文化建设作为加强队伍正规化建设的重要内容，在日常宣教中，不断创新形式，努力营造廉荣贪耻的廉政氛围。高新分局在食堂、警体中心张贴以勤政、廉政、立志为主要内容的格言警句、名人名言、廉政绘画作品等，在高新分局门口、沿路设置廉政文化展板，并通过电子显示屏滚动播出廉政口号。同时，在开发区派出所各楼层走廊内悬挂反腐倡廉宣传画，努力营造廉政文化氛围，使民警时时处处感受到廉政文化，在耳濡目染中受到廉政教育。坚持提醒谈话、诫勉谈话等廉政谈话制度，防患于未然，加大事前预防工作，努力把问题解决在萌芽状态。年内，共诫勉谈话3人，其中所队领导2人，民警1人。提醒谈话2人，其中所（队）长各1人。

【搭建书香文化平台】 年内，高新分局党委从抓警营文化上发力，以文化软实力提升凝聚力、催生队伍战斗力。创建警营书吧。7月，高新分局投资2万余元新建警营书吧，根据民警需求统一购置图书，并动员广大民警开展捐书活动。与此同时，高新分局又新购一批图书。至12月30日，书吧集政治理论、经典著作、文学传记、公安业务等八类书籍500余册，并在书吧内配设桌椅、沙发等设备，为民警学习交流文化知识搭建了平台，有效激发民警读书学习的积极性，为推进书香警营建设打下坚实基础。组建兴趣小组。高新分局通过民警自荐、单位推荐的形式，在高新分局组建文学、书画摄影、乒乓球、篮球、羽毛球等兴趣小组，并加强对各类骨干人才的学习培训与指导，不断吸引警营文化人才的加入。创新沙龙建设。按照每月开展1次活动的要求，组织各类兴趣小组成员开办特色沙龙。为提高书画爱好民警的习作水平，年初，高新分局邀请市书画家协会专家到分局进行授课交流，取得良好效果。至12月底，高新分局先后开办文学、书法、体育等各项沙龙12场，让民警在丰富多彩的活动中交流感情、激发干劲，增强队伍团队意识。

【搭建职业文化平台】 2015年，高新分局围绕民警“想什么”“学什么”“要什么”出发，从加大日常思想政治引导、强化实战化教育训练、突出人文关怀等3个方面深思考、强举措、求实效。高新分局围绕当前正在开展的“五学五争”（学政治、争当忠诚卫士；学法律、争当法治先锋；学业务、争当专家能手；学科技、争当科技尖兵；学沟通、争当和谐使者）“三严三实”等专项教育活动，不断强化理想信念教育，加大政策宣传力度，唱响主旋律、传播正能量，正确引导广大民警坚定信仰，扎实工作。同时，围绕实战需求，充分依托分局“周五课堂”有效载体，充分利用多媒体教室、警体中心等良好硬件设施，积极开展随岗培训、拜师学艺和轮训轮值等警训工作。年内，高新分局各类培训的参训民警数达500余人次，参训率达100%，已有1名民警通过国家法律职业资格考试，多人通过高级执法资格考试。

【规范管理平台】 年内，高新分局牢固树立以制度管人，以制度管事理念，加强单位内部管理基本制度建设和精细化管理，先后研究制定分局《机关内务管理》《机关门卫管理》等制度，从责任落实、处罚规定、检查方法和管理要求4个方面，对值班备勤、环境卫生、车辆管理、装备管理等做出统一规定，提出规范要求，并落实到具体责任单位和具体责任人，确保分局机关工作秩序和环境卫生的文明规范、清洁有序。同时，进一步加大检查考核力度，成立内部管理检查考评领导小组及其办公室，定期对派出所、大队、机关3个层面对各单位进行检查考评，并评出优胜单位，颁发流动红旗和奖金。

（撰稿：张全虎 审稿：李家涛）

检察工作

综 述

2015年，海州区人民检察院（简称区检察院）变两地办公为一个办公区办公，办公地点为海州区路南街道陇西南路31号。全院内设19个部门和3个派出机构，即政治处、办公室、机关党委、监察室、行装科、反贪局、反渎局、侦查监督科、公诉科、预防科、未成年人刑事检察科、控告申诉科、民事行政检察科、刑事执行科、案件监督管理科、人民监督员办公室、技术科、研究室、法警大队、派驻花果山街道检察室、派驻板浦镇检察室、派驻浦南镇检察室；专项编制143人，行政附属编制13人，在职干警141人。全年围绕区委中心工作和上级检察院工作部署，各项检察工作在原有基础上取得新的成绩，先后荣获“全国检察宣传先进单位”“江苏省青年文明号”“全市社会治安综合治理先进集体”“全市知识产权工作先进集体”“全区经济建设和社会发展目标管理一等奖”“全区社会管理创新奖”等称号。

打击刑事犯罪

【严惩各类刑事犯罪】 2015年，区检察院共受理提请批捕案件697件884人，经审查批准逮捕514件626人；受理移送审查起诉案件1072件1519人，依法提起公诉920件1220人。强力推进“打黑除恶”专项斗争，成功办理“11·28”聚众斗殴等4起市委政法委督办案件。严厉打击毒品犯罪，针对毒品犯罪高发，形成专题调研报告被区委领导批示，相关检察建议被有关部门采纳。加强非法集资类案件风险研判和追赃减损工作力度，妥善处理涉案达3亿余元的连云港鹊桥担保公司非法吸收公众存款等严重经济犯罪案件。

【从宽处理轻微刑事犯罪】 年内，区检察院对涉嫌犯罪但无逮捕必要的，依法决定不批捕181件261人；对犯罪情节轻微、依法不需要判处刑罚或免除刑罚的，决定不起诉21件28人。完善轻微刑事犯罪案件快速办理机制，遵循教育、感化和挽救原则办理未成年人刑事案件。开展刑事和解6件8人，对未成年犯罪嫌疑人不捕不诉6件12人，并建立跟踪帮教档案，实行家庭、学校和社区共同管护模式，帮助未成年犯回归社会。

惩防职务犯罪

【查办职务犯罪】 全年共立案侦查贪污、贿赂、滥用职权、玩忽职守等职务犯罪案件20件29人，其中，贪污贿赂案件16件22人，渎职侵权犯罪案件4件7人，科级以上干部7人，通过办案为国家挽回直接经济损失210余万元。对党政机关、国资管理和民生领域重拳出击，先后立案查处浦南镇原党委书记杨某受贿、南城公安派出所原所长张某徇私枉法、江苏银行新浦支行原行长梁某受贿等案件。并开展"重点打击行贿犯罪"专项行动，共查办主动行贿、多次行贿案件5件9人。此外，加大涉农领域职务犯罪查办力度，先后查办区供销社方某等4人滥用职权窝案、农机补贴领域徐某玩忽职守案等渎职侵权案件。

【预防职务犯罪】 通过共建协议、案例剖析、预防宣传、警示教育、检察建议和调查报告等方式，形成重点预防、行业预防和社会预防网络体系。实行重点工程领导责任制，选取宁海电子信息产业园、蔷薇湖等10项全区重点工程，由班子成员逐一对接、全程跟进服务项目建设。深入浦南镇、新坝镇等单位开展典型案例剖析会，发出检察建议5份，推动发案单位加强内控机制建设，其中一份检察建议获全省检察机关"十大精品检察建议"。与市第一人民医院、中医院等医疗机构签订职务犯罪预防协议，开展"检医共建"活动。开展行贿犯罪档案查询1564次，促进社会诚信体系建设。举办"以案释法，警钟长鸣"图片巡回展，到有关企事业单位开展法制宣讲25次。全面升级改造预防警示教育基地，接待包括重庆、四川等地参观单位54家3061人次。召开全区预防职务犯罪工作会议，调整预防联络网，建立联络员QQ群。开展预防职务犯罪先进集体和先进个人"双先"评比活动，更好地构建预防职务犯罪人民防线。

诉讼监督

【刑事诉讼监督】 利用统一业务应用系统平台，拓宽监督渠道，完善"三级审查"（所有移送审查起诉案件经承办人审查后提出起诉或不起诉的意见，提交主任检察官进行初步审核，主任检察官审核并签字后，报送分管检察长审批，分管检察长审批后办结）和全程动态跟踪机制。加强立案监督，要求说明不立案理由5件，立案监督5件5人，公安机关立案3件3人。加强侦查监督，书面提出纠正违法10件，追捕5件4人，审查起诉环节改变定性13件18人，增加犯罪事实5件7人，变更强制措施5件5人，追诉6件9人。加强审判监督，提起刑事抗诉6件7人，建议法院召开庭前会议2次。区检察院要求公安机关立案侦查的陈某、徐某涉嫌重婚罪获有罪判决，提起抗诉的陈某交通肇事案经区法院重审改判。

【刑事执行监督】 对非监禁刑罚社区矫正活动走访抽查45次，辖区内414名社区服刑人员无脱管、漏管现象。对监视居住等强制措施执行情况监督检察4次。加强对"有权人""有钱人"保外就医、监外执行活动的监督，监督收监执行7人，收监率100%。对17名社区服刑特赦罪犯予以全程跟踪监督。强化对审前未羁押判实刑后未依法交付等重点环节的监督，督促收押执行罪犯12名，推动全市检察机关开展专项行动，受最高人民检察院表彰。

【民事行政检察监督】 加强对行政执法机关有无违法行为、不作为、乱作为等现象的监督。向行政执法机关发出检察建议7件；向公安机关移送刑事犯罪线索3件，被采纳2件。注重网络信息分析和走访调查，拓宽民事诉讼监督案源，办理不服一、二审民事判决裁定监督申请案件93件，向审判机关发出检察建议8件，建议提请抗诉4件均被采纳，已抗案件再审改判4件。积极做好当事人服判息诉工作，促进和解9件。妥善办理苏州市宝带农药有限责任公司与张某等21人涉农纠纷系列申诉案，促成双方和解。

创新社会管理

【化解社会矛盾纠纷】 建立健全刑事案件风险评估和社会风险研判工作机制，完善检察长接待、新进人员轮流接访等制度，对社会关注高、影响大的刑事或信访案件实行首办责任制、领导包案制，邀请律师等第三方参加公开听证会。全年受理各类信访举报187件，检察长接待45件50人，化解信访积案9件，其中中央巡视组交办案化解3件。复查、办理刑事申诉案5件。

【加强环境资源保护】 与跨县区的林业、农业、环保和国土等部门协作，定期启动以证据收集、罪名认定、环保知识、信息沟通等为磋商内容的案件办理会商机制。全年共受理环境资源类案件16件41人，已提起公诉11件26人。杨某污染环境案中被告人杨某伙同他人违反国家规定，非法处置50余吨苯甲醛废料，严重污染环境被判刑。

【成立"青春护航"工作室】 年内，区检察院在板浦高级中学成立全市首家"青春护航"工作室，联合大学生预防犯罪中心，通过法制讲座、法律咨询、宣传手册、橱窗展示、校园广播、心理咨询等形式深化检校合作，强化对学生的犯罪预防和法制教育。2015年，开展校园法律讲座10余场，提前介入、全程参与连云港电大女生被辱案，维护学生合法权益。

【建立社区信息联络员制度】 在云台街道、南云台林场等单位聘任40名信息联络员，反映社区民意，收集各类涉检信息，为检察机关及时介入、妥善处理"宁海街道城管打人"等突发、热点、群体性事件提供有力支持。

检察改革

【司法责任制改革】 年内，区检察院出台《检察官办案责任制实施办法（试行）》和《主任检察官选任方案》，选聘5名主任检察官，设5个办案组，积极探索试行新时期办案规程与手段。建立主任检察官会议制度，案件由主任检察官或检察长审批，并规范需提交检察委员会讨论的案件范围和操作流程。

【深化检务公开】 建立健全以案件信息公开为主导的全面检务公开工作机制，制定和完善《关于全面深化检务公开工作的实施意见》《新闻发布会及新闻发言人制度》《涉检舆情引导应对和化解处置工作暂行办法》和《律师接待及阅卷工作制度》等相关工作规范，完善局域网、对外官网、微信、微博等公开平台，实现多平台互联互通、网上网下“一站式服务”。全年，发布程序性信息1162条，公开法律文书516份，发布重大案件信息21条，推送微信51期317条，受理辩护人申请会见17次，同意会见7次，案件信息查询351次，律师申请阅卷335次。

【建立提前介入侦查活动机制】 与海州公安分局会签《关于进一步规范提前介入工作的意见》，详细规定提前介入侦查活动的基本原则、案件范围、工作流程等内容。年内，提前介入侦查案件37件，通过提前介入从速批捕陈某抢劫、强奸、故意杀害奥迪车女案，眼科医院女尸案，公安部督办的徐某、潘某等人开设赌场案等社会影响大的案件犯罪嫌疑人。

【完善羁押必要性审查】 制定《羁押必要性审查实施方案》，规范审查的基本原则、启动程序、具体内容及形式，由刑事执行部门统一归口管理，维护在押人员的合法权益。

加强基础工作

【规范司法行为专项整治工作】 年内，区检察院党组推进党风廉政建设，将“三严三实”专题教育活动、落实“两个责任”（党风廉政建设党委主体责任和纪委监督责任）与全国检察机关规范司法行为专项整治工作有机结合，统一部署实施和督促检查，构建起全面覆盖、层层落实的工作责任体系。坚持问题导向，重点开展对同步录音录像、涉案款物、涉检信访、案件质量等方面问题的检查监督。通过部门自查，召开查摆问题“过堂会”，走访相关单位和代表委员等形式，共收集到意见建议20余条，形成问题清单4大类76件。召开原因剖析会，明确分管领导和部门责任，建立销号制度，逐项提出整改落实措施，总结整改成果，形成制度规范。

【主动接受外部监督】 开展“代表委员联络月”、“检察开放日”、专题报告工作等活动，组织人大代表、政协委员、人民监督员、特约检察员和群众代表旁听庭审、参加案例剖析会、涉检信访案件听证会，邀请代表、委员来院视察，向全区代表、委员发出一封信，汇报工作及征求意见建议，主动接受外部监督。

【加强检务保障建设】 为解决两地办公运行成本高、管理难度大、工作效率低等问题，区检察院对东区办公楼、附属楼、食堂、停车场地等设施进行全面改造装修，升级办公网线、通讯套餐，安装涉密计算机保护系统，改造电子阅览室、健身房等文体场所，完成档案电子扫描，在院墙四周安装红外对射高清监控报警系统，办公楼实行门禁系统，办案区、机要室和机房等重要部位安装密码锁，确保办公、办案安全。7月1日，将西区办公设备和人员迁往东区，实现合并办公。

（撰稿：新宝生　审稿：陈向阳）

法院工作

综　述

2015年，海州区人民法院（简称区法院）认真贯彻落实区委九届八次、九次全会精神，自觉强化法治理念，突出抓好执法办案，不断提升司法为民公正司法水平。全年共受理各类案件18386件，其中新收15984件，审执结14382件，标的额达48.39亿元。

审判工作

【刑事审判】 2015年，区法院新收各类刑事案件927件，审结866件，判处罪犯1123人。适用量刑规范化裁判案件461件，占全部刑事案件的53.23%。对犯罪情节轻微的332人依法适用非监禁刑或免刑。与公安、检察机关联合出台《快速办理轻微刑事案件工作规定（试行）》。在连云港市中医药学校等举办法制报告会11场。少年庭荣获市“巾帼文明岗”。

【民商事审判】 2015年，区法院新收民事案件6198件，审结5732件，解决人民群众最关心、最直接、最现实的民生利益问题。新收各类商事案件3272件，审结2987件。并积极开展经济发展新常态下的小微企业融资难的调研，联合各大银行召开金融风险防范座谈会，组织法官走进银行开展专题讲座，充分发挥金融审判对金融生态的保障和促进作用。依法审结保险纠纷案件211件。

【行政审判】 2015年，区法院新收各类行政案件492件，审结419件，同比分别上升287.4%和302.88%。判决行政机关败诉35件，行政机关败诉率达8.35%，公布6起行政机关败诉典型案件。积极发送司法建议推动行政机关负责人出庭应诉，出庭率为98.5%。并全力保障征地拆迁工作，推动召开全区房屋征收法律法规咨询服务会办会。

【环保审判】 2015年，区法院新收环保类案件20件，审结11件。深化环境保护类案件“三审合一”（民事、刑事、行政案件统一由环境保护审判庭集中审理）的审判机制，扩大专家陪审员参与庭审的广度与深度，“专家

区法院院长公开庭审污染环境案件

陪审员走进环保法庭”被《中国环境报》等媒体争相报道。同时，在全市率先对污染环境罪案件违法责任人适用“禁止令”，获《连云港日报》头版头条点赞。以“新环保法实施以来全市首个污染环境案”及“国际环境日”为契机组织新闻媒体开展法制宣传，提高全民环保意识。

司法为民

【提升服务效能】 2015年，区法院全面落实立案登记制，对符合起诉条件的案件，依法登记立案。对争议标的为17000元以内的9类民商事案件依法适用小额诉讼程序，减轻当事人诉累，适用小额诉讼程序审理案件542件。同时，做好司法救助工作，对经济上确有困难的30名当事人缓减免诉讼费41万元。实施执行救助92件96人，发放执行救助款21万元。强化院、庭长接访工作，在诉讼服务中心全天候接访。对人民来信，限期交办、限期反馈，办结来信来访259件。受理刑事申诉和民事、行政申请再审案件79件，决定再审19件。

【打响执行攻坚战】 2015年，区法院新收执行案件5073件，执结4357件。开展涉民生案件专项执行活动，执结案件131件，兑现债权448.39万元。依法对78人采取司法拘留，对2人限制出境，将4名涉嫌抗拒执行的被执行人移送公安机关。通过LED显示屏滚动公布拒不履行义务被执行人的自然情况、执行标的等信息，将2195名失信被执行人信息纳入最高人民法院执行专网。同时，全面推行网络司法拍卖，通过法院官方微信公布拍卖信息，提高成交率。网上发布拍品637件，成交86件，成交金额8583.34万元，为当事人节省佣金343.33万元。

【推进阳光司法】 2015年，区法院扎实做好庭审“三同步”（同步录音录像、同步记录和同步显示庭审记录）、庭审网络直播、裁判文书上网、新闻发布会等工作，共完成庭审“三同步”9477件，互联网庭审直播431件，直播数量连续两年居全市法院第一。裁判文书上网11067件，位居全市法院前列。先后召开专题新闻发布会7场，发布微信90次450条，累计发布微博260条。与此同时，加强司法宣传，在中央、省市各大媒体进行典型案例宣传及工作报道230余次。还抓好人民陪审工作，人民陪审员参与案件审理2876件。此外，深入推进“法院开放日”活动，邀请群众、学生代表等走进法院13次418人。

公正司法

【优化资源配置】 2015年，区法院积极争取区委区政府支持，区委常委会专题讨论并批转《海州区法院关于深化司法改革　促进公平正义的若干意见》，协调推进司法改革工作。面对“案多人少”的矛盾，大力推进精英法官回归审判工作机制，专业化审判工作机制和审判团队建设，全院干警聚焦主业，深入挖潜，“一线”法官人均结案147件。院、庭长带头办理何某某等人诽谤案、“电大女生被强制侮辱案”等重大、疑难、复杂和新类型案件4405件，参与合议庭审理案件962件。

【强化审判管理】 2015年，区法院推进“互联网+”思维重构审判管理，全面实施案件卷宗同步数字化工程，全面落实网上办案工作，对审判过程实行全程留痕、动态管理。并推动审判权运行机制改革，明确院、庭长的审判管理职责，依托信息化手段建立院、庭长在监督活动中形成的全部文书入卷存档制度。同时，完善司法责任制，明确主审法官及合议庭办案权力责任，强化监督制约。强化业务部门与鉴定部门的沟通协调，建立鉴定预报告制度，提高鉴定效率。

【狠抓裁判质量】 2015年，区法院深化专家人民陪审员陪审工作机制，充分发挥专家陪审员在查明案件事实中的作用。强化审判委员会总结审判经验、统一法律适用的功能，落实法官会议及审判长联席会议制度，规范法官的自由裁量权。完善庭审和案件定期评查机制，开展庭审及案件评查695件，组织开展“优秀庭审”“优秀裁判文书”评选活动，提高办案质量。

【推进基础建设】 2015年，区法院扩建5个审判法庭，缓解法庭短缺困难。积极延伸司法审判触角，申报设立板浦人民法庭获省高院批复同意。并改建档案室，新建院史陈列室，顺利通过省档案“五星级”验收。按照省高院的统一部署和要求，搭建移动网上办案平台。

队伍建设

【思想政治建设】 2015年，区法院

认真学习贯彻党的十八届四中、五中全会精神，扎实开展“三严三实”专题教育活动，深入开展学习邹碧华专题活动。扎实开展谈心谈话，开展思想动员，凝聚改革共识。加强法院文化建设，深入开展法官宣誓制度。推动“青年法官双导师制度”的实效化运行，组织青年干警开展社会实践活动，激发工作热情。推进司法警察队伍“正规化、专业化、职业化”建设，1名法警获“全国司法警察先进个人”。

【司法能力建设】 2015年，区法院加强初任法官培养，完善初任法官到立案信访岗位任职锻炼机制，积累经验、提高技能。与浙江大学联合举办法官高级素能研修班，提高法官司法能力。加强应用法学研究，组织开展10项全院重点调研课题评比活动，1篇案例入选最高院《年度案例》，2篇指导案例入选《江苏省法院公报》。开展“办案竞赛”，表彰186名“办案之星”、21名办案能手。在全市率先设立专家咨询委员会，聘任中国人民大学、南京大学等高校的4名法学教授作为委员。

【审判辅助力量建设】 2015年，区法院深化书记员管理体制改革，46人通过省高院定岗培训考核，位列全市基层法院之首。组织书记员参加“全省法院书记员业务技能竞赛”，获团体组织奖，胡维娜被省总工会、省人力资源与社会保障厅分别评为“江苏省‘五一’创新能手”“江苏省技术能手”，胡维娜、韦玲分别获得“全省法院书记员业务标兵”荣誉称号，书记员管理体制改革的经验做法被市中院推广。

【司法作风建设】 2015年，区法院扎实开展党风廉政建设“两个责任”约谈工作，院党组逐一约谈各部门负责人。主动接受外部监督，聘请宣传部门、纪检部门以及各大媒体的17名工作人员担任法院司法作风监督员，适时监督法院干警。健全内部监督制约机制，出台《工作人员问责暂行规定》，建立健全法院内部人员插手、过问案件的记录、通报和责任追究机制。坚持“零容忍”的廉政措施，坚决做到有腐必惩、有案必查。

（撰稿：张继龙　审稿：金立鑫）

司法行政工作

综　述

2015年，海州区司法局（简称区司法局）在区委、区政府的正确领导下，坚持围绕全区工作大局，以打造“人民满意的服务型司法行政机关”为目标，以深入推进矛盾纠纷排查调解、特殊人群教育管理、公共法律服务体系、法治宣传教育“四个全覆盖”工作体系为主线，埋头苦干，补齐短板，奋力追赶，各项工作均取得明显成效。在2015年度全省司法行政系统绩效考核中，区司法局以超过90的高分跻身全省前列。在2015年度全市司法行政系统县区司法局绩效考评中，区司法局被评为一等奖。在省司法厅绩效考核中，法制宣传和社区矫正业务得分双双位居全市第一；受到省司法厅表彰的优秀司法所数量和受到市司法局表彰的十佳工作者数量双双位居全市第一。获得全国表彰的有：江浦村被授予全国第六批“民主法治示范村”荣誉称号，江尧兵被表彰为“全国模范司法所长”；获得省级表彰的有：区司法局和海州司法所被表彰为“法润江苏”工作先进集体，新东街道司法所、浦西街道司法所被表彰为“全省优秀司法所”，陇海步行街法治街区、港城专业法治主题公园被表彰为全省“法治文化示范点”，成海娟被表彰为“全省司法行政系统先进个人”、王继唐被表彰为“全省公证规范化建设先进个人”；获得市级表彰的有：区司法局被评为“全市知识产权工作先进集体”，海州司法所被评为“全市人民满意政法单位”。2015年，全系统共有40个集体、51名个人获得国家、省、市、区表彰奖励。先后接待广州天河区人大、广西柳州市司法局等多家单位到海州区考察学习公共法律服务体系建设、法治宣传教育工作等经验做法。

法制宣传

【普法教育】 年内，海州区“六五”普法顺利通过省、市考核验收。结合“法润海州·2015春风行动”“德法同行润海州”“法治文艺村居行”“法治护航企业年”、情暖农民工和困难群众、《中华人民共和国国旗法》和《江苏省人民调解条例》集中宣传等专项活动，通过采取以案说法、组织学法、专家讲法、入户送法、法治文艺汇演、法治文化图片巡展等形式，在全区范围内集中开展法治大宣传、法律大培训，全区学法、守法、用法氛围日益浓厚，全民法律素质明显增强，政府依法管理、依法行政能力明显提高。2015年，全区共开展法制宣传176场次，接待法律咨询10000余人次，受教育群众50000余人。

【“双示范”工程】 2015年，区司法局大力实施法治文化示范点、民主法治示范村（社区）“双示范”工程，先后建成万润法治游园、巨龙路法治农贸市场、朐阳门法治游园，新增陇海步行街“宪法宣传街区”等省级“法治文化示范点”2个、万润法治游园等市级“法治文化示范点”9个，全区共创建省、市级“法治文化示范点”20个，基本形成海州区“一地一品”法治文化特色。同时，开展省级“民主法治示范村（社区）”创建活动，全区共打造省、市级“法治文化示范点”20个，其中省级“法治文化示范点”2个；新增省级“民主法治示范村（社区）”11个，全区共65个，创建率达35%，超额完成省司法厅下达的创建任务，其中，浦南镇江浦村被授予全国第六批“民主法治示范村”称号，实现海州区国家级“民主法治示范村”零的突破。

【新媒体普法便民工程】 年初，海州普法网正式上线运行，共设立普法资讯、海州风采、法治讲堂、法律服务等7个栏目，力求贴近民需宣传法律法规。随后，又相继开通海州司法行政新浪微博及海州普法手机微信，借助便捷的手机网络传播载体，进一步搭建与百姓沟通的桥梁。区司法局还利用新媒体平台开展网络调查，搜集群众法治“微心愿”，针对群众的实际需求开展普法，提高普法工作有效性。

人民调解

【重点时期矛盾纠纷排查调处】 春节及“两会”期间，组织全区各级人民调解组织和人民调解员深入到村组、社区、企业进行全方位排查摸底，了解纠纷信息，掌握纠纷苗头；重阳节期间，开展涉老纠纷专项排查化解工作；国庆、五中全会期间，开展涉访纠纷排查，对疑难复杂纠纷和重大纠纷，集中力量化解和疏导，严格落实稳控措施，防止矛盾扩大和发展。2015年，全区各级人民调解组织共排查调处各类民间纠纷2117起，调处成功率为99.8%，没有一起因民间纠纷激化而引起的民转刑案件及群体性上访事件发生。

【多元融合式矛盾纠纷调处机制建设】 年内，区司法局积极推进医患纠纷调处机制创新试点工作，完成市司法局下达的医患纠纷调处中心挂牌工作任务。进一步完善访调对接，建立矛盾调处中心与信访接待中心一体化运作工作机制。注重发挥律师等专业人才在化解矛盾纠纷中的积极作用，建立矛盾调处中心律师值班制度，聘请律师参与矛盾纠纷接待、法律咨询及重大疑难复杂纠纷调处等工作，成功参与调处南城诊所打头孢致死、开发区夜间骑车摔倒致死、金镶玉出租设备劳务工人死亡等多起重大有影响案件。

【调解员队伍业务培训】 年内，区司法局加强人民调解员业务培训，全区各级人民调解组织共培训专兼职调解员1225人次。7月17日，召开或举办全区优秀人民调解员、优秀典型案例表彰大会暨人民调解员培训班，对各镇(街道)调委会主任、省级“民主法治示范村（社区）”调委会主任以及多元融合派驻制调解室调解员开展调解技能培训，对优秀人民调解员、典型案例进行表彰，对钱二酒家火灾事故等3个典型案件予以特别表彰。

【落实调解案件补贴】 年内，区司法局加大对典型调解案件调解员的奖励力度，全年共发放调解案卷补贴近7万元。同时，加强人民调解员工作保障，为基层调解员发放20余套调解工作包。

法律服务

【服务区重点工程及重大项目】 2015年，区司法系统的律师、公证、基层法律服务业积极服务区委、区政府重点工程、重大项目建设。组织律师参与花果山片区违建专项清理法律服务工作，为涉违群众提供法律宣传、咨询和援助，为专案组提供法律顾问服务。与区房屋征收局签订合作协议，为全区各项目指挥部房屋征收工作提供征收补偿协议、房屋征收过程中的公告及重要文书送达等公证服务。为苍梧六期近2000户业主提供摇号、选房公证服务等。年内，全区共办理各类公证事项1184件，其中民事809件，经济375件，出具执行证书16件。

【法律援助】 年内，全区分别建成解放桥新市民劳务市场法律援助工作站、海州区人武部、市干休所、预备役高炮五团、海军驻连云港716军代室军人军属法律援助站，并在全区所有律师事务所全部设立法律援助窗口。2015年，全区共办理法律援助案件622件，办案数比2014年同期翻了一番。其中，王某等136名四川籍民工与江苏连洋房地产公司、盐城宏威公司追索劳动报酬案入选2014年度全市法律援助十大优秀案件，新海连律师事务所为一对残疾人夫妇讨回工伤赔偿75万元一案在社会上引起强烈反响，获得领导和群众的赞赏。

【服务企业】 年内，区司法局积极开展“企业服务（提升）年”活动，区司法局成立活动领导小组，明确专人负责机关职能部门组建企业法律顾问团，为企业管理决策提供法律咨询服务、代理服务，为企业提供法律宣传教育。6月，组织律师、公证员、法律服务工作者在洪门工业园区、区经济技术开发区开展“法律服务接待日”活动，共向企业发送“法律服务联系卡”100余份，发放调查问卷70余份，提供《中华人民共和国安全生产法》《中华人民共和国劳动法》《中华人民共和国消费者权益保护法》《中华人民共和国环境保护法》等法律咨询36人次。9-10月，先后组织35名律师及公证员深入太阳雨等65家企业开展“法律体检”活动，帮助企业梳理相关法律关系，并对个别高科技项目知识产权进行保护和及时运用法律手段维护企业合法权益。

【开展法律服务进司法所活动】 年内，区司法局将全区12个基层法律服务所与15个基层司法所无缝对接，根据各自特点分别采取“整体进驻、部分派驻、定期值班”3种形式参与司法所建设，双方签订包括法律服务工作者协助司法所开展人民调解、法律宣传、法律援助，参与镇（街）公共法律服务中心、村（社区）司法行政服务站等内容的“进驻协议”，切实打好“人才整合、平台整合、信息整合、资源整合”的组合拳，实现基层法律服务所和司法所的共建共进和双赢双促。

特殊人群管理服务

【中心建设】 年内，区司法局以全区办公用房调整为契机，将区社区矫正、安置帮教管理服务中心迁至西南路20号合署办公，中心面积近500平方米，主要设置社区矫正、安置帮教办公室、监控管理室、档案资料室、入矫（解矫）宣告室、警务检察室、远程视频会见室、阅览室、远程视频会见室、心理矫治室，同时推进“智慧矫正”平台建设，有效提升全区特殊人群管理服务水平。

【社区矫正】 创新“五老帮扶”教育矫正模式，联合区关工委组建一支126人的“五老”志愿者队伍，利用其自身优势对社区服刑人员实施教育帮扶，有效缓解当前社区矫正执法力量不足的现状，区司法局就此做法在全省“五老”志愿者参与社区矫正教育帮扶动员会上作经验交流。顺利完成四类罪犯特赦报请工作，共有17名社区服刑人员获得特赦。为区矫正中心和基层司法所配备44部刑罚执行矫务通，打造集社区服刑人员基本信息查询、实时定位监控、现场执法等多功能为一体的信息化监管平台。2015年，全区共接收社区服刑人员280人，解除矫正342人，收监执行4人，无脱管、漏管、重新违法犯罪发生。

【安置帮教】 年内，区司法局组织开展2014年度回归社会刑满释放人员排查，排查出的666名刑满释放人员全部建立帮教小组，安置率和帮教率均达100%。同时，有效使用刑满释放人员信息管理平台，加强服刑人员基本信息核实工作，全年共核查服刑在教人员基本信息239条，衔接发送回执212条，其中31名重点人员全部制定帮教措施。5月，开展全区服刑在教未成年子女排查帮扶活动，先后对排查出的16个困难家庭进行走访慰问，并组织全区社区服刑人员开展“黄丝带行动”，为在活动中排查出的白血病患者徐子钦小朋友筹得爱心善款1万余元。7月，承办全市阳光就业扶助基地现场观摩会，洪门街道“三人行阳光就业扶助基地”做法在全省推广。全区共建立形式多样的阳光就业扶助基地19家，为287名刑释解教人员提供就业扶助。2015年，全区共接收刑释人员607人，重点人员34人，安置率、帮教率均达100%。

基层基础建设

【信息化建设】 区司法局积极构建“互联网+四个全覆盖（矛盾纠纷排查调处全覆盖、公共法律服务全覆盖、特殊人群服务管理全覆盖、法制宣传教育全覆盖）”工作模式，突出信息化引领刷新基层基础建设形象。投入100余万元，建成区司法局一级视频指挥中心和社区矫正中心的二级“智慧矫正”指挥平台，通过指挥系统和一体化智能平台，实现区级指挥中心和基层司法所、社区矫正、公证、法律援助、法制宣传等平台的互联互通，司法行政所有业务信息、数据、文件的网上交互和全员应用，打造集执法、服务和内部管理教育为一体的新型管理和服务模式。

【打造区镇村三级公共法律服务平台】 以区司法局办公地点搬迁为契机，进一步创新思路，整合资源，打造集人民调解、法律援助、法制宣传、法律咨询等为一体的海州区“12348”公共法律服务平台，为百姓提供“一站式”法律服务。全区所有镇（街道）全部建立公共法律服务中心、所有村（社区）全部建立司法行政服务站，实现一村（社区）一法律顾问全覆盖，进一步提高基层司法行政服务群众的能力和水平。新东街道公共法律服务中心为辖区群众提供劳务合同、工伤事故赔偿等法律服务；浦南镇公共法律服务中心为辖区内18个村签订法律顾问合同提供法律服务等均取得良好的社会效应。

【司法所规范化建设】 以公共法律服务中心建设为契机，推进基层司法所改造出新。浦西街道等7家司法所办公场所条件得到显著改善。全年共新增司法所办公用房近500平方米。全区“柜台式”开放司法所建成率达40%。投入60余万元为各司法所配备光学单反照相机、矫务通手机终端、4G单兵执法仪、法制宣传触摸屏、电脑、空调、打印机、扫描仪、档案橱柜、电动车等一系列硬件设施，基层实战化水平得到极大提升。

（撰稿：颜全燕　审稿：刘亚军）

法治交通工作

【概况】 2015年，市区法治交通工作在连云港市公安局交通警察支队（简称市交警支队）领导下，着力打造“平安交通”“文明交通”“法治交通”“民生交通”四大品牌，全面推动各项交通管理工作和队伍建设健康发展，确保道路交通安全形势持续平稳。全年共查处交通违法行为256万余起，吊销驾驶证676本，扣留机动车1.4万辆次，拘留197人，抓获各类违法犯罪嫌疑人员165名，查获被盗抢车185辆，缴获管制刀具89件，一般程序道路交通事故起数、死亡人数、受伤人数分别下降2.24%、0.87%和8.26%，圆满完成纪念抗战胜利70周年、连博会和国际执法合作论坛等大型交通安保任务。

【专项整治】 2015年，依托公安检查站、卡口和路面岗点，组织开展“五个波次”打非治违、严重道路交通违法专项整治、安全隐患排查整治“百日行动”、严防重特大道路交通事故“六项攻坚”（集中组织开展重点车辆安全隐患清零、重点驾驶人多次违法清理、重点交通违法整治、重点道路安全隐患治理、重点科技防控设施建设、重要节点主题宣传教育）、交通安全生产专项整治等系列行动，持续加大对涉牌涉证、“三超一疲劳”（超速行驶、客车超员、货车超载、疲劳驾驶严重交通违法行为）、凌晨2点至5点违规通行等严重交通违法行为的整治力度，先后组织开展23次酒后驾驶集中查处行动，查处酒后驾驶1729起，其中醉酒驾驶521起；查处无证驾驶3466起、超速行驶40.3万起、客车超员28起、货车超载3235起。

【源头监管】 年内，以公路客运、旅游客运、危化品运输等车辆及驾驶人为重点，对全市“两客一危”（公路客运、旅游客运、危化品运输）车辆及驾驶人信息进行数据筛查，依法落实车辆检验报废和驾驶人降级注销等措施，全市危险品车检验率达97.23%，报废率为92.86%；公路客车检验率达98.5%，报废率为100%；旅游客车检验率达95.85%，报废率为100%。同时，深化两级危险路段和事故多发路段挂牌治理，共整改道路安全隐患77处，下发整改通知书121份，对6家运输企业违规行为依法进行处罚。

【拓宽宣传渠道】 年内，强化与连云港电视、广播、报刊等主流媒体的沟通合作，推进连云港交警微博、微信等媒体建设，开展“抵制路怒症”“礼让斑马线”等主题宣教活动12次，先后被市级媒体采用稿件300余条，省级媒体30余条，央视媒体5条，推送微博、微信交通法规、路况提醒、安全知识等信息600余条，制作播放交通宣传公益广告12条。

【道路交通基础保障】 年内，科学优化交通组织，合理增加、规范设置道路临时停车泊位及城市信号灯和标志标线规范设置、交叉路口渠化、行人过街设施。全年，共施划机动车停车泊位1633个，非机动车停车线752米，标线9.38万平方米，除线3150平方米；制作、安装标志727套（块），拆除标志56套，增设信号灯路口35处，改造灯控路口6个，维修信号灯778组次、交通监控12处；维修、调整护栏1820米，增设护栏3.8千米。

【创新交通管理勤务模式】 年内，按照“定人、定岗、定责”的要求，在市区15条主干道、21条次干道、24个主要路口全部推行户籍化管理；依托城区ABCDE五类37个岗点，开展闯红灯、“机非不分”、闯禁区和抛洒滴漏等显见性交通违法行为和非标车、黄标车专项治理，累计查处闯红灯11.3万起、闯禁区15.8万起、抛洒滴漏2.2万起，查处非标车1200余辆次，淘汰黄标车1.7万余辆。

【提高科技建设应用水平】 年内，围绕市区283个灯控路口，建立两级信号调控制度，新增10处重点路口、路段流量统计系统，最大限度提高路口通行效率；新增134个灯控路口光纤敷设，实现市区90%以上灯控路口联网控制，保障连博会、哈国外宾来访等24次特勤绿波任务；新增电子警察120处、测速设备10套，共抓拍非现场交通违法达82.6万起。

【开辟征求意见渠道】 年内，通过网上征求意见、实地上门走访等方式，征求群众对交管工作的意见和建议100余条；组织协调运管、建设等相关职能部门，围绕市区交通管控力度、建立企业服务窗口、非标车整治等问题开展6次专题论证，整理出台9个工作方案；邀请市、区人大代表、政协委员、专家、学者和群众代表，实地研讨建设路直销市场、巨龙路新海实验中学、汽车南站等门前10余处堵点、乱点，进行“会诊”治理，完善整治措施。

【创新服务举措】 2015年开展“个、十、百、千”（搭建一个服务企业微信平台、创建十佳交通安全示范企业、办百堂交通安全讲堂、做千次上门服务活动）助企活动，召开警企座谈会31场次，解决企业实际困难23件，排查企业隐患81处，护送大型设备物资车辆87辆次，集中办理驾驶证年审换证3226人次；提高行政许可审批管理效能和服务水平，办理剧毒化学品公路运输通行许可2262份，各类行政审批项目83项，其中占用挖掘道路施工72项、道路开口4项、其他7项；通过建立机动车检验远程监控中心，核发机动车检验合格标志10.7万余张。

【服务群众】 年内，落实高速公路应急救助、设立中小学幼儿园“护学岗”、推行多元融合式调处机制，提升为民服务的能力和水平；依托96122交管服务热线、12345政府热线、交警微博、微信、交通广播等平台，为困难群众提供服务6500余次，收到锦旗38面、感谢信12封，接受各项服务咨询1200余次，梳理出各类意见、建议300条，迅速整改落实事项210个，限期整改事项90个。

【执法规范】 年内，贯彻执行《连云港市公安交通管理简易程序现场处罚操作规程》、修订《连云港市交警部门办理醉酒驾驶刑事案件工作规范》，下发《关于规范醉驾案件案卷文书制作的通知》；开展执法考评工作，对各单位执法行为实行实时动态监控和指导；分层级、分岗位组织480余名民警开展执法教育培训，着力提高民警的执法水平。

【常态监管】 年内，坚持队伍分析研判机制，完善管理、教育、监督各项防控措施，深化执法记录仪管理使用，加大对有效投诉的惩处力度，共辞退交通协管员4人，约谈大队领导1人，诫勉谈话民警7人、大队领导2人；提报市公安局行政警告处分1人，移送治安部门行政拘留辅警1人，移送刑警部门刑事拘留辅警1人。

【考核激励】 年内，健全完善考核激励竞争机制，出台《全市道路交通安全工作目标管理绩效考核办法》，分不同序列对各单位内部管理等业务工作和队伍管理2大类11小项进行考核；实行“一事一奖”“一案一奖”，开展每月“岗位标兵”评选活动，全年，共评选出20名岗位标兵，有162名民警获得不同层级表彰。

（撰稿：丛培国）

责任编辑：王恒亮

人民武装

【概况】 2015年，中国人民解放军海州区人民武装部（简称区人武部）在警备区党委和区委、区政府的正确领导下，围绕主题主线重大战略思想，按照"突出首位、狠抓龙头、强化管理、创新发展"的思路，努力提升遂行多样化军事任务能力，扎实推进兵役工作和民兵预备役建设，为部队建设增添后备力量，圆满完成上级赋予的各项任务。

【思想政治教育】 区人武部机关深入开展"三严三实"（严以修身、严以用权、严于律己，谋事要实、创业要实、做人要实）专题教育整顿活动和"学习践行强军目标，做新一代革命军人"主题教育。通过学习进一步坚定理想信念，提高政治修养。坚持把战斗精神培育作为军事斗争常态化准备的一项重要内容，利用民兵训练、整组等重要时机，先后开展"铸造战斗精神，坚定'打赢'信心""发扬艰苦奋斗精神""强化战斗精神，提高打赢能力"等专题教育，强化民兵战斗精神，切实把广大民兵随时准备打仗的思想建立在对职能使命的深刻理解上。

【召开区委常委议军会议】 2015年2月11日下午，海州区委常委议军会议在区委会议室召开。会上，区人武部部长毛志峰介绍了2014年度海州区国防后备力量建设的基本情况，汇报了新年度人民武装工作打算，并将区国防和后备力量建设需要协调解决的问题提请会议研究。区委常委会议对区人武部提请解决的问题进行充分讨论，并一一给予妥善处理。

【战备工作】 认真落实战备制度，依据《南京军区战备工作规定》和省军区《日常战备综合整治检查考评细则》，结合两区合并后"大海州"辖区实际情况，及时修订完善海州区防卫作战方案和抢险救灾、应急维稳等9个非战争军事行动预案。认真贯彻落实《民兵军事训练与考核大纲》，分批分层次抓好专武干部、民兵干部、各类专业技术骨干和"四会"教练员战备训练。坚持把非战争军事行动课目融入民兵日常训练，统筹安排，扎实推进。注重加强合成化民兵应急救援分队建设，大力开展森林防火、抗洪抢险、防化救援、反恐维稳等训练。3月，织云台街道、花果山街道、南云台林场和花果山风景区民兵森林防火分队成建制参加军地联合森林防火演练，提高遂行多样化军事任务能力。7月，组织民兵骨干赴南京参加全省抗洪抢险骨干集训，海州区民兵结业考核成绩位列全市第一。10月下旬至11月中旬，组织海州区民兵应急连进行集中训练，参加全市民兵应急连比武竞赛，名列前茅，民兵应急分队应急应战能力得到显著提升。

【征兵工作】 2015年，在夏秋季征兵工作中，区人武部高标准完成市政府和警备区下达的新兵征集任务，区征兵办成立综合检查组，采取听取汇报、查阅资料、座谈了解、现场查看等形式，深入各乡镇（街道）、农场进行征兵工作检查，促进各基层单位征兵工作落实。在采取悬挂横幅、张贴标语、发放征兵宣传册等传统形式进行宣传的基础上，注重运用广播电视、户外广告、手机和网络等多种媒体手段，深入宣传鼓动，提高了适龄青年应征报名热情。为鼓励更多高学历青年参军入伍，走进新海高级中学、淮海工学院等院校开展"军校和国防生招生宣传""征兵宣传校园行"活动，取得了较好效果。强化廉洁征兵，区、街道（镇）两级均成立纪检小组，公布举报电话，设立举报信箱。所有街道（镇）设立公示栏，加强征兵过程监督。

【民兵组织整顿】 2015年，区人武部按照"一专多能、一队多用"要求，采取"对照标准、结合实际、常态保持"等措施，扎实抓好民兵组织整顿工作。突出抓好民兵应急队伍编组，优先把应急队伍人员编足、编精、编强，确保组建布局更加科学合理，民兵专业对口率、转业退伍军人比例和党团员比例分别达到89%、76%和91%，高标准完成2543名基干民兵整组任务。利用上级检查验收契机，组织区民兵应急连在淮海工学院进行点验和应急维稳演练。

【拥政爱民活动】 2015年，区人武部

投入5万余元，为定点挂钩帮扶的贫困村购置路灯20盏，定期组织慰问贫困家庭和贫困学生，树立了军队良好形象。帮助大、中、小学校做好学生军训工作，军训学生达1.4万人。“八一”期间，走访慰问地方老复转军人和军烈属。中秋、国庆期间，走访慰问作战部队基层主官家庭，帮助他们解决生活困难，受到了各级一致好评。

（撰稿：王磊　审稿：陈耀辉）

预备役高炮五团

【概况】 2015年以来，江苏陆军预备役高炮二师五团（简称高炮五团）在连云港市委、市政府和预备役二师党委正确领导下，深入学习贯彻习主席系列重要讲话精神，按照“听党指挥铸军魂、履行使命谋胜战、严格管理促正规”的思路，以强军目标为统揽，以战斗力标准为导向，坚持依法从严治军、重心向下，狠抓各项基础性工作，全面建设取得明显提高，圆满完成年度各项工作。

【开展“三严三实”专题教育活动】 2015年，高炮五团按照“广泛调查研究找准方向、深入细致学习提高认识、广泛联系群众获取认可、融合年度工作扎实整改”的思路，抓好“三严三实”（严以修身，严以用权、严于律己，谋事要实、创业要实、做人要实）专题教育整顿。活动开展前，团队多次召开会议进行研究，发放调查问卷500多份，掌握了解情况，团党委常委定期组织座谈，面对面听取大家意见，随队听抱怨声、牢骚话，掌握大量第一手情况，对意见、建议进行集体研究，梳理汇总11条高质量的意见、建议和需要解决的问题。活动正式开展后，团党委带领全团党员干部认真学习习主席系列重要讲话学习资料60余套，团党委常委围绕严守党的政治纪律和政治规矩，给现役官兵上党课，利用专题党日组织学习《中国共产党廉洁自律准则》和《中国共产党纪律处分条例》，在深入对照检查上，班子及个人对照检查材料均进行5次以上的修改完善，经军人大会评议，满意度为100%。党委“一班人”突出民主生活会这个重点，把会议开出“辣味”“火药味”，得到上级指导组的一致肯定。

【主题和专题教育】 重点抓好“学习践行强军目标、做新一代革命军人”主题教育和“正确对待得与失、凝心聚力抓准备”专题教育。及时传达学习上级指示，成立领导小组，制定方案计划，通过板报橱窗、网络广播等形式，浓厚学习教育氛围，开办战士大讲堂、红色故事会等活动，每个月进行一至两个专题学习，深化教育效果。积极开展“新一代革命军人”群众性大讨论，研究梳理“四有”（有灵魂、有血性、有本事、有品德）具体标准，帮助官兵对照标准找差距，查不足，使“四有”标准在官兵脑海中深深打下烙印。结合专题教育，开展“三学、四看、五比”（在江苏省军区开展的“正确面对得与失，凝心聚力抓准备”主题教育中提出的口号。“三学”指学烈士事迹，学时代先锋，学先辈活动；“四看”指到烈士陵园、高墙监狱、改革发展成就馆、“五老”家庭等4个地方看一看；“五比”指围绕与家乡亲友比红利、与艰苦地区干部比奉献、与身边典型比责任、与作战部队比备战、与模范党员比党性，算好政治账、经济账、红利账、进步账、发展账）活动，组织官兵参观上海一大会址、新四军纪念馆，缅怀先烈，感悟传统精神。针对需要把握和解决的问题，召开党小组会、支委会进行深入讨论交流，强化党性修养，坚定理想信念，汇聚支持改革、拥护改革的正能量。

【扶贫助困】 组织20余名官兵到海州区健康老年公寓送温暖，投入5万余元对贫困户、特困学生和军烈属进行走访慰问。通过与市政府沟通协商后，确定赣榆区城头镇河洼村作为扶贫帮建对象。10月，捐资10万元用于河洼村基础设施建设，党委班子成员确定与6名贫困学生结成帮扶对子，按每年资助不低于1500元的标准帮助完成义务教育阶段学业。

【抓好军事训练中的政治工作】 在军事训练活动和大项演习活动中，进行战斗精神培育，组织比武竞赛，激发官兵血性虎气，组织现役官兵参加新海电厂南海形势教育，强化官兵当兵打仗、带兵打仗使命意识。结合主题教育更新营区灯箱、宣传栏，营造爱军精武的浓厚氛围。针对2014年军事斗争准备、政治工作准备评估中发现的问题，区分时间、责任抓好整改。在演练期间，加强战时政治工作学习和研练，重点对要地防空作战以心理战为主体的“三战”（舆论战、心理战、法律战）体系构建及运用进行深入探索，取得初步成果。

【深入彻底消除郭徐案件影响】 抓好工作落实，扎实开展文件指示学习和警示性教育，全面彻底抓好涉郭伯雄、徐才厚信息清查，共清理图书778册、报纸1762份、电子文档275个、上级下发的讲话通知96份。突出加强党性锤炼，通过严守党的政治纪律和政治规矩专题党课辅导，深化党员思想认识，激发自觉。

【加强现役和预任军官的管理教育】 按照练将练官要求，搞好干部考评考核，考核成绩与评功评奖、推荐交流苏南团、晋职晋衔相挂钩，干部教育管理机制进一步完善。认真贯彻省军区干部文化建设会议精神，加强省军区干部文化核心理念灌输，按照军队好干部“五条”（对党忠诚、善谋打仗、敢于担当、实绩突出、清正廉洁）标准要求推进团队干部文化建设，严格预备役军官调配，2015年调整出队41人，入队36人，职务调整8人，政治处预任宣保干事张蓝在武汉长江大学组织的全军预备役部队心理骨干集训中被评为优秀学员。

【加强战备工作】 高炮五团严格按照战备要求，兼顾平时应急、战时应战，投资近30万元完成作战值班室和作战室改造，实现了营区可视化监控、网络无纸化办公、气象信息实时化更新。按要求组织节日战备紧急拉动和临机拉动演练，完成快速动员、防空作战、非战争军事行动等相关配套方案的修订。注重加强与警备区、人武部的对接协调，建立健全预备役官兵个人信息电子档案，高标准完成组织整顿工作，细致摸清动员需求和底数。

【开展练将练官活动】 采取集中培训、外出集训、岗位自训相结合的方法加强各类人才培养，按计划完成“三实”（手榴弹实弹投掷，轻武器实弹射击，炸药实爆作业）训练考核和“四会”（会讲、会做、会教、会做思想工作）教练员普训，承办的省军区集训任务完成出色，新交流干部值班上岗培训和资格认证考核严格落实，选派人员参加各类集训，提高了关键岗位人才储备率。严格落实机关业务技能强化训练周和机关业务技能训练日制度，利用一周时间组织全体现役干部进行一体化指挥平台训练，干部信息素养明显提高。

【提高实战化能力】 “苏防-2015A”演练检验基点作用发挥明显，实现了团组建以来首次成建制快速动员集结，明确国动委、警备区（人武部）、预备役部队的职责分工，理清预备役部队快速动员的方法步骤，完善人员征集、通用物资征用的衔接机制。在火力抗击要素演练中，团队紧贴实战，按照实案、实装、实兵、实地的要求，按步骤区分展开指挥配系，按敌情组织计划火力，按要素控制协调火力，按成绩客观评估效果，逐项逐要素深入研练，演练得到师考评组的充分肯定。重视发挥好“红盾-2015”防空兵群指挥对抗演练的实战化训练引擎作用，在演练中，严格“考”字、追求“真”字，考机关的作战数据准备和助手功能发挥，考指挥人员的具体表现和薄弱环节，演练紧贴强敌介入背景下的要地防空作战，坚持求真务实，不提供脚本，严禁念稿子、背台词，做到真筹划分析、真决策指挥、真要素联动，真研真练，团取得全程对抗三连胜。

【组织自评整改】 着眼如期形成大规模作战能力、全面实现省军区“十二五”建设发展目标，深入开展军事斗争检验评估，坚持静态查建设、动态查能力、重在查问题，采取上下结合方式组织实施，以评促备，以评促建，采取调查研究、方案推演、战备拉动、演习考核等方法，对2个方面、17个项目、71项内容，全面系统客观地进行综合自评。认真客观组织“红盾-2015”防空兵群指挥对抗演练复盘研讨总结，在总结经验的基础上，区分阶段，一步一动查找问题，逐个问题分析原因，结合实际制订解决问题的措施方法，复盘总结报告被师通报表扬，

【开展依法从严治军大检查】 在团自查和省军区检查的基础上，对省军区反馈的问题进行了重点整改。在训风演风考风整治方面，针对党委领导指导有差距、真打实备意识还不够强等问题，加强筹划，保证训练四个落实，增加了夜间和战斗体能训练课目，结合实际搞好演练，解决战时指挥分队不合实际的问题，对训练课目设置不均衡、基层营连一些关键岗位人员选拔培养还不够、预备役军官参加部队活动还需进一步规范三个方面问题制定了纠治措施。在财务检查整治方面，已经将上两个年度的地方慰问经费列入预算外经费管理，2015年及以后的地方慰问经费，严格列入预算外经费管理。

【抓好日常管理】 严格落实每月条令学习日，扎实开展“学法规、明职责、正秩序、严纪律”教育整顿活动，逐级签订安全管理和安全保密责任书，强化官兵条令意识和纪律观念。加强人员管控，先后3次组织全体驾驶员和车管干部进行安全行车教育整顿和车辆技术性能检查，保证行车安全。加强各重点部位管控，严格外来人员、车辆进入营院的检查和登记，修订完善营门防暴恐袭击预案并定期进行演练。狠抓涉密载体的全寿命动态管理，强化安全保密办公。年内，开展4次安全隐患排查整治活动，及时将有关问题和苗头消除在萌芽状态。落实安全风险评估制度，对大项演练任务全过程实施不间断的安全检查督导，确保活动安全顺利。完善营连长管理细则，落实回营办公和经费使用制度，保证基层营连长不失管、不失控、不失廉。广泛开展谈心交心活动，部队安全工作基础扎实稳固。

【营连正规化建设】 利用周一、周四晚军事夜校期间专门组织机关、基层集中学习新的《军队基层建设纲要》，指导各营连对照纲要查不足，找差距，制定整改建设方案。6月上旬，团组成学习考察组，对高炮二团、四团基层建设先进连队进行观摩，吸取先进理念，找准自身弱点差距。11月中旬，在工化连召开基层正规化建设现场观摩会，明确建设模板和方向，基层营连部整体建设水平提高明显。落实“常委包营、股室挂连”制度，团常委既与营级单位建立联系，又直接挂钩重点帮建连队，对去年基层建设检查成绩相对较差的连队作为重点帮建对象。结合组织整顿和“苏防-2015A”演练，安排9名机关干部下营连帮助工作，密切上下联系，为圆满完成任务提供保障。为公勤队整修太阳能，为机关食堂增配灶具，配发草坪绿化带修剪和文体活动器材，为官兵购买防暑防蚊药品等，方便官兵战备训练、工作和生活。

【后勤和装备保障能力建设】 严格落实财经法规政策，认真执行财经纪律，加强财务审核和监督，核减不合理开支6笔，累计金额0.39万元，压减事业经费开支5项，节约经费2.6万元；加大军事训练工作经费投向，占年度预算的74.58%。严格油料管控，落实车辆IC卡加油制度，实行指标控制和月份消耗报告，定期对车辆进行年检和维护保养，排除故障70多处。根据市场物价，及时增补伙食费标准，伙食保障水平明显提高。部队药房常备基础用药，定期对营区进行灭蝇消毒，10月，协调第三人民医院对93名官兵及官兵家属进行体检。部队按时完成火炮换季保养、装备启封和维护保养工作，圆满完成各类演练装备、弹药保障任务。加强装备维修骨干培养，圆满完成师在高炮五团开展的装备骨干集训任务，在省军区组织的装备骨干比武竞赛中，高炮团士官黄应驹获得57毫米高炮故障排除第一名。

【作风建设】 高炮五团把持续深入推进作风建设作为年度重大政治任务来抓，扎实开展各项活动，严格执行各项规定，通过持续改进作风来凝心聚力。注重把解决实际问题作为教育整改活动的重点，严格贯彻落实各级关于作风建设的各项规定，开会不摆花草，不发笔、本和文件袋，简化接待礼仪，上级工作组到团队，不在营区外迎送，不设调整哨。班子成员填写的个人有关事项报告表在机关楼进行公示，畅通热线监督电话、网上首长信箱等民主监督渠道，广泛听取各方面反映，经过测评，官兵满意度均达到100%。加强对分队集中训练和大项演练活动中的训风演风考风纠治，共查纠降低训练标准、减少训练人员、缩短训练时间等问题12个。高炮五团纪委对经费使用情况进行跟踪督查，严格会议、招待等费用支出审核。为确保经费向中心工作聚集，在生活待遇、公务接待等关注焦点上，高炮五团党委"一班人"从自身严起，外出开会自带洗漱用品，吃工作餐。截至11月底，实际开支接待费10.01万，比2014年下降58%，办公等行政消耗性开支12.46万元，比2014下降35%。高炮五团党委被省军区表彰为先进团党委。

（撰稿：孙小亮　审稿：邹发刚）

新浦消防大队

【概况】 2015年，新浦区消防大队（简称大队）认真贯彻《国务院关于加强和改进消防工作的意见》（国发〔2011〕46号），落实"公安机关及其消防部门要严格履行职责，对消防安全形势进行分析研判和综合评估，及时报告当地政府，采取针对性措施解决突出问题"的要求，消防安全形势处于稳定局面。

【处警状况】 截至11月30日，大队共接警1302起，出动消防车2138辆次，消防官兵12607人次，抢救和疏散被困人员376人，抢救财产价值560.7万元。比2014年接警起数上升9.2%，出动车辆数上升4.9%，出动官兵数上升5.7%，抢救被困人员数上升135.4%，抢救财产价值上升27.8%。大队辖区内全年共发生火灾282起，直接财产损失121.90万元，1人死亡。比2014年火灾起数下降17.6%，直接财产损失下降12%，死亡人数下降66.7%。未发生较大以上火灾事故。火灾形成原因主要是电气、用火不当和吸烟。这类火灾分别占火灾总数约41.1%、25.55%和18.33%。大队辖区共接到社会救助报警312起，其中125起处警为电梯困人，占全年接警起数9.6%。导致如此高频率处警的直接原因是高层住宅小区物业管理公司不会处置和电梯维保单位不能第一时间到达现场处置此类事故，间接原因是物业管理公司平时管理不善、电梯维保公司维护不到位，高频率出现电梯困人事故。

【典型火灾案例】 2015年8月23日17时18分，杰瑞澳斯特酒店12层发生火灾，大队特勤中队出动6辆车、30人，过火面积1平方米，经调查，起火灾原因为某焊工在楼顶气割废弃管道时引燃12层可燃物所致，火灾主要烧毁吊顶、窗帘、椅子等物品。10月14日12时，朝阳路祥源大厦12楼滴恩科技发生火灾，大队海昌路中队出动3辆车、15人，过火面积为1平方米，火灾原因为12楼某公司员工将没有熄灭的烟头扔进垃圾桶引起火灾。10月21日11时10分，江苏省地质矿产局第六地质大队10楼发生火灾，大队幸福路中队出动4辆车、20人，过火面积40平方米，火灾原因为第六地质大队10楼实验室在溶解矿石的过程中电热炉引燃附近的石蜡等可燃物引发火灾，火灾主要烧毁通风柜、装修、实验材料等，过火面积约40平方米，直接财产损失7万元。

【网格化管理】 2015年，大队辖区完成网格化管理划分和组织机构调整及组建工作，制定完善了网格化管理工作职责、制度，建立分包机制；确立政府主管领导职责分工，专业人员配备，设置专门办公场所（办公室），形成网格化管理工作程序和流程。对400名网格员进行分批次消防业务培训。同时，进一步调整确定了二级消防安全重点单位140家、三级消防安全重点单位57家，严格落实"户籍化"管理和"三项报告备案"制度。以规范应用社区消防管理模块为抓手，先后完成对13个派出所和专（兼）职消防民警、社区民警的消防业务培训和现场教学任务，进一步落实监管责任，推动提升公安派出所消防监督管理水平。

【消防宣传】 2015年，大队结合劳动密集型企业专项治理、夏季消防安全检查和"安全生产宣传月"等活动，通过开放消防站、制作《海州消防报》、设置消防宣传咨询点、宣传板、悬挂条幅、散发宣传材料卡片、组织培训、媒体宣传、微信公众号、发送安全提示短信、视频播放等方式全面开展消防宣传；多次分行分类组织培训班，培训人员1600余名；散发宣传资料万余份，悬挂宣传条幅、张贴宣传标语120余条，指导60家重点单位进行灭火和逃生演练。

【消防隐患整治】 2015年，大队在辖区开展劳动密集型企业消防隐患集中整治、夏季消防安全检查、抗战胜利70周年纪念活动消防安保、连博会消防安保等消防专项整治工作。在整治工作中，检查相关职能部门单位1568家，发现火灾隐患1985处，督促整改火灾隐患1758处，下发责令改正通知书1140份，查处行政案件96起，临时查封责令"三停"单位7家，查封火灾隐患单位2家；其中，在夏季消防安全检查期间，区政府牵头，公安、消防、民政局、教育局、卫计局、旅游局、安监局联合对大队辖区28家养老院、146家教育机构、26家医院、21家星级酒店、31家易燃易爆单位开展全面消防检查。28家养老机构全部安装简易报警装置。

（撰稿：陈军）

海州消防大队

【概况】 2015年，海州区消防大队（简称海州大队）在海州区委、区政府和高新区公安分局党委的正确领导下，凝心聚力，求实创新，通过多种行之有效的工作举措，较好地完成和履行了全区安全生产的工作和责任。

全年海州大队辖区共出警273起，出动车辆470辆，出动警力2608人，抢救被困人员38人，疏散被困人员45人，抢救财产价值205.5万元。全年未发生造成重大影响或人员伤亡火灾。

【完善消防工作机制】 2015年，海州大队加强与政府部门的沟通协调，提请政府组织召开年度消防工作会议2次，与乡镇政府、各行业部门层层签订消防安全工作目标责任书，提请区消防安全委员会开展联合督导检查2次，海州大队召开全区重点单位消防工作例会4次，建立完善消防安全委员会联席成员定期抄告制度，集中抄告辖区隐患单位5次、68家次，不断增加政府职能部门之间的信息共享，充分发挥各职能部门的组织、协调作用。

【火灾隐患排查整治】 海州大队先后组织集中开展劳动密集型企业消防安全专项治理、今冬明春火灾防控、夏季消防安全大检查以及抗战胜利70周年消防安全保卫等重大节日活动保卫和专项行动，先后检查社会单位1428家次，下发《责令改正通知书》1153份，发现火灾隐患3140余处，督促整改火灾隐患2951处，责令三停15家，临时查封12家，强制执行1起，全面优化消防安全环境，为全区火灾形势的稳定奠定有效基础。

【消防走访调查】 海州大队结合辖区单位火灾隐患实际，坚持先急后缓的原则，分批次主动深入，走进重要行业系统社会单位帮扶指导，积极为社会单位消除隐患提供技术服务支持。全年走访调查68家企业、学校、社会福利机构等监管重点单位，帮助单位整改先天性火灾隐患236余处。积极对区重点工程项目开展服务指导，先后对太阳雨公司新建项目等重点工程进行上门指导、业务咨询，累计110余次，消除火灾隐患60余处，确保从源头上减少先天性火灾隐患。

【推进“全警消防”】 海州大队按照“全警消防”要求，整合公安内部警力资源，优化警力配置，联合高新区公安分局充分发动基层派出所，集中开展隐患排查整治，督促消除一大批火灾隐患，明确了全区51家社会单位具体监管责任人，形成长效机制，提请召开派出所消防工作会议5次，进行派出所培训和上门指导20余次，培训民警60人次。

【提高官兵业务素质】 海州大队坚持以实现辖区无重大影响火灾为目标，始终以狠抓战斗力标准和提升为重中之重，大力锻造灭火抢险救援战斗力，严格推行落实例行性、制度性、常态化实战拉动演练，先后组织开展人员密集场所夜间演练、石油化工单位灭火救援演练、大跨度、大空间建筑灭火救援演练等实战演练22次。组织召开典型火灾案例战评会6次，就火灾的扑救方法、战术运用和个人防护等具体环节进行分析和讨论，着力提升官兵业务素质。

【消防宣传教育】 海州大队加强与地方党委宣传部门、各级新闻媒体的联系，拓宽宣传方式，创新宣传形式，提升宣传效果，紧扣《全民消防安全宣传教育纲要》宣贯工作，向社会大力宣传消防安全在生产经营过程中的重要性和必要性，弘扬和落实科学发展观，保持经济的平稳增长和社会健康发展。海州大队积极深入各单位和场所开展消防安全培训，以典型火灾案例说法，普及消防安全常识，不断强化人民群众消防安全意识，为社会面火灾防控工作营造浓郁的宣传氛围。冬春火灾防控专项行动中，大队走向街头，走进农村（社区）开展消防宣传活动40余次，发放消防宣传资料500余份，教育群众700余人。

（撰稿：海州消防大队办公室）

人民防空

【概况】 2015年，海州区人民防空办公室（简称人防办）在市民防局、区委、区政府和区人武部的领导下，紧紧围绕与市民防局签订的目标任务，立足实际，开拓创新，积极开展人防规范化建设，人防各项工作任务得到全面落实。人防办在民防宣传教育工作中成绩突出，被江苏省民防局授予“先进单位”称号。

【建立健全战时人防指挥体系】 人防办根据市民防局要求，建立健全海州区、镇（街道）战时人防指挥体系，完善了区级指挥机构。4月，根据区划调整后人员工作变动，调整指挥所编成人员，建立镇（街道）联络员制度，对战时人防体系按计划进行训练和演练，实行常态管理。落实海州区人民防空实行军政双重领导制度，建立和完善人民防空工作军政联席会议制度，适应新形势下人民防空工作新要求。

【人防专业队整组和演练】 4月，按时完成区划调整后的海州区人防专业队的整组工作。10月，人防办在江苏新海发电有限公司举行区人防专业队“危险化学品泄漏事故应急救援演练”活动，收到良好效果。

【修订防空袭预案】 9月，根据区划调整后新海州区实际情况，人防办着手修订海州区防空袭预案，经过两个多月努力，11月底，完成修订工作。

【组织民防知识“四进”活动】 人防办制定下发民防和核应急知识进社区、进企业、进学校、进机关等系列活动方案。配合区教育局在学校进行人防宣传教育，重点加强初二年级学生人防教育，以此带动家庭和社会对民防知识的了解，普及人民防空知识，提高战时防空、平时防灾能力。“5·12”期间，在全区中小学开展防灾疏散演练。在社区设置宣传教育点，制作固定人防宣传画廊等，加强人防宣传教育。与开发区和新浦工业园配合，在企业做好人防相关知识的宣传教育。人防办在每个社区皆建有人防工作站，有应急疏散方案，配备应急器材，储备应急物资。真正做到防空防灾进社区、进企业、进学校、进机关。

【防空警报维护管理】 2015年，人防办协调相关部门，在中心城区多个居民小区安装新型多媒体警报器15台，并加入全省人民防空警报网。人防办制定和完善警报维护管理的各项规章制度，明确各警报点相关单位以及管理人员的工作职责。积极主动配合市局信息保障中心对海州区原有46台防空警报器进行逐一检修，完成警报器的巡查检修以及统控系统的调试，确保“9·18”警报器的正常运作，警报鸣响率达100%。严格执行国家法律法规，特别注重执法检查的具体操作，对防空警报器集控设备被人为毁损案件认真进行查处。

【“9·18”防空袭演练】 在市、区人防部门的指导下，江苏新海发电有限公司于9月18日全省警报试鸣日上午，成功组织电厂综合防护演练。上午10时，随着江苏省全省统一警报试鸣，连云港市区上空防空袭预先警报骤然响起，新海发电综合楼内广播同步播放紧急撤离疏散命令，综合楼内一层至七层的120多名生产管理人员，迅速切断办公室内电源，关闭门窗，背起应急救援包，在疏散引导员的引导下，从应急疏散通道，用时110秒，有序疏散至大楼下人防工事。同时，人防专业队迅速集结，进入各自战斗位置，各类救援机械进入指定位置，做好救援准备。人员疏散进行中，医疗救护、心理咨询、物资供应等同步开展工作。疏散演练后，进行消除空袭演练，随着手摇空袭警报响起，厂区内浓烟滚滚，水流湍急，多处起火和冷却水管道遭到损毁，一片狼藉。电厂人防专业队迅速出动，海州消防大队应声赶来增援，按照预案展开救援和抢修，立即进行消防灭火、管道堵漏、输电线路接续等作业，消除空袭后果，迅速恢复生产。

【人防工程维护管理】 2015年，人防办按照市局《连云港市2015年人防工程维护管理实施方案》的要求，圆满完成市局下达的工程维护管理任务。人防办积极开展人防资产平战结合工作，实现平战结合收入48.3万元，落实财政安排专项经费5万元。

（撰稿：冯士江）

武警连云港市支队

【概况】 2015年，武警连云港市支队（简称支队）以习主席系列重要讲话精神为统领，认真学习贯彻全军和武警部队政治工作会议精神，保持部队建设发展的正确方向。围绕培育“四有”（有灵魂、有血性、有本事、有品德）革命军人，扎实抓好强军目标主题教育和新一代革命军人样子大讨论系列实践活动，坚持领导每月授课，开展知识竞赛、群众性讨论等配合活动，官兵“三个绝对”（绝对可靠、绝对忠诚、绝对纯洁）思想根基更趋牢固。抓实政治工作“八个到现场”（教育鼓动到现场，组织发展到现场，立功奖励到现场，文化活动到现场，心理疏导到现场，当兵带职到现场，总结经验树立典型到现场，解决困难问题到现场）。一人一策做好重点关注对象思想排查转化工作，确保官兵思想稳定。

【执勤战备】 支队认真贯彻落实“湖北会议”精神，扎实推进执勤“四防一体化”（人防、物防、技防、联防）建设，在总队率先完成“三化两拓展”（网络传输光纤化、视频监控高清化、系统平台智能化，由监控哨兵向监控目标重点及薄弱部位拓展，由固定哨位、固定区域向动态勤拓展）改造。坚持每季度召开党委中心会议，扎实开展勤务督查活动，规范了部队执勤秩序。以打赢未来战争为目标，扎实做好处突维稳准备，严格落实各类值班和战备要素，圆满完成了核燃料押运、连云港国际博览会安保等重大临时任务。按照军事训练“八落实”（军事训练人员、时间、内容、质量、弹药消耗、摩托小时和飞机小时、教练员、训练场地）要求，狠抓首长机关训练、分队训练和各类集训，严密组织演习，定期组织兵力抽组和实兵拉动演练，部队执行任务能力不断提升。参加总队参谋业务和军事技能岗位练兵比武竞赛等，取得优异成绩。

【安全管理】 支队开展“严制度、守纪律、强责任、除隐患”教育整顿，持续推进安全工作大检查、百日安全竞赛、车辆管理秩序整顿和燃爆品清理整治，通过多回合拉网式排查，安全隐患得到限期整改，提升部队安全系数。深入开展“学法规、用法规、守法规”活动，用好“条令学习周”、“条令学习日”等有效载体，实现部队管控制度化、正规化。与市司法局共同设立支队军人军属法律援助工作站，官兵的法治意识得到提升。加大从严执纪力度，对违规违纪的个人，敢于揭短亮丑，敢于较真碰硬，确保部队安全稳定。

【基层建设】 认真贯彻习主席“四个坚持扭住”（坚持扭住党的组织抓基层，坚持扭住战备训练抓基层，坚持扭住官兵主体抓基层，坚持扭住厉行法治抓基层）指示精神，坚持重心下移，扎实抓基层打基础。严格落实总队“南通会议”精神和抓建基层工作规范，采取“三会一条线”（党委会统好大项工作、首长办公会统好月工作、交班会统好周工作，临时性通知统一报值班首长签批）统抓大项工作，着力为基层官兵减压释负，抓建秩序日趋正规。严密组织新《纲要》网上培训，举办新《纲要》知识竞赛，通过以会代训、专题辅导、研讨交流、难题会诊等形式抓好学习深化，使官兵成为按纲建队的明白人。运用考察帮建、“月蹲一周（支队领导每月在基层中队蹲点一周）、周蹲一队（支队领导每月蹲点一个中队）”、季度考评、“双向讲评”（基层给机关提意见，机关给基层提意见）、“双争”（争创先进基层单位、争当基层优秀官兵）活动、“四互四有”（相互尊重有尊严、相互理解有信任、相互关爱有温暖、相互学习有进步）等载体，提升基层党支部自建能力。东海中队被总队表彰为基层建设标兵中队，直属大队三中队、勤务中队被总队评为基层建设先进中队。

【后勤保障】 2015年，按照“后勤变

前勤”要求，及时修订完善各类应急保障预案，改建支队修理间和购置野营帐篷，为基层配备新型数字化便携式移动枪柜，完善警地通用物资联合储备体系和运行机制，组织后勤专业兵一专多能集训，开展“一组五队”（指挥组，综合物资保障队、卫勤保障队、油料运输保障队、技术维修保障队、给养保障队）拉动演练，增强了后勤应急保障能力。以财务大清查为契机，修订完善支队《经费管理实施细则》，扎实开展伙食管理规范年活动，建立市区中队副食品集中配送制度，后勤规范化管理水平得到提高。坚持为官兵办实事送温暖，为基层购置生活执勤设施，增添训练器材，每月下基层巡诊，先后为18名干部家属申请未就业困难生活补贴，为4名干部解决子女入学问题，为3名战士评残，有效激发官兵工作热情。

（撰稿：王勇）

连云港公安边防支队

【概况】 2015年，连云港市公安边防支队（以下简称边防支队）党委团结带领部队上下，牢牢把握团结拼搏、勇挑重担、锐意进取、行稳致远的主旋律，紧紧围绕服务连云港“一带一路”战略交汇点建设发展大局，深化推进“四项建设”，创新发展勤务机制改革，部队维护稳定、打击犯罪、保民平安和服务群众能力水平有了显著提高，公安边防工作和部队建设处于历史上最好时期之一。先后圆满完成“9·3”阅兵、连博会、国际警务合作论坛等重大活动安保任务26次，成功侦破公安部边防管理局（以下简称部局）挂牌督办的“1·16”特大组织偷渡案，强势挤压黑拐枪、盗抢骗、黄赌毒各类违反犯罪空间，2个所队被部局、省总队评为先进集体，14个所队公安基础工作走在全市公安派出所前列。

【爱民固边】 边防支队开展缉枪治爆、百日打防和“清积案、化矛盾、保稳定”攻坚月、不稳定因素排查整治等专项行动，查破案件1311起，打击处理违法犯罪分子1090人，抓获网上逃犯21人，刑事案件侦破率24.2%，比2014年上升3.8%。在全省率先建立支队、机动中队和派出所三级联动机制，出动警力1650人次、车船470余台（艘）次，开展应急拉动、海上反恐演习和维稳执勤20余次。进一步拓展“爱民固边”战略内涵，社区工作和模范系列创建比例均走在全省前列，涌现出全省边防“十佳基层党组织”、市级“青年文明号”、中国好人榜、全省“敬业奉献”“最乐奉献”典型、全省“十佳边防女警”“巾帼建功标兵”“江苏好青年”等一大批先进集体和个人，35人分获全市一级社区民警、二级社区民警、户籍内勤能手和首批“二十佳社区民警”，87.5%的派出所主官进驻地乡镇党委班子，100%的民警兼任村干部。支队连续五年获评部局爱民固边先进单位。

【四项建设】 边防支队围绕“四项建设”（基础信息化建设、警务实战化建设、执法规范化建设、队伍正规化建设）任务主线，攻坚克难，开拓创新。基础信息化方面，先后投入50余万元购置对讲机、4G图传保障通信畅通，推动建强“五个三”（扁平指挥三个监控、港船管理三张网络、执法办案三个平台、基础工作三个系统、警营文化三个媒体）信息化综合系统，创新派出所勤务综合管理系统，深度融合应用海防监控站与勤务指挥室，做法在全省边防交流；警务实战化方面，圆满完成全省公安边防部队机动中队建设暨实战化训练推进会会演任务，样板机动部队品牌成功打造。创新首推派出所警务实战化改革，被部局、总队和市局推广，案例入选全市首批示范点建设项目；执法规范化方面，支队成为全省边防和全市公安机关唯一入选省厅首批执法制度建设基层联系点单位，1个单位、4人分获部局执法示范单位、执法标兵和市局“十佳法制员”、总队法制业务竞赛一等奖和三等奖，5人取得高级执法资格；队伍正规化方面，着眼干部队伍长远发展，加强宏观机制调控和微观制度监管，在全省率先出台建设意见，推动干部队伍素质提升和结构优化，建立完善日常联合督察、重大节假日常委带队督察、支队大队交叉督察等制度，切实维护部队内部安全稳定。

【综合保障】 2015年，边防支队坚持主动作为赢形象地位、内外协调拓发展空间，警地保持良性互动，吸引了来自省民政厅、团市委等党政机关、企事业单位近500人次到部队参观交流、走访慰问，为驻地献血、资助贫困儿童200余人次。党委、政府支持力度明显加大，19个所公安业务费全部纳入地方财政，保障标准提高至同级公安机关公用经费的65%；先后出资200余万元，新建430平方米的办案中心，推进警营文化建设，开发农副业生产基地，新建多元融合调解室。协调为69名官兵、家属及子女做好了工作安置、未就业补助发放、法律援助、入学择校、中考加分等工作。自筹并争取拨款、补助和关爱基金300万余元，为家庭困难官兵、重特大病号解决实际问题。安排专项资金3000余万元，用于机关营房及附属设施改造、派出所营房建设、执法办案场所改造、医疗设备购置、船艇维修和农副业生产基地等重点工程。

（撰稿人：马立鹏）

责任编辑：李云高

城乡建设与管理

综　述

2015年，连云港市海州区住房和城乡建设局（简称区住建局）紧扣城乡建设目标任务，认真贯彻落实中央和省、市的决策部署，围绕区委、区政府提出的年度工作主题，组织动员全局干群，牢牢把握新机遇，主动适应新常态，加强党的建设，加大反腐倡廉，加快城乡统筹建设，圆满完成年度各项工作任务。

年内，全区完成城乡建设总投入85亿元。完成绿化投资1.29亿元，新建改造绿地面积100万平方米，其中新增绿地面积74公顷，绿化绿地率达37%，绿化覆盖率达41%，人均公园绿地面积达13平方米；共完成沥青路面维修11708平方米、水泥路面坑塘维修5390平方米，调整路牙石3336米，维修人行道板2.1万平方米，新铺及维修平立石4000米。推动城区防汛和下水道清淤工作，共计清掏大小井2.18万座次，疏通排水管道240千米，更换大小井1805座。完成大庆西路、小学路、永富路等23条道路的维修工程，维修面积49000平方米，涉及道路总长12千米。完成建筑业总产值10.2亿元，建筑业增加值3亿元，外出施工产值1.12亿元。完成92个自然村的环境整治工作任务，并对310个往年整治过的自然村的整治成果进行巩固提升，最终通过省住建厅对海州区87个行政村、402个自然村环境整治工作的全域验收。全年实施31个老旧小区的改造工程，并指导改造后的老旧小区成立业主委员会或物业管理委员会，推进改造后的老旧小区实施物业管理、业主自治管理、社区托管等工作。荣获海州区2015年度经济建设和社会发展目标绩效考评优秀奖。

海州区城乡管理局围绕城市管理中心工作，明确“精细化打造、长效化管理”工作思路，强化环卫基础设施建设，进一步改善市容市貌，打击违法建设，设法化解民生难题，促进城乡管理水平和环境面貌显著提升。先后获得市城管系统2015年度目标考核一等奖和2015年度海州区目标考核一等奖。

城镇规划

【概况】 2015年，海州规划分局为区委、区政府当好参谋，为区各项建设提供规划支持。截至10月末，为区各镇、街道和各部门招商引资介绍规划12次。先后参与浦南镇总规修编，云台农场控规及各镇村布局规划。参与市、区规划验收13次，验收社区用房9处、2761.05平方米。

【民房管理】 年内，海州规划分局办结区人大代表建议、政协委员提案共4个，做好历史遗留问题的处理，确保社会稳定和旧城改造项目的顺利实施。至10月末，已处理民房历史遗留问题5个，仍在处理的2个。接待群众来访88人次，全年未发生因民房事务越级上访事件。

市政建设

【市政养护管理】 年内，区市政养护管理部门能够及时修复全区主次干道出现的坑塘、软基、破损路面，确保道路平整、交通安全。全年共完成沥青路面维修11708平方米、水泥路面坑塘维修5390平方米，调整路牙石3336米，维修人行道板2.1万平方米，新铺及维修平立石4000米。

【破损道路维修】 2015年，区住建局切实做好破损道路维修工作，完成投资1000万元，对大庆西路、小学路、永富路等23条道路进行维修，维修面积49000平方米，涉及道路总长12千米。完成全区10个街道的背街小巷调查工作，建立背街小巷数据库。

城区防汛排涝

【城市汛情】 8月7日17时至19时，海州区境内遭遇多年罕见的强对流暴雨天气。新浦主城区部分地段降雨量达234毫米（每24小时降雨量达100毫米即为暴雨），最猛烈时1小时降雨量130毫米。解放路、民主路等地段的积水接近膝盖，部分低洼片区积水过膝。这次暴雨造成的积水深度和面积之大，为1970年蔷薇河决堤造成的新浦地区积水之后最严重的一次，属50年一遇。区住建局组织120人抢险队迅速出动，赶赴现场，投入抗洪之中，确保城区主要道路和低洼片区安全度汛。

【汛前准备】 汛期来临之前，区住建局全体干部职工思想上高度重视，行动上提前准备，成立3个抢险突击队，共120余人，储备发电机组4组、水泵20台、编织袋3500只、铁丝300千克、铁锹200把、黄沙30吨、石子60吨、铲车3辆、高压管道疏通车2辆、清掏车2辆、翻斗车5辆、工具车3辆，以及扁担、抬筐、扫帚、镐头、警示灯等一批工具。确保汛期各项抢险救灾工作顺利实施。汛期前，共清掏大小井2.18万座次，疏通排水管道240千米，更换大小井盖1805座。

【浦西排水沟整治】 浦西排水沟自连云港市临洪油库起，经浦西路涵后，向东北方向入浦西中心沟，最后经过铁路涵洞排入大浦河，全长约1.6千米。主要负责排除浦西片区的雨水及生活污水。流域面积约3平方千米。整治工程任务主要拆除新建100米长直径180厘米混凝土涵管和983米排水沟清淤工程。

2015年，浦西排水沟整治工程，经项目评审及竞争性谈判，整治实际完成经费65万元，其中2014年度城市防洪保安资金补助20万元，2015年度防洪保安资金补助45万元。工程于8月6日招标，9月8日开工，11月20日完工。

【防汛物资储备仓库建设】 海州区防汛物资储备仓库位于海州区水利工程管理所院内，采取钢结构排架结构，单座建筑面积552平方米。防汛仓库建设核定经费60.52万元，其中，市级补助55万元，其余部分由地方自筹解决。工程于7月30日招标，9月2日开工，11月4日完工。

旧城改造与房屋征收

【概况】 2015年，全区旧城改造与房屋征收工作，围绕区委、区政府旧城改造与房屋征收决策部署，强化责任落实，坚持以人为本，超前谋划方案，狠抓工作推动，全力推进旧城改造与房屋征收（拆迁）工作。全年实际完成征收、拆迁居民7267户、企事业单位74家，征收房屋总面积125.84万平方米，超额完成年度旧城改造工作目标任务。

【人性化做好征收补偿工作】 年内，集全区力量，加大拆迁结转项目推进工作力度，多次与剩余拆迁户沟通谈判，讲解政策，通过了解其真实想法，梳理社会关系，动之以情，晓之以理，成功解决遗留的被拆迁户的补偿安置问题。

【征收拆迁结转项目】 2015年，完成外仓街地块、孔望尚府03~04地块拆迁结转项目。征收结转项目21个，完成5个，完成连盐铁路建设项目、车管所地块房屋征收扫尾工作、飞雁毛毯厂地块、木材厂地块、民主路二期项目、东圣变压器厂地块、黄海度假村地块、新海路东地块、南城新大街项目、烟草巷地块、人民西路八号地块和孔望山路等征收结转项目。天然居地块剩余居民1户，财经学校A西地块剩余居民2户，均已进入扫尾阶段。

【新实施征收项目】 年内，新实施征收项目5个，实施模拟征收项目3个，准备征收要件的项目6个。区域内的沈圩路、福利巷、临洪西路、江化路下穿陇海铁路及新建连盐铁路立交桥工程和周边地块旧城改造项目已全部完成，下穿地涵引道部分签约率达60%；康缘药厂及北侧棚户区地块签约率达72%；铸造厂地块积极推进安置小区规划设计工作；孔望山新城(片区)磨盘山地块签约率达86%；海州古城中心区旧城区改造项目（一期）已全部完成签约。模拟征收的铁路新村地块棚户区改造项目、新海玻璃厂地块棚户区改造项目、财经学校B地块二期项目、东堡集团B地块及滨河新城皮革厂、助剂厂项目征收补偿方案均进行专家评审，文昌路及北侧地块旧城区改造项目、南广场地块旧城区改造项目、原市纺织厂宿舍区地块等项目也都准备前置要件等相关手续。

【组织领导】 2015年，区旧城改造指挥部依托全区各地块建设改造指挥部，强化征收工作目标推进，加大对全区各镇、街、开发区旧城改造项目服务指导和督查工作力度，各镇（街）发挥推进征收责任主体作用，抽调工作人员充实到房屋征收一线开展工作。区旧城改造指挥部办公室结合地块项目特点细化工作举措，着力将征收工作任务分解落实到边到位，做到压力传递和绩效考核并举。区房屋征收局针对各项目地块存在的突出问题，分析原因，把握环节，重点突破，与镇、街共同会商，化解征收工作疑难杂症，努力构建区、街道房屋征收工作联动机制，造就全区旧城改造规范有序推进的工作态势，为完成征收工作目标任务夯实基础。

【规范管理】 年内，区房屋征收局始终坚持以制度为抓手，规范征收工作人员管理，先后出台《海州区房屋征收从业人员管理办法》《旧城改造运作模式及经费管理暂行办法》《旧城改造项目房屋征收专业人员聘用实施意见》《海州区旧城改造统筹资金使用管理办法》等十余份规范性文件。区房屋征收局专门邀请省、市专家到区为征收工作一线人员授课，并结合征收工作实际及案例剖解征收工作难题，举办从事房屋征收的300余人的资格考试，对征收从业人员实行从业资格准入制，推行征收人员持证上岗。结合新形势下全区征收工作难点，统筹谋划旧城改造房屋征收各项工作，着力将地块项目的组织架构、调查摸底、政策宣传、征求意见、风险评估、方案论证、服务一线、审核把关和解决问题等贯穿依法征收管理工作全过程。

【完善服务】 年内，区旧城改造指挥部办公室积极与市建设、规划、国土等部门会商会办征收和安置房建设工作中出现的矛盾问题，指导各项目指挥部准确运用相关法律法规做好房屋征收工作。局班子成员实行联系点制度，推行指导服务镇（街）和前线指挥部一站式无缝对接。区房屋征收局服务一线工作人员，紧紧依托旧城改造及房屋征收有关政策，在政策宣传、方案拟定、资金筹措、补偿安置等环节上为各镇（街）征收工作推进提供一站式优质高效服务。

【督查考核】 年内，区旧城改造指挥部结合全区旧城改造和房屋征收工作实际，进一步完善征收工作绩效考评考核制度，建立健全征收监督管理机制，努力将旧城改造建设工作纳入年度目标绩效考核范围和区重大项目督查范围。区旧城改造指挥部办公室按周、按月、分季度对各镇、街道项目征收工作推进情况，目标任务完成情况进行全程跟踪督查，定期对地块项目征收工作进展情况进行督查通报，实行地块推进传递工作压力，紧抓序时进度，倒逼目标完成。建立健全房屋征收矛盾问题会商会办制度，把旬督查和月通报贯穿征收工作全过程，形成全区房屋征收常态化管理和高压推进相统一工作机制，实现完成征收任务与促进社会稳定双赢目标。

园林绿化建设

【园林绿化】 2015年，全区完成投资1.29亿元，实施公园游园提升、道路绿化、河滨绿化、绿色通道补植、特色花卉栽植、居住区单位绿化等38项园林绿化工程，新建改造绿地面积100万平方米，其中新增绿地面积74公顷，绿化绿地率达37%，绿化覆盖率达41%，人均公园绿地面积达13平方米。

【游园公园提升】 年内，开展10个街旁游园绿地建设。其中改造游园绿地2个，新建8个，栽植各类苗木0.52万株，其中乔木0.39万株，灌木0.13万株，地被2.04万平方米，新建改造面积17.5万平方米，新增5.7万平方米，公共绿地服务半径覆盖率达72%。提升青年公园景观工程。对园内绿化进行部分调整，栽植黑松3株，红叶石楠球12株，栽植南大门竹子160丛，补植草坪约1000平方米，对园内花木进行整形修剪和灌溉，清理园内绿化垃圾100吨，完成大门及两侧厢房工程。完成新浦公园水体清淤工程。清理水面0.87公顷，淤泥平均深度1.2米，最深处达1.55米，清理淤泥10500立方米，清理完成后补水10800立方米。

【创建绿化模范城市】 2012—2015年，全区共完成绿化投资8.4亿元，累计实施完成公园、河滨绿化、道路绿化、海州开发区、居住区、校园绿化提升、小街巷行道树补植、街旁绿地游园见缝插绿，沿道路两侧栽植墙体垂直绿化为民工程等九大类200余项绿化建设任务。栽植各类苗木123万余株、竹类0.47万株、色块44.5万平方米，地被、草皮79.6万平方米，涂白养护54万株。全区新增绿地面积326公顷，改造绿地90.7公顷，人均公园绿地达13平方米，绿化绿地率达37%，绿化覆盖率达41%。三年共建成及改造提升小游园（广场）76个，新增公园3个、文化庭廊10个，完成便民道路绿化补植29条；垂直绿化19015米，总面积达54943平方米；墙体绿化4599米，总面积达9198平方米。各项指标均达到全国绿化创模城市标准。

村镇建设

【村庄环境整治】 2015年，全区村庄环境整治工作的计划是：完成辖区92个村庄的环境整治，并确保通过省住建厅对全区87个行政村，402个自然村的全域验收。全区共出动6000人次，动用机械和车辆180台次，共整治沟渠17410余米，清理生活垃圾和建筑垃圾2000吨；平整和新修路面12千米，清理沟塘23000米，清理乱堆放2500处，粉刷墙壁15000平方米；种植绿化树木3600株，修复花坛650米；新建垃圾池72座，修缮垃圾池63座；书写和悬挂墙体宣传标语、横幅890条。顺利通过省住建厅对海州区村庄环境整治工作的全域验收。

【农村公路建设】 根据苏交公〔2015〕9号文和苏交公〔2015〕16号文要求，年内，全区农村公路提档升级计划建设总里程16千米，建设桥梁6524平方米。已经完成浦连线、迎宾大道、洪新线新坝段、安兴路、尹巷后桥、新建村桥和蔷薇大桥7个项目，剩余任务全部处于扫尾阶段。

【310国道通过国检】 310国道海州段全长9.5千米，途经新浦街道、浦南镇，各类道口29个。310国道迎国检累计投资750万元，共完成道口硬化65个，新建修复侧分带花坛29段，计

海州主城区住宅小区绿化

16631.4平方米；修建辅道21条，共5.11千米，清理建筑垃圾12000立方米，清除乱堆垃圾及材料沙土42000立方米；拆除废旧垃圾池26个，拆除废弃广告牌标杆15处，拆除铁皮房子8个，总面积160平方米，拆除房屋1000平方米，全面完成整改任务，并顺利通过国家检查。

建筑业

【建筑业发展】 全年共完成建筑业总产值10.02亿元、建筑业增加值3亿元、外出施工产值1.12亿元，完成市建设局下达的目标任务。

【质量安全管理】 年内，加强区建筑业安全生产巡查工作，共组织建筑业安全生产大检查18次，其中月查12次，专项检查6次，下达整改通知书49份、整改意见176条。开展区内建筑工地扬尘专项检查5次，配合市建设局进行扬尘治理督查2次；制定建设系统安全生产网格化管理责任分解表，明确相关安全生产管理的局指导科室及责任单位，拟定局系统安全生产目标责任书。

【清欠工作】 年内，清欠工作平稳有序，共受理市、区清欠民工工资转办案件26件，涉案金额2000万元，处置成功率在95%以上；配合区相关单位赴省处置清欠上访案件2起，会同市清欠办、市信访局协调会办清欠案件9件，组织清欠专项检查3次，编写清欠信息简报2期。

房管物管

【住房保障】 年内，积极进行2014年廉租房补贴发放工作，先后发放720户，补贴资金100万元，并对2015年新增申请廉租房补贴500户进行登记。完成位于万山三期的210套限价房的年度目标任务。通知1500户符合经济房申请条件的家庭进行选房，共有540户家庭预交10万元保证金，参加电脑摇号选房，并于6月开始办理入住手续。此外，开展新增公租房的申请工作，位于茗泰小区800余套的现房已经具备入住条件。

【推动危旧房改造】 2015年，区住建局配合市房屋安全鉴定中心对2014年上报的普查结果进行现场勘察，并对第一批现场普查疑似局部危房（涉及面积7.7万平方米）出具《房屋安全核查疑似危房统计表》。会同各街道办事处举行专题会议，要求各街道办事处把疑似危房情况及时通知到产权人，要求其进行加固、维修、解危。

【物业管理】 年内，试行全区物业标准化管理，完善物业管理体制，配合市住房局建成物管服务数字平台，并建立物业项目监管考评体系，全年有105家物业企业纳入诚信档案管理，顺利完成预期目标任务。积极开展沟通协调工作，处理好小区矛盾。全年共受理“12345”热线、“12345”平台案件460起，处理小区业主集体上访106次，累计处理矛盾问题920件。此外，积极与市建设局和市房管局开展协调工作，针对江天花园、忠达玉兰园和馨海名邸3个烂尾楼工程，为其建立资金监管账户，力争3个项目能够正常运转，缓解购房者、回迁户与开发商的矛盾。截至12月30日，全区物业管理覆盖率达87%。

【老旧小区改造】 年内，完成31个老旧小区的改造工作，其中10个小区由市级承担，区住建局投资1100万元完成21个小区的改造工作。为对改造后的老旧小区进行长效管理，出台《海州区改造后老旧小区管理工作考核奖励暂行办法》，计划每年支出50万元，对改造后管理较好的老旧小区予以奖励，形成管理和收费的良性互动。

市容管理

【市容秩序整治】 2015年，区城管局开展以“清洁环境、美化市容”为主题的综合整治行动，对海连路、盐河路、新孔路等城区重要路段和节点市容问题进行排查整治，清理沿街商户店外经营及无照游商占道，清理违章广告牌和灯箱，拆除违章搭建，落实长效管理措施。查处各类违章行为5万起，下达责令改正通知书2000余份。5月，开展大排档和烧烤点整治，取缔城区主干道两侧室外烧烤，对次干道禁止露天烧烤摊点和室内烧烤店占道经营，并对背街小巷及次要道路烧烤点进行规范化设置。先后整治露天烧烤点、夜排档200余家，有50处露天烧烤点换上无烟烧烤炉，累计取缔晚间各类摊点1万多个。9月，开展城乡环境卫生突击整治月活动，制定出台《海州区市容环境卫生整治方案》，分两批对市民反映强烈的巨龙路等38条道路市容秩序、环境卫生问题进行专项整治。共清理流动摊点4300余个、违章搭建310余处、店外经营920余处、清除各类乱摆放1200余处，粉刷墙面5000余平方米、设置非机动车停车线300余处、清理卫生死角140余处。

【小广告清理】 2015年，区城管局开展落地灯箱和张贴物整治，拆除违规设置的落地式户外广告牌100余块、灯箱190余个，清理张贴物5000余张。

【做好亮化和环境渲染工作】 春节前，对古城海州的幸福南路、秦东门大街沿线的主要建筑物进行亮化、美化。在海州朐阳门新设亮化设施；在朝阳中路、通灌北路等5条道路设置347个灯笼串；在2座建筑物上悬挂8个大型灯笼和设置公益广告；在秦东门大街、浦发路等3条道路470根灯杆上设置内容为“美丽海州、人文海州、诚信海州、法治海州”的灯杆挂旗；在秦东门大桥、南城桥处等8处广告设施上设置“环境整治”“住在海州、建设海州、美化海州”等内容的公益广告牌，共设置公益广告约5000平方米。

【城市环境综合整治】 2015年，区城管局开展环境综合整治项目62项，内容涉及城郊接合部、城中村、棚户区、老旧小区、背街小巷、城市河道及疏导点等。其中，巨龙小区、朐阳街道整治的白鹭园、朝一路、园丁小区等项目接受省考核组检查验收并受到好评。开展2015年度江苏省优秀管理城市创建工作，排查梳理出各类问题850余项，通过明确整改要求、标准和时限，落实责任，确保问题及时解决。

【数字化城管】 2015年，区城管局将区长热线电话并入数字化平台，通过完善多渠道全方位的群众诉求受理途径，构建集案件接收、下派、督办为一体的城市管理综合信息平台，实现群众反映城市管理问题全天候一键畅通。逐一理顺规范，优化完善工作流程，修订完善《海州区数字化城管平台日常管理制度》《数字化城管业务工作流程》《数字化城管平台工作职责》等制度，下发《海州区平台管理奖惩办法》，加强内部管理和人员业务培训，加强与市一级平台的沟通对接，对权属争议问题积极会商界定，走访三级平台对接案件60余次，梳理各类案件2500余件次。数字化城管二级平台全年累计接受各类案件12万余件，结案率为99.24%。

【创新市容管理模式】 2015年，区城管局实行市容秩序网格化管理。通过路面巡查、分解落实、步巡管理、三环相扣，及时发现和解决问题，严格查处各类违法违章行为。建立城管微信工作群作为网格化管理信息平台，发挥信息共享和快速传递优势，实现快速指令下达和信息反馈，提高工作效率。建立错时管理机制。以日常管理为基础，合理安排执法人员轮流实行早中晚班错时管理，每天从5时到22时集中人员开展巡查，对上下班高峰期城区主干道两侧店外经营、占道摊点进行清理整治，保障道路交通畅通。在新浦光辉路口保真超市门前设置固定围挡，在新海实验中学学校北门东侧和东门两侧设置多处非机动车停放架，同时加强人员定岗管理，减少流动摊点的占道空间。

【禁违拆违】 2015年，区城管局完善控制和查处违法建设长效机制，建立健全违建投诉、受理、查处一体化工作机制。按照“条块结合、分片管控、集中联动”的原则开展禁拆违工作。集中开展拆违行动637次，其中重特大拆违行动15次，拆除各类违建7万多平方米。其中，合力对铂金公馆小区违建强拆行动，创造拆除物管小区内高层违建的成功案例。在连盐铁路沿线、九龙城市乐园小区、海宁小区、班普小产权房和浦南镇等处开展的违建拆除行动都起到较大的震慑作用。

环卫工作

【环境卫生整治】 2015年，区城管局重点围绕城市管理薄弱环节和群众反映强烈的重点、难点问题入手，改善城区面貌。开展城市环境综合整治“百日行动”、城区卫生死角专项清理、城区道路市容环卫整治、涉农镇（街）沿线主要道路环境卫生整治等专项行动，对全区范围内的背街小巷、农贸市场、城郊接合部及无物管小区等若干积存垃圾、卫生死角进行清理。开展清除积存垃圾、河道垃圾等卫生死角专项整治行动43次，清理新孔南路、陇海东路、江化北路、锦屏路等处卫生死角260余处，清理清运无主建筑垃圾60处，并对容易形成卫生死角的周边地带采取长效保洁管理模式，城区卫生质量显著改善。

【环卫设施建设】 2015年，新建改建公厕10座，提档升级新南垃圾中转站，采购洗扫车2台、压缩车3台、5吨垃圾运输车6台、移动厢位2个、钩臂车1台、垃圾箱位10个、垃圾桶1000只、果皮箱300只并投入使用。市民如厕难、垃圾转运能力不足及环卫设施老旧等问题得到有效解决。

【环卫城乡统筹】 年内，开展环卫市场化、城乡环卫一体化工作摸底调查研究，形成《关于海州环卫市场化改革探索的报告》《海州区农村环境卫生长效管理的探索》两篇调研文章，为实施环卫市场化运作和城乡环卫一体化奠定基础。

【背街小巷保洁】 全年投入1000余万元，新购置保洁车辆220辆，新购保洁服装380套，添置相应生产工具，确保社区保洁工作有序开展。完善《海州区背街小巷环卫保洁考核管理暂行办法》，增设“进位奖”，激励各责任单位加强背街小巷环境卫生管理水平，提高各责任单位工作积极性。招聘5名社区保洁专职督查员，采取“分片包干、全面考核、重点落实”的原则，做好社区日常保洁督查工作，每月定期编发督查通报，促进社区卫生质量提升。

【重大活动保障】 2015年，抗击“8·7”洪涝灾害和“11·23”罕见暴雪突击抢险工作，恢复市容秩序。完成月牙岛马拉松比赛及城市徒步大会、白虎山庙会、“中国旅游日”江苏分会场活动、中高考、全市工业现场会及连博会等保障任务100余次。

软环境建设

【执法队伍建设】 2015年，区城管局建立健全案件办理、执法行为监督、评议考核等各项制度。积极开展法律法规学习和业务培训，提升执法人员依法行政水平。

【依法行政工作】 2015年，根据“法治城管”工作理念，将作风建设与执法业务培训相结合，转变工作作风，提高依法行政水平。组织执法队员定期开展《中华人民共和国行政处罚法》《中华人民共和国城乡规划法》等法律法规学习。认真贯彻落实行政执法责任制，推进依法行政水平不断提高。严格依据法律法规开展案件查处和办理工作。全年共办理行政处罚案件413件，其中一般程序案件313件。

（撰稿：潘　玥　审稿：胡海宁）

责任编辑：王恒亮

交通运输行业管理

【概况】 2015年是“十二五”收官之年，全市运管系统干部职工紧紧围绕省市交通运输主管部门的决策部署，上下联动，齐心协力、攻坚克难、主动担当。连云港市运输管理处(以下简称市运管处)协调财政部门及县区政府，争取各级财政补贴3330万元，新购406辆清洁能源、新能源公交车，老旧公交车辆全部淘汰。新辟公交线路8条，优化调整15条公交线路，加密公交线路12条。自加压力择优选择赣榆区宋庄镇和塔山镇两个镇开通镇村公交。开展农村客运“回头看”活动，已开通农村客运班车和镇村公交实现持续、安全、规范运营。围绕“以人为本、幸福出行”推出10项便民惠民服务举措，制作并发放“以人为本、幸福出行”便民服务卡1万份。在全市新增9个道路运输驾驶员便民服务点，方便近5万名驾驶员考核。抓好新闻宣传，展现运管新貌，年内共刊发稿件1000余篇，其中省部级媒体35篇，市级媒体以上400余篇。

【改善管理服务方式】 市运管处建成连云港市“两客一危”车辆动态监管平台，全市53家“两客一危”运输企业标准化监控场所和二级以上客运站视频监控数据全接入。建成全省客运联网售票连云港市结算中心，全市二级以上客运站实现全省联网售票。按照序时进度完成全省公交一卡通硬件设备改造和软件升级，9月19日“掌上公交”APP正式上线。12月25日正式实现全省互联互通。完成常规公交智能管理系统升级改造，从业人员考试中心电子化系统建设进入设备安装调试阶段。

【稳控汽车出租行业】 市运管处出台《关于进一步加强市区出租汽车管理工作的通知》，进一步明确出租汽车企业维稳主体责任。积极应对互联网专车对出租汽车市场的冲击，强化运营数据动态监控分析，及时研判行业稳定形势。增设4个出租汽车待客泊位，更新出租汽车325辆。建成连云港市出租汽车电召服务中心，缓解市民打车难问题。出租汽车行业在全省人民群众满意度考核中排名第三位。

【推进客货运输场站建设】 连云港港中心货运站(一期)项目完成年度投资0.92亿元，运营主体连云港港公路港开港运营。中哈物流场站一期工程完成交工验收，铁路专用线附属工程建成。赣榆柘汪临港物流货运中心项目完成投资1.57亿元，综合配套设施主体、仓储区及区内道路建设等建设项目稳步推进。积极向上争取更多场站项目进入部省“十三五”交通物流场站建设项目库，8个新建拟建物流建设项目基本入库，2个项目被省厅推荐纳入交通运输部“十三五”规划。赣榆汽车客运站建成并投入运营，建成镇村公交候车亭30个。

【调结构转方式】 市运管处深入开展铁水、江河海、陆海等多式联运调研，形成专题调研报告呈报部、省、市领导。引导道路集装箱运输行业集约化发展，发展甩挂运输等先进运输方式，连云港集装箱多式联运公路甩挂运输试点项目入选交通部财政部32个全国主题试点项目，预计将为试点企业争取奖补资金2000万元。积极推动中韩陆海联运，首次将KTS(哈萨克斯坦国有铁路股份公司)集装箱发向韩国，实现国际海铁联运大循环。超额完成省定船型标准化改造任务，共拆解各类船舶127艘，占“十二五”总任务的192%。积极稳妥推进客运班车公司化改造，完成7条班线公司化改造，新增更新中高级客运车辆139辆，完成道路客运配载点布局方案。

【加快维修检测行业转型升级】 市运管处全面贯彻落实部省维修行业转型升级提升服务质量指导意见，出台《连云港市汽车维修和营运车辆技术管理加强事中事后监管意见》，强化行政审批事前指导。宣贯《工时定额与收费指南规范》和《机动车维修业节能环保技术规范》，全市维修从业人员实现全员培训。严格执行配件登记制度，推进机动车维修配件追溯体系建立和完善。引导诚信联盟做优做精，发挥整体资源优势，联盟企业配件采购量突破200万元。积极开展“汽车维修服务月”和“江苏车大夫”进社区义务咨询服务活动，开展免费检测100余辆次。全面完成生态文明建设、大气污染防治目标任务，扎实推进营运黄标车淘汰，全年共淘汰营运黄标车1808辆。

【提升驾培行业发展能力】 市运管处制定驾培行业“先照后证”改革事中事后监管实施方案，扎实做好省局驾培教练员资格准入下放的承接。全面完成新国标改造并组织开展符合性改造“回头看”，37家驾校合规训练场虚拟“电子围栏”全部圈定。开发应用“连云港掌上驾培”APP，“预约培训，先培后付”新型培训模式实现各行政区域全覆盖。道路运输从业人员考试中心（苏北教练员考试分中心）基本建成。2015年，共核发从业资格证8309本，办理诚信考核80235人次，换发从业资格证8314本。切实做好道路运输驾驶员继续教育，7.6万人完成继续教育学习，其中6.7万人通过网络在线学习。

【建设法治运管机构】 市运管处全面落实年度执法目标责任制，强化执法人员培训，92名执法人员参加在岗轮训和岗前培训，280人次参加专项学法。严格公正文明执法，用制度控权，全年无行政复议或诉讼败诉案件。切实做好“先照后证”改革，创新执法监管和服务方式，建立健全“先照后证”事中事后监管闭环管理体系，累计将379件已发照业务纳入后续监管。完成市级运管部门职责清单、职责边界、工作流程图编制，全面清理行政审批服务项目，承接下放行政审批服务项目4项，配强配足审批中心人员，做好前后方工作衔接，确保审批事项100%进驻、100%授权到位、100%网上办理。

【强化行业安全监管】 市运管处落实新《中华人民共和国安全生产法》要求，在全市运管部门推行“三化一体”监管模式，成为全省道路运输安全管理创新项目，监管水平大幅提高。创新安全监管方式。加强连云港市营运车辆动态监督管理平台数据运用，实现安全监管闭环管理，安全监管方式创新受到市安委会肯定。全年累计抽查企业监控人员3.3万次、营运车辆5.5万辆次，“两客一危”车辆在线率100%。开展“道路运输平安年”、打非治违大检查等安全生产整治行动，整改安全隐患136起，查处违规营运行为789起，36家企业被责令退出市场，1家危货企业被吊销经营许可。市运管处与市安监局、市公安局联合签署《连云港市营运车辆安全监督管理合作框架协议》。邀请专业安全机构开展第三方辅助检查，聘任12名专家成立运输安全管理专家组。

【维护运输市场秩序】 市运管处开展非法营运专项整治行动，保持非法营运高压整治态势。开展旅游市场百日专项整治行动，维护旅游客运市场秩序。与汽车公司建立客运市场联合管理机制，按照各自工作职责共同维护客运市场秩序，全年共查处各类道路运输案件4633起。切实履行源头治超职责，对6家重点货运车辆装载源头单位实施巡查51家次，对4380名驾驶人员、27辆违法超限超载车辆、1家运输企业实施治超关联处罚，成效明显。

【圆满完成重大活动运输】 市运管处做好春运保障方案、应急预案和专项预案的执行和落实，确保不滞留一位旅客。春运发送量共325.2万人，同比下降23.9%。扎实做好连博会招展和运输保障工作。全面完成110个标准展位招展，邀请专业观众400人，达成意向成交金额5000余万元。编印并发放《“连博会”交通出行服务指南》8000份，调度199辆客运车辆在机场、车站、入住酒店接送嘉宾6000余人次，开行300余班次直达、接驳公交参与连博会运输保障。圆满完成“连云港之夏”“西游记文化节”“徐圩国际马拉松”等市委、市政府重大活动运输保障工作。在“国庆节黄金周”等重要节假日期间，加强市场整治，统筹调度运力，确保运输行业整体平稳有序。

【党风廉政建设】 市运管处严格落实全面从严治党的要求，深入学习贯彻《廉洁自律准则》和《纪律处分条例》新要求，层层签订党风廉政责任书，强化风险防控，适时开展廉政提醒约谈，提高自律意识。实施基层党建强基工程，完成党员活动室规范化建设。加强学习型运管队伍建设，建成“职工书屋”市级示范点。全面完成教育实践活动后续整改，扎实开展“三严三实”专题教育和民主生活会，查摆不严不实。开展明察暗访，强化运管作风效能建设。

（撰稿：陈小平　审稿：江尧宏）

公路运输

新浦运输管理所

【概况】 2015年，新浦运输管理所（以下简称新浦运管所）紧扣工作重点，加强对重点、难点突破工作，各项目标任务稳步推进，辖区运输市场运力结构得到进一步优化，通过加强行业管理、廉洁自律，服务水平和调控能力进一步得到提升。按照年度安全管理工作相关要求，积极推进“安全生产行政执法监督年活动”，制定相关工作方案，特别是在春运、“五一”“十一”小长假等客流量大时间段进行安全专项检查，重点加强对辖区客运站和规模货运企业的安全监管。强化日常监督管理，采用“互联网+”的模式，建立了安全生产在线工作群，取得了良好的成效。2015年，共召开安全专题学习活动10次、安全生产会议14次，上门检查企业130余次（其中普货企业80余次，三类维修企业50余次，客运站4次），对现场发现的问题和相关企业负责人当场交代，及时进行整改落实。

【年审办证】 强化运政服务窗口的服务功能，在服务大厅设立公告牌，及时发布相关信息，并利用窗口经营业户流动较大的特点，印发相关的宣传资料，使运政大厅也成为宣传运政政策法规的重要阵地。年度共完成普货道路运输新增经营许可543户，年审2317户，注销610户，换证279户，补证17户；道路运输证配发1170套，年审4450套，注销2381套，换证553套，补证61套。加快道路货运运力结构优化调整，积极引导运输企业加快淘汰老旧车辆，引导使用重型货车、厢式货车、集装箱货车及CNG、LNG等新能源货车（其中LNG车辆3台）。深化维修企业信誉管理，完善信誉考核内容和机制，提升信誉企业的公信度，年度辖区共新增三类汽车维修企业许可10户，超额完成年度目标计划。

【解决监管新难题】 新浦运管所辖区业户和车辆数均为全市最多，在工作中不断遇到新的难题，按照以往的工作程序和经验无法解决。为此，新浦运管所加强对相关政策法规的研究，特别是针对道路运输经营许可证件催告、年审、吊销、转籍等拟定内部相关程序，明确工作职责，规范工作流程，完善相关格式、文本。就发现的问题多次专题向市运输管理部门请示、咨询和交流，并提出一系列可行的建议，为其他基层运管部门做好相关工作起到引领示范作用。

【淘汰营运黄标车】 自2015年11月12日起，新浦运管所开展对营运黄标车集中淘汰工作，克服任务重、时间紧、难度大等诸多困难，在全市率先开展排查工作分析，抓住重点倒排工作进度目标。通过逐辆落实，抽调其他部门人员上门办理相关手续；通过电话、短信等多种方式多次查找；通过联系和抄送公安、环保部门，形成多部门联合处理机制。淘汰营运黄标车130辆。

【车辆卫星定位系统监管】 新浦运管所认真学习贯彻《道路运输车辆动态监督管理办法》（交通运输部令2014年第5号）、《关于认真贯彻落实〈道路运输车辆动态监督管理办法〉的通知》（交运发〔2014〕117号）和《关于认真贯彻落实〈道路运输车辆动态监督管理办法〉的通知》（苏交运〔2014〕97号）的文件精神，确保该办法和两个通知有关规定落到实处，全年辖区内运输车辆共完成“北斗双模”车载终端安装2470台。

【品牌培育】 按照市运输管理处要求深入企业调查研究，认真学习掌握相关标准并向辖区内相关企业进行宣传，依据相关规定和通知精神，筛选组织辖区内具备条件的企业进行先行准备和完善，积极培育“快货线路”“快货企业”“江苏快修”等省级运输品牌企业。

【源头治超】 做好源头治超巡查管理制度，年内，共处理来自市公路处路政支队、淮安市路政支队、淮阴区路政大队等单位的违法超限车辆信息抄告460起；到辖区内源头治超相关单位巡查24次并进行相关台账登记。

【驻站监管】 下发《关于进一步加强和规范汽车客运站安全监管工作的通知》，对市客运南站、龙河站及捷安站派专人驻站管理，每天均对客运站场及车辆进行常规管理并记录驻站日记，对现场发现的问题和相关企业负责人当场交流并下达整改通知书，以最快速度整改到位。

【做好诚信考核】 加强道路运输从业人员诚信考核工作，年度共完成诚信考核共计362人；推进道路货运质量信誉考核工作，辖区42家5辆车以上的道路货运企业考核率达100%，其中AAA级27家、AA级10家、A级1家、B级4家。

【专题教育活动】 结合实际，认真开展“三严三实”专题教育活动，统一思想，提高认识，正确对待，积极参与，全面讨论，对发现的问题积极整改。通过党的群众路线教育实践活动，进行“群众满意基层站所”“平安交通”等创建活动，进一步创新服务理念，优化服务流程，改善服务机制。

（撰稿：王　艳）

海州运输管理所

【概况】 2015年，海州运输管理所（以下简称海州运管所）行业管理，重点搞好安全管理工作，积极推进辖区运输市场和运营企业优化运力结构，促进服务水平和调控能力进一步提升。

【审验运营证件】 全年共受理普货道路运输经营许可312户，年审1371户，换证179户，补证12户，依法注销212户；配发道路运输证728套，年审3106套，换证388套，补证54套，依法注销765套。辖区“江苏运政在线”系统货运数据正确率100%，“两证”审验率95%，证件有效期内“两证”占总证件数的97%。2015年，辖区5台车以上（含5台）单位道路运输经营许可证年审安全评估合格率100%；运输行业事故起数、死亡人数双下降，没有发生较大以上安全生产责任事故。

【结构优化调整】 加快道路货运运力结构优化调整，引导运输企业加快淘汰老旧车辆，使用重型货车、厢式、集装箱等专用货车及CNG、LNG等新能源货车。加强政策引导，建立交通物流龙头企业评价和推进机制，重点扶持交通物流龙头企业发展；创新模式，全面推进甩挂运输工作，引导永昌汽车运输有限公司申报甩挂运输试点企业。2015年，永昌汽车运输有限公司被评为A级交通物流企业，获省道路货运50佳质量信誉企业；巩固发展省级运输品牌建设成果，永昌汽车运输有限公司的连云港—天津、连云港—句容等4条货运线路获得“江苏快货”品牌称号。

【货物运输监督检查】 定期对辖区内各类道路货物运输企业开展监督检查，企业资质合格率100%，车辆承运人责任险投保率100%，车辆卫星定位系统安装使用率100%；推进道路货运质量信誉考核工作，辖区5辆车以上（含5辆）道路货运企业考核率100%。推进辖区道路集装箱运输业公司资源整合，辖区内集装箱运输企业公司化经营率达50%。

【推荐信誉企业】 2015年，海州运管所辖区许可三类汽车维修企业4家。发展海州区竣石汽车修理店为“江苏快修”企业。推荐海州竣石车修理厂、海州徐传勤汽车修理部、海州区车立方汽车修理服务中心、海州区领业汽车维修部4家三类维修企业参加年度信誉企业考评。

【教育培训】 指导辖区各道路运输企业对其聘用的驾驶员以及个体运输驾驶员参加从业人员继续教育培训，并将从业人员参加继续教育情况作为道路运输企业质量信誉考核的一项重要内容。

【营运车辆安装北斗卫星定位装置】 辖区内新增以及道路运输证年审到期的半挂牵引车、总质量为12吨以上的（危险货物运输以外的）货运车辆100%安装具有行驶记录功能的北斗卫星定位装置并接入符合要求的监控平台；安装北斗卫星定位装置的道路运输车辆保持车辆运行实时在线。年度辖区内运输车辆共完成“北斗双模”车载终端安装540台。

【淘汰黄标车】 2015年11月12日起，海州运管所开展辖区营运黄标车集中淘汰工作，采取抽调人员上门到户办理，通过电话、短信、QQ群催告办理，抄送公安、环保部门协作办理等方式，年内淘汰营运黄标车113辆。

【源头治超】 落实源头治超信息抄告及处罚规定，做好并建立源头治超巡查管理制度。全年依法处理来自公路管理部门抄告的超限违法运输车辆信息260余起；依据法定职责开展辖区源头治超巡查20次，并完善相关台账资料。

【安全监管】 根据“安全生产行政执法监督年”“道路运输平安年”及“平安交通”示范建设等活动要求，制定具体工作方案，在春节、“五一”国际劳动节、国庆节等小长假客流量大时间段进行安全专项检查，重点加强对辖区客运站和规模货运企业的安全监管。建立“行业管理”QQ群，全辖区所有运输企业、部分个体运输户加入群，通过工作群及时发布上级最新工作动态和通知，进行在线交流，为服务对象释疑解难。夯实运输行业安全监管基础工作，全面落实安全监管工作责任制。行业安全监管全面推行痕迹化、信息化、标准化管理。按照职责规定指导辖区内企业完成安全生产标准化达标考评。年内召开安全专题学习活动9次，安全生产会议12次。开展运输行业安全检查110次（普货企业60次，其他运输企业30余次，客运站20次）。对专项检查中发现的事故隐患，依法依规予以整治，检查督促整改隐患189处。

【驻站监管】 设立海州运输管理所驻海州汽车客运站管理办公室，派出2名运政执法人员日常监管客运站安全管理行为。制定《汽车客运站安全监管规范》，每天对客运站场及车辆进行监督并做好驻站日记，发现问题能立即整改的，当场监督整改，不能及时整改的，下达整改通知书，督促限时整改到位。驻站管理人员做好安全监管登记台账和行业资料统计工作，掌握客运站的客流动态，记录好有关客流数据，定期分析、预测客流状况，为客运安全形势安全稳定提供第一手资料。

（撰稿：王发清　审稿：邱建刚）

铁路运输

【概况】 铁路运输连云港站（简称连云港站）位于连云港市政府所在地海州区境内，客流吸引区覆盖连云港市和周边临沂、日照、盐城、淮安5个市县，日均到发旅客列车10.5对，年发送旅客150万人次，客运收入1.5亿元。2015年，连云港站坚持“以服务为宗旨，待旅客为亲人”的服务理念，以创建“海之缘”雷锋服务站为载体，注重在特色服务上做文章，在打造品牌上下功夫，在规范管理上使实劲，积极推行“人性化”“亲情化”和“诚信化”服务，努力营造和谐宽松、富有青春活力的人文氛围，较好地促进了“三个出行”（安全出行、方便出行、温馨出行）目标的深化发展。连云港站先后被评为路局先进中间站、标杆中间站、春运先进车站、路风先进车站、江苏省春运先进单位、江苏省创建群众满意窗口示范单位。

【开展争先创优活动】 连云港站利用职工身边的先进典型，引导干部职工开展争先创优活动。抓住服务标兵王娟、服务明星杨海军的先进事迹，在干部职工中间进行大张旗鼓宣扬，并开展月评明星活动，努力营造争先创优的浓厚氛围。针对服务旅客过程中，部分受到委屈的职工，设立委屈奖，在表彰月度明星时，一同给予表彰奖励。通过争先创优活动，推动服务质量的提高，为旅客做好事蔚然成风。“海之缘”雷锋服务站帮助老、弱、病、残、孕及需要特殊服务的旅客2000多人次，收到锦旗10面、感谢信25封、旅客留言上百条。售票班组先后被连云港市总工会评为“先进集体”，被江苏省总工会评为“文明窗口”，被江苏省政府授予“工人先锋号”称号；2015年春运，上海铁路局“三个出行”先进班组，被总公司评为全国铁路先进女职工集体。

【加强培训提高人员素质】 连云港站立足自身强化业务技能培训，采取日学一题、一月一考、一季一赛的办法，下狠劲抓好岗位练兵，确保职工技能达标，全年客运班组有5人次在路局、车务段业务练功中取得优异成绩，8人取得客运值班员、售票值班员及计划员工人技师资格。连云港站还采取“走出去、请进来”的方法，邀请徐州师范大学教授到车站举办服务礼仪讲座，请求驻连武警战士到车站搞军训，选派6名职工参加广州红十字急救培训和路局“12306”客服中心学习锻炼，组织干部职工到新浦汽车总站“雷锋车”事迹陈列馆参观学习等，开拓干部职工视野，吸取新经验，提高服务技能。

【健全长效机制】 连云港站积极借鉴南京站“158”雷锋服务站经验，紧密结合自身实际，先后制定出台《连云港站“海之缘”雷锋服务站台账资料标准》《连云港站“海之缘”雷锋服务站工作实施细则》《连云港站“海之缘”雷锋服务站作业指导书》《连云港站“海之缘”雷锋服务站联动作业指导书》四项制度办法，从机制上建立健全“海之缘”雷锋服务站工作制度。2015年，连云港站推出一年四季常态化的“特需服务专窗”，为老、弱、病、残、孕及需要特殊服务的旅客提供问讯、导购、订票服务。在候车室设立集旅客咨询、投诉受理、预约服务、重点旅客帮助等服务内容为一体的服务窗口，与售票处的“特需服务专窗”实行互联互动，为旅客提供购票、乘车一体化服务。在服务礼仪上，要求客运人员严格执行作业标准，笑脸迎送，热情服务；在服务引导上，旅客进站有需求时，要为旅客提供一对一的引导；在服务提醒上，要从语言和标识上及时告知旅客出行的有关注意事项。

【品牌创建】 连云港站抓好“海之缘”雷锋服务站品牌创建工作。创新服务旅客新方法，找到服务旅客新途径，带动和促进客运整体工作深化发展。通过品牌创建工作深入开展学雷锋、做好事活动，把旅客当亲人，把车票当请柬，融入职工之心，变成职工自觉行动。在品牌创建工作中加强干部职工服务理念的转变，提升干部职工思想认识，带动服务观念的转变。

【拓展服务范围】 连云港站在抓好规定动作服务的基础上，坚持眼睛向外，面对社会进行深化发展。春运前夕，配合段团委开展了“铁路连万家，服务你我他”送服务进学校、进社区、进广场活动，组织“海之缘”雷锋服务站骨干人员4次深入连云港职业技术学院、新浦区贾圩社区、市区百货大楼门前及新浦区玉带社区进行铁路春运服务措施、售票常识宣讲，受到广大师生、社区居民及市民百姓的热烈欢迎。连云港站还开通了重点旅客预约服务热线、“上铁连云港站海之缘雷锋服务站”官方微博和QQ群（2967619271）等服务项目，此外，连云港站还提供导游服务，要求客运人员熟知连云港站进市区的公交线路，把服务由站内向站外辐射延伸，较好地将服务旅客由现场直观服务向空间服务拓展深化。

【启用新的售票系统】 连云港站在施工改造过程中，于2015年3月20日暂停客运业务，同日8时正式启用新的售票系统。为把连云港站改建期间对火车正常售票秩序的影响降到最低，连云港站充分准备，细化方案，确保售票工作的正常稳定。

【连云港站改建】 连云港站在改建中加强舆论宣传，做好搬迁工作。车站成立了由总支、客运专人组成的宣传解释小组。在广场、候车室等地方制作了公告栏和引导标识。还利用报纸、电台等新闻媒体大造声势，确保改建消息大范围传播。在改建中明确责任分工，细化方案。明确现场盯控，对售票设备设施、票厅配套设施、环境保洁做认真细致的检查确认，发现问题及时与相关部门联系解决，确保设备设施达到启用标准。做好现场秩序维护和解释工作。车站客运组织售票人员，维护好现场秩序。售票厅内、窗口为旅客进行导购，做好宣传解释工作，确保改建现场秩序良好。

（撰稿：井盛田）

内河运输

海通航运

【概况】 2015年，海通航运公司（简称海通航运），认真贯彻落实集团的“十二五”规划，抢抓机遇，知难而进，踏实苦干，借助连云港内河水运良好的发展趋势，以货代业务为抓手，充分利用企业运力，加强与各内河港口的合作，通过开展委托经营船舶资金帮扶等工作。经过多方努力，较好地完成了全年的各项工作任务，为企业的发展奠定基础。

【企业发展】 海通航运拥有委托经营船舶162艘，实现了利润突破。水运市场由原来的连云港地区逐步扩展到江苏、浙江、安徽、河南以及鲁西南地区，海通航运秉承的诚信经营理念也得到了广大客户和船东的认可，在行业内树立良好的企业形象。2015年，完成货运量50.7万吨左右，为上年同期22万吨的230%，2015年，实现营收1580万元，完成利润161万元。

【拓展新业务】 海通航运在维护原有业务的前提下，新拓展的与明轮国际合作承运的宿迁镍矿业务，该项业务占公司货运完成量的60%以上，也连续创下航运公司成立后多项货物发运量的历史纪录，有效地解决发运镍矿船舶的回程货源组织困难的问题。8月，成功签约从徐州塔山发到响水中联和板桥中联的水泥熟料业务，每月的发运量达到近4万吨，基本解决回程货源缺乏的问题，提高运输船舶的实载率，也提升公司的运力组织和运价控制的能力。年内，还开拓灌河国际、新龙港、山东济宁森美达港等的货源基地航线，完成6万多吨的运输量。

【江苏省首批三艘纯天然气动力示范船吉水试航】 2015年11月27日，江苏省首批三艘纯LNG动力示范船吉水试航。吉水试航的苏连海通货0001号、苏连海通货0002号、苏连海通货0009号，是连云港海通物流有限公司计划投资的10艘纯LNG动力示范船中的3艘，于2015年3月18日开工建造，历时八个多月建造完工，是江苏省首批纯天然气内河运输船舶。LNG燃料在内河运输船舶的推广应用，既符合国家能源产业政策和节能减排要求，又有利于航运企业降低经济成本、提高经济效益。船舶建造过程以及公司水运业务板块在服务“一带一路”方面的构想，公司始终以“绿色、高效”为追求理念，努力提升内河船舶的环保节能水平，努力降低船舶运营成本，为客户创造增值价值，进一步彰显公司的社会责任感。

【争取资金支持】 2015年，海通航运充分挖掘潜在资源，利用建造LNG船舶的契机，积极争取资金政策的支持，与政府相关部门沟通协调，向市科技局申报科技创新项目，向市经信委申报重点物流企业项目。

【安全管理】 把安全工作提到前所未有的高度，把安全管理始终贯穿在一切工作过程中，从点滴做起，从班子成员和安管人员做起，踏实做好安全管理工作。海通航运专门成立安全标准化创建领导小组，按水运企业的安全标准化的要求，做出16个大项的总体框架，年底前完成自评工作。

（撰稿：刘晖　左志军
审稿：仲济强）

港　口

【新浦港】 新浦港装卸储运分公司（简称新浦港）隶属连云港海通物流有限公司，坐落在海州区盐河南路玉带河桥南首西侧，在岗员工13人。主要发运莱芜、日照钢材至江、浙、沪和长江一线，由于受地理位置、运输市场竞争激烈和航道、船闸、市区车辆运输限制等因素影响，港口吞吐量下滑，2015年，完成港口吞吐量7.5万吨、操作量15万吨，为2014年的50.68%。在港口经营不景气状况下，新浦港重点抓住安全工作不放松，全年未发生安全事故。

【海州港】 海州港装卸储运分公司（简称海州港）隶属连云港海通物流有限公司。港口坐落在海州区江化南路，在岗人员5人。主要经营装卸三得利大麦、磷矿硫铁矿。由于港口环保改造、运输市场竞争激烈，运价比2014年下降三分之一。2015年，完成港口吞吐量3.5万吨、操作量7万吨。全年安全无事故。（撰稿：顾士荣）

航道管理

【水上ETC开通运行】 2015年，连云港市五座船闸水上ETC系统全部建成并投入使用，安装ETC系统的船舶过闸实现不停船自动缴费，节约大量时间和成本，促进全市水上航运业的发展。至年底，有500余艘船舶安装上ETC终端设备。

【水运工程获国家优质奖】 2015年，连云港港疏港航道整治工程荣获2014—2015年度国家优质工程奖，是江苏省2015年唯一获此殊荣的水运工程。连云港港疏港航道是连云港“海河联运”体系的重要组成部分，北起连云港物流园区，接连云港港，南连京杭大运河，全长71363米，总投资31.16亿元。

【盐灌船闸工程整体通过验收】 2015年5月28日，经江苏省交通运输厅组织的竣工验收评定，盐灌船闸工程整体达到设计要求，通过竣工验收。全市五座船闸累计过闸货物量、过闸船舶吨位分别达2558万吨、4400万吨。

【依法行政】 2015年10月，根据《中华人民共和国航道法》第五章第二十八条规定，完成大岛山区域妇联河内河码头工程航道通航条件影响评价审查，这也是连云港市首个航道通航条件影响评价项目审查，标志着连云港市航道通航条件影响评价工作的正式开展。

【文明创建】 2015年，连云港市航道管理处通过“全国文明单位”复检。新沂河枢纽船闸管理所被评为2012—2014年度全省交通运输行业文明窗口。

（撰稿：陈志磊　审稿：丁爱军）

城市公交

海通公交

【概况】 2015年，连云港海通公共交通有限公司（简称海通公交）在市交通控股集团的领导下，全体干部职工努力拼搏，紧紧围绕公交优先发展战略目标，圆满地完成市委、市政府部署的民生工程和交通控股集团下达的年度各项目标任务。公交线网进一步优化，车辆更新步伐加快，新能源车辆投入运营，车容车貌大幅改善，充电场站建设并投入使用，公交服务质量、公交出行分担率和群众满意度大幅提升，职工薪酬待遇得到提高和改善，企业经营取得长足发展，企业规模、经营管理、安全发展、党风廉政建设以及精神文明建设等方面均取得显著成就。

【经营指标】 2015年，海通公交完成公交运输总收入21877.06万元。其中常规公交完成总收入14537.14万元，计划为13700万元，为计划的106.11%；快速公交完成总收入7339.92万元，计划7000万元，为计划的104.86%。营业收入实现4630.91万元，计划4280万元，为计划的108.20%。完成年度利润-997.44万元。其中，常规公交实现利润-94.13万元，计划为-200万元，比计划减亏105.87万元；快速公交实现利润（经营亏损）-903.31万元，计划为-950万元，比计划减亏46.69万元。完成周转量10.01亿人公里。其中，常规公交完成周转量4.85亿人公里，计划为5亿人公里，为计划的97%；快速公交完成周转量5.16亿人公里，计划为5.09亿人公里，为计划的101.38%。完成总行驶里程4793.54万公里。其中常规公交完成总行驶里程3173.54万公里，计划为2900万公里，为计划的109.43%；快速公交完成总行驶里程1620万公里，计划为1600万公里，为计划的101.25%。（注：“亿人公里”“万公里”为运输行业经营指标的统计名称，下同）

【公交车辆更新】 2015年，海通公交筹集资金2.35亿元，购置公交车辆

346台，其中纯电动公交车186台，清洁能源公交车辆160台，超额完成市政府下达的新增公交车辆100台目标任务。8月1日，156台清洁能源车辆全部投入运营。

【充电站建设】 2015年，根据连云港市发改委《关于连云港海通公共交通有限公司推广应用新能源电动车及充电站项目备案的通知》，结合海通公交现有场站情况，全面启动充电站建设相关工作，已建成充电站14个，建充电枪56套、充电弓16套，预留快充桩18套，预留直流桩23套。

【优化公交运营线网】 2015年，完成新辟线路6条（52路、55路、游7路、9路、18路、22K），优化调整线路13条（环1路、B3、B12、601路、6路、9路、27路、2路、10路、29路、游1路、58路、20路），共计19条。超额完成连云港市人民政府工作报告确定的新辟优化10条线路的目标任务，公交线路通过不断优化调整，线网更趋于网络化、科学化，进一步方便市民的出行，城市公共交通运行效率得到提升，城市公共交通分担率达到23%。

【整治尾气排放】 2015年初，海通公交有黄标车363台，年内已淘汰黄标车辆343台。海通公交加大技术改造力度，对64台金旅车实施技术改造，使尾气排放符合环保要求。

【经营结构转型】 为实现传媒公司利润最大化，做大做强传媒业务，海通传媒公司与连云港连报文化传媒有限公司签约，将车身广告经营权交由连云港报业传媒集团经营，实现双方互利共赢和效益最大化。

【搭建公交网服务平台】 根据生产经营需要及市民出行需求，在海通公交网站上搭建了定制公交网上服务平台，面向社会各企事业单位或个人，根据自身出行需求进行网上预定。2015年，七一六研究所、市车管所、港口集团、汉高华威、汾灌高速、新海电厂、中国银行、铁路局、康达学院、核电公司、连云港方兴物业服务有限公司等16家单位与公司签订了定制公交班线协议，通过实行个性化、有针对性的定制公交线路，使广大市民真正享受到“私人定制”的专属服务。

【开通火车站快速专线运营】 根据火车到站的具体时间，海通公交安排6台专线车免费将乘客循环接送至连云港火车站和连云港火车东站，中间停靠主线站台。另安排4台驳载线车辆，从火车东站运送乘客到五羊路站。根据北京班到站时间较晚的实际情况，快速公交安排4台18米车增投夜晚运营，开行火车东站至新海城区直通车，及时疏散火车东站的乘客。年内，共安全运送乘客182万余人次，运营秩序平稳有序，得到市相关部门和广大市民的认可。

【安全生产】 为全面提高驾驶员安全服务意识，努力为乘客提供安全、优质、舒适、便捷的出行服务，开展“安全生产优质服务”大检查综合治理活动，从运营服务、安全生产、机务保障等方面制定详细的检查标准及人员安排，各基层单位按照检查标准要求，认真开展自查自纠和考核督查工作，发现问题，及时整改。

每逢节假日及大型活动等客流高峰期，都提前做好预案，周密部署，精心安排，合理调整运营班次。2015年，圆满完成春运、“连云港之夏”、连博会、文博会、徐圩新区“国际马拉松”等节假日以及重大活动期间的交通运输保障工作，做到运输安全有序、让乘客及时走了、走好。

【安全管理】 围绕“隐患排查月”“安全生产月”等系列活动，制定事故隐患排查治理工作方案，开展安全生产宣传教育活动，全面提升员工整体素质和安全操作技能，完善应急救援预案，组织应急演练，开展各项安全生产大检查。全年上路上线52次，重点对车辆安全锤、消防器材、电路、油路等方面进行全方位检查，检查营运车辆9493台次、违章违纪69起，查处隐患53项，整改率达100%。

【强化机务管理】 加大“一日三检”检查和考核力度，全年共开展机务检查48次，查车4502台次，查处隐患507起，加大对驾驶员业务培训，全面提升驾驶员爱车例保水平，共节约燃料530.79万元、润料14.29万元。加强修理技术培训，严把配件、润料质量，加大修旧利废，降低生产经营成本，保证修理质量，大浦保养厂全年完成快速公交车辆保养82台次、小修490台次，完成汽车公司车辆保养1194台次，道路救援1224台次，已与5家单位签订定点维修协议，完成出口车辆维修保养达4218台次，与2014年同期相比增长54%，荣获江苏省机动车维修质量信誉等级AAA荣誉。

【创新公交服务模式】 将4路、601路、20路、机场专线4条线路命名为“与雷锋车同行”文明线；8月19日，在集团的大力支持下，由公司签头邀请汽车公司、汽服公司共同召开“践行‘三严三实’要求，擦亮优质服务品牌”研讨交流会，文明办主任刘永鑫、集团党委书记刘永能到会并讲话；10月30日，在市文明办、团市委、集团的大力支持下，开通23路、25路、37路、B3线4条敬老文明线，成立敬老志愿服务队，4条文明线的驾驶员和BRT站务员是敬老志愿服务队的第一批队员，并规范了敬老文明线的服务标准，各项活动的开展使精神文明建设进入常态化。为调动驾驶员工作积极性，提升服务水平，公司制定了《海通公交驾驶员评价考核实施办法》，将考核结果与驾驶员绩效薪酬相挂钩，全面提升驾驶员的服务水平和业务技能；稽查大队加大上路上线查处力度，共检查营运车辆119504台次，查处各类违章违纪52起，对各类违规行为进行有效遏制。

【举办职工技能大赛】 积极组织驾驶员、修理人员、站务员参加省、市职业技能比赛，选手们刻苦训练，按照标准化技术要领，进行规范操作培训，积极投入竞赛。在2015年连云港市职业技能竞赛中，公交驾驶员、BRT站务员包揽市级比赛的全部奖项，维修取得第二名的好成绩。通过各类比赛，找出差距，加大从业人员专业技术培训力度，不断提升员工业务素质。

【开通公交服务热线】 2015年，海通公交服务热线，与市“12345”平台和“96196”平台有效对接，更加及时、快捷地处理乘客的投诉、咨询、建议、表扬等。公交服务热线全年共接到热线电话15299起，受理有责投诉22起，帮助乘客寻找失物1785件，收到乘客来电表扬76次，回复满意率达100%。

【推广先进工作法】 根据各基层单位的特点，专项指定各单位开展驾驶员安全行车法、站务员服务规范法、节油（气）工作法、爱车例保法、维修技术工作法等活动，组织专门人员边工作边总结，反复修改提炼，在全公司内推广。全年开展员工培训168期，培训12866人次，员工们通过各类培训，相互学习，共同进步，不断提升业务水平。23路驾驶员乔晓峰的优质服务受到广大市民的一致称赞，电台、电视台等新闻媒体多次表扬。为了宣传先进典型，新浦公司及时总结出“乔晓峰优质服务法”，安排实习驾驶员跟车学习，通过以点带面，先后涌现出孙勇、周卓文、杨爱民等乔晓峰式的驾驶员。

【企业文化建设】 为构建劳动关系和谐企业，开展“‘中国梦·劳动美’劳模宣传月”系列活动，在公司广泛宣传省级劳动模范孙刘、蒋卫新的先进事迹，大力弘扬职工爱岗敬业精神。通过海通公交网站和微信公众平台及时发布党风廉政、文明创建、安全运营、企业发展、好人好事等文章1176篇，集团网站选载699篇，平均每天发布新闻3条以上，阅读量高达1000人次。通过微信平台，让广大员工和市民全方位了解公交，关注公交，传播公交的正能量。微信平台自开通以来，关注用户数达5000余人，并呈不断增加势头。

【党风廉政建设】 2015年，海通公交党委严格落实党建工作和党风廉政建设主体责任，以“严”的精神和“实”的作风，切实做到守岗有责、守岗负责、守岗尽责。加强党建基础建设，完善考核机制。从党建基础工作、思想政治工作、精神文明建设、支部工作执行力、员工职业道德等方面全面监督考核，对工作不到位、松懈、政令不畅的个别单位进行诫勉谈话，发现问题及时解决，决不迁就。加强党员干部队伍思想政治教育，组织党员干部收看《作风建设永远在路上》《周恩来的严与实》等专题教育21次，到抗日山烈士陵园缅怀革命先烈，重温入党誓词，党委为党员干部上“三严三实”专题党课，通过学习，使广大党员干部锤炼了党性，改进作风，推动各项工作的开展。强化落实党风廉政建设“两个责任”。公司领导班子向全体干部职工公开承诺：带头执行中央八项规定，自觉做好廉洁自律工作，接受职工群众监督。公司领导班子对9个基层单位、8个机关部室的46名中层干部、55名二级单位干部全部进行廉政约谈。签订党风廉政建设目标责任书。为了强化党建和党风廉政建设，完善量化考核，健全基础管理，公司党委与各基层单位、基层单位与二级干部层层签订两个目标责任书。在节日期间，纪委通过公交网站、微信平台发布廉政短信，全年公司没有违反廉洁自律情况发生。海通公交党委严格做到企业重大事项实行班子集体决策。2015年度，重大事项经集体决策共22项，特别是在公交车辆采购、充电站建设以及智能化设备采购项目中，公司召开6次党政联席会议进行集体研究，2015年度车辆采购、场站建设等15个项目实施招投标，涉及资金3亿多元，纪委全程进行跟进和监督，招标程序规范有序，有效地降低企业采购成本。在重大事项、重要人事任免、大额资金运作等方面，均进行集体讨论决定。在干部提拔使用上严格执行程序和规定，由党委会集体研究决定，广泛征求职工群众意见和建议，严格按干部提拔程序规范操作。

【关心职工疾苦】 对困难职工认真排查摸底，建立困难职工档案；开展困难职工子女金秋助学活动，走访慰问困难职工；在职工中开展献爱心捐款倡议活动，为突发状况职工胡可志、颜廷祥、赵金平捐款，参加“慈善一日捐”活动，金额共计9.39万元；在总工会和集团工会的大力支持下，开展夏季“送清凉”、冬季“送温暖”活动，不断改善一线员工的工作环境，增强企业的凝聚力和向心力。

【机动车环保检测线投入运营】 2015年8月3日，海州区新浦开发区东齐汽车检测有限公司的机动车环保检测线正式投入运营。这条环保检测线的投入使用，将对辖区内机动车尾气污染治理水平和大气环境的改善带来新的提升。东齐汽车检测有限公司位于海州区新浦开发区内。总投资1000万元，项目总占地面积10万平方米，建筑面积3000平方米，其中，安检车间2000平方米，环检车间300平方米，有重柴、轻汽轻柴混合两条环保检测线，室外试车跑道200米，设计年检车辆3万辆。检测线已与车管所实现车检联网。

（撰稿：卢杨　审稿：许静）

新浦汽车客运总站

【概况】 2015年，新浦汽车客运总站（简称客运总站）在总公司党委的正确领导下，以科学发展观为统领，认真贯彻总公司党委指示精神，按照总站八届五次职代会提出的奋斗目标，团结拼搏、扎实工作，顺利地完成总公司下达的生产经营任务和各项经济指标，实现了“两个文明”双丰收的可喜成绩。客运总站“雷锋车”组荣获“全国交通运输行业十大文化品牌”称号、“连云港市党性教育现场教学基地”称号、“全市社会主义核心价值观建设示范基地”称号，车站被评为市“诚实守信、优质服务”先进单位。

【站务管理】 把管理作为车站工作的重中之重。从规范管理入手，对各项工作提出新的要求。定期召开全站班组长会议，布置工作，强调劳动纪律，对存在的问题进行公示并处罚。每月召开一次业务会，分析客运工作，听取意见、建议，解决工作中存在的问题。抓考核，堵漏洞。每月对工作质量、业务差错、劳动纪律等情况进行考核。严格落实车站各项管理制度，发现问题及时处理。修改完善《职工统考标准》。2015年，继续推行员工星级服务考核制度。车站每个月都会对员工的工作情况进行考核，根据考核标准打分，符合标准发给全额奖金。通过推行星级服务考核活动，职工业务水平与团队意识有新的提升。

【严控费用】 严格控制经费开支，教育员工从节约每一度电、每一滴水、每一张纸做起，培养员工勤俭节约意识。定期对水电、办公用品使用情况进行公示，让大家共同监督。

【安全管理】 始终将安全生产作为头等大事来抓，教育广大职工紧绷安全弦。客运总站事务繁多，点多、面广，召开各类会议都必讲安全。每月定期召开安全生产例会和护站稽查会议，时刻不忘安全。严格落实安全标准化内容，宣传安全知识，在客运总站各岗位实施“安全文明十必保”签名承诺活动，并将承诺书公布上墙。对各岗位划分治安、消防防范细则，确定责任人。加强站场安全管理，领导不定期夜班查岗，确保站场良好的安全环境。2015年，客运总站扎实开展“安全生产月”活动，动员全站职工参与企业安全工作。此外，还积极组织职工参加“安全生产月”的安全演讲活动，使广大职工的安全意识大大增强。

【确保营收增长】 创新工作思路，拓展经营理念，千方百计想办法确保收入增长。在元旦、春节、清明、“五一”、国庆等节假日，做到提前预测、统筹兼顾、合理调配，确保收入。针对节假日客流特点，提前与车队协商，安排好人员及班次，在不同时段加大运力。通过延长售票时间、开通高校直通车等形式增加营收。通过调整稽查，对违规车辆补票和罚款，严把签证、堵漏关，确保营收。

【做好节假日客运】 针对小长假旅客流动的特点，对售票、检票、护厂、稽查等各个岗位以及客流高峰时段的限时进站购票、候车等各个工作环节进行详细分工部署，确保每位旅客平安、快捷、适时、走了、走好。全年春运40天共发送客运车辆25141个班次，其中加班车444班，共输送旅客36.5万人次。“五一”小长假期间，共计发送客运车辆2576个班次，其中加班车辆244班，运送旅客7.1万人次。“十一”小长假期间，共发送旅客11.8万人次，发送客运车辆6172班，其中加班453班。

【提升员工业务水平】 车站作为窗口服务行业，自身业务水平的高低直接决定着企业能不能健康顺利地发展。车站的领导班子向来把提升员工的业务水平放在重要位置。2015年，车站组织客运知识培训、急救知识、岗位安全知识培训等培训和开展星级考核活动，促进广大职工提升业务水平，提高服务质量，取得良好效果。

【科技化售票】 自助售票机大批量的投入使用，旅客可以通过刷卡和现金的方式自助购买车票。旅客可以通过微信平台查阅汽车总站的最新动态、班次信息，也可以通过微信平台自助购票。客运总站还积极开展“巴士管家”手机APP的推广下载活动。自助售票机、微信平台以及手机购票软件的广泛使用，方便广大旅客自助出行需求，也减缓节假日等客流高峰期售票窗口的压力。

【发挥党支部核心作用】 深入开展“四好”领导班子和“五好”党支部创建活动，坚持领导班子带头学习，切实提高班子成员科学决策、规范管理、开拓创新、应对复杂局面的能力。领导班子党员集中开展党的群众路线教育实践活动的学习，在党员中开展“回头看”自查活动，取得良好的效果。党支部坚持每月召开一次支部会，坚持议事规则，坚持民主集中制。做到小事通气、大事研究、集体决策。开展“党员活动日”活动，组织党员收看党史资料片。做好组织发展工作，2015年，党支部发展新党员2名。

【工会建设】 坚持以职代会为基本形式的民主管理、参与监督机制，加强工会工作。坚持站务公开制度，车站的费用支出、干部提拔、党员发展、评功授奖等均坚持公示，广泛接受群众监督。开展合理化建议征集活动，集思广益，动员广大职工为企业的发展出谋划策。工会严格按照《工会法》进行换届选举。对由各部门、各班组选举产生的职代会职工代表进行公示。工会还组织职工参加各类演讲比赛和“农民工平安返乡（岗）”“安康杯”劳动竞赛活动。工会关心爱护职工，为全站职工体检，为女职工妇检等。客运总站重视职工的业务文化生活，在春节前组织联欢会，给广大职工提供一个展示自己风采的舞台。通过举办趣味运动会、拓展训练、过集体生日等活动，增强客运总站的凝聚力和向心力。

【抓“雷锋车”品牌建设】 从更高层次定位“雷锋车”服务社会的内涵。加强全体员工的业务素质，提高全体员工的整体服务水平，将“雷锋车”精神向更广范围辐射。组织成立“雷锋车”组“巾帼志愿服务队”。利用业余时间走进敬老院，陪老人们聊天，为老人们打扫卫生。探望社会上的单亲妈妈，每逢重大节假日，都为她们送去慰问品。成立“困难旅客救助基金”，专门为那些遇到困难的旅客排忧解难。2015年，服务品牌“雷锋车”服务热线备受广大旅客欢迎。客服中心“雷锋车服务热线”共计接电146278次，日平均412次，接到旅客求助433起，其中包括寻物306起，找到198件；投诉101起；协助“96196”49次；包车18起；订票8863次、5632张。“雷锋车”品牌取得社会效益和经济效益双丰收。

（撰稿：彭小月）

江苏省连云港汽车运输总公司旅游出租分公司

【概况】 2015年，江苏省连云港汽车

运输总公司旅游出租分公司（简称出租公司）全体人员严格贯彻“企业管理深化年”出租管理的各项要求，以经济发展为主线，以服务为根本，以安全为重心，多措并举，克服了经营中遇到的种种问题和困难。全年整体工作稳步推进，经济效益稳定，安全与服务质量考核指标可控，精神文明建设创建扎实开展，维稳措施落实到位，各项基础管理水平得到进一步提升，较好地完成全年各项工作指标和工作任务。

【提升管理效能】 强化内部基础管理，全面提升企业科学化管理水平；以服务质量信誉考核为抓手，加大监管力度，全面提升从业人员服务质量；以安全标准化为抓手，规范工作流程，全面提升企业本质安全度；以继续再教育为抓手，全面提升员工队伍整体素质，维护企业稳定；以各类精神文明创建为抓手，适时开展系列公益活动，全面提升和深化企业文化内涵；以加大考核检查为抓手，落实主体责任，切实推进工作力度；以党风廉政教育为抓手，加强党员干部管理，全面提升支部战斗堡垒作用。严格按照相关管理考核标准及要求，通过专题会议、集中学习等形式，加强管理人员的业务培训，提高其业务技能和工作能力。结合公司的特点和实际需求，出租公司对企业的管理制度和管理台账进行完善与调整，如针对事故车修理与车辆保养规范问题，出租公司及时制定相关规定和标准，并第一时间做好业务对接，协助修理厂理顺各方面关系，保证此项工作尽快步入正轨。日常工作中，注重管理精细化和标准化，层层签订责任书，层层落实管理责任，使各项工作有具体分管领导，有具体管理部门，各项工作归口管理、归口负责，明晰明确了各部门、各岗位的工作职责，促进管理水平进一步提升。

【生产经营】 2015年，出租公司更新车辆和延期车辆数较多，为更好地减轻资金压力，更好地提高车辆利用率，最大限度地挖掘经济效益，采取积极有效的措施。在新车更新方面，抽出专人负责此项工作，经常加班加点，克服时间紧、任务重等不利因素，提前做好车辆订购设施安装、车辆上牌、驾驶员资质审核等程序，尽量缩短交接时间，基本实现无缝对接，全年更新97台。在车辆延期方面，上半年采取对6年到期车辆各分公司都提前1个月与驾驶员沟通，说服他们进行延期的方法；下半年采取普桑全部延期的“一刀切”措施，收到良好成效。全年预计延期41台，此外做好延期车辆合同续签、车辆投保、延期手续办理等工作。

【安全管控】 公司将管理工作前沿，变静态管理为动态管理，着重日常监管检查，加大路检路查力度与频次，经常性地开展安全综合大检查，开展各类纠查违章活动，对重大违规行为给予停业整顿和经济处罚。利用GPS适时对重点区域、重点地段进行监控，及时纠正违章违纪现象，有效地约束与规范从业人员的经营行为，为做好企业安全生产工作任务奠定了扎实的基础。做好车辆二维、保养、投保等工作，结合“隐患排查月”和“六月安全月”的活动要求，落实管理责任，特别是对参加重大节假日营运的驾驶员进行排队摸底，并100%签订“安全生产责任状”，对参加节运的车辆进行检查。从而从源头上杜绝从业人员资质不全、安全意识淡薄、车辆技术状况差、“带病”上路等问题。出租车责任事故率为0.96次/百万车公里，责任事故死亡率为0人/百万车公里，责任事故伤人率0.6人/百万车公里。

【教育培训】 公司定期召开全体驾驶员安全会议，进行安全工作的动员、宣传和教育，解读安全法规，以身边案例教育身边人。3月，公司邀请公交分局警官走进企业，对从业人员进行普法教育，不断提高全员安全意识与法制意识。6月，又邀请民安消防在公司会议室开展主题为“珍爱生命 远离火灾”防火知识讲座，提高了大家的安全防范意识，为保障出租车夏季行车安全奠定了扎实的基础，公司全年组织培训6期，计36场，培训6000余人次，培训率达100%。注重安全管控，将管理工作前沿变静态管理为动态管理，经常开展安全综合大检查，开展各类纠查违章活动，做好车辆二维、保养、投保等工作，结合春运、“安全生产月”、“隐患排查月”的要求，制定工作方案，查找与消除事故隐患，夯实管理基础；注重应急预案演练，6月，在安保处的指导下，组织驾驶员开展车辆发生自燃应急演练，较好的提高驾驶员应急处置能力；注重指标考核，针对有限公司全年及上半年安全目标考核标准，对指标进行层层分解，严格把控，按照“四不放过”的原则，抓好事故处理与跟踪，上报理赔案件75起，无重特大责任事故发生，各项指标在可控范围。

【服务质量管理】 2015年，出租公司出租服务质量合格率在95%以上。坚持从源头把好人员录用关，凡新进驾驶员，公司除对资质把关外，还对其有无违法和不良记录进行调查审核，充分利用换轮与更新契机，对有问题的人员一律不予录用；日常工作中注重教育培训工作，不断提升从业人员优质服务意识；加强规范管理，继续完善监督检查机制，针对不打表、不主动给票等现象进行严查，严格要求出租车司机自律，保证文明经营；注重现场管理，查车实行常规与抽查相结合制度，公司要求每月人车见面率100%，对问题车辆立即给予整改，确保车容车貌完好、整洁，稽查等部门密切配合加强动态监管，发现违规车辆及时处理，维护好企业的整体对外形象；实现车辆技术状况管理“常规化”，通过查车等常规制度，认真排查不安全因素，对车辆营运证、驾驶员从业资格证及车辆二级维护等情况进行检查登记，对车辆灭火器配备不齐全或无效、自制标识牌、无证驾驶等违章行为进行纠正；对乘客投诉案件，领导亲自抓，一经查实，做到教育到位、处理到位、认识到位，各项措施通过多渠道、多方位的落实，驾驶员的文明服务意识不断提升，投诉率控制在2%以内，乘客满意度在95%以上。

【抓好维稳工作】 将维稳工作作为

重中之重的大事来抓，采取多种有效措施：利用安全会，邀请公安干警，分析当前行业形式和面临的困难，通报当前政府职能部门及公司所做的工作，对驾驶员关心的热点问题一一给予解答，使大家能够正确应对所处的环境，树立正确的择业观，同时亮明公司态度，坚决杜绝违法停运事件发生；加强重点人员监管，对一些平时表现较差的人员由分公司经常性地组织谈心谈话，消除他们的不满情绪，充分利用更新、换轮等时机，将一些重点人员予以清退，起到了一定的震慑作用；对驾驶员反映的非法营运车辆扰乱市场问题，通过协会去信访局反映，或通过市长信箱形式反映，以期市场得到改善；进一步完善应急预案，应对突发事件发生。通过多方工作，全年未发生非法上访事件。

【精神文明建设】 加强领导班子建设，抓好干部和职工队伍建设，全面落实党风廉政建设责任制，坚持“三会一课”制度，组织党员干部深入学习中共十八大文件、习总书记系列重要讲话和省市委指示精神，不断提高全体党员政治觉悟和政治素养;坚持开展“党员活动日”活动，通过收看电教片，激发大家爱党爱国情怀，提高拒腐防变的能力；认真贯彻执行集团与汽服公司党委关于党风廉政方面的各项规定，确保各项开支合理合规；坚持民主集中制，凡公司重大决议和决定必经班子研究后执行，发挥班子的整体功能。坚持司务公开制度，使广大职工了解企业经营动态，提升职工参与监督与管理的能力；积极发挥工会作用，组织员工参加工会组织的各项活动，通过丰富多彩的群体活动，陶冶职工情操；维护职工权益，解决职工误餐补助问题。围绕企业文明单位创建要求，以“雷锋的士”车队为载体，组织开展“和谐港城情暖春运”志愿服务、圆困难儿童“小哥俩”过年穿新衣“微心愿”、“邻里守望、情暖新年”“与雷锋车同行、建设文明港城”“孔望山爱心植树”“免费接送困难高考生”“重阳节慰问福利院孤残老人”等一系列创优竞赛和社会公益活动，受到社会各界的高度赞誉。出租公司被团市委授予春运志愿服务优秀组织奖。

（撰稿：葛刘园）

城市公共自行车

【概况】 城市公共自行车租赁系统是市委、市政府重点民生工程之一，也是为建设低碳城市、打造绿色交通而实施的一项惠民工程，这个系统不仅有利于缓解道路交通拥堵，减少汽车尾气排放和空气污染，对于提高城市服务功能、提升城市形象、改善连云港公共交通秩序、推进节能减排、保护生态环境、提高市民生活质量具有十分重要意义。城市公共自行车租赁系统是由连云港市城建控股集团负责建设和运营，本着“以人为本、以民为先，政府引导、群众参与，公司运作、规范经营，一次规划、分步实施”的原则，按照“安全、优质、高效”的服务要求，实行“统一品牌、统一标准、统一设施、统一平台”和“网络布点、通存通取”的管理办法，完成公共自行车服务系统一期工程建设，在主城区海州以BRT沿线、公交首末站点为核心，风景区、居民小区、学校、商场为节点建成网点布局合理，南至孔望山景区，北至人民路，西至幸福路，东至花果山大道的公共自行车服务系统。

【项目建设】 2014年5月，在市主城区海州区全面启动公共自行车项目一期基础施工，经过筹备和施工建设，2014年7月26日，首批开通海连路、朝阳路、通灌路共计3条路段23个公共自行车服务站点，投入400辆公共自行车，进入试运营阶段。至2015年底，已覆盖主城区海州区26条主次干道，建设公共自行车站点153个，建设服务亭18个，安装锁止器3843套，投放公共自行车2800辆，办理租赁IC卡2.3万张，接听市民咨询电话2万次，累计调运车次近1.2万次，调运公共自行车16万余辆，市民总租用量已超过186万人次，使用免费率达98.4%，并开通24小时服务热线，投诉处理及时率达100%。

【运营管理】 在开展租赁服务系统建设的同时，不断完善运营管理制度，建立健全《连云港市公共自行车服务公约》《连云港市公共自行车服务须知》《连云港市公共自行车租车协议》《骑行要则》《赔偿标准》《连云港市公共自行车服务指南》等系列规章制度，明确了服务对象、使用者义务、租还车流程，建立服务投诉体系等，公共自行车的建设让百姓出行更加环保便利。

【宣传推广】 为切实加强试运营阶段的宣传报道工作，提高市民知晓率，城建控股集团积极做好宣传推广工作，分别通过《连云港日报》《苍梧晚报》《连云港广播电视报》、连云港广播电台、连云港传媒网、“港城365”“在你身边”等媒体进行广泛宣传。结合市民需要，分别于2014年9月13日和2015年4月11日，在苍梧绿园北门举办以“快乐健康文明你我，开启港城服务新征程”为主题的大型现场办卡、咨询、体验宣传活动，让更多市民加入到低碳环保、绿色出行的队伍中来。充分发挥公益广告在培育和弘扬社会主义核心价值观中的重要作用，在海州区各条主干道公共自行车站点制作和安装公益广告206块，成为传播先进文化、传播正能量的重要载体。

（撰稿：任亚林）

责任编辑：李云高

环境保护

综　述

2015年，海州区加快推进生态文明建设，开展创建省级生态区工作，落实污染减排工程，加强水、大气污染防治，实施农村环境综合整治，严肃查处环境违法行为，把海州建设成宜居海州、美丽海州。海州区环保局被市政府评为2015年度全市环保综合目标先进集体、大气污染防治先进集体。全年市区空气质量优良天数为260天，优良率达71.2%，较2014年上升1.8%；饮用水源水质达标率100%；地表水环境得以改善；城市声环境质量优于国家标准。

1月，新浦中学被省环保厅、省教育厅命名为“省级绿色学校”。6月，浦南镇、板浦镇、宁海街道、南城街道创建国家级生态乡镇在省环保厅网站公示。12月，东辛中心小学、板浦实验中学、许庄小学、新海小学、苏光中心小学、宁海中心小学被市环保局、市教育局评为“市级绿色学校”；新海街道幸福社区、新南街道海南社区被市环保委员会命名为“市级绿色社区”，3个家庭获得“绿色家庭”荣誉称号。浦南镇江浦村、唐顶村，板浦镇菜园村通过省级现场考核验收。

坚持以人为本，畅通“12369”环保服务热线，严肃查处环境信访案件，解决涉及民生的环境污染问题，全年办理“12369”环保服务热线、“12345”数字化城管等各类环境信访案件1500余件。

环境质量

【水环境质量】 按统计口径，市区饮用水源沭新渠各项水质指标均满足地表水Ⅲ类标准要求，水质达标率为100%。与2014年相比，烧香河、龙尾河、排淡河、玉带河水质无明显变化。

【大气环境质量】 市区空气中，二氧化硫年均值为26微克/立方米，二氧化氮年均值为28微克/立方米，与2014年相比分别下降13.3%和20%，均符合空气质量二级标准要求。细颗粒物（PM2.5）年均浓度为55微克/立方米，与2014年同期相比降幅达9.8%，与2013年同期相比降幅达17.9%。

【声环境质量】 根据统计口径，市区的区域环境噪声年均值符合国家标准相关要求。市区区域环境噪声年平均等效声级为53分贝，比2014年有所降低。市区各功能区噪声昼间、夜间平均等效声级年均值均符合国家标准。市区交通噪声平均值均符合国家标准昼间四类区标准，其中市区20条主要道路交通噪声年平均等效声级为67分贝，比2014年略有上升。

【工业固体废物】 海州区一般工业固体废物产生量为76.65万吨，危险废物产生量为0.07万吨，一般工业固体废物综合利用量为76.76万吨，危险废物得到安全处置。

环境综合整治

【水污染防治】 5月，出动160余人次，对辖区玉带河、东盐河、龙尾河、西盐河河道沿线工业企业及生活污水排口进行排查，加强日常监督管理。12月，投资约800万元，完善海州经济开发区东区5.8千米污水主管网建设。年内，投资约1000万元，完成东海—海州尾水通道海州段5号泵站改造及管道漏点维修工程，建设污水处理厂配套管网5千米。

【大气污染防治】 3月，印发《海州区2015年大气污染防治重点工程项目分解表》。年内，开展夏秋两季秸秆禁烧工作，建立“区领导点上督察、区督察组面上巡察、机关部门片上包查、镇村属地具体负责”工作机制，加大综禁宣传及督察巡查力度，实施秸秆机械化还田，完成夏秋两季秸秆综合利用与禁烧工作，国家、省卫星遥感零火点。年内，开展餐饮油烟整治，对餐饮油烟扰民问题进行查处，全年查处餐饮油烟污染环境信访案件1100余件。年内，联合市供电公司安装9套码头岸电改造设备。12月，积极应对大气重污染预警，做好应急工作，采取施工工地、工业企业监管，城区洒水抑尘，停止易产生扬尘堆场作业等措施。

【环境噪声污染防治】 在高考、中考、学业水平测试、成人高考期间，对辖区范围内建筑工地发放通知，要求限时施工作业，组织环境监察人员对区内考点及施工地点进行全天巡查，保持“12369”环保举报热线畅通，维护考生的生活、考试环境。年内，对区内工业企业、建筑工地、服务业等开展日常环境噪声监管，查处环境噪声污染信访举报247件。

【危险废弃物管理】 2015年，定期对辖区内危险废弃物产生工业企业处置管理情况进行现场检查，对企业危废品管理台账、处置情况、堆场规范现状进行现场检查，提出整改意见。严格执行网上申报制度，企业使用危险废弃物和进口固体废物进行动态信息管理系统申报，每月按时报送报表。

生态环境保护

【生态环境建设】 2月，召开全区省级生态区创建培训大会，邀请省创建专家进行授课指导。下半年，抽调区相关部门技术骨干开展集中办公，收集整理创建指标资料，多次邀请专家进行技术指导。年内，完成省级生态区创建技术报告初稿编制、资料片及宣传片、制作创建台账、资料归档。

【环境监察】 2015年，累计出动2300余人次，对辖区内工业园区进行专项检查，对重点排污企业进行排查摸底，对存在问题企业下达整改意见书并督促落实。3月，根据上级环保部门工作部署，在辖区范围内开展环境保护大检查工作，累计出动执法人员360人次。10月，按照省、市工作要求，开展污染源动态信息管理系统建设，对辖区内纳入建档范围的排污企业进行“拉网式”排查，按要求搜集企业建档信息，逐一登记入册。开展核与辐射安全大检查和综合督查专项行动，对全区20家核技术利用单位进行现场检查，摸清销售、使用Ⅴ放射源与Ⅲ类射线装置单位底数，督促核技术利用单位全面落实辐射安全防护主体责任。

环保小卫士活动

【环境宣教】 利用“世界环境日”“世界水日”“科普宣传周”等重要节日，在全区中小学开展环保教育，组织干部职工、环保志愿者走上街头，走进社区，举行形式多样的宣传活动。3月，开展“文明燃放烟花爆竹”宣传活动，发放倡议书500余份。联合兴业社区举办“倡导低碳生活、提倡绿色环保”专题宣传，开展“变废为宝”手工制作活动。联合区教育局开展“小小环保局长”等活动。组织教育局、社区参加2015年度“环境教育优秀教师”、“生态杯”环保作文、“环境教育微型课题”等环境教育活动评比。

节能减排

【生活污染减排】 3月，印发《海州区2015年主要污染物总量减排工作计划》，年内完成建设板浦镇19千米污水管网、宁海街道14千米污水管网、洪门街道2千米污水管网、滨河新区（浦南新镇区）4.6千米污水管网、海州开发区西区5千米污水管道、海州经济开发区东区5.8千米污水主管网。

【大气污染减排】 环保局工作人员分5个组对辖区列入整治名单的燃煤锅炉进行调查摸底，按期完成整治任务，拆除燃煤锅炉61台；完成辖区6家重点企业清洁生产审核工作。

【农业污染减排】 5月，新建浦南镇4家规模化畜禽养殖场污染治理工程。督促辖区24家规模化畜禽养殖场完善污染治理设施，形成主要污染物减排能力，化学需氧量、氨氮削减量超额完成市下达的减排目标任务。

（撰稿：戚萍萍　审稿：卞剑）

责任编辑：孙寿鹏

综 述

2015年，海州区积极应对复杂多变的宏观经济形势以及区划调整带来的新挑战，奋力抢抓国家“一带一路”建设和江苏沿海开发等战略机遇，主动适应发展新常态，以“企业服务年、项目招引年”为抓手，凝心聚力，攻坚克难，积极开展招商引资、对外经济合作等活动，为海州经济建设和社会发展做出了新的贡献。全区新批外资企业24家，协议利用外资26627万美元，利用外资实际到账9842万美元。全区外贸进出口总值10.7亿美元，完成市目标的76.2%，同比减少1.62亿美元，下降13.1%，在三区进度中列第二。其中出口9.39亿美元，完成市目标的83.7%（进度排三区第一），进口1.32亿美元，同比减少8075万美元，下降38%。在手在谈项目139个，总投资597.01亿元，其中纳入市级重大项目库的项目有18个，总投资60亿元。在谈项目签约率达38.39%，签约项目开工率达38.57%。实现全社会消费品零售总额249.71亿元，同比增长12.2%。其中限上单位实现零售总额171.44亿元，同比增长14.3%。全区有进出口实绩的各类企业达345家（进口92家），其中外贸公司238家、三资企业34家、生产企业73家。出口百万美元以上企业100家，较上年略低（上年102家），出口额8.9亿美元，占全区出口总额的94.8%。其中出口千万美元以上企业15家，同比减少3家，出口额6.08亿美元，占全区出口总额的64.7%。海州区商务局在2015年度经济建设和社会发展目标考核中获得部门综合良好奖。

2015年海州区新批三资企业情况表

表3　　单位：万美元

企业名称	投资总额	注册资本	合同外资
江苏明和食品有限公司	500	500	350
江苏金沙滩实业有限公司	1547	1000	1000
江苏览胜物联网技术有限公司	1500	1500	809.17
连云港创兆贸易有限公司	340	340	290
江苏瀚呈府国际大酒店	8000（万元人民币）	8000（万元人民币）	626.04（万元人民币）
连云港安琪拉宝贝母婴护理有限公司	142.85	100	100
连云港美都家居市场建设有限公司	499	499	499
连云港先丰塬实业有限公司	1000	1000	1000
大地新司（连云港）能源发展有限公司	22200	22200	10000
连云港中胜海贸易有限公司	420	420	420
东融新能源科技（连云港）有限公司	2000	2000	2000
连云港鹰游国际贸易有限公司	500	500	500
连云港汇德石英玻璃有限公司	1500（万元人民币）	1060（万元人民币）	284（万元人民币）
连云港中燃燃气发展有限公司	2900	1000	1000

续表3

企业名称	投资总额	注册资本	合同外资
连云港汤跃华国际贸易有限公司	560	560	560
连云港乐法文化交流有限公司	50（万元人民币）	50（万元人民币）	24.5（万元人民币）
美桔电力（连云港）有限公司	2600	2600	2600
连云港天文餐饮管理有限公司	100万（澳大利亚元）	100万（澳大利亚元）	100（万澳大利亚元）
连云港摩珍达商贸有限公司	200	200	200
连云港纳速久贸易有限公司	260	260	260
连云港储尔曼国际贸易有限公司	160	160	150
连云港储斯达进出口有限公司	260	260	252
连云港物浦贸易有限公司	300	300	300
连云港诺科尔绿化工程有限公司	480	480	480

【招商引资】 2015年，海州区招商引资工作以“企业服务年、项目招引年”为抓手，将招商引资作为经济发展的第一要务，通过完善招商机制、创新招商方式、突出招商重点、强化招商责任、提高招商实效等措施，立足两区合并后新的区情和产业定位，编制2015年海州区投资指南、招商宣传手册和海州区对外宣传片。为最大限度实现对招商引资工作进展的信息共享，海州区在全区层面上，针对全区在手项目、重点客商、招商简讯、招商资源，完善信息库、客商库、项目库、资源库等“四库”档案，在全区范围内实现招商信息的快速沟通和招商资源的共享共用。全年对外公布招商信息500余条、在手客商近1000人，区级入库项目139个、在手招商资源70余个。研究出台2015年招商引资工作指导意见，分别在区中小企业局、商务局、农水局设立工业招商局、服务业招商局和农业招商局三个专业招商局，为全区招商引资工作的开展提供专业性指导意见。加大财政扶持力度，设立200万元招商引资工作专项资金。积极组织招商活动，建立四套班子领导带头外出招商制度。年内，区主要领导亲自带队外出招商16次，区四套班子其他领导外出招商35次。全区各载体单位外出招商136次，拜访客商1256人，接待客商341人。积极筹备、组织开展2015海州区（上海）项目签约会、浙江江苏商会·浙江杭州新生代企业家恳谈会等区级大型招商活动6次，参与连博会、华交会、（昆山）中国国际进口商品交易会等重要展会活动8次。仅连博会期间，全区共接待客商200余人次，参展企业43家，参展摊位54个，签约项目10个，总投资12.1亿元。大力推进在手项目进度，以“项目招引年、企业服务年”为抓手，实行重大项目四套班子领导牵头推进机制，建立一个项目、一名领导、一套班子、一抓到底的项目推进机制，协调解决项目从洽谈到落户过程中遇到的困难和问题，项目招引数量明显增加。全年全区在谈项目139个，总投资597.01亿元，其中SPI光伏发电、中燃清洁能源等43个项目成功签约，总投资 373.33 亿元；万发国际物流园、廷胜房车改装等27 个项目顺利开工，总投资56.22亿元。在谈项目签约率为38.4%，签约项目开工率38.6%。

【进出口贸易】 至2015年底，海州区列统外贸企业345家，其中外贸公司238家、三资企业34家、生产企业73家，分别占企业总数的69%、10%和21%。全年进出口完成10.7亿美元，其中出口9.39亿美元。为辖区中小外贸企业争取2014年度省出口信用保险保费扶持资金43.79万元；争取2015年市商务发展专项资金（出口信用保险）84万元，配合中信保江苏公司继续做好小微企业出口信用保险参保工作，续保28家，新保5家。区商务局共组织49家企业参加法国JEC复合材料展、德国法兰克福家纺展、江苏（大阪）出口商品交易会、欧洲食品配料展览会等境外展会41个；组织50余家企业参加华交会、第117届广交会、第118届广交会、深圳高交会、昆交会及南亚展、中国·东盟博览会、中国·东北亚博览会、连博会等8个境内展会。

【对外经济合作】 在列外经企业有11家，其中对外劳务合作企业4家（东方、江海、国航、陆桥），年底完成外派劳务人员输出约900人；列入统计对外投资企业7家（地质勘察院、中蓝连海、鹰游纺机、美吉控股、开发区国贸、日出东方太阳能、君臣实业），年底前，实际完成对外投资约3500万美元。积极搭建宣传和沟通平台，加强政策宣传力度，贯彻落实国家、省、市有关促进外贸稳增长的政策，落实外派劳务政策法规，先后开通了海州区商务局外贸企业QQ群、外经企业微信群等信息平台。加强外派劳务服务中心建设，不断拓展服务项目和服务功能。投入近20万元，用于外派劳务服务中心、考点相关硬件配套设施设备的更新完善，建成全市唯一一个外派劳务培训考点，已形成信息畅通、资源共享、网上报名、网上培训、网上考试等功能多样的服务平台。年内，为五家外派劳务企业在外经服务平台共完成近900人次的报备工作，并为全市18家劳务公司开展出国前适应性培训21批、272人次，培训合格率100%。

（撰稿：乔羽　审稿：刘人辅）

海州经济开发区建设

海州工业园

【概况】 2015年，海州工业园区（原海州经济开发区）紧紧围绕“企业服务年、项目招引年”工作主题，坚持规划先行，强化二产、三产并列发展，做大做强项目建设及基础设施建设，主攻招商，突破投融资瓶颈。全年实现公共财政预算收入4.01亿元，同比增长40.21%；实现工业总产值121.8亿元，同比增长30.7%；实现工业增加值29.23亿元，同比增长30.75%；全社会固定资产投资完成33.56亿元，同比增长56%；工业固定资产投资完成28.44亿元，同比增长38.5%；外资实际到账2455万美元，同比增长15.26%。园区经济保持平稳增长态势，各项工作扎实稳步推进。

【产业升级】 园区对规模企业加大扶持力度，扩大企业再生产。对正大天晴投入6000万元进行25户征地拆迁，支持六期、七期扩建。对裕丰科技进行收购，支持远洋流体扩大再生产。对台资企业庆鸿电子进行收购，为鹰游企业子公司落户提供便利。对美步楼梯投资3000万元，支持其融资上市。支持天常复合材料将无锡总部引进园区重新建厂。支持中小企业进入新三板，重点扶持天福莱、中鹏电子、泰格油墨等企业，抢抓机遇占领转型升级制高点。

【民生建设】 加大投入，采取有效措施，加快技防村建设，逐步实现园区视频监控全覆盖。园区重点路段安装探头30余个，计划在范庄、许庄和郁洲南路、朐凤路，及经一、经二、纬一、纬二、纬三、纬四等路段安装摄像头，着力构建科技防范体系，提升治安防控水平和人民群众的安全感。社会建设与民生项目3个：连云港市民政局公共服务中心项目，2015年完成投资5200万元，工程处于扫尾阶段；市妇幼保健院项目，总投资50000万元，2015年完成局部场地平整、施工道路铺设、开始试桩；连云港市农业科技创新中心项目，2015年完成投资2300万元，正在进行内部装修。此外，积极实施香海湖周边环境美化工程、电子信息园厂房配套道路工程，推动鹰游集团成功上市。完成正大地块、204国道及连盐铁路拆迁工作，赢家厨具正式开工，远洋流体三期筹备开工。通灌南路（纬四路—迎宾大道）及跨烧香河桥梁工程项目，总投资4200万元，年内已竣工通车。经二路南延项目，完成投资2500万元，已竣工通车。污水管网完善工程项目，总投资2200万元，已投入使用。昊海大厦项目，年内完成投资8000万元以上，主体完工，正在进行装修。

【招商引资】 2015年，园区坚持一手抓跟踪推进，确保重点项目建设进度，一手抓招商引资，积极促进新增项目落地。招商局人员纷纷行动起来，全面捕捉招商信息，主动对接重点客商，积极外出开展有针对性的、形式多样的招商活动。5月，海州区在上海浦东新区召开签约恳谈会，由园区牵头筹备实施，邀请上海及周边地区涉及机械制造、医药器械、金融商贸、地产开发、汽车改装等各行业企业60余家。恳谈会在谈及签约项目共23个，其中新城控股城市综合体项目、上汽大通车房车改装项目、至善堂中药饮片项目等9个项目进行集中签约，投资总额约90亿元；在谈项目14个，投资总额约70亿元。海州区委书记、区人大常委会主任王立斌在浙江杭州召开浙江江苏商会·浙江杭州新生代企业家恳谈会，区委常委徐风良等一行陪同，杭州江苏商会会长祝斌、浙江省青年创业协会筹备组长、英国DG国际服饰集团董事长李君林、银联投资管理有限公司总裁徐友昌、中国发展研究院浙江分院王嶺等20余名客商参加。多次招商成果丰硕，其中签约项目14个，总投资50亿元，分别是同创智能仪表项目、中燃清洁能源项目、新城控股城市综合体、大通房车项目、东融科技项目、顺丰集散中心项目、深圳泉皇净水机研发项目、美太投资光伏发电项目、上海美猴王呼吸式医疗器械项目、远洋流体三期项目、天常多轴向纤维复合材料项目、盛世节能能源项目、金典服饰项目和环保检测仪器项目。落地项目7个，分别是大通房车（厂房基础施工）、美猴王医疗器械（开工建设）、金典服饰（已入驻）、美太光伏发电（开工建设）、中燃集团项目（开工建设）、远洋三期（土地挂牌）、东融科技（开工建设）。

【科技创新】 园区顺利通过江苏省知识产权试点园区验收工作，新增专利授权202件，新增国家高新技术企业10家。园区国家高新技术企业已达18家，国家火炬计划重点高企4家，国家、省级研发机构36家。园区共拥有省级以上高新技术企业19家、省级科技型中小企业27家、省级以上企业技术中心9家、省级工程研究中心9家、省级研究生工作站6家、省级以上博士后科研工作站9家、省级科技企业孵化器1家、申报科技计划项目31个、省级两化融合示范试点企业4家，承担国家火炬计划4项，有园区开展知识产权贯标和知识产权战略推进计划企业4家。

【党建工作】 1月，围绕严守党的政治纪律、严格执行民主集中制的要求，园区召开民主生活会，班子成员积极开展批评和自我批评。会后印发《海州开发区领导班子个人专项整改清单》，班子成员累计梳理整改条目近百条。3月，开展海州开发区整改落实“回头看”活动，班子专题讨论研究，征求意见，逐条梳理整改事项，确保整改落实达到实效。园区开展“周末讲堂”活动，开辟党建“微书屋”，围绕党的群众路线教育、基层工作、政策法规等方面内容，就热点、难点问题展开讨论，把学习科学理论、总结交流经验、研究思考发展有机结合起来。摸清园区企业党建队伍基本情况，建立企业党建队伍信息库，发挥党组织在引领文化建设、促进内部管理、凝聚职工活力、外树企业形象方面的作用，实现企业党建工作与企业生产经营相融互动。新建江苏万千食品党支部、连云港汽车4S店联合党支部、连云港意森有限公司党支部3家非公企业党支部；深入推进非公企业“党员蓝领成才计划”，引导广大企业党员发挥先锋模范作用，先后3次向企业选派近40名党建指导员，加强企业与开发区党工委的沟通与联系。园区在企业内部开展“三带一争”（即带头掌握技术，带头服务班组，带头树立标杆，争做职工表率）活动，取得较好效果。

【法治建设】 2015年,园区在区政府法制办的指导帮助下，在党工委的领导下，充分贯彻落实《中共中央关于全面推进依法治国若干重大问题的决定》《全面推进依法行政实施纲要》，围绕建设法治开发区的目标，牢固树立法治理念，着力强化依法行政和行政执法监督，全力建设责任政府和法治政府，法治建设、行政执法、行政服务、矛盾化解、督查督办等各方面工作取得了新成效。

【重要活动】 5月11日，园区在上海浦东新区召开2015连云港市海州区（上海）项目签约恳谈会，在谈及签约项目共23个。

5月19日，海州开发区东区顺利通过江苏省知识产权试点园区期满考核验收工作。

9月28日，园区代表出席廷胜房车工业现场会，廷胜房车企业顺利开工。

（撰稿：李鹏鹏　审稿：宁寿同）

新浦工业园

【概况】 海州经济开发区西区后改为新浦工业园区，原为新浦经济开发区。分为高速以东片区和高速以西片区，高速以东片区总面积17.5平方千米，其中工业区东至204国道，南至323省道，西至沈海高速，北至鲁兰河，规划范面积6.23平方千米，高速以东已形成“六横四纵”总长25千米的道路框架，园区实现“七通一平”；高速以西四至范围为东至沈海高速，西与东海县接壤，北至鲁兰河，南至323省道，规划面积35平方千米，重点实施25平方千米的核心区建设，快速拉开发展框架。总长30千米的“四横四纵”主干道已建成通车，同时建设水、电、污水管网等基础配套工程，具备项目入驻条件。2015年，新浦工业园区完成全社会固定资产投资40亿元；实现规模以上工业总产值48.8亿元；新增规模企业3家，分别是连云港德翔新材料有限公司、连云港福源医疗器械有限公司、连云港森呼吸食品有限公司。全年实现公共财政预算收入31301万元，同比增长17.85%。园区土地面积17.5平方千米，其中耕地面积396公顷，农户数2034户，户籍总人口8175人。全年农村经济完成农业收入1580.66万元、林业收入60.69万元、牧业收入681.48万元、渔业收入125.64万元。

【招商引资项目】 全年园区在谈项目18个，总投资15亿元，分别是汽车尾气排气管项目、年产1万套石化加油用密封装置项目、众为碳纤维材料有限公司、思宇医疗器械项目、行车项目、收割机制造项目、LED及芯片研发生产项目、变压器项目、电子元器件制造项目、机器人制造项目、节能环保设备项目、医学生物学实验器材、精密仪器制造项目、光电产品制造、软硬件产品研发、生物科技仪器、斯蒂尔节能设备、维尔利环保设备。签约项目5个，总投资9亿元，分别是总投资1亿元的特种门窗制造项目、总投资5亿元的抽油烟机项目、总投资1亿元的仪器仪表项目、总投资1亿元的鼎辉石油设备、总投资1亿元的不锈钢环保设备项目。落地项目4个，分别是年产40万台抽油烟机项目、仪器仪表项目、特种门窗项目、不锈钢环保设备项目。

【项目推进】 年内竣工投产项目15个，分别是连云港市拓普科技发展有限公司石化机械项目、连云港浮耐电子新材料有限公司抛光粉项目、江苏肥之星生物科技有限公司生物肥料项目、江苏倍伦斯电器有限公司净水器项目、连云港佳普石化机械有限公司石化机械生产线升级改造、连云港求成工贸有限公司扩建项目、连云港神宇石化机械设备有限公司油气自动回收设备项目、江苏品苏实业有限公司户外用品、连云港如年实业有限公司纺织机械生产设备技改、连云港市东奇机动车检测有限公司汽车检测项目、连云港瑞琪纺织品有限公司纺织加工车间升级改造、中盛盛士城项目、中小企业园内部配电项目以及中小企业园二期基础设施配套工程、污水处理厂管网工程。

【园区基础设施建设】 2015年，实施控规修编，对园区30平方千米控制性详细规划编制进行调整工作；实施老园区道路改造工程，对长江路、东海路、珠江路、道浦路、港圣路、振兴路、新陇路7条主干道实施“白改黑”工程，提升道路通行条件和园区形象；实施新园区企业升级改造工程，加大对新园区在建及投产企业的扶持力度，通过厂房地坪改造等相应的优惠政策促进企业建设的积极性，提升新园区的整体形象；实施园区内环境整治工程，对园区各企业及道路环境逐一排查，通过企业自身整改结合主动清理，使园区环境全面提升；完善中小企业园及配套，完成中小企业园厂房主体施工、内部配电、环境整治、厂区道路、雨污水管道、通信管道等形象提升工作；加强污水处理工作，确保污水处理厂正常运行，疏通珠江路、长江路、振兴路污水管道，确保畅通，企业污水管全部接入主污水管。

【中小企业园建设】 中小企业园占地133.33公顷，标准厂房、研发孵化及综合配套设施规划建筑总面积120万平方米，主要为中小科技型企业提供快速入驻、孵化成长的发展平台，鼓励产业关联度高的中小企业入驻，重点承接产业转移，打造特色产业基地。中小企业园按照“统一规划、分步开发、滚动发展”的原则，已累计建成36万平方米标准厂房，配套的水电、管网、道路、通信、绿化等基础设施完善，具备企业入驻、产业转移的承载能力。

【社会事业】 做好连盐铁路道口段、

夏禾段征地征收工作。工程涉及农户285家，征地5.73公顷，征地及地上附属物补偿计349790元。征收房屋4户，赔负722.07万元，协调处理矛盾70余起；204国道征地19.4公顷，路基回填结束，道路施工正常。做好323省道迎国检工作。投入60余万元，补种绿化5000平方米，新建垃圾池28处，路口搭街2000平方米，修建辅道150米，清除垃圾约180余千克，开展村庄环境整治，对西区14个自然村进行全面整治。投入人力、物力近30万元，实行分人包村，每周考核打分。开展秸秆综合利用工作。制作横幅、红袖标、责任警示牌，做好宣传工作。把地块责任落实到人，确定专人负责禁烧情况进度统计，确保“无一处着火、无一处冒烟”。开展植树造林工作。全年新增成片林6.67公顷。开展信访维稳工作。坚持党、政一把手每月两个接待日活动，包案领导亲自化解制度，全年党、政一把手包案化解率为100%，其他领导包案化解率在90%以上，全年接办案件25起，结案率达92%。

【行政村简介】 园区辖新陇、夏禾两个行政村，新陇村下辖郎庄、道口、小兴3个组，全村共有13个村民小组、1435户、5716人，党员134名，耕地面积196公顷。农民年人均收入19495.02元。夏禾村辖6个村民小组、599户、2459人，党员62名，耕地面积200公顷，农民年人均收入19489.13元，年化解村级债务0.94万元。（撰稿：杨涛　审稿：苗新安）

滨河新区建设

【概况】 2011年，原新浦区委、区政府为拓展城市发展空间，推进城市化进程，启动了滨河新区开发建设工作。滨河新区位于海州区、连云港市经济技术开发区、赣榆区三大板块交界处，规划范围东至陇海铁路，西至204国道，南至鲁兰河、海连西路、人民路，北至乌龙河、310国道，占地约32平方千米，规划居住人口40万人，建筑面积2500万平方米。

滨河新区以河流为界，分为3个片区，其中，东片区即沈圩片区，东起陇海铁路，西至东站引河，南起人民路、海连西路，北至310国道，面积约12.7平方千米；西片区即蔷薇河以西片区，东至蔷薇河，西至204国道，南至鲁兰河，北至乌龙河，面积约13.8平方千米；位于东站引河和蔷薇河之间的是月牙岛，面积约5.5平方千米。东片区和月牙岛由原滨河新城开发建设指挥部负责开发建设，西片区由浦南新镇区建设管理办公室负责开发建设。2015年8月28日，撤销滨河新城开发建设指挥部和浦南新镇区建设管理办公室，成立滨河新区党工委、管委会，蜕变后的滨河新区实现资源要素积聚，开发建设空间得到进一步拓展。

滨河新区东入口

近年来，滨河新区党工委在海州区委、区政府的正确领导下，紧紧围绕“三年出形象，五年见规模，八年成新区，未来大跨越”的总体目标，始终坚持“整体规划、分步实施、组团推进、重点突破”的开发原则，以“用心做事，自强不息”为指导，全力推进新区开发建设，“十二五”期间，累计投入资金26亿元，实施公共交通、公共建筑、公用事业、园林绿化、旅游开发、旧城改造和安置房共七大类13个子项目，新区开发建设成果喜人，城市面貌日新月异。

【科学规划】 编制完成滨河新区总体概念规划，明确了新区发展定位和各片区功能定位。针对近年海州主城区发展方向的变化情况，完成沈圩片区建设用地调整工作，破除片区发展过程中重要的限制性因素；编制完成12.7平方千米沈圩片区控制性详细规划，沈圩片区二、三控制单元控制性详细规划和4平方千米新镇区控制性详细规划，2015年2月5日，《海州区沈圩片区建设用地调整方案》《沈圩片区二三控制单元控制性详细规划》获市政府正式批复，为东、西两大片区先导区开发建设工作提供了规划依据；委托上海同济大学城市规划研究院对沈圩片区先导区进行城市设计，明确了片区建设的诸多风格等不同景观要素，旨在通过对物质空间及景观标志的处理，打造一种良好的物质生存环境。为大规模推进滨河新区开发建设奠定了重要基础，真正具备了土地出让和进一步招商的条件。紧跟片区开发，加快土地利用调整。先后完成郁洲路南、规划六路东等16个地块农转用报批，有效保证了土地出让工作和各项目建设工作顺利推进。（撰稿：蒋田田）

【招商选商】 狠抓招商，增强新区发展后劲。一是抓活动招商。积极“走出去”，多次组团赴台湾、“珠三角”、“长三角”、中西部地区开展招商活动。重点拜访美国龙族集团、广州碧桂园集团、广州恒大集团、日本新奥株式会社、上海银湾集团、香港恒丰投资有限公司、新疆新鸿联投资、上海中房集团，洽谈了一批过亿元的重点项目。坚持"请进来"，先后邀请中国台湾、香港和日本等46批次客商考察洽谈。同时，利用"连博会"、月牙岛系列活动等节庆影响力，积极开展项目推介签约活动，接待市区两级重点客商，成功与台湾永续基金会签约。二是抓服务招商。积极开展地产项目和总部经济类项目的招引，众多项目已陆续落地。其中，全国房地产前十强、千亿企业碧桂园项目经过60余次洽谈，已成功进驻并于10月25日实现预售，当天销售量过九成，开创了滨河开发建设新速度；经过多次洽谈、沟通对接，中房集团、康缘药业、鹰游集团即将签约。三是抓项目推进。截至年底，几个重点项目进展顺利。瑞安花园项目占地10.87公顷，建筑面积25.6万平方米，主体已完工，正进行外立面装修。碧桂园项目占地7.75公顷，总建筑面积14万平方米，13号、15号楼已完工。山水名门项目占地面积10.07公顷，建筑面积16万平方米。圣承房地产项目占地3.94公顷，建筑面积9万平方米，已进场围墙施工。随着滨河新区知名度的不断攀升，开发建设热潮持续高涨，前来洽谈的地产商络绎不绝，滨河新区将在其中选择一批实力强、品牌优、信誉好的企业洽谈落户。

（撰稿：王辉）

【基础设施建设】 滨河新区坚持道路先行的原则，积极开展基础设施建设工作，完善新区功能配套。首先加快路桥建设，打造一流交通网络。2011—2015年共投资8.2亿元，完成道路建设17.8千米，桥梁5座。东片区浦发路、振华路、环岛路、规划六路、规划八路、规划十六路、同仁路、同心路、聚贤路等道路已竣工通车。西片区梧桐路、迎春花路已竣工通车；总投资近2亿元的新浦大道铁路下穿立交桥，总投资约7500万元、总长247.2米的新浦大桥建成通车；总投资约1.2亿元、全长225米双向八车道的新浦二桥于2015年8月15日建成并实现双幅通车。年底，东至人民路、西至204国道、全长6.1千米、宽80米、双向六车道、投资约3亿元的新浦大道全线贯通，从浦南镇到市区行车将仅需10分钟，旅游交通区位优势更加显现。水杉路南延工程和水杉路桥梁建设已进入扫尾阶段。新区全面实施辖区道路路灯亮化工程，投入资金2500余万元，完成新浦大道、浦发路等7条道路高压线路迁移。浦发路、振华路、环岛路、新浦大道等9条道路均已安装路灯并投入使用，极大地方便辖区群众出行。新浦大道沿线安装宣传月牙岛的灯箱广告牌，成为一道靓丽的风景。

（撰稿：李华）

【民生重点工程项目】 加快民生发展，打造一流宜居环境，完成一批民生重点工程。

市眼科医院迁建工程。项目位于新浦大道西端，占地3.67公顷，建筑面积约3.5万平方米，投资约1.7亿元，设计床位300张。工程于2013年7月开工建设，2014年底，主体土建已初步验收。2015年完成投资8000万元，进行室内外施工，年底达到初步验收条件。

福利中心建设工程。紧邻眼科医院，占地2.87公顷，建筑面积2.5万平方米，投资约1.1亿元，设计床位523张。工程于2013年7月开工建设，同年底，主体土建已初步验收。2015年已完成投资4500万元，快速推进室内装修、室外道路等附属设施建设，11月底，达到初步验收条件。

解放路小学北校区项目。该校位于浦发路东、规划八路西、规划三路北、规划二路南，项目总用地面积约3.6公顷，计划投资9800万元。项目建成后，学校可容纳36个班，在校学生达1600人。该项目是连云港市2014年和2015年市、区重点建设项目，2014年底，投入建设，2015年9月已竣工并投入使用。

其他公共配套项目。社区服务中心项目。该中心为一栋综合性建筑，位于郁洲路南、大浦河东、陇海铁路北，项目总用地面积约24亩，计划投资2780万元。项目建成后将形成集妇幼保健、婚姻登记、疾控中心、浦西卫生院、社区服务于一体的综合服务型综合楼，该项目已基本竣工。市东派出所完成主体工程并进行室内外装修及附属工程建设；幼儿园、菜市场、垃圾中转站等配套设施建设也在积极推进。区文化中心、区全民健身中心位于星光湖北侧，占地5.53公顷，与湖区融为一体，建筑面积9000平方米，总投资4780万元，其中文化中心占地面积约2.87公顷，主要建设图书馆、展览馆、剧场、培训室、活动室等，总投资2390万元；体育中心占地面积约2.67公顷，主要建设健身房、篮球馆、羽毛球馆等，总投资2390万元。文体中心的室内外文体设施，为群众提供休闲健身、文化娱乐场所。

（撰稿：陈军）

【月牙岛湿地公园建设】 月牙岛湿地公园位于连云港市海州区西北部，

月牙岛湿地公园

处于连云港市蔷薇河与东站引河中心河段，两河相遇呈月牙状，故名月牙岛。蔷薇河为连云港市主要饮用水源，于2013年被列入《江苏省生态红线区域保护规划》饮用水水源保护区，属于重点保护湿地，月牙岛坐拥蔷薇河水系得天独厚的湿地景观，水清草绿，苇深鸟舞，自然环境十分优越。月牙岛东至东站引河，西至蔷薇河，南至富安闸，北至310国道，总面积5.5平方千米，对外交通便捷，河堤全长约12.5千米。

2014年初，海州区委、区政府启动月牙岛旅游大开发，紧紧围绕“休闲、生态、湿地”大做文章，增加投入，完善配套设施，使月牙岛的可游览性和知名度得到显著提高。2015年，景区多措并举，加强组织领导，深化落实责任，确保各项工作按计划推进；聘请国内知名设计院进行设计，不断引入先进设计理念；加大资金投入，全面完善基础设施建设；落实措施保障，加强生态环境保护；提升管理服务，力促知名度提高。随着开发力度的不断加大，月牙岛湿地公园的开发成效也逐渐显现。

配套设施不断完善。一是完成十余处旅游景点开发。景区坚持资源节约和生态保护的开发原则，依托岛上原有地形地貌和特色资源，突出湿地文化、水绿文化、生态文化和滨河文化，丰富生态体验、观光休闲、运动健身等内容，先后打造了薰衣草园、波斯菊园、向日葵园、东夷文化园、休闲垂钓中心、环岛生态湿地、滨河景观廊道、亲水沙滩、油菜园及南、北双湖湿地等景点，景点内景观小品种类繁多，园路错落有致，游憩效果显著。二是建成4处生态停车场。先后完成南湖停车场、薰衣草园停车场、北湖停车场、河西停车场等生态停车场建设，总建设面积超过20000平方米，可容纳近千台车辆停放。三是完成一座星级厕所建设。严格按照星级厕所建设标准，完善厕所功能布局，实现男女厕所分设，并设有残疾人卫生间、第三卫生间、母婴室等区间，为游客提供最周到的服务。四是安全保障设施得到完善。完成监控及广播、景点护栏、瞭望台等安全保障设施建设，确保游客玩得开心、玩得放心。五是导游标识系统和交通标识标牌布置到位。景区主要景点和重要服务场所标识系统完善，主要交通路口设有交通标识标牌，保障游客的出行及游玩。此外，游客服务中心、餐饮、住宿、购物、供电、休憩、观景、垃圾处理等配套设施也得到了完善。

旅游特色全面深化。聘请国内知名设计院进行设计，先后打造十余处旅游景点。岛内“三园、两湖、一中心”景色各异，三大主题花园（26.67公顷薰衣草园、20公顷波斯菊园、10.67公顷向日葵园）及岛内各种花草争奇斗艳、浪漫怡人；73.33公顷南、北双湖湿地资源丰富，景观小品搭配适景花草，美轮美奂；北湖芦苇荡、南湖16座湖心岛已成为野鸭、白鹭、鹧鸪等各种野生飞禽的天堂；近百亩休闲垂钓中心景色秀美，休憩、垂钓乐趣无穷；5.5千米滨河景观廊道，花团锦簇、芳香四溢；6.67公顷生态农庄静中取乐，餐饮、垂钓、采摘、娱乐内容丰富；环岛生态湿地景色秀美，蔷薇河、东站引河波光粼粼，芦苇遍布、水鸟成群；东夷文化园别具特色，30座茅草屋错落分布，是烧烤、购物、餐饮的绝佳之处；新建46.67公顷油菜园趣味无穷，冬季观赏，沃野碧绿，生机盎然，水暖花开之时，金波荡漾，蜂飞蝶舞。

管理服务稳步提升。一是成立景区管理办公室、环卫处、治安处、医务室等服务机构，确保景区管理服务到位；二是完善各项规章制度，落实责任到人、到位，确保景区运营管理规范化、正常化；三是免费WiFi、SOS急救、微信、网站等服务配套到位，着力为游客创造一个舒适、温馨、方便、安全的旅游环境；四是设立游客投诉点，开通投诉举报热线，24小时为游客提供服务及投诉；五是开展服务问卷调查，认真倾听、记录游客建议，认真落实整改，努力提升景区服务水平。

知名度全面提高。加强报纸等传统媒体和网络、电视等新兴媒体宣传，拍摄宣传观光片，提高景区知名度和影响力。景区自2014年4月30日开园起，游客络绎不绝，累计接待游客150余万人次，月均举办各类体育赛事和公益活动6次，先后获得连云港“新十景”、首批市级十佳“影视基地”和“市级生态旅游示范区”、省“四星级乡村旅游区”等称号。曾经“杂草丛生、垃圾遍野”的荒岛，已变成“春赏鸟语花香、夏享清凉湿地、秋游金苇风光、冬观候鸟飞翔”的世外桃源。

（撰稿：王星光　审稿：潘运学）

海州电子信息产业园

【概况】 连云港市海州电子信息产业园位于连云港市区的南大门，宁海街道辖区内。园区距市行政中心5千米，东临徐圩港区，西傍城市主干道瀛洲路，南接建设中的204国道和规划连云港国际航机场，北依连徐高速、宁连高速出入口，距连云港市政府10千米，距火车站15千米，白塔埠机场35千米，距港区30千米，区位优势非常独特。园区的建设为适应未来工业生产布局，发展都市工业，建设好连云港南大门，建设一个标准化、集约化的电子信息产业集聚区，充分发挥高新技术产业对经济发展的推动作用。园区主要定位电子信息设备、机密仪器、新能源、光电技术、电子商务等产业的引进。

园区规划占地面积133.33公顷，一期启动建设33.33公顷，规划总建筑面积50万平方米，总投资约12亿元。其中包含31.5万平方米的标准化厂房建设和8万平方米的配套基础设施。

【项目建设情况】 2015年，电子信息产业园基础设施建设进入收尾阶段。A片区基础设施已全部完成，达到企业入驻条件并投入使用。由宁海街道负责的D片区广场及相关综合管线已完成，服务中心周边地块绿化、食堂中庭绿化正在施工，楚州路及支路正在做地下管涵、山场土回填等。商业街、职工公寓施工图已完成，准备招投标工作；服务中心、食堂内装施工图已完成，准备招投标工作。B片区室外综合管线已完成，主要道路沥青路面已完成。C片区厂区主要道路沥青路面已完成，

2015年海州电子信息产业园已有7家企业入驻

但室外综合管线未完成。B、C片区未达到入驻条件。由宁海街道牵头负责的园区29.73公顷用地涉及社保人数已全部落实，海发集团邀请评估单位正进行评估，做好罚没工作，待宁海控规批复后进土地储备中心挂牌。

【项目推进情况】 连云港市海州电子信息产业园于2015年3月启动招商，截至年底，达成签约项目20个，入住企业7家。已签约项目主要覆盖医药器械、光电科技、电子商务、石化设备制造等领域。其中，以意太维光电科技、燎原光伏玻璃为代表的光电科技企业8家，以东禾医药、中上科技为代表的医疗器械企业4家，以华恒电子为代表的石化设备类企业2家，以网隆电商、蒂凡尼灯饰为代表的电商企业6家。 （撰稿：仲思颖）

锦屏工业集中区

【概况】 锦屏工业集中区位于连云港市古城海州南部的锦屏镇境内，背靠风景秀丽的锦屏山，为东陇海产业带的重要空间载体，是连云港市工业园区的卫星园区。集中区主要分布在刘志洲山两侧，西为锦屏镇镇区，东接海州开发区东区，南为徐连高速。锦屏工业集中区于2006年6月择地建园，规划占地66.67公顷，一期建成27.53公顷，截至年底，引进企业48家。2015年，园区实现工业总产值4.5亿元，利税近1000万元，解决农村劳动力1380余人就业。主要产业为机械装备制造、新型材料、灯具照明、农副产品加工等。园区有3家规模企业，分别为中通复合材料设备制造厂、连云港通源科技有限公司、连云港泓桥照明电器有限公司。

【基础设施建设】 交通。全长1.5千米水泥道路全面贯通，园区形成“两横一纵”运输格局。电网。10千伏、35千伏高压架空线路可全面保证各类工业项目用电。水源。生活及工业用水由城市管网——海州水厂直接供水。园区绿化。按照都市型生态园区建设标准，启动1.7万平方米园区绿化建设工程。道路两侧新栽植法桐、大叶女贞、红叶李、紫薇等各类乔木品种500余株，园区绿化率达60%以上。

【园区提档升级】 对工业园区进行高质量的规划管理和建设，实现经济、社会、环境三大效益统一的建设目标。根据区领导的指示安排，2015年，镇政府对园区进行提档升级改造，委托连云港市城乡规划设计咨询有限公司对园区做修建性详细规划，将对园区进行美化、亮化、绿化，从整体上改造升级园区，从而提升园区形象。

洪门工业园

连云港洪门工业园位于连云港市新牛公路北侧、204国道西侧，是连云港市区西部工业区重要组成部分。园区始建于2003年初，规划面积1.01平方千米，其交通区位优势明显，西距机场15千米，东离港口30千米，204国道、连徐高速、G15沈海高速、陇海铁路分布四周。建园以后，园区始终坚持高标准规划、高起点建设，先后累计投入近1亿元用于园区的“七通一平”基础设施建设。紧紧围绕“生态型、科技型、外向型”的产业定位，严格按照“布局集中、用地集约、产业集聚”的理念，重点发展机械制造、包装材料、现代物流配送和电子商务等四大主导产业，已初步形成产业特色鲜明、综合配套能力较强的现代制造业集聚区。2015年，洪门工业园有企业54家，规模以上企业10家。2015年，园区产值达到20亿元，产生税收近3000万元。

农业与农村工作

综　述

海州区是连云港市区的主要农业区，4个涉农镇（浦南镇、板浦镇、新坝镇、锦屏镇），3个涉农街道（宁海街道、朐阳街道、洪门街道），2个经济技术开发区和2个国有农场（岗埠农场、云台农场），耕地面积23133.33公顷，农业人口22.9万人。

2015年，海州区农村工作紧紧围绕农业现代化的总体目标，以农民增收为核心，把调优结构、建美农村、致富农民作为全年工作重点，大力发展规模高效农业，新增农民专业合作社19个，家庭农场14家、优化产业结构，发展特色农业基地，树立农业龙头企业。加强目标管理，统筹城乡发展，推进社会主义新农村建设。全年实现农、林、牧、渔业总产值36.09亿元，增幅5.03%；全区农民人均收入达16707.09元，比2014年增加10.5%。

农业结构调整

【概况】 2015年，全区农业结构调整以建设特色农业、提高农业效益、增加农民收入、促进农业可持续发展为目标，运用现代科技成果，大力发展优质、高产、高效农业。全年新增高效设施农业面积近80公顷，高效设施农业面积累计达1333.33公顷。

【特色农业基地建设】 全区建有规模化特色农业基地9个，其中蔬菜基地7个、食用菌基地1个、优质瓜果基地1个，另有花卉苗木基地6个、特色养殖基地6个。

【高效农业保险】 2015年，海州区扎实推进高效设施农业保险工作，切实增强高效设施农业抗风险能力，多次组织区农水局与区财政、金融部门以及各镇街联合开展高效农业保险宣传活动，提高农户风险意识，并取得明显成效。全区农业年保险费达5321327元，其中种植业保险费4457727元。养殖业，母猪5096头、总保险费356720元，育肥猪20120头、总保险费482880元，蛋鸡20000羽、总保险费2.4万元，大棚216.17公顷，总保险费2235509元。

【农业龙头企业】 2015年，全区规模以上农业龙头企业16家，包括省级农业龙头企业4家（其中新增1家）、市级农业龙头企业11家、区级农业龙头企业1家（2015年新认定）。至2015年底，全区16家区级以上规模农业龙头企业固定资产达577617万元，销售收入达894360万元，利润17418万元，上缴税金8295万元，带动农户数22.98万户。其中规模以上农产品加工企业（指年营业收入2000万元以上）6家，年主营业务收入59392万元。

【休闲观光农业】 2015年，海州区休闲观光农业点共有30家，其中农业观光采摘园8家，休闲农庄4家，现代农业示范园6家，农业主题公园4家，农家乐7家，民俗村1个。它们是新坝镇金辉生态园和谢意家庭农场，板铺镇的乐源家庭农场和天景生态园，浦南镇的兆绿西海花田、益德然生态农庄、鑫健休闲农庄、德泰特种鱼休闲园和江浦观光农业园，宁海街道新建的千亩向日葵观赏园（江苏天吻农业科技有限公司），锦屏镇新建的蔷薇绿园，花果山街道新建的新滩村休闲农业观光园，云台农场的云台生态湿地博览园，滨河新区新建的月牙岛观光园等。30家休闲观光点年营业收入达465万元，其中门票收入95万元，农产品及其加工品销售收入310万元，餐饮及其他收入60万元；从业人员达1661人，其中农民1600人；带动农户数2275人；年从事节庆活动13次。

【农业信息化建设】 2015年，新增锦屏镇农产品电子商务示范村1个；浦南镇江浦村集瑞园农业科技有限公司新增1.33公顷智能温室大棚，实现远程查看、报警、控制等农业信息化管理；新增江苏天缘集团成立的连云港菜篮子网，立足于家庭生鲜产品及各类副食品供应，产品丰富，包括九大品种共1600多种商品，累计销售额500余万元；连云港市微好电子商务有限公司申报的中央财政项目“指尖商城”农业电子商务基础设施配套工程已经建设完成并运行，项目主要是在20个中高档社区建设20个生鲜自提点（友宝智能售货机）；“12316”信息发布平台年发布农情信息、农事提醒等2000余人次。

种植业

【粮食生产】 2015年，全区粮食播种面积46086.67公顷，总产量354133.12吨。其中，小麦种植22686.67公顷，主要品种是济麦20、济麦22、烟农19等。小麦种植的茬口主要是水稻、玉米等。播种方式以机旋耕、机条播为主，全区小麦平均亩产421千克。

全区水稻种植20753.33公顷，平均亩产619.24千克。主要播种方式有手栽稻、机插稻、直播稻三种，其中直播稻面积占总面积的70%，轻型稻作方式发展迅速，但抗风险能力较弱。

全区玉米种植面积2273.33公顷，主要品种是苏玉系列，平均亩产502.88千克。大豆播种面积373.33公顷，平均亩产234.84千克。

水稻高产创建项目示范区

【农作物保护】 农作物保护主要以防治病虫害为主，2015年主办病虫害防治培训班，发布农情信息6期，发放农情简报8期。小麦生产中，稻茬口以旋耕播种方式，旱茬口以条播麦、撒播麦为主，故小麦草害发生总体较轻，发生病虫害面积较少。小麦穗期全面打好以赤霉病、麦穗蚜、白粉病等为主的病虫防治总体战，全面控制小麦穗期病虫危害。受阴雨、潮湿、雾霾等天气影响，赤霉病呈普遍大发生加重趋势，因此，立足赤霉病两次防治不动摇，危害大大降低。小麦白粉病中等发生；麦蚜偏重度发生，局部田块大发生；麦田灰飞虱中等发生。

水稻生产中，第一次病虫主体防治时间为7月底至8月初，以纹枯病、稻瘟病、稻飞虱兼治二化螟为主，总体发生情况为纹枯病中等偏重度发生、稻瘟病轻度发生、白叶枯病中等偏轻发生、稻飞虱中等发生、二化螟中等偏重发生；穗期进行第二次总体防治，穗期主要病虫呈偏重发生趋势，特别是穗颈瘟，主攻水稻纹枯病、稻瘟病、稻曲病、稻纵卷叶螟、稻飞虱、螟虫，单治白叶枯病，兼治其他病虫。在水稻破口前5~7天和破口期全面用好两次药。

表4

2015年海州区粮食作物种植情况表

镇街	粮食播种总面积（公顷）	粮食总产量（吨）	小麦			水稻			玉米			大豆		
			播种面积（公顷）	单产（千克/亩）	总产量（吨）	播种面积（公顷）	单产（千克/亩）	总产量（吨）	播种面积（公顷）	单产（千克/亩）	总产量（吨）	播种面积（公顷）	单产（千克/亩）	总产量（吨）
新坝镇	8317.93	64275.96	4053.33	430.26	26159.81	3684.6	615.8	34034.65	480	510	3672	100	273	409.5
锦屏镇	3360.53	25620.27	1614.4	425	10291.8	1480.27	614	13633.26	180	520	1404	85.87	226.1	291.22
板浦镇	8196.46	61613.82	4206.8	427.06	26948.34	3210.33	611.5	29446.78	653.33	490	4802	120	231.5	416.7
宁海街道	4466.67	33289.80	2333.33	433.2	15162	1240	618	11494.80	893.33	495	6633	—	0	0
浦南镇	8985.67	69512.51	4106.67	403	24824.80	4846.67	613.30	44577.71	—	0	0	33.33	220	110
花果山街道	268	1715.60	200	425	1275	34.67	632.30	328.8	—	0	0	33.33	223.6	111.8
南城街道	94.37	715.86	46.67	420	294	317	633	300.99	16	503.6	120.86	—	0	0
洪门街道	72.53	537.18	43.33	410	266.5	292	618	270.68	—	0	0	—	0	0

续表4

镇街	粮食播种总面积（公顷）	粮食总产量（吨）	小麦			水稻			玉米			大豆		
			播种面积（公顷）	单产（千克/亩）	总产量（吨）	播种面积（公顷）	单产（千克/亩）	总产量（吨）	播种面积（公顷）	单产（千克/亩）	总产量（吨）	播种面积（公顷）	单产（千克/亩）	总产量（吨）
海州区开发区	340	2773.65	80	424	508.8	206.67	601.90	1865.89	53.33	498.7	398.96	—	0	0
新浦开发区	788.33	6149.98	394.13	426.50	2521.47	394.19	613.66	3628.51	—	0	0	—	0	0
云台农场	2134.67	16605.33	1073.33	412	6633.2	1061.33	626.39	9972.13	—	0	0	—	0	0
岗埠农场	9066.67	71323.16	4533.33	415.8	28274.4	4533.33	633.07	43048.76	—	0	0	—	0	0
合计	46085.83	354133.12	22685.33	420.99	143160.12	20751.96	619.24	192602.96	2276	502.88	16511.00	372.53	234.84	1117.42

【经济作物】 海州区经济作物已经基本调整为蔬菜、花卉苗木、特色产品等等。原来的棉花等经济作物已经零星种植，农户的经济来源主要依靠蔬菜、特色产品种植。主要的蔬菜生产情况：2015年，全区瓜菜播种面积5273.07公顷，初步形成以品质安全为基准的浦南镇草舍村200公顷西红柿、江浦村66.67公顷优质丝瓜、潘圩村200公顷浅水藕种植基地；云台农场66.67公顷标准韭菜与466.67公顷浅水藕种植基地；新坝小荡村14公顷日光温室、2公顷平菇，以品牌效应为优势的小荡、朱圩、王付、墙框、陈户、新西等村200公顷拿比特礼品西瓜种植基地；锦屏镇桃花村精细蔬菜种植园区20公顷日光温室、大棚种植基地；板浦镇官庙、罗圩、永平等村45.33公顷浅水藕，菜园村86.67公顷西瓜、西兰花等蔬菜种植基地。

全区蔬菜年产量达229157吨，产值57740万元。日光温室面积466.67公顷，大中棚面积666.67公顷，小棚、地膜面积33.33公顷。其中浅水藕764.4公顷，产量1.3万吨，产值6000余万元；“三瓜”面积309.2公顷（其中拿比特西瓜233.33公顷），产量1.9万吨，产值4万元。

养殖业

【畜牧生产】 全区生猪饲养量25.2万头，“三禽”（鸡、鸭、鹅）饲养量457.5万羽，羊16500只，牛2500头。畜禽规模养殖比重逐年提高，其中，生猪规模养殖达85%，大中型生猪养殖比重达86.6%，“三禽”规模养殖比重为98%，羊规模养殖比重为95%。

锦屏镇肉鸽养殖基地

【防疫检疫】 为提高对突发重大动物疫病控制能力，保持重大动物疫情清净，海州区在年初制定2015年重大动物疫病免疫行动方案，按照省、市防指要求，分别制定了春季、夏季和秋冬季疫病防疫行动方案，要求各镇办动物防疫人员按照“以防促检、预防为主”的方针和强制免疫的要求，做好辖区内所有畜禽的免疫工作,确保疫病不发生、不流行。全区防疫共使用猪口蹄疫疫苗92万毫升、猪瘟疫苗102万头份、猪链球菌疫苗42.5万毫升、禽流感疫苗915万毫升、牛羊口蹄疫疫苗4.5万毫升，免疫密度达100%，免疫抗体在90%以上。

【动物卫生监督】 全区有奶站1个（新希望乳业）、奶牛养殖小区2个（宁海和板浦奶牛养殖小区），奶牛年饲养量达1280头。海州区加大对生鲜乳的监管力度，采取不定期检查与专项整治相结合的方式，2015年，共抽取奶样65份，经市畜产品检测中心检测，均未发现使用违禁药物和非法添加物的违法行为；加强规模养殖场监管，认真落实消毒防疫制度，规范建立畜禽养殖档案，严格动物防疫条件审查，全年通过审核32家；加强兽药、饲料等动物投入品监管，对辖区内的36家兽药经营户、12家饲料及饲料添加剂生产企业、18家饲料及饲料添加剂经营点进行全面检查，没有发现添加“瘦肉精”等国家明令禁止的药物；扎实开展“瘦肉精”专项整治工作，兽药、饲料等养殖环节投入品专项整治工作，全区活禽经营市场专项整治工作，完成省、市畜产品样品460份，合格率100%；加强检疫监督工作，对辖区内天缘和苏海两家肉品生产企业进行检疫监督，杜绝劣质肉品进入流通环节，确保广大市民吃上“放心肉”。

渔　业

【捕捞养殖】 2015年，海州区淡水养殖面积达到1322公顷，水产品总产量21561吨，其中海洋捕捞1141吨，淡水捕捞720吨，淡水养殖19700吨，渔业经济总产值98300万元。

【渔政执法】 全年开展渔政执法活动，严厉打击电鱼违法捕捞行为，区渔政监督大队与市渔政支队多次开展联合执法，没收电鱼设备10套。加强伏季休渔政策宣讲活动，把政策宣传落实到每一条渔船。认真开展水产品质量安全整治活动，制定水产品质量专项整治行动方案。配合市海洋与渔业局对辖区水产养殖基地进行了10次抽样检查。

【渔船管理和渔业安全生产】 2015年，海州区拥有内陆捕捞渔船64艘、海洋捕捞渔船1艘、乡镇管理渔船1艘。对全区渔业船舶进行检验工作，检验出有安全隐患船只6条，全部进行了整改。按省局要求，完成了渔船数据库清除、完善工作，及时将省海洋环境监测预报中心发布的天气预报信息转发给渔民，让渔民及时掌握天气情况，做好防灾工作。认真抓好油补渔船资料的审核、汇总、公示、审批、发放各个环节，全区共100万余元的渔业柴油补贴全部落实到位。海洋渔船实行严格监管措施，利用市监测平台对海洋渔船实行全方位的跟踪。加强对重点乡镇的渔业安全生产的监督与管理。

林果花卉

【林业资源】 2015年，海州区林地面积6969.33公顷，森林覆盖率23.43%，比2014年增加1.01%，林木覆盖率26.74%，比2014年增加1.33%。全区木材蓄积量（即采伐量）12561立方米，出材量7537立方米。

【林业生产】 2015年，海州区按照市下达的绿化造林目标任务及全区绿化工作会议精神，全区上下充分挖掘造林潜力，抢抓春季有利时机，提前谋划，以市场为导向，以科技为支撑，以重点工程为抓手，强势推进山体绿化、绿色通道、河堤绿化、村庄绿化和林业产业五个方面的工作，坚持生态与产业并重，植树造林与严格管护同步，充分挖掘造林潜力，认真细化目标任务，强化组织领导，做到工作早部署，措施早落实。全区累计完成造林633.33公顷，其中成片造林506.67公顷；完成山体绿化及林相改造390.67公顷；森林抚育面积1333.33公顷；更新完善农田林网1333.33公顷；新建省级绿化示范村9个；四旁植树56.3万株，全面超额完成市下达的绿化造林任务。

【花卉苗木】 2015年，新建苗木基地面积293.33公顷，仅新坝镇约100公顷，浦南镇龙浦路两侧、新圩村、太平村、新沭河南堤共约80公顷，岗埠农场张赣路西侧约6.67公顷，其他大部分在朐阳街道和锦屏镇的锦屏山周围山麓地带。全年盆栽植物产量275.5万盆，产值2820万元。

【果树种植】 2015年，全区水果产量10535吨。其中苹果850吨，梨1600吨，葡萄2640吨，桃子4500吨，其他果品945吨。年末，果园面积862.27公顷，其中苹果园40.27公顷，梨园266.67公顷，葡萄园176公顷，桃园240公顷，其他139.33公顷。推广无公害套袋技术，全年葡萄、梨、苹果、桃套袋85万只。

【森林保护】 2015年，森林警察大队根据省森林公安局和市、区林业主管部门的工作部署，围绕新海州区林业生态建设的工作大局，结合两区合并后的实际情况与涉林违法犯罪特点，拓宽工作思路，整合现有人力物力资源，加大森林资源保护力度，全力维护林区社会治安稳定。适时开展非法侵占林地清理排查专项行动、“查隐患、破火案”“立案突出问题专项治理”和“雷霆行动”等系列专项行动。全年共出动警力120人次，出动车辆47台次，查处各类涉林案件14起，林政处罚14人。其中滥伐案件6起，擅自改变林地用途案件6起，非法狩猎1起，移送刑案1起。

新坝镇万亩花卉苗木基地

锦屏林场

【国有山林经营】 锦屏林场始建于1961年，为国有林场，负责海州区国有山林的管护。全场有在职职工30人、退休职工18人、长期临时工13人（护林员），山林面积1533.33公顷，有固定资产438万元，办公用房面积450平方米，林场博物馆面积450平方米。

【森林防火】 全区在锦屏林场新建森林防火数字短波无线电对讲通信基站1个、森林火险气象等级监测点1个、火情瞭望哨4座，在做好防火指挥基础设施的同时，设立祭奠台14个，清理重点地段和秋冬季林下可燃物133.33公顷，维修防火隔离网20千米。完成森林以水灭火消防系统2套，新增120立方米钢筋混凝土水池3座，覆盖大虎礁附近133.33公顷林地，达到山顶有水池、山涧有水坝、山路有水车的立体式防火水源体系要求。积极开展森林防火扑救演练，区森林消防专业队在2015年全省森林防火技能竞赛中获优秀奖。全区年内实现森林火灾零记录。

（撰稿：韩江亭）

农业机械化

【概况】 2015年,全区农业机械化总动力44.37万千瓦，拥有拖拉机8707台（其中大中型979台），联合收割机4449台，配套犁、耙、旋耕机、播种机、秸秆粉碎还田机8019台，植保机械5000余台，全区农业机械总值达到5亿元。完成招商引资目标20万美元。

【农机安全管理】 全年举办安全生产培训3期，驾驶证申领培训考核33人，换发驾驶证78人；5月，开展“农机安全生产月”和专项整治等活动，纠正违章行为，消除事故隐患，全年无农机安全事故发生；部门与区财政密切配合，分期分批组织专业队伍深入购机户家中进行核查，全年共核查机具235台，核查率达15%。年内，全区共检验、登记入户拖拉机517台，检验、登记入户联合收割机1337台，农机上牌率100%。培训农机职业技能57人。2015年，海州区获得省农机监理装备配套价值60万元的农机监理装备。

【农机跨区作业】 全年组织联合收割机1295台次跨区作业。夏季、秋季平均每台创收3万元，全年跨区作业总收入近亿元。

【农机购置补贴】 年内，全区获得中央及省级农机购置补贴资金2351.27万元，新增大中型拖拉机191台、秸秆还田机30台、旋耕机255台、收割机546台及其他各类机具共1575台套，受益农户980户，带动全区资金投入6223.44万元。在购机过程中，严格按照规定的工作流程运作，做到阳光操作，公开透明，并在相关村组公示，定期对补贴机具跟踪检查，确保补贴政策惠及于民。

【插秧机推广】 全区新购置插秧机22台，落实高速机插秧面积17933.33公顷，机插率达77.09%。其中新增21台乘坐式插秧机、1台步进式插秧机，完成市下达目标的220%。

【秸秆还田工作】 组织农机大户、农机合作社与村（居）签订收割时保证秸秆还田协议，将机具落实到位，作业面积落实到田，收割时间落实到天，工作责任落实到人。由合作社牵头，合理调度机械集中还田，确保在收种时间内完成全部工作。2015年夏、秋两季秸秆机械化还田28406.66公顷，还田率在99.66%以上，秸秆机械化连片示范区面积达20000公顷，合作社作业面积达到总作业面积的70.4%。

（撰稿：李玉萍）

农业综合开发

【土地治理】 2015年，海州区有高标准农田666.67公顷，新改拆建泵站7座，建成渠系建筑物527座，渠道衬砌20.2千米；新修机耕路18.07千米；技术培训农民600人次；示范推广266.67公顷。项目已于5月底竣工通过市级验收。2015年11月，经批准建设新坝镇1000公顷高标准农田，预计于2016年5月底竣工。

【产业化扶持】 2015年，实施产业化项目1个，连云港市天缘食品有限公司实施的连云港市海州区万头生猪收购流动资金贷款贴息项目,项目总投资4900万元，其中企业自筹资金2900万元，银行贷款2000万元，省财政拨付项目贷款贴息40万元。

【丘陵山区开发】 2015年，建设花果山街道小村农业观光生态园基地项目106.67公顷，财政扶持资金260万元，开挖截洪沟0.89千米，新建水池1座，新建小型塘坝1座，新建泵站1座，新建生产桥1座，新建过路涵11座，新埋设380伏低压线路1.6千米，小村北山的果茶生产基础设施条件得到根本改善。

农村土地承包管理

【土地流转管理和适度规模经营】 完善农村土地流转坚持依法、自愿、有偿原则，采取转包、出租、互换、股份合作等形式流转土地承包经营权，科学、合理地确定流转价格，规范流转程序，实行规范的合同管理。2015年，新增土地流转面积360公顷，累计土地流转面积12613.33公顷，占耕地面积比重为50.05%；新增适度规模经营面积880公顷，累计达27020公顷。

【土地承包确权登记颁证】 2015年，海州区在试点先行基础上，按照“先易后难、分期分批实施、进度服从质量”的要求，积极稳妥推进土地确权登记颁证工作，浦南镇、新坝镇、板浦镇、锦屏镇、宁海街道实现整体推进，共涉及74个村居、40430户农户和17093.33公顷耕地。至年底，已开展土地确权登记颁证的5个镇街

植保专业合作社实施小麦统防统治

道、74个村居，依据前期准备、入户调查、测量制图、公式审核、登记颁证、建档入库六步工作法，办理登记颁证。

新型农业经营主体建设

【农业专业合作社】2015年度，新增农民专业合作社19个，合作社总数累计达到325个，合作组织建账数60个，指导成立合作联社1个。农民专业合作社成员数累计达到48232人，其中新增合作社成员1969人。

【家庭农场】2015年，全区新增家庭农场14家，家庭农场累计发展到61家；海州区乐源家庭农场、海州区和谐兴家庭农场、浦南镇杨绍强家庭农场成功创建为省、市级示范性家庭农场。

2015年海州区蔬菜专业合作社一览表

表5

序号	注册号	合作社名称	法定代表人姓名	地　址
1	320706NA000054X	连云港胜吉食用菌农民专业合作社	吴胜吉	海州开发区南朐路98号
2	320706NA000009X	连云港市方吉蔬菜粮食专业合作社	滕　考	海州开发区振兴路3号
3	320706NA000037X	连云港天成豆丹养殖专业合作社	刘校君	海州区板浦镇中正社区中大路8号
4	320706NA000051X	连云港市绿萃蔬菜种植专业合作社	许士忠	海州区板浦镇中正社区中正路村部
5	320706NA000036X	连云港市山锦蔬菜种植专业合作社	刘同刚	海州区锦屏镇锦孔路陶湾村红旗管桩厂对面
6	320706NA000028X	连云港市天路食用菌种植专业合作社	陈少松	海州区锦屏镇李圩村新坝中路东侧
7	320706NA000048X	连云港百林食用菌种植专业合作社	顾欣欣	海州区锦屏镇桃花村240号
8	320706NA000057X	连云港市蔬惠蔬菜种植专业合作社	陈叶磊	海州区锦屏镇桃花村精细蔬菜种植园内
9	320706NA000012X	连云港市友益蔬菜种植专业合作社	叶如磊	海州区锦屏镇镇前路14号
10	320706NA000022X	连云港润昌食用菌种植专业合作社	赵东仓	海州区锦屏镇镇前路16号
11	320706NA000008X	连云港市海州区泊洋蔬菜水果种植专业合作社	穆方标	海州区新坝镇大穆村
12	320706NA000007X	连云港市海州区鑫杭蔬菜苗木专业合作社	卢力银	海州区新坝镇沙杭村109号
13	320706NA000006X	连云港农强食用菌专业合作社	印志俭	海州区新坝镇魏口村
14	320706NA000024X	连云港农乐食用菌专业合作社	许乃堂	海州区新坝镇小荡村
15	320706NA000068X	连云港市明呈蔬菜瓜果种植专业合作社	付明呈	海州区新坝镇新坝东路王付村
16	320706NA000067X	连云港市雨晨蔬菜种植专业合作社	孟祥祝	海州区新坝镇徐海路武圩村
17	320705NA000019X	连云港市海州区润宁蔬菜专业合作社	高明杰	海州区宁海乡太平村六组28号
18	320706NA000004X	连云港市海州区源鑫蔬菜种植专业合作社	叶维余	海州区新坝镇小荡村村部北首200米
19	320706NA000082X	连云港市伟标蔬菜种植专业合作社	何伟标	海州区新坝镇前路东侧

续表5

序号	注册号	合作社名称	法定代表人姓名	地　址
20	320706NA000084X	连云港市成顺食用菌种植专业合作社	宋成顺	海州区锦屏镇南路2号
21	320706NA000102X	连云港市宝兵蔬菜种植专业合作社	陈宝兵	海州区新坝东路小荡桥南侧村委会驻地
22	320706NA000103X	连云港大地蔬菜种植专业合作社	黄德普	海州区新坝西路西侧樊庄村村委会
23	320706NA000105X	连云港鼎盛蔬菜种植专业合作社	何学军	海州区板浦镇新民路西侧108号-5幢商铺6号
24	320706NA000114X	连云港甘露蔬菜种植专业合作社	潘成培	海州区新坝镇樊庄村
25	320706NA000116X	连云港市顺程蔬菜种植专业合作社	顾其春	海州区新坝镇新北路四里村顾庄
26	320706NA000117X	连云港市香香豆芽种植专业合作社	陆占邑	海州区板浦镇小浦村70-1号
27	320706NA000122X	连云港市场鑫蔬菜种植专业合作社	谢　意	海州区新坝镇陈户村
28	320706NA000124X	连云港曙光蔬菜种植专业合作社	陈宝兵	海州区新坝镇小荡村
29	320706NA000125X	连云港穆艺蔬菜种植专业合作社	穆传杨	海州区新坝镇新北路幸福家园1-5幢
30	320706NA000129X	连云港市小钟蔬菜种植专业合作社	钟守成	海州区板浦镇东周路（永平村）
31	320723NA000015X	灌云县别样红莲藕专业合作社	江　流	海州区板浦镇尤庄村十一队
32	320706NA000106X	连云港金土地蔬菜瓜果种植专业合作联社	曹　峰	海州区新坝镇新坝街42号
33	320706NA000129X	连云港市小钟蔬菜种植专业合作社	钟守成	海州区板浦镇东周路（永平村）
34	320706NA000133X	连云港市中宇食用菌种植专业合作社	薛　飞	海州区锦屏镇新坝中路连云港祥云化工有限公司院内
35	320706NA000155X	连云港市同科蔬菜种植专业合作社	卞雷成	海州区新坝镇新坝东路
36	320700NA000016X	连云港华运农作物种植专业合作社	徐兴成	海州区板浦镇罗圩村28号
37	320700NA000025X	连云港市林港花卉种植专业合作社	卞光浩	海州区狮树村村部1楼
38	320705NA000305X	连云港利君果蔬种植专业合作社	李莉军	海州区农副产品批发市场果蔬A区
39	93320706MA1MCUH634	连云港金飞阳谷物种植专业合作社	乔海艳	海州区宁海乡新圩村5组

农村管理

【粮农综合补贴】 2015年，全区累计发放良种补贴、水稻直补和农资综合补贴等惠农补贴资金3313.92万元。

【农资市场监管】 围绕规范农资经营秩序，保护农民利益，服务农业生产这一目标，认真贯彻落实全国和省市农资打假工作会议精神，按照国家和省市的总体工作部署和要求，深入开展以农资质量为重点的农资打假专项治理行动，多次深入镇村开展农资宣传和农资打假活动，全年检查农资经营户100余户，未发现违法经营。通过检查，有效保护农民群众的合法权益，保障了农业安全生产，农资市场专项治理工作取得了明显成效。加强宣传动员，结合市“放心农资下乡进村宣传周”、“3·15”消费者权益日等活动扎实开展农资打假宣传活动，全年发放各类农资宣传资料2000余份。

【村级集体经济】 海州区大力发展村级集体经济，2015年，全区84个涉农村（社区）集体经济收入总额4798.75万元，集体经营性收入总额3828.23万元，其中，村集体经营性收入15万元以下的22个村，50万～100万元的23个村，100万元以上的9个村。

【农村财务监督机制】 海州区实行村财务、财产等全部公开；村集体经济做到产权明晰、权责明确、经营高效、管理民主、监督有力的农村集体资金、资产、资源管理体制和运营机制；建成区、镇、村三级网络监管平台。

【农村社区股份合作制改革】 为探索完善新形势下农村集体经济的有效实现形式和分配方式，2015年，海州区开展以农村社区股份合作制为内容的集体资产管理体制改革工作，选取洪门街道新庄村、朐阳街道西门村作为试点，通过开展宣传发动、清产核资、股民身份界定、股权量化、发放股权证书等一系列工作，于2015年12月先后成立了洪门街道新庄村股份合作社和朐阳街道西门村股份合作社。新庄村股份合作社拥有集体经营性资产830万元，股民246人，西门村股份合作社拥有村集体经营性资产174.84万元，股民3250人。

【产业扶贫】 2015年，在板浦建造500平方米的冷库，为鱼、虾、蟹等水产品以及豆丹提供冷藏保鲜，冷库建成后年租金约70万元，租金收益可增加村级集体资产。此外，与市级示范乐源家庭农场合作，向该农场注入政府资金扶持，该农场未来收益股权量化到户。通过扶贫产业园开发建设，东北村、石河村、浦东村、泗河村、东辛村、周圩村、官庙村、城北村等周边经济薄弱村由扶贫形成的资产收益，50%以上用于本村低收入农户分配，其他部分作为村集体经营性收入，确保实现稳定脱贫。

【技能培训】 2015年，海州区认真贯彻实施省、市"积极实行科教兴区，推动农村经济发展"的战略措施，紧紧抓住人才培养、科技进步、经济发展这条主线，围绕农业产业化、优势农产品区域化、农业结构优化、农民知识化的目标，突出重点，强化措施，不断探索新时期开展科教兴区工作的新路子，为提高农业综合生产能力，促进农村经济持续、健康、快速发展，加快农业现代化进程，全面建设农村小康社会，发挥重要作用。2015年，实际完成农业实用技术培训6000人、职业农民培训429人、基层农技人员培训229人。

【低收入农户脱贫】 2015年，海州区新一轮农村低收入人口建档立卡工作圆满完成，实现了户有卡、村有册、区有电子文档的目的，开发式扶贫帮扶年度计划3460人，实际完成3460人。积极落实帮扶资金，为扶贫项目提供有力支持。 （撰稿：杨光远）

农田水利

【农田水利建设】 2015年，海州区农田水利现代化水平达83.5%。重点实施中央财政小型农田水利重点县建设，重点设在新坝与宁海两个乡镇的8个行政村，共1453.33公顷农田水利工程（新坝镇的大穆村、大屯村、樊庄村、普安村、魏口村、新坝村、新西村以及宁海街道的杨场村，共8个行政村，受益人口达1.76万人），衬砌渠道60.06千米；拆建、新建灌溉泵站16座，570千瓦；建设渠系配套建筑物464座。

【河道疏浚整治】 2015年，整治1条县级河道、4条乡级河道，清淤长度22.02千米，土方61.40万立方米；8个行政村的村庄河塘（包含25条河、12座塘），共18.8公顷，土方量13.40万立方米。

农业专家现场指导

【水库移民后期扶持工作】 2015年，完成全区大中型水库移民后期扶持"十三五"规划编制工作，发放直补资金93.6万元，根据建设计划，改善移民安置区基础设施，新建混凝土道路5.2千米、下水道1.9千米、防渗渠道3.2千米，安装太阳能路灯250盏，改造泵站2座，建文体活动中心1处、便民服务及老年活动中心1处，总投资717万元。

【水政水资源管理】 2015年，落实强化取水许可证制度，宣传水资源管理，保护水资源，珍惜水资源。加强辖区内水资源的保护和持续利用，对辖区内取水单位进行巡查和调查，对有证取水的单位给予积极指导和服务，对无证开发利用水资源单位或个人严格按照有关水法律法规严厉查处，同时督促补办有关取水手续。加大水事案件查处力度，严厉打击各类水事违法行为。

防汛抗旱

【重点河道防洪】 2015年，海州区对通榆河、蔷薇河、东站引河和新建的蔷薇湖、沭新渠饮用水供给水源、加强保护和管理。蔷薇河作为连云港市市区内的一条重要的区域性河道，具有防洪、排涝、供水和灌溉等多重功能。为提高区域防洪排涝能力，保障城市安全供水和改善区域水环境。全年开工治理海州区境内蔷薇河、东站引河约24千米。工程内容主要包括河道拓浚工程、河道堤防加高加固（含防汛通道）工程、沿线穿堤破损老化建筑物（箱涵、水闸等）除险加固工程等。工程总投资60567.93万元，其中，海州区治理总投资18437.96万元，工程投资12625.77万元，建设征地拆迁水保投资5872.19万元。前蔷薇河整治工程西起沭阳县的桑东大沟，东至灌云县境内入古泊善后河，全长约38千米，流域面积285平方千米。2015年，完成对前蔷薇河（泊阳河）、古泊善后河口至海沭大沟段6.06千米河道疏浚，加固两岸堤防13.63千米。新坝镇镇区段C25砼衡重式挡土墙0.84千米。新建挡洪涵21座，移建大沟挡洪闸2座，加固大沟挡洪闸2座、排水涵洞1座，配建灌溉泵站9座，拆除灌溉泵站2座。为贯彻落实《省政府办公厅关于开展河库和水利工程管理范围划定工作的通知》（苏政办发〔2015〕76号）文件精神。海州区境内划界确权范围涉及12条骨干河道，全长171.5千米。其中，流域性河道2条、27.9千米，分别为新沭河、通榆河；区域性河道4条、72.2千米，分别为沭新河、蔷薇河、古泊善后河、盐河；跨县河道6条、71.4千米，分别为云善河、前蔷薇河—卓王河、乌龙河、鲁兰河、马河、沭新渠。列入划界确权范围的水库有6座，分别为二涧水库、园林水库、双龙水库、王庄水库、张庄水库、凤凰山水库。2015年，已经完成海州区河湖和水利工程管理范围划定实施方案。

【防汛防旱责任制】 全面落实防汛防旱工作责任制。各镇和街道、各单位建立和完善了防汛组织指挥系统，调整和重组了防汛机构，落实了各项防汛责任制。根据省防总关于乡镇防办能力建设工作方案的要求，全区乡镇全部提升了乡镇防办防汛抗旱应急管理能力，使其真正成为基层防汛抗旱决策的参谋机构。层层落实了防汛责任制，任务明确，责任到人，做到一级对一级负责。区防指加大对在建工程的监管力度，所有跨汛期施工的涉河、涉库工程都认真落实防汛责任制，制定相应的安全度汛方案和施工导流方案。

【河库清障】 各地按照市、区防指下达的任务，积极开展河库清障工作，切实维护水事秩序和水利工程安全。对影响防洪安全的蔷薇河、盐河、玉带河等违章种植、违章建筑进行了清理。拆除了辖区内骨干河道内影响行洪的渔网、鱼簖，一些区域性河道内的行洪障碍也都逐一落实责任制，限期拆除，确保防洪安全。另外，各地都建立了河道堤防巡查制度，发现违章设障，及时组织查处。

沙杭大沟疏浚

【汛前检查】 按照省、市防指的统一部署，全区自下而上，全面发动，迅速组织力量开展汛前大检查，认真排查各类防汛工程度汛隐患。检查中将防汛工作责任制、各类水利工程的险工隐患处理、在建水利工程的度汛措施、水库安全、城镇防洪设施、河库清淤清障、各类防汛预案作为检查重点，做到“五个清楚”（即工程有无隐患清楚、存在问题大小清楚、问题原因清楚、问题具体位置清楚、问题解决办法清楚），并按照分级负责的原则，督促责任主体落实相应措施，确保工程安全度汛。

【防汛物资和抢险队伍】 全区共有市级块石储备点1个，区级物资储备点3个（其中块石储备点2个），各镇、街道及单位物资储备点15个，共储备11.87万只编织袋、防汛木材339立方米、块石14400吨等防汛物资。据防办统计，全区共成立群众性防汛抢险队伍95个，计3136人，其中民兵抢险队伍67个、1845人，河道堤防抢险队伍20个、869人，水库塘坝抢险队伍6个、280人。部分镇、街道和单位还组建了防汛抢险突击队，积极参加全市应急抢险培训班和演练，提高了抢险队伍的实战能力。

（撰稿：李群　审稿：谭华业）

工业经济

综　述

2015年，全区工业经济发展紧抓“一带一路”重大战略机遇，坚持“稳中求进、稳中提质”工作总基调，强化企业服务，强化项目招引，优化发展环境，全力实施“产业兴区、工业强区”战略，项目建设推进有力，工业发展呈现出增长速度适中、质量效益明显提升的发展态势。新开工亿元以上工业项目13个，竣工亿元以上工业项目14个，实施技改规模企业数40个；实现规模以上工业增加值96.3亿元，增长10.8%；101家规模以上工业企业完成现价产值321.6亿元，增长12.7%；完成全社会工业投资148亿元，增长18.7%；完成规模以上工业投资129.3亿元，增长18.5%；净增规模企业9家。

年初，下发《海州区工业经济发展实施意见》《海州区2015企业服务（提升）年实施方案》及补充意见等文件，制定各项扶持政策，加快企业发展。实施区四套班子领导联系挂钩重点企业制度，推行“首违不罚”和“容期整改”制。江苏新海发电公司、市工业投资集团、市自来水公司属地管理纳入海州区规模企业；创业创新产生新活力，企业踊跃申报各类工业和信息化专项资金，获批省、市级扶持资金2845万元。

创新服务

【开展“企业服务年”活动】 制定《海州区2015企业服务（提升）年实施方案》，以“服务企业，纾困解难，传递信息，助推发展”为主题，实现政府与企业的政策对接、信息对接、服务对接，破解制约企业发展的突出矛盾问题，为工业经济扩量提质提供有力支撑。通过推行区级领导挂钩联系工业企业制度、实行企业“安静生产日”制度等一系列措施，构建多形式的企业问题受理和服务渠道。开展省级企业信用管理贯标工作，中鹏新材料、天缘食品等8家企业通过考核验收，至年底，全区有71家企业通过省级企业信用管理贯标考核验收。加强企业融资辅导，积极探索中小企业应急贷管理办法，举办首届中小企业资本市场投融资对接会，邀请上海股权托管交易中心专家对当前企业融资发展趋势、政策解读、挂牌策略、资本战略、企业上市融资策略、企业商业模式策划、企业资源融合等方面进行宣讲。

【工业项目扎实推进】 全区重点工业项目69个，年度完成投资40.4亿元。其中亿元以上项目28个，实际完成投资41.2亿元。竣工投资项目39个，在谈工业项目42个，已签约项目34个，总投资47.9 亿元,其中12个项目开工建设。承担15个市重点工业项目中，康达智、佳普石化、肥之星等11个项目竣工投产，太阳雨三期、东禾医药、正大天晴抗肿瘤药物等顺利推进。全区列入市级重点监控的4个新增长点项目完成预期目标，江苏水滤康有限公司新建年产8万台高效净水器技术改造项目，全年新增产值超5亿元，齐天铁塔、港圣开关、联瑞新材料3个增长点项目新增产值1.1亿元。

【组织政策资金项目申报】 申报13个“2015年度省级工业和信息产业转型升级专项资金”项目，江苏鹰游纺机有限公司LMV50D型圆网印花机、连云港天明装备有限公司煤矿用特种运输车辆技术改造等项目共获得省级政策资金920万元；申报63个“2015年度市工业信息产业发展专项资金”项目和4个技术改造项目，联瑞新材料、日出东方项目共获得市级政策资金1905万元。1家企业获“省级企业技术中心”称号，获奖励资金20万元。

【新型工业化推进有力】 联瑞新材料公司成功上市；正大天晴药业集团股份有限公司成功跻身中国医药百强榜前20强；联瑞新材料、东浦管桩、远洋流体3家企业入选第三批江苏省重点企业研发机构企业名单；万象建工集团成功获批省级企业技术中心，康缘商业医药获批市级企业技术中心，德邦精细公司获批省级两化融合示范企业，联瑞新材料公司获批省级“两化融合”试点企业；4家企业成功获批市级“两化融合”企业。全区产值过10亿元企业6家，分别为正大天晴药业集团、新海发电、天明装备、市工业投资集团、日出东方太阳能和鹰游纺机；产值过5亿元企业5家。

【节能减排助推低碳经济发展】 按照省市加快发展高端技术改造升级工程，确定全区10家重点能耗企业，开展重点用能单位的能耗监测工作，全年确定节能改造工程储备项目10个，节约标准煤1.8万吨。鼓励企业开展清洁生产、合同能源工作，格兰特化工等企业完成自愿性清洁生产企业审计。督促德邦化工、新磷矿化等重点耗能企业通过各种措施，降低综合能耗，鼓励企业开展节能技改，积极争取政策扶持。

新能源产业及企业选介

【概况】 2015年，海州区有日出东方太阳能股份有限公司、江苏省太阳能研究所有限公司两家规模企业，新能源产业实现工业总产值25.7亿元，比上年下降14%。

【日出东方太阳能股份有限公司】 公司成立于1997年，是专业从事太阳能应用技术研究和太阳能热水器制造、营销的科技型企业。2015年，公司以“阳光、空气、水”为核心，围绕“大健康”“大环保”两大产业，全面深化向“热水、热能、净水”等多元化业务升级转型，依托“太阳雨”“四季沐歌”两大著名品牌，凭借上市企业、省级企业技术中心平台，太阳能光热利用产品在行业的占有率有所提高，空气能业务稳中有升，净水机产品成为当年新的增长点。公司成功入选2015年度江苏省创新示范企业，树立为优秀企业标杆。“大数据营销智慧管理平台”项目被省经信委列入全省工业强省六大行动重点项目，获得授牌。承担的市科技计划项目“多功能稳态太阳模拟器国际合作开发”和“多功能高效太阳能空气集热器”两个项目通过验收。通过项目实施，共申请发明专利3项、实用新型专利6项，项目投入201万元，其中市拨款25万元，在多功能稳态太阳模拟器与太阳能空气集热器方面的研究取得了突破性进展，有效提高了企业科技创新能力。至年底，企业有一级经销商3000余家、二级分销商2万余家，产品出口100多个国家和地区；公司实现销售收入25.95亿元，利润2.69亿元，税收2.66亿元，资产负债率23.3%。

装备制造业及企业选介

【概况】 2015年，装备制造业32家规模企业实现工业总产值102.7亿元，比上年增长30.2%，占全区规模以上工业产值的32%，规模企业数占到31.7%，帅宝机械、神宇石化跻身规模企业行列。装备制造产业呈平稳增长发展态势，远洋流体等7家企业订单充足，产量成倍增长；天明装备研发成功多项高端煤机重大装备，多项产品供不应求。海州区积极培育产业链核心环节，依靠骨干企业的龙头带动作用，增强支柱产业集聚效应，通过优化创新环境，完善配套扶持政策，健全服务平台等措施吸引高端人才集聚海州，装备制造业形成以矿山救援装备、流体装备、纺织机械等为代表的产业集群，拥有装备制造业国家、省重点人才18人。全区拥有装备制造业国家高新技术企业17家（其中国家火炬计划重点高企3家），省级工程技术研究中心9家，省级以上企业技术中心8家，博士后科研工作站5个，省级企业研究生工作站3个。

【连云港鹰游集团】 2015年，公司成功创建为省级信用管理示范企业。公司研发的SME472D双辊三次烫光机认定为2015年度江苏省中小企业专精特新产品，产品是适用于人造毛皮、全涤毛毯、呢绒、缝边绒等产品的后整理表面烫光的专用设备，一次走布可同时烫布的正反面，经烫光处理后的织物表面蓬松柔软，绒毛顺直光亮，可与天然织物相媲美，其工作效率比普通烫光机提高近一倍，可完全替代进口设备。LMV50D型圆网印花机获得2015年度江苏省首台（套）重大装备及关键部件认定，获得30万元专项扶持资金。全年鹰游集团实现产值18亿元，增长13.8%。

【连云港天明装备有限公司】 公司是天明机械集团的控股子公司，创业于2000年1月，专业从事地质与矿山装备的研发、制造与销售。2015年，天明装备入围江苏省第一批重点研发机构名单，TMC-135型全液压多功能车载钻机产品获得2015年度江苏省首台（套）重大装备及关键部件认定，获得30万元专项扶持资金。自主研发的刮板输送机的紧链装置（ZL201110422704.4）获得首届中国煤炭工业专利奖发明专利一等奖，该专利技术已广泛应用于企业自主研制开发的智能化交流变频刮板输送机成套装备系列产品。全年公司实现产值17.7亿元，增长10.5%。

【连云港黄海机械股份有限公司】 黄海机械股份有限公司是国内钻孔机械行业从事地质勘探技术装备、煤层气钻技术装备、工程基桩钻孔技术装备和非开挖管线铺设技术装备以及配套钻具设计与制造的主要厂家，为江苏省高新技术企业。公司占地面积19万平方米，建筑面积6万平方米。2015年底，有员工625人，有主要生产设备400余台套。主导产品有三大系列40余个品种：用于100~4200米深度固体矿床勘探钻进，工程地质与水下勘探，浅层石油和天然气开采以及矿山坑道通风、排水等钻孔的HXY系列传统型岩心钻机和新一代HYDX系列、HCR系列全液压岩心钻机；用于煤层气开采，浅层石油和天然气钻探，石油井修井和地热水井施工以及超深孔岩心勘探钻进的MD系列多功能煤层气钻机和用于在第四纪含砾石地层及坚硬地层中钻进0.8~3米口径桥梁、公路、高层建筑等基础桩孔施工的GQ系列工程钻机；用于穿越河流、公路、铁路、建筑物等障碍铺设各种管道（包括电力电缆、电讯电缆、热力管道、燃气管道、给排水管等），回拖力150KN-4500KN系列非开挖水平定向穿越钻机。产品销售覆盖国内各省市区，出口40多个国家和地区。全年公司实现产值3457万元，下降62%。

【江苏齐天铁塔制造有限公司】 公司面对制造业竞争激烈的形势，在巩固原有市场的前提下，利用自身技术实力和多年来取得的扎实业绩，重点抢抓电压等级在500千伏至1000千伏的高压及特高压市场。2015年，销售500千伏及以上电压等级铁塔5万多吨，其中仅“蒙西至天津南1000千伏特高压交流线路工程（晋北至北京西山西段）”就达5000多吨，使企业在国内生产特高压铁塔为数不多的企业中占有一席之地，为企业在2015年取得较好业绩提供了有力保证。公司全年完成销售收入3亿元，同比增加4989.7万元，增幅19.8%。入库税金中，国税1248.2万元，同比增加497.8万元，增幅66.32%；地税106.7万元，同比增加5.15万元，增幅5.1%。实现净利润2469.1万元，同比增加860.2万元，增幅53.5%。

【连云港远洋流体装卸设备有限公司】 2015年，公司坚持推行创新基金激励制度，针对产品和工装发布27项研发项目,取得了丰硕成果，并在大口径LNG装卸臂等低温产品、远程安全运行服务平台等多个新产品研发项目上取得突破性成果。公司全年共申请专利12项，有3项实用新型专利和1项外观设计专利获得授权。公司加大降本增效工作，制定《节能降耗管理办法》，发放节能降耗倡议书，着力开展“节能降耗、绿色发展”全员节能降耗活动。公司每百万元产值水、电、辅料等费用与前三年同期相比节省了82.94万元；公司有效利用合理化建议平台，收集86项建议，最终采纳并实施建议54项，产生效益28.8万元；研发制作工装18件，提高相关环节的生产效率2倍以上。根据行业特点，狠抓安全生产管理工作，组织签订安全目标任务书308份，做好员工和特殊工种的安全教育培训，扎实开展安全隐患排查活动，安全隐患整改合格率100%。开展“安全生产月”“排除隐患保障安全”“应急疏散逃生演练”等活动，保障企业正常生产。全年公司实现产值1.9亿元，营业收入1.8亿元，利润2536万元，税收1850万元。

【连云港水表有限公司】 2015年，在“阶梯水价”全面推广背景下，开发满足阶梯计价的计量精准、利于抄测的智能式水表成为该公司抢占市场制高点的一大利器，加大研发经费与人员投入，自主研发。建设有江苏省水流量测量仪表工程技术研究中心，中心面积1500平方米，共有研发人员43人；聘请鲍宇、文林等专家为工程技术研究中心专家委员会成员。中心配备了专业研发团队以及各种精密机床、检测设备、仪器仪表及试验装置等研发设备。投入研发费用735万元，占年销售收入的6%以上。与中国矿业大学、江苏省经贸技师学院合作，开展“摄像直读电子远传水表”“电子远传水表”“一体式阀控水表”等项目的联合攻关，解决了“通过摄像图像识别水表读数技术”“结构上暗室设计改善外界强光干扰问题”“便于准确可靠接入物联网系统的控制壳体”等关键技术。至年底，公司拥有授权发明专利1件、授权实用新型专利14件、受理实用新型专利3件、高新技术产品5项，全年实现销售收入1.3亿元，利税680万元。

【连云港市港圣开关制造有限公司】 2015年，公司将提供高低压电器设备生产、安装、试验、施工、维修等一站式服务作为发展重点，引进、培养高级电力技术人员，购置了数控母线冲剪机、加工中心、变频串联谐振试验成套装置、断路器特性测试仪、变压器综合参数测试仪等一批先进的智能数控设备，不断进行产品与服务创新。2015年，公司承接了东海水晶城配电工程、花果山综合服务中心20千伏配电工程、连云港市新海医院新区20千伏变配电工程等多项市重点工程，并以优质的产品和服务获得了客户和供电公司的好评。全年公司实现总产值1亿元，销售收入1亿元，税收816.9万元。

【连云港康达智精密技术有限公司】 公司创建于2010年8月，位于海州开发区新陇路8号，日商独资企业，注册资金2500万美元，在籍员工1400余名。公司主要从事微型镜片成形、光学镜头组装、变焦镜头产品组装的生产制造，先后通过了SGS认证机构的ISO9001、ISO14001、IEC QC080000认证，后续将导入ISO45001、SA8000等认证，微型光学精密镜具有先进的科技含量，世界上只有少数企业掌握该项技术。公司拥有先进的注塑成型机、镀膜机以及多条光学镜头组装线和变焦镜头组装流水线。公司拥有恒温室、无尘防静电室、超声波洗净室，为产品的生产与组装提供了良好的环境。公司还拥有完善的检测设备，每一件产品都经过严格的检验，从而保证了产品质量。公司引进全球领先的精密制造技术和管理技术，承担全球大型电子企业手机及数码相机用的光学镜头系统和数码摄像机、液晶投影仪机芯等光机电产品，产品销售网络遍布全球，其中50%产品销售国内，其他产品销售欧美、非洲部分国家及亚洲大部分国家。年产量位居世界同行业第二位，800万以上像素产品年产量位居世界同行业第一位。2015年，公司资产总额5.1亿元，实现产值2.6亿元、营业收入2.6亿元、实缴税金1300万元。

【连云港天邦科技开发有限公司】 公司位于海州开发区长江路21号，现有员工68人，公司注册资本1000万元，占地1万平方米，现代化的加工车间4500平方米，公司集石化仓储设备、港口码头设备的研发、设计、制造、销售和相关服务于一体，有各种加工与焊接设备70多台套，拥有四轴三联动功能的数控铣床及加工中心，能够独立完成阀门的各种密封件的压制及硫化工艺，拥有一个功能齐全的理化试验室，能够进行多种无损检测。公司现有职工99名，工程技术人员20余名，高级工人技师4名。公司是中国石化、中石油、中海油网络采购成员单位，为江苏省高新技术企业。2015年，公司实现产值3575万元，增长24%。

纺织工业及企业选介

【概况】 2015年，纺织工业6家规模企业实现工业总产值5.5亿元，比上年增长10%，主要企业有瑞琪纺织品、金典服饰、华丰纺织、华隆纺织等；主要产品有经编、纬编涤纶毛绒产品，长毛绒服装、家纺和床上用品，高档仿海派、仿提花、平剪绒、刷花、压花、滚束、蒙古毛、汽蒸、深加工拧花等系列产品，在玩具、服装、家用纺织品等领域广泛使用。产品出口欧美、非洲、大洋洲及日、韩、东南亚等国家和地区。年内，纺织产业结构调整步伐继续推进，运行总体呈“缓中趋稳”发展态势，内需处于稳定增长，质效指标稳健，积极投资拉动增长，景气信心持续恢复。

【连云港瑞琪纺织品有限公司】 公司创建于2006年11月，注册资金400万元，公司占地1公顷，主要产品有长毛绒、家纺制品、毛绒玩具等。2015年，公司参加两次广交会，获得订单2000余万元。经营结合电子商务、广交会及海外展会等，直接与国外客商接洽，不断扩大业务规模，新建的特种产品生产线、扩建的绗缝生产线，优化了产品结构，提高了企业产能，目标客户群大幅度增加，全年实现产值1.04亿元。

【连云港金典服饰有限责任公司】 公司创建于2000年，是连云港鹰游集团控股子公司。位于海州区幸福中路57号。公司是具有自营进出口权的外向型家纺、服饰生产企业，主要从事长毛绒服装和床上用品的制作和研究，有各类缝纫设备600余套。公司技术力量雄厚，运用先进的CAD系统进行从纤维到面料直至成品的全方位的工艺设计，可以根据客户要求生产各种品种、图案、颜色的家纺、服装产品，通过了ISO9001：2000国际质量管理体系认证。公司与欧美、东南亚等30多个国家及地区的客户建立直接贸易关系。2015年，公司实现产值1.6亿元，增长10.8%。

新医药产业及企业选介

【概况】 2015年，新医药产业实现工业总产值71.9亿元，比上年增长16%，正大天晴继续保持较高速度增长，拉动全区规上工业产值增长9.5个百分点，贡献率达55%。在最新公布的中国医药百强榜中，正大天晴跻身前20强。

【正大天晴药业集团股份有限公司】 正大天晴药业集团股份有限公司是海州区唯一的新医药企业。公司集科研、生产和销售为一体，是国内最大的肝健康药物研发和生产基地之一，国家重点高新技术企业，位列中国医药工业百强企业榜第25位。2015年，公司被认定为国家技术创新示范企业，已连续四年被评为中国医药研发产品线最佳工业企业，先后获得142个新药证书及生产批件，其中一类新药3个、二类新药9个、三类新药30个，具有自主知识产权的新药占70%以上；至12月31日，获得授权的专利有195项（其中发明专利168项），培育国家重点新产品7个、中国驰名商标1个、江苏省著名商标5个、江苏省名牌产品8个。全年公司实现产值88亿元、营业收入62亿元、税收9亿元。

食品工业及企业选介

【概况】 2015年，食品工业7家规模企业实现工业总产值4.5亿元，比上年下降32.7%，主要企业有青岛啤酒（连云港）有限公司、天缘食品、天福莱饲料、九州科技饲料、万千食品、自来水公司，主要产品包括啤酒、食品糕点系列 、肉类、动物饲料。青岛啤酒集团出资买下三得利啤酒公司，占该合资企业50%股份，更名为青岛啤酒（连云港）有限公司。食品工业加快转型升级，产业结构处于优化调整期，效益继续改善，投资规模扩大，价格低位平稳运行。

【青岛啤酒（连云港）有限公司】 2015年，公司积极推进能源管理和节能降耗工作，粮耗实现153.83千克/千升，同比降低3.22千克/千升；瓶损完成2%，同比降低1.51%；水耗同比下降0.58立方米/千升；电耗同比下降12.2千瓦小时/千升；蒸汽消耗同比下降30千克/千升。重点关注特种设备管理，按期送检，并录入档案备查；严格动火、登高、有限空间、临时用电等高风险作业审批。产品质量与青啤接轨，完善“品评”质控体系，对生产用水、用气、半成品、成品以及采购的每批原辅材料（与酒接触的）进行品评把关。全年啤酒产量74174千升，比2014年增加803千升，销售量74012千升，实现工业总产值14984万元，销售收入14839万元，缴纳税金3326万元，利润总额17.4万元，实现扭亏为盈。

【连云港九州科技饲料有限公司】 2015年，公司调整经营思路，变遍地开花为重点出击，壮大营销队伍，将兴化、高邮、宝应等南方养殖水平高的市场作为重点，大力开发特水饲料，增加新的利润点。狠抓精细化管理，减少损耗，降低成本，在原材料价格总体向上、产品毛利率逐年下降的情况下，公司强化内部管理，从精细化管理入手，细分生产过程中的各种损耗，制订节能降耗措施，重视效率和效益；投入大量资金，进行设备改造升级，公司在2014年投入254.8万元进行生产线改造的基础上，2015年又投入220万元新建两座钢板筒仓，储存量2400吨，提高了主要原料的储存条件，确保产品品质。公司生产各种饲料25386吨，实现销售收入9567.45万元，利润103.26万元，上缴税收31万元，实现扭亏为盈。

化学工业及企业选介

【概况】 2015年，化学工业10家规模企业实现工业总产值15.9亿元，比上年增长2.4%，主要企业有德邦化工、新磷矿化、泰乐化工等，主要产品有氯化铵等农用肥系列、工业氯化苄等。企业转型升级和产品结构调整加快，加快企业转型升级、实现创新发展成为行业和企业共识，在创新供给，实现高起点、跨越式发展方面，卓有成效，整体效益回升趋稳。

【连云港新磷矿化有限责任公司】 公司位于连云港市海州区浦河东路36号，有员工700余人，其中高、中级专业技术人员130多人。公司以制肥、磷化工为主体，以磷矿石采选为基础，是苏北地区最大规模的独具资源特色的矿化联合企业，已形成30万吨磷矿石地下开采，10万吨磷矿石选矿、20万吨普通过磷酸钙、5万吨复混肥、10万吨制酸、4万吨饲料磷酸氢钙生产能力，并拥有一家年产400万条塑料编织袋的配套企业。农用肥料“牛马”系列肥料是公司的注册商标，产品出口韩国、孟加拉国、叙利亚、苏丹、马来西亚等国家和中国台湾地区。公司雄厚的技术资源包括化工生产工艺装置设计、自制、安装能力，年产10万吨硫酸、4万吨饲料级磷酸氢钙、20万吨磷肥和日产2万吨自来水等生产工艺装备，还具备地下、露天矿产资源设计与开采能力，具备精选矿产资源设计能力和选矿技术。其中，产业转移重要项目磷肥生产从地下走向地面，采用公司采矿场生产的优质磷矿石生产的普通过磷酸钙，有独特的物化性能，具有水溶性好、农作物吸收率高、肥效持续时间长等优点。公司主打产品饲料级磷酸氢钙是重要的矿物质饲料添加剂，是营养型、常量饲料添加剂，适用于家禽、家畜、鱼虾类，作钙磷补充添加剂，能参与并促进动物体内的新陈代谢，组成荷尔蒙、酶和维生素，促进生长发育，增加肉、蛋、奶产量，还可以医治畜禽的佝偻病、软骨病、贫血病和钙缺失下软壳蛋等症。2015年，公司实现主营业务收入11000万元、税收302万元。

【江苏德邦化学工业集团有限公司】 公司位于海州区江化南路51号，前身为连云港化肥厂，始建于1966年，是国内较早使用联碱法生产纯碱、氯化铵的样板企业。其铜液吸氨、联碱加压碳化等技术一度国内领先。2004年12月，中国台湾和加拿大、连云港德辅等境内外投资者受让95%的国有股权，公司设立成为中外合资企业。公司占地面积50万平方米，总资产17.37亿元，净资产7.46亿元，在册职工1400余人。公司下辖江苏德邦兴华化工股份有限公司、连云港市德邦精细化工有限公司两个控股公司。2012年6月，公司所辖兴华股份与中国盐业总公司成功合作，共同成立中盐德邦（江苏）化工有限公司。近五十年来，公司逐步发展壮大成为以基础化工、精细化工为主要产业的大型化工企业集团。公司生产的纯碱、氯化铵、小苏打、硅酸钠、磷酸盐、柠檬酸盐、白炭黑、硫化油等产品远销欧洲、东南亚、北美。主产品“银球”牌氯化铵荣获国家免检产品，“银球”商标被评为江苏省著名商标。按市政府的规划，德邦化工公司启动了东区搬迁计划，将落户连云港市徐圩新区。2015年，企业完成产值72000万元，税收144万元。

【连云港泰乐化学工业有限公司】 公司是比利时泰桑德乐化工集团（Tessenderlo Group）在连云港投资的独资企业，成立于1996年3月，有员工56人。公司拥有亚洲规模最大的氯化苄自动化生产装置，是亚太地区医药中间体产品的重要生产基地之一，工艺技术和产品质量均达到世界先进水平。其产品氯化苄年产达24000吨，苯甲醛年产达2200吨。公司主产品氯化苄是一种重要的有机合成中间体，广泛应用于医药、农药、香料、染料、石油助剂、洗涤剂、增塑剂、合成树脂等领域。该产品于1999年10月被外经贸部、科技部等五部委联合评为国家重点新产品，公司在激烈的竞争环境中始终保持氯化苄产品强有力的市场优势。在2004年就成为连云港市首家通过质量、环境、职业安全健康（QEOHS）三标一体化管理体系认证的化工企业；2009年底，通过“安全标准化二级企业”验收，2011年12月，通过“清洁生产”审核验收；2013年5月，再次通过“安全生产标准化二级企业”认证。近年来，公司相继跻身省高新技术企业行列，获评江苏省外商投资先进技术企业、免检企业、市外资十佳纳税先进企业、市A级纳税信用等级、AA级重合同守信用企业、省AAA级银行信用企业及省“模范职工之家”。2015年，实现工业总产值12732万元、营业收入13530万元、税收268万元。

【连云港市泰格油墨化学有限公司】 公司位于海州开发区纬一路10号，是一家集科研、制造、贸易、施工为一体的综合型企业，主要经营泰格油墨、罗格维尔涂料、罗格维尔艺术墙体涂料三大系列产品。公司是专业生产纸张凹印油墨、塑料凹印油墨、药用铝箔油墨、PVC热收缩油墨以及其他印刷辅助材料的现代化企业，产品类型主要分为MV（美华）、LIT（丽特）、TM（泰美）、FOL（福优）几大系列。公司致力于发展罗格维尔涂料与罗格维尔艺术涂料，凭借着雄厚的技术和科研实力，成功开发了水乳型外墙涂料、交联型丙烯酸系列高弹性乳胶漆、有机硅丙烯酸树脂外墙涂料、有机氟碳树脂超耐候性涂料，并完成大量内外墙乳胶漆、氟碳漆、真石漆、金属漆、弹性涂料工程，树立了罗格维尔涂料品牌形象。公司于2003年2月通过市质量监督所检验，2003年6月获评连云港市及江苏省民营科技企业，2004年2月通过国家烟草质量监督检验中心检验，并一次性通过ISO9001:2000国际质量体系认证，还获得中国环境标志产品认证体系认证，荣获“连云港市名牌产品”荣誉称号。2015年，企业实现销售收入3839万元，税收278万元。

新材料产业及企业选介

【概况】 2015年，新材料产业10家规模企业实现工业总产值11.5亿元，比上年下降32%，主要企业有联瑞新材料、乐园集团等，主要产品为碳化硅、硅微粉系列，联瑞公司成功上市，发展活力剧增。新材料产品主要销往美、日、欧盟及中国台湾地区，在国内用于光伏企业、航天工业、冶炼工业。产业整体行情有所回升，天常复合材料、江苏中鹏生产稳定，江苏维德、唯德复合材料增速较快。国内金属硅微粉行情持续走弱，3家企业在硅产业市场行情一直受挫，其中乐园集团扭亏任务艰巨，花果山磨料生产下滑严重，立江黑刚玉基本停产。

【连云港联瑞新材料有限责任公司】 2015年1月13日，公司在全国中小企业股份转让系统(新三板)成功上市，被省经信委认定为2014年度省“科技小巨人”企业，公司副总工程师陈枫入选连云港市第二批“555工程”资助人才名单。2015年，公司累计获得授权专利27件，其中发明专利6件、实用新型专利19件、外观设计专利2件；公司研发中心成为省第三批重点企业研发机构；“低应力QFP绿色环氧模塑料用超细硅微粉技术攻关项目”被评为市科技进步二等奖。投入1000余万元用于保障研发中心的基础设施建设、科研工作经费、人才培养与引进、仪器设备购置等经费的正常支出，与国家特种超细粉体工程技术研究中心合作开发大规模集成电路基板用绿色电子级超细E-玻璃粉项目，成功突破了绿色电子级超细E-玻璃粉的关键工艺技术，解决了精确检测、高效研磨、品质保障、硬度控制、介电性能控制、成本控制、工艺接口、颗粒表面修饰等关键核心技术难题，建立了性能指标体系，该项目产品完全符合欧盟指令WEEE和ROHS标准，同时满足无铅焊料工艺的高温回流焊要求，产生一举多得的技术共振效应。新建成国内首条球形硅微粉自动化生产线，成功实现球形硅微粉国产化和产业化，产品技术性能在行业内处于领先地位，达到国际先进水平，在EMC行业和CCL行业具有明显的销售优势。2015年，实现销售收入12927万元，利润1999万元，上缴税金1566万元，资产总额达到2.1亿元。

【江苏乐园新材料集团有限公司】 2015年，公司进入全面管理、节能降耗、提升效能的关键之年，终于止亏，实现逆转。公司采取“确保稳住大客户、努力转变小客户、积极拓展新客户”的策略，以市场为导向、创新为动力、客户为中心，做到抓大不放小，抓好内部管理，降低营销部门的运行成本，把老客户分配到每个业务员，一对一地进行管理与服务，准时发货，及时回款；加大技术改造力度，修旧利废，恢复设备精度，设备利用率提高15个百分点，达到85%；推行全员绩效方案，严格考核，员工积极性得到很大提高，精神面貌明显改善。2015年，公司累计生产碳化硅微粉系列产品9662千克，总产值8175万元，营业收入7900万元，上缴税金238万元。

【江苏中鹏新材料股份有限公司】 2015年，公司主要在新产品研发及产品结构调整上加大了力度，部分中高档产品已陆续推向市场，成为公司新的利润增长点；在市场开拓方面，公司一方面跟踪维护好老客户的产品质量和服务，另一方面，积极开拓新客户并在全国成立7个片区，在全国整体经济下行的环境下，实现公司销售业绩没有下滑的成绩。从而巩固了公司在国内环氧模塑料、酚醛模塑料的研发和生产竞争优势。2015年，公司总产值1.15亿元，上缴税金323万元。

建材工业及企业选介

【概况】 2015年，建材行业8家规模企业实现工业总产值11.5亿元，比上年下降8.9%。主要企业有东浦管桩、东盛混凝土、市节能建材厂等，主要产品有混凝土、管桩、干粉砂浆、新型墙材等。建材工业面对产能过剩、市场需求不旺、下行压力加大的严峻形势，加快转型升级步伐，向创新要效益，推出了抗震桩、切角桩等6个新产品，行业经济运行趋于下行但总体趋稳。

【江苏东浦有限公司】 2015年，成立混凝土搅拌站、润浦置业公司、现代物流企业、建筑工业化发展有限公司等，并筹备成立文化体育产业发展有限公司。与南京理工大学、南京水利科学研究院、淮海工学院等开展深度合作，建立产学研基地和大学生实习基地，签订产学研合作协议。建立12人的专家团，其中博士3人、教授5人，编印两本管桩新产品图集。公司成立知识产权委员会，建立由2名专职人员、7名兼职人员组成的知识产权部，建立由公司自行培养的1名内审员、6名知识产权工程师、1名知识产权顾问组成的知识产权专业队伍，创建“百件专利墙”，创办全国民营企业第一家大圣发明网，已拥有各类有效专利90件，其中发明专利14件。拥有防腐管桩、免压蒸管桩、空心方桩、实心方桩等10个新产品，有4项获省高新技术产品，1项通过省经信委组织的鉴定，达到国际先进水平。2015年，公司被认定为省企业技术中心、省工程研究中心、省重点研发机构、省研究生工作站。全年产值25500万元，营业收入22174万元，税收1337万元，利润总额1425万元。

【连云港奥林匹亚石材有限公司】 公司是希腊客商独资石材企业，维纳斯石材集团成员，公司占地20公顷，总投资3000万美元，注册资金2000万美元，集石材加工、销售、工程设计、安装施工、售后服务于一体的综合性公司，公司有员工190人。公司拥有全球最先进的石材生产加工设备和加工能力，主要生产、经营中高端进口及国产石材产品。公司的主要产品有100多个花色品种，包括各种规格的花岗岩、大理石以及各种异型工艺石材，产品销往全国各地，出口欧洲、美国、日本、韩国、新加坡、马来西亚等十几个国家和地区。产品主要用于写字楼、宾馆、别墅、公共设施、政府机关，产品营销海内外，在国内外有庞大而强劲的市场。公司以连云港为生产加工基地，在上海、北京、厦门等地设立了分公司。2015年，企业实现产值4.44亿元，上缴税金310万元。

【江苏东盛商品混凝土有限公司】 公司创建于2007年，位于海州区浦南镇太平工业园，注册资本1000万元，企业占地面积2.3公顷，建筑面积1000平方米，主要经营商品混凝土、混凝土空心砌块的生产、销售。2015年，企业实现产值4705万元，销售收入4082万元，上缴税金161万元。

（撰稿：张军　审稿：贾慧娟）

责任编辑：马善臣

综　述

2015年，海州区大力发展商贸服务业，按照城市中心区、乡镇商贸区多层次发展，逐步完善商贸网络布局，提升城市整体商贸服务水平的要求，提档升级商贸产业，培育做大“千亿商圈”，巩固和发展中心城区的商贸竞争优势，推动商贸服务业向综合性、高端化发展，进一步形成了大型商场、专业市场与特色街区互补发展的格局，现代服务业企业数量不断增加，以连锁经营、物流配送、电子商务、特许经营、信贷消费为主的现代流通方式发展迅速，拓宽了新的经营领域，商贸服务业结构不断优化，满足了不同消费群体的需求。批发零售业、餐饮业、住宿业等欣欣向荣，休闲、娱乐等市场十分活跃，电子商务、物流配送等正逐步成熟，区内市场供应充足、消费旺盛，2015年，海州区实现社会消费品零售总额249.71亿元，比2014年增长12.2%。其中限额以上单位实现社会消费品零售总额171.44亿元，比2014年增长14.3%，限额以下单位实现社会消费品零售总额78.27亿元，比2014年增长7.6%。

商贸流通

【概况】 2015年，海州区开展白虎山商贸城升级改造工作，支持专业市场整合资源，加速发展。指导兴隆装饰城、农副产品批发市场和苍梧生活广场通过省文明市场（集市）评选、复查。积极运用动产抵押、股权出质等方式，帮助企业融资1.76亿元。海州区社会消费品零售总额249.71亿元，比2014年增长12.2%。限额以下社会消费品零食额74亿元，比2014年增长13.4%。

【市场建设】 以推进登记注册便利化为重点，加快贯彻落实“三证合一、一照一码”（营业执照、组织机构代码证、税务登记证合并为一个营业执照，三证上的三个代码合并为一个代码）等改革措施。新设立企业4672家、个体工商户5207户，新增注册资本320.45亿元，同比分别增长29.13%、28.31%和134.28%。开展白虎山商贸城升级改造调研，支持专业市场整合资源加速发展；指导兴隆装饰城、农副产品批发市场和苍梧生活广场通过省文明诚信市场（集市）评选、复查。

【品牌建设】 新申请注册商标700余件，新申报省著名商标6件，新认定市知名商标22件；新增省名牌产品4件、市名牌产品12件、质量信用等级AA级和AAA级企业各2家，日出东方太阳能股份有限公司获得省质量管理优秀奖。

【专项行动】 持续开展“服务企业发展、规范诚信经营”专项行动，与各成员单位密切配合、互通信息，排查企业200余家，迁入企业82家，增加税收300余万元。

【质量强区】 加强产品质量监督，推进工业许可证质量监督和管理工作，组织12家企业通过质量管理体系认证、8家企业通过环境体系认证，并对已获认证的企业开展监督检查21次。针对食品、药品、成品油、农资产品等开展质量监测，共抽检925个批次，并对48个不合格批次立案查处。推进重点领域标准化战略，组织3家单位申报省级标准化试点项目，指导连云港市农科院参与省级地方标准制定。

【计量惠民活动】 开展“5·20”世界计量日、计量惠民“两免费”检定等活动，为全区集贸市场和农村医疗卫生机构提供计量器具“两免费”检定服务，完成20家集贸市场、12家乡镇医院和2家福利机构的计量器具检定工作，共检定2100余件计量器具；帮助连云港市妇幼保健院、连云港新明珠大酒店、连云港中油石油销售有限公司神龙加油站等8家单位通过2014年度省级诚信计量示范单位评定，获表彰数量位列全市第一。

【特种设备监管】 组织开展特种设备安全大检查、“狂呼”类大型游乐设施隐患排查、电梯安全专项整治等专项行动21次，检查特种设备生产和使用单位87家，检查设备460台套；抓好全国电梯安全监管大会战相关工作，排查处置电梯类隐患、故障及投诉件200余起，对18家电梯维保单位开展星级评定。

【电子商务】 2015年，海州区通过举办各类电子商务平台应用培训，组织电商企业、园区参加国际、国内互联网零售商大会、展览会，外出考察学习，召开电商、物流、实体企业座谈会，筹建海州区电商协会等工作，加快推进海州区电子商务的发展。通过积极引导，全区电子商务开始全面渗透进入商贸流通企业、工业生产企业、市场、社区、农村及居民生活方方面面，电商应用普及率迅速提高，更多传统实体企业“触电”成功转型，形成新的经济增长点；陇海步行街建立微信商圈，40%商户实现线上线下互动营销；苏宁易购在全市首个电子商务进农村线下直营店在板浦开业；指尖商城2015年在区内对接20个社区建立网上超市线下自提点，全部完成布点并投入使用；“菜篮子”网鲜活农产品进社区完成生鲜体验店、加盟店与智能化社区便民服务站20个布点计划；一大批农业种植大户或经纪人在网上销售产地农副产品，出现了洪门村、新坝村、酒店村等电商村。全区电子商务公司约400家，注册资金超过500万元的企业约20家，阿里巴巴电商企业约1.6万家，电商队伍的快速扩张，带来巨大的经济效益。2015年，连云港市菜篮子电子商务有限公司、连云港天马网络发展有限公司两家企业被认定为省级电子商务示范企业；杰瑞科创园被认定为省级现代服务业集聚区，淮海工学院大学科技园被认定为市级电子商务示范园区，海州智慧物流园被认定为市级重点培育电子商务园区；新坝村、洪门村被认定为市级重点培育电子商务园区示范村，酒店村被认定为市级农产品电子商务示范村；太阳雨节能电器有限公司、连云港安美贸易有限公司等6家企业为被认定为市级重点电子商务培育企业。全区相关企业共获得连云港市市级电子商务发展专项扶持资金431万元，占全市下达资金的56%。市菜篮子电子商务有限公司与市安美贸易有限公司的鲜活农产品直供社区项目共获得2015年市鲜活农副产品直供社区示范工程专项资金290万元，占全市下达资金总数的74%。

【商贸服务企业】 2015年，海州区发挥市中心城区优势，加大力度扶持商贸企业发展。全区全年有商贸服务企业22871家，比2014年增52.4%，注册资金总额1288亿元，比2014年增加84%。其中批发和零售业企业9434家，注册资金近250亿元；住宅和餐饮业企业423家，注册资金近7.6亿元；居民服务、修理和其他服务业企业660家，注册资金近7.5亿元。

【商贸个体户】 2015年，海州区积极支持商贸个体户发展，全区在工商部门登记注册的商贸个体户33426户，比2014年增加11356户，增加51.5%；注册资金17.8亿元，比2014年增9.55亿元，增加117%。其中，批发和零售企业个体户23084户，注册资金近10.84亿元；住宅和餐饮业个体户3183户，注册资金2.25亿元；修理和其他服务业个体户3620户，注册资金1.48亿元。

【白虎山庙会】 2015年5月23—27日，由连云港市商务局、海州区人民政府主办的农历四月八白虎山庙会在幸福南路（秦东门转盘至东风路段）和东风路（碧霞路至花园路段）举行。

白虎山庙会是连云港市首批市级非遗保护项目，是海属地区历史最早的庙会之一，距今已有300多年历史，也是苏北鲁南规模最大的庙会，有“苏北第一庙会”之称。这次庙会围绕“一带一路”，丰富庙会商品，为老庙会注入新内涵。这次庙会主要活动内容有传统的商品展销、“非遗”产品展示展销活动、古城人文风光摄影大赛、民俗书画展，以及收集庙会的老照片和历史资料，同时邀请港城文艺界人士到海州古城采风拍出特色、文化味十足的庙会名片，并制作成系统、直观的庙会风光册。庙会上安排有地方特色的戏曲展演和地方特色小吃展。庙会共分为三个展区，其中，特色美食展区涵盖50多个摊位；传统商贸展区包括服饰、鞋帽、日杂、玩具、游艺等项目，摊位多达1000个以上；家居、花卉等展区摊位近百个。

为确保白虎山庙会现场秩序和群众安全，海州区22个管理部门齐上阵，海州消防大队、海州公安分局、海州区城管局倾力为大会报务。庙会场内有特警巡逻、公安布点，两辆消防车、一辆救护车执勤，会场外还有4辆消防车进行保障。夜晚，公安、城管安排专人留守值班。

为时5天的四月八白虎山庙会，赶会人数达到30多万人，4月8日当天高达10万人。庙会吸引了连云港市周边十多个城市的旅游产品、美食、传统手工艺品、花卉等商家，在全长3千米的会场上，2000多户商家参展，展位突破1200家。庙会实现营业额3000多万元。

现代商圈建设

【概况】 以陇海步行街为中心，大力发展金融贸易、精品购物、特色餐饮等产业，沿解放路、通灌路、海连路、海昌路的“井”字形千亿商圈得到提质扩容；一批大型商贸服务业项目相继建成并投入运营，苏宁广场、盐河巷、民主路项目的建设，陇海步行街升级改造、苏宁通灌北路旗舰路开业带动主城区商圈的繁荣发展，原沃尔玛超市、国际商务大厦开始招商，使T型商圈发展呈现出速度快、势头旺、后劲足的态势。

【中心商圈】 2015年，海州区大力提高核心商圈的整体水平，商业规模、业态功能得到提升，进一步带动了主城区商圈的繁荣发展，中心商圈地位进一步巩固。中心商圈内商贾云集，苏宁广场、中央国际、华联商厦、乐天玛特（通灌路）、苏果超市等大型零售商业企业，苏宁、五星、国美家电专业卖场，以及红太阳、曲美、雅士居、金泰家居商场等企业，经营效益日益提高；陇海步行街、盐河巷、汇金广场、青年东路花鸟古玩特色街、三禾水晶街、时尚莱迪广场、淘宝街、万家欣装饰市场等商业街区以及沿街门面，汇集了服饰鞋帽、餐饮、休闲娱乐、家居、数码、运动健身、教育培育、影院、书店等商业网点，同时主干道上密集分布了人民银行及农业银行分行、建设银行分行、工商银行分行等各大商业银行网点。随着丰联广场封顶，原沃尔玛超市、国际商务大厦招商，中心商圈集聚作用将更加突显，商圈发展呈现出速度快、势头旺、后劲足的态势。

【西区商圈】 以海州区幸福路为主轴，以白虎山批发市场、义乌小商品城形成海州区小商品集散区，宝利商业街、家得福超市等大型商业网点，与海州古城特色街区、四季批发市场相呼应，汇集了小商品、家居、服装鞋帽、餐饮、休闲、电动车、金银饰品、医药、花卉、茶艺根雕艺术品等商品，已成为全市商贸物流业的重要组成部分。

【东区商圈】 郁洲路及以东，包括大润发超市、泰源市场、万润商业步行街、博威酒吧街、巨龙南路餐饮美食街、海鲜特色美食街、乐天玛特（巨龙路店）、北京华联大型超市等各类购物、餐饮、休闲、娱乐商业网点，引进博威乐活街项目，以及解放路建材城等家居建材专业市场等重点商业设施，初步形成城区东部商贸服务业集中区，已逐步成为满足东部新区居民购物、餐饮、休闲、娱乐服务等需求的集聚区。

特色街区　专业市场

【概况】 2015年，海州区加强和完善盐河巷风情一条街、民主路风情街、古城文化街等特色街区，特色街区发展水平不断提高。由此而不断探索特色街区的发展和定位，新培育人民路电动车商业街、海州婚庆文化集聚区、义乌商品城风情美食街等特色街区，充实、扩大特色街区，更好满足群众生活需要。

【盐河巷风情一条街】 盐河巷风情一条街，位于海连路和盐河路交叉处，毗邻陇海路步行街。整体建筑以明清风格为主，总建筑面积20000平方米，一期面积约8000平方米，长440米，已全面开街。街区集餐饮、休闲、娱乐、文化于一体，致力于打造港城文化名片、城市客厅、魅力徽章。建筑错落有致，青石板路蜿蜒前行，店铺鳞次栉比，商户云集，既有品牌餐饮、时尚咖啡、休闲甜品，也有传统小吃、文化古玩、怀旧客栈，还有音乐酒吧、主题派对、演绎广场。沿河一带设置停车场，以经营酒吧、客栈、中餐为主。项目二期于2014年1月18日正式动工，承接一期建筑，主要业态为品牌餐饮、休闲、演艺大舞台、文化、娱乐等，将与金海国际影城、少年宫、露天影院、公园等连成一体，打造成海州文化旅游新高地，成为市民和外地游客重要的休闲交流场所。

【连云港时尚莱迪购物广场】 连云港时尚莱迪购物广场位于连云港南极北路99号，是以购物、餐饮、休闲、娱乐为一体的一站式主题购物广场。时尚莱迪于2013年5月登陆港城，时尚莱迪购物广场于2014年5月1日开业，项目总面积15000平方米，8条风格各异的时尚街区。汇集各种潮流品牌，经营包括饰品、服装、小吃、彩妆区等多种内容，是一个年轻、时尚、潮流化的一站式购物广场。

【海州古城文化街】 位于海州古城东海名郡牌坊及中大街轴线上的“T”型街区，北起秦东门大街的秦东门城雕，南至朐阳门，西至二营巷，东至幸福南路沿街商铺，区域面积近2万平方米，已形成餐饮、文化、休闲、珠宝等各类服务业态商铺278家。是海州古城居民人口密度最大的集聚区，也是古城文化业态、宗教庙宇、文物古迹的主要集聚地，历史悠久、文化底蕴深厚，街区范围内已陆续修复秦东门城雕、古牌坊、钟鼓楼、準提寺、观音庵、双龙井、朐阳门广场等景点或标志性建筑7处。项目于2014年11月7日成功获批市旅游特色街区。2015年，重点围绕打造街区文化品牌，通过街区环境美化、建筑亮化、业态休闲化，营造古城海州的文化休闲商业和系列文化活动等，构筑一个立体多元化的文化氛围。

【连云港兴隆国际商贸广场】 连云港兴隆国际商贸广场位于连云港市瀛洲南路1号，由连云港兴隆实业集团投资兴建，在原有的兴隆装饰城基础上进行的整体拆除重建。该项目建筑总面积3万平方米，共5个建筑单体，其中面向瀛洲南路南北方向各一幢（一幢为兴隆商务大厦，一幢为兴隆国际饭店），其主要功能为商场、商务办公、宾馆、餐饮及配套设施服务。后面三幢为建材市场，层高24米，5层，建筑面积15.5万平方米。

海州白虎山批发市场

海州白虎山批发市场（简称市场），建于1990年，占地8万平方米，商户2400余户，从业人员近万人，是苏北鲁南地区最大的小商品批发销售集散地。

市场共有13个区域，分别由4家主体单位负责管理。一至六区为工商部门管理区域，一区主要经营百货和服装，二区和三区以服装经营为主，四区以童装经营为主，五区和六区主要经营副食品和日化产品；七至十区为朐阳鑫泰公司管理区域，七区主要经营鞋类和塑料制品，八区主要经营日杂和体育用品，九区主要经营日化用品，十区经营玩具、内衣和劳保用品；十一和十二区为一建海州小商场管理区域，主要经营香佛用品、酒类和日常生活用品；十三区为新电美林公司管理区域，主要经营窗帘、床上用品和小饰品。

海州区白虎山市场管理委员会由幸福路办事处1名副职领导脱产任管委会主任，公安分局、工商局、城管局各派遣一位在编在岗正式干部任管委会副主任，市场内4家主体单位各选派一人为成员，相关人员与原单位脱产开展市场管理工作。

市场每天客流量5000人以上，周末或节假日客流量超万人，通过零售、批发、物流、仓储等多种贸易方式，是海州城区最聚集人气的地方之一。

2013年以后，市场内设施陈旧，设备老化，消防隐患突出，被挂牌为省级重大火灾隐患单位。市场4家主体单位联合区公安分局、工商局、城管局，对市场消防安全隐患进行整治。

制定《关于开展白虎山小商品批发市场消防安全隐患专项整治活动的公告》460余份，在市场内张贴；制作、上墙186块消防安全警示牌；在主要通道口悬挂宣传消防安全、规范市场管理秩序横幅18条；在市场内人员最为密集的2号消防主通道上，设置20块立式消防宣传牌，对商户普及消防知识，营造安全宣传氛围，树立安全第一意识。同时在市场主干道上，设置了3个音响系统，在市场人员密集的时间段，通过循环播放消防警示和喊话的方式对市场商户及消费群众进行消防安全提醒和消防知识宣传。

排查市场内的煤气瓶，市场区域内禁止出现煤气瓶。对市场内用电量大的商户进行限电，禁止市场内使用空调和取暖器。4家主体单位实行24小时巡查制度和夜间（20点至次日6点）断电制度，取缔、清除市场内使用明火作业的饭店和小吃12家，防范市场火患发生。在市场各区域内的消防通道两侧绘制黄线8200余米，商户必须在黄线内经营，严禁占用通道，确保主通道的畅通。采购1台小型应急消防车在市场消防巡查，投入1万余元对市场内所有的消防栓进行隔离和加固。配备4公斤手提式灭火器20只、消防水袋4盘、大型手推式灭火器8台，加强市场发现火情的扑救能力。

2015年，海州区人民政府对白虎山市场片区旧城进行改造，并积极启动建设过渡市场，花卉市场将原有商户迁往其他场所，完成新市场主体工程面积4600平方米，可安置360户商户。义乌小商品市场南地块已建设的新市场面积达2600平方米，可安置160户商户。一建公司空闲商铺正在进行统一反租倒包，安置商户400户，在市场街东侧朐阳闲置地段搭建简易商铺，可安置商户400余户。

2015年，海州白虎山小商品批发市场受到市场改建的影响及网购冲击，市场销售量下降，全市场门面房开门率平均为67%。

（撰稿：孙传江）

陇海步行街

【概况】 2015年，陇海步行街管委会办公室（以下简称管委办）紧紧围绕全年目标狠抓落实。街区经济逆势上扬，全街区商品零售总额21亿元，与上年同期持平。2015年分获全国年货节示范街、江苏省诚信经营、放心消费示范街、省廉政文化建设示范点、全市践行社会主义核心价值观建设示范基地、连云港市新十景等荣誉。年底获区综合管理目标优秀奖。

【街区改造】 2015年，陇海步行街改造街区地面300平方米，更新亭点39个，更换亭点岩棉板5000平方米，新建西街美食广场大棚200平方米，改造刷新街区雕塑小品6尊。街区总体改造规划方案通过步行街商户，市、区及社会各界知名人士初审和征求修订意见。

【招商引资】 2015年，陇海步行街成立4个招商组，分赴全国各地开展招商，重点引进国际国内品牌商品入街经营。采取腾笼换鸟方式淘汰没有竞争力商户21家，引进新品牌和时尚商品经营户18户，全年完成引进外资30万美元。

【旅游经贸活动】 2015年，陇海步行街管委办狠抓春节市场，举办第五届全国年货购物节暨连云港市土特产品展销节，直接销售总额2000万元，带动街区商品销售5000万元；在“五一”国际劳动节、国庆节期间举办活动拉人气促商气。“五一”小长假3天共接待游客20万人次，实现商品零售总额1000万元，比2014年增长4.5%；国庆7天总客流量达到36万人次，总销售额为8300万元，比2014年增长2.5%。积极发展会展经济，除举办年货节、双十一狂欢购物日之外，重点加强美食广场、小吃街、第九街区的建设和发展，共举办东西跳蚤市场和每周广场商品展43次，带动上百万人次和街区千万元商品零售。进一步发挥街区旅游资源优势，发展旅游经济。全年共接待外地旅客45万人次，带动消费数千万元。

【举办“一带一路”美食节】 2015年8月，海州区在陇海步行街举办为期9天的“一带一路”美食节活动。此次活动由陇海步行街管委会办公室主办，中诚物业管理有限公司承办，台湾地方特色美食推广协会协助。美食节现场约设40个展位，邀请“一带一路”沿线国家和地区美食参展。届时，港城市民可以品尝到日本、新加坡、泰国、印尼、越南和中国台湾、重庆、陕西等国家和地区的特色美食，领略“一带一路”国家和地方饮食文化，品尝到“一带一路”国家和地方的美食。

【文明创建】 2015年，为进一步增强步行街抵抗经济下行压力能力和市场竞争实力，步行街管委办在全街区开展了文明创建练内功活动。5月，开展诚信文明商户创建活动。对街区500多家商户的文明诚信水平实行定级挂星，共评出第一批星级诚信商户58家。6月，开展省廉政文化示范街创建活动。通过“廉政在我心中”等11项主题活动的开展，打造“廉商”文化品牌等，如期获省“廉政文化建设示范点”称号。9月，开展践行社会主义核心价值观示范街创建活动。通过法治文化、道德文化、廉政文化建设等活动的开展，被市委宣传部授予“全市践行社会主义核心价值观建设示范基地”称号。

【党群工作】 2015年，陇海步行街创新党群工作站模式。成立“商圈型”党群工作站，设立党组织活动中心等7个中心，共处理消费者维权近100起，帮助街区商户办理各类登记80余件。积极开展丰富的党群活动。依托党群工作站、党员服务新干线等载体开展促党建、促发展和帮上项目、帮办实事等促帮活动，先后与花果山街道飞泉村、财苑社区、新站社区开展结对帮扶，定期走访慰问活动。全年商户党员累计捐款十余万元；与新浦汽车总站“雷锋车组”联建，在街区开展党员雷锋车志愿服务，并授予雷锋车组牌匾。“多措并举开创非公党组织思想政治工作新局面”创新做法被省委宣传部在全省基层思想政治工作座谈会上向全省交流推广；“强化载体创新彰显党建成效”被市委组织部在全市非公企业党组织书记培训班上向全市交流推广。

【微商建设】 2015年，陇海步行街立足实体店，积极发展网上商城，实现线上线下同时经营。自5月1日步行街微信商圈启动后，全街区申请加入“陇海步行街微信商圈”的商户已有200多家，签订协议的有150多家，点击数突破2万多人次，40%商户在网上建立了销售平台，实现线上线下同时销售。

（撰稿：王瑞琪　审稿：陆兵）

城市综合体、超市、商场

【概况】 2015年，苏宁广场2号楼五星级酒店苏宁索菲特酒店建成营业，是具备更多的消费体验的城市综合体，使城区核心商贸焕发出新的活力。利群城市综合体项目开工建设，该项目计划建成集大型购物中心，多厅数字电影院、美食城、商业步行街等于一体的大型城市综合体。丰联广场主体竣工，奥迪城市展厅建成营业，苏宁通灌路旗舰店、世纪华联超市重装开业。

【连云港苏宁广场】 连云港苏宁广场是由苏宁电器集团开发的融现代购物中心、超五星级酒店、办公和住宅等功能为一体的城市综合体。项目位于连云港市核心商业圈——海连中路和通灌路交会处，周边交通便利，总建筑面积约22万平方米，其中商业建筑面积7.13万平方米，酒店建筑面积3.7万平方米。地上八层裙楼为商业用房，于2014年9月30日开业，引进多种业态共200余家知名商家，以国际、国内时尚品牌为主导，以中高端流行百货、精品超市、特色餐饮连锁、豪华影城、量贩式KTV、休闲娱乐、3C数码等为配套的全新商业模式，广场零售业态占到55%，餐饮业态占30%，休闲娱乐及配套业态占到15%，共同创造具有生活艺术感的购物体验，打造多样的城市综合体，使城区核心商贸焕发出新的活力。苏宁广场2号楼超五星级酒店索菲特酒店于2015年11月6号建成营业。

【中央国际】 连云港中央国际购物中心为雨润集团旗下上市公司——南京中商集团连锁企业，中央国际位于市区核心商业区解放中路56号，2009年12月18日在连云港百货大楼基础上升级改造后开业，建筑面积33000平方米，共4个营业楼层，一层经营化妆品、珠宝、鞋包、营养滋补品；二层经营女装、针织毛衫、精品内衣；三层经营少淑女装、童装、床品；四层经营男装、运动休闲、小家电、数码产品。连云港中央国际购物中心汇聚海内外精品，融合传统与时尚，坚持大众时尚百货路线，多年来稳居连云港百货业龙头地位。2015年销售额超3亿元。

【苏果超市】 苏果超市是江苏最大的连锁超市企业，苏果超市（连云港）有限公司，成立于2003年，为苏果超市有限公司的全资子公司。十年来，子公司已由原来的1家社区店，发展至具有购物广场、社区店、生活超市、便利店4种业态的60余家门店。市区内最大的华润苏果（通灌路购物广场）于2008年1月开业，经营面积达到13000平方米，商品品种2万多个，2015年销售额1.3亿元，从业人员320人。

【北京华联连云港店】 华联超市于2013年入驻本市，于2014年1月16日试营业，同年5月正式开业。有营业面积2.2万平方米，拥有员工152人。一层为招商区，内设各种业态的精品专柜。二层为“美尚客”美食广场，汇集20多家一百余种美味小吃，并设有大型儿童游乐场。三层为讴歌堡量贩式KTV和港E自助餐厅。负一层为大型生活超市，计有3万多种商品。负二层是拥有280多个车位的停车场。2015年销售额约5500万元。

【奥迪城市展厅】 奥迪城市展厅位于连云港解放东路299号振兴汽车城，由无锡德兰投资集团投资，建筑面积近1.3万平方米，连云港德兰汽车有限公司实施，按奥迪最新“城市展厅”标准设计、建造，是德国奥迪和一汽大众授权的连云港唯一奥迪品牌4S店。该项目于2015年9月开工建设，年底全部建成并正常经营。

生活服务业

【概况】 2015年，海州区充分发挥中心城区优势，致力于服务广大人民群众，创新改革，大力发展生活服务业。尤其是城区生活服务业得到较快发展。全区生活服务业企业达1083家，是2014年的2.8倍。注册资金15亿元，比2014年增加近5.8亿元。生活服务业个体户6803户，比2014年增加2000多户。注册资金37392.54万元，比2014年增加62%。

【住宿和餐饮业】 2015年，海州区中大型旅馆饭店呈收缩态势。中小旅馆、小饭店、大排档呈上升趋势。全年，住宿和餐饮业企业423家，比2014年增加30.6；住宿和餐饮个体户3183家，比2014年增加42.7%。注册资金75909.83万元和22536.91万元，分别比2014年增长58%和61%。

【居民服务和修理业】 2015年，海州区理发、洗浴、丧葬和修理行业等居民服务业、修理企业达660家，注册资金7.5亿元，比2014年增加71%。个体户为3620户，注册资金1.5亿元，比2014年增加67%。

【换发餐饮服务许可证】 2015年8月，新成立的海州区市场监督管理局向辖区餐饮经营单位颁发首张餐饮服务许可证，标志着继“三局合一”（工商行政管理分局、食品药品监督管理局、质检局城区分局合并成立市场监督管理局）之后，海州区食品安全监管工作进一步实现食品生产、流通和餐饮服务监管无缝对接。

领到首份餐饮服务许可证的是长业建设集团有限公司建筑工地食堂，建筑工地食堂关系到众多工人的就餐问题，海州区市场监督管理局工作人员充分考虑事情的迫切性，尽量简化审批手续，并将法定的20个工作日的发证时限缩短到4个工作日。

农贸市场

【概况】 2015年，海州区全面完成市政府下达的农贸市场改造工作，18个农贸市场升级改造项目与4个新建农贸市场建设项目建成并投入使用。其中，新开业的是巨龙菜市场、岗埠农场农贸市场、浦南农贸市场、金宝农贸市场。至年底，占地面积超过5000平方米的较大型农贸市场主要有四季农产品交易中心、金宝农贸市场、苍梧生活广场、南门农贸市场、解放东路农贸市场。

【四季农产品交易中心】 四季农产品交易中心位于连云港海州区海连西路蔷薇桥西首。市场总占地面积约245000平方米，建筑面积35万平方米，市场主要经营范围包括农产品、副食品的直销、冷藏、储存、加工、物流配送等。市场功能十分完善，拥有蔬菜水果、粮油、副食品、禽蛋、肉类、水产、干货、商业街等多种功能区，提供商品交易、冷链保鲜、运输仓储、加工包装、配送配载、信息咨询、金融等功能服务，集聚商户3000余户，商品来自全国各地，市场辐射江苏、山东、安徽、浙江等十余个省、市。是苏北、鲁南地区规模大、功能全、现代化管理程度高、交易模式最先进的大型农产品综合批发市场。连云港农副产品批发市场是国家农业部“定点市场”，商务部“双百市场工程”，国家发改委重点培育的“样板市场”，江苏省“十强农副产品批发市场”，江苏省农业产业化“龙头企业”，江苏省“文明诚信市场”，江苏省“肉菜粮放心工程”先进市场，江苏省诚信集贸市场，市政府重点“菜篮子”工程，连云港市“十大惠民”工程之一。2015年销售额80亿元。

【金宝农贸市场】 市场位于海宁西路茗馨花园小区内，新孔南路以西，由连云港房政置业有限公司投资建设，沿街综合楼及农贸市场，综合楼地上一层作为农贸市场。农贸市场区位优势明显，周围分布有中茵名都、悦城国际等小区，居住人口众多，市场效应显著。2014年综合楼已竣工，2015年交付使用，注册成立金宝（连云港）农贸市场，实施专业化的市场经营管理。摊位150个，开业3个月营业额180万元。

【岗埠农场农贸市场】 岗埠农场农贸市场位于农场场部腾飞路商业街和菜场交会处，建设于20世纪80年代，为切实改善经营状况，于2013年7月开工改扩建农贸市场，于2014年3月30日竣工交付使用。该工程位于岗埠农场原农贸市场，建设占地3280平方米，建筑面积3320平方米，钢架大棚面积2680平方米，室内摊位60个，门面房37间。

【巨龙菜市场】 位于海连东路11号，占地面积4000平方米，建筑面积3000平方米，摊位80个，2014年在原市场基础上开工进行升级改造，2015年完成市场升级改造，年营业额约100万元。

【南门农贸市场】 位于古城海州南大街，始建于1977年，市场占地面积8000多平方米，有经营门面房120余间，玻璃钢大棚4000平方米，简易水泥柜台300延长米。内设粮、油、蔬菜、家禽、干货等交易区。日客流量万余人次，年交易额亿元以上。

中华老字号

【概况】 海州区不断加大对具有海州特色、市场前景看好的地方特色产品发掘扶持力度，汪恕有滴醋、板浦香肠、李记卤货、凯威葡萄酒、小上海糕点等特色产品已经成为海州“土特产”的金字招牌。2015年，江苏省商务厅公布的第一批“江苏老字号”名单中，“中华老字号”连云港市板浦汪恕有滴醋自动成为首批“江苏老字号”，“凯威酒业”成功上榜，老字号品牌个数占全市的二分之一。

【汪恕有滴醋】 汪恕有滴醋是连云港市的传统名特优产品，始创于清初康熙十四年（1675），距今已有三百二十多年的历史。连云港市板浦汪恕有滴醋厂把祖传的传统工艺和现代科技相结合，在巩固、提高传统特色的基础上，不断改进工艺，更新设备，改革包装，开发新品，已形成规模化、现代化的先进生产流水线，实现了机械化、管道化、标准化生产，产品质量稳步提高，在同行业中处于领先地位。汪恕有滴醋厂已发展成为江苏食醋行业的标杆企业之一，成为苏北最大的食醋专业生产厂家。2011年，商务部授予汪恕有滴醋“中华老字号”称号。企业用已有的品牌资源进行扩张，发展连锁经营，挖掘老字号品牌经济文化价值，量化无形资产，整合老字号资源，扩大老字号的经营规模，走集团化经营的发展道路，建立集中采购、配送的服务平台等方面取得明显成效，增强品牌市场竞争力，使汪恕有滴醋畅销不衰。

【板浦香肠】 板浦香肠品牌始创于清道光十三年（公元1833年），已传承180多年。其第四代传人黄友沛独资设立连云港市海州板浦东达肉制品厂，2002年在国家商标局注册板浦商标，并购置保鲜、烘干等现代化设备。主要产品是风干腊制香肠、腊肉、香肚等，板浦香肠系连云港的传统名特优产品，2006年，其注册商标“板浦”被认定为江苏省著名商标，具有很高的知名度和市场占有率。“板浦香肠”列入连云港市非物质文化遗产名录。

市场管理

【概况】 2015年，海州区市场运行监

测网络体系不断完善，全区监测样本企业已达58家，样本企业涉及批发、零售等多个流通行业。酒类备案移交区行政服务中心商务局窗口办理，至年底，全区备案企业699家。加强单用途预付卡管理工作，协助处理家乐福预付卡后续退款工作，成功处置九龙大世界关于预付卡的信访稳定工作。加强对区级监管发卡备案企业锦云商场的监管，组织振大超市、南方超市、保真超市及苏宁广场等规模发卡企业，学习单用途预付卡有关规定。全力抓好商贸服务业企业安全生产工作，制定并执行区年度商贸流通企业安全生产检查计划，开展重点部位专项整治，督促重点火灾隐患整改安全隐患，商贸流通企业的安全生产工作得到进一步加强。

年内，组织商贸流通企业开展诚信经营示范创建活动，引导企业开展诚信经营建设，规范市场秩序，经过区级初审、市级相关部门组成的审核组实地检查评分，驻区企业中央百货、天马网络、太阳雨节能电器、安美贸易、雅信商贸等在诚信教育、遵纪守法、诚实守信、制度健全、规范服务、履行社会责任、接受社会监督等方面表现突出，分获2015年度连云港市级“诚信经营示范店”或连云港市电子商务“诚信经营示范五星级企业”荣誉称号。

【管理机制】 严格履行“双告知”职责，根据《工商登记后置审批事项目录》实施对商事主体和相关审批部门的告知工作；加强事中事后监管，推进落实“双随机”（检查人员和检查对象随机抽取）抽查工作机制。

【制售假冒伪劣商品查处】 组织开展农村和城乡结合部市场假冒伪劣专项整治，打击侵犯知识产权和制售假冒伪劣商品等专项行动，共立案311件，查处假冒伪劣商品4000余件，涉及茅台、五粮液、清风、中华、红双喜等多个知名品牌。

【年报信息公示】 引导企业做好年报信息公示工作，完成市场主体年报36209户，年报率为87.3%，实施公示信息抽查574家。

【经营户信用评定】 帮助连云港市妇幼保健院、连云港新明珠大酒店、连云港中石油销售有限公司神龙加油站等8家单位通过2014年度省级诚信计量示范单位评定。对18家电梯维保单位进行星级评定。指导花果山景区13家商户参加“市百佳景区经营户”评选，其中8家通过考核认定。

【重合同守信用企业认定】 2015年11月4日，全区64家企业被评为2013—2014年度市级守合同重信用公示企业，江苏省电力公司连云港供电公司、江苏新海发电有限公司被评为省级守合同重信用公示企业，日出东方太阳能股份有限公司、江苏德邦化学工业集团有限公司被评为国家级守合同重信用公示企业。

【市场情况】 2015年，海州区共有有形市场42家，使用面积共计约84万平方米，升级改造工作均已完成。其中连云港振兴实业集团有限公司振兴装饰城27000平方米，共有摊位300个；兴隆装饰城约135000平方米，共有摊位1800个。

（撰稿：乔　羽）

供销合作商业

【概况】 2015年，海州区供销合作总社（简称区供销总社）带领全区供销系统干部、职工认真贯彻落实区委、区政府及省市供销社的工作部署，积极推进组织体系和服务机制创新，坚持以转型升级、争创一流总揽全局，紧扣农村电子商务发展，建设“线上线下”服务网络，用现代流通改造传统经营服务模式，扎实推进基层关停企业职工的身份置换，化解历史遗留问题，全面完成年度各项目标任务。区供销总社积极开展招商引资工作，在供销市场竞争激烈情况下，想方设法，全面完成区政府下达的招商引资任务，外资到位40万美元。

【农村电子商务】 2015年，区供销总社通过以农村电子商务和农产品电子商务为切入点，以经营服务创新和联合发展为手段，在全市供销系统率先构建了集交易、信息和技术服务于一体的综合电商平台，建立由城到村、由村到城的商品物流配送体系，畅通农村电子商务“最后一公里”、社区电子商务“最后100米”。年内，建立2个电商企业主体。分别是区总社与连云港市微好电子商务有限公司合作打造的“指尖商城”B2B2C、O2O农产品销售电商平台、下属企业金泉农资新建的“农资精品120”农业生产资料销售电商平台，2个平台线上交易、线下配送业务全面开展，形成了网上交易、仓储物流、终端配送一体化的服务城乡新模式。

是年，区供销总社举办海州区首届农村电商大赛，大赛启动后，以百名大学生村官为主体的电商培训班、宣传大赛、征集参赛项目、参赛项目评审、大赛颁奖等工作。

【建立农产品生鲜社区自提点】 2015年，区供销总社在金秋情缘、水木华园等20个居民小区建立了包括居民自提柜、一体机等恒温自助智能终端系统，自提便民网络达到一定的规模。

【农产品配送中心建设】 2015年，供销总社为保障和加强“线上交易、线下配送”新模式的顺利发展，积极筹划农产品配送中心项目建设。完成项目实施单位新公司的名称核准、股份配置、规划立项审批及项目设计等工作。该项目入驻区农产品加工集中区内，占地面积33000平方米，建筑面积15518平方米，其中，加工、配送中心及冷链中心13464平方米，综合服务楼2054平方米，配套农产品种养殖基地666.67公顷。项目建成后，具备智能配肥配药、优良种子种苗推广、农产品质量检测、综合防治、粮食烘干、农业机械配套服务等服务农业生产全程的农田托管功能及农产品采购加工、保鲜冷藏、仓储、物流等链式体系，为农产品电子商务提供快捷、高效的配送服务功能。

【建立特色农产品馆】 2015年，区供销总社在民主路建立海州特色农产品馆。通过建特色农产品馆，形成线上交易、实物展示、商品配送的完整体系。产品馆位于民主路老街新浦广场东首，馆内面积220平方米，分设酒类、卤制品、禽蛋类、海产品、果蔬、茶叶等，由产品展示区、电子商务线上体验区、企业文化展示区3个功能区块，展销品种400多个。特色农产品馆的投入运营，有效解决地产特色农产品经营分散、无统一对外展示推介平台问题，不仅丰富生产厂家的销售渠道，而且便利了群众，实现一站式采购名特优农产品。

【农田托管】 2015年，区供销总社提高服务“三农”（农业、农村、农民）的规模化程度，进一步便利农民生产，加大农田托管工作力度，培育托管主体。新组建农田托管的实施主体“连云港市林来专业合作社”，农田托管的企业包括天通农资和金泉农资等7家；在农田托管中制定托管服务规范、托管服务契约文本。农田托管做到因地制宜、多形式托管。对小麦、水稻大田作物，采取全程托管、订单托管和季节托管等方式为经营主体或农户提供耕、种、收、管、售等配套的服务，并为此添置18万元的大型植保器械。全年共托管农田面积866.7公顷。

【基层组织体系改造提升】 2015年，区供销总社加强“三社”（基层供销社、为农服务社、农民专业合作社）建设。改造提升海州供销社、新坝供销社两家基层供销社；对照创建标准，完成浦南江浦、新坝小荡两个为农服务社省级样板社改造，提升新坝墙框为农服务中心等22家村级为农服务社；新增农民专业合作社30家，其中，牵头组建1家市级农民专业合作社联合社。通过改造，保持供销社基层服务网络在外部形象上不断提升，在服务举措上不断拓展，具备开展电子商务的基本条件及多种形式农田托管的功能，更加贴近农业生产和农民生活的需求。

【保障农资供应】 2015年，区供销总社以农资直供专营店建设为抓手，进一步巩固发挥农资供应主渠道作用，保障农民用上放心肥。年内新建农资直供专营店8家，新增庄稼医院30个，全系统农资直供专营店累计35家。

【服务创优】 2015年，区供销总社加强服务农产品流通。年内先后承办首届新坝西瓜节，组织新坝瓜农参加竞赛，评出金奖、银奖，获奖瓜农的西瓜由主办者包销；组织富硒米、辣黄酒、山楂酒、李记卤货等优质农产品参加2015海峡两岸（江苏）名优农产品展销会。开展海州区农产品原产地认证，印制原产地标识30万份；加强技术支撑，组织开展15期农民科学施肥用药讲堂，培训农民1300人次。

【化解历史遗留问题】 2015年，区供销总社正确对待并稳妥解决企业改制等历史遗留问题，完成区供销集团改制，涉及109人，第一批96人的改制金已稳妥发放，第二批13名有个性问题的人员，完成个性问题的清查核实工作。原海州供销社6家无资产单位87名职工，改制金已发放78名，剩余人员的改制金正在陆续发放。单位都已停业多年，通过改制，196名下岗职工分配了近280万元的补偿金等，这些改制企业保障他们的合法权益，从源头上消除不稳定因素。

做好东辛供销社、板浦供销社等灌云县移交的4家单位891人改制安置的前期工作。完成东辛供销社资产产权登记、评估及板浦供销社关于医保信访问题的答复等工作，保持有关人员的总体稳定。

（撰稿：谢豪　审稿：崔守远）

粮食购销

【概况】 2015年，海州区粮食工作重点立足于为“三农”服务、为社会服务和为全区经济建设服务。粮食部门广大干部职工围绕自身的职能、责任和任务，实行定岗定责，做到工作有计划、有安排、有落实、有监督，为维护农民利益和稳定全区粮油市场秩序做了大量工作。全年收购农民余粮41040吨，销售粮食43987吨，保管粮食141033吨。由于在库的国家委托收购政策性库存粮多，无空仓容收购新粮，收购、销售和保管粮食与2014年同期相比分别下降69.63%、下降46.36%、增长31.72%，全区粮油市场管理有序，发展健康。

【粮食收购】 2015年，粮食市场收购价普遍低于国家最低粮食收购价，连云港市及时启动国家小麦和稻谷最低收购价应急预案，为确实把国家惠农政策落实到位，区粮食局对外积极宣传国家预案精神和粮食收购政策，对内严格执行好粮食收购政策，坚持国家价格标准和作价办法，敞开收购农民余粮。全年两季共收购粮食41040吨。其中夏季收购小麦35210吨，秋季收购稻谷5830吨，在维护全区粮食收购市场秩序和保护农民利益方面，充分发挥了国有粮食部门的主渠道作用。

表6

2015年海州区国有粮食企业粮食收购统计表

单位：吨

企业名称	收购总量	小麦		稻谷	
		托市收购	自营收购	托市收购	自营收购
浦南粮管所	8828	5136	—	3692	—
岗埠粮管所	3982	3982	—	—	—
郎墩粮库	13057	10919	—	2138	—

续表6

企业名称	收购总量	小 麦		稻 谷	
		托市收购	自营收购	托市收购	自营收购
云台粮管所	2002	2002	—	—	—
宁海粮管所	4870	4870	—	—	—
普安粮库	5421	5421	—	—	—
新坝粮管所	2880	2880	—		—
合 计	41040	35210	—	5830	—

【粮食销售】 粮食企业销售，2015年，海州区各国有粮食企业储粮都属托市粮，粮权属国家所有，销售由国家进行统一竞拍销售，各储粮单位以国家中储粮连云港直属库发出储粮出库通知书为依据，按照程序和规定确保储粮安全出库，全年销售出库原粮43987吨，其中小麦43987吨，没有发生一例违反国家粮食出库原则和相关规定。

2015年，海州区粮油市场粮食购销总吞吐量134449吨，城镇实际销售量67596吨，比2014年销售增加728吨，主要是两区合并后城镇人口增加，实际人均消费水平与2014年基本持平。

2015年海州区国有粮食企业粮食销售统计表

表7 单位：吨

企业名称	销售总量	小 麦		稻 谷	
		托市粮	自营粮	托市粮	自营粮
浦南粮管所	5969	5969	—		
郎墩粮库	11581	11581	—		
云台粮管所	1884	1884	—	—	
恒银粮贸公司	8963	8963	—		—
宁海粮管所	5940	2940	—		—
普安粮库	5101	5101	—	—	—
新坝粮管所	3953	3953	—	—	—
板浦粮管所	1029	1029	—	—	—
玖拾穗粮库	2927	2927	—	—	—
合 计	43987	43987			

【粮食储存与保管】 2015年，海州区不断完善行政监督机制和安全责任追究制度，使全区各粮食收储企业强化安全保粮的责任落实和制度落实，粮食平均储存量161347吨，12月底，储存量141033吨。为确保全区储粮安全，各粮食收购单位认真把好粮食入库源头质量关，对高杂质、高水分粮及时进行除杂烘干处理，为安全保粮打下良好基础。区粮食局在全区积极号召和推广科学保粮，加大粮库机械通风设备和冷冻储存设备的投入，把机械通风和自然通风、自然储存和冷冻储存进行有机结合，提高全区安全保粮水平，全区安全保粮得到有力保障。

2015年海州区国有粮食企业粮食储存统计表

表8 单位：吨

储粮单位名称	储粮总量	小 麦	稻 谷	储粮单位名称	储粮总量	小 麦	稻 谷
浦南粮管所	16138	6359	9779	普安粮库	11208	11208	—
岗埠粮管所	20315	20315	—	新坝粮管所	4513	4513	—
郎墩粮库	23968	15019	8949	板浦粮管所	24562	17702	6860
云台粮管所	4514	4514	—	玖拾穗粮库	6276	6276	—
恒银粮贸公司	18329	16187	2142	合计	141033	113303	27730
宁海粮管所	11210	11210	—				

【粮油市场监督管理】 海州区粮油市场面广量大，粮油经营网点分散，为确保全区60多万户籍居民及军粮和院校的口粮供应。2015年，区粮食局把安全保供作为一项重要工作，积极推行服务社会和依法治粮，认真履行职能部门的工作职责，采取“四个结合”（区局自查与工商、物价、质检等部门的联合检查相结合），对粮油市场进行有效管理，提高对粮油市场的监督力度；把监督检查和岗位培训相结合，提高经营人员的业务素质和诚信经营理念；把特殊季节和重大节日相结合，防范和杜绝意外事故的发生；把检查经营者和走访消费者相结合，全面了解和掌握市场动态。

【放心粮店评审】 2015年，海州区积极推动放心粮油工程建设，扩大放心粮油进社区、进农村的覆盖面，在“放心粮店”评审中，区粮食局对所有网点采取家家到、家家看、家家比的方法，选择一批诚信好、软件齐、保粮条件好的粮店作为全区示范粮店参加市级放心粮店评审，有37家粮店在全市复审中获评市级放心粮店。

2015年海州区市级放心粮店一览表

表9

序　号	粮店名称	粮店地址
1	大润发超市	郁洲路
2	乐天玛特超市（通灌路店）	通灌路苏宁广场对面
3	乐天玛特超市（苍梧路店）	苍梧路与巨龙路交叉口
4	苏果超市（华润总店）	通灌路与青年路交叉口
5	苏果超市（南城店）	南城镇
6	苏果超市（常乐新村店）	朝阳路常乐新村B-11号楼
7	苏果超市（陇海路店）	陇海中路31-106号
8	苏果超市（青年路店）	海昌北路公园街21号
9	苏果超市（港利新城店）	解放西路
10	家得福超市（海连新天店）	苍梧三期南门对面
11	家得福超市（苍梧店）	郁洲路上招商银行北边门
12	家得福超市（海宁店）	海昌路上海宁小区西门向南50米
13	家得福超市（南极路店）	南极路上新海实验中学北50米
14	家得福超市（九龙乐园店）	通灌路上九龙城市乐园后门
15	家得福超市（沈圩桥店）	人民路上沈圩桥涵洞向北100米
16	家得福超市（新孔路店）	新孔路与朝阳路交界口
17	家得福超市（洪门店）	江化路上洪门平价菜场西门

【粮食加工】 2015年，海州区4家粮食加工注册企业年原粮加工量44406吨，比2014年同期下降28.08%；出厂成品粮30110吨，比2014年同期下降18.53%；出厂饲料24385吨，比2014年同期增长43.44%。

2015年海州区粮食加工企业产量统计表

表10　　单位：吨

企业名称	原粮生产量			成品量		
	稻谷	小麦	玉米	大米	面粉	饲料
菜根香米业有限公司	15500	-	-	13800	-	-
天福等级面粉厂	-	23000	-	-	16310	-
九州科技饲料有限公司	-	1478	4128	-	-	24385
合　计	15500	24778	4128	13800	16310	24385

【粮油价格】 2015年，海州区主要粮食价格除原粮受国家最低收购价格影响略有微调外，东北产大米每50千克上涨20元，涨幅7.1%，其他粮食价格与2014年基本持平。食油价格连续两年大幅下跌，2015年底，四级大豆油每50千克330元，桶装5升大豆调和油每桶60元。整体价格涨跌呈现中期起伏、后期平稳。

2015年海州区粮油价格涨跌情况统计表

表11

品种	价格类型	2013年底价	2015年粮油价格涨跌时间										
			1月27日	3月9日	4月1日	5月5日	6月15日	7月20日	8月3日	8月29日	10月19日	11月17日	12月30日
白麦	购价	124	—	—	—	—	120	—	—	126	110	—	110
	售价	127	—	—	—	—	125	—	—	129	—120	—	120
稻谷	购价	150	—	—	—	154	—	—	—	130	—	155	155
	售价	154	—	—	—	156	—	—	—	145	—	160	160
大豆	购价	240	—	—	—	—	—	—	—	—	—	—	240
	售价	270	—	—	—	—	—	—	—	—	—	—	270
面粉	购价	158	—	—	—	—	—	154	—	—	152	—	152
	售价	160	—	—	—	—	—	160	—	—	160	—	160
地产大米	购价	190	188	203	208	200	210	—	—	—	200	198	200
	售价	220	210	220	220	220	220	—	—	—	220	210	220
东北大米	购价	250	—	—	—	—	—	—	255	260	—	—	260
	售价	280	—	—	—	—	—	—	290	300	—	—	300
四级豆油	购价	380	360	370	—	360	305	295	290	—	300	300	300
	售价	400	390	400	—	400	330	330	320	—	330	330	330
桶装5升大豆调和油	购价	63	—	—	—	62	—	—	—	—	—	56	56
	售价	66	—	—	—	65	—	—	—	—	—	60	60

专营专卖

食盐专营

【概况】 2015年，江苏省苏盐连锁有限公司连云港分公司城区营销部（简称公司营销部），加强盐政管理，大力进行盐业法律、法规宣传，严厉打击涉盐违法行为。公司营销部努力构建市场经营新机制，提高经营质效。全年销售盐产品2080吨，其中销售小包装食盐12299吨，实现营业收入8028万元；非盐商品实现收入1689万元；实现经营性利润168.35万元。

【盐政管理】 2015年，公司营销部按照“食盐专营一天不放开，市场监管一天不放松”的要求，为保障居民食盐消费安全，大力开展“进村入户、走访万家”宣传调查活动；充分利用“3·15”“5·15”宣传日，开展公益宣传咨询活动，大力宣传科学补碘，引导群众自觉食用合格碘盐，防止碘缺乏病；以“安全、健康”为主题开展“盐政法制宣传月”活动，大力宣传盐业法律法规，宣传全民食用碘盐政策，不断营造守法和执法氛围；同时坚持“打、防、管、控”相结合，坚持日常巡查与集中专项治理相结合，开展“雷霆风暴”联合执法专项行动，加大市场监管力度，严厉打击涉盐违法行为。盐政部门对行业用盐户逐户签订食盐安全承诺书和行政指导提示书。共移送司法机关案件26起，判刑16人，判刑人数是2014年的两倍多。全年共查处盐业违法案件430起，没收盐97.16吨，罚没款32.55万元。公司被省局授予“雷霆风暴”专项行动先进单位。

【食品品种结构调整】 2015年，公司营销部按省盐业集团公司“33181”工程的要求，在面对食盐专营放开新形势下，加快适应国企改革和盐业体制变革，努力构建市场化的运营机制，努力提升企业经营质效。根据市场需求，加快对食盐品种结构进行调整，推出新品320克清真海藻盐、400克海藻低钠盐、350克螺旋藻盐等十余个品种，极大地丰富人民群众对食盐的需求。

【非盐经营】 2015年，公司营销部加大非盐工作力度，树立品牌化商品为核心，狠抓连锁渠道建设，全力推广江苏盐业自有品牌“惠美家”家厨系列产品上市销售。经过产品开发与市场推广，“惠美家”家厨系列产品的产品品质、包装质量等得到经销商、零售终端及消费者的认可，并进入各大超市。

【门店转型】 加快连锁门店调整布局，规范终端客户的开发和分类维护管理，推进渠道下沉，全年共优化关闭无效门店11家，保留门店10家，服务有效终端客户7100个。把“苏盐生活家”门店的建设运营作为转型发展的重要平台，举办“苏盐生活家”专项知识竞赛和宣贯会等活动，生活家解放东路店于12月24日正式开业。

（撰稿：吴映华）

石油专营

2015年，海州区成品油市场得到进一步发展，市场准入制更加严格，成品油分销体系愈加完善，城乡网点布局合理。全区共有成品油零售企业50家。其中，加油站43个，加油点7个。分布于城区站点26家，乡镇站点14家，公路站点9家，岸基站点1家。加油机220台，总容量6000立方米。全年加油站点成品油零售总量约16万吨，零售额约10亿元。

信息服务业

邮　政

【概况】 2015年，中国邮政集团公司连云港市分公司（简称分公司）以“领航2015”为主旋律，以“深化转型、改革创新、和谐奋进”为总基调，不断加强能力建设，加大发展力度，转变增长方式，加快和谐建设，企业各项工作取得新成绩。2015年，共实现邮政业务收入4.31亿元，比2014年增长15.97%。分公司首获“全国文明单位”称号，并获得市“三下乡”先进集体、关心下一代先进组织等荣誉。分公司信息技术中心荣获江苏省“工人先锋号”称号，电子商务分局荣获江苏省“青年文明号”称号，海昌路支局获江苏省“巾帼建功先进集体”荣誉称号。

【举行特种邮票首发式】 2015年，分公司立足大众集藏客户需求，围绕新邮题材和社会热点发行等契机，举办多场社会影响力较大的特种邮票首发仪式。3月，举行《挥扇仕女图》邮票首发式暨连云港市花果山国画院名家精品书画展；5月，在花果山景区举行《西游记》特种邮票首发式；6月，与江苏省海州高级中学联合举办《感恩父亲》特种邮票首发仪式。

【开发乡贤明信片册】 分公司以弘扬乡贤文化为主题，从连云港市历史上学养、情操、伦理道德、成就诸方面的杰出者中选取12位创作乡贤明信片册。该明信片册每页介绍一位乡贤的生平并附同主题明信片一枚，序言页包含一枚印有摩崖石刻及古城楼的银币。连云港市委常委、宣传部部长滕雯为明信片册题词。

【主题宣传活动】 2015年6—8月，分公司组织开展“普及金融知识万里行”主题宣传活动。6月，为《利率市场化与存款保险制度宣传月》，7月，为《互联网金融服务宣传月》，8月为《警惕非法融资宣传月》。活动期间，分公司下属各单位结合夏粮收购、网点一点一策项目的宣传走访，采取进社区、走基层、办讲座、搞活动等形式开展现场宣传活动。分公司下属109个金融网点共开展主题宣传活动143场，参与员工335人，受益人数3.67万人，发放宣传材料3.26万张。

【通过质量管理体系监督审核】 2015年11月下旬，分公司召开质量管理体系监督审核末次会议。审核组肯定市分公司质量管理体系工作的贯彻落实情况，分析在质量管理体系贯彻落实过程中的问题并提出改进意见，并宣布连云港分公司通过质量管理体系监督审核。

【档案工作三星级标准通过复查】 2015年11月下旬，分公司档案工作三星级标准接受连云港市档案局复查组复查，通过现场考核及综合评议，分公司档案工作通过三星级标准复查。

【“爱心驿站”创建活动】 2015年5月，分公司举行邮政“爱心驿站”创建活动启动仪式。通过活动借助邮政服务网点和邮路，宣传生态环保知识，积极创建“生态邮路”，开展“争当环保倡导员”活动，引导邮政职工自觉践行文明、绿色的生活方式。分公司各邮政网点和投递站点也组织创建“爱心驿站”，为广大环卫工人及其他社会群体提供志愿服务。

【参加全市女职工趣味运动会】 5月下旬，分公司连云港市总工会、市体育局共同举办全市女职工趣味运动会，分公司女职工代表参加时代列车、袋鼠跳、呼啦圈竞走等项目，获得时代列车和“4×50米”花样接力第一名、8人8字跳绳第六名的好成绩，13个项目中有9个项目进入前六名。

【建成首家社区便民服务站】 5月15日，分公司与玉带社区合作，成立连云港市首家社区邮政便民服务站，实现邮政便民进社区和社区便民服务需求相结合。活动当天，便民服务站举办客户缴费（充值）体验活动，实现代缴费金额5000余元。分公司还联合市民政局、社区居委会举办邮政便民服务站进社区文艺晚会，受到广大社区居民好评，在宣传邮政各项业务的同时，也提升邮政企业的整体形象。

（撰稿：王慧）

电　信

【概况】 2015年，中国电信股份有限公司连云港分公司（简称连云港分公司）全面落实连云港市政府与中国电信江苏公司签订的《十二五信息化战略合作协议》，全年累计完成投资5.32亿元，积极推进全市通信网络的升级换代。围绕“渠道突破，机制创新”主线工作，加快企业架构扁平化变革，对内优化管理机制，对外提升服务水平，建成全网通门店300家。连云港分公司被授予全国质量管理小组活动优秀企业、全国企业文化建设先进单位、江苏省依法管理诚信经营先进企业等荣誉。

【业务经营】 2015年，连云港分公司获得混合组网4G牌照，向港城市民提供优质的基于天翼4G和光纤接入相融合的双百兆宽带上网服务。根据国家提速降费要求，调整优化套餐资费，并启动新一轮宽带提速，连云港城域网出口带宽由240G提高至320G，连云港市家庭平均上网带宽由13.5M提升到20M，iTV节目画质升级到4K超高清。无线城市建设方面，新建大批4G基站，实现市区、县城、乡镇及交通干线、重要景区、重要行政村全覆盖，人口覆盖率达到75%。新建改造aWiFi公共热点AP合计1370个，广大市民可在陇海步行街、通灌北路、民主路文化一条街等市区商圈实现免费上网。光网城市建设，在城乡光网基本覆盖的基础上，启动“光网乡村大会战”，农村FTTH覆盖率提升至99.65%，全年累计新增光纤覆盖86.9万户，全市FTTH覆盖率达96.64%，实现全光网城市的建设目标。

【智慧连云港建设】2015年，连云港分公司在智慧政务方面，参与承建连云港市公路协同巡查系统、市综合治安信息系统、市民政视频会议系统及公安交通集成指挥平台等政府信息化项目十余个；参与承建市妇幼保健医院信息中心系统集成工作，实现保健医院院区无线全覆盖和医护人员无线查房。完成农技宝平台推广，实现农情信息、定向动态的采集。在智慧民生方面，面向农村留守儿童群体，通过基于物联网技术的儿童手表对留守儿童进行定位。持续优化“孙悟空”等便民手机应用，在水电煤缴费、电影票、汽车票、预约挂号基础上增加飞机票、火车票订购服务，全年便民服务共使用142734人次。

（撰稿：徐迟　审稿：尹宝华）

中国联通连云港分公司

【概况】2015年，中国联通连云港分公司（简称联通）严格按照省分公司和市政府的工作部署，紧紧围绕全年目标管理任务，强化执行，以坚持有效为主线，求真务实，全体干部员工团结拼搏，完成项目投资1.97亿，利润预算完成率33.54%，全省排名第九，较好地完成生产经营工作任务。

【业务发展】2015年，联通抓住市场节奏，适时组织有效的促销活动。相继组织春节、“五一”、中秋、国庆促销等。跨条线组织“5·17”电信日促销、双十一购物节促销，与百货行业联合，通过特价合约机、线上促销等活动实施促销。与此同时，从策略上引导、激励员工和分销渠道围绕市场转，提高自身的营销能力。2015年，联通积极开拓城市市场和农村市场，发展用户10万户，有维系绑定的产品占95%以上，在连续亏损近10年后，首次实现盈利。

【销售渠道建设】二季度组织劳动竞赛，完成一级渠道建设83家，长期有效渠道达到52家，完成率全省排名第一。三季度加强零售渠道建设的专题提升活动，目标建设750家零售点，在渠道经理的努力下，实际完成746个，完成率99%，为四季度“沃飞跃”渠道建设中有效零售点目标的达成奠定渠道基础，实现重点乡镇网点全覆盖。

【通信工程建设】2015年，全年完成通信工程建设项目投资1.97亿，其中，移动网总投资1.4亿元（含W网、FDD、室内分布）。新建基站2G基站350个，新建3G基站171个，新建4G基站1323个，新建室内分布系统覆盖楼宇82个。客户接入网完成投资1064.42万元，完成传输14个项目的建设，完成投资4730万元。

【网络运行】在网优方面，为配合校园发展，对淮工、师专、大村基站做紧急扩容，同时在大村基站安装1690基站。结合连云港高校园区的建设和网络优化需求，制定网络建设规划。对重点集团的网络覆盖做重点优化，解决东海公路收费站、孟兴庄中学等集团地区的网络覆盖问题。2015年没有发生一起红牌，也没有发生一起责任及升级投诉，用户投诉量比2014年同期下降30%以上。在网络割接时做好预案，如徐州HLR割接时第二天将所有漫游在外地的用户都在爱立信HLR中将数据清除，有效解决可能发生的用户投诉。

【服务状况】2015年，联通把VIP客户承包到人，明确客服经理目标，加快VIP俱乐部建设步伐，在海州区范围内共签订10家联盟单位，涉及美容美发、餐饮、保健、鲜花等多个方面，联盟商家的签订，使VIP会员在消费时能享受到不同于普通消费者的优惠，体现个性化服务的特色，为VIP会员提供良好的消费环境。

（撰稿：王红　审稿：孙立宏）

物流业

海通物流

【概况】连云港海通物流有限公司（以下简称海通物流）为市属国有独资公司连云港交通控股集团全资子公司，公司注册资本1000万元，由原市港务总公司、货运公司、航运公司、联运公司整合而成，是一家集公路危化品运输、内河船舶运输、车辆销售、新能源车船改造、LNG（L-CNG）加气站、港口装卸仓储、货物代理、物流仓储等多位一体的综合型物流企业。2015年，海通物流积极应对多种不利因素和多重困难，扎实加强企业的基础管理，全力保障公司生产经营处于平稳、安全的总体态势。

【生产经营效益提升】2015年，海通物流紧紧围绕年度经营目标，求真务实，谋求突破，主要经济指标实现平稳发展。全年完成营业收入8634.06万元，为年计划10000万元的86.34%；实现利润238.95万元，为年计划230万元的103.9%，为2014年同期211.94万元的112.7%。公营车辆完成公路货运量11.5万吨，其中危险品货运量10.9万吨，完成大件运输移装32台套；完成内河水运量47.7万吨，较2014年同期25.16万吨增加22.54万吨；水运周转量13933万吨公里，为2014年同期4442万吨公里的313.7%。

【加强科学管理】2015年，海通物流在基础管理方面，始终坚持问题导向，找准发展短板，多举措、多形式、多方位促进企业的规范化基础管理，提升企业的科学管理水平。

建立考核管理机制。海通物流对与各基层单位签订的经营目标责任书进行细化，并增加风险抵押；全面试行《全员绩效考核方案》，实施严格的考核机制，切实抓好安全生产、生产经营等各项工作，从制度方面入手，不断加强对海通物流管理制度的贯彻落实，促进企业管理和运行的科学化、制度化、规范化。

规范财务管理制度。海通物流认真落实集团资金统筹管理规定，按规定做好重大资金的安排使用，资产管理使用、业务招投标等必须经党政工联席会议研究通过，保证资金使用的严肃性和准确性。在认真落实内部经济目标管理审计监督工作方面，实行季度经济运行情况分析，切实加强经济运营成本和费用控制，制定相关管理制度，特别是在非生产性支出方面取得良好的效果。同时加强对各基层单位经济效益审计，加强财务人员专业知识的学习培训，并把规范落实财务管理制度做到常态化、常效化。

加强人力资源管理。将职工的切身利益放在首位，给所有在岗职工上调工资10%，按政策统一调增了职工公积金缴费基数和缴纳比例；优化中层干部队伍，2015年对中层正副职干部进行再次选聘，对相关单位、处室人员进行调整，充分发挥其经营骨干作用，为企业长远发展提供人才支撑；鼓励职工参加在职培训，提高自身综合素质；积极探索出台绩效考核方案，进一步完善收入分配机制。

加强对企业运行的监督工作。加强重点领域、重大项目、重要工作的监督、检查和管控，结合领导班子分工适时开展对基层单位生产经营、安全管理、重点项目和执行力等方面的检查，在发现问题、分析问题、解决问题的同时，提高和强化公司对权属企业的管控指导能力。

【优化结构】 2015年，海通物流坚持专业化经营、规范化发展的产业运作思路，在物流主业资源整合方面持续推进，努力实现公司物流产业的结构最优化、效益最大化。巩固扩大危险品运输资源的整合成效。在2014年成功开启公司危货运输公司化运营篇章的基础上，翔安公司及公司市场部紧盯新的运输项目，继续扩大道路危化物流的市场占有率，挖掘跟进潜在的运输业务，尤其在合作运输天晴药业、金桥益海、中化甲醇以及斯尔邦产成品运输等项目的跟踪推进。全年共完成公路货运量11.5万吨，货运周转量2530万吨公里。坚持拓展内河水运业务。2015年，航运公司在水运市场转好的良好势头下，充分发挥LNG动力示范船舶的影响力，继续整合社会船舶资源，充分发挥内河水运优势，进一步充实货代业务人员，增加内河船舶运力，不断开拓水运业务新航线，特别是与明轮国际合作承运的宿迁镍矿业务，为公司进一步拓展水运业务，该项业务也连续创下航运公司成立以后多项货物发运量的历史纪录，大大提升企业经济效益。全年完成内河水运量47.7万吨，较2014年25.16万吨增加90%；水运周转量13933万吨公里，较2014年同期4442万吨公里增加214%；完成利润15.2万元，较2014年同期利润-6.67万元，增加利润21.87万元，完成公司下达全年利润指标152%，超额完成年度目标任务。加大工程机械车辆的营销渠道开发。在全国工程机械市场普遍下滑大背景下，销售中心全体干部职工团结一致，迎难而上，以市场营销和款项回收为两大重点，大力进行营销渠道的开发，大胆探索市场运作新路子，全年共销售汽车起重机6台，其他半挂车、重汽牵引车等车辆共计42台，较好地完成总公司下达的全年各项目标任务。

【推进产业转型】 海通物流为提升公司的可持续发展能力，抢抓"一带一路"建设机遇，按照"重点工作项目化，重要项目责任化，重大责任具体化"的思路，确立2015年几大重点项目，为海通物流产业转型、发展壮大奠定良好的基础。

船型标准化项目 海通物流公司根据国家交通部相关文件精神成功获批建设10条LNG动力示范船的指标。一期启动3条动力示范船舶建造成功，是全省首批纯天然气动力内河运输船舶，已于11月27日成功下水试航。为公司消化大部分的税务支出，大大降低业务成本，提高了市场竞争力，使得公司获得水运市场较高的影响力。至年底，抓紧进行船检申报验收以及各类手续的报批，争取尽快取得政府的财政补贴。

危化及内河水运项目 面对竞争日益激烈的物流运输市场，海通物流继续挖掘新的增长点，全年增加危货车辆4台、船舶3艘，总投资850万元，有效提高公营车辆的市场竞争力。同时加强对车辆、船舶有效管理的，强化业务人员、驾押人员的服务意识，进一步提高企业形象，增强市场竞争力。危货运输方面增加网络监控力度，并根据省相关要求全面实行电子运单报备制度，以提高安全管理人员、从业人员危险品知识和应急处置水平。内河水运方面，在维护原有业务的前提下，新开拓宿迁镍矿、徐州水泥熟料等业务，新增航线5条，大大提升公司的货运量，也为公司未来发展提供强有力的支撑。

加油加气站项目 海通物流年继续加强相关拟建加气站项目的手续办理工作。东站已通过消防验收，下一步将进行天然气充装许可证的办理。灌云加油加气站的建设方面，项目的环评和安评经专家评审，等待专家预评价意见后，落实设计和项目施工单位，报发改委审批。

【强化安全管理】 海通物流认真贯彻"安全第一、预防为主、综合治理"的方针，以提高基层基础防范能力和查找消除事故隐患为工作基本抓手，进一步建立健全安全管理责任网络和工作体系，加强安全教育培训工作，增强提高安全管理的责任感和工作水平。认真组织开展安全事故隐患排查、整改和消除工作，重视监管体系建设，加大安全投入，在经营车辆、船舶、市场、加气站等远程监控、动态监管、现场监督等方面，做好组织监管工作，全力推进安全监管多层次、全方位、无缝隙开展。2015年，翔安公司通过省级安全标准化考评组审验，圆满完成安全生产标准化二级达标工作。

（撰稿：李娜　审稿：杨春）

海州智慧物流产业园

【概况】 海州智慧物流产业园（简称物流产业园）是海州区委、区政府重点打造的沿204国道和310国道一线“U”型服务业产业带的重要载体，园区规划面积2.1平方千米，重点发展电子商务、冷链物流和城市仓储配送三大产业。

2015年，电商物流园进展迅速，完成4.5万平方米仓库建设，天马网络公司入驻运营；电商快递物流园3万平方米标准仓库已启动建设，苏宁云商、广客隆等公司洽谈计划入驻；海通物流人才培训中心一期4层培训综合楼和监控大厅已投入使用，二期1.6万平方米实训楼和宿舍楼正在办理农转用手续，万发国际物流园已启动建设。物流产业园加大招商引资力度持续，对电子商务、冷链物流、仓储配送三大产业方向，通过实施全员招商、以商招商等方式，积极组织赴“长三角”地区、“珠三角”地区、北京、西安等地招商，通过参加2015年中国大宗商品电子商务与现代物流发展论坛，杭州电商博览会，拜访全国电商、物流行业协会等方式广泛开展招商活动，其间，招商考察达50人次。在谈传化物流、松洋冷链物流、猫人儿童搬迁和怡亚通供应链等一批过亿元大项目，指尖商城入驻。物流产业园投入350万元，完成淘宝路绿化亮化、电商物流园围墙工程，对许安大道、道浦路进行太阳能路灯改造。投入150万元，完成自来水和正式用电施工，实现对电商物流园的水电供应和围墙围护，及其室外消防配套工程。投入930万元，完成淘宝路、聚宝路慢车道及人行道板等续建工程。

【物流人才培训】 连云港海通集团建立物流人才培训基地。用于电商创业孵化和电商人才培训，成为集大中专学历教育、社会培训于一体的综合性技工学校，为社会培养和输送大量优秀的物流运输和电子商务人才。天马网络成立电商人才培训学校，通过对本公司和周围尹巷村、许安村近300人提供电商知识培训，使一批员工、村民从不懂到懂、从不会到精通，逐步掌握了电子商务销售方面的相关知识。

【构建供应链管理平台】 海州物流产业园区逐渐构筑起覆盖全国的物流园区网络，深度介入供应链流程，整合物流园区内的各项资源和要素。通过构建物流园区平台，实现整合各项物流资源和要素。以轻资产的模式构筑智慧物流园区网络，以物流园区为切入口，深度整合各项资源要素，提升物流集约化程度。

【建立现代商贸综合模式】 现代商贸综合物流模式是整合跨境商贸、集中展示、电商营销和物流仓储配送等业态的综合业务模式，海州智慧物流园在转型升级过程中充分把握国内产业发展及消费方式转变趋势而走出一条新路。企业在海州智慧物流园通过灵活利用区内外的政策及载体资源，以跨境商贸业务为核心，基于成熟的自动化仓储及物流配送体系，结合最新电子商务营销手段，同时辅以商品集中展览展销的方式来完成商流、物流及资金流的汇集及运转。从而可以有效地支持并带动区域跨境电商、进出口商品展示分销、现代电商仓储及配送等细分业务有效推广，为园区发展提供动力。

（撰稿：物流产业园办公室）

快　递

【概况】 2015年，海州地区作为市中心城区，快递业发展迅速，规模较大的企业有江苏省邮政速递物流有限公司连云港市分公司（简称邮政速递）、连云港顺丰速递有限公司、上海宅急送物流有限公司连云港分公司、南京天鹅快运有限公司连云港分公司，以及圆通快递、韵达快递、中通快递、上海佳吉快运有限公司连云港分公司巨龙北路办事处、全峰快递共15家。仅邮政速递1家全年快递件数就达684500件。

【江苏云柜网络技术有限公司】 江苏云柜网络技术有限公司是一家定位于“智慧社区”的互联网企业，注册资本10000万元，总部设在上海，由江苏省著名的科技企业出资成立，有全国20强上市企业的资金背景，具有较强的综合实力，是南京市城市共同配送试点的重点企业，也是华东地方应用最为广泛、运营最为稳定的智能快递柜企业。解决物业公司在代收快件方面的成本和纠纷，为业主提供良好的生活环境；围绕社区服务，与物业公司携手开发新的社区增值服务，增强物业公司的营利能力。江苏云柜网络技术有限公司在连云港市设立办事处。

【云柜进社区】 2015年，江苏云柜网络技术有限公司积极推广云柜（又名速递易）的普遍应用，在有效解决配送末端环节的同时，提供高效的同城配送解决方案与精准的电子商务平台。云柜为收件人提供了快件的储藏空间和便利的取件条件，满足了快件安全、信息安全、存取便捷等需求。云柜为快递公司随时、集中投递，且可以指定投递地点，投递过程中远程监管，减少了纠纷，人工效率与仓储效率大幅提高。云柜减轻物业管理公司的人工、场地成本，且彻底消除了物业公司潜在的赔偿责任，较大提高了物业的工作效率。

云柜使用方便，快递员注册好云柜账号，快递包裹扫描条形码，选择箱门投资，系统发送验证码给收件人，收件人输入手机收到的验证码，到云柜前开箱取件，并且关好柜门，取件即完成。2015年5月，云柜开始进入连云港市，至年底，海州区60%的社区安装上云柜。

（区志办）

责任编辑：李云高

旅游业

综　述

2015年，区划调整后，海州区不断创新发展思路，完善产业体系，旅游业发展呈现规模扩大、效益提高的良好态势。旅游产品体系进一步丰富，旅游市场空间进一步拓展，旅游接待服务水平整体提升，休闲旅游城市形象愈加鲜明，旅游业发展后劲进一步增强。全年海州各景区、乡村旅游区共接待游客约710.4万人次，同比增长9.2%，实现旅游综合收入约93.5亿元，同比增长7.9%，圆满完成年度工作目标任务。

旅游资源

【基本情况】 截至2015年底，境内共有国家A级景区9家（其中国家AAAA级景区3家，AAA级景区1家）；省级乡村旅游区7家（其中四星级4家，三星级3家）；星级饭店11家（其中五星级1家，三星级10家）；旅行社70多家，占全市总数6成以上，其中，具有出境资质的旅行社5家；全国工业旅游示范点1家；市级特色旅游街区2条。

【孔望山景区】 孔望山景区，因孔子登山望海而得名，距连云港市区2.5千米，为国家AAAA级风景名胜区。景区人文景观居多，有新石器时代祭海的杯盘石刻，有秦王朝的东大门遗址，有中国最早的东海神庙遗址，有迄今为止中国唯一的汉代圆雕石象，有北齐年间的千年古刹，有唐宋元明各朝代官宦文豪的题刻。特别是东汉摩崖造像的发现，取代了敦煌莫高窟"中华母窟"的桂冠，证实了以孔望山为起点的海上"丝绸之路"，其价值无法估量，堪称国宝。景区还有巧夺天工的龙洞、神奇美丽的传说，"华夏第七十一福地"的称谓享誉海内外。

【桃花涧景区】 桃花涧景区地处云台山支脉——锦屏山南麓，景色秀丽，环境清幽，整个景区占地面积约5平方千米，分东西两部分，西部以被史学家称为"东方天书"的将军崖岩画（全国重点文物保护单位）、桃花涧新石器遗址和石刻文化艺术园为主，东部则以奇石、幽涧、龙潭、千年古刹等景观为主。整个景区自然风景和人文景观融为一体，是国内著名的观赏原始岩画、石刻艺术和自然风景特色的山间园林和旅游胜地。

【连云港市革命纪念馆】 连云港市革命纪念馆位于连云港市区中心地段，占地面积2.5公顷，建筑面积近1.5万平方米，馆区展陈面积6000平方米，包含基本陈列展、"陇海公寓"复原、国防园、各类专题展览区、老电影欣赏区、红色旅游文化展示中心等区域，是国内规模较大的市级综合类革命纪念馆，也是国家AAAA级旅游景区、江苏省爱国主义教育基地、江苏省德育教育基地。该馆成立于1987年6月，原址是建于1925年的陇海公寓，是原国务院副总理谷牧等老一辈无产阶级革命家在连云港地区早期从事革命斗争的秘密基地。作为中共江苏省委、连云港市委庆祝建党90周年的献礼工程，连云港市革命纪念馆新馆于2011年7月1日正式建成并向社会免费开放。

【民主路文化旅游区】 民主路文化旅游区隶属于民主路老街管委会，为国家AAA级景区。景区主要有民主路老街、连云港水晶街、连云港民俗博物馆、民主路历史纪念馆、茶文化展示馆、中药展示馆六大景点，是集购物、观光、访古和休闲于一体的多功能休闲旅游文化景区。民主路，原名中山路，全长650米，清末民初始渐形成，是连云港市中心城区近现代商业的发源地。2013年起，按照市委、市政府指示精神，遵循"修旧如旧、保持原貌、以存其真"的原则，原新浦区投入2.5亿元对民主路进行集中改造，进一步凸显其历史文化韵味和旅游文化配套功能，再现"洋为中用、古为今用、中西合璧"的民国建筑风格。

旅游项目开发和建设

【市级旅游重点项目】 2015年，海州区锦屏山景区综合开发、月牙岛旅游开发、凤凰山生态旅游区建设、民主路改造工程、镜花缘文化产业园建设项目、蔷薇湖旅游区建设6项工程列入市级旅游重点项目，总投资达4.7亿元。

【区级乡村游重点项目】 年内，各镇（街）及云台农场、岗埠农场，充分利用自身现有特色资源，大力发展乡村旅游、生态旅游，全区共排定板浦秋园、锦屏盆景观赏、宁海千亩海棠观赏园、花果山茶文化园、云台水生花卉园改造扩建等11个区级乡村游重点项目。

【锦屏山景区综合开发】 2015年，孔望山景区投入5000多万元，用于景区基础设施建设，新增游步道2000米，新建停车场5000平方米，新建公厕500平方米，新建配套用房1000平方米，新增绿化面积10000平方米，新建孔子问观台等5处景点，新建亲水平台6000平方米，改造8000平方米进山道路。同时，完善便民设施，增强便民服务功能。景区内100平方米的休闲餐厅已对外营业；新增垃圾箱100个、景观凳50个、标识标牌40个；游客中心配齐雨具、轮椅、拐杖、手机充电机、自助存包柜等设施。桃花涧景区投入4000多万元，完成景观坝、蓄水景观瀑布、香樟广场打造，步游道建设，景观绿化，及安全防护设施建设等工程。

【月牙岛旅游开发】 月牙岛旅游开发项目计划总投资6000万元，2015年完成投资4000万元。年内，项目依托岛上地形、地貌、特色资源，重点打造“三园、两湖、一中心”（薰衣草园、波斯菊园、向日葵园、南北双湖、休闲垂钓中心）景点，初步建成功能多元复合、生态人文和谐、水绿交融共生的生态绿岛、旅游宝岛。5月对外开放，不仅迅速成为市民“新宠”，也吸引淮安、宿迁、徐州等周边城市游客纷沓而至，节假日日接待量2~3万人。

【民主路改造工程】 民主路老街正式营业后，继续投入资金5000余万元，用于拓宽民主路老街范围，修复一批形象性、标志性建筑，完善休闲娱乐等服务设施。2015年，已完成1.33公顷土地征收工作，并启动IMAX影城、商业用房、地面地下停车场等设施建设。

【云台水生花卉园扩建】 云台水生花卉园在实施岗位服务标准化的基础上，强化硬件建设，对旅游景点进行提档升级，新添百亩油菜花田和水上迷宫2个新景点，并在赏荷游步道上添置几十个休息座椅和垃圾箱等设施，门票收入同比增长40%。

重点工作

【“四大专项行动”】 2015年，全区共召开旅游“四大专项行动”（旅游厕所提升行动、停车场管理能力提升行动、交通标志提升行动和无线通信覆盖提升行动）专题会议4次，全年新建旅游厕所6座，改建旅游厕所8座；改扩建旅游停车场2处，新建旅游停车场9处，总面积3万余平方米，新增停车位851个；新增旅游交通标志牌3块；4家A级景区、3家省星级乡村旅游区均实现游客集中区域免费WiFi覆盖。

【旅游市场百日专项整治】 8月，结合全市“旅游市场百日专项整治行动”方案，海州区重拳整治旅游市场，建立由区市场监督局、区城管局、区旅游局、区物价分局、区公安分局、景区属地镇（街）等职能部门组成的联合执法机制，先后对孔望山、桃花涧、振兴花卉园等旅游景区及景区周边市场开展为期3个月的专项整治。全年开展旅游联合执法行动5次、旅游专项检查52次，出动检查人员183人次，检查旅游企业102家，下达责令整改通知书17份，编发督查简报6期。

【廉政文化进景区】 2015年，海州区在市革命纪念馆、青龙山烈士陵园、孔望山景区、陇海步行街区4个景区开展廉政文化进景区示范点创建。各景区结合各自的红色文化，儒、释、道家文化，打造文化长廊、历史名人事迹展示画卷、文化景观等景点，对游客开展勤、孝、廉、耻文化宣传教育活动。年内，孔望山景区被市纪委评为全市首批景区廉政文化建设示范点，迎接数千名省内外的游客参观学习。

行业管理

【创优争先】 月牙岛湿地公园成功获评省四星级乡村旅游区、2015年度江苏省旅游创新发展优秀项目、市级旅游生态示范区；海州天景生态园获评省三星级乡村旅游区（点）；海州区云台生态湿地博览园、桃花涧景区、民主路文化旅游区、陇海商贸文化旅游区、月牙岛湿地公园5家景区还入选2015年“连云港新十景”。

【安全生产】 年初，海州区与辖区内112家涉旅企业签订2015年安全生产目标责任状。4月，在登泰大酒店举办2015年海州区旅游行业消防安全培训班，采取以会代训形式，对《中华人民共和国旅游法》《导游人员管理条例》等相关法律法规进行深入解读，帮助从业人员提升旅游政策法律意识。旅游节假日和旺季期间，海州区相关部门联合开展旅游安全检查，对存在的安全事故隐患认真排查，做到不打折扣、不留死角、不走过场，全年未发生一例行业内旅游安全事故。

【提升游客满意度】 6月，制定并印发《海州区旅游管理与服务规范提升专项行动方案》，在景区、旅游咨询点开展多种形式的游客满意度调查，发放调查问卷300余份。并针对游客反映强烈的事项开展针对性整改，提升海州区旅游服务品质，游客满意度明显好转。

宣传促销

【促销展示活动】 年内，组织开展“5·19”中国旅游日江苏分会场在民主路老街举办的各类活动，全省13个地级市及相关部门参加活动。同时，认真开展“3·15”国际消费者权益日、文明旅游广场宣传咨询活动；组织辖区内多家旅游企业赴山东省开展“山海连云·西游圣境”旅游促销活动。积极参加周边县区节庆活动，加强沟通，学习经验。全年编发旅游宣传资料6000余份。

【旅游节庆活动】 坚持以节造势，成功举办“2015年（第五届）全国年货购物节连云港陇海步行街分会场”、连云港首届“一带一路”美食节、海州区首届樱花节、白虎山庙会等大型旅游文化节庆活动。提升活动品位内涵，扩大影响力。

【旅游产品推介】 利用各类节庆展销活动，全面推介板浦滴醋、浦南富硒米、华缘绿色农产品、振兴蝴蝶兰种苗等特色产品，以及烙画、贝贴画、葫芦画、剪纸、桃木雕等优秀非物质文化遗产产品，提升旅游产品市场竞争力。

重要活动

1月7日上午　连云港市旅游业考核小组一行在市旅游局副局长贺善铁的带领下,对海州旅游产业发展情况进行考核。

1月9日上午　区委常委、副区长顾建华到桃花涧景区进行专题调研。

1月13日下午　海州区文体旅游局联合市旅游局行业管理处及旅游质监所对辖区内6家国际旅行社进行专项检查。

1月21日　市旅游局、海州区消防大队和区文体旅游局联合对全区11家三星级宾馆开展全覆盖、拉网式专项安全检查。

1月27日下午　区委常委、副区长顾建华对海州区文化旅游工作进行专题调研。

2月5日下午　市旅游局副局长郭鹏一行到桃花涧景区调研智慧景区建设情况。

2月12日上午　市旅游局副局长柏银枝一行到孔望山景区开展节前旅游安全检查。

3月20日上午　市旅游局党组组织机关党员、干部到海州石棚山风景区参加市级机关党员集中活动日——“绿润海州”义务植树活动。

3月28日—4月1日　海州区组织多家旅游企业赴山东省济南、潍坊等市开展“山海连云·西游圣境”旅游促销活动。

4月15日上午　海州区2015年全区旅游工作会议在区行政中心后楼206会议室召开，区委常委、副区长顾建华出席会议。

4月18日上午　以“美丽海州·樱花有约”为主题的海州区首届樱花节开幕式在新浦公园中心广场成功举行。

4月27日下午　“2015年全区旅游行业消防安全培训班”在登泰大酒店八楼会议室成功举办。

5月19日　2015“中国旅游日”江苏省分会场活动在海州区民主路老街（新浦广场）成功举办。江苏省旅游局副局长经圣贤、中国邮政江苏省分公司副总经理马小群、连云港市政府副市长董春科、连云港市旅游局局长王芬等出席活动。全省13个地市领导，旅游局、邮政公司、旅游商代表及媒体记者等150人参加该项活动。活动现场开展旅游宣传促销及现场咨询活动，举办“畅游江苏·旅游景区联票”明信片首发仪式，现场还发布东黄海生态旅游线路，举行“畅游江苏·连云港号”列车沿途游客邀请仪式。

6月6日　海州区旅游局局长骆丙春带队到青龙山革命烈士陵园指导廉政文化进景区工作。

6月12日下午　海州区召开全区旅游工作推进会。会议由区政府办公室副主任陈毅敏主持，区委常委、副区长顾建华作重要讲话。

7月1日　市旅游局副局长柏银枝一行到海州区现场指导省星级乡村旅游区（点）开发及创建工作。

7月14日上午　海州区旅游局对辖区内乡村旅游区开展为期一天的夏季安全检查。

7月27日下午　海州区旅游局召开全局工作会议。会议提出，要按照区委九届九次全会的新要求，做好下半年旅游工作。

7月29日上午　海州区首届鼓王大赛在海州古城文化旅游街区正式擂响。

7月31日上午　海州区召开全区旅游市场和环境整治专项行动推进会。

8月4日　海州区旅游局党员志愿者到鼓楼社区、锦屏镇看望慰问困难群众。

8月11日　海州区旅游局到孔望山景区、桃花涧景区、振兴现代农业示范园，专题督查游客满意度整改事项落实情况。

8月14日下午　文明旅游广场宣传活动在孔望山景区广场开展。

8月20—21日　海州区开展旅游业安全生产联合大检查。

8月26日　区委常委、副区长顾建华调研海州区乡村旅游点开发建设情况。

8月27日　市旅游局副局长柏银枝一行调研月牙岛旅游项目建设情况。

8月27日　锦屏山建设管理与开发保护培训班在区行政中心后楼206会议室举办。

9月6日　区委常委、副区长顾建华在区政府办、区旅游局负责人陪同下到浦南镇调研指导乡村旅游景点建设工作。

9月18—20日　孔望山景区、云台宾馆、青年国际旅行社、汪恕有滴醋厂等15家旅游企业赴苏州参加“2015中国江苏旅行商交易大会暨新浪金足迹旅游网络盛典”。

9月25日　海州区旅游局副局长吴海霞带队，组成检查组对连云区相关旅游企业等进行交互检查。

10月1—7日　民主路文化旅游区大华剧场推出“海韵颂祖国共圆中国梦”系列文化展演活动。

10月19日　市旅游局专项评定验收组对海州区省星级乡村旅游区、市星级农家乐创建工作进行检查验收。

10月21—30日　海州区旅游局副局长吴海霞带队开展旅行社综合整治行动。

10月25日　海州区云台生态湿地博览园、桃花涧景区、民主路文化旅游区、陇海商贸文化旅游区、月牙岛湿地公园5家景区入选“2015连云港新十景”。

10月26日　北京大地风景旅游规划设计院到海州区调研旅游产业发展情况。

10月30日　著名相声表演艺术家姜昆一行莅临民主路文化旅游区参观游览。

11月9日　由市旅游局主办，海州区旅游局承办的“全市旅游行业消防宣传安全日”活动在桃园宾馆成功举办。

12月11日上午　市旅游局副局长柏银枝带领业务处室人员到海州区检查星级乡村旅游区创建工作。

12月14日　海州物价分局副局长丁华一行到月牙岛湿地公园就明码标价情况进行指导。

12月25日　省旅游局专项评定验收组在省旅游局综合法规处副处长顾斌的带领下，检查验收月牙岛湿地公园创建省四星级乡村旅游区工作情况。

12月17日上午　市旅游局行业管理处处长张思腾、旅游质量监督所所长樊继传到海州区现场指导新开设的红光旅行业务工作。

12月23日下午　区委常委、副区长顾建华带队开展旅游行业联合安全检查。

12月24日　市安监局副局长树成旺、处长于和义等一行到海州区检查考核2015年度旅游安全生产工作。

2015年海州区国家等级旅游景区一览表

表12

名　　称	等　级	获评时间	名　　称	等　级	获评时间
孔望山风景区	AAAA	2003年	青年公园	AA	2012年
桃花涧景区	AAAA	2014年	云台水生花卉园	AA	2013年
市革命纪念馆	AAAA	2013年	新浦公园	AA	2013年
民主路文化旅游区	AAA	2014年	青龙山革命烈士陵园	AA	2013年
陇海商务文化旅游区	AA	2012年			

2015年海州区省星级乡村旅游区一览表

表13

名　　称	星　级	获评时间	名　　称	星　级	获评时间
连云港现代农业科技示范园	四星级	2012年	江浦农业生态园	三星级	2014年
月牙岛湿地公园	四星级	2015年	新坝万亩现代农业园	三星级	2011年
云台农业生态旅游示范区	四星级	2010年	天景生态园	三星级	2015年
浦南现代农业示范园	四星级	2014年			

2015年海州区星级饭店一览表

表14

名　　称	星　级	评星时间	名　　称	星　级	评星时间
连云港云台宾馆	五星级	2008年	连云港凯捷花园酒店	三星级	2008年
连云港登泰大酒店	三星级	2000年	连云港天然居宾馆	三星级	2009年
连云港东方大酒店	三星级	2004年	连云港淮盐大酒店	三星级	2010年
连云港天晴大酒店	三星级	2000年	连云港华裕宾馆	三星级	2010年
连云港千府大酒店	三星级	2005年	连云港苏豪大酒店	三星级	2012年
连云港振兴桃园宾馆	三星级	2006年			

（撰稿：刘　显　审稿：吴海霞）

责任编辑：王恒亮

金融业

综　述

2015年，金融系统积极应对经济发展新常态，提升服务实体经济的效率，强化金融风险防控，维护辖区金融稳定。抢抓全市“一带一路”交会点建设的发展机遇，对接全市重点工程、重大项目和重要产业，加大信贷投入、优化信贷结构，大力支持港产城融合发展。2015年末，全市银行业机构新增各项贷款220亿元，比2014年增加34亿元。

推进小微企业金融服务　细化小微企业差异化监管举措，江苏银行连云港分行率先成立辖内首家小微支行，推动5家农行机构成立微贷中心。全年全市银行业金融机构用于小微企业贷款较年初增加28.54亿元，比2014年增加30.15亿元。

提升“三农”服务质效　持续推进三大工程，推进基础金融服务“村村通”和机构服务村级覆盖。进一步加大涉农信贷投放和资源配置力度，2015年，辖区银行机构已在县域新设5家支行。5家农合法人机构已完成对全辖86.19万农户建档工作，其中已授信37.4万户、168.73亿元。

持续推进不良贷款处置　会同政府部门开展不良贷款处置专项行动，加大处置力度，全年累计处置不良贷款30.52亿元，成为省内不良贷款增加最少、不良率下降最多的地区。

推进平台风险化解　深入研究平台转型可能面临的风险，从解决出资、界定功能、资源整合、做大实业、债务偿还5个方面向市政府提出政策建议并得到充分肯定，有效推进平台整合，防范金海、金港湾等公司融资集中到期风险。支持平台公司拓宽融资渠道，全年，利用地方债券共置换平台及类平台贷款18025万元。

强化大额授信风险管控　对10家客户、36.6亿元授信实施联合授信管理，明确授信额度控制目标和联合处置措施，切实发挥大额授信联合管理机制在加强同业合作、核定授信总额、防范化解风险方面的突出作用。

组织合规培训　组织青年业务骨干对部分银行机构开展合规培训，直接培训110余人，通过合规政策解读和案例分析，推动银行机构强化合规经营意识、案防意识，为机构制定差异化、常态化案防措施提供决策依据。

加强案防检查　运用EAST系统筛选农合法人机构操作风险疑点数据，对机构开展现场检查，发现问题122个，涉及金额9866万元。同时，督促机构开展形式多样的案件风险排查。截至9月末，辖内农村中小金融机构开展风险排查项目120个，涉及网点180个，排查业务36.38万笔，排查金额257.8亿元，发现存在问题的业务1.62万笔，涉及金额8.13亿元，制定银行业消费者保护工作意见，实施有责投诉上门道歉和点名通报机制，建立连云港市银行消保工作群，推动银行机构切实落实消保工作的主体责任。部署银行机构开展“送金融知识进万家”“非法集资宣传月”等活动，积极向消费者普及金融知识，帮助消费者提高认知、远离风险。2015年共接受消费者电话投诉和来信来访118件，全部按期办结。

2015年，全市共有保险主体50家，其中产险公司21家（新成立公司1家，为永安财产；在筹公司2家，为安诚财产和浙商财产），寿险公司23家（新成立公司1家，为农银人寿；在筹1家，为建信人寿），保险中介机构6家，保险从业人员近2万人。全市保费收入61.69亿元，比2014年增长26.18%。其中，财产险保费收入20.75亿元，比2014年增长14.23%；人身险保费收入40.94亿元，比2014年增长33.22%。

2015年，保险业为全市提供总额近10万亿元的风险保障，积极主动参与防灾、救灾和灾后补偿等辅助社会管理工作，保险业共支出保险赔款185617元，其中产险赔款支出98042万元，寿险赔付及各类给付87575万元，为灾后重建生产、恢复正常的生活秩序发挥积极的作用。

（撰稿：高军）

中国人民银行连云港市中心支行

【概况】2015年，中国人民银行连云港市中心支行（简称中心支行）紧紧围绕“品牌强行、从严治行”的年度主题，积极探索基层央行有效履职的新方法、新途径和新举措，各项工作取得明显成效。在年度文明单位创建评比中，中心支行机关继续被认定为全国文明单位。

【货币政策】 2015年，中心支行因地制宜实施好稳健的货币政策，将服务“一带一路”战略实施作为金融工作重点，提请市政府印发《关于金融支持“一带一路”交汇点建设的实施意见》，引导金融机构围绕全市“一带一路”、沿海开发战略实施，推动社会融资总量适度增长，金融支撑功能进一步强化。至年末，全市可统计的各类融资存量2840亿元，增量433亿元，同口径多增49亿元。其中，各项贷款余额1827亿元，比年初增加220亿元，同比增长13.7%；全市发行直接债务融资工具突破200亿元大关，发行量居苏北地区首位。

【金融改革创新】 2015年，中心支行争取跨境人民币创新试点被列为年度十大重点督办事项及全面深化金融改革要点的首要内容。分行行长周学东在连云港调研期间对争取开展跨境人民币创新试点做出重要批示，并专门派出调研组到连云港指导。提请市政府印发了跨境人民币创新试点方案，成立了由常务副市长任组长的领导小组，市领导先后多次做出批示，并组织专题会议研究推进，常务副市长专程带队赴新疆霍尔果斯学习考察。组织赴苏州调研跨境人民币试点情况，对接跨境人民币信贷登记管理系统。中心支行争取试点的情况，在苏皖两省外汇理论与实践研讨会上做现场宣讲。指导辖区企业成功获批实行外币资金池集中运营管理改革试点及外债比例自律管理政策，开办跨境人民币资金集中运营业务。在争取外汇政策试点过程中，结合实际开展大量的政策研究，做了很多沟通协调工作，取得了显著成效。会同东海县支行深化农村承包土地的经营权抵押贷款模式，年末贷款余额8142万元，当年累计发放5632万元，未产生一笔不良贷款，形成了竞争适度、风险可控、持续发展的良性格局。

【稳定金融基础工作】 2015年，中心支行制定《金融机构金融风险报送制度》，构建全口径的金融风险监测体系。组织对金融机构重大事项报送情况开展现场核查和通报。在全省率先制定了法人金融机构流动性风险预案。设计开发的存款保险信息系统在全省推广，牵头做好全省系统数据录入和核对工作，得到南京分行认可。

【金融监管】 2015年，中心支行开发完成依法行政信息管理系统。在“两管理两综合”（即开业管理、营业管理，综合评价、综合执法检查）成员部门的通力合作下，圆满完成对太仓农商行、吴江农商行的综合执法检查，全年组织对金融统计、征信、支付、银行卡、人民币流通管理、反洗钱等领域开展了30余次执法检查，依法实施行政处罚18件，启动“双罚制”（即对机构处罚又对机构负责人处罚），加大对金融违规行为的处罚力度。积极挖掘大额可疑交易报告的情报价值，向公安机关报案9起、破案4起，其中在破获公安部挂牌督办的“9·10”特大地下钱庄案中，中心支行作为专案组成员单位全程参与，经初步统计，涉案金额在全国超过800亿元。在全省率先开展对公积金管理中心的征信检查。探索代理国库非现场监管模式得到分行肯定。

【外汇管理服务】 2015年，中心支行外汇管理部门互补协作，联合召开全市外汇管理工作会议，举办多场外汇管理改革政策推介和辅导活动，相关做法被总局刊物介绍肯定。委托辖内未设支局的县支行办理相关外汇业务，举办支行外汇业务培训班，初步建立市县联动的外汇管理框架。开设外汇管理信息网。外汇检查取得历史性突破，全年累计对辖区32家企业及银行开展外汇调查或检查，查实违规企业及银行10家、违规金额1.7亿美元，有效震慑外汇违法违规行为。

（撰稿：陈苏鸣）

中国工商银行股份有限公司连云港分行

【概况】 2015年，中国工商银行连云港分行（简称分行）牢牢把握转型发展的基本方向，抢抓连云港作为“一带一路”交汇点建设重大机遇，全力支持地方经济建设，积极履行社会责任，实现规模与效益、经营与服务、结构与质量的飞跃发展。全年，本外币各项存款余额200.76亿元，比2014年增加5.06亿元；本外币各项贷款余额234.25亿元，比2014年增加33.58亿元；实现拨备前利润6.02亿元。

【支持地方经济发展】 分行贴近连云港市经济结构调整和产业转型升级步伐，将自身发展融入全市经济建设大局，不断加大对优势产业、重点项目和优质企业资金投入，全力以赴支持地方经济发展。2015年，分行被市政府授予“金融支持地方经济发展突出贡献单位”称号。为中小企业提供个性化的融资需求，小微企业贷款增加17.56亿元（外部监管口径），增长63.85%。

【服务社会】 2015年，分行努力践行社会责任，发挥国有大行优势，坚持服务大众、热心公益、促进民生，加大对个人住房、教育医疗等领域支持力度，深入开展形式多样的社区共建、志愿服务，树立高度责任感的银行品牌形象。加快互联网金融发展，完善金融服务手段，推广分行微信公共号、融e购、融e行、融e联、工银e校园、工银e支付等互联网产品，不断满足全市企事业单位和居民日益多元化的金融需求。

（撰稿：祝佳佳　审稿：姚欣）

中国农业银行股份有限公司连云港分行

【概况】 2015年，中国农业银行股份有限公司连云港分行主要业务经营指标较好地完成了年度计划。在农行江苏省分行综合业务发展考核中综合得分排名第四，"三农"绩效考核得分排名第三。至年末，全行各项存款总额235.11亿元，比年初增加14.07亿元，日均余额232.81亿元，比上年增加24.29亿元，时点和日均存款增量份额均完成省行计划。各项贷款总额205.77亿元，比年初增加24.43亿元，增量份额40.71%，排名"四行"第二。小微企业贷款投放完成银监部门的"三个不低于"（小微企业货款增速不低于各项贷款平均增速，贷款户数不低于上年同期户数，申贷获得率不低于上年同期水平）目标。实现中间业务收入1.96亿元，同比增加2466万元，增长14.39%，完成省行计划的106.32%，增长率和计划完成率均排名全省农行第二。实现拨备前利润4.74亿元、拨备后利润4亿元，同比分别增加4160万元、1136万元，均完成省行目标。到年末，全行不良贷款控制在省行计划内，不良贷款总额及占比在当地同业及全省农行系统内均处较低水平。市分行党委被省分行授予"四好班子"称号。

【业务产品创新取得新突破】 成功发行港口集团第一期非公开定向债务融资工具10亿元，营销首笔城镇居民基本医疗保险专户东海县城镇居民基本医疗保险户，首单上线移动支付"银校通"项目淮海工学院代收业务，营销首单机构类客户市财政局人民币大额存单5000万元；为新海石化开立首单大额燃料油国际信用证1900万美元；发放首笔富渔贷、新民居、农村土地经营权抵押、林权抵押贷款。信用卡及电子银行主要业务指标，均超额完成省行任务，排名前列。

【发展三农业务】 到年末，全行涉农贷款日均64.48亿元、农户贷款余额22749万元、农户贷款日均18472万元、新型农业经营主体贷款月均9934万元，分别较年初增加26.55亿元、6220万元、5186万元、6082万元，均完成省行任务；惠农通有效服务点2030个，比年初增加277个，惠农通工程服务点有效率96%，更换总行版服务点机具1082台，服务点升级20个，服务点增扩147个，五星服务点增加44个，均达到省行目标；"千百工程"客户数达33户，较年初增加7户，完成省行任务的175%；新增有效居民健康卡27万张，完成省行任务的963%，发卡量及完成率居全省第一；累计制发社保卡70.11万张，较年初增加6.38万张，激活4.38万张。

（撰稿：于祥彪　审稿：仲崇杰）

中国农业发展银行连云港市分行

【概况】 2015年，中国农业发展银行连云港市分行（简称分行）有效抢抓改革方案实施、外部环境宽松和信贷政策优化等多重机遇，积极应对经济下行、风险潜存和经营管理难度加大等诸多挑战，取得来之不易的经营成果，打造支农发展的诸多亮点。

【提升支农成效】 2015年，分行积极落实稳增长政策和服务"三农"发展要求，有效抢抓加快业务发展机遇，加大投放、拓宽储备，有效发挥了逆周期调节作用。全年累计发放各类贷款61亿元，其中发放中长期贷款38.7亿元，比上年增长48.3%。年末信贷规模跃至118.7亿元，比年初净增20.5亿元。全力保障国家粮食安全。有效落实托市、储备等粮油政策，加大信贷投放保障收储资金供应，累放购销储贷款22.2亿元，支持购入粮食8.2亿千克，促进全市夏秋两季收购有序开展。强力服务国家发展战略，主动融入"一带一路"交汇点建设，促成省分行与市政府签署400亿元战略合作协议。紧紧依托银政战略合作平台，相继营销支持了30亿元凤凰古镇新城建设、28亿元柘汪镇整体城镇化建设和15亿元板桥街道城镇化改造等6个新型城镇化建设项目，准入信贷资金170亿元。着力创新信贷支农模式，创新营销了东海水晶市场项目和城乡公交充电桩建设项目，开创系统内农村流通体系建设项目营销的"先河"；开办重点建设基金业务，支农格局更加广阔。加强储备持续发展潜能，成立3个项目营销推进小组，采取"5+2""白+黑"工作模式，建立260亿元支农项目储备库，全年加快获批项目11个、金额79.6亿元。

【提高资金质效】 2015年，分行年末存款时点余额40.7亿元、日均余额36亿元，分别比年初增加6亿元、4.8亿元。人均企事业单位日均存款位列全省第三。提升筹资能力。制定并实施"抓流量稳存、抓扩量增存、抓管理提效"的存款组织措施，有效应对了区域经济总量薄弱、存款高位突破困难的挑战，拓宽筹资渠道。在依托银政战略合作协议实施、项目贷款集中投放和财政非税收入吸收的基础上，创新开办收购资金银联POS机代付和代理资金支付监管等业务，有效开辟存款组织新渠道。优化筹资效益。定期开展存款期限和结构分析，精细核算存款成本和效益，强力组织低成本资金，提升存款财务贡献率，新增存款节约财务成本1452万元。

【优化金融服务】 2015年，分行积极拓宽服务范围，不断完善服务功能，切实提升服务质效，创新办理工程类保险业务，累计实现代理保险手续费收入72.5万元；开展国际业务跨区域营销，实现国际业务结算量6747万美元、净收入42万元。规范管理标准化。规范中间业务服务流程，印发融资顾问规范性文件，制定统一的代理保险补充协议和投融资档案模板。坚持收费与服务相匹配，严格执行收费标准，全年累计实现中间业务收入774.5万元。加强核算精细化。大力增加有效资产创收，盘活存量资产增盈；加强成本核算，组织低成本资金降本增效；强化考核激励，优化信贷和财务资源配置，提升财务管理水平。全年实现目标利润18269万元，目标任务完成率110%。

（撰稿：吴志蓉　王慧）

中国银行股份有限公司连云港分行

2015年，中国银行股份有限公司连云港分行（简称中行连云港分行），下辖机构总数32家，其中管辖支行5家、视同管辖支行管理的经营性支行3家、经营性支行23家（其中县域10家，市区13家）；全辖离行自主银行13个、自助服务点28个、ATM自动柜员机164台、自助终端设备81台、助农服务点30个。截至2015年末，该行时点本外币一般性存款余额247.78亿元，本外币各项贷款余额268.62亿元。不良资产余额4.25亿元，不良率1.58%。

围绕“一带一路”交汇点建设重大机遇，分行主动出击，务实作为，把握好港城建设重点和节奏，全力融入地方经济发展中，加快推进连云港国际性海滨城市建设。为支持港城经济建设，中行连云港支行加强对全市重点项目建设和重点企业发展，在电力、石化、港口、搬迁改造、商品房、保障房建设等基础设施建设方面提供了充足的授信支持。

围绕担当社会责任，中行连云港分行将有限的资源向中小微企业倾斜，向“三农”、县域经济倾斜，扎实服务港城民生，全力支持地方经济发展，以更大力度提供更多更好的金融服务，不断提高港城人民群众的满意度。

围绕“最好银行”的目标，中行连云港分行落实服务体系建设的要求，优化服务流程，提高服务效率，强化厅堂服务一致性，提升客户服务满意度，狠抓业务流程优化，夯实支持保障基础，提升员工综合素质，全面提高服务能力，推进厅堂服务水平、网点效能不断提升。

（撰稿：李　庄）

中国建设银行股份有限公司连云港分行

【概况】 2015年，中国建设银行股份有限公司连云港分行（简称分行）以“抓转型、促发展”为目标，按照上级行“调结构、夯基础、控风险”的要求，主动适应经济发展新常态，提前谋划加快转型发展目标，不断强化精细化管理，全面提升市场竞争力和价值创造力。全年，分行资产质量明显改善，不良贷款控制在省行计划范围内，不良贷款额和不良贷款率实现“双降”。

【存款业务】 2015年，分行一般性存款时点余额168.87亿元，较年初新增3.41亿元，日均余额176.34亿元，较年初新增5.91亿元，日均新增同业占比31.59%，居同业第二。其中，储蓄存款日均余额77.23亿元，较年初新增6.09亿元，新增居同业第二。企业存款日均余额99.11亿元，较年初新增-0.18亿元，日均余额与新增均居同业第二。

【贷款业务】 2015年，分行各项贷款余额144.96亿元，较年初新增0.08亿元。对公贷款余额77.67亿元，个人贷款余额67.29亿元，新增5.19亿元，个人住房贷款新增 5.69亿元。公积金个人住房贷款余额58.37亿元，较年初新增11.66亿元，占全市总量的60%。

（撰稿：陈延玲）

交通银行连云港分行

【概况】 2015年，交通银行连云港分行（简称交通银行）结合海州行政区划内经济特色和产业形势特点，融入经济结构和产业结构，注重加强对海州区内特色产业、优势行业的扶持，取得了良好的经营效益和社会效益。海州地区交通银行共有12家支行、17个离行自助银行、3个自助点。年末，海州区交通银行人民币存款余额为107.75亿元，比年初增加21.11亿元，增幅24.37%，其中对公存款66.97亿元，储蓄存款40.78亿元；人民币贷款余额81.55亿元，比年初增加12.38亿元，增幅17.90%。

2015年，交通银行荣获“连云港市金融支持地方经济发展绩效优秀服务单位”称号，连云港市银行业金融青年阳光助残“五个一”行动最佳组织推动奖，连云港市银行业协会信息工作优秀组织奖，连云港市银行业消费者权益保护知识学习、网络竞赛、创优系列活动优秀组织奖；人民路支行获评中国银行业文明规范服务四星级营业网点。

【支持海州地区经济发展】 2015年，交通银行助力海州区主体工业、重大工业项目和新型工业化的发展，重点支持高端装备制造以及新医药、新材料等新型产业。主要授信客户有七一六研究所及其下属子公司、鹰游纺机、中复碳芯、中复连众、德邦化工、水表公司等地方重点央企及优质民营企业，全年累计支持授信近20亿元。

2015年，交通银行积极支持海州区科教文卫等基础民生事业发展，不断提高民生服务水平，主要为辖区内市一院、市二院、市四院、市中医院及民营长寿医院提供信贷资金支持；重点推进辖内多所地方重点高校（主要包括淮海工学院、中医高职、职业技术学院、连云港师专等）项目授信；同时拓宽思路、积极作为，积极服务市全媒体传播平台连云港市广播电视台。为当地城市交通运输龙头企业海通集团及其重大项目BRT一号线建设累计支持授信4.23亿元，有力促进城区交通运输的改善。联合上级行支持连云港新地标苏宁广场项目固定资产贷款，解决其项目建设过程中的资金需求；为连云港市国有土地储备中心提供固定资产贷款，用于土地收储整理，为辖区城市化建设的发展做出应有贡献。重点支持关系民生的大型传统火力发电企业新海发电有限公司，同时不断拓展自来水公司、港城水务、华港燃气等民生保障行业的信贷服务，为辖区基础民生供应企业提供资金保障。

【成功堵截电信诈骗】 2015年7月，交通银行一客户遭遇一起新型电信诈骗，在该行客户经理的沟通帮助下，成功堵截了该起新型电信诈骗，挽回近5万元资金损失。

（撰稿：王敏）

江苏银行连云港分行

【概况】 2015年，江苏银行连云港分行（简称分行）本外币各项存款余额248.90亿元，比2014年增加38.52亿元，增长18.31%；各项存款份额为全市11.66%，位居第一；各项贷款余额203.53亿元，比2014年增加24.35亿元，增长13.59%；实现中间业务收入6918万元，比2014年增加1267万元，增长22.42%；不良贷款实现双降，不良贷款余额较2014年下降1.9亿元，不良贷款率较2014年下降1.65个百分点。

【支持地方经济发展】 2015年，分行立足城商行定位，以助推地方经济发展为己任，坚定支持实体经济发展，不断深化产品创新，满足客户多元化的金融需求。围绕“一带一路”战略部署，主动在全市调整优化产业结构、扩展优势产业规模、促进产业转型升级等方面发挥作用。扎实推进“一带一路”交汇点核心先导区建设，紧跟中哈物流合作基地二期工程、上合国际物流园和大宗商品交易中心等一大批重大基础设施项目的开展进程，将有限的资源重点投向符合连云港市产业布局特点的重点行业和重点产业，积极与上级行保持沟通，最大限度争取倾斜政策和审批权限，全力保证和满足重点项目的资金需求。不断深化产品创新，积极开辟投行业务新市场，办理首笔5亿元资金托管业务；成功办理连云港市及系统内首笔资本金结构化融资产品；成功办理连云港市首笔新三板基金业务；办理江苏美麟、美吉房地产境外投资合计3948万美元，新海连集团境外投资1000万港币；办理系统内首笔1.4亿港币NRA本外币联动业务；办理首笔70万美元的境外结汇业务，带来两年期定期存款1.8亿元。同时，城市发展基金、棚改基金、校安贷等一批惠及民生经济的业务得以全面推进。

【支持小微企业发展】 2015年，分行始终坚持服务地方经济、服务中小企业、服务城乡居民的市场定位，小微金融在注重发展质效的同时，特色产品不断推陈出新，全方位为客户提供“量身定做”的金融产品和多样化的金融服务，以满足不同层次的客户需求，全力打造“中小企业专营银行”特色品牌，为连云港市经济的发展做出积极的努力，取得显著经济效益和社会效益。不断简化手续，缩短审批流程，帮助中小企业实现快速融资。强化产品创新，利用网贷产品线上申请和审批的高效便捷方式，持续扩大中小企业客户的受益范围。全年累计办理税e融、人才贷、苏科贷业务分别为6184万元、1010万元、1.58亿元，科技金融贷款余额8.10亿元，有力助推各类中小企业的快速发展。

【推行科技金融“五方联动工程”】 2015年11月，连云港市科技局和江苏银行连云港分行在南京国际博览中心举行“中小企业科技金融助推工程”签约仪式。科技金融联动“五方联动”（指连云港市科技局、江苏银行连云港分行、连云港市格斯达担保公司、紫金保险连云港分公司和风险投资公司，这五家单位和机构共同建立起一个“政府引导、市场运作、信息共享、风险分担”的多元化科技金融合作机制，定期或不定期开展信息交流、沟通协调、联席会议等活动，让科技型中小企业从推荐准入到贷款清偿以及之后评价的各个环节，都能得到贴心周到的服务）助推工程全面启动，将为连云港科技型中小企业转型升级和快速发展注入强劲动力。

（撰稿：耿杰）

江苏银行连云港分行驻海州区支行一览表

表15

支行名称	地　　址	支行名称	地　　址
连云港新华支行	海州区通灌南路朝阳中路交叉口西北角	连云港分行营业部	海州区海连中路56号
连云港城北支行	海州区人民路66号宝安商业广场A-A2号	连云港新浦支行	海州区解放东路168号顺泰苑1号楼1-1-7号
连云港光明支行	海州区朝阳西路29号	连云港海州支行	海州区朝阳西路81号
连云港浦中支行	海州区海昌南路22号	连云港行政中心支行	海州区朝阳东路69号行政中心主楼一楼
连云港东城支行	海州区朝阳中路1号	连云港幸福支行	海州区宝利街
连云港城西支行	海州区南极南路华裕宾馆一楼	连云港锦云支行	海州区巨龙路9号1号商铺
连云港新银支行	海州区瀛洲路1号	连云港盐河支行	海州区苍梧小区北大门东首
连云港陇海支行	海州区通灌北路79号	连云港苍梧支行	海州区朝阳东路21-1号楼01室东盛名都广场
连云港民主支行	海州区解放中路31号	海连西路小微支行	海州区海连西路8号东方纽约城123号楼1-2号
连云港朝阳路支行	海州区朝阳中路87号		

连云港东方农村商业银行股份有限公司

【概况】 2004年，原新浦、海州、连云三区农村信用社整合，成立连云港市区农村信用合作联社。2007年，改制成东方农村合作银行，2012年，组建连云港东方农村商业银行股份有限公司（简称东方农商银行）。2013年起，东方农商银行实施零售转型战略，坚持“做小、做散、做精”，不断创新产品和提升服务，致力于服务小微企业和“三农”经济，经营工作实现稳健、快速发展。至2015年末，东方农商银行下设39个网点，在岗职工737人。在宏观环境复杂严峻、各方面困难挑战集聚的形势下，全行业务发展基础不断夯实，经营管理水平有所提升，部分业务实现量的进展和质的突破。2015年，在“连云港微生活”微信公众平台评选活动中，东方农商行被社会公众评选为“最满意的银行”。

【揽储并举存款增长】 2015年，在清退5.2亿元高息存款的基础上，东方农商银行各项存款余额101.2亿元，较年初增长16.3亿元，增幅19.2%，居全省农商行系统第16位。日均存款100.5亿元，较2014年下半年日均增长12.2亿元，增幅18.8%。储蓄存款余额68.3亿元，较年初增长13亿元，增幅23.6%，占市区各家银行新增储蓄存款市场份额的26.2%，增幅位居全市区同行业首位。对公存款32.91亿元，较年初增长3.2亿元，增幅10.9%。代收电费开卡业务持续发力，对接市供电局，城区、农区联动出击，主动上门签约代扣，打造“东方代扣”品牌。实现代扣卡余额8900万元，较年初增长22112户、6500万元。进行专项拆迁揽储业务指导，服务至上，逐一走访拆迁户，成功对接房屋拆迁款5300万元。

【优化信贷结构】 2015年，东方农商银行信贷资金逐渐向零售投放倾斜，按揭、小微贷款余额相继突破10亿元大关，零售转型步伐明显加快。全年剔除置换的不良贷款，全行各项贷款79.4亿元，较年初增加16.4亿元，增幅26%，位列全省农商行第一，比平均增幅超13个百分点。零售类贷款增势良好。广义“阳光信贷”、按揭贷款、小微贷款“三驾马车”齐头并进。开发“二手车贷”“电商快贷”，广义“阳光信贷”4252户、7.5亿元，较年初净增739户、2.6亿元。率先推出8.9折利率优惠，成功对接62家楼盘。按揭贷款2948户、10.7亿元，较年初增加1118户、3.8亿元。创新推出时速贷，增添小微贷款新动力。小微贷款11亿元，较年初新增5亿元，其中时速贷余额1088户、2亿元。对公拓展扎实推进，超额完成全年任务目标。公司类贷款余额37.6亿元，较年初增长5.4亿元，全行新增授信120户，授信金额13.2亿元,新增用信59户、5.8亿元。引入三元、格斯达等担保公司，解决经营正常、前景较好的中小微企业融资担保难问题，实现小微企业贷款余额25.4亿元，较年初新增5.1亿元，增幅24.9%。积极开展银团贷款，新增授信7笔、2.8亿元。银行承兑汇票保证金余额达7.1亿元，完成全年任务70.8%。贴现20.5亿元，完成全年任务204.8%。累计签发保函9户、15笔、1331万元。信贷结构不断优化。全年新增贷款中，零售类贷款占比71.5%，增量超公司类贷款，零售转型开始起步。

【发展中间业务】 2015年，东方农商银行中间业务呈现上升之势。发售107款理财产品22.9亿元。第三方存管新开户1235户，其中有效户1084户。打造“东方代发”品牌。增拓代发工资单位98户、4708人。公积金业务新增缴存人数210人，完成市公积金中心下达任务数的262%，新增缴存金额3670万元，完成全年任务的101%。举办贵金属展销21场，销售181.57万元。电子银行业务有效突破。新增活跃借记卡2.6万张，卡余额12.6亿元，较年初增加3.4亿元，增幅37%。贷记卡新增激活卡2648张，贷记卡用信余额1.56亿元，较年初新增7934万元。卡分期余额8448万元，较年初增加6926万元，实现贷记卡各项收入998万元。银联POS新增活跃用户684户。网银（个人、企业）新增活跃户573户。手机银行活跃户新增4135户。电子银行全年替代率62%，较2014年上升9个百分点。国际业务谱写新的篇章。完成国际结算量1.49亿美元，外汇账户56户，贸易融资累计发生额6627万美元，业务收入490万元人民币，外汇日均存款149万美元。金融市场业务实现净收入2165万元，完成全年任务180%。

【加强金融管理】 2015年，东方农商行强化承兑汇票识假防范。成功堵截假票7张，金额3370万元。提升集中授权效率，做好事前风险防控，上缴假币1191张，金额93350元，未引起纠纷及投诉事件。重视备付金管理。未发生备付金账户低于基数或透支事故。启动全面风险管理。构建全面风险管理框架，明确各风险管理的归口部门，建立风险报告制度，按季向董事会提交全面风险报告，及时整改工作中存在的问题。对存量贷款开展非法集资风险排查，排查贷款60.9亿元。对全行企业保证类贷款开展排查，共排查217户、60.9亿元，企业保证类贷款发放合规性、担保圈贷款管控和担保圈贷款风险管控得到加强。加强风险监测、预警。全年收到支行信贷风险预警29笔，贷款总额20965万元。建立动态管理黑名单系统。录入信贷系统黑名单客户5252户，已拦截有核销史的贷款业务7笔。 （撰稿：陈　帅）

中国邮政储蓄银行连云港市分行

【概况】 2008年3月25日，中国邮政储蓄银行连云港市分行（简称分行）挂牌成立。经过八年的发展，分行内设有11个一级部门、4个二级部门，下辖4个县一级支行、3个区一级支行。分行在海州区境共有邮政代理网点108个，自营24个二级支行中，城市网点9个、县城网点10个、农村网点5个。拥有员工590人，其中在编454人，劳务工136人。从岗位分布看，管理人员63人，占比10.68%；专业岗人员152人，占比25.76%；营销人员234人，占比39.66%；柜员129人，占比21.87%；后台操作岗人员12人，占比2.03%。员工中本科以上学历279人，占比47.29%；大专学历267人，占比45.25%；大专以下学历44人，占比7.46%。

【业务经营】 2015年，分行企业转型成效进一步显现，自营业务收入达到36638万元，全省占比4.54%，比2014年增长16.11%。全年实现拨备前利润18652万元，完成省行计划的113.41%；拨备后利润11156万元，完成省行计划131.4%，实现经济效益的平稳上升。坚持存款立行、贷款兴行，负债、资产业务呈现良好发展态势。辖区自营网点负债余额达到70.45亿元，较年初净增3.33亿元，增长4.96%。信贷规模达71.75亿元，较年初增加24.25亿元，增长51.06%，占全省增量的3.7%。年日均公司存款余额达到20.86亿元，较年初增长4.42亿元。至年末，零售信贷结余52.76亿元，较年初增加13.14亿元。其中，小额贷款结余6.83亿元，商务贷款结余9.92亿元，比年初净增0.92亿元，赣榆网批质押、渔船抵押贷款净增额超过1亿元。全年共办理再贴现37笔、5.5亿元，实现收入188万元,占比22%，位列全省第一。支持电力、医药等地方支柱型产业，实现对江苏新海发电、康缘药业公司贷款授信9亿元，当年放款2.55亿元，港口集团3亿元续贷。市县行领导发挥首席客户经理作用，与县区党委、政府领导沟通，带队拜访财政局、人社局等单位，着力做好政务类资金、大企业客户资金挖掘。积极与江苏省信用再担保公司合作，实现担保授信5000万元，年内放款3000万元。

（撰稿：胡　迪）

上海浦东发展银行股份有限公司连云港分行

【概况】 2015年，上海浦东发展银行股份有限公司连云港分行（简称浦发银行）秉承“笃守诚信，创造卓越”的经营理念，着力塑造“以人为本”的企业文化，全面推进“以客户为中心”的发展战略，坚持发展为第一要务，紧密贴近连云港区域经济金融特色，全身心践行“立足连云港、服务连云港、融入连云港”的指导思想，以创新为驱动，以转型为契机，科学发展，深化合规管理体系，切实防范各项风险，着力提升服务水平，全力拓展市场，努力提升经营管理水平，全力打造具有核心竞争力的现代金融服务企业，塑造良好社会形象，取得良好的经营业绩和社会效应。2015年，荣获连云港市人民政府授予的“金融支持地方经济发展有功单位”称号。

【经营能力】 浦发银行坚持以客户为中心，立足规模扩充与效益提升原则，不断增强客户基础和提升客户经营能力，发展基础进一步夯实。2015年末，全行总存款时点余额47.75亿元，比年初新增10.63亿元，增长29%，增速系统内排名第三。总存款日均达51.05亿元，比2014年新增10.54亿元，增长26%；年末，总存款余额当地市场占比为2.14%。总贷款年末余额47.07亿元，比年初新增12.25亿元，增幅35%，增速在系统内排名第二；总贷款日均余额40.62亿元，较2014年增加11.57亿元，增幅40%。全行表外资产总额30.85亿元，比年初增加6亿元，增长24%。2015年末，全行票贷比31.73%，比年初降低了20.4个百分点；保证金存款占比26.63%，比年初下降15.37个百分点，两项指标基本达到银监的重点监管指标达标要求。全年全行实现营业收入3.17亿元，比2014年增加4728万元，增长18%。

【创新业务】 浦发银行坚持创新用新战略，积极创新和营销贸易金融、投资银行、金融市场、移动金融、个人类财富管理等产品，2015年，全行继续做大做强品牌业务，加快推进债券主承销等投行创新业务和金融市场业务，实现投种类中收1784万元，实现金融市场净收入8120万元，承销债务融资工具20亿元。在全行继续抓好拳头产品及领先当地同业的投行和金融市场业务外，贸易金融业务跨越式发展、零售业务快速崛起，全行完成贸易金融业务8.61亿美元,比2014年增加5.06亿美元，增速居系统内第一。全行公私联动初见成效，累计实现代发1.46亿元，日均个人金融资产达14.63 亿元,比2014年新增4.79亿元，进一步促进全行转型创新步伐。浦发银行率先在同业中开展微信银行、NFC手机支付业务，浦发信用卡终身免收客户年费，浦发银行网上银行、手机银行在同业率先开展跨行汇款免收手续费，全行理财产品利率普遍优于同业同类产品，“天天盈”理财业务既满足客户闲置资金高收益的需求，又满足客户资金随时使用的需求。

（撰稿：陈可哲）

太仓农村商业银行新浦支行

【概况】 太仓农村商业银行新浦支行（简称太仓农商行）于2012年1月成立，是与连云港市当地东方银行性质一样的农商行，以“振兴地方经济，服务港城人民”为宗旨，积极支持和融入连云港市“一带一路”建设，营业地址位于海州区巨龙南路88号（双盛花园对面）。2015年，太仓农商行共计58个网点（含分理处），其中连云港市共3家网点，除市区新浦支行外，灌南、灌云各设1家支行。

【存贷业务】 2015年，太仓农商行各项存款余额达到247.96亿元（含外币），比年初净增20.27亿元，增长8.9%。其中，对公存款余额为100.8亿元，比年初增加4.79亿元；储蓄存款余额为147.16亿元，比年初增加

15.48亿元，增长11.76%。各项贷款余额为159.95亿元（含外币、贴现），全年累计发放各项贷款449.49亿元（含贴现和外币贷款），其中累放“三农”贷款377.50亿元，累放小微企业贷款188.26亿元。

（撰稿：仲鹏飞）

招商银行股份有限公司连云港分行

【概况】 2015年末，招商银行股份有限公司连云港分行（简称招商银行）日均存款余额28.02亿元，较年初增长12.22亿元；各项贷款余额26.54亿元，较年初增长13.90亿元，新增表外融资总量10.22亿元，承销直接债务融资工具37亿元，完成目标责任状任务100%。2015年度，招商银行连云港分行被南京分行授予优秀分行的称号。同年被中国人民银行连云港市中心支行评为A级。

【支持实体经济】 2015年，招商银行重点支持中复神鹰等符合国家产业政策和能够体现连云港经济特色的“三新二高”（新能源、新材料、新医药、高端装备、高效农业）等实体企业，共发放贷款3.96亿元。

【支持港口发展】 招商银行针对连云港港口经济特点，大力支持市港口相关企业的发展。截至2015年末，方洋集团、港口集团、港口物流等的贷款余额16.05亿元，占招商银行贷款余额的60.5%。

【支持小微企业发展】 2015年，招商银行与市相关部门、连云港格斯达融资担保有限公司等单位合作，联合推出“连文贷”金融产品、“创业小额担保贷款”产品；与市科技局积极联系，成为“苏科贷”项目合作贷款银行，为连云港市文化类、创业型、高科技成长型小企业搭建融资平台。招商银行始终把支持小微企业发展作为履行社会责任的重要内容。年底，小微企业贷款余额为5.11亿元，较年初增加2.37亿元，增幅116.09%，高于全部贷款增速6.08个百分点。

【支持民生工程】 2015年，招商银行重点支持市保障房建设、港城水务、硕项湖自来水厂及管网项目等民生工程建设领域共计6.85亿元贷款，占新增贷款余额的49.28%。

（撰稿：吕阳阳）

中国人民财产保险股份有限公司连云港市分公司

【概况】 2015年，中国人民财产保险股份有限公司连云港市分公司（简称分公司）实现保费收入9.57亿，比2014年增长10.8%，市场份额为46.14%，在全省系统保持前列，在港城以绝对优势牢牢占据财产保险市场第一位。公司积极履行服务地方经济、保障社会民生的职责，2015年，分公司累计承担风险责任总额达8000余亿元，处理各类赔案6.32万件，支付赔款4.84亿元，为港城经济腾飞保驾护航。此外，公司勇于承担社会责任，践行“风雨同行，至爱至诚”的核心价值观，积极开展结对扶贫、“慈善一日捐”、义务献血、关爱孤寡老人、义务清洁风景区等社会公益活动，并为连云港徐圩国际马拉松赛等大型赛事全程保驾护航。分公司荣获江苏省质量奖（服务业）、省放心消费创建活动先进单位、江苏省文明单位、江苏省诚信单位、江苏省诚信承诺联盟百佳示范企业、省创建文明行业工作先进行业、省平安金融创建先进单位、连云港市文明行业等多项荣誉，被市政府授予金融服务发展奖、金融支持地方经济发展优秀单位等荣誉。

【业务经营】 2015年，分公司开办险种100余种，是连云港市政府采购、多家机关企事业单位车辆保险定点单位，在大型商业活动、行业统保等集中型业务以及车辆保险、家财险等分散型业务领域，处于连云港市领先地位。分公司共服务17.3万车主，当年处理车险赔案5.5万件，支付赔款3.85亿元，日均处理车险案件150余件，日均支付车险赔款超105万元。分公司充分发挥保障功能，凭借强大的专业实力为田湾核电站、江苏新海石化有限公司、新海发电有限公司、连云港港口集团公司、跨海大桥、徐圩港区航道、盛虹石化、恒瑞制药等一系列市内重大工程项目保驾护航。分公司通过加大各类责任保险的覆盖面，助力民生保障工程，实现为政府分担责任、减轻公共管理压力的目标，为构建和谐港城做出贡献。公司首席承保安责险。企业300余家，企业承保覆盖面达62%，为2万余名从业人员提供100多亿元的风险保障。为70余家企业提供7000余万元环境污染风险保障。为106家公立医疗机构提供医疗责任保险，承担保险责任超亿元。为全市400多家学校提供校责险、学幼险服务，承担风险保障责任50余亿元。分公司独家承保连云港市城镇居民大病保险，为46.16万城镇居民提供大病医疗保障。此外，分公司联合质监局，推行电梯责任保险，充分发挥责任保险事前防范和事后补偿功能，落实电梯相关单位安全责任，有效促进公共安全体系建设。

【服务三农】 2015年，分公司不断强化农业保险服务意识，着力提升农业保险服务能力，建立健全市、县、乡、村四级农业保险服务体系，建有中心乡镇营销服务部14个、乡镇三农服务站68个、三农服务点1422个，基层农险服务人员约1500人。全年开办农险险种25个，多方面满足农户生产和生活的需要。分公司累计承担农险风险责任总额267.09亿元，受理赔付案件24208起，支付赔款5.59亿元，参保农户达881.37万户次，受惠农民达135.65万户次。11月24日，港城突降暴雪，为农业生产带来不利影响。分公司立即启动大灾应急预案，对防灾防损、抢险救灾、查勘理赔等工作进行了全面的部署。人保公司市县联动，紧密协作，出动600余人冒雪查勘。为了帮助农民恢复再生产，分公司启用无人机航拍，快速精准定损。充分发挥政策性农业保险在经济补偿、防灾防损和保障农民增产增收中的重要作用，实现财政补贴资金投入的放大效应。

【理赔服务】 2015年，分公司不断创新服务手段，增强服务成效。推行人伤交通事故处理一体化机制。在海州区建立人伤一体服务中心，进一步方便事故当事人，对避免矛盾激化、确保群众满意、促进社会和谐具有重要意义。打造微信理赔新模式，满足广大客户“互联网+时代”的服务需求，贯彻落实好监管部门理赔案件“小额快处”的要求，加强服务创新，不断提升客户体验，公司精心打造“微信理赔”2.0升级版，实现一部手机全搞定的“纯”微信理赔新模式，使客户享受到在线理赔人员从接报案开始到支付赔款结束的全程专业服务。对轻微单方事故，理赔服务时效提升2倍以上，客户从出险到获取赔款最快只要10分钟，给广大客户带来最舒心、最畅快的理赔服务体验。加强客户俱乐部建设，推行免费代驾等多项增值服务，提升客户服务体验。

（撰稿：闫春娟　审稿：施祖荣）

中国人民人寿保险股份有限公司连云港中心支公司

【概况】 2015年，中国人民人寿保险股份有限公司连云港中心支公司（简称中心支公司）主要经营人寿保险、健康保险、意外伤害保险等保险业务。在全市设有东海县、灌云县、灌南县、赣榆区、连云区5家支公司和市区本部营销服务部。有员工52名，营销人员1281名。中心支公司以客户为中心，合规经营，防范风险，业务快速发展。全年完成总保费2.73亿元，比2014年增长14.3%，占连云港寿险市场份额6.66%，市场排名第四位。

中心支公司服务经济社会发展，保障人民品质生活，为客户提供“无忧一生”“百万身价”“鑫利年金”等近200个保险产品服务。2010年到2015年底，累计承保客户11万余人次，累计承担风险保额900亿元。累计各类给付8913.3万元。

中心支公司坚持守法合规经营，严格内外规范管理，狠抓治理销售误导，深入了解客户需求，充分发挥保险保障功能，为连云港市各级政府机构、企事业单位以及广大市民提供优质的保险产品和服务。2015年，中心支公司被平安金融创建活动办公室评为“2015年度平安金融创建活动先进单位”；被市总工会、团市委、市妇联授予“2015年金秋筑梦行动爱心组织”称号；被中国人民人寿总公司评为2015年度教育培训工作先进分支机构。

【经营效益】 2015年，中心支公司共实现保费收入27254.35万元，承保2.3万人次，保费比2014年增长14.3%，占连云港寿险市场份额6.66%，市场排名为第四位。其中期交保费1492.9万元，比2014年增长124.8%。个险渠道保费2720.9万元，比2014年增长38.4%，其中期交保费完成969.7万元，比2014年增155.2%；银保渠道保费收入20454万元，比2014年增长51.1%；团险渠道保费收入1656.1万元，比2014年增长72.1%；收展渠道保费收入1880.6万元，比2014年增长37.8%。

（撰稿：卞海滨）

中国人寿财产保险股份有限公司连云港市中心支公司

【概况】 2015年，中国人寿财产保险股份有限公司连云港市中心支公司（简称人寿财保）总保费增速高于市场的22%，继续以14.2%的市场份额稳居第二位，在全省系统处于第一位。辖下各支公司市场份额超过10%，均有不同程度的提升，其中赣榆公司、灌云公司、灌南公司市场份额排名第二；东海公司市场份额排名第三。全年人寿财保实现总保费收入2.95亿元，完成全年计划目标的106.3%，比2014年增长36.33%，在全省系统保费总量排名第九位，保费贡献度为6.42%。人寿财保继2014年之后，再次蝉联四级机构50强，并获评市级平安金融创建先进单位，行业客户服务满意率排名第一。

【经营效益】 2015年，人寿财保全年共支付赔款1.16亿元，上缴税收1618万元，实现利润1784万元。全面达成综合成本率、赔付率、利润考核指标，是全省唯一达成利润指标的中支公司，在省公司的综合考核中位列第一，再次获得甲A评级。

【规范经营】 人寿财保坚持规范经营，防止各类风险发生。加强销售队伍培训和理赔人员的职业道德教育。教育队伍，规范运作，将防控风险的关口前移，对业务健康发展起到了积极推动作用。在做好公司内部合规管控的同时坚持做好打假防骗工作，与不法分子坚决斗争，保卫国有资产不流失。全年成功查获酒驾、顶包、无证、假现场、恶意骗赔案件近百起，避免损失513万元。

（撰稿：刘峰）

中国太平洋人寿保险股份有限公司连云港中心支公司

【概况】 2015年，中国太平洋人寿保险股份有限公司连云港中心支公司（简称中心支公司）有员工160余名，保险代理人1800余名，在海州区、连云区、赣榆县、东海县、灌云县、灌南县共设有6家支公司和9家营销服务部。中心支公司下设个人业务部、团体业务部、服务营销部、顾问营销部、银行保险部、行政人事部、财务会计部及营运部8个部门。主营业务有人寿保险、健康保险、意外伤害保险等。2015年，中心支公司获得“2015

年金融支持地方经济发展良好单位”“2015年平安金融创建活动先进单位”“2015年连云港市消费者协会服务满意单位”等荣誉称号。

【保险业务】 2015年，中心支公司以东方红系列、金佑人生、金享人生、爱无忧、银发安康、宝宝安康、安行宝等主营产品投放市场，实现保费收入36393.44万元，较2014年增长7.17%，在连云港寿险市场份额占比为8.89%，市场排名第二位，赔付金额2208.03万元。

【重大赔付】 2015年3月3日，被保险人陈某自驾时驶出路面坠入河道溺水死亡，受益人申请理赔，2015年3月27日，中心支公司为其赔付200万元。被保险人杨某于2015年8月13日在水库游泳时溺水死亡，9月10日，中心支公司为其赔付70万元。2015年9月9日，被保人孙某在某小区工地进行墙体挂网作业时，在采光井位置不慎跌落，当场死亡，受益人于9月23日报案。11月4日，中心支公司为其赔付50万元。（撰稿：许一）

中国太平洋财产保险股份有限公司连云港中心支公司

【概况】 中国太平洋财产保险股份有限公司连云港中心支公司（简称太保产险）以健全的组织机构、雄厚的技术力量、先进的技术装备、专业的保险人才为众多的机构客户和个人客户提供全方位风险保障解决方案和无微不至的服务。太保产险下设赣榆、东海、灌云、灌南、连云5家支公司，拥有员工160多人和众多的营销人员。2015年，太保产险以承保盈利为底线，以合规经营为红线，以提升客户体验，满足客户需求为生命线，以“做一家负责任的保险公司”为使命，以“诚信天下，稳健一生，追求卓越”为企业核心价值观，以“推动和实现可持续的价值增长”为经营理念，坚持以业务发展为中心，持续改善业务品质，强化理赔管理，提升客户服务水平，以实现持续价值增长的战略目标。

2015年，太保产险实现保费收入26835万元，比2014年增长5.31%；其中车险保费21661万元，比2014年增长7.4%，非车险保费5174万元，赔款支出12102万元，综合成本率92.9%（达成分公司门槛值），综合赔付率58.4%，比2014年下降10.64%。其中车险综合成本率92%（达成分公司目标值），车险满期赔付率67%（达成目标值）；非车险综合成本率97%；滚动12个月应收保费率3.63%。12月底，市场份额12.93%，市场份额第三。

2015年，太保产险被江苏省消费者协会评为2013—2014年度诚信单位、2013—2014年度“重合同守信用”企业，并荣获江苏分公司颁发的中支先进集体及优秀管理者等9项荣誉。

【车险业务】 2015年，太保产险重点以车商和电销渠道为突破口，加强车险渠道专业化的建设。将车商渠道部分设为两个部门，强化车商渠道部作为市区新车发展主渠道，其他县区明确车商渠道专员的做法，推动县区车商专业化队伍建设，集中财务资源和理赔资源，采取差异化的策略，进一步理顺关系，加大新车的发展，提升车商渠道专业化经营能力，增加车商渠道整体产出；认真做好车险直销人员转型的试点工作，在保证业务平稳过渡的前提下，将直销转型人员分流到车商等其他渠道，从而实现私家车业务的渠道化经营；整合资源，加强对电网销业务的集中管理，解决信息准确率，优化促销政策，提高落地服务水平，提升客户满意度，保持电销业务的较快增长；抢抓存量客户，通过组建续保团队、强化措施、落实责任，提升续保率，特别是优质客户续保率；大力发展车险团单业务，想方设法巩固存量业务，广泛收集客户信息，落实专人积极拓展增量业务，经过共同努力，公司新增海通集团等团车保费500余万元；建立车险经营过程管控机制，通过年度、月度预算计划下达，通过日常监控重点督导，加强对计划执行和市场情况的把握，根据变化情况优化相关政策和资源配置，集中财务资源和理赔资源投入的效率以推动业务发展，积极与行业建立互动机制，多次配合行业协会协调行业无序竞争情况，为降低费用、理顺秩序积极努力，为业务发展创造宽松环境。

2015年，车险保费收入21661万元，增速7.42%，车险市场份额为12.97%。

【非车险业务】 2015年，太保产险加大重大项目和重点客户的拓展力度，加大国内贸易信用保险等新险种的推广力度，积极参与政府推动的安全生产责任险、养老机构责任险等项目，实现责任险进一步增长。想方设法为农险的发展寻找突破口，加强与银行的业务合作，推动非车险快速发展。优化非车险续保管理，进一步落实续保清单跟踪制度，事前加强万元以上客户历史数据分析，剖析历史承保情况和风险状况，调整客户的承保方案，分析客户风险需求，追加险种，提高客均保费贡献度；进一步完善重大项目上下联动机制，将当地经济建设的相关信息收集下发，每个部门、机构落实项目责任制，成立新项目攻关项目组，通过上下联动提高项目成功率，成为非车险增长的重要来源，加大政府项目的合作力度，继续做好大病保险和安全生产责任险服务工作，扩大环境污染责任险开发力度，积极推进农险工作，与其他同业共同撰写农险报告，力争打破僵局，为太保产险在农险市场实现零的突破寻找机会；积极开展贸易信用保险、诉讼保全、延保等新险种的推广工作。组织相关银行及目标客户参加有关宣导，建立公司国内贸易信用保险的潜在客户群；加强客户分群服务工作，针对重点非车险客户，在原有服务的基础上进一步升级，通过风险查勘等增值服务提升客户风险识别能力，改进风险预防工作，降低风险，提升客户体验，增加与客户的黏度，提升非车险竞争力；积极组织开展各种形式非车险推动活动和以新增业务为激励目标的多种奖项的非车险竞赛活动，加大费用激励力度，加快发展非车险。

2015年，非车险保费收入5173万元，增速-2.68%，市场份额为12.76%。其中企财险入账保费1615万元，责任险入账保费1015万元，意健险入账保费1909万元，航运险入账保费186万元，船舶险入账保费233万元。（撰稿：屈国红）

中华联合财产保险股份有限公司连云港中心支公司

【概况】2015年，中华联合财产保险股份有限公司连云港中心支公司（简称中心支公司），在市、县、区已形成全面、完善的经营和服务网络。业务经营范围涵盖非寿险业务的各个领域，经营的险种达3700多个（含附加险），包括机动车辆保险、企业财产保险、家庭财产保险、工程保险、船舶保险、货物运输保险、责任保险、信用保证保险、农业保险以及短期健康保险和意外伤害保险等，涉及社会生产生活的各个方面。2015年，中心支公司完成保费收入4830万元，比2014年增长9.5%。其中，车险收入3232.66万元，非车险收入1188.09万元（含人险268.14万元），非车险占比26.88%。综合费用率47.8%，综合赔付率67.6%，其中，车险赔付率77%，非车财险赔付率34.4%，人险赔付率32.9%，实现报表利润337万元。2015年，中心支公司被评为省“守合同重信用企业”，被连云港市统计局评为2015年度劳动统计先进单位，被连云港市人民银行评为2015年平安金融创建活动先进单位。

【车险业务】车险业务是中心支公司主打业务，中心支公司邀请分公司精算人员，以分公司可借鉴的大数据，从车辆品牌、车价、兼业代理机构、驾驶员年龄等多个维度，对连云港的车商渠道数据进行了细致的分析。中心支公司依托“大数据”分析结果，进一步抓好车险渠道工作，使其步入精细化管理轨道。截至11月底，中心支公司共与26家汽车销售单位建立有效合作关系，涵盖当地市场绝大多数车辆品牌。至11月底，车商、代理渠道总保费2000余万元，综合赔付率低于50%以下。

【坚守承保盈利】中心支公司抓好车商龙头业务发展同时，注重把握车险的盈利能力，关注车险的出险频率，尤其家庭自用车的出险频率，关注赔付率，特别是满期赔付率。实现车险两率联动，资源配置时，在确保车险承保盈利目标基础上，变动费用率与赔付率反向联动，优质高费，推动价值业务快速发展。

【拓展新保源】推广加大与农村信用合作联社的合作，加强人身意外伤害险及各学校的学平险等非车险业务的发展，全面拓展与邮政和中介、经济人公司的业务合作，加大攻关力度，采取积极有效的方法，参与竞争，将小额农贷业务纳入重点开拓项目，积极拓展有品质的新业务、新保源。

【未决案件管理】2015年，中心支公司把未决案件管理贯穿于理赔管理案件工作的全流程。2014年，由于重大个案的影响、未决案件管理不到位、数据风险不明朗等原因，导致公司账面亏损400余万元。2015年，中心支公司为扭转这种状况，理赔部专门制定考核办法，在严格考核的同时，还定期将案件存量情况、分解情况、处理情况进行定期通报，对于重大疑难案件进行集中会办。通过加大对未决案件的管理，以及强化包括配件外修、打假防骗、配件价格核减、强化人伤及诉讼调解管理等多项工作“跑冒滴漏”的管理，在下半年发生几件重大非车险的不利情况下，截至10月底，中心支公司仍实现了全面扭亏，综合口径实现承保利润22万元，实现扭亏为盈。

【重大案件处理】2015年，中心支公司关注重大案件，紧盯大案减损不放松。理赔部狠抓大案现场管理，对于发生的重大案件，中心支公司一把手亲赴现场，慰问客户，指导工作；理赔部定期召开案件分析会，对案件事故责任、查勘情况、定损标准等各个环节进行会商，探讨是否有减损的可能；对重大案件，部门经理亲赴第一现场参与查勘解决。多个案件得以减损，减损金额达到了150多万元。

【打假减损】2015年，中心支公司加大“打假减损”力度，减少公司赔付。中心支公司把挤压理赔水分工作放在首位，制定符合实际的必达减损60万元，挑战100万元的任务目标。将计划任务责任到人，将目标任务分季度、分月考核，形成全员齐打假的良好氛围。人伤法务组加大对人伤、诉讼案件的跟踪力度，特别关注大案要案，积极介入，尽量地合理减损赔偿，降低公司赔付。（供稿：徐晓明）

天安财产保险股份有限公司连云港中心支公司

2015年，天安财产保险股份有限公司连云港中心支公司（简称中心支公司）累计承担风险责任金额263亿元，开办险种136个，实现保费收入4889.60万元，比2014年增长20.07%，当地财险市场占有率2.36%，排名第五位。其中车险保费收入3880.60万元，占比79.36%，比2014年增长22.1%，非车险1009万元，占比20.64%，比2014年增长12.96%。赔案4129件，总赔付金额2338.9万元，简单赔付率47.83%，比2014年增比-6.45%。（撰稿：刘都庆）

责任编辑：李云高

财　政

【概况】 2015年，全区公共财政预算收入完成35.3亿元，比2014年增长8.81%。2015年，海州区财政局荣获区经济建设和社会发展目标绩效考评优秀奖，获评优化投资发展软环境十佳单位、全区绿化工作突出贡献单位，获“共青团海州区委青年文明号”荣誉称号。

【财政收入】 2015年，全区公共预算收入项目为：增值税（25%部分）46046万元，比2014年减少570万元，减少1.2%；营业税119394万元，比2014年增收2295万元，增长2%；企业所得税28832万元，比2014年增收773万元，增加2.8%；个人所得税14874万元，比2014年增收2510万元，增长20.3%；资源税136万元，比2014年减收974万元，减少87.7%；城市维护建设税19596万元，比2014年增收853万元，增长4.6%；房产税7241万元，比2014年增收1189万元，增长19.6%；印花税3321万元，比2014年减收210万元，减少5.9%；城镇土地使用税6802万元，比2014年增加1123万元，增长19.8%；土地增值税33830万元，比2014年增收11509万元，增长51.6%；车船税3057万元，比2014年增加1581万元，增长107.1%；行政性收费54167万元，比2014年增加3810万元，增长7.6%；罚没收入1693万元，比2014年减收796万元，减少32.0%；专项收入5458万元，比2014年增收664万元，增长13.9%；国有资源有偿使用收入70万元，比2014年减收269万元，减少79.4%。

【财政支出】 全年区级财政一般预算支出项目：一般公共服务支出45109万元，减少7002万元,降幅15.5%；国防支出415万元，增加66万元，增幅18.9%；公共安全支出9485万元，增加1711万元，增加22%；教育支出85412万元，增加26977万元，增幅46.2%；科学技术支出6185万元，增支2693万元，增长63.1%；文化体育与传媒支出6254万元，增支4687万元，增长299.1%；社会保障和就业支出28180万元，增长9011万元，增幅47%；医疗卫生支出15122万元，增支1048万元，增幅7.4%；节能环保支出5464万元，增加3955万元，增幅262.1%；城乡社区支出51751万元，减少18995万元，降幅26.8%；农林水事务支出28446万元，减少1602万元，降幅5.3%；交通运输支出779万元，增长639万元，增幅456.4%；资源勘探信息等支出11962万元，减少1829万元，降幅13.3%；商业服务等支出2180万元，增长241万元，增幅12.4%;金融支出5万元，减少36万元，降幅87.8%；住房保障支出10440万元,增支1424万元，增幅15.8%；粮油物资储备管理等事务支出383万元，增支92万元，增加31.6%；其他支出211万元,减支8009万元，减少97.4%。

【财政收支管理】 2015年，区财政局坚持有保有压，优化财政支出结构，在确保各级机构正常运转的基础上，均衡项目支出。制定争取资金目标考核办法，明确参与考核的范围、认定程序、评分办法等，分年中、年终两次考核，考核结果将作为目标办年终考核的一部分。为盘活存量资金，充分发挥财政资金使用效益，积极开展清理结转结余资金及以往款项的工作。对财政专户和预算单位账户的近6000万元结转结余存量资金进行逐项清理，累计清理收回资金200余万元，其余项目在严格管理的基础上继续使用。

【资产清查】 2015年，海州区财政局以摸清家底、规范管理、提升效益为主要目标,在全市率先开展行政事业单位资产全面清查。以2014年12月31日为基准日，组织全区行政事业单位开展资产全面清理，通过清查，共形成报表及相关资料206套，涉及账面资产总额为37.3亿元，各单位申报资产损失总额3.6亿元，申报资产盘盈总额1.6亿元。其中固定资产账面资产总额9.8亿元，申报损失1.3亿元，申报盘盈1.4亿元。对教育系统、卫生系统、农林水系统、住建系统、城管系统、人社系统、民政系统、检察院、法院、区委办等部委办局及锦屏镇、宁海街道、浦西街道等镇街在内的133家单位进行审计，涉及账面资产总额19.5亿元，综合审计面达到53%。

【资产信息系统建设】 以资产清查为

基础，按照资产管理信息化、资产监管动态化要求，建立行政事业单位资产管理信息系统，开展全区资产管理信息系统培训，按照一卡一物的要求，将行政事业单位资产数据录入系统管理，建立电子卡片，联通使用单位、主管部门、财政部门的资产信息，增强对资产从采购、入库、调剂、处置、经营、权属、使用等全生命周期的管理功能，以及查询分析、统计报表、辅助决策等各项动态监管功能，提升全区资产管理水平和效率。

【保障教育事业】 坚持教育优先的原则，重点保障教育经费投入，在足额安排教师工资的基础上，按规定足额安排生均公用经费、教师培训专项经费、贫困生补助专项经费及校舍安全、维修专项经费，同时积极争取上级资金补助，促进教育事业的快速发展。与教育部门密切配合，完成全国义务教育均衡化示范区及省学前教育示范区创建工作。测算及汇报2015年农村学校公用经费省级补助情况，争取省农业区转移支付政策补助。对学校办学条件进行实地调研，缩小农村学校与城区学校的办学差距。

【落实涉农财政政策】 2015年，开展财政涉农资金专项整治，按照市实施方案的基本原则和方法步骤，结合财政资金结余情况开展自查。以高标准农田、农田水利、农机购置、植树造林等建设为重点，加大财力投入，2015年度建设省级农桥项目71座，涉及新坝、锦屏、板浦、浦南4个乡镇及宁海街道和海州开发区，项目总资金960万元。解决农民生产和生活出行难问题，为农民增收创造良好的生产和生活条件。按照省、市统一部署，将全区93个标准村全部纳入基本公共服务均等化范围，投入744万元用于农村公共服务设施维护，改善农民居住环境。

【保障环境卫生整治】 根据市财政、市环保局要求，与区环保局共同对2011—2013年度原新浦区和原海州区的省、市级61项共3564万元环保专项资金的拨付、使用情况进行逐一清理、调查、汇总，上报市财政和市环保局。根据省财政及环保的要求，区财政与环保积极配合，对辖区内36个村的环境进行整治。

【保障区重点工程项目建设】 2015年，区财政安排工业化发展、重点项目建设等资金，支持全区重点项目和园区建设，至11月，共评审招标控制价、结算项目267个（其中结算31个），评审范围涉及城区建设，城市综合提升，市政、建筑、交通、土地开发整理及农林水等四大重点项目。2015年申报苏北地区重点中心镇建设工程（临海城镇培育）省级引导资金、宁海乡申报省级城市维护费项目资金、2015年度市级生态文明建设工程专项资金、2015年省级现代服务业发展专项引导资金、2011—2012年度通榆河水环境资源区域补偿资金等项目。

【深化财税体制改革】 2015年，预算编制工作在“统筹兼顾、有保有压、量力而行、尽力而为、收支平衡、集中财力办大事”预算编制原则的基础上，推进全口径预算编制工作，首次编制国有资本经营收支预算。2015年，实现专项资金信息全面公开，将公开范围扩大到除涉密信息外的所有通过一般公共预算、政府性基金预算和国有资本经营预算安排的专项资金，实现“全覆盖”，社会公众可以更清晰地查阅项目资金运行的全过程。

【政府性债务管理】 2015年，区财政设立债务审核机制，完善债务统计报告，严控债务规模，实行政府性债务风险预警机制、偿债准备金制度；按照省市要求将已争取的第一批4亿元一般政府债券用于置换2013年6月审计确认的存量债务，缓解债务单位压力。

（撰稿：刘宇洋　审稿：乔敏）

税　务

国税第三分局

【概况】 2015年，连云港市国家税务局第三税务分局（以下简称国税三分局）紧紧围绕“稳中求进强基础，真抓实干提绩效”工作主题，细化“以深化改革的思路解决改革中出现的问题；以努力创新的思维强化人力资源的管理；以扎实进取的心态加快学习型团队的构建；以税收法治的观念贯彻风险应对的全过程；以内控机制建设为重点推动党风廉政建设；以绩效管理为抓手提升三分局的整体站位”三分局工作思路，在思想教育、岗位匹配、应对模式创新等方面进行大胆改革，取得了成绩。全年共组织征收各项税收收入144955万元，荣获建设新浦有功单位、建设景区有功单位等荣誉。在职在册干部职工41人，2人荣获三等功，6人荣获嘉奖。

【国税收入】 2015年，国税三分局共组织征收各项税收收入144955万元，较上年同期124608万元，增收20346万元，增长率16.3%，完成年计划的100%。其中，国内增值税74958万元（其中营改增10441万元），比2014年同期71358万元增收3600万元，增长率5.0%；消费税24302万元，比2014年同期13453万元增收10849万元，增长率80.6%；企业所得税45694万元，比2014年同期39796万元增收5898万元，增长率14.8%。

2015年度国税三分局分税种收入情况表

表16　　单位：万元

项　目	年度计划	1—12月累计	上年同期	增减额	增减%	完成计划%
收入合计	144955	144955	124609	20346	16.3	100.0
一、“两税”	99260	99260	84811	14449	17.0	100.0

续表16

项 目	年度计划	1—12月累计	上年同期	增减额	增减%	完成计划%
1.增值税	74958	74958	71358	3600	5.0	100.0
其中:营改增	10441	10441	8514	1927	22.6	100.0
调库数	—	—	858	-858	-100.0	#DIV/0!
2.消费税	24302	24302	13453	10849	80.6	100.0
二、所得税	45694	45694	39796	5898	14.8	100.0
三、个人利息税	1	1	2	-1	-50.0	100.0

【税源预测和收入分析】 按照市局连云港市国家税务局关于全面推进税收管理改革的工作方案，国税三分局承担海州区除大国处集中及其他分局牵头应对行业外的中小税源的纳税评估，承担本地域范围内经济税收分析、预测工作。继续实施二级税源预测和收入分析工作机制，加强对分局总体、主体税种分税种收入以及省、市、分局级重点税源户收入经济和政策引发增减的因素分析；加强对特殊行业、纳税户的收入趋势、税负情况以及个体税收增减因素的分析，加大对重点税源的分析及监控，分析影响税收政策因素、引发增减的主要因素，把握组织收入主动权。提出税源管理和风险应对工作合理化建议。

【重点行业税收情况】 2015年，海州地区的批零业、制造业、房地产业贡献突出。本年度批发零售业入库税收虽比2014年增收12866万元，增幅16.6%，占比在所有行业中仍然最大，高达53.4%；制造业入库税收占比26.9%，比2014年下降1.4个百分点，比重排行第二，税收比2014年增收3811万元，增幅10.8%；房地产行业税收比2014年增收2425万元，增幅达28.0%，其占比为7.7%，排行第三；随着电信业纳入“营改增”范围，本年度信息传输、软件和信息技术服务业入库税收4627万元，比2014年增收1972万元，增幅74.3%，增幅为十个主行业中最高。四个下降主行业中，下降额和降幅最大行业是居民服务、修理和其他服务业，减收额721万元，降幅为28.8%。

2015年国税三分局分行业税收增幅情况表

表17 单位：万元

行 业	2015年	2014年	增减额	增长率%	2014年占比%	2013年占比%
批发和零售业	77475	64609	12866	16.6	53.4	51.9
制造业	39062	35251	3811	10.8	26.9	28.3
房地产业	11089	8664	2425	28.0	7.7	7.0
信息传输、软件和信息技术服务业	4627	2655	1972	74.3	3.2	2.1
科学研究和技术服务业	3307	2879	428	14.9	2.3	2.3
租赁和商务服务业	2395	2449	-54	-2.2	1.7	2.0
居民服务、修理和其他服务业	1780	2501	-721	-28.8	1.2	2.0
建筑业	1315	1449	-133	-9.2	0.9	1.2
金融业	1200	700	500	71.4	0.8	0.6
交通运输、仓储和邮政业	1157	1420	-263	-18.5	0.8	1.1
其他行业合计	1547	2030	-483	-23.8	1.1	1.6
合 计	144954	124607	20347	16.3	100.0	100.0

【税收风险应对】 针对过去“评估、评估、评评估估”的现象，国税三分局确定2015年风险应对的主攻方向不再是数字，而是实实在在的质效。率先提出“程序优先、证据为王”，评估不到位是能力问题，程序不到位则是态度问题，要求程序不规范决不上审理，证据不充分决不定税额，切实转变团队评估观念。

根据房地产行业特点，积极探索房地产评估“中医疗法”，即望、闻、问、切。“望、闻、问”是评估准备阶段，是搜集证据、采集证据和单户分析的过程，而“切”则为评估实施阶段，其做法和省局推行的风险应对模板原理是相通的。分局优秀党员俞鹏远凭借多年的工作经验，对照文件要求，规范房地产企业必须采集上报

12张表格，并能运用电子表格实现自动比对，对房地产企业进行全方位体检，取得较好成效。

通过对风险应对成效按月、按科室、按人员进行排序通报，对各科室推荐的优秀案例进行互相交流、共同提高，极大地调动了广大干部职工的主观能动性。至12月底，全年共完成应对户数1229户，人均45户，其中，有问题户为774户，占比达63%，比2014年同期31%增长一倍。全年应对总成效为6700万元，比2014年同期5500万元增收1200万元，增长21.8%。

【欠税追征】 执行科（二科）10人，平均年龄57.3岁，主要负责欠税追征。自2015年6月下发清欠任务164户，共7221万元，已清欠123户，清欠税款4047万元（含属于其他分局欠税户），所得税欠税大户江苏两淮盐化有限公司2015年度入库税收收入为2827万元，比2014年增收757万元，增幅27.4%。两淮盐化公司是分局最大的欠税户，分局领导特别重视清理欠税工作，加大欠税清缴力度，2015年度清缴该公司欠税2522万元。至12月底，清理欠税3794万元，制订清欠计划158户，下发任务164户，已清理113户，占任务数的69%。

【首次强制执行】 在全市第一次对房地产企业采取查封、扣押、拍卖等强制执行程序，拍卖房产934平方米，拍卖款230万元，将于2016年1月18日全部入库，为全市查封、扣押、拍卖、强制执行程序建立模板，职能调整取得实效。

【税收改革】 2015年，国税三分局将原来的“集中分析、分类应对、集体审议”模式调整为“团队应对、集体审议、执行外分”，树立团队应对理念；将分局职能调整为四大块，即行政管理（办公室）、综合管理（综合科）、风险应对（一、三、四、五、六科）、欠税追征（二科），8月底，各科室职能及人员到位。

【绩效管理】 国税三分局成立绩效管理工作领导小组，下设绩效办和考评委员会，制定并出台《连云港市国家税务局第三税务分局绩效管理办法》《连云港市国家税务局第三税务分局组织绩效管理实施细则》及《连云港市国家税务局第三税务分局个人绩效实施细则操作规程》等相关规定。分局全体干部“零负担、零距离、零起点”，认真执行绩效管理相关规定和制度，将工作成绩、事业目标、个人努力、方法技巧等紧密结合，实现主观与客观一致、组织和个人双赢的局面。

（撰稿：赵扣锁　审稿：孙跃）

税法宣传进社区

国税第四分局

【概况】 连云港市国家税务局第四税务分局（以下简称国税四分局），主要负责组织海州区范围企业和个体的税收收入工作，并牵头负责市区范围内电气机械和器材制造业、通用设备和专用设备制造业、批发业和汽车销售行业一般纳税人的纳税评估工作，承担海州地区除市国税局大国处集中应对及其他分局牵头应对行业外的中小税源的纳税评估工作。四分局内设办公室、综合科、风险应对一至五科等共7个科室，在编人员29人，分局长韩树锦。2015年，荣获建设海州有功单位等荣誉，5名干部获嘉奖。

【组织税收】 2015年，国税四分局共组织各项税收收入14.87亿元，较2014年12.29亿元增收2.58亿元，增长20.99%，增幅居全市第一。其中，增值税收入12.27亿元，比2014年增收1.55亿元，增长14.51%；企业所得税收入2.43亿元，比2014年增收1.02亿元，增长72.52%；消费税1711万元，比2014年增收41万元，增长2.45%。中央级收入占比71%，组织海州区公共预算收入4.31亿元，比2014年3.52亿元增收0.79亿元，增长22.33%。

【纳税服务】 2015年，四分局以优化、简化服务规程，提高纳税人税法遵从度为出发点，认真分析纳税人的实际需求，确保纳税人的需求和希望得到满足，逐步形成依法治税、优质服务的良好氛围。分局将提高税务干部综合业务素质作为搞好纳税服务的关键，强化税收职业道德和业务能力培训，利用好“两个办法、一个清单”（纳税服务管理办法、税收检查管理办法、税收职责清单）的指引作用，达到规范管理、服务和工作规程的目的。将宣传作为税收服务的重点，多渠道多形式地进行税法宣传、政策解读和纳税辅导，利用报刊媒体等新闻载体全方位报道分局业务开展和队伍建设情况，积极推广“12366”服务热线，实现征纳双方的实时沟通。将现代信息技术利用作为工作突破点，充分用好数据情报平台的支撑作用，做到日常征管、涉税办理、风险告知和执行税收政策等工作的提前介入。全年共举办行业纳税辅导咨询会议5次，初步建立了行业企业间税企互动的良性机制；开展重点税源调查、走访20余次，走访调研时根据实际需求提供最新的税收政策，做到最大限度减少对企业经营的干扰；对涉税风险行业进行及时提醒，分高、中、低三个级别对风险行业企业进行提醒1000多次。以集中解答、一对一、及时提醒等多种纳税辅导方式，最大限度降低和减少纳税人的涉税风险和纳税损失。

【税收改革】 2015年是税收管理改革深化年，根据省、市两级税收改革方案的要求，在适应、融入的基础上努力提升风险应对效能，采取三项措施全力推进税收管理改革：做好税收改革政策的宣传，及时传达学习上级精神，组织全体干部参加各类培训，提高干部对改革的认知度和认同度；有序推进职能转变，积极配合市局相关处室做好各项工作，确保政令畅通和改革的落实；做好具体工作的实施，理顺工作职责，畅通工作衔接，配齐配好风险应对团队力量，规范各级各类风险应对工作流程，用好风险应对模板和纳税评估法律指引。

【税收管理】 国税四分局三种方法抓好风险应对工作。强化税收数据情报管理平台应用，充分发挥平台的作用，多次组织情报平台应用培训，提高应对人员对情报平台熟练掌握和应用能力，为强化案头分析和风险应对能力打下坚实基础；注重第三方信息的采集应用，加强税收情报收集，结合风险级别和重点行业的分析应对，完善应对工作联动机制；深挖绩效管理平台作用，明确绩效管理工作的目标、范围和要求，构建起了绩效管理的新框架。2015年，四分局共开展风险应对996户次，人均50户次，累计入库税款4770万元，调减留抵1470万元，调减亏损5449万元，应对总成效达8148万元，总成效占比为5.8%，应对总成效和占比等都较2014年度有所提高。年度内共清理欠税10万余元。

（撰稿：崔宏伟）

地税第六分局

【概况】 因区域调整，连云港市地税第六分局（以下简称地税六分局）负责海州地区的地方税收征收工作。地税六分局企业登记户数达2.4万户，面对税源零散、监控压力大的局面，地税六分局快速有效地将税源整合，合理配置岗位，开展税源调查。用近两个月时间对辖区内房地产企业、2012年以后签订合同金额500万元以上的工程项目以及年纳税额10万元以上的其他企业共计1483户，做好项目数据的收集、入库工作。2015年，地税六分局累计实现税收收入36.12亿元。

【建筑项目税收排查】 六分局安排11名人员对862个重点建筑工程项目进行排查，对382.44亿元工程合同进行审核跟踪，督促企业严格按照税法规定核算税款，按期缴纳。全年追缴入库税款3780万元。

【涉税风险排查】 2015年，第六分局按期排查并报送涉税风险企业名单。经选149户税收存在风险的企业，涉税疑点684个。风险应对57户，入库税款6200多万元。

【税收管理】 六分局成立欠税清缴小组，对欠税金额1.74亿的11户企业纳入2015年度追缴范围。至12月底，已追缴入库1088万元。对4户拖而不缴且无还款计划的纳税人采取税收保全措施。办理564户固定资产折旧，调整金额560余万元，落实月均6000户企业享受小微企业减免税优惠，为10户企业办理土地使用税、房产税减免税审核，减免税额237.87万元。

【落实税收执法责任制】 开展省局法治税务示范基地的创建，对2个大类5个小类16项33条指标进行了排查梳理。促进税务人员依法履行职务，不断改进执法方式和执法水平，防范和化解税企矛盾，同时也推进分局整体依法行政工作。2015年，六分局获得省局“法治税务示范基地”的荣誉称号。 （撰稿：李莹）

与协税联合进行“个体定额”核定

经济运行管理

【概况】 2015年，是“十二五”收官之年，面对国内外复杂严峻的宏观经济环境，全区上下认真贯彻落实党中央、国务院、省委、省政府和市委、市政府决策部署，围绕创新驱动、转型升级主线，紧抓国家“一带一路”建设、江苏沿海开发以及区划调整等重大战略机遇，有效应对宏观经济下行压力，破解发展难题，适应经济发展新常态，加强企业服务，着重项目招引，大力推进改革，激发经济主体活力，培育做强优势产业，经济继续保持健康发展态势，经济社会发展取得显著业绩。全年完成地区生产总值290.7亿元，增长11.2%，增幅较2014年提高1.1个百分点，较全市平均高0.4个百分点，三次产业结构为6.1∶28.5∶65.3，结构更趋合理。完成一般公共预算收入36.3亿元，增长8.8%，规模以上固定资产投资368.8亿元，增长22.2％；规模以上工业投资129.3亿元，增长18.5％。

【指标计划管理】 为适应经济发展新形势，体现发展质量和效益，科学谋划，制定发展计划，增添了提质增效指标。在综合各单位资源禀赋以及与各经济社会事业主管部门多次沟通的基础上，编制了《海州区2015年国民经济和社会发展主要指标计划》。不断创新考核形式和方法，突出相融性，增加提质增效类指标，确保市各项考核指标在海州得到全面落实；突出创新性，根据工作职能不同，在镇街开发区实行个性化考核，部门实行项目化考核；加大重点项目考核权重，项目考核分值占比达30%，考核的导向性、激励性作用得到进一步彰显。

【经济运行监测】 在经济下行压力不断加大的背景下，加强经济运行监测，一方面，以指标为依据深入分析增长动力和支撑因素，研判经济运行新动向、新变化，及时发现突出矛盾和潜在风险；另一方面，坚持问题导向，深入企业调研，掌握企业运行一手资料，准确把握市场运行走势，提出有效的稳增长举措，当好领导决策的参谋助手。

【编制“十三五”规划纲要】 按照高起点谋划、全方位把握、多角度思考、广领域研究的原则，经济信息化与发展改革局（经发局）牵头抓好“十三五”规划编制。找准实现目标的动力机制和抓手，加强谋划特色产业链建设、重点项目建设、新型城镇化和改革创新等工作，体现新理念、新思路、新举措。有序开展重大课题调研、规划纲要框架体系谋划、规划纲要起草等工作，并广泛征求各方面意见。规划纲要分“发展基础与形势”“发展战略与目标”“加快产业转型升级”“提高城市宜居水平”“完善民生保障体系”“全面加强社会文明建设”“强化规划纲要实施保障”7章，共24节。2015年12月8日，区经发局牵头邀请市政法委、市发改委、市经信委、市农委、市商务局、市建设局等部门专家对海州区《“十三五”规划纲要》进行评审。与会专家充分肯定了规划纲要的工作成果，总结了三个特点：一是科学性。规划总体框架、目标体系科学合理，符合海州区目前和未来发展的实情。二是前瞻性。规划不仅是立足区情，更是展望未来，及时将“互联网+”“一带一路”、智能制造等概念引入。三是指引性。规划为海州区未来的发展描绘了一个总体框架，指引着经济社会快速健康发展。2016年1月8日，通过海州区第十七届人民代表大会第六次会议审议。

【服务发展】 牢固树立服务意识，在用足用好已有政策的基础上，主动跟进服务，加强对国家、省、市发改委系统文件的研究，积极向国家、省、市发改部门汇报衔接。2015年，获得国家、省扶持资金10207元，其中产业项目资金3046万元、微息贷款2100万元、棚户区改造项目4618万元、公检法基础设施项目资金443万元。有效解决了项目推进中的资金问题，有力推动产业转型，改善棚户区居民生活。

【产业发展】 立足海州产业基础，加快产业转型升级步伐，做强服务业，做优工业，做特农业。服务业平稳较快发展。完成服务业增加值189.9亿元，增长13.2%，智慧物流园电商创业中心完成物流仓库建设，天马、顺丰、圆通等知名企业进驻，其中天马与瑞士英特体育签订合作协议，万发物流园建成8栋货运仓库；杰瑞文化创意园引进88家科技创意企业；恒丰银行、苏州银行进驻。工业运行质量明显提高。新增规模企业9家，全区完成规模以上工业增加值96.3亿元，增长10.8%，较上年提升10.5个百分点；工业主营业务收入328.4亿元，增长7.5%；企业利润、利税增幅分别达到16.1%、14.7%；装备制造业产值突破百亿，达到102.8亿元，增长25.5%，对工业增长的贡献率达到59.2%；新医药业完成产值87.6亿元，同比增长50.9%。农业现代化水平提升。新增土地流转面积1333.33公顷、家庭农场14家、农民专业合作社13家，农业龙头企业实现销售收入88.9亿元，带动农户24.6万户，蔬菜播种面积达2000公顷，新增高效设施农业面积80公顷、高效渔业面积73.33公顷、苗木面积293.33公顷。

【重点项目推进】 落实重点项目“一周一会办、一月一分析、一季一观摩”工作机制，加强与市级部门对接协调，定期会办规划、土地、资金等突出问题，区278个重点项目完成年度投资190亿元。其中基础设施类项目占比4.2%，产业类项目占比31.8%，民生事业类项目完占比8.2%，城市建设类项目占比6.5%，房地产类项目占比49.5%，投资结构更趋合理。纳入市重点的47个项目完成投资47.3亿元，康达智高像素摄像头技改、苏宁广场、新圆通速递等21个项目竣工。列入市沿海开发重点项目库的4个项目完成投资15.6亿元，其中品苏户外用品一期竣工，浦南城镇功能建设基本完工。

（撰稿：刘宪龙　审稿：穆慧）

国土资源管理

【概况】 2015年，连云港市国土资源局海州分局（简称海州国土分局）负责新浦、浦西、路南、新南、新东、新海、宁海、朐阳、洪门、海州、幸福路11个街道以及浦南、板浦、新坝、锦屏4个镇和岗埠、云台2个农场范围内国土资源管理工作。海州国土分局通过“4·22”地球日、“6·25”全国土地日、“8·29”测绘日、“12·4”法制日等节日，以挂大型横幅、发放宣传单、现场咨询、图板展示等形式开展普法宣传，不断扩大国土资源法律法规宣传面。年度被海州区委、区政府评为建设海州有功单位、安全生产工作先进单位。12月26日，海州国土分局局长闫振标与直属国土分局局长朱燕昌完成南城国土所交接事宜，将南城国土所人、财、物、公章等一并交直属分局管理。

【耕地保护】 2015年，海州国土分局组织申报耕地占补平衡补充耕地项目14个，项目区总面积107.41公顷，新增耕地面积84.53公顷；组织申报城乡建设用地增减挂钩土地复垦项目3个，项目区总面积7.88公顷，新增耕地面积1.9公顷；组织申报工矿废弃地复垦项目6个，项目区总面积43.85公顷，新增耕地面积22.40公顷。

海州国土分局会同农林水利、发展改革、农业开发等部门，开展高标准农田上图入库月报工作，摸清海州区范围内已建成、已验收和已立项的高标准农田建设情况，掌握真实基础数据，建立完善了高标准农田信息备案制度。

【规划修编】 海州国土分局围绕区政府规划发展目标，结合城市规划及乡镇规划，及时调整修编，为重点工程预留空间。根据区政府2015年重点建设项目清单，对需要建设的用地项目进行逐项梳理，对不符合土地利用总体规划的，按照平衡全区的原则，完成调整修编。对万发物流园、香果佳、车管所、电子信息产业园等地块进行调整，共涉及94个地块，面积100公顷。

【土地利用】 2015年，海州国土分局共组卷报批农用地转建设用地61.67公顷，包括电商物流园区、市康复医院、市车管便民服务中心、三院、润连建材、消防器材、海州开发区房车、福斯特、庆鸿电子等重点工程项目用地。年内，海州国土分局组织对全区所有涉农乡镇进行93号令、3号文政策培训，建立人口数据库。配合区政府在浦南镇开展被征地农民入保试点工作，共安置人员534人，入保347人。海州国土分局组织开展海州区闲置土地清理专项工作，顺利通过国家土地督察局节约集约用地专项督察，共清理闲置土地9宗，面积55.47公顷。

【地政地籍】 2015年，海州国土分局共办理发放个人国有土地使用权证2325本。将原来需要一个星期左右才能绘制的宗地图转变为立等可取，将原来需要提供的契税发票、婚姻关系证明、地址证明等视情况减免，减少群众往返次数，比以往领取土地使用证时间缩短两个星期。

海州国土分局配合海州区重大项目房屋征收，完成黄海度假村、浦南310国道、连盐铁路、人民西路八号地块、民主路、南城、木材厂7个地块共79宗土地的拆迁确权工作。

【地质灾害监测】 2015年，海州国土分局组织人员拉网式排查海州区地质灾害隐患点、人口密集区、交通干线、重要设施等区域。计对地质灾害隐患点巡查48次，并及时更换、维护出现故障的监测仪器，刷新模糊不清的警示标语，确保所有监测设备能够正常运行和使用。6月初，汛期来临前，及时启动灾情速报、汛期值班、月报、巡查等预防工作，年内未发生地质灾害事故。

【违法用地查处】 2015年，海州国土分局立案查处3宗违法用地，分别是滨河新城服务中心、新坝镇电力辅机有限公司南侧抛填、204国道（海州区宁海街道黄圩村），面积共计8.1公顷。

【卫片执法检查】 2015年度卫片执法监督检查下发海州区525个疑似违法用地图斑，面积689.53公顷，耕地面积478.07公顷。最终认定海州区违法用地面积35.84公顷，耕地面积17.78公顷。落实土地矿产卫片执法检查过程中，海州国土分局坚持高标准、严要求，严格按照“一宗一卷”要求，整理归档资料，做到对违法用地查处事实清楚、程序合法、适用法律准确、处理到位，保证排查统计资料真实、严谨。

【涉土信访】 2015年，海州国土分局接各类涉土信访118件，其中处理市“12345”热线73件、部转违法线索4件、市转办10件、区转办10件、举报电话及来访21件。按照属地管理、分级负责的原则，上述信访件办结率达100%，做到件件有答复、封封有回音。

（撰稿：李伟 审稿：闫振标）

国有资产经营与管理

【概况】 2015年，江苏瀛洲发展集团有限公司（简称瀛洲集团）在区委、区政府和市国资委领导下，紧紧围绕全区工作大局和重点工程、重点项目，充分发挥投融资平台职能作用，实现资产规模快速增长，投融资能力不断增强。集团旗下子公司达18家，企业净资产32.90亿元，企业总资产达62.89亿元。全年实现融资到账15.7亿元，并成功发行1.25亿元中小企业私募债。全面完成条块领导交办的工作任务。2015年获海州区经济建设和社会发展目标优秀奖。

【特色街区项目建设】 2015年，按照区委、区政府的要求，瀛洲集团紧紧围绕和服务全区各项基础设施建设大局，全力推进承担的各项基础设施工程资金保障任务，全力推进各项基础设施工程建设。

民主路特色街区改造。民主路建设改造已进入二期，在一期改造工程的基础上，以“统一风格、整合业态”为总原则，实施南北拓展的“一路三巷四地块两广场”建设改造。瀛洲集团在二期改造中不仅提供资金支持、审核，还派出专人参与项目改造，做好民主传媒公司的广告运作。年内瀛洲集团在民主路街区建设改造中已投资约3亿元。社区服务中心建设。建筑面积约14261万平方米的社区服务中心项目于2014年6月中旬开工，该建筑主要为一栋综合服务楼并配备相应的活动设施，2015年底，主体封顶并通过市质检站主体验收，相关后续工作正在开展中。盐河巷文化街及新浦天后宫的内装及运营。新浦天后宫是妈祖文化传承的场所，新浦天后宫的管理是盐河文化公司的一项重要工作，系列活动的举办得到有关领导的一致好评，特别是市道教协会和区宗教局领导对新浦天后宫的管理给予充分肯定。海州二营巷改造建设项目。该项目已经完成危房拆除及南北入口标志物施工等工作，内街工程于元旦前竣工，外街改造已经开工。中大街幼儿园危旧房改造工程地下一层已完工，元旦前完成地上两层，2016年4月主体竣工。瀛洲·梧桐里项目。2015年6月，根据集团发展需要，筹备“瀛洲·梧桐里”小区建设。年内办理土地手续、立项手续、细化施工图，并初步完成成本核算、销售房源前期价款核定、销售计划等。12月23日交纳土地保证金，2016年完成项目主体建筑。

【完善现代企业管理制度】 瀛洲集团始终把学习贯彻党风廉政建设责任制和公务员行为规范、中央八项规定、省委十项规定等相关规定纳入公司日常管理，围绕企业改革发展稳定大局，创新工作方式、方法和载体，出台了一套完整的内部管理制度、日常行为准则，建立起保障有力、运转高效的工作体制机制，形成了一支政治强、作风正、业务精、效率高的国资企业干部职工队伍。创新财政部门委派财务负责人、探索建立董事评价体系、监事履职检查、经理层绩效考核等责任制度，发挥企业董事会、监事会的相关职能，促进企业科学决策、有效监管。加强和创新企业党建工作，逐步构建支部政治核心、法人治理结构、职工民主管理“三位一体”治理模式，企业初步建立规范运作的法人治理结构和现代企业管理制度，实现国有资产保值、增值目标。

（撰稿：李双 审稿：叶川）

市场监督管理

【概况】 2015年，区市场监督管理局统筹应对体制机制改革过程中出现的新情况、新问题，积极落实“三定方案”，推进职能整合，努力构建监管体系。全局共设置14个内设机构、1个纪检监察机构、1个直属行政机构、11个分局，实有在职在编人员220人，其中公务员174人、行政附属人员32人、事业编制人员14人。全年持续开展“服务企业发展、规范诚信经营”专项行动，与各成员单位密切配合，互通信息，排查企业200余家，迁入企业82家，增加税收300余万元。年内运用动产抵押、股权出质等方式，帮助企业融资1.76亿元。

【市场主体发展情况】 以推进登记注册便利化为重点，加快贯彻落实“三证合一”“一照一码”等改革措施。新设立企业4672家、个体工商户5207户，新增注册资本320.45亿元，同比分别增长29.13%、28.31%和134.28%。开展白虎山商贸城升级改造调研，支持专业市场整合资源加速发展；指导兴隆装饰城、农副产品批发市场和苍梧生活广场通过省文明诚信市场（集市）评选、复查。

【品牌建设】 新申请注册商标700余件，新申报省著名商标6件，新认定市知名商标22件；新增省名牌产品4件、市名牌产品12件、质量信用等级AA级和AAA级企业各2家，推荐日出东方太阳能股份有限公司获得省质量管理优秀奖。

【质量监督管理】 加强产品质量监督，推进工业许可证质量监督和管理工作，组织12家企业通过质量管理体系认证、8家企业通过环境体系认证，并对已获认证的企业开展监督检查21次。针对食品、药品、成品油、农资产品等开展质量监测，共抽检925个批次，并对48个不合格批次立案查处。推进重点领域标准化战略，组织三家单位申报省级标准化试点项目，指导连云港市农科院参与省级地方标准制定。

【计量惠民工作】 开展5·20世界计量日、计量惠民“两免费”检定等活

动，为全区集贸市场和农村医疗卫生机构提供计量器具“两免费”检定服务，完成20家集贸市场、12家乡镇医院和2家福利机构的计量器具检定工作，共检定2100余件计量器具；帮助连云港市妇幼保健院、连云港新明珠大酒店、连云港中油石油销售有限公司神龙加油站等8家单位通过2014年度省级诚信计量示范单位评定，获表彰数量位列全市第一。

【特种设备监管】 组织开展特种设备安全大检查、“狂呼”类大型游乐设施隐患排查、电梯安全专项整治等专项行动21次，检查特种设备生产和使用单位87家，检查设备460台套；抓好全国电梯安全监管大会战相关工作，排查处置电梯类隐患、故障及投诉件200余起，对18家电梯维保单位开展星级评定。

（撰稿：张雷　审稿：全铜双）

安全生产监督管理

【概况】 2015年，海州区以开展“安全生产行政执法监督年”活动为载体，加强执法监督，强化风险管控，夯实基层安监能力，推进企业安全标准化建设，着力构建安全生产网格化管理体系，安全生产监管水平进一步提升，安全生产形势基本平稳。全区发生工矿商贸企业事故2起，死亡2人；非道路交通类事故1起，死亡1人。未发生较大及以上安全生产责任事故、群体性职业病危害事件和较大火灾事故。全区安全生产工作被市安全生产委员会评为安全生产目标管理优良单位，区安全生产监督管理局是全市唯一一家被省安全生产监督管理局评为全省烟花爆竹安全监管工作先进集体的单位。

【安全生产责任落实】 全区先后开展“六打六治”打非治违专项行动、安全生产“五级五覆盖”“五落实五到位”等重点工作。区印发《关于贯彻落实〈江苏省安全生产“党政同责、一岗双责”暂行规定〉的实施意见》，对全区各级党委、政府及相关部门落实安全生产“党政同责、一岗双责”和“三个必须”提出具体要求；修订完善《区安全生产委员会成员单位安全生产工作职责分工》，层层签订安全生产目标责任书，进一步明确监管职责和界限；与各镇、街道、开发区和区安委会成员单位签订2015年安全生产目标管理责任书，区列管企业递交安全生产承诺书，进一步明确各级各部门的全年安全生产工作重点、目标和任务，构建“横向到边、纵向到底”的安全生产目标考核体系。严格实行安全生产“约谈”和“一票否决”制度。推行重点企业安全生产承诺制度和安全生产责任保险。全区17家区级列管企业全部递交安全生产承诺书，14家高危行业企业承保了安全生产责任险，为1000多名企业职工提供3亿多元风险保障。

【安全生产宣传培训】 分行业针对性地开展从业人员培训，提高全员安全意识和安全管理人员工作水平。举办《安全生产法》培训班2期，培训镇、街道、开发区和区安委会成员单位的负责人、安全管理人员400余人；举办生产经营单位主要负责人、安全管理人员培训班4期，培训1120人；举办化工企业应急救援培训班2期，培训150人，组织应急救援演练2场，参加观摩企业40余家；督促企业开展职工全员培训，培训率达100%。认真开展“安全生产宣传月”“安康杯”等活动，举办安全生产咨询活动2期，举办安全生产文艺演出1期，悬挂安全生产宣传条幅200余条，印发市民安全常识1000余本，以案说法警示教育300余份。安全文化向社区延伸，在多个社区开展一系列贴近生活、贴近市民、群众喜闻乐见的安全文化宣传活动，提高市民安全意识。贾圩社区专门制作社区安全教育宣传片、看图说安全画册、安全文化长廊等，邀请社区居民观看、学习，收到了良好效果。

【基层安监能力建设】 以加强区级安监能力建设为引领，全面提升全区镇、街道、开发区安监能力，拓展延伸村居安全管理水平。全年举办2期全区安监人员业务培训、2次安监人员现场业务交流会。8月，区安监局顺利通过省基层安监能力考核验收。9月，板浦、洪门、宁海、开发区4家安监机构通过省基层安监能力建设考核验收。区安监局在岗在编22人；区安委会成员单位各自成立安委会，主要领导任安委会主任；16个镇、街道、开发区安监所人员共53人，全部按规定要求配置到位；村、社区成立安全生产工作领导小组，主任或书记任组长，明确一名专职安全员，形成区、镇（街道、开发区）、村（居）、企业三层四级安全网络体系，基层基础安监能力进一步增强。

【安全网格化管理体系】 网格化管理以分级分层为基础，以定岗、定责、定人、盯人、盯“险”为重点，以消除安全监管责任盲区为目标，强化监管责任，提高监管效率，构建全员参与、责任到人、职能到位，形成全覆盖、全过程、全方位、持续改进的安全生产监管模式，推进安全生产工作规范化、科学化、精准化和长效化。

网格化管理总体架构是建立“两纵两横四级网格”。两纵，党委管片，政府管线。即区委常委按照分工，负责所联系的镇、街道、开发区安全生产工作；政府领导按照分工，负责分管部门条线安全生产监管工作。两横，镇、街道、开发区统管，全面负责属地安全生产综合监管工作；部门专管，发挥行业部门专业优势，对所属行业领域实行专业化监管。四级网格，一级网格为区级；二级为各行业监管部门及区各镇、街道、开发区；三级为社区、村；四级为各企事业单位（含个体工商户）。覆盖道路交通、建筑施工、消防、企事业法人单位、个体工商户等各行业领域的14707家生产经营建设单位，责任到35个监管部门和16个镇、街道、开发区，同时明确监管单位各层次责任人的安全监管职责、处罚措施和各企业的主体责任。

为确保网格化管理体系的有效运行，配套制定领导检查督查、专盯专管、信息反馈、“八定”风险管理、分级监管、重大隐患挂牌督办、奖惩7项制度。充分发挥社会监督功能，将网格化监管体系在区安全生产网上进行公告。

【安全隐患排查治理】 深入开展安全生产大排查、大整治活动。针对行业、季节、重点时段等特点，在全区分别开展了冬季安全、“两节、两会”安全、隐患排查月、劳动密集型企业、夏季高温和汛期安全、消防安全、中秋和国庆安全、安全生产集中排查治理及“回头看”等安全生产大排查、大整治、大督查活动，消除一大批事故隐患。据统计，共检查生产经营单位、场所3800家次，查出各类事故隐患和问题15638个，下发限期整改指令书836份，按期整改率达100%。深入开展领导督查、督办行动。区委、区政府、区安委会针对重大节假日、重点时段，先后开展“两节、两会”“隐患排查月”、夏季高温和汛期安全、中秋国庆安全、安全生产集中排查治理专项行动”5次专项督查。主要领导亲自带头执行领导干部带队检查制度，多次深入联系点和重点单位督查安全生产工作；按照“网格化”管理要求和“三个必须”原则，扎实开展分管行业领域事故隐患督查督办工作。区政府分管安全、消防、文体、教育、民政等部门的领导，分别多次牵头召开分管领域重大隐患会办会，跟踪督促重大隐患整改。2015年，省、市挂牌整改重大隐患10个，其中火灾重大隐患6个、工矿商贸重大隐患3个、特种设备重大隐患1个，均按期整改销号；被区政府挂牌督办重大隐患3个也按期整改到位，共投入整改资金400余万元。区安委会先后组织开展3次“四不两直明察暗访”督查活动，每次督查情况均及时在全区进行通报。

【打非治违】 深入开展“打非治违”行动，采取联合执法、专项执法、交叉执法等多种形式，深入推进“安全生产行政执法监督年”活动。针对重点行业领域特点，开展了危险化学品、烟花爆竹、非煤矿山、职业危害、粉尘和涉氨涉爆场所、受限空间、建筑施工、特种设备、油气长输管道、道路交通、餐饮场所燃气安全11个重点行业领域安全生产专项整治。先后组织各镇、街道、开发区、各部门、各单位集中执法行动十余次，出动执法人员300余人，执法检查生产经营单位500余家次，责令停业、停业整顿、关闭取缔非法违法生产经营建设单位69家，进一步规范了全区安全生产秩序。消防大队牵头，区安监、市场监督、经发等部门和单位联合开展对29家劳动密集型企业核查检查，共关停违法企业3家、治理“三合一”场所6家，拆除企业除彩钢板外的违章建筑200平方米、拆除易燃可燃专修材料或隔热保温层450平方米，临时查封1家；区教育局牵头，开展无证幼儿园专项整治，成立10个检查组，对全区所有无证幼儿园进行联合排查、检查，关闭或责令提升改造一批存在隐患的无证幼儿园；区民政局牵头，开展各类养老福利场所安全专项整治。排查39家养老机构，其中24家未取得消防相关许可，区消防按照程序提请区政府及区相关部门依法取缔或限期整改；区商务局牵头，开展市场、商场安全专项整治，对2家不符合规范要求的市场依法限期整顿；区文体局牵头，开展文化娱乐场所安全专项整治，对14家无证KTV进行查封取缔，对25家无证KTV引导办证、合法经营；区安监局牵头，开展危险化学品、烟花爆竹、非煤矿山、职业危害、粉尘和涉氨涉爆场所、受限空间等专项整治和打非治违行动，关闭危化品化工生产企业1家，责令停产整改1家；检查烟花爆竹零售经营点67家次，取缔非法无证经营摊点7处，没收非法烟花爆竹2400多箱。对全区涉及“两关闭”场所进行摸底排查，共排查涉及“两关闭”场所121家，关闭27家。完成非煤矿山新磷矿化三期竣工验收，对5月省专家会诊出的87条隐患进行跟踪整改治理。督促38家企业开展职业病危害现场检测，10家企业开展职业危害现状评价，640家企业进行职业危害网上申报。组织召开粉尘和涉氨涉爆场所专题会议2次，邀请专家参与检查与会诊企业37家，并建立一企一档和监控措施。排查受限空间相关单位8家，下发整改指令书8份，督促企业严格落实进入受限空间作业制度，并向区安监局做出书面承诺。

专业名词解释

六打六治：打击矿山企业无证开采、超越批准的矿区范围采矿行为，整治图纸造假、图实不符问题；打击破坏损害油气管道行为，整治管道周边乱建乱挖乱钻问题；打击危化品非法运输行为，整治无证经营、充装、运输，非法改装、认证，违法挂靠、外包，违规装载等问题；打击无资质施工行为，整治层层转包、违法分包问题；打击客车客船非法营运行为，整治无证经营、超范围经营、挂靠经营及超速、超员、疲劳驾驶和长途客车夜间违规行驶等问题；打击“三合一、多合一”场所违法生产经营行为，整治违规住人、消防设施缺失损坏、安全出口疏散通道堵塞封闭等问题。

五级五覆盖：在省、市、县（区）、乡镇（街道）、行政村（社区）五级做到“五个覆盖”，即“党政同责”全覆盖，“一岗双责”全覆盖，“三个必须（管行业必须管安全、管业务必须管安全、管生产经营必须管安全）”全覆盖，“政府（行政）主要负责人担任安委会主任”全覆盖，“安全生产部门定期向本级纪检、组织部门报送安全生产情况”全覆盖。

五落实五到位：“五落实”即明确企业董事长、党委书记、总经理对本单位安全生产同时担责;企业安委会主任由董事长或总经理担任；企业领导班子成员承担相应的安全生产工作职责，做到一岗双责;企业安全生产情况定期向董事会、业绩考核部门报告，向社会公示;企业内部配齐配强专门的安全生产机构和注册安全工程师等专业人员。“五到位”即安全责任到位，安全投入到位，安全培训到位，安全管理到位，应急救援到位。

（撰稿：朱大永 审稿：陈可鹏）

物价管理

【概况】 2015年，连云港市物价局海州分局（以下简称分局）紧紧围绕区委、区政府的中心工作，认真履行价格监管职能，以加强价格监测预警、强化价格监督检查为手段，努力规范市场价格秩序，减轻企业和群众负担，保持市场价格基本稳定，促进全区经济和社会发展。分局被区委和区政府表彰为建设海州有功单位，被市物价局评为价格监测先进集体、价格信息工作先进集体、平价商店建设先进集体。

【价格调控】 分解落实区政府和市物价局各项价格调控措施，建立价格调控联席制度，明确区政府和各有关部门在生产、流通、储备、监管和民生保障方面的目标责任，提升价格调控工作合力。积极与区财政局沟通联络，协调安排价格调节基金100万元。健全价格调节基金制度，进一步落实价格调节基金使用范围与程序。

【价格管理】 根据《价格法》和《江苏省定价目录》（苏价规〔2015〕2号）及省物价局《关于公布市辖区人民政府定价管理权限的通知》（苏价法〔2015〕316号）文件规定，下放区级人民政府定价项目共计8项，涉及教育、养老、殡葬、文体、景区等领域。

【价格监测】 分局密切关注重要商品和服务价格走势，及时预警预报。构建重要农副产品田头收购价格、批发价格监测体系，完善农副产品价格监测预警指标分析。做好民生商品价格采集公示工作，每周二和周五对主城区的农贸市场的粮、油、蛋、禽、肉等副食品价格进行常规监测，及时将监测结果反馈给市物价局，数据资料准确率100%。做好五大节日期间市场商品和服务价格监测值班和分析工作，上报价格形势分析报告24篇，全面完成市场价格监测预警工作任务。

【收费目录清单及收费公示】 2015年，根据区政府的相关文件要求，分局负责3项收费目录清单清理任务，分别是《涉企行政事业性收费目录清单》《涉企经营服务性收费目录清单》和《政府定价的行政审批前置服务收费目录清单》。此3项收费目录清单已全部清理完成，经区政府常务会审议通过，其中《涉企行政事业性收费目录清单》和《涉企经营服务性收费目录清单》已在海州区政府网站进行公示。

分局分别在上半年和下半年进行涉农和行政事业性收费公示督查工作。对区内10个乡镇涉农收费公示情况进行检查，对存在污损的收费公示牌进行登记，并要求具体负责人员及时予以维护。对全区行政事业性收费单位收费公示情况进行督查，发现没有进行公示或是公示项目不全的单位，现场要求其进行整改。做好社区收费公示，印制民生价费目录，在社区公示栏内公示，确保市民及时掌握新的收费政策。从4月开始对区各收费单位实行收费情况报告制度，同时在规定期限内收回收费许可证正副本102家，统计收费金额计1.8亿元。

【平价商店管理】 2015年，不断加强平价商店建设和管理，切实提高平价商店运营质量，每月不定期对平价商店进行两次巡查，对全区34家平价商店巡查800余次。检查中对存在问题的平价商店，检查人员立即要求现场整改，提升平价商店经营管理水平，全区11家平价商店获得“市级示范店”荣誉称号，充分发挥平价商店稳价惠民作用。

【执法检查】 开展殡葬管理收费专项检查。按照省物价局、民政厅、财政厅、国土资源厅、省工商局《关于联合开展殡葬工作专项检查的通知》的工作部署，对全区范围内经营性公墓和公益性公墓的殡葬服务进行专项检查。清明节前，分局专程前往青龙山公墓管理处、朝阳林场金龙公墓等地，重点检查殡葬工程建设、服务态度、经营收费等领域，就公开招投标制度、超面积墓体、诱导消费、执行地方定价管理规定、价格公示制度等进行检查。

开展教育收费专项检查。分局于3月开始对辖区内板浦高级中学、锦屏中学、解放路小学等14家中、小学校及幼儿园进行检查。对中、小学校的检查主要以教育收费政策执行情况是否落实为重点，对不按照规定收取择校费、违规收取代办费等行为进行重点查处。对幼儿园的检查以明码标价为重点，发放《严格执行幼儿园收费政策的提醒函》70余份，填写《无证幼儿园基本情况表》20份，同时配合区教育、消防、公安等部门对区内无证幼儿园进行清理整顿，对未按规定进行明码标价的单位下发责令整改通知书。

开展基本药物制度专项检查及公立医院价格改革。2015年6月起，分局先后对板浦卫生院、锦屏卫生院、新坝卫生院、宁海卫生院等10家单位基本药物制度实行情况开展检查。重点检查药品零差率制度的执行情况、“一般诊疗费”医疗服务项目收费情况、床位费及二类疫苗价格公示制度执行情况。从检查的情况看，基本药物制度执行情况良好，所有药物价格全部实行零差率，均实行明码标价。同时，完成连云港市眼科医院护理、手术治疗类项目指导价格与医疗机构费用控制等指标的考核结果实行价格联动、动态管理。

开展节日市场价格专项检查。分局在元旦、春节、清明、“五一”、“十一”等重大节日期间对辖区内200余家超市、商场、农贸市场、旅游景点、宾馆、酒店等单位进行检查，以规范明码标价和推行明码实价入手，针对部分商家未能按规定进行明码标价的行为，检查人员现场进行提醒告诫。在节假日期间，安排人员做好节日市场检查值班工作，确保节日期间能够及时查处价格突发事件，化解价费矛盾。

【处理举报咨询案件】 全年分局受理价格举报和价格政策咨询67件，主要集中在停车收费、学校教育收费、自来水收费、物业收费等几方面，其中价格咨询4件，查处价格举报案件63件，办结率100%。同时，查处价格违法案件4起，稳定市场价格秩序，维护群众的合法权益。

【价格服务网络】 为全面加强市场价格监管，营造优良的市场价格环境，2015年，分局加强与云台山景区管委会和市陇海步行街管委办沟通协调，在花果山景区设立价格管理办公点和在市陇海步行街管委办建立价格服务站，每周不定期对景区和陇海步行街进行巡查，维护景区和陇海步行街价格秩序，及时化解价格纠纷。

【明码标价】 为全面推动明码标价率的提升，进一步加强价格诚信体系建设。分局采取以点带面、逐步推进的工作方式，选择陇海商业步行街作为“明码标价一条街”试点。自11月起，分局将陇海步行街所有商户分成五个批次进行明码标价专题培训。同时开展明码标价示范店评选，提升陇海步行街明码标价的整体水平，有10家店铺被评为明码标价示范店。

【价格诚信】 为进一步规范市场价格行为，引导经营者诚信经营，促进价格信用体系建设。根据省、市关于价格诚信单位创建文件要求，分局对辖区内具有一定经营规模和良好效益的各级企业、事业单位开展价格诚信单位创建活动，全区有15家单位获得“价格诚信单位”称号。

【景区整治】 分局积极创新物价监管方式，为花果山景区及周边近100家经营户建立“价格档案”，档案中明确载明经营者姓名、联系电话、经营品种、服务价格等一系列要素，同时，免费为花果山景区及周边经营户制作醒目的价目表，实行明码标价，实行实时动态监管，以此规范商家的价格行为，还消费者一个价格透明的消费市场。2015年，花果山景区及周边100余家经营户均按照要求实施新的标价方式，同时建立价格档案，经营户对规范经营，明码标价的管理方式均表示认可和支持。通过开展以上工作，花果山景区关于商品和服务价格的投诉举报案件明显下降，游客满意度不断上升，旅游消费环境得到明显改善。该项工作受到市旅游环境整治领导小组和市物价局肯定，并在连岛、渔湾等本市主要景区推广实行。

（撰稿：金雷　审稿：张从来）

统　计

【概况】 2015年，面对复杂多变的国际国内经济新常态和艰巨繁重的改革发展新任务，海州区统计工作在市局的关心、帮助和指导下，围绕区委、区政府中心工作，较好地完成了各项工作任务，为海州经济社会加快发展提供了坚实的统计保障。年内，实施了农业、工业、建筑业、投资、贸易、房地产、服务业、社会、科技、人口、电子商务、成本费用等行业领域常规统计调查；圆满完成健康服务业监测、劳动工资统计、企业创新调查、价格调查、乡卡联网直报、1%人口抽样调查、省级机关群众满意度等统计监测和专项调查工作；完成全区农业网上直报涉及农业产量及产值年定报、“三卡”工作（县区社会经济卡、乡镇社会经济卡片、村基本情况表）、农村基础电子台账工作，涉及全区9个涉农镇街及开发区、86个村、6个涉农居委会。年内还开通了内网网站，开发上线移动终端APP“数据海州”，及时利用手机等移动终端向公众宣传统计工作动态和统计成果，普及统计知识和统计法规，交流工作经验，增强统计系统和社会公众的沟通互动，使统计工作更加公开透明。购置网络存储器，让数据共享，提高统计局内部工作效率。积极发挥统计信息咨询服务功能，找准统计服务全区工作的着力点和切入点，做到服务决策及时用心、服务发展竭尽全力、服务社会尽职履责。

【做精统计产品】 改版《海州统计年鉴》。在保持总体框架和内容基本稳定的前提下，对部分篇章和内容做适当的修订，使内容更加全面。通过改进、完善，实用性、可读性进一步增强，得到各方好评，成为各级领导随身携带的工具书。及时发布统计信息。全年撰写统计信息135条，被省级报刊网站采用11条，市局采用88条，区“两办”和区新闻网采用2条。在局内网和政府门户网站及时公开。准确诠释统计数据。及时编印2015年《统计月报》，及时发布2014年《统计公报》。为“两会”代表、委员赠送2014年《全区主要经济指标发展情况》小册子。积极研发统计作品。撰写调研分析35篇，其中市级报刊、网站采用18篇，区级刊物、网站采用20篇；撰写调研报告6篇。为区委常委会、政府常务会及全区经济运行分析会等重要会议及时提供统计数据和分析报告。编印《海州统计》12期。

【创新培训模式】 借助固定课堂、流动课堂、田间课堂、空中课堂四大课堂，给统计人员补课充电。强化固定课堂。充分利用自身资源，以培训和联审为载体，按照“缺什么、补什么”的原则，由分管领导和各专业人员轮流授课，通过专题讲座、心得交流等形式，组织多内容、多形式、多层次的集中辅导培训，努力提升统计队伍综合素质。拓展流动课堂。积极开展上门送学活动，针对一套表联网直报单位在统计工作中遇到的实际问题，各专业人员及时沟通，镇(街道)人员上门服务，对数据收集、报表报送进行答疑解惑，提高业务指导的针对性、灵活性和时效性，做到“问题在哪里，课堂就办到哪里”，积极拓展新常态下服务企业统计工作的新途径，深受企业统计人员欢迎。开设田间课堂。畜禽统计监测是农业统计工作的重中之重。为真正做到全面、如实、客观地反映样本区畜禽价格和养殖情况，农业科积极下乡调研，将课堂搬到田间地头，组织样本区调查人员深入养殖区块进行实地踏勘，针对畜禽养殖出现的新政策和新形势及时做统计工作调整，确保数据不重不漏，保障源头数据质量。架设空中课堂。依托现代网络信息技术，打破常规培训在时间、空间和地域上的限制，实现灵活学习，把开设空中课堂网络送学方式作为创新业务培训新模式，将PPT课件、音频文件通过平台共享，提供全天候在线点播与下载学习培训服务，第一时间、全覆盖地为统计人员送去辅导学习大餐，开辟学习培训快车道。

【做好新增申报】 严格按照先有库、后有数，要进库、走程序的规定，扎实做好“一套表”单位入库申报工作。建立完善“一套表”名录库日常维护更新工作体系、管理制度、部门联审机制和单位核查制度等，规范管理“一套表”单位入库审批工作。严格按照调查单位增减变动申报审批流程，坚持统一管理、统一上报和统一审批的“三统一”原则，做好调查单位的核查工作。狠抓在库联网直报调查单位的核查，仔细梳理汇总并严格审核专业新增、变更、退出企业，进一步加大对新申报入库单位资料规范性、完整性的审核力度，确保申报材料的规范性、完整性、准确性。全区全年共申报新增“一套表”单位30家、大个体48家。

【搭建“大统计”管理架构】 政府统计权威牢固树立。海州区委、区政府高度重视统计工作，研究经济问题时给予统计部门充分话语权。明确全区所有机关、企事业单位都必须服从政府综合统计部门对统计工作的管理和业务指导。全区性的主要统计指标数据，一律由区统计局归口管理，区级其他部门、新闻媒体不得随意公布、使用统计数据，杜绝数出多门，从而树立了统计数据的权威。区统计局内部也制定了严格的数据、资料发布制度，坚持由综合科统一管理，负责对外的数据提供、发布和统计资料（信息）审核把关工作，保证了数据发布的有序性和唯一性。部门协作机制日臻完善。经发局、商务局、中小企业局、财政局与统计局等经济口部门通过定期经济运行分析会议，利用各自的专业和信息资源优势，共同就经济热点、难点和党委、政府重点工作深入开展课题研究和分析合作；通过建立QQ工作群等方式，丰富和拓展统计交流和信息共享平台；统计局内部通过购置网络存储器，数据共享，提高统计局内部工作效率；行业部门也充分发挥专业优势，积极利用本部门行政记录采集基础数据，与统计部门互换共享。基层统计网络全面覆盖。严格执行《海州区镇街统计基础工作规范化管理办法》相关规定，创新镇街、企业统计管理模式，全区所有镇街和园区均成立统计站，并建立首席统计员制度及统计联络员制度，实现所有镇街“一套表”企业全覆盖，在全区范围内已逐步形成部门联动、上下互动、企业主动的工作机制。“大统计”管理架构已搭建成型。

【普查和重点调查工作】 第三次全国经济普查资料开发应用工作有序推进。经普办认真整理经济普查资料，负责发布海州区第三次全国经济普查主要数据公报；认真投入经济普查课题研究，海州区承担的市局三项第三次全国经济普查课题研究初稿业已完成，下一步继续核实数据，申请结题。第三次全国农业普查前期筹备工作有序进行。成立筹备办。筹备办下设综合宣传、业务、数据处理和执法检查4个组，明确各自工作职责。根据《中华人民共和国预算法》《国家统计局、财政部关于统计部门周期性普查和大型调查经费开支规定》，本着厉行节约的原则，完成海州区第三次全国农业普查2016—2018年度经费预算编制工作。1%人口抽样调查工作稳步推进。2015年1%人口抽样调查是国务院、省政府统一部署的一项重大国情国力调查，调查将摸清2010年全国人口数量、素质、结构、分布以及居住等方面的变化情况，为制定国民经济和社会发展规划提供科学准确的统计信息支持。全区1%人口抽样调查于1月正式启动，共抽中18个镇街、35个调查小区，覆盖人口近9000人。在区人口抽样调查领导小组和36名指导员、70名调查员努力下，摸底工作、入户登记工作、编码工作顺利完成。

【统计干部队伍建设】 不断深化统计教育培训工作，组织实施加强统计从业资格、继续教育、统计职称的报名、培训工作，全区有106名统计人员参加统计从业资格培训和考试，80人通过考试。注重抓好系统内全员培训工作，年内已培训镇街、企业统计人员近300人次。此外，组织全局职工赴无锡市惠山区玉祁街道参观江苏统计教育基地。通过参观学习了解薛暮桥、孙冶方两位经济学家的生平事迹，领略孙冶方从大革命时期到改革开放年代始终不渝追求真理的灿烂人生，学习薛暮桥作为新中国第一代社会主义经济学家和高级经济官员，淡泊名利，始终把对国家和社会的责任放在人生最重要位置的高尚品德，教育和激励统计人的岗位职责和历史责任感。

（撰稿：胡　宏　审稿：河洪壮）

人口抽样入户调查

审　计

【概况】 2015年，海州区审计局围绕区委、区政府以及上级审计机关的中心工作，突出重点，注重实效，共完成各项审计项目62个，向被审计单位提出改进和加强资金管理建议100余条，向上级审计机关和区政府提交审计专题、综合报告和信息简报18篇。为加强内部管理，先后修订和出台了《海州区审计局党组会议议事规则》《局长办公会议事规则》《公章管理使用规定》《请销假制度》《审计整改检查工作暂行办法》等8项制度。

【财政预算执行审计】 海州区审计局

按期完成区本级财政预算执行情况审计项目，共查出管理不规范问题9个，主要问题金额6.98亿元。对公共资金、国有资产实行审计全覆盖。以预算执行为主线，加强对财政资金分配、使用和管理情况的监督。提升预算执行审计的影响力，注重从体制、机制层面分析原因，提出改进建议，维护公共财政安全。

【经济责任审计】 受区委组织部委托，海州区审计局对20名领导干部进行经济责任审计，查处违纪违规金额和管理不规范金额1.78亿元。审计重点关注领导干部任职期间执行上级经济法规和政策、资金使用管理、单位内控管理、遵守各项廉洁规定等情况。对审计发现的问题，海州区审计局对被审计领导干部应承担的责任做出实事求是的界定和客观公正的评价，分别向被审计单位提出加强现金支出管理、严控“三公”经费支出规模、规范财务原始凭证等切实有效的审计建议，进一步促进领导权力规范运行，清廉作为。

【固定资产投资审计】 2015年，海州区审计局围绕全区发展重点，进一步加大政府投资项目审计力度，全年完成政府投资项目审计40个，累计核减工程款1.70亿元。先后实施对锦屏磷矿棚户区改造二期工程（工人新村）、农村水利工程等重点工程的跟踪审计，并启动对新浦园区道路提升改造和广场建设工程及浦南镇高标准农田建设工程的竣工决算审计。有效促进政府投资审计项目的审批、管理、项目资金拨付程序，提高资金使用效益规范化、科学化，为政府及建设单位堵塞了漏洞，节约了建设资金。

【国有企业绩效审计】 完成海发集团企业融资绩效审计，摸清了海发集团的家底，包括集团的收入、债务等情况，揭示集团在投融资管理中存在的困难和问题，并从体制和机制上提出完善制度和改进管理的建议，以帮助集团进一步加强投融资管理，防范债务风险，提高运营绩效。

【党员联系服务群众活动】 2015年，全局先后多次组织单位在职党员进入振海社区和星化社区，开展卫生环境整治、扶贫助困献爱心活动。全年资助社区2万元，并赠送橱柜、桌椅等设施。走访生活困难老党员、城镇农村低保户等，共为9户送去慰问金2200元。积极开展“千名机关志愿者爱心帮扶行动”，局领导班子成员带头在节假日探望帮扶对象，给予精神上的鼓励和生活上的支持，年内给4户特困家庭补助1.57万元，其中个人捐款补助1700元，使帮扶对象切实感受到党和政府的关怀。

（撰稿：董倩鹏　审稿：董淑斌）

会　计

【概况】 2015年，区会计管理核算中心（国库集中支付中心）认真落实区委、区政府“建立健全会计核算、提速增效长效机制”的要求，紧紧抓住新机遇、迎接新挑战、解决新问题。调整工作思路，明确工作重点，以服务基层、服务社会为宗旨，积极开展“优质服务年”专题活动；以《中华人民共和国会计法》及相关法律制度为准绳，不断强化内部监督，加强内部管理，规范会计基础工作，加大审核监督力度，圆满完成各项会计工作。

【规范会计核算】 按照行政区划调整要求，进一步实施人财物清查盘点，整理会计资料，完成财务工作人员办公场所合并、人员岗位设置配备、管理制度报销程序统一规范工作。完成区划调整后相关账务合并分设工作，统一国库集中支付系统，统一支付程序，统一采用最新行政事业单位会计制度进行业务处理，顺利完成区划调整后进一步强化会计核算工作任务。

【加强资金管理】 加强资金集中管理，撤销合并部分单位的银行专用账户，区级单位部门经费收支统一使用国库集中支付中心的账户，实现财政资金集中收支。资金支付严格按照用款计划申请、用款计划审批、用款计划下达、资金支付申请、资金支付审批、资金支付复核、资金支付办理等规定流程进行。进一步规范支付程序，统一报销口径，完善报账制度，增加直接支付比例。

【强化财政监督】 积极配合纪检监察部门，加强财政监督。认真贯彻落实区委、区政府《关于制订各有关职能部门党风廉政建设监督责任清单的通知》（海委办发〔2015〕47号）精神，履行好党风廉政建设监督检查责任，完善工作制度，推进全区行政事业单位执行津补贴、加班费、值班补贴等财务制度落实，推进小金库专项整治工作，推进“三公”经费〔财政拨款支出安排的出国（境）费、车辆购置及运行费、公务接待费〕支出规范合法合理，协助相关单位推进内部控制制度建设和执行。

【协助清查国有资产】 为进一步规范和加强全区资产管理，夯实财务管理基础工作，健全管理机制，保障国有资产的完整和安全，彻底摸清家底，最大程度发挥固定资产的效益。根据省委、市委要求，系统组织全区性固定资产清查工作。为此，积极主动协助完成全区国有资产的全面清查与管理，为国有资产清查提供基础数据，并提供报表复核工作，定期提供固定资产明细账供各单位（部门）进行账实、账账核对。

【提升服务质量】 加强新准则、新制度的理论学习和业务实践，学习处理业务流程，提升处理业务能力，圆满完成年度会计人员继续教育工作。保障服务全区重点工程、重点项目建设，全年共安全统筹支付重点建设资金15亿元。积极组织工作人员参加政府采购法网上学习考试、行政执法考试，以考促学；定期组织学习交流，营造良好学习氛围；鼓励工作人员参加专业技能学习考核，提高专业技能。加大对财经法规制度宣传力度，促进依法秉公理财。完成服务单位报账员专题培训工作，规范前台设置，改善工作环境，提升服务质量。

（撰稿：安长英　审稿：徐勤夫）

责任编辑：马善臣

综 述

2015年,海州区以“提升教育现代化总体水平”为目标,以“改革”为主线,以“教育均衡、教育公平、教育管理、教育品牌”为突破口,进一步优化教育布局、改善办学条件、创新管理机制、深化课程改革,超额完成年度及“十二五”目标任务。海州区通过“全国义务教育发展基本均衡区”现场考核验收;荣获“全国义务教育发展基本均衡区”“省学前教育改单发展示范区”“省促进义务教育均衡发展先进区”称号;区教育局荣获“省第五届中小学生艺术展演优秀组织奖”“省第27届教海探航先进集体奖”“市教科研工作先进集体”“省金钥匙科技竞赛先进单位”“市校安工程先进集体”“市教学研究先进集体”“市教师专业发展引领先进集体”“市小学课堂教学改革创新奖”等表彰奖励。采取“主动出击、上门招商”的办法,以“招大引强”为目标,拓宽招商渠道,引进外资160万美元,圆满完成招商引资任务。投入3.35亿元,新建校舍9.73万平方米,维修加固校舍6.16万平方米,超额完成目标任务。秋季开学,连云港实验学校、郁林中学、解放路小学北校区、海州第二实验小学等4所优质学校同时启用,实现海州地区基本义务教育品牌学校全覆盖。投入资金3.57亿元(校舍建设3.35亿元、教育技术装备建设0.22亿元),改造薄弱学校,完成省定5年行动计划91%的目标任务,薄弱学校基本消除。全区中小学(包括村小和教学点)办学条件全部达义务教育均衡发展的国家标准,教育技术装备全部达到或高于省二类标准。66%的中小学达省现代化办学标准,75%的中小学达国家级教育信息化标准。创建9所省优质园、市优质幼儿园、市管理规范示范园。全区所有乡镇、街道的社区教育中心均达省级标准,创建80所省级居民学校。加大教师流动力度,促进教育均衡发展。年内,全区72名校级干部交流任职,447名教师交流任教,义务教育学校校长及教师流动比例达19.67%,所有新招聘教师全部安排到农村学校执教。课改经验获省、市推广。省级课程基地建设成效显著,建国路小学“民间美术”特色文化建设项目、花果山中学“初中英语课程质量提升”项目被评为省级优秀课程建设项目,岗埠中学“初中语文质量提升”项目获评省级义务教育学校薄弱初中质量提升项目。积极参加国家、省、市中小学艺术展演活动,48项节目、作品分别荣获全国一等奖、省特等奖、省一等奖等奖项,成为全省参赛成绩最好的县区。多项工作在省、市教育系统居前列。荣获省“教海探航”论文竞赛先进集体奖,总成绩名列全省各县区第一名。获评省“师陶杯”优秀组织奖、市教科研工作先进集体、市重大调研课题先进单位、省级课题立项突出贡献先进单位、课题管理先进单位、省市级论文竞赛组织先进单位。荣获市校安工程年度考核第一名、市教学研究先进集体、市教师专业发展引领先进集体、市小学课堂教学改革创新奖、市网络读书活动优秀组织奖、市中小学网站测评优秀组织奖等表彰奖励。素质教育形成品牌优势。高中教育明确艺术类高考的发展方向,通过和艺术院校联办基地的形式,将海州打造成全市艺术类高考的第一高地。初中洼地崛起,抓课堂,抓质量,创建一批有竞争力的省、市级课程基地,打造一批群众认可的优质学校,形成自己的办学竞争力。小学和学前教育阶段,巩固提升现有品牌,积极打造新的优质品牌,确保全市第一方阵的优势地位。

学前教育

【概况】 经过区划调整,2015年,全区有幼儿园80所,其中省优质园56所、公办幼儿园31所、普惠性民办幼儿园24所,在园幼儿约2万人,学前三年毛入园率达96.1%。区政府坚持“广覆盖、保基本”的原则,推进城乡一体化发展。根据市政府连教发〔2013〕69号文件《关于进一步推进全市学前教育改革发展的实施意见》精神,秀逸苏杭、合力铂金公馆、国大花园、四季金辉、日月明园等小区配套园成功移交。年内,认定24所普惠性民办幼儿园,下发奖补资金70万元,支持普惠性民办园的发展。公办园生均经费达350元，学前公共服务体系基本完善。

【幼教优质资源增容】2015年，区投资扩建板浦第二幼儿园、魏口办园点，开建汪庄幼儿园，太平幼儿园、秀逸苏杭分园开园；合力铂金幼儿园已进入装修招投标阶段，高庄、大井、罗圩、欣欣、浦南江浦、蓝天水墨江南园6所幼儿园被确认为省优质幼儿园，全区优质学前教育资源增容，省优质园比例一跃达到70%。

【幼儿园特色项目获省市级认证】2015年，蓓蕾—钟声省级幼儿园课程游戏化建设共建项目获得省级奖补资金40万元；花果山幼教中心"西游记文化"、海州幼教中心"幼儿快乐体育"、机关二幼的"健康课程"、朐山幼儿园"亲亲草香 快乐成长"、板浦中心幼儿园的"纸浆艺术"、晨辉幼儿园的"绿色环保"、东辛中心幼儿园的"幼儿开心农场"、浦南太平幼儿园的"快乐玩球"8个项目被确认为市级第三批课程基地。机关、精勤等幼儿园获市幼儿舞蹈比赛一等奖。

【承办省学前教育学会科学年会】2015年4月，区教育局承办省学前教育学会科学年会，机关幼儿园、六一华府分园、钟声亲亲宝贝园、民生花苑幼儿园提供观摩现场，接待全省幼教同行200多人。

【承担省科技特色园研讨会观摩现场】5月7—8日，为期两天的"2015年江苏省科技特色幼儿园联盟科学教育研讨会"在连云港市隆重召开。8日上午，省学前教育学会会长张仁、华东师范大学教授施艳及来自全省各地的100余名幼教专家、领导和教师代表，参观六一幼儿园中央华府分园。作为此次年会的观摩现场，中央华府分园向参会代表们展示富有科技特色的种植园区、科技长廊、科学发现室及幼儿音乐专用室和美术专用室。丰富生动、富有特色的园所环境得到到场参观的专家、领导、老师的一致好评。

基础教育

【概况】2015年，海州区基础教育立足海州教育发展的实际，围绕"优先发展，育人为本，改革创新，促进公平，提高质量"的工作方针，以办人民满意的教育为目标，努力推进义务教育优质均衡发展。海州区通过"全国义务教育发展基本均衡区"现场考核验收。幸福路小学顺利通过省绿色学校验收。板浦实验中学、苏光中心小学、许庄小学、宁海中心小学、东辛小学、新海小学6所学校被评为市级绿色学校验收；24家中小学通过市依法治校示范校的创建；建宁小学和大庆路小学被命名为市青少年科学教育特色学校；板浦实验中学、苏光中心小学、岗埠中心小学、浦南中心小学、东辛中心小学、精勤中心小学建立了留守儿童工作站。

【课程基地建设】新浦中学的"融合生活的思想政治"课程基地、海宁中学的"初中生物"课程基地、海州实验小学的"英语"课程基地、解放路小学的"小学劳动与技术"课程基地、建宁小学的"智慧课堂"课程基地、岗埠中心小学的"劳动实践"课程基地6个建设项目被评为连云港市第三批基础教育课程基地。板浦高级中学、花果山中学、板浦实验中学、建国路小学、大庆路小学、精勤中心小学6所学校的课程基地通过省教育厅的阶段性验收。其中花果山中学和建国路小学被评为省优秀课程基地，其余为合格课程基地。岗埠中学和海宁中学共建的初中语文质量提升项目通过申报答辩。

【多举措完善德育机制】继续开展"成长体验"德育主题活动。5月20日，在幸福路小学召开2015年海州区中小学德育工作会议暨"成长体验"主题活动展示，全区所有中学及完小的分管领导及教师代表近200人参加活动。活动通过观摩、参观、交流和听取汇报等方式，全方位展示各校的德育建构和施行特色。以德育案例评选为动力促进教师德育内涵提升。年内还在中小学开展优秀德育案例（优秀心理健康教育案例）征集评选的活动，共收到各中、小学精选上报的德育案例74篇、心理健康教育案例28篇。11篇论文分获市优秀德育案例一等奖、二等奖、三等奖，18篇论文分获市心理健康优秀案例一等奖、二等奖、三等奖。开展优秀学生社团评选活动。通过层层评比选拔，建宁小学"墨池"书法社团、解放路小学舞蹈社团被评为市十佳社团，建国路小学启航科技社团、南城中心小学航模科技被评为市优秀学生社团。创建学生成长（发展）指导中心。全区在已有12个不同星级学生成长（发展）指导中心的基础上，有9所学校完成了创建验收：岗埠中学成功创建三星级学生成长指导中心，大村中心小学、东辛中心小学、云台农场中心小学、花果山中学成功创建二星级学生成长指导中心，新坝中心小学、宁海中心小学、锦屏中心小学、许庄小学成功创建市一星级学生成长指导中心。

【教师基本功大赛】以班主任基本功大赛为平台，强化队伍建设。全区于暑期举办2015年中小学班主任基本功比赛海州区选拔赛。全区共有812名教师参加笔试。根据区选拔赛笔试和面试成绩，推荐30位教师参加市级复赛。有3名教师获市中小学班主任基本功比赛一等奖，11名教师获市二等奖，10名教师获市三等奖。1名教师获市特等奖，并代表连云港市参加省赛，荣获省二等奖。

【教育特色活动】解放路小学的"沐浴阳光 幸福成长"、建宁小学的"稚子随风舞天真童蒙养正在建宁"被评为2015年连云港市中小学"十佳精彩入学（成人）仪式"，建宁小学的"告别七彩童年 放飞中国梦想"被评为2015年连云港市中小学"十佳精彩毕业典礼"，大庆路小学的"争做校园最美少年，与'真真 善善'共成长"被评为2015年连云港市中小学文明礼仪养成教育经典活动；板浦高级中学的校本教材《美丽的家乡》、建宁小学的校本教材《在诚信中幸福成长》、海州实验小学的校本教材《家在古城》和大庆路小学的校本教材《科技星空》被评为2015年连云港市优秀校本教材。

【随迁务工人员子女入学】 对相关人员进行专项培训，安排懂业务、熟流程、有耐心的工作人员60余名，热情接待报名家长并解惑答疑。2015年，全区共接待来访及报名的外来务工家长近3000人次，安排小学一年级随迁子女2059人、初中七年级新生616人，对符合条件的外来务工人员随迁子女100%接收，并100%安排到公办学校，全年义务教育阶段共安排外来务工人员随迁子女12023人。

教育科研

【概况】 2015年，海州区教科研工作以提高学校的教学质量为中心，注重实效性、针对性、创新性，更新教学理念，优化教学管理，提升教研能效，深化课程改革，努力促进教师专业化发展和学生学习能力提升，取得显著成绩。解放路小学、建宁小学、建国路小学成功通过市课堂改革领航学校验收，成为连云港市首批课堂改革领航学校。解放路小学、建宁小学、大庆路小学 、海宁中学成功申报市教学创新项目，在所有县区中排名第一。解放路小学、建宁小学、建国路小学、海宁中学获市教学质量奖。板浦高级中学获市教学质量进步奖。2名教师分获省数学、劳技优质课评比一等奖。1名教师获省小学数学基本功二等奖。10位教师获市基本功大赛一等奖。15位老师获市教研室优质课评比一等奖。9位教师获市首届乡村教师基本功比赛一等奖。 11位教师获市微课比赛一等奖。29位教师获市读写大赛成绩一等奖。建宁、南城、浦南获市小学生综合实践成果展评一等奖。海宁、浦南、板浦实验中学获市中学生汉字听写大赛二等奖。海宁中学代表队获省金钥匙竞赛化学学科团体赛一等奖。8位教研员获市教研员基本功大赛一等奖，获奖率在全市各县区名列第一。在“教海探航”比赛中获得省先进集体奖。

【释放师生潜能的特色课堂】 各中、小学实施“释放师生潜能的课堂”，让学生成为课堂的主角。2015年，全区涌现出一批具有代表性的各具特色的课堂。如海宁中学的“主问生态课堂”、板浦实验中学的“朴素课堂”、海宁小学的“知行课堂”、大庆路小学的“数字多元课堂”、大村小学的“三实课堂”、向阳小学的“阳光课堂”等等，这些学校都能立足课堂，在学校日常课堂教学中，“释放师生潜能”的理念得到较好的体现。

【承办省小学深化课改现场会】 11月5日，江苏省小学深化课堂教学改革现场观摩研讨会在海州区举行。解放路、大庆路、建宁、建国路、海宁等小学在现场会上代表海州区展示国家课程的校本实施情况、校本拓展课程的进展情况、选课走班开展情况，展示课程基地建设使用情况，得到与会观摩的省教育厅领导、各市教育局领导、全省优秀校长的一致好评。

【综合视导与专项视导相结合】 教研室对全区11所中学和近26所小学进行综合视导，对学校整合教学管理和教师“备、教、改、辅、考”等方面展开全面检查与引导。针对中学部分薄弱学校或者薄弱学科进行专项视导，发现问题及时指出，并与教师和学校沟通，商讨适合学生素质提升和发展的措施，为学校，尤其是薄弱学校教学质量的提升出谋划策。

【研训一体提升教师素质】 各学科相继开展了以“释放师生潜能”为主题教学模式研讨活动，优秀课展评、集体备课等活动，开展青年教师专业成长共同体活动，新教师培训活动。暑期小学语、数、英教研员还针对转岗教师进行专题培训，为教师顺利转岗、保持学校学科教学稳定保驾护航。区教研室全体教研员还分学科深入学校宣讲课程标准、“释放师生潜能”教学模式的内涵，开展调研，全面掌握学校具体实施过程中存在的问题，及时进行实践指导，引导学校建立符合本校师生特色的教学范式，不断对范式进行打磨，使范式日趋完善，由“入模”到“出模”，以期达到“无模”的状态。

【研、赛结合促进教师发展】 以提高学校教学质量为中心，以促进教师专业化发展为出发点，抓好课题研究的过程管理，搭建各级培训交流平台，将课题研究、论文竞赛等各级培训作为学校发展和助推教师专业成长的抓手。2015年，海州区教育局教科室荣获2014年度市教科研工作先进集体奖、重大调研课题先进集体奖和课题立项突破奖。10项市教科所重大调研课题被立项。9名教师获市中小学教学研究能力大赛一等奖，1名校长和3名教师被评为连云港市第三届学术领军人才培养对象。 新申报省教研室系统第11期课题16个、在研省第10期课题5个；申报市级课题66个，结题86个，在研市重大课题1个。

【英语“同课异构”教研活动】 为全面落实市、区教育工作会议精神，进一步加大海州区区域内高中学科交流与研讨力度，积极搭建校际交流活动平台，促进教师专业共同发展与提升，在区教研室的统一安排下，12月1日，海州区高中英语“同课异构”教学研讨活动在板浦高级中学举行。上午三节课分别由板浦高级中学的老师孙明星、锦屏高中的老师王红敏及新浦高中的老师李海燕执教模块六第二单元“Reading”。板浦高级中学校长李大波、副校长陈锡云一同深入课堂，聆听三位老师的课堂教学。第四节课，在区教研室教研员老师易立的主持下，各校听课老师开展教学研讨活动，板浦高中英语教研组老师吴湖、曹家还以及新浦中学老师李春玲、戴敏对此次“同课异构”的三节课进行点评。易立对活动做了总结，并对全区高中英语学科的课堂有效教学提出了指导性的建议。

此次教研活动通过“同课异构”的对比研究，开展实质性的观摩、研讨与反思，有效地激发教师参与课改、深入课改的积极性，切实营造出浓厚、实效的教研氛围。

教育督导

【概况】 2015年，海州区政府教育督导室按照科学和谐、教育公平、教育均衡的要求，以区域内国家级义务教育发展基本均衡区的创建和市素质教育综合督导、督政、职业教育督学等工作为中心，通过强化调研、完善督导机制和推行责任督学挂牌督导等举措，开展各项工作。4月，海州区政府2014年度教育工作和海州区职业教育工作通过市督导组督导考核和评估验收。义务教育发展基本均衡区的国家级验收难度很大，不仅关系到海州区所属的学校，还涉及景区、市直属、老高新区的学校共67所。海州区教育督导室对67所受检学校的有关人员进行迎检集中培训，对受检学校开展四轮检查，对照一校一表，一次次聚焦重点，一次次限期整改。6月，通过了义务教育发展基本均衡区的国家级认定。11月，海州区中小学素质教育通过市督导评估。

【推进责任督学挂牌督导】 海州区政府办公室印发《关于进一步推进全区中小学校责任督学挂牌督导工作的意见》后，区督导室于8月28日召开全区中小学责任督学挂牌督导工作推进会，对全区中小学责任督学挂牌督导工作提出“有效履行职责，健步创新之路”的要求。为做好督导工作，督导室工作人员随市督导室到秦淮、润州等地考察学习，借鉴外地经验，结合本地实际，相继出台10项相关制度，并从校级领导队伍中选聘12位事业心强、工作能力强的人员任督学，对他们进行培训并明确工作要求。增设“责任领导”，当督学在解决问题过程中遇到了困难，由“责任领导”出面解决，为督学和学校、教育局之间的沟通提供了畅通的渠道。

【义务教育均衡发展动态监测】 根据省政府教育督导委员会办公室颁发的《关于建立义务教育均衡发展动态监测机制的通知》（苏教督委办〔2015〕6号），决定从2015年起，建立预警提醒制度、质量核查制度、责任追究制度，并把“基本均衡”的数据监测与现有的督政、教育现代化监测、优质均衡评估结合起来，形成长效机制。从9月开始，根据2015年教育统计年报数据，测算三个片区（海州区、市直、景区）义务教育均衡差异系数。区督导室认真统计各校相关数据，组织人员精心测算，确保数据准确无误，最终顺利完成。

【初中富余教师分流现状调研】 2015年8月，海州区教育局按照三部委下发的《关于推进县（区）域内义务教育学校校长教师交流轮岗的意见》和江苏省《关于进一步推进义务教育学校教师和校长流动工作的意见》精神，结合海州区实际情况，对初中139名富余教师进行分流。区督导室于8月26日对此进行调查。调查目的有二，一是了解分流教师对分流方案的认识、意愿、参与情况及对分流到小学后的总体感觉，并通过访谈解决分流教师的担忧，提高分流教师从事教学的热情；二是发现分流方案存在的问题，并通过问题分析向领导提供决策参考。

招生考试

【自学考试】 2015年，海州区招考办根据市招考办部署，结合本区工作实际，克服困难，强化服务，保质保量地完成市招考办部署的各项教育考试任务。通过强化考务管理、开拓在校生专接本、推动大中专院校全国公共英语考试、加强监督等举措，完成市考办下达的目标任务。全年自学考试学历报名8043人，报考18023课次。有518人获得自考本、专科毕业证书。组织学历考试2次，启用2个考点，使用516个考场。全国公共英语等级考试，全年报名3825人。社会证书考试全年报名19473人。共颁发证书18967份。组织非学历证书考试4次，启用49个考点，使用632个考场。

【中考】 2015年，海州地区九年级有20所学校（含分校）、7848名考生参加中考，开设264个考场；八年级共有19所学校（含分校）、8168名考生参加地理与生物考试，开设276个考场。根据市教育局关于设置考点的相关要求，结合海州地区实际情况并报市教育局批准，在新海实验中学、外国语学校、新浦中学、海宁中学、海州高级中学和板浦实验中学共设置6个考点。

中等专业教育

【概况】 2015年，海州区中等专业教育坚持以职校特色为发展目标，以大力提高教育教学质量为重点，以师资培训建设为基础，以现代教育信息技术为纽带，以加强学校管理为突破口，注重学生技能培养，加强学生就业指导，拓宽学生就业、升学渠道，全面推进职业教育健康发展。全年对口单招报名人数72人，本科达线率3.23%，专科达线率91.94%，合计达线率95.16%。

【教科研活动】 开展培训60多次，参培教师达170多人次，教师培训经费5300多元；开设研讨课81节，开课人数占一线教师的93.1%；市中长期课题结题7个，市个人课题结题2个；区级个人课题立项与结题5个；发表论文26篇，省、市、区级论文获奖50多篇次，其中省“师陶杯”论文竞赛获二等奖1个、三等奖2个。1位教师获教师组电子产品装配与调试专业二等奖，1位教师获教师组会计手工账务处理专业三等奖，1名学生获学生组会计手工账务处理专业三等奖。1位教师获2015年连云港市PPT大赛二等奖。

【寓教育于活动之中】 针对中职专业设置的特点和学生需求，组建钢琴、古筝、葫芦丝、舞蹈、健美操等艺术课程，创建广播站、礼仪队、手工组、舞蹈队、散打班、日语班、腰鼓队、锣鼓队等社团组织。以植树、学雷锋、主题板报、手抄报、征文、演讲、大合唱、健身操、运动会、十佳歌手竞赛、节日演出、灯谜、拔河、游园等活动，满足学生多项需求，促进学生全面发展。

特殊教育

【概况】 2015年，海州区有特殊教育学校2所，学生117人。特殊教育学校以“重实际、抓实事、求实效”为原则，以培养学生自助能力为核心，以课改为切入点，以教育科研为抓手，从学生可持续发展的需求出发，主动积极地探索实施自助教育的途径、方法和手段，积极主动地开展各项工作。

【医教结合实验】 新浦培智学校“医教结合实验”教育项目于2014年6月通过省教育厅申报答辩。2015年11月通过省教育厅专项检查，并获得全市唯一一家资金追加50万元的特教学校。该项目资金用于在原有肢体康复教室的基础上改造、装修为医教结合专用室，购置康复医疗相关的专用设备、器械，满足学校康复医疗的需要。邀请连云港市中医院康复部主任到校培训教师，指导教师掌握康复医疗技术。邀请连云港市中医院康复部医生到校开展典型智障学生案例的康复治疗，开展言语康复、认知康复、运动康复训练和跟踪指导。外派学校教师到连云港市中医院康复部跟岗培训实习，学习康复医疗技术。典型智障学生，借用连云港市中医院资源进行专业康复医疗。以人为本，共同申报研究课题，建立智障学生康复医疗档案，跟踪研究，大力开展教师专业培训。

【启动送教上门工作】 为贯彻落实《中华人民共和国义务教育法》《中华人民共和国残疾人保障法》《残疾人教育条例》的相关规定，海州培智学校全面推进全纳教育。对区内未上学的残疾学生进行摸底调查和走访，确定送教上门服务对象，并建立送教上门学生名册，定期开展教学和康复训练活动。切实保障因生活不能自理、不能到学校接受教育的重度智力残疾儿童少年受教育的权利。学校对于辖区内重度、极重度残障儿童义务开设家庭课堂，开展送教上门服务。

职业教育与社会教育

【概况】 2015年，海州区职业与社会教育按照市教育局的工作部署，围绕发展符合海州区经济特色需要的职业教育、提高社区教育为社会服务的能力、构建具有特色的现代职业教育体系和以社区教育为主要内容的终身教育体系开展各项工作，年内海州区职业与社会教育办公室完成农村实用技术培训10824人次、劳动力转移培训1056人次、农民工培训1039人次、老年教育5076人次，各类培训共计17995人次。新南街道社区教育中心和朐阳街道社区教育中心完成省级社区教育中心创建，37个居民学校完成省级居民学校创建。

【举办中小学校长培训班】 为提升中小学校长的教育理念，提高管理水平和课程领导力，11月21—24日，海州区教育局在华师大举办2015年首批中小学校长专题培训班，共有50名校级领导参加此次培训。培训由区教育局主办，华东师范大学具体承办。区教育局党委书记王海鸥到会并讲话。她在开班仪式上强调举办校长培训班的意义和目的，并对参训校长提出殷切希望和严格要求，她希望各位校长认真学习，提高自己的综合素质，大胆探索、勇于创新，促进学校内涵发展、质量和效能的提升，为海州教育的改革与发展做出贡献。

四天紧张而务实的培训课程让参训学员了解了新常态下教育的改革与发展方向，提高了学校教育管理能力。授课教师中既有华东师范大学朱益明、王斌华、宁本涛、吴遵民等教授，也有上海市特级校长胡瑞峰，上海市教育功臣、特级校长卞松泉，他们分别从教育改革、学校管理的理论与实践，学校质量评价，教师评价，国外教育见闻等不同侧面、不同视角，为校长们提供了精彩纷呈的讲座。他们旁征博引的开阔视野，中外古今的纵横贯通，深入透彻的理性思考，鲜活典型的教育案例，为学校管理提供可资借鉴的示范；他们鞭辟入里的分析，细微点滴的感悟，执着宽厚的情怀，点燃了大家的教育理想，启迪学校管理思路和路径，坚定教育事业的信念。

校长们还参观考察上海小学和静安区教育学院附中，浓厚的校园文化氛围、丰富多彩的特色课程、扎实高效的教学改革给学员们留下美好、深刻的印象。学员们聆听了上海小学校长毛坚琼、静安区教院附中校长张人利的精彩报告，他们将高深的理论化作浅显的道理，将一个个学校管理的成功经验如数家珍般娓娓道来，碰撞了校长们的思想，激发了校长们的思维。培训中，小组间的讨论交流与成果分享，围绕主题各抒己见，气氛活跃，促进了校长之间相互学习，集体的智慧在活动中闪光！

【举办全区终身教育活动周活动】 2015年11月8日，在岗埠中学举办“2015年全区终身教育活动周”活动，区有关部门300余人参加。

学校选介

江苏省板浦高级中学 板浦高级中学创建于1914年，校址在江苏省连云港市板浦镇，占地8公顷，学校前身为灌云县第一高等小学，后在其基础上建立灌云县立初级中学。1948年，学校易名为苏北灌云县初级中学，1953年更名为灌云县板浦初级中学。1958年发展为普通完全中学，更名为灌云县板浦中学。1978年，学校被确定为淮阴地区重点中学，1992年被确定为江苏省名中学，1997年被评定为江苏省重点中学，2003年转评为江苏省三星级普通高中，2008年晋升为江苏省四星级普通高中，学校更名为江苏省板浦高级中学。

学校在百年的办学历程中，先后培养5万多名各级各类人才，其中有省部级领导、共和国将军、中科院院士、知名教授专家、体坛健将，为国家和地方建设事业和社会发展做出积极的贡献，赢得了社会各界的广泛赞誉。

学校曾荣膺江苏省人民政府嘉奖，先后被授予“全国群众体育先进集体”“江苏省德育先进学校”“江苏省文明单位”“江苏省平安校园”“江苏省中小学管理规范示范校”“江苏省绿色学校”“江苏省体育传统项目学校”“江苏省学校体育教育工作先进单位”“江苏省培育体育后备人才试点学校”等荣誉称号，获得市、区表彰百余项。

2015年，学校在校学生共3150人，专任教师239人，其中具有中、高级职称教师205人，特级教师3人，全国优秀教师1名，市学科带头人13名，市级骨干教师32人，曾获得“连云港市优秀教师群体”荣誉称号。学校秉承“文化化人”的办学理念，以“质量立校，特色兴校，管理强校”为发展方向，始终坚持以科研引领教学、以课改提升质量、以特长激活学生、以特色打造学校师生同步发展的策略，教育教学质量不断提升，体育工作在省内外独领风骚，艺术教育在全市独树一帜。

学校实施“先研后教，以研促教”战略，成绩显著：学校获得省教科研成果一等奖；两项课题获省教科所立项；继2014年后再次获得省“教海探航杯”“师陶杯”中学组第一名；评获“长三角地区教科研先进集体”（全市中学唯一获奖单位）；《连云港教育》对板浦高中的科研现象进行专题报道。教师张长水获全国优质课大赛特等奖，被聘为市教学视导评估专家。教师袁春波入选高考命题专家库成员。

学校基于“释放学生潜能”的课改背景，结合自身的生源现状，形成了“双引·双自式”课堂教学模式。该模式强调一个转变，即师生角色的转变；实现两个前置，即问题与学习前置；注重三种方法，即自主学习、合作交流、师生探究；凸显四种形态，即展示进行交流、点拨实现提升、纠错进行落实、开放实现拓展。2015年高考，板浦高中优生提升率位居全市四星高中的前列，学校获市高中教学质量提升奖，获评区教学工作先进集体。学校课改经验入编《江苏省中小学教研》。

学校以“模式多样化，教学差异化，发展国际化，成才多元化”为方向，通过开设日语国际班及和兰州大学、空军工程大学、南京体育学院联合办学等举措，着力于学生个性发展、特色发展和全面发展。

连云港市郁林中学 连云港市郁林中学前身为连云港浦南中学。连云港浦南中学始创于1960年8月，校址在浦南镇镇区。2013年6月，该校在海州区滨河新区迎春花路异地新建，2015年8月搬迁并更名为连云港市郁林中学。总投入1.1亿元，学校占地约50927.99平方米，建筑面积30550.48平方米。办学规模30个班，在校学生1619人；教职工177人，其中专任教师162人。办学条件全部达到省教育现代化标准。

学校始终秉承“以人为本，和谐发展”的理念，以“让我们的教育适合每一位学生的发展，让每位学生全面而具个性地发展”为办学追求，以“彰显个性，全面发展”为校训，以“崇德尚学，求实创新”为校风，以“敬业爱生，严谨善教”为教风，以“勤学善思，进取有恒”为学风，强化“以德立校，依法治校，科研兴校，质量强校”的办学思想，以“办人民满意教育，以优质回报社会”为办学目标，积极推动素质教育，不断提高办学质量。

学校先后荣获“江苏省平安校园”“江苏省优秀社区教育中心”“江苏省最具影响力初中先进集体”“江苏省青少年科技教育先进学校”“连云港市防震减灾科普示范学校”“连云港市精神文明建设先进单位”“连云港市全面育人先进单位”“青年文明号”“绿色学校”等荣誉称号。

学校近期取得的主要成绩有获评2014年度成人教育工作先进集体、2014年度海州区社区教育工作先进集体、2014年度全区教育工作目标考核二等奖、海州区2014年度教科研先进集体、市中学生汉字听写大会优秀奖、市非物质文化遗产民间传统手工艺传承基地、2015年省“师陶杯”教科研论文评选组织奖、江苏省科学教育特色学校等。

连云港市幸福路小学 连云港市幸福路小学位于海州区大庆西路29号，创建于1972年，占地面积24632平方米，建筑面积10140平方米。2015年，学校有教学班27个，学生1387名，教职工70名。学校配有可以容纳300余人的阶梯教室、多功能体育馆、2个实验室、2个音乐教室、2个美术室、1个体育器材室；图书室藏书25800册，生均20.44册；学生计算机136台。班班配有教学触摸电视、交互式电子白板、液晶投影和展示平台，实现常态下多媒体课堂教学全面普及。

学校秉承“为孩子的幸福成长奠基”的办学理念，结合传统项目及发展现状，以珠心算教学、菜单式校本课程、啦啦操社团为学校特色发展项目。啦啦操社团获全国啦啦操联赛小学丁组第一名，廉政微电影《红包去哪儿》获省级入围奖，珠心算社团代表连云港市参加省珠心算比赛获团体进步奖。

学校先后获评市教师培训工作先进单位、市主题读书活动团体奖、市示范家长学校、市关工委常态化建设合格单位、区教科研先进集体、区优秀教工之家、“江苏省绿色学校”称号、江苏省健康促进校（金奖）、市义务教育学校办学标准建设学校、国家级校园足球特色学校、江苏省优秀家长学校等。

海州实验小学 海州实验小学是2005年在全区实行布局调整背景下，由城区中大街小学、砚池小学和蔷薇小学三所老校合并异地新建的学校。学校占地面积58302平方米，建筑总面积14986平方米。2015年，学校有教学班52个，学生3039名，教职工151名。学校基于“仁爱”的文化底蕴，确立了“爱心放飞理想”的教育主题，坚持国家课程、地方课程、校本课程三级课程并施，必修课程与选修课程并重，学科类课程与活动类课程并进。充分挖掘地方特色资源，构建完善的课程体系，保证学生人人有选修，促进个个有特长。学校相继在全国第三届、第四届艺术展演中获得大奖，在国际和全国风筝大赛上屡次夺冠，红飘带社团的啦啦操获全国中小学生锦标赛小学组团体总分第一名，舞蹈《草虫》获全国中小学生春晚展播金奖。先后被评为江苏省实验小学、江苏省艺术特色学校、江苏省科技特色学校、江苏省绿色学校。

2015年，在市第五届中小学生艺术展演活动中，大合唱《撒哩啰》和《踏雪寻春》获省、市特等奖，国家三等奖；舞蹈《可可西里的呼唤》获市一等奖，学校荣获优秀组织奖。在江苏省中小学生“成语新说”创作大赛中荣获优秀奖；在2015年连云港市中小学生环保知识大赛活动中，荣获团体奖；荣获连云港市第五届中小学生艺术展演活动优秀组织奖；在海州区“法在我身边”征文活动中，荣获优秀组织奖；在海州区第五届中小学生艺术展演活动中获特别贡献奖；在海州区“区长杯”校园足球联赛中，获优秀组织奖；在海州区中小学阳光体育大课间评比中，荣获优秀奖；校本教材《家在古城》被评为2015年连云港市优秀校本教材。

连云港市少年宫 连云港市少年宫位于海连中路239号，成立于1991年9月17日，2015年6月，政府区划调整，搬迁至海连中路151号。少年宫占地面积8268.4平方米，建筑面积5200平方米。少年宫有教职工63人，有1个可容纳200余人的梦幻剧场、1个乒乓球训练馆、3个专业舞蹈房、6个器乐专用教室、1个声乐教室、16个美术专用教室，每期培训有120班级、3500人次。

少年宫秉持“彰显公益性，服务青少年”的办宫理念，结合校外教育发展特点，确立公益活动和美术书法等艺术类学科为少年宫特色发展项目。所培养的学员在全国、省市少儿艺术大赛中成绩斐然。“‘流动少年宫’系列公益活动”参加全国未成年人校外教育理论与实践研究优秀成果评比，荣获全国二等奖。少儿京剧《红娘选段》获省中小学生艺术展演暨少儿艺术节小学组二等奖。学员书法作品在教育部组织的全国中小学生艺术展演中，3人获一等奖，3人获二等奖；2人获省级一等奖，3人获二等奖。少年宫先后被评为全国小公民道德建设实践基地、省校外教育示范基地、省校外教育先进集体、省“七彩的夏日——未成年人暑期系列活动”优秀活动场馆、市首批校外教育示范基地、市科普基地、市文明单位等。

（撰稿：许景明 审稿：王从峰）

2015年海州区初中教育情况一览表

表18 单位：人

学校名称	毕业生数	招生数	在校生数					预 计 毕业生数
			合计	其中：女	一年级	二年级	三年级	
合计	3424	3168	10313	4296	3168	3581	3564	3564
连云港市凤凰学校	41	153	327	142	153	119	55	55
连云港市板浦实验中学	802	646	2294	961	646	822	826	826
连云港实验学校	0	42	42	16	42	0	0	0
连云港市郁林中学	415	533	1619	631	533	570	516	516
连云港市新浦初级中学	353	295	934	383	295	285	354	354
连云港市海宁中学	757	574	2059	908	574	727	758	758
连云港市海庆中学	275	189	655	286	189	223	243	243
连云港市花果山中学	95	91	295	115	91	107	97	97
连云港市岗埠中学	82	142	422	177	142	157	123	123
连云港市锦屏中学	150	124	412	164	124	134	154	154
连云港市新坝中学	134	142	438	162	142	168	128	128
连云港市宁海中学	188	148	517	218	148	180	189	189
连云港市朐山中学	104	89	299	133	89	89	121	121
连云港市新世纪实验学校	28	0	0	0	0	0	0	0

2015年海州区高中教育情况一览表

表19 单位：人

学校名称	毕业生数	招生数	在校生数					预计 毕业生数
			合计	其中：女	一年级	二年级	三年级	
合计	2049	1773	4839	2068	1773	1429	1637	1637
连云港市新世纪实验学校	170	170	341	86	170	99	72	72
连云港市新浦高级中学	442	445	1282	562	445	412	425	425

续表19

单位：人

学校名称	毕业生数	招生数	在校生数					预计毕业生数
			合计	其中：女	一年级	二年级	三年级	
连云港市锦屏高级中学	516	397	1060	465	397	286	377	377
江苏省板浦高级中学	921	761	2156	955	761	632	763	763

2015年海州区特殊教育情况一览表

表20

单位：人

学校名称	在校生数										
	毕业生数	招生数	合计	其中：女	小学阶段						初中阶段	
					一年级	二年级	三年级	四年级	五年级	六年级	一年级	二年级
合计	25	38	117	35	21	28	11	0	8	8	17	24
连云港市海州区培智学校	11	15	55	17	5	12	0	0	8	8	10	12
连云港市新浦培智学校	14	23	62	18	16	16	11	0	0	0	7	12

2015年海州区小学教育情况一览表

表21

单位：人

学校名称	毕业生数	招生数		在校生数								预计毕业生数
		计	其中：受过学前教育	合计	其中：女	一年级	二年级	三年级	四年级	五年级	六年级	
合计	5547	8161	8161	42852	19058	8161	7525	7463	7100	6491	6112	6112
连云港市东辛中心小学	74	103	103	589	269	103	112	101	89	90	94	94
连云港市菜园小学	48	45	45	295	131	45	54	59	46	47	44	44
连云港市海州区花果山文武学校	12	2	2	19	1	2	3	2	3	0	9	9
连云港市解放路小学	642	884	884	4870	2175	884	789	850	811	776	760	760
连云港市海宁小学	459	436	436	2971	1238	436	443	537	518	533	504	504
连云港市大庆路小学	168	182	182	1187	573	182	207	213	221	184	180	180
连云港市新海小学	133	153	153	947	440	153	159	161	161	170	143	143
连云港市幸福路小学	151	258	258	1387	625	258	268	299	212	162	188	188
连云港市建国路小学	333	401	401	2432	1076	401	389	407	469	426	340	340
连云港市建宁小学	516	736	736	3862	1683	736	712	662	600	568	584	584
连云港市解放路小学北校区	63	175	175	723	320	175	105	116	130	102	95	95
连云港市解放路小学郁洲分校	82	142	142	374	183	142	109	123	0	0	0	0
连云港市向阳小学	82	86	86	604	263	86	85	107	117	107	102	102
连云港市大村中心小学	111	200	200	907	396	200	195	143	127	127	115	115
连云港市新华小学	30	10	10	137	56	10	26	27	24	33	17	17
连云港市南城中心小学	101	150	150	813	360	150	119	169	154	131	90	90
连云港市云台农场中心小学	85	66	66	379	171	66	53	66	55	65	74	74
连云港市岗埠中心小学	182	292	292	1637	640	292	293	294	310	247	201	201
连云港市岗埠小学	21	28	28	149	70	28	31	30	27	23	10	10

续表21

单位:人

学校名称	毕业生数	招生数		在校生数								预计毕业生数
		计	其中:受过学前教育	合计	其中:女	一年级	二年级	三年级	四年级	五年级	六年级	
连云港市高桥小学	8	11	11	87	43	11	18	23	13	12	10	10
连云港市临河小学教学点	0	0	0	0	0	0	0	0	0	0	0	0
连云港市浦南中心小学	237	375	375	1898	810	375	375	327	319	243	259	259
连云港市太平小学	86	126	126	609	258	126	91	106	107	92	87	87
连云港市郎墩小学	38	47	47	274	114	47	48	49	42	44	44	44
连云港市小兴小学	46	53	53	293	119	53	41	56	37	35	71	71
连云港市草舍小学	117	24	24	250	117	24	19	24	27	68	88	88
连云港市草舍小学吕湾教学点	0	73	73	328	159	73	81	67	76	31	0	0
连云港市浦南中心小学浦北教学点	82	90	90	514	232	90	82	93	83	81	85	85
连云港市郎墩小学大官庄教学点	24	73	73	318	149	73	52	52	57	59	25	25
连云港市岗埠中心小学李庄教学点	14	20	20	134	52	20	27	28	27	18	14	14
连云港市洪门小学	18	0	0	0	0	0	0	0	0	0	0	0
连云港市新坝中心小学	82	200	200	944	445	200	188	170	136	169	81	81
连云港市魏口小学	25	33	33	257	126	33	37	53	57	45	32	32
连云港市武圩小学	17	29	29	194	98	29	31	31	37	36	30	30
连云港市大井小学	28	47	47	270	127	47	59	39	43	41	41	41
连云港市海州第二实验小学	31	168	168	596	288	168	117	78	82	67	84	84
连云港市海州实验小学	412	532	532	3056	1328	532	540	488	523	488	485	485
连云港市许庄小学	41	80	80	348	163	80	66	54	67	36	45	45
连云港市宁海中心小学	115	198	198	985	443	198	194	178	163	145	107	107
连云港市新圩小学	46	62	62	315	145	62	70	55	46	40	42	42
连云港市狮树小学	23	36	36	169	79	36	23	32	36	20	22	22
连云港市卞浦小学	32	52	52	316	138	52	65	52	45	49	53	53
连云港市苏光中心小学	359	646	646	2915	1316	646	528	451	468	412	410	410
连云港市精勤中心小学	93	145	145	740	354	145	142	123	110	110	110	110
连云港市罗圩小学	26	50	50	254	117	50	50	53	37	34	30	30
连云港市小浦小学	24	23	23	218	93	23	28	31	46	46	44	44
连云港市苏光中心小学石河教学点	0	30	30	164	89	30	36	27	20	24	27	27
连云港市锦屏中心小学	162	256	256	1278	601	256	236	258	218	162	148	148
连云港市凤凰学校	39	152	152	439	208	152	82	53	55	47	50	50
连云港实验学校	0	125	125	125	50	125	0	0	0	0	0	0
连云港市朐山中学	29	56	56	282	127	56	47	46	49	46	38	38

2015年海州区幼儿教育情况一览表

表22　　　　单位：人

幼儿园名称	入园（班）人数					在园（班）人数						离园（班）人数
	合计	托班	小班	中班	大班	合计	其中：女	托班	小班	中班	大班	
合计	10335	1150	6551	1455	1179	28499	12770	1406	8594	8992	9507	6450
海州区春晖香江花园幼儿园	81	0	78	1	2	298	151	0	78	109	111	42
海州区世纪阳光幼儿园	97	0	80	15	2	226	100	12	97	71	46	26
商业幼儿园分园新海园	60	13	47	0	0	349	110	23	80	120	126	31
精勤中心幼儿园	138	8	59	44	27	378	189	8	82	131	157	97
海州区新坝镇欣欣幼儿园	118	0	23	30	65	264	121	0	30	85	149	35
海州区春晖润城幼儿园	127	0	119	8	0	370	186	0	119	137	114	79
海州区金阳幼儿园	108	20	51	28	9	359	171	20	90	105	144	97
大井幼儿园	43	0	36	4	3	118	53	0	36	43	39	51
东辛中心幼儿园	52	0	42	8	2	180	94	0	50	59	71	40
高庄幼儿园	34	0	8	19	7	116	58	0	32	46	38	20
罗圩幼儿园	40	0	30	9	1	112	59	0	33	38	41	51
海州区蓝天水墨江南幼儿园	81	11	57	9	4	348	98	27	110	139	72	15
海州区东方宝贝儿童之家	170	0	135	28	7	363	179	0	135	123	105	56
板浦中心幼儿园	167	0	109	30	28	480	223	0	109	149	222	135
新坝中心幼儿园	167	0	107	37	23	429	211	0	107	147	175	108
宁海中心幼儿园	153	0	64	48	41	312	187	0	76	117	119	118
中茵伟才幼儿园	258	45	179	21	13	556	280	45	235	159	117	86
锦屏中心幼儿园	141	17	124	0	0	426	203	17	124	136	149	93
海州区童馨幼儿园	44	24	16	2	2	616	264	74	147	211	184	96
海州区幼儿教育中心	295	0	263	22	10	792	343	0	263	265	264	211
海州区贝贝幼儿园	36	12	10	14	0	200	97	20	52	60	68	70
爱倪儿幼儿园	32	8	20	3	1	225	93	25	59	77	64	31
钟声幼儿园	141	51	90	0	0	682	336	51	177	215	239	127
钟声育苗园	137	0	89	33	15	280	133	0	100	90	90	71
钟声亲亲宝贝园	60	17	36	7	0	386	183	17	120	98	151	92
商业幼儿园	231	37	129	35	30	689	239	37	210	217	225	198
商业兴业幼儿园	74	13	52	7	2	344	114	23	82	118	121	69
苏星幼儿园	97	19	46	18	14	337	160	25	91	102	119	58
小红花幼儿园	150	21	120	2	7	465	207	21	160	121	163	99
莱恩早教津华苑幼儿园	165	16	74	38	37	375	226	16	147	103	109	87
民生花苑幼儿园	129	0	116	6	7	336	174	0	116	105	115	72
海州区春晖苍梧幼儿园	125	0	119	4	2	414	173	0	119	140	155	118
海韵艺术幼儿园	164	12	100	20	32	479	194	12	139	152	176	175
育红幼儿园	152	55	77	13	7	471	215	79	128	141	123	85
蓝天艺术幼儿园龙河园	140	46	38	39	17	469	185	50	142	148	129	78
乐迪幼儿园	101	20	65	6	10	336	138	20	98	118	100	67
育才幼儿园	170	40	79	31	20	343	182	56	96	93	98	69
晨辉幼儿园	119	21	90	8	0	285	120	21	117	67	80	40

续表22　　　　单位：人

幼儿园名称	入园（班）人数					在园（班）人数						离园（班）人数
	合计	托班	小班	中班	大班	合计	其中：女	托班	小班	中班	大班	
苗苗幼儿园	65	15	40	6	4	290	138	21	120	69	80	40
机关幼儿园	244	55	189	0	0	641	310	55	189	198	199	196
机关幼儿园玉带分园	124	0	124	0	0	377	173	0	124	125	128	120
第二幼儿园海昌路分园	60	0	60	0	0	250	102	0	60	70	120	80
机关第二幼儿园	220	45	175	0	0	645	256	45	175	200	225	200
海州区好孩子茗馨幼儿园	162	16	134	9	3	409	192	24	184	104	97	123
朐山幼儿园	12	3	5	4	0	184	91	10	50	62	62	40
小天使矿山院幼儿园	67	0	53	11	3	440	189	0	156	140	144	140
新浦新苗幼儿园	211	22	101	50	38	550	196	22	150	189	189	152
六一幼儿园万润分园	101	0	101	0	0	274	130	0	101	85	88	88
蓓蕾幼儿园	124	25	87	6	6	428	206	25	119	158	126	112
机关苍梧分园	165	0	165	0	0	539	198	0	165	179	195	117
海州区万得宝贝园	161	43	87	20	11	423	197	43	87	135	158	119
海州区龙尾幼儿园	47	0	9	12	26	276	112	0	42	134	100	62
东盛艺术幼儿园	100	16	35	27	22	201	91	18	52	67	64	40
四季阳光幼儿园	46	18	16	9	3	235	122	30	60	65	80	40
新天地艺术幼儿园	138	18	38	50	32	215	104	21	58	62	74	86
六一幼儿园	164	0	164	0	0	490	223	0	164	170	156	156
花果山幼教中心	253	15	142	53	43	686	307	15	171	222	278	120
南城中心小学附属幼儿园	206	0	108	24	74	390	159	0	132	95	163	178
浦南中心幼儿园	211	0	174	19	18	571	281	0	174	198	199	86
海州区东方龙亲子园	100	20	30	35	15	191	60	41	50	50	50	30
海州区浦南夏禾幼儿园	84	42	18	18	6	294	158	44	60	82	108	48
岗埠中心幼儿园	285	0	270	10	5	918	425	0	270	314	334	212
浦南镇潘圩幼儿园	31	0	31	0	0	345	166	0	103	110	132	47
浦南太平幼儿园	124	0	119	2	3	373	177	0	119	120	134	138
海州区云台农场中心园	57	12	20	15	10	235	97	25	50	70	90	55
浦南江浦幼儿园	99	0	90	8	1	268	136	0	90	89	89	23
一品苑小海龟幼儿园	158	20	59	60	19	301	87	20	91	120	70	16
六一幼儿园中央华府分园	151	0	151	0	0	405	173	0	151	119	135	150
新浦区东方岚谷九龙城幼儿园	162	30	72	22	38	292	126	30	101	83	78	69
小红花振兴艺术分园	132	14	110	4	4	201	100	23	122	31	25	21
锦屏中心幼儿园狮树办园点	0	0	0	0	0	0	0	0	0	0	0	0
板浦镇花果山幼儿园	112	0	39	40	33	305	130	0	84	103	118	116
板浦镇第二幼儿园	120	0	66	30	24	218	96	0	66	81	71	67
新坝中心幼儿园魏口办园点	0	0	0	0	0	0	0	0	0	0	0	0
明星幼儿园	70	20	33	15	2	259	126	20	59	89	91	70
六一幼儿园合力铂金公馆分园	389	0	129	119	141	389	156	0	129	119	141	0
机关幼儿园同科分园	375	175	200	0	0	375	174	175	200	0	0	0
六一幼儿园秀逸苏杭分园	408	0	130	130	148	408	157	0	130	130	148	0

责任编辑：马善臣

科学技术

科技工作

【概况】 2015年，海州区科学技术工作以“企业服务年，项目建设年”为中心，围绕区委、区政府工作重心，开展战略性产业关键技术研发，设立区政府中小企业发展资金。搭建海州区科技公共服务信息知识和知识产权服务平台，新增国家、省、市科技项目122项，新增国家高新技术企业12家，新增省级研发机构10家，新增省级高新产品21项。区政府被省知识产权局确定为江苏知识产权强省建设区域示范工作单位。区知识产权局连续四年被省科技厅、省知识产权局评为省知识产权工作先进集体，区科技局被区委、区政府授予经济建设和社会发展目标绩效考评优秀奖，蝉联四连冠。

【搭建高新技术服务平台】 2015年，海州区围绕战略性新兴产业关键技术研发和产业化，集中力量突破陆用流体装卸设备、太阳能热水系统等一批关键核心技术，推进自主创新和科技成果转化，高新技术产业总量快速增长，质态不断提升。高新技术产业产值占规模以上工业产值比重达70.92%，居全市首位。

区政府设立中小企业发展资金，在全市县区率先兑现奖励国家高企、国家重点新产品、研发机构等重点项目的科技扶持资金161.5万元。全区新增佳普石化、连鑫玻璃钢等国家高新技术企业12家，获批省高新技术产品21项。全区拥有国家高新技术企业44家，其中国家火炬计划重点6家，省科技型中小企业105家。

与市科技局情报所、淮海工学院合作开发海州区科技公共服务信息和知识产权公共服务平台系统，实现“互联网+”和科技服务的有机结合，202家企业完成线上注册。初步建成连云港市高端装备产业创新驱动站，强化科技培训，加快企业创新步伐，推进产学研合作，提升区域创新能力。以“企业服务年”为主题，“开展高新技术企业申报与管理”“科技资源共享服务”等培训会7次，培训200余家企业、1200余人次，开展30余场产学研活动，达成合作意向近50个。新增省级以上研发机构10家，省重点研发机构3家，天明集团获批省重点实验室。拥有省级以上研发机构76家，全区大中型企业研发机构和大中型企业中高新技术企业省级研发机构建设实现全覆盖。

【科技成果】 瞄准前沿科技和未来重大需求，积极与省内外的高校院所开展合作，通过委托研究、联合开发等形式开展联合攻关，加快科技成果转化。正大天晴“1.1类抗肿瘤新药盐酸安罗替尼研发及产业化”及东浦管桩“高强高耐久预应力混凝土防腐管桩的研发及产业化”两项省重大成果转化项目获批扶持资金2200万元，分别占全市立项数和资金总量的50%和52.4%。围绕人口健康、生态环境、特色果蔬等重点领域的重大科技需求，加强社会公益类研究和农业关键技术研究，着力提升科技惠民的能力和水平。获批140万元省苏北专项资金，带动企业投入698万元，年新增产值2170万元，利税446万元，建成果蔬示范基地66.67公顷，推广333.33公顷。天明装备完成的“煤矿用重载平板动力车研究与应用”获省科技进步奖三等奖。日出东方获省企业技术创新奖；8项成果获市科技进步奖，其中正大天晴完成的“基于脂质体技术突破甘草酸口服吸收瓶颈的肝病药物开发”获市科技进步一等奖。

【科技合作】 积极开展以企业为主体、高校为依托、市场为导向的“政产学研”合作，加快引进各类创新资源集聚海州。区政府加强与东南大学、中科院能动中心等高校、科研院所的科技合作。区科技局组织企业与清华大学、中科院等高校、科研院所进行成果对接及产学研合作，组织开展产学研活动50余场，对接专家140余人，达成科技合作81项，引进22名高层次科技人才到海州创新创业，其中赵斌元、姜红来等9名高层次人才获省“双创计划”资助，获批资金190万元。全区企业与50余家省内外高校院所建立稳定的合作关系，新建“校企联盟”41个，累计共建“校企联盟”261个。连云港龙塔研磨材料有限公司与中国科学院苏州纳米技术与纳米仿生研究所合作承担的省重点研发计划（产业前瞻与共性关键技术）项目“新型纳米晶陶瓷磨料”获批扶持资金120万。淮海工学院、区人才领导小组、人社局共同推进“本地人才扎根计划”，在76家企业设立大学生实习基地。

【知识产权】 2015年，海州区政府制定并出台《中共海州区委海州区人民政府关于加快建设知识产权强区的意见》等政策文件，在扎实推进国家知识产权强县试点区和省知识产权示范区创建的基础上，高标准谋划全区知识产权工作，成功获批“江苏省装备制造业专利导航试点工程”项目。

全区新增专利申请2165件，专利授权1669件，其中发明专利授权163件，分别完成全年目标的160.4%、196.4%、125.4%，占全市总量的33.9%、29.5%、38.5%。全区科技型企业自主知识产权拥有率达90%。正大天晴药业的“恩地卡韦酸加成盐及其制备方法和用途”发明专利获第十七届中国专利优秀奖，中蓝连海设计研究院的“2–萘酚生产废水综合治理与资源化利用工艺”和正大天晴药业的“比阿培南B型结晶”两项发明专利获第九届省专利项目优秀奖。天明机械、联瑞新材料等8家企业通过国家级知识产权贯标企业认证，日出东方、鹰游纺机等4家企业荣获“国家级知识产权优势企业”称号。

【宣传培训】 开展“4·26知识产权周”集中宣传咨询活动。通过图版展示、现场咨询、资料发放等方式，宣传知识产权法律法规知识，接受群众咨询达500余人次，发放知识产权相关资料近3000份（册）。开展知识产权工程师培训班、知识产权总监培训班等多层次知识产权人才培训，60名企业工程师、30余家企业及中介机构知识产权业务骨干参加。举办知识产权政策暨专利申请等4次知识产权业务培训班，培训150余家企业、400余名知识产权工作者。

【知识产权保护】 深入开展知识产权执法专项行动，共组织市、区知识产权联合执法和集中整治行动3批次，出动执法人员16人次，检查商品400余件，立案假冒专利10件，陇海步行街、九龙商贸等4家市级“正版正货”创建企业顺利通过验收，海州区陇海步行街的齐力贸易等8家企业被认定为江苏省“正版正货”承诺企业。

【科技项目申报】 坚持把争取科技项目资金扶持作为推动企业科技创新发展的重要抓手，进一步提升企业的核心竞争力。全年组织企业申报国家、省、市级科技计划项目215项，其中国家级20项，省级71项，市级124项。获批122项，其中国家级4项，省级26项，市级92项，获批市级以上科技扶持资金4912.84万元，创历史新高。

（撰稿：李锦梁　审稿：谢艳）

2015年度海州区获批国家、省、市科技计划项目汇总表

表23

序号	级别	计划类别	项目名称	承担单位
1	国家	国家火炬计划	煤矿用支架搬运车	连云港天明装备有限公司
2	国家	国家火炬计划	聚酰亚胺纤维全自动卷绕机	江苏天明机械集团有限公司
3	国家	国家火炬计划	汽车蜂窝陶瓷载体用超细熔融硅微粉产业化	江苏联瑞新材料股份有限公司
4	国家	国家星火计划	食用菌新品种“鱼翅菇”栽培示范与推广	得真元新农业（连云港）有限公司
5	省级	科技成果转化	1.1类抗肿瘤新药盐酸安罗替尼研发及产业化	正大天晴药业集团股份有限公司
6	省级	科技成果转化	高强高耐久预应力混凝土防腐管桩的研发及产业化	江苏东浦管桩有限公司
7	省级	重点研发计划（产业前瞻与共性关键技术）	新型纳米晶陶瓷磨料的开发	连云港龙塔研磨材料有限公司
8	省级	重点研发计划（产业前瞻与共性关键技术）	大规模集成电路高性能基板用电子级负热膨胀系数微球化硅复合材料开发	江苏联瑞新材料股份有限公司
9	省级	科技型企业技术创新资金	高效环保型多通道真空射水抽气装置的研发	连云港久盛电力辅机有限公司
10	省级	创新能力建设计划（科技设施类：企业重点实验室）	江苏省智能化矿用重型机械装备企业重点实验室（筹）	江苏天明机械集团有限公司
11	省级	创新能力建设计划	科技设施类–省级重点企业研发机构能力提升项目	江苏中鹏新材料股份有限公司

续表23

序号	级别	计划类别	项目名称	承担单位
12	省级	创新能力建设计划	科技设施类：省级重点企业研发机构能力提升项目	江苏正大天晴药业股份有限公司
13	省级	基础研究计划（自然科学基金）	基于乳酸免疫调节作用以GPR-81为靶点的药物筛选模型建立	正大天晴药业集团股份有限公司
14	省级	苏北科技专项（富民强县）	蝴蝶兰组培技术优化和产业化生产	连云港万物生农业开发有限公司
15	省级	苏北科技专项（富民强县）	浅水藕新品种引进及产业化开发	连云港吉本多食品有限公司
16	省级	苏北科技专项（富民强县）	功能型彩色长茄子新品种765设施栽培示范和推广	江苏兆绿农业科技有限公司
17	省级	苏北科技专项（富民强县）	番茄、丝瓜新品种设施集成栽培技术示范推广	连云港高远农业开发有限公司
18	省级	双创人才	赵斌元	连云港碳谷材料科技有限公司
19	省级	双创人才	刘继平	连云港正航电力节能技术有限公司
20	省级	双创人才	尹　欣	淮海工学院
21	省级	双创博士	姜红来	江苏金桥盐化集团有限责任公司
22	省级	双创博士	洪　露	连云港港圣开关制造有限公司
23	省级	双创博士	刘　霖	连云港德翔新材料有限公司
24	省级	双创博士	沈利民	连云港正航电力节能技术有限公司
25	省级	双创博士	姜　炜	江苏联瑞新材料股份有限公司
26	省级	双创博士	李　果	江苏东浦管桩有限公司
27	省级	省科技创新券	省级科技创新券专项资金	33家企业
28	省级	省科技创新券	省级科技创新券专项资金	
29	省级	省科技进步奖	煤矿用重载平板动力车研究与应用	连云港天明装备有限公司、燕山大学
30	省级	省企业技术创新奖	太阳能热水器功能创新	日出东方太阳能股份有限公司
31	市级	科技进步奖	全液压多功能车载钻机	连云港天明装备有限公司、连云港天宏装备制造有限公司
32	市级	科技进步奖	绒类织物智能化联机后整理生产线装备	江苏鹰游纺机有限公司
33	市级	科技进步奖	基于物联网的太阳能工程供热系统	日出东方太阳能股份有限公司
34	市级	科技进步奖	KYN28A-24/T2500-31.5型铠装移开式交流金属封闭开关设备	连云港市港圣开关制造有限公司
35	市级	科技进步奖	国家级体育场馆专用预制型塑胶跑道	连云港德翔新材料有限公司、青岛科技大学、连云港职业技术学院、淮海工学院
36	市级	科技进步奖	基于脂质体技术突破甘草酸口服吸收瓶颈的肝病药物开发	正大天晴药业集团股份有限公司
37	市级	科技进步奖	先张法预应力混凝土切角方桩	江苏东浦管桩有限公司
38	市级	科技进步奖	第三水厂中置式高效沉淀池及组合净水集成技术研究	连云港市自来水有限责任公司、上海市政工程设计研究总院（集团）有限公司
39	市级	科技成果转化专项资金	汽车尾气净化器蜂窝陶瓷载体用超细熔融硅微粉研发及产业化	江苏联瑞新材料股份有限公司
40	市级	科技成果转化专项资金	基于智能化设计和数据化制造模式的整木定制家居产品的研发及产业化	连云港美步家居有限公司

续表23

序号	级别	计划类别	项目名称	承担单位
41	市级	科技成果转化专项资金	绿色建筑外墙新型自保温系统的研发及产业化	江苏科威建材有限公司
42	市级	科技成果转化专项资金	气动压紧自锁式陆用流体装卸臂研发与产业化	连云港天邦科技开发有限公司
43	市级	科技成果转化专项资金	智能化低压开关柜GCS研发及产业化	连云港市港圣开关制造有限公司
44	市级	科技成果转化专项资金	基于开放式智能云平台的阳台式太阳能热水系统研发及产业化	日出东方太阳能股份有限公司
45	市级	重点研发计划（社会发展）	连云港市城市饮用水源水质网络监控与水源污染因子识别分析研究	连云港市自来水有限责任公司
46	市级	重点研发计划（社会发展）	中医灸疗技术及设备在低视力康复中的应用	连云港市一明医疗科技有限公司
47	市级	重点研发计划（社会发展）	1.1类靶向抗肿瘤前药TQ–B3101的研发	正大天晴药业集团股份有限公司
48	市级	重点研发计划（现代农业）	新型健康型低糖山楂酒工艺的研究	连云港市凯威酒业有限公司
49	市级	重点研发计划（现代农业）	现代化循环水养殖装备关键技术研发	江苏天福莱集团有限公司
50	市级	重点研发计划（现代农业）	多功能联合收割打捆机排草输送装置的研究	连云港华田机械装备有限责任公司
51	市级	重点研发计划（现代农业）	果蔬冷冻及精加工技术研究与应用	连云港富利通农副产品有限公司
52	市级	重点研发计划（现代农业）	水产品深加工及副产物综合利用技术	连云港市正翔家庭农场
53	市级	重点研发计划（产业前瞻及关键共性技术）	基于纳欧（NAO）机器人的医护助理系统的研发	江苏正融科技有限公司
54	市级	重点研发计划（产业前瞻及关键共性技术）	码头油气回收撬装式船岸安全界面装置的研发	连云港远洋流体装卸设备有限公司
55	市级	重点研发计划（产业前瞻及关键共性技术）	氨碱系统节能优化改进及废气综合治理的研究	江苏德邦兴华化工股份有限公司
56	市级	重点研发计划（产业前瞻及关键共性技术）	一种代替铝箔内衬纸油墨的研发	江苏泰格油墨有限公司
57	市级	重点研发计划（产业前瞻及关键共性技术）	环保工程净化用高性能纳米氧化锌新材料制备及其光催化评价技术研究	江苏省晶瑞石英工业开发研究院有限公司
58	市级	重点研发计划（产业前瞻及关键共性技术）	工程陶瓷用高分散性碳化硅微粉的研制	江苏乐园新材料集团有限公司
59	市级	重点研发计划（产业前瞻及关键共性技术）	快速限制性内切酶表达工艺研究	连云港脂立方生物医药研究所有限公司
60	市级	政策引导计划（创新资金）	连云港“非遗”文化品牌创新与数字传播技术推广	连云港市风骨文化传播有限公司
61	市级	政策引导计划（创新资金）	面向多平台的可视化社区信息综合管理应用研究	连云港华舜网络科技有限公司
62	市级	政策引导计划（创新资金）	云服务支持下的智慧校园信息平台研发项目	连云港威特曼信息技术有限公司
63	市级	政策引导计划（创新资金）	新型电动挡板隔绝装置关键技术研究	连云港市万丰电力环保设备有限公司

续表23

序号	级别	计划类别	项目名称	承担单位
64	市级	政策引导计划（创新资金）	具有模块化过滤功能的食品级天然矿泉水生产装置研发	江苏奇星流体设备有限公司
65	市级	政策引导计划（创新资金）	网络化电子远传水表及远程监控平台研究	连云港腾越电子科技有限公司
66	市级	政策引导计划（创新资金）	多功能光伏发电系统的能量管理控制电路的研究	连云港众沃太阳能技术有限公司
67	市级	政策引导计划（创新资金）	智能化常温流体定量装卸撬装设备研究开发	连云港市拓普科技发展有限公司
68	市级	政策引导计划（创新资金）	面向油库区应用的高可靠性下装鹤管研制	连云港锦缘石化设备制造有限公司
69	市级	政策引导计划（创新资金）	绒类织物智能化联机后整理生产线技术研发	江苏鹰游纺机有限公司
70	市级	政策引导计划（创新资金）	62米1.25MW风轮叶片用增强纤的研发	连云港天常复合材料有限公司
71	市级	政策引导计划（创新资金）	新型高效节能环保快速承插玻璃钢法兰研发	连云港奥尼斯环保设备有限公司
72	市级	政策引导计划（创新资金）	高效湿式除尘器阳极管的研发	连云港东鼎实业有限公司
73	市级	政策引导计划（创新资金）	新型防潮防静电环保镀铝袋的开发	江苏伟光铝塑包装有限公司
74	市级	政策引导计划（创新资金）	合金钢异型材成型一体机	江苏省利金新材料科技有限公司
75	市级	政策引导计划（创新资金）	基于ZIGBEE的现代农业信息采集及控制	连云港达亨网络科技有限公司
76	市级	政策引导计划（创新资金）	多功能低功耗无线腕表研制	连云港海智电子科技有限公司
77	市级	政策引导计划（创新资金）	一种高效多功能富氢水机研发与应用	江苏智通科技服务有限公司
78	市级	政策引导计划（农业成果示范）	苏北名优茶新品种引进与高效栽培技术集成示范	连云港市天源茶业有限公司
79	市级	政策引导计划（农业成果示范）	优质高产葡萄新品种引进及栽培管理模式示范	海州区乐源家庭农场
80	市级	政策引导计划（农业成果示范）	台湾大泥鳅引进、繁育及高效养殖技术示范	连云港浩源水产养殖专业合作社
81	市级	政策引导计划（农业成果示范）	甜瓜圣姑引种及配套栽培技术示范	连云港苏垦农友种苗有限公司
82	市级	政策引导计划（农业成果示范）	蝴蝶兰科技推广项目	海州区板浦镇人民政府
83	市级	政策引导计划（软科学）	适用于连云港市的《企业知识产权管理规范标准化》贯标体系研究	连云港智翔知识产权服务有限公司
84	市级	政策引导计划（知识产权专项）	企业知识产权战略推进项目	中蓝连海设计研究院
85	市级	政策引导计划（知识产权专项）	企业知识产权战略推进项目	江苏东浦管桩有限公司
86	市级	省标向国标过渡补助	知识产权管理标准化创建	中蓝连海设计研究院
87	市级	知识产权维权后补助	维权后补助	正大天晴药业集团股份有限公司
88	市级	国家知识产权试点区补助	产权试点区补助	海州区科技局
89	市级	创新能力建设计划（产学研合作）	高性能叠层封装用环氧模塑料	江苏中鹏新材料股份有限公司
90	市级	创新能力建设计划（产学研合作）	胶原蛋白强化灭菌乳与脂肪替代酸牛乳工艺研究	连云港市新希望乳业有限公司
91	市级	创新能力建设计划（产学研合作）	高密度泥鳅养殖新型病害的鉴定与综合防治	连云港市连富泥鳅养殖专业合作社

续表23

序号	级别	计划类别	项目名称	承担单位
92	市级	创新能力建设计划（产学研合作）	快速环保半刚性基层在连云港地区的创新应用研究	连云港世博工程设计研究院有限公司
93	市级	创新能力建设计划（产学研合作）	高强预应力混凝土抗震桩的研发及产业化	江苏东浦管桩有限公司
94	市级	创新能力建设计划（产学研合作）	安全Feature识别技术研究	连云港中联物联网技术有限公司
95	市级	创新能力建设计划（产学研合作）	大容量锅炉用高效布袋除尘器的研制	连云港市安百利电力机械有限公司
96	市级	创新能力建设计划（产学研合作）	新能源产业科技服务平台	连云港市瑞海企业管理服务有限公司
97	市级	创新能力建设计划（产学研合作）	高效冷热水桶分离式净水装置和工艺研究	连云港杰诺明珠水处理科技有限公司
98	市级	创新能力建设计划（产学研合作）	新型重金属离子交换剂在水处理中的开发与应用研究	连云港碳谷材料科技有限公司
99	市级	创新能力建设计划（产学研专项活动）	“创新驱动发展·走进新海州”——海州区政产学研用结合系列活动	海州区科技局
100	市级	创新能力建设计划（科技设施）	江苏省智能化矿用重型机械装备企业重点实验室	江苏天明机械集团有限公司
101	市级	国家创新型城市建设政策奖励资金	国家高新技术企业	连云港天邦科技开发有限公司
102	市级	国家创新型城市建设政策奖励资金	国家高新技术企业	连云港福源医疗器械有限公司
103	市级	国家创新型城市建设政策奖励资金	国家高新技术企业	连云港万泰医药材料有限公司
104	市级	国家创新型城市建设政策奖励资金	国家高新技术企业	连云港元丰机械制造有限公司
105	市级	国家创新型城市建设政策奖励资金	国家高新技术企业	连云港丰达电子有限公司
106	市级	国家创新型城市建设政策奖励资金	国家高新技术企业	连云港市港圣开关制造有限公司
107	市级	国家创新型城市建设政策奖励资金	国家高新技术企业	连云港金优车辆机械有限公司
108	市级	国家创新型城市建设政策奖励资金	国家高新技术企业	江苏正融科技有限公司
109	市级	国家创新型城市建设政策奖励资金	国家高新技术企业	连云港腾越电子科技有限公司
110	市级	国家创新型城市建设政策奖励资金	国家高新技术企业	连云港贝斯特机械设备有限公司
111	市级	国家创新型城市建设政策奖励资金	国家重点新产品比阿培南及注射用比阿培南	正大天晴药业集团股份有限公司
112	市级	国家创新型城市建设政策奖励资金	国家重点新产品LQFP绿色环保塑料SP-G3	江苏中鹏新材料股份有限公司
113	市级	国家创新型城市建设政策奖励资金	江苏省（连利福思特）热能流量计工程技术研究中心	连云港福思特表业有限公司
114	市级	国家创新型城市建设政策奖励资金	江苏省高强度耐盐渍防腐管桩工程技术研究中心	江苏东浦管桩有限公司
115	市级	国家创新型城市建设政策奖励资金	研究生工作站	江苏正融科技有限公司
116	市级	国家创新型城市建设政策奖励资金	研究生工作站	连云港如年实业有限公司
117	市级	国家创新型城市建设政策奖励资金	研究生工作站	连云港德翔新材料有限公司
118	市级	国家创新型城市建设政策奖励资金	研究生工作站	连云港市港圣开关制造有限公司
119	市级	国家创新型城市建设政策奖励资金	研究生工作站	连云港市安百利电力机械有限公司
120	市级	国家创新型城市建设政策奖励资金	研究生工作站	连云港天邦科技开发有限公司
121	市级	国家创新型城市建设政策奖励资金	研究生工作站	江苏利金新材料有限公司
122	市级	国家创新型城市建设政策奖励资金	省级工程技术研究中心评估（优秀）	江苏联瑞新材料股份有限公司

2015年度海州区新增国家高新技术企业汇总表

表24

序号	证书编号	企业名称	认定时间（年）
1	GR201532000021	连云港连鑫玻璃钢有限公司	2015
2	GR201532000583	连云港双惠机械有限公司	2015
3	GR201532000714	江苏科威建材有限公司	2015
4	GR201532001581	连云港振兴花卉有限公司	2015
5	GR201532000835	江苏东浦医药包装股份有限公司	2015
6	GR201532000167	连云港佳普石化机械有限公司	2015
7	GR201532000012	江苏鹰游纺机有限公司	2015
8	GR201532001965	江苏更大包装有限公司	2015
9	GR201532001470	连云港东鼎实业有限公司	2015
10	GR201532002744	连云港市安百利电力机械有限公司	2015
11	GR201532002741	连云港大吉塑业有限公司	2015
12	GR201532002674	连云港市拓普科技发展有限公司	2015

2015年度海州区新增省级研发机构汇总表

表25

序号	企业名称	研发机构类型	序号	企业名称	研发机构类型
1	江苏泰格油墨有限公司	工程技术研究中心	6	连云港市安百利电力机械有限公司	企业研究生工作站
2	连云港如年实业有限公司	工程技术研究中心	7	江苏正融科技有限公司	企业研究生工作站
3	连云港如年实业有限公司	企业研究生工作站	8	连云港市港圣开关制造有限公司	企业研究生工作站
4	连云港德翔新材料有限公司	企业研究生工作站	9	连云港天邦科技开发有限公司	企业研究生工作站
5	江苏省利金新材料科技有限公司	企业研究生工作站	10	江苏天明机械集团有限公司	企业重点实验室

2015年度海州区新增省高品汇总表

表26

序号	产品名称	申报单位
1	绿色环保高反压硅整流电子元器件	连云港丰达电子有限公司
2	内置两用式冷热水生成组件的新型床垫	连云港杰诺明珠水处理科技有限公司
3	SGZ1000/3*1200型3300V智能化大功率变频综采刮板输送机成套设备	连云港天明装备有限公司
4	LMV50D型圆网印花机	江苏鹰游纺机有限公司
5	MB314G剪毛机	江苏鹰游纺机有限公司
6	LMV821型拉幅定型机	江苏鹰游纺机有限公司
7	射水抽气器	连云港久盛电力辅机有限公司
8	先张法预应力混凝土切角方桩	江苏东浦管桩有限公司
9	高强高耐久预应力混凝土管桩	江苏东浦管桩有限公司
10	火车顶部气动压紧自锁式油罐气回	连云港天邦科技开发有限公司
11	盐酸帕洛诺司琼注射液及胶囊	正大天晴药业集团股份有限公司
12	大功率高亮度半导体照明封装用超	江苏联瑞新材料股份有限公司
13	电子远传水表LXSGY-15K	连云港水表有限公司
14	新型高效复合式消声器	连云港正航电力节能技术有限公司
15	正融移动查房系统软件	江苏正融科技有限公司
16	正融移动护理信息系统	江苏正融科技有限公司
17	汽车顶部锁紧式油气回收密封装置	连云港天邦科技开发有限公司

续表26

序号	产品名称	申报单位
18	多功能高效太阳能空气集热器	日出东方太阳能股份有限公司
19	注射用比阿培南	正大天晴药业集团股份有限公司
20	HLE酚类、有机酸类废水萃取剂	中蓝连海设计研究院
21	PA-66型磷矿反浮选捕收剂	中蓝连海设计研究院

2015年度海州区获批省、市科技进步奖汇总表

表27

序号	级别	项目名称	承担单位	备注
1	省级	煤矿用重载平板动力车研究与应用	连云港天明装备有限公司、燕山大学	三等奖
2	省级	太阳能热水器功能创新	日出东方太阳能股份有限公司	企业技术创新奖
3	市级	基于脂质体技术突破甘草酸口服吸收瓶颈的肝病药物开发	正大天晴药业集团股份有限公司	一等奖
4	市级	基于物联网的太阳能工程供热系统	日出东方太阳能股份有限公司	二等奖
5	市级	全液压多功能车载钻机	连云港天明装备有限公司、连云港天宏装备制造有限公司	二等奖
6	市级	KYN28A-24/T2500-31.5型铠装移开式交流金属封闭开关设备	连云港市港圣开关制造有限公司	三等奖
7	市级	绒类织物智能化联机后整理生产线装备	江苏鹰游纺机有限公司	三等奖
8	市级	国家级体育场馆专用预制型塑胶跑道	连云港德翔新材料有限公司、青岛科技大学、连云港职业技术学院、淮海工学院	三等奖
9	市级	先张法预应力混凝土切角方桩	江苏东浦管桩有限公司	三等奖
10	市级	第三水厂中置式高效沉淀池及组合净水集成技术研究	连云港市自来水有限责任公司、上海市政工程设计研究总院(集团)有限公司	三等奖

科学普及

【第二十七届科普宣传周】 5月16日上午，连云港市暨海州区第二十七届科普宣传周启动仪式在苍梧绿园广场隆重启动，科普志愿者、学生和老师代表、“村官”科普志愿者代表及社区居民代表2000余人参加当天的活动，市科协主席许东方主持启动仪式，海州区委常委、纪委书记姚超出席启动仪式。此次科普宣传周以“创新创业·科技惠民”为主题，通过科普展览、互动体验等多种形式，展示民生科技，突出科技惠民，倡导科学生活，让广大市民零距离接触科技展品，感受科技创新魅力。在启动仪式现场，全区各机关、社区、学校、农民、科技工作者以及各界群众300多人参加活动。区科协、区委宣传部、区教育局、区科技局、区地震局、区人防办、区卫计局7家单位共同举办食品安全与公众健康、核电知识、防灾减灾、节能环保等系列科普知识展览、咨询和会诊等活动，并向现场群众、学生发放《江苏科技报》200份，科普图书20多种、3000册，场内摆放科普展板30余块。在整个科普周活动期间，全区共举办科普报告会、科普大讲堂、科普征文、科技咖啡馆等8个系列40多项活动。

【全国科普日】 9月18日，在区海宁

中学科普广场举办连云港市暨海州区全国科普日启动仪式暨广场科普咨询活动，并在全国科普日期间，在全区开展科普图片巡回展、科普开窗等活动，集中组织科普场馆、科普大篷车、科普志愿者、各级学会开展科普日联合大行动，深入到农村、社区、学校等开展广覆盖、多形式的科普宣传活动，激发公众的创新、创造热情，营造科普日浓厚的氛围。邀请台湾专家举办《"食"来运转》科技科普讲座活动，组织亲子游等科普知识宣传活动。科普日咨询活动主会场和分会场累计接受科技咨询达9万人次，联合开展活动47次，发放各类宣传资料15万余份。另外，还展示1000余张以食品安全、公众健康、节能减排等为主要内容的科普展板。

【双百小康工程】 为继续推进"百名教授科教兴百村"小康工程，年初，区科协与区委组织部联合下发《海州区百名教授科教兴百村小康工程2015年度工作意见》，并分解目标任务。区科协在区级专家库和市级科普志愿者讲师团的基础上，积极协调比利时海外专家及南农大教授到海州区进行相关业务指导。并围绕"一村多品""多村一品"的结构调整思路，推进特种养殖、优质稻麦、无公害果蔬、茶叶种植等特色高效农业迅速形成规模。

【科技培训】 年内，区科协先后培训5300余人次，培训种养大户2200余人次，实现劳动力转移1000余人，培训经纪人500余人，组织农业专家乡村行及报告会20场次，带动全区5000余户农户增收致富。区科协还以江苏省海州区现代农业产业园区、科普园区等为载体，全面做好科普基地惠农项目建设等工作；新实施项目4个，推广新品种、新技术6个，建设科普示范基地2个、科普教育基地2个、科普惠农服务站1个，培养科普带头人2个（其中大学生"村官"带头人1个）。

【科技下乡】 2015年，区科协成立以主席为组长、副主席为副组长的"三下乡"（科技、文化、卫生）工作领导小组，下设办公室并制定任务清楚、目标量化、操作性强的工作计划。领导小组成员经常深入基层调查研究，了解农民对科技下乡的反映，倾听群众的意见和建议，并结合实际指导活动开展，确保把这项顺民心、得民意的实事办到农民心坎上。区科协联合区委宣传部、区文明办、区科技局、区卫计局、区农水局等十余家单位开展科技下乡活动。活动内容主要包括现场文艺演出、现场科技咨询、农村实用技术咨询、医务专家义诊、法律咨询和计生政策咨询服务等。现场接受科普咨询5000余人次，发放《食品安全与公众健康》读本3000余册、《全民科学素质简明读本》1000余册、科普宣传画500余份、环保节能等科普宣传资料2000余份。科普宣传周和全国科普日期间，还联合各镇、街道，围绕"坚持科学发展，走近低碳生活"主题广泛开展"科技下乡""科教进社区、进乡镇"等系列活动7次，结合不同社会群体的需求，有针对性地开展低碳生活、安全生产、应急避险和健康生活等方面的宣传，积极营造"讲科学、学科学、用科学"的良好社会氛围。

（撰稿：张敏　审稿：陈素芬）

防震减灾

【加强科普宣传】 举办全区各镇、街道、开发区分管领导及部分灾情速报员参加的防震减灾群测群防"三网一员"（宏观测报网、科普宣传网、灾情速报网，助理员）培训班；组织全区防震减灾助理员28人参加市地震局举办的全市乡镇防震减灾助理员培训班暨桌面演练；联合市地震局及有关街道，在海州鼓楼广场、津华苑社区、市民广场等地开展防震减灾宣传活动5次，通过专家咨询、摆放展板、发放防震减灾知识宣传册等形式，进行科普宣传。

【防震减灾应急演练】 在全区40所中小学开展地震应急疏散演练活动，全区共计5万名师生参加演练；在路南街道贾圩社区举行一次疏散演练活动；联合朐阳街道在孔望山社区一方山水小区成功举办"防震减灾宣传进社区、进家庭暨应急疏散演练活动"。

【防震减灾创建工作】 2015年，区地震局成功创建连云港市海州区朐阳街道孔望山社区为2015年度江苏省地震安全示范社区（苏震发〔2015〕49号）；区地震局联合区教育局，成功创建板浦实验中学为省级科普示范学校、解放路小学郁洲分校为市级科普示范学校（苏震发〔2015〕57号）。

（撰稿：周锡唐　审稿：陈洪海）

责任编辑：孙寿鹏

文化　体育

综　述

2015年，海州区坚持文化体育事业为民导向，加大文化体育设施建设投入，狠抓文化体育事业和文化体育产业发展，加强文化体育工作管理，积极开展社会文化体育活动，不断提升全区公共文化体育服务效能，全区文化体育事业取得长足发展。海州区文化体育局获得2015年度海州区经济建设和社会发展目标绩效考评优秀奖、全国百城千村健身气功交流展示系列活动先进展示单位、江苏省第十届文化行政执法案卷三等奖、2015年连云港市“扫黄打非”工作先进集体、“2015中国梦 港城情”连云港市夏季文化广场活动特别贡献奖、连云港市第二届农民艺术节优秀组织奖、“我的中国梦·我身边的故事”连云港市第九届文艺作品征稿活动优秀组织奖；组织参加江苏省健身秧歌大赛，获得青年组第六套秧歌规定套路一等奖；组织作品参加全国摄影，展获优秀作品奖。浦南镇被评为省级农家书屋提升工程试点工作先进乡镇。

文　化

【文化设施建设】　启动双龙井游园改造工程。2015年，海州区政府推动海州古城复兴计划，启动双龙井游园改造工程，打造集茶园、戏园、游园的综合性文化景观园，设计原则是在已有的空间及建筑尺度下进行设计和改造，主要改造节点为主入口改造、北门扩建、绿化改造等。4月，双龙井改建工程正式启动，完成双龙井工程设计、地质勘探、工程施工图、工程价格概算、项目立项、可行性报告以及招投标工作等前期筹备工作。9月，双龙井改造工程全面开工，完成院内部分绿植移植，原东门拆除，东门北门打桩地基挖掘，东门门楼、北门古建筑、挡堵墙、文化墙混凝土浇筑等工作。12月底，工程框架主体基本封顶。

实施海州区图书馆改造工程。9月，实施海州区图书馆改造工程，将海州经济开发区郁洲南路原规划展示馆改建为海州区公共图书馆。12月，新成立海州区图书馆，全额拨款事业单位，人员编制5名。海州区图书馆建筑面积2500平方米，占地面积7200平方米，新购图书5万余册、各类报纸杂志200余种，及阅览桌30套、电脑20台等各类设施设备。12月30日举行海州区图书馆揭牌仪式暨沈云沛读书报告会，改变了主城区无公共图书馆的现状。

【艺术作品参赛获奖】　2015年，海州区组织创作73件文艺作品参加国家、省、市级艺术比赛，组织参加江苏省健身秧歌大赛，获得青年组第六套秧歌规定套路一等奖；青年歌手李庭宇成功晋级2015江苏声乐茉莉花奖声乐比赛通俗组复赛；组织作品《瑞雪兆丰年》参加全国摄影展，获优秀作品奖。创作53件文艺作品参加连云港市第九届文艺作品征稿活动，选送

的组诗《走进春天》、快书《一桩离婚案》获得一等奖，小演唱《妻管严》获得二等奖，海州区文化体育局获得优秀组织奖。创作12件舞台作品参加连云港市第二届农民艺术节，音乐组合《我是一只小小鸟》、舞蹈《好大一个海州》获得一等奖，舞蹈《黄海弄潮》获金奖并获得“优秀舞蹈”称号，舞蹈《金色的草原》获得二等奖、小合唱《看到农家这样乐》获二等奖，腰鼓表演《枫叶红了》、舞蹈《好大一个海州》被评为2015年连云港市“中国梦·广场情”广场文化系列活动优秀节目，海州区文化体育局获优秀组织奖。

【文艺精品荟萃】 投入10万元资金，策划摄制微电影《第二个妈妈》并荣获第九届连云港市电视金猴奖一等奖、第三届亚洲微电影艺术节优秀作品奖、首届中国连云港微电影大赛展映展演活动铜奖。策划推出微电影《老街摇滚》，在新浪、腾讯等主流网络播出，并入选首届中国·连云港微电影大赛展映展演活动。主编《海州》图书并由中国文史出版社正式出版发行，成功打造文艺创作新品牌。十余件作品在由中国书法家协会、中国摄影家协会等主办的展览中入展和获奖。相裕亭小说《风吹乡间路》荣获全市第二届花果山文学奖。精心组织开展“翰墨情缘”陈凤桐书法回报展、“吾爱桃花源”书画作品展、“幽香馨远”菖蒲书画艺术展等各种展览20余场，举办全市非物质文化遗产展演展卖、“美丽海州”社区广场舞大赛、“寻找海州好声音”等文艺演出活动100余场次。

【社会文化活动】 2015年，组织承办“2015中国梦 港城情”全市夏季文化广场活动广场开幕式、“舞动连云港”糖豆全国广场舞联谊会等省、市级广场文化活动，举办民国风情展演活动、寻找“海州好声音”大赛、社区广场舞创编大赛、鼓王大赛、秧歌大赛等区级广场文化活动50余场。扶持一批乡村舞龙（舞狮）队、秧歌队、腰鼓队、扇子队、淮海剧团等民间艺术团队，组建民间文体团队100余支和文化体育协会86个，深入基层举办声乐、美术、书法、舞蹈等“文化惠民大讲堂”30余场，组织创作排演文艺节目深入乡村巡回演出40场，举办“三下乡”惠民乐民文艺演出，送电影下乡772场。区文体局获“2015中国梦 港城情”全市夏季文化广场活动特别贡献奖。

【文化遗产保护】 组织承办市级非物质文化遗产展演展卖及文化遗产日活动，双龙井五大宫调非遗展演基地、民主路大华文化交流中心、浦南中学民间手工艺传承基地申报为市级非遗传承基地。按照“修旧如旧、保持原貌、以存其真”的文物保护单位修缮原则，完成李汝珍纪念馆故居修缮项目。打造、设计、制作和安装23处市级文保单位，以及海州区古民居、古建筑、寺庙、桥梁、近现代工业遗址等31处具有海州区域特色的文物标志性说明牌。拍摄完成纪录片《沈云沛》，梳理沈云霈对中国近代资本主义工商业与近代化产业对海州的历史贡献。

【文化市场管理】 2015年，开展无证照KTV检查取缔工作，海州区无证照KTV共计39家，其中已办证2家，拟计划关停11家，正在引导办证21家，已停业5家。组织开展扫黄打非“护苗·2015”“清源·2015”“秋风·2015”“净网·2015”和校园周边出版物市场专项行动，出动执法人员680人次、执法车辆125台次，检查相关文化经营业户245家次，收缴非法出版物4700余册，取缔游商地摊6家，有力净化海州区文化市场环境。开展网吧市场专项整治行动，依法查处违规经营网吧53家。开展安全生产检查工作，通过“家家到”的检查方式，对区内所有网吧、KTV、印刷企业、书刊音像等文化经营场所进行拉网式检查，共发现安全隐患26处，当场责令其整改，整改率达到100%，年内未出现安全事故。全年区文化行政综合执法大队立案查处各类案件87件，无行政复议和行政诉讼案件发生。

【文化产业发展】 2015年，海州区始终坚持文化民生、坚持文化建设的为民导向，文化产业蓬勃发展。民主路二期建设快速推进，完成项目地块共计220余户的征收任务以及相关规划、国土手续办理工作。一期项目招商成效显著，街区先后有星巴克咖啡等20余家特色业态开业运营，与江苏丰雅企业管理有限公司就工人电影院地块影城项目成功签约。异地新扩建少年宫，将老少年宫旧址与金海国际影城、踏歌行文化广场、新浦公园整合打造成为新浦文化产业园，培育引进星巴克、时尚莱迪、休闲酒吧等一批现代文化项目，打造城市文化核心圈。实施海州古城城隍庙、二营巷、孔巷、双龙井等节点改造以及南城新大街、板浦东大街等文化街区改造建设，修缮完成李汝珍纪念馆并重新开馆。建成大华文化交流中心、海州画院，新建区文化馆、连云港市图书馆海州分馆、新瑛镇文体中心等一批公共文化基础设施。建成月牙岛生态湿地公园、星光湖公园，提档升级桃花涧、孔望山等景区，文化产业得到快速发展。

组织文化企业参加2015年深圳文化产业招商会，完成民主路历史文化街区影视文化中心签约项目。新浦文化产业园与连云港烈火影像文化传媒有限公司洽谈合作投资青少年动漫体验项目。杰瑞科技创意产业园获批第二批江苏省重点文化产业园区，连云港天马网络发展有限公司、连云港踏歌行文化传播有限公司、连云港市方普数字印务有限公司等5家文化企业被认定为连云港市首批优秀民营文化企业。组织22个文化项目申报省、市级文化产业引导资金，19个文化项目共获得386万元产业引导资金。

（撰稿：李青　金兵　乔杨
审稿：刘锦州　杨琴　颜玮　张海萍）

体　育

【社会体育】 承办连云港市“践行中国梦·闪耀中国心”幸福足迹城市徒步大会暨“环月牙岛”半程马拉松比赛、连云港市首届风筝节、连云港市全民健身大联动棋类、健身秧歌与鼓类专场比赛4场市级体育比赛。举办海州区社区广场舞大赛、海州区鼓王大赛、“全民健身日”系列活动、海州区机关篮球赛、海州区职工乒乓球赛等30余场大型群众体育活动。2015年，组织专业人员走进各镇、街开展国民体质监测工作，共测试人员1200人；举办社会体育指导员培训班6期，培训人员200人；邀请运动专家走进村（社区）开展健身健康知识讲座11次；组队参加市第十届农民体育节、健身气功、柔力球、健步走等比赛，屡获佳绩。

【体育设施】 2015年6月起，对海州区镇、街道室外健身路径开展拉网式安全检查，并在每片健身路径标注保养人电话等信息，便于居民监督和反馈情况，确保广大群众安全健身。 年内建成新坝镇文体中心室外篮球场2片、门球场1片；完成新南街道海宁社区笼式足球场项目及多功能场提档升级工作；对朐阳街道香江社区和锦屏镇岗嘴村室外篮球场进行提档升级；在孔望山社区、延东社区、浦南村等19个村（社区）新装健身路径19套，海州区全民健身中心拆装式泳池项目于12月建设完工。

【竞技体育】 2015年，承办连云港市中小学生健美操（啦啦操）比赛、连云港市中小学跳绳、踢毽比赛等市级中小学生体育赛事；举办海州区中小学生排球比赛、海州区校园足球联赛等区级中小学生体育赛事7场。10月，参加连云港市中小学生篮球获得普高男子组第二名；11月，参加全国啦啦操联赛（东海站），获得爵士规定套路第一名；12月，参加连云港市中小学跳绳踢毽比赛，5支代表队获得多个组别一等奖。2015年，海州籍运动员在市级以上参加训练的注册人数为350人。

（撰稿：潘莹
审稿：刘锦州　郑永红）

卫生

综　述

2015年，海州区共有直属医疗卫生机构17家，其中医疗单位12家、公共卫生单位5家，另有村卫生室92家、民营医疗机构11家、民营门诊部24家、个体诊所259家。已建成国家级社区卫生服务示范中心2家、省级中医药特色社区卫生服务中心5家，区域卫生计生信息化平台基本建成，标准化村卫生室实现全覆盖，“15分钟健康服务圈”和“计生15分钟公共服务圈”全面建成，完成卫生局与人口和计划生育局的机构整合工作。国家卫计委副主任王国强，市委常委、宣传部部长滕雯等先后对区基层中医药、医养结合工作进行视察调研。2015年，海州区卫生局在全市卫计系统考评中荣获优秀奖。

医政管理

【医院管理】 2015年，海州区卫生系统开展“三好一满意”（服务好、质量好、医德好、群众满意）窗口创建活动，提升医疗服务质量。全区一级医疗机构及乡村公立医疗机构全部参加医疗责任险。医疗机构医疗废弃物集中无害化处理率100%。加强对辖区内各级各类医疗机构属地监管，规范其依法行医，年内开展专项督查5次。眼科医院晋升二级甲等眼科专科医院，该院低视力康复训练中心创成苏北首家三级低视力康复训练机构。浦南镇富安村卫生室建成省示范村卫生室。

【中医药管理】 推进基层中医药服务能力提升工程，辖区内所有社区卫生服务中心（镇卫生院）及社区卫生服务站（村卫生室）均已开展中医药服务，浦西社区卫生服务中心创建成为省级中医药特色社区卫生服务中心，板浦中心卫生院中医科创建成为江苏省示范特色科室，海州、浦东社区卫生服务中心康复医学科、中医康复科分别创建成为市级特色科室。

【人才队伍建设】 完成对浦西社区卫生服务中心等7家基层医疗单位498个编制的机构间横向调整。年内，新招录专业技术人员31名、定向培养生7名，组织参加中医全科医生规范化培养2人、报名全科医生规范化培养6人。组织基层卫生人员开展岗位培训6次，人员覆盖率100%。

药政管理

【基本药物制度】 2015年，海州区做好市眼科医院开展药品零差率销售工作，并同步推进价格综合改革，调整医疗服务价格，取消药品加成。海州区所有社区卫生服务中心、镇卫生院和村卫生室全部规范实行基本药物制度。基层医疗机构累计完成网上集中招标采购基本药物4800万元，药品让利1500万元；眼科医院11月启动实施基本药物制度以来，累计采购基药近100万元，药品让利15万元。全区卫生系统皆能严格执行基本药物采购计划，无网下采购基本药物或二次议价现象。

疾病预防与控制

【传染病管理】 2015年，海州区强化传染病网络直报督导检查，提高传染病报告管理工作质量，落实疫情监测日（零）报告制度、疫情定期分析研判制度和重点疫情督导制度，做好重大传染病防控工作，有效遏制疫情扩散和蔓延。全年未发生甲类传染病，未报告突发公共卫生事件，报告4起流感暴发疫情，均得到及时规范化处置，规范化处置率100%。报告乙类传染病890例，发病率108.78/10万，比2014年下降10.91%，报告丙类传染病1571例，比2014年下降42.87%。

【卫生应急】 加强卫生应急培训，组织开展卫生应急综合演练2次，突发公共卫生事件及其他突发公共卫生事件紧急医学救援信息报告的完整率和及时率均达100%。积极开展埃博拉出血热、中东呼吸综合症等急性传染病的防控工作，肠道门诊运行规范，全区未发生甲类传染病，未报告突发公共卫生事件，报告流感暴发疫情4起，规范化处置率100%。锦屏镇创建成为市级卫生应急示范乡镇。

【结核病防治】 规范医疗机构的结核病诊断、转诊和报告工作。全区非定点医疗机构报告疑似肺结核病人293例，追踪率100%，到位率100%，明确诊断并报告178人，其中涂阳患者57例，占比32.02%。对涂阳患者的密切接触者112人进行筛查，无阳性病人。新纳入1例耐多药病人，纳入率100%，治疗率100%。

【艾滋病与性病防治】 建成艾滋病筛查实验室2家、艾滋病检测点2家。完成艾滋病检测175205人，完成率91.25%，在医疗机构全面开展PITC（艾滋病主动检测咨询策略）。全区6个自愿咨询检测门诊接受自愿咨询检测623人次。

【寄生虫病防治】 完成全国第三次寄生虫调查（肝吸虫项目）项目，共检测粪便标本520份、野生鱼400条，在人群与动物（狗）粪便标本中均未检出肝吸虫及蛔虫、钩虫、鞭虫等，5条麦穗鱼体内检出肝吸虫。

【慢性病防治】 海州区死因监测项目被确定为国家监测点，全省慢性阻塞性肺病监测工作现场会在海州区召开。牵头开展“10·8”全国高血压日暨慢性病防控大型宣传活动，连云港电视台作专题报道。高血压、糖尿病规范管理率分别为37.80%、41.66%。海州区成为省级慢性非传染性疾病综合防控示范区。

【免疫规划】 提升预防接种服务水平，加强安全接种管理，无因不规范接种、未充分告知造成的投诉案件，以乡镇为单位，适龄儿童疫苗接种率在95%以上、疫苗冷链监控预警系统覆盖率100%。

妇幼保健

【妇幼卫生】 2015年，海州区孕产妇死亡率为零，婴儿死亡率 0.77‰。做实重大妇幼卫生项目，完成农村孕产妇住院分娩补助1348人，农村妇女补服叶酸1292人，农村适龄妇女“两癌”筛查4045人。区妇幼保健所完成搬迁。

【母婴安康工程】 将每年3月定为“妇幼健康宣传月”，在全区开展以“关爱生命、关爱健康、关爱母婴”为主题的妇幼保健服务系列活动，累计举办讲座12场次，展示宣传版面160张次。严把儿童入园和工作人员体检关，坚持儿童患传染性疾病不得入园，工作人员患传染病调离制度，主动上门为幼儿园儿童体检18210人，体检率98.5%。

农村与社区卫生

【农村卫生】 2015年，海州区全区共有198224人参加新农合，参合率稳定维持在99%以上。人均筹资标准提高到480元。全区个人筹资由80元提高到100元，各级财政配套人均380元，个人筹资和财政配套全部到位。辖区定点医疗机构及时调整医疗诊疗和药品目录，目录内药品费用占药品总费用的比例达100%。

【公共卫生】 落实国家确定的11个大类43项基本公共卫生服务项目任务，投入400万元，率先在全市探索实施政府购买65岁及以上老年人免费健康体检服务。居民健康档案建档率稳定在85%以上，接受省级2014年基本公共卫生服务项目考核。

【社区卫生】 完成新坝卫生院新院区建设，改扩建浦东、海州两家社区卫生服务中心。区属12家医疗机构全部加入市级大医院“医联体”，远程医疗会诊系统覆盖率100%。在板浦、浦南开展乡村医生签约式服务试点。海州社区卫生服务中心获得“江苏省家庭医生服务模式创新建设单位”光荣称号。

爱国卫生

【健康港城促进行动】 2015年，海州区创建省健康促进区，建成全民健身中心1个、健康主题公园1个，打造健康促进学校32所、健康社区12家、健康食堂15家、健康餐厅12家、健康单位18家。

【健康教育】 利用“3·24”结核病宣传日、“4·25”计划免疫宣传日、“4·26”全国疟疾宣传日、“5·15”全国碘缺乏病宣传日、“5·12”防灾减灾日、“10·8”高血压宣传日、“11·14”联合国糖尿病宣传日等宣传活动，开展社会公众宣传活动11次，1200余人参与，发放各种宣传资料16400余份，布置宣传展板155块。

【城乡环境卫生整治】 整顿市场及周边环境、道路，整治重点场所35处，清理垃圾120处，清洁水体22处，清除死角103处，绿化环境20处，开展大扫除2次、志愿者行动3次。

卫生监督

【依法行政】 2015年，海州区加大公共卫生、医疗卫生、餐饮服务的监督执法力度，各类单位、场所卫生监督检查覆盖率100%，开展各类卫生监督及管理相对人培训4200余人次；卫生监督信息录入率、及时率均达100%。区卫生监督所行政处罚及行政许可卷宗分别荣获全省卫生行政处罚案卷评查三等奖和全市卫生行政许可优秀案卷一等奖、三等奖。

【医疗市场监管】 开展医疗机构执业行为专项检查，实施行政处罚26家。严厉打击非法行医行为，查处无证非法行医35户次，取缔35户次，非法行医投诉及时处理率100%。

【公共场所监管】 对各单位、场所卫生监督检查覆盖率100%，“六小场所”及学校卫生量化分级管理实施率100%。对辖区内的餐饮具集中消毒单位全面整顿，原10家集中消毒单位整合为3家，产品卫生指标全部合格，中央电视台央视新闻栏目就此相关情况作过专题报道。

（审稿：葛秀伟　撰稿：董月红）

食品药品监督管理

【概况】 2015年，海州区有饭店、餐馆、食堂、流动摊点等各类餐饮单位6000余家，药品零售企业为220家，新版GSP认证通过率为100%。全区发放食品流通许可证1098份、餐饮服务许可证259份。

【核发新证】 12月1日起，食品流通许可证和餐饮服务许可证合并为食品经营许可证。原食品流通许可证和餐饮服务许可证在有效期内的，可继续使用；对新增加的企业，市场监管部门继续核发两证，但有效期至2015年12月31日，12月1日新证启用后再换新证。

【食品监管】 建立食品生产企业产品电子追溯系统，8家企业实现信息化追溯；完成2173家餐饮单位量化分级评定工作，其中A级单位121家，占全市A级餐饮单位的一半。年内，海州区开展“平安餐饮”工程，为100家餐饮单位安装调试明厨亮灶设备。

【食品专项整治】 海州区开展农村食品安全、节日市场、儿童食品市场、景区餐饮单位专项检查，以及来源不明冷冻肉制品、调味面制品等休闲食品、含铝食品添加剂、桶装水、消毒餐饮具等专项整治行动，处置“巴西牛肉”、假冒伪劣酒品等约4.25吨。

【药品监管】 海州区加强节日期间药品安全工作，重点监督药品经营企业的药品质量管理制度落实情况，药品采购、储存等管理情况，零售药店购进药品索证索票情况，处方药凭处方销售执行情况，药品陈列与储存情况，及含特药品销售情况等。加强医疗器械监管，根据辖区内医疗器械生产经营使用实际，制定保障医疗器械安全的具体措施，重点规范医疗器械专营店、体验店的宣传行为，深入开展无菌和植入医疗器械经营使用单位专项检查。加强新版药品经营质量管理规范（GSP）认证监管和药品不良反应监测工作，检查“四品一械”（食品、药品、保健品、化妆品、医疗器械）企业467家次；配合市食药监局开展GSP认证121家，推进药品零售企业药品电子监管工作，全区药品零售（连锁）药店入网率达100%。

【药品、化妆品不良反应和器械不良事件监测】 强化药品、化妆品不良反应和器械不良事件监测工作。上半年共上报药品不良反应报告60余篇、医疗器械不良事件报告40余篇，下半年共上报药品不良反应报告155余篇、化妆品不良反应报告12篇、医疗器械不良事件报告33余篇。

【开展中药饮片、医疗器械专项整治】 扎实开展医疗器械专项整治，有序推进中药饮片治理、中高考期间药械保健食品安全、隐形眼镜及护理液、避孕套、体外诊断试剂、明胶空心胶囊和胶囊剂药品、增强免疫力保健食品等专项整治工作，严厉打击各类违法违规行为，确保辖区群众用药安全。共检查药械经营使用企业238家次、医疗器械经营使用单位89家次，处理群众举报投诉案件12起，完成监督性药品抽样80批次。

【安全用药月活动】 2015年，海州区组织开展“海州区2015全国安全用药月活动”，宣传安全用药科学理念和实用知识，对不适当的自我用药、过度使用抗生素和注射剂、盲目轻信进口药和高价药等常见误区进行梳理、解读，引导行业企业加强自主创新，推动科技成果转化惠及公众健康。为进一步普及药品安全知识，宣传执业药师政策，9月6日上午，海州区市场监管局在陇海步行中街广场开展安全合理用药服务周活动，组织辖区零售药店和医疗机构的6名执业药师，现场接受群众咨询500余人次，发放宣传手册300余份。

（撰稿：张雷　审稿：金铜双）

2015年海州区直属医疗机构一览表

表28

序号	机构名称	地　址
1	海州区浦南中心卫生院	海州区浦南镇政府驻地
2	海州区板浦镇中心卫生院	海州区板浦镇南马路15号
3	海州区宁海卫生院	海州区宁海平安村
4	海州区板浦镇第二卫生院	海州区板浦镇中正街
5	海州区新坝卫生院	海州区新坝镇新中路1号
6	海州区锦屏卫生院	海州区锦屏镇
7	海州区浦东社区卫生服务中心	海州南极路146号
8	海州区海州社区卫生服务中心	海州西南路13-5号
9	海州区浦西社区卫生服务中心	海州区北小区沈圩路56号
10	海州区孔望山社区卫生服务中心	海州区秦东门大街

续表28

序号	机构名称	地 址
11	海州区洪门社区卫生服务中心	海州区朝阳西路88号
12	连云港市海州区新东社区卫生服务中心	海州区郁洲南路56号
13	海州区新城社区卫生服务中心	海州区东盐河19-22号
14	海州区路南社区卫生服务中心	海州区海昌北路1号保健品商场2楼
15	海州区新南社区卫生服务中心	海州区南极南路59号
16	海州区新海社区卫生服务中心	海州区镇海路40-10号
17	连云港市第一人民医院医疗集团眼科医院	海州区海昌南路100号

2015年海州区一级民营医院一览表

表29

序号	机构名称	机构类别	地 址
1	连云港国泰医院	综合医院	人民西路5号
2	连云港成宏医院	综合医院	青年西路中段
3	连云港仁安医院	综合医院	苍梧路20-3号
4	连云港永仁医院	综合医院	人民东路33号
5	连云港新海医院	综合医院	振海路40-10号
6	连云港宏田医院	综合医院	建国路12-40号
7	连云港市煤炭医院	综合医院	通灌南路124号
8	连云港恒康医院	综合医院	陇海东路77号
9	连云港建国医院	综合医院	解放西路34号
10	连云港九龙医院	综合医院	解放中路125号
11	连云港博爱中医院	综合医院	海昌南路168号

2015年海州区民营门诊部一览表

表30

序号	机构名称	地 址
1	连云港祥和老年医院振海路门诊部	海州区振海路135-1号
2	海州区博爱门诊部	朝阳西路98-6-7
3	北京同仁堂连云港药店有限责任公司中医门诊部	海州区陇海东路77-1-142
4	连云港中医药研究所中医门诊部	苍梧小区西大门北段
5	爱和中医专科门诊部	繁荣路市政府宿舍区，建国路2号沃尔玛超市南门
6	海州区中西医门诊部	海州新建路105号
7	海宁中西医结合门诊部	海州区海昌南路110-38号
8	安康老年病专科门诊部	海州区兴隆路17-6号
9	玛莉亚专科门诊部	海州区苍梧路45-104号
10	康美口腔门诊部	海州区绿园南路74号
11	双盛口腔门诊部	海州区巨龙南路39-41号
12	南极口腔门诊部	海州区南极南路20号

续表30

序号	机构名称	地　址
13	花万紫口腔门诊部	海州区海昌南路99–2
14	鹏飞口腔门诊部	海州区海昌南路28号
15	东方口腔门诊部	海州区通灌南路88号
16	博雅口腔门诊部	海州区新浦中茵名都33–5号
17	华康口腔门诊部	海州区通灌北路168–8号
18	康达口腔门诊部	海州区锦屏文化宫北门0111门面房
19	市民口腔门诊部	海州区市化路59–4号
20	史秋妍口腔门诊部	海州区南极南路58–8号
21	康贝特口腔门诊部	海州区巨龙北路恒润郁洲府9–5号
22	市中医药研究所恒迪口腔专科门诊部	海连东路恒利花园叁期一号楼
23	康为皮肤病门诊部	海宁西路中茵名都4–2商铺
24	连云港皮肤病专科门诊部	海州区常乐新村D–2号楼

2015年海州区村卫生室一览表

表31

序号	机构名称	地　址
1	板浦镇周圩村卫生室	海州区板浦镇周圩村
2	宁海乡太平村卫生室	海州区宁海乡太平村
3	锦屏镇酒店村卫生室	海州区锦屏镇酒店村
4	板浦镇前进村卫生室	海州区板浦镇前进村
5	板浦镇永平村卫生室	海州区板浦镇永平村
6	浦南镇新圩村卫生室	海州区浦南镇新圩村
7	浦南镇新建村卫生室	海州区浦南镇新建村驻
8	浦南镇吕湾村卫生室	海州区浦南镇吕湾村驻
9	浦南镇包埠村卫生室	海州区浦南镇包埠村驻
10	板浦镇石河村卫生室	海州区板浦镇石河村
11	板浦镇官庙村卫生室	海州区板浦镇官庙村
12	孔望山村卫生室	海州区孔望山村
13	新坝镇墙匡村卫生室	海州区新坝镇墙匡村
14	新坝镇樊庄村卫生室	海州区新坝镇樊庄村
15	花果山乡小村卫生室	海州区花果山乡小村村
16	花果山乡前云村卫生室	海州区花果山乡前云村
17	花果山乡景区卫生室	海州区花果山乡风景区
18	浦南镇许安村卫生室	海州区浦南镇许安村驻
19	浦南镇唐顶村卫生室	海州区浦南镇唐顶村驻
20	浦南镇潘圩村卫生室	海州区浦南镇潘圩村驻
21	浦南镇江浦村卫生室	海州区浦南镇江浦村驻
22	浦南镇官阳村卫生室	海州区浦南镇官阳村驻

续表31

序号	机构名称	地　址
23	宁海乡武圩村卫生室	海州区宁海乡武圩村
24	锦屏镇李圩村卫生室	海州区锦屏镇李圩村
25	宁海乡黄圩村卫生室	海州区宁海乡黄圩村
26	锦屏镇朐山村卫生室	海州区锦屏镇朐山村
27	板浦镇东北村卫生室	海州区板浦镇东北村
28	花果山乡新村村卫生室	海州区花果山乡新村村
29	花果山乡当路村卫生室	海州区花果山乡当路村
30	浦南镇滕湾庄卫生室	海州区浦南镇驻地
31	浦南镇汪庄村卫生室	海州区浦南镇汪庄村驻
32	板浦镇小浦村卫生室	海州区板浦镇小浦村
33	宁海乡新北村卫生室	海州区宁海乡新北村
34	板浦镇浦南村卫生室	海州区板浦镇浦南村
35	板浦镇尤庄村卫生室	海州区板浦镇尤庄村
36	宁海乡新圩村卫生室	海州区宁海乡新圩村
37	宁海乡卞浦村卫生室	海州区宁海乡卞浦村
38	板浦镇罗圩村卫生室	海州区板浦镇罗圩村
39	锦屏镇刘顶村卫生室	海州区锦屏镇刘顶村
40	新坝镇沙杭村卫生室	海州区新坝镇沙杭村
41	新坝镇普安村卫生室	海州区新坝镇普安村
42	新坝镇大屯村卫生室	海州区新坝镇大穆村
43	新坝镇王付村卫生室	海州区新坝镇王付村
44	浦南镇夏禾村卫生室	海州区浦南镇夏禾村驻
45	浦南镇太平村卫生室	海州区浦南镇太平村驻
46	浦南镇浦南村卫生室	海州区浦南镇浦南村
47	浦南镇浦北村卫生室	海州区浦北区驻地
48	浦南镇郎庄村卫生室	海州区浦南镇郎庄村驻
49	宁海乡魏湾村卫生室	海州区宁海乡魏湾村
50	板浦镇大团村卫生室	海州区板浦镇大团村
51	朐阳街道西门村卫生室	海州区朐阳街道西门村
52	板浦镇东风村卫生室	海州区板浦镇东风村
53	新坝镇四里村卫生室	海州区新坝镇四里村
54	新坝镇陈户村卫生室	海州区新坝镇陈户村
55	花果山乡新滩村卫生室	海州区花果山乡新滩村
56	浦南镇永安村卫生室	海州区浦南镇永安村驻
57	浦南镇龙浦村卫生室	海州区浦南镇龙浦村驻
58	浦南镇林场村卫生室	海州区浦南镇林场村驻
59	浦南镇郎墩村卫生室	海州区浦南镇郎墩村驻
60	板浦镇槐树村卫生室	海州区板浦镇槐树村

续表31

序号	机构名称	地　址
61	板浦镇东辛村卫生室	海州区板浦镇东辛村
62	锦屏镇新海村卫生室	海州区锦屏镇新海村
63	锦屏镇岗嘴村卫生室	海州区锦屏镇岗嘴村
64	板浦镇小浦北村卫生室	海州区板浦镇小浦北村
65	板浦镇菜园村卫生室	海州区板浦镇菜园村
66	新坝镇小荡村卫生室	海州区新坝镇小荡村
67	新坝镇大穆村卫生室	海州区新坝镇大穆村
68	板浦镇北门卫生室	海州区板浦镇北门居委会
69	浦南镇尹巷村卫生室	海州区浦南镇尹巷村驻
70	板浦镇泗河村卫生室	海州区板浦镇泗河村
71	板浦镇德芳卫生室	海州区板浦镇城北村
72	宁海乡杨场村卫生室	海州区宁海乡杨场村
73	宁海乡清河村卫生室	海州区宁海乡清河村
74	宁海乡海河村卫生室	海州区宁海乡海河村
75	板浦镇沙沪村卫生室	海州区板浦镇沙沪村
76	锦屏镇桃花村卫生室	海州区锦屏镇桃花村
77	白虎山村卫生室	海州观音庵47-4号
78	新坝镇朱圩村卫生室	海州区新坝镇朱圩村
79	板浦镇南门卫生室	海州区板浦镇南门居委会
80	浦南镇下滩村卫生室	海州区浦南镇下滩村驻
81	浦南镇富安村卫生室	海州区浦南镇富安村驻
82	浦南镇道口村卫生室	海州区浦南镇道口村驻
83	浦南镇草舍村卫生室	海州区浦南镇草舍村驻
84	浦南镇半滩村卫生室	海州区浦南镇半滩村
85	锦屏镇狮树村卫生室	海州区锦屏镇狮树村
86	锦屏镇陶湾村卫生室	海州区锦屏镇陶湾村
87	板浦镇各庄村卫生室	海州区板浦镇各庄村
88	板浦镇城北村卫生室	海州区板浦镇城北村
89	朐阳街道丁庄村卫生室	海州区朐阳西门村巴狗庄
90	新坝镇武圩村卫生室	海州区新坝镇武圩村
91	新坝镇魏口村卫生室	海州区新坝镇魏口村
92	新坝镇大井村卫生室	海州区新坝镇大井村

责任编辑：李云高

民政事务

【概况】 2015年，海州区民政局（简称区民政局）在区委、区政府的坚强领导下，立足海州民政事业发展新常态，以深化现代民政建设为主题，以深化民政事业改革为动力，统筹做好保稳定、惠民生、促和谐各项工作，为开创现代民政事业新局面奠定扎实的基础。

【双拥工作】 2015年，区民政局全面落实拥军优属政策，采取务实举措为部队建设和广大官兵办实事、解难题。全力以赴配合全市争创全国双拥模范城“七连冠”。春节和“八一”建军节期间，区四套班子主要领导慰问警备区和人武部等驻区部队，军地领导欢聚一堂，共商双拥工作大计，并结合部队实际需求，支持部队建设资金47万元。深入开展“双拥在基层”活动，各镇、街道广泛走访生活困难优抚对象，帮扶优抚对象157人次、4.8万元。全国双拥模范城考核组到连云港市验收连云港市争创全国双拥模范城工作，考核组实地察看海州区消防支队特勤中队，副市长董春科、市民政局局长李锦华、区长单晓敏、副区长徐冰陪同。考核组听取特勤中队和浦西街道、新中社区开展基层双拥共建情况汇报，对海州共建基地建设给予充分肯定。

【社会救助】 2015年，海州区临时救助困难群众361人次、88.79万元。全区城市低保对象2175户4426人，全年救助1650.39万元；农村低保对象1637户3615人，全年救助1100.43万元。全年资助5188名城乡低保对象参保参合，实施医疗救助900人次，救助金额121万元。

【“五保”供养】 2015年，通过省厅对海州区社会救助专项治理情况的督查。及时足额发放“三无”（无劳动能力、无生活来源、无赡养人和扶养人）、“五保”老人保障金240万元、尊老金930万元。从7月1日起，全区25名孤儿保障标准增至每人每月950元。

【优抚安置】 2015年，区民政局全面落实优抚抚恤标准自然增长机制，实现抚恤补助标准城乡一体化发放，全年发放7类优抚定期补助金1026万元。开展优抚对象入户走访工作，全面更新优抚系统基本信息。紧扣抗战胜利纪念日主题，慰问抗战老兵5名、6000元。青龙山烈士陵园于4月实现对外开放。在中国人民抗日战争胜利70周年纪念日来临之际，海州区四套班子领导普遍走访慰问24名抗战时期老复员军人，并在中央发放5000元/人补助金的基础上，区政府又为每位老人增发2000元慰问金。

【社区建设】 2015年，省民政厅领导、高校专家对海州区“一委三会”（社区党委、社区居委会、社区议事会、社区监事会）机制进行深入探讨和完善，并经省民政厅推荐，“一委三会”经验做法向国家民政部申报社区治理创新成果项目。为加快现代社

区治理创新实验区建设，区委成立由区委、区政府主要领导担任组长的领导小组，出台《中共海州区委关于全面深化“一委三会”建设创新城乡社区治理体系的实施意见》，把民主协商纳入基层议事程序，认真探索以加强党对基层工作领导为前提、以扩大基层民主协商为核心、以加强权力监督为重点、以实现村（居）善治为目标的城乡社区治理新体系，在城乡社区中全面深化“一委三会”建设，扎实推进实现从传统村（居）管理向现代社区治理转变。

【发挥社会组织孵化基地功能】 年内，区民政局引导、扶持村（居）按程序规范培育社会组织45个，全区社会组织增至452家。同时，制定《海州区行业协会商会与行政机关脱钩工作方案》，出台《海州区关于推进政府向社会组织购买服务的实施办法》，社会组织管理服务更加规范，社区专职人才队伍专业化建设得到加强。全区民政系统报考社会工作师人数增至336名，增幅达到19%，全区获得国家社会工作者证书的人数增加89名。4家社会组织获选连云港市首届公益创投活动，120名村（居）和社会组织负责人参加能力提升培训。充分激发社会组织参与社会治理的主动性、积极性和创造性。

【实施社区综合服务平台达标计划】 年内，区民政局争取120万元省、市级专项补助资金，完成16个社区“两房”（办公用房和活动用房）新建和改造工程，全年新增社区“两房”面积2.9万平方米。

【建立社区投入自然增长机制】 年内，社区工作人员工资补贴上调至每人每月2600元，社区年办公经费增至4万元。同时，贯彻市委、市政府《关于推动城乡社区“减负增效”的意见》要求，在全区189个村（居）全面开展治理活动。共取消工作任务16项、指标7项，清理完善收费、摊派项目10项，取消非正式组织机构67项、1837个，活动阵地78项、1399个。清理各类牌匾1209块，精简超编村组干部46名，压缩报刊订阅费用258640元。

【婚姻登记】 全年办理结婚登记7150对、离婚登记2424对，婚姻登记合格率、婚姻登记档案完好率均达100%。

【殡葬管理】 2015年，区民政局深化殡葬改革，印发《海州区人民政府关于严禁新建改建硬质化散葬墓的通告》和《关于党员干部带头推动殡葬改革的实施意见》，区、镇（街）、村（居）三级联动联防，实现硬质化散葬墓“零增长”。青龙山公墓加强内部建设，投入90万元实施绿化改造工程，同时启动安昌园建设，积极推行树葬、花葬、水葬等生态安葬方式。

【地名管理】 2015年，区民政局加强界线管理和平安边界建设，扎实做好新成立的高新区涉及的区划调整工作，完成新海州政区图制作。命名滨河新城道路13条，完成新增设社区前期调研和机构编制筹备工作。

（撰稿：陈柱钢　审稿：吴卫东）

慈善事业

【概况】 2015年，海州区慈善总会（简称区慈善总会）围绕区委、区政府中心工作，解放思想，开拓创新，发挥有利因素，化解制约因素，着力提升慈善资源开发、慈善项目实施、慈善宣传研究、慈善组织建设和慈善管理模式的能力水平，在扶贫济困、改善民生、弘扬中华民族传统美德和社会主义核心价值观等方面做出新的贡献。全年共接收善款108.5万元，接收价值65.88万元奶粉1800罐，接收衣物等1.2万件。支出救助资金92.6万元，对困难人群发放奶粉300箱，衣物1.2万件，救助困难群众7669人次。

【普及慈善文化】 2015年，区慈善总会加强“海州慈善”网站建设，强化网络宣传功能，围绕总会中心工作，宣传慈善事业发展状况，大力弘扬博爱思想和利他精神，不断丰富与社会主义核心价值观体系相统一，与人道主义精神、社会责任感等相融洽的现代慈善文化。深入宣传新形势下，慈善事业重大意义和政策法规，公开宣传慈善救助项目实施情况，大力推介慈善工作中涌现出的先进人物和典型事迹，引领全社会参与慈善事业的热情。

【引导公众崇尚善举】 年内，区慈善总会抓住每次慈善公益活动的契机，大力宣传慈善公益项目的动机目的以及人人可慈善的理念，所开展的各类慈善公益项目以及各项救助活动，都是为社会弱势群体办实事，做善事，最贴近老百姓的生活，使慈善融进每个人的内心，成为全社会共同的价值取向。

【“慈善一日捐”活动】 2015年，区委、区政府两办联合发文，在全区范围内组织开展“慈善一日捐”活动，区慈善总会共募集善款50余万元。

【做好协议捐款接收工作】 年内，区慈善总会加强与认捐企业的沟通联系，通过电话联系、座谈协商等方式，兑现认捐协议，全年接收协议捐款7万元，新签一份捐款协议，定向捐赠140万元。接收爱心企业捐赠奶粉1800罐、衣物等1.2万件。

【加强慈善资金物资使用管理】 年内，区慈善总会在善款物资使用管理方面，按照章程和慈善资金物资使用管理办法要求，严格遵守支配使用审批程序，接受纪检、审计、监察部门以及社会各界的监督，并在海州慈善网站公布善款收支情况和物资接收使用情况，增强慈善工作透明度，提高慈善组织公信力。

【慈善救助活动】 2015年，区慈善总会（基金会）共推介17个慈善救助项目，其中：第五届“美步温暖童心，牵手留守儿童”夏令营项目，组织120名留守儿童和美德少年参加活动。“圆梦大学”项目由兴隆集团资助善款16万元，为80名贫困家庭大学新生提供助学支持。“省儿童大病救助”项目

已结算49人次，救助费用17.5万元。"慈善光明行"项目，已为13名贫困家庭白内障患者提供免费手术。"情暖江苏·温馨海州"助困项目，省、市、区慈善总会共安排21万元慰问款，向区内340户家庭重大疾病及困难的低保户和低保边缘户发放慰问金。"心悦晚霞"项目上报5家，审批2家。"半价粮"项目，提供善款9万元，惠及1454户城区低保困难家庭。"爱满颐园"助老项目，先后开展走访慰问浦南镇、花果山街道、板浦镇、新坝镇等敬老院供养老人活动，不仅给老人送去奶粉、西瓜等生活用品，还为他们安装空调、铺修道路，款物合计28万元。"庆重阳"爱老项目，先后举办老年书画展、广场歌舞、乒乓球比赛等系列活动。慈善助医项目，与连云港北亚华山骨科医院合作开展1300万元的慈善医疗资助项目，惠及2万余人。与连云港和美家妇产医院合作开展的"健康援助大型公益项目"惠及海州地区18~60周岁的所有女性，每年援助金额达500万元。"爱心桥"项目，接收胡启旭个人捐款140万元，扩建利民路跨龙尾河桥梁工程。与常州义工联合开展的"衣路幸福"项目，已投放260只旧衣物回收箱。应急救助项目，共支出42.1万元，资助板浦镇沙湖村30余户小麦火灾家庭，应急助医27人次，应急助困380人次。

【慈善组织全覆盖】 2015年，区慈善总会认真贯彻落实市、区两办文件精神，研究制定详细的工作方案，由点到面，合力推进。到8月底，18个镇（街）慈善分会全部建成挂牌，179个村（社区）慈善工作站也全部建成挂牌，实现全区慈善全覆盖。做到有组织、有制度、有工作人员、有办公场所、有资金、有档案管理，形成区、镇（街）、村（社区）三级慈善组织网络。

（撰稿：杨福文　审稿：颜锦华）

人口与计划生育

【概况】 截至2015年底，全区人口出生6834人，出生率10.05‰，出生人口政策符合率为98%，出生人口性别比为106.63。

【人口文化传播】 年内，区卫生局和计划生育局（简称区卫生局）广泛宣传计生法律法规及优惠奖励、免费服务政策，举办摄影展、演讲比赛、有奖征文、文艺演出等活动48场次，开展"幸福家庭大讲堂""幸福家庭才艺大赛""计生节目文艺巡演""和谐邻里情"等人口文化宣传活动65场，制作计生知识科普折页、计生政策宣传手册10万份，在群众生活、居住和集聚活动的场所建立人口文化宣传阵地52处，搭建社区电子屏、社区育龄群众驿站、"空巢"老人聊天室等新型人口文化传播平台39个。

【计生综合治理】 2015年，区卫生局加强出生人口性别比综合治理，开展"严厉打击'两非'（非医学需要的胎儿性别鉴定和选择性别的人工终止妊娠行为）专项整治月"活动，出台打击"两非"有奖举报制度，排查医疗机构20个、药店58个、个体医疗诊所53个。

【流动人口信息平台治理】 年内，区卫生局提高流动人口信息平台数据质量，数据完整率、逻辑准确率和出生上报及时率均达98%以上。对信息平台上符合奖扶、特扶的人员信息进行一次全面清理，对1178个奖扶、特扶人员信息重新登记核对，确保准确率100%。

【计生惠民政策】 年内，区卫生局发放区属企业持证退休职工一次性奖励金97万元、计划生育家庭奖励金63万元、计划生育家庭特扶金181万元，帮助计生家庭选定创业项目28个，并为435名计划生育家庭安排实用技术培训。打造新海街道星化社区连心家园项目。整合社区卫生资源，建立完善家庭生殖健康档案，免费为1.8万人次提供宫颈癌、乳腺癌普查和生殖道感染干预等生殖保健系列服务，对200多名连续口服避孕药5年以上者进行免费体检，落实免费孕前优生健康检查2852人。

【促进优生工程】 2015年，全区新建社区早教活动园地12个，开通准妈妈QQ群、新妈妈微博，开展婴幼儿普惠性体验式发展指导服务，接受咨询1136人次。举办公益性科学育儿知识讲座150场，举办200多场亲子活动。举办生殖健康专题讲座20余场，提供避孕节育、生殖健康、青春期教育、更年期保健、家庭健康咨询和指导5480人次。

【流动人口管理】 年内，开展全员流动人口信息统计和跨省流出人口信息协查3.2万例，办理暂住证的流动人口信息核查10.6万例，并完成全国流动人口动态监测工作。

（撰稿：王媛　审稿：葛秀伟）

民族宗教工作

【概况】 2015年，海州区民族宗教事务管理局（简称区民宗局）始终坚持宗教工作无小事的思想，以全区民族宗教领域和谐稳定为总目标，全面贯彻落实党的民族与宗教政策，积极协调各方关系，依法管理民族与宗教事务，营造民族团结、宗教和睦、社会和谐的良好局面。

【宗教工作审议】 3月31日，海州区人大常委会对全区宗教工作情况进行审议。对宗教工作所取得的成果给予充分肯定，并提出新的要求。

【政策法规宣传】 6月，区民宗局开展以“国法与教规的关系”为主题的民“族宗教法规学习宣传月”活动，学习宣传中共十八大及十八届三中、四中全会精神。号召广大宗教界人士高举爱国主义旗帜，拥护党的领导，积极支持改革发展，为全区团结稳定做出新贡献。

【星级宗教活动场所认定】 2015年，区民宗局在有条件的场所加大创建资金投入，先后建设图书室、档案室和陈列室，并协调档案、消防部门指导场所档案及消防建设。11月13日，碧霞寺、准提寺通过省三星级档案室考核验收。

【参加全市少数民族体育运动会】 9月25日，区民宗局组队参加全市第三届少数民族体育运动会，海州区代表队荣获男子单项跳绳第一名和团体拔河比赛第二名。

【宗教活动场所建设】 4月28日，岗埠农场基督教堂建成并投入使用；5月12日，准提寺门前绿化工程完成；7月26日，观音庵举行大雄宝殿奠基仪式；9月16日，碧霞寺北面外围墙建成；11月7日，净修庵大雄宝殿竣工并投入使用。

【宗教慈善周】 9月14日，区民宗局在全区宗教界开展“宗教慈善周”活动，各宗教活动场所就近开展扶贫、济困、助残、助学等公益活动，先后开展各类公益活动22场次，募集善款9万余元。

【重要活动】 4月29日　中国社会科学院世界宗教研究所所长卓新平到海州碧霞寺调研宗教工作，市委统战部副部长、市民宗局局长范江等陪同调研。

6月25日　江苏省佛教协会巡回讲经团在海州碧霞寺举办讲经说法。省佛教协会副秘书长陈建华，市民宗局副局长郁正言，海州区委常委、副区长顾建华出席活动，市民宗局宗教处以及部分县区民宗局负责人参加活动。

10月10日　省委统战部副部长，省民委主任、省宗教局局长李国华在民贸企业飞雁毛毯厂和海州碧霞寺调研民族宗教工作。副市长王开宇，市委统战部副部长、市民宗局局长范江，海州区委书记王立斌，海州区委常委、副区长顾建华等陪同调研。

（撰稿：刘立田　　审稿：张玉梅）

老龄事业

【概况】 2015年，海州区老龄工作委员会办公室（简称区老龄办）围绕区委、区政府有关老龄工作部署，开动脑筋，克服困难，积极作为，推进全区养老和敬老事业的开展，呈现出老有所养、老有所乐、老有所为的新局面。

【扶持社会办养老机构】 2015年，海州区有民办养老机构31家，床位1745张，入住老人603名。区老龄办为辖区社会力量开办的有证养老机构争取区级财政床位补贴39.75万元。新增民办养老机构1家，设计床位40张，已通过消防验收。

【发挥公办养老机构示范作用】 年内，全区有公办养老机构8家，床位1139张，入住老人124名。区第一社会福利中心（颐养院）发挥自然环境优势，加大规范化建设和宣传推介力度，福牌水厂安全有序运营，开发建设蔬菜基地，“优质安全、绿色健康、自给自足”的康复颐养特色愈加突出，入住老人已增至35名。区第二、第三社会福利院分别交予区眼科医院、新坝镇卫生服务中心运营。5月8日，组织镇（街）民政助理、农村敬老院院长到东海县考察学习农村敬老院建设。安排部分专项资金为农村敬老院安装取暖设备，至12月末，工程仍在推进中。

【养老机构安全工作】 年内，区老龄办联合安监、卫生、消防部门开展安全生产大检查4次、突击检查6次，检查中发现需整改102处，下发整改通知书38份，已整改到位76处。联合新南街道、新南派出所、消防部门对玉龙路养老一条街进行安全大检查，共查出需整改22处，下发整改通知书8份。投入5万元为玉龙路养老一条街8家民办养老机构购买铁皮柜。全区民办养老机构烟感报警器全部安装到位，已有3家老年公寓获得专项扶持资金。

【养老服务专业人才队伍建设】 区老龄办全年培训养老护理员70多名。养老机构养老护理员持证上岗率达到64%。落实养老护理员补贴制度，已下发通知启动申报工作。

【社区居家养老建设】 全年共投入300多万元，建成乐龄生活馆89个。区委、区政府领导高度重视人口老龄化问题，将养老服务体系建设作为区委、区政府年度工作的重要目标任务，列入政府工作计划，进行部署安排。区委书记王立斌多次关心乐龄生活馆建设工作。3月30日，区长单晓敏、副区长徐冰专题调研全区居家养老服务建设情况，并召开座谈会对全区居家养老服务建设提出具体要求。副区长徐冰定期督查推进乐龄生活馆建设，并提出许多宝贵意见。

【尊老金发放到位】 区老龄办全年发放尊老金925.51万元。其中80~89岁11867人，共发7265750元；90~99岁1654人，共发1877350元；100岁以上33人，共发112000元。办理老年卡1316张。

【敬老月活动】 10月10—16日，区老龄办在民主路大华商店举办第二届“连望杯”老年书画摄影展，展出的百余幅作品反映海州区老年人生活的蓬勃朝气，深受老年朋友的喜爱，表达海州区老年朋友对幸福生活的赞美。区老龄办充分发挥各镇、街道及基层单位文艺演出团体的主导作用，周密组织，积极筹划，于10月16日，在盐河巷天后宫大舞台举办第二届“连望杯”广场演出活动。此次活动共上演14个节目，分别有舞蹈、情景剧等多种形式，参加会演的演出人员达百余人，历时两个小时，吸引观众达1000余人，其中老年观众达300余人。10月20日，全区第二届“连望杯”老年乒乓球比赛在新南街道玉带社区乒乓球馆举行，由全区各街道40多名老年乒乓球兴趣爱好者组成的12个代表队参加比赛，玉带一队获得冠军。区文明办组织开展“九九重阳节、浓浓敬老情”志愿服务活动，全区共有100余家社区和文明单位参与。区卫计局组织海州社区卫生服务中心、浦西社区卫生服务中心人员到浦南镇敬老院开展义诊活动。区司法局联合海州街道在古楼广场开展以“培育敬老家风、建设和睦家庭”为主题的法律服务活动，发放资料3000余份、礼品300余份，接待咨询150余人。

（撰稿：田中丰）

关心下一代工作

【概况】 2015年，全区关心下一代工作在区委、区政府的领导和市关心下一代工作委员会（简称关工委）的具体指导下，认真学习贯彻习近平总书记和省、市领导关于做好关心下一代工作的重要批示，认真落实市委《关于进一步加强关心下一代工作的意见》，充分发挥各级关工委和广大“五老”（老干部、老战士、老专家、老教师、老模范）的优势，围绕中心，突出重点，勇于创新，各项工作都取得较好成绩。先后荣获全国关心下一代宣传工作先进集体、省关工委举办的“老少牵手千站万人走访抗日老英雄活动”优秀组织奖。区关工委主任周恒泰获省离退休老干部先进个人。

【关心下一代工作】 习近平总书记和省、市领导关于做好关心下一代工作的重要批示及市委《关于进一步加强关工委工作的意见》下发后，区委迅速贯彻落实，连续下发4个文件，即区委《关于进一步加强关心下一代工作的意见》（以下简称意见），区委办转发的关于《海州区关心下一代工作委员会2015年工作要点》《海州区关心下一代工作委员会工作实施细则》《关于调整区关心下一代工作委员会组成人员的通知》。全区关工委系统召开3个会议：基层关工委常务副主任及区直单位关工委负责人会议、关心下一代工作联席会议，镇、街道、教育局、开发区分管领导座谈会议。全区镇、街道一级关工委乘势而为，努力争取党委、政府的重视支持，主动加强与有关部门联系和沟通，积极落实《意见》中提出的各项规定和要求，班子配备、组织机构、“五老”队伍建设、经费保障等规定性的要求基本得到落实，办公用房、办公设施普遍得到改善。各党委、党工委都把关工委工作摆上重要位置，纳入议事日程，纳入精神文明建设目标。

【拓展主题教育活动】 2015年，按照省、市关工委的统一部署，区关工委在全区青少年中开展“立德树人、遵纪守法、践行中国梦”主题教育活动，取得实实在在的教育效果。

将主题教育与学雷锋活动结合起来 为推动学雷锋活动常态化，以新浦街道关工委副主任、第一代雷锋车手李保英为代表，组织汽车总站“雷锋车”车手到学校、社区，给青少年讲“雷锋车”车组的故事；组织青少年到汽车总站参观“雷锋车”事迹陈列馆并和雷锋车手一起学拉“雷锋车”；组织小记者开展一次寻访身边的“活雷锋”活动，向阳光少年网、《关心下一代周报》《苍梧晚报》等报纸杂志投稿；开展一次学雷锋做好事活动。路南街道关工委编排文艺节目，老少同台参加广场文艺演出。新南街道关工委利用节假日组织青少年到汽车总站和“雷锋车”车手一起拉“雷锋车”，提行李，抱小孩，搀扶老弱旅客上下车。

将主题教育与时间节点结合起来 清明节期间，组织广大青少年开展以“缅怀先烈、激励成长”为主题的爱国主义教育和革命传统教育，全区近百名“五老”参加，受教育青少年达6万余人次。区教育局、板浦镇、幸福路、洪门等街道关工委充分利用市革命纪念馆、板浦镇秋园纪念碑、青龙山烈士纪念馆、白虎山建党亭等红色资源对青少年进行现场教育。抓住“六一”国际儿童节这一节点开展庆祝活动。各镇、街道和学校以校外辅导站、学校、班级为单位召开庆祝会、表彰会，开展各种宣传教育活动。新浦街道关工委开展“三爱”（爱党、爱国、爱社会主义）好少年评选表彰活动。解放路小学开展“文明礼仪伴我行”活动，新浦中学举行文明礼仪演讲比赛。开展迎“七一”纪念活动。新南街道关工委组织青少年到市革命纪念馆参观，让孩子们了解党的革命斗争史。建宁小学开展“沐浴党的阳光 渲染金色童年”迎“七一”系列活动：讲英雄模范人物故事，读《星星之火》，看《建国大业》，唱《没有共产党就没有新中国》。开展纪念抗日战争胜利70周年宣传教育活动。组织青少年在中国文明网、央视网、阳光少年网、江苏少年网开展向国旗敬礼和签名、寄语活动。区关工委、区老干部局、区民政局、区教育局、浦南镇、浦西街道、路南街道组织学生代表和小记者到卢柏、高怀堂、张才洪等抗日老战士家走访看望，为老人献花，佩戴红领巾，听讲抗日战争的故事。市电视台、市报社等媒体现场采访并及时进行报道，多篇小记者文章在阳光少年网、江苏少年网、关心下一代周报上刊登。新南街道紫云社区组织15名少先队员代表举办义卖活动，将义卖所得用于看望92岁高龄的抗日战争老战士吴祥祯。新东街道利民社区开展“不屈的江淮、伟大的胜利”纪念抗日战争胜利70周年图片展，组织青少年观看。新南街道海南社区以剪纸、讲故事等形式开展“纪念抗日战争胜利70周年”活动。各基层关工委还通过收集抗日战争资料，编写宣讲提纲，组织“五老”进学校、进社区讲抗日战争故事。板浦镇退休老教师骆公辅、陈克信、孙志俊三位老人，冒着酷暑收集抗战资料、图片，编写宣讲材料，到学校和社区宣讲，并指导中小学校和社区编制图文并茂、内容丰富的宣传图板。87岁“五老”志愿者孙志俊撰写的《滴血凝泪的历史，刻骨铭心的记忆》，到板浦各中小学演讲，深深触动老师和学生的心灵。事后调查，很多学生以此作为作文命题，这篇文章被阳光少年网采用。9月1日开学第一天，解放路小学北校区，邀请曾经参加过抗日战争的市委宣传部原副部长、市文联主席孙芹讲抗日战争故事。

将主题教育活动与开展实践活动结合起来 海州街道关工委利用青少年孝文化教育中心（海州长寿宫）组织青少年开展敬老活动。海宁中学组织70多名少先队员分赴辖区内4所敬老院学雷锋做好事。建国路小学组织学生进社区义务植树和护绿。浦南镇郎墩小学在校园里开辟“开心农场”，让学生在劳动实践中增长知识。新南、新东街道关工委组织青少年到市农科院青少年教育实践基地开展劳动实践活动，与农作物“零距离”接触，培养孩子们热爱劳动、爱惜粮食的良好习惯。新南街道建南社区组织学雷锋自愿小分队到街道清理白色垃圾。兴业社区组织“绿娃”小分队，“破除陋习、文明劝导、为小树减负”，倡导绿色环保理念。

将主题教育与开展“三百”（举办百场法律报告讲座、举办百米法制教育长廊观摩、开展百名诚信少年评比）活动结合起来 首先，以学校、社区为单位，组织司法人员和“五老”举办百场法律报告。其次，以学校、社区为单位开展百名诚信少年评比活动。再次以社区（村）为主阵地，举办百米法制教育长廊观摩。区检察院未检科高霞、区关爱工作团成员徐发英、孙屯本、谭立洲等先后到多所学校作法制报告，以案说法。从5月12日开始，区关工委联合区教育局、市禁毒支队、市交警三大队开展交通安全、禁毒法规宣传图板进校园活动，历时近2个月，12所中小学的30000多名学生受到教育。锦屏镇关工委将省司法系统先进品牌锦屏镇中山社区法制长廊作为法制教育示范点，组织青少年观摩学习。年内，通过开展各种教育活动，全区涌现出很多诚信少年，如建宁小学三（七）班吴欣阳同学拾到一个钱包，里面有7000多元现金和银行卡，他毫不犹豫地将钱包交给警察。继感动连云港市的海州区小学生吴欣阳被誉为诚信好少年，又有新海实验中学初二学生王国瑞等6名少年拾金不昧，向社会交出一份满分“诚信答卷”。

【扶贫助学】 2015年，全区各级关工委主动参与全区开展的千名机关志愿者爱心帮扶活动，组织“五老”进村入户调查孤残儿童、特困儿童生活学习情况，并通过牵线搭桥，为近百名贫困学生解决生活、学习费用。洪门街道关工委举办“爱心筑梦”捐赠仪式，共有13个企业和30名爱心人士参与资助行动，资助总额为38600元，帮助9名大学新生解决学费难题。“六一”期间，新海街道新潮社区关工委与市国税三分局联合召开辖区内贫困儿童及家长座谈会，并向他们赠送生活、学习用品和慰问金。板浦镇苏光小学为患病同学捐款15263.5元。老军人王凤文21年坚持参与扶贫助学，2015年又给浦南镇小学12名孤儿和特困儿童送去助学金3600元。朐阳街道西门社区有10名特困学生，关工委定期组织人员到他们家了解情况，及时伸出援手。新浦街道关工委常务副主任沈小莉在调查时发现社区有一名叫苗雪的特困儿童，父母均无工作，沈小莉和街道4位工作人员每月定期为他家资助400元现金，节日期间还买礼品到他们家走访看望。新南街道玉龙社区关工委组织“五老”担任留守儿童、外来务工人员子女代理家长，当好“第二监护人”，负责管理孩子们在校外的学习、生活、思想教育和安全防护等，老党员张义浩义务托管6名农民工子女，使这些孩子每天放学后，父母没下班这段时间有人陪伴、照看，有人指导学习和开展活动。

【网吧监督】 年内，各基层关工委都对“五老”网吧义务监督员进行充实调整。新东、幸福路、海州、新南、路南等街道关工委按照就近方便的原则，将“五老”义务监督员划片分组，定人、定时、定地点开展监督工作。浦西街道发动“五老”，为未成年人竖起一道坚固的网吧防火墙。网吧义务监督员谭立洲、徐云秀、孙立玲、梁开传等，除定期到网吧监督外，还利用“家长学校”、校外辅导站等阵地进行宣传。7月中旬，区关工委还选派两名人员参加全省组织的网吧互查。6月中旬，区关工委和区文体局召开全区网吧优秀“五老”义务监督员表彰大会，授予浦南镇等10个关工委组织奖，表彰李宝英等52人为“网吧优秀‘五老’义务监督员”，并发给每人200元奖金。

【参与社区矫正工作】 年内，为认真贯彻落实省关工委、省司法厅和市关工委、市司法局关于“组织‘五老’志愿者参与社区矫正工作”的文件精神，区关工委和司法局联合下发《关于动员组织全区城乡“五老”志愿者参与社区矫正工作的意见》，11月8日上午，区关工委、区司法局在新东街道会议室召开“五老”志愿者参与社区矫正工作培训会。各镇、街道关工委常务副主任及“五老”志愿者共65人参加会议。区关工委主任周恒泰作动员讲话，市司法局矫正局局长张以军就如何做好社区矫正工作，从11个方面对广大“五老”进行知识培训。区司法局党组书记魏宪春、副局长金文虎分别作重要讲话。会上，市、区领导为海州区首批52名“五老”颁发社区矫正工作志愿者聘书。区培训会议结束后，各镇、街道分别对“五老”志愿者进行岗前培训。洪门街道关工委与司法所密切配合，全面开启“五老”志愿者参与社区矫正工作，组织26名“五老”志愿者采取一对一、一帮一、多帮一、帮转化、帮成功解矫的做法，对矫正对象晓之以理、动之以情，用身边人、身边事做好矫正对象转化工作。区人民法院少年庭充分发挥新岸业余学校教育基地作用，对少年犯进行教育，并聘请退休老校长徐发英作为专职教师，在她循循善诱的帮助下，很多少年犯迷途知返，重新做人。少年犯尚某某和陈某某现在一个是外企的小班长，一个是某工地的小领班。洪门街道忠盛机械厂企业家王玉忠，曾是一名刑事犯，因立功被提前释放，在司法所的帮助下创业成功后不忘反馈社会，自办矫正中心，有4名刑释解教的青年在他所办的企业工作。年初，他又拿出近200平方米的门面房办校外教育辅导站。

【校外辅导站】 年内，区关工委把许庄、西苑、康宁、贾圩等村（社区）作为校外教育示范站。抓好“校站结合”。年初，区关工委和区教育局关工委专门研究制定《关于推进“站校结合”，提高青少年校外教育水平的意见》方案，首批确定浦南镇康宁社区等12个辅导站和浦南镇中心小学等12个学校为结对共建单位，落实工作机制和保障机制。暑假前夕，再次召开“校站结合”推进会，部署暑期中小学生校外教育活动意见。与此同时，抓提档升级，着力加强电子阅览室建设和管理。海州开发区许庄村校外辅导站被省关工委确定为示范辅导站，年内开设电脑、美术、阅读、书法、球艺、音乐、猜谜7个兴趣班。海宁中学、浦南中学、解放路小学、岗埠农场小学和基层辅导站开办电子科技兴趣班，利用双休日、节假日组织孩子们动手制作电子科技作品。7月20日，区关工委陈惠铭带领解放路小学3名学生去南京参加全国少年电子技师比赛，再次取得优异成绩，2人夺得一等奖，1人荣获二等奖。年内，各基层关工委积极组织中小学生参加省关心下一代周报社举办的“成语新说”大赛和阳光少年网开展的“走访抗日老英雄”网上投票活动，均取得较好成绩。海宁中学张姝叶荣获初中组二等奖，锦屏镇高中张子权荣获高中组三等奖，锦屏镇高中教师闫刚伦荣获优秀指导奖，洪子然等25位同学荣获优秀奖。板浦镇东辛中心小学有在校学生近500人，其中80%是留守儿童，父母在外打工，孩子节假日及放学后无处可去，经过认真研究，学校决定创办留守儿童之家。在房屋、经费紧张情况下，历经一个月的打造，东辛中心小学的留守儿童们终于有了自己的“家”。留守儿童之家共分5个板块，分别是我的舞台我做主（演播厅）；我给心情放个假（心理疏导室）、棋乐无穷（娱乐角）、我与父母面对面（电话网络室）、我阅读我快乐（悦读室）。为丰富孩子们的暑假生活，连云港书店向洪门街道的洪门村校外教育辅导站捐赠1000册图书，价值近5000元。为解决外来务工人员子女放学无人看管，浦西街道电台社区成立流动儿童快乐家园。蔷薇、新中两社区邀请市消防队员到校外辅导站对中小学生进行消防知识及安全教育。5月，省关工委主任曹鸿鸣、市关工委主任俞素娥、市人大常务副主任郑平等领导到海州区调研关工委工作，察看新海街道西苑社区校外辅导站时，给予高度评价。

【基层关工委组织建设】 年内，区关工委对全区19个镇、街道关工委、190个社区（村）关工委工作班子进行充实调整，共调整镇、街道关工委常务副主任5人，社区（村）关工委主任28人。

【“五有五好”创建活动】 全区229个关工委组织，已有148个达到“五有五好”（有组织网络，组织班子建设好；有“五老”队伍，骨干作用发挥好；有活动阵地，常年活动效果好；有制度台账，各项制度执行好；有开拓精神，积极探索创新好）创建标准。有19个社区（村）、2个民营企业定为“五有五好”示范点，为全区关心下一代工作树立起标杆。

【“五老”队伍建设】 2015年，区关工委以会代训举办4期培训班，即基层关工委主任培训班、校外辅导站示范点负责人培训班、“五老”志愿者参与社区矫正工作培训班、“五老”宣讲员培训班。全区各级关工委先后组织骨干培训16期，参加培训的“五老”近800人。进一步充实调整爱国主义教育宣讲员、关爱工作团、校外辅导员和网吧义务监督员队伍。经过充实调整，“五老”队伍的知识、专业和年龄结构得到进一步优化。此外，通过召开表彰会、编发关工委简报、充分利用网站和新闻媒体广泛宣传“五老”中的先进典型，以典型带动“五老”队伍建设。

【开展调研】 年内，区关工委深入17个镇（街道）、24个社区（村），对关工委班子建设、“五老”队伍建设、电子阅览室活动开展情况进行调研。

【加强学习】 组织关工委组成人员和“五老”骨干，认真学习习近平总书记和省、市领导的重要批示，深刻领会中央、省、市领导讲话和文件精神，认真学习外地的先进经验，不断提升思想认识和工作水平。

【加强制度建设】 2015年，区关工委以省、市关工委工作规则为依据，研究制定学习培训制度、会议制度、工作制度及表彰奖励制度等。

（撰稿：于怀花　审稿：周恒泰）

扶贫开发

【概况】 2015年，海州区扶贫开发协会及老区开发促进会（简称“两会”）坚持区委、区政府领导，依靠省、市“两会”及社会各界的支持，按照精准扶贫工作要求，以项目为依托，经济和社会效益并重，强力推进扶贫及老区开发项目，获得好效果，取得新成绩。

【支持特种水产养殖项目】 自2010年市“两会”确定浦南镇汪新村为结对联系点起，至2015年，水产养殖面积从1.33公顷扩大到136.66公顷。合作社自身从借款27万元起步，发展到固定资产245万元。合作社主体社员从成立之初的5户增加到106户，占全村户数17.3%，户均增收3.5万元。合作社已形成较为成熟的“七个统一”管理模式，即实行统一流转土地、统一开发配套、统一种苗供应、统一饲料配送、统一技术指导、统一市场营销、统一担保融资，为养殖户提供产前、产中、产后资金支持，形成以汪闸特种水产养殖专业合作社为龙头的水产养殖基地。积极探索高效养殖模式，新建20公顷温室养殖项目，提高产出效益。

【设施蔬菜项目】 2015年，浦南镇草舍村西红柿种植由最初2公顷扩张到200公顷规模，已占该村耕地面积75%，种植收入和产品经济收入成为村民稳定的收入来源。省、市“两会”滚动投入的40万元资金培育的3500平方米的育苗中心引领作用突出，支持品种引进、种苗繁育、试种推广，已带动形成666.66公顷规模的种植基地。占地面积2400平方米的钢结构市场和设施蔬菜基地场馆，成为区域内重要蔬菜市场和居民购物、休闲、体验场所。

【培育新项目】 年内，按照区政府产业布局，同时为保证省、市扶持资金使用安全，及时调整原具有风险的泥鳅养殖项目，重新安排吕湾村苗木繁育和果树栽培项目，由吕湾苗木合作社牵头，投入200万元，流转土地46.66公顷，开展苗木繁育、果树栽培，形成紫薇、红叶石楠等植物苗圃20公顷，桃子、海棠、樱桃等植物果园26.66公顷。解决60户会员120人就业问题，户均收入6万元，季节性用工200人，年收入1万元左右，新增合作社会员50多人。

【加大教育扶贫力度】 按照省、市“两会”扶持项目要求，必须按每人每年3000元标准结对帮扶2名以上学生，共安排7名；按市、区“两会”安排学生救助年3000元以上要求，接受社会捐助并转赠学生。安排6000元的金秋助学经费，帮助3名困难职工家庭参加高考的子女入学。此外，协调区政协办公室、新东街道等部门，募集助学资金3万元，在秋季入学时间捐助学生。还承接省滴水·筑梦助学工程帮扶10名学生，及时发放助学款2万元。与此同时，承接碧桂园“梦想碧桂园·助学万里行”公益活动，向解放路小学北校区捐赠2万元视频教学设备，向10名学生当场发放助学款1万元。此外，加强广东国华纪念中学招生宣传。

【重要活动】 配合纪念抗日战争暨世界反法西斯胜利70周年，在市“两会”帮助下，组织新东街道苍梧社区居委会、业委会、物业公司、社区离退休干部党支部，联合召开纪念抗日战争暨世界反法西斯战争胜利70周年座谈会。请9位抗战老战士回顾历史，缅怀先烈，历数侵略者罪行，特意安排为老战士戴红花，为他们精心制作佩戴荣誉勋章的照片，到会人员高唱《大刀进行曲》。之后，组织部分老先生赴抗日山重温入党誓词，还举办以纪念为主题的书画摄影展。另外，在巨龙社区、龙尾社区也开展相关主题活动，并走访慰问老战士。根据省、市老促会统一安排，落实并组织慰问抗战老战士及遗属24名。

（撰稿：徐进冬　审稿：邵来成）

残疾人权益保护

【概况】 2015年，全区残疾人工作在区委、区政府的正确领导和省、市残联组织的精心指导下，区残疾人联合会（简称区残联）结合区划调整后的实际情况，多筹并举，双管齐下，切实加强残疾人工作力度，有效促进残疾人增收并完善残疾人服务体系，实现残疾人工作的全面提升。区残联获区委、区政府颁发的2015年度经济建设和社会发展目标绩效考评良好奖。

【发放三项补贴】 全年区残联为2256名无固定收入重残人员发放补贴984.33万元；发放低保内重残补贴750人，61.39万元；发放护理补贴963人，114.12万元。

【发放专项补贴】 年内，区残联为351名残疾人车主发放机动车燃油补贴9.12万元，发放残疾人托养机构省补资金34.8万元，发放托养机构劳动项目补贴8.84万元，发放残疾人扶贫基地补贴16万元，发放扶贫到户贷款贴息补助1.4万元。

【残疾人证评定】 2015年，区残联先后两次在锦屏镇中山社区组织全区残疾人证评定工作，邀请专家就肢残、听语、视力、精神等各类残疾人逐一评定，为近1400名疑似残疾人进行评定。

【助残扶贫活动】 2015年，区残联在全区开展“走遍村、访百户”走访慰问活动，共走访贫困重度残疾人100余户，发放慰问金3万元、辅具50余台。建立农村和社区基层党组织助残扶贫工程联席会议制度，健全常规扶贫制度，建立项目扶贫制度和沟通联系制度，确保真扶贫、扶真贫，重点帮扶10户残疾人。

【残疾人常规康复服务】 全年完成假肢装配18例，为0~6岁残疾儿童免费康复训练318名，其中肢体残疾儿童康复训练3名，智力残儿童康复训练15名，聋儿听力康复28名，视力残疾儿童康复训练125人，多重残疾儿童康复训练112名，孤独症儿童康复训练35名；验配成人助听器3个，训练盲人定向行走80人，为白内障免费实施复明手术117例；贫困精神病患者免费服药30名，重度精神病患者免费住院19名；发放各类辅助器具130余件；改造无障碍家庭2例。

【残疾人教育】 2015年，全区共统计高中以上残疾人学生23名，发放教育补贴2.9万元；统计高中以上残疾人子女学生174名，发放补贴25.7万元；统计残疾人大学生一次性奖励8人，发放一次性奖励金1.8万元。

【残疾人就业培训】 全年实际完成新增残疾人就业50人，其中按比例就业5人，集中就业5人，个体就业和自主创业10人，灵活就业和居家就业15人，盲人就业5人，扶贫基地就业10人。推荐5名视力残疾人参加盲人按摩培训班，组织18名资深盲人按摩师参加足疗培训班。开展就业帮扶活动，联合区中小企业局协调市富源铸铜厂、市新科研磨厂、市黔锦化工厂、市利民药用包装厂、市奈特网具5家企业配合“助残宣传月”主题活动，帮助未就业残疾人实现就业，为残疾人提供专场招聘会，共组织150名有就业能力和意愿的残疾人参加招聘会，会上40余名残疾人与企业达成就业意向。以云台农场、浦南镇、岗埠农场美好创业园等残疾人扶贫示范基地为载体，免费提供实用技术培训，多次聘请专家开办农业技术培训班，发放技术资料450余份，培训残疾人210人次。基地残疾人从业人员达132人，并辐射带动160户残疾人家庭脱贫。

【建立残疾人综合服务大厅】 年区，在区政府的大力支持下，建立残疾人综合服务大厅，严格按照《维权体系建设标准》（连残发〔2015〕59号），在大厅内打造区级维权服务中心，并将人员、硬件实施配备到位。依照《维权体系建设标准》梳理现有的信访维权体系相关制度，新制定海州区残疾人信访维权体系建设标准，并下发至各镇（街），完善区、镇、村三级信访维权网络。

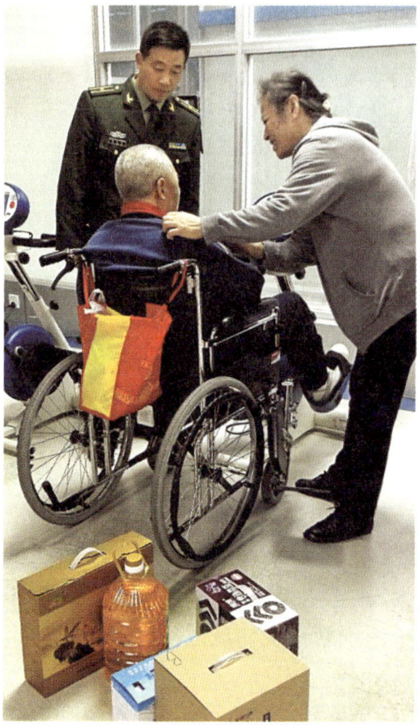

社区慰问残疾人

【市级残疾人托养一体化试点】 年内，在幸福路街道西大岭社区、新海街道星化社区打造占地1500平方米以上的市级托养一体化试点单位，建成集康复健康讲堂、文体娱乐、图书阅览、影音播放、康复医疗、劳动项目、餐饮配送等为一体的综合托养服务基地，在基础设施、服务资质、管理制度、服务情况和安全保障5个方面进行规范和加强，做到制度上墙、服务规范、引导有序。并与奈特网具企业洽谈对接，在幸福路街道托养机构中引进“手牵手”劳动项目，为托养机构中50余名残疾人提供劳动项目。

【残疾人宣传工作】 5月7日，区残联在市民广场承办全市第二十五次“‘全国助残日’宣传服务月”启动仪式，市政府领导、市残联领导班子和有关处室负责人出席活动。在仪式上发放慰问金3000元、辅具50件，展出宣传图板48块。

【扶残助残宣传一条街】 2015年5月，区残联在人口密集的陇海步行街打造以“同在阳光下、共圆幸福梦”为主题的扶残助残一条街，以拱门、休闲座椅广告、LED大型双面显示屏、滚动、灯柱、地面灯箱为依托，营造全方位立体式宣传氛围。各镇（街）单位统一制作“同在阳光下、共圆幸福梦”专题展板，充分利用社区公示栏、社区服务中心的LED显示屏循环播放扶残助残宣传标语，深入宣传扶残助残新风尚、残疾人政策法规、康复保健、奖励公益扶助等，提高广大干群对残疾人政策和知识的知晓率。

【残疾人体育】 10月20日，全区12名残疾人运动员参加全市首届残疾人田径运动会，获得3金、4银、6铜的好成绩。

【爱心帮扶】 2015年，根据区委关于开展“千名机关志愿者爱心帮扶行动”活动的总体安排，区残联高度重视，精心安排，每月为帮扶对象贺安琪家送去帮扶款400元。区残联为结对单位新浦街道龙苑社区的残疾人送去轮椅、拐杖等辅助器具，春节、中秋前夕走访慰问20户贫困残疾人家庭，为每家送去300元的慰问金。

（撰稿：朱静　审稿：王彬）

消费者权益保护

【概况】 2015年，海州区消费者协会（简称区消协）下辖11个基层分会，建立维权服务网站117家、监督站23家。全年共受理各类投诉2515件，接待来访和来电咨询6800余次，办理人民调解案件12件，形成诉转案11件。

【消费者权益保护】 2015年，区消协着力打造维权共治新格局，充分发挥“12315”、“12331”、“12365”热线和消协的平台作用，共接待来访、咨询群众5000余人次，受理各类投诉2515件，办结率92.6%，为消费者挽回经济损失120余万元。

【消费维权宣传与监督】 围绕2015年消费维权年“携手共治、畅享消费”主题，联合多部门在陇海步行街开展“3·15”国际消费者权益日宣传活动。与连云港交通广播电台合作开展“消协伴你行”活动，针对预付卡消费，家庭装饰装修、旅游市场低价游、快递、保健品、汽车和家用电器等行业发现的侵害消费者权益行为进行点评解说。

【放心消费创建】 按照市委、市政府年度重点工作部署和海州区放心消费创建“百千万”（打造一百个自主创新能力强、在全国具有较高品牌知名度的放心消费创建诚信品牌规模骨干企业，一千个放心消费示范街区和一万家以上省、市级放心消费创建先进示范企业、行业、区域）工程三年规划，完成2家省级放心消费诚信品牌规模骨干企业、5个省级放心消费示范街区和5家省级放心消费先进示范单位的培育和创建任务。

（撰稿：张雷　审稿：金铜双）

责任编辑：王恒亮

板浦镇

综　述

板浦镇位于连云港市西南部，北与海州区宁海乡毗邻，东接东辛农场，西连海州区新坝镇，南隔善后河与灌云县小伊乡和伊芦乡相望。板浦镇始建于西汉初年，名“北蒲”，三国时名“朐浦”，唐初建镇时定名“板浦”，是古海州地区政治、经济、文化重镇，曾有“淮北盐都”和“小上海”的誉称。近年来，相继荣获“全国重点镇”“江苏省百家名镇”“江苏省小城镇综合改革试点镇”“连云港市最具历史文化乡镇”等称号。2015年，板浦镇区域面积80.64平方千米，耕地4916.7公顷。板浦镇辖有16个行政村和5个社区，居民17876户，67534人，党支部35个，党员1780名。辖区共有学校4所，在职教师668人，离退休教师277人；医院2所（板浦医院、中正医院）；具有法人工业企业42家，其中规模企业3家，分别是华丰纺织（连云港）有限公司、连云港西都生化有限公司、连云港市华隆纺织有限公司。机关在编在职人员130人，在编离退休人员81人。全年完成地区生产总值8.86亿元，全社会固定资产投资14.96亿元，公共财政预算收入7816万元，实现农民人均收入13562元。

经济工作

【农村经济】 2015年，新增高效设施农业面积100公顷，土地流转面积244公顷。新增家庭农场1个、农民专业合作社2个，农户入社率达90%。农业信息化覆盖率达100%。

【工业经济】 2015年，实现固定资产投资17.6亿元，其中工业投资7.2亿元；规模以上工业总产值4.5亿元；完成公共财政预算收入7816万元；实际利用外资146万美元；限上服务业完成销售收入4745万元；新增限上企业1家（江苏苏垦种业）；新增规上工业企业1家。新进入工业园区的有东禾医药、富利通农副产品加工、广东家具城3家企业。

【重点工程】 全镇新开工项目3个。广东家居建材市场物流园项目，正在开展征地风险评估等报批手续；总投资5053万元的富利通农副产品冷库项目预计2016年上半年全面建成投产；总投资5000万元的东禾医药生产线项目已完成厂房内外装修、车间净化、制冷设备安装及生产设备安装调试。盛兴石化、平港实业、三瑞医疗技改扩建项目竣工投产。

东北冷库完成主体厂房建设，东辛、浦东、周圩为民服务中心建成投入使用；电子信息产业园（板浦园区）5栋7.8万平方米标准厂房入驻园区，园区道路、污水管网等基础设施已建成；工贸园区完成园区控规，于6月初通过市规划委员会评估，已启动园区征地及其他手续办理工作。204国道板浦段全面完成红线内土地征收工作，所有坟墓已迁移，房屋搬迁补偿金兑付基本完成。

【招商引资】 2015年，引进2000万元以上项目2个。投资6000万元的连云港鑫路新材料有限公司年产30万吨沥青路面材料项目，正在进行项目选址规划和可行性报告的报批。总投资3000万元的宏泽机械制造项目，已完成项目选址。

【安全生产】 全年组织开展安全生产大检查和安全生产执法检查行动，排查整改隐患65处，全镇安全生产形势总体稳定，全年未发生重大安全生产事故。

基础设施建设

【镇村规划】 邀请上海华汇工程设计集团有限公司，完成板浦镇原有总体规划、新镇区控规、老镇区控规、十字街及新民北路城市设计规划整合和核心区修建性详细规划；委托苏州市建筑设计院，完成北海门广场、盐商会馆、李汝珍纪念馆规划设计；村庄布局规划端倪初现。

【镇村建设】 2015年，建成东周路3座农桥和9条农村道路。落实镇村道路管养长效机制。对18个市级目标村庄整治，招聘保洁人员250余名，完成绿化造林253.33公顷，创建绿化示范自然村庄1个。菜园新农居二期40套住宅动迁户已安置入住，2公顷拆迁土地完成复垦；浦东砖厂5.8公顷废弃工矿厂地实施复垦。累计投入500余万元铺设污水管网19千米，新建垃圾池200余座，新增垃圾车75辆。西环路和东周路建成通车，完成市场路、纺织路和西大街提档升级竣工并投入使用，李汝珍纪念馆修缮和秋园改造全面完成。

【农田水利基础设施】 全年投入资金150余万元，完成县乡河道疏浚1条、村庄河塘整治5条，清理土石方共10.3万立方米。全面完成防汛防旱减灾。饮水安全工程全年累计铺设自来水管网350余千米。

【环境整治】 全年出动挖掘机200余台次、农用车230台次、垃圾清运车辆300余台次、人工近千人次，维修危厕6座，疏通下水道近2000米，新建垃圾池20余座，新添垃圾桶120余个，清理各类垃圾500余吨，清理河面6000余平方米，平整河堤2000余平方米，整治国道两侧环境2000余米，镇村面貌明显改善。

社会事业

【民政工作】 2015年，走访慰问困难群众329人，发放困难群众生活救助款30万元，救助困难群众746户，复核复审低保对象819户，核减低保对象27户，新审核报批城乡低保22户，失业人员技能培训90人次。

【创建民主法治示范村】 2015年，全镇建成省级以上民主法治示范村5个，市级法治文化示范点1个，实现镇、村（社区）法治文化阵地全覆盖；完成34名矫正人员监管教育。

【禁违拆违工作】 2015年，组织违建查处行动130余次，累计拆除违建面积11000余平方米，收缴施工工具300余件，违建势头得到有效遏制。

【信访工作】 高度重视信访维稳工作，强化属地管理、分级负责和领导包片制度，成立信访接待大厅，累计接待群众来信来访67批次、396人次，排查矛盾纠纷28轮、217起，积案化解率达90%。

党建工作

【组织党员学习】 紧扣“为民务实清廉”主题，先后组织8期专题学习，集中学习11次、班子成员专题讨论3次，印发各类学习书目720册。全镇有32个村级党组织、1920人参与学习活动，28个基层党组织圆满召开教育活动总结会议。

【召开群众座谈会】 2015年，召开不同群体座谈会15次，走访群众589人，征求各类意见、建议99条，征集群众意见150条，镇领导班子成员认真对照检查。

【党员志愿者活动】 2015年，镇党委开展党员志愿者活动，82名机关在职党员深入5个社区群众中去，和群众谈心、交朋友，为群众解决实际问题。

行政村（社区）简介

【德芳社区】 位于板浦镇中心北部，北至新民路，东至桃园小区，南至鱼市口，面积0.82平方千米，7个居民小组，1137户，3551人。社区内有板浦高级中学、苏光小学东校区、李汝珍纪念馆、板浦镇镇政府等单位。居民主要从事个体商业，从业人员占居民总数的56.6%。

【南门社区】 南门社区由原天池村和南门居委会合并而成，坐落于板浦镇东南部，面积1.22平方千米，设12个居民小组，1702户，5534人，社区内有集体、私营企业28家，1所中学（苏光中学）。居民主要从事养殖业。

【新民社区】 位于板浦镇区西南部、占地面积0.74平方千米，有9个居民小组，953户，3212人。居民主要经济收入为个体私营业，从业人员占总人口的65.2%。

【北门社区】 位于板浦镇区西北部，东临204国道，西邻古道盐河，南与新民社区相连，北与城北村接壤，面积1.78平方千米，有耕田75.9公顷，9个居民小组，1329户，4343人，居民主要从事农业、商业、运输业、养殖业。

【中正社区】 西邻永平村，南接东北村，北与宁海街道相连，东与东辛农场接壤。面积6.81平方千米，有13个居民小组，2153户，6953人。居民主要收入是农业和养殖业。

【尤庄村】 尤庄村位于镇区西部，面积4.21平方千米，有5个居民小组，491户，2197人。村民主要从事农业、养殖业和第三产业。人均年收入15553元。

【菜园村】 位于镇区西南部，占地面积4.08平方千米，有6个村民小组，814户，3324人，村民主要从事农业及蔬菜种植，村民人年均收入15578元。

【石河村】 位于镇区东南部，善后河北岸，东临204国道，面积4.18平方千米，有8个村民小组，536户，2291人。村民主要收入是粮食种植。辖区有31.33公顷淡水养殖基地，村民年人均收入13511元。

【东北村】 位于镇区东北方，占地面积4.33平方千米，有6个村民小组，567户，2413人。居民主要收入是粮食种植。辖区内建有10公顷农家乐、46.67公顷螃蟹养殖、40公顷淡水虾养殖。年人均收入15465元。

【城北村】 位于镇北郊，与东北村、永平村相连，面积2.86平方千米。有5个村民小组，454户，1946人。耕地面积161.2公顷，村民主要靠粮食种植为生，主要副业是竹柳编织，域内有竹柳苗木基地20公顷，年人均收入15609元。

【罗圩村】 位于板浦镇西北角，东与官庙村搭界，北与宁海街道卞浦村接壤，西邻盐河，面积4.99平方千米。全村有10个村民小组，755户，3161人。耕地面积338.4公顷。村民主要以种植业、养殖业为主。年人均收入15535元。

【官庙村】 位于板浦镇西北部，与罗圩村、城北村、永平村相邻，总面积2.87平方千米。设有4个村民小组，495户，2007人。耕地面积177.3公顷，村民主要以种植业、养殖业为主。村内成立了竹柳栽植合作社和生猪养殖合作社，并设有5.33公顷龙虾养殖基地。年人均收入14427元。

【永平村】 位于镇北郊，与官庙、城北及中正社区相邻，面积4.28平方千米。设有5个村民小组，670户，2831人。有耕地面积263.5公顷。辖区内有板浦工业园区、广根竹柳苗木基地，村民主要靠种植业和养殖业为生。人均收入15341元。

【小浦村】 位于镇北部，东南与大团、浦东村相连，西至大寨河，西北和中正社区及东辛农场搭界。面积6.88平方千米。有11个村民小组，1063户，4219人。耕地面积473公顷，村民主要靠粮食种植为生。年人均收入14752元。

【浦东村】 位于善后河北，乡干河南，大寨河东，东辛引水河西，面积6.94平方千米。有12个村民小组，863户，3641人。耕地面积403.7公顷，村民主要以种植业、养殖业为生。辖区内有朱开金的酱油厂、李兴松的香厂，还有10公顷村民家庭龙虾养殖基地，年人均收入15216元。

【大团村】 位于镇东北部，与小浦、浦南村搭界，东与东辛村相连，面积2.41平方千米。设有5个村民小组，433户，1845人。耕地面积173.7公顷，村民主要以种植业、养殖业为生。年人均收入15342元。

【东辛村】 位于镇北部，东邻泗河村，东南与沙沪村相连，西与大团村接壤，西南与浦东村搭界。面积3.92平方千米。有8个村民小组，761户，3087人。耕地面积261.2公顷，村民以种植业、养殖业为生，年人均收入15352元。

【沙沪村】 位于镇东郊，与浦南村、东辛村、泗河村相邻，面积4.90平方千米。有13个村民小组，967户，3927人。耕地面积299公顷。村民主要收入靠种植业、养殖业。年人均收入15492元。

【泗河村】 位于镇东北郊，西与东辛村相连，南与沙沪村接壤，东部和北部与东辛农场交界，面积4.27平方千米。有10个村民小组，663户，2796人。耕地面积290公顷。村民主要从事种植业。年人均收入15229元。

【周圩村】 位于镇东西，域内有善后河、乡干河、后埃河。西与沙沪村、泗河村相邻，南与伊芦乡搭界，东、北都与东辛农场接壤，面积5.97平方千米。有7个村民小组，521户，2191人。耕地面积308.5公顷，村民主要靠种植业为生。年人均收入15265元。

【洪花堰村】 位于板浦镇南门外，西邻菜园村，南与小伊乡花厅村相连，面积2.18平方千米。有5个村民小组，549户，2145人。村民以农业及果树种植业为生。年人均收入14875元。

2015年板浦镇住宅小区情况一览表

表32

小区名称	建成时间（年）	建筑面积（万平方米）	入住户数（户）	位　置
华茂花园	2012	1.2	140	新民路西侧，北门社区
板浦新城	建设中	4.8	200	新区大道南侧，城北社区
板浦名门	2013	1.1	90	西大街南侧，新民社区
文昌小区	2010	0.7	100	204国道板浦段西侧，德芳社区

2015年板浦镇主要工业企业情况表

表33

企业名称	职工人数（人）	固定资产（万元）	工业产值现价（万元）	利润（万元）	经营体制	主要产品	厂　址
华丰纺织（连云港）有限公司	160	2800	18600	360	民营	化纤混纺纱	板浦镇永平村204国道西侧
连云港西都生化有限公司	94	2460	9816	240	民营	食品添加剂	板浦镇永平村204国道东侧
连云港华龙纺织有限公司	210	1650	1200	210	民营	色纺纱	板浦镇永平村204国道西侧
连云港惠庭实业有限公司	52	1500	2100	28	民营	医疗用具	板浦镇永平村204国道东侧
连云港汪恕有滴醋有限公司	85	1700	1860	60	民营	食用醋	板浦镇南门社区

（撰稿：刘威　审稿：马玉昌）

新坝镇

综 述

新坝镇位于海州区南端，东与板浦镇接壤，南与灌云县毗邻，西邻东海县张湾乡，北连锦屏镇。2015年，新坝镇占地面积64平方千米，其中，耕地面积4622.83公顷，水域829.78公顷。下辖16个行政村，126个自然村，居民7866户，32893人。2015年，实现地区生产总值54072万元，比2014年增长9.05%；全年完成公共财政预算收入1442万元；完成全社会固定资产投资9.7亿元，比2014年增长37.2%，其中工业固定资产投资完成6亿元；农民人均纯收入实现13006元。新坝镇被评为全市社会治安安全乡镇，共青团新坝镇委员会被评为江苏省五四红旗团委。

经济工作

【农业】 2015年，扎实做好前蔷薇河综合治理、农业综合开发、水利重点县建设、河道疏浚及沟塘整治等四大基础设施建设工程。推进大穆、陈户片区1000公顷高标准农田项目建设，积极配合做好黄泥沟片区农开项目实施。通过托管、入股、流转等方式，新培育连云港东财家庭农场、连云港金源家庭农场、连云港豪园家庭农场，将之打造成为市区范围内有影响的有机蔬菜、瓜果、葡萄、草莓等种植基地。向全镇16个村免费发放各类农药共计13000千克。做好畜牧防疫工作，发放各类疫苗1300余瓶。全年发放各类惠农资金600万元。

【招商项目】 招商引进物流类、金融类、房地产类、制造业及电子商务类五大类九个项目。引进的供港万头无公害生猪养殖项目、正航电力公司新产品项目、建群建材公司扩建厂房项目已建成。

基础设施建设

【道路建设】 2015年，新坝镇投资200万元建设农村道路6条，实现村村通水泥路。对镇政府前道路进行提升。为改善老镇区形象，彻底对镇政府所在地进行整理，铺设供电、供水、排污管网，增设人行道板，安装路灯。

【环境整治】 对全镇76个自然村环境进行整治。新镇区湖心岛道路、文体中心南路、新北路两旁进行绿化，各村道路全部栽上成树，打造镇、村一片绿。在镇区新建垃圾压缩中转站和污水处理厂，生活垃圾无害处理在90%以上。

社会事业

【民政事务】 镇对符合低保人群实行低保动态管理，全年核减低保74人，涉及31户，全年申报临时生活救助35户。投资60万元，完成残疾人托养中心敬老院改扩建工程，成功创建省星级敬老院。为全镇残疾人发放轮椅13台、电视机16台、洗衣机16台，并联系市眼科医院，为10名白内障患者免费进行复明手术。对全镇困境儿童进行摸底统计，建立个人档案。城乡低保对象、农村“五保”户、重点优抚对象，全部参加城镇居民基本医疗保险或新型农村合作医疗。完成普安村公益性公墓和600多座坟墓的搬迁工作。成立村民监督委员会，每月在村公开栏进行村务公示，村务公开率100%。

【劳动保障】 新坝镇城乡居民养老保险续保人数为4093人，新增扩面人数达342人，共计4435人，新增退休人员444人。对294人进行退休认证，为447人办理就业失业登记证，116人办理就业转失业登记，为40名待岗妇女进行为期10天的家政技能培训，34人顺利通过考核。

【法治工作】 2015年，举办“送法进村”普法教育，完成“六五”普法省级验收；投入近2万元建设新镇区法治文化长廊，以三字经等形式向村民宣传法律法规知识。健全大调解工作，全年完成调解66起，形成卷宗39份，矛盾纠纷调处率100%，成功率在96%以上。健全安置帮教工作网络，刑释解教人员32人全部衔接到位，衔接率达到100%，帮教率100%，安置率100%，全年共有45名社区矫正人员，无一例脱管、漏管现象发生。加强对镇村两级招投标活动的监督管理，全年共进行31个招投标活动，全部按规定程序操作，真正做到公开、公平、公正。

【扶贫助困】 2012年扶贫开发建档立卡户1442人，2015年省定脱贫人口384人，未脱贫人口1058人，经过政府、社会等多方努力，纳入低保、“五保”412人，有646人经过政府帮扶、自主脱贫、社会救助等途径已全部脱贫。

【文化体育】 2015年，新坝新镇区便民服务中心、阅览室、健身中心、综合体育场地投入使用。新建大屯、王付、沙杭3个乐龄生活馆。继续举办2015新坝采摘节。承办连云港市农民歌会暨第二届农民艺术节颁奖演出。组织开展全民健身活动，参加区机关篮球赛，在年底举办镇机关部门及村运动会。

【合作医疗】 新型农村合作医疗参合率99%以上。完成乡村医生养老保障财政配套资金补助到位率100%。全镇居民全部参加城镇居民基本医疗保险或新型农村合作医疗。

【计生服务】 2015年，发放宣传册2700多份，提供免费计生咨询500人次。再生育名单上报审核通过14人。为广大育龄妇女提供免费查孕查环100余次，为75对夫妇免费孕前检查。

党建工作

【组织建设】 2015年，根据村产业发

展情况，分4批组织村书记到浦南、龙苴等地学先进，找差距。紧抓党风廉政建设和反腐败工作。从严查办违法违纪案件，畅通监督渠道，开展民主评议活动，有序推进廉政建设，预防腐败事件发生，树立廉政的党风。

行政村简介

【大穆村】 位于新坝镇镇区西边，南与灌云县搭界，泊洋河贯穿整个村庄，辖区有耕地240公顷，下辖8个村民小组，487户，2275人，党员52人。2015年，先后对村庄道路、引水渠、环境卫生等进行整改，实现村庄道路互通。村民以稻麦种植为主，部分村民从事蔬菜和瓜果种植，其中“拿比特”“玉麟”西瓜口感颇佳，远近闻名。

【大屯村】 位于新坝镇西南部，全村有5个村民小组，259户，1261人，党员38人，两委成员5人。大屯村地广人稀，具有传统种植业和养殖业优势。村里的兴民养鹅专业合作社是连云港市第一家养鹅专业合作社，带动全村养殖户增加收入。

【魏口村】 位于镇区西北部，距离镇区4千米，南接大穆村，东接新西村，西接东海军营村，北与樊庄村接壤，全村土地面积373.33公顷，耕地面积266.67公顷，9个居民小组，522户，2272口人。魏口村以粮食种植为主，同时发展蔬菜种植，建成菇房80个、地棚300个，占地约13.33公顷，生产鲜菇10万吨，销售收入超过1000万元。2015年，流转土地20公顷，开始发展西瓜、浅水藕种植。新引进的供港万头无公害生猪项目，总投资5000余万元。

【樊庄村】 位于新坝镇西北角，西与东海县张湾乡毗邻，北与锦屏镇新海村接壤，全村面积约4.8平方千米，耕地面积333.33公顷。樊庄村共有8个村民小组，465户，总人口2345，村党支部共有党员47人。村民以小麦、水稻种植为主，部分从事蔬菜、西瓜种植。

【普安村】 坐落于新坝镇北，紧邻沿海高速新坝出口，新海国家粮食储备库位于普安村。普安村有土地面积300.80公顷，耕地面积268公顷。全村有11个村民小组，531户，2330人，党支部有党员57人，全村有工作人员6人。村民以稻麦种植和蔬菜种植为主。普安村着力打造樊荡河两岸十里观光带，规范“农户+企业”的苗木种植模式，不断提高村民的实际收入；充分利用紧邻沿海高速新坝出口的区位优势大力发展现代物流业。

【新坝村】 位于新坝镇政府所在地东首，泊阳河畔，新坝的东、中、西三条道路穿村而过，交通方便，是新坝镇的经济、文化中心。全村面积约5平方千米，东与陈户、武圩相望，西与新西村为邻，北与四里村相连，南和灌云县穆圩乡王堆、江庄村接壤。有12个村民小组，709户，2896人，党员84人，全村劳动力1300人。2015年，全村有耕地220.27公顷，机动田2.93公顷，圩面20公顷，鱼塘4公顷，植树29.33公顷，农民收入主要靠经商、种植和外出打工。

【新西村】 位于新坝镇区中心，是由新西村和何庄村于2003年合并而成，东与新坝村相邻，西与大穆村接壤，北与普安村相连，南与灌云县穆圩乡王堆村交界。辖区有耕地面积265.8公顷。全村有11个村民小组，819户，3185人，党员65人。辖区内有私人企业5家。2015年，新西村突出“务实、发展”两大主题，继续做好农业灌溉设施更新工程、村庄环境综合整治工程。大力发展草莓、西瓜种植业，重点打造具有乡村风情的采摘活动。

【朱圩村】 位于新坝镇东北部，辖区面积10平方千米，耕地面积266.67公顷。共有8个村民小组，345户，1364人，党员34人，村干部6人。辖区内有企业2家。村民以粮食种植为主，部分从事草莓种植。2015年，维修灌溉中心渠1000米，新修小鸭场水泥路1200米。

【四里村】 位于新坝镇镇政府北2000米，新坝中路穿村而过，西有孙庄大沟贯穿，东有陈户大沟纵越，距沿海高速出口仅0.5千米，有土地面积189.67公顷，耕地面积149.47公顷，水面38.67公顷，路捷水丰。全村有6个村民小组，4个自然庄，403户，1473人，党支部有党员46人，工作人员5人。村民以蔬菜种植和水产养殖为主，部分村民从事蔬菜加工。

【陈户村】 位于新坝镇中南部，距高速公路新坝出口4千米，交通便捷。全村有耕地面积251.20公顷，9个村民小组，435户，1778人，党员42人，工作人员6人。村民以种植稻、麦及蔬菜为主导产业，是海州区优质稻米产区之一。2015年，完成一道、二道绿化造林工程，修建陈户小学门前300米机耕路及农桥一座，修建营庄1队、2队砂石路1500米。

【武圩村】 位于新坝镇东南部，汾灌高速穿村而过。辖区有耕地面积213.33公顷，另有鱼塘20公顷。全村有7个村民小组，458户，2129人，中共党员44名，村两委干部5人，企业1家。村民以粮食及瓜菜种植为主。武圩村坚持以科学发展观为指导，创新发展思路，大兴为民实事，全村95%农民参保合作医疗，自来水入户率达100%，村庄道路硬化率达87%。2015年，新建印庄南大地送水干渠1000米、李庄北大地排水沟1200米。

【墙框村】 位于新坝镇东南部，面积约3平方千米，耕地面积156公顷。有7个村民小组，318户，1461人，党支部有党员39人。全村有个体工商户12户，大型农业机械12台，外出务工人员200人。村民主要以粮食种植及蔬菜种植为主。2015年，流转土地100公顷，发展花卉苗木种植业。

【沙杭村】 地处新坝镇东部，新坝东路南北纵贯，通板公路东西横穿。全村有耕地面积116.33公顷，6个村民小组，384户，1471人，党员36名，6家核心企业。村民99%参保合作医疗，自来水入户率达100%，村庄道路硬化率达92%，全村绿化覆盖率达40.5%。2015年，沙杭村荣获“连云港市最美乡村”荣誉称号。

【王傅村】 位于新坝镇东部，辖区面积约4平方千米，耕地面积194.67公顷，另有鱼塘6.67公顷。全村有7个村民小组，387户，1727人，党员40名。2015年，流转土地160公顷，重点栽植栾树、榉树、七叶树、榆树等高档园林绿化苗木。建造弱光梨、油桃、西瓜等采摘园，举办采摘活动，着力打造乡村观光旅游新亮点。

【小荡村】 位于新坝镇东北部，全村有9个村民小组，422户，1421人，党员52人。小荡村根据本村资源优势，积极调整农业产业结构，发展现代高效农业，利用2014年流转黄泥沟两侧土地66.67公顷，建成高标准花卉苗木基地，重点栽植栾树、榉树、元宝枫、日本厚朴等高档园林绿化苗木，成为具有一定规模的特色产业基地，产业规模和知名度不断提升。

【大井村】 位于新坝镇区中东部，面积约5.2平方千米，耕地面积387公顷。全村有9个村民小组，780户，2153人，党员42人。有个体工商户23户，大型农业机械85台，外出务工人员330人。村民主要以粮食及蔬菜种植为主，部分从事水产养殖业。

2015年新坝镇各村情况表

表34

村名	居民小组（个）	户数（户）	年末人口（人）	面积（平方千米）	地方生产总值（万元）	工业总产值（万元）	工业销售收入（万元）	三产增加值（万元）	居民人均收入（元）
大屯	5	259	1261	3.8	2329	56	52	431	12253
大穆	8	487	2275	4.2	2684	189	178	496	12989
魏口	9	522	2272	4.7	2809	39	38	487	12456
樊庄	8	465	2345	4.8	2733	28	28	448	12454
普安	11	531	2330	4.2	3428	91	85	512	12889
新西	11	819	3185	5.8	3320	1039	1002	739	13125
新坝	12	709	2896	5.2	4694	12123	11895	776	13451
四里	6	403	1473	3.8	2555	138	118	443	12889
陈户	9	435	1778	3.7	2424	91	69	429	13510
武圩	7	458	2129	4	2810	165	144	436	12990
墙框	7	318	1461	3	2342	75	66	418	13210
沙杭	6	384	1471	3.1	2605	15	13	395	12850
王傅	7	387	1727	4	2899	28	26	403	12980
小荡	9	422	1421	4.9	2399	26	25	428	12450
朱圩	8	345	1364	3.9	2304	776	697	402	13005
大井	9	780	2153	5.2	2627	528	497	425	12865

2015年新坝镇主要工业企业情况表

表35

企业名称	成立时间（年）	年末职工人数（人）	固定资产原值（万元）	工业产值现价（万元）	利润（万元）	经营体制	主要产品	厂址
连云港市新海机械厂	1989	123	1384	7568	400	私营	电力辅机	新北路10号
连云港市立成电力节能设备有限公司	1992	65	841	8106	535	私营	电力辅机	新北路8号
连云港万达电站辅机厂	1989	28	421	495	67	私营	电力辅机	新坝镇西首
连云港正航电力节能技术有限公司	2002	47	516	1632	252	私营	电力辅机	新北路2号
连云港宏庆电力辅机开发有限公司	2005	19	215	655	75	私营	电力辅机	电力辅机园
连云港金昱元电力设备有限公司	2012	11	205	289	62	私营	电力辅机	电力辅机园

（撰稿：颜新星 审稿：杜新春）

锦屏镇

综　述

锦屏镇地处锦屏山南麓，南与新坝镇相邻，东与海州开发区、灌云县接壤，西至蔷薇河。2015年，全镇总面积63.85平方千米（含海州经济开发区），其中山林面积1200公顷，耕地面积为2221公顷，下辖西山、中山、东山3个社区，刘顶、新海、李圩、酒店、岗嘴、桃花、陶湾、狮树、朐山9个村民委员会，总户数8989户，总人口30808人，农村劳动力14302人。2015年，锦屏镇地区总产值8.24亿元，财政总收入5300万元，固定资产投资7.2亿元，实际利用外资660万美元。新增3个农民专业合作社，成立3个家庭农场。

经济工作

【工业经济】 2015年，实现地区生产总值8.24亿元，较2014年增长12.0%；财政总收入完成5300万元，较2014年增长8.1%；全社会固定资产投资完成7.2亿元，其中工业固定资产投资完成4.7亿元，分别较2014年增长38.5%、20.6%。内联引进资金4.5亿元，实际利用外资660万美元。

【重点项目】 2015年，锦屏镇在谈项目4个，分别是投资5000万元的LED灯具生产项目、投资3000万元的蔷薇湖农业旅游观光园项目、投资5000万元的新型建材项目、投资8000万元的农光互补项目；签约项目2个，分别是投资2000万元的家用净水器用自动封底石英玻璃管项目、投资10亿元的农光互补综合项目；新开工项目1个，即投资6000万元的搅拌干粉砂浆项目。计划投资3000万元以上重点技改项目6个。

【协税护税】 帮助锦屏镇李记名章、六旺禽蛋等企业争取财政扶持资金180万元，有效解决企业发展遇到的资金难题。专人跟踪服务蔷薇湖、连盐铁路、棚户区改造等重点项目工程税收，确保税收不外流；牵头组建锦屏镇协税护税网络；配合农经中心等部门，完善镇属企业档案资料库和建安企业项目库。

【财政收支】 2015年，锦屏镇一般预算收入1857万元，加上财政体制调整、财力斟数定额补助及各项上级补助，全年可用财力2987万元,剔除教师工资1246.11万元及上解支出1126万元,全镇可用财力为406万元。

【农业经济】 锦屏镇通过大力破解土地流转要素瓶颈制约，大力培育具有龙头效应的种养殖企业和农产品深加工企业，建立和畅通农产品销售渠道和网络，大力发展现代农业技术，建立苗木基地，高标准建设新海、狮树苗木基地和桃花日光温室基地。

【农业合作社及家庭农场】 2015年，新增农民专业合作社3个（连云港市正隆农机专业合作社、连云港市林港花卉种植专业合作社、连云港市玉喜农产品种植专业合作社）。新成立家庭农场3家，海州区李克全家庭农场、海州区锦屏镇德秀家庭农场、海州区锦屏镇容诗家庭农场。创建A级合作社5个、AA级合作社8个、AAA级合作社2个。

基础设施建设

【棚户区改造】 2015年，重点改造锦屏磷矿棚户区。改造面积26.27公顷，其中居住相对集中3626户，总人口9160人，建筑面积13万平方米，户均33.33平方米。一期改造实施基本完成，完成投资3.8亿元，建成安置房及相关配套16.2万平方米，已完成征收安置协议签订1754户。其中1618户棚户区居民住房条件得到彻底改善。二期改造计划投资4.35亿元，建设安置房23.48万平方米，9个班的幼儿园1个，以及小区居民的活动场所。

【村庄环境整治】 2015年，锦屏镇村庄环境整治涉及8个行政村、41个自然村，其中三星级康居示范村1个、环境整洁村40个。修建水泥道路8千米、沙石道路5千米、下水道3000米、化粪池1000余套、绿化面积2万平方米，新建垃圾池80个，清理乱推乱放1000余处，清理生活垃圾300余吨，清理沟塘10千米，粉刷墙面3000平方米。安装路灯65盏，新建社区广场500平方米，休闲广场修缮5000平方米。锦屏镇镇前路改造372米，路面宽9米，局部安装DN500排水管道，重铺了人行道板。

【河沟整治】 在五道中沟、八一河、李圩引水河新建泵站3座，维修周庄中沟泵站1座，在新坝中路两侧建设防渗渠道1.1万米，疏浚河道1万米，挖掘土方15万立方米，疏浚狮树村小屠河2300米，挖掘土方5万立方米。

社会事业

【社会保障】 2015年，完成全镇城乡704名低保户复审工作，对优抚对象、城镇特困职工等类型共745人建立医疗救助资料库；采取“送政策、送岗位、送培训、送服务”办法，鼓励失业人员创业，免费举办创业培训，并在税收、贷款等方面给予优惠政策，扶助创业。城镇新增就业511人；城镇失业人员再就业215人；就业困难人员再就业30人；新增转移农村劳动力200人；办理新增就业失业登记证401人；就业转失业253人，并为165名下岗失业就业困难人员办理了社保补贴。支持3名个体工商业者、草根能人加入海州区创业协会，提供行业交流平台。

【计生工作】 加强宣传引导，做好政策解读，加大生育技术服务指导，做好再生育材料调查上报工作，通过摸排全镇符合“单独二孩”政策共143户，申请13户，已批12户。开展婚育新风进万家、关爱女孩等活动。免费为孕妇做孕前优生健康检查。目标人群覆盖率在96%以上，流动人口管理服务率在98%以上。

【文化体育】 2015年，锦屏镇文化活动丰富多彩。春节期间开展送戏下乡活动15次，观看人数万余人；元宵节组织踩街活动，观众千余人。锦屏镇获连云港市农民体育节广场舞一等奖，并有多人在相应的农民特色项目比赛中取得第一名，同时在2015年海州区鼓王取得二等奖的好成绩。

【社会治安治理】 2015年，锦屏镇倾力打造规范化社会治安管理，促进矛盾纠纷和信访事项的及时有效化解。不断提高综治工作信息化水平，实现了“精准、实用、便捷”的动态管理。以化解社会矛盾为基础，扎实做好村（社区）网格化服务管理工作。以平安法治建设宣传月活动为契机，营造人人参与创建的浓厚氛围，提高群众对平安法治创建活动的知晓率。

党建工作

【组织工作】 全年累计开展书记上党课、机关大讲堂学习活动25次。镇党委共组织村党组织书记集中培训4次，集体赴山东寿光等地参观学习现代农业建设2次，有效提高基层党组织书记服务群众、推动发展的能力。严格落实党员远程教育“固定学习日”“驻村工作日”制度，共开展书记上党课、“党员集中活动日”等党内生活30余次。镇机关100余名在职党员下到社区，工作在不同类型的服务岗位，帮助调解矛盾纠纷5起，解决居民生活难题20余件，真正发挥党员志愿者们的先锋模范作用。

【加强人才培养】 制定《锦屏镇村级后备干部考察工作实施方案》，完善《大学生村官使用管理制度》，鼓励大学生“村官”主动参与村级事务，2015年，面向大学生“村官”提供1个公务员岗位招考名额，全镇新入库后备干部6名。依托大学生“村官”“流动红影院”放映队，深入12个村居放映《长征》《七叔》等电影，进行宣传教育。

行政村（社区）简介

【刘顶村】 位于锦屏镇西北角，西傍蔷薇河，南壤新海村，东邻锦屏矿区，3路公交车道纵穿而过。全村面积4.1平方千米，10个村民小组，992户，3828人，有各类企业20个，个体工商户110户。全村地方生产总值16221万元，农民人均纯收入17023元。农民以稻麦种植为主业，副业有石英加工、建筑线材、石料建材、餐饮服务等。村内制作的凉粉、王老五狗肉远近闻名。

【新海村】 位于锦屏镇西南角，西邻东海县张湾乡，南壤新坝镇樊庄村，占地面积6.4平方千米，汾灌、连徐两条高速公路纵横穿村而过，新坝西路纵村南北，村内有引水河、中心河、西界河、八一河纵横交错。全村有8个村民小组，604户，2672人，企业2个，个体工商户28户。2015年，全村地方生产总值2839万元，农民人均纯收入14802元。村民以稻麦种植为主业，是海州区优质稻米产区之一，特色产业为花卉苗木。

【李圩村】 位于锦屏镇中部正南方，汾灌、徐连、204国道3条高速公路和连盐铁路穿村而过，拥有高速普安出口处。全村面积7.6平方千米，有12个村民小组，665户，2773人，各类企业16个，个体工商户44户。2015年，地方生产总值5069万元，农民人均纯收入14835元。村内八一河作为主灌排渠道，农民以稻麦种植为主业，是海州区锦屏镇重要产粮大村。其特色产业为蛋鸭养殖。

【桃花村】 桃花村位于锦屏镇政府所在地，总面积2.4平方千米，有8个村民小组，773户，人口2745人，党员62人，耕地总面积149.86公顷。农业以稻麦、蔬菜种植为主。社会总产值5409万元，其中农业产值339.6万元，工业产值580万元，第三产业增加值2300万元，农民人均纯收入16521，桃花村是市郊蔬菜果品生产基地，全村拥有蔬菜、食用菌种植面积124公顷，年产量650万千克，果林面积26.67公顷，果品70000千克，发展日光温室大棚70余栋，近13.33公顷。每棚年收入万元以上，商品总额和运输产值3100万元，占非农业产值86%。

【酒店村】 位于镇区东部，北临矿区，东、南、西分别与岗嘴村、朱圩村（新坝镇）、李圩村、桃花村接壤，境内有哑巴山、刘志洲山等抗金遗址。占地面积1.63平方千米，下辖7个村民小组，全村有616户，2224人，个体工商户45户。农民以稻麦、蔬菜、西瓜种植为主。2015年，全村地方生产总值20136万元，农民人均纯收入16225元，村内有占地21.33公顷的酒店工业园区，进驻企业22家，主要以三达照明、装饰涂料、机械制造、服装加工等为龙头企业。该村特色产业有生猪养殖、大棚西瓜。

【岗嘴村】 位于锦屏镇东中部，村庄依锦屏山而建，背倚二涧水库，村庄树木掩映，山清水秀，有“山野村居”之称。全村占地3.25平方千米，9个村民小组，717户，2461人，各类企业5个，个体工商户28户。2015年，全村地方生产总值3326万元，农民人均纯收入15022元。农民以种植稻麦、花卉苗木为主业，盛产石料建材、水泥制品。

【陶湾村】 位于锦屏尾矿坝东南侧，东沿盐河，西倚锦屏山，盛产巨峰、红提葡萄，有锦屏“葡萄村”美誉。全村占地面积有3.5平方千米，有6个村民小组，603户，2276人。2015年，全村有各类企业11个，个体工商户12户，地方生产总值4902万元，农民人均纯收入15293元，村民以稻麦、葡萄种植为主业。该村出产的“红旗建筑管桩”远近闻名。

【狮树村】 位于锦屏镇东南方，南壤新坝镇。徐连高速公路、八一河、小屠河、岗嘴小河横穿境内，新坝中路纵穿而过。全村占地5.35平方千米，有12个村民小组，627户，人口2587，各类企业8个，个体工商户51户。2015年，全村地方生产总值7496万元，农民人均纯收入14008元。农民以稻麦种植为主，是锦屏镇种粮、家庭养猪大村。村内有淡水鱼养殖面积近百亩，是休闲垂钓佳处。

【朐山村】 朐山村历史悠久，位于锦屏镇东北部，北邻孔望山风景区，东临盐河，西接锦屏山，距市区1千米，交通便捷。全村面积2.1平方千米，有5个村民小组，590户，2132人。农民以大棚蔬菜种植为主业，是市区无公害蔬菜种植基地，特色蔬菜有西红柿、四季豆等，全市闻名，每年为市区提供新鲜蔬菜约3000吨，花卉盆景280万盆。工业以混凝土、机械加工、水产品加工、产品包装为主，其中融锦混凝土公司年效益达2000万元；金融业以银行、蔷薇民营小微贷款企业为主，积极解决农民创业融资难问题；服务业以保真超市、菜市场为首，解决了部分村民的就业问题。

【东山社区】 锦屏镇东山社区居民委员会成立于2002年6月，隶属海州区锦屏镇人民政府。东邻岗嘴村，西至桃花涧沟，北靠锦屏山，南至酒店村。全村占地面积0.4平方千米，居民932户，人口2496人，下设8个居民小组，党员134人，离退休人员110人，其中60周岁以上老人900人，低保户22户，下岗失业人员220人，育龄妇女445人，辖区企业4个，东山社区居民住宅多为20世纪50年代末建设。

【中山社区】 中山社区地处锦屏地区经济、文化繁华地段，占地面积0.4平方千米，有6个居民小组，1227户，2987人，残疾人员80人，低保39人，党员273人。中山社区居委会成立于2002年6月1日，办公用房1000平方米。社区自2008年5月移交地方政府管理以后，投资105万元，建成占地面积约1000平方米的新式社区服务中心，上下三层，内设办公室、廉政文化活动室、老年活动室、棋牌室、阅览室、会议室等。

【西山社区】 位于锦屏镇的北部，成立于2002年，占地面积0.33平方千米，设5个居民小组，643户，人口1627人，其中流动人口688人，低保户30户，下岗职工245人，党员83人，少数民族10人。社区有7个分会，分别为路北分会、路南分会、路北大家院分会、小楼分会、二斜井分会、蚂蟥涧分会和桃花涧分会。有退休职工、老党员、热心居民等20人组成的义务巡防队，低保户家庭志愿组成的义务保洁队伍，为社区居民服务。

2015锦屏镇行政村（社区）情况表

表36

村（居）名	村民小组（个）	户数（户）	年末人口（人）	成立时间（年月）	面积（平方千米）	地方生产总值（万元）	工业总产值（万元）	工业销售收入（万元）	三产增加值（万元）	居民人均收入（元）
刘　顶	10	992	3828	1986.6	4.1	16221	20203	19403	5209	17023
新　海	8	604	2672	1986.6	6.4	2839	809	778	832	14802
李　圩	12	665	2773	1986.6	7.6	5069	2189	2106	677	14835
桃　花	8	773	2745	1986.6	2.4	5409	1139	1095	3406	16521
酒　店	7	616	2224	1986.6	1.63	20136	29300	28139	2539	16225
岗　嘴	9	717	2461	1986.6	3.25	3326	1392	1336	1096	15022
陶　湾	6	603	2276	1986.6	3.5	4902	8933	8583	1639	15293
狮　树	12	627	2587	1986.6	5.35	7496	2439	2343	1398	14008
朐　山	5	590	2132	1986.6	2.1	12303	16500	15850	4395	171005
东山社区	8	932	2496	2002.6	0.4	689	920	885	486	16972
中山社区	6	1227	2987	2002.6	0.4	1539	520	496	1086	17336
西山社区	5	643	1627	2002.6	0.33	2186	3660	3515	332	14423

2015年锦屏镇主要工业企业情况表

表37

企业名称	成立时间（年）	年末职工人数	固定资产原值（万元）	产值现价（万元）	利润（万元）	经营体制	主要产品	厂址
连云港市中通复合材料机械设备厂	2001	76	932	4621	142	私营	玻璃钢缠绕设备制造	锦屏工业园区
连云港泓桥照明电器有限公司	2010	149	1158	3336	121	私营	卤钨灯	锦屏工业园区
连云港市通源化工有限公司	2004	56	1356	4677	219	私营	双乙酸钠	锦屏工业园区
连云港中鑫无纺材料有限公司	2007	13	359	1326	56	私营	纺织工业整理剂	锦屏工业园区

续表37

企业名称	成立时间（年）	年末职工人数	固定资产原值（万元）	产值现价（万元）	利润（万元）	经营体制	主要产品	厂址
连云港融锦混凝土有限公司	2007	65	1952	10428	339	私营	商品混凝土	朐山村
连云港李记明章食品有限公司	2005	35	822	1880	86	私营	卤制品	锦屏工业园区

2015年锦屏镇住宅小区情况一览表

表38

小区名称	建成时间（年）	建筑面积（万平方米）	入住户数（户）	位　置
桃园山居	2009	5.08	334	盐河南路西侧
锦屏新村	2011	3.28	386	锦屏镇桃花村
锦安新村	2011	8.34	548	锦屏镇桃花村
锦兴新村	2011	7.0	684	锦屏镇桃花村
锦顶佳苑	2010	1.79	124	锦屏镇刘顶村

（撰稿：李　萌　审稿：赵化兵）

浦南镇

综　述

浦南镇位于连云港市区西郊，东以蔷薇河为界与浦西街道相望，南与洪门街道及东海县张湾乡相连，西与岗埠农场接壤，北与赣榆区墩尚镇为邻。平原广布，四季分明，属典型的暖温带季风海洋性气候，年平均气温14℃。区位优越，交通便捷。距连云港港口37千米、连云港民航机场25千米，陇海铁路横贯东西。内河运输和沿海高速直达长江、京杭大运河，310国道、204国道、323省道纵横交错，形成了陆海空立体交通网络。全镇下辖18个行政村、1个社区。浦南镇面积108.5平方千米，居民14487户，人口57865人，有耕地5886.67公顷。2015年完成财政收入1.2亿元，工业总产值9.1亿元，内联到位资金4.62亿元，引进外资300万美元，农民人均收入17670元。

经济工作

【工业经济】 2015年，总投资12亿元的光伏发电项目实现并网发电；总投资6.5亿元的万发国际物流园项目已经建成；中国台湾启丽蔬菜深加工项目、西班牙麦喀莎农产品加工项目、冷冻物流项目和连云港香果佳食品有限公司项目签约入户；连盐高铁征地拆迁工作结束，进入施工阶段。

智慧物流产业园4.5万平方米电商仓库投入使用，天马云仓进驻运营，城市配送中心一期仓库建成；天缘食品加工项目已进场施工；台湾明和食品项目正在进行前期准备工作；中石油加气站项目主体工程完成。

【农业生产】 全力推进蔬菜、花卉苗木、特种水产等特色农业产业，新发展设施农业、特种水产、花卉苗木三大产业800公顷，集瑞园超大单体设施蔬菜项目建成占地1.4公顷智能日光温室大棚，得泰南美白对虾养殖完成一期33.33公顷330个高位池投放，二期冷水鱼养殖育苗完成。全年完成200公顷日光温室大棚及露天蔬菜基地建设，并配套喷、滴灌设施，蔬菜产量和品质明显提升。

【财政税收】 全年完成公共财政预算收入1.2亿元，协税护税820万元，实现规模以上工业总产值9.1亿元，全社会固定资产投资30亿元，工业投资8.1亿元，内联客方到位资金4.62亿元，引进外资300万美元，农民人均纯收入17670元。

基础设施建设

【环境整治】 2015年，共投入资金240万元开展村庄环境整治工作，涌现出小官庄、向阳、雷顶、徐后、团结、徐庄等一批环境整洁、生态优美、功能配套的自然村庄，并顺利通过省级验收。

【城镇建设】 浦南镇作为全市城乡统筹试点示范镇，新镇区已经初具规模。新镇区统筹新建了星光湖体育公园，梧桐里、樱花社区、山水名门等一批住宅小区，江浦新村成为全市新型农村社区建设示范工程，220户自建房和统建房全部完成，社区综合服务中心、幼儿园、垃圾中转站、污水处理厂投入使用。

【农村道路桥梁建设】 2015年，投资80万元完成老镇区镇西路、幸福路等路面改造，投资500万元完成龙浦路镇区段绿化和路灯安装。镇区5千米污水管网正在修建。全年投资200万元新建农桥19座，投入720万元新修农村公路11千米，维护和完善农村公路5千米，投入450万元新建垃圾池、下水道、公厕等基础设施，极大方便了群众的生产生活，改善了民生。

社会事业

【计生工作】 浦南镇人口与计划生育服务中心紧紧围绕稳定低生育水平，开创和谐人口计生新局面，努力开展人口与计划生育工作。全镇共下达社会抚养费征收决定书200份，对违反政策生育户依法起诉30户，法院已立案12户；全年审批再生育一孩共有36人；奖励扶助83人，累计发放扶助金79200元；特殊、特困计划生育家庭慰问4人，累计发放救助金9600元；给8200人发放计划生育宣传品、宣传张贴画发放8200人，免费发放避孕药具10万余只。

【民政工作】 共有农村低保户339户、752人，城市低保户9户、9人。共发放农村低保救济金213.07万元、城市低保救济金26520元，春节低保户发过节费每人为100元。有“五保”户97户，其中集中供养14户，分散供养83户。“五保”户集中供养标准由每年每人7400元调整至7800元；分散供养标准由每年每人6500元调整到6900元。2015年，镇开展散葬、乱葬大排查，除以村、组为原安葬点外，此次共排查出占用农渠、耕地乱葬点35处，沿主要干道、河流乱葬48处。结合本区域实际情况，现拟建公益性公墓8处，8处安葬点总设计穴位54600座，总投入费用约1.82亿。

【劳动就业】 新增农村劳动力转移人数368人，实现再就业250人；转移前培训人数180人，在岗培训人数152人,创业培训人员180人。农民自主创业带动就业：实现创业人数131人，带动就业人数350人。举办农民就业招聘会3场，参加企业69家，提供就业岗位1460个，全面完成了目标任务。办理就业失业登记证1032人，换证78人。就业困难人员认定1人，对辖区12名已享受社保补贴人员实施动态管理。农民求职登记480余人，全部安排就业。

【社会保险】 乡镇企业职工新参保140人，个体私营及灵活就业人员新参保60人，共完成200人。新型农村养老保险已完成应参保覆盖人数12469人，征缴保费360万余元。基础养老金领取人员达8320人，已全部进行生存认证并足额按时发放到位。对社会保障卡申领登记信息进行核实比对，与系统信息顺序一致，准确率达100%。城镇居民医疗保险已办理229人，完成任务的100%。

【劳动保障及农民工维权】 完成用人单位劳动保障基本信息采集工作，录入职工名册1650人，录入率100%。建立农民工维权服务中心，共接待农民工来访80人次，受理劳动纠纷16起，都得到了满意的答复和妥善的处理，并建立健全的各类台账。对辖区内14家企业全部建立基础信息档案，实现一企一档。对离退休企业职工全面开展调查登记工作，共登记513人并录入数据库，帮助12名企业职工办理退休手续并录入了档案，使其及时足额领取到养老金。

【司法工作】 司法所多次开展法制宣传，发放法制宣传册及宣传单300余份，5月初，联合区司法局对镇驻地人民调解员、访调和公调人民调解员进行一次系统培训。社会矛盾纠纷调处中心成功调处矛盾纠纷案件73起，涉及赔偿金额共计430余万元。有在册社区服刑人员40人，近三年刑释解教人员166人，均已登记造档。已建法治文化阵地3处、法治游园一个。

【文体工作】 开放彦涵纪念馆、历史民俗展厅、活动室、图书室、棋牌室、乒乓室、健身房，丰富了百姓的文化生活，每个农家书屋都有2000册以上的图书，有专人负责，全天候对外开放，满足广大村民及外来务工人员阅读的需求。元旦举行“欢欢喜喜过新年”文艺会演；正月初八，在财政所门前举行“欢欢喜喜迎新年”农民趣味运动会；组织康宁社区业余文艺宣传队开展巡回文艺演出。组织文艺爱好者报名参加市、区K歌大赛，编排广场舞、排舞等节目参加市、区群众文艺会演，获得优秀表演奖。扎实推进百村体育工程工作，新建健身路径9处，还有6处待建，基本上做到村村有篮球场，乒乓室、棋牌室、健身路径，极大地满足了广大群众强身健体的需求。

【中小学教育】 浦南中心小学强化教师队伍建设，制定了《浦南中心小学教师专业发展三年规划》，学校暑期于8月24—8月28日对全镇教师进行了为期5天的全员培训，培训内容包括师德师风、教学教研、心理健康、教育技术等。全年全镇教师参加省级骨干教师、教科研培训121人次，市级骨干教师、青蓝课程、教科研等培训113人次，区级教学研讨、骨干教师等培训80人次，镇级培训237人次，无1人缺席、迟到，促进了全镇教师素质的整体提升。浦南小学成功创建全国足球特色学校。年内，获得江苏省青少年科技教育先进学校、市小学生综合实践成果展一等奖、市网络读书活动团体奖、市级“优秀家长学校”、江苏省“师陶杯”组织奖、市青蓝工程优秀组织单位等荣誉。

中学结合当前开展的党的群众路线教育实践活动，为了在校园中营造良好的德育氛围，让学生在潜移默化中提升自己的道德素养，学校先后举办以“领巾系责任 规范伴成长”为主题的红领巾换戴仪式暨新队歌比赛活动；“国家宪法日”宣传教育系列活动；“一二・九”运动演讲比赛活动；“南京大屠杀死难者国家公祭日”签名纪念活动；新团员入团宣誓仪式等形式多样、意义深远的教育活动，砥砺品行，提升素养，为全体学生的文明、健康、快乐地成长起到了很好的促进作用。

【医疗工作】 浦南卫生院有内科、外科、妇产科、儿科、口腔科、检验科、影像科、防保所、卫协会等18个科室。有职工97人(在编57人)，其中卫技人员68人，高级技术职称7人，中级技术职称14人，大专以上学历49人。年内新建、改建村级卫生室5家。富安村卫生室创建省级示范村卫生室,已接受省卫计委验收。免费为辖区2353位65周岁及以上老年人体检。建成“自助健康小屋”，并通过市财政局和市卫计委验收。太平村卫生室、浦北村卫生室、浦南村卫生室、富安村卫生室、龙浦村卫生室5家村级卫生室开展乡村医生签约式服务试点工作。

党群工作

【党的群众路线教育实践活动】 2015年，镇党委组织党员开展党的群众路线教育实践活动，认真学习中共十八大文件，要求党员到群众中去，特别是在职机关党员，建立自己的联系点，开展党员献爱心活动。

【妇儿工作】 利用“三八”妇女节、“六一”儿童节等节日，通过组织各种活动，面对面地向妇女、儿童宣讲《中华人民共和国妇女儿童权益保护法》《中华人民共和国未成年人保护法》等各种法律法规，增强了自我发展意识、保护意识，提高了教育子女的能力和水平，维护了家庭的和谐、邻居间的和睦。为潘圩村的李浩成、李梅娴姐弟俩争取到了供电公司爱心团队的长期资助；开展爱心助学活动，为中心小学的十名特困儿童带去了书包、台灯等各种学习和生活物资。在康宁社区成立了“妇女儿童之家”，利用这个平台开展了一系列关爱留守儿童的活动。

行政村（社区）简介

【太平村】 辖区面积5平方千米，其中耕地面积146.67公顷。9个村民小组，1550户，6094人。集体资产总额为2226.20万元；集体收入285.40万元，其中发包273.06万元，辅助7.54万元，其他4.80万元。人均纯收入为19343元。太平工业园区有企业25家，规模以上企业5家，个体工商户54家，专业合作社5家。

【潘圩村】 有8个村民小组，6个自然村，645户，3080人，党总支下设3个支部，其中有工业党支部、农业党支部、村务管理党支部，共有党员86名。耕地面积260公顷，村集体收入61万元，人均收入19553元。年内投资75万元铺设水泥路15000平方米，新建40个垃圾池、2个垃圾中转站。全村共流转土地86.6公顷，主要种植浅水藕、葡萄等经济作物，使农民经济收入明显得到提高。

【浦南村】 位于浦南镇北部。有2个自然村，5个村民小组，总户数617户，总人口2205人，党员42人，耕地面积193.33公顷。2015年，实现经济收入56万元。先后投资100多万元对浦南庄中心路及下水道进行改造，后许安庄路灯及下水道进行安装修建，有效地改善村庄环境。在浦南庄已新建了健身广场，维修新农村服务中心综合办公室、综合服务室、综合活动室、卫生室、文化室等，强化新农村服务中心作用，保证了村两委的正常运转，丰富了村民的精神生活。

【半滩村】 有9个村民小组，820户，常住人口3540，总面积5.53平方千米，耕地197.33公顷，人均收入16560，村集体收入53万元，被评为江苏省AAA级环境整治自然村，辖区内工业企业7家，特色产业40公顷。2015年，完成土地流转项目14公顷，修建乡村道路约2100米，全面实行失地农民纳入企业职工养老保险和新农合医保保险制度，参保率100%。积极创建村级文化活动场所，建设一批富有传统特色和时代特征、积极向上的村落文化项目，包括儿童活动中心和公共活动广场。

【浦北村】 5个自然村，10个村民小组，全村1025户，4450口人，102名党员，6个农民专业合作社，面积7.71平方千米，耕地面积246.67公顷，主要特色产业有交通运输、餐饮服务、高效农业等，全村实现工农业总产值1.45亿元，集体经济收入79.1万元，人均纯收入20840元。新修防渗渠3000米、水泥路13500平方米，种植绿化树苗5000余株，新建垃圾池30个，协助310国道征地、改道工程顺利完成，积极做好新镇区建设征地安置工作。村庄环境整治通过省级验收，年内被评为海州区文明村。科普工作被授予“江苏省科普惠农服务站”荣誉称号。

【下滩村】 位于浦南镇东北部，有3个自然村，3个村民小组，558户，2285人，共有党员56名，面积约5.6平方千米，全村有个体工商户16家、私营企业3家、生猪养殖户5家，养殖南美对虾80公顷，2015年，全村经济收入7600万元，人均收入17986元。年内，获得“海州区法制示范村”“江苏省便民服务中心先进村”称号。

【唐顶村】 位于浦南镇西北方向，有3个自然庄，5个村民小组，总户数540户，2055人，党员45人。村民人均纯收入16200元，主要以外出务工为主。村总面积3.40平方千米，其中耕地面积213.33公顷，主要以传统的稻麦种植为主。村集体经济收入以沟、渠、土地等发包为主。土地流转76.67公顷，利用一事一议奖补资金铺设村庄水泥路1500米，清理沟塘3000米，修建垃圾池7个，村庄主干道及高速路两侧种植绿化树苗面积达8公顷，大大改善了村容村貌。

【汪新村】 全村有5个村民小组，613户，2621人，耕地面积345.33公顷，村干部9人，党员95人。集体收入68.9万元，农民人均收入17400元。全村有从事粮食加工企业7家、温室大棚200栋、水泥预制厂2家、生猪养殖年出栏百头以上养殖企业5家。狗肉加工企业2家，淡水养殖面积80公顷，高效设施农业20公顷。主要产品有精米等级面、淡水鱼类、狗肉、西红柿、草莓等。投资3万元新铺设山土路2400平方米，投资7.1万元新建垃圾池、垃圾屋61个，投资3万元配备垃圾箱30个并安排专人对垃圾箱进行清理。投资十余万元对全村脏乱差的污水沟进行清理或者填平。

【草舍村】 位于浦南镇西部，全村现有3个村民小组，人口556户，2352人，1个党支部，党员51名，耕地面积280公顷，实现人均纯收入18020

元，产值3616万元，村级集体收入43万元。新流转土地43.33公顷，发展设施蔬菜鱼虾养殖，修建市场批发大棚。新修水泥路650米、砂石生产路2850米、生产桥2座，新建垃圾池12个，清理家沟家塘2685平方米。

【许安村】 与镇驻地接壤，全村6个村民小组，666户，3005人，党员67名，耕地面积281公顷，村集体收入150万元，人均收入19500元。年内，完成许安庄中心路两侧绿化栽植，新疃庄西污水沟治理及回填工程，投资4万元进行绿化树栽植。投资近50万元新建水泥路9000多平方米，新建农桥5座。完成农业生产、秸秆禁烧、环境整治、社会抚养费征收等工作。

【新湾村】 位于浦南镇西北部，2001年9月由吕湾、林场两个行政村合并而成，全村总面积5.42平方千米，耕地面积2156公顷，4个村民小组，842户，人口3482人，党员103人。新湾村交通便捷，水产、物产资源丰富，全村社会总产值9660万元，村集体收入51.42万元，农民人均纯收入17387元。村有3个大型养猪场，年产1.5万头；有15个大型养鸡场，年产鸡54万羽。

【新建村】 有5个自然村，7个村民小组，760户，2769人，耕地面积365公顷。全村工农业总产值6588万元，村集体收入40.2万元，农民人均纯收入20025元，全村泥鳅养殖池面积20公顷，出口泥鳅400吨，生猪出栏1万头，西红柿大棚256栋，有农民专业合作社10个，新成立农民专业合作社2个。以中广核公司为龙头，大力引进外资，先后流转土地286.67公顷，建立规模强大的光伏发电厂和良种繁育基地。先后出筹资8万元，投工350个用于村庄和包青路两侧环境的整治及道路改造；投资25万元建六、七组下水道及对7个组中心路两侧下水道全部上盖板；投资4万元在7个组建大垃圾池3个、小垃圾池13个，引进资金建农桥3座。投资5万元打造一组环境整治样板村；投资3万元改造小黄墩蔬菜基地路道及用电。组建8人专业清洁队伍，还对包青路和各个村庄环境面貌进行长效治理。

【江浦村】 位于浦南镇西部，全村有人口3876人，985户，6个村民小组，1个党总支，4个党支部，党员131名，2015年7月成立村级党委。耕地面积800公顷，人均纯收入19460元，产值9110万元，村级集体收入140万元。先后被上级被评为连云港市文明村、江苏省新农村建设先进村、江苏省生态村、省绿化模范村、省民主法治示范村、省和谐社区，2015年被评为国家级民主法治示范村。

【龙浦村】 全村有5个自然村，10个村民小组，778户，人口3088人，劳动力1580人，耕地面积538.6公顷，集体收入35.12万元，人均纯收入19675元。土地流转面积223.33公顷，1个泥鳅养殖合作社，2个土地流转合作社，日光温室大棚150栋，新建下水道3600米，扩展水泥路2000平方米，安装太阳能路灯150盏，绿化面积800平方米，新建垃圾池50个，垃圾桶100个，2015年被评为市绿化创建先进村。

【官阳村】 位于浦南镇驻地西3千米处，交通便利，全村有3个村民小组，430户，1630人，耕地200公顷，村集体收入32.62万元，人均纯收入19212.61元，土地流转面积146.67公顷。畜禽规模养殖5家，特种水产养殖面积80公顷，苗圃基地66.67公顷，生态蔬菜种植10公顷，家庭农场1所，合作经济组织5家。年内，获得“绿化示范村”“现代农业发展先进村”荣誉称号。

【新圩村】 有4个村民小组，380户，1797人，耕地面积120公顷，村集体收入50万元，人均纯收入17560元，全村土地已流转，建设高效休闲观光农业，成为市区的后花园，被政府命名为“月牙岛”。为将村充分融入景区，对村庄环境进行全面升级改造，投资300万元新建水泥路33000平方米，投资50万元修建下水道4000米。

【富安村】 位于204国道富安桥东首，有5个村民小组，535户，2803人，辖区面积5.86平方千米，耕地面积200.6公顷，村集体收入35万元，人均纯收入12875.6元。新建便民服务中心1100平方米，投资75万元铺设水泥路7500平方米，投资5.2万元新建垃圾池、垃圾屋8个，投资近5万元在村里配备垃圾箱12个，并安排专人对垃圾箱进行清理。投资100余万元对全村的污水管网进行了新建。

【尹巷村】 位于浦南镇南部，204国道纵贯南北，有4个自然村，6个村民小组，591户，2495人。总面积2.17平方千米，其中耕地1525.3公顷，村集体收入35万元，人均收入13765元。投资36.7万元铺设水泥路5810平方米，投资2.2万元，新建垃圾屋、垃圾池7个。清理垃圾死角6处。按时完成党委、政府、智慧物流园管委会下达征用土地9.85公顷的工作，安置人员93人。

【康宁社区】 辖区内有4个居民小区，面积约1.1平方千米，居民1270户，3856人，含1个涉农自然村，涉农人口1100余人，耕地约79.07公顷。社区党员有36人，预备党员1名，劳动力537人，人均收入约1.63万元，村级集体收入17.8万元，社区工商户36户，实现工农业总产值9842.63万元。组织“五老”人员参加社区治安巡逻、秸秆禁烧工作，关心关爱留守儿童、留守老人等活动，社区免费为老人体检，并建立健康档案，社区利用大讲堂开展法制宣传、健康教育、消防安全等培训10次，举行各项大型文艺演出3场及弘扬传统淳朴民风迎端午包粽大赛。2015年开展反邪教宣传活动4场，发放宣传材料1000多份。社区荣获2015年度海州区先进社区、2015年省无邪教示范社区、2015年全省城乡社区校外教育辅导站“校站结合”优秀辅导活动计划二等奖。

2015年浦南镇主要工业企业情况表

表39

	职工人数（人）	固定资产值（万元）	产值现价（万元）	利润（万元）	经营体制	主要产品	厂 址
江苏东浦管桩有限公司	423	5130	28797.6	1424.6	民营	地基与基础工程、预应力混凝土管桩	浦南镇半滩村委会
连云港东盛商品混凝土有限公司	80	1373	4705	2.1	民营	混凝土	浦南镇太平工业园
连云港立江黑刚玉有限公司	15	296	7408.1	-68	民营	碳化硅磨料	浦西街道新站社区居委会
连云港花果山磨料有限公司	115	1202.9	18942.7	341.6	民营	碳化硅磨料	浦西街道新站社区居委会
江苏乐园新材料集团有限公司	165	4086.9	20730	-9.4	民营	碳化硅微粉、晶硅征切削液	浦南镇太平渔业村委会
连云港市波斯伦国际贸易有限公司	43	486	2011	-12.8	民营	短纤维生产	浦南镇太平渔业村委会
江苏奇星流体设备有限公司	66	429.4	4579	586.8	民营	制药设备制造、管道工程施工	浦南镇太平渔业村委会
连云港市东浦纸业有限公司	76	2208.1	4311.3	144.8	民营	文化报刊等纸产品制造销售	浦南镇潘圩村委会

（撰稿：万民）

海州街道

综 述

海州街道位于海州城区中部，东以甲子路、西以锦屏路、南以东风路与朐阳街道搭界，北面以新建路与幸福路街道相连。街道面积1.03平方千米，下辖5个社区，居民6856户，人口20336人。2015年，完成全社会固定资产投资3亿元，为全年目标任务的100%。4月引进外资330万美元，提前8个月完成全年目标任务。完成公共财政预算收入1869万元，为全年目标任务的100%。居民人均收入11776.80元。

2015年，海州街道围绕“复兴千年古城 建设魅力海州”目标，重点抓好孔巷文化街区、幸福南路等特色街区和海州府驿站三大项目，开展古城建设。突出古海州的古老文化，开展古文化旅游活动，繁荣古城居民的文化生活。

经济工作

【重点项目】 孔巷文化街区建设。完成二期征收工作以及项目规划、设计方案，通过市规划局审批；三期街区门面地块2015年底完成征收。幸福南路特色街区建设。完成街区沿街3家店面改造、1家外摆设置、8家业态调整。二营巷项目。项目建设设计方案已经敲定，房屋征收工作已经完成；已建成南北入口形象标识工程，主体建筑建设工程在施工中。海州府驿站项目。已经完成项目改造效果图设计，并启动前期水电施工，年底完成客栈初步改造。

【招商引资】 2015年，总投资9000万元的江苏览胜物联网的电子传感器和采样系统研发项目成功入驻园区。苏州立诚建筑设计院有限公司计划投资2000万元的古城客栈项目已经正式签约，于11月初启动改造建设；拟投资3000万元的商务酒店项目已完成项目立项设计，进入修建阶段。

基础设施建设

【禁违拆违】 通过采用每天两巡查两报告制及分管领导包片工作机制，完善监管机制，全方位控制辖区违建，拆除或劝导自拆25户，累计面积685平方米，违建案件数量与面积较往年大为减少。

【绿化古城】 2015年，开展“洁净古城、诗意绿巷、古街石巷、古建亮化”专项行动，打造宜居宜游古城。1—10月，累计投入15万元完成绿化50余处，新增绿地200平方米，栽植乔木168株、灌木443株。

社会事业

【乐龄生活馆建设】 2015年，街道先后投入20余万元，推进乐龄生活馆建设，积极倡导“夕阳虽红，青山依旧”服务理念，将有偿服务和无偿服务相结合，积极推行市场化服务、志愿者帮扶和老年人互助，为辖区老人提供一个休闲娱乐的场所，努力实现社区老年人老有所养、老有所医、老有所乐、老有所教、老有所学、老有所为。

【劳动保障】 2015年，城镇新增就业926人，就业困难人员实现就业331人，完成职业技能取证培训60人、劳动力技能培训120人。发放低保金78.7万元，并为259名城乡低保对象购买医疗保险；走访帮扶困难群众463户，共发放救助金及相关物品21万余元。

【综合治理】 组织机关党员，实行机关人员包点制，开展建筑垃圾清理行动12次，清理垃圾18吨；累计投入7万余元，开展南北大街、中大街、马路口市容市貌集中整治行动，共计4次，清理流动摊点及占道经营近百户。

【志愿者活动】 2015年，继续开展“千名机关志愿者爱心帮扶行动”，为帮扶对象解决生活、就业等方面的实际困难。共有在册登记志愿者400余人，志愿者服务队20支。2015年，共组织义务劳动、法制宣传、爱心奉献等各类活动60余次。

【计划生育工作】 组织开展“单独二孩”政策以及家庭人口文化宣传月的宣传活动3次。“单独二孩”审批办理27人。人口出生率为10‰，计划生育率为100%，自然增长率为0.10‰。人口覆盖率、数据项目完整率、逻辑准确率、数据更新及时率均在98%以上，出生个案信息入库率不低于80%。

【治安维护】 2015年，组建社会团体联合体，打造“一刻钟法律服务圈”。共有十余个社会组织加盟，在服务圈范围内设立了6个服务组织，实现政策法规联讲、群众需求联解、安全稳定联防、社会公共服务联抓、法治文体活动联办，提升社区居民的安全感、幸福感和满意度。社会团体组织联合体成立以来，发现解决安全隐患问题十余起，开展法律咨询服务及文化活动30余场次，化解各类矛盾纠纷120余起。

【法治建设】 因地制宜，将法治文化与“六五”普法工作和街情特色有机结合起来，创造了“法制宣传项目化—项目内涵品牌化—法治品牌差异化”的崭新模式。整合司法所各项职能，打造海州街道独有的法治品牌——法治特色街居，以此将司法行政工作引入特色街居，有效提高依法治街、依法管理水平。2014—2015年，先后投入20多万元在朐阳门广场、鼓楼嘉园、南园新村建设法治广场、法治展墙、法治长廊等法治宣传阵地，打造集法治元素与文化元素为一体的市民主题活动场所。

党建工作

【社区大党委制试点】 2015年，街道党工委全面推开大党委制和片区联席会试点。按照“党的组织进小区、党的声音进楼院、党的温暖进家庭”要求，深入推进社区大党委建设，聘请驻地大单位领导为街道党工委委员，完善驻区单位兼职委员模式。

【品牌建设】 每个社区党委打造一项特色亮点工作。砚池社区打造服务“一老一小”特色的服务体系；双龙社区完善“一站式”服务大厅；南门社区开展“楼道亮起来、楼道白起来、楼道洁起来”工程，解决居民夜间出行难和楼道环境差的问题；新建社区开展“党员建库”工程，按照一人一表一档，健全完善党员数据的收集整理工作。

【党员管理】 结合服务型社区创建，组织“党员志愿者服务队”、机关党员进社区，社区综合管理服务队伍，把党员责任与创建和谐社区、文明楼院、安全小区等紧密结合起来，实施社区党员分类教育管理，积极发挥先锋模范作用。围绕民情开展古城街区亮化、街巷绿化、楼洞美化工程；围绕民生开展结对帮扶行动，43名机关干部主动与困难户结对；围绕民心开展市容整治工作，对中大街、幸福南路和南北大街环境进行长期规范整治。

社区简介

【鼓楼社区】 东至甲子路，南至东风路，西至幸福南路，北至秦东门大街，面积0.25平方千米。社区有居民小组15个，1672户，5268人。2015年，走访慰问老党员、特困户12户，发放生活用品，帮扶困难家庭58户，解决困难职工子女考入高等院校3人。完成计生保险2400元，办理独生子女父母光荣证17户、二孩准生证3个。举办食品药品安全讲座2次、安全生产法知识讲座4次、防灾减灾知识讲座2次。办理企业退休人员养老金资格认定932人，组织免费再就业培训，提供就业岗位信息50余条。种植黄杨、菊花、紫薇、栀子花、月季、青竹等绿化1000余株、100多平方米。

【新建社区】 位于海州中心城区，东至幸福南路，南至中大街，西至锦屏路，北至新建路，面积0.18平方千米。社区有居民小组18个，常住户有1667户，4772人，党员124名。2015年，建立社区党员花名册、社区流动党员花名册。印制4期《新建社区报》，实行网格化管理，把社区划分为4个片区网格、13个小网格，设立网格长，并以社区民警为龙头，以专职治保员、义务联防队和志愿者为补充的群防群治体系，由网格长和低保人员组织起来的“红袖标”队伍对辖区进行治安巡逻。2015年，社区承载了区委、区政府的重点项目，分别是幸福南路立面改造、二营巷特色街区、孔巷文化商业街区。孔巷文化商业街区顺利完成拆迁和拆除工作，二营巷特色街区、幸福南路立面改造正在进行建设。投资36000元对社区乐龄生活馆进行装修，清掏了8个化粪池，疏通下水道120米，维修了走道灯72盏，道路破损维修30平方米，新安装路灯22盏，刷新楼道护栏500米，增添10个垃圾桶，修建14个花坛，清理9处小菜园，在小区内实行业主自我管理、自我服务。2015年获“江苏省民主法治示范社区”荣誉称号。

【双龙社区】 东至幸福南路，南至东

风路，北与新建社区相连，西与南门社区相邻，面积0.18平方千米。社区有居民小组20个，1396户，4310人2015年，社区完成税收41万元。社区党委实施了党建创新项目——党员“睦邻点”建设，共有两个党员“睦邻点”，分别为“老年歌舞”“手工技能课堂”。社区协调申请城乡省级两房建设资金补助，对社区办公用房进行了装修升级改造。新铺设小街巷约1000平方米，对部分下水道进行疏通。对辖区低保户33户、57人进行重新审核，对89名残疾人进行年检。组织辖区单位、党员志愿者、低保户参加义务劳动36次，清理各类小广告2000多条。深化社区流动人口管理，加大审检力度，清查流动人口200余人。办理准生证、独生子女证12本。发放计生宣传材料500余份。在辖区重要地段种植桂花、月季花、栀子花、木香花，改善社区居民生活环境和生态环境。完成了拆除乱搭乱建、清理楼梯乱堆放等工作，共拆除违章搭盖26处，清运杂物40车，对沿街300多个店面乱张贴的小广告进行清洗、覆盖。

【砚池社区】 东与南门社相连，南至白虎山，西至锦屏，北与新建社区相邻，面积0.25平方千米。社区有居民小组14个，1276户，3762人。2015年，社区完成税收营业税42万元，先后获得“江苏省反邪教610示范社区”“江苏省妇女联合会”“标准妇女儿童之家”、市妇联“巾帼志愿者优秀带头人”等荣誉称号。社区治安稳定，常年设“红袖标”义务巡逻队。春节、“三八”、“五一”“中秋”、国庆等重大节日举办宣传活20场。重建下水道160米、危险墙头16米，完成绿化4处。

【南门社区】 东至朐阳门，南至东风路，西至白虎山，北与双龙社区接壤，面积0.17平方千米。社区有居民小组30个，1982户，5976人。2015年，社区完成税收70多万元，先后获得市“科普文明示范社区”“法治文化示范社区”“反邪教示范社区”“妇儿之家”，省“610反邪教示范社区”，区“优秀社区”等荣誉称号。社区加大矛盾纠纷排查处理力度，充实、完善社区调解组织，加强对刑释解教人员的回访帮教。调解民间纠纷14起，成功率98%。投入4万元开办“爱心联动”超市，解决特困居民生活困难。

2015海州街道社区情况表

表40

社区名	居民小组（个）	户数	年末人口（人）	成立时间	面积（平方千米）	地方生产总值（万元）	工业总产值（万元）	工业销售收入（万元）	三产增加值（万元）	财政收入（万元）
鼓楼社区	15	1672	5268	2001	0.25	1602	125	125	2077	10
双龙社区	20	1396	4310	2001	0.18	2252	132	132	1053	10
新建社区	18	1667	4772	2001	0.18	2014	101	101	1321	10
砚池社区	14	1276	3762	2001	0.25	2301	955	931	1426	10
南门社区	30	1982	5976	2001	0.17	1761	831	831	963	10
合　计	97	7993	24080		1.03	9930	2144	2120	6840	50

2015年海州街道住宅小区情况一览表

表41

小区名称	建成时间（年）	建筑面积（万平方米）	入住户数（户）	位　置
鼓楼嘉园小区	2010	5.67	499	连云港市海州区秦东门大街268号
南园新村小区	2007	8.80	923	连云港市海州区白虎山东侧
普天安小区	2003	0.53	188	连云港市海州区关庙巷5号

（撰稿：陈全喜　审稿：李晓光）

幸福路街道

综　述

幸福路街道位于海州城区北部，东以镇海路为界，西以西大岭电厂宿舍区为界，南以新建路为界，北以朝阳路、江化北路为界（其间与朐阳、洪门有部分交叉），境内地势平坦。2015年，幸福路街道总面积2.76平方千米。下辖幸南、幸中、江化、文化、西大岭5个社区居委会，5567户，人口16286人，其中党员544人。辖区内驻有新海发电有限公司、德邦化工有限公司、江苏省海州高级中学、市第二人民医院、海州二实小等省市企事业单位。2015年，财政收入5130万元，固定资产投资5亿元，引进2000万元以上项目2个。

经济工作

【经济指标】 2015年，完成公共财政预算收入5130万元，完成规模以上固定资产投资5亿元，限额以上社会消费品零售总额超额完成区下达22%的目标，社会消费品零售总额可达增长15%的目标。全年净增限上商贸企业2个（分别为国唯电器、埔业贸易），新申报大个体单位3个，新培育现代服务业企业17家。完成专利授权申请60件，完成专利授权30件。引进2000万元以上进园区项目2个，分别为连云港大学士食品有限公司（入驻新浦工业园）、连云港金典服饰有限公司（入驻专用装备产业园）。

【重点工程】 香阁里拉小区，完成26、27、28、29号楼主体工程建设，进入室内外装修。玉兰国际，完成1、3号配套设施建设，延期3年交房的110户业主已于8月底上房。日月明圆，西地块地下室工程完工，4栋多层封顶预售。道路后续工程建设，新海路、秦东门大街西段维修工程及路灯、绿化等配套工程已实施完毕。完成白虎山市场改造临时疏导点建设，花卉市场地块完成4000平方米两层钢构建筑主体工程建设。义乌商品市场南地块完成项目主体工程建设。金海公寓拖延9年的拆迁工作已完成。

基础设施建设

【社区服务中心改造】 幸福路街道自筹资金80万元，改建2000平方米的西大岭社区服务中心，已正式投入使用。

【街巷整治】 组织专项整治活动8次，出动机械和车辆十余台次、人员200余人次，整治幸福桥北路、光明巷、花园巷、园丁路、新村路、惠龙西路等处卫生死角。街道自筹16万元对考棚路进行综合整治，出动人员200余人次、车辆30余台班，拆除违章搭建15处，300余平方米、安装200万像素高清球形摄像头、杆件支架、光缆网线等监控设备系统1套，安装标示、标牌5块，划定道路标示。对义乌商品市场南侧地块、海州花卉市场内的乱栽乱种、私搭乱建、乱拉乱挂等进行清除，共拆除大型广告牌3块、500平方米，清理乱栽乱种5000余平方米。

社会事业

【劳动保障】 2015年，新增城镇就业人数921人，城镇失业人员再就业人数277人，其中就业困难人员52人，开发岗位540个，失业人员技能培训13人，创业培训18人，办理社保补贴213人。西大岭社区、幸南社区创建省充分就业示范社区。

【计划生育宣传】 利用“三八”妇女节、“5·29”计生协会35周年纪念日在宝利街广场举办大型关爱女孩宣传活动，在义乌商品城广场、宝利街广场开展育龄妇女、流动人口计划生育服务宣传活动，发放宣传资料1000余份，免费发放计生药具2000余份。

【民政事务】 为低保户发放爱心卡8张，对7户因病致困的家庭进行临时救助，发放救助金1.5万元。为24位老年人办理老年优待证，共有264名老人享受尊老金，累计发放尊老金8.69万元。有低保户27户，发放低保金13.24万元。

【安全检查】 2015年，对辖区企业进行安全检查，共排查辖区监管企业98家、“公共场所”600多家。查出一般事故隐患219处，下发整改通知书9份，经整改消除隐患219处，事故隐患整改率达100%。

党群工作

【开展党员示范岗活动】 2015年，在党员服务窗口，要求亮出党员身份，公开服务承诺，接受群众监督，并通过党员示范岗的优质服务感染和带动周围的同事，在单位内部形成工作职责贴身、马上就办的良好风气。

【开展专项督办】 建立重要工作责任制。对交办的重大事项、提出的工作要点和重要任务进行责任分解，逐一落实责任领导、主办部门和完成时限，有针对性地开展专项督办工作，严查推诿扯皮、慢作为、效能低下的行为，不断促进行政质量的提升，打造令行禁止、高效落实的干事节奏。

【在职党员进社区活动】 街道党工委号召在职党员深入基层，建立自己的联系点。发动辖区工青妇等群团组织和居民小组长上门了解群众、服务群众，为群众做实事、做好事。

社区简介

【文化社区】 位于老海州主城区，东至幸福路，南至新建路，西至西大岭路，北至玉带河，是海州商业繁华地段。面积1.25平方千米。辖区内有12个机关、企事业单位。社区有10居民小组，1346户，常住人口3752人。

2015年，为52户困难家庭申请社保补贴，为428人办理城镇居民医疗保险的人员录入系统。对辖区内7条背街小巷破损道路纳入城市支路整治维修计划。对辖区内16处自建房屋抗震情况进行普查登记，定期对机械厂宿舍进行危楼排查。

【江化社区】 东至振海路，西至幸福路，南至建设西路，北至朝阳西路。域内有新电光明小区、新北小区、振海路八幢楼、丝织厂宿舍楼、第一建筑公司宿舍楼，另有部队场地的部分居民楼。面积1.5平方千米。有14个居民小组，2132户，5771人，户籍人口2340人。其中流动人口584人。2015年被省残联评为“残疾人之家”。社区工作人员提出的“授人以‘渔’支持以‘网’”公益项目入选连云港市海州区公益创投项目，获得区民政公益资金1万元；残疾人托养服务中心被评为AA级社会组织。

【幸南社区】 东邻网疃村，南至新建中路，西至幸福路中路，北到玉带河，辖区面积1.1平方千米。辖区驻有省市属企事业单位3个，分别是江苏德邦集团、连云港市第二人民医院、连云港东方农村商业银行海州支行，个体商业网点97个家。

幸南社区有德邦小区、二院宿舍

区、金海公寓、二农宿舍区、计经委居民区、检察院居民区、电讯宿舍区、樊庄、城北小区等29个居民区。有10个居民小组，1316户，3876人。社区支部有党员147名，企业退休人员988人，社区有260平方米的服务办公用房和140平方米的活动场所。

【幸中社区】 位于海州古城北部，南依玉带河，北至江化北路，东至八一河，西接新海路，面积为2.17平方千米，下辖8个居民小组，1439户，4428人，常住户数1426户，常住人口3962人，流动人口228人，低保户7户，残疾人26人。

2015年，江化社区先后筹集资金30余万元，对园丁小区下水道进行疏通清理，安装了园丁小区路灯。设立社区乐龄生活馆，建立社区"希望来吧"活动阵地，为辖区青少年提供课外学习活动场所。

【西大岭社区】 位于古城海州的西北部，东至西大岭路，西至洪门朱沟村，南至西门社区铁西路，北至蔷薇河，主要为新海发电有限公司职工宿舍区，另有部分为原市白酒厂和洪门果园职工宿舍和部分散户，面积9.67平方千米，有5个居民小组，1382户，3986人。常住户数1480户，居民4207人。流动人口153人，"4050"人员30人，离退休人员498人，低保户5户，重残20人，残疾人一级护理3人，优扶人员3人，残疾人43人，享受廉租房补贴6户，申请经济房4户，困难户42人，支部党员79名。

2015年幸福路街道社区情况表

表42

名　称	居民小组（个）	户数（户）	年末人口（人）	面积（平方千米）	工业产值（万元）	工业销售收入（万元）	三产增加值（万元）
江化社区	14	2132	5771	1.5	4500	4270	7820
幸南社区	10	1316	3876	1.1	65890	61320	13520
幸中社区	8	1439	4428	2.17	15650	21000	11500
文化社区	10	1346	3752	1.25	285720	285458	13585
西大岭社区	5	1382	3986	9.67	5749	5279	3150

2015年幸福路街道住宅小区情况一览表

表43

小区名称	建成时间（年）	建筑面积（万平方米）	入住数（户）	位　　置
新北小区	1991	3.00	340	海州区江化社区新村路53排至21排
光明小区	2001	8.20	908	海州区江化社区朝阳西路77号
振海路8栋楼	2000	1.50	192	海州区江化社区振海路139号楼至153号楼
一建公司宿舍	2000	2.30	294	海州区江化社区振海路135号楼、137号楼 朝阳西路65/65A
丝织厂宿舍	1988	0.22	44	海州区江化社区朝阳西路71号
德邦小区	1992	4.10	408	江化南路28号
二农宿舍	1978	0.92	91	江化南路29号
樊庄小区	1982	0.50	51	甲子北路2-20号
金海公寓	2003	1.20	117	新建中路83号
二院宿舍	1987	2.10	204	新建中路57号
化机厂宿舍	1989	0.24	48	江化南路18号、20号
城北小区	1980	1.80	172	城北路1号、3号、5号
香格里拉小区	2010	5.73	260	幸福路88号
园丁小区	1997	2.38	288	幸福路102号
上海城镇御景苑	2008	1.98	148	幸福路108号
惠龙小区	1995	3.96	320	元升巷40号
硫酸厂宿舍区	1971	0.49	102	元升巷1排至17排
碘厂宿舍区	1968	0.33	120	元升巷18排30排

续表43

小区名称	建成时间（年）	建筑面积（万平方米）	入住数（户）	位　　置
机械厂宿舍区	1968	0.72	142	新海路109号
铸造厂宿舍区	1969	0.20	59	江化北路19、21号
啤酒厂宿舍	1978	0.60	96	海州区文化社区新建西路86号
白酒厂宿舍	1976	0.30	32	海州区文化社区新建西路4号
新电宿舍	1986	0.60	59	海州区文化社区新海路23号
北大街宿舍区	1972	0.60	75	海州区文化社区北大街58号至110号
民生巷宿舍区	1973	0.50	37	海州区文化社区民生巷1号至40号
考棚路花园巷宿舍区	1975	1.95	270	海州区文化社区考棚路1号楼至花园巷24-8号；
西大岭小区	1979	9.67	1382	海州区西大岭路45号

（撰稿：赵瑞　审稿：汤浩）

朐阳街道

综　述

朐阳街道南靠锦屏山，北临海宁大道，东至西盐河，西到蔷薇河，总面积14.38平方千米，辖4个村、4个社区，居民10808户，人口34393人。2015年，固定资产投资21亿元，财政收入1.61亿元，完成工业总产值4.4亿元，引进外资550万美元。域内有风景名胜孔望山景区、石棚山景区。街道先后荣获“江苏省民主法治示范社区”“江苏省地震安全示范社区”“江苏省无邪教创建示范区”等荣誉称号。

经济工作

【经济指标】 2015年，公共财政预算收入完成1.61亿元；规模以上固定资产投资完成21亿元，其中规模以上工业投资完成4.8亿元；规模以上工业总产值完成4.4亿元；注册外资实际到账550万美元。纳入区目标考核的6项指标中，公共财政预算收入、规模以上工业投资、实际利用外资3项指标均于11月底完成全年目标任务；规模以上固定资产投资、规模以上工业总产值、社会消费品零售额（限上）3项指标于12月完成年度目标。

【招商引资】 2015年，新签约2个项目，开工建设2个项目，5个项目落户海州。这5个项目中，投资1.2亿元的金宝农贸市场、投资5000万元的世纪华联超市及投资1000万元的青皮树连锁酒店已经入驻新孔路商贸圈，投资2000万元的绿环机械落户海州开发区西区，投资2100万元的九源医药落户海州开发区东区。

【重点项目】 2015年，街道承担的市、区重点项目12项，多数项目都能按序时推进，其中易居公馆、孔望尚府、梧桐蓝山、上海之春等地产项目主体封顶；孔望山新城路网清水路建成通车，盐河路、网疃路、西山路、孔望山路正在加快推进；孔望山全民健身公园完成地块征收并交付市城投集团，朐阳社区服务中心及孔望山新城幼教中心项目完成规划选址报批，孔望新城建设加快推进。

基础设施建设

【村、社区道路及环境治理】 全年投入200万元，整治主次干道130条、背街小巷80条，新修便民路20条，新修及疏浚下水道4000米；对临路、临街等重点片区和地段进行集中绿化和整治，全年完成小区绿化6.34公顷，完成社区香化栽植300株，完成农村绿化造林3.33公顷、“四旁”植树0.6万株，完成山体绿化及林相改造20公顷；对辖区内10条道路环境进行集中整治，全年共组织机关党员干部义务劳动15次，清理各类垃圾近100吨。

【防火防汛】 街道加大人力、财力和物力投入力度，坚持从严要求、关注辖区内灾情、汛情，确保紧急情况发生后15分钟内到岗到位。在防火期间，组建街道应急中队和村应急分队，全员上山巡查值守，严禁火种进山，消除火情隐患；在防汛期间，组织全街精干力量加强对水库塘坝及低洼地带的监控防护，确保防汛工作万无一失。尤其是8月特大暴雨期间，街道及村社党员干部坚守一线、连夜奋战，成功打赢了防汛排涝的攻坚战。

【禁违拆违】 实施“铁腕”禁违，全年共组织各类违建强拆行动45次，累计拆除各类违法建筑3500平方米，有效遏制了违建势头；注重发挥“12345”数字化平台的作用，全年办结各类事项600余件。

社会事业

【文化生活】 2015年，选派网疃爱心艺术团、蓝天艺术团等演出团体参加“圣王杯”广场舞大赛、全区社区舞蹈大赛、庆祝抗战胜利70周年文艺巡演等市区各类比赛，组织宣传队伍深入村、社区进行宣传及公益演出活动15次。

【为民解忧解难】 2015年，走访看望困难老党员、困难群众20名，发放慰问金及物品价值2万元，为26户困难家庭发放救济金2.6万元；开展“千名机关志愿者爱心帮扶行动”，全年结对帮扶困难群众16户，发放帮扶资金及慰问品价值3.5万元。

【开展志愿服务】 2015年，共组织和开展义诊活动4次、健康知识讲座2次、人才招聘会2次，辖区群众真正享受到“家门口”的服务；对辖区内10条道路环境进行集中整治，全年组织机关党员干部义务劳动15次，清理各类垃圾近100吨，城乡环境得到进一步改善。

【抓好安全生产】 街道班子成员、安监部门协同各行业、各部门认真落实安全生产工作要求，深入开展24次安全隐患集中整治行动，对辖区内生产经营单位、建筑工地、养老福利院、学前教育机构、大型超市商场等65家单位联合检查，排查各类安全隐患164处，下发整改指令书4份。

党群工作

【纪检工作】 夯实责任基础，年初，街道党工委与班子成员签订廉政承诺书，与10家基层单位签订党风廉政建设目标责任书，明确党工委主体责任和纪工委监督责任。强化风险防控，制定完善《党工委例会制度》《党工委决策议事规则》，出台《朐阳街道机关事业单位财务管理暂行规定》《朐阳街道村居（公司）资金、资产管理暂行规定》《朐阳街道固定资产管理制度》等规定，从源头上防治腐败。2015年，委托专业审计机构分两次对办事处、10家基层单位近五年账务进行内部审核，全力确保账目严谨规范。强化廉政警示。开展《习近平关于党风廉政建设和反腐败斗争论述》、中纪委通报、《党风廉政建设责任制追究暂行办法》等专题学习12次，组织党员干部集中收看廉政微电影2次，赴海州区农村党员干部廉政警示教育基地参观学习1次，滚动播放廉洁自律有关规定20余次，发送廉政短信30余条。

【组织工作】 2015年，出台《股级干部管理暂行办法》《聘用人员管理暂行办法》等制度，确保干部管理规范化、制度化。坚持从大学生“村官”、退伍军人、致富能手中历练培养后备干部，2015年街道聘用3名社区“名誉书记”，储备3名村级党组织书记后备人才。明确党建责任，制定责任清单，以“书记抓、抓书记”推动全年党建工作落实，全年设立党建工作专项经费30万元，专门用于实施基层党建工作。

【工会工作】 2015年，街道工会组建8个基层工会，会员人数640人，劳动法律监督组织组建率100%，女职工组织组建率100%。建立健全农民工数据库，上报企业协商典型案例2家，参加“安康杯”企业13家。积极开展“三送清凉”活动，为147名环卫工人送去西瓜、凉茶等物品。帮扶特殊困难群体，对9户符合条件的特困家庭申报特困职工帮扶，对4名大学生开展“金秋助学”帮扶。

【妇联工作】 2015年，园林村村民钱秀芳参加“农村妇女两癌申报”筛查，通过街道妇联的多次协调，获得1万元救济金。积极地参与和配合“春蕾关爱计划”“单亲特困母亲帮扶工程”“妇女儿童之家”等系列活动，帮助特困单亲母亲、老年“空巢”妇女和留守妇女儿童特殊群体解决实际困难，提供多方位的服务。针对下岗失业人员，与街道劳动保障所配合，组织岗位技能培训班3次，对180名下岗失业人员进行再就业培训。

行政村（社区）简介

【西门村】 北部与西门社区混居，南部在西门路以西，面积1.2平方千米，辖12个村民小组，共有村民1265户，3930人，有耕地52公顷。2015年，实现村集体收入56万元，完成税收150万元；完成内联引进资金9200万元，完成社会固定资产投资8000万元（其中工业固定资产投入3000万元）。装配太阳能路灯115盏；修建村庄道路500米，下水道800米；为村民灌溉支出2万元，为村庄环境整治支出3.5万元。

【网疃村】 东到孔望山，南到磨盘山路，西至朐阳门，北至玉带河，面积3.6平方千米，辖11个村民小组，有村民2450户，人口5600人，有土地48公顷，是一个以特色农业为主，工业生产、第三产业全面发展的城郊村。随着孔望新城建设的加快推进，网疃村突出解决新区征地拆迁，强力加强地产开发，推动全村“三个文明”建设健康快速发展，2015年，集体创收150万元。完成新建东路两侧绿化，完成甲子河污水处理站建设，完成磨盘山道路征地拆迁，完成梧桐蓝山住宅小区地块征地，完成变电所地块征地等工作。

【园林村】 由原园林村和白虎山村于2001年合并而成，东到涧西路，南到锦屏山北侧，西至锦屏路，北至东风路，面积1平方千米，辖11个村民（居民）小组，有1080户，3736人。有耕地面积38公顷、山林面积42公顷，村民以蔬菜种植与果树栽培为主，部分从事花木苗圃，为了做强花卉种植产业，村组建白鸽涧花木合作社。村民年人均纯收入18840元，全村自来水入户率达100%，数字电视入户率达100%。2015年，村集体投入近30万元，为白虎山、桃园组村民铺设道路800平方米，改善锦屏山白鸽涧处防火通道1000余米，修复疏通泄洪道360余米，改善居民区生活排污下水道1200米。园林村乐龄生活馆已投入使用，为周边的老百姓提供了一个阅读、健身、娱乐的休闲场所。

【孔望山村】 东临盐河路，南至锦屏山北麓，西与网疃村接壤，北至秦东门大街，面积约2平方千米，辖5个村民小组，650户，2400人。有企业5家、个体工商户9家，2015年人均收入18650元。全年疏通辖区内的排水沟渠、管道2000余米，新修水泥路面（包括墓区）3200平方米，维修道路500平方米，新建垃圾池2座，较好地改善了人居环境。

【西门社区】 西门社区属于城郊结合部，东到白虎山溜冰场，南到连云港市第四人民医院，西至江苏省青岛啤酒公司，北至西大岭，面积约0.16平方千米，辖14个居民小组，735户，2111人。社区有一支22人老年人“夕阳红”文艺演出队。社区居民学校定期开展各类教育活动，乐龄生活馆每天对居民开放。西门社区先后被省评为充分就业社区、省民主法治示范社区、市级文明社区、市四星级社区、海州区优秀社区等。2015年，西门社区由党支部升级成大党委，党员队伍的不断扩大，为社区党建工作注入了活力。西门社区分别在白虎山溜冰场、二院宿舍区内安装了健身器材，在无物业居民区安装监控系统7处，购置4台电脑用于电子阅览室。为党员更好地学习与接受教育，社区购置一台65寸交互式一体机，将每月20日定为党员固定学习日，为美化环境，社区在铁西路两侧栽种木香花30株，粉刷沿街墙体2678平方米。享受最低生活保障的，已批复1户。海州区人民法院为残疾人困难户赞助现金4000元。

【锦化社区】 东到锦屏路西侧，南与锦屏镇刘顶村接壤，北至锦化加油站，西至蔷薇河堤东侧，辖10个居民小组，有居民326户，786人。2015年，社区加强党员学习，提高党员素质，强化党员的组织观念，使党员紧跟形势，在社区各项工作与生活中起模范作用。社区在“七一”、中秋、重阳节期间，与进社区的党员志愿者走访了社区10户困难党员及居民，送去慰问金3000元。狠抓消防安全生产工作,大力开展消防宣传教育，共向居民派发宣传单1000余份，四次更新宣传栏，普及消防法规和消防知识，提高社区居民消防安全意识，搞好社区治保、民事调解工作、做好平安社区创建工作，全年无上访事件发生。劳动保障工作有序开展。组织社区失业人员参加了区、街道举办的各类培训和现场招聘会；做好辖区下岗人员再就业，退休人员年检认证管理工作，社区根据上级的工作要求，为下岗人员办理就业失业手册，组织下岗人员参加再就业培训。完成下岗失业人员再就业30人（其中包括就业困难人员22人），新增就业人员120人，为“4050”人员办理养老保险和医疗保险补贴18人，办理居民医疗保险101人。做好城镇居民医保的宣传、缴费工作，张贴宣传单，派发宣传资料100多份。全年绿化植树30株,汛期对辖区的500米主下水道进行了彻底清理，清出垃圾、杂草十余车。

【孔望山社区】 始建于1980年，东临盐河南路，南靠秦东门大街，西至新孔南路，北以海宁路为界，总面积约4平方千米，辖区内有9个居民小区，常住户约2500户，7500人，党员94名。2015年，孔望山社区完成税收4.7万元。认真完成党的群众路线教育实践活动的各项工作，开展党员志愿者活动5次，认真开展党员进社区活动10次。全年发放计划生育政策法规、生殖健康等宣传资料700份，免费发放药具150盒；为39户独生子女家庭办理独生子女父母光荣证。配合孔望山社区卫生院开展妇女免费体检活动2次、体检人数300人。在辖区办理新门牌70块，并对出租房和流动人口进行整理、登记、办证并建立台账，与小组长签订预防青少年违法犯罪责任书14份、公众安全承诺书800份，与相邻村（社区）签订联防协议3份，治安宣传十余次，发放宣传单180余份，建立红袖标巡逻25人。开展食品药品检查10次，发放食品药品宣传资料500余份。对辖区内9个居民小区统一进行网格化管理，全面掌握其基本情况，以便于社区能对突发状况及时处理。

【香江社区】 成立于2007年，东到新孔南路，南到玉带河畔，西至振海路，北至海宁西路，面积0.54万平方千米，辖14个居民小组，有居民4570户，18035人。辖区内有茗馨花园、香江花园两个居民小区，其中茗馨花园为经济保障房小区，共有保障房4174户，其中经济适用房2785户，廉租房532户，两限房655户，人才安置房202户。2015年，社区共完成集体创收8.5万元。开展安全生产、食品药品安全等安全检查，全年未发生重大安全事故。做好了本辖区退休人员的年检工作，年度共办理929人；为社区居民500人办理城镇居民医疗保险。积极开展扶贫助困工作，帮助残疾人申报重残救助、一户多残等补助共3户，全年发放慰问金、慰问物品价值近2万元。做好计划生育工作，加强计划生育政策、法规的宣传，为居民申报独生子女证30本，办理退休职工独生子女一次性奖励44人。

2015年朐阳街道住宅小区情况一览表

表44

小区名称	建成时间（年）	建筑面积（万平方米）	入住户数（户）	位 置
一方山水	2012	12.5	680	孔望尚府小区以东，玉带河以南，盐河路以西，秦东门大街以北
悦城国际·悠然居	2012	10.2	800	桂苑巷以东，海宁路以南，盐河路以西，玉带河以北
纺织新村	1980	2.8	350	桂苑巷以东，悠然居小区以南，玉带河以北，盐河路以西
上海之春	2012	20	400	惠苑路以东，海宁路以南，桂苑巷以西，玉带河以北
孔望尚府	2014	23	50	惠苑路以东，玉带河以南，一方山水小区以西，秦东门大街以北

续表44

小区名称	建成时间（年）	建筑面积（万平方米）	入住户数（户）	位　置
易居公馆	2014	15	100	新孔路以东，玉带河以南，惠苑路以西，秦东门大街以北
河畔花城	2012	20	700	新孔路以东，中茵名都小区以南，惠苑路以西，玉带河以北
中茵名都	2012	35	1800	新孔路以东，海宁路以南，惠苑路以西，河畔花城小区以北
茗馨花园	2012	42.5	3700	河滨路以东，海宁路以南，新孔路以西，玉带河以北
香江花园	2010	21	1600	振海路以东，海宁路以南，河滨路以西，玉带河以北
1980	2013	8.28	300	振海路以东，玉带河以南，网疃四队小区以西，秦东门大街以北
山水人家	2011	4.4	300	玉兰国际小区以东，玉带河以南，师专二附小以西，秦东门大街以北
香溢孔望	2014	19	400	孔望山景区以南，盐河路以西，新孔南路以北
梧桐蓝山	2015	6.9	200	网疃路以东，秦东门大街以南，磨盘山路以北
石棚名居	2012	20	900	甲子河以东，秦东门大街以南，花园路以西，东风路以北
朐阳雅苑	2012	1.8	50	园林中心路以东，东风路以南，园林小区以北
馨海名郡	2014	18	700	石狮口以南，锦屏路以西，西门工业园以北

（撰稿：李玉鹏　审稿：殷成祥）

洪门街道

综　述

洪门街道地处市区西大门，东与新海街道相连，南与幸福路街道和东海县张湾乡接壤，西与岗埠农场交界，北与浦南镇为邻。陇海铁路从北部横贯东西，蔷薇河穿中心而过，新牛公路、海连西路、朝阳西路、海宁西路、幸福路、204国道从辖区经过，交通便捷。街道辖区总面积8.85平方千米，下辖2个村、3个社区及洪门工业园区、物流园区，居民4413户，人口13058人，党支部35个，其中非公企业党支部19个，党员716名。2015年，街道完成财政预算收入13194万元，固定资产投资13.6亿元，招商引资到账550万美元，完成土地复垦6.67公顷，新增就业人数614人，完成绿化面积33260平方米，域内建有洪门工业园、洪门农贸市场和四季农产品交易中心。2015年，街道荣获“省级科普示范街道”称号，红旗社区、洪门社区同时获得“省妇女儿童之家示范社区”称号。在2015年度全区工会工作考评中获得优秀单位第一名、工会创新成果优秀单位两项荣誉。

经济工作

【主要经济指标】 2015年，街道完成公共财政预算收入13194万元，城镇规模以上固定资产投资13.6亿元，城镇规模以上工业投资8.4亿元，规模以上工业总产值20.2亿元。

【招商引资】 注册外资实际到账550万美元。2015年，盘活闲置厂房，引进投资过亿元的韦希科技电商园和融丰融雪剂、惠亿家食品有限公司等投资2000万元以上企业。新培育15家现代服务企业。限上社会消费品零售额增幅25%。

【重点工程】 打造现代服务业集聚区前店后仓项目，完成2万平方米钢结构大棚交易中心前店后仓配套设施建设；完成土地复垦6.65公顷，洪门村自来水改造铺设主管路线2.24千米。

【洪门农贸市场】 投入运营以来，市场采取“农+超”模式，共设有摊位300多个、小型加工区10个、特色专柜区20余个，有效解决周边地区老百姓买菜、购物难的问题。经多次对农贸市场内部环境进行升级改造后，整个市场环境整洁大方，畅通舒适。

【四季农产品交易中心】 位于市区西大门，是连云港市向西辐射全国（苏北、鲁南）的门户。交易中心总占地面积53.33公顷，建筑面积35万平方米。2015年提档升级四季农产品市场，前店后仓钢构交易大棚已建成并投入使用，市场信息化系统改造已经完成。

【安全生产】 2015年，做好安全生产工作，检查企业52家次，查出一般安全隐患175条，下发整改指令书15份，均已整改到位。

基础设施建设

【城乡建设】 投入近600万元，建设洪门村污水管网。投入13万余元，对海州区国、省干线公路进行综合整治。投入资金70余万元，在204国道两侧、新海路红旗化工厂段西侧、洪门工业园区内、煤栈路两侧进行修整和绿化，完成修整绿化面积33260平方米；投入12万余元，完成海连西路支巷背街小巷整治工程，疏浚清掏下水管网3处，完成红新小区楼房修缮。

【绿化造林】 2015年，洪门街道绿化工作以改善生态环境、建设绿色家园为重点，狠抓道路、河堤绿化、美化、净化工作。投入资金70万元，四旁植树3.8万株。其中，投入资金15万元，在204国道、新海路、煤栈路、安百利路、永昌路等重要路段四旁植树3.3万株。投入资金55万元，在蔷薇河两岸洪门段、新庄段及煤栈路成片造林3.33公顷，植树4600株。

农村工作

【农村社区股份合作社试点】 认真落实市、区关于积极推进农村社区股份合作制改革的一系列文件精神，让农民真正享受到农村改革发展的成果，组织召开村民代表大会，推荐社员代表，按全村总户数的10%以上，清产核资，组织有关人员开展对新庄村股份专业合作社进行资产内审，摸清家底，此次股权固化的固定资产共830万元，最终界定有户主180户，确定股民246个股民。12月18日，在新庄村组织召开股份合作社成立大会，会上审议通过了《新庄社区股份合作社章程》和股份合作社选举办法，14名股东代表民主选举投票产生理事会和监事会。

【粮食农资补贴】 严格执行粮食直补政策，认真核实补贴对象与面积；切实做好2015年粮食直补发放工作。经核查，洪门村共有4个组，106户享受粮食直补，面积41.86公顷，共发放粮食补贴金额2.35万元，农资综合补贴5.20万元。

【农机补贴】 洪门街道认真贯彻落实省农机局、省财政厅《关于印发〈2015—2017年江苏省农业机械购置补贴实施办法〉的通知》精神，积极宣传农机购置补贴政策，受理购置补贴申请4份，录入农户信息2户、4台，补贴资金5.82万元。

【防汛抗旱】 2015年，召开防汛防旱工作会议，对洪门街道辖区防汛防旱工作进行统一部署和安排，添置防汛物资，修订防汛预案，签订目标责任状，加强防汛值班。整修万庄排水沟全长1700米，完成土方1.1万立方米。先后两次对街道8处排涝泵站进行安全检查，对查出的两个有问题泵站进行检修。

【秸秆禁烧】 2015年5月，召开夏秋两季秸秆禁烧专项会议，成立秸秆综合利用与禁烧工作领导小组，制定秸秆禁烧实施方案，排好值班表，各巡查组人员通信工具保持24小时开通。切实抓紧抓好秸秆禁烧工作。

【禽畜防疫】 2015年，街道与村、社区、企业单位层层签订防控目标责任状，及时清除网幕。抓好禽畜规范用药，动物口蹄疫、高致病禽流感等重大动物疫病防控工作，年内辖区内无疫情。5次对辖区13.33公顷树木集中喷洒药剂，美国白蛾防治效果明显。

社会事业

【社会保障】 新增城镇就业人数614人，城镇登记失业率在3%以内，城乡基本社会保险覆盖率100%。全年为辖区152人办理社保补贴申报、公示、信息录入等相关工作，为辖区45位就业困难人员申请中秋、春节补助。完成高校毕业生实名制调查，调查率100%，有就业意愿的未就业大学生期末就业率100%以上，就业服务率100%。

【民政工作】 利用中秋、春节等重大节日，走访慰问困难群众318户，发放现金、物资计10.96万元，为47户低保户每年发放低保费41.39万元。完成洪门社区乐龄生活馆建设，并配合区民政局完成海州区乐龄生活馆现场观摩会、洪门村乐龄生活馆建设，并进行升级改造。“八一”节组织慰问驻军部队。

【计生工作】 流动人口管理服务率在98%以上。人口自然增长率6.5‰、出生政策符合率98%；免费孕前优生健康检查80人，目标人群覆盖率在95%以上；积极开展婴幼儿早期教育活动3次和青春期健康教育1次，开展“婚育新风进万家”“关爱女孩”等活动3次。依法征收社会抚养费41695元。

【综治信访】 2015年，共受理调处矛盾纠纷约40起，调处化解成功率达100%，接待来访群众150余批次，重点做好涉及370多户回迁户安置房建设的江天花园信访件工作。

党的建设

【党建工作】 严格落实党建责任清单，以“硬杠杠”为要求明确党组织书记抓党建工作的责任，工作开展情况实行月报制度。扩大基层党组织覆盖面，新成立党支部4个。开展书记上党课活动。打造非公企业“520温馨驿站”，不断提升非公企业党建水平；强化干部队伍建设，继续完善机关干部目标考核体系，强化街道机关干部岗位职责和目标管理。

【思想政治建设】 以中心组学习、党员集中活动日、周末课堂等为载体，组织学习贯彻中共十八大，十八届三中、四中全会和习总书记系列讲话精神。引导广大党员干部学习党务政务、法律法规等新知识、新内容，拓宽党员干部的知识面。采取个人自学、宣讲辅导、集中培训等方式，组织街道党员干部集中学习10次、党工委班子中心组学习14次、专题讨论交流4次，累计培训450余人次。

【纪检工作】 扎实开展廉政教育活动，在洪门村创建廉政文化示范点、在红旗社区建设法治长廊，聘请企业负责人担任劳动争议特邀调解员（此项工作在全省属首例）。在全市首次成功开展洪门工业园区域性集体工资协商工作，并承办全市工资集体协商现场会。

【宣传工作】 集中力量组织公民道德日宣传、全民阅读活动、纪念抗日战争胜利70周年等主题教育活动。

在《连云港日报》《苍梧晚报》、"港城365""社区是我家"等新闻媒体发表220余篇报道，省级以上重点媒体刊发重点稿件7篇。

行政村（社区）简介

【洪门村】 洪门村东邻蔷薇河，西邻东海张湾，北邻新浦经济开发区，南邻新海发电厂，204国道和陇海铁路穿村而过，全村占地面积3.5平方千米，辖16个村民小组，2232户，4537人。村党委下设4个党支部，党员113名。有企业23家，个体工商户107家，大型园区1个，大型农贸市场1个。2015年，实现税收1320万元，年度完成乡村养老保障财政配套资金补助到位率100%，新农合参合率100%,财政配套资金到位率100%。

【新庄村】 东与新海街道接壤，南与幸福路街道相邻，西邻蔷薇河，北临浦西街道。辖区内海宁大道、朝阳路、幸福路多条交通要道穿村而过。全村有大小民营企业近50家，主要从事物流、加工、制造和服务等行业。辖区占地面积3.5平方千米，设8个村民小组，247户，446人。新庄村党总支下设3个党支部，党员70人。新庄村通过扩大协商民主议事范围，让利益相关方和代表一起参与事务监督，许多焦点、难点问题得到妥善解决，村各项工作得到村民的理解和拥护。2015年，全村国民生产总值2亿多元，上缴国家财税近1500万元，人均纯收入8320多元。连续四届被评为江苏省文明村，先后被市委、市政府授予"五好村党总支""发展之星党总支""农村经济50强村"等荣誉称号。

【红旗社区】 东至新海路，西至蔷薇桥，南至新海发电厂，北至海连西路，面积0.97平方千米。社区有19个居民小组，1668户，4665人。社区有办公用房800平方米、活动用房200平方米，内设老年活动室、乐龄生活馆、残疾人托养所、市民大讲堂等。辖区内有市属企业3家、合资企业1家、个体工商户85家。有党支部3个，共有党员145名。社区先后获得市"爱国卫生先进社区"、市"五一巾帼标兵岗"、区"社会治安安全社区"、区"科普文明社区（村）""先进基层党组织"等多项荣誉称号。

【洪门社区】 东至幸福路，西至新海路，南至江化路，北与浦西街道交界，面积1.1平方千米，社区设7个居民小组，1360户，4280人。社区有办公用房400平方米，企业6家，机关企事业单位5家，个体工商户112家，社区卫生服务中心1个，学校1所。社区党支共有党员71名。2015年，社区大力发展居家养老和居家养老服务，打造300平方米社区乐龄生活馆，室内有老年活动室、图书阅览室、精神关爱室、康复健身室、日间照料室、助餐就餐室等，以老人的生活需求为重点，为老人提供生活照料、家政服务、医疗护理等服务，兼顾老年人文化娱乐、学习教育、体育健身和法律咨询等服务，还包括日间托老、购物、配餐、送餐、陪护等特别照料服务和洗衣、打扫卫生、家电维修等一般家政服务。

【洪新社区】 2015年，辖区范围经调整后，重新划定，东至新海路，西至新庄村，南至江化路，北至陇海铁路，面积0.9平方千米，社区设10个居民小组，1806户，4575人。所辖幼儿园2家、便民服务点8个、个体工商户80余家。社区党委下设党支部3个，共有党员96名。2015年，积极创建省标准化"妇女儿童之家"，被市妇联评为"巾帼文明岗"。

2015年洪门街道行政村（社区）情况表

表45

社区（村）名	居民小组（个）	户数（户）	年末人口（人）	成立时间（年）	面积（平方千米）	财政收入（万元）	人均纯收入（元）
新庄村	8	247	446	1984	3.5	107540	8820
洪门村	16	2232	4537	2001	3.5	30.16	8790
红旗社区	19	1668	4665	2001	0.97	—	—
洪门社区	7	1360	4280	2001	1.1	—	—
洪新社区	10	1806	4575	2012	0.9	—	—

2015年洪门街道主要工业企业情况表

表46

企业名称	成立时间（年）	年末职工人数（人）	固定资产原值（万元）	产值现价（万元）	经营体制	主要产品	厂址
江苏双菱化工集团有限公司	1997	207	5383.4	5183	国有控股、其他有限公司	磷化铝	海州区新海路182号
连云港泰乐化学工业有限公司	1995	55	8332.3	12733	港澳台商独资	氯化苄、苯甲醛	海州区新海路188号

续表46

企业名称	成立时间（年）	年末职工人数（人）	固定资产原值（万元）	产值现价（万元）	经营体制	主要产品	厂址
连云港三人行环境工程技术有限责任公司	2007	80	3873	31297	私营有限责任公司	流体储运机械设备、石油气回收设备、污水处理设备	海州区洪门工业园区（新牛公路北侧）
连云港景悦食品配料有限公司	2001	112	1563	30459	集体	食用氯化钾、磷酸盐生产、氯化钙生产	海州区洪门村果园路1号
连云港万成矿产品加工有限公司	2003	46	1000.7	27732	私营有限责任公司	矿产品、石英板加工	海州区洪门工业园区
连云港格兰特化工有限公司	2003	38	3234	2077	其他有限责任公司	柠檬酸钾、柠檬酸钠、氯化钾	海州区新牛公路北侧6号
连云港振荣传动件有限公司	2003	60	2109.3	29563	私营有限责任公司	紧定套制造、轴承座制造	海州区新海南路163号
连云港新奥燃气有限公司	2003	147	20191.2	31500	中外合资经营	天然气	海州区新村路60号
连云港唯德复合材料有限公司	2004	72	4486	31472	私营有限责任公司	缠绕机生产	洪门工业园区
连云港华阳塑料包装有限公司	2009	26	2117	2302	私营有限责任公司	塑料制品制造	连云港市海州区洪门工业园区纬一路北侧

（撰稿：李琼宇　审稿：吴迪）

新海街道

综　述

新海街道东以西盐河为界，西与洪门街道接壤，南至海宁西路，北以陇海西路为界与浦西街道相望。街道面积4.5平方千米，下辖10个社区，有居民15001户、人口42035人。2015年，街道完成规模以上工业产值2.9亿元，完成协税护税1214万元，实际利用外资300万美元，引进2000万元以上进园区项目2个，完成全社会固定资产投资11.5亿元，社会消费品零售额增幅完成23%，净增限上商贸企业4家。2015年，街道先后被评为全省社区戒毒社区康复工作示范点和连云港市统战工作先进集体。星化社区被评为全国侨务示范社区和江苏省民主法治示范社区；西苑社区被评为江苏省科普示范社区和全省无邪教创建示范社区；新潮社区被评为江苏省科普示范社区、江苏省充分就业示范社区、江苏省优秀志愿服务社区、江苏省优秀志愿服务组织和江苏省“青少年维权岗”；河西社区被评为全省全民科学素质纲要先进集体；镇海社区被评为全省妇联“标准妇女儿童之家”。

经济工作

【重点项目】 盛世豪庭二期、明珠万福新城项目、东方领秀二期辉腾新天地分别完成投资2.15亿元、2.6亿元、1.52亿元，均超序时进度。黄海度假村改建项目土地征收进入收尾阶段，累计签约546户，签约率达98.37%，人民西路8号地块、东堡B地块已完成前期摸底入户工作。

【科技工作】 2015年，完成专利申请80件，其中发明专利申请40件，专利授权45件，申报省级高新技术产品1项，申报市级以上科技计划项目2项。

基础设施建设

【道路整治】 构建“大城管”工作格局。投入30万元对建设西路进行集中整治，青岛花园东墙外及新海派出所东侧共约300米破损围墙全部推倒重建，铲除小菜园12处，清理6处占道铁皮房，清除路边杂草约2000平方米，粉刷沿路楼体墙面1.2万平方米。

【环境整理】 投入资金15万元，完成各类绿化2600平方米，粉刷墙面4万余平方米，清理小广告3500余处，疏通下水道2000余米，清理垃圾1500余吨，拆除、制止各类违建800余平方米；数字化城管全年处置城市管理案件超过1000件，处置率达98.99%，结案率99.63%。全年获得6次环境卫生流动红旗，永富路、富强路、建设西路创成市容示范路，街道环境面貌得到持续改观。

【社区建设】 加大投入，打造出一批国家级、省级特色亮点。社区区级以上服务品牌增加至27个。社区侨务工作全市领先，星化社区、新潮社区侨务工作分别被国务院、省侨办评为全国、全省侨务工作示范社区；老年服务品牌进一步擦亮，星化社区乐龄生活馆、荣华老年公寓得到省民政厅领导高度评价，成为示范典型；西苑社区校外辅导站受到省关工委的高度重视和评价，李浩工作室被列为全省重大典型，在省、市专门召开新闻发布会宣传推广。

社会工作

【惠民服务】 2015年，街道加强对老年学习活动帮扶中心、助老服务中心、儿童（幼儿）托管中心建设；建成十五分钟文体健身圈，提档升级常乐游园，新建400平方米塑胶门球场，为居民提供多样化服务；为493人申请认领城乡居民社会养老保险，为120户居民发放低保金88万余元，发放城市困难群众一次性节日补助10万余元；通过开展专场招聘会，帮助230名失业人员实现了再就业。

【打造乐龄生活馆】 街道依托星化、新潮和西苑社区的居家养老中心，结合荣华老年公寓，积极打造星级居家养老体系，从统一标识、统一标准、统一服务、统一信息平台4个方面推进乐龄生活馆建设。积极探索“集中配餐服务”“爱心储蓄银行”“健康爱心小屋”等特色品牌，形成乐龄生活馆“多位一体”服务体系，为老服务设施布局趋向合理，创建了为老服务品牌，多次召开现场会，被作为示范典型在省市推广。

党群工作

【党组织建设】 发掘资源，优化党组织配置。街道党工委辖7个社区大党委、3个社区党总支、1个机关支部、13个非公支部，非公党组织的组建率达98%，共有党员2019人，其中离退休老党员占比高达70%，河西社区在“幸福中央”争取300平方配套服务中心，镇海社区在枫林湾争取400平方米配套服务中心。党团员活动丰富多彩，通过党员、团员联络服务站、志愿者服务QQ群等平台，深入开展主题活动。

【打造社区服务圈】 2015年，在街道所有服务窗口设立信息专员，建立志愿者QQ联谊群、新海先锋微信平台，设立QQ呼叫群。在承担街道一级服务功能的同时，分片划格指导社区服务工作，协调组织推进服务群众系列活动。其中，“新海街道先锋”利用党建微信，定期发布社区基层组织建设和管理亮点、先进党建工作经验和特色活动等信息，形成社区服务圈。

【积极打造服务型党组织】 新海街道先后成立了星化社区“文化先锋党支部”、镇海社区“以老助老先锋党支部”、河西社区“党员志愿者党支部”、新潮社区“民心巡逻队支部”、西苑社区“爱心社支部”等。以服务型支部为平台，吸引1000余名社区党员志愿者加入文艺宣传、治安巡逻、爱心帮扶队伍，积极开展社区便民利民服务活动，在新海形成了“一个党员一面旗，奉献社区我争先”的良好氛围。

社区简介

【西苑社区】 社区东至西盐河，南至朝阳路，西至新孔路，北至大庆西路。面积0.48平方千米，设35个居民小组，2465户，6056人。社区党总支有党员351名，下设8个党支部。

2015年，完成内联客方到位资金2000万元，实际利用外资10万美元，协税护税30万元。

社区先后获得连云港市法治文化示范点、江苏省无邪教创建示范社区、连云港市第三届社区文化节广场舞大赛优秀组织奖、连云港市关心下一代工作优秀校外教育辅导站等荣誉。

【星化社区】 社区东至振海路，南至朝阳路，西至幸福路，北至大庆西路。面积0.45平方千米，设20个居民小组，居民1492户，4102人，社区党总支有党员276名，下设5个支部。

全年协税护税80万元。2015年，社区获得“全国社区侨务工作示范单位”“连云港市科普示范社区”“江苏省民主法治示范社区”等荣誉称号。

【新潮社区】 社区东至西盐河，南至朝阳西路，西至新孔路，北至海宁西路。面积0.8平方千米，设16个居民小组，有居民5105户，17441人。社区党总支有党员160名，下设3个支部。

全年完成协税护税任务18.05万元。2015年荣获“优秀志愿服务社区”“社区科普益民项目——江苏省科普示范社区”“江苏省充分就业示范社区”“市法制宣传示范点”等称号，社区的千岁巡逻队获得了“优秀志愿服务组织”称号。

【河西社区】 社区东至盐河，南至大庆西路，西至幸福路，北至海连路，面积1.5平方千米。设41个居民小组，居民2860户，8580人，社区党总支下设5个党支部，有党员201名。

社区积极做好扶贫、济困、助残、敬老等社区服务工作，2015年举办一期“爱心传递，你我同行”残疾人运动会，88名残疾人参加这次运动会。全年走访慰问社区残困家庭89户，发放慰问品、慰问金折合人民币3万余元。

2015年，社区获得“江苏省居民学校”“江苏省未成年零犯罪社区”“江苏省文明社区”“江苏省社区科普益民计划先进单位”“连云港市企业退休人员社会化管理服务示范点”“连云港市十佳文体中心”“连云港市科普示范社区”“连云港市示范妇女儿童之家”“连云港市人口文化大院”“新浦区文明社区”等荣誉称号。

【新孔社区】 东盐河路，南大庆西路，西至新孔路，北至陇海西路，面积0.25平方千米。社区设34个居民小组，居民1512户，3678人。社区党委有党员203名，下设5个支部。

2015年，完成协税护税7万元。社区劳动保障站对社区内47名下岗、失业人员进行登记造册，并一一输入电脑实行社会化动态管理。2015年，就业困难人员灵活就业申请社保补贴共47人，共19.03万元。就业困难认定14人。新申请就业困难人员生活补助13人。办理退休人员认证1092人。对新增退休人员及时建档建卡以及上门为病故老人送去慰问品等。

【镇海社区】 社区东至新孔路，南至海宁西路，西至振海路，北至朝阳路，面积0.5平方千米。设25个居民小组，有居民1808户，3843人。社区党总支有党员158名，下设3个支部。

2015年，清理卫生死角220余处，清理杂草、白色垃圾400平方米，铲除小广告420余处，疏通下水道2000米，维修破损路面1800米，药物消杀4次。设置毒饵100个，投放鼠药10千克。

全年对9户低保户做到了应保尽保，将12家符合条件的困难户纳入帮扶范围。社区多次组织居民开展环保知识宣传、青少年法律知识培训、安全生产检查等活动，为庆祝“三八”妇女节和元旦，举办2次社区文艺演出。

【富强社区】 社区东至新孔路，南至朝阳路，西至富强路，北至大庆路，面积0.25平方千米。设23个居民小组，有居民1460户，4517人，社区党总支有党员155名，下设3个党支部。

2015年，完成内联客方到位资金23万元，协税护税29万元。社区有214名下岗失业人员，下岗失业再就业35人，困难就业人员10人，新成长就业人员25人，困难认定人员7人，失业换证人员13人，办理社保补贴52人，对社区内849名退休人员进行退休认证。

【常乐社区】 社区东至富强路，南至大庆西路，西至幸福路，北至海连路，面积0.25平方千米。设34个居民小组，有居民1512户，3902人，社区党总支有党员130名，下设4个支部。

2015年，完成内联客方到位资金2000万元，协税护税6万元。

【海连社区】 社区东至西盐河，南至大庆西路，西至幸福路，北至海连路，面积1.5平方千米。设23个居民小组，2036户，3842人，流动人口242人，社区大党委下设3个党总支，共有党员179名。全年完成协税、护税146960元。2015年荣获“江苏省和谐社区建设示范社区”称号。

【幸福社区】 社区东至幸福路，南、西与洪门街道相连，北与浦西街道为邻，面积0.5平方千米。设10个居民小组，有居民1039户，2495人。社区设有党总支1个，下设3个党支部，有党员83名。

2015年新海街道住宅小区情况一览表

表47

小区名称	建成时间（年）	建筑面积（万平方米）	入住户数（户）	位　置
西苑开放小区	1979	1.46	1965	西苑社区绣苑路—惠苑路
新贵都	2002	3.2	380	西苑社区盐河南路23号
西宝泰商住楼	2010	0.83	120	苑社区朝阳西路7号
新村巷	1985	2	141	星化社区紧邻镇海路
矿山院东院	1982	2.5	475	星化社区朝阳西路49号
矿山院西院	1980	2.6	638	星化社区镇海路30号
东塘江南苑	2008	4.66	235	幸福社区海连西路36
盛世豪庭	2008	7.68	202	幸福社区新海路11号
幸福花园	2005	2.02	178	幸福社区幸福路21号
苏红公寓	2002	0.72	62	幸福社区幸福路15号
货运巷	1972	0.24	52	幸福社区新海路
果酒巷	1970	0.34	66	幸福社区新海路12号
车辆巷	1957	1.28	186	幸福社区新海路20号
华威宿舍	1996	0.43	58	幸福社区新海路18号
新海花园	2002	50.85	1460	海连社区海连西路5号
园林花园	2001	28.0	190	海连社区盐河北路23号
青岛花园公寓	2005	5	258	镇海社区振海路38号
顺安馨城小区	2007	15	472	镇海社区振海路40号
枫林湾小区	2012	9.98	108	镇海社区建设西路88号
南苑新村小区	1995	3.22	460	镇海社区南苑路
千禧公寓	1996	0.56	70	镇海社区朝阳西路60号

续表47

小区名称	建成时间（年）	建筑面积（万平方米）	入住户数（户）	位　置
锦华小区	1998	1.26	86	镇海社区朝阳西路68号
消防支队宿舍	1993	0.42	36	镇海社区新孔南路31
消防支队宿舍	1993	0.19	24	镇海社区新孔南路27
变压器厂宿舍	1998	0.63	58	镇海社区新孔南路19-1-2
啤酒厂宿舍	1999	0.76	60	镇海社区新孔南路19-3-4-5
镇海小区	1991	4.32	176	镇海社区富强路
惠苑公寓	1999	2.28	120	新潮社区朝阳西路8-1号
锦绣苑	2007	6.53	288	新潮社区惠苑路56号
名豪天台苑	2012	9.79	506	新潮社区盐河南路69号
康缘小区	2004	3.8	290	新潮社区盐河南路93号
东方领秀	2014	35	1344	新潮社区海宁西路8号
文彦山庄	2007	6.76	573	新潮社区盐河南路77号
天景美地	2006	4.86	316	新潮社区盐河南路75-3号
公安小区	1992	3.2	48	新潮社区朝阳西路28-7号
朝阳西路25号	1985	0.32	48	新孔社区朝阳西路25号楼
锦苑路	1989	4.94	328	新孔社区锦苑路
新孔南路	1973	1.28	84	新孔社区新孔南路
新孔南路	1973	2.96	196	新孔社区新孔南路
绣苑路	1986	3.38	224	新孔社区绣苑路
绣苑路	1986	1.82	128	新孔社区绣苑路
常乐新村	1999	1.16	402	富强社区朝阳西路北
中德新家	2004	0.12	113	富强社区大庆路与富强路交会处
花样年华	2011	0.85	635	富强社区大庆西路36号
供电局宿舍（南北院）	1993	1.28	724	富强社区新孔南路
电厂宿舍	1992	0.31	116	富强社区新孔南路
东盛小区	2002	0.16	50	常乐社区富强路7号
教师楼	1990	0.12	28	常乐社区教师楼
常乐新村	1993	0.44	618	常乐社区富强路9号
新电宿舍	1993	0.2	240	常乐社区新电路
新电宿舍	2002	0.16	110	常乐社区富强路
常乐雅居	2006	0.16	54	常乐社区朝阳路
供电宿舍	1986	0.24	120	常乐社区大庆西路
大庆小区	1984	0.3	292	常乐社区大庆巷

（撰稿：李肖娜　审稿：徐蓓）

新南街道

综　述

新南街道成立于1999年8月，辖区东到瀛洲路，南至秦东门大街，西依盐河，北临朝阳路。2015年，新南街道总面积6.6平方千米，辖13个社区居民委员会，居民19663户，人口59945人。辖区内有市国家安全局、市环境保护局、市中医院等机关、企事业单位160家。2015年12月8日，新成立东望社区。

2015年，新南街道以“服务群众基础建设年”为主线，以完善城市功能、提高城市品质为核心，以惠及民生、提升居民幸福指数为重点，全力以赴抓发展、惠民生、优环境、保稳定、强队伍。经济工作圆满完成上级下达的各项任务。党的建设和各项社会事业都取得重要进展。被省委组织部、宣传部评为党员冬训示范街道，玉带社区“37度幸福小屋”被评为市“志愿服务优秀品牌”，新南街道志愿者协会被评为市优秀志愿服务组织，街道蝉联区2015年度经济建设和社会发展目标绩效考评一等奖。

经济工作

【招商引资】 2015年，实际利用外资301万美元。新引进园区工业项目2个，即计划总投资1.4亿元的连云港宏业生物科技有限公司和总投资140万美元的连云港安琪拉宝贝母婴护理服务有限公司。原市车管所地块，引来苏宁集团、城投集团、富兴集团等企业投资。在海宁社区为民服务中心，玉带社区乐龄生活馆举办2次全区重大项目现场会，吸引国内外多家企业投资。

【固定资产投资】 2015年，完成规模以上固定资产投资11亿元，全面完成年度考核任务。

【协税护税】 2015年，完成协税护税1455万元，比2014年增长25%，全面完成年度考核任务。

【重大项目推进】 2015年，将6个项目列入区重点投资计划，计划总投资13.2亿元，完成投资6.3亿元。连云港鹰游房地产鹰游水岸项目，计划总投资8.8亿元，2015年，完成投资3.6亿元；振兴集团新房房地产项目，总投资30亿元，已完成场地回填工作；立仁酒店项目，计划总投资2亿元，全年完成投资5000万元，已建成开业；海宁路便民直销市场总投资2500万元，建成营业用房6000平方米，已完成对外招商；振兴水果交易市场（振兴集团浦南分公司）建80间门面房、20间仓库、8个大棚，已全部完成建设计划。

城市建设与管理

【城管工作】 2015年，新南街道创立城管“融合联动”机制，街道与城管、工商、公安等职能部门共同融合，设立城市综合管理办公室，采取联席会议、工作例会、驻点办公、联合执法等形式，对辖区范围内涉及市容市貌、违法建设、环境卫生、道路交通、工商管理等方面的工作任务快速反应、有效落实。全年共计开展违建拆除行动45次，大型专项整治行动4次，重点拆除海宁小区、九龙城市乐园违建15200多平方米。

【老街整治】 投资80万元，对总长477米的光辉路生活一条街进行整治，新建大门1座，设置值班岗亭1处，值班人员4人；清理占道摊点58家、违法搭建31处、户外灯箱49个；新设行车线400米、禁止停车线48米、非机动车停车线46米；设置宣传标语13处、宣传栏1处、门前四包门牌65块；设置垃圾收集处1个，确定2名环卫工人不间断保洁；疏通下水道72米。清理积存垃圾13吨；刷新沿街外立面800平方米，拆除违规店招500平方米，统一规范店招690平方米。

【文体休闲中心建设】 投资200万元建成新南街道文体中心。其中，室外项目1000平方米的笼式足球场、560平方米篮球场、400米的健身路径、320平方米的羽毛球场及1500平方米的游泳池；室内设置健身室、全民阅览室、文艺活动室、保健室各1间，棋牌室2间，配备桌椅6套、各类图书800余册、健身器材7套、休闲按摩沙发10个、医疗保健器材5台套。该项目为辖区居民增强身体素质，丰富文体活动内涵、追求健康文明生活方式创造了良好条件。

【城市绿化】 2015年，街道开展“绿化保洁示范巷”创建工作，投入资金60多万元，清理积存垃圾5000吨、硬化修整路面4000余平方米，栽植大型乔木376株，种植灌木13000余株，改造修建游园、花池17处，新增绿地面积800平方米。获得2015年度全区绿化工作综合二等奖。

【用地征收工作】 城市综合体项目涉及征收车管所地块，规划征用住户157户、企业8家，占地14.07公顷；原飞雁毛毯厂为鹰游水岸一期工程，涉及周边地块，需征收224户，已完成征收209户，占总数的93.3%。

【安全生产】 建设社区微型消防站，在消防站配备简易消防器材，实现消防工作进社区；推行全民安全信息员制度，辖区每栋楼房以至每个单元，选出一名居民小组长，作为安全生产信息员，每个信息员每月发放10元钱电话费，辖区一旦发生安全生产事故，街道社区能第一时间得到报告，做到早发现、早处理，全年开展安全知识讲座18场，组织消防安全演练2次，实现安全生产检查全覆盖，被海州区安全生产委员会评为安全生产先进单位。

社会事业

【社区建设】 2015年12月8日，新成立东望社区。投资150多万元，建成800多平方米的海宁社区综合服务中心。九龙社区新增500平方米的服务中心。利用社会资金建设“社区智能化便民服务站”，为社区居民提供水电煤气费等各种费用代收代缴服务，居民可以通过“服务站”方便快捷安全地购买食品，可以直接和社区联系，通过手机APP办理事务，智能化便民服务站的手机APP客户端下载量已超过3000人。12个社区全部成立议事会、监委会、居委会，形成“社区党委领导、议事会决策、居委会执行、监委会监督”的社区治理新模式。

【社会治安综合治理】 街道将12个社区划分为168个五级网格，配备网格员166名，组织网格员收集社情民意、开展化解社会矛盾服务，全年共计化解各类萌芽矛盾纠纷700件次。投入20万元，建成面积90平方米的民生服务中心，将卫生计划生育、民政、残联、信访、司法、房管等窗口部门集中办公，实现一站式服务。组建12支红袖标义务巡逻队，全年义务巡逻约4800人次。

【民政工作】 开展“爱心帮扶”行动，机关全体人员捐款设立爱心帮扶基金，每月给6户结对困难家庭各400元帮扶资金。重大节日期间走访慰问，2015年，向各类对象发放帮扶资金达30多万元。3月9日，举办以“就业帮扶、真情相助”为主题的就业困难人员专场招聘会，提供30个工种400多个就业岗位，吸引40位就业困难人员应聘，当场达成就业意向10人；开展慢性病综合防控工作，举办健康知识进社区讲座4次，参与人员达1000人次。

【卫生计划生育工作】 2015年，新南街道出生人口394人，出生率6.63‰，死亡率1.34‰，人口自然增长率5.29‰。严格抓好计划生育技术服务和药具的安全管理，发放各类药具20000件，开展计划生育政策、法规宣传，发放宣传材料2000份，张贴宣传墙报500张，针对国家全面放开二孩新政策，设立专场咨询。利用社区宣传栏宣传计划生育政策、法规，让广大居民群众了解国家计生政策。

【劳动保障】 2015年，新南街道举办4次专场招聘会，开发岗位597个，城镇新增就业人数2490人，实现城镇下岗失业人员再就业人数670人，困难人员再就业64人，为781人办理社会保险补贴申报；高校毕业生实名登记率和就业服务率均达到100%。城乡居民社会养老保险参保人数44人，为5487人办理城镇居民基本医疗保险，为9758名退休人员及遗属人员办理领取养老金资格认证。完成劳动合同备案人数807人、仲裁调解案件31件、信息采集一企一档35户、劳资纠纷调解10件。海宁、兴业社区被评为省级充分就业示范社区。

【文娱体育活动】 2015年共举办各类文化演出、讲座100多场次，观众近1万人；在玉带社区成立乒乓球俱乐部、海宁社区成立篮球队；街道体育总会于7月12日在玉带社区举办了“雷锋”杯乒乓球友谊赛、9月9日在玉带社区举办“敬老日”健康杯乒乓球比赛、国庆期间在玉龙社区组织居民拔河比赛，有100余名居民参加活动；海宁社区文化活动室被连云港市非物质文化遗产保护中心定为“五大宫调”及“淮海戏”非物质文化遗产传承点；玉带社区图书馆扩建为连云港市图书馆分馆，存有藏书10000册，玉带社区被评为江苏省全民阅读十佳单位。

【养老特色街建设】 2015年，投入100万元建设玉龙社区智能养老服务平台，充分利用多种科技产品、互联网、移动互联网、智能信息化手段加强智能养老服务平台建设，提升养老服务能力。投入20万元为8家养老院安装烟感器，有效保证养老院的消防安全；通过“整合社区服务资源、统一规划外部环境、试点推行规范标准、加大成效宣传力度”，把“特色街”打造成养老服务品牌，吸引周边近200余名“空巢”独居或失能、半失能老人入住，外省籍的老人也慕名而来。

【电商一条街】 结合辖区内低收入人群较多的实际情况，提出实施成百上千商铺创业平台、千家万户家庭创业平台、天南地北网络创业平台的发展思路，在建康路打造电子商务一条街。共有50多家临街商铺实现线下线上同步经营，销售收入比2014年同期增长50%，解决就业近100人。

【健康驿站】 9月23日，新南街道办事处与连云港市第一人民医院共同成立保洁员“健康驿站”，为保洁员提供健康保健。为48名保洁员买意外险，如遇意外伤害，最高可得到10万元的赔偿及1万元的意外医疗费赔偿。

党群工作

【组织工作】 街道党工委将2015年确定为“服务群众基础建设年”，建立社区网格化党建体系，建12个一级网格、116个二级网格、256个三级网格，对474名党支部书记、小组长每月给予10块钱电话补贴，激励他们主动作为。全年化解矛盾纠纷700余件次；投入150万元建成800平方米的海宁社区党员服务中心，投入20万元为九龙社区党委建成500平方米活动用房，投入80万元建成光辉路便民生活街。对1000多名党员开展短信慰问。通过党员组织关系排查，将130多名党员重新纳入管理和关心范围；打造党员家庭活动室，鼓励有条件的老党员在家中建立家庭活动室，为党员提供学习、娱乐、为民服务的平台。

【党员志愿者队伍】 2015年，12个社区全部建起志愿服务广角、志愿服务室等。涌现出41支志愿服务团队。把党员志愿者的服务技能、时间与社区困难居民的诉求、心愿公告上墙，按群众的需求，及时组织志愿者上门服务。2015年，辖区内3800多名志愿者共开展个性化服务活动3000多人次，开展电商培训、插花辅导、月嫂培训等活动180多场次。需求群众接受各类捐赠物品4000余件，近2000余户困难群众受益，获评全省优秀社区志愿服务项目。

【党员冬训】 成立以宣传、组织等部门负责同志为成员的冬训工作领导小组，领导小组下设办公室，明确各社区书记为责任人。街道党工委成员与辖区的50多名支部书记交流互动，了解党员情况，帮助解决支部困难，实现“减负为民、工作便民、发展惠民”。2015年，被省委组织部、宣传部评为党员冬训示范街道 。

【宣传报道】 2015年，共被报纸、杂志、电台、电视台、网站录用宣传报道材料700篇。其中，国家级媒体6篇，省级媒体1篇，市级220篇，区级473篇。

【工会工作】 2015年，新建工会8个，新发展会员630人。成立新南街道困难职工帮扶中心，全年帮扶困难职工60户；协助各级部门消除安全隐患21项；开展2015年“金秋助学”活动，资助特困职工子女、困难低保职工家庭子女、遭受临时灾害的职工子女25人，共计审核发放助学金15000元；新增建康社区为“职工书屋”市级示范点；培育鹰游水岸为劳动竞赛典型示范单位，2015年举办职工技能竞赛。南方超市被评为“市级模范劳动关系和谐企业”，新天地幼儿园被评为先进单位；组织13家企业参加“安康杯”竞赛活动，为48位环卫工人提供休息点并为其申报“爱心超市”购物卡，购买半价商品，每人每月享有50元的免费待遇，已发卡21张；签订女职工特殊保护专项合同，完成职业培训150人。

【妇联工作】 为困难家庭女职工解决生活中的心愿100个，组织贫困妇女75人，参加免费体检；组织社区志愿者开展植树活动、组织机关人员参加跳绳、羽毛球、棋牌比赛、猜谜等活动；为12位单亲特困母亲建立“一对一”帮扶机制，每人每年提供2000元资金补助。

社区简介

【海南社区】 海南社区成立于1996年,位于海宁中路和海昌南路交界处，南至海宁大道，东至海昌南路，西至南极南路，北至再就业一条街。辖区面积0.15平方千米。有20个居民小组，1184户，3684人。2015年9月，经街道党工委批准，成立了中共海南社区委员会，下设6个支部，有党员105人。

2015年，海南社区打造热心助民社区，全年帮扶困难家庭70户，帮困难居民申请低保1户，申请大病救助2户。为2户困难贫困学生申请助学金，为符合再生育政策夫妇申报再生育证4本，组织社区40位育龄妇女免费妇科检查，办理独生子女一次性补助16人，安排149位65周岁以上老人免费体检，办理退休认证587人、居民医保260人，申报老年优待证和80周岁尊老金20人。协调疏通下水道7次，共600多米，代办案件处理70余件。社区被确定为全国劳动力调查单位，每月入户调查居民20户。

投入20万元打造“百姓广场”。占地2000多平方米，设有休闲长廊、木质休闲椅、石桌、石凳、健身器材等。栽种红叶石楠1300株，栽种银杏、广玉兰、木香花、樱桃树、核桃树、石榴树、月季花、冬青等约60株，美化环境。2015年，海南社区获得连云港市市级“绿色社区”荣誉称号。

2015年，举办各类文体、宣传活动20余次，其中，3次参加省电视台《加油社区》栏目活动，被各类报纸、杂志、电台录用宣传报道材料44篇。

【海宁社区】 海宁社区始建于1992年，占地0.31平方千米，东至通灌南路，西至海昌南路，北临建设中路，南到海宁大道。辖区内有海宁中学、建宁小学、海韵幼儿园、连云港市军干一所等单位。设20个居民小组，常住户3589户，112110人。其中80周岁以上高龄老人150余人，90周岁以上老人8名。海宁社区工作人员6名，志愿者130余人。

2015年，投资150万元，建成800平方米的社区综合服务中心，于6月24日正式启用。服务功能包括居民服务大厅、乐龄生活馆、党员活动室、健身房、居民文化娱乐活动中心等；投资200余万元，做好陇园新村小区3万平方米老小区改造工程；投资100余万元，完成全民健身广场改造，建成室外项目600平方米的笼式足球场1个、500平方米篮球场1个、200米长健身路径、羽毛球场1个、游泳池1个。建成室内项目有75平方米健身室、棋牌室。11月，“居家养老服务站”“健康安全——你我同行”项目成功争取到连云港市首届公益创投项目资金3万元。全年办理全国就业创业登记证54本、退休人员认证1781人、社保补贴114人；为775名居民办理城镇居民医保，为居民办理独生子女证35本、二孩再生育证10本，免费为497位65周岁以上老人体检、37位女士孕前检查，办理退休人员一次性独生子女奖励50人。

【建康社区】 建康社区成立于2001年11月，位于建设东路与通灌南路交叉口，东到通灌南路，西到建南路，南到建设东路，北到朝阳中路，辖区总面积0.15平方千米。有住宅楼54幢，设54个居民小组，1148户，人口3876人，社区党员153人，80岁以上老人144人，28户低保户。

全年走访困难人员、困难家庭60余人次。完成退休人员认证864人，办理社保补贴90人，为326人办理城镇居民医保。以“在职党员进社区”活动为契机，结合社区“暖心工程”党员志愿者服务活动，为居民免费提供特色服务120余次。在各类报刊发表新闻报道55篇，网站信息报送77篇。2015年被评为省级民主法治示范社区。

【建南社区】 建南社区东至建南路，西至海昌南路，南至建设中路，北至朝阳中路，面积0.15平方千米，社区设8个居民小组，3320人，其中常住人口1310户，3400人，有出租房屋470户，暂住人口398人，党员135人。社区共有法人企业50家、个体企业402家、机关事业单位7家、商业网点130余处。

2015年，社区组织党员志愿者联合眼科医院、城建集团志愿者50余人，清理卫生死角4次，粉刷35栋居民楼。4月，社区整合资源，腾出2间办公用房，打造乐龄生活馆，分别设立了休息室、娱乐活动室以及老人就餐点，为280名65周岁以上老年人免费体检。10月，社区开通微信订阅号，让300多居民及时掌握社区公告、办事指南等。利用“社区党建远程教育”平台与30多个党员代表共同学习廉政文件。组织淮工大学生志愿者与27名残疾人家庭开展帮扶活动。针对困难家，开展“微心愿”专栏，全年实现居民微心愿6件，办理医保380人、就业创业证35人、技能培训10人、社保补贴65人、企业退休认证780人。走访慰问困难户35户，共计发放慰问金9000元；8月下旬暴雨灾害期间，共走访慰问受灾家庭356户，其中低保户5户、残疾家庭3户。

【九龙社区】 九龙社区成立于2009年，位于玉带河南岸，东至通灌南路，西临西盐河，南接新建路，北联玉带河。社区总面积0.2平方千米，设20个居民小组，3661户，11890人，下辖3个党支部，82名党员。辖区内有九龙城市乐园和水墨江南两个纯居住小区。2015年12月8日，划分为九龙社区与东望社区。划分后的九龙社区有居民3169户，10320人，51名党员，社区划分为9个网格，设9个网格长、18名信息员。

2015年7月，九龙社区整合周边餐饮、快递、诊所、汽车美容维修等资源，开通微信公众平台，以其方便、快捷、客服容量大等优势服务广大居民。开通后关注人数已达到200多人，发送几十条惠民信息。

【新龙社区】 新龙社区成立于2000年，社区北起朝阳路，南至建设路，西到通灌路，东邻龙尾河。辖区面积约0.09平方千米，设23个居民小组，常住户823户，2427人。辖区企事业单位机关共有12家。有淮海工学院通灌校区1个，幼儿园1所。社区有2个党支部，在册党员72名，有低保户8户。

2015年，新龙社区积极加强社区建设，推举居民代表、辖区单位代表、社区网格长，成立社区议事会。全年资助困难儿童8名、残疾人6名，党员志愿者义务劳动30余次。坚持中秋节、春节走访慰问低保户、残疾人、孤寡老人、重病患者家庭。

【兴业社区】 兴业社区位于海昌南路，占地面积约0.168平方千米，设5个居民小组，常住户1348户，4092人。有在册老人626人，其中80岁以上老人42人。流动人员126人，社区党员134人。

2015年，办理退休人员证640人、社保补贴65人、城镇医保332人、独生子女证12本、二孩生育证3本，发放独生子女奖励金23人，为6位女性做孕前检查。做实居家养老服务，为辖区老年人举办8次慢性病防治及健康养生讲座，发放宣传资料200余份，展示图板9张。为70周岁以上老人免费照相、刷洗衣物、免费体检108人次。为老年活动室增添45把实木椅子，翻新、维修5条休闲长条椅，组织健康义诊3次。参加海州区举办的首届鼓王大赛、海州区首届健身操比赛，分别获得腰鼓二等奖、广场舞二等奖。社区获市级反邪教教育示范点、省级充分就业示范社区、省级科普益民示范社区、区级廉政文化建设示范点、省级标准化社区居民学校等荣誉。

【玉带社区】 玉带社区成立于2004年，东起通灌南路，西至海昌南路，北依海宁大道，南临玉带河，辖区面积2.92平方千米，设48个居民小组，有居民2136户，人口6209人，其中80周岁以上老人92人。社区有党员151名。

2015年和市图书馆共建，成立连云港市图书馆玉带社区分馆，存有藏书10000余册，社区及周边居民可以通借通还。分馆内新添2台电脑，供分馆联网专用。年内举办各类讲座4次、健康义诊2次。开通"12345"平台便民热线，设置便民服务岗。对居民提出的问题由专人负责，现场回复，72小时内解决。社区居民孙艺阳荣获江苏省文明办、老龄办及江苏省老龄协会共同授予的第二届"百佳孝心"荣誉称号。社区工作人员带领"玉带社区艺术团"赴南京参加江苏综艺频道《震撼一条龙》节目，获得"十佳社区"称号。

【玉龙社区】 玉龙社区南临海州开发区，北依海宁大道，西至通灌南路，东到瀛洲路，辖区面积2.33平方千米。设13个居民小组，1489户，4193人，流动人口853人，有党员142人。辖区内有玉龙花园、浦南大队、通灌南路140号、半山雅苑、景山秀水5个生活区。

2015年4月，建立网格化信息服务平台，开通以来关注人数已达到260余人，发送几十条惠民信息。7月，玉龙社区成立"大党委"，组织开展"辖区单位在职党员进社区"活动，有190名党员参加。全年转入党组织关系21人，转出党组织关系1人，发展党员1人。

投入20万元对"家庭养老特色街"升级改造。为8家养老院安装烟感器，投入100万元建设智能养老服务平台，充分利用多种科技产品、互联网、移动互联网、智能信息化手段加强智能养老服务平台建设，提升养老服务能力；投入为民服务专项资金2万元，绿化环境。2015年，社区获得"全国和谐社区建设示范社区"，国家级"侨法宣传角"荣誉称号。

【延南社区】 延南社区东到海昌南路，西至南极南路，北到朝阳中路，南抵建设东路，占地面积为0.13平方千米，设20个居民小组，1440户，4221人，暂住人口273人。有市中医院、消防大队、特教中心、星辰照明有限公司、市政养护5个驻区单位，有各类商业门点186个。

协调运用住辖区中医院、消防支队等优质资源，组织免费为老年人体检，以"防灾减灾，安全在我心中"为主题，特邀消防官兵讲解如何掌握公共安全、避险减灾等基本知识，增强居民防灾减灾安全意识。

【云海社区】 云海社区成立于2001年11月，东临瀛洲路，西至通灌南路，南至海宁大道，北至建设东路。社区划分为15个居民小组，3000户，8340人。有工作人员5人、社区志愿者80人。社区党总支下辖8个党支部，有党员260名，有常住户3546户，10040人，有80周岁以上高龄老人140人。

2015年，为30名失业人员办理社保补贴，为1211名企业离退休职工办理退休认证，为648人办理城镇居民医疗保险，为2户贫困学生申请助学金，为6人申请大病救助。办理独生子女证17本、二孩再生育证14本、退休人员一次性独生子女奖励34人。免费为197位65周岁以上老人体检、为30位女性做孕前检查。新增低保户3户。

社区全年筹资16万元，全面绿化小区。投资80万元，对总长477米的光辉路生活一条街进行整治，有效解决店外经营普遍、违章搭建突出、交通秩序混乱、市容环境恶劣等诸多问题。

【紫云社区】 紫云社区成立于1996年，东至南极南路，西至盐河路，南至玉带河，北至朝阳中路，占地面积0.22平方千米。常住户1572户，4437人，住宅楼44栋。在册老人695人，其中80周岁以上老人94人。各类残

疾人36人。社区有4个党支部，党员156人。有市航道处、运管处2个驻区单位。

2015年，社区为辖区下岗失业人员办理社保补贴54人，办理退休人员认证688人，办理独生子女证15本、再生育一孩生育证5本，办理老年人优待证18人次，发放80周岁以上老年人尊老金10人，办理居民医保256份，走访慰问困难人员、残疾人员、“五老”人员70余人次。开展防诈骗、保护消费者权益等法制宣传教育活动7次，组织清理垃圾等志愿者服务劳动15次。

社区赴海州区新坝镇大井村窑厂生活区、灌云县龙苴敬老院、赣榆县黑林敬老院、灌云县曹庄小学等地，开展“闲置衣物寒冬送暖”爱心行动，捐赠衣物400余件；成立“流动人口温馨驿站”，开展流动健康服务车活动，发放计生药具500余件、免费义诊10次、举办健康知识讲座3次；举办第九届“邻居节”特色活动，通过猜灯谜、包粽子等活动，促进邻里友好交流，创建和谐社区；利用老党员吴祥祯捐赠的每月尊老金100元，设立“祯爱互助基金”，帮扶困难居民10人，向辖区困难居民传递爱心；对老小区进行改造，新建下水道300余米，整修路面100余米。

【东望社区】 东望社区为2015年12月8日成立的社区，东至规划路，西至西盐河，南至秦东门大街，北至玉带河，占地面积约0.4平方千米，辖区内有水墨江南小区和九龙城市乐园西区2个纯居民小区，设11个居民小组，1456户，3654人，有党员30人。

2015年4月13日，经过区政府和市、区民政局的实地勘查、调研论证，决定将原九龙社区分设为九龙社区和东望社区。2015年12月8日，市社区建设协调指导委员会办公室正式下文同意成立东望社区。社区根据孔子站在孔望山顶东望而命名。

2015年新南街道住宅小区情况一览表

表48

小区名称	建成时间（年）	建筑面积（万平方米）	入住户数（户）	位　置
东望社区水墨江南小区	2011	18.6	450	南极南路188号
东望社区九龙西区	2007	20.1	1126	通灌路369号
建康社区（南小区）	1982	15	1048	淮海工学院通灌校区西侧、海宁中学北侧。
九龙城市乐园东区	2008	40.8	3490	通灌南路369号
鸿港花园	2003	5.5	301	海昌南路59号
华阳锦都	2005	5.2	378	康泰南路59号
福康路两层小楼	1985	3.26	302	福康路2-138、140-314
工商银行、交警、司法宿舍	1984~1988	2.2	206	南极南路66-1、66-2、66-3、66-4、66-5、66-6
中医院、精密仪器平房、城建、路灯、规划园林、花果山园林、金川宿舍	1982~1988	6.2	350	南极南路60、62、64、60-1、60-2、56-1、56-2、56-3、58-16
工商局、无线电平方宿舍	1989~1990	1.5	90	南极南路105-1、105-2、68-20
聋哑学校平方、文化局宿舍	1988~1995	1	50	康泰南路53、51-2
盛世金典、消防支队宿舍	2012	2.5	202	康泰南路51、海昌南路49
工商局、市政、海云大厦宿舍	1988	2.2	80	建设中路25、27、1-23、31、29
振兴公寓、知情楼两层小楼、海昌南路	1982~1993	2.5	110	海昌南路99、105A、105B、77-2
兴业小区	1999	10	1100	海昌南路319号、南极南路138号
祥瑞家园	2008	2.8	180	海宁中路52号、54号
海宁之都	2008	3.5	205	海宁中路56号、58号
新龙新村	1998	0.9	823	建设中路121号
祥和园小区	2004	2.5	196	朝阳中路180号
房开房	1997	0.8	38	朝阳中路180号
丰盈杰座	2005	0.5	18	朝阳中路170号
人行宿舍	1994	2.6	156	南极南路67号、69号
毛巾厂75号楼	1989	0.4	54	南极南路75号
紫云公寓	1993	2.2	161	南极南路73号

续表48

小区名称	建成时间（年）	建筑面积（万平方米）	入住户数（户）	位　置
新世纪花园	2000	3	214	南极南路129号
工行宿舍	1998	0.8	84	玉河路9号
供销小区	2001	3	253	玉河路6号
煤气公司	1995	0.6	40	南极南路133号
水岸新都	2010	0.6	36	南极南路135号
山水湾小区	2006	2.8	214	南极南路141号
闸口	1991	0.3	12	玉河路8号
航道处宿舍	1995	0.2	36	玉河路60号
龙河小区	1991	18	1856	光辉路16号
海宁公寓	2008	2.5	200	海宁大道128号
珍城公寓	2005	1	8	通灌南路126号
宏荣置地	2015	3.5	50	通灌南路114号
景山秀水一期	2005	8	300	郁洲南路166号
景山秀水二期	2014	10	300	郁洲南路169号
半山雅苑	2007	4	260	海宁中路8号
玉龙花园	1998	10	400	海宁大道玉龙路
玉带新村	2004	19	2136	东起海昌南路，西至通灌南路，南至玉带河畔，北至海宁大道
海宁小区	2002	17.5	2300	东到通灌南路，西到海昌南路，南到海宁大道，北到建设中路
陇园新村	1993	4.82	716	建设中路50号
检察院宿舍	2001	0.35	72	建设中路48号
邮政局宿舍	2001	0.65	120	建设中路46号
金城公寓	1989	0.36	84	通灌南路215号
干休所	1992	1.89	215	通灌南路217号
蓝苑	2000	1.61	214	海宁小区建宁路12号
建南社区	1982	15	1320	朝阳中路78号
海南小区	1996	15.3	1184	海昌南路119号

（撰稿：朱　健　审稿：曹　江）

路南街道

综　述

路南街道东起龙尾河，西止西盐河，南至朝阳中路，北以陇海商业步行街为界。2015年，街道辖区面积2.5平方千米，下辖9个社区，14030户，42939人。路南街道地处位于市商业中心地段，辖区有苏宁电器、五星电器、九龙大世界、乐天玛特、苏果超市、苏宁广场、锦云大厦7座大型商场，新海实验中学、解放路小学、海宁小学3所中小学校，钟声幼教、民生幼教、莱恩早教3家幼教机构，其他法人单位1486个，工商个体户3300多个。2015年，街道以不断深化和创新社区服务为核心，以经济建设和社会事业发展为重点，主要经济指标都完成上级下达的任务，净增限上企业5家。荣获共青团江苏省委江苏省青年志愿服务事业贡献奖，全区2015年度经济建设和社会发展目标绩效考评一等奖。

经济工作

【经济指标】 2015年，实际完成引进外资300万美元，完成年考核目标100%。全年完成协税护税1950万元，完成考核计划86.71%。完成规模以上固定资产投资5亿元，完成考核计划的100%。

【进园区项目】 招引网隆实业电子商务项目入驻宁海电子产业园1栋10000平方米的标准厂房，该项目计划总投资2000万元，主要用于经营电子商务、电商物流等业务；招引玻璃深加工项目入驻新浦经济开发区东区3000平方米的厂房，该项目计划总投资2000万元，主要用于经营玻璃深加工等业务。

【服务业】 新培育现代服务业50家，完成考核目标的100%；社会消费品零售额增幅达20%；净增限上企业5家，完成考核目标的100%；新培育特色街区1个，即盐河巷风情一条街。

【重大项目进度】 苏宁广场全部完工运营；丰联广场室外装修全部结束；世纪缘酒店改造项目已全部完工；天然居周边地块改造项目，共签约104户，签约率达99.05%；康缘药厂及北侧棚户区改造项目一期50户回迁户已全部完成签约安置，共使用津华苑安置房源10套，二期征收户分两批次进行公示，第一批共公示40户，签约38户，第二批公示10户，签约7户，累计签约45户，完成率90%。

城市建设与管理

【街巷道路】 按照全区38条示范路创建要求，街道累计投入8万余元，先后对整洁路、小学路集中整治。拆除沿街私搭乱建18处、510平方米，拆除破损店招店牌14块，侧招6块，占道灯箱15个，补栽苗木50余株，硬化修补路面7处，粉刷墙体3000平方米、路灯杆20根、广告杆3根，非机动车画线145处，整治店外经营120余处，清理小广告5800处，清理过街条幅3处，清理乱堆放7车、约10吨。

【禁违拆违】 2015年，接违建信访案件16件。其中，违建现场拆除7件，协调结案6件，转交新东街道1件，大队立案2件。全年共组织大型专项拆违行动5次，分别对整洁路汇富园门前、兆隆城市洋房、建院未来城、大哥水饺、公园新村、陇西南路21号、银河公寓以及巨生网吧等35处违法建设进行拆除，拆除面积1163平方米。

【城市绿化】 投入18万元在龙西南路、整洁路、大庆东路街巷新栽植法青1100余株、竹子150株；盐河游园提档升级，栽植麦冬草500平方米；在银河购物中心东门街旁栽植桂花3株、海桐2000株；在年宫辖区新栽植香樟13株、丹桂15株、栀子花15株、果岭草坪800平方米。

【住房管理】 新申请廉租房保障货币补贴47户，公租房新申请24户，经济房新申请36户。完成96户货币补贴，9户申请户得到配租新房。对汇富园老小区引进专业的物业管理企业服务小区，民生花苑小区、飞达嘉园实行由社区监管，业主委员会、物业管理委员会自治管理小区。

【老旧小区改造】 完成港利绿园、银城公寓老旧小区改造，铺设草坪4400平方米，栽植树木3000株，粉刷墙体、楼道5000多平方米，清理乱堆乱放15处，拆除违法建设3处，修复路灯25个，疏通排污管道1500米，安装道路侧石800米，道路硬化5000平方米，为小区居民营造舒适、方便、安全、优美的良好生活环境。

社会工作

【民政工作】 辖区共有低保户109户、234人，其中，2015年新进2户、5人，退保17户、40人，低保户100%参加居民医保，对5户符合条件临时救助困难家庭进行了申报，对符合条件的无固定收入重残人员100%上报救助。按时上报和办理老年优待证和尊老金。加强防灾减灾宣传，在“防灾减灾宣传周”开展消防演练，并通过展板、宣传栏等形式面向辖区居民进行防灾减灾科普知识宣传。按区民政局双拥办要求，扎实开展爱国主义国防教育和双拥宣传活动。2015年，街道和社区全部实施一门受理、一站式服务，强化和谐社区创建工作，完善居民公约制度，街道9个社区乐龄生活馆已经全部建成。全年新注册登记社区社会组织2个。

【卫生计生工作】 辖区育龄妇女10298人。其中，已婚育龄妇女7671人。全年人口出生率控制在11.3‰，人口自然增长率控制在6.6‰；计生工作全年无信访案件；开展首届“计生宣传服务月”活动工作，举办“计生服务惠万家 健康快乐你我他”趣味运动会和广场咨询活动；年内上报再生育一孩97对，政策符合率达100%；积极开展婚育新风进万家、关爱女孩活动，帮助困难计生家庭18户；上报对持独生子女父母光荣证退休的企业职工申报一次性奖励材料219人份。成立社区卫生领导小组，将社区卫生工作纳入街道年度目标管理，每年召开2次专题研究社区卫生服务工作会议，做到年初有计划，年底有总结；建立各种应急预案，维护辖区社会稳定；对本辖区内医疗卫生资源进行登记并建立相关工作制度；免费为辖区65周岁以上老人提供健康体检，建立居民健康档案在70%以上；积极开展慢性病示范区创建活动，成立创建工作领导小组，建立“社区健康小屋”，开展健康知识讲座6期，出健康宣传栏54期。

【社区教育】 2015年，配合区教育局、公安、消防、安检等部门，先后4次开展无证幼儿园清理整顿，取缔无证园2所。全年开展各式讲座、文艺活动10场次；开展各类培训3510人次。

【劳动保障】 街道配备协理员4名、社区协理员9名。其中，具有协理员三级证书的5人、四级证书的8人；全年共举办失业人员专场招聘会4场，提供就业岗位600多个，达成就业意向80人。全年新增就业人数1988人，完成率为108%；城镇下岗失业人员再就业495人，完成率110%；就业困难人员再就业人数90人，完成率200%；全年培训报名登记157人；参加创业培训人数16人，职业技能取证人数26人；为灵活就业的困难人员申办社保补贴509人；城镇居民医疗保险参保人数目标计划4316人，实际完成4345人,完成率100%;企业退休人员生存认证6363人。

【司法工作】 辖区有刑释解教人员45人,帮教率达100%,安置率达到100%,无重新犯罪人员;有矫正对象23人,社区矫正接收率达100%,无脱漏管;全年共举办青少年法制课4次;开展送法进社区活动4次,举办各类法制培训班8期;开展矛盾排查32次,及时有效将矛盾纠纷消灭在萌芽状态。

党建工作

【党员冬训】 辖区有党员1588人,预备党员5人。街道有社区党委5个、党总支4个、党支部55个。其中,非公企业党总支1个、党支部5个。2015年初,街道成立以宣传、组织等部门负责人为成员的冬训工作领导小组,党工委书记任组长,组织委员任副组长,各社区书记为组员,领导小组下设办公室。党员冬训工作从1月下旬开始,到3月上旬结束。通过集中收看电视辅导、分组讨论、组织自学等方式,紧密联系街道经济社会发展实际,联系党员的思想实际和工作实际,扎实有效地开展形势任务、法律法规和科技文化的学习教育,真正把街道党员的思想统一到中共十八届代表大会精神上来,激励和动员广大党员进一步解放思想、开拓创新,坚定信心、务实奋进。

【非公党建】 辖区有非公企业党总支1个、党支部5个,在每个党支部明确一名党建工作指导员,构建上下联动、齐抓共管的工作机制和格局。

【宣传报道】 2015年,共被报纸、杂志、电台、电视台等新闻媒体录用宣传报道材料496篇。其中,国家级媒体1篇、省级媒体5篇、市级媒体490篇。

社区简介

【扁担河社区】 东至通灌路,南至朝阳路,西至海昌路,北至小学路,面积0.3平方千米。设10个居民小组,1150户,3160人。全年完成协税护税征收65万元,完成通讯报道120篇。认真开展"安全生产月"活动,发放宣传标语300份,悬挂横幅3幅。对辖区企事业单位存在安全隐患进行排查,共查出安全隐患16条,发出整改通知书16份,整改率100%;成立残疾人托养庇护中心,区残联给予1.5万元的资金扶持,对就业年龄段残疾人进行入户调查并开展残疾人服务。全年与共建单位环保局、天凯律师事务所走访慰问困难职工6户,"千人助学活动"帮扶困难学生6名,走访慰问新中国成立前老党员。协调资金维修辖区破损下水道板;清理扁担巷与银河购物中心之间积存建筑垃圾。

【向阳社区】 东至通灌路,南与葵花社区交界,西至海昌路,北至海连路,面积0.2平方千米。设6个居民小组,1130户,3453人。成立"微爱行动服务社",对辖区空巢老人、残疾人、少年儿童等开展帮助20余次。加强流动人口管理,每月对出租房屋进行治安查验至少1次以上,流动人口登记率达95%以上。全年共接受调解纠纷6起,调解率100%。举办关于生殖健康、孕期保健知识讲座,开展计生知识竞赛、问卷调查等活动10场次。全年完成通讯报道91篇。

【朝阳社区】 东至龙尾河,南至朝阳路,西至通灌路,北至海连路,面积0.42平方千米。设8个居民小组,2785户,3875人。全年完成协税护税征收33万元。开展科普讲座3次、健康知识讲座3次;办理社保补贴47人、退休人员认证953人、城镇居民医保325人。

【公园社区】 东至海昌路,南至海连路,西至西盐河,北至步行街,面积0.5平方千米。设8个居民小组,1250户,3812人。全年完成协税护税征收62.3万元,完成通讯报道100篇。与辖区单位少年宫、结对单位区民族宗教局、社区在职党员,联合走访慰问困难党员、孤寡老人、低保家庭、残疾人共计26户,送去帮扶资金、生活用品约1万元。投入10万元,铺设公园东巷道路200余平方米。新建党建电子显示。全年共为12名下岗失业人员实现再就业,及时变更并做好《江苏省人口与计划生育综合信息平台》的维护。

【葵花社区】 东至通灌路,南至小学路,西至海昌路,北与向阳社区交界,面积0.13平方千米。设8个居民小组,1491户,4355人。新发展党员2名,认真开展"安全隐患排查月"活动。配合市、区、街道安监部门对20余家企业单位进行检查,共查出安全隐患11条,发出整改通知书11份,整改率100%。为增强群众安全生产意识,组建十余人的义务巡逻队,协助公安派出所进行安全防范巡视。全年共清理卫生死角23处,清理垃圾3吨,疏通葵花巷下水道400米。投入3万元改建乐龄生活馆;投入10万元,在通灌南路67号惠龙商住楼新建公用车棚、治安传达室;对海昌南路36-1号下水管道进行全面改造。

【延东社区】 东至海昌路,南至朝阳路,西至南极路,北至海连路,面积0.8平方千米,设7个居民小组,2638户,8365人。全年协税护税征收29万元,完成通讯报道151篇。成立阳光互助社,走访独生子女特困家庭8户,帮扶留守儿童、空巢老人等特殊群体52人次。依托区大学生"村官"联合会路南分会开展形式多样的志愿者活动。成功调解邻里纠纷36起,开展安全生产大检查8次。

【贾圩社区】 东至通灌路,南至海连路,西至海昌路,北至步行街,面积0.5平方千米,设16个居民小组,1402户,4432人。全年完成协税护税49.08万元,完成宣传报道195篇。2015年,社区直管党员人数由102人增加到113人。先后举办"廉政歌曲大家唱""廉政文化演讲比赛""迎新年书香路南颁奖文艺演出""学雷锋讲道德文明风尚进社区""科普健康讲座”“小学生书画比赛”“最美家庭分享会”“重阳节”文艺演出等活动。投入5万元，硬化吉祥路、恒茂巷等背街小巷路面4000米。走访困难家庭，发放冬春临时救助资金共11900元、救济粮30袋。登记失业人员20人，充分就业率达100%；社区开发采集就业岗位820个。社区先后获得全国科普示范社区、全国侨务工作示范单位、全国充分就业示范社区、市民防示范社区等荣誉。

【盐河社区】 东至南极路，南至朝阳路，西至西盐河，北至海连路，面积0.4平方千米。设20个居民小组，2058户，6860人。全年协税护税完成28万余元，完成通讯报道113篇，政务信息5篇。社区成员养老金、医保、公积金上缴率达100%。成立中共海州区路南街道盐河社区委员会、纪律检查委员会，开展专项整治活动4次，收集意见、建议34条，讲党课6次；全年开展特色活动38次。其中，戏曲廉政演出受到省媒体的关注，江苏卫视《廉政时空》进行现场录制。学雷锋“小将在行动”，国家级阳光少年网报道社区王国瑞等6名同学拾金不昧。投入4万元，修补河运路2号门前破损路面，清掏运河路、大庆东路以北两处平房区下水道500米、化粪池30个；调解矛盾纠纷39起，调解成功率达100%。

【路南社区】 东至龙尾河，南至海连路，西至通灌路，北至步行街，面积0.1平方千米。设11个居民小组，958户，2436人。全年完成协税护税征收57.2万元，通讯报道134篇。全年新增党员5名，新发展党员1名；下岗失业困难人员实现再就业68人，新成长人员就业18人，企业退休人员养老金资格认证218人，办理社保补贴返还30人；办理老年优待证22人，为80岁以上老人申请“尊老金”10人。全年办理独生子女证12个，走访流动人口520余人次，发放计生药具900余盒，为流动育龄妇女免费健康检查32次，全年开展以健康保健、消防安全、未成年人保护等为主题的知识讲座8次。处理调解纠纷36起，调解率达100%。配合市、区安监部门对辖区存在火灾隐患和违法经营的35家企业单位进行检查，共查出安全隐患10条，发出整改通知书10份，整改率100%。协调市建设局，解决了莫泰与汉庭之间下水道堵塞、道南巷路面破损等问题。投入3.5万元，对辖区14个单元楼道进行粉刷，粉刷面积约4万平方米；疏通下水道20条，清掏化粪池11处。

2015年路南街道住宅小区情况一览表

表49

小区名称	建成时间（年）	建筑面积（万平方米）	入住户数（户）	位　置
极美园小区（葵花社区）	1996	1.37	216	位于大庆东路与小学路中间，普庆路西侧
酿化厂小区114#、114-1#、114-2#	1991	0.714	96	北至大庆东路，南至极美园小区，东至普庆路
路南小区（路南社区）	1985	0.05	806	龙西北路1-10
苏宁广场	2015	0.02	152	通灌北路58号
玫瑰苑小区（延东社区）	1998	3.568	446	海昌南路39-7
飞达嘉园	2005	1.376	172	海昌南路45号
嘉家小区	1998	1.76	220	海昌南路43号
融发公寓	1997	0.252	36	海昌南路43-2号
港利绿园	2001	1.264	158	康泰南路45号
明珠园	1996	0.826	118	南极南路10-1,10-2,10-3,10-4
远方公寓	1990	0.539	98	南极南路22-1,22-2
民生花苑	2005	1.89	210	南极南路58号
康泰新村	2000	1.984	248	康泰南路39号
交银康泰园	1998	2.9	240	康泰南路19号（1-5），22号（3-4）
津华苑A区(盐河社区)	2006	0.28	299	大庆东路6号
津华苑B区	2007	0.7	1200	海连中路166号
东大都市家园	2001	0.36	265	南极南路39号
绿云公寓	2005	0.2	132	南极南路53号
向阳公寓（扁担河社区）	1997	1.6	144	小学路16号
兆隆小区	1997	6.4	560	通灌南路

续表49

小区名称	建成时间（年）	建筑面积（万平方米）	入住户数（户）	位　置
飞翔公寓	1998	1.2	88	通灌南路
国安小区（向阳社区）	1998	0.946	86	通灌南路人寿公司南边
极美苑小区	2000	1.24	124	海连中路66号
公园小区（公园社区）	2004	4	116	新生民路8号
第一街区（贾圩社区）	2000	3.874	298	通灌北路25-1号
兴诚四号公寓	1999	3.105	230	吉祥路8-1、8-2、8-3#
兴诚三号公寓	1999	1.3905	103	整洁路12-1、12-2、12-3#
汇富园	1998	0.85	68	整洁路1#整洁路3#
金竹苑	1999	1.875	150	整洁路5、7、9、11、13、15#
青年路14	1997	1.34	134	青年路6-1、6-2#青年路14、16、28、30、34#
整洁路	1999	1.885	145	整洁路16-1、16-2、16-3、16-4#
武警支队（朝阳社区）	1992	0.3	32	龙西南路27号
干休所	1983	1.35	90	朝阳中路3号
建院未来城	2011	9	586	通灌南路102号
老干局宿舍	1983	0.45	60	龙西南路21号、龙西南路26号
登泰新村	1999	4.6	484	扁担河路1号
东大新村	1999	3.3	306	通灌南路62号
皇嘉花园	1999	0.65	120	通灌南路66号
自来水宿舍	1994	3.56	358	龙西南路2号—龙西南路19号

（撰稿：许恒彬　审稿：严明）

浦西街道

综　述

浦西街道东以南极路、大浦河为界与新浦街道接壤，西邻蔷薇河与浦南镇相望，南以步行街（女人街）为界与路南街道相邻，北到临洪闸。2015年，浦西街道辖区面积11.4平方千米，下辖12个社区，有居民14295户，40527人。

经济工作

【经济指标】 2015年，完成协税护税收入1121万元，直接利用外资到账300万美元，完成规模以上工业现价产值1713万元，新引进2000万元以上工业项目进园区2个，完成招商入库项目1个。全年社会消费品零售总额增幅达到20%。全年净增限上商贸企业8家。企业2家，大个体6家，分别为连云港市时尚莱迪商业活动有限公司、连云港房政置业有限公司、连云港市新浦区西桥社区马广勤佳洁超市加盟店、连云港市新浦区电台社区三东土菜店、新浦区蔷薇社区博豪烟酒店经营部、新浦区浦西社区宋国百货超市、连云港市新浦区电台社区乔红梅烟酒店、连云港市新浦区同和社区金明厨具销售部。全年新培育现代服务业企业40个。全年完成电子商务示范创建1个，时尚莱迪购物广场微商品体验区，完成全年目标任务。

【重点项目】 六一幼儿园工程项目，9月1日正式投入使用；国大国际花园14号、15号楼封顶，完成全年投资5000万元的计划任务。2015年，投资12150万元的万锦花园2栋高层住宅封顶，进行内外装修，沿街商业综合楼全面完工。投资2200万元仕方国际花园项目10号、11号、13号、14号楼全部完工。沈圩农贸市场、劳务市场、沈圩桥头周边的综合整治，修建了排水等市政设施，设置了专门的汽车停车场。红木家具项目，福建仙游老红木家具有限公司投资5000万元入驻新浦开发区中小企业园，已经投入生产。江西南抚华发实业有限公司进入宁海电子信息产业园区，占用土地2公顷，标准厂房2万平方米，办公室1000平方米，年生产20万套家具、销售额6000万元、税收200万元。开元·曼居酒店，占地面积11330平方米，建筑面积23800平方米，集客房、餐饮、桑拿于一体的多功能酒店，由连云港兴城房地产开发有限公司和安徽客商吴庆军共同投资建设，总投资20000万元，其中2015年完成投资12150万元，2015年8月投入试营业，10月开始正式营业。

城市建设与管理

【旧城改造】 2015年度，按照市、区两级政府部署和要求，浦西街道旧城改造总体计划拆迁27.2万平方米，共计12个项目，其中未做出征收决定项目4个，涉及11.5万平方米，已做出征收决定项目和征收结转地块共计15.7万平方米。征收结转地块：财校A西地块、财校B地块一期。

【连盐铁路建设】 2015年，连盐铁路建设途经浦西街道的东圣变压器厂地块、滨河新城规划十六路以北地块、人民西路8号地块，街道组织工作人员努力做好拆迁工作，完成拆迁7.98万平方米。

街道协助做好连云港市沈圩路、福利巷、临洪西路、江化路下穿陇海铁路及新建连盐铁路立交桥拆迁任务，共拆迁2.55万平方米。

【城管工作】 2015年，多次开展集中整治，取缔占道经营、流动摊点980个，清运垃圾60吨，清理卫生死角258处，整顿了文化广场夜市摊点。

【房管工作】 房管工作做到实处。全年对浦西辖区内199户享受廉租房货币补贴家庭进行年度审核工作；完成辖区内93户经济房申报家庭领取经济房上房通知单工作；新增72户廉租房申报家庭，并对申报家庭进行初步入户调查审核工作；新增61户公租房申报家庭，并对申报家庭进行初步入户调查审核工作；完成辖区内瑞景花园、宝泰新村、港利小区3个老旧小区的改造工作；改造后的港利小区完成了业主委员会换届选举，并由业主委员会对小区进行自治管理。

社会事业

【民政工作】 春节期间，街道协同省、市、区属单位和私营企业主组成23个组共90余人，分别走访慰问浦西街道困难群众、低保户、军烈属、伤残军人、老干部、老党员、台属、百岁老人、残疾人等，共计1120户、2260人，送去慰问金20万余元，实物救助近5万元。

2015年，累计投入30余万元，扶持5个社区建成乐龄生活馆，开发乐龄生活馆信息网络平台。对阳光园老年公寓和俏夕阳老年公寓多次开展安全生产大检查，发现隐患，立即下发整改。组织社区小小志愿者为抗战老兵家打扫卫生。街道联合浦西卫生所，开展“重阳送健康，免费为老年人健康体检”活动。

全年对37户、81人生活好转、不再符合低保条件的家庭停发补助金，将15户生活确实困难、符合低保标准和6户符合无固定收入重残人员的家庭进行上报。新批准15户、27人及重残6户进入低保。浦西辖区共有低保对象344户、662人，月保障金21.59万元；重残84户，月保障金4.12万元。低保对象100%参加城镇居民基本医疗保险。

全年帮助申请重残救助8人；为74位重度残疾人发放护理补贴10万元；为41位低保中重度残疾人发放补助3.78万元；为48位残疾人申请燃油补助；为42名残疾人办理免费坐车爱心卡；为80位残疾人发放免费手机联通卡；为11名0~6岁残疾儿童安排康复训练；不定期开展残疾人就业情况宣传，对有意向工作的残疾人登记造册。12名有工作能力残疾人就业上岗。

【计生工作】 2015年，浦西街道办理独生子女证127本、流动人口婚育证13本、流动人口一孩生育服务登记表2份、特别扶助3人、再生育材料48份、申报病残儿2例；积极开展计生宣传活动，做好药具系统的发放工作，及时使用信息系统的新增模块，确保入库率数据准确，变更及时。

【综合治理】 2015年，街道将辖区划分为58个大网格、98个小网格，全面推行社会管理工作的网格化、精细化、信息化，更好地服务居民，促进社会和谐稳定，同时依托社会管理服务中心这一平台，推动社会服务管理网格化和机制向社区和网格延伸，与社区服务中心平台相衔接，开展“网格化管理、组团式服务”，努力把各项公共服务和社会管理措施落实到社区、基层单位、每家每户。

全年进行法制宣传10余次，举办相关法制讲座2场，悬挂横幅9条、宣传图板26块，提供法律咨询1000余人次；建立法律援助联系点12个、制作社区橱窗13个、社区法律图书角5个、黑板报2期、显示标语屏3块，分发宣传材料600余份。

【劳动保障】 2015年，城镇居民医保参保人数5787人；新增就业人数2189人，开发就业岗位530个，实现失业人员再就业686人，其中就业困难人员再就业72人。城镇登记失业率控制在3%以内。面向辖区失业人员需求，开展了个性化培训，再就业培训上报191人；办理城镇居民养老保险48人，城居保生存认证办理668人。为辖区内退休人员完成生成认证9630人。为新成长劳动力办理就业失业登记证330人，办理旧证换新证132人，办理就业转失业481人。对下岗失业人员，特别是“4050”人员，已办理就业困难人员认定219人。已为662名就业困难人员办理社保补贴返还。举办小型招聘会4场，达成就业意向76人。

【信访工作】 2015年，化解6起重点的信访案件；在全国“两会”期间、抗日战争胜利70周年活动期间和其他重大敏感时期，对老上访户5人进行深入思想工作，从思想上解决他们的问题；结合“《信访条例》十周年宣传月”活动，宣传法律法规，讲解《信访条例》，通过活动使更多的群众知道了找谁上访、如何上访，正确引导广大群众行使民主权利，履行义务，进一步规范群众的信访行为，尽可能地把问题解决在基层。

党建工作

【组织建设】 优化基层党组织设置，

构建区域化大党建格局。2015年，12个社区中已有电台、蔷薇、新西、新洪、后河、新中6个社区建立了社区党委，下设18个党支部，直管党员507人，增加协管党员150人。5月，聘任区财政局、区住建局等单位的4名优秀在职党员作为社区“名誉书记”。

【党风廉政建设】 2015年，街道党工委进一步完善党风廉政建设责任制及检查考核制度，将党风廉政建设纳入对班子成员、部门、社区目标工作考核的重要指标。街道纪工委分别与各部门、各社区签订党风廉政建设责任书，把科室岗位、社区岗位所承担的反腐倡廉职责具体化、制度化。约谈社区书记，就深化财务、居务、党务、服务四公开，着力打造权力公开透明运行、服务优质高效的社区党组织；严格执行《关于规范党员干部婚丧喜庆事宜的暂行规定》，党工委制定出台《浦西街道落实党风廉政建设“两个责任”清单》，清单明确了党工委的主体责任和纪工委的监督责任。

【作风建设】 2015年，浦西党工委开通“清廉浦西”微信群，将上级纪检监察机关廉政微信中的党纪解读、廉政微视、案例警示腐败问题集中通报等第一手廉政资讯直接链接到街道每个党员干部。加强对作风建设情况的监督检查力度，采取定期抽查和不定期巡查的方式，先后开展效能督查，年内对机关上下班制度、便民服务大厅值班、节假日廉洁自律等进行督察15次，对社区居委会服务大厅督察12次，对2名值班脱岗人员予以通报批评。对公款大吃大喝、违规公务接待、公务用车进行整治。从严从紧控制公共经费报销制度，每月10日前，完成经费支出情况的清理，及时通报给党政领导及各部门，接受共同监督。

【宣传工作】 2015年，街道投资6万元，为12个社区高标准统一配置了50英寸液晶电视，使街道及社区远教平台软硬件均达到标准。街道制定《浦西街道新闻宣传工作考核办法》，每个部门、每个社区都有相应的宣传工作任务；建立一支稳定的信息宣传员队伍，确保及时发现新闻线索不遗漏；完善新闻宣传奖励机制，制定宣传报道奖惩办法，对新闻稿件按采用得分情况予以一定奖励，提高信息宣传员的工作积极性。全年，被省、市媒体录用稿件350余篇，其中《江苏法制报》2篇、《新华日报》1篇、省电视台7篇。

社区简介

【同和社区】 同和社区地处海州区商业中心圈，东起南极路，西至盐河北路，南以陇海步行西街为界，北至民主中路。辖区面积0.45平方千米。有常住居民18个居民小组，1627户，4265人，有驻区单位、企业70多个，个体营业网点200余家。社区下设3个党支部，党员100人，其中女党员41人。

2015年，社区开展连云港“爱暖寒冬情满新年”系列服务之“情暖社区行——志愿服务进社区”活动，给同和社区居民送上了节日礼物，现场提供义诊服务，并为20位社区困难老人和贫困学生送上节日慰问品。社区为青少年开放图书阅览室和电子阅览室，学生们可利用日常休息时间到社区看书学习。开展文明社区、平安社区创建活动，做好矛盾纠纷调解化解，维护社区稳定。无重大治安刑事案件等情况发生。开展争创文明家庭、文明小区等精神文明创建活动，创造良好环境卫生。加大社区就业与再就业服务，确保社区居民最低生活保障到位。

【新中社区】 新中社区位于新孔路以西，民主西路以北，人民西路以南，工农路以东。辖区面积0.7平方千米，设10个居民小组，居民1021户，3215人。街道对社区27户低保家庭户做到底数清、情况明，做到动态管理下的应保尽保、按标施保。对符合条件的5户重残人员、1户多残的残疾人员办理了护理补贴。为4名困难人员申请临时救助，15名老年人申请办理老年证，4名80岁以上老人办理“尊老金”，2户困难家庭申请办理了低保户。双拥工作中，组织未成年人到消防支队学习消防知识。端午节，组织社区居民与消防战士一同包粽子，军民一家亲。“敬老月”活动期间，带领社区“五老”人员秋游，享受晚年快乐生活。

协调资金，投入近万元，对老小区进行路面维修、绿化补种，疏通下水道近1000米。集中清理了积存垃圾10余吨、卫生死角20处、杂草60余车、小广告1200余张、堆积物66处。

【西桥社区】 西桥社区东至南极北路，西至西盐河，南至民主中路，北至建国路。辖区面积0.9平方千米。19个居民小组，1287户，3789人。

2015年1月进行安全生产大检查，共计检查辖区企业单位、个体工商户64户，排查出一般事故隐患50起，立即整改隐患50条，整改率100%。通过多渠道进行安全宣传，逢会必讲安全生产，发放“安全生产手册一封信”200余册，增强群众安全生产意识。全年社区共创造城镇就业岗位58个，城镇新增就业25人；下岗失业人员再就业16人。

【通池社区】 通池社区位于浦河路以东，河滨路以南，南极路以西，建国路以北，辖区面积0.7平方千米，15个居民小组，971户，2972人。建立党员干部现代远程教育示范基地，充分整合资源，发挥远教的作用，切实增强党员干部群众学科学、用科学的本领；社区加强对流动人口服务管理，定期开展流动人口的登记验证工作；广泛开展政策法规和健康知识宣传，发放宣传资料2000余份，受教育群众5000余人次。

【电台社区】 电台社区位于盐河路与陇海路以北，解放路以南，辖区0.4平方千米，12个居民小组，1226户，3345人。社区有党员82人，预备党员2人。2015年，开展党员学习教育活动20次（其中党课12次），远程教育每月2次。成立了低保评议小组，社区居委会有专人分管低保工作，接受居民群众的低保申请后，通过认真调查摸底、入户核实、张榜公示、评议小组的评议、评审委员会的审议后，上报市、区民政局低保部门。使民政工作的扶贫扶困作用得以充分体现，让每个困难家庭都能享受到最低生活保障。

【新站社区】 新站社区地处铁路以北，蔷薇河以南，东起沈圩路、新磷路，西与新洪社区相连，辖区面积1.6平方千米，20个居民小组，3385户，10188人。2015年，社区重点做好综合治理工作，认真做好户籍管理及外来人口私房出租户的管理，完善综合治理组织网络，形成群防群治，杜绝黄、赌、毒现象，及时做好民事纠纷调解做到公平公正。全年，共调解社区居民纠纷25起。

社区范围内有餐饮服务10家，街道组织他们召开关于食品卫生安全的会议共5次，开展专项整治3次。向辖区居民散发食品卫生安全的宣传资料百余份，普及了食品卫生知识，提高了辖区居民的食品卫生安全意识。

【财苑社区】 财苑社区东起西盐河路，西至工农路，北起民主路，南至解放路，辖区面积0.9平方千米。9个居民小组，923户，2415人。社区有66名党员，转出16人。组织党员志愿者服务队，有组织、有计划地为社区居民开展治安巡逻、民事调解、扶贫帮困、社会救济等多项服务工作，定期出宣传栏，宣传法律、法规、计划生育、创平安等，全年共出各类宣传栏18期，张贴宣传标语200多张，通讯报道25篇。

对社区下岗失业职工进行登记，掌握情况，安排下岗职工再就业15名。4—6月，对社区内400多名企业退休人员进行了资格认证。

【蔷薇社区】 蔷薇社区南至大浦河，北至人民路，东至新新路，西至盐河西路，辖区面积0.9平方千米，居民小组15个，2715户，8713人。社区组织劳动技能培训100余人次，安排就业50余人，其中帮扶特困家庭人员再就业37人。每月集中组织人员，开展一次安全大检查活动，先后对酒店、超市、旅馆等公共集中场所下达整改通知书并落实整改。做好信访稳定工作，认真落实维护稳定领导责任制，对辖区重点信访、重点人员，进行排查，准确掌握情况，对重点对象实行有效措施。

【沈圩社区】 沈圩社区东至茅口水厂，西至沈圩路，南至铁路，北至新磷路，辖区面积1.75平方千米，有20个居民小组，2820户，7620人。2015年，成立安全生产和食品安全领导小组，还聘请一位专业人员定期检查辖区内小锅炉、食品是否存在安全隐患。对辖区个体户、辖区单位逐一排查，利用板报、画廊、悬挂横幅、沿街商户的电子滚动屏来宣传安全生产和食品安全知识及重要性。

沈圩社区对下水道无法通畅、排水较难、路面坑洼等历史遗留问题，通过多种渠道向上级反映，市建设局将部分下水道和道路纳入背街小巷进行改造计划，投入改造资金200万元，铺设道路3.3万平方米，清掏并修建下水道2.6万米。

【后河社区】 后河社区东至新新路，西至西盐河，南至建国路，北至大浦河，辖区面积0.9平方千米。有22个居民小组，1708户，3456人。2015年，作为全国人口普查试点，在上级部门协助指导下，经过社区普查工作人员的共同努力，全面完成人口抽查工作，登记了82户常住人口，人口有251人，较好地完成普查工作。年内投资20多万元，改善原有的办公条件，新增办公用具、活动器材、10张居家养老床位、厨房用品等。

对社区50户低保家庭户做到底数清、情况明，对符合条件的9户重残人员、2户依老养残的残疾人员及临时救助对象全部实施救助办理护理补贴。为5名老年人申请办理老年证，18名80岁以上老人办理“尊老金”，为柏继生、朱凯歌、蒋庆杰3户困难家庭申请办理低保。利用各种宣传工具开展宣传活动，成立防灾减灾信息员队伍。认真做好25条路巷地名普查。

全年，维修2500米下水道和路面。组织志愿者和社区党员集中清理积存垃圾120余吨、卫生死角20处、杂草600余车、小广告1200余张、堆积物66处，疏通黄家巷和升平巷下水道。

【新西社区】 新西社区位于浦西街道西部，东临工农路，南至解放路，西与新洪社区交界，北至陇海铁路，占地面积0.9平方千米。有18个居民小组，718户，1806人。2015年，召开社会治安综合治理会议5次，设有专职辅警1名，建立健全治保、调解、联防、帮教矫正等组织机构，组织老党员、居民组长、治安积极分子以及社区志愿者20余人的义务巡逻队，定期对社区的大街小巷进行治安巡逻，加强辖区流动人口、暂住人口的管理，暂住人口登记率达95%，与私房出租户签订治安目标责任书。落实安全生产履职报告制度，每个季度上报办事处一次。成立义务安监小分队，制定安全生产责任制，明确安全生产职责。在“安全生产月”活动中，排查安全隐患，限期整改。深入开展安全生产专项整治，做到有计划、有落实、有总结。建立安全生产管理档案、台账。

对600名退休人员逐一进行养老金资格认证，为30名失业人员办理就业证的换证、认定，为辖区60周岁以上无退休金老人办理生活补贴。

【新洪社区】 新洪社区东起解放西路，西与洪门街道接壤，南临陇海西路，北至蔷薇河。辖区面积1.7平方千米，有10个居民小组，1231户，3821人。严格按照城市低保政策，做好施保工作，定期入户走访，做到一年1次年审。春节期间发放救灾救济款4000元，为42户发放半价米面，协同市公安局走访慰问困难人员。6月17日，邀请市琴之韵听力护理人员到社区免费为社区居民开展测试听力保健咨询活动。社区投资10万元打造乐龄生活馆，配备按摩椅、健身器材、阅览室、健康小屋等。

2015年浦西街道住宅小区情况一览表

表50

小区名称	建成时间（年）	建筑面积（万平方米）	入住户数（户）	位置
蔷薇小区	1999	10.8	806	盐河北路181号
江南印象	2007	8.62	620	盐河北路189号
新天地小区	2005	6.48	408	盐河北路168号
金橘苑	2002	2.3	132	人民东路C32-1 B30-1
利马国际	2012	11.2	1020	人民东路20号
名典公寓	2001	3.46	246	人民东路9号
新站花园	1998	3.21	212	人民东路33号
得升花园	2001	0.58	48	人民东路61号
鑫园小区	2000	0.64	54	人民东路39号
宝泰新村	2000	2	180	民主中路431号
万得园小区	2011	16.56	1020	沈圩路168号
国大国际花园	2000	30	900	南极北路95号
万象后街福景苑	2014	12.5	593	南极北路228号
新中花园	2001	0.3	168	连云港市海州区解放西路38号
兴城花园	2003	0.7	480	连云港市海州区陇海西路3号
港利新城	2014	4.2	269	海州区解放西路17号

（撰稿：赵药　审稿：曹霞）

新浦街道

综　述

新浦街道东至丁字路，西至南极北路、新新路，南至陇海步行街、陇海东路，北至沈圩桥龙尾河、临洪闸。2015年，新浦街道辖区面积13.37平方千米，下辖15个社区居民委员会，居民17047户，人口49616人。2015年，完成工业生产总值21426万元，引进外资300.3万美元，完成税收3142万元。先后获得全国无邪教示范区、江苏省和谐示范街道、2014—2015年度全市基层党员冬训工作先进单位等荣誉称号。

经济工作

【经济指标】 2015年，新浦街道外资实际到账300.3万美元，协税护税完成3142万元，完成进园区项目2个，投资6000万元的江苏至善堂中药饮片项目入驻太平工业集聚区，一期已经建成投产；投资680万美元的合资生产高端无纺布机械项目落地投产。规模以上固定资产投资完成25亿元，完成工业投资1100万元，工业总产值完成21426万元，全社会消费品零售额增幅20%以上，净增限上商贸企业8家，超计划62.5%。

【重点工程项目】 2015年，奥迪城市展厅项目建成开业，蓝天华侨城四期、一品苑三期主体全部完工，进入工程扫尾。万山城市花园四期按计划进度施工。海港城正在积极招商，已有5家进驻，博威时尚休闲生活广场（乐活街）已有16家进驻营业。总投资6000万元、总建面积21800平方米的连云港中厦商务中心、社区综合服务中心、文体活动中心主体建成。全力保障重点工程，民主路二期年内全部完成征收，木材厂地块涉及征收150户，全部完成征收。承担连盐铁路688户征收任务，全部完成征收。

【安全生产】 2015年，新浦街道强化措施，狠抓安全生产各专项整治。严格落实“党政同责、一岗双责、齐抓共管”和“管行业必须管安全、管业务必须管安全、管生产经营必须管安全”的工作要求，与社区、各部门分管领导签订安全生产目标管理责任书，监管企业向办事处递交了安全生产目标管理承诺书。全年共组织职工安全教育培训3次，召开安全生产例会13次，开展各类安全检查120次，排查整改各类隐患171条，整改率100%。利用社区画廊、黑板报、电子屏、报刊等多种形式进行安全生产宣传教育，发放安全生产知识宣传单3000余份，营造了“人人讲安全，人人管安全”的良好氛围。

城市管理

【物业管理】 2015年，新浦街道加强住宅小区管理。召开春季物业企业专场招聘会，20余家物业和200余名求职人员参加。举办2次社区居委会、业主委员会、物业服务企业以及部分业主代表物业管理政策法规学习班。召开常规性联席会议12次。完成辖区老旧小区危旧房统计上报工作，并对辖区内疑似危房建立档案，制定应急预案。处理协调物业管理投诉案件65件。受理廉租房新申请57户、廉租房年检99户，分配廉租住房23套，公租房新申请19户。

【城管环保】 2015年，新浦街道创新城建城管模式，引入专业保洁公司，进行市场化运作，提升背街小巷保洁水平。投资100余万元对下水道改造，疏通下水道40余处，清掏化粪池十余个。加大禁拆违力度，拆除新生及老违建13000余平方米。开展春秋季道路绿化、游园绿化、垂直绿化等三大类绿化工程，投入28万元，完成各类绿化面积550平方米，栽植各类苗木5000株。

社会民生

【民政工作】 2015年，新浦街道社会劳动保障户235户，人口489人，月发放劳动保障金163692元。开展慈善救助活动，救助低保边缘户2户、低保户1户，发放救助金4450元。全面启动和谐社区创建工作，街道获评江苏省和谐社区建设示范街道。推进养老机构、乐龄生活馆的建设，路北社区建成220平方米乐龄生活馆。为135名60周岁以上老人办理老年证，为205名80周岁以上老人办理"尊老金"。重阳节前夕，走访慰问辖区百岁老人，开展各种老年文体活动，弘扬尊老、敬老、爱老的优良传统。

【纠纷调解】 2015年，新浦街道抓网格化管理，划分83个网格，配备83名专职网格员。全年开展纠纷排查200多次，调解纠纷50余件，调解成功率100%。做好维稳和群体性事件应急处置工作。针对重大项目重点工程建设，易发生矛盾纠纷等情况，主要领导亲自驻点现场接访，及时化解矛盾纠纷。

【计划生育】 2015年，对辖区符合"单独二孩"政策的家庭进行摸底调查，组织形式多样的计划生育政策宣传活动，开展"婚育新风进万家"宣传和"关爱女孩行动"，普及法律法规，传播生育健康知识。全年发放宣传折页1000余份，新办独生子女父母光荣证460人，为流动人口办理各种证明480人次，为流出人口办理流动人口婚育证明20人，申请再生一孩子110户，特扶3人。

【劳动就业】 2015年，新浦街道开展下岗再就业人员的培训和指导，为待业人员送政策、送信息、送岗位活动，全年就业安置下岗失业人员36人，职业培训214人，培训后就业率达到85%。

【司法工作】 2015年，设立社区司法行政工作站，结合"法润江苏春风行动"开展专项法律服务活动、组织公益服务活动6场次。解答法律咨询60人次，协助区法律援助中心办理法律援助案件5起。开通社区手机客户端账号15个，全年出板报40块、画廊28期，张贴宣传标语2320余条，在主要路段悬挂横幅80条，发放宣传单5万余份，接受群众咨询1500余人次。

【社区文化】 新浦街道为社区搭建文化体育活动平台，保证各社区有场所、有阵地、有团队、有计划，2015年新增科普书籍5000余册。建立社区花船团、戏曲社、合唱队等民间文艺团体，节假日期间自编自演，开展义务演出。

党建工作

【强化党员教育】 2015年，街道党工委健全《新浦街道学习制度》，每周五作为"集中学习日"，开展"党员领学"活动，为机关和社区党员干部配备统一印制的《学习笔记》。利用微信、网络、电视等媒体构筑学习新阵地，每月10日、20日开展好"固定学习日"活动，创立和完善"新浦空间"微信公众号，围绕中心工作，发布上级重大决策和会议精神，开展交流学习、展示工作成果。推出党建宣传图版，悬挂在办事处醒目位置，形成丰富的"走廊文化"。带领党员干部走出去，边看边学，组织党员到抗日山烈士陵园、革命纪念馆、雷锋车纪念馆等教育基地接受党性教育。投入近万元集中购买政治理论书籍和历史文化书籍百余册，丰富党员学习内容。

【党员队伍建设】 2015年，扎实开展党组织关系排查工作，对党员深入摸底，保证新发展党员质量，为党组织补充新鲜血液。坚持理论培训与实践锻炼并重，抽调机关和社区优秀党员干部到连盐铁路、民主路改造等重点工程项目征收和施工保障一线工作，锻炼党员干部队伍。安排优秀青年多岗锻炼。结对帮带大学生"村官"，发挥大学生"村官""向日葵"志愿服务站作用，对表现优秀、群众满意的大学生"村官"进行表彰。

【党风廉政建设】 2015年，街道健全党员干部管理监督机制，随时掌握党员干部情况，及时发现和纠正倾向性、苗头性问题。印制《作风建设相关规定摘编》100余册，发到党员干部手中，让他们随时对照检查。立足教育防范，每季度进行2次廉政教育学习，利用电子屏、法治文化广场等宣传党风廉政建设相关规定。

社区简介

【民主社区】 民主社区东至市民路，西至南极北路，南至解放中路，北至建国路，面积0.66平方千米，设15个居民小组，732户，2566人。社区建有图书室、廉政文化室、党员活动室、乐龄生活馆、助餐点、电子阅览室，设有京剧社1个、淮海剧团1个。2015年，民主社区率先成立"大党委"，坚持以人为本，提升社区服务质量，全力打造"无忧虑社区"党建服务品牌。先后获得"今世缘"杯美丽海州社区广场舞大赛二等奖、省关工委"老少携手千站万人走访抗日老英雄"先进集体，海州区经济建设和社会发展目标绩效考评先进社区等荣誉。

【菜市社区】 菜市社区东起海昌北路，西至南极北路，南起步行中街，北至解放中路，面积0.4平方千米，设26个居民小组，1066户，2526人。社区积极发挥党员作用，开展“红七月楼道好人”评选、“七一送温暖”等活动，积极挖掘各类好人好事，培育和践行社会主义核心价值观，老党员刘春霞帮扶助困20年先进事迹多次被媒体刊登，被评为“爱心市民”，好婆婆杨廷芳照顾瘫痪儿媳12年，先后被评为区“好婆婆”、市“最美婆婆”，在辖区内广泛传递正能量。2015年，社区先后获得江苏省先进社区站点、市示范妇女儿童之家、市无烟先进单位、市示范社区等荣誉。

【陇东社区】 陇东社区东至通灌北路，北至龙尾河，西至新新路，南至淮海剧团，面积0.18平方千米，设13个居民小组，625户，1823人。2015年，社区全面推进服务型党组织建设，做好惠民实事，联系区城建局铺设陇中路、市民路路牙石300米，路面加宽1.5米；疏通通河路、市民路巷下水道2处；春节期间走访慰问困难居民35人，组织在职党员开展社区治安巡逻、慰问帮扶、文艺演出等志愿服务活动。创建“乐友居”党建文化品牌，重点推进文化惠民服务，对文体活动室进行改造，积极传承海州“五大宫调”非物质文化遗产，为老年人提供练习、授徒的场所，增强历史底蕴，成立“夕阳红”文化艺术团，组织各类文艺演出，活跃居民群众文化生活。

【路北社区】 路北社区东到龙尾河边，西至海昌北路，南到步行东街，北至解放中路，面积0.65平方千米，设7个居民小组，1305户，3011人。路北社区成立“阳光议事会”，充分体现百姓当家做主的精神，集民智，聚民心，让议事、定事、行事的全过程在阳光下运行。经常组织在职党员开展义务巡逻、美化家园环境等志愿服务活动，发挥党员的模范带头作用，增强了社区党组织的凝聚力和战斗力。路北社区新打造220平方米的居家养老服务中心，为老年人提供了老有所为、老有所乐的好去处。投资近20万元彻底解决民治路的下水道及路面问题，获得居民一致称赞。2015年，路北社区获得“打击传销工作先进集体”“海州区五四红旗团支部”等荣誉称号。

【站北社区】 站北社区位于龙尾河东岸，东至东池西巷，西沿河边南路，南接解放东路，北依古河路，面积1.462平方千米，设15个居民小组，1103户，3012人。2015年，站北社区面临旧城改造机遇，与辖区单位和广大居民广为联结，共驻共建，积极开拓社区发展新路。扩建乐龄生活馆，活动室每天免费对外开放，为社区“空巢”老人提供休闲娱乐、养老助餐等服务，全年服务600余人次。新打造心悦晚霞夕阳红爱心驿站，为老年人提供贴心服务，为社区下岗女工开展文明礼仪培训，提升妇女形象。完善“学雷锋”活动室，积极开展志愿服务，为留守儿童开放电子阅览室，组织暑期绘画、书法培训、课业辅导等各项活动。

【万润社区】 万润社区东起凌州路，西延龙尾河，南接陇海东路，北依解放东路，总面积1.86平方千米，设12个居民小组，8465户，26009人，企事业单位4家，商业网点300余家。2015年，万润社区成立大党委，进一步扩大社区党建工作覆盖面，提升党组织的服务能力，在职党员与社区居民群众之间互动交流进一步加深，定期组织党员开展集中学习、经验交流、走访慰问等活动。积极创建市级法治文化示范点，打造5000平方米“万润法治游园”，充分体现社区以法治承诺社会、以文化服务大众、以游园回馈居民的现代管理理念。

【龙苑社区】 龙苑社区东起龙河北路，西至河边北路，南延古河路，北至人民东路，辖区面积0.48平方千米，设35个居民小组，4228户，12860人。社区坚持心系群众，主动关心解决群众困难，为群众办实事。社区属旧城区，楼密房旧、巷窄密集、卫生差，经社区多方协调，疏通爱家路34号楼、爱家路中金宿舍下水道及水泥厂化粪池，并发动居民爱护环境卫生，全面清理卫生死角。在社区、共建单位和广大居民群众的共同努力下，社区服务功能、居民素质均得到较大提高，营造了治安秩序稳定、居住环境优美、生活方式健康、保障功能完善的社区环境。先后获得省“十一五”计划生育验收有功单位、市爱国卫生先进单位、区文明单位等荣誉。

【新桥社区】 新桥社区东至陇海铁路，西至陇海铁路，南至人民桥，北至高渠道，面积2.14平方千米，设15个居民小组，3703户，13125人，辖区内有恒瑞、苏云、市联运公司、振兴集团等9个企事业单位，有振兴装饰城、人民路五金市场等8个市场，个体工商经营户2000余户。社区坚持扶贫助困，联合辖区单位多次走访慰问抗战老兵、留守儿童和困难户家庭，为他们送去慰问品和慰问金。为解决群众雨天出行难的问题，经多次联系协调，解决了对机转路、制革厂、制药巷及解放东路253号居民区道路的铺修及下水道改造工程，完善了居民的居住环境。

【市东社区】 市东社区地处海州东北部，东至人民路，西至龙河北路，南接解放东路，北至郁洲公园，社区面积0.16平方千米。市东社区设8个居民小组，1522户，4513人，驻区单位8家，辖区有海港城、博威乐活街、博威江南明珠苑等重点项目。社区积极服务居民，调解各类纠纷15起，帮助解决了市东巷、卞家巷、校邻巷和新设巷4条下水道疏通及道路修补工作，共计3000平方米。改造社区党组织办公和党员活动场所，新建400平方米的社区综合服务中心。成立流动儿童快乐家园，开展形式多样的活动，丰富留守儿童生活。成立留守儿童图书馆，收集图书近万册，构建留守儿童学习新平台。2015年，市东社区被省关工委评为“老少携手千站万人走访抗日老英雄”活动先进集体。

【同兴社区】 同兴社区东至通灌北路，西至市民路，南至民主中路，北至市淮海剧团宿舍，辖区面积共0.6平方千米，设15个居民小组，912户，2420人。2015年，海州区职工服务中心在同兴社区正式揭牌，切实将党和政府的温暖关爱送到广大一线职工身边。为方便老年人就近学习活动，同兴社区开展了“魅力桑榆，老有所为”之“夕阳公开课”系列活动，为老有所养、老有所医、老有所教、老有所学、老有所乐、老有所为创造更好的条件。社区配备专职辅警两名，社区“红袖标”义务巡逻队长年义务巡逻，维护辖区治安环境，形成辖区又一文明景象。

【浦河社区】 浦河社区东至陇海铁路，西至造纸厂，南至高渠道，北至310国道，面积约2.51平方千米，设22个居民小组，1124户，3130人。2015年，浦河社区扎实开展扶贫帮困活动，联合辖区单位多次上门走访慰问孤寡老人、低保边缘户、就业困难户、单亲困难家庭等弱势群体。积极组织在职党员开展法律咨询、图书捐赠、义诊等志愿服务活动。为解决雨季居民区下水不通畅问题，在浦河东路18号挖下水道，协调城管等部门在浦河东路排水沟开展清淤工作，用4天时间清理淤泥7000余吨。经过多方多次协调，为浦河东路7号片区解决了下水道不通的老大难问题。

【市化社区】 市化社区东依龙尾河，西临市民路，南连解放路，北至民主路，市化路横贯东西，辖区面积0.4平方千米，设8个居民小组，338户，1291人。2015年，市化社区成立大党委，坚持以社区为平台，开展全方位便民服务，充分发挥社区党组织的领导核心作用和党员的先锋模范作用。社区先后投入15万余元，新建成300多平方米集现代化、网格化、多功能为一体的一站式社区服务中心，设有图书室、老年活动室、党员活动室等活动阵地，电脑、电视、投影机等硬件配套设施齐全，为居民提供更便捷的服务。

【建国社区】 建国社区东至龙尾河，西至陇西路，南至民主中路，北至建国路，辖区面积0.1平方千米，设9个居民小组，1089户，1896人。2015年，建国社区开展党建创新，以打造“健康型”社区为抓手，设立“健康大讲堂”，举办各类健康知识讲座8期，邀请多位专家为社区居民讲解健身养生保健知识。联合辖区单位开展多次法律咨询、扶贫帮困、义务劳动等志愿服务活动。进一步完善社区文化活动阵地，新增社区文化活动室，分健身活动室和群众文艺活动室，开展了“迎七一”文艺晚会、重阳节慰问老年人文艺演出等活动，丰富了群众精神文化生活。

【市民社区】 市民社区东至市民路，西至新新路，北到陇中路，南到建国路，面积0.43平方千米，设6个居民小组，972多户，2098人。社区积极克服办公房小、人员少等困难，坚持为民办实事，把各项惠民政策落到实处，不断改善群众居住环境，为辖区居民排忧解难，各项工作开展扎实有序，努力创建管理规范、环境优美、服务完善、生活便利、风气良好的文明社区。

【机关社区】 机关社区东临通灌路，西沿海昌路，南靠步行街，北接汇金广场，地处市区经贸文化中心，占地面积1.78平方千米，绿化面积达5000平方米，共有住宅楼房15幢，设27个居民小组，396户，620人，辖区机关幼儿园1个。为加强基层组织建设，提高党员素质，社区坚持做好党员现代远程教育工作，按时开展“固定学习日”集中学习活动。社区在抓基础工作的同时，大力开展文体活动，门球比赛、包粽子、猜灯谜、做腊八粥等等，丰富的活动吸引了社区众多离退休老干部、志愿者、居民积极参与，社区邻里和睦、人文和谐，凝聚力不断增强。

2015年新浦街道住宅小区情况一览表

表51

小区名称	建成时间（年）	建筑面积（万平方米）	入住户数（户）	位　置
万润园	2002	10.88	638	陇海东路77号
怡景苑	2006	18.16	1145	解放东路8号
阳光丽景	2010	7.85	435	郁洲北路70号
万顺园	2002	3.65	370	陇海东路81号
一品苑	2008	26.8	1839	巨龙北路58号
泰和苑	2010	2.67	199	解放东路259号
顺泰园	2011	4.92	310	解放东路168号
阳光园	2000	5.46	357	凌州路18号
新月园	2002	5.69	580	凌州路20号
三禾城中城	2013	12.9	825	通灌北路199号
福园名邸	2013	8.9	557	郁洲北路169号

续表51

小区名称	建成时间(年)	建筑面积(万平方米)	入住户数(户)	位　置
泰恒华府	2010	8.4	346	人民东路222号
海港城	2014	0.97	1	郁洲北路159号
水岸峰景	2008	2.24	186	解放中路6号
万山城市花园	2002	19.6	1200	古河路7号
日月花园	2006	12	1054	巨龙北路59号
东新绿苑	2007	7	670	民主中路21号、29号
博威江南明珠苑	2015	38.5	3100	解放东路129号
银泰花苑	2006	5	388	人民东路208号
九龙东一时区	2007	7.52	1200	解放路150号
瑞祥园	2008	2.25	230	人民东路257号
蓝天华侨城	2011	21.68	1378	解放东路208号
温侨绿苑	1999	2	130	通灌北路138
利华城市花园	2010	7.5	475	解放东路29号

(撰稿:王磊　审稿:金同志)

新东街道

综　述

新东街道东至东盐河以西,西至龙尾河,南与南城街道、云台农场接壤,北至陇海东路与新浦街道为邻。辖区面积15平方千米。下辖苍梧、东风、东苑、广场、刘巅、巨龙、利民、龙尾、外仓、新城、艺北、振东、文昌13个社区居委会,居民34184户,人口106428人。2015年10月区划调整,将新东街道东盐河以东滨河社区整建制授权高新区管委会管理,淮海社区、苍梧社区、东苑社区、东盐河以东部分重新整合为东苑高新社区。

2015年,新东街道围绕年度各项目标任务,创新工作方法,直接利用外资300万美元,完成协税护税1870万元,超额完成区经济建设和社会发展目标考核任务,并获江苏省和谐社区示范街道、江苏省无邪教创建示范街道、江苏省社区矫正工作先进集体、市学前教育改革发展优秀街道等荣誉。

经济工作

【经济指标】 2015年,新东街道实现规模以上固定资产投资29.7亿元,社会消费品零售总额增幅完成14%,新引进2000万元以上进园区项目1个,新增限上贸易企业5家,新培育现代服务企业75家。

【重点项目】 2015年,街道承担市档案馆、凤祥铭居、凤凰星城、凤凰名都、紫金公馆、众兴华庭、瑞成嘉园、恒润郁洲府、润潮国际、东方瑞园、利群城市综合体、御景龙湾、同科汇丰国际、中豪万博城市广场、润城东方15个市区重点项目,全部达到或超过序时进度。

【安全生产】 2015年,新东街道与辖区内工矿商贸等企业及各类生产经营户(网点)签订安全生产工作责任承诺书1104份,组织安全生产检查140次,出动检查人员420人次,检查各类大小单位累计440家,排查整改各类安全隐患531处,整改率达100%。在打非治违专项工作中,出动检查人员65人次,检查整改各类违法行为68起。

城市建设与管理

【环境保护】 组织文昌社区、苍梧社区、东苑社区积极争创"生态社区""生态家园"的创建工作,落实各项创建任务。配合区环保局做好各项污染事故应急处理和防范措施,开展环境保护宣传工作,加大秸秆禁烧和垃圾焚烧的宣传力度,对辖区内的垃圾点全天候加强督察巡查。苍梧社区、刘巅社区、东苑社区合计40公顷春秋两季农作物无焚烧,辖区内200处垃圾池无垃圾焚烧。

【绿化工作】 在颐和花园周边、警备区小游园、平高府邸周边、陇海东路综合市场等地,打造绿色通道、垂直绿化等各种城市绿化盆景,共栽植乔木1000余株,栽植灌木9000株,新建绿地近2200平方米。出动600人次对辖区内主次干道及小区内进行美国白蛾防治工作。

【小街巷整治】 抓住市建设局给予惠民工程的修缮工作,积极配合市政公司整治辖区内的小街巷及非物管小区破损的道路和堵塞的下水道,对辖区内恒利花园、东方花园、通灌大院、巨龙小区等老旧小区的小街巷及非物管小区破损的道路及下水道进行改造,投入50万元,清掏修理下水道130处,8600米,修理路面3.8万平方米,完成兴隆路、云华路、昌盛路、糖兴巷等50条道路维修整治工作。

【环境卫生】 新东街道面积大，流动人口多，脏乱差现象严重，办事处加强小街巷保洁工作，责任到人，有保洁人员70人，严格贯彻落实新东街道环境卫生日常管理制度及社区环境卫生日常管理考核办法。清理陇海东路渣土清运、东方花园、天顺小区北侧、天晴路等处建筑垃圾20000吨，清理生活垃圾40000吨。

社会事业

【社区建设】 街道新增润城东方等3处社区用房1134平方米，投资38万元改扩建利民社区246平方米社区用房，筹资15万元修缮苍梧、刘巘等老旧社区用房。积极推进居家养老工作，建成东苑、苍梧、龙尾等9家社区乐龄生活馆，全市首家苍梧社区老年人配餐中心运行正常。加大智慧社区建设力度，投资7万元建设街道管理系统，投资20万元推进文昌社区智慧社区建设，先后创建社区网站、手机APP，实行社区事务网上公开，实现居民办事网上申报。

【劳动保障】 2015年，新东街道新增就业人数1030人，其中再就业人数578人，安置特困人员111人，新成长劳动力人数实现就业361人。全年办理医保3260人，完成居民健康档案信息520份，已经办理并申领人员达45人，圆满完成2014年城乡居民生存认证工作。

【计生工作】 办理独生子女光荣证958本，办理外出人员流动人口婚育证明30本，发函27张，签订计划生育管理合同27份，审核上报再生育一孩280户。一次性奖励217人/次，奖扶特扶5人，病残儿申报20户，开具计生婚育证明650余次，提供计划生育政策上千条。

【信访工作】 做好信访问题化解工作，对重点群体性信访件，引导他们寻求合理途径解决诉求，2起案件通过司法途径解决，重点群体性信访比2014年同期下降60%。阳光信访平台共受理信访件29件，办结率达100%。

【文化体育】 投资3万元打造巨龙菜市场文化宣传阵地，投资2万元建设东苑社区文化小广场，投资3万元打造云华路科普文化长廊及龙尾社区廉政文化长廊等。维护颐和花园、振兴公寓、巨龙小区等小区健身器材。2015年共申报体育指导员20名。认真开展全民健身日活动，上下联动共举办各项健身活动15场次，覆盖率100%。

党建工作

【组织建设】 2015年，新东街道建立书记抓基层党组织建设。制定街道党工委责任制度，按13个社区实际情况进行分解，全面推进社区“大党委”建设，建立社区党委，成立便民服务队伍，开展各项便民服务活动。

【非公党建】 在苍梧社区新成立2个非公支部。组织在职党员进社区，2015年，共有3750名在职党员到社区报到，开展便民服务。

社区简介

【龙尾社区】 龙尾社区北起海连东路，南至苍梧路，东起郁洲南路，西至瀛洲路，占地面积0.4平方千米，有36个居民小组，2466户，6230人。有市直机关、企事业单位等11家。

更换龙河南路宣传栏，打造云华路300米科普文化长廊。走访慰问低保户、贫困家庭、残疾人92户，慰问金额24000元。定期为残疾人提供免费体检及法律援助。社区与驻区单位共同打造多功能服务室“幸福驿站”。

2015年，社区获“江苏省科普示范区”“连云港市省标准化居民学校”等荣誉称号。

【东苑社区】 东苑社区成立于2006年1月，东至东盐河路，西至郁洲南路，南至朝阳东路，北至绿园南路，占地0.7平方千米。有29个居民小组，2352户，7057人。辖区内有机关、企事业单位6家。

2015年，社区获“全国科普示范区”“省防灾减灾示范社区”等荣誉称号。

【广场社区】 广场社区占地面积约3.5平方千米，东至郁洲路，南至朝阳路，西至瀛洲路，北至苍梧路。有居民小组33个，2999户，11317人。有市公安局、市劳动局、气象局、三院、连云港市日报社、振兴集团6家企事业单位。

向辖区居民发放“平安家庭创建倡议书”，申报“平安家庭”达标率达92%。帮助居民解决疑难问题，帮扶困难家庭。2015年，社区获“连云港市科普示范社区”等荣誉称号。

【振东社区】 振东社区地处市区东部，南至海连东路，北至陇海东路，东至龙河北路，西至繁荣路，占地面积0.2平方千米。有30个居民小组，1632户，4586人。驻区单位连云港市交通局。

辖区内背街小巷全面大改造，工程总投资约100万元。走访慰问残疾人、低保户边缘户、贫困家庭及高龄老人32户。2015年，社区获“市巾帼文明岗”“连云港市科普示范社区”等荣誉称号。

【艺北社区】 艺北社区建于1982年，位于陇海商业街繁荣地段，东起龙河北路，南至陇海东路，西至郁洲北路，北到海连东路，占地面积约0.3平方千米。有恒利小区、工人新村、盐医宿舍、龙河北路盐务局120宿舍4个小区，居民小组42个，1911户，常住人口7150人。有大润发超市、泰源小市场、港利投资集团、市二院东院、师专一附小、中国移动连云港分公司、浦发银行、交通银行、东方农商银行9家企事业单位。

2015年，社区安排30名居民进行再就业培训，提供4场招聘会信息，成功促成8人走上工作岗位。组织突击卫生整治6次。创新法制宣传阵地，延伸小区围墙，创立新视角“百米法制文化宣传长廊”，内容涵盖交通安全、安全生产、劳动保障、计划生育、矛盾调解、禁毒戒毒、反邪教等相关法律法规和政策。

【新城社区】 东至东盐河路，西至瀛州南路，南至红砂路，北至朝阳东路。成立于2003年，占地约6平方千米，社区包括盛世嘉园、郁洲花园、华阳丽都佳园、香溢小区、香溢江南、平高府邸以及御景龙湾等51个居民小区，居民5300户，21200人。

【东风社区】 东风社区地处市区东部，成立于2001年，地处城乡结合部，南至海连东路，北至陇海东路，东至高渠道，西至巨龙北路，占地面积2.6平方千米。有38个居民小组，1680户，4530人。

2015年，建成东风街综合市场，方便居民生活，解决部分下岗工人就业问题。

【刘艤社区】 刘艤社区地处市区东部，成立于1992年，原名淮海社区。社区南至文昌路，北至海连东路，东至东盐河路，西至巨龙南路，占地面积2.9平方千米。有居民小组21个，常住居民1920户，3832人，流动人口3049人。驻区单位交通局质检站、海通集团桥梁公司。

成立10人的义务巡逻队，协助公安派出所进行安全防范巡视，每晚轮流在辖区内巡查。2015年，社区获“江苏省民主法治示范社区”“市级法治文化示范点”等荣誉称号。

【巨龙社区】 巨龙社区组建于1987年，北至海连东路，西至郁洲南路，南至苍梧路，东至巨龙南路，面积约0.41平方千米。居民小组62个，居民2243户，8574人。驻区单位7家。

社区与同科集团、团市委共同打造“希望来吧”，为留守儿童创建了校外乐园。2015年3月，获评江苏省和谐社区建设示范社区，6月，荣获海州区网吧“五老”义务监督员组织奖。

【利民社区】 利民社区位于海州区东南部繁华地段，社区总面积1.8平方千米，南起海连东路，北至陇海东路，东起繁荣路，西至龙尾河。有居民小组54个，2080户，6680人。

2015年，利民社区投资22万元对教育巷活动中心改造、装修，建筑面积260平方米，为社区群众提供多功能综合服务。

【外仓社区】 外仓社区位于新东街道北部，东至巨龙北路，西至郁洲北路，南至海连东路，北至陇海东路。社区占地面积2.6平方千米，辖区内有居民小组21个，1375户，3875人。驻区单位无线电十厂。

2015年，新建廉政游园及青少年科教广场等文化宣传阵地。利用青少年科教基地，与连云港师专联动共建开展暑期青少年助教活动。与海州区城管局共同组织在职党员宣传队伍，定期到社区开展宣传活动。

【苍梧社区】 苍梧社区位于海州区东南部，北至苍梧路，西至郁洲南路，南至绿园南路，东至东盐河路，占地面积0.67平方千米。有常住居民小组48个，5276户，总人口11200余人，有企事业单位7家。

2015年，社区成立离退休干支部委员会，开展活动3次。2015年，社区获得“江苏省城市管理示范社区”等荣誉称号。

【文昌社区】 文昌社区位于海州区东部，东起东盐河，南邻苍梧路，西接巨龙路，北至文昌路，社区名称缘起文昌路，成立于2012年，辖区面积0.32平方千米，有居民小组50个，1450户，4500人。驻区单位两淮盐化、师专一附小、机关幼儿园及沿街商户200余家，实际服务人口7300多人。

2015年，社区荣获“省科普示范社区”等荣誉称号。

2015年新东街道住宅小区情况一览表

表52

小区名称	建成时间（年）	建筑面积（万平方米）	入住户数（户）	位 置
博大新城	2010	15.04	366	郁洲南路68号
博纳花园	1998		592	
天顺国际花园	2010	14.26	826	巨龙南路88号
双盛花园	2004	10	887	巨龙南路69号
颐和花园	2004	8.60	597	东盐河路9号
万和园小区	2003	0.88	96	海连东路54号
温哥华小区	2009	10	1054	海连东路56号
盐建宿舍	1985	0.2	35	昌盛路29号
同科汇丰国际小区	2012	90	967	苍梧路53号
邮建巷二层小楼	1998	3	73	邮建巷
盐业设计院	1988	0.3	72	朝阳东路7-1

续表52

小区名称	建成时间（年）	建筑面积（万平方米）	入住户数（户）	位 置
东方花园	1987	5	425	绿园南路
凹凸印刷厂	1981	0.2	60	龙河南路48号
老干部区	1976	2	69	兴隆路22号
邮建巷1-10号楼	1998	3	566	邮建巷
京隆花园	1993	0.15	24	朝阳东路
气象局宿舍	1998	0.15	72	气象路
蜂疗小区	1989	0.15	36	苍梧路12号
振兴公寓	1996	2	252	龙河南路29号
金龙花园	2001	1.5	180	郁洲南路69号
振兴花园	2003	1.8	144	朝阳东路7-5
兴隆路28（邮电宿舍）	2001	2	144	兴隆路28
锦绣华庭	1996	2.4	168	瀛洲路16号
中望新城	1995	3.6	276	龙河南路
龙河南路51	1996	1.5	48	龙河南路
龙河南路53	1996	1.5	48	龙河南路
龙河南路41、43、47、49、55	1996	4	324	龙河南路
振兴小区	1997	1.2	108	气象路
众兴华庭	2000	0.18	156	瀛洲路28号
锦华园	1996	0.18	84	瀛洲路10号
马跳宿舍	1989	0.18	36	兴隆路24号
润城东方小区	2008	40	2042	海连东路127号
天晴小区	1977	2.16	360	巨龙北路8号
农垦小区	1997	0.87	96	巨龙北路16号
农垦小区	1993	0.28	33	巨龙北路8-16号
金茂花园	2006	4.5	252	海连东路40号
中房鑫城	2004	2.5	122	苍梧路45号
万源小区	2003	2.2	108	郁洲南路12号
兴业时代	2000	14.8	1026	郁洲南路19号
卫校宿舍	1981	0.9	87	郁洲南路8号
电大宿舍（新）	1998	0.88	108	苍梧路41号
电大宿舍（旧）	1990	0.24	32	苍梧路37号
巨龙小区	1986	12	986	巨龙南路21号
香豪小区	2008	8.06	646	朝阳东路30号
盛世嘉缘	2003	6	420	瀛洲路38号（朝阳东路2号）
振兴AB楼	2003	1.5	160	瀛洲路46号
郁洲花园	1997	3.17	250	郁洲南路79号
平高府邸	2008	14	670	朝阳东路28号
御景龙湾	2009	64	3933	巨龙南路99号
香溢世纪花城	2002	21	1500	郁洲南路88号（巨龙南路99号）
杰瑞花园	2007	11.79	548	东沿河路19号
鸿港公寓	2001	1.7	148	朝阳东路24号

续表52

小区名称	建成时间(年)	建筑面积(万平方米)	入住户数(户)	位 置
华阳丽都	2003	4.69	375	郁洲南路99号
通院巷	1987	7.2	325	通院巷小区
香溢江南	2010	15.74	969	建设东路2号
振兴时代广场	2013	4.7	104	朝阳东路1号
邮电宿舍小区	1995	1	48	通院巷小区院内
安全局宿舍小区	1995	1.2	64	朝阳东路12号
武警支队宿舍区	1995	1.7	79	瀛洲路46号
边防支队宿舍区	1995	1.7	48	朝阳东路8号
凤凰名都	2015	26	1700	海宁东路9号
紫金公馆	2016	1.3		地址待定(朝阳东路)
恒利小区	1993	24.28	1296	陇海东路34号
41-1宿舍	2000	0.4	50	海连东路41-1
盐业宿舍	1980	1.30	399	海连东路35号
120宿舍	1980	0.20	37	龙河北路120号
工人新村	1986	0.46	176	龙河北路180号
杰瑞新村	2000	3.11	216	郁洲南路19号
通泰名人居	2002	3.93	328	云华路8号
翠竹苑	2003	2.80	216	云华路9号
兴业公寓	1993	1.13	144	云华路4号、6号
苍梧公寓	1995	1.05	98	云华路21、23号
农工部宿舍	1989	0.12	12	云华路19号
农科院宿舍	南楼1986,北楼1996	0.64	76	云华路15、17号
杰瑞一村(南)	1997	0.58	70	龙河南路3号
杰瑞一村(北)	1997	0.51	64	龙河南路2号
瑞城嘉园	2012	2.9	354	龙河南路1号
教院旧楼	1982	0.18	24	龙河南路9号
农场旧楼	1983	0.2	24	龙河南路11号
农场宿舍点式楼	1983	0.25	44	龙河南路13号
话剧团宿舍	1980	0.12	46	龙河南路18号
教院宿舍	1988	0.26	56	海连东路22号
中行宿舍	1987	0.19	24	兴隆路6号
肉联厂宿舍	1987	0.2	30	兴隆路8号
税务局宿舍	1986	0.69	80	兴隆路14号、16号、18号
苍梧小区	2001	20.6	1240	郁洲南路58号
兴业金色家园	2000	6.5	200	苍梧路22号
君悦财富广场	2014	14.3	790	巨龙南路66号
明珠皇冠花园	2015	20	1300	苍梧路30号
八佰城市走廊	2013	0.8	100	巨龙南路59号
杏坛花园	1999	5.77	400	绿园南路29号
公园壹号	2010	8.17	410	绿园南路99号

(撰稿:梁茜 赵丹 审稿:宋科)

宁海街道

综　述

宁海街道地处市区南大门，距市行政中心6千米，东与东辛农场毗邻，西与锦屏镇相望，南与板浦镇接壤，北与南城街道相连。宁连高速、徐连高速在辖区内交会，204国道穿境而过，交通便利，区位优势显著。2015年宁海街道总面积41平方千米，耕地面积为2192公顷，下辖1个社区，9个行政村，有村民小组78个，年末户籍6188户，人口27700人。2015年，获评安全生产先进单位，在海州区经济和社会发展目标考核中荣获综合一等奖，实现双连冠。

经济工作

【主要经济指标】 2015年，街道完成公共财政预算收入13350万元，规模以上固定资产投资14.4亿元，其中规模以上工业投资完成14亿元。直接利用外资775万美元，规模以上工业现价产值完成20.77亿元。

【农业经济】 2015年，宁海街道新增土地流转面积86.67公顷、家庭农场3家、农民专业合作社21个，新增各类农机102台，发放补贴246.54万元，发放秸秆还田补贴资金111.31万元，全年为村民发放粮食直补及农资综合补贴274.43万元，国家水稻良种补贴26.89万元，小麦良种补贴33.31万元，农机购置补贴246.54万元。2015年，宁海街道禾谐兴家庭农场荣获“江苏省级示范家庭农场”称号。

【重点工程】 2015年，投资7亿元，建设高效太阳能热水器生产线三期技改项目，标准化厂房建成投产，技改厂房装修基本结束，净水设备部分购置到位；研发中心完成封顶。太阳能工程供热系统技术改造项目、元丰机械有限公司电脑提花割圈圆机项目、新圆通速递项目（市级重点项目）、海宁工贸园迎宾大道改建项目、宁海自来水主管道改造一期工程均全面完成。

【招商引资】 2015年，新增规模企业1家，电子信息产业园引进6家企业（连云港网隆实业投资有限公司、意太维光电科技有限公司、江苏东禾医药有限公司、江苏宝中宝电子科技有限公司、连云港杰诺明珠水处理科技有限公司、连云港华恒电子科技有限公司）。

村镇建设与管理

【村镇建设】 2015年，完成全长1.14千米、宽15米的迎宾大道改建，通过省交通厅的验收。针对宁海街道境内乡、村主干道水泥路面破损较为严重的情况，宁海街道自筹资金10万元，对全街道境内约1.8万平方米破损道路出现的坑塘用沥青渣进行找补、整平。根据2015年江苏省农村公路桥梁建设计划，新建两座3孔6米箱涵，桥梁宽度为7米，长度为20米，桥梁与河道正交，箱涵两侧各接2米翼墙。年内完成河道疏浚8.48千米，挖运土方15.44万立方米。新建电灌站3所。

【城管环保】 2015年，宁海街道扎实开展“城乡环境整治和禁违拆违集中推进月”活动，投入40余万元资金，购置垃圾清运车和城管执法车各1辆、三轮车20辆，新砌垃圾池20个，落实55名保洁人员对城乡主干道进行全天候保洁。全年组织4次大规模强拆行动，街道共计拆除违建8000平方米，遏制了全镇违建势头。

社会事业

【劳动保障】 2015年，宁海街道城镇新增就业人数306人，实现城镇失业人员再就业55人，新增转移农业劳动力230人，扶持农村劳动力自主创业人数35人，城乡劳动者就业技能培训45人，城乡新成长劳动力技能培训65人。共办理就业失业登记证188人，共认证企业退休职工197人。

【民政工作】 2015年，办理农村低保户126户、293人，城市低保户2户、7人，临时救助20户。共发放农村低保救助金974635.5元、城市低保救济金22974元，发放过节费37200元。宁海敬老院被省民政厅评为二星级敬老院。

【信访工作】 2015年扎实开展矛盾纠纷排查化解工作。全年街道信访案件27件，其中到街道来访13件，化解处理13件，化解处理率100%；阳光信访交办案件14件，已回复处理13件，化解处理率92.9%。

党群工作

【党的群众路线教育实践活动】 辖区有党员890人，预备党员11人。有党工委1个、党总支10个、党支部10个，其中非公企业党支部2个。2015年，宁海街道联系实际开展党的群众路线教育实践活动，组织党员干部学习党的方针政策，到群众中吸收群众意见，对群众所反映的吃水、建房、出行等问题，制定具体的解决方案。投资208万元新建5条水泥路，改造自来水主管道，满足了群众的要求。

【纪检工作】 2015年，街道制定下发《党风廉政建设责任制实施意见》《党风廉政建设工作责任分解意见》，明确领导班子成员分工，层层签订党风廉政建设责任书，规范机关人员行为。出台《宁海街道村级主体责任清单》，强化督察考核。对重点工程、重大事项推进情况以及机关工作作风进行监督检查，并将相关情况在街道党工委中心组会议上予以通报。利用中心组学习、集中党课、日常作风建设检查等载体，学习廉洁从政一系列相关规定、制度。

【宣传工作】 2015年，街道在《人民日报》《国际商报》等国家级媒体上发表报道10篇，在《新华日报》《江苏经济报》等省级媒体发表报道7篇，在《连云港日报》等市级媒体刊播600篇报道。在2015年度海州区党委信息采编排名中获得第五名。

行政村（社区）简介

【平安社区】 平安社区地处宁海街道最南端，与板浦镇毗邻，东接黄圩村，西临清河村，北靠太平村，是街道办事处驻地。耕地面积186公顷，下辖6个村民小组，508户，人口3415人。2015年末，平安社区集体收入为27.2万元，农民人均纯收入为15420元。2015年，被省依法治省领导小组命名为“江苏省民主法治示范村”，获得“先进社区”等荣誉称号。

【太平村】 太平村地处宁海街道北端，与宁海立交群毗邻，东接新北村，西临清河村，南与平安社区接壤，内有新北河、埃字河等重要河道。电子信息产业园位于太平村境内，耕地面积172公顷，下辖7个村民小组，425户，人口2012人，共有党员64名，村两委6人。2015年，村集体资产总额162.63万元，全年村集体收入67.5万元，村民人均纯收入16060元。

【海河村】 海河村地处宁海街道东北端，北与妇联河毗邻，南与新圩村相接，西与武圩村相邻。耕地面积521公顷，下辖10个村民小组，702户，人口3244人，共有党员95人，村两委4人。2015年，全村集体净资产总额386.15万元，农民人均纯收入15420元。2015年，海河花卉苗木基地开展设施栽培、科研试点、生态观光旅游等项目，打造成真正的宁海生态观光苗圃科技园。

【杨场村】 杨场村地处宁海街道东南端，与板浦镇接壤，西与黄圩村毗邻，东临云善河重要航道，北接新圩村。耕地面积188公顷，下辖7个村民小组，430户，人口1780人，共有党员54人，村两委4人。2015年，全村年末村集体资产总额为103.19万元，全年村集体收入27.1万元，农民人均纯收入14810元。村民主要收入来源于种植业和服务业，农业以稻麦、蔬菜种植为主，辅之以养殖业。

【新圩村】 新圩村地处宁海街道东中部，西与新北村相接，北与海河毗邻。东临海河村，南接杨场村。耕地面积199公顷，下辖7个村民小组，466户，人口2051人，共有党员57名，村两委6人。2015年，全村集体资产总额247.1万元，全年村集体收入15.8万元，农民人均纯收入14900元。新建三组电灌站，优化了全村的农田灌溉。重点打造村级文化室，配备专人管理，补充文化室书籍，目前文化室藏书已达到上千册。

【新北村】 新北村位于太平村东侧，北与海河村毗邻，西临南北大沟，东到新海路，南到黄圩河。耕地面积222公顷，下辖12个村民小组，642户，人口2686人，全村共有党员72名，农村人均年收入14830元。新北村年内新植意杨5000株，补植1500株，村庄绿化成效明显。根据土地少、人口多的实际情况，大力引导广大村民发展养殖业，全村年生猪饲养量近2万头，年出栏生猪上万头，羊饲养量千余只，养殖户平均增收近万元。积极组织剩余劳力参加上岗前技术培训，引导村民外出务工，大大提高了村民的经济收入。

【黄圩村】 黄圩村地处宁海街道东南，东靠杨场村，西与平安社区毗邻，南到东辛大街，北到黄圩河。耕地面积138公顷，下辖6个村民小组，309户，人口1538人，全村共有党员65人。全年村集体收入为16.1万元，农民人均纯收入为14710元。针对地少人多的情况，村两委引导广大村民发展养殖业，福泰养殖场扩建猪舍3000平方米，积极组织员工学习培训，提升养殖技能，改良品种，全年生猪出栏25000头、草鸡30000多羽、贵妃鸡5000多羽。鼓励妇女参加街道组织的月嫂培训班，扩到就业渠道，提高村民收入。

【魏湾村】 魏湾村地处宁海街道西北端，与宁海立交群、昊海大道毗邻，东临太平村，南靠清河村，西接卞浦村，北与海州开发区接壤，宁海工贸园大部分在辖区内。耕地面积209公顷，下辖9个村民小组，696户，人口3210人，共有党员76名。2015年末，村集体资产总额为177.8万元，全年村集体收入为24.2万元，农民人均纯收入15330元，收入主要来源于外出务工。村两委致力于改善村民的居住环境和文化生活环境，新建垃圾池5个，配备专门的保洁人员，加快水泥路修建，实现了水泥路“户户通”。

【清河村】 清河村东靠宁连高速，西临卞浦村，南到板浦镇，北与魏湾村毗邻。耕地面积186公顷，下辖8个村民小组，632户，人口3420人，全村共有党员75人，其中女党员16人，占党员总数的20.51%。2015年村集体收入为24.5万元，农民人均纯收入为15160元。清河村紧紧围绕新农村建设要求，致力于发展现代农业，富裕百姓，优化人居环境，全村农民参保合作医疗率达99%，进一步加快村庄道路硬化。

【武圩村】 武圩村地处宁海街道北端，位于宁海立交群东北侧，东临海河村，西接魏湾村，南至埃字河，北靠烧钱香河。耕地面积171公顷，下辖6个村民小组，452户，人口2138人，全村共有党员84人。2015年末，村集体资产总额为139.87万元，全年村集体收入为19万元，农民人均纯收入为15980元。坐落于武圩村的太阳雨三期项目已经顺利完成并投产使用。2015年，被省民政厅评为江苏省和谐社区建设示范村。

2015年宁海街道行政村（社区）情况表

表53

名　称	居民小组（个）	户数（户）	年末人口（人）	面积（平方千米）	农业产值收入（万元）	工业产值收入（万元）	工业销售收入（万元）	三产增加值（万元）	居民人均收入（元）
平安居社区	6	508	3415	3.53	787	150	145	3500	15420
魏湾村	9	696	3210	5.44	1282	38000	37500	38500	15330
清河村	8	632	3420	3.86	915	45	40	240	15160
武圩村	6	452	2138	4.66	1810	163000	16200	14500	15980
太平村	7	425	2012	3.03	972.6	330	320	9950	16060
黄圩村	6	309	1538	2.49	1106	0	0	260	14710
杨场村	7	430	1780	2.79	1585	0	0	191	14810
新圩村	7	466	2051	3.38	925	0	0	355	14900
新北村	12	642	2686	4.48	1278	610	600	282	14830
海河村	10	702	3244	8.16	1620	703	70	702	15420

2015年宁海街道主要工业企业情况表（一）

表54

企业名称	开业时间（年）	从业人数（人）	固定资产（万元）	年销售收入（万元）	年税收（万元）	主要产品
日出东方太阳能股份有限公司	1996	1689	492718	130440	5996	太阳能制造
江苏惠宇玻璃有限公司	2007	235	17133	7938	193	玻璃生产加工
连云港龙顺塑料有限公司	2000	42	3241	7518	138	废旧塑料回收再制造
连云港旭日科技有限公司	2003	65	3299	8116	232	木制品生产
江苏省太阳能研究所有限公司	2011	68	3167	7198	376	太阳能集热生产
连云港宁海同达建材有限公司	2006	99	2700	4720	282	混凝土制造
连云港元丰机械有限公司	2008	88	298	2501	84	纺织机械制造
连云港东方远通汽车销售服务有限公司	2003	82	3643.8	55060.7	333.3	汽车销售服务
连云港盛资汽车销售服务有限公司	2006	158	2292	23413.8	679.1	汽车销售服务
连云港顺行汽车销售有限公司	2013	40	122.4	2714.3	77.6	汽车销售
连云港全程汽车销售有限公司	2008	40	558.1	16266.6	145.6	汽车销售
连云港中收汽车销售有限公司	2009	46	316.5	4509.3	32.2	汽车销售
连云港华泰汽车贸易有限公司	2001	90	1338.8	22005.1	50.5	汽车销售

2015年宁海街道主要工业企业情况表（二）

表55

企业名称	职工人数（人）	固定资产值（万元）	产值现价（万元）	利润（万元）	经营体制	主要产品	厂　址
日出东方太阳能股份有限公司	1689	36426	150010	30576	私营	高效太阳能	宁海街道武圩村
连云港旭日科技	78	650	9620	201	私营	木制品生产	宁海街道魏湾
惠宇玻璃	240	6493	7986	459	私营	玻璃生产	宁海街道魏湾
连云港龙顺塑料	48	2626	7827	153	私营	废旧塑料生产	宁海街道魏湾
宁海同达	99	1079	6987	135	私营	混凝土制造	宁海街道魏湾

（撰稿：仲思颖　审稿：王锦穆）

南城街道

综 述

南城街道东与云台农场接壤，南临烧香河与宁海街道相望，西与锦屏镇相连，北与云台街道、新东街道搭界。街道辖区面积11.2平方千米，下辖4个社区，2144户，6997人。2015年，财政收入2639.67万元。完成固定资产投资19.1亿万元。2015年，突出“生态南城”建设，建成66.67公顷采摘园、2公顷垂钓中心，打造古城南城三星级观光旅游示范点。

经济工作

【工业经济】 2015年，南城街道工业产值收入5240元，工业销售收入5082万元。完成全社会固定资产投资19.1亿万元。规模以上工业总产值完成4402万元。

【招商引资】 2015年，直接利用外资190万美元。引进项目5个。

【重大项目】 室内菜市场。总投资300万元，整个菜市场工程已于2015年7月底全部完工。商务花园办公区。该项目计划建设楼房20栋，已建成18号楼，5号、19号、20号楼封顶，地下工程基本完工。今日时代广场。该项目已立项，稳评报告也已完成。新大街改造工程。总投资5000万元，沥青路面以及人行道铺设基本完工，立面改造200米试点完成。凤舞铭居。已建成，进入内部装潢。南城新大街东侧棚户区改造项目。计划征收土地面积为3.5万平方米，涉及征收房屋120户、2座公厕、2家企业，确权公示102户，已签约87户，签约率达85.3%。

【农村工作】 南城街道有耕地面积63.33公顷、林地面积80公顷、水面10公顷 。南城农业主要以稻、麦、蔬菜为主，近年向观光农业发展。已建成百亩观赏苗木园和葡萄采摘园。以观光旅游增加农业经济收入。2015年，农业产值收入300万元。46.67公顷的水稻秸秆全部还田。加强对病虫害的防治，特别是对美国白蛾的防治。采取灯光诱蛾、定点监测和普查相结合的办法，监测覆盖率100%，网幕剪除率达90%，药剂防治率100%，发生区叶片保存率90%以上。

【安全生产】 2015年，街道先后组织“安全生产网格化管理”“事故隐患排查月”“安全生产大检查”“安全隐患排查治理体系（联网直报）建设”“安全生产月”等安全检查活动13次，排查出并整改事故隐患167处。街道安全生产形势平稳，一般事故和重大事故发生率为零，无一起伤亡事件出现。

城镇建设与管理

【“生态南城”建设】 2015年，街道着力推进生态乡镇创建工作，规划设计农业休闲旅游示范区，突出都市型农业特色。加大对东、西凤凰山生态营业林改造工程。建设占地面积2公顷的垂钓中心、66.67公顷采摘园。以西凤凰山为中心，配合做好西山公园规划建设等打造集观光、采摘、餐饮服务、休闲娱乐于一体的生态园。挖掘南城宗教文化资源，大力发展文化旅游产业。把古镇旅游、宗教旅游、励志旅游、生态旅游为特色的四大主题作为特色文化，打造砺志教育旅游品牌，培植乡村旅游新亮点，进一步夯实三星级乡村旅游示范点，争创AAA级景区，实现富民增收。

【社区环境整治】 2015年，对社区共进行集中整治6次，动用农用车38车次、铲车12车次、人员50余人，共清理垃圾15车、约16吨，费用共计46万元；投入10万余元对辖区内西山路、东大街等6处街巷堵塞严重的下水道进行清掏，对8个公厕化粪池进行彻底清空防洪通道进行清理。

【禁违拆违】 2015年，南城街道联合区公安、城管等部门，动员机关和社区全体干部，按照“强化协作、打堵结合”的方针，开展禁违拆违集中整治行动，坚持集中整治和长期治理相结合，使南城街道禁违拆违工作形成规范、有序的局面。拆违面积为1703平方米，控违面积约25000平方米。

社会事业

【社会保障】 2015年，南城街道有低保户90户，195人，重残人员30人，低保户100%参加居民医保，对符合条件的无固定收入重残人员100%上报救助；有优抚对象25人，包括带病回乡军人2人、在乡复员军人2人、烈士子女1人、参战涉核人员5人、伤残军人5人、老复遗属10人，街道及时足额发放伤残军人抚恤金和重点优抚对象的优抚金；全街道共办理各类退休人员资格认证698人；2395人参加城镇居民医保。

【依法治街】 南城街道宣传法治创建街道平安工作，全年共张贴宣传标语450张，悬挂过街横幅36条，散发宣传资料2000份，举办青少年法律知识培训班8期，举办在校学生法制辅导报告会2次，举办机关工作人员法律培训2期、社区工作人员法律培训2期，举办居民群众法律培训班4期，举办流动人员法律培训8期。建立健全街道公调对接机构，在派出所设立公调对接调处室，对到街道信访的事项、人员，统一由街道信访部门受理、接待，再由信访部门调解，提高调处效率。街道聘请2名经验丰富的退休人员担任调解员，负责日常对接调处工作。

【文化、旅游、体育工作】 2015年，南城街道对文化、旅游、广电、体育工作非常重视。社区文化电子阅览室3家，完善标准篮球场1个、乒乓球室5个，更新和维修健身路径2处，新装2处；凤凰山文化生态旅游区建设相关工作开展有序，职能配置等项工作已按部就班，凤凰山农业生态园即乡村旅游示范点顺利获得省AAA级，已被列为全省69处免费观光点之一。

【计划生育工作】 南城街道辖区常住总人口数为11293人，2015年，计划生育率达100%；流动人口管理服务率在95%以上；人口出生率2.1‰；开展“婚育新风进万家”活动3次，在新大街举办大型文艺演出2次。人口计生知识普及率在95%以上；开展“关爱女孩”活动2次；免费为育龄妇女健康体检2次；独生子女地领证率在98%以上；流动人口持证、验证率在90%以上；维护群众合法权益，群众满意率达96%，社区“世代服务岗”建成率达100%。

【信访工作】 2015年，区交办重点信访案件8起，2起已化解。阳光信访系统交办38件，办结35件。街道接待上访群众148批，218人次；进区上访4批，58人次；进市上访4批，45人次；进京上访1起，1人次。

党群工作

【党风廉政宣传】 2015年，南城街道规范行政执法制度、政风行风评议制度等6项制度，建立工作纪律、责任追究等各项规定9项。通过各种方式进行党风廉政宣传，举办1场喜闻乐见的踩街活动；张贴党风廉政建设宣传标语12幅，制作宣传展板6块；开展义诊活动2次；在职党员进社区志愿服务5次；在国家级媒体刊发2篇信息，在市、区新闻媒体发表工作动态信息100余条。

【为民办实事】 南城街道组织党员到群众中去，走访、了解群众的疾苦，关注民生民情，将收集汇总的群众意见及时落实解决。对群众反映的路灯、自来水、公办幼儿园等问题,制定具体解决措施。投入40万元修便民道路3条,修建新大街青春社区下水道，投入2万余元改善辖区内群众文化健身场所，投资3000万元改造南城几十年生活用水难等问题。

【共青团工作】 2015年，共青团街道工委发动辖区内中小学校积极订阅有利于学生成长的优秀报刊，举办读书征文活动；团街道工委联合“五老”（老干部、老战士、老专家、老教师、老模范）以及派出所，共开展两次打击“黑网吧”活动，借助司法所、派出所等部门的力量，采取开设法律讲堂、组织结对帮扶等多种措施，广泛开展法制宣传教育活动；邀请司法所、南城派出所等人员开展专题讲座，组织青年团员们为烈日下坚守岗位的城管以及环卫工人送去矿泉水以及洗漱用品。

社区简介

【凤凰社区】 东至东凤凰山，西至西凤凰山，南至东门街，北至林场，面积1.1平方千米，有13个居民小组，830户，2832人。

2015年，举办居民法律培训班2期，组织40人参加就业培训，再就业30人。协同街道集中进行禁违拆违工作，有效地控制了新大街的违建，为群众办理就业和住房申请，为退休老人办理验证工作。

【宁海社区】 东至东大街，西至海州开发区，南至武圩，北至凤凰酒家，面积1.8平方千米，8个居民小组，1030户，3329人。

组织下岗职工、待业人员参加招聘会3次，新增就业人员32人，举办普法宣传4次，举办葡萄采摘活动，为退休老人办理退休认证工作。

【青春社区】 东至东凤凰山，西至西凤凰山，南至小营庄，北至九岭，面积1.8平方千米。9个居民小组，805户，2228人。

2015年，修建便民路2条，为2户困难家庭送补助400元，为退休老人办理退休认证，帮助困难高考学生办理助学贷款。春节、中秋走访慰问烈属、军属及困难户。

【九岭社区】 九岭社区原属南云台林场管理，2015年10月区划调整，由南云台林场划入南城街道。东依南云台山与南云台林场交界，南接青春社区，西与新东街道相连，北与花果山街道接壤。面积6.5平方千米，10个居民小组，980户，3261人。

2015年南城街道主要工业企业情况表

表56

企业名称	职工人数（人）	固定资产值（万元）	产值现价（万元）	利润（万元）	经营体制	主要产品	厂址
连云港市正荣食品添加剂厂	30	2300	5140	520	私营	柠檬酸钾、柠檬酸钙	南城街道西山根2号

（撰稿：吴洁 审稿：郝海夫）

花果山街道

综述

花果山街道东依南云台山，西与新东街道接壤，南临南云台林场，北接连云区猴嘴街道。2015年10月区划调整，将花果山街道从海州区划出，授权高新区管理，将猴嘴街道的昌浦社区、大浦社区、宋艞社区及新东街道的东盐河以东地区整合成刘艞社区，划归高新区花果山街道。2015年，花果山辖区总面积68.03平方千米。下辖7个村，4个社区，5603户，18800人。

2015年，花果山街道完成注册外资到账300万美元，规模以上固定资产投资60亿元，财政总收入6.24亿元，公共财政预算收入5.7亿元。

农民人均纯收入达到19896元，增长10%。2015年，全区经济目标考核被评为一等奖。

经济工作

【农业经济】 2015年，花果山街道粮食种植面积共计404.80公顷，总产2863.9吨。建成高效设施农业（喷滴灌）面积30公顷。全年共发放国家种粮补贴总金额118497.86元。

【招商引资】 2015年，花果山街道引进外资300万美元，开展请进来活动4次，接待客商6人；赴苏州、上海、深圳、哈尔滨等地开展招商活动4次，接待客商15人。其中，9月邀请江苏工兵机械装备有限公司总经理作为参展商参加连博会。接谈破碎机械加工、酒店投资、苏州辉耀机电有限公司、碳纤维自行车生产项目。完成3个省内、3个省外项目引进业务。

【项目推进】 2015年，新海新区科技创业城南地块项目计划总投资168309万元，累计完成投资14亿元；市新海医院建设工程项目计划总投资178245万元，累计完成投资12亿元；苍梧六期项目计划总投资19亿元，累计完成投资179352万元；恒大名都项目计划总投资16亿元，累计完成投资152079万元；金鹰花园项目计划总投资13亿元，累计完成投资97992万元；秀逸苏杭项目计划总投资16亿元，累计完成投资155033万元；港城一品项目计划总投资16亿元，累计完成投资54000万元。

【财税工作】 2015年，花果山街道完成财政总收入6.24亿元，其中，国税856.26万元，地税59822.17万元；完成公共财政预算收入57234.16万元，占年度预算（40670万元）的140.73%，比2014年增长68.89%。对淮海花园、香溢馥园等15家房地产项目进行走访摸底，了解2015年辖区内房地产开发销售状况；配合地税局对辖区内新世界文化城、美食一条街、花果山沿街一路的饭店、宾馆、网吧以及租赁房屋等服务业开展实地排查；配合地税局做好2015年税源普查工作，对辖区内建安项目进行信息采集、梳理、汇总分析；在春节、中秋等重大节日节点上，安排专人到税务大厅进行监督与排查，对新增项目及时登记，统计分析每天入库情况，准确掌握入库第一手信息，确保税款应收尽收。

【安全生产】 2015年，花果山街道全面落实街道、村、社区安全生产风险抵押金制度。加强春节等节日期间的安全检查，对烟花爆竹、小浴室锅炉、塘口等重点检查。2015年共发现事故隐患38处，已全部整改到位，整改率100%。2015年，花果山街道安监机构能力建设和五星级乡镇已通过省、市验收。

城镇建设与管理

【社区改造】 2015年，花果山街道全力推进新华街区拆迁、新滩地块旧城区改造、新华社区3号地块房屋征收等3个项目的征地工作。新滩片区旧城改造项目共涉及征收户248户，征收面积10.5万平方米，已完成签约206户，完成比例为83%。圣湖路拓宽项目共涉及被征收户29户，总面积约10500平方米，已签约26户，签约面积约8500平方米。新华街区拆迁项目涉及拆迁户329户，建筑面积共13.5万平方米。已完成签约289户，总签约面积约11.9万平方米，拆除257户，约10.06万平方米。新华社区3号地块房屋征收项目涉及征收户83户，建筑面积约36100平方米。苍梧东路延伸项目共涉及征收户64户，占地5.21公顷，征收房屋总建筑面积约18800平方米，已签约63户，拆除面积约18500平方米。

【绿化造林】 2015年，花果山街道完成绿化造林、山林改造46.67公顷，森林抚育173.33公顷，播种油茶和栽种侧柏、桃树等共8万多株。协助区农水局做好云台山景观生态林三期绿化林相改造，争取资金10万元，完成当路大窝顶、大村、新村、前进南山栽植侧柏13.33公顷，四旁植树8万株，完成造林113.33公顷。当路村建成绿化合格村。

【环境整治】 2015年，花果山开展村庄环境整治工作，将其纳入长态化管理，每月一次全面整治，不留死角。全年共清理各种垃圾7000吨、草垛100座，刷白墙面10000平方米，新增和更换环卫设施25个。联合市、区城管部门强拆大小违建30多起，累计拆除违法建筑2000平方米；开展控烟工作，发放张贴禁烟标志100份；开展春季灭鼠和夏季灭蚊灭蝇活动，投放鼠药100千克。在年底顺利通过省级全面验收。

社会事业

【社会治安】 2015年，花果山街道以打造“平安花果山”治安品牌为目标，集中力量在全街道范围内开展“矛盾纠纷排查化解”活动，对重点人员进行稳控。建成一站式服务网。集调解、维权、法律咨询等为一体的村法治工作便民服务大厅和5个百米法治文化长廊。全年共受理调处各类矛盾纠纷156件，成功调处146件，调处成功率达93.5%。

【劳动保障】 2015年，花果山街道扎实解决失地农民经济增补的实际问题，发放失地农民新农村保险补贴共计600多万元，惠及2200名年满60周岁的失地农民。完善社会保障工作，全街道参保人数2737人，领证人数2328人。新增就业人员283人；下岗失业人员再就业54人；就业困难人员再就业23人。全年已完成创业及技能培训60人次，劳动力转移就业人数324人。

【民政工作】 2015年，花果山街道开展“情暖江苏，温馨港城”活动，发放米面66份，惠及33户村民，发放慰问金4000元。走访慰问389名年满80周岁以上老人，共计十余万元。

参加农村合作医疗保险12397

人，参保率100%。为27名重点优抚对象办理社会保险，重点优抚对象参保率达100%。

【司法工作】 2015年，花果山街道共建立各类调解室2个，聘用专职调解员4名，受理调处各类矛盾纠纷146件，成功调处139件，调处成功率达90%。积极开展“法治海州建设十年巡礼”、平安和法治建设集中宣传活动，进行法律咨询和法律宣传。共计发放《中华人民共和国宪法》《中华人民共和国婚姻法》等宣传材料500多份，接待咨询人数300多人。被市委、市政府评为法治建设示范单位。

【信访工作】 2015年，花果山街道共发生群众到街道及向上级上访65批次、322人次，其中进京上访3人次，到省上访2人次，到街道集访18批次、259人次。案件已成功处理好61件。

【计划生育】 2015年，花果山街道总人口数为15838人，已婚育龄妇女数为2540人，人口出生数为180人(男93人，女87人)，出生率为7.14‰，计划生育率为98.5%，出生婴儿性别比107∶100，自然增长率为4.69‰。

【文化教育】 2015年，花果山街道组织文化节目参与比赛15场，其中，街道编排的广场舞荣获连云港市第三届社区文化节广场大赛银奖，花果山街道新村村荣获文化节优秀组织奖，花果山街道荣获连云港市第十届农民体育节广场舞大赛一等奖、“东海温泉杯”广场舞比赛一等奖等荣誉。

党群工作

【组织建设】 2015年，花果山街道做好入党积极分子培育工作，举办入党积极分子培训班，集中培训积极分子60人，对进出的37名党员办好组织关系转接，接收16名预备党员按期转正。依托“党员活动日”，组织党员开展志愿服务活动20余次。

【宣传工作】 2015年，花果山街道积极弘扬传统美德，组织开展“好媳妇、好婆婆”“十星级文明户”等先进典型评选活动，带动乡村尊老、敬老氛围；以庆祝抗日战争胜利70周年为契机，组织青年党员开展“绣党旗、颂党恩”、重温入党誓词等活动，让青年党员接受党性再教育。花果山街道在各类报刊网站上发表文章报道500余篇，其中国家级刊登8篇，省级20篇，《连云港日报》《苍梧晚报》重点版面刊登近80篇。

【党风廉政建设】 2015年，花果山街道开展“廉内助”教育活动，以提高党员干部家属防腐意识和能力为重点，先后组织各支部书记、村干部配偶举办党风廉政建设理论知识学习班4次、参观廉政教育基地2次、发放倡议书80余份，引导干部家属以德治家，以俭持家，以廉保家，常敲廉政警钟。

【共青团工作】 2015年，共青团花果山街道委员会被评为“江苏省五四红旗团委创建单位”，推荐2名优秀团员成为入党考察对象。街道团工委联合民政部门在花果山中学、大村中心小学开展募捐资助活动，筹集资金帮助贫困生，缓解学生学习和生活压力。组织志愿者开展义务清扫垃圾、保护应急水源、义务植树造林等志愿服务活动，发展11名专兼职团干成为注册志愿者。4月，花果山少年军校第23期军训班开训，六年级4个班的102名学生接受一系列的军事化训练。6月，大村中心小学少先队举办庆“六一”暨第十三届少儿艺术节活动，对评选出来的红旗大队、文明中队、优秀辅导员、“四好少年”予以表彰。

【妇联工作】 2015年，花果山街道妇联创建4个农村妇女儿童事业发展基地，组织150名农村妇女劳动力转移，表彰4位“双学双比”女能手。投资23万元，在前云村、飞泉村建设面积260平方米的妇女儿童活动中心。全年调解3起妇女家庭矛盾纠纷，举办“三八、七夕”相亲大会2次，切实发挥妇联职能，推动妇女事业发展。

【工会工作】 2015年，花果山街道工会全面开展法律法规的宣传活动，培训基层工会干部5人。组织开展工会活动和文体活动，组织街道机关40多名志愿者，参加市无偿献血活动；举办花果山街道冬季农民运动会，街道机关及各村200多名运动员参加；春节、国庆期间，联合区级机关对街道困难职工结对帮扶，走访慰问20户，发放慰问金6000多元。

行政村（社区）简介

【新滩村】 新滩村位于花果山街道最南端，宁连高速公路穿境而过，北至当路村，南至云台林场，东至花果山路，西至淮海工学院，是连云港市花果山大道的起点，全村面积2.5平方千米，耕地面积40公顷，山场面积72.6公顷。共有下小庄、唐庄、官庄、小南山、知青楼、小东山、新滩庄7个自然村，设7个居民小组，761户，3261人，全村党员137名。辖区有金鹰国际、恒大集团、市保障安置小区、公交3路车站，其中企业多家，学校、幼儿园2所，卫生服务中心1所。全村年经济收入100万元，人均年收入14000元。

【当路村】 当路村位于花果山街道驻地南，宁连公路、花果山大道、花果山环山路穿境而过，全村有7个村民小组，920户，3610人。总面积4.2平方千米，耕地100公顷，山场146.67公顷，果园8公顷。2015年，全村共征地23.73公顷，发放补偿款1495万元；新增高效茶田1.33公顷；村前山栽种树木5.3公顷；投入约1200元，对农村服务中心进行重新粉刷；城乡基本社会保险覆盖率达到98%，失地农民就业率为90%左右，农村合作医疗参保率在99%以上。

【新村村】 新村村位于花果山街道中部，东至大圣湖，西临海连路，北至小村村，南接大村村，共有上新、下新、谢圩3个自然村，7个村民小组，702户，2253人。总面积3平方千米，其中耕地96.66公顷，山林面积12.67公顷。全村劳动力912个，中青年居多，主要从事农业和第三产业。村党支部有7个党小组，党员82名。新村村引导发展蔬菜、茶叶、生态园三大高效、特色、绿色农业，全村有个体工商户58户、私营企业12户。2015年，农民人均纯收入达15082元。全村实现道路全硬化，户户通上自来水，有线电视入户率达100%，电话入户率达99%，电脑普及率65%，新型农村合作医疗参保率达99.7%。

【小村村】 小村村南接新村村，北邻猴嘴办事处，东傍云台山脉，西依大学城，位于新港城大道和花果山大道交接处，交通便捷，环境优美。全村占地总面积约3.2平方千米，其中果园面积约16公顷，山林面积202公顷。全村分为5个村民小组，有居民718户，2243人（其中党员人数为82人）。新增工商户约60户，劳动力转移350余人，劳务输出120余人。全村8户享受农村最低生活保障。殡葬管理工作达标，“新型农村合作医疗”保险覆盖率高达100%，有线电视入户率达99%，自来水入户率达100%，全村砖木与钢砖结构住房普及率达95%。2015年，小村村委会将2014年建成的门面房成功外包，建成约50平方米的一体化大厅并配备部分办公用品，已经运行。

【前云村】 前云村位于花果山风景区脚下，大圣湖东首，全村有8个居民小组，663户，2103人，2015年人均纯收入达16800元，年均增长率达到10%。前云村大力调整农村产业结构，已形成蔬菜、茶叶、畜禽三大高效、特色、绿色农业。2015年，前云村以建设“美丽前云、和谐前云”为目标，大力开展村庄环境整治活动，打造宜居之村；前云村用丰富多彩的活动教育人，用积极向上的典型引导人，用整洁的村容村貌熏陶人，积极培育健康向上、文明和谐的新风尚，努力将前云村建设成为省内外闻名的最美乡村。

【飞泉村】 花果山街道飞泉村位于圣湖路两侧，风景秀丽的花果山脚下，是进入景区的窗口，因辖区内郁林观飞泉瀑布得名。全村分为7个村民小组，380户，1705人，居住总面积达42.1平方千米，全村耕地面积11公顷，山林面积2.76公顷。2015年，村民人均收入18200元，比2014年增长近7%，全村电视、电话、电脑普及率分别达100%、97%与70%，农村合作医疗覆盖率达100%。全村砖木与钢砖结构住房普及率达98%。全村党员91名，平均年龄在40岁，有安全专职管理人员2人、综合治理联防队员7人。

【前进村】 前进村位于花果山街道办事处北100米，花果山北路东侧，全村共有村民小组3个，328户，1087人。行政村占地面积19.2万平方米，土地面积153.67公顷，其中耕地5公顷，山场135.33公顷，果园9.33公顷，鱼塘2公顷。2015年实现工农业生产总值155万元，比2014年增长3.3% 。在改善民生、服务村民方面，全村自来水入户率99 %，新型合作医疗参保率100%，有线电视入户率达99%。

【大村社区】 大村村坐落于花果山山脚，是花果山文化、经济、商贸中心，也是蔬菜专业村，总面积3.3平方千米，7个村民小组，有578户，1987人，65名党员，2015年发展党员1名。全村耕地面积约26.67公顷，山林面积88.6公顷。全村劳动力660多人，在外务工人员近650人，主要从事农业及服务业。2015年，全村人均收入18000元，有线电视普及率99%、电话普及率99%，电脑普及率58%，农村合作医疗覆盖率达到99.3%，遵守计划生育率达到99%。

【昌浦社区】 成立于2010年9月，位于猴嘴街道西部。以东方之珠住宅小区为中心，310国道、港城大道以北，铁路以南、以东，大浦河以西为界。面积2平方千米，其中农田53.33公顷，休闲广场1500平方米。有36个居民小组，1865户，2852人。昌浦社区东方之珠属于新建高档住宅小区，人均居住面积26平方米。社区有党员20名，社区工作人员共5人。社区有劳动保障工作站、企业离退休人员社会化管理服务站、计划生育工作委员会、治安调解委员会、民政管理服务中心、关心下一代工作委员会等。有舞蹈队、民间艺术团等文娱活动团队。社区通过广场文化专题讲座等形式，广泛开展和谐文化进社区、计划生育、法律宣传等教育活动。辖区内有淮海工学院东港学院、罗盖特精细化工有限公司、金桥农场、衍星电子有限公司等多家企事业单位。

【大浦社区】 大浦社区位于花果山街道西南部，以原大浦村为主体，2011年3月成立，居民委员会办公地点位于浦润花园小区内，有办公用房956平方米。2014年5月开始装修，2014年7月投入使用，辖区范围为浦润花园小区，总面积33634.29平方米，共9栋住宅，设9个居民小组，312户，632人，党员18人。社区由社区党支部、社区居委会、社区居民代表大会组成，还先后成立了社区服务工作委员会、计划生育工作委员会、人民调解工作委员会、关心下一代工作委员会、劳动保障和就业服务站、民政事务管理服务中心等。

【宋篎社区】 成立于2010年9月，位于花果山街道的西南方，东起港城大道，西至陇海铁路，南至高新一路，北至310国道，涵盖整个高新区，属典型的工城并进新城区，辖区有旺旺家园、兰若·岭秀、千叶花园、连众·滨海名都，还有在建的江山花园5个住宅小区，4个居民小组，2615户，8162人，社区支部有党员35名、工作人员6名。辖区内配有旺旺幼儿园、宋跳小学、家得福超市、福旺农贸市场、社区卫生服务站、旺旺浴池、移动通信等居民服务设施，驻有中复连众、杰瑞药业、旺旺食品、汉高华威、味之素等多家大中型企业。社区的一站式服务大厅立足社区，面向居民，积极为居民提供就业再就业、扶贫帮困等各种便民服务。

2015年花果山街道住宅小区情况一览表

表57

小区名称	建成时间（年）	建筑面积（万平方米）	入住户数（户）	位　置
东方之珠	2010	2	979	昌意路1号
浦润花园	2011	0.33	312	科技五路3号
旺旺家园	2003	3.6	1121	振兴路28号
千叶花园	2005	1.98	774	振华路5号
兰若·岭秀	2008	1.78	315	振兴路24号
连众·滨海名都	2007	0.9	405	振华路9号
江山花园	2014	2.1	0	科技路18号

（撰稿：何苗　审稿：王林）

云台街道

综　述

云台街道办事处地处连云港市南云台山南麓，东临徐圩高新区，东北与连云港市经济开发区接壤，南与云台农场为邻，北与南云台林床交界，西连花果山景区。境内有众多的自然景观和人文景观，辖区内的渔湾国家AAAA级旅游景区和东磊等游览区是云台山的重要景点。2015年，云台街道行政区域面积59.5平方千米，其中耕地面积1813公顷，山林面积1733公顷。辖西山、丹霞、前关、后关、山东、东磊、渔湾、朱麻、凤凰9个村民委员会和凌州居民委员会，8412户，32590人。2015年，云台街道实现地区生产总值4.22亿元，比2014年同期增长10.96%；实现公共财政预算收入2000万元；实现内联资金2.1亿元，增长27.27%；规模以上投资1.62亿元，完成目标任务的101.25%；实现农民人均纯收入18256元，增长12.01%。被市云台山景区管委会评为综合目标考核二等奖。

经济工作

【农业经济】 2015年，小麦实种面积19730.33公顷，亩产404千克；水稻种植1630公顷，亩产580千克；玉米种植160公顷；大豆种植130公顷；蔬菜种植110公顷。完成土地流转面积100公顷，农民人均纯收入18256元。街道夏季秸秆综禁工作获得省、市领导一致认可，返田率99%。

【林业生产】 街道及时兑现退耕还林补助资金，新发展经济林121.35公顷，新建茶园46.5公顷。加强森林防火工作，健全森林防火责任制，确保全街道林业资源的安全。

【农村专业合作社】 2015年，云台街道累计有48家农业生产合作社，社员5808人，经营收入3960万元。

【招商引资】 2015年，引进凤凰80MWP光伏项目总投资1.2亿元，大岛山片区智慧物流园项目总投资4.99亿元。

【安全工作】 2015年，开展重点行业领域安全生产专项整治行动，组织各类检查120人次，排查各类隐患72条，下发整改通知书40余份，隐患已全部整改到位。制止和取缔非法违法经营5起。

基础设施建设

【道路建设】 2500米环山路已完成征地、路基铺设和桥梁涵洞建设；徐新公路土地征收和房屋征收全面完成，2015年底，建成通车；连盐铁路建设在全市率先全面完成红线内土地、临时用地征收，其工程建设顺利进行；教育均衡化建设已通过国家、省检测验收；云台80MWP光伏并网发电项目一期顺利完成，二期项目建设有序推进；大岛山二期恢复开采工作各类手续正在办理之中。

【禁违拆违工作】 2015年，发放“禁拆违”通知书30余份。阻止强（抢）建26起，稳控6家。

【地质灾害防治】 街道对域内27个地质灾害隐患点的地质灾害情况进行检查。查出省级重要地质灾害隐患点4处、市级重要地质灾害隐患点12处。对辖区内废弃塘口进行监控，通过与市、区联合执法大队配合，查处双桥车12辆（次）、挖掘机14台（拆除控制电脑主板）。

【水库修整】 东磊、虎窝、西隅3座水库除险加固招标工作结束，已进场施工；4条县乡河道疏浚工作顺利完工，投入资金91万元，清理土方7.8万立方米。

社会事业

【综合治理】 2015年，街道坚持领导干部接访制度，破解信访积案，召开工作会，共排查调处矛盾纠纷90起，调处成功87起，调处成功率为96.7%。

【民政工作】 2015年完成街道农村低保户的排查工作，取消农村低保10人，新增农村低保1户、2人，退保8户、11人；发放重残补助金38.01万元。积极开展全国防灾减灾日宣传，发放宣传材料300份，悬挂横幅12条。发放临时救助金1.2万元，为97名低保家庭及贫困家庭大学生办理贫困助学手续。为687名符合条件的低保、"五保"、重点优抚对象等困难人员免费缴纳2015年农村合作医疗保险金8.24万元。对符合条件的无固定收入的重残人员实行救助。

【劳动保障】 街道举办农民实用技术培训2期，培训人数220人，通过培训农民的致富本领得到提高，有效促进农民就业。街道新增农村转移劳动力480人，其中90%劳动力转移到市开发区、海州区等市内各用人单位，实现了部分群众不离家也能挣钱的愿望。辖区内的企业退休人员社会化管理率达到100%。2015年，街道农村合作医疗参保人员为24873人，完成应保人数的99%；街道居民养老保险新增参保166人，征收居民养老保费280余万元。

【教育、文化、卫生工作】 教育均衡化建设已通过省、国家检测验收。为学校提供良好的教学环境。组织居民举办医疗卫生、疫病预防，健康知识讲座。全街道新型农村合作医疗参保达率100%。

【计划生育】 2015年，街道出生人口133人，人口出生率为4.3‰；辖区内独生子女奖励扶助对象共20人；已受理办结"单独两孩"再生育证19个。落实计生宣传资料3500余份，发放避孕药具6000余份。

党建工作

【党的建设】 在深入开展党的群众路线教育实践活动中，加强思想政治和干部队伍建设，调整了后关村领导班子。认真贯彻中央新颁布的发展党员工作细则，新发展党员13名。

行政村（社区）简介

【西山村】 西山村地处云台街道西首，是云台街道的西大门，西与云台林场的九岭分场相邻，南与南城镇接壤，东与云台农场交界，占地面积6.26平方千米，耕地面积214.47，山场面积173.33公顷。全村有5个自然村庄，13个村民小组，1276户，5683人，党员122人。农民人均纯收入19117元，村集体收入33.5万元。

【丹霞村】 丹霞村位于云台街道西首，在前关村和西山村中间，西至马涧通道，占地面积5.88平方千米，耕地面积1316公顷，山场186.67公顷。全村有5个自然村庄，16个村民小组，1232户，5053人，党员102人。农民人均纯收入16635元，村集体收入31.09万元。

【前关村】 前关村位于云台街道西北部3公里处，位于丹霞村与后关村中间，占地面积6.9平方千米，耕地面积103.93公顷，山林146.67公顷，水库24万立方米。全村共有6个自然村，12个村民小组，894户，3679人，党员106人。农民人均纯收入17660元，村集体收入15.21万元。

【后关村】 后关村位于前关村与凌州居中间，占地面积6.47平方千米，耕地面积132.47公顷，林地面积426.67公顷，有100万立方米水库1座，水资源非常丰富，有5个自然村庄，13个村民小组，824户，3572人，党员102人。农民人均纯收入17577元，村集体收入29.89万元。

【凌州社区】 凌州社区位于云台街道中部，后关村与山东村中间，占地面积3.3平方千米，耕地面积76.13公顷，林地面积100公顷，有2个自然村庄，6个居民小组，465户，2166人，党员80人。居民人均纯收入16956元，村集体收入52.27万元。

【山东村】 山东村位于凌州居与东磊村中间，大圆顶山东侧而得名，占地面积6.25平方千米，包括耕地面积228.4公顷，山场面积173.33公顷，有4个自然村庄，12个村民小组，843户，3288人，党员95人。农民人均纯收入18681元，村集体收入22.21万元。

【东磊村】 东磊村位于山东村与渔湾村中间，也是东磊景区所在地，占地面积4.6平方千米，其中耕地面积168公顷，山林面积10公顷，有6个自然村庄，7个村民小组，525户，2270人，党员80人。农民人均纯收入16192元，村集体收入10万元。

【渔湾村】 渔湾村位于东磊村与朱麻村中间，也是渔湾景区所在地。全村占地面积4.46平方千米，有耕地面积157.33公顷，山场面积144.67公顷；占地面积4.6平方千米，有3个自然村庄，6个村民小组，388户，1770人，设党总支1个，下设3个党支部，党员68名。农民人均纯收入18215元，村集体收入170.69万元。

【朱麻村】 朱麻村地处云台街道最东首，是云台街道的东大门，东与市经济技术开发区相邻，南与东辛农场、云台农场接壤，村内的大岛山是石子生产集中地。占地面积7.6平方千米，其中耕地面积207.33公顷，山林面积266.67公顷，有2个自然村庄，8个村民小组，781户，3326人，党员97人。农民人均纯收入16055元，村集体收入120.16万元。

【凤凰村】 凤凰村位于云台街道东南部，徐连高速公路南侧，242省道西侧，烧香河两岸，毗邻国营东辛农场、云台农场、市经济技术开发区，占地面积6.4 平方千米，其中耕地面积247.07公顷，山林面积200公顷，有5个自然村庄，5个村民小组，639户，2301人，党员102人。农民人均纯收入18120元，村集体收入76.5万元。

2015年云台街道行政村（社区）情况表

表58

名　称	居民小组（个）	户数（户）	年末人口（人）	面积（平方千米）	集体收入（万元）	居民人均收入（万元）
西山村	13	1276	5683	6.26	33.5	19117
丹霞村	16	1232	5053	5.88	31.09	16635
前关村	12	894	3679	6.9	15.21	17660
后关村	13	824	3572	6.47	29.89	17557
山东村	12	843	3288	6.25	22.21	18681
东磊村	7	525	2270	4.6	10	16192
渔湾村	6	388	1770	4.46	170.69	18215
朱麻村	8	781	3326	7.6	120.16	16055
凤凰村	5	639	2301	6.4	76.5	18120
凌州社区	6	465	2166	3.3	52.27	16956

（撰稿：武宜天　审稿：王长富）

江苏省云台农场

综　述

云台农场始建于1952年，东与连云区接壤，南与灌云县交界，西与宁海街道毗邻，北与云台街道相连。2015年，云台农场占地面积31.3平方千米，拥有土地面积2798公顷，居民1803户，人口5360人，其中在职职工人数858人，管理人员73人，机关46人，离退休人员1676人。

2015年，全场国内生产总值达1.32亿元，其中第二产业0.2亿元，第三产业0.9亿元，三次产业结构比重调整为18.7∶14.2∶67.1。实现国有营业收入4515万元，实现国有利润总额为441.3万元，较2014年增长2.2倍。2015年，农场资产总额为2.66亿元，比2014年增加127万元，其中，流动资产余额为7687.7万元，占总资产的28.9%，货币资金增加309.3万元，存货较2014年减少885万元，各类应收款项比2014年减少231.5万元；非流动资产余额18923.4万元，占总资产的71.1%，较2014年增加934.1万元，增长5.2%。各项民生工程实施顺利，经济社会稳健发展。

2015年，云台农场狠抓思想政治研究工作，征集16篇论文，有7篇获奖，新闻宣传工作获评省农垦先进单位和省农垦优秀政研会等；职工文化生活丰富多彩，场工会组织职工趣味运动会、"三八"节登山比赛、爱我农场"凤凰星城"杯职工文艺演出等活动；万红霞获省"五一劳动奖章"、吴庆岭被评为市劳动模范；云台农场被连云港市总工会评为连云港市企业文化职工文化建设示范点，被集团公司工会评为2015年度优秀协会，被连云港市政府评为民主管理先进单位。

经济工作

【种植业】 2015年，云台农场种植面积2515公顷，粮食总产量1545.85万千克；比2014年增产244.48万千克，增幅达15.8%，其中大、小麦实现总产594.11万千克，比2014年增长6%，单产412.12千克，比2014年增长2%，水稻实现总产951.74万千克，比2014年增长22%，单产638.18千克，比2014年增长18.2%。各类蔬菜种植面积达655公顷，蔬菜总产量18464吨；全年共实现内销

2015年云台农场水稻丰收，同比增2成

韭菜300吨，莲藕13860余吨。云台农场拥有番茄、浅水藕、食品桃、青花菜、甘蓝和青椒等无公害农产品6个，获得江苏省名牌产品3个、名牌农产品2个、著名商标1个。云台农场坚持以生态、生活、生产为核心的“三生”农业理念，加快果蔬生产加工和生态采摘发展。被国家质检总局认定为国家级食品农产品质量安全示范区；被省人民政府认定为江苏省农垦现代农业产业园区；被江苏省农委、江苏省海洋与渔业局、江苏省出入境检验检疫局认定为江苏省外向型农业示范区。

【外向型农业】 云台农场的花果山外向型高效农业示范区被确定为国家“一带一路”出口蔬菜示范区之一，占地面积1100公顷，形成了以出口蔬菜示范园、水生蔬菜园、水生花卉园、设施农业园和农产品加工区、农业旅游休闲区为内容的“四园二区”的布局。引进的连云港吉本多食品有限公司为江苏省云台农场投资控股经营；注册资本1050万元，总投资6000万元，占地面积9.33公顷，员工350人。连云港吉本多食品有限公司主要经营冷冻、保鲜、盐渍和调理四大类产品，主要特色产品有莲藕系列、烤洋葱、冷冻韭菜和菠菜等品种120多个，年加工能力2万吨，产品外向化程度达到90%以上。连云港吉本多食品有限公司产品赢获日韩及欧美市场的青睐；公司获得英国零售商协会颁发的BRC企业认证证书，“一风堂”系列休闲食品，被评为连云港市知名商标；江苏省著名商标“藕然一片”荣获第十届中国国际农产品交易会金奖；“云台农庄”商标获省著名商标，被评为连云港市知名商标。公司的发展促进了农场基地建设，带动周围群众勤劳致富。2015年，云台蔬菜示范区实现出口蔬菜2600吨，实现创汇3500万元；内销蔬菜180吨，实现销售收入1700多万元。

【房地产业】 2015年，面对房地产市场诸多不确定因素，农场积极调整稳健发展策略，着力改善居住环境；华泰·丰泽园和凤凰星城小区，全年共销售278套住宅，实现利润500万元。

【生态旅游农业】 2015年，云台农场对水生花卉园进行了升级改造，精心打造独具特色的“水上迷宫”，成功举办咏荷征文比赛、书画展览、采藕比赛、垂钓比赛等系列活动，吸引游客4.5万人次，社会影响深远广泛，被省科协认定为省级科普教育基地，景区被评为连云港新十景。

【工业】 2015年，云台农场全面加强产业园区管理工作，着力打造生态产业园区。园区共入驻企业17家，有农产品精深加工、电子、制冷、机械、建材、酒业、饲料加工等行业。全年，园区实现营业收入超过3亿元，新增各类就业岗位300个。

【养殖业】 2015年，云台农场按照“稳猪鸡、上质量，增牛羊、扩规模”原则，进一步加快养殖业结构调整步伐，生猪饲养量2088头，出栏524头；饲养各类家禽35.4万羽，出栏9万羽；养殖种禽0.6万羽，孵化雏鸡6.6万羽；羊饲养1327只，出栏302只。坚持“场不漏村，村不漏户，户不漏畜禽，畜禽不漏针”的免疫原则，2015年，开展禽流感、猪口蹄疫、猪瘟、羊五联苗疫等防疫工作，免疫率为100%；经市畜禽卫生防疫站抗体检测在97%以上；对全场100公顷鱼塘进行规范化管理，收缴承包费用97万元。

【专业合作社】 2015年，云台农场以茂田蔬菜专业合作社为主体的经营管理模式成为出口农产品示范区推行的主要生产经营模式，合作社实现年收入达510万元。远旺农机专业合作社牵头组织社员“抱团”跨区作业，年创收60.2万元，实现职工与农场双赢。

基础设施建设

【农业标准化体系建设】 2015年，云台农场生产标准实现与国际接轨。参照日本、美国、欧盟等发达国家和地区的农业操作规范，研究制定莲藕、韭菜、洋葱等20个出口蔬菜生产技术操作规程和80多个生产标准，引进ISO9001、HACCP、ISO22000和GAP等世界先进的质量管理手段，从生长环境、生产过程、病虫害防治到产品加工、包装销售等，使蔬菜生产的每一个环节都纳入标准化管理的轨道。

【机械化设施】 全场拥有农机总动力8800千瓦，农业综合机械化程度在96%以上。设施农业基地采用立体栽培技术、喷滴灌技术和生物防治技术。全年共完成基础设施投资880万元，其中投资237.14万元购置各类农机具39台，包括轮式拖拉机21台、旋耕机12台、自走履带式谷物联合收割机2台、开沟机5台。

【农田配套设施建设】 投资265万元，新铺设管涵820米；投资120万元，新建2400平方米水泥晒场1座；投资257.86万元，实施沟渠疏浚和平田整地工程，平整土地25块，土方量2.04万立方米，维修铺设沙石路1200米，更换排水管涵16道，重新铺设排水管涵170米，新建龙门20个，维修防渗渠1925米，疏浚灌排沟55条，挖掘土方4.02万立方米；投资77万元，新建水泥晒场6552平方米。

【居民居住区建设】 2015年，云台农场对十沈居民点、海州居民点、场部车站西等处危旧房屋进行改造，共49户；杜绝违建事件9起，共拆除违建约2000平方米；华泰·丰泽园和凤凰星城小区建成并交付使用。

【实行“六统一”配送模式】 2015年，云台农场实行产品配送封闭式管理。实施农用投入品实行“统一作物布局、统一种苗繁育、统一农用化学投入品管理、统一产品溯源标识、统一农事活动、统一产品购销”的配送模式，形成从“投入品生产企业到配送中心到基地”直供配送体系和专营专供机制。在经营管理方面，坚持“公司+基地+标准化”的经营模式，依托农场及周边资源优势，充分发挥省级重点龙头企业带动作用。公司通过科技创新，不断开发新产品，积极延伸产业链，不断提升出口农产品加工深度，实现产品附加值的有效提升，产品赢获日韩及欧美市场的青睐。

社会事业

【社会保障】2015年，云台农场投资856.98万元，完成于沈道路和活动广场、主变电增容、水利工程等民生项目；加大环境治理力度，组织开展“社区是我家，卫生靠大家”“小手拉大手，清洁家园”等活动，与工商户和居民签订“门前三包”；在民生事务上，相互沟通协调，全年共完成于沈居民点、海州居民点、场部车站西等处危旧房改造49户；全年为居民办理发放“一卡通”1167张，办理城镇居民医疗保险1684人，组织免费体检、慢性病筛查等服务2600多人次；强化安全生产管理，组建一支42人的民兵队伍，做好人民武装工作；志愿者深入社区积极服务，十佳评选活动深入民心，和谐社区创建卓有成效；信息化建设有效提升社区服务水平，安全生产管理进一步加强，实现“和谐云台、平安云台、幸福云台”的创建目标。

【安全生产】2015年，云台农场强化数字化管理，加强数字化城管监管力度，实现场域范围内重点领域和公共场所的全方位实时监控。全年开展8次安全生产检查，整改35家单位，农场与单位、部门和企业签订安全生产责任状，强化安全生产责任制和检查力度，完善平安互助网，成立居民红袖章队伍。

（撰稿：时奎敬　审稿：林　萍）

江苏省岗埠农场

综　述

江苏省岗埠农场位于海州区西郊，东与海州区浦南镇、东海县张湾乡相连，南与东海县平明镇接壤，西与东海县白塔埠镇毗邻，北与东海县黄川乡、海州区浦南镇交界。是华东地区大型国有企业、江苏省农业产业化重点龙头企业之一。拥有国家级优质商品种子生产基地、江苏省最大鲜切花生产基地、绿色有机食品生产基地、特色水产品养殖基地。中心位置为东经119° 10′，北纬34° 6′。2015年，岗埠农场总面积0.9万公顷，耕地面积0.54万公顷，下设6个生产区和1个社区，人口27567人，在册职工2439人，离退休人员5554人。全年国有营业收入，分公司实现1.1亿元，农场实现0.29亿元；场域营业收入18亿元；国内生产总值8.34亿元，增长8.84%；实现人均生产总值3.82万元，增长8.22%；实现人均纯收入2.36万元，增长8.1%。在全国农垦农机标准化示范农场创建工作中，农场获得AAA级。

经济工作

【种植业】2015年，全场粮食种植面积8853.33公顷，总产量6666.47万千克。其中，小麦种植面积4426.66公顷，产量为2777万千克；水稻种植面积4426.66公顷，产量为3848.1万千克。全场繁育小麦种子面积1400公顷，种子生产量850万千克；水稻种子繁育面积1133.33公顷，种子生产量达925.4万千克。

【林业】岗埠农场林地面积为1000公顷，林木总株数55.9万株。其中成片林面积为323.47公顷，成片林株数24.1万株，四旁植树31.8万株，折算面积为531.2公顷，林木覆盖率为11%。绿化苗木面积143.15公顷，绿化苗木株数31.1万株。农田林网56公顷，道路42.33公顷，沟河渠堤旁192.47公顷，育苗2.4公顷。2015年新增植树造林42.25公顷，其中以樱花和北美海棠为主，栽植绿化苗木28.78公顷，13个品种，共13.58万株。

【养殖业】全场鲤鱼养殖面积120公顷，泥鳅养殖面积53.33公顷，苗种培育面积26.67公顷，其他特色水产养殖面积66.67公顷。2015年，台湾大泥鳅苗种繁育顺利推进，共繁育泥鳅水花7批，1.5亿尾。水产品年产量6200吨，渔业产值9000万元。

全年共出栏生猪3.03万头、牛463头、羊1230只、肉鸡60万羽、肉鸭14万羽、鹅20万羽、草鸡15万羽，饲养父母代种鸡1万羽，产值8000万元。

【高效农业】2015年，全场高效设施农业占地面积161.33公顷，复种面积达447.33公顷。全年生产鲜切花7300万支。鲜切花（含盆花）产值约4300万元，盈利2860万元；全年轮作瓜果蔬菜种植面积达305.33公顷，产值3460万元，平均亩产值3.21万元。最具特色是引进12栋台湾红瓤火龙果生产，年产量达2.5万千克。2015年，高效农业在技术输出、经营销售输出的同时，“走出去”又增新内容，花卉专业大户组合进行产业资本输出，在盐城市创建26.67公顷岗埠花卉园，新建日光温室188栋，实现当年建设、当年投产、当年见效，且得到当地政府的好评。

【二、三产业】2015年，岗埠实现总供电量3700万度，同比增长9.7%；实现销售收入2436.7万元，成本2036万元；供电工程施工收入226.3万元，实现利润77.5万元。全年实现总供水量49.5万吨，营业收入143.6万元。

基础设施建设

【安置小区建设】完成安置小区基础设施配套工程，投入838万元，408套安置房交付入住。

【道路桥梁修建】2015年，建设公路桥4座；振兴路拓宽3米，总长3400米；渔场路拓宽2米，总长2900米。

【环境整治】新建城镇下水道2200米，清理下水道3700米；完成土地整理项目投资额1200万元；完成河道疏浚29千米；为生产区通行不畅路段铺设沙石路。开展环境综合整治，完善垃圾点45个，投放垃圾桶231个，修建固定垃圾池69个，每日可清理垃圾10吨。

【社区卫生建设】 申请财政资金40万元，完成社区卫生站建设项目，缓解广大居民看病难、看病贵的问题。

社会事业

【帮扶救助困难职工】 2015年，农场对遭受临时重大灾害的困难职工进行帮扶救助，帮扶资金50.5万元。建立抚恤补助金自然增长机制和新型优抚医疗保障体系，对165名优抚对象定期核发优抚金50万元。低保户187户、441人，发放低保金152.45万元。全场残疾人420人，发放残疾补贴47.7万元。

【社会保障】 全年发放养老金1.5亿元、定期救济费13.1万元、丧葬抚恤费233.8万元；上缴五险一金（企业）413万元。安排在职及离退休职工6001人进行体检。为60周岁以上老年人征收意外险1181份，投保总金额4.7万元。审核发放666名80周岁以上的老年人“尊老金”61万元。

（撰稿：魏善议 审稿：严兆虎）

南云台林场

综 述

南云台林场（简称林场），南与南城街道相望，东与云台街道相连，西方、北方依南云台山与花果山景区相连。2015年，南云台林场辖区面积2800公顷，人口6790人，林业职工2830人，农业人口3960人。全年完成经济综合收入1580万元，固定资产投资1.45亿元，新增造林面积26.67公顷。

经济工作

【山林管理】 新增绿化造林面积26.67公顷，完成目标任务的200%；森林抚育266.67公顷，完成目标任务的100%；封山育林666.67公顷，四旁植树35000株，完成治理松材线虫病5.33公顷，美国白蛾防治面积达266.67公顷。

【森林防火】 成立安全生产领导小组，新增防火队员20名，坚持每月进行一次全面的防火大检查，新建生物隔离带3.5千米，安装监控系统3处（山东分场磨盘顶、烟灯顶、二层山）；投资350万元，新建牯牛蛋至东磊山神庙三期扑救系统5000米，林区防火通道5.1千米，加固扩容蓄水池7个。

【重点项目】 2015年，林场共申报8个项目，获准立项6个，获得项目建设资金总额8500万元，到位资金910万元，完成年度目标任务的130%。

【苗圃建设】 2015年，投入20万元，新建苗圃基地3.33公顷，栽植玉兰、桂花等树种2万株。

基础设施建设

【住宅改造】 2015年，投入7700万元，对职工住宅进行改造、新建3栋楼房，计25780平方米。年底完工并投入使用。投入300万元、对职工宿舍区进行整理。

【道路改造及绿化】 投入40万元，对旧小区进行绿化，栽植广玉兰、桂花、香樟3万余株；投入300万元，征地11000平方米，对海宁东路、凤舞路进行延伸；新修2000米排污工程和道路亮化工程。

社会事业

【信访工作】 2015年，林场建立信访网络平台，规范信访来访接待程序和上下联动机制，年内接访150人次，调处化解居民纠纷145人次，调处化解率达95%。

【改水工程】 2015年，林场投资80万元，先后为郑庄、东庄400户居民安装水表，一户一表。山村居民吃上自来水。

党建工作

【党员培训】 2015年，林场拨出10万元经费，组织党员学习培训。组织在职党员250人深入群众，为群众排忧解难，做好群众的表率。

【宣传报道】 林场党委狠抓宣传报道工作，2015年，被省《新华日报》《扬子晚报》及市级媒体录用72篇，各类信息录用15篇。

（撰稿：王三祥）

云台林场加强道路、蓄水塘坝等基础设施建设

先进模范

受国家机关表彰

表59

序号	受表彰单位与个人	表彰项目	表彰单位
1	海州区	全国义务教育发展均衡区	国务院教育督导委员会
2	区科协	全国科普日优秀组织单位	中科协
3	岗埠农场	全国农垦农机标准化示范农场AAA级	农垦部
4	浦南镇江浦村	全国第六批民主法治示范村	民政部、司法部
5	浦南镇司法所江尧兵	全国模范司法所长	司法部
6	海州区人民法院顾菲	全国法院司法警察先进个人	最高人民法院
7	新海街道星化社区	全国侨务示范社区	国务院、侨联
8	新浦街道	全国无邪教示范区	综治委
9	浦南镇江浦村	国家级民主法制示范村	

受省级机关表彰

表60

序号	受表彰单位与个人	表彰项目	表彰单位
1	海州区	省知识产权强省建设区域示范工作单位	省知识产权局
2		省第三批学前教育改革发展示范区	省政府
3		省促进义务教育均衡发展先进区	
4	区委宣传部	全省宣传思想工作先进集体	省委宣传部
5		全省文化科技卫生“三下乡”先进集体	省委宣传部、省文明办、省教育厅、省科学技术厅、省司法厅、省农业委员会、省文化厅、省卫计委、省新闻出版广电局、省共青团、省妇联、省科学技术协会、省红十字会
6	区安全生产监督管理局	全省烟花爆竹安全监管工作先进集体	省安全生产监督管理局
7	区老干局	全省离退休干部先进党支部	省委组织部
8	海州区人防办	全省民防宣传教育工作先进单位	省民防局
9	海州区人防办冯士江	全省民防“六五”普法先进个人	

续表60

序号	受表彰单位与个人	表彰项目	表彰单位
10	区旅游局（月牙岛湿地公园）	全省旅游创新发展优秀项目	省旅游局
11		省四星级乡村旅游区	
12	区旅游局（天景生态园）	省三星级乡村旅游区	
13	区科协	江苏省科协系统先进集体	省科协
14	区关工委周恒泰	省离退休老干部先进个人	省委组织部、省关工委
15	区少工委	"红领巾爱国防"少年军校促成长2015年度少先队工作优秀创新项目	省少工委
16	团区委杜威	全省预防青少年违法犯罪先进个人	省预防青少年违法犯罪领导小组办公室
17	区知识产权局	省知识产权工作先进集体	省知识产权局
18	区教育局	省第三批学前教育改革发展示范区	省人民政府
19		省第五届中小学生艺术展优秀组织奖	省教育厅
20		省第27届"教海探航"先进集体	
21		金钥匙科技竞赛青少年科技教育先进单位	
22	区文化体育局	省第十届文化行政执法案卷三等奖	省文化厅
23	浦南镇	省农家书屋提升工程试点工作先进乡镇	
24	路南街道团委	江苏省青年志愿服务事业贡献奖	团省委
25	海州区检察院	江苏省档案工作四星级	江苏省档案局
26	海州区检察院	2013—2014年度江苏省青年文明号	团省委
27	花果山检察室	集体二等功	省检察院
28	海州区卫计局	省级"连心家园"项目点	省计生协会
29	海州区卫生监督所	全省卫生行政处罚案卷证明查三等奖	省卫生监督所
30	市眼科医院	江苏省扶残助残先进集体	省人民政府残疾人工作委员会
31		省引进国外智力示范单位	省人力资源和社会保障厅
32	海州区疾控中心	省巾帼示范岗	省妇联
33		全省疾病预防控制工作先进集体	省卫计委
34	海州区疾控中心仲凤霞	省疾病预防控制工作先进个人	省卫计委
35	海州区疾控中心唐芳	省"十二五"期间地方病防控工作先进个人	省疾控中心
36	海州区浦南中心卫生院富安村卫生室	省级示范村卫生室	省卫计委
37	海州区板浦镇中心卫生院	省乡镇卫生院示范中医科	
38	海州区板浦镇中心卫生院王晓燕	省寄生虫知识竞赛团体一等奖	
39	海州区社区卫生服务中心	省家庭医生服务模式创新建设单位	
40		爱婴社区卫生服务中心	
41	海州区浦西社区卫生服务中心	省中医药特色社区卫生服务中心	省中医药局江苏省卫计委
42	海州区新坝卫生院陈达	博爱奖章	省红十字会
43	海州区司法局	"法润江苏"工作先进集体	省司法厅
44	新东司法所	省优秀司法所	
45	浦西司法所	省优秀司法所	
46	陇海步行街法治街区	全省法治文化示范点	

续表60

序号	受表彰单位与个人	表彰项目	表彰单位
47	港城专业法治主题公园	全省法治文化示范点	省司法厅
48	浦南镇成海娟	全省司法行政系统先进个人	
49	浦南镇王继唐	全省公证规范化建设先进个人	
50	海州区法院胡维娜	江苏省五一创新能手、江苏省技术能手、全省法院书记员业务标兵	省高院、省劳动厅
51	海州区法院韦玲	“全省法院书记员业务标兵”	省高院
52	海州区法院陈利东	2014—2015年度个人一等功	省高院
53	幸福路街道西大岭社区、幸南社区、兴业社区	省充分就业示范社区	省人社厅
54	海州区人民法院汪洪祥、王艳芸	五星级档案工作突出贡献	省档案厅
55	幸福路街道江化社区	残疾人之家	省残联
56	幸福路街道兴业社区	省级科普益民示范社区	省科协
57	新浦街道	江苏省和谐社区示范	省民政厅
58	新东街道		
59	新东街道	江苏省无邪教示范街道	省司法厅、省综治委
60		江苏省社区矫正工作先进集体	
61	海州街道新建社区	江苏省民主法治示范区	
62	海州街道砚池社区	江苏省无邪教示范社区	
63	浦南镇江浦村	江苏省妇联标准妇女儿童之家	省妇联
64		江苏省新农村建设先进村	省农业厅
65		省民主法治示范村	省司法厅
66		省和谐社区	省民政厅
67	新海街道	省社区戒毒社区康复工作示范点	省综治办
68		连云港市统战工作先进集体	省统战部
69	新海街道星化社区	全国侨务示范社区	省侨联
70		江苏省民主法治示范社区	省综治办
71	新海街道西苑社区	江苏省科普示范社区	省科协
72		全省无邪教创建示范社区	省综治委
73	新海街道新潮社区	江苏省科普示范社区	省科协
74		江苏省充分就业示范社区	省人社厅
75		江苏省优秀志愿服务社区	省文明办
76		江苏省“青少年维权岗”	团省委
77	新海街道河西社区	全省全民科学素质纲要先进集体	省科协
78	新海街道镇海社区	全省妇联标准妇女儿童之家	省妇联
79	朐阳街道	江苏省民主法治示范社区	省综治委
80		江苏省无邪教示范社区	
81		江苏省地震安全示范社区	省科协
82	朐阳街道西门社区	省充分就业社区	省人社厅
83		省民主法治示范社区	省司法厅

续表60

序号	受表彰单位与个人	表彰项目	表彰单位
84	朐阳街道平安社区	江苏省和谐社区示范村	省民政厅
85		江苏省示范妇女童之家	省妇联
86		江苏省民主法治示范村先进社区	省依法治理领导小组
87	云台农场万红霞	省五五劳动奖章	省政府
88	洪门街道	省级科普示范街道	省科协
89	洪门街道洪门社区	省妇女儿童之家示范社区	省妇联
90	洪门街道新庄村	江苏省文明村	省政府
91	洪门街道花果山团委	江苏省五四红旗团委创建单位	团省委
92	连云港市菜篮子电子商务有限公司	省级电子商务示范企业	省商务局
93	连云港天马网络发展有限公司		
94	杰瑞科创园	省级现代服务业集聚区	
95	兴隆装饰城	省文明诚信市场	省工商局
96	市农副产品批发市场		
97	苍梧生活广场		
98	日出东方太阳能股份有限公司	省质量管理优秀奖	省质量强省推进工作领导小组

受市级机关表彰

表61

序号	受表彰单位与个人	表彰项目	表彰单位
1	区环境保护局	全市环保综合目标先进集体	市政府
2		市大气污染防治先进集体	
3	海州区人民法院刑一庭	集体三等功	市政法委
4	海州区人民法院民二庭		
5	海州区司法所	全市人民满意政法单位	市政法委
	区文明办	市精神文明建设工作十大品牌	市文明办
6	区委宣传部	宣传思想文化工作“创新奖”	市委宣传部
7		2015年全市思想政治工作课题研究成果优秀组织奖	市委宣传部、市思想政治工作研究会
8		新媒体应用创新十大品牌	市委宣传部
9	区委宣传部朱国来	2015年度全市优秀宣传思想工作者	市委宣传部
10	区委宣传部邵沛源	“美丽港城”网络文化活动微故事类“十佳作品” 市第十三届优秀新闻工作者	
12	云台农场	民主管理先进单位	市政府
13	云台农场吴庆玲	市劳动模范	市政府
14	洪门街道新庄党支部	市五好村党支部	市委、市政府
15	洪门街道红旗社区	市爱国卫生先进社区	
16	花果山街道	市治理建设示范单位	市政府

中共海州区委　海州区人民政府
关于表彰2015年度全区经济建设和社会发展目标绩效考评先进单位的决定

海委发〔2016〕5号

2015年，全区上下紧紧围绕区委、区政府工作部署，切实转变机关作风，深化改革创新，全力推动经济社会稳步发展，取得了显著成效。为表彰先进，根据《2015年度区级机关绩效考评办法》（海委办发〔2015〕50号）、《2015年度海州区镇街道（开发区）目标任务绩效考评办法》（海委办发〔2015〕51号）等文件精神，经区委、区政府研究，决定对2015年度全区经济建设和社会发展目标绩效考评先进单位和为海州区建设作出贡献的有关单位予以表彰。

希望受表彰的单位珍惜荣誉，再接再厉，进一步解放思想，开拓创新，奋力拼搏，推动全区经济社会发展再上新台阶。各单位要认真学习先进，不断提升服务效能，自我加压，提高标准，扎实工作，奋勇争先，为加快区域性经济文化中心和更高水平小康社会建设做出新的更大的贡献。

中共海州区委员会
海州区人民政府
2016年2月15日

附件：

2015年度全区经济建设和社会发展目标绩效考评先进单位

一、镇街及功能片区目标绩效考评先进单位

一等奖：宁海街道、锦屏镇、路南街道、洪门街道、新南街道、新海街道、花果山街道、开发区东区、滨河新区。

二等奖：板浦镇、浦南镇、新坝镇、新浦街道、新东街道、朐阳街道、海州街道、南城街道、浦西街道、幸福路街道、开发区西区、民主路管委会。

二、机关绩效管理考评先进单位

优秀奖：科技局、经发局、住建局、瀛洲集团、财政局（金融办）、统计局、林业局、文体局；法院、检察院、教育局、民政局、人社局、城管局、陇海步行街管委办；纪委（监察局）、组织部（老干部局）、宣传部（文明办、党校）、政法委（综治办）、编办、统战部。

良好奖：房屋征收局、海发集团、供销总社、中小企业局、旅游局、农水局、水利局、农开局、商务局、粮食局、农机局；卫计局、环保局、市场监督管理局、安监局、司法局、信访局、审计局；总工会、红十字会、工商联、民宗局、残联、科协、团区委、妇联、机关工委。

三、建设海州有功单位

驻区公安分局、海州国土分局、驻区地税分局、驻区国税分局、驻区城管执法大队、驻区人武部、云台农场、岗埠农场、海州物价分局、驻区消防大队、驻区规划分局、驻区交巡警大队。

四、特别贡献奖

教育局、经发局、海发集团。

五、财税贡献奖

正大天晴药业集团股份有限公司、太阳雨控股集团有限公司、连云港黄海机械股份有限公司、连云港康缘医药商业有限公司、中国江苏三得利食品有限公司、江苏齐天铁塔制造有限公司、连云港苏宁置业有限公司苏宁广场购物分公司、连云港大吉塑业有限公司。

六、先进村（社区）

新浦街道民主社区、浦西街道蔷薇社区、新东街道利民社区、新南街道海宁社区、路南街道贾圩社区、新海街道西苑社区、海州街道南门社区、洪门街道洪门村、朐阳街道西门村、幸福路街道文化社区、南城街道宁海社区、花果山街道飞泉村、前云村、宁海街道武圩村、平安社区、锦屏镇中山社区、刘顶村、新坝镇大屯村、小荡村、板浦镇南门社区、石河村、浦南镇江浦村、康宁社区、开发区东区许庄村、开发区西区夏禾村。

党建创新

【海州2800名党员进社区】 1月31日上午，由海州区委组织部、实践办牵头，区卫生局、人社局、教育局、科协等机关单位共同参与开展的海州区“融入社区，服务群众，千名党员在行动”正式启动。此次活动在新南街道玉带社区、新东街道东苑社区等6个社区设立分会场，现场为群众提供医疗保健、就业指导、法律援助、科普宣传等便民服务，开展职工权益保障、房屋拆迁补偿等政策咨询。同时，全区2800余名机关事业单位在职党员分赴所报到社区，开展义务劳动，走访慰问困难家庭、低保户、困难党员等弱势群体，召开座谈会，帮助社区理清发展思路，给予工作指导。据了解，此次活动共累计服务群众7000余人次，输送帮扶资金20余万元，帮办环境卫生、就业低保等生产生活实际困难350余件。

——摘自2015年2月3日《连云港日报》

【强化纪律审查的“3+3模式”】 2015年，海州区教育局纪委聚焦主业主责，充分发挥监督执纪问责职能，以“3+3模式”强化纪律审查工作，共受理信访举报23件，已给予组织处理2人，初核线索4件，立案2件，保障了全区教育事业持续健康发展。

重视轻微违纪问题，建立“问责+警示”模式。年初以来，启动教育乱收费及师德师风专项治理活动，已纠正不规范收费3起，3名教师、2名责任领导被廉政谈话。在春节、“五一”等节假日期间开展作风建设检查中，1名校长因对放假期间公车停放申报不及时负有领导责任被提醒谈话。5月以来，通过“510敬廉崇洁”主题系列活动和办公OA系统平台等途径，通报今年以来查处的轻微违纪典型案例。

整合机关内部资源，推行“纪检+业务”模式。根据区教育局机关内设部门的工作性质和业务特点，该局纪委、监察室联合相关职能部门，加大对乱收费、报刊征订、师德师风等信访焦点问题的查办力度，实现教育纪检监察查信办案一体化。去年以来，严肃查处了校干“吃空饷”问题2起，共追缴兼职所得25万余元，并被给予党政纪处分。

借助条线办案力量，形成“指导+联动”模式。为解决全区教育系统纪检监察力量薄弱、经验不足等问题，该局纪委及时向区纪委申请，利用区级纪检监察办案人才库资源，通过区纪委指导、上下联动等办案模式，确保纪律审查工作提质增效。今年6月，严肃查办了1起学校违反财经纪律共涉及费用25万元问题。

——摘自2015年7月7日《连云港日报》

【创新派驻模式实现监督全覆盖】 “区委办、政府办都派驻了纪检机构，看来这次改革是动真格了。”海州区新东街道党政办工作人员的话，道出了不少海州区党员干部的工作压力。为保证纪委监督责任落实有力，今年3月以来，海州区出台了《关于加强区纪委派驻机构建设的意见》，采取“单独+归口”派驻模式，对法院、教育、民政等11个大单位实行“一对一”派驻，对党群机关、政府职能部门及国有企业、各大指挥部实行归口派驻，设立3个直属纪工委，实现了区纪委派驻机构的“全覆盖”。

近年来，随着反腐力度的不断加大，“小官巨贪”呈高发态势。与此形成鲜明对比的是，由基层单位纪检组织发现贪腐线索并进行及时查处的少之又少，很多派驻纪检机构长期存在“零办案”“零查处”等非正常现象。结合工作实际，海州区对此进行了“顶层设计”，根据工作需要和业务关联性，对公检法以及教育、财政、城市管理等系统规模大、下层单位多、监督对象多的单位单独设置派驻机构，对业务相近、相关或者规模小、监督对象少的单位，归口设置直属纪工委。

“这次改革不是头痛医头、脚疼医脚，而是将以前的纪检组长从驻在部门‘剥离’出去，不参与驻在部门的业务分工，彻底切断了派驻人员与驻在部门的领导关系、工作关系、情感关系、利益关系，解决角色定位不准、同级监督不力等问题。”海州区委常委、区纪委书记姚超介绍说，“过去，纪委派驻机构负责人的人事关系、考核管理、工资福利及后勤保障等均由驻在部门负责，与驻在部门有很强的依附关系，让派驻机构陷入

‘嘴软、手短’的尴尬境地，在监督执纪问责工作中往往底气不足，这种现象将彻底不复存在了。”

为防止派驻机构陷入“嘴软、手短”，加强对派驻人员统一管理，减少对驻在单位依附，更好地发挥“派”的权威和“驻”的优势，《意见》还对派驻人员实行“五个统一”，即编制统一调配、业务统一领导、绩效统一考核、干部统一管理、工资统一发放，将11个单独派驻的纪检组组长及新组建的3个直属纪工委编制统一转入区纪委序列，工资福利转入区纪委，业务工作由区纪委统一领导，区纪委统筹安排派驻机构开展巡查、检查、办案、信访等各项重点工作，建立健全考核评价体系，对派驻机构及其负责人履行职责情况开展监督。

该派驻模式运行以来，海州区纪检监察机关针对各单位各部门工作中存在的腐败风险点，通过综合运用“系统查、查系统”模式，先后对浦南镇原党委书记杨汝勇、区城管局原办公室主任赵筱玲、原区环卫处副主任韩杰、区政协经科委主任方新年实施“两规”措施。同时，全面贯彻落实从严治党要求，把纪律和规矩挺在前面，抓早抓小，防止小错酿成大错。今年4月以来，该区共有4名镇街和部门党政“一把手”被诫勉谈话和党政纪处分，3名科级干部被组织调整，17家单位被通报批评，32名党员干部被诫勉谈话或通报批评。

——摘自2015年7月7日《连云港日报》

【“四心四访”暖民心】 为维护社会稳定，妥善处理好当事人来信来访，海州区浦南镇人大、纪委坚持关口前移，采取“四心四访”举措，把矛盾纠纷化解在萌芽状态。年初至8月20日，共接待来信来访79人次，妥善处理信访案件38件。

细心备访。工作人员每天对上访中可能出现的问题，做到件件准备充分，确保来访者及时受到接待。每逢接访日，镇主要领导直接参与接访，具体部门协办，树立起上访接待工作全员参与意识，积极构建大信访格局。

热心接访。该镇要求接访人员对来访者态度亲切，接访时使用文明用语，举止端庄、程序规范，热心接待来访群众，为来访的群众和当事人诉说心声创造了一个良好的环境。

耐心听访。积极引导和帮助上访群众通过正常途径解决纷争，在接待一些老上访户时，接访人员认真倾听来访人的意见，做好笔录，通过耐心的说理释法，化解老上访户心中的怨愤。

诚心处访。对于当事人提出的问题，接访人员认真听取，对能够当场答复的当场给予答复，当场不能答复的也对其说明原因和办理期限。

——摘自2015年8月21日《连云港日报》

法治海州

【检察院建成远程视频接访系统】 19日，经过近半个月的筹备，海州区检察院与上级院远程视频接访系统联调成功，这标志着该院的信访接待工作又多了一个新渠道。此后，部分涉法涉诉的信访人可以通过该院的视频系统远程表达诉求，免去舟车劳顿之苦，最大限度地将问题解决在基层，解决在首次接待环节，真正减少越级访和重复访。

为进一步拓宽检察机关联系、服务群众的渠道，今年1月初，该院根据上级院有关要求，积极筹备安装远程视频接访系统。该院远程视频接访系统安装在“检察为民服务中心”里，远程视频接访室配备装有“江苏省检察机关控申信息管理系统”的双屏电脑、与电脑连接的身份证读卡器、高拍仪、群众满意度评价器、打印机等各种设施。该系统具有实现高检院、省级院、市院和本院联合接访的功能，可以根据实际需要传输各级参与接访检察院视频的单独画面或合成画面，并兼具证据演示、同步录音录像数据存储和刻录等多种功能。

——摘自2015年1月22日《连云港日报》

【三张“法治考卷”助力干部选任】 为进一步落实中央精神，突出法治导向，海州区运用法治思维，把干部选拔任用纳入法制轨道，通过三张“法治考卷”，考准考实考真干部的依法行政水平。

任前考卷，考准干部法治理论水平。建立以考促学制度，制定下发《领导干部任前法律知识考试办法》，编写领导干部法治理论知识考试大纲，要求新提拔干部、关键岗位交流任职干部必须参加任前法治理论知识考试，明确规定对于考试成绩不合格的干部要暂缓使用，不合格者可参加一次补考，补考仍不合格的，不得任命，形成了领导干部任职必过“法治关”的激励约束机制，有力促进了全区领导干部学法懂法。近两年来，120余名干部参加并通过了考试。

现场考卷，考实干部法治运用能力。出台《关于加强在重大事项、重点工程中考核干部的通知》，考察组坚持月走访、季考核、年总评，亲赴重大项目、重点工程和镇街村社等基层一线，深入征地拆迁、信访维稳、矛盾调处、重大项目决策等涉法涉规问题较为突出的重点岗位，看领导干部能否厉行法治、依法办事，现场考察领导干部处置突发事件、化解社会矛盾、加强社会公共管理等知法用法的实际能力和水平。近两年来，先后从征地拆迁、信访维稳等一线工作岗位选任法治素养好、依法办事能力强的干部28名。

民意考卷，考真干部法治建设成效。强化领导干部依法执政考核，考真领导干部“法治GDP”。制定《海州区领导班子和领导干部年度考核办法》，完善新提拔干部考察《征求意见和民主测评表》测评项目，邀请区分管领导、领导班子成员、干部群众参评，把能否遵守法律、能否运用法治思维解决问题、是否主动学习法治知识、是否依法依规办事作为考察考核干部的关键指标和选人用人的“风向标”，对不懂法、不依法、不守法的干部实行“一票否决”，确保将法治素质好、法治意识高、依法办事能力强的法治型干部选拔出来、使用起来。

——摘自2015年4月7日《连云港日报》

【海州警方横扫“娼赌毒”】 4月24日下午，海州公安分局浦西派出所会同治安支队民警在海州区鸿喜巷，一举摧毁了一个采用牌九方式进行聚众赌博的窝点，当场抓获席某、朱某等涉赌人员24人，收缴赌资4万余元。

为全面整治“娼赌毒”等社会丑恶现象，深入推进平安海州建设，海州警方自今年4月21日至7月20日，利用3个月时间集中组织开展专项打击行动。针对卖淫嫖娼犯罪的团伙化趋势，聚众赌博犯罪的隐蔽性、普遍性规律，吸毒贩毒犯罪的屡禁不止、危害扩张态势，果断采取了多部门协同作战优劣互补，秘密调查与突击行动互相结合的方法加强打击力度。4月24日，新南派出所在海州区海昌南路玉带新村抓获利用麻将进行赌博的违法人员董某、刘某、杨某等8人。4月22日，路南派出所根据前期掌握线索，在海州北小区当场抓获吸毒、贩毒人员沈某、张某，收缴毒品200余克；4月25日，路南派出所通过线索摸排发现并成功捣毁1个涉娼窝点，抓获邓某、钱某、赵某等涉娼违法人员11人。

——摘自2015年5月5日《连云港日报》

【打传销专项行动收效明显】 近日，海州公安分局根据群众举报，在海州区小马庄附近一出租房捣毁一传销窝点，当场查获被骗到连从事传销活动的四川、山西、新疆等地青年9人，处罚1人。今年以来，海州公安分局会同工商、街道等部门开展联合打击传销专项行动，对出租房屋集中等重点区域开展走访摸排，及时搜集各类传销违法犯罪线索，快速跟进部署，统一行动进行清理打击，取得明显成效，捣毁非法传销窝点163处，遣返非法传销人员1800余名，处罚传销违法犯罪嫌疑人63名，处罚为传销提供房屋租赁的房主35名。行动中，该分局结合流动人口落脚点清理整顿活动，建立长效打击传销管理机制，与工商、街道等部门建立密切配合协作关系，同时在各派出所推行“三个掌握”工作举措，有效提升了打处工作的针对性和时效性。工作中，各社区民警对曾经租房给传销人员的房主、传销人员经常聚集地点、因传销经常引发的纠纷事件等做到全面掌握，并定期开展走访、回访、检查，切实提升了线索获取率和社会威慑力。

——摘自2015年10月20日《连云港日报》

反腐倡廉

【海州区拍卖15辆超编公车】 为遏制“车轮腐败”，扎实推进公务用车改革，4月30日，海州区对15辆超编公车进行公开拍卖，拍卖成交总额38.55万元，溢价率达36.7%，拍卖所得全部上缴财政。

笔者在拍卖现场获知，拍卖成交价最高的车辆是2005年的帕罗杰，经过10轮竞价，以5.6万元成交。竞争最激烈的是2007年的别克，经过14轮竞价，以3.3万元成交。该区以公平公正、集中统一、充分竞争、规范透明、避免浪费为原则，保证公车拍卖顺利进行，防止国有资产流失。区监察局局长李宝凯表示，公车拍卖是公车改革的一个重要组成部分，为防止公车卖出“白菜价”“废铁价”，造成国有资产流失，此次拍卖的所有车辆拍前均经过了专业评估机构评估；拍卖公告、拍卖程序等拍卖信息均通过报纸、网络等媒体扩大“公开面”；拍卖对象面向公众，并组织意向竞拍人现场集中看车，吸引竞拍者参加，防止内部消化；开通电话、网络举报，并接受审计、纪检监督，有效保证了拍卖的公开、公平、公正。

为避免公车改革滋生新腐败，该区还专门制作了《作风建设相关规定摘编》手册，对个人公务交通经费报销标准、单位集体公务用车均作了明确规定，对于违反纪律规定的，不仅追究当事人责任，还将追究相关主体责任和监督责任。

——摘自2015年5月5日《连云港日报》

【完善问责机制向为官不为“亮剑”】 今年以来，海州区出台并执行《领导干部不作为慢作为乱作为问责暂行办法》，对违反纪律的17家单位18名人员进行通报批评，4名党政一把手受到诫勉谈话或党政纪处分。该区分类梳理三大类31种不作为、慢作为、乱作为行为，通过漫画图解、微信微博等方式，细化了实施问责的责任和权限，明确实施问责的程序和步骤。区级督查领导小组采取定期检查、驻点督查、随机抽查、不定期暗访等形式，经常调查走访，点名通报查实案件，“零容忍”处置“为官不为”的苗头性、倾向性问题，问责结果与年度考核、评优评先、干部任用挂钩。对不作为慢作为乱作为的干部采取调离岗位、免职、降职等处罚。目前，有3名不胜任现职干部被组织调整。

——摘自2015年5月24日《连云港日报》

【双向约谈强化干部监管】 海州区建立组织部门与区管干部“双向约谈”制度，畅通了组织部与干部交流渠道。笔者昨日获悉，今年以来，该区已约谈干部110人次，接受干部主动申请约谈29人次，有力强化了全区干部队伍的作风建设和监督管理。

该区“双向约谈”制度主要了解约谈对象的思想、工作、学习和生活等方面的情况，听取约谈对象对工作决策制定实施、领导班子建设等方面的意见、建议和要求，同时听取约谈对象认为需要向领导和组织反映、沟通的内容等。在具体实施中，海州区组织部门结合干部调整约谈被调整干部，同时号召干部变被动为主动，积极申请约谈，“面对面”“零距离”地谈心谈话。“我们重点向干部说明调整原因，引导干部树立健康心态，正确看待调整结果，让提拔干部鼓足干劲、交流干部消除疑虑、退岗干部心悦诚服。”海州区委组织部副部长周健说。

值得一提的是，海州区还对信访举报无法查核，群众反映较为突出，存在思想作风、工作落实、纪律执行、廉政勤政等方面苗头性问题的干部，主动提醒约谈，指出存在问题，提出建议和要求，及时“咬咬”耳朵、扯扯袖子，引导干部理清思路、正视问题、及时纠偏、回归正轨。

——摘自2015年6月19日《连云港日报》

【部门职责清单通过评审】 日前，海州区召开部门职责编制工作专家评审会。由市编办、市审改办专家组成的专家组对海州区的部门职责清单进行了认真细致的研讨，提出翔实的修改意见。专家组一致认为，海州区的职责清单编制工作符合要求，程序合法，内容全面，抓住了重要环节和重点事项，特别对理清职责边界、严格界定部门职责交叉等事项的规定，解决了部门之间责任不清、职能运行不协调等问题。专家组同时还指出，要加强对部门职责清单动态管理、事中事后监管，并做好宣传工作，为下一步制定《部门职责清单管理办法》奠定基础。“该管的必须管好，该放的一个不留，是职责编制工作必须坚持的原则。”海州区编办相关负责人介绍。为清理规范政府职能，落实明确责任主体，海州区部门职责清单编制工作于4月30日全面启动，经过多次沟通论证、多轮修改反馈，已完成各部门职责清单编制工作。此次职责清单涉及海州区政府系统的19个部门和民族宗教局、残联等共22个单位，经过梳理，共提出8项职责调整事项，涉及5个部门。22个部门梳理细化职责清单585条，理清职责边界76项。

——摘自2015年9月23日《连云港日报》

【创新监督模式促干部廉洁过节】 中秋、国庆将至，为打好作风建设持久战，连日来，海州区纪委、监察局采取强力措施，严明纪律红线，创新督查方式，强化追纪问责，切实做到“两节”期间党风廉政建设落到实处。严明“两节”纪律要求，不折不扣落实中央八项规定精神，切实做到严禁违规公款购买赠送月饼，严禁违规发放津补贴、奖金、实物和各类购物卡、代金券等“八个严禁”，落实纪委党风廉政建设的监督责任，切实把纪律和规矩挺在最前沿。

据悉，节日期间，区纪委会同财政、市场监督管理局等各职能部门成立专项检查组，在“两节”期间开展集中性专项检查，深入到机关单位、超市商店、酒店餐馆等地，重点对党员干部公款吃喝、公车私用、收受礼品礼金、违反规定滥发钱物等问题进行监督检查，畅通信访举报渠道及网络监督热线，开展明察暗访，对职能部门负责的监督事项进行“再监督再检查”，对工作推进不力的部门严格责任追究，对职能部门在专项检查中发现的涉嫌违纪违法问题快查快结，对有令不行、有禁不止的现象发现一起、查处一起、通报一起。同时，坚持“一案双查”，对问题严重、影响恶劣的单位和部门，严肃追究主体责任和监督责任。

——摘自2015年9月24日《连云港日报》

【纪委廉政约谈259名干部】 “问题说清了，我心里一块石头也就落地了。”11月2日，海州区一个区管干部对笔者说。刚刚接受区纪委约谈，自己在认识上得到了提高，放下了思想包袱。今后一定认真整改，严格要求自己，坚持廉洁自律，向组织作深刻检查，争取从轻处理。

今年以来，海州区委坚持把主体责任扛在肩上，抓在手上，先后召开13次区委常委会，专题研究议定派驻机构垂直管理、干部作风建设、巡查监督、案件处置等重要事项，出台《党风廉政建设责任追究暂行办法》《区管领导干部廉政约谈暂行办法》《关于加强区纪委派驻机构建设的意见》等12个文件。认真落实“两个责任”双报告制度，区委“5人小组”定期听取镇街主体责任以及纪委监督责任落实情况，对责任落实不力的3家单位主要负责人进行约谈，对7个镇街的主体责任、12个部门的监督责任落实情况进行抽查，督促落实“两个责任”。针对发现问题较多的单位，区委书记约谈镇（街道）党委主要负责人，区长约谈区直部门行政主要负责人，纪委书记约谈被巡查单位纪（工）委书记、纪检组长，督促严格落实“两个责任”，及时整改反馈意见中指出的问题。截至10月底，全区已约谈党员领导干部259人，涉及乡科级干部79人，一般干部180人；针对履行主体责任中的问题，已约谈58人，针对履行监督责任中的问题，已约谈38人。海州区违纪党员干部主动上交违纪资金106.8万元，上交违纪款为去年的2.6倍，46名党员干部主动做出了深刻检查。

——摘自2015年11月7日《连云港日报》

创新发展

【海州每万人口拥有发明专利7.43件】 2015年1月至7月，海州区共提交专利申请1226件，同比增长20.13%；发明专利申请302件，同比增长23.56%,占比24.63%；发明专利授权99件，同比增长28.72%，占比16.15%；每万人拥有发明专利7.43件，各项数据均居全市前列。

海州区高新技术企业和高校、科研院所众多，为充分发挥这一优势，今年以来，区科技局有针对性地开展工作和主动提供服务，为发明创造工作提供良好的培育“土壤”。4月至6月间，区科技局在系统区高校院所和各大企业专利拥有及申请情况的基础上，制定详细的工作方案，由局各业务科室组成工作队分别走访辖区专利工作有较好基础的7家高校院所和百余家企业，提供服务和咨询。与此同时，进一步强化服务意识，做好专利资助的收集和发放工作。目前，区科技局已经完成2014年最后一批专利资助申请的收集和核查工作，并陆续开始发放资助。2015年的专利资助工作正在有序开展中。

——摘自2015年9月17日《连云港日报》

【推进商标品牌双提升战略】 今年来，海州区市场监管局以获批江苏知识产权强省建设区域示范工作单位为契机，大力推进商标品牌双提升战略，积极打造“驰名商标+名牌产品”双引擎，全面激发企业创牌热情和上升潜能，形成大众创业万众创新的生动局面。为深入贯彻国家和省市相关政策，有效把握国家东中西区域合作示范区、江苏沿海开发、“一带一路”建设等战略机遇，该局紧紧围绕“做响品牌、做大产业、做强企业”这一目标，通过实施“一村多品、一企一策”等差异化措施，创新服务举措、优化服务方式，引导企业转型升级，大幅提升市场竞争力。

“中国驰名商标帮助企业更好的‘走出去’，江苏名牌产品支撑企业展望‘大未来’，这都要感谢市场监管部门的贴心服务和指导啊！”日出东方太阳能股份有限公司的一位负责人说。日前，该局邀请连云港市质监局有关领导一同前往该公司走访调研，听取企业对发展商标品牌方面的意见和建议，并鼓励企业紧抓机遇、创新发展，在国内、国际市场取得更好成绩。

该局在贯彻落实商事制度改革的过程中，积极推进简政放权，事事以企业利益为出发点，结合辖区实际情况，推行商标品牌“一站式”全覆盖服务，上下贯通省、市、区三级职能部门，广泛建立商标品牌指导站，并与当地政府和相关部门保持密切联系，多方听取民情民意，争取第一时间为企业解决实际问题，获得广泛好评。

2015年，该局走访企业和个体工商户1000余家次，帮助企业新申请普通注册商标300余件、江苏省著名商标6件；并组织江苏三得利食品有限公司等7家企业申报江苏省名牌产品，组织连云港市板浦汪恕有滴醋等12家企业申报连云港市名牌产品。

——摘自2015年9月17日《连云港日报》

【产学研结合释放市场活力】 日前，笔者从海州区科技局获悉，在第五届江苏产学研合作成果展示洽谈会上，腾越电子、如年实业等5家企业与高校签订合作协议，初步达成5项关于引进人才、项目研发的合作意向。今年以来，海州区把推动产学研紧密结合作为实施科技创新工程的主要途径，充分利用与高校、科研院所的合作，开展高企进院校活动等近20场产学研活动，达成合作意向50余个，校企联盟累计达到234个。集聚省内外高校院所的人才、知识、技术、信息等创新资源，服务海州企业创新、产业创新和区域创新。目前，联瑞新材料、如年实业等28家企业与南京理工大学、东南大学等高校、科研院所共同申报省级科技项目38项，获批14项，预计可获扶持资金3000万元。

——摘自2015年10月22日《连云港日报》

【科技作支点撬动企业转型升级】 近日，省科技厅公布了2015年度省科技成果转化专项资金立项名单，海州区正大天晴及东浦管桩两家企业申报的两项省成果转化项目获立项，占全市拟立项总数的50%，获批扶持资金2200万元。海州区科技局相关负责人透露，这是海州区撬动“科技支点”推动区域经济转型升级的一个缩影。截至目前，海州申报国家和省级科技计划项目60项，其中国家级科技项目5项、省级科技项目33项、省级人才项目22项。

据了解，今年以来，海州区围绕“企业服务年，项目招引年”工作主题，以实施科技创新工程为引领，强化组织推动，落实关键措施，在加快推进高新技术产业发展、产学研合作、知识产权战略提升等方面做了大量工作，取得了显著成效。加快培育高新技术产业。海州区自主创新能力进一步增强，科技创新体系不断完善，创新环境明显优化。获批国家火炬计划连云港装备制造特色产业基地、国家知识产权强县工程试点区、省创新型试点区、省知识产权示范区。积极帮助江苏鹰游、天明机械等企业的45个产品申报省高新技术产品；鼓励佳普石化、科威建材、安百利机械、大吉塑业等14家企业申报国家高企，目前已获批12家。

启动校企合作行动，推动企业“借智”转型。海州区积极推进校企合作，邀请中国地质大学、机械科学研究总院等高校院所的专家到远洋流体、黄海机械等企业开展产学研活动，推进辖区企业全面加强与高校科研院所的合作，新增校企联盟14个，累计达到234个。通过积极探索“互联网+”新模式，通过连云港科技信息服务平台的建设，实现“互联网+”和科技服务的有机结合，目前全区已有近200家企业完成线上注册、推进创新券工作，为推动科技创新服务发展。

不断推进科技人才工作，打造创新创业高地。海州区新增35家企业参与大学生实习基地工作，25家企业与淮工开展“海州区科技副总”试点工作；天明集团卢明立董事长、杨庆洪总工程师分别与中国矿业大学和淮海工学院联合申报江苏省第三批“产业教授”；22位高层次人才申报2015年度省“双创计划”；天明集团董事长卢明立成功入选国家科技创新创业人才；日出东方研发部部长于国安、联瑞新材料副总工程师陈枫获市第二批“555工程”资助。

此外，今年海州区还完成江苏知识产权强省建设示范区申报工作。中鹏新材料、如年实业等4家企业申报省知识产权贯标单位，天明机械、黄海机械等5家企业通过国家级知识产权贯标企业认证，陇海步行街、九龙商贸等4家市级“正版正货”创建企业通过验收。

——摘自2015年11月3日《连云港日报》

【8项成果跻身市科技进步奖】 近日，市科技局公布了2015年度连云港市科学技术奖初评结果，海州区8项成果跻身2015年度市科技进步奖。

根据《关于2015年度市科学技术奖组织申报工作的通知》（连科〔2015〕51号）的有关要求，海州区组织天明装备“全液压多功能车载钻机”、东浦管桩“一种节能环保的桩尖制作机”等23个项目申报2015年度市科学技术奖。经市局严格审查、专家网络评审，区鹰游纺机“绒类织物智能化联机后整理生产线装备”、港圣开关“KYN28A-24/T2500-31.5型铠装移开式交流金属封闭开关设备”等8项科技成果成功入围。8项科技成果自应用转化以来，共实现新增销售收入7.6亿元，新增利税4.3亿元。

近年来，海州区大力实施创新驱动发展战略，着力营造科技创新发展良好环境，加快建设创新驱动发展先行区，取得了丰硕成果，获批各级科学技术奖61项，其中国家级2项、省级5项。区域科技成果质量和水平不断提高，自主创新能力明显提升，科技创新体系日趋完善，科技对全区经济社会发展的支撑和引领作用更加突出。

——摘自2015年11月9日《连云港日报》

【95家企业 领到科技创新资金925万】 笔者日前从海州区获悉，该区2015年度“科技创新券”申领工作进入收官阶段，全区有95家企业成功申领925万元“科技创新券”资金，位居全市首位。

据了解，“创新券”是科技部门为资金紧缺的中、小企业科技创新带来的一场“及时雨”，改变了以项目经费奖补企业的传统模式，变重点扶持为普惠共享，有效推进了科技经费使用方向的改革，实现了由支持一个项目向支持整个市场、由点上支持向面上支持的转变，以此进一步撬动并激活企业的创新动力。结合“科技创新券”的推广应用，海州区走出了一个科技资源开放共享、促进大众创业万众创新的新模式。该区与淮工技术转移中心、提供仪器设备和技术服务的重点实验室、科研院所等服务载体合作，为中小企业和创业者提供创新要素，降低创新创业成本，在“创新券”的刺激下，众多小微企业表现出了购买科技服务的意向。

——摘自2015年12月3日《连云港日报》

美丽乡村

【家庭农场带领农民创业】 近日，海州区宁海街道平安村一组竖起了两座“铁塔”，引来不少群众驻足观看。原来，它们是农场主老王新购进的粮食烘干机。2010年，老王流转了组里230亩土地搞粮食种植和秧苗培育。去年，他积极响应国家号召，申办了禾谐家庭农场，今年国家出台政策加大对家庭农场的扶持力度，促使他坚定信心扩大农场规模，于近期斥资百万元购进了粮食烘干和加工设备。靠着这套设备和之前购买的播种机、大马力收割机，老王每年将增加20万元纯收入，农场的年纯收入将达40万元左右。

今年以来，宁海街道在考察周边地区先进做法和自身产业特点的基础上，大力推广种养结合、机种结合和特种种植三种家庭农场模式。像平安村的老王就属于机种结合模式，即农场业主通过传统种植、粮食加工、机播机收等多种渠道挣钱，迅速壮大个人财富。目前，黄圩村的福泰农场也依托自己的养猪场流转了周边100亩土地搞种养结合模式的家庭农场，采用猪粪回田，尽量不使用化肥，通过养猪和大幅度降低传统种植成本赚取经济效益。平安四组的大自然家庭农场通过大规模浅水藕种植和新品种葡萄种植也打造了自己的特色，今年将迎来首批采摘游客。截至目前，宁海街道已经成立各类家庭农场5个、农民合作社15个。

——摘自2015年6月3日《连云港日报》

【板浦豆丹亮相央视《每日农经》栏目】 7月23日21时47分，板浦豆丹亮相央视7套《每日农经》栏目。该栏目对板浦镇的豆丹产业进行了专栏报道，节目时长约20分钟。7月24日13时22分，央视7套又进行了重播。这意味着小小豆丹走出港城，为全国更多的人所知晓。

豆丹是海州区板浦镇的特色产品，学名豆天蛾、豆青虫，是一种吃豆叶、喝甘露，在天然无毒、无公害状态下生长的昆虫。它高蛋白、低脂肪、富含7种人体无法合成的氨基酸。板浦镇作为千年古镇，《镜花缘》古典名著对烧豆丹也曾有所描述。烧豆丹是“吃在板浦”的招牌菜，是家家户户招待贵宾的代表菜。在市区稍有名气的酒店宾馆，都会有烧豆丹吸引吃货们前往。

6月27日，央视7套《每日农经》栏目组一行三人，来到板浦镇进行5天的深入采访。他们深入豆丹养殖基地拍摄豆丹养殖情况，而且还拍摄了制作豆丹的全过程。

——摘自2015年7月25日《媒体关注》

【浦南专业协会牵手农民致富】 9月7日，在连云港市海州区浦南镇农业园区的水泥路上，一箱箱等待装运的丝瓜，在尧连果蔬专业合作社工作人员指挥下，装上卡车销往外地。目前，全镇有50家专业协会、99家农业专业合作社、1900多名经纪人，成为推进农业服务业，帮助农民开拓市场、致富增收的一支生力军，连结带动5000农户增收致富。近年来，为有效解决农产品销售难的问题，浦南镇从农村经济发展战略的高度出发，不断强化农村专业协会的组织建设，按照“民办、民管、民受益”的原则，鼓励龙头企业、农技人员和农村能人领办各类合作组织，相继建立了农机、种植、养殖、水果、水产、蔬菜、家禽、特种养殖协会等9个门类生产协会组织，协会以利益共享和市场销售为纽带，将会员、品牌、技术、服务等要素紧紧联系在一起，实现了资源的优化配置，与市场进行对接，

同时，为会员开展施肥喷药、生资配送、组织协调、技术培训等服务，注重培养种植、销售大户。并经常开展学习、交流、技术会诊等活动。该镇还制订出台一系列扶持优惠政策，提供方便条件，积极鼓励协会开展农业先进科技的推广应用。今年以来，全镇共推广新技术19个，普及率达到90%以上。同时，协会通过党校、成教中心、远程教育、农民学校等多种形式，开展各类技术培训，培训人员3000余人，有600人达到了农民技术员水平，充分发挥农村专业协会在普及推广各项先进技术的中的重要作用，科技在农村经济中的含量明显提高。

——摘自2015年9月10日《江南时报》

【宁海着力打造“花卉街道”品牌】 昨日，笔者走进海州区宁海街道太平村，映入眼帘的是千亩向日葵花海，几百万株向日葵绽开了笑脸，现代乡村风景让人流连忘返。该街道发展以近郊生态观光、农家乐等休闲项目为主的绿色旅游产业，着力打造“花卉街道”品牌，并进一步美化环境，改善基础设施条件，为市民提供休闲娱乐新选择。据了解，该街道在宁海中学东侧流转了1000亩土地，投资

2000万元在花海内修建观光长廊、休闲服务中心、特色农产品展销中心等基础设施，栽植了40多个品种500万株向日葵，不仅可以赏花拍照，还可以在花海里骑马奔跑、在水塘边垂钓，是假日休闲娱乐的好去处。

近年来，该街道创新休闲旅游模式，逐步发展起花卉苗木产业，不仅让村庄变得更加靓丽，也让村民在家门口实现了就业，大大加快了农民增收致富的步伐。该街道花卉苗木产业目前已形成7000亩规模，包括海河村5000亩花卉苗木基地、平安村1000亩荷塘和太平村1000亩向日葵。

——摘自2015年9月30日《连云港日报》

【浦南建国内最大单体温室大棚】 经过3个月努力，集瑞园农业科技有限公司建成国内最大的单体蔬菜大棚。该大棚位于浦南镇，采用全钢架结构，全长370余米、宽37米，占地22亩，大棚设施自动化程度高，配备了水肥一体化、自动卷帘机、滴灌设施、自动控温设备等自动化设施。采用滴灌设施，有效控制了大棚的湿度，降低病虫害发生，减少各种杀虫药水的使用，使蔬菜真正做到绿色无污染；采用自动卷帘机、自动遮阳网等半自动化设施，大大节约了人力，提高了种植蔬菜的经济效益；采用最新的珍珠岩多夹层保温被，比传统的保温被更轻，保温效果更好。下周，该温室大棚将定植丝瓜，真正做到全年连续不断档生产，大大提高土地利用率。

——摘自2015年10月29日《连云港日报》

绿润海州

【月牙岛、星光湖“五一”开园】 月牙岛地处海州区滨河新城境内，位于蔷薇河最下游，东临海州主城区，西北与浦南镇相接，因蔷薇河沿岛潺潺而过及形似月牙而得名。该岛总面积5.5平方千米，11.2千米公路环岛绕行，岛上有生态湿地520亩、薰衣草基地1000余亩。建成后，这里将成为港城薰衣草第一基地，目前，基地的“二月兰”等花卉已盛开，整个月牙岛宛若紫色的花海，十分浪漫。月牙岛环境清新、风景秀美，是城区居民踏春垂钓的好去处，是镶嵌在滨河新城的一颗璀璨明珠。

星光湖位于浦南镇新镇区，其东临蔷薇河、南接新浦大道、西靠204国道、北近乌龙河，蔷薇河、新沭河、乌龙河、鲁兰河在周边汇聚。星光湖湖区占地500亩，其中水域200亩。湖区内亭、阁、桥、栈错落有致;堤岸边柳、樱、枫、杏相依相间；湖水荡碧波，花香沁心脾；“星湖十景”，景景生辉。镶嵌在靠近星湖南岸的两座生态小岛，西侧主岛白鹭岛占地约3000平方米，岛上种植垂柳、红梅、落羽杉等，各树种自然成长，一片湖光杉林，是鸟儿栖息的天堂。

据了解，星光湖和月牙岛将于5月1日正式开园迎客，美丽新景，浪漫之地，欢迎广大市民前来休闲观光!

——摘自2015年4月30日《连云港日报》

【投入1.28亿元添绿72万平方米】 昨日，海州区秦东门大街两侧，绿化工人正在铺设草坪，并补种大叶女贞、蔷薇、合欢等植株。连日来,海州区随处可见植树造林的生动场景。海州区住建局局长石德学介绍，当前全区正在大力实施道路与河滨绿化等38项绿化工程，投入1.28亿元新建改造绿地面积100万平方米，其中新增绿地面积72万平方米，绿化绿地率达37%，绿化覆盖率达41%，人均公园绿地面积达13平方米，让美丽海州放眼皆绿、四季常青。

海州区还积极实施铺路造绿工程，大力开展郁洲南路南延、盐河南路南延、海州开发区纬四路、204国道宁海段、板通路、板浦新区大道、新浦大道等道路两侧绿化，补植陇海东路、陇海西路、大庆东路3条道路两侧行道树。同时，将对浦南新镇区星光湖周边临水绿化景观进行提升,实施蔷薇河、蔷薇灌河、沿新圩四周环岛路花境建设，打造20万平方米薰衣草景观带。

为保证市民拥有更好休闲健身场所，海州区还将实施公园、游园提升工程，重点对青年公园大门及绿化景观进行建设提升，做到大树成荫、孤树成景、相互衬托、错落有致。新建9个街旁游园绿地，提升改造3个街旁游园绿地，新建改造面积17.5公顷。

海州区高度重视单位庭院和居住区绿化工程。今年,该区将推进河畔花城、上海之春、孔望尚府、易居公馆、博威江南明珠苑、万象后街、紫金公馆、茗昇 花园、鹰游水岸等一批居住区和庭院绿化建设,力争新建居住区、单位绿化全部达国家园林绿化标准。

目前，海州区正对城区沿街道路、背街小巷两侧进行“查死补缺、查残补优、查漏补缺”，对秦东门大街部分地段进行拆墙透绿，并对拆墙后空隙地段实施垂直绿化和生态立体交叉绿化。对城区各大街道，以社区街巷、墙体垂直绿化为主，实现绿化全覆盖。对工地围墙边没有绿化的，及时增绿；道路景观带缺失、遭破坏的，及时补绿。鼓励群众利用房前院后、墙面屋顶种植花草，见缝插绿，美化生活环境。

据介绍，海州区还要对道路两侧绿地廊架、景观石以及单位墙体，栽植木香花、桂花、栀子花、藤本月季等花木，逐步建成花香四溢、色彩分明、景观优美、特色鲜明的个性城区。

——摘自2015年3月11日《连云港日报》

【多管齐下确保天蓝气清】 昨日，笔者从海州区秸秆综合利用与禁烧工作办公室获悉，今年该区秸秆禁烧时间为5月25日—7月10日，在此期间，92个禁烧单位内严禁露天焚烧农作物秸秆、荒草和垃圾等，禁止将农作物秸秆倒入河道、渠道、水库等水源中，同时建立秸秆还田、清运、收储体系，提升秸秆综合利用水平。值得一提的是，今年该区实行全域化禁烧和全年常态化管理。

海州区今年小麦面积达35万亩，区域面积大、农田数量多、农机具调配等问题给综禁工作带来了新的压力和挑战。为全面做好今年夏季秸秆综禁工作，海州区提早部署，周密安排，52个机关部门包干92个禁烧单位，区、镇、村300多名包联干部也进驻乡村，全面掌握所包村的宣传教育、机械调度、收割进度、还田进度、有无火点等情况，力争做到“不烧一把火、不冒一处烟、不黑一块田、不污一条河”。此外，31个巡查员分片对全区秸秆综合利用与禁烧工作进行全天候督查。

据了解，今年该区夏粮将产生12万吨左右秸秆，秸秆综合利用主要方式是机械化全量还田。对此，该区重抓还田农机具配备，组织750台套75马力以上秸秆还田农机具进行作业。对不符合机械化还田作业的机具，一律不予检审，不核发跨区作业证，不给予购置补贴，保证所有作业农机均符合还田作业的要求。同时加大农机现场执法力度，保证秸秆留茬高度在15厘米以下，对违反操作规程的，当场执法，停止作业。此外，区农技、农机部门发挥部门优势，及时组成夏收工作服务小分队，进村入户、指导农民和农机手采取科学方法进行秸秆还田。

为严格明确责任，强化督查考核，各镇街、农场实行一把手负责制，做到横向到边，纵向到底，形成全覆盖、立体式的综禁管理网络，确保信息通畅共享，做到火情第一时间发现、火势第一时间控制、责任人第一时间查清、失职行为第一时间追究。同时，按属地管理、分级负责要求，实行保证金制度，根据各禁烧责任单位农作物面积，分别缴纳5万、10万、20万元保证金，对达不到工作要求的，全额扣除保证金并予以责任追究，并对相关责任人启动约谈问责程序。

——摘自2015年6月2日《连云港日报》

【城管多措并举整治路边烧烤】 随着夏天来临，夜间露天烧烤、大排档陆续涌上街头，而油烟污染、占道经营，一直是市民投诉的焦点和市容管理难点。近日，市城管海州一大队对辖区朝阳西路、新孔南路、大庆西路等主次干道占道烧烤、夜排档进行全面整治。市城管海州一大队根据不同路段的具体情况，制定出合理、人性化的管理方案。对朝阳西路和新孔南路等主次干道的露天烧烤及夜排档，取缔一切无店面烧烤摊点，有店面烧烤店、饭店禁止店外经营；对大庆西路等次要路段，作为露天烧烤点的疏导路段，白天禁止店外经营，并要求统一使用无烟炉具，同时将烧烤摊点经营时间限制为晚上六时之后，避免因过早出摊引起交通堵塞，影响市民出行；对辖区露天经营的烧烤和夜排档摊点，控制经营规模和数量，严格控制新增烧烤摊点。

经过近一周的整治，目前，市城管海州一大队已清理朝阳西路、新孔南路店外烧烤排档12家，大庆西路等露天烧烤疏导路段已落实无烟炉4家，有效缓解了露天烧烤随意占道经营造成的交通堵塞和油烟污染。下一步，该大队还将继续在辖区范围内开展整治，努力为市民营造一个整洁有序的市容环境。

——摘自2015年6月16日《连云港日报》

【“生态立区”换“真金白银”】 “真没想到月牙岛这么火，现在微信朋友圈、微博等网络社交工具全被月牙岛占领了，朋友拍摄的薰衣草园图片引来如潮点赞。”日前，海州区新浦街道居民李女士在接受采访时高兴地向笔者介绍。“好山好水好风光的优质生态，是推动经济社会可持续发展的关键所在。”海州区委书记、区人大常委会主任王立斌介绍。近年来，海州区根据区情实际，提出了“生态立区”，实现绿色崛起的指导思想，把工业瞄准低碳、产业看准绿色作为立区之本，不断加快生态建设步伐。先后制定下发了《关于进一步加快推进生态文明建设工作意见》，从指导思想、重点工作和保障措施等四个方面，分23项重点工程全面推进工业污染减排、碧水蓝天工程、生态文明创建、农村环境保护和环境安全保障等工作，加快转变经济增长方式，加快产业升级转型步伐。

同时，海州区把“绿润海州”攻坚行动提到重要议事日程。仅今年就投入1.29亿元实施公园、游园绿化，提升道路绿化、河滨绿化等38项绿化工程，栽植各类苗木18万株，新增绿化面积70万平方米，绿化覆盖率达41%，人均绿化面积13平方米。

以国家“一带一路”战略为契机，作为港城主城区的海州站在了新的历史起点上。对此，海州区将生态建设纳入各级党委政府政绩考核体系，引导全区产业发展、促进项目推进。该区在工业发展上坚持环保第一，加快关停搬迁现有化工企业，努力解决困扰海州发展的企业污染问题，通过实施“碧水蓝天”和“绿润海州”行动计划，关停非煤矿山、小作坊、小锅炉等各类污染企业120多家，其中贝斯特化工厂、云台电镀厂9家企业被彻底关停。留得绿水青山，“金山银山”也悄然来临。今年，全区以装备制造，新医药、新材料、食品化工为代表的四大产业持续发力，规模以上工业企业完成产值234.5亿元，工业应税销售145亿元，同比分别增长14.5%和13%。谈起今年前三个季度全区经济持续向好的喜人变化，海州区经发局局长单新文说：“主要得益于我们坚持绿色发展和可持续发展道路。区里规定，凡威胁生态环境的项目，即使效益再大，也一律不立项、不审批、不引进。”前不久，浙江客商带着投资5000多万元的大理石深加工项目来海州区，因不符合生态产业规定被拒之门外。去年至今，该区19个项目因环评不过关，被予以否决。

而与之形成鲜明对照的是，海州区对符合产业发展方向的项目则花大力气引进来，确保扎下根。今年该区突出特色产业招商，抓住“一带一路”重大政策机遇，先后赴日本、韩国以及中国台湾、上海等地招引符合产业政策的优势项目230多个；在此基础上，海州区还加强对现有企业新项目、新产品政策扶持和服务力度，促进了企业持续健康发展。今年，该区先后有15个重点节能减排项目获得省、市财政专项资金补贴1000多万元，6月初在上海举行的签约恳谈会上，该区一次就签约了近百亿元大单。

——摘自2015年11月1日《连云港日报》

【海州打造宜居之城】 连日的阴雨天气过后，周末晴空万里，暖阳高照：

新浦公园里，到处是人头攒动。年轻的爸爸妈妈们带着自己的孩子，看他们在草坪中肆意奔跑，老人们都坐在干净舒适的长椅上，看看蓝天绿草，耳边是孩子们的欢笑声，每个人都在享受着宜居城区的惬意生活。

作为港城的主城区，海州区一直把宜居作为城区建设的首要目标，争取打造出门见绿、遍地花开的生态之区。

自5月份月牙岛景区开园迎客以来，仅当月，接待游客便突破10万人次。浪漫的花海、成荫的绿树、清新的空气，独特的双湖湿地、垂钓中心，都成了港城新兴生态游的最佳选择。月牙岛AAA级景区的成功建设，在海州区宜居城区建设进程中，具有重要的标志意义，该区从主城区80多万人口的休闲旅游需求出发，确定了生态新区建设目标，为北部城区的生态宜居添上了浓墨重彩的一笔。

在大力建设宜居城区的进程中，海州区统筹发展，推动城市农村一体化进程。2015年，海州区加大农村基础设施建设力度，通过财政倾斜，加快基础设施完善步伐。该区辖区内的危房改造任务共107户，通过多方筹措资金，目前已完工78户，完工率72.8%。累计投资2500万元，全年完成板浦镇、南城镇和洪门街道区域供水任务，完成全覆盖率75%，努力实现上述三个农村地区自来水全覆盖。年内全区村庄环境整治工作计划完成辖区92个村庄的环境整治，并确保通过省厅对全域87个行政村、402个自然村的验收。指导浦南镇上报2015年江苏省特色景观旅游名镇及名村项目，指导板浦镇、浦南镇申报临海小城镇培育项目。如今的农村，到处可见笔直通畅的公路，两旁成荫的绿树红花和别具特色的农家小院，农村人真正过上了同城市一样舒心的生活。

——摘自2015年12月10日《连云港日报》

爱满海州

【海州文明办关爱留守儿童】“只要人人都献出一点爱，世界将变成美好的人间。”日前，海州区文明办组织志愿者走进东辛小学，了解留守儿童的学习情况、心理状况和家庭生活状况。活动现场，天明机械的志愿者们给孩子们送去了学习用品、慰问品和节日的祝福，海州未成年人指导中心的老师为孩子们带去了心理辅导游戏。

——摘自2015年6月20日《媒体关注》

【“博爱行动”助贫困生10万元】近日，海州区举行博爱助学基金发放仪式，向41名品学兼优的贫困学生发放10万元助学金，旨在通过捐资助学帮助部分困难家庭的学生解决上学、生活困难问题。

据悉，此次活动由海州区红十字会牵头组织实施，为做到公平、公正、公开，区教育、民政等相关部门对符合条件的受助家庭逐一核实，层层筛选，通过电话随访、实地考察等形式进行二次甄选，最终决定对6户大一学生贫困家庭每户发放5000元帮扶款，对15户特困家庭和20户贫困中小学生分别资助2000元。据了解，今年来，海州区持续加大教育事业投入，大力促进教育均衡化发展，积极帮助家庭困难学生完成求学成才梦想，先后开展“千名机关志愿者爱心助学”、贫困生结对帮扶等活动，累计发放助学金190.2万元。

——摘自2015年8月25日《连云港日报》

【爱心帮扶行动帮375户困难家庭】连日来，海州区1965名机关志愿者组成的375个爱心帮扶小组，在区四套班子领导的带领下，分别进村入户，为特困家庭送资金、送技术、送信息、送岗位、送祝福，为困难群众切实解决生产生活困难。

去年年初，海州区启动了千名机关志愿者爱心帮扶行动，通过思想上扶“志”、生活上扶“贫”、能力上扶“技”等途径，定向长期结对帮扶群众200户，累计帮扶资金达百万元，使被帮扶对象的生产、生活和心理状况得到显著改善。为使结对帮扶工作制度化、常态化，近日，该区决定在去年的基础上继续深入开展“千名机关志愿者爱心帮扶行动”，机关志愿者由去年的1070名增加到1965名，长期定向帮扶375户贫困家庭。

据了解，此次列入帮扶的375户是从全区一万余户困难家庭中筛选出来的特困家庭，都是有子女在上学的家庭，都是孕育希望的家庭。根据活动安排，该区每5名机关志愿者组成一个爱心帮扶小组，长期结对帮扶1户困难家庭，帮扶行动突出尊重民意、注重科学帮扶、拓宽帮扶渠道、健全帮扶机制。帮扶形式以款物捐助、就业指导、疏导情绪为主，为帮扶对象解决生活、就业、上学等方面的实际困难。帮扶小组每月至少一次深入帮扶对象家中开展慰问活动，每月每户帮扶家庭的资金不少于400元，直至受助家庭子女完成学业，能够自力更生。

为确保志愿者爱心帮扶行动制度化、规范化，海州区专门成立爱心帮扶行动领导小组，区委主要领导担任组长，爱心帮扶领导小组及其办公室将采取召开会议、专题督察和明察暗访等不同形式，分析通报情况，总结推广经验做法，并将帮扶行动纳入各单位、各部门党建目标责任制考核，同时作为干部考核的重要依据。

——摘自2015年8月28日《媒体关注》

【专项资金助便民疏导点建设】最近，细心的市民发现，海州区陇海东路北延路段变得干净、整洁了。海州区拨付专项资金加强便民疏导点建设，受到了群众的“点赞”。陇海东路北延路段原来垃圾成堆，严重影响周边居民生活。新东街道积极协调相关部门清理垃圾，并在路边新建便民疏导点。这项惠民工程得到海州区委区政府的大力支持，海州区财政局先后共拨付专项资金210万元用于便民疏导点工程建设。现在，这里方便摊贩、居民的便民疏导点，成为城市一道别致的风景线，在一定程度上解决了周边市容环境脏乱差、市民生活不方便问题，提升了城市形象。

——摘自2015年10月27日《连云港日报》

【陈达获海州“爱心市民”称号】 近日，海州区政协主席汤成元一行，来到新坝中心卫生院慰问海州第一位成功捐献造血干细胞的陈达，并为他颁发了“爱心市民”荣誉证书。34岁的陈达是海州新坝中心卫生院的一名外科医生。2012年6月6日，陈达报名加入中国造血干细胞捐献者资料库，与其他志愿者一起参加了血样采集，之后，他的血样被送至中华骨髓库。今年6月1日，正在医院上班的陈达，突然接到市红十字会工作人员打来的电话，告知他的血样与一位河北的白血病男孩HLA配型相合，希望他能进行高分辨检测血样，挽救一个13岁孩子的生命。不久之后，在南京东南大学附属中大医院血液科病房里，经过5个多小时，从陈达的体内采集到234毫升造血干细胞混悬液，当晚，这些“生命火种”便输到河北13岁白血病男孩的体内。

汤成元说，陈达以实际行动践行了“人道、博爱、奉献”的红十字精神，他的行动不仅挽救了别人的生命，而且也为全市做出了榜样。号召大家向他学习，自愿加入到捐献造血干细胞志愿者队伍中来，让更多的血液病患者重获新生。

——摘自2015年12月25日《连云港日报》

文化教育

【海州区举办景区培训班】 为更好地保护开发锦屏山旅游资源，建设旅游强区，8月27日，锦屏山建设管理与开发保护培训班在区政府206会议室举行。区政府办、锦屏镇、朐阳街道、区旅游局、区宗教局、锦屏山管委办、城投集团下属公司及有关驻山单位负责同志30余人参加了培训。通过培训，提高经营管理水平，保护好、开发好锦屏山珍贵的旅游资源。

培训班上，云台山管委会注册规划师于翔对《风景名胜区条例》进行了重点解读，市文物重点保护所所长高伟以“景区开发与文物保护”为主题作了精彩的讲解。

——摘自2015年9月23日《连云港日报》

【海州高级中学新校区工程开工】 10月11日上午，海州高级中学新校区土建工程开工仪式在新校区举行。新校区内彩旗飘扬，礼炮齐鸣，市教育局领导、海州高中校长周艳、书记宋治宝以及部分教师代表、施工方代表等百余人齐聚开工现场，怀着喜悦的心情共同见证这一激动人心的时刻。

海州高中新校区7月16日桩基工程正式开工建设，10月11日土建工程正式开工。海州高中新校区位于海州开发区，在秦东门大街以南、经二路以西、朐凤路以北、通灌南路以东，占地150亩，建筑面积约7万平方米，主要建筑有教学楼、图书馆、实验楼、行政楼、文体楼、食堂、宿舍楼及运动场、道路、绿化等配套设施。新校区建成后，将进一步拓展学校的办学空间，进一步完善办学条件、优化育人环境，为实现学校可持续发展和辐射带动连云港教育实现快速发展奠定更加坚实的基础。建设新校区、改善办学条件是几代海中人的梦想，期待一座质量优、特色亮、师生赞、生态美的新百年海中早日矗立在港城的大地上。

——摘自2015年10月15日《连云港日报》

【《第二个妈妈》喜摘“金海棠奖”】 日前，第三届亚洲微电影艺术节在云南省临沧市落幕，笔者从海州区文联获悉，由海州区委宣传部、区文联、圣王影视文化公司联合出品的微电影《第二个妈妈》荣获作品类优秀奖和优秀导演奖。这是继雷锋车系列微电影《订婚风波》之后第二部港城人自编自演的关于雷锋车的故事。据了解，亚洲微电影艺术节由中国电视艺术家协会、中国新影集团、云南省文化厅主办，是目前亚洲范围内最具影响力和权威性，最有美誉度和品牌价值的微电影大赛。艺术节每年一届，并设立“金海棠奖”，奖项由中国电视艺术家协会组织影视专家、知名导演、演员经过三轮评选产生，是亚洲微电影的最高奖。本次电影节共收到来自中国、韩国、印度、伊朗、马来西亚等多个亚洲国家和地区的参评作品近三千部。微电影作为一种全新的文艺形式，呈现出周期短、投资低、题材广、传播快、影响大、效益高的特点，在传播文明、弘扬文化、塑造精神、引导舆论、宣传推介等方面都显示出巨大的优势。近年来，海州区积极制定扶持政策，加快培育文化骨干企业，着力推进文化产业项目建设，丰富了城市人文内涵，提升了城市品位。

——摘自2015年11月10日《连云港日报》

【解小承办省课改现场观摩活动】 日前，解放路小学成功承办了“江苏省小学深化课堂教学改革”现场观摩研讨活动，来自全省各市教育系统的100余名领导和专家以及市区兄弟学校的近200名校长、教师到校观摩。

与会代表齐聚童星剧场，听取海州区5名校长的汇报。解放路小学校长毕雪珍以“构筑童话校园，共享童乐时光”为主题进行了教学成果汇报。随后，与会代表按各自需求，分别到课堂教学改革与学校特色发展成果展示地点观摩。两个小时的观摩活动，给各位代表留下了深刻的印象。

——摘自2015年11月12日《连云港日报》

【板浦高中论文在省再获佳绩】 日前，江苏省第27届“教海探航”论文颁奖大会暨苏派与全国名师课堂教学观摩研讨活动在江苏省梁丰高级中学举行。来自江苏以及全国各地的名家、名师和论文获奖代表等1000余名教师现场观摩了本次盛典。板浦高级中学李大波校长等作为受邀代表参加了本次大会，并作为“优秀团队奖”获奖代表领取了奖牌。本届大赛自启动以来，经各级逐层评选后送达组委会参评论文26000余篇，经过初评、复评、终评，板浦高级中学再次荣获全省中学组第一名，并获“优秀团队奖”。其中，吴宝树老师荣获一等奖，宋开艳、刘周、印琴红、梁伟4位老师获得二等奖，李忠贵、高庆玉、刘剑平、李慕华、张永德5位老师获得三等奖。

——摘自2015年11月26日《连云港日报》

平安海州

【海州"一网"情深筑平安】"没想到丢失的物品还能找回，真是太感谢你们了。"日前,市民王先生握着路南派出所民警的手连声道谢。原来，在前不久一次洽谈业务时，王先生不慎将自己装有身份证、银行卡、1万余元现金和公司往来账目、单据的手提包丢失，寻找无果后便向路南派出所求助，处置民警通过辖区视频监控系统对其活动轨迹一路追踪，最终锁定丢失手提包的路段和拾捡人的活动轨迹，成功帮助王先生找回失物。这要得益于海州区正倾力推进建设的视频监控"天网"工程。

实施技防"天网"工程是海州区2015年初确定的十大为民服务重点工程之一，该区计划用两年时间投入1800万元实施"天网"工程。今年投入800万元，全力打造"城乡一体、覆盖全域、无缝对接、服务实战"的智慧型"天网"，有效提升了公安机关打击、防范、管理、服务的综合效能，为全力打造"无刑事案件、无群体上访、无安全事故、无邪教组织活动、无个人极端事件、无重点人漏管失控"的"六无"城区，筑牢平安海州建设的第一道防线。

"'天网'工程的一大特点就是坚持顶层设计，高标准统一规划建设，避免多方投入，重复建设。"海州区委常委、政法委书记郑斌介绍。今年以来，该区按照"要害部位必建、主次要道必建、案件多发区域必建"的原则，明确设备参数、工程招标等一系列建设标准要求，对视频资源进行规范管理、调阅、存储，与电信、科技、城建等部门沟通协作，完善技防设施建设，织密城区科技防控网络。目前，已在重点社区、道路、场所行业及易发案地点建设安装视频监控探头1500多个，新建5个城市高空瞭望和4个智能监控探头，80%的视频资源接入派出所勤务指挥室。

大街小巷安装视频监控，是该区推进"平安海州"建设的"民心天网"工程，覆盖居民楼栋、街巷死角、偏僻区域，织起一张视频"天网"，24小时为群众"看家护院"，一旦有需要，警方可随时调取相关视频，让违法犯罪无所遁形。据悉,自"天网"二期工程建设应用以来，该区公安机关通过视频监控发现违法犯罪线索246条，抓拍发现各类违法犯罪嫌疑人员153名，协助查询、调阅视频资料313起次，协助抓获各类违法犯罪嫌疑人员75名，破获各类案件62起。同时，作为一项服务群众的民生工程，目前帮助群众寻回走失老人、孩子等好事120余件。

——摘自2015年11月12日《连云港日报》

【公安分局筑牢火灾防护墙】临近岁末，海州公安分局充分发挥多警联动工作机制，动员整合社会资源，扎实推进火灾隐患排查整治工作，全面筑牢火灾防护墙。工作中，全区公安机关明确分工，相互配合，加大对消防安全隐患的排查整治和对消防违法行为的惩处力度，切实提升主体单位的消防安全意识。对严重违反消防法律法规的单位、个人，坚持严惩重处，决不姑息迁就。对人员密集场所中的"九小场所"，结合冬季火灾规律、特点，进行综合分析，切实找出问题、查出漏洞、弥补短板。同时，全面加强社会单位消防安全管理、能力建设，提高隐患自查自改、火灾自防自救和区域应急联动能力。行动以来，共检查企事业单位68个，检查娱乐场所、商场市场、宾馆饭店等场所98余家，检查小单位、小场所125余家，整改隐患135处。

在督促检查整改的同时,该局还充分发动整合社会资源，努力营造全社会积极参与预防各类火灾的良好氛围。分局各派出所积极发动居民委员会、社区物业管理单位和消防志愿者，广泛宣传贯彻《消防安全常识二十条》，普及防火常识和逃生自救知识。同时通过发放宣传资料，运用户外大屏幕、楼宇电视广播等各种形式，提醒群众注意消防安全。期间，共播出消防公益广告和提示字幕150条次，发放宣传资料5000余份。

——摘自2015年12月8日《连云港日报》

地区要闻

【海州区市场监管局挂牌】7月3日，海州区市场监督管理局正式揭牌成立。

据介绍，新组建的市场监督管理局将承担起海州区食品药品安全监管、质量监管和市场秩序维护等职能，加快构建统一高效的市场监管体系，严厉打击各种扰乱市场经济秩序的违法行为，维护广大人民群众的合法权益，努力实现市场监管无盲区，营造更加健康有序的市场发展环境。

——摘自2015年7月6日《连云港日报》

【海州区将新设4个社区】昨日笔者从海州区获悉，为了更好地服务居民，解决居民办事难等问题，提升改善城市综合管理水平和城区社区服务质量，海州区拟对现有的社区结构进行调整，新设郁洲、凤梧、东望、朐海（均为暂定名）社区，涉及新东、新南以及朐阳3个街道。

据了解，2014年，原新浦区、海州区合并成新的海州区，面积达700平方千米，户籍人口达83万人。而随着城市发展，大规模居住区成片增加，社区设置不合理和管辖区域过大，导致社区服务功能发挥不充分、管理不到位等问题日益突出。因此，海州区决定对新东街道、新南街道、朐阳街道的社区居民委员会进行调整增设。根据社区规模设置一般在1万人3000户左右的标准，海州区将在这三个街道新设4个社区。

根据实地调研，并在征求市社区建设协调指导委员会意见的基础上，海州区拟增设4个社区。其中，拟将新东街道新城社区以郁洲南路中心线为界分设为新城、郁洲社区（暂名）；拟将新东街道河滨社区以建设东路中心线为界新分设为河滨、凤梧社区（暂名），并调整东苑社区东盐河以东部分至新河滨社区；拟将新南街道九龙社区以规划路中心线为界新分设为九龙、东望社区（暂名）；拟将朐阳街道孔望山社区以玉带河中心线为界新分设为孔望山、朐海社区（暂名）。新设社区的命名征求了专家的意见。调整增设新社区后，将改变过去社区辖区面积过大、人口过多等弊端，社区的服务功能将得到进一步健全和完善。目前，新增社区方案即将进行公示。各新设社区用房已由所在街道落实到位，具备办公条件。新设社区仅相应增加编制（每个社区5人），工作人员从各街道现有社区人员中调剂。调整后，海州区将共有106个城市社区，全区社区专职工作人员编制数为569人。

——摘自2015年7月15日《连云港日报》

【价费政策调整】 花果山景区滑索正式票价　根据花果山景区滑索一年来试运营情况，近日市物价局根据相关文件精神核定了其票价标准，具体如下:花果山滑索票价最高限价为50元/人次，可根据市场需求实行下浮，下浮幅度不限。同时，规定出售滑索票时要坚持游客自愿选择的原则，不得以任何方式强制与景区门票捆绑销售。

渔湾景区经营性停车场试行收费标准　渔湾风景区经营性停车场实行计次收费，试行收费标准最高限价为:第一时间段（白天）9:00至21:00，小型车15元/次、中型车20元/次、大型车25元/次；第二时间段（夜晚）21:00至次日9:00，小型车20元/次、中型车25元/次、大型车30元/次。同时，明确进入停车场临时停车30分钟以内（含）免收停车费；军车、执行公务的警车、消防车、救护车、工程抢险车、残疾车免收停车费。

孔望山风景区停车场试行收费标准　孔望山风景区停车场实行计次收费，试行收费标准最高限价为:第一时间段（白天）9:00至21:00，小型车15元/次、中型车20元/次、大型车25元/次；第二时间段（夜晚）21:00至次日9:00，小型车20元/次、中型车25元/次、大型车30/次。同时，明确进入停车场临时停车30分钟以内（含）免收停车费；军车、执行公务的警车、消防车、救护车、工程抢险车、残疾车免收停车费。

桃花涧停车场试行收费标准　桃花涧风景区停车场实行计次收费，试行收费标准最高限价为：第一时间段（白天）9:00至21:00，小型车15元/次、中型车20元/次、大型车25元/次；第二时间段（夜晚）21:00至次日9:00，小型车20元/次、中型车25元/次、大型车30元/次。同时，明确进入停车场临时停车30分钟以内（含）免收停车费；军车、执行公务的警车、消防车、救护车、工程抢险车、残疾车免收停车费。

规范救护车收费管理政策　近日，市物价局、市卫计委、市人社局联合印发《关于规范救护车收费管理的通知》并明确：（一）符合《院前医疗急救管理办法》规定，属急救范围地段内的救护车用车里程在7公里以内的40元/车·次；超过7公里部分按4元/公里计收；不得区分普通型、监护型、负压型救护车或进口、国产救护车等类型。（二）跨越急救范围地段用车或用于接送、转运伤病员的非院前医疗急救用车，实行自愿委托，按不超过10元/公里双方协商，协议确定服务内容。（三）对符合规定实施的院前危急重症抢救，设立“院前危急重症抢救费”项目，含出诊、诊查、治疗、监护、监测、护理、注射、氧气、材料、消毒、抬担架等内容，按90元/次计收；因患者病情需要，只提供其中部分服务内容的，按本项目确定的价格收费；对患者病情需要，提供心脏电除颤术等服务项目的，同时核定了相关的收费标准。

——摘自2015年9月22日《连云港日报》

【往返赣榆的602、603路公交开通】 笔者昨日从市运管处获悉，老百姓关注度较高的602、603路公交开通，实现赣榆区与海州主城区之间城市公交互联互通。公交602路线配置30辆12米纯电动新能源公交车，线路走向为：赣榆汽车客运总站—怀仁路—金海路—义塘路—镇海路—华中路—G204国道—新浦大道—人民路—新浦汽车总站。沿途设置赣榆汽车客运站、清新家园、狮子口、利源小区等30多个公交站点。公交603路线配置20辆12米纯电动新能源公交车，线路走向为：沙河中学—东风路—G310—G204（墩尚、浦南）—海连西路—人民西路—新浦汽车总站。沿途设置沙河中学站、兴泰步行街、沙河镇镇口等40多个公交站点。

新辟公交游8路，从龙河站开往大岛山，线路途经渔湾、孔雀沟等景区，取代原大岛山公交专线，使用公交车型运营，新增香溢江南、新海中学凤凰校区、云台农场场部等10个公交站点。线路走向为：龙河站—瀛洲路—建设路—科苑路—海宁路—学院路—红砂路—普山路—云南线—大岛山。沿途设置龙河站、苏欣快客站、劳动局、客运南站等公交站点。

新辟公交121路，进一步丰富市区公交线网，实现绿园路至人民医院、火车站路段，学院路至大润发路段公交直达。线路走向为：西城公交总站—人民路—通灌路—解放路—郁洲路—绿园路—学院路—茗昇花园。沿途设置西城公交总站、临洪西路、工农路等公交站点。

此外，公交113路新增上合国际物流园西、公交52路新增上合国际物流园公交站点，方便上合组织（连云港）国际物流园附近市民公交出行。

——摘自2015年12月31日《连云港日报》

区委、区政府重要行文目录

2015年中共海州区委重要行文目录

表62

文 号	文件标题	发文日期
海委发〔2015〕5号	关于表彰2014年度全区经济建设和社会发展目标管理先进单位的决定	2015年2月14日
海委发〔2015〕6号	关于加强和改进党的建设的实施意见	2015年2月27日
海委发〔2015〕7号	关于加强领导提高执行力的实施意见	2015年2月27日
海委发〔2015〕8号	关于表彰“最美基层干部”和“最美基层干部”提名奖的决定	2015年2月26日
海委发〔2015〕9号	关于印发《党政机关工作人员问责暂行办法》《领导干部不作为慢作为乱作为问责暂行办法》的通知	2015年2月27日
海委发〔2015〕10号	中共海州区委关于党风廉政建设责任追究暂行办法	2015年2月27日
海委发〔2015〕11号	转发海州区人民法院关于深化司法改革促进公平正义的若干意见的通知	2015年3月5日
海委发〔2015〕13号	区纪委机构改革意见	2015年3月12日
海委发〔2015〕14号	中共海州区委海州区人民政府关于表彰2014年度全区政法工作先进集体和先进个人的决定	2015年3月19日
海委发〔2015〕15号	中共海州区委海州区人民政府关于深入推进平安海州建设的意见	2015年3月19日
海委发〔2015〕16号	中共海州区委关于贯彻落实党的十八届四中全会精神全面推进依法治区工作的实施意见	2015年3月19日
海委发〔2015〕17号	中共海州区委关于进一步加强和改进政法工作的意见	2015年3月19日
海委发〔2015〕18号	关于进一步加强关心下一代工作的意见	2015年4月17日
海委发〔2015〕19号	关于加快工业经济发展的实施意见	2015年4月17日
海委发〔2015〕22号	关于加快建设知识产权强区的意见	2015年5月12日
海委发〔2015〕23号	关于开展向李浩同志学习的通知	2015年5月29日
海委发〔2015〕28号	关于成立中共海州区市场监督管理局委员会的决定	2015年6月25日
海委发〔2015〕29号	关于成立中共海州区电子信息产业园党组的决定	2015年6月25日
海委发〔2015〕32号	关于加强全区机关绩效管理工作的意见	2015年7月4日
海委发〔2015〕33号	关于给予徐洪宏党内严重警告处分的批复	2015年7月23日
海委发〔2015〕40号	中共海州区委关于推动全面从严治党迈上新台阶的实施意见	2015年9月1日
海委发〔2015〕41号	关于表彰2015年度优秀教师的决定	2015年9月10日

续表62

文 号	文件标题	发文日期
海委发〔2015〕43号	海州区关于全面深化"一委三会"城乡社区治理模式的实施意见	2015年10月12日
海委发〔2015〕44号	中共海州区委关于印发《海州区深化"三严三实"专题教育着力解决基层干部不作为乱作为等损害群众利益问题的实施方案》的通知	2015年11月18日
海委发〔2015〕46号	中共海州区委关于加强新形势下全区区镇人大工作和建设的实施意见	2015年12月14日
海委发〔2015〕47号	关于同意召开海州区第十七届人民代表大会第六次会议的批复	2015年12月14日
海委发〔2015〕48号	关于同意召开政协海州区第八届委员会第六次会议的通知	2015年12月14日
海委发〔2015〕49号	关于党风廉政建设责任追究的补充规定（试行）	2015年12月24日

2015年海州区政府重要行文目录

表63

文 号	文件标题	发文日期
海政发〔2015〕1号	关于印发2015年市政府、区政府工作报告重点任务分解落实方案的通知	—
海政发〔2015〕2号	区政府关于区政府领导班子工作分工的通知	2015年1月4日
海政发〔2015〕3号	连云港市海州区人民政府关于追加2014年秸秆机械化还田省级作业补助资金的请示	2015年2月4日
海政发〔2015〕7号	海州区政府关于拨付泓海房地产公司LTC-2013-103#地块成本及净收益的请示	2015年2月13日
海政发〔2015〕8号	关于补充确认江苏联瑞新材料股份有限公司历史沿革相关事项的请示	2015年2月13日
海政发〔2015〕9号	连云港市海州区人民政府关于申请将原海州区农业综合开发乡镇纳入省级丘陵山区开发范围的请示	2015年2月16日
海政发〔2015〕12号	关于在房屋征收范围内未经登记建筑认定工作中市区相关职能部门提供资料情况的请示	2015年2月25日
海政发〔2015〕13号	关于滨河新城拟出让两个地块重新调整容积率及地价的请示	2015年2月27日
海政发〔2015〕14号	关于成立海州开发区审计整改工作领导小组的通知	2015年2月28日
海政发〔2015〕15号	关于制定《连云港市海州区全面改善义务教育薄弱学校办学条件工作实施方案》的报告	2015年3月2日
海政发〔2015〕17号	关于连云港市德邦精细化工有限公司"11·12"坠落亡人事故调查报告的批复	2015年2月28日
海政发〔2015〕18号	关于印发《海州区建设省创新型试点区工作推进方案》的通知	—
海政发〔2015〕19号	关于印发《海州区建设国家知识产权强县工程试点区推进方案》的通知	—
海政发〔2015〕20号	关于《海州区安监局2015年度安全监管执法工作计划》的批复	2015年3月12日
海政发〔2015〕21号	海州区政府关于开展执行财经纪律专项检查自查自纠情况的报告	—
海政发〔2015〕22号	连云港市海州区人民政府康缘药厂及北侧棚户区改造项目房屋征收决定书	—
海政发〔2015〕23号	海州区政府关于宁海街道饮水安全协调情况的报告	2015年3月18日
海政发〔2015〕24号	连云港市海州区关于创建省科普示范区的请示	2015年3月19日
海政发〔2015〕25号	关于印发海州区耕地占补平衡补充耕地项目资金管理暂行办法的通知	2015年3月23日
海政发〔2015〕26号	关于协调解决部分住宅小区信访问题的请示	2015年3月24日
海政发〔2015〕27号	海州区政府关于三禾置业（连云港）有限公司剩余未开发地块建议政府收储的请示	2015年4月7日
海政发〔2015〕28号	关于转报海州区及浦南镇等8个镇（街道、场）土地利用总体规划修改方案的请示	2015年4月10日
海政发〔2015〕31号	关于同意海州区农田水利规划的批复	2015年4月20日

续表63

文 号	文件标题	发文日期
海政发〔2015〕32号	关于给予白虎山批发市场消防隐患整改专项资金补助的请示	2015年4月21日
海政发〔2015〕35号	关于做好“十三五”规划编制相关工作的通知	2015年4月28日
海政发〔2015〕36号	关于审批《连云港市海州区2014年度城乡建设用地增减挂钩（第一批）实施规划》的请示	2015年4月28日
海政发〔2015〕37号	连云港市沈圩路、福利巷、临洪西路、江化路下穿陇海铁路及新建连盐铁路立交桥工程及周边地块旧城改造项目房屋征收决定书	2015年4月29日
海政发〔2015〕38号	关于印发《海州区实施江苏知识产权强省建设区域示范工作方案》的通知	2015年5月12日
海政发〔2015〕39号	关于申报江苏知识产权强省建设区域示范工作的请示	2015年5月12日
海政发〔2015〕40号	连云港市海州区人民政府关于对国家公益林地进行异地变更调整的请示	2015年5月12日
海政发〔2015〕43号	关于向江苏海州发展集团有限公司拨付财政补贴用于弥补项目贷款利息支出的通知	2015年5月25日
海政发〔2015〕44号	关于拨付锦屏棚户区改造项目2014年财政专项资金的决定	2015年5月25日
海政发〔2015〕45号	关于连云港市海州区城镇土地等别调整情况的报告	2015年6月4日
海政发〔2015〕46号	连云港市海州区人民政府铸造厂地块旧城区改造项目房屋征收决定书	2015年6月4日
海政发〔2015〕47号	关于解放路小学滨河分校选址及建设情况的汇报	2015年6月4日
海政发〔2015〕48号	关于浦南片区河道综合整治工程建设有关事项的通知	2015年6月8日
海政发〔2015〕49号	关于连云港金銮机械设备制造有限公司“1·20”事故调查报告批复	2015年6月11日
海政发〔2015〕50号	关于同意对时尚街区重大火灾隐患单位实施挂牌督办的批复	2015年6月15日
海政发〔2015〕51号	海州区人民政府关于德邦地块搬迁改造项目落实情况的报告	2015年6月15日
海政发〔2015〕52号	关于将新泊阳实业有限公司、经信企业发展咨询服务有限公司相关股权转让给鑫辰农业科技推广研究所的决定	2015年6月17日
海政发〔2015〕53号	关于温哥华小区东侧围墙规划问题的回复意见	2015年6月18日
海政发〔2015〕54号	关于成立海州区204国道建设指挥部的通知	2015年6月18日
海政发〔2015〕55号	海州区政府关于尽快开展蔷薇湖建设工程弃土区复垦相关工作的请示	2015年6月19日
海政发〔2015〕56号	关于海州白虎山市场片区旧城区改造项目列入优惠政策的请示	2015年7月1日
海政发〔2015〕58号	关于连云港市沈大金属型材厂土地出让金冲抵负资产等相关事项的请示	2015年7月3日
海政发〔2015〕59号	关于郑云非法吸收公众存款案资产处置相关工作的请示	2015年7月15日
海政发〔2015〕61号	连云港市海州区人民政府关于申请创建江苏省节水型社会示范区的请示	2015年7月27日
海政发〔2015〕62号	连云港海州区人民政府孔望山新城磨盘山地块一期改造项目房屋征收决定书	2015年7月29日
海政发〔2015〕63号	关于印发海州区耕地占补平衡补充耕地项目资金管理暂行办法（修正案）的通知	2015年8月4日
海政发〔2015〕64号	关于江苏海州发展集团有限公司发行企业债券相关事项的请示	2015年8月11日
海政发〔2015〕68号	关于连云港内河港板浦作业区一期码头项目由海州区政府实施的请示	2015年8月17日
海政发〔2015〕69号	同意连云港市海州区“十三五”农村河道轮浚规划的批复	2015年8月18日
海政发〔2015〕70号	关于同意江苏海州发展集团有限公司发行公司债券的决定	2015年8月18日
海政发〔2015〕71号	关于同意江苏旗美数字电器有限责任公司重大火灾隐患单位实施挂牌督办的批复	2015年8月20日
海政发〔2015〕73号	海州区政府关于《关于茗昇花园保障房小区确定行政区域归属的请示》办文单办理意见的报告	2015年9月1日
海政发〔2015〕74号	关于连云港锦贵不锈钢制品有限公司“7·9”物体打击一般事故调查报告的批复	2015年9月2日
海政发〔2015〕75号	区政府关于印发海州区青少年科技创新区长奖评选办法的通知	2015年9月7日

续表63

文　号	文件标题	发文日期
海政发〔2015〕76号	关于连云港市海州区申请建设“江苏省能源装备制造产业产学研协同创新基地”的请示	2015年9月10日
海政发〔2015〕77号	关于绕城快速通道海州段征地拆迁推进情况的报告	2015年9月14日
海政发〔2015〕78号	关于海州区“十二五”人口计生目标管理责任制终期评估及人口协调发展先进区评审的自查报告	—
海政发〔2015〕79号	区政府关于分设九龙、东望社区的批复	2015年9月23日
海政发〔2015〕80号	区政府关于分设孔望山、朐海社区的批复	2015年9月23日
海政发〔2015〕81号	海州区人民政府关于海州区慈善总会代表团赴中国台湾考察交流的请示	2015年9月23日
海政发〔2015〕82号	海州区政府关于拨付郁洲绿城项目土地出让金的请示	2015年9月25日
海政发〔2015〕83号	海州区人民政府关于海州区城市管理代表团赴中国台湾考察交流的请示	2015年9月25日
海政发〔2015〕84号	关于再次协调拨付房屋征收项目补偿资金的紧急请示	2015年10月7日
海政发〔2015〕85号	关于将西盐河、玉带河L形河滨公园建设养护费用纳入市级财政管理的请示	2015年10月8日
海政发〔2015〕86号	海州古城（一期）征收决定书	2015年10月8日
海政发〔2015〕87号	关于连云港师范高等专科学校“关于恳请将师专兴业花园小区幼儿园划给我校作为实训基地的请示”的反馈意见	2015年10月14日
海政发〔2015〕88号	海州区人民政府关于恳请市政府报请省政府追加2015年海州区义务教育公用经费省补资金的请示	2015年10月14日
海政发〔2015〕89号	海州区政府关于蔷薇河铁路桥上游段水生植物清理情况的报告	2015年10月15日
海政发〔2015〕90号	关于纺织厂宿舍旧城区改造项目列入优惠政策的请示	2015年10月20日
海政发〔2015〕91号	海州区人民政府关于对原机械厂宿舍楼危房进行改造的紧急请示	2015年10月27日
海政发〔2015〕92号	海州区政府关于对滨河新区部分道路、桥梁命名的请示	2015年10月28日
海政发〔2015〕93号	关于同意连云港客运汽车南站等114家单位为区级治安保卫重点单位的批复	2015年10月27日
海政发〔2015〕94号	关于同意江苏田湾核电站淡水取水泵站等41家单位为区级治安保卫重点单位的批复	2015年10月27日
海政发〔2015〕96号	海州区政府关于恳请拨付碧桂园项目土地出让金的请示	2015年11月6日
海政发〔2015〕97号（75改）	关于调拨房屋征收项目补偿资金的请示	2015年9月7日
海政发〔2015〕100号	海州区政府关于《关于移交古泊善后河左堤等工程的请示》办文单办理意见的报告	2015年11月23日
海政发〔2015〕101号	关于调减2015年度审计项目计划请示的批复	2015年11月24日
海政发〔2015〕102号	海州区政府关于拨付郁洲绿城项目和碧桂园项目土地出让金的请示	2015年12月31日
海政发〔2015〕103号	关于协调减免锦屏磷矿棚户区改造工程规费的请示	—
海政发〔2015〕104号	关于审批《连云港市海州区2013年度城乡建设用地增减挂钩（第一批）实施规划》的请示	2015年12月8日
海政发〔2015〕106号	海州区人民政府关于东堡集团地块棚户区改造项目房屋征收急需解决问题的请示	2015年12月21日
海政发〔2015〕107号	连云港市海州区人民政府关于对国家级公益林地进行异地变更调整的请示	2015年12月22日
海政发〔2015〕108号	关于对海州区公务用车制度改革总体方案进行审批的请示	2015年12月23日
海政发〔2015〕109号	关于同意将福鼎融资担保有限公司和朐海贸易有限公司相关股权转让给鑫辰农业科技推广研究所的批复	2015年12月23日

2015年海州区委办公室重要行文目录

表64

文　号	文件标题	发文日期
海委办发〔2015〕3号	关于深化“四风”整治、巩固和拓展党的群众路线教育实践活动成果的实施意见	2015年1月20日
海委办发〔2015〕4号	关于印发海州区关心下一代工作委员会2015年工作要点的通知	2015年1月20日
海委办发〔2015〕8号	转发省委办公厅省政府办公厅关于贯彻严禁党政机关到风景名胜区开会通知的通知	2015年2月6日
海委办发〔2015〕9号	关于调整海州区蔷薇湖征地拆迁工作指挥部的通知	2015年2月9日
海委办发〔2015〕10号	转发市委办公室市政府办公室关于规范全市机关事业单位津贴补贴和奖金发放工作通知的通知	2015年2月13日
海委办发〔2015〕11号	关于印发2015年全区党委系统信息工作考核办法的通知	2015年2月25日
海委办发〔2015〕12号	关于对全区信访工作通报表扬的通知	2015年2月25日
海委办发〔2015〕13号	关于印发《关于规范党员干部婚丧喜庆事宜的暂行规定》的通知	2015年2月27日
海委办发〔2015〕14号	关于印发《区管领导干部廉政约谈暂行办法》的通知	2015年2月27日
海委办发〔2015〕15号	关于转发区委宣传部《关于加快推进全区宣传思想文化工作的实施意见》的通知	2015年3月2日
海委办发〔2015〕16号	关于调整区领导联系服务重点企业的通知	2015年3月2日
海委办发〔2015〕18号	关于进一步加强重点信访案件区党政领导包案工作的通知	2015年3月3日
海委办发〔2015〕19号	关于印发《海州区关心下一代工作委员会工作实施细则》的通知	2015年3月11日
海委办发〔2015〕20号	关于在区级机关开展“绿化美化家园 建设生态海州”集中志愿服务活动的通知	2015年3月17日
海委办发〔2015〕21号	转发市委办公室市政府办公室关于党员干部带头推动殡葬改革的实施意见的通知	2015年4月8日
海委办发〔2015〕22号	关于在全区开展“进京非正常上访集中会办月”专项行动的通知	2015年4月12日
海委办发〔2015〕24号	关于印发海州区2015企业服务（提升）年实施方案的通知	2015年4月17日
海委办发〔2015〕25号	关于建立区领导挂钩服务重点项目制度的通知	2015年4月25日
海委办发〔2015〕26号	关于明确区领导联系服务在谈重点招商项目制度的通知	2015年4月25日
海委办发〔2015〕30号	关于印发2015年度镇街党（工）委书记等抓基层党建工作责任清单的通知	2015年5月13日
海委办发〔2015〕32号	关于印发2015年全区旧城改造房屋征收（拆迁）计划的通知	2015年5月13日
海委办发〔2015〕34号	关于印发《海州区2015年夏季秸秆综合利用与禁烧工作考核办法》的通知	2015年5月22日
海委办发〔2015〕37号	关于印发海州区2015企业服务（提升）年实施方案补充意见的通知	2015年5月29日
海委办发〔2015〕39号	关于在全区县处级领导干部中开展“三严三实”专题教育的实践方案的通知	2015年6月8日
海委办发〔2015〕40号	关于印发《贯彻实施〈中共海州区委关于贯彻落实党的十八届四中全会精神全面推进依法治区工作的实施意见〉重要举措分工方案》的通知	2015年5月11日
海委办发〔2015〕41号	关于印发《2015法治海州建设工作要点》的通知	2015年5月11日
海委办发〔2015〕42号	关于印发《法治海州建设指标体系（试行）》的通知	2015年6月8日
海委办发〔2015〕44号	关于进一步深化廉政风险防控机制建设的意见	2015年6月18日
海委办发〔2015〕46号	关于健全重大决策社会稳定风险评估机制的意见（试行）的通知	2015年6月29日
海委办发〔2015〕47号	关于制订区有关职能部门党风廉政建设监督责任清单的通知	2015年6月29日
海委办发〔2015〕49号	海州区“千名机关志愿者爱心帮扶行动”实施方案	2015年7月10日
海委办发〔2015〕50号	海州区2015年度区级机关绩效考评办法	2015年7月4日
海委办发〔2015〕51号	关于印发《2015年度海州区镇街道（开发区）目标任务绩效考评办法》的通知	2015年7月13日
海委办发〔2015〕52号	关于转发海州区2015年“扫黄打非”行动方案的通知	2015年7月13日

续表64

文　号	文件标题	发文日期
海委办发〔2015〕53号	关于调整区“扫黄打非”工作领导小组（区文化市场管理工作领导小组）成员的通知	2015年7月13日
海委办发〔2015〕57号	关于印发《海州区机关事业单位借用人员和编外用工专项清理规范工作实施方案》的通知	2015年7月20日
海委办发〔2015〕59号	关于印发《在全区开展争创预防职务犯罪先进单位及个人评比活动的实施意见》的通知	2015年7月30日
海委办发〔2015〕61号	关于印发《海州区庆祝新中国成立66周年专场文艺演出方案》的通知	2015年8月7日
海委办发〔2015〕62号	关于进一步加强区领导和机关部门挂钩帮扶经济薄弱村的通知	2015年8月10日
海委办发〔2015〕64号	关于转发《市委办公室市政府办公室关于切实做好当前安全生产工作的紧急通知》的通知	2015年8月20日
海委办发〔2015〕65号	关于报送《海州区委办公室下属事业单位岗位设置方案》的函	2015年9月6日
海委办发〔2015〕66号	关于进一步加强和完善机构编制管理的意见	2015年9月21日
海委办发〔2015〕68号	关于转发市委办公室市政府办公室关于推进农村社区股份合作制改革试点工作的意见的通知	2015年9月24日
海委办发〔2015〕70号	关于印发海州区农村产权交易管理办法（试行）的通知	2015年9月30日
海委办发〔2015〕71号	关于印发《海州区经济责任审计联席会议制度》的通知	2015年10月16日
海委办发〔2015〕72号	关于转发《中共连云港市委办公室关于严明纪律转作风集中精力抓发展的通知》的通知	2015年11月5日
海委办发〔2015〕73号	关于做好2016年度全区重点党报党刊征订发行工作暨开展报刊发行秩序专项整治工作的通知	2015年11月9日
海委办发〔2015〕74号	区委办公室区政府办公室《关于印发开展村庄环境综合整治“一对一”结对帮扶》的通知	2015年11月18日
海委办发〔2015〕79号	关于开展2015年度贯彻落实党风廉政建设责任制检查考核工作的通知	2015年12月23日
海委办发〔2015〕80号	关于报请审批中共海州区委办公室公务用车制度改革实施方案的请示	2015年12月28日
海委办发〔2015〕82号	转发区民政局区慈善总会关于大力推进全区基层慈善组织建设的意见的通知	2015年12月30日

2015年海州区政府办公室重要行文目录

表65

文　号	文件标题	发文日期
海政办发〔2015〕2号	关于拨付区政务服务中心改造及配套设施经费的请示	2015年1月26日
海政办发〔2015〕4号	关于集中开展联合执法清理整顿无证幼儿园专项行动的通知	2015年1月28日
海政办发〔2015〕8号	关于成立国家火炬连云港装备制造特色产业基地建设领导小组的通知	2015年2月10日
海政办发〔2015〕13号	关于印发《海州区行政事业单位资产清查工作实施方案》的通知	2015年3月6日
海政办发〔2015〕14号	关于印发2015年海州区春季绿化造林实施方案的通知	2015年3月9日
海政办发〔2015〕15号	城区绿化工作方案	2015年3月9日
海政办发〔2015〕17号	海州区环保大检查方案	2015年3月16日
海政办发〔2015〕19号	关于印发《海州区关于加快绿色建筑发展的实施意见》的通知	2015年3月27日
海政办发〔2015〕20号	关于印发《海州区绿色建筑管理办法》的通知	2015年3月27日
海政办发〔2015〕23号	关于印发2015年大气污染防治重点工程项目分解表的通知	2015年4月7日
海政办发〔2015〕24号	区政府办公室关于认真做好2015年1%人口抽样调查工作的通知	2015年4月13日
海政办发〔2015〕26号	关于进一步完善《海州区背街小巷环卫保洁考核管理暂行办法》的通知	2015年4月22日
海政办发〔2015〕28号	海州区城区道路市容秩序综合整治活动方案	2015年4月27日
海政办发〔2015〕30号	关于加强全区统计基础工作的实施意见	2015年4月29日

续表65

文　号	文件标题	发文日期
海政办发〔2015〕31号	关于印发《海州区推行权利清单制度实施方案》的通知	2015年4月30日
海政办发〔2015〕34号	关于公布区级行政审批项目清理结果的通知	2015年5月7日
海政办发〔2015〕35号	关于开展“十三五”规划前期重大课题研究工作的通知	2015年5月14日
海政办发〔2015〕36号	关于印发海州区预算单位公务卡制度改革实施方案的通知	2015年4月25日
海政办发〔2015〕37号	关于印发还好走去预算单位公务卡管理暂行办法的通知	2015年4月25日
海政办发〔2015〕38号	关于印发海州区财政支出绩效评价办法（试行）的通知	2015年5月19日
海政办发〔2015〕39号	区政府办公室关于印发《海州区2015年夏季秸秆综合利用与禁烧工作实施意见》的通知	2015年5月21日
海政办发〔2015〕40号	关于印发海州区农田水利建设资金整合方案的通知	2015年5月22日
海政办发〔2015〕42号	关于印发海州区关于创建江苏省节水型社会示范区实施方案的通知	2015年5月22日
海政办发〔2015〕43号	关于印发海州区2015年秸秆机械化还田第三方核查实施办法的通知	2015年5月22日
海政办发〔2015〕44号	关于印发《海州区健康促进综合干预行动实施方案》的通知	2015年5月26日
海政办发〔2015〕46号	关于印发海州区旅游管理与服务规范提升专项行动方案的通知	2015年6月11日
海政办发〔2015〕47号	关于切实加强林地保护管理工作的通知	2015年6月15日
海政办发〔2015〕50号	关于印发海州区2015年地质灾害防治方案的通知	2015年6月23日
海政办发〔2015〕51号	区政府办公室关于印发海州区2015年主要污染物总量减排工作计划的通知	2015年6月24日
海政办发〔2015〕52号	关于印发2015年海州区乡村旅游项目推进计划表的通知	2015年6月25日
海政办发〔2015〕56号	关于印发海州区2015年争取资金目标管理考核办法的通知	2015年7月8日
海政办发〔2015〕57号	关于印发《海州区创建省级食品安全城市实施方案》的通知	2015年7月10日
海政办发〔2015〕59号	关于印发连云港市海州区市场监督管理局主要职责内设机构和人员编制规定的通知	2015年7月14日
海政办发〔2015〕60号	关于印发连云港市海州区卫生和计划生育局主要职责内设机构和人员编制规定的通知	2015年7月14日
海政办发〔2015〕61号	关于印发连云港市海州区文化体育局主要职责内设机构和人员编制规定的通知	2015年7月14日
海政办发〔2015〕62号	关于印发连云港市海州区旅游局主要职责内设机构和人员编制规定的通知	2015年7月14日
海政办发〔2015〕66号	关于确认锦屏磷矿棚户区改造工人新村安置小区为保障住房性质的报告	2015年7月16日
海政办发〔2015〕67号	关于对全区办学机构存在的消防安全隐患进行严格整改的通知	2015年7月27日
海政办发〔2015〕68号	海州区政府办关于印发海州区节水型社会建设工作方案和实施计划的通知	2015年7月27日
海政办发〔2015〕70号	关于印发海州区“六小”行业专项整治实施方案的通知	2015年8月13日
海政办发〔2015〕72号	关于开展新一轮清理整顿无证幼儿园专项行动的通知	2015年8月14日
海政办发〔2015〕74号	关于印发《2015年海州区65岁及以上老年人免费健康体检工作实施方案》的通知	2015年8月18日
海政办发〔2015〕75号	关于对全区医疗机构存在的消防安全隐患进行严格整改的通知	2015年8月27日
海政办发〔2015〕76号	关于印发《全区油气输送管道专项行动方案》的通知	2015年9月1日
海政办发〔2015〕77号	区政府办公室关于印发海州区开展“救急难”综合试点工作实施方案（试行）的通知	2015年9月2日
海政办发〔2015〕83号	区政府办关于印发海州区未成年人社会保护试点工作实施方案的通知	2015年9月21日
海政办发〔2015〕84号	关于下发需核准的投资项目目录的通知	2015年9月24日
海政办发〔2015〕85号	关于印发《连云港市海州区区级政府部门专项资金管理清单目录（2015年本）》的通知	2015年9月25日
海政办发〔2015〕86号	海州区人民政府办公室关于普遍建立法律顾问制度的通知	2015年9月29日

续表65

文　号	文件标题	发文日期
海政办发〔2015〕87号	关于做好省物价局下放我区价格管理权限相关工作的通知	2015年9月29日
海政办发〔2015〕89号	关于印发全区城乡环境卫生整洁行动实施方案（2015—2020）的通知	2015年10月9日
海政办发〔2015〕90号	关于印发海州区生猪屠宰行业清理整顿工作方案的通知	2015年10月9日
海政办发〔2015〕95号	连云港市海州区高标准农田上图入库工作方案	2015年10月30日
海政办发〔2015〕97号	关于印发《关于进一步推进全区中小学校责任督学挂牌督导工作的意见》的通知	2015年11月12日
海政办发〔2015〕98号	关于做好2015年度市级目标责任分解工作的通知	2015年11月12日
海政办发〔2015〕99号	关于印发《海州区2015年今冬明春火灾防控工作方案》的通知	2015年11月12日
海政办发〔2015〕100号	关于加快优化镇村布局规划的通知	2015年11月20日
海政办发〔2015〕102号	关于转发《关于切实做好2016年市区新型农村合作医疗筹资工作的通知》的通知	2015年11月23日
海政办发〔2015〕104号	关于印发进一步深化价格改革切实加强价格监管工作的实施方案的通知	2015年11月25日
海政办发〔2015〕106号	关于印发海州区绿色建筑示范区重点任务实施方案的通知	2015年12月2日
海政办发〔2015〕108号	关于印发海州区青龙涧沟、甲子河冬春专项集中整治工作方案的通知	2015年12月18日
海政办发〔2015〕110号	关于印发《海州区处理消费者投诉工作实施办法》的通知	2015年12月22日
海政办发〔2015〕112号	关于印发《海州区关于进一步完善城乡居民基本养老保险制度的实施意见》的通知	2015年12月25日

统计资料

2015年海州区固定资产投资完成情况表

表66　　单位：万元

项　目	投资数	同比（±%）	项　目	投资数	同比（±%）
全社会投资	4257565	22.78	规模以上项目投资	2712090	21.83
全社区工业投资	1479784	18.71	房地产投资	976290	27.24
规模以上投资	3688380	23.21	规模以下投资	569185	20
规模以上工业投资	1292867	18.52	规模以下工业投资	186917	20

2015年海州区社会经济主要指标表

表67

指　标	单　位	2015年	指　标	单　位	2015年
年末户籍人口	万人	71.55	农林牧渔业总产值（当年价）	亿元	36.06
年末常住人口	万人	80.31	粮食总产量	万吨	32.56
地区生产总值	亿元	290.72	社会消费品零售总额	亿元	249.71
第一产业	亿元	17.72	全社会固定资产投资完成额	亿元	425.76
第二产业	亿元	83.08	全年规上工业用电量	亿千瓦时	9.48
第三产业	亿元	189.92	实际利用外资	万美元	9842
人口出生率	‰	14.18	自营出口总额	亿美元	10.70
人口自然增长率	‰	10.12	出口总额	亿美元	9.39
公共财政预算收入	亿元	35.33	城镇居民人均可支配收入	元	30033
公共财政预算支出	亿元	32.54	农民人均纯收入	元	14168
规模工业总产值（当年价）	亿元	321.59	城镇在岗职工年人均工资	元	
规模工业增加值（当年价）	亿元	96.34			

说明：第一、二、三产业按新的三次产业划分。可支配收入、年人均工资采用市区资料

2015年海州区个体工商业基本情况表

表68

指 标	户数(户)	从业人员(人)	注册资金(万元)
合 计	33536	51127	171707.5
农林牧渔业	532	828	11594.7
采矿业	19	21	155.5
制造业	939	1600	5104.13
电力、燃器及水的生产和供应业	3	3	16
建筑业	170	284	1308.45
批发和零售业	23258	32586	107001.85
交通运输、仓储业	88	174	856.12
住宿和餐饮业	3197	7057	21854.66
信息传输、计算机服务和软件业	129	221	570.45
金融	4	4	18.5
房地产业	51	107	245.6
租赁和商务服务业	594	925	3800.91
科学研究、技术服务和地质勘查业	210	406	919.72
水利、环境和公共设施管理	4	6	27.5
居民服务和其他服务业	3656	5823	14690.14
教育	153	210	283.08
卫生、社会保障和社会福利业	239	426	1158.79
文化、体育和娱乐业	288	441	2100.4
其 他	2	5	1

2015年海州区私营企业基本情况表

表69

指 标	个数(个)	投资者人数(人)	雇工人数(人)	注册资本(万元)
合 计	17797	25367	72185	2648174.62
农林牧渔业	196	286	664	49710.6
采矿业	2	2	8	338
制造业	1392	2475	9981	227976.74
电力、燃器及水的生产和供应业	13	21	174	3252.31
建筑业	2241	3004	7247	393593.68
批发和零售业	8019	11156	27961	1219830.39
交通运输、仓储和邮政业	606	797	2383	81580.27
住宿和餐饮业	340	496	2542	30624.38
信息传输、计算机服务和软件业	558	737	1920	67567.91
金融	14	26	45	5579
房地产业	467	630	4476	59265.81
租赁和商务服务业	1983	2864	7264	218303.55
科学研究和技术服务业	967	1490	3600	190996.28

续表69

指标	个数(个)	投资者人数(人)	雇工人数(人)	注册资本(万元)
水利、环境和公共设施管理	52	76	365	8712
居民服务和其他服务业	569	772	2185	49894.9
教　育	35	44	295	3891
卫生、社会保障和社会福利业	8	9	28	379
文化、体育和娱乐业	335	482	1047	36678.8

2015年海州区年末总人口情况表

表70

地区别	总户数(户)	总人口(人)			性别比	上年人口(人)
		合计	男	女		
海州区	216961	715498	362659	352839	102.78	703748
朐阳街道	10808	34393	16860	17533	96.16	30508
浦西街道	14295	40527	20220	20307	99.57	40876
新东街道	34184	106428	53947	52481	102.79	99501
新南街道	19663	59945	30120	29825	100.99	59626
路南街道	14030	42939	21440	21499	99.73	42221
新海街道	15001	42035	20998	21037	99.81	42295
南城街道	2144	6997	3529	3468	101.76	7028
花果山街道	5603	18800	9314	9486	98.19	18551
新浦街道	17047	49616	25150	24466	102.80	48440
海州街道	6856	20336	10163	10173	99.90	20821
幸福路街道	5567	16286	8256	8030	102.81	16640
洪门街道	4413	13058	6551	6507	100.68	13123
宁海街道	6188	27700	14091	13609	103.54	27589
锦屏镇	8989	30808	15585	15223	102.38	30901
浦南镇	14487	57865	29897	27968	106.90	57739
新坝镇	7866	32893	17050	15843	107.62	32913
板浦镇	17876	67534	35120	32414	108.35	67812
云台农场	1803	5360	2722	2638	103.18	5502
岗埠农场	6406	27567	14439	13128	109.99	27443
新浦经济开发区	2080	8443	4272	4171	102.42	8396
海州经济开发区	1655	5968	2935	3033	96.77	5823

2015年海州区人口自然变动情况表

表71

地区别	出生人口(人)			出生率(‰)	死亡人口(人)			死亡率(‰)	自然增长人口(人)			自然增长率(‰)
	合计	男	女		合计	男	女		合计	男	女	
海州区	10062	5200	4862	14.18	2878	1589	1289	4.06	7184	3611	3573	10.12
朐阳街道	689	361	328	21.23	92	51	41	2.84	597	310	287	18.40

续表71

地区别	出生人口（人）			出生率（%）	死亡人口（人）			死亡率（%）	自然增长人口（人）			自然增长率（%）
	合计	男	女		合计	男	女		合计	男	女	
浦西街道	443	234	209	10.88	149	78	71	3.66	294	156	138	7.22
新东街道	1487	774	713	14.44	141	81	60	1.37	1346	693	653	13.07
新南街道	667	321	346	11.16	165	107	58	2.76	502	214	288	8.40
路南街道	451	238	213	10.59	128	69	59	3.01	323	169	154	7.59
新海街道	476	249	227	11.29	125	74	51	2.96	351	175	176	8.32
南城街道	105	46	59	14.97	32	18	14	4.56	73	28	45	10.41
花果山街道	346	183	163	18.53	42	29	13	2.25	304	154	150	16.28
新浦街道	670	364	306	13.67	137	66	71	2.79	533	298	235	10.87
海州街道	180	87	93	8.75	128	76	52	6.22	52	11	41	2.53
幸福路街道	155	82	73	9.42	70	41	29	4.25	85	41	44	5.16
洪门街道	144	68	76	11	77	39	38	5.88	67	29	38	5.12
宁海街道	496	247	249	17.94	150	81	69	5.43	346	166	180	12.52
锦屏镇	433	211	222	14.03	114	74	40	3.69	319	137	182	10.34
浦南镇	971	494	477	16.8	446	246	200	7.72	525	248	277	9.08
新坝镇	538	278	260	16.35	261	134	127	7.93	277	144	133	8.42
板浦镇	1056	558	498	15.6	386	208	178	5.7	670	350	320	9.90
云台农场	55	34	21	10.13	61	27	34	11.23	-6	7	-13	-1.10
岗埠农场	401	199	202	14.58	155	78	77	5.64	246	121	125	8.94
新浦经济开发区	134	84	50	15.92	17	11	6	2.02	117	73	44	13.90
海州经济开发区	165	88	77	27.99	2	1	1	0.34	163	87	76	27.65

索引

说　明

一、本索引采用主题索引方法编制，按标引词第一个字的汉语拼音字母顺序排列（同音按音调），音调相同的按第二个字音序排列，依次类推。

二、索引标目后的数字表示内容所在页码，数字后的字母a、b、c分别表示版面的左、中、右栏。空一字起排的款目为上一主题的“附见”。

A

艾滋病与性病防治　245a
爱国卫生　245b
　健康港城促进行动　245b
　城乡环境卫生整治　245c
爱满海州　337a
爱心帮扶　259b
安全监管　144a
安全生产监督管理　215a
　基层安监能力建设　215b
　非治违　216a
安全生产宣传培训　215b
安全生产责任落实　215a
安全网格化管理体系　215c
安全隐患排查治理　216a
奥迪城市展厅　181c
奥林匹亚石材有限公司　176c

B

白虎山庙会　178b
板浦高级中学　225c
板浦香肠　182c
板浦镇　260a
　经济工作　260b
　基础设施建设　260c
　社会事业　261a
　党建工作　261b
半滩村　271b
保密检查管理　72b
保密宣传教育　72b
保障教育事业　208a
保障区重点工程项目建设　208b
北京华联连云港店　181b
北门社区　261c
编制“十三五”规划纲要　212b
扁担河社区　295a
滨河新区建设　158b
　科学规划　158c
　招商选商　158c
　基础设施建设　159a
　民生重点工程项目　159b
殡葬管理　252b

C

财税体制改革深化　208b
财苑社区　300a
财政　207a
财政收入　207a
财政收支管理　207c
财政预算执行审计　219c
财政支出　207b
菜市社区　303a
菜园村　261c
残疾人常规康复服务　258c
残疾人教育　258c
残疾人就业培训　258c
残疾人权益保护　258b
　发放三项补贴　258b
　发放专项补贴　258b
残疾人体育　259b
残疾人宣传工作　259b
残疾人证评定　258c
苍梧社区　307c
草舍村　271c
插秧机推广　166b
昌浦社区　317b
常乐社区　286b
超市商场　181a
朝阳社区　295b
陈户村　264c
陈周德十七届人大六次会议工作报告　32
城北村　261c
城区防汛排涝　136c
城市汛情　136c
　浦西排水沟整治　137a
　防汛物资储备仓库建设　137a
城市公共自行车　151b

项目建设 151b
运营管理 151c
宣传推广 151c
城市公交 146b
城乡建设与管理 136
城镇规划 136b
惩防职务犯罪 122a
畜牧生产 164a
传染病管理 244c
创新发展 332c
创新服务 171a
企业服务年活动 171a
组织政策资金项目申报 171c
慈善救助活动 252c
慈善事业 252b
普及慈善文化 252b
引导公众崇尚善举 252c
慈善一日捐活动 252c
做好协议捐款接收工作 252 c
加强慈善资金物资使用管理 252c
慈善组织全覆盖 253a
村级集体经济 168b
村镇建设 138c
村庄环境整治 138c
农村公路建设 138c
310国道通过国检 138c

D

大井村 265c
大穆村 264a
大浦社区 317c
大气环境质量 152b
大气污染防治 152c
大气污染减排 153c
大事记 40-43
大团村 262b
大屯村 264a
大学生村官 68a
丹霞村 319b
当路村 316c
档案工作 72c
教育培训和宣传工作 73a
目标管理达标升级工作 73a
档案利用 73a
档案年检考核 73a
档案整理入库 72c
党建创新 329a
德邦化学工业集团有限公司 175a
德芳社区 261b
低收入农户脱贫 169b
地方志工作 91c
编纂出版《海州年鉴》91c
《连云港市新浦区新志》出版发行 92a
年鉴编纂基础知识培训 92a
地层地质 44b
地理环境 44a
位置 面积 44a
土壤 44c
山体山头 45a
涧沟潭 45a
河流水库 45a
地貌 44a
地名管理 252b
地区要闻 339c
地税第六分局 211b
建筑项目税收排查 211b
涉税风险排查 211c
落实税收执法责任制 211c
地政地籍 213c
地质灾害监测 213c
电台社区 299c
电信 188c
业务经营 188c
智慧连云港建设 189a
电子商务 178a
东北村 261c
东风社区 307a
东磊村 319c
东山社区 268b
东盛商品混凝土有限公司 176c
东望社区 292c
东辛村 262b
东苑社区 306b
动物卫生监督 164c
对外经济合作 155c

F

法律服务 126b
法院工作 123b
公正司法 124b
队伍建设 124c
法制宣传 115a
法制宣传 125c
法治 114
法治海州 330b
法治海州建设 114c
重大决策科学规范 114c
行政执法阳光运行 114c
法治惠民工程 116a
法治交通工作 127b
专项整治 127c
源头监管 127c
道路交通基础保障 128a
创新交通管理勤务模式 128b
法治政府建设 86a
各类学法活动 87a
行政审批事项改革 87a
完善行政执法机制体制 87c
法治专题讲座 87c
樊庄村 264a
反腐倡廉 331b
防空警报维护管理 134a
防汛防旱责任制 170b
防汛抗旱 169c
重点河道防洪 169c
河库清障 170b
防汛物资和抢险队伍 170c
防疫检疫 164b
防震减灾 240c
加强科普宣传 240c
防震减灾创建工作 240c
防震减灾应急演练 240c
房管物管 139a
住房保障 139a
推动危旧房改造 139b
物业管理 139b
老旧小区改造 139b
纺织工业及企业选介 173c
放心粮店评审 186b
飞泉村 317a
风景名胜与人文景观 47b
凤凰村 319c
凤凰社区 314b
扶残助残宣传一条街 259b
扶贫开发 257c
支持特种水产养殖项目 257c
设施蔬菜项目 258a
培育新项目 258a
加大教育扶贫力度 258a
妇幼保健 245a
妇幼卫生 245a
附录 341
富安村 272c
富强社区 286b

G

干部档案专项审核 67a
干部监督管理 67a
干部教育培训 67a
干部一线培养 66c
岗埠农场农贸市场 182b
岗嘴村 267c
港口 146a
港圣开关制造有限公司 173b
耕地保护 213b
工业固体废物 152b
工业经济 171
工业项目推进 171b
公安工作（高新区分局）118a
稳定社会治安大局 118b
收紧违法犯罪空间 119a
改善社会治安环境 120a
增强履职尽责能力 120b
优化警营生态文化 120c
公安工作（海州分局）116a
维护社会稳定 116b
刑事案件侦破 116c
社会治安管控 117a
基层基础建设 117b
队伍建设 117c
公交车辆更新 146c
公路运输 142c
公务用车制度改革 82b
公务员培训 88b
公园社区 295b
共青团海州区委员会 107c
供销合作商业 183b
建立农产品生鲜社区自提点 183c
建立特色农产品馆 184a
化解历史遗留问题 184b
鼓楼社区 274c
固定资产投资审计 220a
关心下一代工作 255a
拓展主题教育活动 255b
扶贫助学 256b，网吧监督 256c
参与社区矫正工作 256c
校外辅导站 257a
基层关工委组织建设 257b
官庙村 262a
官阳村 272b
广场社区 306c
规范干部从政行为 67a
国税第三分局 208c
重点行业税收情况 209b
欠税追征 210a
首次强制执行 210a
国税第四分局 210c
组织税收 210c
纳税服务 210c
国税收入 208c
国土资源管理 213a
国有企业绩效审计 220b
国有资产经营与管理 214a
特色街区项目建设 214a
完善现代企业管理制度 214b
果树种植 165c

H

海河村 311a
海连社区 286c
海南社区 290a
海宁社区 290b
海通公交 146b
充电站建设 147a
搭建公交网服务平台 147a
开通火车站快速专线运营 147b
创新公交服务模式 147c
开通公交服务热线 148a
海通航运 145b
企业发展 145b
拓展新业务 145c
安全管理 145c
海通物流 189c
生产经营效益提升 189c
加强科学管理 189c
推进产业转型 190b
强化安全管理 190c
海州白虎山批发市场 179c
海州电子信息产业园 160c
项目建设情况 160c
项目推进情况 161a
海州概览 44
海州港 146a
海州工业园 156a
产业升级 156a
民生建设 156a
招商引资 156b
科技创新 156c
海州古城文化街 179b
海州街道 273a
经济工作 273b
基础设施建设 273c
社会事业 273c
党建工作 274b
海州经济开发区建设 156a
海州区妇女联合会 109a
单亲特困母亲圆梦行动 109a
巾帼创业就业 109a
关爱困境儿童 109b
海州区个私经济协会 111c
非公企业党建 112a
会员企业活动 112b
评选诚信之星 112b
海州区工商业联合会 104b
服务中心工作 104c
提高参政议政水平 104c
提升服务效能 105a
打造高素质队伍 105b
开展光彩事业工作 105c
海州区归国华侨联合会 113a
第四次归侨侨眷代表会 113b
参政议政 113b
为侨服务 113c
成立侨商会 113c
建立合作交流平台 113c
海州区国民经济和社会发展统计公报（2015年） 49a
海州区红十字会 112c
三献工作 112c
开展救助工作 112c
百万救护培训 112c
建立立体宣传格局 112c
机关志愿者爱心帮扶 113a
海州区科学技术协会 109c
《纲要》实施 110a
海州区人民代表大会 74
海州区人民政府 77
海州区市场监督管理局编制分配表 86
海州区文学艺术界联合会 110c
协会活动 111a
海州区总工会 106a
组织建设 106a
基层民主管理 106b
职工法律维权 107a
帮扶服务 107a
职工文化建设 107b
学习型和知识型创建活动 107c
海州区组织机构及领导人名录 52c
中共海州区委 52c

海州区人大常委会 57a
海州区人民政府 57c
政协海州区委员会 61b
中共海州区纪委 61c
法院、检察院 62c
人民武装部 63a
人民团体和群众团体 63c
海州实验小学 226c
海州消防大队 132c
完善消防工作机制 133a
火灾隐患排查整治 133a
消防走访调查 133a
提高官兵业务素质 133b
消防宣传教育 133b
海州运输管理所 143b
结构优化调整 143c
货物运输监督检查 143c
推荐信誉企业 143c
淘汰黄标车 144a
海州智慧物流产业园 191a
物流人才培训 191a
构建供应链管理平台 191b
建立现代商贸综合模式 191b
航道管理 146a
河道疏浚整治 169b
河西社区 285c
红旗社区 283b
红十字文化进校园 113a
洪花堰村 262c
洪门村 283a
洪门工业园 161c
洪门街道 281a
经济工作 281b
基础设施建设 281c
农村工作 282a
社会事业 282b
党的建设 282c
洪门社区 283b
洪新社区 283c
后关村 319b
后河社区 300b
花果山街道 314a
经济工作 315a
城镇建设与管理 315b
社会事业 315c
党群工作 316a
花卉苗木 165b
划转干部交接 66c
华夏文明瑰宝 47a
化学工业及企业选介 174c
环境保护 152
环境监察 153b
环境卫生整治 140b
环境宣教 153b
环境噪声污染防治 152c
环境质量 152b
环境综合整治 152c
环卫城乡统筹 140b
环卫工作 140b
背街小巷保洁 140c
环卫设施建设 140b
黄海机械股份有限公司 172c
黄圩村 311b
婚姻登记 252b

J

机关社区 304c
机关事务管理 90a
成立机关事务管理中心 90b
办公用房整改和清理 90b
推进节约型机关建设 90c
改造市民文化活动广场 91b
机关事务管理和服务 91a
机要保密工作 72b
完善密码业务管理 72b
加强信息化建设 72b
增强服务大局意识 72c
基础教育 222b
课程基地建设 222b
多举措完善德育机制 222b
随迁务工人员子女入学 223a
疾病预防与控制 244c
计量惠民工作 214c
计生惠民政策 253c
计生综合治理 253c
纪检 监察 96
纪检监察干部警示教育会 96b
纪检监察机构及队伍建设 97b
教育引导 97c
纪检监察业务培训会 96a
纪检监察重要会议 96a
纪检监察主要工作 96c
落实“两个责任” 96c
巡查成果 97a
作风建设 97a
案件查办 97b
纪检体制改革 97b
寄生虫病防治 245a
家庭农场 167c
贾圩社区 295c
价格诚信 218a
价格服务网络 217c
价格管理 217a
价格监测 217a
价格调控 217a
检察改革 123a
检察工作 121b
打击刑事犯罪 121c
加强基础工作 123a
建材工业及企业选介 176b
建国社区 304b
建康社区 290b
建南社区 290c
建置沿革 46c
共和国成立前海州 46c
新浦开埠 46c
海州区 47a
建筑业 139a
建筑业发展 139a
质量安全管理 139a
清欠工作 139a
健康教育 245c
江化社区 276c
江浦村 272b
江苏东浦有限公司 176b
江苏省岗埠农场 322a
经济工作 322b
基础设施建设 322c
社会事业 323a
江苏省云台农场 320a
经济工作 320c
基础设施建设 321b
社会事业 322a
江苏银行连云港分行 200a
支持地方经济发展 200a
支持小微企业发展 200b
推行科技金融“五方联动工程” 200c
交通银行连云港分行 199b
支持海州地区经济发展 199c
成功堵截电信诈骗 199c
交通运输 141
交通运输行业管理 141a
改善管理服务方式 141a
推进客货运输场站建设 141b
提升驾培行业发展能力 142a
强化行业安全监管 142a
维护运输市场秩序 142b

教科研活动　224c
教师基本功大赛　222c
教育　221
教育督导　224a
　推进责任督学挂牌督导　224a
　初中富余教师分流现状调研　224b
教育科研　223a
　释放师生潜能的特色课堂　223b
　承办省小学深化课改现场会　223b
　综合视导与专项视导相结合　223b
教育特色活动　222c
秸秆还田工作　166b
节能减排　153c
　生活污染减排　153c
节能减排助推低碳经济发展　172a
结核病防治　245
巾帼志愿活动　109b
金宝农贸市场　182b
金典服饰有限责任公司　174a
金融业　196
锦化社区　280a
锦屏工业集中区　161a
　基础设施建设　161b
　园区提档升级　161c
锦屏林场　166a
　国有山林经营　166a
锦屏山景区综合开发　193a
锦屏镇　266a
　经济工作　266a
　基础设施建设　266b
　社会事业　266c
　党建工作　267a
进出口贸易　155b
禁违拆违　140a
经济运行管理　212a
　指标计划管理　212a
　服务发展　212c
　产业发展　212c
　重点项目推进　213a
经济运行监测　212b
　规划修编　213b
　违法用地查处　213c
　卫片执法检查　213c
　涉土信访　214a
经济责任审计　220a
经济作物　164a
经营户信用评定　183b
竞技体育　243c
敬老月活动　255a
九岭社区　314c
九龙社区　290c
九三学社海州地区组织　103c
　参政议政　104a
　调查研究　104a
　各类荣誉　104b
　基层换届　104b
　社会服务　104b
九州科技饲料有限公司　174c
酒店村　267c
旧城改造与房屋征收　137a
　人性化做好征收补偿工作　137b
　征收拆迁结转项目　137b
　新实施征收项目　137b
　督查考核　138a
巨龙菜市场　182b
巨龙社区　307b
军转干部管理　88b

K

开放型经济　154
开展党员组织关系排查　67c
康达智精密技术有限公司　173b
康宁社区　272c
科技成果　232b
科技工作　232a
　搭建高新技术服务平台　232a
　宣传培训　233bb
科技合作　232c
科技培训　240b
科技下乡　240b
科技项目申报　233c
科学技术　232
科学普及　239a
　第27届科普宣传周　239a
　全国科普日　239c
　双百小康工程　240a
孔望山村　279c
孔望山景区　192a
孔望山社区　280b
会计　220b
　规范会计核算　220b
　加强资金管理　220b
　强化财政监督　220c
　协助清查国有资产　220c
　提升服务质量　220c
快递　191b
　江苏云桓网络技术有限公司　191c
　云桓进社区　191c
葵花社区　295c

L

老龄事业　254b
　扶持社会办养老机构　254b
　发挥公办养老机构示范作用　254b
　养老机构安全工作　254c
乐园新材料集团有限公司　176a
离退休干部管理　71a
　老干部政治待遇　71b
　成立社区离退休干部党支部　71b
　老干部生活待遇　71b
　服务老干部　71b
李圩村　267b
历史文化遗存　47a
利民社区　307b
连云港东方农村商业银行股份有限公司　201a
　揽储并举存款增长　201a
　优化信贷结构　201a
　发展中间业务　201b
　加强金融管理　201c
连云港公安边防支队　135a
　爱民固边　135b
　四项建设　135b
　综合保障　135c
连云港火车站改建　145b
连云港时尚莱迪购物广场　179b
连云港市革命纪念馆　192b
连云港市海州区国民经济和社会发展第十三个五年规划纲要　1
连云港市少年宫　227b
连云港水表有限公司　173a
连云港兴隆国际商贸广场　179c
联瑞新材料有限责任公司　176a
粮农综合补贴　168a
粮食储存与保管　185a
粮食购销　184c
粮食加工　186a
粮食生产　163a
粮食收购　184c
粮食销售　185a
粮油价格　186a
粮油市场监督管理　186a
林果花卉　165b
林业生产　165b
林业资源　165b

凌州社区 319b
领导班子和干部队伍建设 66c
刘顶村 267a
刘巅社区 307a
流动人口管理 253c
流动人口信息平台治理 253c
龙浦村 272b
龙尾社区 306b
龙苑社区 303b
陇东社区 303a
陇海步行街 180b
　街区改造 180b
　招商引资 180b
　旅游经贸活动 180b
　举办一带一路美食节 180c
路北社区 303a
路南街道 293a
　经济工作 293c
　城市建设与管理 294a
　社会工作 294b
　党建工作 295a
路南社区 296b
罗圩村 262a
落实公务员职务与职级并行 66c
落实基层党建工作责任 67b
落实涉农财政政策 208a
旅游产品推介 194a
旅游行业管理 193c
　创优争先 193c
　安全生产 193c
　提升游客满意度 193c
旅游节庆活动 194a
旅游项目开发和建设 192c
　市级旅游重点项目 192
　区级乡村游重点项目 193a
旅游宣传促销 193c
　促销展示活动 193c
旅游业 192
旅游重点工作 193b
　专项行动 193b
　市场专项整治 193b
　廉政文化进景区 193b
旅游资源 192a
绿润海州 335a

M

慢性病防治 245a
矛盾纠纷排查化解 114a
媒体看海州 329
美丽乡村 334a
免疫规划 245a
民兵组织整顿 129c
民革海州地区组织 98a
　思想建设 98a
　组织建设 98a
　参政议政 98b
　主题调研活动 98c
　社情民意 98c
　涉台工作 98c
　社会服务 99a
民建海州地区组织 100a
　调查研究 100a
　建言献策 100b
　宣传工作 100b
　组织建设 100b
　社会服务 100c
民进海州地区组织 100c
　思想建设 100c
　建言献策 101a
　组织建设 101b
民盟海州地区组织 99a
　主题活动 99a
　学习培训 99b
　宣传工作 99b
　参政议政 99c
　社情民意 99c
　社会服务 100a
民政事务 251a
民主党派 工商联 98
民主党派成员人才优势发挥 69b
民主党派支部建设 69a
民主路文化旅游区 192c
民主社区 302c
民族宗教工作 254a
　政策法规宣传 254a
　星级宗教活动场所认定 254a
　参加全市少数民族体育运动会 254a
母婴安康工程 245b
目标管理考核 89c
　体系变化 90a

N

南城街道 313a
　经济工作 313a
　城镇建设与管理 313b
　社会事业 313c
党群工作 314a
南门农贸市场 182b
南门社区（板浦）261b
南门社区（海州）275c
南云台林场 323a
　经济工作 323a
　基础设施建设 323b
　社会事业 323c
　党建工作 323c
内河运输 145b
宁海街道 310a
　经济工作 310a
　村镇建设与管理 310b
　社会事业 310b
　党群工作 310c
宁海社区 314c
农产品配送中心建设 183c
农村财务监督机制 168b
农村党组织建设 67b
农村电子商务 183b
农村管理 168a
农村社区股份合作制改革 168c
农村土地承包管理 166c
农村卫生 245b
农村与社区卫生 245b
　公共卫生 245b
　社区卫生 245b
农工民主党海州地区组织 101b
　学习实践活动 101c
　党史研究 101c
　专题调研 101c
　建言献策 102a
　信息工作 102 b
　送书工程 102c
　健康服务行 102c
　帮扶活动 102c
农机安全管理 166a
农机购置补贴 166b
农机跨区作业 166b
农贸市场 182a
农田水利 169b
农田水利建设 169b
农田托管 184a
农业机械化 166a
农业结构调整 162a
　特色农业基地建设 162a
　高效农业保险 162b

休闲观光农业　162b
农业龙头企业　162b
农业污染减排　153c
农业信息化建设　162c
农业与农村工作　162
农业专业合作社　167c
农业综合开发　166b
土地治理　166b
产业化扶持　166c
丘陵山区开发　166c
农资市场监管　168a
农作物保护　163c
女干部素质教育　109c

P

潘圩村　271a
品牌建设　214c
平安海州　339a
平安海州建设　114a
信息系统建设　114b
群防群治　114b
打击违法犯罪　114b
技防网络建设　114b
平安社区　311a
平价商店管理　217b
浦北村　271b
浦东村　262b
浦河社区　304a
浦南村　271b
浦南镇　269a
经济工作　269a
基础设施建设　269c
社会事业　270a
党群工作　271a
浦西街道　297a
经济工作　297a
城市建设与管理　298a
社会事业　298a
党建工作　298c
普安村　264b

Q

齐天铁塔制造有限公司　172c
气象　45b
气温　45b
日照　45c
风向　45c
降水　45c
霜降　45c
灾害天气　45c
汽车运输总公司旅游出租分公司　149c
提升管理效能　150a
安全管控　150b
教育培训　150b
服务质量管理　150c
前关村　319b
前进村　317b
前云村　317a
墙框村　264c
蔷薇社区　300a
侨法宣传　89a
侨务工作　69b
侨务工作　88c
为侨服务　89b
涉侨信访工作　89c
侨务社区创建　88c
青春社区　314c
青岛啤酒（连云港）有限公司　174b
青年创业创新　108b
青年志愿服务　108a
青少年教育　108a
青少年维权与管理108c
清河村　311c
区城乡环卫一体化　82b
区机关工委　70b
基层组织建设　70c
党员教育培训　70c
组织关系排查　70c
机关志愿者爱心帮扶　71a
机关文体活动　71a
区委常委分工　65a
区委九届九次全体（扩大）会议　65b
区委九届十次全体（扩大）会议　65c
区委区政府重要行文目录　341
区委重要会议　65　b
区委重要决策　66a
成立电子信息产业园　66a
成立滨河新区　66b
加强和改进党的建设　66b
区政府领导成员分工　78b
区政府重要会议　78c
22次常务会议　78c
23次常务会议　79c
24次常务会议　80b
25次常务会议　80c
26次常务会议　81a
区政府重要施政　81c
出台耕地占补资金管理办法　81c
设立区市场监督管理局　81c
滨河新区、海州开发区代管相关区域　81c
完善城乡居民基本养老保险制度　82a
朐山村　268a
朐阳街道　278a
经济工作　278a
基础设施建设　278b
社会事业　278c
党群工作　279a
全区党建工作会议　66a
群众团体　106

R

人才队伍建设　68a
人才引进　88b
人大建议办理情况　92a
人大建议与政协提案办理　92a
人大人事任免　76a
人大主要工作　75b
工作监督　75b
法律监督　75b
代表工作　75c
建议督办　76a
人大重要会议　74b
十七届人大5次会议　74b
十七届常委会27次会议　74b
十七届常委会28次会议　74c
十七届常委会29次会议　74c
十七届常委会30次会议　74c
十七届常委会31次会议　75a
十七届常委会32次会议　75a
十七届常委会33次会议　75a
十七届常委会34次会议　75b
人防工程维护管理　134a
人防专业队整组和演练　133c
人口　民族　49a
人口总数　49a
人口分布　49a
民族构成　49a
人口文化传播　253b
人口与计划生育　253b

人民防空 133b
修订防空袭预案 133c
组织民防知识“四进”活动 133c
人民调解 126a
人民武装 129a
召开区委常委议军会议 129a
战备工作 129b
人事人才工作 88a
人员招聘计划 88b
日出东方太阳能 172a
瑞琪纺织品有限公司 174a

S

三严三实专题教育 66b
森林保护 165c
森林防火 166a
沙杭村 264c
沙沪村 262c
山东村 319c
单晓敏政府工作报告 23
商贸服务企业 178b
商贸服务业 177
商贸个体户 178b
商贸流通 177a
上海浦东发展银行连云港分行 202b
经营能力 202b
创新业务 202b
设立社区为民服务专项资金 67c
社会救助 251a
社会民生 251
社会体育 243a
社会文化活动 242b
社区建设 251c
社区居家养老建设 254c
涉台事务 69c
推动海台经贸合作 69c
推进两地交流交往 70a
涉台宣传工作 70a
指导台谊会工作 70b
深化社区“大党委”制 67c
沈圩社区 300b
审计 219c
审判工作 123c
生活服务业 181c
住宿和餐饮业 181c
居民服务和修理业 181c
生态环境保护 153a
生态环境建设 153a
声环境质量 152b
狮树村 267c
石河村 261c
石油专营 188a
食品工业及企业选介 174b
食品监管 246a
食品药品监督管理 246a
核发新证 246a
中药饮片、医疗器械专项整治 246c
安全用药月活动 246c
食品专项整治 246a
食盐专营 187a
市场管理 182c
管理机制 183a
假冒伪劣商品查处 183a
年报信息公示 183a
市场监督管理 214b
市场建设 177b
市场情况 183b
市场主体发展情况 214c
市东社区 303c
市化社区 304b
市级残疾人托养一体化试点 259b
市民社区 304c
市容管理 139b
小广告清理 139c
城市环境综合整治 139c
市容秩序整治 139b
市政建设 136c
破损道路维修 136c
市政养护管理 136c
试行镇党代会年会制 67c
收费目录清单及收费公示 217a
受国家机关表彰 324
受区委区政府表彰 328
受省级机关表彰 324
受市级机关表彰 327
数字化城管 140a
双龙社区 274c
双拥工作 251a
水环境质量 152b
水库移民后期扶持工作 169c
水上ETC开通运行 146a
水污染防治 152c
水运工程获国家优质奖 146a
水政水资源管理 169c
税收风险应对 209a
税收改革 210b,211a
税收管理 211a
税务 208c
税源预测和收入分析 209a
司法公开 115a
司法行政工作 125b
基层基础建设 127a
司法为民 124a
思想教育 68b
四季农产品交易中心 182a
四里村 264b
泗河村 262c
宋跳社区 317c
苏果超市 181b
苏宁广场 181a
诉讼监督 122b
索引 351

T

太仓农村商业银行新浦支行 202c
太平村（宁海）311a
太平村（浦南）271a
泰格油墨化学有限公司 175c
泰乐化学工业有限公司 175b
汤成元政协工作报告 36
唐顶村 271c
桃花村 267b
桃花涧景区 192b
陶湾村 267c
特色街区 专业市场 179a
特殊教育 225a
医教结合实验 225a
启动送教上门工作 225a
特载 1
特种设备监管 215a
体育 243a
体育设施 243b
天安财产保险连云港中心支公司 206c
财政税务 207，
天邦科技开发有限公司 173c
天明装备有限公司 172b
铁路运输 144b
提高人员素质 144c
健全长效机制 144c
品牌创建 145a
拓展服务范围 145a
启用新的售票系统 145a
通池社区 299c
同和社区 299b

同兴社区 304a
统计 218a
　做精统计产品 218b
　创新培训模式 218c
　做好新增申报 218c
　搭建“大统计”管理架构 219a
　普查和重点调查工作 219b
统计干部队伍建设 219c
统计资料 348
统战工作 69a
土地承包确权登记颁证 166c
土地利用 213b
土地流转管理和适度规模经营 166c
团组织基层建设 108c
推动在职党员社区常态化服务 67c

W

外仓社区 307b
万润社区 303b
汪恕有滴醋 182c
汪新村 271c
王傅村 265a
王立斌在区委九届九次会议上的
　讲话 15
王立斌在区委九届十次全会上的
　报告 19
网络信息传播 68c
网疃村 279c
危险废弃物管理 153a
微商建设 181a
卫生 244
卫生监督 245c
　依法行政 245c
　医疗市场监管 245c
　公共场所监管 245c
卫生应急 244c
魏口村 264a
魏湾村 311c
文昌社区 307c
文化 241a
文化产业发展 242c
文化教育 338a
文化设施建设 241a
文化社区 276c
文化市场管理 242c
文化体育 241
文化遗产保护 242b
文明海州建设 68c
文艺交流培训 111c
文艺精品创作获奖 110c
文艺精品荟萃 242a
文艺人才队伍建设 111b
文艺展览活动 111a
文艺阵地建设 111b
五保供养 251b
武警连云港市支队 134b
　执勤战备 134b
　安全管理 134c
　基层建设 134c
　后勤保障 134c
武圩村(宁海)311c
武圩村(新坝)264c
武装 129
物价管理 216c
　执法检查 217b
　处理举报咨询案件 217c
　明码标价 218a
物流业 189c

X

西大岭社区 277b
西门村 279b
西门社区 280a
西桥社区 299c
西山村 319b
西山社区 268c
西苑社区 285b
下滩村 271c
先进模范 324
现代商圈建设 178c
　中心商圈 178c
　西区商圈 179a
　东区商圈 179a
香江社区 280c
向阳社区 295b
消费维权宣传与监督 259c
消费者权益保护 259c
　放心消费创建 259c
小村村 317a
小荡村 265b
小浦村 262a
新坝村 264b
新坝镇 263a
　经济工作 263a
　基础设施建设 263b
　社会事业 263b
　党建工作 263c
新北村 311b
新材料产业及企业选介 175c
新潮社区 285c
新城社区 307a
新村村 316c
新东街道 305a
　经济工作 305a
　城市建设与管理 305b
　社会事业 306a
　党建工作 306b
新海村 267b
新海街道 284q
　经济工作 284b
　基础设施建设 284c
　社会工作 285a
　党群工作 285a
新洪社区 300c
新建村 272a
新建社区 274c
新孔社区 285c
新磷矿化有限责任公司 175a
新龙社区 291a
新民社区 261c
新南街道 287a
　经济工作 288a
　城市建设与管理 288a
　社会事业 288c
　党群工作 289b
新能源产业及企业选介 172a
新批三资企业情况表 154
新浦港 146a
新浦工业园 157a
　招商引资项目 157b
　项目推进 157b
　园区基础设施建设 157c
新浦街道 301a
　经济工作 301a
　城市管理 301c
　社会民生 302a
　党建工作 302b
新浦汽车客运总站 148c
　安全管理 149a
　做好节假日客运 149a
　科技化售票 149b
　抓“雷锋车”品牌建设 149c
新浦消防大队 132a
　处警状况 132a

典型火灾案例 132b
网格化管理 132b
消防宣传 132c
消防隐患整治 132c
新浦运输管理所 142c
年审办证 142c
淘汰营运黄标车 143a
车辆卫星定位系统监管 143a
源头治超 143b
驻站监管 143b
新桥社区 303c
新滩村 316c
新湾村 272a
新圩村（浦南）272b
新圩村（宁海）311b
新闻报道 68b
新西村 264b
新西社区 300c
新型工业化推进 171c
新型农业经营主体建设 167c
新医药产业及企业选介 174a
新站社区 300a
新中社区 299b
新庄村 283a
信访工作 71c
完善依法信访引导 72a
领导干部接访包案 72a
加强督查和责任追究 72a
信访业务规范化 71c
信访工作责任落实 72a
信息服务业 188a
信息工作 73a
上报信息的原材料 73b
找准上报信息的着重点 73b
把握上报信息的时效性 73c
信息业务能力提高 73b
星化社区 285b
兴业社区 291a
幸福路街道 275a
经济工作 275c
基础设施建设 276a
社会事业 276b
党群工作 276b
幸福路小学 226b
幸福社区 286c
幸南社区 276c
幸中社区 277a
许安村 272a
宣传工作 68b
宣传文化阵地建设 69a
学前教育 221c
承办省学前教育学会科学年会 222a
承担省科技特色园研讨会观摩现场 222a
学校选介 225c
汛前检查 170c
行政区划 47c
部分行政单位管理范围调整 47c
辖区 47c
2015年海州区行政区划表 48

Y

延东社区 295c
延南社区 291c
研、赛结合促进教师发展 223c
研训一体提升教师素质 223b
盐灌船闸通过验收 146b
盐河社区 296a
盐河巷风情一条街 179b
盐政管理 187a
食品品种结构调整 187b
非盐经营 187c
门店转型 187c
砚池社区 275b
杨场村 311a
养老服务专业人才队伍建设 254c
养殖业 164a
药品、化妆品不良反应和器械不良事件监测 246b
药品监管 246b
药政管理 244b
基本药物制度 244b
医院管理 244a
医政管理 244a
人才队伍建设 244b
依法行政队伍建设 86c
依法行政工作 86b
义务教育均衡发展动态监测 224a
艺北社区 306c
艺术作品参赛获奖 241c
尹巷村 272c
英语“同课异构”教研活动 223c
鹰游集团 172b
拥政爱民活动 129c
永平村 262a
优抚安置 251b
优生工程促进 253c
尤庄村 261c
邮政 188a
举行特种邮票首发式 188a
开发乡贤明信片册 188b
通过质量管理体系监督审核 188b
建成首家社区便民服务站 188c
幼儿园特色项目获省市级认证 222a
幼教优质资源增容 222a
渔船管理和渔业安全生产 165a
渔湾村 319c
渔业 165a
捕捞养殖 165a
渔政执法 165a
玉带社区 291b
玉龙社区 291b
郁林中学 226b
预备役高炮五团 130a
主题和专题教育 130a
加强现役和预任军官的管理教育 130c
加强战备工作 130c
开展练将练官活动 131a
提高实战化能力 131a
后勤和装备保障能力建设 131c
园林村 279c
园林绿化建设 138a
园林绿化 138a
游园公园提升 138a
创建绿化模范城市 138b
远洋流体装卸设备有限公司 173a
月牙岛旅游开发 193a
月牙岛湿地公园建设 159c
云海社区 291c
云台街道 318a
经济工作 318a
基础设施建设 318b
社会事业 318c
党建工作 319a
云台水生花卉园扩建 193b

Z

站北社区 303b
招商银行连云港分行 203a
支持实体经济 203a
支持港口发展 203a

支持小微企业发展　203a
支持民生工程　203b
招商引资　155a
招生考试　224b
振东社区　306c
镇海社区　286a
镇　街道　农场　260
征兵工作　129b
正大天晴药业集团　174b
政法队伍建设　115b
作风建设　115b
教育培训　115b
便民服务　115b
政法基层基础建设　115c
便民服务平台建设　115c
网格化和信息化建设　115c
基层法治规范化　115c
政法委及综治工作　114a
政府性债务管理　208b
政协八届五次全会　94a
政协常委会议　94b
政协海州区委员会　94
政协提案办理情况　93a
政协重要会议　94a
政协主席会议　94c
政协主要工作　94c
专题调研　94c
建言献策　95a
提案办理　95b
界别活动情况　95b
联络联谊情况　95c
民主监督　95c
知识产权　233a
知识产权保护　233c
职称评定　88b
职业教育与社会教育　225b
举办中小学校长培训班　225b
举办终身教育活动周活动　225c
志愿者行动　69a
质量监督管理　214c
致公党海州地区组织　103a
创建活动　103a
学习培训　103a
宣传工作　103a
参政议政　103b
社会服务　103b
纪念市级组织成立30周年活动　103c
中等专业教育　224c
中共海州区委员会　64
中国工商银行股份有限公司连云港分行　197c
支持地方经济发展　197c
服务社会　197c
中国建设银行股份有限公司连云港分行　199a
中国联通连云港分公司　189a
业务发展　189b
销售渠道建设　189b
通信工程建设　189b
网络运行　189
中国农业发展银行连云港市分行　198b
提升支农成效　198b
提高资金质效　198c
优化金融服务　198c
中国农业银行股份有限公司连云港分行　197c
业务产品创新　198a
发展三农业务　198a
中国人民财产保险连云港市分公司　203b
业务经营　203b
服务三农　203c
理赔服务　204a
中国人民人寿保险连云港中心支公司　204a
中国人民银行连云港市中心支行　196c
货币政策　197a
金融改革创新　197a
稳定金融基础工作　197b
金融监管　197b
外汇管理服务　197b
中国人寿财产保险连云港市中心支公司　204b
经营效益　204c
规范经营　204c
中国太平洋财产保险连云港中心支公司　205a
车险业务　205b
非车险业务　205c
中国太平洋人寿保险连云港中心支公司　204c
保险业务　205a
重大赔付　205a
中国银行股份有限公司连云港分行　199a
中国邮政储蓄银行连云港市分行　201c
中华老字号　182b
中华联合财产保险连云港中心支公司　206a
车险业务　206a
坚守承保盈利　206b
未决案件管理　206b
重大案件处理　206c
打假减损　206c
中考　224b
中鹏新材料股份有限公司　176b
中山社区　268b
中小企业园建设　157c
中央国际　181b
中医药管理　244b
中正社区　261c
种植业　163a
重合同守信用企业认定　183b
周圩村　262c
朱麻村　319c
朱圩村　264b
助残扶贫活动　258c
专营专卖　187a
装备制造业及企业选介　172b
资产清查　207c
资产信息系统建设　207c
资源　46a
植物资源　46a
动物资源　46b
矿物资源　46b
紫云社区　291c
自学考试　224b
宗教慈善周　254a
宗教工作审议　254a
宗教活动场所建设　254a
宗教重要活动　254b
综合经济管理　212
组织工作　66b
尊老金发放到位　254c